人工集料桥梁高性能混凝土可调控设计

牟廷敏 等

著

上海科学技术出版社

图书在版编目（CIP）数据

人工集料桥梁高性能混凝土可调控设计 / 牟廷敏等著． —— 上海：上海科学技术出版社，2022.10
ISBN 978-7-5478-5818-9

Ⅰ．①人… Ⅱ．①牟… Ⅲ．①骨料－混凝土建筑物－桥梁设计 Ⅳ．①U448.332.5

中国版本图书馆CIP数据核字(2022)第153787号

人工集料桥梁高性能混凝土可调控设计
牟廷敏 等 著

上海世纪出版（集团）有限公司
上海科学技术出版社 出版、发行
（上海市闵行区号景路159弄A座9F-10F）
邮政编码201101 www.sstp.cn
上海雅昌艺术印刷有限公司印刷
开本889×1194 1/16 印张31.25
字数：900千字
2022年10月第1版 2022年10月第1次印刷
ISBN 978-7-5478-5818-9/U·129
定价：290.00元

本书如有缺页、错装或坏损等严重质量问题，请向工厂联系调换

内容提要

本书以实际工程需要为基础,以解决工程实际难题为出发点,通过对人工集料的材料特性研究,提出了基于额定粉体材料密实骨架堆积理论进行集料的组成设计,开发了多功能复合外加剂对混凝土性能进行调控设计,实现了对人工集料设计配合比的构件力学性能、施工工作性能、结构体积稳定性能和运营状态的耐久性能进行综合调控设计的目的。为读者呈现了桥梁施工不同环境、不同构件配合比调控设计研究的全过程和具体设计方法。

本书适用于桥梁设计施工相关工程技术人员、科学研究人员、教学人员等参考阅读。

主要研究人员

丁庆军　范碧琨　周孝军　康　玲　梁远博　梁　健
李成君　赵艺程　李　胜　倪春梅　范　翊　何易修
张　翼　阮飞鹏　孙才志　许　诺　杜　凤　李　畅
何骄阳　吴庆雄　黄　宏　黄修林　杨志远　曹攀攀
柏灏原　邹　圻　王　欢

前 言

随着我国的不断发展，土木工程建设规模不断增大，混凝土的用量也越来越大，作为混凝土集料的砂石材料用量也快速增加。但天然砂石作为一种应用广泛且不可再生的自然资源，经过多年开采，总量逐年减少甚至枯竭。天然砂石供应日趋紧张，质量稳定性也越来越差，无法满足日益增长的土木工程建设市场需求。近年来，人工砂石集料越来越广泛地应用于工程建设项目的混凝土中。

西部山区公路建设不断加强，而山区公路桥梁建设受地质、地形及气候条件影响，面临数量多、规模大、混凝土材料消耗高与高墩大跨桥梁混凝土输送困难、干燥与潮湿气候环境、混凝土强度等级高、砂石资源极度匮乏的难题。为了攻克山区桥梁混凝土要求性能高、数量大与就地取材原材料质量差、供应数量少的供需难题，创新驱动西部山区公路桥梁建设的发展，近15年来，四川省公路设计研究院瞄准可调控高性能混凝土评价指标的内涵、多功能复合外加剂、天然岩体破碎为砂石集料的高性能混凝土设计、工业废渣的高钛重矿渣破碎为砂石集料的高性能混凝土设计和超高强钢管混凝土性能设计等研究方向，先后依托四川省交通运输科技项目"桥梁高性能混凝土制备与应用技术研究""机制砂高性能混凝土制备与桥梁工程应用技术研究""C60～C100超高强钢管混凝土制备技术研究""超高强钢管混凝土的力学性能试验研究与桥梁工程应用研究""桥梁清水混凝土制备技术与工程应用""高石粉含量机制砂桥梁高性能混凝土制备与工程应用研究"，以及交通运输部西部科技项目"高钛重矿渣集料的桥梁高性能混凝土制备与应用技术研究"等科技项目，以满足设计强度等级要求、高工作性能、高体积稳定性能和高耐久性能为总体目标，开发了集料合理性与可行性指标研究、集料组成设计原理研究、多功能复合外加剂开发和可调控设计参数等技术，实现了不同强度等级和不同输送目标混凝土要求的工作性能、体积稳定性能和耐久性能等设计目标。相关成果获四川省等省部级科学技术进步一等奖、二等奖超过8项，国家授权发明专利11余项，编制了四川省技术标准3部。

作者根据工程应用经验和持续近20年的科学研究，通过制定相关技术规范和申报科技进步奖等过程中的凝练，结合学术报告讨论和学术论文交流等不断深入认识，经过近两年的组织和完善，完成了本书的整理。本书主要论述了机制砂高性能混凝土调控技术，同时论述了强度等级超过C60的机制砂高性能混凝土、高钛重矿渣砂高性能混凝土、钢纤维改性高性能混凝土和钢管约束改性高性能混凝土等调控技术。在目前砂石资源匮乏、混凝土需求用量大的建设背景下，希望本书能为交通行业人工集料桥梁混凝土的应用起到抛砖引玉的作用，为交通行业绿色、低碳发展及国家"碳达峰、碳中和"战略的实施尽绵薄之力。

本书共分为 6 章。

第 1 章主要介绍了桥梁高性能混凝土技术需求、桥梁高性能混凝土现状、桥梁高性能混凝土技术、桥梁高性能混凝土展望等内容。

第 2 章主要介绍了天然石料机制砂桥梁高性能混凝土原材料对混凝土性能的影响、混凝土工作性能调控技术、混凝土配合比设计与力学性能、混凝土体积稳定性能、混凝土耐久性能、混凝土内部微结构分析、工程应用等内容。

第 3 章主要介绍了天然石料机制砂桥梁超高强混凝土原材料、混凝土工作性能、混凝土配合比设计与力学性能、混凝土体积稳定性能、混凝土耐久性能、工程应用等内容。

第 4 章主要介绍了高钛废渣机制砂桥梁高性能混凝土集料的物化特性及生产工艺、混凝土制备技术及性能、钢筋混凝土构件力学性能、轻质高强构件力学性能、桥梁结构优化设计、工程应用等内容。

第 5 章主要介绍了普通强度等级钢管混凝土试验目的与设备、原材料性能、试验准备及过程、试验结果与分析等内容。

第 6 章主要介绍了超高强度等级钢管混凝土轴心受压力学性能、偏心受压力学性能、受弯力学性能、受剪力学性能等内容。

作者在本书相关内容研究和编写过程中,得到了四川省公路设计研究院谢邦珠教授级高级工程师、武汉理工大学丁庆军教授及其团队、西华大学周孝军博士及其团队和上海三瑞高分子材料股份有限公司郑柏存教授及其团队等专家的帮助和指导,为本书成稿提供了大量的图片和资料。对此,向在本书科学研究和编写过程中给予大力支持和帮助的前辈、专家和同行表示衷心的感谢。

由于作者技术水平和总结能力有限,书中一定存在缺点和错误,恳请专家和学者批评指正。

作者

目 录

第 1 章　绪论 001

    1.1　桥梁高性能混凝土技术需求 001
        1.1.1　公路桥梁建设规模更大、难度更高 001
        1.1.2　公路桥梁建设材料要求高 002
    1.2　桥梁高性能混凝土现状 002
    1.3　桥梁高性能混凝土技术 003
        1.3.1　桥梁高性能混凝土技术途径 003
        1.3.2　桥梁高性能混凝土技术研究 003
        1.3.3　桥梁混凝土高性能化技术成果 004
    1.4　桥梁高性能混凝土展望 011

第 2 章　天然石料机制砂桥梁高性能混凝土 012

    2.1　原材料对混凝土性能的影响 012
        2.1.1　原材料 012
        2.1.2　影响参数分析 013
        2.1.3　石粉含量的影响 015
        2.1.4　细度模数、级配的影响 015
        2.1.5　岩性的影响 016
        2.1.6　石粉含量对混凝土抗折、劈裂抗拉强度的影响 016
        2.1.7　石粉含量对不同强度等级混凝土性能的影响 017
    2.2　混凝土工作性能调控技术 020
        2.2.1　低强度混凝土和易性调控技术 020
        2.2.2　高强度混凝土和易性调控技术及混凝土强度 039
    2.3　混凝土配合比设计与力学性能 046
        2.3.1　配合比设计方法 046
        2.3.2　复合外加剂对混凝土性能的影响 052
        2.3.3　配合比参数对混凝土性能的影响 055
        2.3.4　不同桥梁结构部位混凝土配合比优化 057
    2.4　混凝土体积稳定性能 062

	2.4.1 收缩性能 ··· 062
	2.4.2 大体积温控性能 ·· 064
2.5	混凝土耐久性能 ··· 090
	2.5.1 耐久性能影响机理 ··· 090
	2.5.2 抗裂性能 ··· 103
	2.5.3 抗水渗透性能 ··· 105
	2.5.4 抗氯离子渗透性能 ··· 106
	2.5.5 抗冻性能 ··· 109
	2.5.6 抗碳化性能 ··· 109
	2.5.7 抗硫酸盐侵蚀性能 ··· 110
	2.5.8 机制砂的碱反应及抑制措施 ··· 111
2.6	混凝土内部微结构分析 ··· 130
	2.6.1 胶凝材料浆体的水化及微结构 ··· 130
	2.6.2 混凝土微观显微结构分析 ··· 135
2.7	工程应用 ··· 137
	2.7.1 遂广路高韧性机制砂混凝土应用 ··· 137
	2.7.2 叙古路高石粉含量机制砂混凝土应用 ··· 150
	2.7.3 江綦路高性能机制砂混凝土应用 ··· 154
2.8	本章小结 ··· 160

第3章 天然石料机制砂桥梁超高强混凝土　　162

3.1	原材料 ··· 162
3.2	混凝土工作性能 ··· 163
	3.2.1 矿物掺和料对混凝土胶凝浆体流变性能的影响 ··· 163
	3.2.2 超高强混凝土专用外加剂 ··· 166
3.3	混凝土配合比设计与力学性能 ··· 169
	3.3.1 胶凝材料组成 ··· 169
	3.3.2 胶凝材料用量 ··· 170
	3.3.3 水胶比 ··· 171
	3.3.4 砂率 ··· 171
	3.3.5 机制砂种类及细度模数 ··· 172
	3.3.6 石粉含量 ··· 174
	3.3.7 骨料最大粒径 ··· 174
3.4	混凝土体积稳定性能 ··· 176
	3.4.1 力学性能与膨胀性能协同设计 ··· 176
	3.4.2 纤维增强超高强混凝土的变形性能 ··· 181
3.5	混凝土耐久性能 ··· 188
	3.5.1 超高强混凝土早期水化反应放热特性分析 ··· 188
	3.5.2 超高强混凝土水化程度分析 ··· 189
	3.5.3 超高强混凝土水化产物及微观结构分析 ··· 190

3.6 工程应用 192
　　3.6.1 工程概况 192
　　3.6.2 原材料及配合比对混凝土性能的影响 193
　　3.6.3 施工前准备 194
　　3.6.4 施工中控制 194
　　3.6.5 管内混凝土密实度检测 194
3.7 本章小结 195

第4章 高钛废渣机制砂桥梁高性能混凝土 197

4.1 集料的物化特性及生产工艺 197
　　4.1.1 集料的物化特性 197
　　4.1.2 侵蚀环境下的稳定性及其评价方法 203
　　4.1.3 集料的生产工艺 205
4.2 混凝土制备技术及性能 207
　　4.2.1 原材料 207
　　4.2.2 原材料对混凝土性能的影响 208
　　4.2.3 混凝土配合比优化设计 226
　　4.2.4 混凝土力学性能与耐久性能 237
4.3 钢筋混凝土构件力学性能 271
　　4.3.1 力学性能研究 271
　　4.3.2 结构耐久性能研究 279
　　4.3.3 钢筋混凝土构件力学性能研究 280
　　4.3.4 钢筋混凝土构件耐久性能研究 316
4.4 轻质高强构件力学性能 324
　　4.4.1 集料轻质高强化技术 324
　　4.4.2 混凝土轻质化技术 326
　　4.4.3 轻质高强混凝土性能及制备技术 329
　　4.4.4 轻质高强混凝土耐久性能研究 332
　　4.4.5 轻质高强混凝土构件优化设计 336
4.5 桥梁结构优化设计 349
　　4.5.1 研究概况 349
　　4.5.2 高钛重矿渣钢筋混凝土构件优化设计 350
4.6 工程应用 360
　　4.6.1 C30、C40混凝土施工及质量控制应用 360
　　4.6.2 C50预制T梁混凝土施工及质量控制应用 364
　　4.6.3 C65主梁混凝土施工及质量控制应用 369
　　4.6.4 施工及质量控制技术 374
4.7 本章小结 379

第 5 章 普通强度等级钢管混凝土 …… 380

5.1 试验目的与设备 …… 380
5.1.1 试验目的 …… 380
5.1.2 试验设备 …… 380

5.2 原材料性能 …… 382
5.2.1 钢材性能 …… 382
5.2.2 混凝土性能 …… 382

5.3 试验准备及过程 …… 382
5.3.1 试验准备 …… 382
5.3.2 试验过程 …… 383

5.4 试验结果与分析 …… 384
5.4.1 试验结果 …… 384
5.4.2 试验结果分析 …… 388

5.5 本章小结 …… 395

第 6 章 超高强度等级钢管混凝土 …… 396

6.1 轴心受压力学性能 …… 396
6.1.1 试验概况 …… 396
6.1.2 试验方案 …… 401
6.1.3 材性试验结果与分析 …… 402
6.1.4 一次加载试验结果与分析 …… 405
6.1.5 反复加载试验结果与分析 …… 436

6.2 偏心受压力学性能 …… 445
6.2.1 试验概况 …… 445
6.2.2 试验装置与方法 …… 446
6.2.3 试验过程与结果分析 …… 447
6.2.4 偏心计算方法探讨 …… 454

6.3 受弯力学性能 …… 455
6.3.1 试验概况 …… 455
6.3.2 试验装置与方法 …… 456
6.3.3 试验过程与结果分析 …… 458

6.4 受剪力学性能 …… 467
6.4.1 试验概况 …… 467
6.4.2 试验装置与方法 …… 468
6.4.3 试验过程与结果分析 …… 470

6.5 本章小结 …… 485

参考文献 …… 486

第 1 章

绪　　论

混凝土是建设桥梁工程的基础建筑材料。随着桥梁结构形式的新发展，施工控制的复杂性与服役环境的严酷性对桥梁混凝土提出了更新、更高的要求。其中桥梁索塔、墩身与承台的施工要解决施工期的工程质量和进度问题，需要对混凝土的工作性能进行调控；承台和墩柱等大体积混凝土面临温差引起开裂的问题，箱梁等薄壁结构面临干燥收缩开裂的高风险，需要对混凝土的收缩性能进行调控；桥梁工程面临长寿命设计要求，以及高盐、高寒、重载等严酷服役环境，需要对混凝土耐久性能进行调控。此外，桥梁工程组合结构使用的传统混凝土表现出自重大、抗拉强度低、应变小等问题，常常导致负弯矩区混凝土破坏，需要对混凝土构件的韧性进行调控。通过对混凝土性能的调控，突破技术瓶颈，实现混凝土的超高性能化。

1.1 桥梁高性能混凝土技术需求

1.1.1 公路桥梁建设规模更大、难度更高

随着我国区域协调发展战略向纵深推进，现代公路建设特别是欠发达的中西部地区公路建设规模将持续增大；同时，公路建设也将越来越多地面临地形地貌多变、地质构造复杂、气候环境恶劣、生态环境脆弱等建设条件。而中西部地区复杂地形地质条件下公路建设桥梁隧道占比很高，桥梁规模大，建设难度越来越高。

以我国西部地区的四川公路建设为例，截至2019年，四川公路总里程约33.7万km，高速公路约7500 km，二级以上等级公路总里程约2.9万km，覆盖四川183个县级节点。但是四川公路建设仍不满足国家战略和经济发展需求，已经规划的总里程18 000 km的40余条高速公路进出川通道仅建成16条，建成的二级及以上公路仅占规划的34%，尚有12个县未实现高速公路规划覆盖，四川精准扶贫的88个贫困县和国家藏区集中连片地区公路建设落后。因此，四川未来公路建设规模巨大，而作为四川公路建设重要组成的桥梁建设，规模同样巨大，建设和管养任务艰巨。

四川在中国大陆地势三大阶梯中，位于第一级青藏高原和第二级长江中下游平原的过渡带，公路建设特别是桥梁建设面临诸多新的技术挑战。青藏高原四川境过渡带的地形属于中、高山区，山高谷深、横坡陡峻、坡体破碎、震坍堆积物多未稳定，公路项目桥隧占路线总长约90%，路基挡防构造物多；青藏高原四川境过渡带与四川Y形地质构造基本重合，区内分布有鲜水河、龙门山、安宁河三大活动断裂带，地震烈度高、地应力大，且区内广布大量巨型崩塌、滑坡、泥石流等不良地质，同时区内河流纵横，库区公路受库岸再造影响大；青藏高原四川境过渡带受高山分割影响，公路沿线的气候条件差异大，气候要素中的冰、雪、雨、雾、日照等对公路路线选择和标高的确定影响颇大，同时区内气候气温低、冬季长、降水少、日照足、紫外线辐射强；青藏高原四川境过渡带内生态保护红线面广，世界遗产地、国家自然保护区和国家水利设施等分布其中，生态环境脆弱，且区内川西北和岷山—邛崃山—凉山是全国水源涵养与生物多样性保护的重点区域，也是长江、黄河上游的重要生态屏障，同时区域内自然资源、文化资源和旅游资源等独特而丰富。

四川中西部地区公路桥梁建设条件对于中国未来山区公路桥梁建设具有很好的代表性，攻克这些技术难题形成的科研成果具有共性推广价值。

1.1.2 公路桥梁建设材料要求高

山区公路桥梁建设艰难，桥梁占路线比例越来越高，桥梁总体规模也越来越大，混凝土桥梁占比超过95%。山区桥梁不仅桥墩高，而且跨径大，混凝土材料输送难度越来越高；山区桥梁面临多变气候条件，日照时间长、阳光强度大、风大风多、冰冻频繁、盐害严重；山区桥梁砂石资源匮乏，原材料质量差、变化大；山区桥梁地震烈度高，钢筋设计密度高，混凝土浇筑困难；山区桥梁位于荒凉的高山峡谷，运营养护难度大。因此，混凝土桥梁要求混凝土具有全面的力学性能、工作性能、体积稳定性能和耐久性能，对桥梁建设材料的要求也越来越高。

1.2 桥梁高性能混凝土现状

混凝土作为一种水泥基复合材料，具有原材料来源广泛、抗压强度高、制备工艺场地要求低、可模性好、防火耐久、整体性好等特点，是当今使用量最大的建筑工程材料。2011—2016年，我国商品混凝土产量分别为74 271万 m^3、88 817万 m^3、116 960万 m^3、155 413万 m^3、164 131万 m^3、179 200万 m^3，同比增长分别为27.2%、19.6%、31.7%、32.9%、9.2%。国家发展新基建，土木工程基础设施建设及重大工程建设仍然是重要任务，混凝土作为一种用量最大的建筑材料，必将全面应用于国家基础性建设、城乡建筑规划、军事建设等工程。随着近几十年来综合国力、科学研究、经济实力的高速发展，我国对混凝土性能的研究取得了日新月异的进展。

从混凝土原材料组成上来看，过去的胶凝材料只有水泥，如今为实现节能降耗、环境友好，工程师们通过试验研究，开发出众多的矿物掺和料。如采用粉煤灰、矿粉、硅灰、磷渣粉等矿物掺和料替代部分水泥；人造机制砂石、高钛重矿渣砂石、轻集料等粗细骨料已广泛应用于天然集料匮乏的山区公路桥梁建设，取得显著的经济效益，提升了混凝土性能。从混凝土工作性能上来看，过去混凝土依靠人力施工的落后手段完成混凝土输送，现在高性能外加剂和配合比调控设计技术的开发已使混凝土具备极高的工作性能，能够满足超高、超长距离泵送混凝土的需要，促进了山区超高、超大、超长桥梁等建筑的发展。从混凝土力学性能上来看，过去应用的混凝土强度等级一般为C30～C40，现在科技工作者通过集料组成设计、高减水率外加剂和高效养护技术，开发出无宏观缺陷、成本很低、抗压强度超过60 MPa的混凝土。从混凝土质量检测上来看，过去人们"唯强度论"，只关心混凝土的力学强度，现在工程师们更关注混凝土的工作性能、体积稳定性能和耐久性能等。从混凝土的研究尺度上来看，丁庆军等教授基于分子动力学和量子力学模拟，结合水泥浆体微结构的测试表征，建立了服役于普通环境下C—S—H凝胶微结构模型，使混凝土的研究跨入了分子尺度。总之，混凝土性能正向高性能、高强化发展，在满足混凝土结构所要求的各项力学性能外，还须具备高工作性能、高体积稳定性能和高耐久性能。

然而，混凝土的强度和脆性是一对难以调和的矛盾，在混凝土实现高强化的同时，脆性也在增大，造成工程应用安全储备不可靠。因此，超高强混凝土的工程应用应改善混凝土材料脆性，提高结构延性，避免结构无征兆的脆性破坏发生。采用钢筋混凝土结构、钢纤维混凝土结构，或延性更好的钢管混凝土结构，是超高强混凝土工程应用的有效形式。

受我国桥梁建造历史、施工技术和工业化程度等多因素影响，超95%的桥梁工程是混凝土结构工程，混凝土仍然是现代桥梁建设使用最多的建筑材料。处于经济高速发展的中国，公路基建规模宏大，混凝土用量很高。目前在工程中使用的混凝土，根据其性能或品质的差异大概分为三类，即普通混凝土、高性能混凝土、超高强混凝土。普通混凝土就是目前在工程中大量使用的传统混凝土。

高性能混凝土是满足力学性能要求的高工作性能、高体积稳定性能和高耐久性能的混凝土，通过集料组成设计、外加剂功能设计等技术，能够针对不同用途和环境条件要求，对力学强度、工作性、体积稳定性、耐久性、适用性和经济性等进行调控设计。

超高强混凝土(ultra-high performance concrete, UHPC)的制备原理、原材料选用、生产工艺都不同于普通混凝土，其力学性能和耐久性能均高于高性能混凝土，抗压强度一般为150～200 MPa，抗拉、抗折强度达到20～50 MPa，在桥梁工程的特殊部位已经开始应用。

桥梁的建设关乎国计民生，不同类型的桥梁和桥梁的不同结构部位均涉及上述各类混凝土,关注桥用混凝土品质,既要提高混凝土的物理力学性能、施工性能和服役耐久性能,又要降低工程造价。十余年来,四川省公路设计研究院联合武汉理工大学等科研团队,针对国内外桥梁混凝土的研究现状及存在问题,开展了桥梁混凝土高性能化技术和桥梁可调控超高强混凝土设计技术的研究。

1.3 桥梁高性能混凝土技术

1.3.1 桥梁高性能混凝土技术途径

本着桥梁建设就地取材的原则,研究者们开展了常规混凝土技术制备超高强混凝土的研究。阎培渝、周永祥等采用普通市售原材料、优质减水剂,并掺加占胶凝材料10%的硅灰,配制出了28 d抗压强度超过100 MPa的高强混凝土,制作的超高强钢管混凝土构件极限承载力达到了1 530 kN,采用钢管混凝土复合结构模式,能够大幅度提高高强混凝土构件的承载能力和延性。C. Schröfl、M. Gruber、J. Plank等研究了聚羧酸系超塑化剂对超高强混凝土胶凝颗粒的空间位阻效应和静电分散效应,结果表明小分子量的有机酸阴离子与聚羧酸系超塑化剂之间具有潜在的协同作用,可有效分散水泥、硅灰等胶凝材料,制备出性能优异的超高强混凝土。蒲心诚、王冲等在国家自然科学基金的支持下,研究了混凝土胶凝材料用量、水胶比、砂率等对超高强混凝土性能的影响规律,通过优化混凝土配合比,制备出抗压强度在100~150 MPa的超高强高性能混凝土。因此,超高强混凝土制备需遵循以下原则:

(1) 选择高性能聚羧酸减水剂(减水率通常大于30%),在保证混凝土工作性能的同时,进一步降低混凝土水胶比(不大于0.2)。

(2) 优化混凝土胶凝颗粒组成设计,优选具备高活性、密实填充、改善混凝土流动性的优质矿物掺和料,宜采取多种矿物掺和料复合掺入,进一步提高混凝土的密实度。限制粗骨料的最大粒径(一般小于20 mm),粗骨料应坚固性好、母岩强度高,严格控制针片状含量及含泥量。

(3) 适当提高胶凝材料总用量,科学合理确定水胶比。

(4) 根据工程建设特点和高性能混凝土施工要求,编制可行可控的混凝土浇筑工序和工艺,确保混凝土施工质量。

1.3.2 桥梁高性能混凝土技术研究

我们认为桥梁高性能混凝土是指在满足设计强度等级要求的前提下,混凝土拌合物具有更好的工作性、体积稳定性和耐久性的混凝土。通过混凝土性能设计和调控,使混凝土具有可施工性、抗裂性、护筋性、耐蚀性、抗冻性、耐磨性、抗碱-骨料反应性及体积稳定性。桥梁工程需要高性能混凝土的主要部位有桩基混凝土、承台与锚碇等大体积混凝土、箱形构件等薄壁结构混凝土、自密实钢管混凝土、桥面铺装混凝土、清水混凝土、轻集料混凝土等类型。

随着我国基础设施建设规模持续增大,桥梁建设水平不断提升,对于桥梁的墩柱、梁的要求也越来越高,一方面表现在桥梁设计使用寿命的提高,另一方面表现在外观质量要求达到清水的效果。对于跨径长、主梁间距更大、构件薄的梁体混凝土,需要提高混凝土的配筋率,导致混凝土浇筑施工困难,且主梁和桥墩宽度超过15 m时,容易开裂,特别是连续箱梁桥,主梁宽度超过20 m、壁厚不足30 cm时易产生裂纹。同时,采用移动模架施工,为控制混凝土的凝结时间与早期强度的匹配关系及混凝土的密实性,需采用自密实混凝土。然而自密实混凝土的砂率、矿物掺和料及水泥用量均较高,水泥在水化过程中产生大量的水化热,对于局部体积较大的混凝土构件而言,内部积聚的热量不能尽快散发,从而形成内部温度高而外部温度低的温度梯度,由此产生的不均匀内部温度变形会产生较大的温度应力,导致结构产生温度裂缝;同时,胶凝材料和砂率高的自密实混凝土收缩、徐变均较大,易导致梁体混凝土的预应力损失,给桥梁结构的使用安全带来隐患。对于外观要达到清水效果的墩柱、梁,为满足其使用寿命的要求,在配制混凝土时需要掺入较高的矿物掺和料,其对混凝土的外观质量、色泽差异等方面有较大影响,如何保证其表面平整光滑、色泽均匀、棱角分明、无破损和污染的清水特性,需要从外加剂、矿物掺和料、砂石集料等的选择、配合比设计、施工工艺和养护技术等方面综合考虑,矿物掺和料的掺入对饰面的影响尤为严重,而现在的制备手段仅停留在消泡剂、引气剂、减水剂、增黏剂等外加剂复配上,不能从根本上解决气泡问题；构件表面清水效果较好的清水混凝土模板技术、脱模漆均来自国外，进口成本较高，需要自主开发系列模板技术和脱模漆。

矿物掺和料作为现代混凝土必不可少的原材料，随基础设施建设混凝土用量的增加而需求明显增长。首先，适用于钢筋混凝土工程的Ⅰ、Ⅱ级粉煤灰、矿粉等供应紧张，严重影响了混凝土产业的可持续发展和结构耐久性；其次，我国每年产生的粉煤灰虽然达到 3.75 亿 t，但可用于混凝土的粉煤灰仅占到产量的 20% 左右；再次，机制砂已成为混凝土用砂的主要来源，每年的产量大约为 12 亿 t，其中 20% 是石粉，由于其没有合适的应用途径，不仅占用大量土地，而且污染环境。最后，四川甘孜州地区的锂渣、攀枝花钢铁厂的钛矿渣等各地工业废渣已成为环境污染源，为资源化利用各种工业废渣，开发低品质粉煤灰改性及组分优化、新型石灰石粉复合矿物掺和料、工业废渣作为矿物掺和料或作为粗细集料替代天然碎石及其在混凝土工程中的应用等成套技术，既可变废为宝、节约资源，又能提升混凝土性能、降低工程造价，社会效益和经济效益显著。

1.3.3　桥梁混凝土高性能化技术成果

1.3.3.1　开发人工集料桥梁结构高性能混凝土

西部地区砂石资源极度匮乏、砂石质量差，同时山区公路桥梁建设混凝土性能要求又高，就地取材就更经济。作者团队长期致力以机制砂石、机制矿渣砂石为原材料，开展集料组合设计方法、多功能外加剂、复配矿物掺和材料、掺入不同种类钢纤维、采用不同含钢率的钢管混凝土等技术途径，开发人工集料可调控高性能混凝土设计技术，并在公路桥梁隧道工程中进行大规模应用，提升西部地区交通工程建设质量与服役性能，为西部公路建设的高消耗资源提供新技术。

提升混凝土性能，匹配工程建设与服役应用需求。因混凝土质量差，缺乏针对建设与服役环境的专项组成设计与耐久性研究，很多西部山区混凝土结构在服役不到 20 年就出现了不同程度的破坏，难以满足西部大开发公路工程建设要求。需通过混凝土组成、结构与性能的合理设计，满足西部山区高频冻融、大温差和大风、干热、盐侵蚀等特殊服役环境需求。

研究表明，机制砂表面棱角多、石粉含量高，设计制备的机制砂混凝土与天然砂混凝土差异较大。提高机制砂中的石粉含量，胶凝浆体的最大放热速率降低、水化放热峰值延迟，混凝土的抗折强度随石粉含量增加先升高后降低，当石粉含量为 10% 时，混凝土的抗折性能最好；机制砂石粉含量为 6%～12%，制备的混凝土性能较好，总体上较天然砂混凝土更好；当石粉含量超过 20% 时，混凝土工作性差，密实性降低，集料的骨架作用较弱，降低了混凝土强度。石粉有阻断毛细孔隙的作用，改善孔结构，提高混凝土的耐久性。

机制砂混凝土配合比设计缺乏相应的理念，忽视了机制砂本身的特点，胶凝材料用量普遍偏大，制备的混凝土易收缩、开裂等；物理力学参数不同的机制砂，配制的混凝土和易性、黏聚性差别较大，实际应用中问题较多；对机制砂混凝土的体积稳定性、耐久性和机制砂对混凝土性能的影响机理缺乏系统研究；适合机制砂拌制混凝土的多功能外加剂材料需要继续开发。

推行轻质高强度结构，减小材料消耗，提升抗震防灾能力。西部地区地震带多，地震频发且烈度大，需开展材料与结构匹配设计研究，开发轻质高承载力新型结构，减少混凝土材料用量，减轻结构自重，减小地震作用影响，提升工程结构抗震防灾能力。

攻克山区混凝土输送难题，保证工程建设品质。西部高墩大跨度结构多，混凝土输送难度大，对材料性能要求高；且地势险要，施工场地狭小。此外，工程体量大，施工便道修建破坏生态环境，经济性差，需开发合理的材料输送工艺来解决现有问题。

1.3.3.2　开发工业废渣的桥梁高性能混凝土

1）高钛重矿渣集料桥梁高性能混凝土

高钛重矿渣是高炉冶炼钒钛磁铁矿时产生的熔融矿渣在空气中自然冷却或水冷形成的一种以钛辉石、钙钛矿等矿物为主的石质材料，具有多孔、高强、化学稳定性好等特点。四川攀枝花钢厂年排放高钛重矿渣 380 万 t，迫切需要研究开发攀钢高钛重矿渣规模化、资源化的高效利用技术。国内外已经研究证明可行的高钛重矿渣利用途径有以下几种：①从钛重矿渣中提取钛，并且利用提钛后的残渣生产复合水泥；②作为混凝土掺和料，或者粗、细骨料；③工业废渣的综合利用。

四川攀枝花地区位于四川边界,公路建设基础设施落后,砂石资源极度匮乏,将四川攀枝花钢厂的高钛重炉渣进行适当加工处理,再应用于混凝土的掺和料和集料,是相对较快的既处理废渣又解决公路建设资源紧缺难题的有效途径。前期试验研究成果和民用工程应用实践表明,攀钢高钛重矿渣作为普通粗骨料制备高性能混凝土是可行的,能满足一般市政建设工程的需要。但是,利用其配制可以应用于桥梁、高速公路的高性能混凝土还存在以下难题:

(1) 高钛重矿渣与一般高炉矿渣相比,TiO_2含量约20%,且冷却方式不同,其化学成分与矿物组成均有较大差异,对混凝土的力学性能、工作性能、耐久性等方面的影响需要进一步研究。

(2) 由于高钛重矿渣集料多孔高强的特殊物理特性,导致高钛重矿渣混凝土配合比设计不同于普通混凝土,需要进行配合比设计方法研究。

(3) 由于高钛重矿渣具有较大的孔隙率和粗糙度,在拌合和施工过程中,浆体和水分易损失而导致混凝土的包裹性能变差、泵送施工性能差,易离析堵管,需寻找一种合理有效的方法改善和解决高钛重矿渣混凝土泵送施工性能差的问题。

(4) 高钛重矿渣砂渣粉体含量一般在8%~15%,高于国家标准的规定,是否对高钛重矿渣混凝土工作性能、体积稳定性及耐久性能造成不良影响,还未见研究。

(5) 高钛重矿渣混凝土力学性能、长期性能、耐久性能和泵送施工性能等尚未进行系统的研究,缺乏科学论证,既有研究成果尚未进行工程应用。

在交通运输部西部科技项目和四川省交通运输科技项目的资助下,作者团队开展了高钛重矿渣作为混凝土集料应用的专题研究,进行了高钛重矿渣废料的加工工艺、分类标准和多功能外加剂开发、集料组成设计,以及影响混凝土工作性能、力学性能、体积稳定性能和耐久性能等系列研究,研究成果不仅支撑了四川丽攀高速公路建设,而且扩大了高钛重矿渣集料在市政道路、城市建筑和水利工程建设的应用范围。

2) 磷渣桥梁高性能混凝土

四川雅安—康定高速公路工程,沿线粉煤灰、矿粉等应用于大体积混凝土中的矿物掺和料资源少、成本高,但沿线有丰富的磷渣资源,可探索将其用于大体积混凝土的设计制备研究,工业磷渣与石粉对比如图1-1所示。同时,四川沿江高速公路、乐西高速公路等沿线磷肥厂分布广泛,磷渣工业废料较多,将磷渣用于制备混凝土将是较好的高性能混凝土制备途径。

(a) 磷渣粉

(b) 石粉

图1-1 磷渣粉和石粉 SEM

魏莹等学者研究表明,掺加磷渣会使混凝土的早期强度降低,随着磷渣掺量的降低,混凝土的强度下降,磷渣掺量在50%以内时,混凝土28 d的强度接近甚至超出基准混凝土的强度,掺量为20%~

30%时,会超出基准强度的5%,掺入磷渣会导致混凝土的早期收缩比基准混凝土大,随着龄期的延长收缩接近基准混凝土,因此磷渣混凝土需注重早期养护。冷发光等学者研究表明,磷渣是一种性能优良的混凝土掺和料,磷渣掺量为胶凝材料的20%时,胶凝浆体的水化7 d的放热量为不掺磷渣放热量的78.5%;掺量为40%时,7 d的放热量为不掺磷渣放热量的65.4%;掺量达到60%时,总水化热降低一半左右,且水化1 d的放热量也较小。蒋正武等学者研究表明,掺加磷渣可有效改善机制砂混凝土的工作性能,磷渣具有一定的减水作用,与相同掺量的粉煤灰相比,磷渣混凝土的初始坍落度较大,各龄期抗压强度稍高。混凝土28 d后,不同磷渣掺量的机制砂混凝土抗压强度增长明显,主要是因为磷渣中大量的SiO_2和Al_2O_3可与水泥水化出的$Ca(OH)_2$反应,生成C—S—H凝胶,强度得到发展,到90～180 d时,不同磷渣掺量(小于40%)的机制砂混凝土抗压强度均超过了基准混凝土。王业江等学者研究表明,在磷渣粉在混凝土中的应用研究进展中指出,水淬粒状具有较高的潜在活性,磷渣的矿物组成与形成的热历史有关,水淬骤冷形成的磷渣主要以玻璃态的形式存在,玻璃体的含量达90%以上,主要矿物相组成为硅灰石和枪晶石,以及方解石、氟化钙、石英等;影响磷渣活性的主要因素是磷渣的矿物组成、细度及玻璃化程度。刘秋美等研究表明,磷渣影响混凝土的凝结时间,随磷渣掺量的提高,凝结时间延长,其主要作用机理分为三个方面:①水泥水化的$Ca(OH)_2$与磷渣中的磷、氟反应,生成磷酸钙和氟羟磷灰石,覆盖在水泥颗粒表面,抑制了水泥的水化;②石膏和磷渣中的P_2O_5延缓了C_3A的水化进程,钙矾石和水化铝酸三钙生成量显著降低;③硅酸盐水泥水化初期会形成一种半透水性水化产物薄膜,对磷渣有吸附作用,导致水化产物膜致密性提高,水分子及其他离子可通过的速率降低,导致磷渣有缓凝作用。梅国兴等人研究表明,掺加磷渣的胶凝浆体水化1 d后,采用SEM观测出少量短纤维的C—S—H凝胶,磷渣颗粒未水化;水化3 d时,纤维状C—S—H凝胶变长,以及有短针状的AFt出现;水化至7 d时,大量针状AFt形成;水化至28 d,浆体中存在少量未水化的磷渣颗粒,C—S—H凝胶较多,条状$Ca(OH)_2$及AFm存在于浆体中。掺入磷渣可显著降低浆体水化1 d的水化热,当其掺量分别为15%和45%时,1 d的水化热降低21%和66%。

1.3.3.3 桥梁构件与混凝土性能匹配设计

1) 桩基高性能混凝土可调控设计

桩基是地质基础土层的柱形构件,通过连接桩顶的承台共同组成基础,承受上部结构传来的全部荷载,并把它们和下部结构荷载传递给地基,因此地基和基础要有足够的强度、刚度和整体稳定性,使其不产生过大的水平变位或不均匀沉降。关于桩基混凝土的研究,国内外学者通过掺加各类矿物掺和料和外加剂的方法优化配合比,提升了桩基混凝土的耐久性能,并在一些实际的钻孔桩工程中进行了成功应用,然而对于一些配筋密集的桩基工程,还存在如下问题:

(1) 采用低标号的钻孔桩混凝土虽然工作性能达到泵送施工要求,成桩后采用超声波检测也能达到密实,但由于混凝土通过钢筋间隙的能力较差,在配筋密集的地方呈现蜂窝等不密实的现象,导致钢筋保护层厚度减小,抗侵蚀介质的性能较差。因此,要求低标号桩基混凝土在满足泵送要求的前提下,还必须具有自密实的性能。

(2) 盐渍地区或海水中的桩基混凝土仍然面临水中化学物质的侵蚀和承受荷载的耦合作用,混凝土的抗钢筋锈蚀性能差。

(3) 南方某些地区为钟乳石地脉,属碳酸盐环境,要求桩基混凝土具有较高的抗碳化性能;而西北地区的硫酸盐、冻土等侵蚀环境对桩基混凝土的抗硫酸盐侵蚀性能、抗冻性及冻土环境稳定性问题也不容忽视。

(4) 对于连接桩和上部结构钢筋的封底混凝土,由于其混凝土标号较低、自密实性能差、封底不严实、易出现渗水,为避免在桩基水下施工过程中被水洗掉,拌合物还要有一定的抗分散性和黏聚性,要求其同时具有自密实、抗水分散、微膨胀和高耐久的特性。

2) 大体积混凝土性能可调控设计

锚碇、承台和拱座等大体积混凝土的建设质量是修建大型桥梁的技术关键,大体积混凝土存在的温度开裂和海水、河水冲刷造成表面脱落,影响使用寿命等问题不容忽视。国内外学者对于大体积混凝土的研究主要集中在配合比设计和温控等方面,如秦鸿根、王伦等在崇启大桥承台混凝土配合比设计过程中,通过粉煤灰40%、矿粉20%的复掺技术制备出了水化热、干燥收缩、氯离子扩散等都满足要求的高性能大体积混凝土。李慧、蔡文明等采用在大体积混凝土底板预埋冷却水管的施工方法,通过分层浇筑施工,取得了良好的降温效果。本书作者通过采用补偿收缩矿物掺和料、高效减水等外加剂的复掺技术制备出低温升、高抗裂桥梁高性能混凝土,应用到四川雅西高速公路、四川宜渝高速公路等多座桥梁工程的锚碇、承台等大体积混凝土施工中,取消了冷却水管,混凝土未产生裂缝。实践表明,大体积混凝土在实际施工过程中存在的主要问题如下:

(1) 在大体积混凝土结构施工过程中,为避免温度裂缝的产生,主要采取在大体积混凝土中预埋冷却水管的降温措施,然而此种方式不仅增加了施工难度,而且提高了工程造价,同时预埋冷却水管处常出现压浆不密实,使有害离子更易侵入混凝土内部,引发结构内部钢筋锈蚀。

(2) 桥梁在水流长期冲刷下容易造成磨蚀损耗,夹带泥沙和碎石的高速水流长期冲刷结构表面,造成混凝土保护层的剥落,影响结构使用寿命。

(3) 海边有大量的海砂资源,然而海砂含有较高的氯盐、贝壳和轻物质等有害物质,未经净化处理的海砂容易加剧混凝土中的钢筋锈蚀,给建筑工程埋下严重的质量隐患。

(4) 规范中对于矿物掺和料的掺量限定不合理,如粉煤灰掺量不宜超过胶凝材料用量的40%,矿渣粉掺量不宜超过胶凝材料用量的50%,粉煤灰和矿渣粉掺和料的总量不宜大于混凝土中胶凝材料用量的50%等要求,与工程应用的实践证明相矛盾,工程应用中粉煤灰和矿渣粉总掺量到60%~70%时,大体积混凝土的性能依然能满足工程要求。因此,对于规范中关于矿物掺和料极限掺量的问题还需要进一步的研究。

3) 桥面铺装混凝土性能可调控设计

桥面铺装层作为行车道直接承受车辆载荷、温度载荷和冰冻载荷作用,因此沥青混凝土面层和钢筋混凝土整平层的质量十分重要。水泥混凝土整平层具有强度高和刚度大、力学性能稳定性好、耐久性好等明显的优势。但是,桥面铺装混凝土整平层施工时,暴露面积大,没有模板覆盖,现场不易做到及时养护,桥面铺装水泥混凝土存在一系列问题:①水泥混凝土作为桥面铺装材料存在严重的韧性不足问题;②铺设的钢筋网在实际施工过程中易被车轮和人员踩压下移,使其处于铺装层底部,导致其提高抗剪能力的程度减弱;③细集料、未水化的水泥颗粒及水泥浆体的密度各不相同,在振捣施工中轻集料和粉煤灰等矿物掺和料易出现上浮,导致铺装层材料产生分层现象,影响其耐磨性及使用寿命;④底层轻集料混凝土铺装层与上层普通混凝土层在收缩上存在较大差异,导致铺装层产生开裂和局部脱层等病害,从而影响结构的安全性和使用寿命。

4) 钢管混凝土性能可调控设计

钢管混凝土是将自密实混凝土灌注到钢管内,形成共同承受荷载的组合材料。钢管混凝土应用到桥梁建设不仅具有良好的力学性能,还有良好的技术与经济效益。钢管与核心混凝土间的协同作用是钢管混凝土具有一系列突出优点的根本,因此钢管混凝土是一种高性能混凝土的特殊材料。为了保证混凝土灌注密实,钢管内混凝土应具有低水胶比、低含气量、高流动性、优良抗离析性及填充性、坍落度经时损失小、缓凝、微膨胀等特点。然而,随着钢管混凝土桥梁向大跨度、超高强和结构形式多样化发展,钢管混凝土还存在如下技术难点:①混凝土保持塑性的时间如何控制,使用非引气性超塑化剂如何保证混凝土的低含气量;②钢管高强混凝土胶凝材料用量多,水胶比低,浆体黏度大,致使泵送施工困难;③钢管高强混凝土内部湿度下降快、自收缩大。虽然采用内养护材料、膨胀剂复合的技术方法可以解决收缩问题,但内养护剂一般为多孔材料,会在混凝土中形成薄弱环节,降低强度。

5) 高性能混凝土耐久性可调控设计

西部山区高海拔地区,公路建设的桥梁工程位于干热、高频冻融、盐侵蚀与高地震烈度多因素耦合作用区域,各强度等级混凝土的耐久性提升技术是提高桥梁使用寿命的关键。西部山区海拔高、地震烈度高、干热时间长、昼夜正负温差大,容易形成高频冻融,且部分地区还面临盐侵蚀环境,揭示多因素耦合作用下混凝土微结构形成、演变规律与材料损伤累积,结构与力学性能劣化机理等规律,提出了C15~C120各强度等级混凝土的耐久性能提升技术及相关试验研究成果,并在桥梁工程实践中应用验证,取得了较好的社会效益和经济效益。

1.3.3.4 钢管混凝土限制膨胀设计技术

1) 钢管混凝土膨胀调控设计原理

机制砂制备的混凝土,干燥收缩比普通混凝土略大,大体积混凝土和钢管混凝土在降温阶段易出现收缩,为弥补降温阶段的收缩,可引入具有延迟性能的膨胀剂 MgO。陈昌礼等学者研究表明,掺入 MgO 的混凝土力学性能优于普通混凝土,具有良好的延迟微膨胀特性,可显著提高混凝土的抗裂能力。MgO 掺入大体积混凝土中,其微膨胀主要发生在大体积混凝土的降温收缩阶段,可补偿混凝土的降温收缩,可减少大体积混凝土的分缝、分块,取消混凝土集料降温冷却、预埋冷却水管等工序。崔鑫等学者研究表明,MgO 的膨胀主要是因为 $Mg(OH)_2$ 晶体的生成和生长,混凝土的膨胀主要取决于 $Mg(OH)_2$ 晶体的存在位置和晶体的尺寸,在混凝土的水化早期,$Mg(OH)_2$ 晶体引起的膨胀较小,浆体的膨胀主要是因为 $Mg(OH)_2$ 晶体的肿胀力,随着水化的进行,$Mg(OH)_2$ 晶体长大,结晶生长压力转化为混凝土膨胀的主要应力。试验结果表明,在 20℃的水中 MgO 水化 180 d,约有 57% 的 MgO 水化生成 $Mg(OH)_2$,这说明 MgO 水化并发挥膨胀作用较迟。

2) 钢管混凝土稳健膨胀调控设计

东南大学刘加平教授和广西大学郑皆连教授等学者研究表明,用于钢管混凝土制备的 MgO 膨胀剂能够实现收缩补偿分时膨胀。钢管内混凝土水胶比低、泵送距离长,容易出现因流动性不足而无法填充密实及大流动性下拌合物抗离析稳定性差等问题。针对该问题,一方面通过引入多齿络合基团和碱响应基团调控聚羧酸分子在水泥-水界面的吸附分散行为,有效释放自由水,增加水膜层厚度 1.0 倍以上,降低颗粒摩擦阻力,提高流动性,同时提供动态、持续的吸附分散作用,可实现高温条件(30~40℃)下管内混凝土 3 h 坍落扩展度损失小(≤20%)(图 1-2a);另一方面,基于两性离子和疏水缔合作用开发了触变稳健型功能材料,离子基团通过静电及络合作用在水泥颗粒表面有效吸附,在水泥颗粒之间形成桥接作用及稳定的三维网状结构,而疏水缔合作用能够提供分子间缠结,并且能够通过氢键作用有效束缚自由水,从而提高管内自密实混凝土拌合物浆体屈服应力 50% 以上,离析率和泌水率比降低 1.0 倍以上(图 1-2b)。通过上述管内自密实混凝土专用化学外加剂技术,可实现其高稠度、低黏度及大流动性与高抗离析稳定性的统一,并有效降低其工作性能对原材料、温度、时间等因素波动的敏感性,保障钢管内混凝土灌注质量。

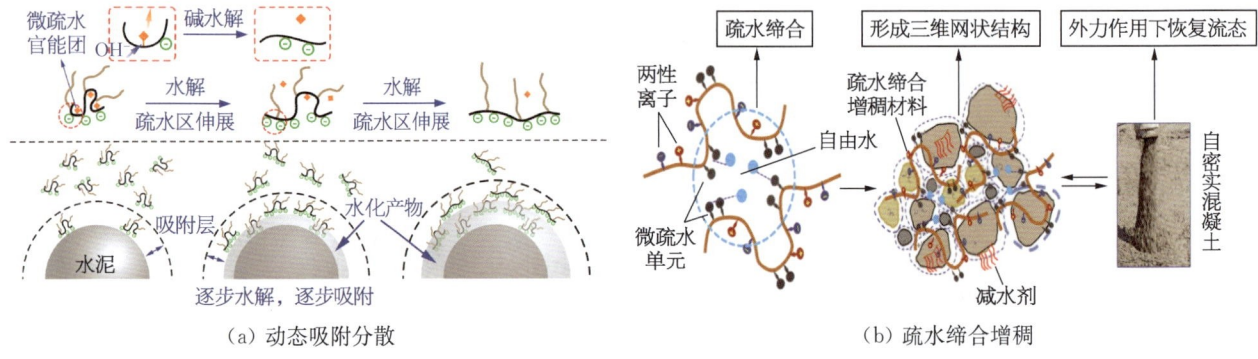

(a) 动态吸附分散   (b) 疏水缔合增稠

图 1-2 管内自密实混凝土缓控释及触变稳健化学外加剂技术

3) 钢管内混凝土分时膨胀调控技术

高胶凝材料用量、低水胶比的材料配比特征使得管内混凝土产生持续且较大的收缩,是导致其与管壁脱黏、脱空病害的关键原因。针对该问题,在对管内混凝土自灌注成型开始体积变形时变规律研究的基础上,开发了历程可控的分时膨胀补偿收缩材料。针对铝粉等传统塑性膨胀组分发气速度快、时间短的不足,研发了改性偶氮二甲酰胺塑性膨胀材料,延长膨胀时间 2.0 倍以上。针对钙质膨胀材料水化速率过快问题,研发了表面包覆的钙质膨胀材料,3~7 d 的膨胀效能增大 1.0 倍。针对轻烧 MgO 煅烧温度敏感且难以精确控制问题,建成了首条 10

万 t/年轻烧 MgO 膨胀材料专用悬浮床煅烧生产线，智能化精确控制温度和流场，MgO 活性反应时间波动在 ±10 s 以内，实现了 50～250 s 不同活性轻烧 MgO 的精确分区煅烧。同比传统回转窑煅烧工艺，热效利用率提升 60%，MgO 活性波动降低 50% 以上。通过上述分时膨胀补偿收缩材料的多元复合，改性偶氮二甲酰胺补偿塑性阶段收缩，表面包覆钙质膨胀材料、高活性和中低活性 MgO，分别补偿硬化阶段前期、中期和后期收缩，精准匹配管内混凝土收缩的类型、发生时间及大小，实现了全龄期的无收缩(图 1-3)。

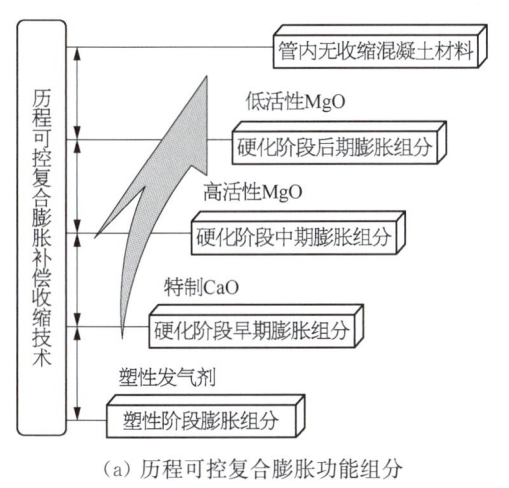
(a) 历程可控复合膨胀功能组分

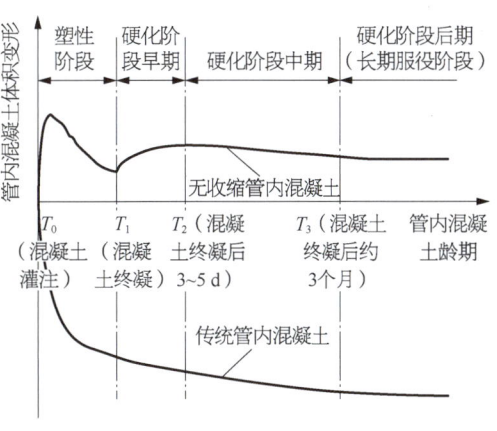
(b) 管内无收缩混凝土变形历程

图 1-3 管内混凝土分时膨胀收缩补偿技术

4) 钢管混凝土密实度分析方法

由于混凝土灌注的不均匀性和在硬化过程中的体积收缩，钢管混凝土拱桥往往会出现顶部混凝土脱空现象，管内混凝土的顶部脱空会直接影响钢管与混凝土之间的协同工作，严重时甚至会对结构承载力造成影响，如何准确地定量检测管内混凝土顶部脱空情况并采取措施补强成为应对脱空问题的关键。目前采用的无损检测技术中，超声波检测技术因其方便操作、成本低、便于现场使用等优点，已经成为钢管混凝土脱空检测的首选方法。然而超声波检测法应用于钢管混凝土结构时，只能定性确定脱空区域位置和相对脱空程度，无法定量确定脱空高度、脱空弧长和脱空弦长等脱空区域特征值。

东南大学刘加平教授和广西大学郑皆连教授等学者提出了一种定量分析钢管混凝土内部脱空情况的方法。该方法通过分析钢管混凝土中超声波的传播过程，揭示了超声波在顶部脱空的钢管混凝土中的传播路径，并依据此传播路径建立了基于钢管混凝土顶部脱空高度的首波声时计算模型。结合钢管混凝土的测量参数和建立的计算模型，能够定量确定脱空高度、脱空弧长和脱空弦长等脱空区域特征值，从而准确评估管内混凝土的灌注密实度。该方法在无损检测的条件下实现了对钢管混凝土顶部脱空程度的定量表征，避免了传统无损检测方法只能定性分析、传统有损检测方法造成结构损伤等问题，实现了钢管混凝土灌注密实度的无损、准确、高效评估(图 1-4)。

1.3.3.5 高韧性混凝土技术开发

桥梁高韧性混凝土指采用钢管混凝土或纤维混凝土提高混凝土韧性，试验研究表明，钢管混凝土增加混凝土韧性和纤维混凝土增加混凝土韧性效果显著，因此对钢管混凝土和纤维混凝土的性能试验研究成果进行总结。

1) 钢管混凝土研究应用

四川省公路设计研究院联合国内科研机构，一直致力于钢管混凝土和超高强钢管混凝土研究与工程推广应用。1990 年首次建成了主跨 115 m 的四川旺苍东河大桥，其主拱为钢管混凝土结构，主拱钢管内灌注 C50 混凝土，基于此桥开展了钢管混凝土组合承载能力及变形试验研究；1995 年建成的主跨 160 m 的四川攀枝花倮果金沙江大桥，是主拱首次采用 C50 钢管混凝土劲性骨架、外包 C50 钢筋混凝土的钢筋混凝土拱桥；1997 年建成的主跨 420 m 的重庆万县长江大桥，是主拱首次采用 C60 钢管混凝

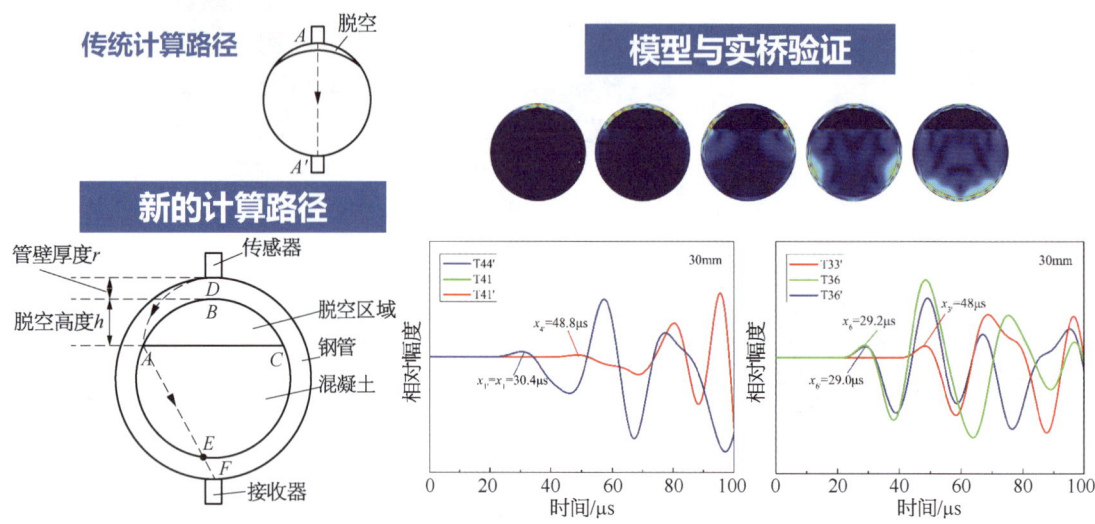

图1-4 钢管混凝土中超声波传播路径与脱空高度量化计算模型

土劲性骨架,外包C60钢筋混凝土的钢筋混凝土拱桥,这是公路桥梁主拱首次设计采用C60强度等级混凝土,基于此桥开展了系列钢管混凝土和外包钢筋混凝土的相关试验研究;2012年建成的主墩高度183 m的四川雅西高速公路腊八斤大桥、主跨360 m的四川广元昭化嘉陵江大桥,其主墩和主拱是钢管骨架的钢管内首次采用C80强度等级混凝土,再分别外包C30钢筋混凝土的钢筋混凝土箱形桥墩和外包C55钢筋混凝土的钢筋混凝土主拱,基于此开展了相关模型试验研究;2018年建成的四川泸州车辆大桥、2020年12月建成的广西平南三桥、2021年5月建成的四川合江长江三桥等桥梁工程,主拱主管内首次设计采用C70强度等级混凝土,基于此开展了专项科研研究和现场模型试验研究;2018年建成的主跨320 m的四川广安官盛渠江大桥、2015年建成的主跨278 m的四川叙古高速公路磨刀溪大桥,是主拱首次设计采用C120钢管混凝土强劲骨架和C55外包钢筋混凝土的钢筋混凝土拱桥,针对主拱首次设计采用C120超高强钢管混凝土和成拱内力、变形计算方法和成桥极限承载能力计算方法,开展了系列相关模型试验研究。一系列试验研究和工程应用表明,超高强钢管混凝土极大地提高了主拱强劲骨架承载能力与刚度,减少了主拱外包混凝土浇筑分环数,简化了混凝土浇筑工艺,提高了施工效率,社会效益和经济效益显著。

2) 纤维高性能混凝土技术开发

开展钢纤维、聚丙烯腈纤维对普通混凝土工作性能、体积稳定性能、耐久性能和力学性能影响研究;主要开展不同种类纤维、不同型号纤维对混凝土拌合物工作性能、混凝土养护过程强度增长和抗裂性能、构件承载过程影响的研究,确定合理的纤维掺加种类和数量,既提高混凝土抗裂强度和韧性,又简化施工工序和工艺。

纤维混凝土研究成果主要应用在超大跨预应力钢筋混凝土梁式桥主梁根部区段、大跨度钢筋混凝土薄壁箱形主拱的拱桥、复合强劲桥面铺装整平层、平面型钢-混凝土组合桥面板、波折型钢-混凝土组合桥面板和钢管混凝土桁梁桥的主梁下弦主管等部位的混凝土。既提高了结构性能,又拓展了结构使用范围,还简化了施工工序。

1.3.3.6 高性能混凝土输送技术开发

深切峡谷的山区桥梁工程高度超60 m的桥墩数量多、主梁位置高且长度长,桥梁两岸地形陡峻,施工便道要么因地形困难而无法实施,要么建设造价高,因此桥梁用混凝土如何运输到浇筑场地成为山区桥梁施工的重大技术困难。

鉴于深切峡谷山区桥梁工程混凝土用量大、强度等级高、输送高度高与水平距离远,要求混凝土具有良好的流动性、黏聚性和工作性,同时混凝土的胶材用量多、砂率高时,将增加混凝土的收缩开裂风险。开发山区桥梁混凝土输送施工需要的高流态、低收缩、超远距离泵送等性能的协同可调控设计技术,是混凝土施工的重要方法与工艺技术的前提,也是山区桥梁质量控制和解决深切峡谷山区超高、超远距离混凝土输送与浇筑施工难题的关键技术。经过工程实践，开发了材料模型试验与工艺模型试验的相似性技术，建立了材料模型试验全过程模拟参数确定和评价指标，解决了工程施工过程中远距离泵送施工因混凝土工作性能变化导致堵管等质量控制难题，有效控制了施工工期。

西部山区桥梁施工的混凝土拌合站由于场地狭窄，材料堆放、设备安装、车辆行驶道路和拌合楼质量自动化控制提升等十分困难。当前拌合站生产的混凝土质量与操作人员经验、砂石集料性能波动、粉体材料温度、设备性能与稳定等密切相关，智能化与自动调节能力差，需要开发拌合站混凝土生产质量自动监控与性能调整提升技术，以及相应的控制系统与装备，提升混凝土拌制质量稳定性。根据山区桥梁施工条件和工程实践，开发了原材料料场、拌合站和施工场地协同开展相关工作的工艺流程控制技术。

1.4 桥梁高性能混凝土展望

随着现代公路向建设条件更加复杂的西部山区发展，桥梁工程建设面临材料资源短缺、性能要求更高、运输难度更大、质量控制更严等系列难题。四川公路设计研究院与武汉理工大学等联合，依托近30项国家与省部级科研课题，历经近15年科技攻关，突破了山区公路桥梁隧道结构工程材料用量大、原材料质量差、就地取材少的技术瓶颈，取得了相关成果。相关技术成果获得国家科学技术进步二等奖2项、省部级科学技术进步二等奖以上15项，授权国家发明专利超过30项，制定行业规范、地方标准8部，获得省级工法3项，发表学术论文100余篇。不仅提高了山区桥梁建设质量，降低了工程造价，节约了资源，而且提升了混凝土材料试验基地建设、高性能混凝土人才梯队建设等能力，为继续开展山区桥梁结构工程混凝土材料研究提供了坚实的基础。同时，科技成果解决了雅安—西昌高速公路、雅安—康定高速公路、广元—南充高速公路、丽江—攀枝花高速公路、遂宁—广安高速公路、遂宁—西充高速公路、叙永—古蔺高速公路等山区高速公路建设砂石集料短缺、混凝土制备与浇筑施工困难的难题，提升了工程品质，保护了生态环境。

钢管混凝土具有的独特高性能使钢管混凝土不断在桥梁建设中发展和应用，但钢管混凝土深入发展还需要攻克的技术难题包括：①机制砂超高强钢管混凝土的工作性能与力学性能协同提升；②机制砂超高强钢管混凝土的力学性能与膨胀性能协同设计；③纤维增强机制砂超高强钢管混凝土的设计与制备技术；④超高强钢管混凝土的水化特性研究；⑤机制砂超高强钢管混凝土的施工质量控制技术。基于机制砂超高强钢管混凝土的组成特点，系统地从拌合站原材料、施工机械、现场设备和机具布设、泵送施工过程、钢管混凝土灌注密实度检测的角度，控制混凝土的拌合质量和施工质量，提出机制砂超高强钢管混凝土高性能调控的施工与质量控制技术。

提高钢纤维混凝土性能和施工可实施性，扩展普通钢纤维混凝土的高性能研究和应用范围。开发高强高韧性钢纤维混凝土在优化结构构造、建立设计方法、简化施工工艺等领域的应用调控技术，特别是弄清超高韧性混凝土截面强度与稳定强度的关系和评价指标，开发薄壁高强高韧性混凝土构件的应用技术，实现节约混凝土资源和简化钢筋加工、安装与混凝土浇筑施工便捷的科技目标，实现桥梁设计、施工和管养技术的现代化。

第 2 章

天然石料机制砂桥梁高性能混凝土

本章主要内容是天然石料机制砂桥梁高性能混凝土的调控设计,即混凝土合格的力学性能、高工作性能、高体积稳定性能及高耐久性能的调控,使制备的混凝土配合比能够满足复杂桥梁工程要求。经过实验室和实际工程中的大量试验研究,实现了天然石料机制砂桥梁高性能混凝土调控设计的要求。同时,在大量试验研究过程中,既有单个试验研究的案例,也有多个试验研究归纳总结的案例,还有工程实际应用的案例。现将上述案例的研究全过程提供给读者,希望与读者能深入地交流相关研究成果,实现对桥梁混凝土质量的把控,同时也为天然石料机制砂桥梁高性能混凝土的调控提供技术支撑。

机制砂表面棱角凸出、凹凸不平,石粉含量高,其各方面性能均不如天然砂,本章通过对机制砂混凝土调控技术的研究,为行业内的工程技术人员提供了一种利用就地原材料实现混凝土高性能化的技术。具体围绕机制砂生产与桥梁机制砂混凝土应用中易收缩、开裂、泵送困难等突出难题,研究机制砂的生产与质量控制技术,掌握机制砂桥梁工程混凝土的高性能化及制备技术,开发机制砂混凝土专用外加剂,通过混凝土配合比优化和桥梁不同部位混凝土的针对性设计等技术措施,制备出 C30～C60 机制砂桥梁高性能混凝土,应用于实际工程,形成机制砂桥梁高性能混凝土的设计、制备及施工质量控制成套技术。

2.1 原材料对混凝土性能的影响

2.1.1 原材料

(1) 水泥。四川广安某水泥有限公司产,强度等级为 P·O42.5R,主要技术指标见表 2-1。

表 2-1 水泥主要技术指标

名称	标准稠度用水量/%	比表面积/(m²·kg⁻¹)	安定性	凝结时间/min		抗折强度/MPa		抗压强度/MPa	
				初凝	终凝	3d	28d	3d	28d
水泥	27.4	345	合格	131	218	5.9	8.1	26.0	46.0

(2) 粉煤灰。成都某粉煤灰综合开发有限公司产,主要技术指标见表 2-2。

表 2-2 粉煤灰主要技术指标

名称	细度(0.045 mm 方孔筛的筛余)/%	烧失量/%	需水量比/%	SO_3 量/%
粉煤灰	6.6	4.62	102	0.3

(3) 细集料。机制砂,卵石加工,四川广安某电站产;天然砂,四川广安产。主要技术指标见表 2-3,筛分曲线如图 2-1 所示。

表 2-3 细集料主要技术指标

名称	表观密度/(kg·m⁻³)	堆积密度/(kg·m⁻³)	含泥/石粉量(<0.075 mm)/%	细度模数	亚甲蓝 MBV 值/(g·kg⁻¹)
机制砂	2658	1550	4.4	2.8	1.0
天然砂	2580	1475	1.0	2.4	

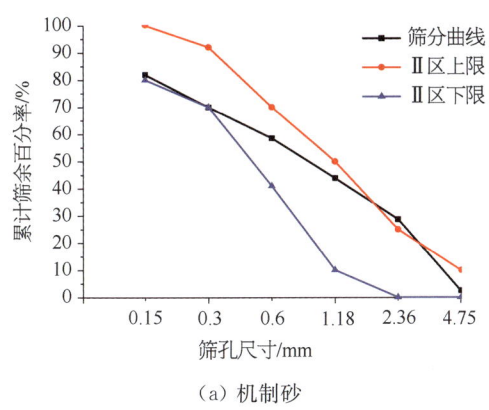
(a) 机制砂

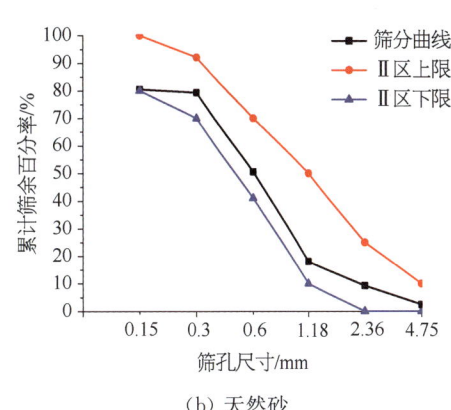
(b) 天然砂

图 2-1 细集料筛分曲线

(4) 粗集料。卵石加工，四川广安某电站产，各规格粗集料的筛分结果见表 2-4。C40 及以上等级混凝土使用粗集料，按小石：中石＝1∶9 的掺配比例；C30 及以下等级混凝土使用粗集料，按小石：中石：大石＝1∶7∶2 的掺配比例。主要技术指标见表 2-5，筛分曲线如图 2-2 所示。

表 2-4 各规格粗集料筛分结果

规格/mm	各筛孔(mm)累计筛余百分率/%					
	37.5	31.5	19.0	9.5	4.75	2.36
合成 5～20	0	0	18.6	80.7	95.5	98.8
合成 5～31.5	0	1.8	34.5	80.7	97.7	99.8

表 2-5 粗集料主要技术指标

规格/mm	表观密度/(kg·m⁻³)	堆积密度/(kg·m⁻³)	含泥量(<0.075mm)/%	针片状含量/%	压碎指标/%	吸水率/%
5～20	2656	1530	0.3	4.6	14.4	0.88
5～31.5	2673	1564	0.2	3.8	12.1	0.73

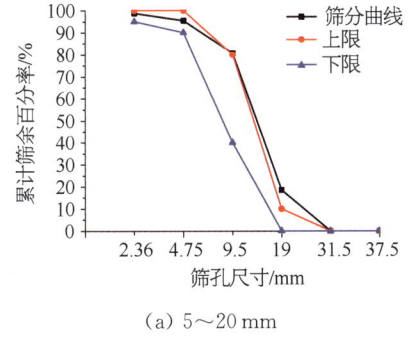
(a) 5～20 mm

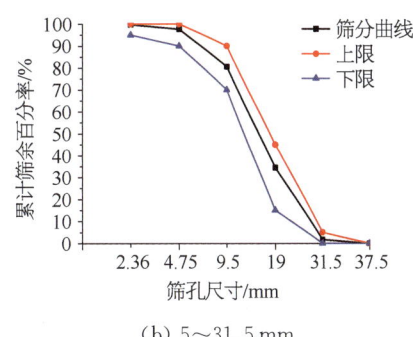
(b) 5～31.5 mm

图 2-2 粗集料筛分曲线

(5) 外加剂。聚羧酸标准型高性能减水剂，四川某化学建材有限公司产，主要技术指标见表 2-6，试验中引气、增黏、减缩等组分均由该公司提供。

表 2-6 外加剂主要技术指标

名称	减水率/%	泌水率比/%	1h经时变化量坍落度/mm	凝结时间差/min		抗压强度比	
				初凝	终凝	7 d	28 d
减水剂	27	50	50	+90	+100	161	152

(6) 石粉。机制砂生产过程中水冲洗废弃石粉，四川广安某电站产，过筛(0.075 mm)后使用。

(7) 水。自来水。

2.1.2 影响参数分析

通过人为调整机制砂参数的方法，研究机制砂的石粉含量、细度模数及岩性对机制砂混凝土工作性能、力学性能的影响，采用天然砂做对比试验。以 C40 机制砂混凝土(预制梁结构，坍落度要求 200 mm±20 mm)配合比为基准开展试验研究，基准配合比见表 2-7，砂的筛分曲线如图 2-3 所示。

表 2-7 机制砂混凝土基准配合比

强度等级	配合比/(kg·m⁻³)						砂率	水胶比
	水泥	粉煤灰	砂	石	外加剂	水		
C25	272	68	854	1045	2.72	160	0.45	0.47
C30	320	80	810	1030	4.00	160	0.44	0.40
C40	388	43	780	1036	4.31	155	0.43	0.36
C50	436	48	704	1057	4.84	155	0.40	0.32
C60	468	52	665	1105	6.6	150	0.38	0.29

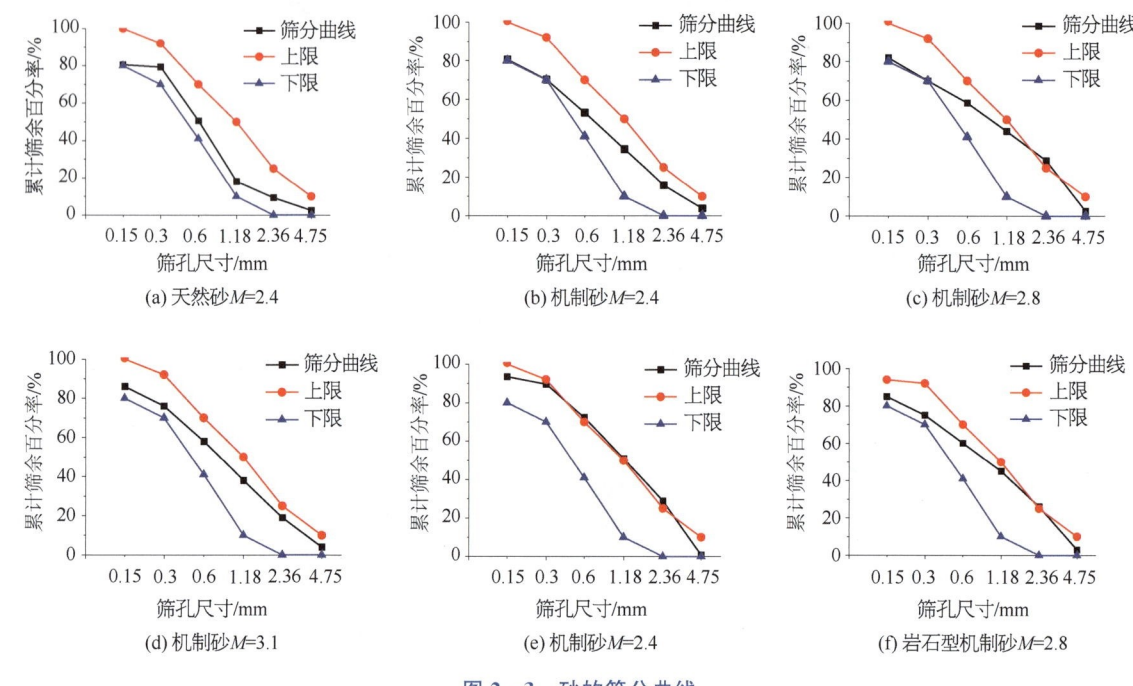

图 2-3 砂的筛分曲线

砂的石粉含量、细度模数及岩性情况见表 2-8，混凝土工作性能和力学性能试验结果见表 2-9。

表 2-8 砂的物化参数

编号		细度模数	石粉含量/%	级配情况
1	石英岩	2.8	0	Ⅱ区
2			4.4	
3			7	
4			10	
5			13	
6			15	
7		2.4	5	Ⅱ区偏下
8		2.8		Ⅱ区中值偏上
9		3.1		Ⅱ区中值
10		3.4		Ⅱ区偏上
11	石灰岩	2.8	4.4	Ⅱ区
12	花岗岩			
13	天然砂	2.4		

表 2-9 混凝土性能试验结果

编号	坍落度/mm	扩展度/mm	黏聚性/包裹性	抓底/泌水	抗压强度/MPa 7 d	28 d
1	205	530	黏聚性、包裹性一般	微泌水	43.0	52.8
2	215	550	黏聚性、包裹性良好	无	45.0	54.0
3	220	560	黏聚性、包裹性好,较黏重	无	45.1	54.9
4	195	480	黏聚性、包裹性好,较黏重	无	47.4	58.0
5	180	450	黏聚性、包裹性好,较黏重	无	45.0	54.1
6	170	400	流动性较差,很黏重	无	40.1	49.3
7	185	400	黏聚性、包裹性良好,流动性差	无	44.8	54.9
8	205	490	黏聚性一般,包裹性略差	无	45.2	56.5
9	205	520	黏聚性、包裹性一般	无	45.0	55.4
10	200	520	黏聚性一般,包裹性差	无	44.5	55.2
11	205	500	黏聚性、包裹性良好	无	46.3	55.6
12	210	530	黏聚性、包裹性良好	无	46.8	55.9
13	180	380	黏聚性、包裹性良好,流动性差	无	40.9	50.8

2.1.3 石粉含量的影响

机制砂中石粉含量对混凝土工作和力学性能的影响如图 2-4 所示。机制砂中石粉含量较少时,混凝土工作性能较差,有轻微的离析泌水现象;随石粉含量的增加,混凝土黏聚性增强,离析泌水程度减小,包裹性变好。坍落度在石粉含量约 7% 时最大,强度在石粉含量约 10% 时最大,混凝土工作性能最佳和强度最高的石粉含量不一致。当石粉含量达到 13% 以上时,混凝土显得较黏,不利于施工,且流动性变差,强度降低。这是因为适量石粉补充了粉体材料的数量,增加了浆体总量,从而改善了混凝土的工作性能,其"填充作用"完善了级配,有利于提高强度。当石粉含量过大时,其需水量增加,自由水减少,浆体的黏度增大,流动性变差,不利于施工。对于 C40 混凝土,工作性能最佳时,石粉含量约为 7%;抗压强度最高时,石粉含量约为 10%。石粉含量在 13% 以下,不会对混凝土强度产生明显影响。

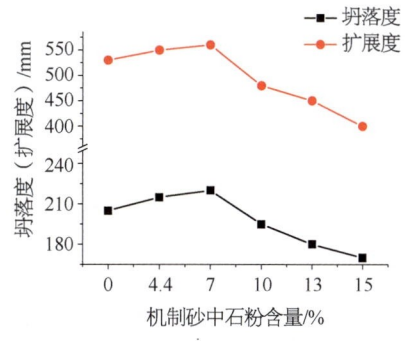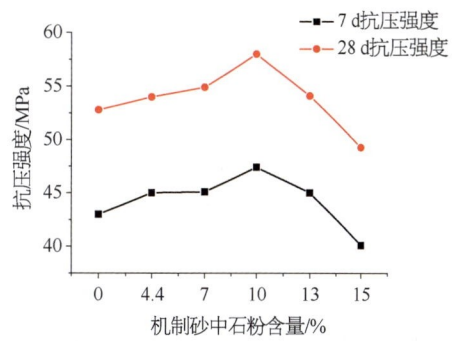

图 2-4 石粉含量对混凝土流动性、抗压强度的影响

2.1.4 细度模数、级配的影响

机制砂的细度模数对混凝土性能的影响如图 2-5 所示。机制砂的细度模数对工作性能影响较明显,而对强度影响相对较小。随着机制砂细度模数的增加,配制混凝土的黏聚性、包裹性、坍落度呈现由差变好再变差的趋势,但混凝土的扩展度逐渐增大。机制砂的细度模数大,级配中粗颗粒比例大,总

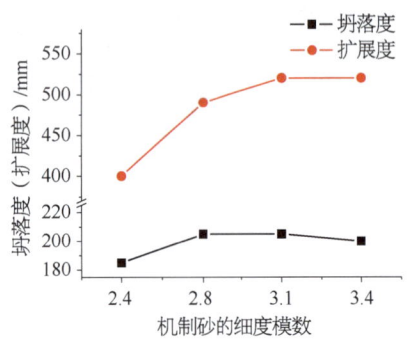 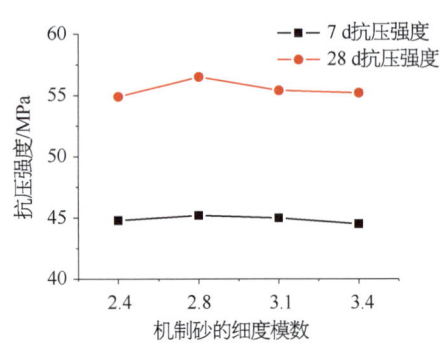

图 2-5　细度模数对混凝土流动性、抗压强度的影响

比表面积减小,所需的包裹浆体减少,自由水和可移动浆体量相对增多,有利于提高流动性;另外,大粒径颗粒移动阻力大,其棱角多起到嵌锁作用,使颗粒流动不畅,细度模数过大可使混凝土工作性能劣化。在混凝土配合比一定的情况下,不同细度模数的机制砂对配制混凝土的抗压强度有一定影响,但幅度不大。当细度模数为 2.8 时,混凝土 28 d 抗压强度最大。综合工作性能和强度,对于 C40 机制砂高性能混凝土,机制砂的细度模数在 2.8～3.1 附近较佳。

根据机制砂的筛分曲线可知,机制砂的细度模数的差别反映在级配上时,并没有一定的关系,试验所用的不同细度模数的机制砂级配均属于Ⅱ区上下。但即使机制砂的细度模数相同,其级配差别也可能很大,所以配制机制砂高性能混凝土时,应根据具体的工程和实际机制砂级配情况进行配合比优化。

2.1.5　岩性的影响

对比表 2-9 中编号 2、11、12 组试验,石粉含量、细度模数相同的三种岩性机制砂制备的混凝土,石英岩机制砂制备的混凝土流动性略优于石灰岩和花岗岩,强度略低于石灰岩和花岗岩,但差别较小。对比编号 7 和 13 组,机制砂、天然砂的细度模数均为 2.4,天然砂混凝土黏聚性、包裹性较好,流动性略差,与机制砂混凝土的工作性能相近,但其抗压强度较低,力学性能不如机制砂混凝土。主要原因是机制砂颗粒棱角性强,相互搭接、啮合力大,颗粒表面新鲜,与浆体黏结力强,提高了混凝土的强度。

2.1.6　石粉含量对混凝土抗折、劈裂抗拉强度的影响

以 C40 混凝土的配合比为基准,对不同石粉含量的机制砂混凝土进行抗压强度、抗折强度、劈裂抗拉强度试验,研究石粉含量对机制砂混凝土基本力学性能的影响。通过人为调整,控制机制砂中的石粉含量,配制混凝土时微调外加剂用量,使坍落度在 200 mm±20 mm,试验结果见表 2-10。

表 2-10　石粉含量对混凝土力学性能的影响

编号	石粉含量/%	外加剂掺量/%	抗折强度/MPa 7 d	抗折强度/MPa 28 d	劈裂抗拉强度/MPa 7 d	劈裂抗拉强度/MPa 28 d	抗压强度/MPa 7 d	抗压强度/MPa 28 d	28 d 折压比
1	0	0.8	4.9	7.8	2.40	2.65	43.0	52.8	0.148
2	4.4	1.0	5.7	8.8	2.59	3.09	45.0	54.0	0.163
3	7	1.0	6.1	9.0	3.15	3.56	45.1	54.9	0.164
4	10	1.1	6.5	9.8	3.47	3.75	47.4	58.0	0.169
5	13	1.2	6.3	9.3	2.80	3.29	42.0	51.1	0.182
6	16	1.4	5.7	8.6	2.51	2.85	38.8	48.1	0.179
7	20	1.5	5.4	8.2	2.42	2.71	37.1	46.5	0.168

随着机制砂中石粉含量的增加,混凝土的抗压强度和抗折强度均呈现先增大后减小的趋势,最佳的石粉含量在 10% 左右(图 2-6)。当石粉含量大于 10% 时,混凝土的抗压、抗折强度开始降低;石粉含量为

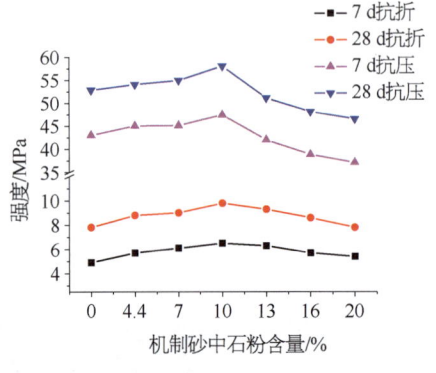

图 2-6　石粉含量对混凝土抗压、抗折强度的影响

20%时,28d抗压和抗折强度下降为最大值的80%左右。28d龄期时,混凝土的抗折抗压强度比随着石粉含量的增加先增大后减小(图2-7),抗折抗压强度比最佳的石粉含量在13%左右,较石粉含量为0%时提高约23%。

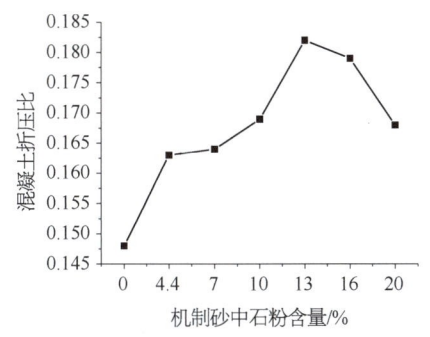

图2-7 石粉含量对混凝土28d折压比的影响

随着石粉含量的增加,混凝土的劈裂抗拉强度先增大后减小,变化幅度较大,变化趋势如图2-8所示。当石粉含量较低(<4.4%)时,可能因混凝土界面过渡区薄弱、黏结力低,致使承受拉应力的能力较弱,劈裂抗拉强度有所降低。当石粉含量逐渐增加到10%,石粉提高了混凝土的保水性,减少了自由水的数量和粗集料表面的水分,改善了界面过渡区性能,提高了混凝土的劈裂抗拉强度。当石粉含量继续增加,由于大量没有胶凝性质的石粉存在,降低了浆体本身的强度及其与集料的黏结强度,致使混凝土的劈裂抗拉强度降低。影响混凝土劈裂抗拉强度的最佳石粉含量在10%左右。

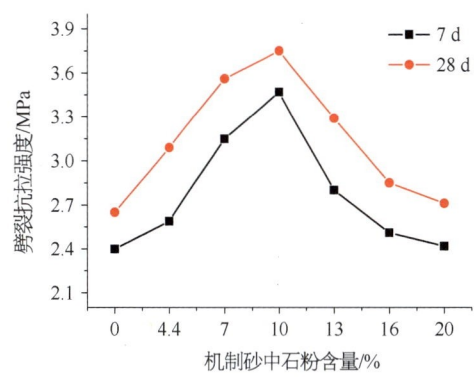

图2-8 石粉含量对混凝土劈裂抗拉强度的影响

2.1.7 石粉含量对不同强度等级混凝土性能的影响

分别采用卵石(石英岩)和石灰岩破碎制成的机制砂($M=2.8$,MB值为0.8),在配合比完全相同的情况下,研究两种岩性的石粉含量对混凝土性能的影响规律,确定石粉含量的合理控制范围。

2.1.7.1 卵石加工的机制砂

对于不同强度等级的混凝土而言,胶凝材料用量不同,石粉的作用也有差别,以C25、C50、C60机制砂混凝土为基准,进行石粉含量对混凝土性能的影响试验,结果见表2-11。

表2-11 卵石机制砂石粉含量对混凝土性能的影响

编号	石粉含量/%	坍落度/mm	扩展度/mm	黏聚性/包裹性	抓底/泌水	抗压强度/MPa	
						7 d	28 d
1	C25 0	175	400	黏聚性、包裹性差,流动性差	泌水	23.3	33.5
2	4.4	185	480	黏聚性、包裹性一般	无	27.2	37.5
3	7	190	510	黏聚性、包裹性较好	无	28.8	39.1
4	10	200	520	黏聚性、包裹性良好	无	30.1	41.5
5	13	190	470	黏聚性、包裹性良好	无	28.5	38.7
6	15	180	430	黏聚性、包裹性良好,较黏重	无	26.3	35.2
7	17	165	400	黏聚性、包裹性良好,较黏重	无	24.5	32.5
8	C50 0	190	480	黏聚性、包裹性一般	无	53.0	60.7
9	4.4	200	540	黏聚性、包裹性良好	无	55.0	63.7
10	7	215	530	黏聚性、包裹性良好,黏重	无	58.4	68.3
11	10	200	480	黏聚性、包裹性良好,很黏重	无	57.3	64.9
12	13	190	450	黏聚性、包裹性良好,很黏重	无	51.5	58.9
13	15	180	400	很黏重,流动性差	无	48.3	56.4

(续表)

编号	石粉含量/%	坍落度/mm	扩展度/mm	黏聚性/包裹性	抓底/泌水	抗压强度/MPa 7d	抗压强度/MPa 28d
14	0	190	470	黏聚性良好，包裹性一般	无	60.5	71.4
15	4.4	210	530	黏聚性、包裹性良好	无	63.1	74.1
16	C60 7	200	480	黏聚性、包裹性良好，黏重	无	61.3	72.2
17	10	190	450	黏聚性、包裹性良好，较黏重	无	59.6	70.1
18	13	180	400	很黏重，流动性较差	无	56.3	67.8
19	15	165	380	非常黏重，流动性差	无	54.1	64.3

石粉含量对混凝土工作性能的影响如图2-9所示，随着机制砂中石粉含量的增加，各强度等级混凝土的包裹性均逐渐变好，黏聚性、流动性先变好后变差。C25机制砂混凝土，当石粉含量约为10%时，工作性能和强度达到最优。适量的石粉增加了浆体总量，改善了胶凝材料低用量时混凝土易离析泌水、包裹性差的现象，增加了混凝土的黏聚性和保水性，提高了工作性能，且相对坍落度而言，石粉含量对混凝土扩展度的影响更为明显。当石粉含量约为4.4%、7%时，C60、C50混凝土的工作性能分别达到最优。C50、C60混凝土胶凝材料用量大，混凝土的黏聚性本身就较好，过量石粉会增加其黏度，劣化泵送性能。当石粉过多时，由于粉体材料总的比表面积增加，吸附水量显著增大，使混凝土流动性变差；石粉颗粒具有新鲜表面，能量较高，吸附能力较强，也使浆体的黏度增大，泵送性能差。

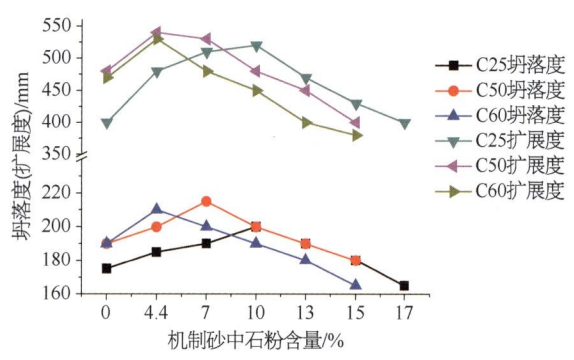

图2-9 石粉含量对混凝土工作性能的影响

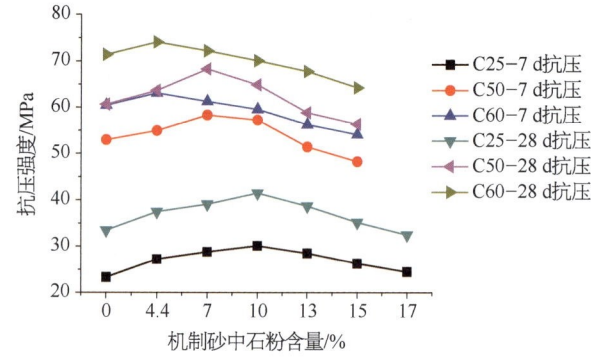

图2-10 石粉含量对混凝土抗压强度的影响

石粉含量对混凝土抗压强度的影响如图2-10所示，随着机制砂中石粉含量的增加，C25混凝土7d、28d抗压强度先增大后减小，石粉含量在10%左右，强度最高；石粉含量控制在13%以下，不会对强度产生较大影响。C50、C60混凝土抗压强度也呈现出先增大后减小的趋势。石粉含量约为7%时，C50混凝土强度高且工作性能最佳。石粉含量约为4.4%时，C60混凝土强度高且工作性能最佳。机制砂中石粉含量控制在10%以下，不会对C50、C60混凝土强度产生较大影响。适量的石粉能够改善机制砂混凝土的强度，是因为石粉具有微集料填充效应，在一定程度上改善了机制砂的颗粒堆积密度，增加了浆体和界面过渡区的密实度，改善硬化混凝土的孔结构，从而增大了强度。石粉含量过高，其需水量显著增大，混凝土的和易性变差，不利于混凝土的密实；另外，过多的石粉导致界面出现"游离态"的石粉，不利于集料与浆体之间的黏结，且粗颗粒相对减少，骨架作用减弱，不利于提高强度。

2.1.7.2 石灰岩加工的机制砂

采用石灰岩破碎的机制砂和石灰岩岩性的石粉，以C25～C60机制砂混凝土为基准，进行石粉含量对混凝土性能的影响试验，结果见表2-12。

表 2-12　石灰岩机制砂石粉含量对混凝土性能的影响

编号	石粉含量/%	坍落度/mm	扩展度/mm	黏聚性/包裹性	抓底/泌水	抗压强度/MPa 7d	抗压强度/MPa 28d
1	C25 0	170	400	黏聚性、包裹性差,流动性差	微泌水	24.2	34.9
2	4.4	185	450	黏聚性、包裹性一般	无	28.3	38.2
3	7	190	500	黏聚性、包裹性较好	无	29.2	38.7
4	10	205	520	黏聚性、包裹性良好	无	33.3	42.8
5	13	190	460	黏聚性、包裹性良好,较黏重	无	31.7	40.5
6	15	175	420	黏聚性、包裹性良好,较黏重	无	29.2	38.5
7	17	160	380	黏聚性、包裹性良好,很黏重	无	26.2	35.6
8	C40 0	195	470	黏聚性、包裹性一般	无	44.2	53.8
9	4.4	200	520	黏聚性、包裹性良好	无	46.8	55.6
10	7	220	550	黏聚性、包裹性好,较黏重	无	47.0	57.2
11	10	190	450	黏聚性、包裹性好,较黏重	无	49.2	58.2
12	13	175	420	黏聚性、包裹性好,很黏重	无	47.5	55.6
13	15	165	370	流动性较差,很黏重	无	42.7	50.1
14	C50 0	185	460	黏聚性、包裹性一般	无	54.2	61.5
15	4.4	195	520	黏聚性、包裹性良好	无	57.5	64.6
16	7	210	475	黏聚性、包裹性良好,黏重	无	58.4	68.3
17	10	200	440	黏聚性、包裹性良好,很黏重	无	57.3	66.9
18	13	185	410	很黏重,流动性较差	无	52.3	61.0
19	15	175	380	很黏重,流动性差	无	48.9	56.8
20	C60 0	185	470	黏聚性良好,包裹性一般	无	62.4	72.9
21	4.4	200	510	黏聚性、包裹性良好	无	64.5	75.0
22	7	195	490	黏聚性、包裹性良好,黏重	无	62.4	73.2
23	10	185	470	黏聚性、包裹性良好,较黏重	无	59.0	71.3
24	13	170	400	很黏重,流动性较差	无	57.8	67.1
25	15	160	370	非常黏重,流动性差	无	54.5	65.6

采用石灰岩破碎的机制砂,石粉含量对混凝土性能的影响规律与卵石破碎的机制砂一致。如图2-11、图2-12所示,随着机制砂中石粉含量的增加,各强度等级混凝土的包裹性均逐渐变好,黏聚性、流动性先变好后变差,强度先增大后减小。少量的石粉有利于改善工作性能,提高早期和最终强度,但石粉过多会导致混凝土黏度过大,流动性、泵送性能变差,不利于提高强度。C25混凝土的最佳石粉含量为10%,当石粉含量在15%以下时,不会对混凝土强度产生较大影响。C40混凝土的工作性能和强度最佳时,石粉含量分别为7%和10%,当石粉含量在13%以下时,不会对混凝土强度产生较大影响。C50、C60混凝土的工作性能和强度最佳时,石粉含量分别为7%和4.4%,当石粉含量控制在10%

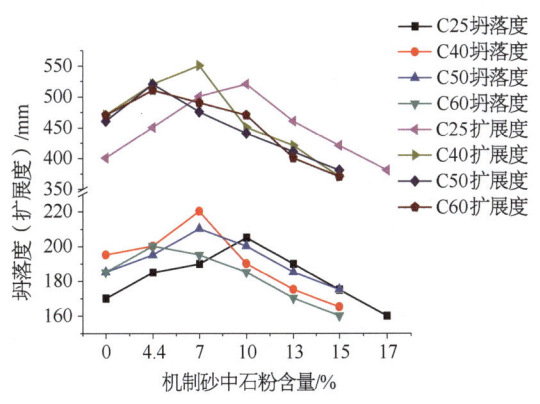

图2-11　石粉含量对混凝土工作性能的影响

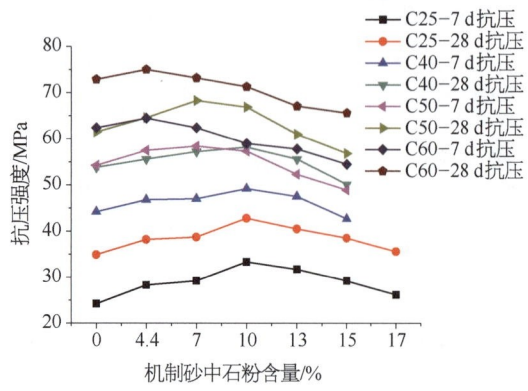

图 2-12 石粉含量对混凝土抗压强度的影响

以下时,不会对混凝土强度产生较大影响。

2.1.7.3 两种机制砂混凝土的性能和石粉含量限值

采用卵石(石英岩)加工的机制砂和石灰岩加工的机制砂(MB 值小于 1.4)配制混凝土,研究两种岩性的石粉含量对混凝土性能的影响。石粉含量相同时,卵石加工的机制砂混凝土工作性能相对较好,而石灰岩加工的机制砂混凝土强度相对较高。这可能是因为卵石表面较圆滑,机械破碎生产的机制砂存在少量圆弧面,摩擦阻力相对较小,且石英岩石粉的吸水性比石灰岩石粉差,吸附的自由水较少,所以卵石加工的机制砂混凝土工作性能相对较好。从机理分析可知,石灰岩石粉可与 C_3A 反应生成碳铝酸钙水化物($C_3A \cdot CaCO_3 \cdot 11H_2O$),有利于提高强度,所以石灰岩加工的机制砂混凝土强度相对较高。

两种机制砂中石粉的最佳含量和合理控制范围见表 2-13。

表 2-13 两种机制砂中石粉的最佳含量和合理控制范围

强度等级	机制砂种类	石粉最佳含量/%		石粉含量限值/%	建设用砂限值
C25	卵石(石英岩)	约 10		13	
	石灰岩			15	
C40	卵石(石英岩)	工作性能约 7	强度约 10	13	10%（MB 值≤1.4）
	石灰岩				
C50	卵石(石英岩)	约 7		10	
	石灰岩				
C60	卵石(石英岩)	约 4.4		10	
	石灰岩				

两种机制砂混凝土的石粉最佳含量相同,石粉含量限值略有差别。配制 C25 混凝土,卵石加工的机制砂石粉含量宜控制在 13% 以内,石灰岩加工的机制砂石粉含量宜控制在 15% 以内;配制 C40 混凝土,机制砂的石粉含量宜控制在 13% 以内。对于低强度等级混凝土,胶凝材料用量少,石粉可以明显提高工作性能,且对混凝土强度影响较小,宜适当放宽其限值。

2.2 混凝土工作性能调控技术

2.2.1 低强度混凝土和易性调控技术

高性能混凝土具有良好的工作性能和达到需要的强度是其高耐久的前提。工作性能是高性能机制砂混凝土关键技术指标之一。工作性能不仅包括混凝土的流动性、黏聚性和泌水等指标,还包括现代混凝土为泵送方便甚至免振捣等施工要求的大流动度、坍落度保留时间等多个指标。按照目前大流动度混凝土施工要求,本次试验研究选择配制坍落度在 190~220 mm 的低强度等级混凝土拌合物。

工程实践表明,机制砂混凝土和易性差,特别是低强度等级的流态混凝土拌合物的和易性。低强度等级的混凝土胶凝材料用量少,机制砂配制的混凝土在胶凝材料较少时更易分层离析,产生泌水,而大流态混凝土用水量提高,离析现象更加明显。在强度等级较高的混凝土中,由于胶凝材料用量的提高,混凝土保水性和黏聚性得到改善,尽管和易性比天然砂混凝土差,但其调控相对容易。本次试验研究是针对低强度等级机制砂流态混凝土,提出配制和易性优良的混凝土拌合物的技术措施和配合比设计方法。

2.2.1.1 和易性与粉体含量

1) 和易性测试

和易性是混凝土所具有的一种性质,它能描述新拌混凝土在搅拌、浇筑和振捣等施工过程中的难易程度,以及拌合物达到均质密实的性能。和易性好体现在混凝土拌合物在搅拌时各材料易于均匀混合,在运输时新拌混凝土不离析,且稀稠程度不变化,在浇筑时易于捣实而充满模板。和易性是新拌混凝土的重要性能,包括流动性、黏聚性和保水性三个性能。和易性测试方法很多,坍落度试验因操作简单而应用最为广泛。

采用坍落度试验来评定混凝土拌合物的和易性，是用一个高 300 mm、上口直径 100 mm、下口直径 200 mm 的坍落度筒和一根捣棒，将拌合物分三层装入坍落度筒内，每层插捣 25 次，在 5～10 s 内提离坍落度筒，测量坍落混凝土的中心高度处的减小值，即为坍落度，测量坍落混凝土扩展后的最大直径和最小直径，在两者之差小于 50 mm 时计算其平均值作为扩展度。

混凝土拌合物坍落形态常分为正常坍落型、剪切坍落型和坍塌型三种，如图 2-13 所示。如果混凝土拌合物坍落形态不是正常型，而是坍落成一个斜面的剪切坍落型，则需要重做。如果一再发生剪切坍落，表示拌合物黏聚性不足。通常把剪切坍落型和坍塌型视为和易性较差或和易性差。本试验由于要考虑到工程施工的方便性，规定混凝土工作性能的评定指标见表 2-14。

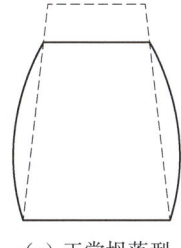
(a) 正常坍落型

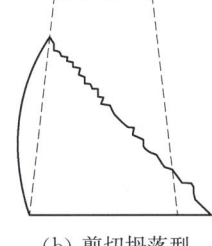
(b) 剪切坍落型

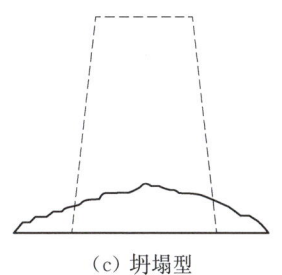
(c) 坍塌型

图 2-13 混凝土拌合物坍落的三种形态

表 2-14 试验要求的混凝土工作性能评定指标

工作性能	优	良	较差	差
坍落度/mm	190～220	170～190	150～170	<150
扩展度/mm	500～600	400～500	300～400	<300
流动特征	黏稠，无泌水，无离析，整体坍落	轻微泌水	泛浆，离析，泌水	崩塌，分层，泌水严重

注：三项指标中，取其全部满足的项目确定其等级。如坍落度为 190～220 mm，但是存在泛浆、离析等，定为"较差"。

2) 水胶比为 0.6 时额定粉体含量对混凝土和易性的影响

低强度等级机制砂混凝土的和易性差，常常出现泌水现象，黏聚性差，严重降低混凝土拌合物的可泵送性及混凝土结构物的表观质量。本次试验定义坍落度 190～220 mm、扩展度 500～600 mm 为基本流动性指标，在此情况下，低强度等级混凝土，特别是机制砂混凝土更容易分层离析，很难保证混凝土质量，传统的改进措施是提高混凝土强度等级或降低流动性。本次研究采用额定粉体含量法配制机制砂混凝土，选用大流态混凝土坍落度 190～220 mm 为控制指标，确定混凝土的合理额定粉体含量。

考虑到为保证混凝土耐久性最大水胶比为 0.6 的要求，试验水胶比取极限值水胶比 0.6，其混凝土强度等级应为低强度等级混凝土（允许的最低强度混凝土），研究低强度等级混凝土和易性的改善方法和配合比设计技术。

试验中用水量为 180 kg/m³，考虑耐久性规范中胶凝材料最低用量的要求，胶凝材料用量计算校正后取 C_b=283 kg/m³，掺入 40% 的粉煤灰Ⅱ，采用Ⅰ级机制砂，砂率为 43.0%。在水胶比、用水量、粉煤灰掺量及砂率相同的情况下，通过掺加额外的石粉来改变额定粉体总体积，额定粉体总体积由 155 L 增加到 190 L，粉浆体体积（不包括含气量）由 325 L 变化到 360 L，外加石粉Ⅲ的额定粉体系数取 1.05，混凝土拌合物配合比设计见表 2-15，混凝土工作性能见表 2-16，抗压强度见表 2-17。

表 2-15 水胶比为 0.6 时额定粉体体积不同的混凝土配合比

组号	C_b/kg	水泥用量/kg	外加石粉Ⅲ用量/kg	胶凝材料浆体体积/L	额定粉体总体积/L	粉浆体额定体积/L	减水剂用量/%
A1	283	170	93.2	278.3	155	325	0.7
A2	283	170	105.8	278.3	160	330	0.7
A3	283	170	118.5	278.3	165	335	0.7
A4	283	170	131.2	278.3	170	340	0.7

(续表)

组号	C_b/kg	水泥用量/kg	外加石粉Ⅲ用量/kg	胶凝材料浆体体积/L	额定粉体总体积/L	粉浆体额定体积/L	减水剂用量/%
A5	283	170	143.9	278.3	175	345	0.70
A6	283	170	156.5	278.3	180	350	0.70
A7	283	170	169.2	278.3	185	355	0.73
A8	283	170	181.9	278.3	190	360	0.98

表 2-16 水胶比为 0.6 时额定粉体体积不同的混凝土工作性能

组号	额定粉体总体积/L	坍落度/mm	扩展度/mm	和易性描述
A1	155	190	500	部分无坍落
A2	160	190	490	部分无坍落,轻微分层
A3	165	165	370	黏稠,整体坍落
A4	170	190	490	黏稠,整体坍落
A5	175	165	300	干硬
A6	180	160	320	干硬
A7	185	190	380	轻微离析
A8	190	245	510	轻微泌水

表 2-17 水胶比为 0.6 时额定粉体体积不同的混凝土抗压强度　　单位:MPa

组号	28 d 强度	56 d 强度
A1	22.80	28.61
A2	24.18	27.06
A3	22.13	25.65
A4	23.99	25.26
A5	22.83	25.59
A6	22.25	27.63
A7	23.43	28.93
A8	25.95	29.19

根据表 2-15、表 2-16 的特点,水胶比为 0.6 时,当额定粉体总体积在 155~160 L 时,额定粉体总体积较小,混凝土拌合物会出现轻微的分层;当额定粉体总体积在 165~170 L 时,混凝土拌合物和易性最佳;额定粉体总体积为 170 L 时,混凝土拌合物和易性良好,且流动性较大;额定粉体总体积超过 170 L 时,混凝土拌合物流动性降低,不是最优配合比。其中为了提高流动性,在 A7、A8 组加大减水剂用量,混凝土拌合物流动性再次提高。合理的额定粉体体积应是满足和易性条件下最低的额定粉体含量。

综合考虑,对于上述试验中坍落度为 165~200 mm 的混凝土拌合物,可以认为合理的额定粉体含量为 165~170 L。

由表 2-17 可见,额定粉体总体积由 155 L 提高到 190 L,A1~A8 组抗压强度在 23~29 MPa,试验表明额定粉体总体积对混凝土抗压强度影响很大,但是额定粉体总体积由大到小变化时,强度也是可以满足要求的。

3) 不同水胶比时混凝土合理的额定粉浆体体积

本次试验中使用机制砂Ⅱ。确定一定的水胶比和用水量,用水量尽量少,以确保所用的胶凝材料数量比较低,粉煤灰含量为 40%。配合比设计见表 2-18。

表 2-18 不同水胶比时混凝土配合比(粉浆体体积不含气体)

组号	水胶比	用水量/kg	C_b/kg	水泥用量/kg	外加石粉用量/kg	砂率/%	胶凝材料浆体体积/L	额定粉体总体积/L	额定粉浆体体积/L	减水剂用量/%
B1	0.60	170	283	170	6.2	45	278.5	170.0	340.0	0.72
B2	0.55	165	300	180	0	44	279.8	172.7	337.7	0.90
B3	0.50	160	320	192	0	43	282.5	178.6	338.6	1.00
B4	0.47	157	334	200	0	42	284.9	182.1	339.3	1.20
B5	0.44	153	348	209	0	41	286.1	186.0	339.0	1.30

在配制混凝土时,使用较多的矿物掺和料(粉煤灰、矿粉)等量地取代水泥,在保证28d强度的前提下,降低混凝土的水化放热,改善脆性和延展性,减少开裂,提高致密性和耐久性,同时使用高效或高性能减水剂降低混凝土的水胶比。

在表2-18中,根据经验及统计选取用水量。水胶比由0.6依次降低到0.44,胶凝材料用量由283kg依次增加到348kg,水泥用量在170~209kg,由于用水量比较少,使得胶凝材料用量减少。为满足《普通混凝土配合比设计规程》中的规定,水胶比为0.6时的最小胶凝材料用量为280kg/m³,水胶比为0.55时的最小胶凝材料用量为300kg/m³,水胶比为0.50时的最小胶凝材料用量为320kg/m³,水胶比为0.45时的最小胶凝材料用量为330kg/m³。

在不同水胶比下,研究额定粉体体积对机制砂混凝土和易性的影响。混凝土拌合物性能见表2-19。混凝土拌合物坍落度测试后状态如图2-14~图2-18所示。

表2-19 不同水胶比时混凝土工作性能

组号	水胶比	坍落度/mm	扩展度/mm	和易性描述	评价
B1	0.6	215	500	整体坍落,黏聚性较好	优良
B2	0.55	225	500	整体坍落,黏聚性好	优良
B3	0.50	220	520	整体坍落,黏聚性好	优良
B4	0.47	200	470	整体坍落,黏聚性好	优良
B5	0.44	230	580	整体坍落,黏聚性较好	优良

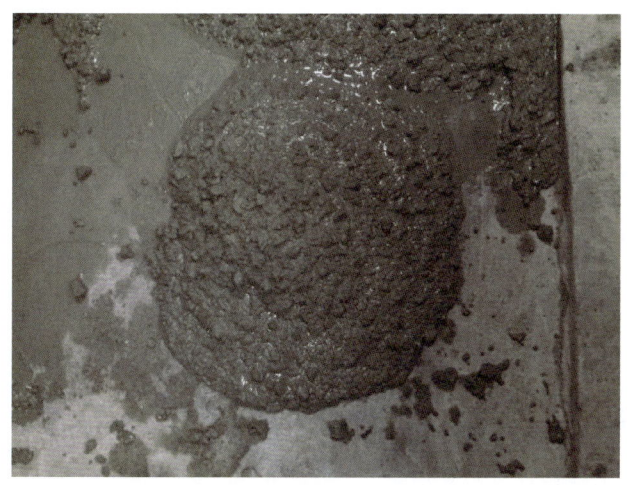

图2-14 B1组混凝土坍落度

图2-15 B2组混凝土坍落度

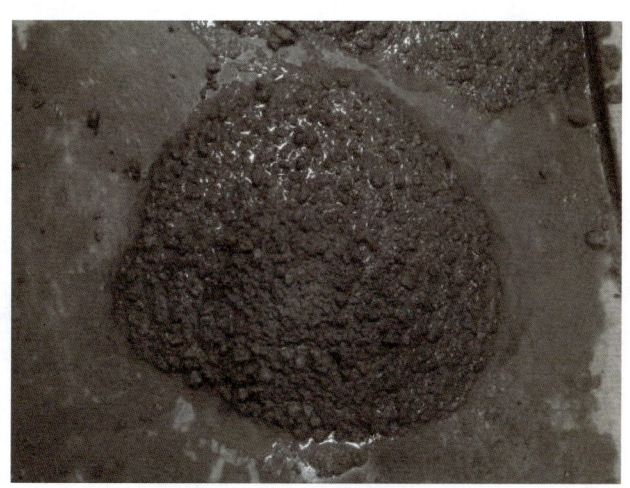

图2-16 B3组混凝土坍落度

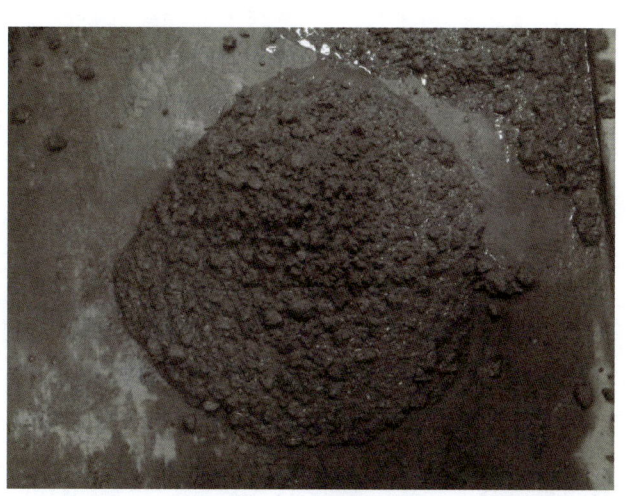

图2-17 B4组混凝土坍落度

图 2-18　B5 组混凝土坍落度

本次试验所用的水泥用量及胶凝材料用量在满足规范的基础上，使用较低的水泥用量。试验表明，随着水胶比的降低，所需的额定粉体总体积是在逐渐增加的。

高性能混凝土必须具有一定的浆体，在保持水胶比不变的情况下，水泥浆量越多，骨料间摩擦力减小，混凝土拌合物易于流动，于是流动性就大；反之则小。但水泥浆量过多，骨料用量必然减少，导致混凝土收缩增加，放热量增加，结构开裂倾向增加，同时水泥用量大也不经济；水泥浆量过少，若浆体不能填满骨料间的空隙或不够包裹所有骨料表面时，混凝土拌合物黏聚性变差，坍落度测试时会产生崩塌现象。在混凝土强度满足要求的前提下，为满足混凝土拌合物的和易性，需要水泥浆体达到一定的体积。

由表 2-18、表 2-19 的结果可知，当混凝土坍落度在 200~230 mm，水胶比在 0.44~0.60 时，浆体体积在 278.5~286.1 L，混凝土的和易性仍然优良。这项结论与 P. K. Mehta 和 P. C. Aitcin 的观点"HPC 同时满足和易性和强度性能要求时，水泥浆与骨料体积比为 35∶65，取 $V_e = 350$ L"是不一致的。但如果把额定粉浆体体积看作水泥浆体积，即把 0.075 mm 以下的颗粒额定粉体系数（化成额定体积）合计为额定粉浆体体积，同时计算 10 L 含气量，则接近 350 L/m³，其结论一致。因此，当水胶比在 0.44~0.60，额定粉体总体积在 170~186 L，额定粉浆体体积在 350 L 左右（包括含气量）时，混凝土拌合物具有良好的和易性。该结论为配制优质的机制砂混凝土提供了依据，突破了胶凝材料的概念，节约了成本，同时减少了混凝土的水化热。

对于大流态混凝土，不同水胶比时，粉体体积对机制砂混凝土抗压强度的影响见表 2-20。B4、B5 两组 28 d 强度试验数据异常，不可取用。

表 2-20　不同水胶比时混凝土抗压强度

单位：MPa

组号	7 d 强度	28 d 强度	56 d 强度
B1	18.40	27.76	33.79
B2	21.03	30.04	39.97
B3	23.79	35.00	42.84
B4	26.36		45.95
B5	30.46		55.99

表 2-20 结果表明，水泥、胶凝材料用量较低时，混凝土试块 56 d 强度达到了 33.79~55.99 MPa。

4）不同和易性的混凝土合理的额定粉浆体体积

由于施工情况不同，对混凝土坍落度的要求也不同。坍落度大小一般分为五个等级：大流动性混凝土（坍落度≥160 mm）；流动性混凝土（坍落度 100~150 mm）；塑性混凝土（坍落度 50~90 mm）；低塑性混凝土（坍落度 10~40 mm）；干硬性混凝土（坍落度<10 mm）。不同的流动性对应额定粉浆体体积的值是不同的，比如：自密实混凝土（流动性最高的混凝土拌合物）在满足和易性综合性能的条件下，混凝土中胶凝材料用量约 600 kg/m³，其浆体体积远超过 350 L。

本次试验主要研究大流动性混凝土（坍落度≥160 mm），试验中通过改变用水量，使混凝土的坍落度分别在 160~180 mm、180~200 mm、200~220 mm 三个范围内。试验采用机制砂Ⅰ，水胶比为 0.6，粉煤灰掺量为 40%，砂率为 43%，额定粉体总体积从 170 L 逐渐降低。混凝土配合比见表 2-21，混凝土拌合物性能见表 2-22，混凝土拌合物坍落度测试后状态如图 2-19~图 2-22 所示。

水胶比为 0.6，用水量由 170 kg 降到 158 kg，可以推算出混凝土拌合物坍落度分别在 160~180 mm、180~200 mm、200~220 mm 三个范围内对应的合理额定粉浆体体积为 325 L、333 L、340 L。混凝土拌合物流动性越低，合理的额定粉浆体体积越小；反之，需要的粉浆体体积越大，因此不能固定粉浆体体积来配制所有混凝土。

表 2-21 不同和易性的混凝土配合比(不含空气)

组号	用水量/kg	C_b/kg	水泥用量/kg	外加石粉Ⅲ用量/kg	胶凝材料浆体体积/L	额定粉体总体积/L	额定粉浆体体积/L	减水剂用量/%
C1	170	283	170	134.3	278.5	170	340	0.70
C2	168	280	168	124.2	275.2	165	333	0.70
C3	166	277	166	114.0	271.9	160	326	0.70
C4	164	273	164	103.9	268.6	155	319	0.70
C5	162	270	162	67.8	265.4	140	302	0.75
C6	160	267	160	44.7	262.1	130	290	0.75
C7	158	263	158	34.5	258.8	125	283	0.75

表 2-22 不同和易性的混凝土工作性能

组号	用水量/kg	坍落度/mm	扩展度/mm	和易性描述	组号	用水量/kg	坍落度/mm	扩展度/mm	和易性描述
C1	170	215	490	整体坍落	C5	162	165		轻微剪切坍落
C2	168	195	350	整体坍落	C6	160	155		剪切坍落
C3	166	170	320	整体坍落	C7	158	105		剪切坍落
C4	164	165		轻微剪切坍落					

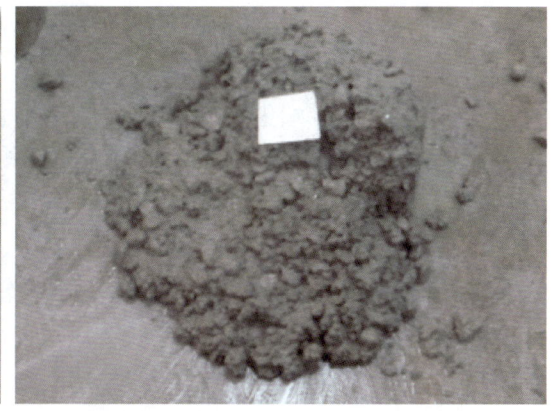

(a) C1 组

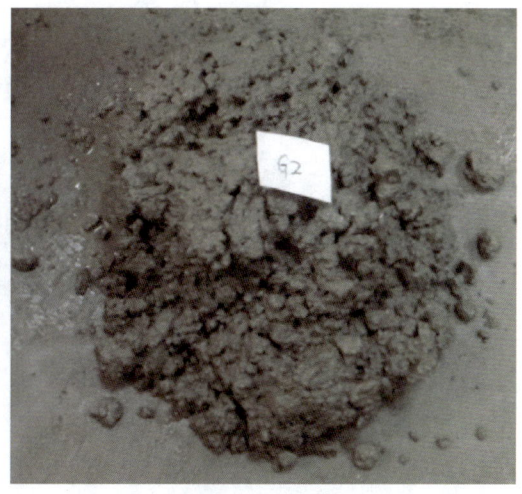

(b) C2 组

图 2-19 C1 组和 C2 组混凝土坍落度测试过程

(a) C3 组

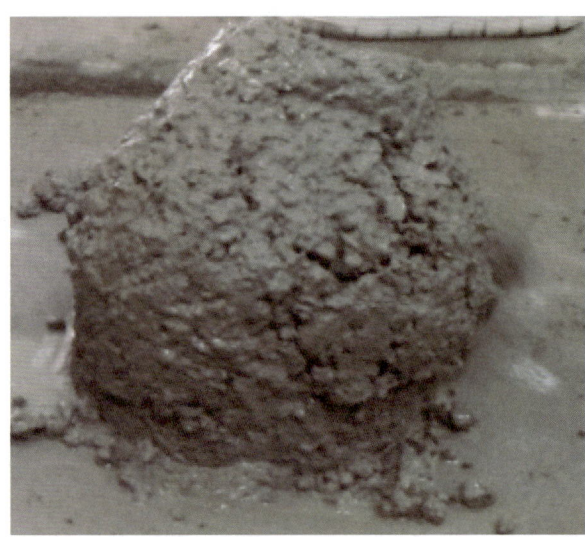
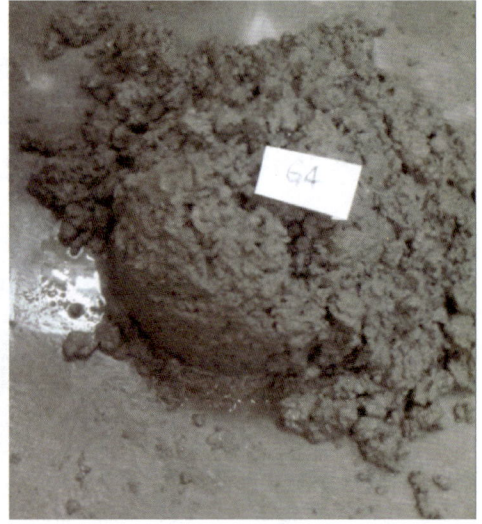

(b) C4 组

图 2-20 C3 组和 C4 组混凝土坍落度测试过程

(a) C5 组

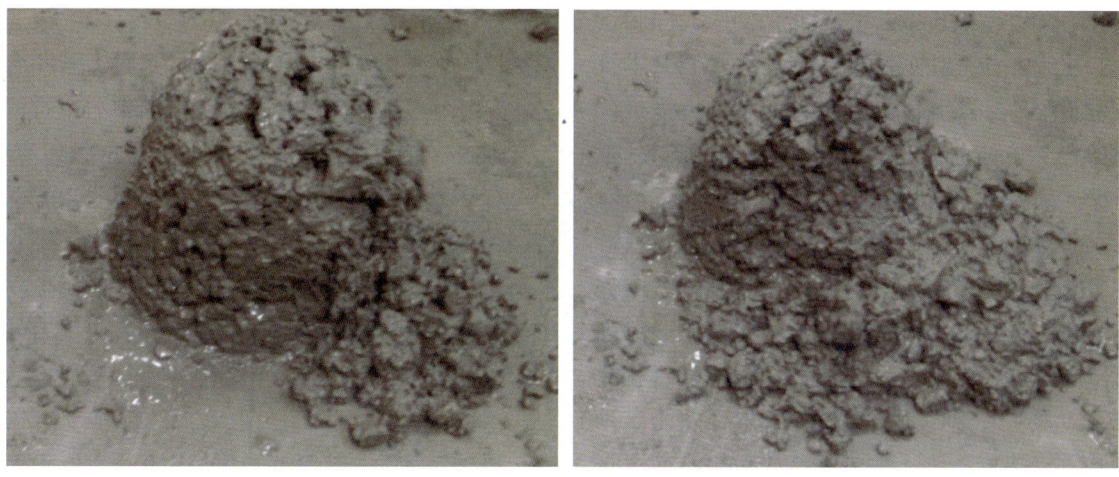

(b) C6 组

图 2-21　C5 组和 C6 组混凝土坍落度测试过程

图 2-22　C7 组混凝土坍落度测试过程

固定胶骨比进行配合比设计是不合理的，主要问题在于：①配制的混凝土与要求的工作性能没有关联；②配制中低强度等级混凝土仍采用很大的固定胶骨比，将增加成本，提高混凝土水化放热量，降低混凝土的抗裂性能。与混凝土施工性能有关的额定粉浆体体积理论很好地解决了机制砂混凝土配制优质混凝土的问题。

混凝土拌合物强度见表 2-23 及如图 2-23 所示。由图 2-23 可以看出，低强度等级混凝土在水胶比不变时，用水量改变对抗压强度有影响，但规律性不强。

表 2-23　不同和易性的混凝土抗压强度

单位：MPa

组号	28 d 强度	56 d 强度
C1	22.03	24.54
C2	26.07	28.82
C3	25.53	28.82
C4	24.23	25.84
C5	24.80	26.37
C6	24.53	29.64
C7	23.72	25.48

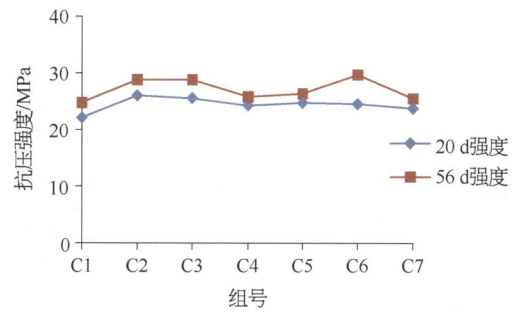

图 2-23　不同和易性的混凝土抗压强度

2.2.1.2 砂率对混凝土和易性的影响

砂率是混凝土配合比设计中应重点考虑的参数,在配合比设计中,砂率应按照《普通混凝土配合比设计规程》的规定取值。但是《普通混凝土配合比设计规程》只规定了坍落度在 10~60 mm 时的建议取值。对于坍落度大于 60 mm 时,只提到可按经验取值。一般情况下要使混凝土拌合物具有良好的工作性能,在配合比设计时,必须使砂浆能够包裹粗骨料的表面,并能填满粗骨料间的空隙,同时还需要富余一定的砂浆。实际上为了满足高性能混凝土的要求,提出了许多关于砂率取值的假设,但是本试验为研究砂率对混凝土性能的影响,采用相同的额定粉体总体积、额定粉浆体体积进行试验。

本次试验采用机制砂Ⅰ,水胶比为 0.6,用水量为 170 kg,水泥用量为 170 kg,粉煤灰掺量为 40%,额定粉体总体积为 170 L,砂率在 35%~45% 变化,额定粉浆体体积取 350 L,其中 10 L 为空气。

配合比设计见表 2-24,混凝土拌合物的性能见表 2-25。在试验中,砂率为 39% 和 37% 的两组试验因误差造成结果异常而没有采用。

表 2-24 砂率对混凝土和易性影响的配合比

组号	砂率/%	外加石粉用量/kg	胶凝材料浆体体积/L	额定粉体总体积/L	额定粉浆体体积/L	减水剂用量/%
I1	45	134.8	278.3	170	350	0.7
I2	43	124.6	278.3	170	350	0.7
I3	41	115.9	278.3	170	350	0.7
I6	35	72.5	278.3	170	350	0.7

表 2-25 砂率对混凝土和易性影响的工作性能

组号	砂率/%	坍落度/mm	扩展度/mm	和易性描述	组号	砂率/%	坍落度/mm	扩展度/mm	和易性描述
I1	45	215	470	干稠,无泌水,整体坍落	I3	41	205	420	黏稠,整体坍落
I2	43	230	450	黏稠,无泌水,整体坍落	I6	35	180	440	分层,崩塌

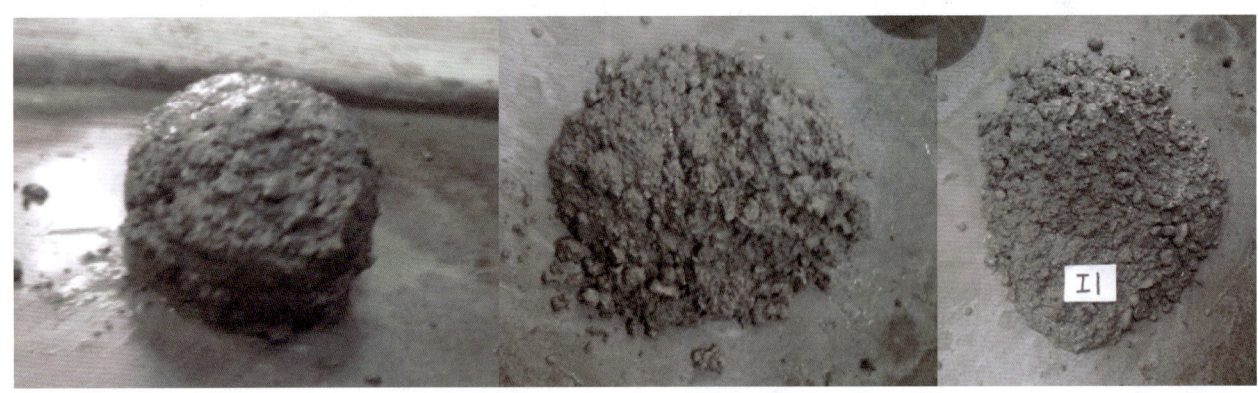

图 2-24 I1 组混凝土坍落度测试过程

图 2-25 I2 组混凝土坍落度测试过程

图 2-26　I3 组混凝土坍落度测试过程

图 2-27　I6 组混凝土坍落度测试过程

通过表 2-24 和图 2-24～图 2-27 的分析可知,坍落度和砂率并不是简单的线性关系。水胶比为 0.6,水泥浆较稀,需要较大的砂率来满足混凝土拌合物黏聚性的要求。如果砂率较大,骨料的总表面积及空隙率会显著增加,在水泥浆量总量不变的情况下,水泥浆相对较少,减弱了水泥浆的润滑作用,导致混凝土拌合物的坍落度减小;如果砂率过小,不能保证粗骨料之间有足够的砂浆层,使粗骨料颗粒之间石子的拨开系数小,会出现流浆、干涩现象,降低混凝土拌合物的黏聚性,坍落度也随之减小。砂率在 35% 时,坍落度测试时混凝土拌合物有崩塌现象,其黏聚性变差,和易性差。

混凝土试件 28d 和 56d 抗压强度试验结果见表 2-26,各组混凝土试件 28d 抗压强度相差不大,但由于含有 40% 的粉煤灰,混凝土试件 56d 抗压强度有较大的提高。

根据以上试验,砂率在 41%～45% 是合理的,

表 2-26　砂率对混凝土和易性影响的抗压强度

单位:MPa

组号	28d 强度	56d 强度
I1	25.00	33.39
I2	25.28	31.44
I3	24.79	29.79
I6	24.11	31.53

混凝土具有良好的和易性。在试验研究中,砂率一般选用 43% 或 45%。

2.2.1.3　外掺料或外加剂对混凝土和易性的影响

上述研究表明机制砂混凝土拌合物和易性差,易出现黏聚性差、分层离析,以及泌水等现象。采用合理的砂率,一定的额定粉体总体积、额定粉浆体体积可以改善机制砂混凝土的和易性。本试验从另一角度出发,研究了膨润土、羧甲基纤维素醚、偏高岭土、聚丙烯纤维等对混凝土拌合物性能的影

响,探究改善机制砂混凝土拌合物性能的另一途径。

1) 膨润土对混凝土和易性的影响

膨润土是以蒙脱石类矿物为主要成分的黏土,又称斑脱岩、膨土岩,具有良好的吸水性、膨胀性、胶结性、分散性、触变性及阳离子交换性等,其主要矿物成分是蒙脱石,主要化学成分为 SiO_2、Al_2O_3、H_2O 及少量的 Fe_2O_3、MnO_2、MgO、CaO、K_2O、Na_2O、TiO_2 等。机制砂混凝土,特别是低强度等级机制砂混凝土,常出现泌水现象,加入膨润土,研究其是否可用于改善混凝土泌水的问题。本试验首先研究膨润土对机制砂砂浆性能的影响,再研究其对混凝土拌合物性能的影响。

本试验中膨润土采用广州某公司生产的钠基膨润土,密度为 2.4 kg/m³,电镜扫描微观结构如图 2-28 所示。

(a) 500 倍   (b) 1000 倍

图 2-28 膨润土的微观结构

(1) 膨润土对砂浆性能的影响。在两种机制砂砂浆中掺入膨润土,并分别探讨了不同掺量膨润土对砂浆流动度、稠度、分层度和强度的调控作用,本试验采用机制砂Ⅱ。试验采用固定的胶砂比[B(胶凝材料):S(砂)=1:2.5],在不同水胶比下加入不同量的膨润土,研究其增稠作用即对砂浆流动度的影响,并测试相应的砂浆强度。

① 不同膨润土掺量对砂浆流动度的影响。如图 2-29 所示,膨润土掺量分别为 0%、2%、4%、6%,当水胶比分别为 0.6、0.7 时,随着膨润土掺量的增加,机制砂Ⅱ砂浆的流动度逐渐减小;水胶比为 0.8 时,由于水胶比较大,膨润土增稠效果不明显。

如图 2-30 所示,膨润土掺量分别为 0.0%、0.5%、0.7%、0.9%、1.0%、2.0%,水胶比分别为 0.5、0.6,当膨润土掺量从 0.0% 增加到 0.5% 时,两种机制砂砂浆的流动度是降低的,之后随掺量增大而升高,掺量为 0.9% 之后流动度又开始降低。试验结果表明,当水胶比较小(0.5、0.6),膨润土掺量为 0.9% 时砂浆的流动度最大。

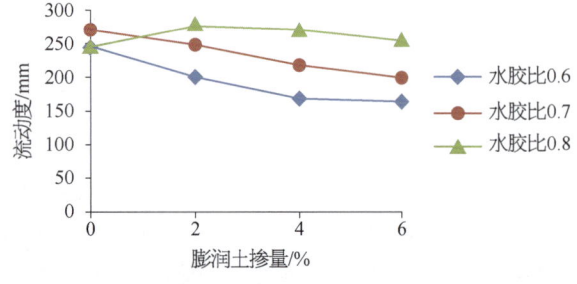

图 2-29 高膨润土掺量对机制砂Ⅱ砂浆流动度的影响

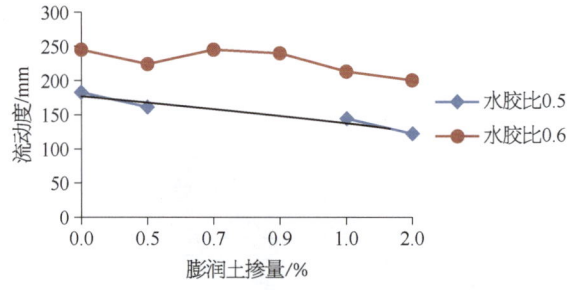

图 2-30 低膨润土掺量对机制砂Ⅱ砂浆流动度的影响

② 不同膨润土掺量对砂浆稠度的影响。如图 2-31 所示,当膨润土掺量为 0%、2%、4%、6%,水胶比分别为 0.6、0.7、0.8 时,两种机制砂砂浆的稠度随着膨润土掺量的增加有大幅度的增大,效果十分明显。

出,当水胶比为 0.6 时,膨润土掺量为 0.9% 时,砂浆稠度最大。

③ 不同膨润土掺量对砂浆抗压强度的影响。如图 2-33 所示,水胶比为 0.6 时,两种机制砂砂浆试块的 3d、7d、21d、28d 的抗压强度都在膨润土掺量为 0.9% 时达到最大。膨润土掺量超过 0.9% 后,随着掺量的增加,抗压强度减小。

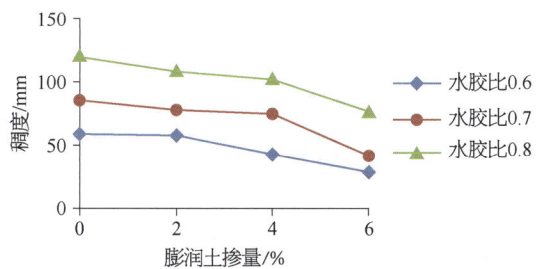

图 2-31 高膨润土掺量对机制砂Ⅱ砂浆稠度的影响

如图 2-32 所示,当膨润土掺量相对较低,水胶比为 0.5 时,随着膨润土掺量的增加,砂浆稠度逐渐减小;水胶比为 0.6 时,膨润土掺量在 0.0%~0.5% 时,砂浆稠度减小,之后随掺量增加而增大,掺量在 0.9% 时达到最大,之后稠度又有所降低。由试验得

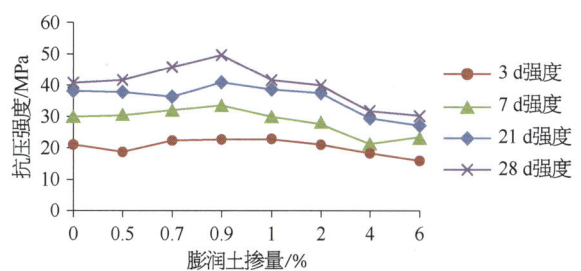

图 2-33 膨润土掺量对机制砂Ⅱ砂浆抗压强度的影响(水胶比 0.6)

(2) 膨润土对混凝土和易性的影响。上述试验表明,在膨润土掺量为 0.9% 时,机制砂砂浆的各项性能较好。在下面的试验中,通过在混凝土中掺入膨润土,来验证 0.9% 的膨润土掺量对于机制砂混凝土的性能调控是否是合理的掺量。

试验采用机制砂Ⅰ,水胶比为 0.6,用水量为 170 kg,胶凝材料用量为 283 kg,水泥用量为 170 kg,粉煤灰掺量为 40%,砂率为 45%,膨润土掺量分别为 0.0%、0.8%、0.9%、1.0%,配合比设计见表 2-27,混凝土拌合物性能见表 2-28。

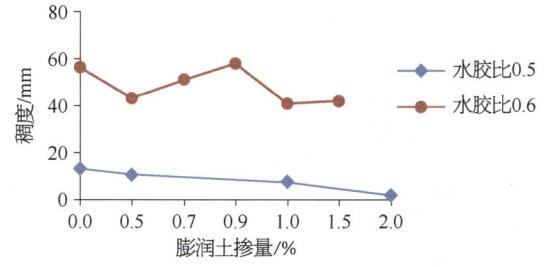

图 2-32 低膨润土掺量对机制砂Ⅱ砂浆稠度的影响

表 2-27 膨润土掺量对混凝土和易性影响的配合比

组号	水泥用量/kg	膨润土掺量/%	外加石粉用量/kg	胶凝材料浆体体积/L	额定粉体总体积/L	额定粉浆体体积/L	减水剂用量/%
L1	170	0.0	128.97	278.27	170	340	0.70
L2	170	0.8	119.23	279.21	170	340	0.94
L3	170	0.9	118.01	279.33	170	340	1.50
L4	170	1.0	116.79	279.45	170	340	2.00

表 2-28 膨润土掺量对混凝土和易性影响的工作性能

组号	膨润土掺量/%	坍落度/mm	扩展度/mm	和易性描述
L1	0.0	210	460	轻微泌水,轻微分层
L2	0.8	35		干硬,无坍落
L3	0.9	235	425	黏稠,整体坍落
L4	1.0	220	500	黏稠,整体坍落

图 2-34～图 2-37 为混凝土拌合物坍落度试验过程。未加入膨润土的 L1 组流动性较好，但是加入膨润土后，尽管提高了减水剂用量（由 0.7% 变为 0.94%），混凝土流动性仍大幅降低。当减水剂用量成倍地提高后，混凝土拌合性能很好，说明膨润土具有很强的增稠保水作用，在膨润土掺量一定的情况下，通过增大减水剂用量，也可以保证混凝土具有良好的和易性。这一试验表明，膨润土对于砂浆和混凝土工作性能的影响不同。因为膨润土具有黏土层间结构，层间距在 0.9～2.14 nm，与水接触后，离子和水一起进入膨润土层间，使得原来适量的减水剂失效。王子明教授在研究减水剂对水泥浆体、砂浆、混凝土拌合物性能影响时也得到过类似的结论。

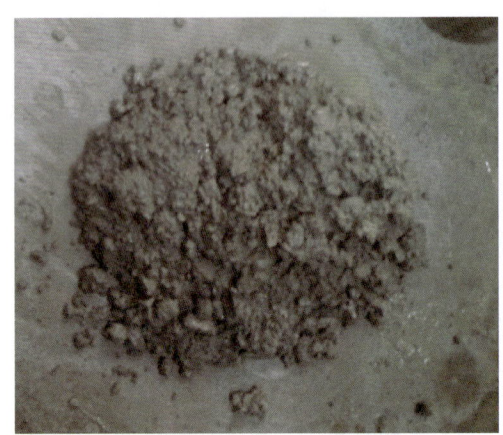 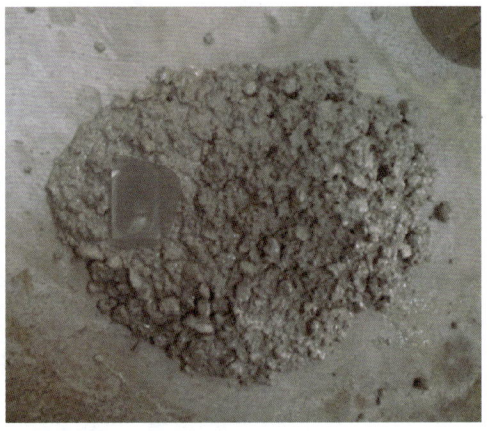

图 2-34 L1 组混凝土坍落度测试过程

图 2-35 L2 组混凝土坍落度测试过程

图 2-36 L3 组混凝土坍落度测试过程

图 2-37 L4 组混凝土坍落度测试过程

混凝土拌合物成型后试件抗压强度如图 2-38 所示。

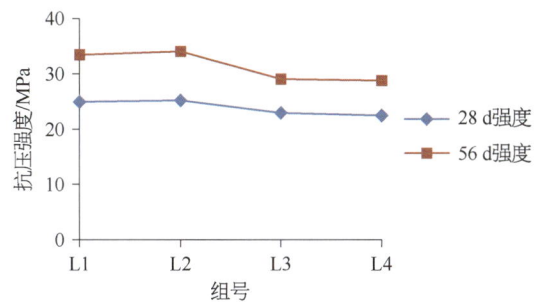

图 2-38 膨润土掺量对机制砂混凝土抗压强度的影响

图 2-38 的结果表明，混凝土拌合物成型后试件 28d 和 56d 的抗压强度随膨润土掺量的升高而降低，且降低幅度较大。由于膨润土的掺加对混凝土的流动性、强度影响很大，不建议在混凝土中掺加膨润土。

2）羟丙基甲基纤维素醚对低强度混凝土和易性的影响

纤维素醚是一种水溶性高分子材料，由天然纤维素经过碱溶、接枝反应（醚化）、水洗、干燥、研磨等工序加工而成。纤维素醚分为离子型（如羧甲基纤维素醚）和非离子型（如羟乙基纤维素醚、羟丙基甲基纤维素醚、甲基纤维素醚等）。由于离子型纤维素醚在钙离子存在的情况下不稳定，所以干粉砂浆中使用的纤维素醚主要是羟乙基甲基纤维素醚（HEMC）和羟丙基甲基纤维素醚（HPMC）。这里主要研究羟丙基甲基纤维素醚（HPMC）对砂浆和混凝土性能的影响。

HPMC 是将纤维素碱活化处理后与醚化剂氯甲烷、环氧丙烷进行醚化反应而成，在醚化反应中纤维素分子上的羟基（—OH）被甲氧基（—OCH$_3$）和羟丙基取代生成 HPMC。纤维素分子上的羟基被取代的基团数可用醚化度（也叫取代度）表示，HPMC 的醚化度在 1.2～1.5。HPMC 结构中存在羟基（—OH）、醚键（—O—）及脱水葡萄糖环等重要的基团，这些基团能对砂浆的性能产生一定的影响。在纤维素醚的分子结构中依然存在着脱水葡萄糖环结构，可以引起水泥缓凝，因其能与水泥水化水溶液中的钙离子反应生成糖钙分子化合物（或叫络合物），降低水泥水化诱导期的钙离子浓度，阻止 $Ca(OH)_2$ 和钙盐晶体的生成、析出，从而延缓水泥水化的进程。

此外 HPMC 还具有以下性质：易溶于冷水，热水较难溶解；黏度与其分子量的大小有关，分子量大则黏度高，温度升高则黏度下降；其保水性取决于其添加量、黏度等；对酸、碱具有稳定性，其水溶液在 pH 值为 2～12 的范围内非常稳定，碱能加快其溶解速度，并对黏度稍有提高；羟丙基甲基纤维素对一般盐类具有稳定性，但盐溶液浓度高时，羟丙基甲基纤维素溶液黏度有增高的倾向。HPMC 的微观形貌如图 2-39 所示。

纤维素醚保水效果很好，通常用作保水剂，用于改善预拌砂浆的可操作性。纤维素醚掺量少，但对砂浆的性能影响非常明显，是影响砂浆施工性能的一种主要添加剂。

王军在《膨润土与纤维素醚复掺在预拌砂浆中的试验研究》中提到：当纤维素醚的掺量为胶凝材料的 0.06% 左右时，砂浆的强度出现了一个较为明显的拐点，掺量控制在 0.06%～0.10% 范围内，对砂浆强度影响不大，当纤维素醚掺量超过 0.10% 时，其引气较为严重，砂浆出现泌水现象，抗压强度也显著降低。纤维素醚的掺量在 0.08%～0.10% 时，砂浆的可操作时间较长，抗压强度也可达到设计要求，

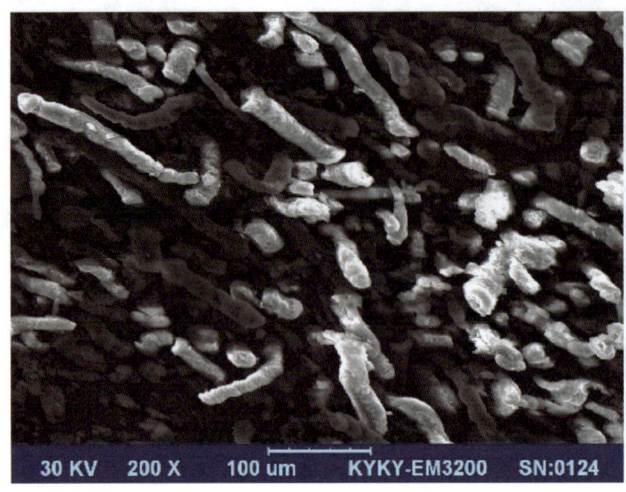 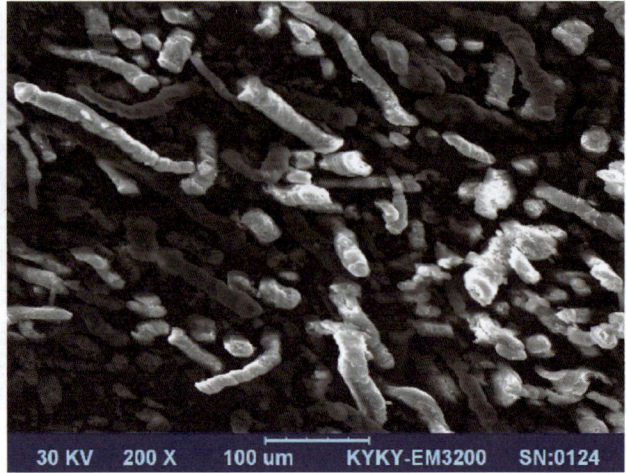

图 2-39 HPMC 的微观形貌（200 倍）

综合效果较好。彭鹏飞在《低成本、高性能 EPS 保温砂浆的研究》中提到：随着纤维素醚掺量的增加，砂浆稠度先逐渐增大，当掺量大于 0.2% 时，砂浆稠度逐渐减小；不掺纤维素醚的试样，泌水分层现象严重，掺加少量纤维素醚（掺量 0.05%），即可使其泌水分层程度大大降低，掺量为 0.1% 时基本不泌水分层。掺纤维素醚的混凝土能较大地提高其抗渗性能，因为纤维素醚能够影响水泥水化进程，从而改善混凝土的微观孔隙结构。

通过在混凝土中掺入 HPMC，研究纤维素醚对机制砂混凝土拌合物性能改善的效果及合理的掺量。

试验采用机制砂 I，水胶比为 0.6，用水量为 170 kg，胶凝材料用量为 283 kg，水泥用量为 170 kg，粉煤灰掺量为 40%，砂率为 45%，HPMC 掺量分别为 0.0%、0.05%、0.10%、0.15%，配合比设计见表 2-29（减水剂保证混凝土流动性而变化），拌合物性能见表 2-30，如图 2-40～图 2-43 所示。

表 2-30 和图 2-40～图 2-43 的结果表明，不掺加 HPMC 时，混凝土拌合物坍落度为 215 mm，扩展度为 470 mm，满足普通流态混凝土的性能要求。加入 HPMC 后，如果减水剂相同，混凝土流动性降低，但是在减水剂的配合下，混凝土拌合物自流平性能大幅提高，表现在坍落度提高很大，达到 240 mm

表 2-29 HPMC 掺量对混凝土和易性影响的配合比

组号	水泥用量/kg	HPMC 掺量/%	外加石粉用量/kg	胶凝材料浆体体积/L	额定粉体总体积/L	额定粉浆体体积/L	减水剂用量/%
M1	170	0	128.97	278.3	170	340	0.70
M2	170	0.05	128.97	278.3	170	340	1.21
M3	170	0.10	128.97	278.3	170	340	1.63
M4	170	0.15	128.97	278.3	170	340	3.95

表 2-30 HPMC 掺量对混凝土和易性影响的工作性能

组号	HPMC 掺量/%	坍落度/mm	扩展度/mm	和易性描述
M1	0	215	470	无泌水，整体坍落
M2	0.05	250	540	黏稠，整体坍落
M3	0.10	240	500	黏稠，整体坍落
M4	0.15	250	450	黏稠，整体坍落

图 2-40　M1 组混凝土坍落度测试过程

图 2-41　M2 组混凝土坍落度测试过程

图 2-42　M3 组混凝土坍落度测试过程

图 2-43　M4 组混凝土坍落度测试过程

及以上，坍落度试验流动后的拌合物基本没有中间堆积物，混凝土的黏聚性很好，能带走混凝土中骨料特别是粗骨料。加入 HPMC 并在减水剂的配合下，可以全面改善混凝土拌合物综合工作性能，即流动性、黏聚性和保水性，混凝土拌合物即使流动性很大也没有泌水、分层离析现象。因此，在一定额定粉体含量、额定粉浆体体积下，通过减水剂的配合，羧甲基纤维素醚能大幅提高机制砂混凝土抗离析性能，为配制低强度等级性能优良的流态混凝土,甚至是自密实混凝土提供了新的技术途径。混凝土拌合物成型后试件抗压强度见表2-31。

表2-31 HPMC掺量对混凝土和易性影响的抗压强度

单位：MPa

组号	28 d强度	56 d强度
M1	25.00	33.39
M2	25.36	27.60
M3	22.89	27.79
M4	21.37	20.14

表2-31的结果表明,混凝土拌合物成型后试件28 d、56 d抗压强度随着HPMC掺量的增加而降低,当掺量在0.15%时,28 d、56 d抗压强度为21.37 MPa、20.14 MPa,说明HPMC对混凝土强度增长不利。有研究认为：HPMC的掺入延缓了水泥的水化,水泥水化产物所形成的晶体不完整,使晶体生长不完善,骨料界面过渡区形成了薄弱区域。另外,掺入的纤维素醚在水化生成的晶体和骨料边缘形成薄层,使晶体与晶体之间及骨料与骨料之间的孔隙减少或堵塞了毛细孔,从而提高了混凝土的抗渗性。

试验表明,HPMC确实提高了混凝土的流动性,但其对混凝土强度影响较大。为改善混凝土的和易性,同时降低其对混凝土强度的不利影响,建议掺量控制在0.05%左右。

3) 聚丙烯纤维对低强度混凝土和易性的影响

聚丙烯纤维混凝土是指在混凝土中掺入少量能够增强或改善混凝土某些性能的短切聚丙烯纤维。聚丙烯纤维混凝土具有的优点如下：抑制塑性收缩裂缝、抗冲击和弯曲疲劳性能较好、抗松散性较好、剩余强度较高、抗渗性较好、抗拉及抗折弯强度有所增加、耐气候老化、抗冻融性较好等。因此,聚丙烯纤维混凝土被广泛应用在高层建筑的地下室、污水处理厂的污水池、港区路面、高速公路路面、码头货物料场及地下洞室、护坡等工程,且效果良好。

聚丙烯纤维为白色、半透明,呈网状或束状单丝结构(图2-44),在混凝土中搅拌时分散成丝状。聚丙烯纤维的材料性能见表2-32。

图2-44 聚丙烯纤维结构

表2-32 聚丙烯纤维的材料性能

项目	密度/(g·cm^{-3})	直径/μm	长度/mm	抗拉强度/MPa	弹性模量/MPa	断裂伸长率/%	熔点/℃	燃点/℃
聚丙烯纤维	0.9	20~40	15~20	≥500	≥3 850	10~28	160~180	580

龚爱民在《聚丙烯纤维对新拌混凝土性能的影响》中提到,纤维掺量小于1.80 kg/m^{3}时,对混凝土流动性影响较小。由于纤维的阻挡及相互搭接,总空隙率增加。在研究纤维对混凝土流动性的影响时,当纤维掺量小于1.80 kg/m^3,可不改变混凝土的配合比。

本试验采用机制砂Ⅰ,水胶比为0.6,用水量为170 kg,胶凝材料用量为283 kg,水泥用量为170 kg,粉煤灰掺量为40%,砂率为45%,聚丙烯纤维掺量分别为0 kg、0.6 kg、0.8 kg、1.0 kg、1.2 kg。配合比见表2-33,混凝土拌合物性能见表2-34。

表2-34和图2-45~图2-49的试验结果表明,混凝土拌合物在不掺入聚丙烯纤维时,坍落度可达到215 mm,掺入聚丙烯纤维后,在提高减水剂用量的情况下,拌合物的坍落度可达到200 mm左右,说明聚丙烯纤维会对坍落度产生不利的影响,使混凝土拌合物黏稠度急剧增大。对于低强度等级机制砂混凝土来说,可以通过加入聚丙烯纤维,并与减水

表 2-33 聚丙烯纤维掺量对混凝土和易性影响的配合比

组号	聚丙烯纤维掺量/kg	水泥用量/kg	外加石粉用量/kg	胶凝材料浆体体积/L	额定粉体总体积/L	粉浆体额定体积/L	减水剂用量/%
K1	0.0	170	134.8	278	170	340	0.70
K2	0.6	170	134.8	278	170	340	0.91
K3	0.8	170	134.8	278	170	340	0.93
K4	1.0	170	134.8	278	170	340	1.14
K5	1.2	170	134.8	278	170	340	1.30

表 2-34 聚丙烯纤维掺量对混凝土和易性影响的工作性能

组号	聚丙烯纤维掺量/kg	坍落度/mm	扩展度/mm	和易性描述	组号	聚丙烯纤维掺量/kg	坍落度/mm	扩展度/mm	和易性描述
K1	0	215	470	无泌水,整体坍落	K4	1	210	420	黏稠,整体坍落
K2	0.6	200	390	崩坍	K5	1.2	225	460	黏稠,整体坍落
K3	0.8	215	430	黏稠,整体坍落					

图 2-45 K1 组混凝土坍落度测试过程

图 2-46 K2 组混凝土坍落度测试过程

图 2-47 K3 组混凝土坍落度测试过程

图 2-48 K4 组混凝土坍落度测试过程

图 2-49 K5 组混凝土坍落度测试过程

剂(较大用量)配合来改善混凝土拌合物的黏聚性、保水性差的问题。聚丙烯纤维对混凝土抗压强度的影响见表 2-35,如图 2-50 所示。

表 2-35 聚丙烯纤维掺量对混凝土和易性影响的抗压强度

单位:MPa

组号	28 d 强度	56 d 强度
K1	25.00	33.39
K2	24.60	27.58
K3	22.81	31.55
K4	24.03	28.30
K5	23.63	31.12

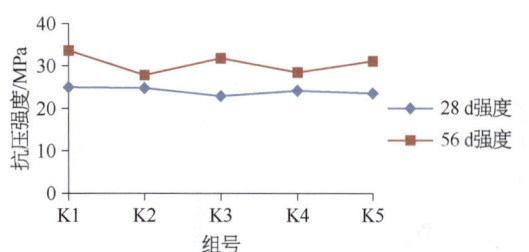

图 2-50 聚丙烯纤维掺量对机制砂混凝土抗压强度的影响

聚丙烯纤维对混凝土的抗压强度贡献不大,但可用于改善混凝土抗裂性能,特别是减少塑性裂缝。试验表明,聚丙烯纤维对低强度等级混凝土拌合物和易性有改善作用,可以作为提高混凝土拌合物性能的组成材料。

上述系列试验均采用低水泥用量、低胶凝材料用量配制机制砂混凝土。为保证混凝土和易性而加入一定量的非活性粉体等材料,混凝土中各种粉体对混凝土和易性的影响很大,宜采用额定粉体含量、额定粉浆体体积来评价其对和易性的影响,由此方法可以配制出优质的机制砂混凝土。

低强度等级混凝土在满足最低胶凝材料用量、最大水胶比的条件下,一定量的额定粉体、额定粉浆体是优质低强度机制砂混凝土的必要条件,在此条件下,存在最优的砂率,同时其他外掺料在此基础上可以更好地改善机制砂混凝土的和易性。羧甲基纤维素等可以在最佳额定粉浆体体积的基础上,配合高性能减水剂,配制更高施工工作性能要求的混凝土拌合物。

不同的混凝土拌合物工作性能需要不同的额定粉体含量、额定粉浆体体积,而不是固定的胶凝材料浆体体积,因此基于固定浆骨比的混凝土配合比设计方法并不合理。

2.2.2 高强度混凝土和易性调控技术及混凝土强度

现代混凝土理论表明,高强度高性能混凝土必然是胶凝材料耐久性好,混凝土微观结构特别是骨料界面和内部孔隙得到了很好改善的混凝土。试验所用胶凝材料,水泥采用 42.5 强度等级,而不用更高强度等级水泥,采用Ⅰ级磨细粉煤灰和Ⅱ级原状灰作为掺和料。前期试验和相关文献表明,原状粉煤灰颗粒呈球状,能更好地改善混凝土的和易性,降低水化热(早期强度有所降低),提高后期强度,特别是对混凝土耐久性的提高有利。对混凝土早期强度需求不大的工程,应尽可能使用原状灰。因此试验采用两种粉煤灰来配制高性能机制砂混凝土。

T. C. Powers 研究混凝土渗透系数发现,混凝土水胶比从 0.75 降到 0.26 时,渗透系数降低约 4 个数量级;从 0.75 降到 0.45 时,约降低 2 个数量级。低水胶比方法是配制高性能混凝土的核心技术,同时胶凝材料用量、水泥用量是影响混凝土收缩性能、温度应力的重要因素,因此有耐久性要求的结构工程对混凝土中单位体积胶凝材料用量或水泥用量有具体的规定。T. K. Mehta 等研究表明,高性能混凝土还要控制混凝土中的用水量,廉慧珍教授很赞同这一观点。高强度混凝土性能不单是水胶比问题,还与用水量有关,这一观点正逐渐被混凝土技术人员所接受。选用不同品种的高性能减水剂、强塑化剂等,降低用水量。低水胶比的低用水量,同时也是降低单位体积混凝土胶凝材料用量的技术措施。

采用全机制砂配制高强度 HPC,配制方法借鉴 T. K. Mehta 配制高性能混凝土技术措施,在满足混凝土和易性的条件下,尽可能地降低浆骨比,减少收缩。由于掺入大量的掺和料,采用的水胶比较普通高强度混凝土有所降低,研究在水胶比为 0.36 及以下的机制砂高性能混凝土和易性、强度、变形及耐久性能。

2.2.2.1 高强度高性能混凝土的和易性

天然砂高强度高性能混凝土已有试验研究和工程应用文献,结合机制砂特性,针对机制砂高强度高性能混凝土容易出现干硬、黏稠、流动性差等工作性能问题,研究机制砂高强度高性能混凝土工作性能影响因素及改善措施。本试验采用额定粉体、额定粉浆体体积理论和现代混凝土技术来配制高强度高性能机制砂混凝土,混凝土拌合物设计坍落度满足 (200±20)mm,扩展度满足(500±50)mm 的要求。

初步试验中,筛选了各种高性能减水剂,测试了砂浆和混凝土的保水性、流动性和抗离析性,以及坍落度损失等指标。最后确定采用四川某外加剂公司的巨星系列减水剂和柯帅外加剂公司的高性能减水剂,减水率在 30% 以上。首先研究在极低水胶比下混凝土的和易性,为试验寻找合理的用水量。

试验研究低水胶比(0.26)下不同掺和料对混凝土工作性能的影响。混凝土拌合物设计坍落度满足 (200±20)mm,扩展度满足(500±50)mm 的要求。和易性、保水性、黏聚性通过调整砂率、胶凝材料比例等配合比来实现,流动性是在控制用水量的情况下,调整不同的减水剂用量来实现。由于是高强度混凝土,保水性和黏聚性一般能满足要求,需要重点关注减水剂的用量(与减水剂的性能有关)。配合比及试验后满足混凝土拌合物性能的减水剂用量见表 2-36,机制砂混凝土拌合物坍落度试验结果如图 2-51 所示。

表 2-36 低水胶比下机制砂混凝土拌合物减水剂用量

组号	水胶比	用水量/kg	胶凝材料用量/kg	水泥用量/kg	粉煤灰用量/kg	硅灰用量/kg	砂率/%	砂用量/kg	石子用量/kg	减水剂用量/%
A1	0.26	130	500	300	200		30	532	1241	5.60
A2	0.26	130	500	300	200		32	568	1206	5.60
A3	0.26	130	500	300	200		34	603	1171	5.60
B1	0.26	137	527	527			40	704	1056	2.70
B2	0.26	137	527	343	158	26	36	639	1120	1.60
B3	0.26	137	527	316	211		36	633	1120	1.18
C1	0.26	139	535	321	214		32	556	1168	2.41
C2	0.26	139	535	321	214		32	556	1168	2.00

图 2-51 水胶比为 0.26 时的混凝土拌合物坍落度试验

试验中,混凝土单方用水量为 130 kg 时,采用柯帅外加剂公司的高性能减水剂不能满足要求,按照外加剂厂方标示该品种减水剂最大掺量为 4%,但增加掺量至 5.6% 才能满足混凝土拌合物的流动性要求,变化砂率为 30%~34%,混凝土工作性能变化不大。减水剂掺量超过合理水平太多,造成减水剂中附加的用水量增加,实际水胶比增加,造成强度降低、收缩增加、耐久性下降。同时由于减水剂掺量过多,混凝土拌合物有较大的缓凝,影响混凝土早期强度。所以采用减水率较低的外加剂难以配制高强度高性能混凝土。减水剂的品种、性能是决定混凝土性能的重要因素。

试验在减水剂品种不变的情况下,通过提高混凝土单方用水量来满足混凝土和易性的要求。在保持水胶比不变的情况下,胶凝材料用量也增加,表2-36中B组的三个配合比、C组的两个配合比提高了用水量,在水胶比为0.26时,不同配合比能够满足和易性的要求。

水胶比为0.36、0.32、0.28的混凝土拌合物在单掺粉煤灰、复掺硅灰、粉煤灰及无掺和料的情况下,全机制砂混凝土配合比与对应的拌合物和易性描述试验结果见表2-37。

表2-37 水胶比在0.36~0.28的混凝土配合比与对应的拌合物和易性

组号	水胶比	每立方米混凝土用量/kg						坍落度/mm	扩展度/mm	和易性描述
		水	水泥	粉煤灰	硅灰	砂	石子	减水剂			
D1	0.36	143	238	159		764	1104	1.00%	200	385	黏聚性较好,无泌水,无离析,整体坍落
E1		143	258	119	20	769	1104	1.31%	160	330	黏稠,无泌水,离析
F1		143	397			882	1036	1.83%	187	330	无泌水,较黏稠
D2	0.32	141	264	176		720	1109	1.03%	210	385	较黏稠,无泌水,无离析,整体坍落
E2		141	286	132	22	726	1109	1.50%	230	495	整体坍落,黏稠,无泌水、离析
F2		141	441			829	1055	2.27%	172	390	较黏稠,无泌水,无离析
D3	0.28	139	298	199		664	1114	1.10%	220	470	黏稠,无泌水,无离析,整体坍落
E3		139	323	149	25	670	1114	1.60%	225	510	整体坍落,黏稠,无泌水、离析
F3		139	496			773	1067	2.70%	240	580	整体坍落,较黏稠,轻微泌水,分层

由结果可知,相同水胶比的混凝土拌合物,没有添加矿物掺和料的混凝土要达到相同的坍落度需要掺入较多的减水剂。掺入粉煤灰(Ⅰ级)的混凝土达到要求坍落度所需的减水剂最少。这说明粉煤灰的需水量较水泥需水量低,在大流态混凝土、自密实混凝土中,加入粉煤灰不仅改善了水化产物、提高了混凝土抗化学腐蚀性能,而且减少了用水量、增大了拌合物的坍落度和扩展度。E组混凝土由于掺入硅灰,硅灰比表面积大,需水量增多,其达到要求工作性能需掺入的减水剂略有增加,混凝土拌合物保水性和黏聚性提高,整体性能优良。在配制大流态混凝土时,适量的硅灰在高性能减水剂下可以表现出优良的性能,既可以提高混凝土强度、耐久性(大量文献表明),又能够很好地改善混凝土拌合物的综合工作性能,但受限于硅灰成本较高,一般控制掺量在5%左右。

本试验从水胶比0.6到水胶比0.26,研究不同强度等级混凝土的和易性,采用Mehta和廉慧珍教授配制高性能混凝土的原则,尽可能少用胶凝材料,同时保证混凝土拌合物有优良的工作性能。从国内机制砂生产、应用的调研来看,机制砂混凝土强度一般能够满足要求,而最大的问题是混凝土的和易性问题,其不仅影响混凝土结构表观质量,甚至影响混凝土内部质量。试验中采用机制砂配制出了系列的满足大流态混凝土的配合比。除了低水胶比外,其他水胶比在0.30以上的混凝土拌合物均满足和易性要求。

由于减水剂的性能特别是减水率问题,在水胶比为0.3时,柯帅高性能减水剂达到了极限掺量。由于没有其他更好的减水剂,于是人为地增加掺量,研究低水胶比下混凝土拌合物性能。按照以往的设想,水胶比降低,胶凝材料用量缓慢增加,同时用水量也相应地降低,但是用水量降到一定程度,减水剂增加也不能够使混凝土拌合物满足大流态的要求,最后只能保持用水量不变(不再降低),而此时为满足混凝土的水胶比条件,胶凝材料将增加很快。

关于国标胶凝材料用量限制的思考:①高强度混凝土用减水剂问题。高强度等级的混凝土,如C50~C100混凝土,胶凝材料最大用量一定,势必少用水,同时骨料最大粒径降低,骨料比表面积相对增加导致需水量更高。所以在较低的水胶比下,更需要优质的高性能减水剂。高性能减水剂的质量是保证混凝土质量的前提,上述试验中柯帅减水剂减水率达到30%,应该是同类产品中优秀的产品,但是低水胶比下仍然不能满足要求,需要研制、开发减水率更高、性能更优异的高性能减水剂。②国家标准对于C50及以上强度等级混凝土限定的胶凝材料用量相同不尽合理。胶凝材料用量应该与强度等级和工作性能有关,而不能直接限定最大值,如大流态混凝土、自密实混凝土。因为对混凝土工作性能要求太高,原来混凝土配制的理论也出现问题。如自密实混凝土,粗骨料石子靠砂浆浮力承托,细骨料砂子靠粉浆体浮力承托,保证混凝土拌合物像"水"一样流动(自密实),骨料基本不下沉,即不分层、离析。同时混凝土中除胶凝材料外,必须加入粉体,加入黏稠剂、保水剂等,保证混凝土中细小粉体为一整体,不离析、不泌水。自密实混凝土胶凝材料可以到达每立方米混凝土600 kg,其他混凝土(包括大流态泵送混凝土)只有500 kg,现在很多土木工程包括建筑工程(高层、超高层结构,转换梁结构)、交通工程(桥梁、海底隧道)等对混凝土的要求不尽相同,有的需要自密实混凝土,有的需要普通泵送混凝土,但介于两者(泵送混凝土、自密实混凝土)之间的大流态混凝土,没有形成一类混凝土,这样使得无法配制大流态混凝土。标准对混凝土胶凝材料等要求也不连续,大流态混凝土采用泵送混凝土指标无法配制,因此被归结到自密实混凝土中(实际是非自密实混凝土),造成工程结构收缩加大、温度应力提高、抗裂性大幅降低,以至于结构工程中没有裂缝成为"奇迹"。

2.2.2.2 高性能机制砂混凝土的强度

1) 强度

抗压强度是混凝土最基本的性能指标之一。为研究低水泥用量下,机制砂高性能混凝土强度发展,试验研究了各配合比下混凝土7 d、28 d、56 d及120 d强度。0.36~0.28水胶比下,不同掺和料混凝土的抗压强度见表2-38、表2-39。可以看出混凝土强度的发展主要与混凝土中胶凝材料品种、水胶比有关,机制砂混凝土强度变化规律与天然砂混凝土强度变化规律没有明显差异,掺入粉煤灰等使得混凝土后期强度提高,掺入粉煤灰较多的混凝土试件,120 d强度是28 d强度的1.5倍及以上。

表2-38 机制砂Ⅰ混凝土配合比设计及数据结果

组号	水胶比	每立方米混凝土用量/kg					坍落度/mm	扩展度/mm	和易性描述	抗压强度/MPa		
		水	水泥	粉煤灰	砂	石子	减水剂				7 d	28 d	56 d
A1	0.60	170	170	113	850	1038	0.69%	215	500	整体坍落,轻微泌水,黏聚性较好	18.4	25.3	33.8
A2	0.55	165	180	120	829	1055	0.86%	225	500	整体坍落,轻微泌水,黏聚性好	21.0	30.0	40.0
A3	0.50	160	192	128	807	1070	1.03%	220	520	整体坍落,无泌水,黏聚性较好	23.8	33.1	42.8
A4	0.47	157	200	134	786	1085	1.21%	200	470	整体坍落,轻微泌水,黏聚性较好	26.4	32.4	45.9
A5	0.44	153	209	139	766	1102	1.31%	230	580	整体坍落,轻微泌水,黏聚性较好	30.5	30.2	53.8
A6	0.42	150	214	143	747	1120	1.43%	210	515	整体坍落,无泌水,黏聚性好	30.9	41.2	52.5
A7	0.40	147	221	147	727	1137	1.64%	210	520	无泌水,黏聚性较好,整体坍落	32.2	43.6	55.7
A8	0.38	143	226	151	709	1157	1.66%	220	570	整体坍落,黏聚性很好,无泌水	37.5	42.9	61.1
A9	0.36	140	233	156	689	1172	2.72%	210	430	整体坍落,无泌水,黏聚性较好	39.6	55.5	67.6
A10	0.34	137	242	161	668	1187	2.90%	210	455	整体坍落,无泌水,黏聚性较好	41.5	59.7	68.7
A11	0.32	133	249	166	648	1204	3.39%	205	470	整体坍落,无泌水,黏稠	42.2	60.5	70.6
A12	0.30	130	260	173	626	1216	4.05%	200	470	整体坍落,无泌水,黏稠	40.1	59.8	66.1

(续表)

组号	水胶比	每立方米混凝土用量/kg						坍落度/mm	扩展度/mm	和易性描述	抗压强度/MPa		
		水	水泥	粉煤灰	砂	石子	减水剂				7 d	28 d	56 d
A13	0.28	130	279	186	598	1213	4.58%	225	550	整体坍落,无泌水,黏稠	42.9	61.8	75.9
A14	0.26	130	300	200	568	1206	5.61%	220	550	整体坍落,无泌水,黏稠	43.2	62.4	72.5
A15	0.24	130	325	217	537	1195	6.59%	235	595	整体坍落,无泌水,黏稠	43.1	62.1	77.3

注：由于 A 组中使用的机制砂 I 石粉含量为 12%，粉体体积基本满足要求，只有 A1 中加入了 6.2 kg 的 100 目石粉。

表 2-39 机制砂 II 混凝土配合比设计及数据结果

组号	水胶比	每立方米混凝土用量/kg							坍落度/mm	扩展度/mm	和易性描述	抗压强度/MPa			
		水	水泥	粉煤灰	石粉	砂	石子	减水剂				7 d	28 d	56 d	120 d
C1	0.60	170	170	113	141	818	1085	0.72%	205	405	黏稠,整体坍落,无泌水	17.4	18.0	28.0	38.5
C2	0.55	165	180	120	127	801	1098	0.72%	225	465	非常黏稠,整体坍落,无泌水	14.2	29.8	33.7	45.5
C3	0.50	160	192	128	110	780	1112	0.90%	230	500	黏稠,整体坍落,无泌水	19.6	25.3	34.5	40.8
C4	0.47	157	200	134	112	766	1120	1.00%	230	500	黏稠,整体坍落,无泌水,轻微泛浆	22.1	23.7	34.6	52.1
C5	0.44	153	209	139	113	751	1130	1.10%	200	430	黏稠,整体坍落,无泌水,轻微翻浆	24.9	29.7	45.1	51.7
C6	0.42	150	214	143		741	1139	1.15%	215	455	黏稠,整体坍落,无泌水	26.7	30.2	45.7	56.1
C7	0.40	147	221	147		731	1147	1.28%	210	500	黏稠,整体坍落,无泌水	31.5	31.6	47.6	56.2
C8	0.38	145	229	153		716	1152	1.81%	220	495	较黏稠,整体坍落,无泌水,分层	27.9	39.5	56.0	74.3
C10	0.34	145	256	171		669	1152	1.81%	220	450	黏稠,整体坍落,无泌水	35.8	39.0	60.3	76.4
C12	0.30	143	286	191		617	1157	1.99%	220	450	黏稠,整体坍落,无泌水	37.1	44.8	65.7	71.3
C14	0.26	139	321	214		557	1167	2.41%	230	540	黏稠,无泌水,无离析,整体坍落	47.0	65.1	68.9	76.6

注：机制砂使用的是机制砂 II；粉煤灰使用的是 II 级粉煤；石粉为 100 目石粉。

从表 2-40 可见，D 组、E 组 7 d 强度达到 120 d 强度的 55% 左右，28 d 强度达到 120 d 强度的 75%，56 d 强度达到 120 d 强度的 82%；F 组 7 d 强度达到 120 d 强度的 58% 左右，28 d 强度达到 120 d 强度的 83%，56 d 强度达到 120 d 强度的 90%。可以看出无外掺料的 F 组混凝土强度增长较快，D、E 组混凝土增长基本一致。图 2-52 为混凝土试块压坏过程。

表 2-40 低水胶比下不同掺和料对混凝土强度的影响

组号	7 d 强度/MPa	28 d 强度/MPa	56 d 强度/MPa	120 d 强度/MPa	7 d 强度/120 d 强度/%	28 d 强度/120 d 强度/%	56 d 强度/120 d 强度/%	120 d 强度/120 d 强度/%
D1	36.5	45.3	55.0	68.8	53	66	80	100
D2	41.1	55.3	73.6	75.4	54	73	98	100

(续表)

组号	7 d 强度/MPa	28 d 强度/MPa	56 d 强度/MPa	120 d 强度/MPa	7 d 强度/120 d 强度/%	28 d 强度/120 d 强度/%	56 d 强度/120 d 强度/%	120 d 强度/120 d 强度/%
D3	47.0	60.7	79.6	78.5	60	77	101	100
D4	47.8	66.3	70.6	85.9	56	77	82	100
E1	34.1	57.8	64.9	79.1	43	73	82	100
E2	43.6	62.8	66.3	85.6	51	73	77	100
E3	52.0	68.6	77.9	87.5	59	78	89	100
E4	50.6	64.2	81.8	91.1	56	70	90	100
F1-46%	43.9	66.4	69.9	79.7	55	83	88	100
F2	49.6	68.7	78.0	84.8	58	81	92	100
F3	50.0	66.9	71.5	81.1	62	83	88	100
F4	46.5	67.6	76.5	81.5	57	83	94	100

图 2-52 混凝土试块压坏过程

如图 2-53 所示,在水胶比为 0.36、0.32 时,无矿物掺料的混凝土 F1、F2 强度高于掺有粉煤灰和硅灰的混凝土,到后期硅灰和粉煤灰复掺的混凝土强度与无矿物掺料的混凝土强度相近;水胶比为 0.28、

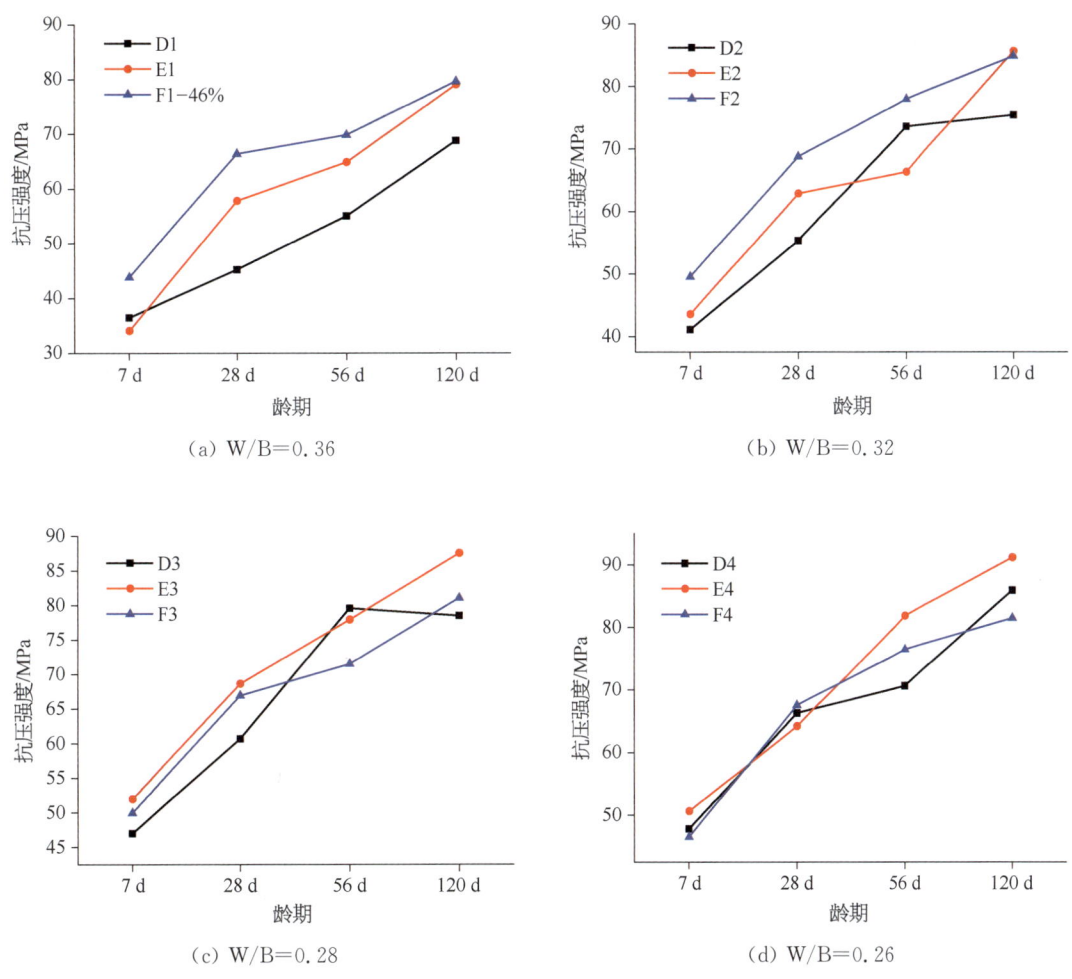

图 2-53 不同矿物掺量在不同龄期下对抗压强度的影响

0.26 时,D、E、C 组的混凝土早期抗压强度相差不大,且 C、E 组混凝土抗压强度略大,但 E 组混凝土后期抗压强度最高。

对比图 2-53 可以看出,水胶比越低,D、E、F 组的混凝土早期强度越接近,且双掺对后期强度影响越大。水胶比在 0.36 和 0.32 时,单掺粉煤灰减缓了混凝土早期强度的发展,而复掺硅灰和粉煤灰的混凝土早期强度稍低,但后期强度发展更高。粉煤灰的水化反应较慢,对混凝土早期强度贡献不大,所以强度不高。但加入硅灰后,因为硅灰中存在大量的活性二氧化硅,并且与水泥的水化产物氢氧化钙发生火山灰反应。另外,硅灰可以通过填充作用来改善水泥石与骨料间界面的黏结作用,使骨料能够更好地传递应力,故强度提高。

2) 强度公式

根据配合比设计计算并配制出两组不同机制砂混凝土,研究掺入粉煤灰的机制砂混凝土水胶比与强度关系系数。对于低强度等级混凝土要满足最低粉体体积的要求,若不满足则需加入 100 目石粉使其达到要求。对于高强度等级混凝土水胶比低、自身胶凝材料用量较多,不存在泌水、离析等现象,不需要强制要求其粉体体积。具体配合比计算及结果见表 2-38、表 2-39。

A 组混凝土是严格参照 Mehta 最大用水量原则配制,控制高强度混凝土用水量为 130 kg/m³,然而为达到其施工要求,减水剂用量达到 6.59%。但减水剂超过建议用量后额外增加的减水剂并不产生减水效果,并且在实际工程中为考虑成本因素,不可能大量使用减水剂。故 C 组高强度等级混凝土配合比参照表 2-38 略增加混凝土用水量。

表 2-38 和表 2-39 中结果表明,A、C 两组混凝土均满足工程施工的要求,A 组混凝土的抗压强

度略高于 C 组混凝土。

（1）混凝土强度公式的演变。1896 年，R. Feret 提出 $R = K\left(\dfrac{c}{c+e+a}\right)^2$，指出混凝土强度与水泥在水-水泥体系中所占体积分量有关。

1918 年，D. Abrama 提出混凝土强度与水胶比的关系为 $R = \dfrac{K_1}{K_2^{W/C}}$（$K_1$、$K_2$ 为经验常数）。

1935 年，保罗米在水泥石水化过程中空隙率取决于水胶比的理论基础上提出了强度的直线式：$R = A\left(\dfrac{C}{W} - B\right)$。这也是目前我国混凝土强度直线 $y = k_1 + k_2\dfrac{C}{W}$ 形式的基础。根据现代混凝土特点，考虑配置强度和胶凝材料强度的因素，混凝土强度直线公式演变成 $R = AR_c\left(\dfrac{C}{W} - B\right)$，即我国规范中的 $f_{cu,0} = A \cdot f_b\left(\dfrac{C_b}{W} - B\right)$。

（2）水胶比与抗压强度之间系数的确定。根据表 2-38、表 2-39 结果，把水胶比转换成胶水比作为 X 轴坐标，并把混凝土 28 d 抗压强度与水泥 28 d 抗压强度的比值作为 Y 轴坐标。绘制 X-Y 的关系曲线如图 2-54 所示。利用最小二乘法得出：

$$y = 0.394x - 0.169$$
$$A = 0.394, B = 0.429$$

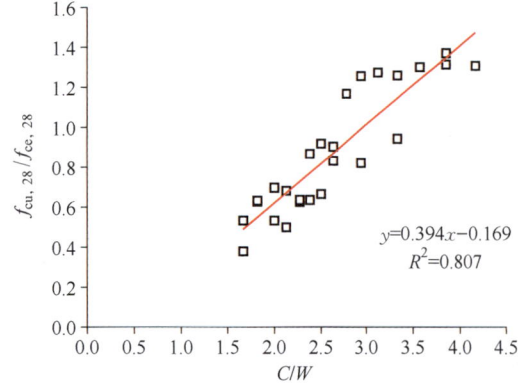

图 2-54　A、B 值回归分析

即为针对掺入 40% Ⅱ 级粉煤灰的机制砂混凝土的强度公式。所用水泥为 P·O42.5R 普通硅酸盐水泥。

2.3　混凝土配合比设计与力学性能

2.3.1　配合比设计方法

采用最紧密堆积模型进行机制砂混凝土基准配合比的设计，在此基础上针对机制砂颗粒粒型差、含有石粉等特点，提出额定粉体用量配合比优化方法，并对混凝土基本参数进行试验，确定施工配合比。传统的混凝土配合比设计方法以水胶比、用水量和砂率三个基本参数为基础进行初步设计，是以经验为基础的半定量方法。台湾科技大学的黄兆龙提出了逆填配合比设计法（密实骨架堆积法），刘军等对比分析了不同配合比设计方法，认为逆填配合比设计法尤其适用于高性能混凝土的配合比设计。工作性能是保证混凝土输送和成型并实现设计性能的关键，在复杂的桥梁结构应用中更是如此。机制砂自身的物理特性（尤其是石粉）导致了机制砂混凝土的工作性能较差，如何改善其工作性能，是配合比设计时要考虑的关键问题。由粉体材料和水组成的浆体是混凝土流动的介质，对混凝土拌合物工作性能起到了决定性的作用，故提出对粉体材料用量进行优化设计的方法，即额定粉体材料法。

参考国内外学者的研究成果，并结合四川地区材料的特性，分析得出在 C25～C60 机制砂高性能混凝土配合比设计时还需要注意以下几点：①针对机制砂特性，结合所用水泥物理化学性质，优选适合的高性能减水剂；②用水量不宜超过 170 kg/m³，并采用较低水胶比，水胶比不宜大于 0.50；③充分利用机制砂中的石粉，尽量降低水泥用量，且胶凝材料总量不宜大于 600 kg/m³；④掺入粉煤灰、硅灰等矿物掺和料，取代部分水泥。

2.3.1.1　密实骨架堆积法

以 C40 机制砂桥梁高性能混凝土为例，配合比设计步骤如下：

（1）混凝土配合比采用的材料以干燥状态为基准。

（2）粉煤灰填塞机制砂时，最大比例堆积因子 α 可表示为

$$\alpha = w_f/(w_f + w_s) \quad (2-1)$$

式中 w_f——粉煤灰的单位重量(kg/m³);
w_s——机制砂的单位重量(kg/m³)。

填充趋势线如图2-55所示。

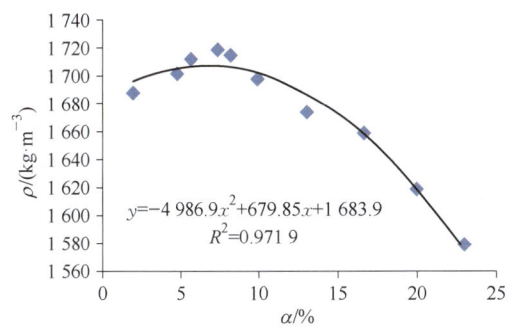

图2-55 致密堆积因子 α

对多项式求一阶导数,并令其为0,得致密堆积因子 $\alpha=6.8\%$,此时最大单位重为 $1707.1\,\text{kg/m}^3$。

(3) 以 α 比例的粉煤灰与机制砂填塞石子时,最大比例堆积因子 β 可表示为

$$\beta=(w_f+w_s)/(w_f+w_s+w_a) \quad (2-2)$$

式中 w_a——石子的单位重量(kg/m³)。

填充趋势线如图2-56所示。

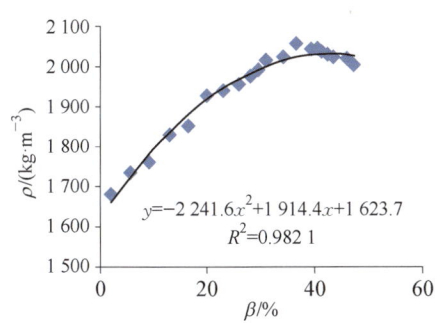

图2-56 致密堆积因子 β

对多项式求一阶导数,并令其为0,得致密堆积因子 $\beta=42.7\%$,此时最大单位重为 $2020.1\,\text{kg/m}^3$。

(4) 最大单位重:

$$U_w=w_f+w_s+w_a=2020.1\,\text{kg/m}^3 \quad (2-3)$$

(5) 由此,最大单位重中的石子重 G:

$$G=U_w(1-\beta)=2020.1\times(1-0.427)$$
$$=1157.5\,\text{kg/m}^3 \quad (2-4)$$

(6) 最大单位重中的机制砂重 S:

$$S=U_w\beta(1-\alpha)=2020.1\times 0.427\times(1-0.068)$$
$$=803.9\,\text{kg/m}^3 \quad (2-5)$$

(7) 最大单位重中的粉煤灰重 F:

$$F=U_w\beta\alpha=2020.1\times 0.427\times 0.068$$
$$=58.7\,\text{kg/m}^3 \quad (2-6)$$

(8) 最小空隙率 V_v:

$$V_v=1-(F/\gamma_f+S/\gamma_s+G/\gamma_a)=0.247 \quad (2-7)$$

式中 γ_f——粉煤灰的密度,为 $2100\,\text{kg/m}^3$;
γ_s——机制砂的密度,为 $2705\,\text{kg/m}^3$;
γ_a——石子的密度,为 $2705\,\text{kg/m}^3$。

(9) 混凝土中所需填塞和润滑的水泥浆量 V_p:

$$V_p=V_v+s\times t=N\times V_v \quad (2-8)$$

式中 s——骨料表面积(m²);
t——包裹于骨料表面的浆体厚度(m);
N——水泥浆量的放大倍数。

(10) 取不同的 N 进行试验,考察工作性能。同一水胶比时,随 N 值降低,水泥浆量减少,集料用量相应增加;反之,水泥浆量增加,集料用量减少。然而,N 值过小会降低混凝土的工作性能和强度;N 值过大就达不到降低水泥用量的目的;通过试配试验确定 N 值一般取1.2。

(11) 由此,骨料的用量 V_G:

$$V_G=1-V_p=1-N\times V_v \quad (2-9)$$
$$=1-1.2\times 0.247=0.704$$

(12) 调整后骨料用量:

$$W_s=\frac{V_G}{1/\gamma_s+(1-\beta)/[\gamma_a\beta(1-\alpha)]+\alpha/[\gamma_f(1-\alpha)]}$$
$$=751.6\,\text{kg/m}^3 \quad (2-10)$$

$$W_a=(1-\beta)W_s/[\beta(1-\alpha)]$$
$$=1082.2\,\text{kg/m}^3 \quad (2-11)$$

$$W_f=\alpha W_s/(1-\alpha)=0.068\times 751.6/(1-0.068)$$
$$=54.8\,\text{kg/m}^3 \quad (2-12)$$

式中 W_s——调整后机制砂的单位用量(kg/m³);
W_a——调整后石子的单位用量(kg/m³);
W_f——调整后粉煤灰的单位用量(kg/m³)。

(13) 应依据强度和耐久性设定水胶比,其取值

宜符合表2-41的规定，C40机制砂混凝土选定水胶比为0.35。

表2-41 配合比设计参数表

强度等级	水胶比
C20	0.50～0.38
C30	0.42～0.35
C40	0.38～0.31
C50	0.36～0.29
C60	0.33～0.25

（14）由此，水泥用量 W_c：

$$V_p = W_w/\gamma_w + W_c/\gamma_c + W_f/\gamma_f \quad (2-13)$$

$$W_w = \lambda(W_c + W_f) \quad (2-14)$$

可得

$$W_c = \frac{V_p - (\lambda/\gamma_w + 1/\gamma_f)W_f}{\lambda/\gamma_w + 1/\gamma_c} \quad (2-15)$$
$$= 373.4 \text{ kg/m}^3$$

式中　W_w——水的单位用量（kg/m³）；
　　　W_c——水泥的单位用量（kg/m³）；
　　　γ_w——水的密度，为1 000 kg/m³；
　　　γ_c——水泥的密度，为3 100 kg/m³。

（15）水用量 W_w：

$$W_w = \lambda W_c + \lambda W_f = 0.35 \times 373.4 + 0.35 \times 54.8$$
$$= 149.9 \text{ kg/m}^3$$
$$(2-16)$$

（16）根据水泥与外加剂的适应性及施工和易性确定外加剂的掺量为胶凝材料的1.0%，从而确定机制砂桥梁高性能混凝土的基准配合比，见表2-42。

表2-42　C40混凝土配合比　　单位：kg/m³

水泥	粉煤灰	砂	石	外加剂	水
374	55	752	1 082	4.29	150

2.3.1.2　额定粉体材料法

混凝土工作性能的影响因素主要有润滑浆体、骨料级配、外加剂品种及掺量等，在既定的骨料、外加剂和用水量的情况下，润滑浆体的粉体材料种类和用量很大程度上决定了混凝土拌合物的黏聚性、包裹性和流动性。因此，以混凝土的工作性能为基准，对粉体材料各组分用量进行设计时，混凝土要达到基本一致的工作性能，粉体材料总用量应为额定值，即额定粉体材料用量。由于原材料性质的变化、设计要求（强度等级、砂率等）和环境因素的差别等，额定粉体材料用量可在一定范围内取值。

当水泥用量低时，可适当提高矿物掺和料用量、放宽机制砂中石粉含量的限值和砂率；当水泥用量较高时，宜减少矿物掺和料的用量、控制石粉含量和砂率，避免导致混凝土过于黏稠或影响体积稳定性和耐久性。额定粉体材料相互间的物理意义，可用数学模型[式（2-17）]表示：

$$\frac{1}{C} + \frac{1}{F} + \frac{1}{G} = 1 \quad (2-17)$$

式中　C——水泥；
　　　F——粉煤灰、硅灰等矿物掺和料；
　　　G——机制砂中的石粉含量。

通过对水泥、粉煤灰和石粉等粉体材料进行浆体流变性能的研究，包括浆体的塑性黏度、屈服应力等指标，建立特定水胶比下各粉体材料对浆体黏度、屈服应力的影响规律，在此基础上对配合比进行优化，确定矿物掺和料的种类和掺量、机制砂中合理的石粉含量和砂率。常用宾汉姆模型来描述水泥浆体的流变性，其流变方程为 $\tau = \tau_0 + \eta D$，其中 τ 为剪切应力（单位：Pa），τ_0 为屈服应力（单位：Pa），η 为塑性黏度（单位：Pa·s），D 为剪切速率（单位：1/s）。屈服应力是阻止浆体塑性变形的最大应力，塑性黏度是水泥浆体内部结构阻碍其流动的反映，而触变性是水泥浆体中絮凝结构被外力打破难易程度的反映。

以水胶比0.30为例，研究粉煤灰、硅灰、矿粉、石粉对水泥浆体流变性能的影响规律。原材料：水泥，比表面积为345 m²/kg；粉煤灰，Ⅱ级粉煤灰，需水量比为102；矿粉，南京某公司S95级高性能矿渣微粉，比表面积为416 m²/kg；硅灰，贵州某公司硅灰，比表面积为22 200 m²/kg，颗粒密度为2.2 g/cm³；石粉，石英岩石粉，四川广安某电站产（机制砂生产过程中废弃石粉过0.075 mm筛）；外加剂，四川某化学建材有限公司产。

1) 粉煤灰对水泥浆体流变性能的影响

试验外加剂掺量为0.2%,粉煤灰掺量从0%至40%取代水泥,试验结果见表2-43。

表2-43 试验配合比及其结果

编号	水泥用量/g	粉煤灰用量/g	流动度/mm	塑性黏度/(Pa·s)	屈服应力/Pa	触变性/(Pa·s)
1	1 000	0	180	1.632 8	56.730	2 243
2	950	50	165	2.646 9	75.530	3 238
3	900	100	155	2.709 6	80.901	4 267
4	850	150	140	2.878 2	89.160	6 881
5	800	200	140	2.812 2	87.331	6 179
6	750	250	145	2.736 2	78.648	4 953
7	700	300	145	2.700 1	78.724	4 414
8	650	350	155	2.386 8	73.680	3 189
9	600	400	170	2.009 5	66.500	2 574

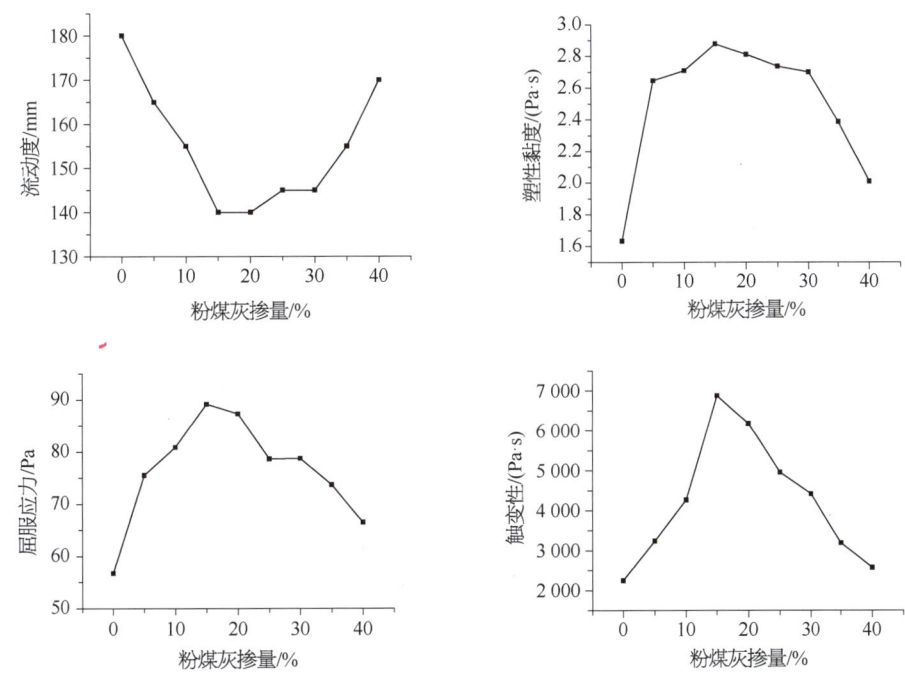

图2-57 粉煤灰对浆体流变性能的影响

如图2-57所示,当粉煤灰取代水泥的量由0%增至15%时,浆体流动度逐渐减小,塑性黏度、屈服应力和触变性则逐渐增大。由于采用Ⅱ级粉煤灰,需水量比为102,等质量取代水泥时,吸附水量增加,自由水相对减少,水化凝胶颗粒之间的黏聚性增加。当粉煤灰掺量由20%增至40%时,由于粉煤灰的胶凝性差,初期基本不水化,当其掺量达到一定量时,稀释了体系中水泥水化产物,分散了水化产物凝胶,也使凝胶体系的凝聚速度变慢,且"滚珠效应"可以抵消部分水泥颗粒之间的摩擦力,所以浆体的流动度逐渐增大,塑性黏度、屈服应力和触变性则逐渐减小。可见,若使用质量较差的Ⅱ级粉煤灰,其取代水泥小于10%或大于20%时,能起到改善浆体工作性能的作用。

2) 矿粉对水泥浆体流变性能的影响

试验外加剂掺量为0.2%,矿粉掺量从0%至20%取代水泥,试验结果见表2-44。

表 2-44 试验配合比及其结果

编号	水泥用量/g	矿粉用量/g	流动度/mm	塑性黏度/(Pa·s)	屈服应力/Pa	触变性/(Pa·s)
1	1 000	0	180	1.632 8	56.730	2 243
2	950	50	200	1.469 2	45.671	1 949
3	900	100	230	1.178 2	35.016	1 533
4	850	150	245	0.900 7	28.816	1 387
5	800	200	270	0.818 7	25.316	1 292

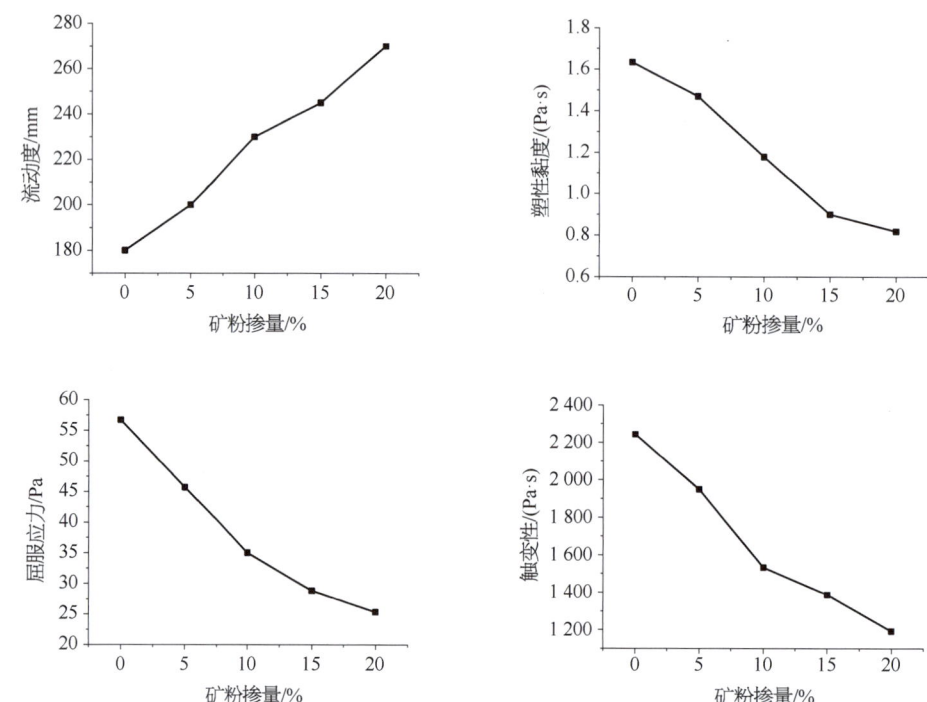

图 2-58 矿粉对浆体流变性能的影响

如图 2-58 所示，随着矿粉取代水泥量的增加，浆体的流动度逐渐增大，而塑性黏度、屈服应力和触变性逐渐减少。主要原因是：矿粉颗粒表面光滑致密，需水量较低，等量取代水泥时，相当于增加了自由水量，增大浆体流动度；细颗粒填充于水泥颗粒之间的孔隙中，可以置换出部分游离水，分散水化凝胶，同时可以降低颗粒间的摩擦力，降低屈服应力。可见，优质矿粉的掺入可以降低浆体黏度和触变性，增加流动度，但矿粉掺量过多，会使浆体保水性变差，浆体黏聚性不好，且黏度值偏小，使浆体易产生分层离析。

3）硅灰对水泥浆体流变性能的影响

试验外加剂掺量为 0.2%，硅灰掺量从 0% 至 12% 取代水泥，试验结果见表 2-45。

表 2-45 试验配合比及其结果

编号	水泥用量/g	硅灰用量/g	流动度/mm	塑性黏度/(Pa·s)	屈服应力/Pa	触变性/(Pa·s)
1	1 000	0	180	1.632 8	56.730	2 243
2	970	30	135	2.751 8	95.424	7 105
3	940	60	100	3.572 1	182.590	14 865
4	910	90	85	4.874 6	231.890	18 156
5	880	120	70	5.674 6	281.800	24 156

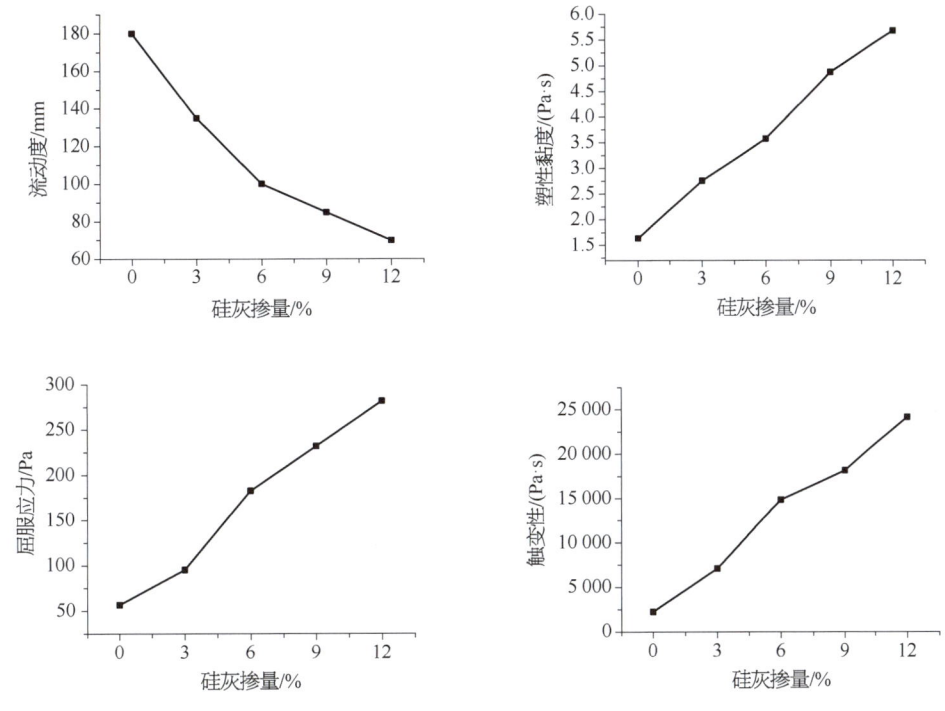

图 2-59　硅灰对浆体流变性能的影响

如图 2-59 所示,随着硅灰取代水泥量的增加,浆体的流动度急剧减小,而塑性黏度、屈服应力和触变性则显著增大。这主要是因为硅灰比表面积大、需水量大,取代水泥后,浆体中自由水量大幅减少,导致浆体流动度变差,塑性黏度增大;细小的硅灰颗粒填充于水泥颗粒之间,颗粒之间的附着力和摩擦力增大,更容易连接形成絮凝结构,导致浆体黏度、屈服应力和触变性显著增大。可见,适量的硅灰可以起到增黏和保水的作用,但掺量过大会导致浆体过于黏稠。

4）石粉对水泥浆体流变性能的影响

试验外加剂掺量为 0.2%,石粉掺量从 0% 至 30% 取代水泥,试验结果见表 2-46。

表 2-46　试验配合比及其结果

编号	水泥用量/g	石粉用量/g	流动度/mm	塑性黏度/(Pa·s)	屈服应力/Pa	触变性/(Pa·s)
1	1 000	0	180	1.632 8	56.730	2 243
2	950	50	175	2.078 6	63.766	3 595
3	900	100	170	2.229 1	77.191	4 401
4	850	150	160	2.514 1	95.677	6 234
5	800	200	140	3.135 1	128.585	9 204
6	750	250	130	3.400 3	172.329	11 487
7	700	300	125	3.658 6	194.588	12 125

如图 2-60 所示,随着石粉取代水泥量的增加,浆体的流动度逐渐减小,尤其是石粉掺量达 10%~20% 时,流动度大幅下降,而塑性黏度、屈服应力和触变性则迅速增大。这主要是因为润湿石粉需要较多水量,浆体中自由水量相对减少,絮凝结构更易形成,且石粉颗粒形状不规则、表面粗糙,颗粒间的相对滑动困难,从而使浆体流动度减小,塑性黏度、屈服应力增大。同时,石粉颗粒具有新鲜表面,能量较高,吸附能力较强,也使浆体的塑性黏度、屈服应力和触变性增大。可见,适量的石粉(15% 以下)可以提高浆体的保水性、黏聚性和触变性,使浆体更稳定,过量的石粉(15% 以上)会使浆体黏度显著增大。

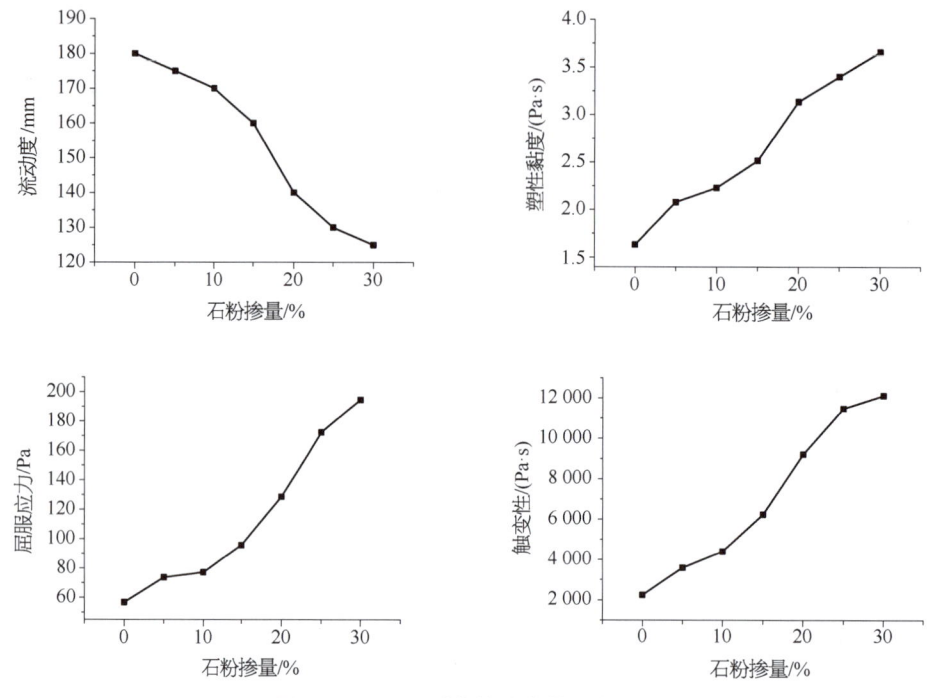

图 2-60 石粉对浆体流变性能的影响

通过分析可知：①各组分的掺入不影响水泥浆体的流变模型，即复合浆体均属于 Bingham 流体。②浆体的塑性黏度、屈服应力和触变性有较好的正相关性，而流动度与三者有较好的负相关性。③各粉体组分对浆体流动度影响的规律和程度不同，减小流动度（增大塑性黏度、屈服应力和触变性）：硅灰＞粉煤灰（掺量在 0%～15% 时）＞石粉。增大流动度（减小塑性黏度、屈服应力和触变性）：矿粉＞粉煤灰（掺量大于 15% 时）。

因此，根据各粉体组分对浆体流变性能的影响规律，可在额定粉体用量下调整各粉体组分的相对用量，制备出流动性好、黏聚性适中的混凝土。在配制 C25、C30 混凝土时，适当增加矿物掺和料掺量（粉煤灰掺量不小于 20%）、放宽石粉含量（不大于 13%）。在配制 C40～C60 混凝土时，应控制混凝土中的浆体含量，增强抗裂能力、减少收缩，控制粉煤灰掺量不大于 10%、石粉含量不大于 10%。

在配制低强度等级混凝土时，必须保证足够浆体量和良好的黏聚性，而体积稳定性和耐久性的要求限制了水的用量，此时可以采用提高矿物掺和料掺量、放宽机制砂的石粉含量限值。对于高强度等级混凝土，降低水胶比的同时，也应控制混凝土中浆体量不宜太多，增强抗裂能力、体积稳定性等。所以，以工作性能为基准的额定粉体材料用量的设计方法，比较好地反映了控制浆体总量的思想，进而为强度、体积稳定性和耐久性提供保证。在具体应用中，原材料性质和环境等因素存在波动，设计时应根据实际情况确定波动范围，通过试验调整额定粉体材料用量及各粉体材料组分的用量。

2.3.1.3 基准配合比

以密实骨架堆积法为基础，结合额定粉体材料法对各粉体材料组分用量进行调整，得到不同强度等级混凝土的基准配合比，见表 2-47。

表 2-47 混凝土基准配合比

强度等级	配合比/(kg·m⁻³)						砂率	水胶比
	水泥	粉煤灰	砂	石	外加剂	水		
C25	272	68	854	1 045	2.72	160	0.45	0.47
C30	320	80	810	1 030	4.00	160	0.44	0.40
C40	388	43	780	1 036	4.31	155	0.43	0.36
C50	436	48	704	1 057	4.84	155	0.40	0.32
C60	468	52	665	1 105	6.6	150	0.38	0.29

2.3.2 复合外加剂对混凝土性能的影响

2.3.2.1 引气剂、减缩剂和增黏剂对混凝土性能的影响

引气剂是阴离子表面活性剂，会降低水的表面

张力，使混凝土在拌合时引入大量细小均匀的气泡；许多阴离子水泥水溶液中有钙盐沉淀，能吸附在气泡表面防止其破灭，因为这些气泡带有相同电荷的定向吸附层，气泡之间相互排斥并能均匀分布，使其在一定时间内稳定存在。细小均匀的气泡可分散浆体，吸附部分石粉，对改变混凝土拌合物的性能，减少拌合物的离析、泌水，提高混凝土的可浇筑性、和易性等非测量指标，提高混凝土的均匀性、耐久性都十分有益。但随引气剂的掺量增加，引入的气泡数量激增，会使混凝土含气量增大。常用的引气剂有松香树脂类、脂肪醇类、非离子型表面活性剂、木质素磺酸盐类等。

增黏剂（羟乙基纤维素）作为非离子型的表面活性剂，能够附着在水泥颗粒表面，其分子中的羟基和醚键上的氧原子会与水分子作用形成氢键，在溶液中形成一种立体的网络，与水泥水化产物的网络之间互相交织，使混凝土的黏稠度提高、分层度降低、黏聚性和保水性明显改善。但增黏剂过多，混凝土黏稠度大，会导致气泡不易排除、振捣密实性差，不利于工程施工和质量控制。增黏剂分为有机和无机两大类，常用的有机增黏剂有羟丙基甲基纤维素（HPMC）、羟乙基纤维素（HEC）、聚丙烯酰胺等，无机增黏剂有硅灰、沸石粉等。HPMC与HEC都是纤维素醚的一种，其分子中的羟基与醚键上的氧原子会与水分子反应产生氢键，在溶液中形成立体网络，从而达到保水增稠的效果。试验采用HEC作为增黏剂进行研究。

毛细孔拉应力与毛细孔溶液表面张力成正比，通过降低溶液表面张力可以直接降低拉应力，从而达到抑制收缩的目的。降低拉应力的常用措施是在拌合水中加入低表面张力的有机表面活性剂，即减缩剂，常用减缩剂有聚醚、丁醇、低级乙醇环氧化物的衍生物等，尤其以聚醚类较为常见，日本学者富田六郎认为环氧化物系列减缩剂对抑制自收缩相对有效。试验采用某种LONS-JS型减缩剂，其主要技术指标见表2-48。

表2-48 减缩剂主要技术指标

名称	外观	pH值	密度/(g·cm^{-3})	黏度(20℃)/(cP·s)	溶解度
LONS-JS	无色至淡黄色液体	7±1	1.02±0.02	100±20	易溶于水

引气剂与增黏剂掺量均指占外加剂的质量百分比，减缩剂为液体，掺量为胶凝材料的质量百分比（计入用水量）。以C50机制砂混凝土配合比为基准，设计三因素三水平正交试验，混凝土性能试验结果见表2-49。

表2-49 混凝土性能试验结果

编号	引气剂掺量/‰	减缩剂掺量/%	增黏剂掺量/‰	含气量/%	坍落度/mm	扩展度/mm	混凝土状态	抗压强度/MPa 7d	28d
1	0	0	0	1.5	200	510	黏聚性、包裹性较差	51.5	63.5
2	0	2.0	2.0	2.1	210	550	黏聚性、包裹性一般	43.5	58.2
3	0	4.0	4.0	2.8	215	560	包裹性良好，较黏重	42.5	52.2
4	0.2	0	2.0	3.1	210	500	黏聚性、包裹性良好	51.5	62.7
5	0.2	2.0	4.0	3.8	205	520	包裹性良好，较黏重	44.3	55.7
6	0.2	4.0	0	2.5	210	550	黏聚性、包裹性良好	43.8	56.6
7	0.4	0	4.0	6.7	210	480	黏聚性、包裹性良好	43.8	56.7
8	0.4	2.0	0	5.3	220	550	黏聚性、包裹性良好	48.9	62.3
9	0.4	4.0	2.0	6.1	225	540	黏聚性良好，较轻	37.3	45.3

对机制砂混凝土拌合物的含气量结果进行极差分析，见表2-50。

由表2-49、表2-50中数据知，未掺引气剂时，混凝土拌合物的含气量只有1.5%，而聚羧酸系减

表 2-50 混凝土拌合物含气量的极差分析

项目	A(引气剂)	B(减缩剂)	C(增黏剂)
K_1	6.4	11.3	9.3
K_2	9.4	11.2	11.3
K_3	18.1	11.4	13.3
k_1	2.1	3.8	3.1
k_2	3.1	3.7	3.8
k_3	6.0	3.8	4.4
极差	3.9	0.1	1.3
优方案	A_1	B_2	C_1

水剂本身有一定的引气效果,可使混凝土的含气量达到 3.0% 左右。这是由于为了消除大气泡、改善清水混凝土表观缺陷而掺入 0.1‰ 消泡剂所致,同时也导致混凝土包裹性差等问题。各因素对含气量指标的影响程度为 A>C>B。随着引气剂掺量增加,混凝土拌合物的含气量迅速增大。当引气剂掺量达 0.4‰ 时,混凝土含气量在 5.0% 以上。增黏剂对含气量略有影响,其掺量增加 2.0‰,含气量约增大 0.6%。当增黏剂掺量达 4.0‰ 时,混凝土拌合物黏聚性过大,气泡不易排除,且捣实困难。减缩剂对混凝土含气量和工作性能基本没有影响。掺入 0.2‰ 引气剂和 2.0‰ 增黏剂时,混凝土含气量在 3.0% 左右,坍落度略有增大,黏聚性适中,包裹性有明显改善,既防止了离析泌水,又有利于气泡的排除。

对机制砂混凝土抗压强度结果进行极差分析,见表 2-51。

表 2-51 7 d、28 d 龄期抗压强度的极差分析

项目	A(引气剂)		B(减缩剂)		C(增黏剂)	
	7 d	28 d	7 d	28 d	7 d	28 d
K_1	137.5	173.9	146.8	182.9	144.2	182.4
K_2	139.6	174.9	136.7	176.2	132.3	166.2
K_3	130.0	164.4	123.6	154.1	130.6	164.6
k_1	45.8	58.0	48.9	61.0	48.1	60.8
k_2	46.5	58.3	45.6	58.7	44.1	55.4
k_3	43.3	54.8	41.2	51.4	43.5	54.9
极差	3.2	3.5	7.7	9.6	4.0	5.9
优方案	A_2		B_1		C_1	

结合表 2-49、表 2-51 可知,各因素对抗压强度指标的影响程度为 B>C>A。相对于 7 d 龄期,28 d 龄期各因素之间和水平之间的强度极差更大,说明各因素、水平对强度的影响随龄期延长而增大。减缩剂对强度的影响最大,当掺量在 2.0%～4.0‰ 时,抗压强度明显降低;掺量为 4.0‰ 时,28 d 抗压强度降低约 16%。增黏剂对强度的影响居中,掺量在 2.0‰～4.0‰ 时,抗压强度下降较明显;掺量为 4.0‰ 时,28 d 抗压强度降低约 10%。引气剂掺量小于 0.2‰ 时,对混凝土的抗压强度无不利影响;当掺量达 0.4‰ 时,28 d 抗压强度下降约 6%。减缩剂主要通过降低液体的表面张力来减小收缩,但会降低溶液的碱度,影响水泥的水化,不利于抗压强度发展。纤维素类增黏剂会增加浆体中 50 nm 以上几乎所有孔径的数量,使混凝土含气量增大、降低表观密度、影响强度,其掺量不宜大于 2.0‰。引气剂使混凝土含气量增大,但引入的是微小、均匀分布的气泡,改善了混凝土微孔结构,对强度影响较小。综合工作性能、含气量和抗压强度,确定最佳掺量如下:引气剂 0.2‰,增黏剂 2.0‰。

2.3.2.2 减缩剂对混凝土干燥收缩的影响

减缩剂是可以降低混凝土收缩的功能性外加剂,但其作用大小随掺量改变而不同。对其在 0%～2.0% 的掺量范围内进行混凝土的干燥收缩试验,试验结果如图 2-61 所示。

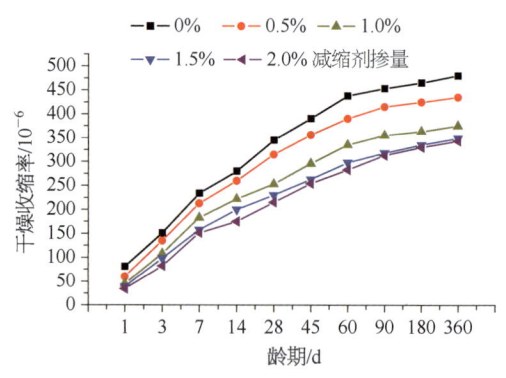

图 2-61 减缩剂对混凝土干燥收缩的影响

随着减缩剂掺量的增加,混凝土各个龄期的干燥收缩率均相应降低。掺量从 0% 增加到 1.5% 时,干缩明显降低。当掺量达到 1.5% 以上时,干缩下降幅度较小,其减缩效果趋缓,尤其是在 90 d 龄期时,1.5% 和 2.0% 掺量的干燥收缩率差别只有约 5×10^{-6}。根据毛细管张力理论,毛细孔拉应力与毛细

孔溶液表面张力成正比,而减缩剂可以降低溶液的表面张力,从而直接降低拉应力,达到抑制收缩的目的。但这种降低毛细孔溶液表面张力的作用有限,达到一定程度后即使增加减缩剂掺量也不会有明显降低收缩的效果,反而不利于混凝土的强度,综合考虑,确定减缩剂掺量为1.0%,此时混凝土28 d干燥收缩率仅为 $253×10^{-6}$。由此确定复合外加剂各组分掺量如下:引气剂0.2‰,增黏剂2.0‰,减缩剂1.0%。

2.3.3 配合比参数对混凝土性能的影响

2.3.3.1 胶凝材料组成和用量

胶凝材料浆体作为混凝土分散体系的液相,直接影响混凝土拌合物的流动性。在水胶比一定的情况下,浆体越多,拌合物流动性越大,但过多的浆体会导致混凝土产生富余泌浆现象;若浆体过少,骨料之间会因缺少浆体的润滑而变得干燥,流动性变差,甚至会产生骨料离析现象,粗骨料围绕底部边界发生离析,即所谓的干燥离析。另外,混凝土的匀质性和浆体的稳定性主要取决于浆体的黏稠度。

以C40混凝土配合比为基准,对水泥和粉煤灰不同用量进行试验:①保持胶凝材料总量不变,改变粉煤灰掺配比例;②保持水泥和粉煤灰比例,改变胶凝材料总量。试验结果见表2-52。

表2-52 混凝土性能试验结果

编号	水泥用量/(kg·m⁻³)	粉煤灰用量/(kg·m⁻³)	坍落度/mm	扩展度/mm	混凝土状态	抗压强度/MPa 7 d	抗压强度/MPa 28 d
1	310	120	200	530	黏聚性、包裹性略差	36.2	49.0
2	340	90	210	550	黏聚性一般、包裹性差	40.8	50.9
3	370	60	215	580	良好	44.3	56.9
4	388	43	210	570	良好	44.8	57.5
5	400	30	195	550	良好	50.5	60.3
6	430	0	190	540	较黏重	50.8	62.7
7	360	40	180	460	黏聚性良好、包裹较差	44.5	55.3
8	333	37	170	430	黏聚性、包裹性、流动性差	41.8	50.3

保持胶凝材料总量不变,改变粉煤灰掺量,如图2-62所示,随着粉煤灰占胶凝材料比例的减少,混凝土的黏聚性与包裹性逐渐变好,坍落度与扩展度则先增大后减小。说明适量粉煤灰的掺入可以改善混凝土的工作性能,但粉煤灰过多(胶凝材料的20%以上)会导致混凝土黏聚性和包裹性变差,且粉煤灰易上浮造成匀质性差。抗压强度随粉煤灰用量的减少而增大,近似呈线性,粉煤灰所占比例每增加7%,7 d/28 d抗压强度就相应降低6~4 MPa。

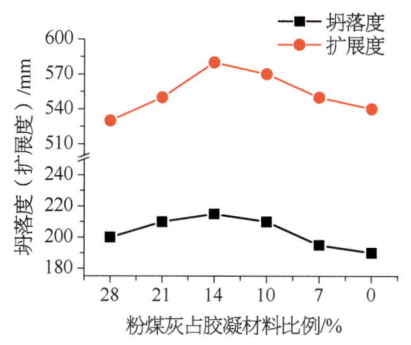
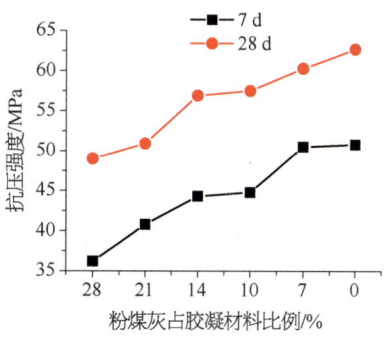

图2-62 粉煤灰对混凝土性能的影响

保持水泥和粉煤灰比例，随着胶凝材料总量的增加，浆体量增多，混凝土的黏聚性、包裹性提高，工作性能提高，强度也相应增加，成本也随之增加。综合混凝土的工作性能、力学性能、经济性等指标，选择合理的胶凝材料用量，同时控制用水量，保证混凝土的黏聚性和稳定性，满足施工要求。综合分析表明，编号 4 为最优配合比。

2.3.3.2 砂率

机制砂粒型不规则、棱角多、级配偏差，导致机制砂混凝土和易性较差，砂率稍小会离析、泌水，砂率稍大则流动性差。因此，砂率的选择对机制砂混凝土配合比设计非常重要。以 C40 混凝土配合比为基准，对 0.35～0.50 的砂率进行试验，试验结果见表 2-53。

表 2-53 混凝土性能试验结果

编号	砂率/%	坍落度/mm	扩展度/mm	混凝土状态	抗压强度/MPa 7 d	28 d
1	35	180	490	黏聚性一般，包裹性差，泌水	40.5	51.6
2	40	200	520	黏聚性、包裹性稍差	42.2	53.8
3	43	205	570	良好	42.8	55.5
4	45	190	470	良好	45.4	55.0
5	50	180	430	黏聚性良好，流动性差，较黏重	41.5	53.5

随着砂率由 0.35 逐渐增大至 0.50，机制砂混凝土的坍落度、扩展度和强度均呈现先增后减的趋势，如图 2-63 所示。

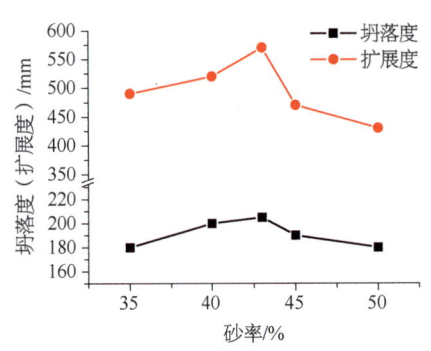
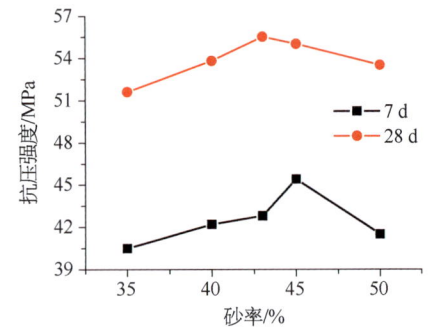

图 2-63 砂率对混凝土性能的影响

当砂率为 0.35 时，混凝土包裹性、黏聚性差，在坍落度仅为 180 mm 的情况下，出现泌水、抓底现象，工作性能较差；当砂率增大时，混凝土的黏聚性有所提高，但达到 0.50 时，混凝土的流动性变差，表现出很黏稠的状态，无法满足施工要求。砂率较小时，砂浆量不足以包裹粗骨料和填充骨料间空隙，导致混凝土的流动性差、工作性能差。砂率过大时，在相同胶凝材料用量的条件下，骨料表面的浆体相对变少，混凝土和易性变差，骨料间的胶结力减弱，同时还降低了强度。

砂率过小，混凝土易出现离析、泌水，不利于强度和匀质性；砂率过大，砂浆除填充于骨料的空隙之间，多余的砂浆减弱了集料的骨架作用，且浆体黏度大，施工密实性差，使混凝土的强度降低。相对工作性能，砂率对强度的影响不太明显，0.35 或 0.50 的砂率较最佳砂率抗压强度低约 4 MPa。综合工作性能和强度，试验最佳砂率在 0.43 左右。

2.3.3.3 水胶比和外加剂掺量

当凝胶材料用量一定时，水胶比变大，使混凝土流动性增强，反之减少；但是用水量过大时，混凝土黏聚性和保水性会严重下降，产生离析、泌水；而水胶比过小时，混凝土流动性降低，通过掺入大量的外加剂又会使混凝土的黏稠度过大，不利于桥梁工程结构施工应用。通过试验寻找不同水胶比和外加剂掺量对混凝土的工作性能及力学性能的影响规律，得到最佳水胶比和外加剂掺量。以 C40 混凝土配合比为基准进行试验，试验结果见表 2-54。

结合表 2-54 和图 2-64 可知，随着水胶比的增大，混凝土的坍落度有所增大，黏聚性有所降低，混凝土的 7 d、28 d 强度均有所下降。水胶比增至 0.37 时，混凝土出现微泌水现象，且强度下降明显。水胶比的改变（0.02）对混凝土拌合物的工作性能影

表 2-54 混凝土性能试验结果

编号	水胶比	外加剂掺量/%	坍落度/mm	扩展度/mm	混凝土状态	抗压强度/MPa 7d	抗压强度/MPa 28d
1	0.33	1.0	170	420	流动性略差	47.3	58.7
2	0.35	1.0	190	485	黏聚性良好,流动性稍差	47.2	58.4
3	0.37	1.0	215	580	黏聚性良好,微泌水	40.2	51.5
4	0.36	0.8	180	440	黏聚性一般,流动性差	40.3	52.2
5	0.36	1.0	210	570	良好	42.8	55.5
6	0.35	1.2	205	535	良好,稍黏重	47.8	59.4

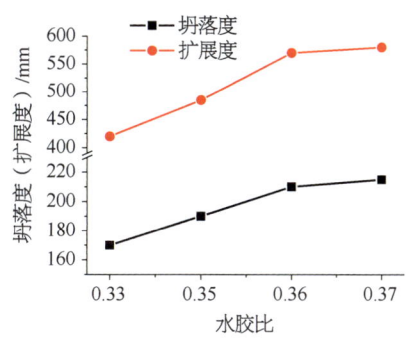 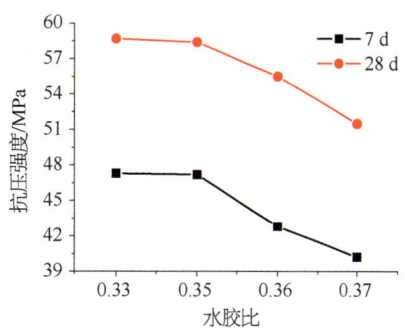

图 2-64 水胶比对混凝土性能的影响

响较大。水胶比降低 0.02,混凝土流动性差,和易性劣化明显;水胶比增大 0.02,则易出现离析、泌水等问题,严重影响强度。综合考虑,试验水胶比为 0.36 时最佳,此时混凝土的黏聚性好、抗压强度较高。由于机制砂粒型不规则、级配偏差,导致机制砂混凝土和易性较差,所以机制砂混凝土施工时,应严格控制用水量,保证混凝土的匀质性和质量稳定性。

由表 2-54 的结果可知,随外加剂掺量的增加,混凝土的黏聚性先增加后降低,抗压强度呈增长趋势,但涨幅较小,应合理控制外加剂掺量,避免出现因掺量过大导致混凝土黏度过大和对用水量敏感而不易调控的问题,试验外加剂最佳掺量为 1.0%。

2.3.4 不同桥梁结构部位混凝土配合比优化

2.3.4.1 桥台、墙身等用机制砂高性能混凝土

对重力式桥台、墙身等结构用机制砂混凝土进行试验,强度等级 C25,坍落度要求(180±20)mm。在低强度等级混凝土实际应用中,由于胶凝材料用量少,黏聚性较差,在满足施工的情况下,应尽量控制较低的坍落度。采用开发的复合外加剂,在 C25 混凝土基准配合比(表 2-47)的基础上,保持水胶比一致,进行胶凝材料和砂率调控,结果见表 2-55。

表 2-55 混凝土性能试验结果

编号	水泥用量/(kg·m⁻³)	粉煤灰用量/(kg·m⁻³)	砂率	坍落度/mm	扩展度/mm	混凝土状态	抗压强度/MPa 7d	抗压强度/MPa 28d
1	238	102	0.45	190	480	良好,微浮灰	23.0	33.9
2	272	68	0.40	185	450	黏聚性、包裹性差	28.0	37.2
3	272	68	0.45	190	490	良好	30.7	40.2
4	272	68	0.50	175	420	流动性稍差	29.2	38.1

(续表)

编号	水泥用量/(kg·m⁻³)	粉煤灰用量/(kg·m⁻³)	砂率	坍落度/mm	扩展度/mm	混凝土状态	抗压强度/MPa 7d	抗压强度/MPa 28d
5	306	34	0.45	180	440	良好	31.3	42.0
6	248	62		180	430	包裹性稍差	25.1	33.0
7	296	74		170	410	流动性稍差	31.5	42.4

随粉煤灰用量的增加，混凝土的工作性能先变好后变差，抗压强度逐渐降低，变化趋势如图2-65所示。用20%的粉煤灰代替水泥拌合混凝土，能达到良好的工作性能和力学性能，同时有利于减少大体积桥台因水化温升产生收缩裂缝的概率。保持水泥和粉煤灰比例，随胶凝材料总量的增加，混凝土的黏聚性增加、流动性下降、抗压强度增加，但相应的成本也增加。胶凝材料用量为340 kg/m³（其中水泥为272 kg/m³，粉煤灰为68 kg/m³）时，可满足桥梁高性能混凝土的各项要求。

砂率从0.40增加到0.50，混凝土流动性有所降低，强度先升高后降低，变化趋势如图2-66所示。当砂率为0.40时，混凝土包裹性、黏聚性差，静置后出现泌水现象，混凝土的保水性差。当砂率增大，混凝土的黏聚性、包裹性逐渐变好，但达到0.50时，混凝土的流动性变差，表现出很黏稠的状态，不利于施工。可见，试验最佳砂率应为0.45，此时工作性能和抗压强度俱佳，故确定编号3为最优配合比。

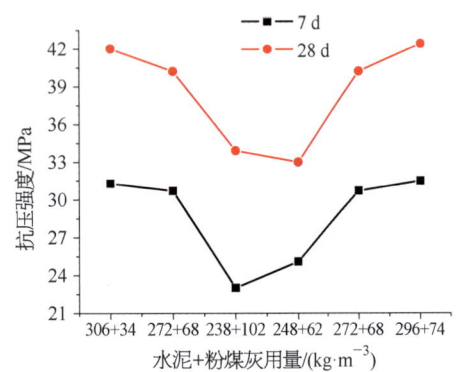

图2-65 胶凝材料对混凝土抗压强度的影响

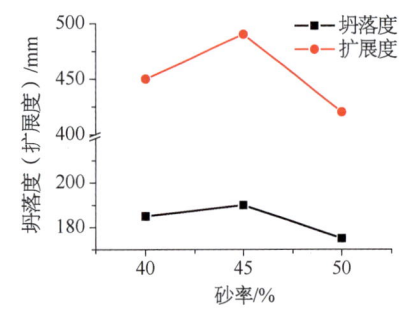 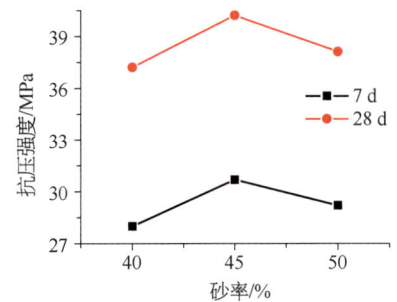

图2-66 砂率对混凝土性能的影响

2.3.4.2 承台、墩柱等用机制砂高性能混凝土

对承台、墩柱等结构用机制砂混凝土进行试验，强度等级C30，坍落度要求(190±20)mm。承台中配置钢筋网，墩柱中配置钢筋笼，对混凝土的工作性能要求较高。采用开发的复合外加剂，在C30混凝土基准配合比（表2-47）的基础上，保持水胶比一致，进行胶凝材料和砂率调控，结果见表2-56。

表2-56 混凝土性能试验结果

编号	水泥用量/(kg·m⁻³)	粉煤灰用量/(kg·m⁻³)	砂率	坍落度/mm	扩展度/mm	混凝土状态	抗压强度/MPa 7d	抗压强度/MPa 28d
1	280	120	0.44	200	540	良好，微浮灰	29.1	40.2
2	320	80	0.40	195	480	包裹性较差	33.4	43.2
3			0.44	205	550	良好	33.1	44.3

(续表)

编号	水泥用量/(kg·m^{-3})	粉煤灰用量/(kg·m^{-3})	砂率	坍落度/mm	扩展度/mm	混凝土状态	抗压强度/MPa 7 d	抗压强度/MPa 28 d
4	320	80	0.46	200	510	良好	32.2	42.3
5	320	80	0.50	180	450	流动性稍差	31.7	41.4
6	360	40	0.44	200	520	良好	39.9	50.3
7	344	86	0.44	200	545	良好	37.3	49.0
8	296	74	0.44	185	530	良好	24.7	36.6

胶凝材料总量不变时，随着粉煤灰掺入比例的增加，混凝土的黏聚性、包裹性变差，流动性变好；当掺量达到30%时，出现粉煤灰上浮的现象。抗压强度随粉煤灰用量的减少而增大，变化趋势如图2-67所示；当粉煤灰掺量达到20%时，混凝土具有良好的工作性能和力学性能，并且水化温升、温度应力降低，其抗裂性能增强。随胶凝材料总量的增加，混凝土的黏聚性增加，抗压强度呈上升趋势。考虑施工现场因素和经济性，确定胶凝材料用量为400 kg/m³（其中水泥为320 kg/m³，粉煤灰为80 kg/m³），可较好地满足混凝土工作性能、力学性能和表观质量要求。

砂率从0.40增加到0.50，混凝土坍落度先增大后减小，黏聚性逐渐增大，强度则先升高后降低，变化趋势如图2-68所示。当砂率为0.40时，混凝土包裹性、黏聚性、保水性差。当砂率增大时，混凝土的黏聚性、包裹性逐渐变好，工作性能优良。当砂率达到0.50时，由于砂率过大且引入石粉较多，导致混凝土的流动性变差、黏稠度大，无法满足施工要求。相对于对混凝土工作性能的影响，砂率对强度的影响较小，0.40或0.50的砂率较最佳砂率的抗压强度低2~3 MPa。综合考虑工作性能和抗压强度，试验最佳砂率为0.44，故确定编号3为最优配合比。

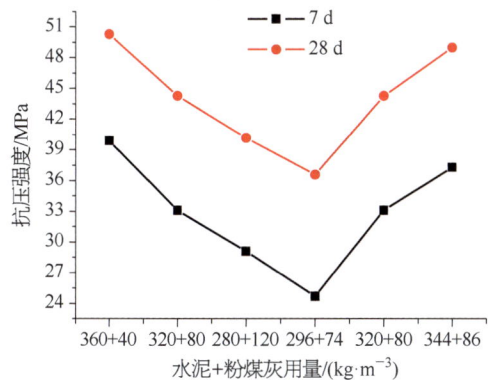

图2-67 胶凝材料对混凝土抗压强度的影响

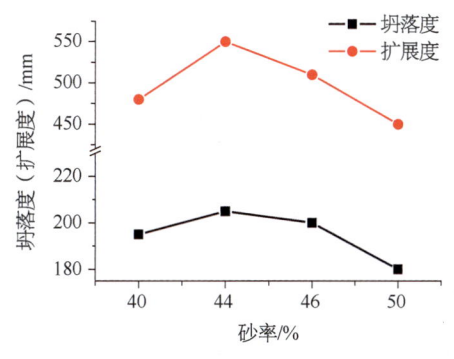 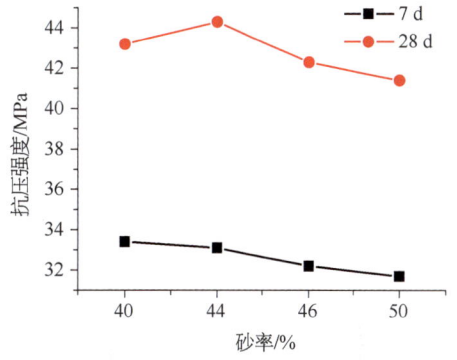

图2-68 砂率对混凝土性能的影响

2.3.4.3 预制与现浇梁用机制砂高性能混凝土

对混凝土箱梁、T梁等结构用机制砂混凝土进行试验，强度等级C50、C60，坍落度要求(210±20)mm。梁结构中钢筋配置密集，对混凝土的黏聚性、流动性要求较高。若是现浇梁则需要泵送，要求机制砂混凝土具有良好的黏聚性、保水性等泵送性能。在C50、C60混凝土基准配合比(表2-47)的基础上，保持水胶比一致，进行胶凝材料和砂率调控，C50混

表 2-57 混凝土性能试验结果

编号	水泥用量/(kg·m⁻³)	粉煤灰用量/(kg·m⁻³)	砂率	坍落度/mm	扩展度/mm	混凝土状态	抗压强度/MPa 7d	抗压强度/MPa 28d
1	339	145	0.38	220	570	良好	41.9	53.5
2	387	97	0.38	215	560	良好	47.1	59.7
3	436	48	0.35	195	480	流动性稍差	52.0	62.1
4	436	48	0.38	215	560	良好	53.9	64.6
5	436	48	0.40	210	520	良好	54.3	64.4
6	436	48	0.43	195	500	良好,很黏重	53.3	63.0
7	463	51	0.38	200	530	良好	55.5	66.6
8	409	45	0.38	195	490	良好	54.2	63.5

凝土试验结果见表 2-57。

如图 2-69 所示，C50 机制砂混凝土胶凝材料用量大，拌合物的黏聚性与包裹性都良好，粉煤灰用量对混凝土性能的影响与低强度等级混凝土的区别较大。随着粉煤灰用量增大，混凝土的流动性逐渐变好、泵送性能提升、和易性良好。抗压强度随粉煤灰用量的增加而减小，粉煤灰掺量为 10%~20% 时，均能满足桥梁高性能混凝土的要求。固定粉煤灰掺量为 10%，随胶凝材料总量的增加，混凝土的流动性基本一致，黏聚性增加，而抗压强度增长幅度较小。考虑施工现场因素和经济性，确定胶凝材料用量为 484 kg/m³（其中水泥为 436 kg/m³，粉煤灰为 48 kg/m³），可较好地满足混凝土工作性能、力学性能和表观质量要求。

砂率从 0.35 增加到 0.43，混凝土工作性能先变好后变差，黏聚性逐渐增大；抗压强度先增大后减小，幅度较小（约 2 MPa），变化趋势如图 2-70 所示。当砂率为 0.35 时，混凝土包裹性、流动性稍差。砂率增大，混凝土的黏聚性明显增加，包裹性逐渐变好，工作性能良好。当砂率达到 0.45 时，砂率过大且引入石粉较多，导致混凝土的流动性变差，表现出很黏稠的状态，无法满足施工要求。综合考虑，确定最佳砂率为 0.38，编号 4 为最优配合比。

C60 混凝土试验结果见表 2-58。

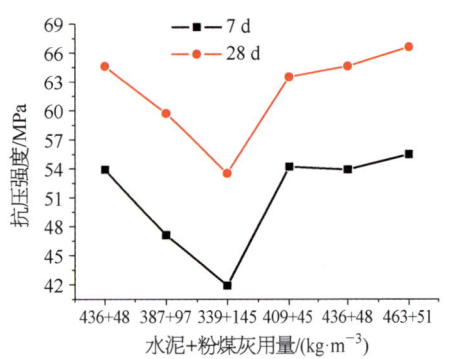

图 2-69 胶凝材料对混凝土抗压强度的影响

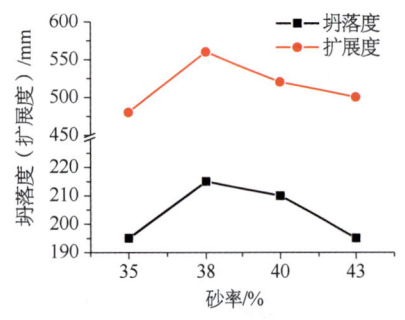

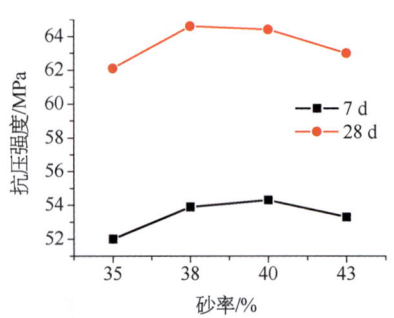

图 2-70 砂率对混凝土性能的影响

表 2-58 混凝土性能试验结果

编号	水泥用量/(kg·m⁻³)	粉煤灰用量/(kg·m⁻³)	砂率	坍落度/mm	扩展度/mm	混凝土状态	抗压强度/MPa 7d	抗压强度/MPa 28d
1	416	104	0.38	220	570	良好	56.2	69.0
2	442	78	0.38	225	580	良好	59.7	71.3
3	468	52	0.36	200	530	良好	60.4	72.5
4	468	52	0.38	220	570	良好	63.1	74.1
5	468	52	0.40	210	535	良好	62.3	72.4
6	468	52	0.42	190	480	良好,较黏重	61.4	69.6
7	441	49	0.38	215	570	良好	61.5	71.3
8	495	55	0.38	210	530	良好,较黏重	67.2	81.0

C60 机制砂混凝土的黏聚性与包裹性都良好,随着粉煤灰用量的增加,流动性变化较小,黏聚性有所改善;而抗压强度随粉煤灰用量的增加而降低,当粉煤灰用量为胶凝材料的 20% 时,混凝土 28 d 抗压强度为 69.0 MPa,不能满足 C60 混凝土强度要求,变化趋势如图 2-71 所示。保持粉煤灰掺量为 10%,随胶凝材料总量的增加,抗压强度增大,而混凝土的黏度变大,泵送性能劣化。考虑施工现场因素和经济性,确定胶凝材料用量为 520 kg/m³(其中水泥为 468 kg/m³,粉煤灰为 52 kg/m³)。

砂率从 0.36 增加到 0.42,混凝土工作性能先变好后变差,黏度逐渐增大;抗压强度先增大后减小,变化趋势如图 2-72 所示。由于胶凝材料用量大,在砂率为 0.36~0.38 时,浆体可以较好地包裹粗集料,混凝土的抗压强度也较高。砂率继续增大时,砂浆量增多,大于填充粗集料空隙所需的量,导致集料的骨架作用减弱,混凝土的强度降低。因此,确定最佳砂率为 0.38,编号 4 为最优配合比。

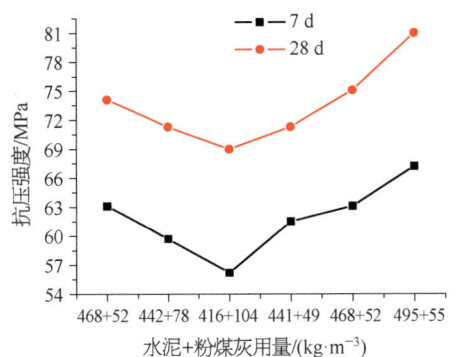

图 2-71 胶凝材料对混凝土抗压强度的影响

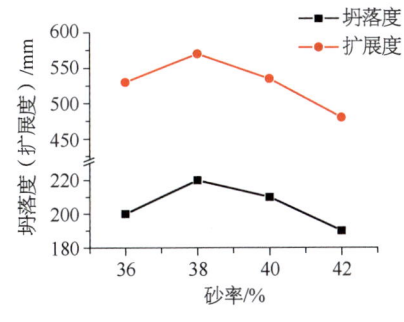
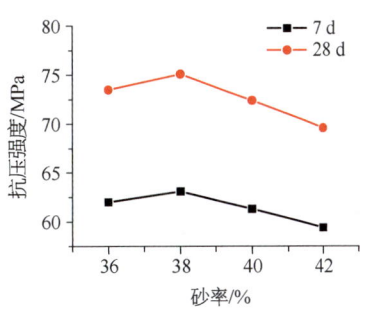

图 2-72 砂率对混凝土性能的影响

2.3.4.4 不同桥梁结构用机制砂高性能混凝土优选配合比

通过试验确定不同桥梁结构用机制砂混凝土的优选配合比,见表 2-59,其基本性能见表 2-60。

表 2-59 机制砂高性能混凝土优选配合比

结构部位	强度等级	配合比/(kg·m⁻³)						砂率	水胶比
		水泥	粉煤灰	砂	石	外加剂	水		
桥台、墙身等	C25	272	68	854	1045	2.72	160	0.45	0.47
承台、墩柱等	C30	320	80	810	1030	4.00	160	0.44	0.40
预制与现浇梁等	C40	388	43	780	1036	4.31	155	0.43	0.36
	C50	436	48	669	1092	4.84	155	0.38	0.32
	C60	468	52	665	1105	6.6	150	0.38	0.29

表 2-60 机制砂高性能混凝土基本性能

强度等级	容重/(kg·m⁻³)	坍落度/mm	扩展度/mm	混凝土状态	抗压强度/MPa	
					7 d	28 d
C25	2400	190	490	黏聚性、和易性、泵送性能等均良好,满足施工要求	30.7	40.2
C30	2400	205	550		33.1	44.3
C40	2420	210	570		43.8	55.5
C50	2430	215	560		54.9	64.6
C60	2450	220	570		63.1	74.1

2.4 混凝土体积稳定性能

2.4.1 收缩性能

机制砂中的石粉增加了混凝土的浆体数量,还使混凝土需水量增加,对混凝土的体积稳定性产生不利影响。但是石粉可以完善混凝土中固体材料的级配,密实结构,改善界面特性和毛细孔结构等,对抑制混凝土干缩、开裂有利。因此,石粉如何对混凝土干燥收缩和早期抗裂性能产生影响,是亟待探讨的问题。

混凝土的收缩包括:①化学收缩,随着水泥水化的进行,浆体的绝对体积减小引起的收缩;②温度收缩,混凝土内部温升产生温度应力引起的收缩;③塑性收缩,混凝土在塑性阶段由于表面失水而引起的收缩;④干燥收缩,混凝土失去吸附水引起的不可逆收缩,相对湿度越低,水泥浆体的干燥收缩越大;⑤自收缩,混凝土因水化消耗内部的水引起的收缩;⑥碳化收缩,混凝土发生碳化引起的体积收缩。各种收缩中,干燥收缩和自收缩是最主要的,因此试验主要探讨硬化混凝土的干燥收缩。

以 C40 混凝土配合比为基准,采用卵石加工的机制砂,适当调整外加剂用量,保证坍落度基本相同,进行石粉对干燥收缩的影响试验,结果见表 2-61。

表 2-61 混凝土干燥收缩试验结果

石粉岩性	石粉含量/%	干燥收缩率×10⁻⁶									
		1 d	3 d	7 d	14 d	28 d	45 d	60 d	90 d	180 d	360 d
石英岩石粉	0	58	125	183	225	250	273	281	294	303	312
	4	60	126	185	227	257	283	291	298	308	316
	8	73	149	206	239	283	302	310	318	326	331
	12	63	157	221	257	299	318	326	334	342	349
	16	66	151	214	250	279	305	315	323	331	338
	20	48	147	194	238	270	295	311	320	328	336
	25	49	151	214	249	278	299	312	320	329	335

表 2-61 和图 2-73 中试验数据表明,随着机制砂中石粉含量的增加,混凝土的干燥收缩率大致呈现先增大后减小的趋势,当石粉含量为 12% 左右,混凝土的干燥收缩率最大。在 45 d 龄期内,不同石粉含量的干燥收缩率差别较大,但到 60 d 龄期以上时,混凝土间的干燥收缩率差值逐渐缩小。当石粉含量小于 12% 时,随石粉含量的增加,混凝土的干燥收缩率逐渐增大;当石粉含量大于 12% 时,随石粉含量的增加,混凝土的干燥收缩率逐渐减小。石粉提供了较多的水化成核核心,加快了水泥水化速率,导致收缩在 3~7 d 龄期时迅速增大。当龄期为 7~45 d 时,混凝土内部的水分加速进入空气,干燥收缩增大,此时:①石粉含量小于 12% 时,随着机制砂中石粉含量的增加,混凝土中浆体含量增加,致使混凝土收缩增大;②石粉含量大于 12% 时,石粉的"填充作用"较明显,使混凝土致密,且有利于改善毛细孔结构,降低混凝土的收缩。当龄期发展到 60 d 以上时,混凝土的水化过程基本

完成,内部水分损失速率降低,混凝土干燥收缩基本稳定,混凝土干燥收缩最大时石粉含量在12%附近。

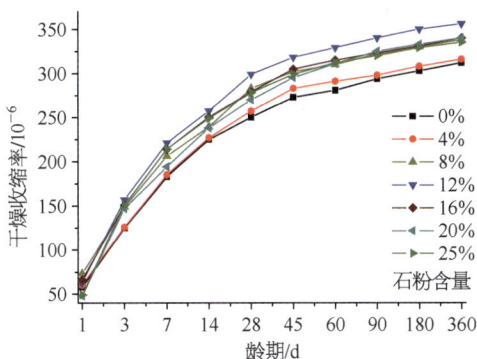

图 2-73　石粉含量对混凝土干燥收缩的影响

以 C25～C60 强度等级机制砂混凝土配合比为基准,进行干燥收缩试验,并以天然砂和混合砂做对比,试验结果见表 2-62。混合砂采用卵石加工的机制砂与特细天然砂($M_x=1.0$,含泥量 6.5%)混掺,掺配比例为机制砂：特细砂＝7：3。

表 2-62　混凝土干燥收缩试验结果

类型	强度等级	干燥收缩率/10^{-6}									
		1 d	3 d	7 d	14 d	28 d	45 d	60 d	90 d	180 d	360 d
机制砂	C25	63	118	197	246	282	305	313	320	328	335
	C30	63	118	185	227	267	297	310	318	325	333
	C40	61	123	186	221	255	282	290	301	310	317
	C50	51	112	184	222	256	296	308	315	326	335
	C60	53	116	205	239	285	308	318	325	334	342
天然砂	C25	56	128	193	216	257	283	299	308	317	325
	C30	69	139	200	235	275	307	318	327	334	342
	C40	77	124	196	235	269	296	305	315	322	330
	C50	60	126	198	249	287	313	320	329	337	345
	C60	86	157	214	253	289	315	325	336	355	362
混合砂	C25	87	156	233	261	295	312	321	329	338	348
	C30	91	155	240	258	283	316	327	335	345	353
	C40	80	150	218	245	278	304	313	325	336	345
	C50	88	140	226	264	299	329	338	345	354	363
	C60	85	157	242	279	322	343	352	367	376	383

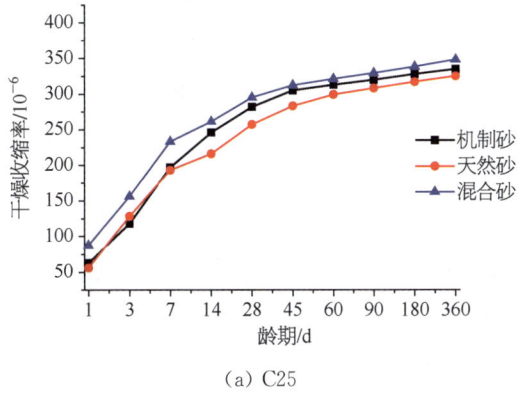

(a) C25

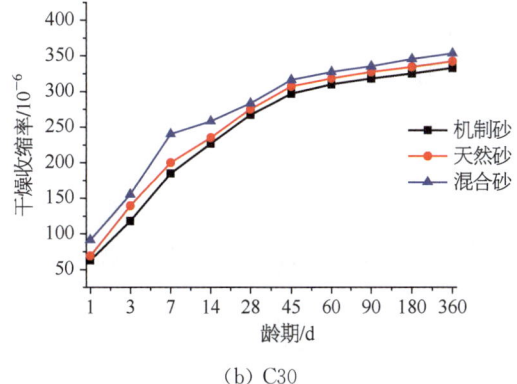

(b) C30

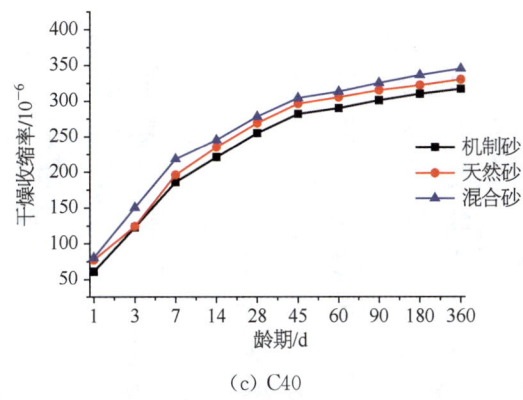

(c) C40

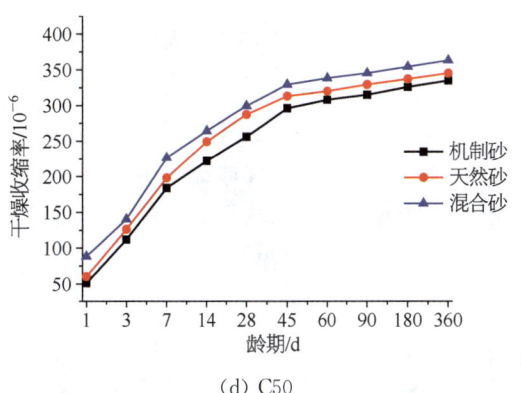

(d) C50

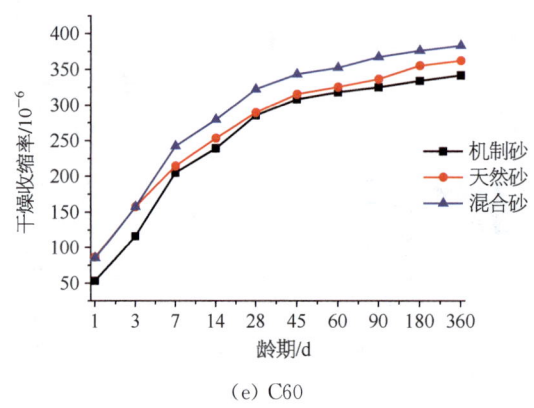

(e) C60

图2-74 三种砂对不同强度等级的混凝土干燥收缩的影响

由表2-62和图2-74的试验结果可以看出,对于不同强度等级的混凝土,三种砂配制混凝土的干燥收缩率变化规律不同。对于低强度等级C25混凝土,混合砂的收缩最大,可能因为混掺的特细砂含泥量较高,吸附水的能力较强,且特细砂降低了砂的细度模数,导致混凝土的干燥收缩较大。机制砂的收缩次之,天然砂最小,低强度等级混凝土用水量较大,且石粉的掺入增加了混凝土浆体的数量,不利于干燥收缩,但到90 d及以上龄期时,机制砂与天然砂的干燥收缩率相差较小。C30～C60强度等级机制砂混凝土的干燥收缩最小,可能由于石粉填充骨料间的孔隙,形成密实骨架,改善了毛细孔结构,减少了干燥收缩。从后期结果分析,机制砂混凝土的干燥收缩并不比天然砂和混合砂配制的混凝土大,在中高强度等级混凝土中甚至小于天然砂混凝土,可以取代天然砂应用于工程。

如图2-75所示,不同强度等级的机制砂混凝土的干燥收缩率均较小,28 d只有$(250\sim290)\times10^{-6}$,360 d均不大于$350\times10^{-6}$。这主要因为密实骨架堆积配合比设计方法增加了混凝土的致密性,复合外加剂中的减缩组分降低了混凝土的收缩,使不同强度等级的机制砂混凝土的干燥收缩均较小。其中C25机制砂混凝土的干燥收缩最大,C30次之,可能是因为低强度等级混凝土用水量较大所致。C50、C60机制砂混凝土干燥收缩与C30的相差不大,可能是因为高标号的混凝土胶凝材料用量大导致自收缩大,而同时控制低水胶比减小了干燥收缩。C40机制砂混凝土干燥收缩最小,可能是因为C40胶凝材料用量相对C50、C60较低,加之水胶比相对

也较低导致。

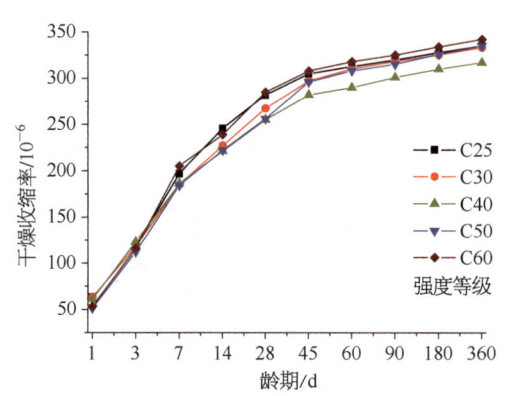

图2-75 不同强度等级的机制砂混凝土的干燥收缩率

2.4.2 大体积温控性能

2.4.2.1 裂缝控制的总体思路

目前,桥梁工程中广泛采用机制砂制备大体积混凝土,由于大体积混凝土结构截面尺寸大,混凝土材料本身为热的不良导体,结构内部温度场受外界环境温度变化影响小,大量的水化热聚集在混凝土结构内部无法释放,而结构表层混凝土散热较快,导致混凝土内部和表层之间形成较大温差,引发不均匀的温度变形和温度应力,一旦温度变形引起的温度拉应力超过混凝土的抗拉强度,就会在混凝土中产生温度裂缝。

机制砂大体积混凝土常会因为施工期间(配合比设计、入模温度、养护措施等因素)控制不当而产生大量温度裂缝,影响工程质量。为了抑制由上述原因导致的温度裂缝,主要采取选用低热水泥和掺加矿物掺和料配制混凝土,同时降低混凝土入模温度,并通冷却水带走结构核心部位的集中热量,以降

低结构内外温差,实现对温度应力的控制。但在实际操作过程中,往往会出现因冷却水管通水时间和通水降温速率控制不利而引发混凝土开裂的情况,而冷却水管还存在后续压浆不密实问题,水、有害离子和空气容易渗入,导致金属冷却水管锈蚀,影响桥梁结构安全性。且冷却水管用量较大,增大施工难度和成本。同时,现代桥梁的建设条件及所处的环境越来越恶劣,高盐分、高流速、高含沙量对桥梁承台混凝土的冲刷造成磨蚀,影响其使用寿命。

大量工程实践表明:机制砂大体积混凝土结构因温度应力引发的早期裂缝往往位于结构边部,浇筑初期结构整体温度均会随着胶凝材料水化反应的进行而逐步升高;而当水化反应逐渐减弱时,混凝土自身放热逐步减少,此阶段大体积混凝土结构外部混凝土的升温状况主要受控于环境温度,其温度开始逐步下降,然而结构内部核心部分混凝土的热量无法在短时间内消散,仍处于受热膨胀状态,而结构边部混凝土受环境温度影响已开始受冷收缩,处于外部的混凝土受到极大的拉应力作用,当同龄期混凝土自身的抗拉强度小于结构表层所产生的拉应力时,则导致结构边部温度裂缝的产生。

针对大体积混凝土普遍存在的温度应力引起开裂并导致混凝土耐久性下降的问题,提出低温升抗裂大体积混凝土的设计、制备与梯度结构优化相结合的大体积混凝土裂缝控制技术,对于中低标号大体积混凝土,在结构内部采用开发的低温升高抗裂混凝土,边部采用掺加纤维的低收缩高韧性抗裂混凝土,解决边部混凝土拉应力过大导致的开裂问题,从而形成连续的高抗裂大体积混凝土梯度结构,实现中低标号大体积混凝土取消普遍采用的通冷却水的温控技术措施,加快施工进度,降低工程造价;对于高标号大体积混凝土,采用梯度结构与通冷却水相结合的温控技术措施,降低入模温度,实现对大体积混凝土的裂缝控制。

2.4.2.2 低温升抗裂大体积混凝土技术

1) 高活性补偿收缩矿物掺和料

现有的矿物掺和料如矿渣、硅灰、沸石粉、磷渣粉、偏高岭土等,尽管活性高,但利用其配制的混凝土收缩较大、易开裂,而利用钢渣矿粉配制的混凝土虽然具有补偿收缩的作用,但由于其活性低,利用率也相对较低。所以研发由钢渣、矿渣、硫铝酸盐水泥熟料和石膏混合而成的高活性补偿收缩矿物掺和料(RA)部分替代粉煤灰,降低混凝土的收缩,提高体积稳定性,同时提高混凝土的力学性能、抗碳化性能及抗渗性能,结果见表 2-63。

表 2-63 不同矿物掺和料混凝土的性能

类型	水泥用量 /(kg·m^{-3})	粉煤灰用量 /(kg·m^{-3})	RA用量 /(kg·m^{-3})	28 d抗压强度 /MPa	干燥收缩率/10^{-4}		氯离子扩散系数/(m^2·s^{-1})	碳化深度 /mm
					28 d	360 d		
A0	360	120	0	65.4	1.9	3.2	7.5×10^{-13}	1.06
A1	360	80	40	68.5	1.1	2.5	6.0×10^{-13}	0.98

掺加高活性补偿收缩矿物掺和料的混凝土 A1 较未掺的混凝土 A0 的收缩值大幅度降低,耐久性提升。

2) 减缩增韧剂的研发

(1) 减缩增韧原理。减缩剂是一种基于减小水溶液表面张力而进行混凝土减缩的外加剂,一般为气-液界面非离子表面活性剂,它可以大幅减小水泥石中毛细孔或凝胶孔中液相的表面张力,从而降低混凝土的干燥收缩和自收缩。增韧剂是利用有机硅氧烷基团在水泥浆体的碱性体系中水解,生成具有反应活性的 Si—O$^-$ 基团,Si—O$^-$ 基团可以参与 C—S—H 凝胶的水化过程,与无机硅化合物发生化学键的成键反应。图 2-76 为增韧材料的分子结构,蓝圈包围的是硅氧烷基团,赋予增韧材料遥爪功能。

通过在氨基甲酸酯嵌段共聚物中引入一种具有超长分子链的聚合物,利用这种聚合物的超长分子链在基体中相互缠结形成网络状骨架结构(图 2-77),为材料提供机械强度;当材料受到外力作用时,通过这种网络状骨架结构的形变、吸收和传递来自基体的冲击能量,起到增韧作用。由于在增韧体系中,增韧效果在一定程度上与增韧剂的物理交联点的多少成正相关,减缩增韧剂具有的环境响应交联

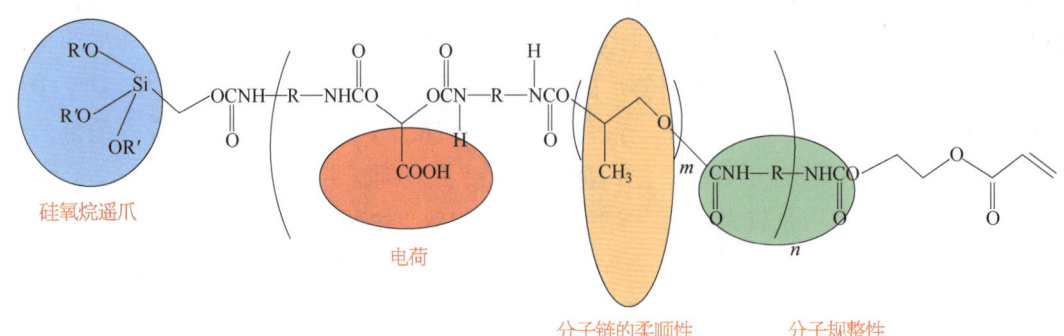

图 2-76 增韧材料的分子结构

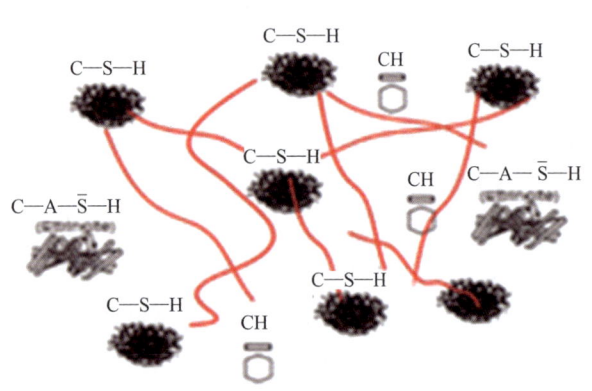

图 2-77 聚合物自交联形成三维互穿微凝胶网络

点可以使其与包括自身在内的物质相互交联,形成复杂的网络状骨架结构,当该体系受外力冲击时,形成的网络状骨架结构可以吸收部分冲击能,从而提高混凝土的断裂韧性。

（2）减缩增韧剂的制备。优选江苏某新材料有限公司 SBT® 混凝土减缩剂、SBT® ITM 混凝土原位增韧剂,通过对混凝土工作性能、力学性能与收缩性能影响的研究,确定减缩增韧剂的制备比例。

试验原材料与配合比:原材料主要选当地原材料。胶凝材料:拉法基 P·O42.5 普通硅酸盐水泥;成都电厂生产的Ⅰ级粉煤灰。细集料:天然砂,最大粒径 5 mm,连续级配,细度模数 2.6,表观密度 2.61 g/cm³。粗集料:普通碎石,表观密度 2.84 g/cm³,颗粒级配为 5～25 连续级配。外加剂:江苏某新材料有限公司生产的聚羧酸减水剂、SBT® 混凝土减缩剂、SBT® ITM 混凝土原位增韧剂。保持配合比其他参数不变的前提下,调整减缩剂与增韧剂的掺量,进行混凝土工作性能、力学性能、收缩性能的研究。配合比见表 2-64。

表 2-64 混凝土配合比　　单位:kg/m³

编号	水泥	粉煤灰	水	粗集料	细集料	减水剂	减缩增韧剂	减缩剂与增韧剂比例
1	430	50	154	1 053	763	1.2%		
2	430	50	154	1 053	763	1.2%	1.0%	1∶1
3	430	50	154	1 053	763	1.2%	1.0%	1∶2
4	430	50	154	1 053	763	1.2%	1.0%	1∶3

主要考察减缩增韧剂对混凝土工作性能、自收缩等性能的影响,试验结果见表 2-65。

表 2-65 混凝土的工作性能与力学性能

编号	坍落度/mm	扩展度/mm	抗压强度/MPa 7 d	抗压强度/MPa 28 d	抗折强度/MPa 7 d	抗折强度/MPa 28 d
1	200	450	47.2	61.3	3.12	5.31
2	210	480	47.0	60.5	3.37	5.65
3	215	495	48.4	63.5	3.53	6.01
4	210	490	47.9	62.7	3.54	6.03

上述试验结果表明,相同配合比下,加入减缩增韧剂对混凝土的工作性能有所改善,没有出现离析、泌水;抗压强度基本不变,抗折强度有明显改善;随着减缩剂与增韧剂的比例减小,抗折强度逐渐增高,然后趋于稳定。

图 2-78 为空白试验与掺加减缩增韧剂的三组配合比随着龄期变化的自收缩率,掺加减缩增韧剂明显减少了混凝土的自收缩率,随着减缩剂与增韧剂比例的减小,混凝土的自收缩率变大,但是编号 3 的自收缩率稍微增大,编号 4 的自收缩率增大明显。综上分析,通过力学性能和自收缩性能优选编号 3 的配合比,确定减缩增韧剂中减缩、增韧组分比例为 1∶2。

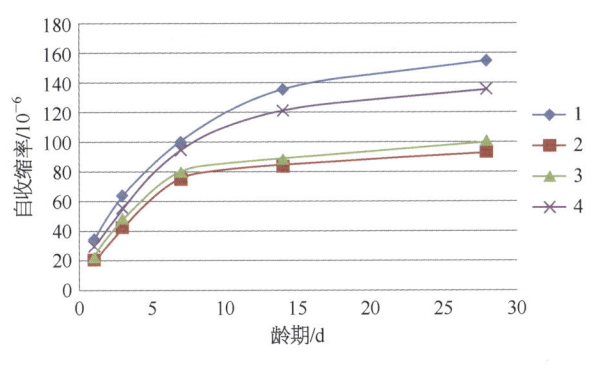

图 2-78 混凝土的自收缩率

3) 内养护材料的研发

掺加一种含有大量强亲水基团且呈三维网状交联结构的高吸水树脂材料作为内养护组分，利用聚合物分子与水分子之间的化学键吸收并保存水分，在混凝土内部形成持续供水的养护环境，对混凝土强度的发展起到重要作用。内养护剂为自主研发的淀粉接枝阴离子-非离子基团内养护材料（图 2-79），具有较好的吸水-释水功能，对混凝土起到内养护作用。该内养护剂碱性环境下的高吸水能力是由阴离子性单体和非离子性单体具有高亲水性的 —SO_3H 和 —NH_2 所确定的。—SO_3H 对二价、三价阳离子具有很好的耐受力，而 —NH_2 具有很好的水解稳定性、抗酸碱及热稳定性，—SO_3H/—NH_2 中非离子性基团的引入较好地调控了主链上的电荷密度，降低了高分子网络在碱性溶液中的敏感性，从而提高了内养护材料对碱性溶液的吸收能力。吸水前高分子长链相互靠拢缠在一起彼此交联呈网状结构，高分子网络是固态网束未电离成离子对，当遇水时亲水基团与水分子的水和作用使高分子网束扩张产生网内外离子浓度差，产生渗透压，水分子在渗透压的作用下向网结构内渗透，从而吸水。当非离子化程度提高后，静电斥力大大减少，网络变得更易收缩，饱水凝胶同时受到热和压力的作用，其释水加速，释水量也加大。上述特性保证了其吸水-释水特性，对混凝土起到较好的内养护作用。制备过程：①淀粉糊化。恒温水浴升温至 70~80 ℃，取总体积 1/4 的蒸馏水，称取木薯淀粉溶于蒸馏水并搅拌均匀，将淀粉液加入装有搅拌器、回流冷凝管、温度计的四口烧瓶中，糊化 30 min。②自由基引发。降低反应温度至 60~70 ℃，取总体积 1/6 的蒸馏水，按比例称取高岭土、硝酸铈铵和过硫酸铵并溶于水，搅拌均匀后加入四口烧瓶，反应 30 min。③接枝共聚。维持上述温度，取总体积 1/4 的蒸馏水，按配合比分别称取单体丙烯酰胺、单体 2-丙烯酰胺基-2 甲基丙磺酸和交联剂，溶于水并搅拌均匀。单体溶液需用在自由基引发反应 10 min 后加入四口烧瓶，单体溶液滴加时间控制在 2~4 h 内。反应结束后得到无色凝胶状物质或者含凝胶浓溶液。④水解。维持上述温度，取总体积 1/3 的蒸馏水，将 NaOH 溶于水，将 NaOH 溶液加入四口烧瓶，水解 30 min 得到粗产物。⑤抽滤、洗涤。用真空抽滤机进行粗产物脱水，然后用乙醇、丙酮对初产物进行 6~12 h 浸泡、洗涤，洗去残留碱、单体，至少进行两次洗涤，得到纯产物。⑥干燥、粉碎。纯产物在 105 ℃真空干燥箱中干燥 8 h 至恒重，经破碎、研磨至所需细度即得内养护材料。

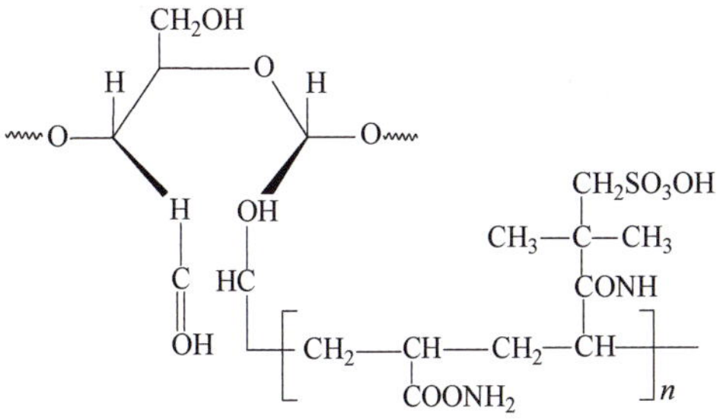

图 2-79 淀粉接枝阴离子-非离子基团内养护材料结构设计图

4) 低温升抗裂配合比设计

（1）配合比设计。对于大体积混凝土而言，由于结构尺寸过大，施工时间往往较长，在进行配合比设计过程中对混凝土的缓凝时间有较高的要求，一般来说，大体积混凝土的初凝时间均超过了 15 h，所以混凝土中胶凝材料的水化放热一般集中在浇筑后的 3 d 左右完成。在此期间，结构整体的温度均会随着胶凝材料水化反应的进行而逐步升高，而当水化反应逐渐减弱时，混凝土自身的放热也逐步减少，此阶段大体积混凝土结构外部混凝土的温度主要受控于环境温度，其温度开始逐步下降并开始受冷收缩，然而结构内部核心部分混凝土的热量无法短时间消散，仍处于受热膨胀的状态。混凝土结构内部膨胀、外部收缩，处于外部的混凝土受到极大的拉应力作用，当同龄期混凝土自身的抗拉强度小于结构表层所产生的拉应力时,结构温度裂缝产生。因此,在进行大体积混凝土配合比设计时,为了避免温度应力对结构整体造成不利影响,务必要考虑胶凝材料放热量与混凝土强度增长之间的关系。通过采用密实骨架堆积法进行大体积混凝土的配合比设计,在满足混凝土强度设计要求、耐久性能及体积稳定性能的条件下,最大限度地减少胶凝材料用量,既兼顾材料自身强度,又减少胶凝材料体系放热,实现对大体积混凝土抗裂的两个最主要指标的控制。

① 密实骨架堆积法基本原理。采用密实骨架堆积法进行大体积混凝土的配合比设计时,首先将不同比例的粉煤灰与砂进行充填试验,以获得最大单位容重;再将最大单位容重掺入比例下的粉煤灰与砂作为细集料同石子进行充填试验,从而获得骨料与粉料在密实填充状态下的最大单位容重,进一步确定材料最小空隙率 V_v 及所需要的润滑浆量;最后根据混凝土强度和耐久性的相关设计要求确定水胶比。

② 大体积混凝土密实骨架配合比设计。

a. 试验原材料。

水泥:"海螺"P·O42.5R 水泥,比表面积为 $377 \text{ m}^2/\text{kg}$。

粉煤灰:电厂Ⅰ级灰,需水量比为 92%,细度为 4.8%(筛余)。

矿粉:建材 S95 级,比表面积大于 $400 \text{ m}^2/\text{kg}$,实测比表面积为 $428 \text{ m}^2/\text{kg}$,流动度比为 98%,7d 活性指数为 81%,28d 活性指数为 101%。

硅灰:武汉粒固硅灰有限公司,SiO_2 含量为 93%,比表面积为 $18\,500 \text{ m}^2/\text{kg}$,需水量比为 120%。

砂:细度模数在 2.6~3.0。

石:石场 5~25 mm 连续级配碎石,压碎值不大于 16%。

减水剂:浙江五龙 ZWL-A-Ⅸ 和上海三瑞 VIVID-500 聚羧酸减水剂。

减缩增韧剂:上海三瑞高效减缩增韧剂 VIVID-JZ。

钢纤维:密度在 $0.91~0.98 \text{ g/cm}^3$、长度在 25~38 cm、直径在 0.8~1.1 mm、抗拉强度不小于 350 MPa、断裂伸长率不大于 30% 的有机聚合物纤维。

聚丙烯腈纤维:深圳某公司生产的密度为 1.18 kg/m^3、长度为 6 mm、抗拉强度不小于 900 MPa、断裂伸长率在 20%~26% 的聚丙烯腈纤维。

b. 密实骨架配合比。针对 C30 大体积混凝土的相关设计要求,利用密实骨架堆积法设计原理,通过上述计算确定了大体积混凝土粉体材料及各骨料的掺量,同时依据强度和工作性能的相关要求对基准配合比做出适当调整,最后确定的大体积混凝土基准配合比见表 2-66。

表 2-66 大体积混凝土基准配合比

单位:kg/m³

水泥	粉煤灰	砂	石	水	减水剂
230	160	795	1055	158	3.6

(2) 胶凝材料体系优化。根据密实骨架堆积法得出的基准配合比虽能较好地提高混凝土的致密性,但并未针对大体积混凝土具体的放热特性进行优化,为了最大限度地降低混凝土绝热温升,需对胶凝材料体系中各粉体材料的掺加比例进行优化,调整后的配合比及混凝土性能见表 2-67、表 2-68。

表 2-67 大体积混凝土调整配合比

编号	材料用量/(kg·m⁻³)							
	水泥	粉煤灰	矿粉	砂	石	水	ZWL-A-Ⅸ	VIVID-500
1	80	165	175	795	1055	142	3.6	
2	100	155	165	795	1055	142	3.6	
3	120	145	155	795	1055	142	3.6	
4	140	135	145	795	1055	142	3.6	
5	80	165	175	795	1055	142		3.6
6	100	155	165	795	1055	142		3.6
7	120	145	155	795	1055	142		3.6
8	140	135	145	795	1055	142		3.6

表 2-68 大体积混凝土的工作性能与力学性能

编号	坍落度/mm		抗压强度/MPa		劈裂抗拉强度/MPa	
	0h	2h	7d	28d	7d	28d
1	220	200	21.3	33.6	1.21	2.53
2	220	190	26.1	37.5	1.53	3.06
3	210	180	28.6	41.3	1.62	3.18
4	200	170	30.9	45.5	1.83	3.32
5	220	190	22.8	35.7	1.29	2.62
6	210	190	27.5	39.1	1.59	3.16
7	200	190	29.1	42.2	1.67	3.24
8	190	170	31.8	45.2	1.88	3.38

表2-68中的混凝土性能试验结果表明,除编号1和编号5中水泥的掺量较小,7d和28d的抗压强度和劈裂抗拉强度数值均较低,未能达到C30混凝土的相关强度设计标准外,其他各组配合比的力学性能指标均满足混凝土强度设计标准。而在胶凝材料总量不变的条件下,随着胶凝材料中水泥掺量的增加,混凝土的力学性能均出现增长,这主要是由于水泥是提供混凝土早期强度的主要来源,当水泥掺量较低时,混凝土早期强度不足,水化反应后产生$Ca(OH)_2$的量大幅减少,进一步削弱矿物掺和料二次水化的碱激发作用,混凝土的后期强度较低。

① 外加剂对大体积混凝土缓凝时间的影响。由于大体积混凝土尺寸大,混凝土单次浇筑方量多,施工时间往往超过十几个小时,施工时为避免出现冷缝,需要严格控制混凝土的缓凝时间。同时,对于混凝土材料本身,凝结时间越快,胶凝材料的水化放热越集中,在大体积混凝土结构散热性能不良的情况下,胶凝材料短时间内的集中放热会引发巨大的内外温差,极不利于结构温度应力的控制,所以实际工程中必须对混凝土缓凝时间进行调整。通过调整外加剂的种类和掺量,对大体积混凝土缓凝时间进行调控,进一步对低温升抗裂大体积混凝土的适用外加剂进行优选,具体见表2-69。

表2-69 外加剂对大体积混凝土缓凝时间的影响

编号	掺量/%	凝结时间 初凝	凝结时间 终凝	抗压强度/MPa 7d	抗压强度/MPa 28d
Ⅸ-1	0.7	18:20	37:10	23.7	33.2
Ⅸ-2	0.8	19:35	38:40	24.3	35.6
Ⅸ-3	0.9	21:10	40:05	26.6	37.9
Ⅸ-4	1.0	23:25	44:15	24.5	35.7
Ⅸ-5	1.1	26:00	49:10	23.3	34.1
Ⅸ-6	1.2	28:55	51:20	21.2	30.8
Ⅵ-1	0.7	16:10	30:00	24.8	33.4
Ⅵ-2	0.8	17:35	32:35	26.1	36.3
Ⅵ-3	0.9	19:00	34:20	27.5	38.6
Ⅵ-4	1.0	20:20	36:10	27.8	39.9
Ⅵ-5	1.1	21:20	39:15	26.5	38.1
Ⅵ-6	1.2	23:30	42:05	25.8	37.4

注:"-"之前为外加剂型号,百分比掺量为外加剂与胶凝材料总量的比。

表2-69的试验结果表明,在两种不同外加剂的使用过程中,混凝土的凝结时间均随着外加剂掺量的增加而延长,而力学性能随着外加剂掺量的增加出现了先增长后下降的趋势。这主要是由于外加剂中的缓凝成分官能团通过空间位阻、静电斥力等作用,抑制了C_3A和C_3S的水化反应,当掺量过高时,会对混凝土的力学性能造成不利影响。

为了同时保障混凝土的缓凝效果和力学性能,需严格控制外加剂的掺量,对于ZWL-A-Ⅸ,在掺量为0.9%时混凝土抗压强度达到最大值;而对于VIVID-500,在掺量为1.0%时混凝土抗压强度达到最大值。在掺量相同的条件下,对比两组外加剂的缓凝效果发现,ZWL-A-Ⅸ的缓凝效果要优于VIVID-500,其初凝时间和终凝时间都出现较大幅度的延迟;对比两种外加剂初凝时间与终凝时间的间隔发现,ZWL-A-Ⅸ的时间间隔在19~23h,而VIVID-500的时间间隔则在14~18h,由此说明ZWL-A-Ⅸ对于大体积混凝土放热峰的延时作用要优于VIVID-500;同时对比强度结果可知,两种外加剂对于强度的影响无明显差别,故为了改善混凝土的放热特性,抑制温度应力,优选ZWL-A-Ⅸ在掺量为0.9%时为最佳掺量。

② 外加剂对大体积混凝土减缩增韧效果的影响。在保持ZWL-A-Ⅸ掺量为0.9%的条件下,改变聚醇类减缩增韧组分VIVID-JZ的掺量,利用其"原位复合"增韧机理,以改善混凝土收缩性能,提高混凝土自身抗拉强度,具体试验方案见表2-70。

表2-70 大体积混凝土试验配合比

编号	材料用量/(kg·m⁻³) 水泥	粉煤灰	矿粉	砂	石	水	ZWL-A-Ⅸ/%	VIVID-JZ/%
1	100	155	165	795	1055	142	0.9	0
2	100	155	165	795	1055	142	0.9	0.2
3	100	155	165	795	1055	142	0.9	0.4
4	100	155	165	795	1055	142	0.9	0.6
5	100	155	165	795	1055	142	0.9	0.8
6	100	155	165	795	1055	142	0.9	1.0
7	100	155	165	795	1055	142	0.9	1.2
8	100	155	165	795	1055	142	0.9	1.4

注:百分比掺量为外加剂与胶凝材料总量的比。

表 2-71　大体积混凝土的力学性能

编号	抗压强度/MPa		劈裂抗拉强度/MPa		干燥收缩率/10⁻⁶
	7d	28d	7d	28d	28d
1	26.6	37.9	1.59	3.15	236
2	27.3	38.5	1.65	3.33	228
3	28.0	40.3	1.71	3.38	215
4	29.7	43.6	1.78	3.45	209
5	31.1	45.3	1.83	3.51	203
6	30.6	44.7	1.80	3.48	198
7	30.0	43.8	1.77	3.44	195
8	29.3	42.5	1.72	3.37	192

表 2-70、表 2-71 的试验结果表明，混凝土的抗压强度及劈裂抗拉强度均随着减缩增韧剂掺量的增加出现了先增长后下降的趋势，而混凝土的干燥收缩率随着减缩增韧剂掺量的增大而不断降低，当掺量超过 1.0% 以后，减缩的效果不再明显提升。当编号 5 中减缩增韧剂的掺量为 0.8%，混凝土的力学性能达到最佳，相较不掺加减缩增韧剂的编号 1 空白组，其 7d 抗压强度提高了 16.9%，7d 劈裂抗拉强度提高了 15.1%。

减缩增韧剂中的减缩增韧原理实质是在基体材料中引入一种具有超长分子链的聚醇类聚合物，利用超长分子链的"原位复合"增韧机理，分子链互相纠缠形成网格状骨架体系，镶嵌在水泥石之中提高了材料的机械强度，同时通过网格骨架结构自身的变形作用吸收了结构应变能，使原本混凝土自身的收缩作用及微裂纹扩展需要吸收更多的能量才能实现，从而起到减缩增韧的效果。通过上述研究，得出 ZWL-A-Ⅸ 掺量为胶凝材料总量的 0.9%，同时减缩增韧剂掺量为胶凝材料总量的 0.8% 时，为低温升抗裂混凝土外加剂的最佳掺量。

(3) 入模温度对绝热温升的影响。众多工程实践表明，大体积混凝土在不同入模温度下浇筑施工，其结构内部温度场的分布差异明显。研究发现混凝土入模温度越高，对水化反应的促进作用越强，胶凝材料的放热速率和大体积混凝土结构内部的绝热温升也明显提高，而低入模温度则会对胶凝材料的水化放热起到抑制作用。大体积混凝土规范中仅对不同种类矿物掺和料及不同掺量条件下的胶凝材料水化热计算给出了相应的计算公式，但公式中并未考虑入模温度的影响。所以应综合考虑胶凝材料中矿物掺和料种类、相对掺量及入模温度，对不同入模温度对大体积混凝土绝热温升及胶凝材料体系水化反应的影响进行深入研究，并对混凝土绝热温升的计算公式进行修正。

① 原材料。水泥采用"海螺"P·O42.5R 水泥，粉煤灰采用电厂Ⅰ级粉煤灰，水泥和粉煤灰的化学成分由 X 线荧光分析得到，见表 2-72；拌合水采用自来水；减水剂采用浙江五龙 ZWL-A-Ⅸ 缓凝高效减水剂，减水率为 28.6%，分别命名为 PC1、PC2、PC3，分子结构具体信息见表 2-73。PC1、PC2、PC3 为甲氧基聚乙二醇甲基丙烯酸酯系聚羧酸减水剂，由 A 和 B 两种单体共聚而成（A 为甲基丙烯酸，简称 MAA；B 为甲氧基聚乙二醇，简称 MPEG）。

表 2-72　原材料化学成分　　单位：%

原材料	SiO₂	Al₂O₃	Fe₂O₃	CaO	MgO	烧失量	共计
水泥	21.35	4.67	3.31	62.60	3.08	0.95	96.05
粉煤灰	50.95	34.78	4.13	2.80	0.59	1.94	93.25

表 2-73　减水剂分子结构参数

编号	主链长/nm	支链长/nm	分子量/(g·mol⁻¹)
PC1	13.0	8.3	35 546
PC2	16.6	8.3	54 472
PC3	11.3	8.3	29 759

② 入模温度对胶凝材料水化放热特性的影响。胶凝材料的水化放热速率及混凝土的绝热温升与混凝土施工时的入模温度密切相关，随着入模温度的升高，胶凝材料的水化放热速率、放热量均会有不同程度的增长。在大体积混凝土的施工过程中需使用大量水泥、粉煤灰和矿粉等胶凝材料，而现场拌合楼所用的这些胶凝材料大多数情况下都是随进随用，所以存放在储仓里的胶凝材料温度常超过 60 ℃，如遇大方量混凝土昼夜连续浇筑施工，胶凝材料都未能经过冷却即进行使用，温度高达 90 ℃以上。使用如此高储存温度的胶凝材料拌合的混凝土，除了极端地区或极端天气条件下，混凝土的入模温度一般会高于 15 ℃，考虑到不同季节施工，混凝土的入模温度差异较大，故选取 15 ℃、25 ℃、35 ℃ 三个温度，对不同入

模温度对胶凝材料体系水化反应的影响进行研究。

a. 矿物掺和料换算放热量及放热取代系数。矿物掺和料水化活性不及纯水泥,因此通常情况下不直接测定其水化放热量。但矿物掺和料中的活性氧化硅、氧化铝等会与水泥水化反应后析出的 $Ca(OH)_2$ 发生二次水化反应,$Ca(OH)_2$ 作为碱性激发剂,极大地促进了矿物掺和料的水化反应,而 $Ca(OH)_2$ 的含量与水泥掺量密切相关。因此,利用矿物掺和料换算放热量及放热取代系数分别来表征在不同水泥掺量条件下,单位质量矿物掺和料自身的水化放热特性。

矿物掺和料换算放热量及放热取代系数计算公式按下式进行:

$$M_t = \frac{G - C(1 - X)}{X} \quad (2-18)$$

$$N_t = \frac{M_t}{C} \quad (2-19)$$

式中 C——单位质量水泥放热量(J/g);
X——矿物掺和料掺量(g);
G——单位质量胶材放热量(J);
M_t——单位质量矿物掺和料换算放热量(J);
N_t——单位质量矿物掺和料放热取代水泥系数。

本次试验采用配合比见表2-74。

表2-74 水泥-粉煤灰体系配合比

编号	水泥/%	粉煤灰/%	减水剂/%	水灰比
FA10	90.0	10.0	1.0	0.35
FA20	80.0	20.0	1.0	0.35
FA33	67.0	33.0	1.0	0.35
FA50	50.0	50.0	1.0	0.35
FA67	33.0	67.0	1.0	0.35

试验中在固定水胶比及减水剂掺量的条件下调整水泥及粉煤灰的掺量,使粉煤灰掺量分别为胶材总量的10%、20%、33%、50%、67%,以探究不同粉煤灰掺量对复合胶凝材料水化放热规律的影响。

b. 不同入模温度下水泥-粉煤灰体系的放热规律研究。将上述配合比制备出的试样放入TA,得到不同入模温度对水泥-粉煤灰体系水化放热特性影响结果,见表2-75。

表2-75 水泥-粉煤灰体系水化放热特性

入模温度/℃	编号	3d放热量/(J·g^{-1})	掺和料换算放热量 M_t/(J·g^{-1})	掺和料放热取代系数 N_t	最大放热速率/(mW·g^{-1})	温峰出现时间
15	15-C	266.18			3.18	12:46
	15-FA10	254.32	147.58	0.55	2.84	13:21
	15-FA20	239.21	131.33	0.49	2.40	15:52
	15-FA33	216.65	116.08	0.44	2.00	18:57
	15-FA50	181.14	96.10	0.36	1.47	20:43
	15-FA67	139.02	76.38	0.29	0.83	28:34
25	25-C	315.16			5.34	11:21
	25-FA10	303.42	197.76	0.63	4.51	12:19
	25-FA20	287.67	177.71	0.56	3.71	13:31
	25-FA33	263.52	158.68	0.50	3.16	14:59
	25-FA50	225.34	135.52	0.43	2.24	18:29
	25-FA67	180.18	113.70	0.36	1.28	22:16
35	35-C	361.34			9.89	07:37
	35-FA10	350.61	254.04	0.70	9.03	08:25
	35-FA20	335.27	230.99	0.64	7.33	09:33
	35-FA33	311.97	211.73	0.59	5.73	10:00
	35-FA50	269.12	176.90	0.49	3.82	12:14
	35-FA67	220.64	151.34	0.42	2.29	16:09

注:表中"-"之前为入模温度,之后为配合比编号。

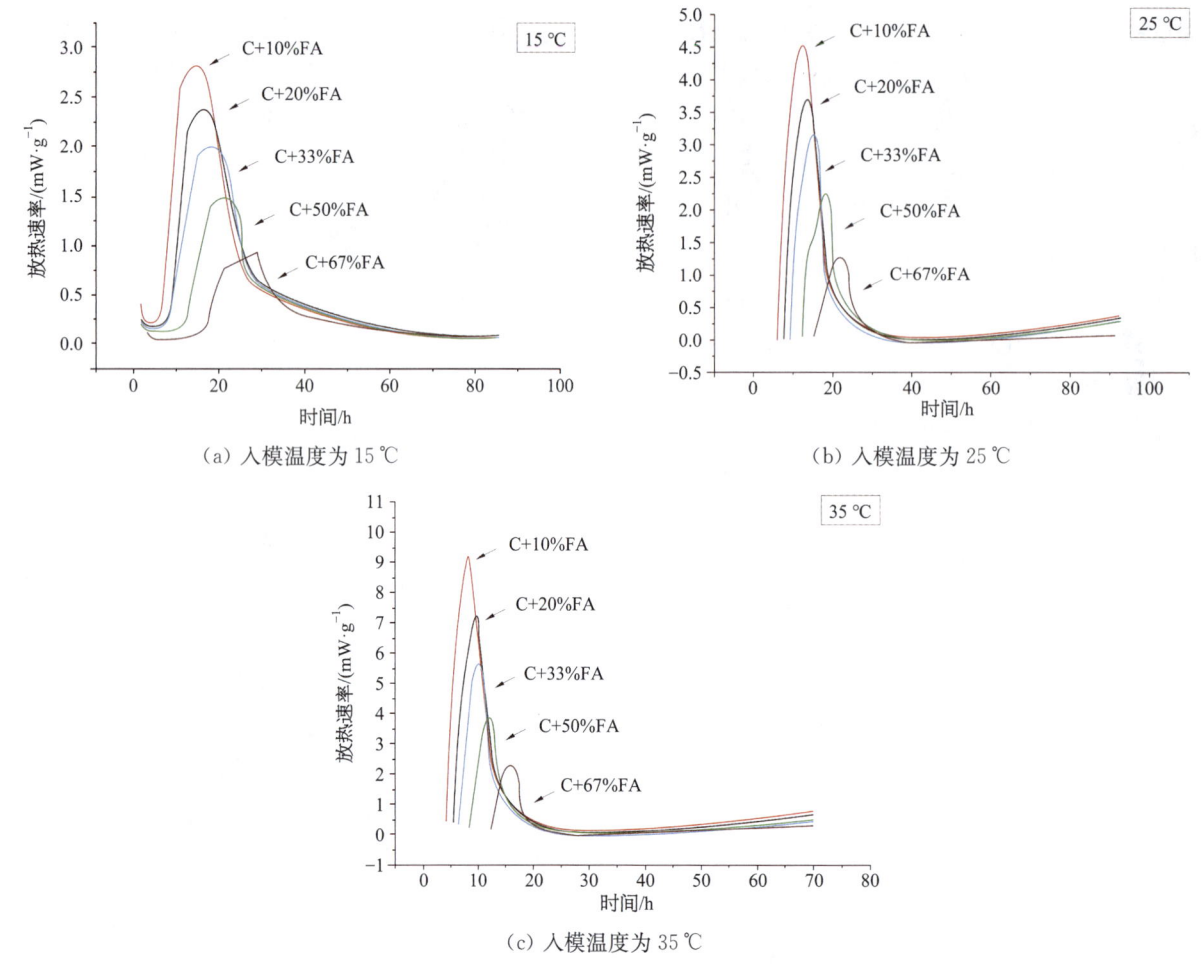

图 2-80　水泥-粉煤灰体系水化放热速率曲线

表 2-75 和图 2-80 的试验结果表明，在入模温度相同的条件下，试样水化放热量及放热速率的降低程度、水化放热峰值出现的时间推移程度，均随粉煤灰掺量的增加而增加；在粉煤灰掺量相同的情况下，随着入模温度的提高，体系水化放热量、温峰强度均提高，其中粉煤灰参与水化反应而产生的放热量及取代水泥的放热折算系数亦出现不同程度的增长；同时由放热曲线形状可知，温度的增加明显促进了粉煤灰的反应，当入模温度为 15 ℃时有两个明显的放热峰，而当入模温度为 35 ℃时仅有一个放热峰，说明水泥＋粉煤灰体系的放热峰可细化成两个小峰，分别对应于水泥水化反应和粉煤灰的二次水化反应，而由于高温作用，粉煤灰的二次水化反应速率增大，导致其和水泥熟料放热的时间差减小，再由于其反应热值较小，所以第二放热峰与第一放热峰没有明显分化现象。

由此得出，水泥掺量及入模温度对水泥-粉煤灰体系的放热反应均有较强的促进作用。就 FA50（胶材总量 400 kg）而言，其在入模温度为 15 ℃时的绝热温升较 25 ℃和 35 ℃时的绝热温升分别降低了 7.22 ℃及 14.36 ℃。故为了降低大体积混凝土内部的温度峰值和内表温差，应当尽量提高粉煤灰的掺量，同时降低施工时混凝土的入模温度。

c. 入模温度对复杂胶凝材料体系水化放热特性的影响。针对 C30、C40 及 C50 大体积混凝土的相关设计要求，确定了六组低水泥掺量下的胶凝材料基准配合比。现对表 2-76 中六组配合比在不同入

表 2-76　复杂胶凝材料体系配合比

编号	水泥/%	粉煤灰/%	矿粉/%	减水剂/%	水灰比
♯30-1	0.24	0.37	0.39	1.0	0.35
♯30-2	0.29	0.35	0.36	1.0	0.35
♯40-3	0.33	0.33	0.34	1.0	0.34
♯40-4	0.37	0.30	0.33	1.0	0.34
♯50-5	0.44	0.29	0.27	1.0	0.31
♯50-6	0.48	0.27	0.25	1.0	0.31

注：表中"♯"之后为强度等级，"-"之后为配合比编号。

模温度下的水化放热特性进行研究。

将上述配合比制备出的试样放入 TA,得到的不同入模温度对复杂胶凝材料体系水化放热特性影响结果见表 2-77。

表 2-77 复杂胶凝材料体系水化放热特性

入模温度/℃	编号	3d 放热量/(J·g^{-1})	掺和料换算放热量 M_t/(J·g^{-1})	掺和料放热取代系数 N_t	最大放热速率/(mW·g^{-1})	温峰出现时间
15	#15-30-1	135.26	94.35	0.35	0.99	37:31
	#15-30-2	144.37	95.65	0.36	0.96	38:26
	#15-40-3	156.65	103.77	0.39	1.22	32:29
	#15-40-4	165.22	105.39	0.40	1.26	32:03
	#15-50-5	179.47	112.03	0.42	1.38	31:01
	#15-50-6	191.78	123.33	0.46	1.62	29:32
25	#25-30-1	173.36	129.11	0.41	1.48	28:11
	#25-30-2	190.06	140.02	0.44	2.12	23:22
	#25-40-3	205.54	152.62	0.48	2.40	20:41
	#25-40-4	218.62	161.41	0.51	2.72	19:35
	#25-50-5	234.57	171.89	0.55	2.97	18:58
	#25-50-6	245.49	181.39	0.58	3.39	17:10
35	#35-30-1	211.17	164.24	0.45	2.95	17:50
	#35-30-2	231.64	179.76	0.50	3.27	15:47
	#35-40-3	247.63	192.74	0.53	4.10	13:46
	#35-40-4	262.90	204.57	0.57	4.66	12:41
	#35-50-5	284.53	224.79	0.62	5.43	12:16
	#35-50-6	298.72	241.11	0.67	6.17	11:45

注:表中"#"之后为入模温度,"-"之后分别代表强度等级及配合比编号。

上述试样配合比中的胶凝材料总量、减水剂掺量及水胶比均相等,仅改变了水泥的掺加比例,由同一入模温度下六组配合比的放热曲线(图 2-81)可知,水泥的掺量对复杂胶凝材料体系的放热量、放热速率、水化放热峰值出现时间均有明显的影响。随着水泥掺量的增加,其水化后生成的 $Ca(OH)_2$ 增多,由于水化环境中碱浓度的提高,对其中掺和料的二次水化激发作用增强,所以随着水泥掺量的提高,

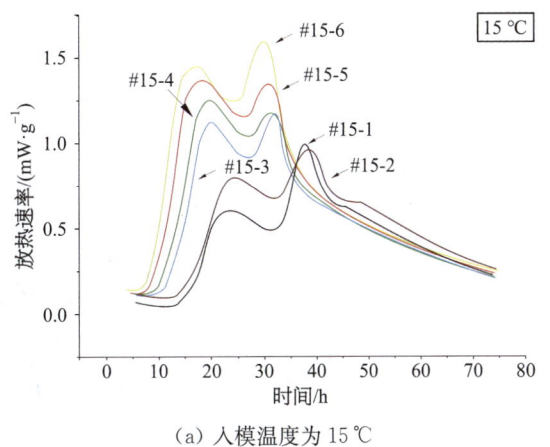

(a) 入模温度为 15 ℃

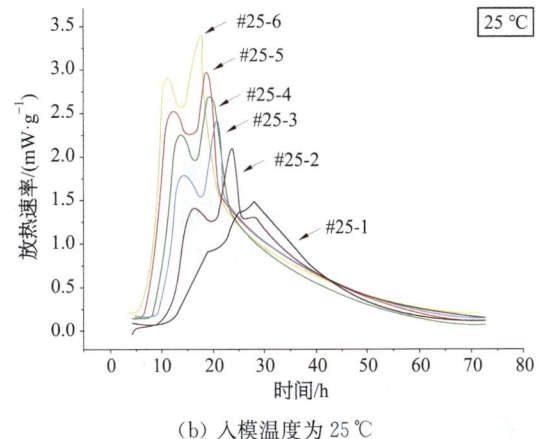

(b) 入模温度为 25 ℃

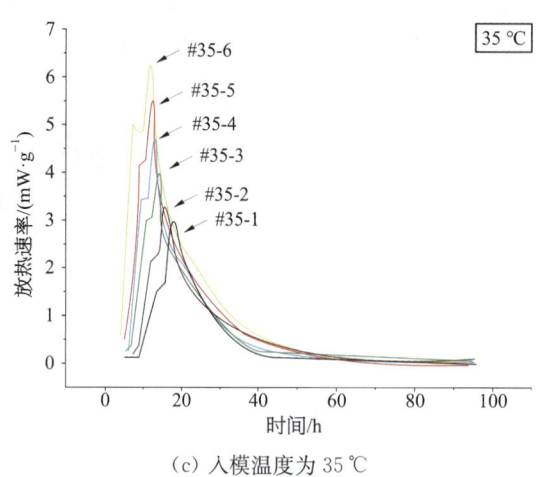

(c) 入模温度为 35 ℃

图 2-81　复杂胶凝材料体系水化放热速率曲线

矿物掺和料的换算放热量及掺和料放热取代系数也逐渐增大，进一步导致混凝土的绝热温升也随之显著增加。

对于同一配合比，随着入模温度的升高，其放热速率峰值出现了大幅提升，放热速率曲线所对应的放热量面积也逐渐增大，同时入模温度的提高使得胶凝材料的放热曲线整体向前推移，放热峰逐渐变陡。就#30-1试样而言，其在35℃时的放热峰出现时间较25℃时提前了将近9 h，放热量提高了28%；较15℃时提前了将近20 h，放热量提高了59%。

由此说明，水泥掺量及入模温度的提高对于复杂胶凝材料体系、水泥-粉煤灰体系的水化放热反应均有促进作用。所以在满足混凝土设计强度的条件下，大体积混凝土的配合比应当尽量控制水泥及粉煤灰的用量，同时降低施工时混凝土的入模温度。

(4) 不同入模温度下的大体积混凝土绝热温升计算。

① 不同入模温度下的放热取代系数和水化热调整系数。根据上述试验结果，入模温度会显著影响胶凝材料的水化放热规律，而目前大体积混凝土规范中对于胶凝材料的水化热总量的计算，仅考虑了矿物掺和料的影响而并未考虑入模温度升高给水化放热带来的促进作用。现综合考虑矿物掺和料种类、掺量和入模温度的影响，对矿物掺和料放热取代系数和大体积混凝土绝热温升计算公式进行修正：

$$Q_t = k \times Q_{t-0} \quad (2-20)$$

$$Q_t = (M_c + M_k \times N_t) \times Q_{t-0} \quad (2-21)$$

$$k = 1 - (1 - N_t) \times M_k / M \quad (2-22)$$

$$\Delta T_t = W Q_t / C \rho \quad (2-23)$$

式中　Q_t——t 温度下单方混凝土中胶凝材料的水化放热量(kJ/kg)；

Q_{t-0}——t 温度下单位质量水泥水化放热量(kJ/kg)；

ΔT_t——t 温度下混凝土的绝热温升(℃)；

N_t——t 温度下的矿物掺和料放热取代系数；

M_c——单方混凝土中水泥总质量(kg)；

M_k——单方混凝土中矿物掺和料总质量(kg)；

M——胶凝材料总量(kg)；

M_k/M——矿物掺和料相对掺量；

C——混凝土的比热，一般为 0.92~1.0 kJ/(kg·℃)；

ρ——混凝土的重力密度，在 2 400~2 500 kg/m³；

k——不同掺量掺和料水化热调整系数。

采用式(2-20)和式(2-21)均可对胶凝材料水化放热总量进行计算，式(2-20)为规范推荐公式；式(2-21)为提出的考虑入模温度，利用掺和料放热取代系数计算水化热的计算公式；式(2-23)为混凝土的绝热温升计算公式。利用上一节中不同入模温度对胶凝材料水化反应速率及放热量的试验结果得出的水泥-粉煤灰及水泥-矿粉体系下的矿物掺和料取代系数见表 2-78。

表 2-78 水泥-粉煤灰体系放热取代系数 N_{t-1}

温度/℃	粉煤灰含量/%				
	10	20	33	50	67
15	0.55	0.49	0.44	0.36	0.29
25	0.63	0.56	0.50	0.43	0.36
35	0.70	0.64	0.59	0.49	0.42

注：表中掺量为掺和料占总胶凝材料用量的百分比。

大体积混凝土规范中进行胶凝材料水化放热总量的计算时，根据矿物掺和料的相对掺量，引入 k 值作为调整系数，由于计算过程中没有考虑到入模温度的影响，往往误差较大，将上述放热取代系数结果代入式(2-21)中，得出考虑入模温度条件下矿物掺和料水化热调整系数 k 值的修正结果，见表 2-79。

表 2-79 粉煤灰水化热调整系数 k_1

温度/℃	粉煤灰含量/%					
	0	10	20	33	50	67
15	1	0.96	0.90	0.81	0.68	0.52
25	1	0.97	0.91	0.83	0.71	0.57
35	1	0.98	0.93	0.86	0.74	0.61

注：表中掺量为掺和料占总胶凝材料用量的百分比。

② 大体积混凝土绝热温升工程计算实例。

【算例1】 某大桥桥台大体积混凝土施工于 2—3 月间进行，在该时间段的气温条件下施工时，混凝土入模温度在 15℃ 左右。混凝土配合比见表 2-80。

表 2-80 桥台 C40 大体积混凝土配合比

单位：kg/m³

水泥	粉煤灰	矿粉	砂	碎石	外加剂	水
140	140	140	785	1100	4.8	145

矿物掺和料的掺加比例为 66.7%，采用粉煤灰和矿粉双掺，故取值应在 0.29 和 0.46 间，配合比中粉煤灰的比例与矿粉相等，参考表 2-77 中的取值，放热取代系数取 0.39，水泥放热量取 266.18 kJ/kg：

$$Q_t = (M_c + M_k \times N_t) \times Q_{t=0}$$
$$= [140 + (140+140) \times 0.39] \times 266.18$$
$$= 66\,332.01\ \text{kJ}$$

$$\Delta T_t = WQ_t/C\rho = 27.1\ ℃$$
$$T_t = \Delta T_t + 15 = 42.1\ ℃$$

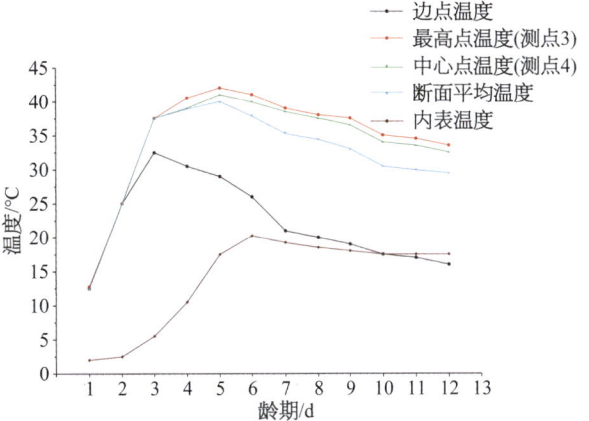

图 2-82 桥台大体积混凝土温控实测数据

如图 2-82 所示，实测结果表明，浇筑块 2 时入模温度在 12~16℃，最高温度为 41.8℃，最大内外温差为 20.8℃。实际施工时的入模温度比计算取值要小，忽略此部分影响，修正后的计算结果与实测结果吻合度较高。而根据规范中计算公式，在未考虑入模温度的情况下，得出的绝热温升为 52.3℃，与实测结果相差较大。

【算例2】 泸州某大桥大承台体积混凝土施工于 6—7 月间进行，在该时间段的气温条件下施工时，混凝土入模温度在 25℃ 左右。混凝土配合比见表 2-81。

表 2-81 承台 C40 大体积混凝土配合比

单位：kg/m³

水泥	粉煤灰	矿粉	砂	碎石	外加剂	水
155	175	110	805	1000	4.8	136

矿物掺和料的掺加比例为 64.8%，采用粉煤灰和矿粉双掺，故取值应在 0.36 和 0.56 间，配合比中粉煤灰的比例高于矿粉，参考表 2-77 中的取值，放热取代系数取 0.47，水泥放热量取 315.16 kJ/kg：

$$Q_t = (M_c + M_k \times N_t) \times Q_{t=0}$$
$$= [155 + (175+110) \times 0.47] \times 315.16$$
$$= 91\,065.48\ \text{kJ}$$

$$\Delta T_t = WQ_t/C\rho = 37.2\ ℃$$

$$T_t = \Delta T_t + 25 = 62.2\ ℃$$

$$\Delta T_t = WQ_t/C\rho = 39.3\ ℃$$

$$T_t = \Delta T_t + 25 = 64.3\ ℃$$

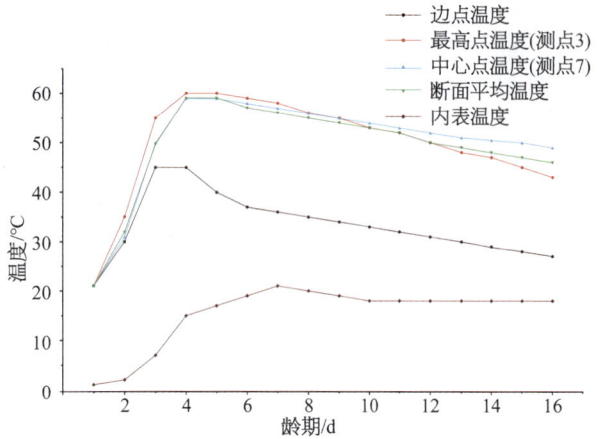

图 2-83 承台大体积混凝土温控实测数据

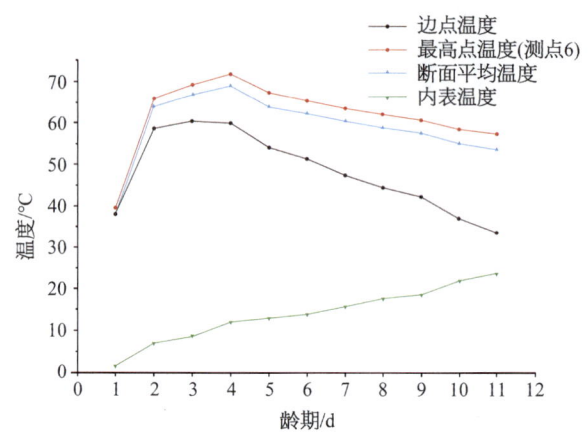

图 2-84 锚碇大体积混凝土温控实测数据

如图 2-83 所示,实测结果表明,承台混凝土施工期间混凝土入模温度控制在 23~27 ℃,混凝土升温阶段持续 3 d,最高温度为 61.3 ℃,最大内外温差为 21.1 ℃。实际施工时的入模温度比计算取值要小,忽略此部分影响,计算结果与实测结果吻合度较高。而根据规范中计算公式,在未考虑入模温度的情况下,得出的绝热温升为 69.4 ℃,与实测结果相差较大。

【算例 3】 广州某大桥锚碇大体积混凝土施工于 6—8 月间进行,在该时间段的气温条件下施工时,混凝土入模温度在 35 ℃左右。混凝土配合比见表 2-82。

表 2-82 锚碇 C30 大体积混凝土配合比

单位:kg/m³

水泥	粉煤灰	矿粉	砂	碎石	外加剂	水
120	150	150	790	1090	3.5	154

矿物掺和料的掺加比例为 71.4%,采用粉煤灰和矿粉双掺,故取值应在 0.43 和 0.60 间,配合比中粉煤灰的比例与矿粉相等,参考表 2-77 中的取值,放热取代系数取 0.49,水泥放热量取 361.18 kJ/kg:

$$Q_t = (M_c + M_k \times N_t) \times Q_{t-0}$$
$$= [120 + (150 + 150) \times 0.49] \times 361.18$$
$$= 96\ 435.06\ \text{kJ}$$

如图 2-84 所示,实测结果表明,该桥锚碇入模温度在 34~37 ℃,最高温度为 71.6 ℃,最大内外温差为 23.6 ℃。实际施工时的入模温度比计算取值要高,忽略此部分影响,修正后的计算结果与实测结果吻合度较高。而根据规范中计算公式,在未考虑入模温度的情况下,得出的绝热温升为 80.5 ℃,与实测结果相差较大。

(5) 入模温度对胶凝材料体系水化产物的影响。利用 XRD 和 SEM 两种分析方法研究在入模温度改变的条件下,各胶凝材料体系在不同龄期下水化产物的物相变化和微观结构变化状况。

① 不同入模温度下水化产物的物相变化。3 d 水化产物物相变化状况如图 2-85 所示。

如图 2-85 所示,胶凝材料体系在水化 3 d 后,其水化产物主要有钙矾石、$Ca(OH)_2$ 和 C—S—H 凝胶,同时还存在未反应的 SiO_2、C_3S、C_2S 等矿物。由于胶凝材料体系中掺有粉煤灰和矿渣,粉煤灰中 SiO_2 的活性未能在 3 d 得到有效的激发,故 SiO_2 的衍射峰峰强较高,其中仅有少量 SiO_2 参与水化反应。另外,在同一配合比下,产物中 $Ca(OH)_2$ 的含量随温度的升高而减少,这是因为掺和料中本身存在的活性 SiO_2 和 Al_2O_3 会与 $Ca(OH)_2$ 发生二次水化,而温度的升高有利于反应的进行,从而消耗了 $Ca(OH)_2$。同时,经过横向对比,随掺和料掺量的增加,$Ca(OH)_2$ 的峰强逐渐减弱。这是由于体系

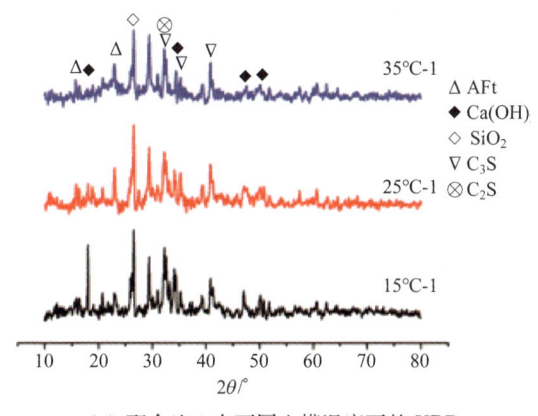
(a) 配合比 1 在不同入模温度下的 XRD

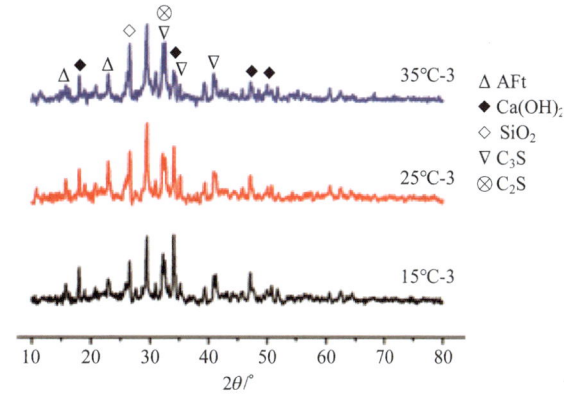
(b) 配合比 3 在不同入模温度下的 XRD

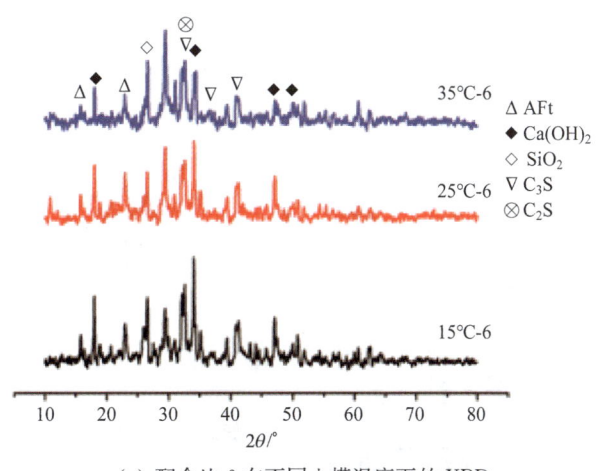
(c) 配合比 6 在不同入模温度下的 XRD

图 2-85　3 d 不同入模温度下的 XRD

中粉煤灰和矿渣所占比例越大，则水泥比例就越小，从而 $Ca(OH)_2$ 消耗量增大但生成量减小，故其含量有所降低。

28 d 水化产物物相变化状况如图 2-86 所示。

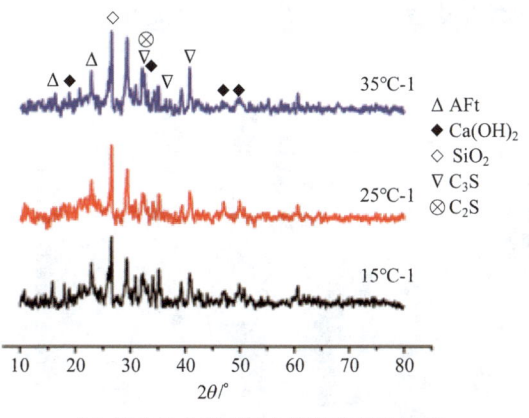
(a) 配合比 1 在不同入模温度下的 XRD

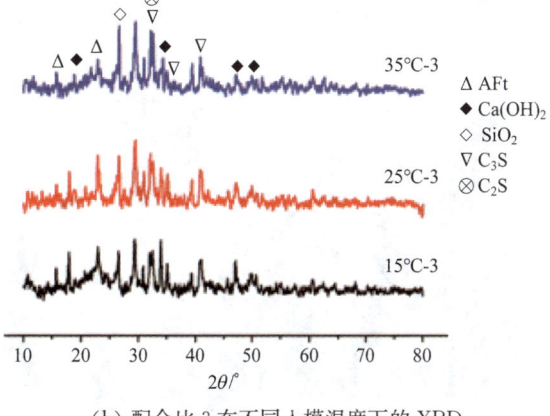
(b) 配合比 3 在不同入模温度下的 XRD

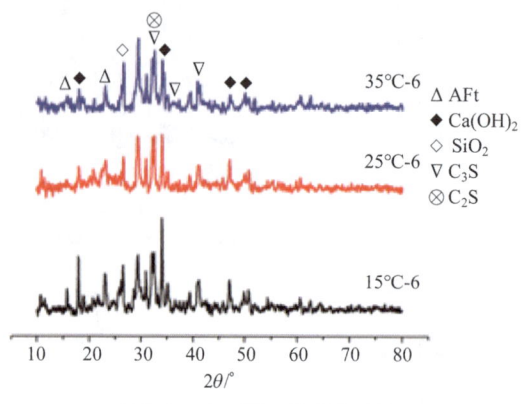

（c）配合比 6 在不同入模温度下的 XRD

图 2‑86　28 d 不同入模温度下的 XRD

如图 2‑86 所示，在水化 28 d 后胶凝材料体系中的主要水化产物与水化 3 d 时相同，依然存在还未参与反应的 C_3S、C_2S 颗粒及 SiO_2，且 $Ca(OH)_2$ 的含量随温度及掺和料掺量的变化规律也与图 2‑85 中所显示的相同。但值得注意的是，通过横向对比发现，随掺和料掺量的增加，C_3S 和 C_2S 这两种矿物的含量逐渐减小。这是因为一方面矿物掺和料对水泥起到了稀释作用，使体系实际水胶比增大，水泥水化程度增加；另一方面粉煤灰和矿渣在水化过程中消耗了水化产物 $Ca(OH)_2$，有利于水泥水化反应的进行，提高了水泥水化程度。

② 不同入模温度下水化产物的微观结构特征。3 d 水化产物微观结构变化状况如图 2‑87 所示。

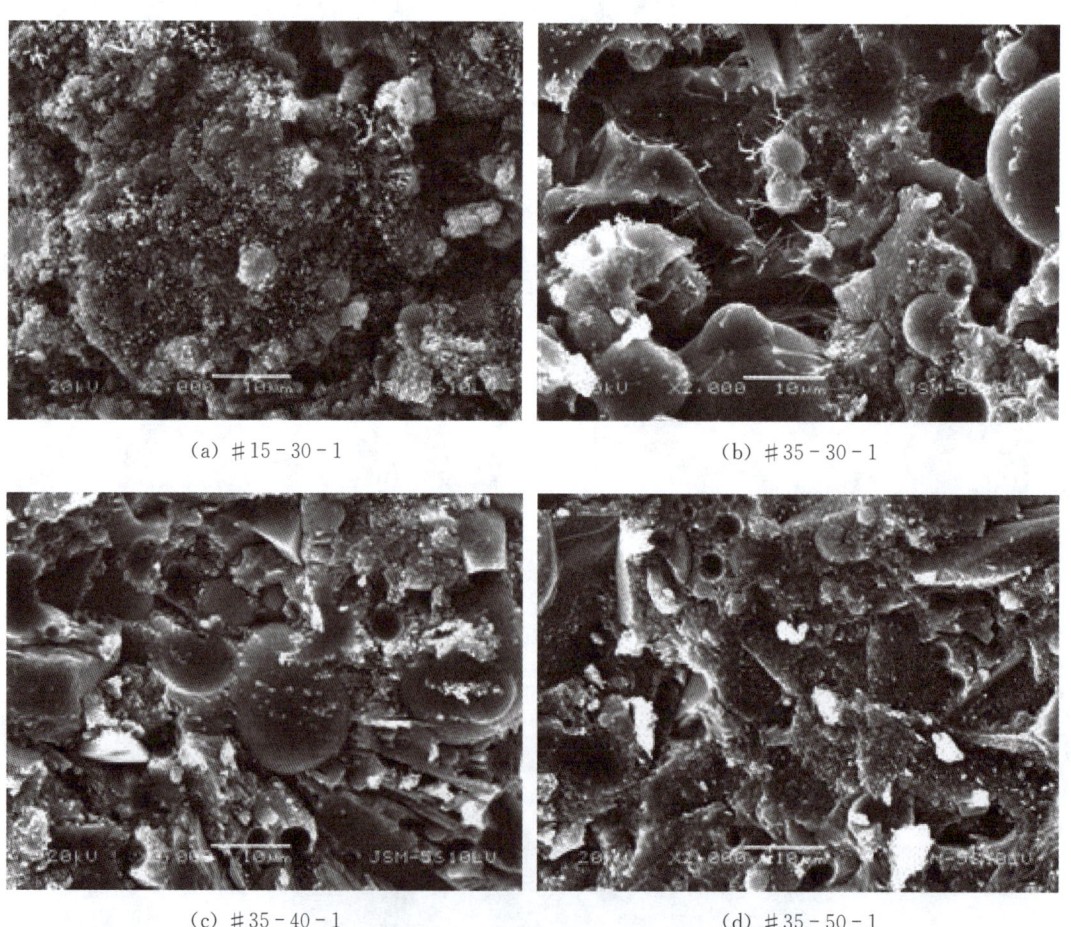

(a) #15‑30‑1

(b) #35‑30‑1

(c) #35‑40‑1

(d) #35‑50‑1

图 2‑87　3 d 水化产物微观结构变化状况

上述 SEM 测试结果表明,对比图 2-87a 与图 2-87b,在配合比相同的情况下,随着入模温度的升高,水化产物中 AFt 的结晶程度有较大程度改善,在图 2-87a 中的 AFt 主要为须晶状分布,结晶状况较差,而图 2-87b 中 AFt 呈现出明显的针棒状,结晶状态良好。同时,从图 2-87a 还可以看到较多未水化的水泥颗粒夹杂在 C—S—H 凝胶之间,而在 35 ℃ 的情况下并未有此种现象,由此说明温度对早期水化产物的形成具有促进作用。

对比图 2-87c 与图 2-87d,两组配合比的初始反应温度均为 35 ℃,后者中水泥用量较高,图 2-87c 中的 CH 呈不规则的板状六面体,而图 2-87d 中的 CH 呈褶皱状,这主要由于 #35-50-1 中水泥用量较高,早期水化后 $Ca(OH)_2$ 的生成量也相对较高,进一步促进了矿物掺和料的水化反应,所以 CH 与凝胶互相搭接形成了一个较为密实的整体,由此说明在初始反应温度相同的条件下,水泥掺量的提高促进了水泥石早期强度的发展。

28 d 水化产物微观结构变化状况如图 2-88 所示。

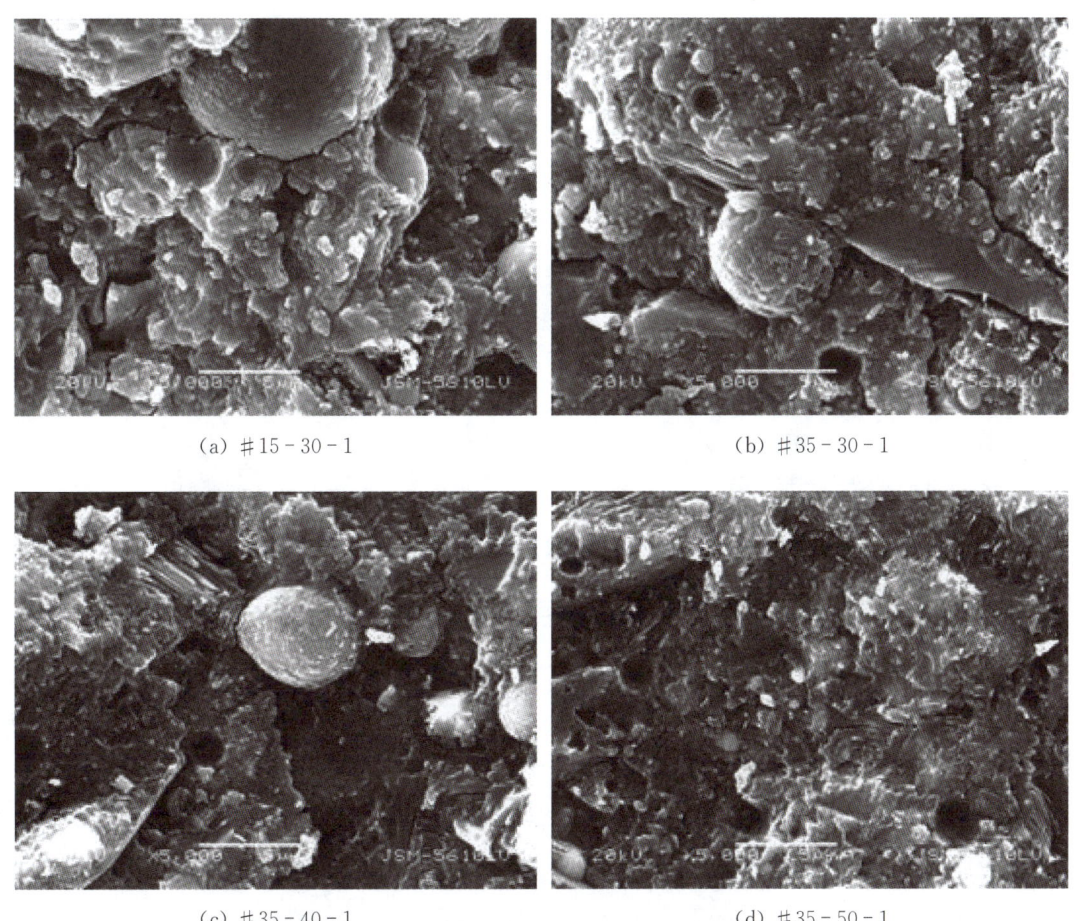

图 2-88 28 d 水化产物微观结构变化状况

上述 28 d 的 SEM 测试结果表明,对比图 2-88a 与图 2-88b,在配合比相同的情况下,由于后者的养护温度较高,其水化产物中粉煤灰二次水化反应程度明显较图 2-88a 中高。随着水化龄期的延长,矿渣表面由二次水化反应后形成的麻点越来越多,麻点贯穿使得矿渣开裂形成粒状凝胶,其生成的 C—S—H 凝胶填充了 CH 周围的缝隙,使结构更加致密,由此说明养护温度对于粉煤灰的后期水化反应具有较大的影响。

对比图 2-88b 与图 2-88c,两组配合比的初始反应温度均为 35 ℃,其中后者的水泥用量较高,图 2-88b 中仍可观察到有球状形态粉煤灰,其内部虽未水化,但表面已被凝胶体所覆盖,而图 2-88c 中已无法观测到球状形态的粉煤灰,这主要是由于水化后期粉煤灰内部产生的凝胶体积膨胀后将原本的球壳撑裂,最终粉煤灰被二次水化反应所形成的凝胶体覆盖,失去了原本的形貌,使得水泥石结构形成了更加密实的整体,由此说明在初始反应温度相同的状况下,水泥掺量的提高同样也促进了水泥石后期强度的增长。

5) 开裂试验机的研发及抗裂性能评价

大体积混凝土组成与制备工艺复杂,收缩开裂现象非常普遍,由此引发突出的耐久性问题,严重影响混凝土的质量和工程安全。针对影响混凝土耐久性因素的复杂性和服役条件动态多变的特点,设计建立可模拟各种动态工况并实现多因素耦合作用的智能环境模拟试验系统;针对约束条件下混凝土早期开裂研究的难点,发明约束可调式单轴混凝土温度-应力开裂试验平台;借助创新研究手段,采用界面增强、结构优化的复合技术方法,开发出适用于不同特性要求的混凝土耐久性设计与制备系列技术。

(1) 约束可调式温度-应力开裂试验仪。自主开发的 WTST-150 约束可调式单轴温度-应力开裂试验仪由温湿度调节装置、步进电机、滚珠丝杠、力传感器等组成,底座上设有环境箱。其中温湿度调节装置由进出气管道连通环境箱;滚珠丝杠的一端与步进电机的机轴相连,力传感器的两端分别由连杆与滚珠丝杠的另一端、活动端的端头相连,活动端位于环境箱内。其位移控制精度为 0.1 μm,最大拉/压力为 150 kN,拉/压力测量精度为 50 N,温度测量范围在 10～90 ℃,温度测量精度为 1 ℃,试验梁形试件规格为 1500 mm×150 mm×150 mm,对试件约束 0%～100% 可调。试验机主机结构示意图如图 2-89 所示。

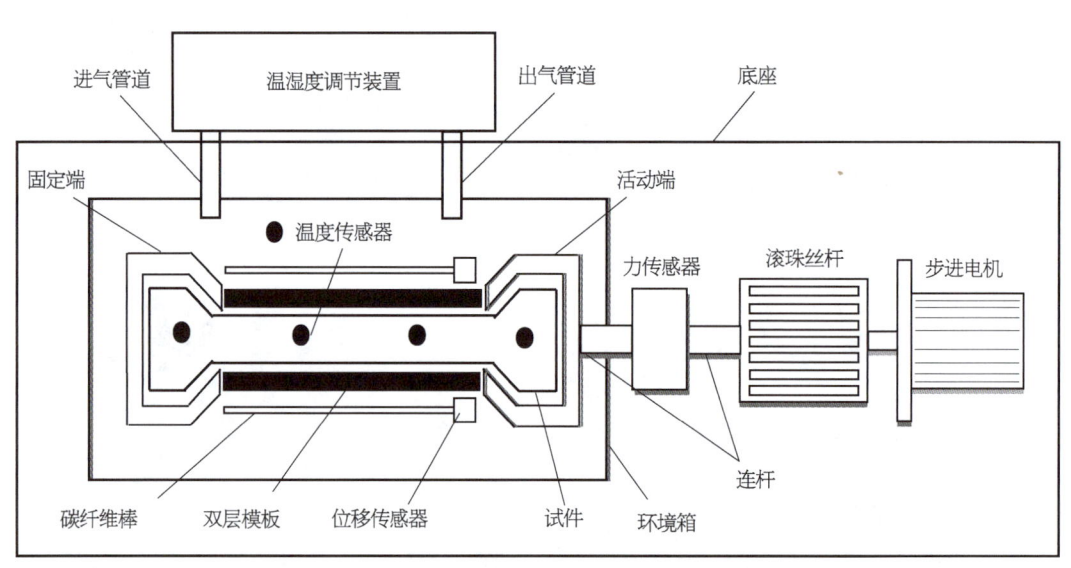

图 2-89 新型试验机的主机结构组成示意图

首先将搅拌好的混凝土拌合物直接浇筑在试验机模板里(试验梁形试件总长为 1500 mm,截面为 150 mm×150 mm),并将其吊装至试验机中。然后将侧模与底模之间的螺钉卸下,即将试件与底模板之间的连接解除。将试件两端分别与固定端和步进电机用螺栓相连。试件一端设有接触式位移计对试件位移进行实时测量,位移超过设定值(比如 2 μm),计算机系统控制电机工作使得中间混凝土有效长度部分的应变再次为 0,从而保证试件长度绝对不变。在试验过程中,每隔 2 min 测量一次应力值和试件温度值,观测混凝土的力学性能和热学性能,当混凝土温度降至室温时,将试件拉断,测出混凝土此时的抗拉强度。

如图 2-90 所示,以桥梁用 C30 混凝土为例,通过自主二次开发的有限元程序"大体积混凝土施工期温度场及温度应力场计算程序包"对表 2-67 中的 1 号、2 号配合比进行温度-应力仿真计算,计算结果表明:1 号配合比混凝土的温度峰值出现在浇筑后 76 h,峰值为 49.5 ℃,而 2 号配合比混凝土温度峰值出现在浇筑后 79 h,峰值为 47.4 ℃,浇筑后 7 d 1 号配合比混凝土的中心和表面温差为 12.79 ℃,2 号配合比混凝土的中心和表面温差为 10.45 ℃。

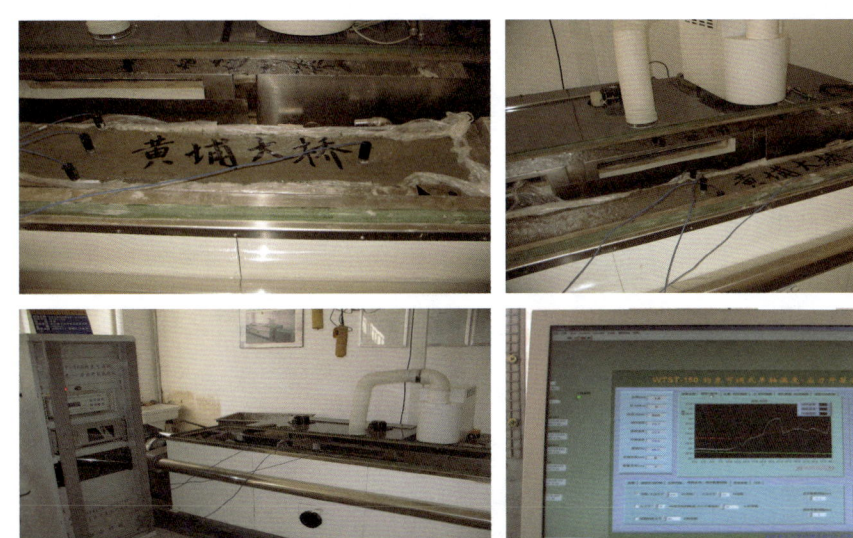

图 2-90 温度-应力开裂试验

计算得到的各龄期温度应力值见表 2-83。

表 2-83 温度应力计算值 单位：MPa

配合比编号	龄期/d					
	3	7	14	28	45	65
1	0.89	1.23	1.76	2.32	2.01	1.72
2	0.76	1.07	1.70	2.13	1.86	1.56

（2）承台大体积混凝土温度-应力试验及抗裂性能评价。采用 WTST-150 约束可调式单轴温度-应力开裂试验仪进行了承台大体积混凝土的温度-应力试验，试验模拟了实际承台混凝土施工中的最高温升、升温和降温速率及相对湿度，测试分析了承台混凝土由温度变化和干缩产生的最大拉应力并测试此时混凝土的抗拉强度，以评价混凝土的抗裂性，试验结果见表 2-84。

表 2-84 1 号配合比的混凝土的温度-应力开裂试验特征参数

试验特征参数	数值	时间
入模温度/℃	25	0
第一次收缩最大拉应力/MPa	-0.012	12
第一零应力温度/℃	29.1	24
最大压应力/MPa	0.239	72
最大压应力时的温度/℃	49.6	
最高温度/℃	49.6	72
温升/℃	24.6	

（续表）

试验特征参数	数值	时间
第二零应力温度/℃	46.3	81
温度降至室温时拉应力/MPa	1.40	265
抗拉强度/MPa	1.90	
应力储备/%	35.7	

承台内部不同龄期的最大温度主拉应力见表 2-85～表 2-87。

表 2-85 第一层最大温度主拉应力

项目	龄期/d				
	7	14	28	45	65
应力/MPa	1.07	2.10	2.13	2.24	2.38

表 2-86 第二层最大温度主拉应力

项目	龄期/d				
	7	14	28	48	68
应力/MPa	1.00	1.73	2.32	2.63	2.69

表 2-87 承台 C30 混凝土劈裂抗拉强度

项目	龄期/d		
	7	14	28
R_{pl}/MPa	1.90	3.15	3.82

某大桥承台 C30 大体积混凝土采用表 2-67 的 1 号配合比，水泥用量 230 kg，粉煤灰用量 160 kg，混

凝土不离析、不泌水，具有较好的泵送施工性能。绝热温升28℃，取消冷却水管后混凝土最高水化温升50℃左右，内外温差小于25℃，应力储备值达35.7%，且各龄期混凝土的最大温度主拉应力均小于相同龄期的抗拉强度，有较大的安全系数，在施工中可有效避免温度裂缝的产生。

6) 低温升抗裂大体积混凝土耐久性研究

利用低温升抗裂大体积混凝土配合比设计方法，针对不同结构部位的大体积混凝土进行配合比优化设计，在配合比设计过程中采用矿物掺和料超量取代水泥，混凝土耐久性能试验配合比见表 2-88。

表 2-88　大体积混凝土配合比

编号	材料用量/(kg·m⁻³)									外加剂掺量/%	
	水泥	粉煤灰	矿粉	硅灰	砂	石	水	PAN	仿钢纤维	IX	JZ
1	100	155	165		795	1 055	142			0.9	0.8
2	140	140	150		802	1 073	148			1.1	0.8
3	230	130	120		815	1 067	153			1.2	0.8
4	240	130		35	775	1 070	146	4		1.1	0.8
5	260	150			795	1 055	145		4	0.9	0.8
6	305	125			802	1 073	149		4.5	1.1	0.8
7	380	100			815	1 067	155		5.2	1.1	0.8
8	230	160			792	1 043	142			0.9	
9	290	140			780	1 060	148			1.1	
10	370	110			770	1 050	153			1.2	

注：1 号为 C30 低温高抗裂大体积混凝土；2 号为 C40 低温高抗裂大体积混凝土；3 号为 C50 低温高抗裂大体积混凝土；4 号为 C30 抗冲磨大体积混凝土；5 号为 C30 高韧性抗裂大体积混凝土；6 号为 C40 高韧性抗裂大体积混凝土；7 号为 C50 高韧性抗裂大体积混凝土；8 号为 C30 普通大体积混凝土；9 号为 C40 普通大体积混凝土；10 号为 C40 普通大体积混凝土。

(1) 抗渗性能。利用水压力法和快速 Cl^- 渗透试验方法对混凝土抗渗透性进行评价。

① 水压力试验。水压加载从 0.1 MPa 开始，每隔 8 h 增加水压 0.1 MPa，当 6 个试样中有 3 个试样表面出现渗水时，即终止试验，并记录此时的水压数值。混凝土的抗渗等级由未渗水的 4 个试件的最大水压力表示：

$$P = 10H - 1$$

式中　P——抗渗等级；

　　　H——6 个试件中 3 个试件表面渗水时的水压力。

表 2-89 中的结果表明，低温升抗裂大体积混凝土的抗渗等级均随着强度等级的提高而提高，由于在双掺矿物掺和料的条件下，水泥石变得更加密实，所以相同强度等级下的低温升抗裂大体积混凝土抗渗等级均高于普通大体积混凝土。采用低温升抗裂混凝土配合比设计方法制备的大体积混凝土抗渗等级均大于 P18，整体密实，抗渗性能良好，可以

表 2-89　混凝土抗渗性能

编号	抗渗压力/MPa	抗渗等级	编号	抗渗压力/MPa	抗渗等级
1	1.9	18	6	2.5	24
2	2.1	20	7	2.7	26
3	2.6	25	8	1.7	16
4	2.5	24	9	1.8	17
5	2.4	23	10	2.3	22

满足桥梁大体积混凝土的性能要求。

② 快速氯离子渗透试验。利用 RCM 法测定混凝土中 Cl^- 非稳态快速迁移的扩散系数，由此来评价混凝土抗 Cl^- 的扩散能力。

表 2-90 的试验结果表明，低温升抗裂大体积混凝土在不同龄期下的 Cl^- 扩散系数均小于普通大体积混凝土，同时其 Cl^- 抗渗性能随着混凝土强度等级的增大而逐渐提高，其中 C30 低温升抗裂大体积混凝土 56 d 抗氯离子渗透系数小于 2.0×10^{-12} m²/s，配合比优化设计后大大提高了大体积混凝土的抗渗能力。

表 2-90 Cl⁻ 扩散系数试验结果

编号	Cl⁻ 扩散系数 /(10^{-12} m²·s⁻¹)		编号	Cl⁻ 扩散系数 /(10^{-12} m²·s⁻¹)	
	28 d	56 d		28 d	56 d
1	3.1	2.0	6	2.5	1.2
2	2.8	1.5	7	2.3	1.1
3	2.3	1.0	8	3.4	2.3
4	2.6	1.3	9	3.3	2.1
5	2.7	1.4	10	3.1	2.0

（2）抗硫酸盐侵蚀性能。采用干湿循环法评定低温升抗裂大体积混凝土抗硫酸盐侵蚀性能，以能够经受的最大干湿循环次数来评价混凝土抗硫酸盐侵蚀性能，当混凝土试件的抗压强度耐蚀系数达到75%，或者混凝土的干湿循环次数达到90次时停止试验。

混凝土抗压强度耐蚀系数应按下式进行计算：

$$K_f = \frac{f_{cn}}{f_{c0}} \times 100 \quad (2-24)$$

式中 K_f——抗压强度耐蚀系数(%)；
f_{cn}——n 次干湿循环后受硫酸盐腐蚀的一组混凝土试件的抗压强度测定值(MPa)，精确至 0.1 MPa；
f_{c0}——与受硫酸盐腐蚀试件同龄期的标准养护的一组对比混凝土试件的抗压强度测定值(MPa)，精确至 0.1 MPa。

试验结果见表 2-91。

表 2-91 低温升抗裂大体积混凝土抗硫酸盐侵蚀性能试验结果

编号	设计抗硫酸盐等级	90次循环 K_f/%	编号	设计抗硫酸盐等级	90次循环 K_f/%
1	KS90	84	6	KS90	89
2	KS90	87	7	KS90	92
3	KS90	88	8	KS90	81
4	KS90	88	9	KS90	84
5	KS90	87	10	KS90	86

试验结果表明，低温升抗裂大体积混凝土的抗硫酸盐侵蚀性能均高于相同强度等级的普通大体积混凝土，这主要是由于低温升抗裂大体积混凝土配合比中矿物掺和料掺量较大，提高了混凝土的整体密实性，改善了混凝土的抗渗性能；另外，粉煤灰中的活性成分与 $Ca(OH)_2$ 发生反应，限制了侵蚀的发生；随着低温升抗裂大体积混凝土强度等级的提高，水灰比降低，混凝土内部更加密实，孔隙率降低，水泥石中自由水含量减小，抗硫酸盐侵蚀性能进一步提高。

（3）收缩性能。

① 混凝土自收缩。自收缩是指在恒温、绝湿的条件下混凝土初凝后胶凝材料继续水化引起自干燥而造成的混凝土宏观体积的减少。

混凝土自收缩试验试件尺寸为 100 mm×100 mm×515 mm，通过下面的公式计算不同龄期混凝土的自收缩(S_a)：

$$S_a(t) = \frac{L_t - L_0}{L_0} \quad (2-25)$$

图 2-91 为不同强度等级的低温升抗裂大体积混凝土与普通大体积混凝土的自收缩率的发展趋势。由图可知，混凝土的自收缩率随着混凝土强度等级的增长呈现出逐渐增大的趋势，低温升抗裂大体积混凝土各龄期下的混凝土自收缩率均小于普通大体积混凝土，C30、C40 及 C50 低温升抗裂大体积混凝土的 28 d 自收缩率较普通大体积混凝土分别降低了 20.9%、24.7% 和 26.2%。这主要是由于高掺量的矿物掺和料延缓了混凝土的水化反应，大幅改善了混凝土的自干燥速率，同时在减缩增韧剂的作用下，混凝土内部毛细孔结构的液相表面张力大大降低，改善了混凝土水化反应失水而引起的收缩效

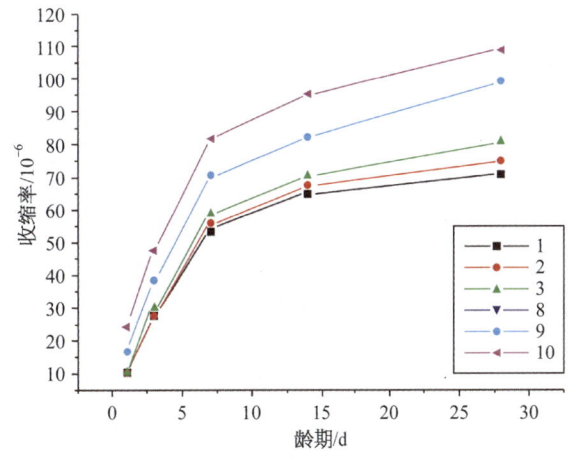

图 2-91 混凝土自收缩率

应,使配合比优化设计后大体积混凝土的减缩效果大幅提高。

② 混凝土干燥收缩。测定混凝土收缩时以100mm×100mm×515mm的棱柱体试件为标准试件,混凝土收缩值应按下式计算:

$$\varepsilon_{st} = \frac{L_0 - L_t}{L_b} \quad (2-26)$$

式中 ε_{st} ——试验期为t天的混凝土收缩值,t从测定初始长度时算起;

L_b——试件的测量标距,用混凝土收缩仪测定时应等于两侧头内侧的距离,即等于混凝土试件的长度(不计测头凸出部分)减去2倍测头埋入深度(mm);

L_0——试件长度的初始读数(mm);

L_t——试件在试验期t时的长度(mm)。

图2-92中的试验结果表明,在混凝土强度等级相同的条件下,低温升抗裂大体积混凝土的干燥收缩率明显小于普通大体积混凝土,其中相同强度等级(C30、C40、C50)的低温升抗裂大体积混凝土较普通大体积混凝土来说,60 d干燥收缩率分别减少了16.9%、12.1%和11.2%。与自收缩发展情况不同的是,随着混凝土强度等级的提高,混凝土的干燥收缩率有逐渐降低的趋势,这主要是由于混凝土的干燥收缩产生的体积变化是由内部水分蒸发引起的,随着强度等级的提高,混凝土更加致密,失水程度降低,体积变化减小,混凝土抗干燥收缩的能力增大。

2.4.2.3 低收缩高韧性抗裂大体积混凝土技术

1)低收缩高韧性抗裂混凝土

由于大体积混凝土结构的边部与外界环境的接触较为充分,其温度的下降受环境温度影响,浇筑完成数天后其边部混凝土的温度即与环境温度基本一致,而结构核心部分混凝土的温度依然处于较高水平,较大的温度梯度集中在大体积混凝土的结构边部,故早期温度裂缝往往在这一区域内产生,当低强度等级大体积混凝土(C30)结构单次浇筑方量过大或高强度等级大体积混凝土(C40、C50)结构尺寸过大时,低温升抗裂混凝土的相关技术性能指标可能无法满足其抗裂性能要求,需重新进行配合比调整,由此设计出高韧性抗裂大体积混凝土,其与低温升抗裂混凝土组成大体积混凝土梯度抗裂结构,内部低温升,外部高抗裂,有效抑制了大体积混凝土温度裂缝的产生。

通过在混凝土中掺加有机聚合物仿钢纤维、减缩剂等材料制备高韧性抗裂大体积混凝土,在上述组分的作用效果下,混凝土自身的抗拉性能将显著提高,以抵抗较大的温度应力。低收缩高韧性抗裂混凝土的配合比、物理性能、平板开裂试验结果见表2-92~表2-94。

表2-92 低收缩高韧性抗裂大体积混凝土配合比

编号	材料用量/(kg·m⁻³)						ZWL-A-Ⅸ掺量/%	VIVID-JZ掺量/%
	水泥	粉煤灰	砂	石	水	仿钢纤维		
B-C30	260	150	795	1055	145	4	0.9	0.8
B-C40	305	125	802	1073	149	4.5	1.1	0.8
B-C50	380	100	815	1067	155	5.2	1.2	0.8

注:百分比掺量为外加剂与胶凝材料总量的比。

表2-93 低收缩高韧性抗裂大体积混凝土物理性能

编号	抗压强度/MPa		劈裂抗拉强度/MPa	
	7 d	28 d	7 d	28 d
B-C30	32.4	46.7	2.46	4.11
B-C40	39.1	54.2	2.91	4.61
B-C50	50.0	61.4	3.56	4.97

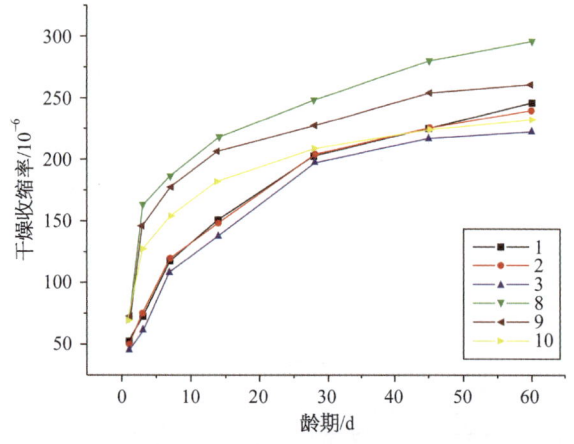

图2-92 混凝土干燥收缩率

表 2-94 低收缩高韧性抗裂大体积混凝土早期平板开裂试验结果

编号	初裂时间/h	裂缝最大宽度/mm	裂缝平均开裂面积/mm²	单位面积裂缝数目/(根·m⁻²)	单位面积的总开裂面积/mm²	评定等级
B-C30	6.8	0.14	7.9	10.7	84.5	Ⅱ
B-C40	7.1	0.14	8.1	9.6	77.8	Ⅰ
B-C50	7.0	0.15	8.3	9.1	75.5	Ⅰ

仿钢纤维具有优良的阻裂和基体强化功能,在水工条件下使用无须像钢纤维一样考虑锈蚀问题,当水泥石结构在外力的作用下发生微裂纹以后,横跨裂纹的纤维网格体系与水泥石形成整体,将断裂应力分散到其他部位,当抗拉强度较高的纤维材料发生断裂或握裹力不足从水泥石基体中被拔出时,混凝土才会产生开裂破坏。同时由混凝土早期平板开裂试验结果可知,在仿钢纤维和减缩增韧剂的共同作用下,C30 高韧性抗裂大体积混凝土的抗裂等级均达到Ⅱ级,C40 和 C50 的抗裂等级均达到Ⅰ级,混凝土的抗裂性能优良。

由此可知,掺入仿钢纤维明显改善了大体积混凝土的抗拉强度和抗裂性能,高韧性抗裂大体积混凝土应用于大体积混凝土结构边部可显著抑制结构温度裂缝的产生。

2) 高韧性抗冲磨混凝土

大量工程实际表明,承台等处于水面以下的大体积混凝土结构在服役期间要经受水流和泥沙的长年冲磨,这些部位的混凝土抗冲磨性能不良时,含沙高速水流对水工建筑物过流面混凝土的冲刷磨损和空蚀破坏将使混凝土保护层剥落,钢筋暴露于潮湿的侵蚀环境中,最终导致混凝土结构提前发生破坏。可以通过如下两种措施提升其抗冲磨性能:其一,基于密实骨架堆积方法并优化胶凝材料浆体的组成,提高浆体和骨料界面黏结特性,从而提高混凝土自身耐冲磨特性;其二,在混凝土中掺入经特殊处理的高强聚丙烯仿钢纤维,在其内部构成乱向支撑体系,产生有效的多向二级加强效果,赋予混凝土一定的韧性,改善混凝土的抗裂性能及抗冲磨性能。

(1) 聚丙烯腈纤维的掺量对混凝土抗冲磨性能的影响。在固定配合比中其他材料用量不变的条件下,通过改变聚丙烯腈纤维的掺量,研究纤维掺量对混凝土抗冲磨性能的影响。配合比见表 2-95。

表 2-95 抗冲磨混凝土配合比

编号	材料用量/(kg·m⁻³)							ZWL-A-Ⅸ掺量/%	VIVID-JZ掺量/%
	水泥	粉煤灰	硅灰	砂	石	水	聚丙烯腈纤维		
1	240	130	35	775	1 070	146		1.1	0.8
2	240	130	35	775	1 070	146	2	1.1	0.8
3	240	130	35	775	1 070	146	4	1.1	0.8
4	240	130	35	775	1 070	146	6	1.1	0.8

注:百分比掺量为外加剂与胶凝材料总量的比。

表 2-96 的试验结果表明,随着聚丙烯腈纤维掺量的增加,抗冲磨混凝土的初始坍落度逐渐变小,且坍落度损失大;抗压强度逐渐减小,而劈裂抗拉强度则先增大后减小;抗冲磨强度逐渐增大。综合考虑各项力学性能指标,优选 4 kg/m³ 为抗冲磨大体积混凝土的聚丙烯腈纤维最佳掺量。

表 2-96 抗冲磨混凝土性能

编号	坍落度/mm		抗压强度/MPa		劈裂抗拉强度/MPa		抗冲磨强度/[h·(kg⁻¹·m⁻²)]
	0 h	2 h	7 d	28 d	7 d	28 d	
1	220	200	37.4	46.6	1.82	3.37	0.111
2	215	185	35.8	45.2	1.97	3.53	0.114
3	220	185	31.6	42.5	2.16	3.65	0.117
4	210	180	29.3	40.4	2.03	3.41	0.119

注:抗冲磨强度测试水流速度为 40 m/s。

(2) 胶凝材料的用量对抗冲磨混凝土性能的影响。表 2-97、表 2-98 的试验结果表明,胶凝材料总用量不变时,随着水泥用量增加和粉煤灰用量降低,混凝土各项力学性能指标均增强,但随着粉煤灰用量减小,混凝土自身的收缩增大,不利于其早期抗裂,综合抗冲磨高抗裂混凝土的性能和工程造价,优选 3 号配合比。

表 2-97 抗冲磨混凝土配合比

编号	材料用量/(kg·m⁻³)							ZWL-A-Ⅸ 掺量/%	VIVID-JZ 掺量/%
	水泥	粉煤灰	硅灰	砂	石	水	聚丙烯腈纤维		
3	240	130	35	775	1 070	146	4	1.1	0.8
5	230	140	35	775	1 070	145	4	1.1	0.8
6	250	120	35	775	1 070	148	4	1.1	0.8
7	260	110	35	775	1 070	151	4	1.1	0.8

注:百分比掺量为外加剂与胶凝材料总量的比。

表 2-98 抗冲磨混凝土性能

编号	坍落度/mm		抗压强度/MPa		劈裂抗拉强度/MPa		抗冲磨强度/[h·(kg⁻¹·m²)]
	0 h	2 h	7 d	28 d	7 d	28 d	
3	220	185	31.6	42.5	2.16	3.65	0.117
5	220	210	28.6	38.7	2.08	3.45	0.115
6	222	190	33.3	45.2	2.23	3.74	0.122
7	230	185	34.8	48.3	2.28	3.82	0.124

注:抗冲磨强度测试水流速度为 40 m/s。

混凝土是热的不良导体,当结构尺寸过大时,外部环境的冷却作用短时间内无法对核心部位的混凝土产生降温效果,故浇筑初期大体积混凝土结构内外温差有不断加大的趋势,即结构边部温度趋近于环境温度,内部近乎绝热状况,巨大的温度梯度作用在结构边部,引发不均匀温度应变使边部混凝土极易出现温度裂缝,所以大体积混凝土因温度应力发生开裂的主要原因是内外温差引发混凝土不均匀温度应变过大和边部混凝土的抗拉强度不足。在保证混凝土力学性能的条件下,将胶凝材料的放热量控制在最低限度,同时制备出了实现劈裂抗拉强度大幅提高的高韧性抗裂大体积混凝土及改善混凝土抗冲磨性能的抗冲磨大体积混凝土。由有限元分析结果可知,在单独使用低温升抗裂大体积混凝土时,承台大体积混凝土的温差及温度应力状况控制良好,而应用于塔座及塔柱部分均产生了混凝土劈裂抗拉强度不足的情况,然而若浇筑过程中均采用高韧性抗裂大体积混凝土,混凝土的抗拉强度虽有提高,但由于高韧性抗裂大体积混凝土为实现抗拉强度的增长,大幅提高了水泥用量,加大了放热量,反而更加剧了结构温度应力,所以为改善大体积混凝土开裂状况而全部使用高韧性抗裂大体积混凝土进行大体积混凝土结构施工亦不适用。

针对以上问题,提出一种内部低温升、边部高抗裂的大体积混凝土梯度结构。通过在大体积混凝土核心部位使用低温升抗裂混凝土进行浇筑,减小胶凝材料放热抑制内外温差,在边部使用高韧性抗裂大体积混凝土,提高拉应力集中区域混凝土的抗拉强度,综合采用材料优化设计和结构优化设计的方法,有效解决大体积混凝土因温度应力控制不当而引发的开裂问题。

3) 塔座、塔柱抗裂梯度结构

(1) 抗裂梯度结构设计方案。由有限元分析结果可知,在单独使用低温升抗裂大体积混凝土进行浇筑时,塔座及塔柱部位的温差超过了规范不高于 25 ℃ 的规定,同时 7 d 温度应力也超过了混凝土的容许劈裂抗拉强度,由此根据材料复合设计原理,在大体积混凝土的边部采用增韧技术制备出的掺有仿钢纤维、减缩剂等材料的高韧性抗裂混凝土,中部采用低温升抗裂混凝土,形成连续(无冷缝)的高抗裂大体积混凝土梯度结构,提高混凝土的结构耐久性,降低工程造价。

由温度应力云图可知,大体积混凝土的温度应力集中在距离结构边界部位 0.5 m 左右的范围内,故梯度抗裂结构设计中采用高韧性抗裂大体积

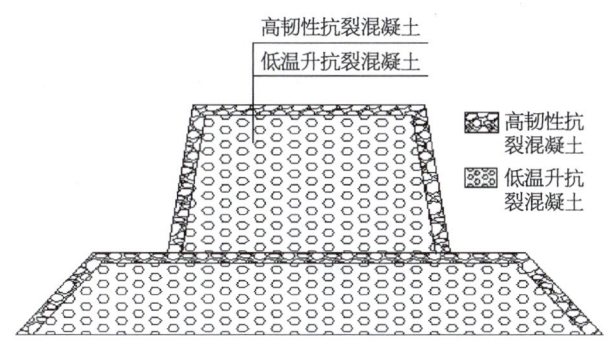

图 2-93　抗裂梯度结构设计方案

混凝土的浇筑厚度为 0.5 m,具体实施方案如图 2-93 所示。

应用于抗裂梯度结构设计方案中的低温升抗裂混凝土和高韧性抗裂混凝土的配合比见表 2-99。

(2) 抗裂梯度结构应用效果分析。如图 2-94 所示,针对优化后的梯度结构其边部采用高韧性抗裂混凝土(厚度 0.5 m),中部采用低温升抗裂大体积混凝土,梯度结构计算结果如图 2-95、图 2-96 所示,见表 2-100。

表 2-99　大体积混凝土抗裂梯度结构配合比

编号	材料用量/(kg·m⁻³)							ZWL-A-Ⅸ 掺量/%	VIVID-JZ 掺量/%
	水泥	粉煤灰	矿粉	砂	石	水	仿钢纤维		
D-C40	140	140	150	802	1073	148		1.1	0.9
B-C40	305	125		802	1073	149	4.5	1.1	0.9
D-C50	230	130	120	815	1067	153		1.2	1.1
B-C50	380	100		815	1067	155	5.2	1.2	1.1

注:D 表示低温升抗裂混凝土,B 表示高韧性抗裂混凝土。

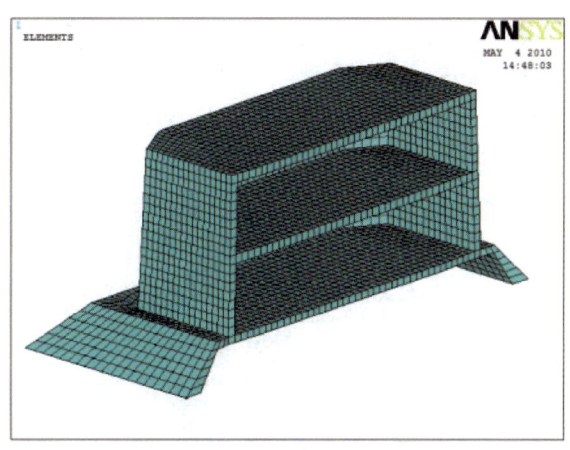

图 2-94　大体积混凝土梯度结构-边部高韧性抗裂混凝土模型

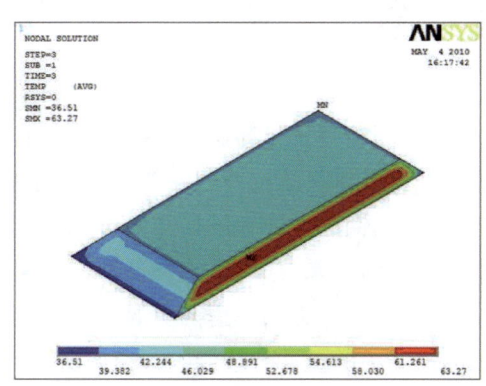

(a) 塔座浇筑 3d 温度云图

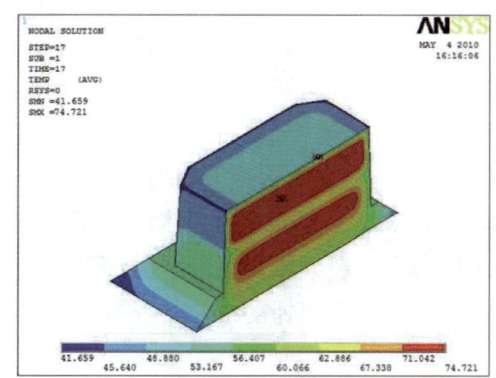

(b) 塔柱浇筑 3d 温度云图

图 2-95　梯度结构温度云图

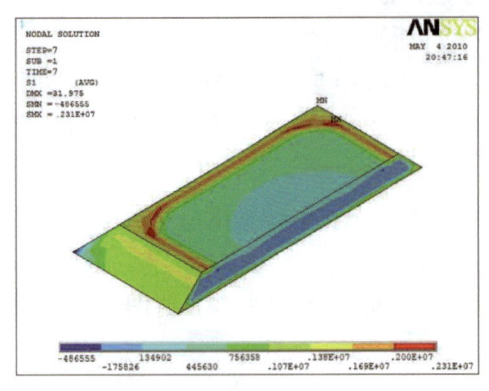
(a) 塔座浇筑3d应力云图

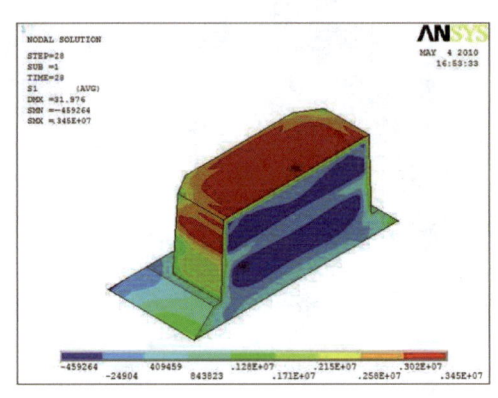
(b) 塔柱浇筑28d应力云图

图2-96 梯度结构应力云图

表2-100 大体积混凝土梯度结构温度应力计算

部位	内部最高温度/温峰出现时间	最大内外温差/℃	最大温度应力/同期容许应力比值	
			7d	28d
塔座	63.27℃/3d	23.21	2.31MPa/0.79	2.82MPa/0.61
塔柱	74.72℃/3d	23.76	2.88MPa/0.81	3.45MPa/0.69

上述分析结果表明,由于高韧性抗裂混凝土中的水泥用量较高,使得边部混凝土的放热量较核心部位混凝土的放热量有大幅提升,相当于在边部形成了一层保温结构,在水化反应的影响下,浇筑初期边部混凝土的温升速率明显大于核心部位混凝土,进一步抑制了内外温差的扩大。不同于整体均使用低温升抗裂大体积混凝土结构,在边部使用高水泥用量混凝土,内部使用低温升混凝土的情况下,梯度结构的最大内外温差成功控制在25℃之内,同时核心部位混凝土的温度峰值无明显提高,由此说明梯度结构的使用对于控制内外温差起到了积极的作用。

在内外温差大幅降低的情况下,大体积混凝土结构的最大温度应力实现了降低,同时由于高韧性抗裂混凝土的力学性能优于低温升抗裂混凝土,梯度结构同期容许应力值也大幅提升,结构的施工安全大大提高,故对于高强度等级的大体积混凝土结构,当仅使用低温升抗裂大体积混凝土无法满足结构抗裂要求时,可使用抗裂梯度结构实现取消冷却水管施工。

4) 承台抗冲磨梯度结构

(1) 抗冲磨梯度结构设计方案。对于桥梁工程,其过水构筑物的在水流长期冲刷下的磨蚀损耗是一个不可忽视的问题。当混凝土抗冲磨性能不良时,挟带泥沙和碎石的高速水流长期冲刷结构表面,会造成混凝土保护层剥落,影响结构使用寿命。混凝土受冲磨破坏,往往是混凝土表层的水泥石或水泥砂浆层先受到磨蚀,引发严重的质量损失而导致破坏,为了抵御水流磨蚀和含砂石水流的冲击破坏,需要提高水泥石的硬度和韧性。目前国内外对纤维增强混凝土进行了大量研究工作,研究结果表明,在混凝土中掺入聚合物纤维,可在一定程度上增加混凝土的韧性,改善混凝土的抗裂性能及抗冲磨性能。其中聚丙烯腈纤维因其优良的力学性能、稳定的化学性能和价格优势,成为混凝土抗裂、抗冲磨的首选纤维。

某大桥承台结构处于含沙量较大的钱塘江流域,为抑制沙石长年冲刷对混凝土造成不利影响,需考虑混凝土材料的抗冲磨性能。在进行大桥承台施工时,采用钢围堰作为围护结构,施工完毕后钢围堰不进行整体拆除,故对于承台混凝土而言,四周均有钢围堰的保护,无须考虑四周混凝土的磨蚀,仅需对顶面混凝土的抗冲磨性能进行设计。为提高承台结构的服役寿命,同时节约工程造价,设计出内部低温升、顶部抗冲磨的承台抗冲磨梯度结构,具体实施方案如图2-97所示。

![抗冲磨梯度结构设计方案示意图]

图2-97 抗冲磨梯度结构设计方案

应用于抗冲磨梯度结构设计方案中的低温升抗裂混凝土和抗冲磨混凝土的配合比见表2-101。

(2) 抗冲磨梯度结构应用效果分析。优化后梯度结构的顶部采用抗冲磨大体积混凝土(厚度0.5m),中部采用低温升抗裂大体积混凝土,梯度结构计算结果如图2-98、图2-99所示,见表2-102。

表2-101 大体积混凝土抗冲磨梯度结构配合比

编号	材料用量/(kg·m^{-3})						聚丙烯腈纤维	ZWL-A-Ⅸ 掺量/%	VIVID-JZ 掺量/%
	水泥	粉煤灰	矿粉	砂	石	水			
D-C30	100	155	165	795	1055	142		0.9	0.8
C-C30	160	120	140	775	1070	160	4	1.1	0.8

注:D表示低温升抗裂混凝土,C表示抗冲磨混凝土。

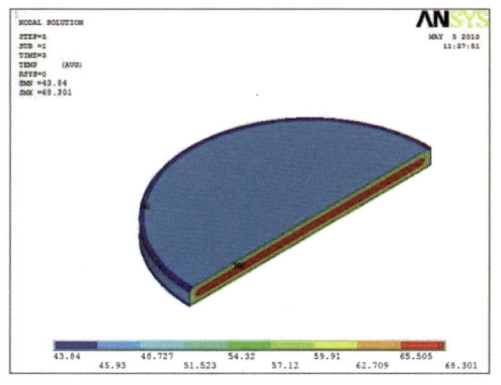

(a) 承台浇筑3d温度云图

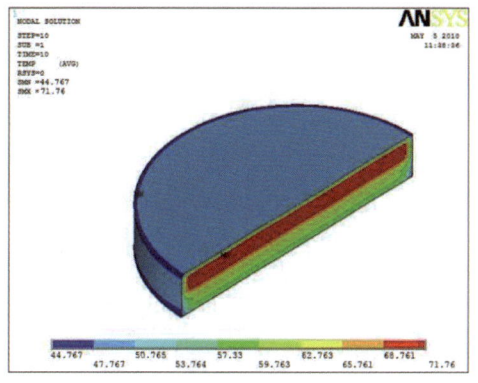

(b) 承台浇筑28d温度云图

图2-98 梯度结构温度云图

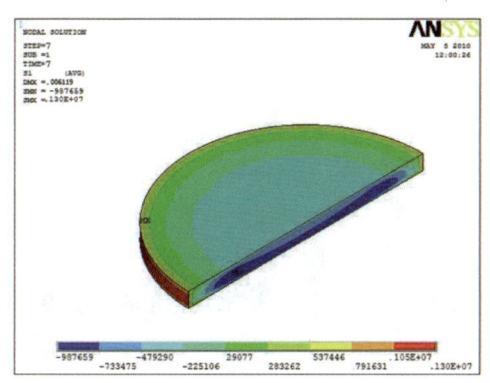

(a) 承台浇筑3d应力云图

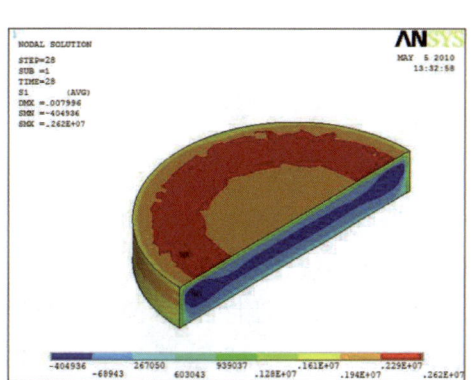

(b) 承台浇筑28d应力云图

图2-99 梯度结构应力云图

表 2-102 大体积混凝土梯度结构温度应力计算

部位	内部最高温度/温峰出现时间	最大内外温差/℃	最大温度应力/同期容许应力比值	
			7 d	28 d
承台	71.76 ℃/4 d	21.83	1.20 MPa/0.66	2.62 MPa/0.74

上述分析结果表明,顶部浇筑一层抗冲磨混凝土后,结构顶部的放热效应加强,承台结构的内部温升有小幅度提高,随着顶部温度提高,而核心部位混凝土温度较之前几乎无变化,承台结构的最大内外温差出现降低趋势,其较之前下降了 0.37 ℃。

在内外温差降低的情况下,承台结构最大温度应力亦随之下降,其 7 d 最大温度应力下降了 2.4%,28 d 最大温度应力下降了 0.76%,表 2-102 中的"同期容许应力比值"为最大温度应力与 C30 低温升抗裂大体积混凝土劈裂抗拉强度的比值。由应力云图可知,结构最大的温度应力出现在承台顶面,而对于抗冲磨梯度结构,其顶面采用的抗冲磨混凝土的各项力学性能均优于低温升抗裂大体积混凝土,故采用低温升抗裂大体积混凝土+抗冲磨混凝土梯度抗冲磨结构的抗裂安全系数更高,同时在抗冲磨混凝土的作用下,承台结构的抗冲磨性能也得到极大改善。

2.5 混凝土耐久性能

2.5.1 耐久性能影响机理

2.5.1.1 机制砂与天然砂对比分析

1) 机制砂与天然砂的物理性能对比

机制砂与天然砂的物理性能对比见表 2-103,筛分曲线如图 2-100 所示。

表 2-103 砂的物理性能

类型	堆积密度/(kg·m⁻³)	表观密度/(kg·m⁻³)	细度模数	空隙率/%	石粉含量(含泥量)/%
机制砂	1 650	2 650	2.8	38	4.4
天然砂	1 550	2 640	2.4	41	1.6

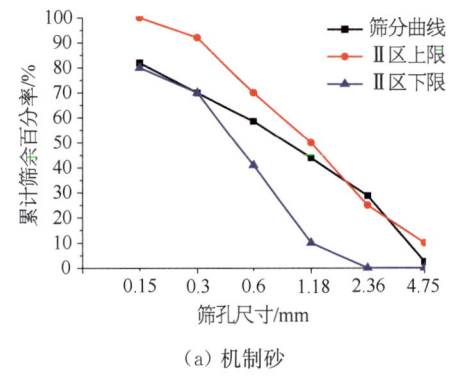
(a) 机制砂

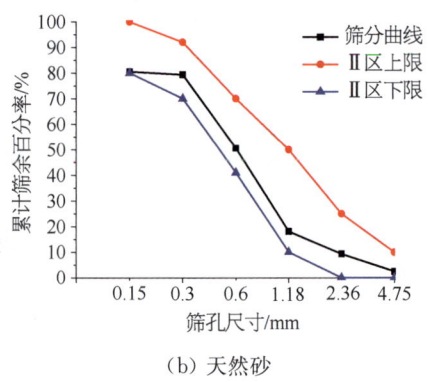
(b) 天然砂

图 2-100 砂的筛分曲线

机制砂的松散堆积密度比天然砂大,但表观密度相差较小,故其空隙率比天然砂小。机制砂通常为中粗砂,细度模数一般比天然砂大,级配呈"两头大、中间小"分布,所以利用机制砂配制的混凝土与天然砂有较大区别。机制砂一般含有较多的石粉,而天然砂通常含有泥粉,虽然粒径均小于 0.075 mm,但是两种颗粒的性质完全不同,"泥"多为黏土、有机质等,会增大用水量、吸附外加剂,劣化工作性能,且妨碍水泥的正常水化,不利于混凝土的强度、体积稳定性和耐久性;而石粉与生产机制砂的母岩性质相同,对混凝土性能的影响与"泥"不同。因此,应严格控制含泥量,可适当放宽石粉含量的限制。

2) 机制砂与天然砂的化学成分分析

对天然砂和两种机制砂的化学成分进行 X 线荧光光谱分析,结果见表 2-104。

表 2-104 砂的化学成分　　　　　　　　　　　　　　　　　　　　　　　　　　　单位:%

编号	成分											
	Na_2O	MgO	Al_2O_3	SiO_2	P_2O_5	SO_3	K_2O	CaO	TiO_2	Fe_2O_3	ZrO_2	烧失量
1	2.42	0.44	11.05	69.3		0.03	2.63	2.11	7.95	2.32		1.75
2	0.28	0.21	2.09	91.83	0.07	0.19	0.23	1.3	0.16	2.38	0.10	1.16
3	0.53	1.61	3.88	12.60	0.10	0.21	0.47	42.69	0.75	3.06	0.01	33.90

注:编号 1 表示天然砂,编号 2 表示卵石加工的机制砂,编号 3 表示石灰石加工的机制砂。

通过天然砂的化学全分析可以看出,其主要成分是 SiO_2(69.3%),其次是少量的 Al_2O_3、Fe_2O_3 和微量的钾、镁等元素。四川遂西、遂广高速 1-5 标段所用卵石加工的机制砂的主要化学成分是 SiO_2(91.83%),其次是少量的 Al_2O_3、C_aO 和微量的钠、镁等元素。四川遂西、遂广高速 C4 标段所用石灰石加工的机制砂的主要化学成分是 CaO(42.69%),其次是 CO_2(主要的烧失量成分)和 SiO_2(12.6%),少量的 Fe_2O_3、Al_2O_3 和微量的钠、钾等元素。

对机制砂进行 X 线衍射分析(XRD),矿物组成图谱如图 2-101 所示。

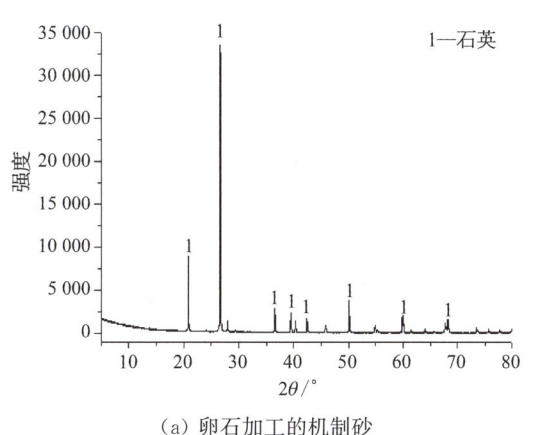
(a) 卵石加工的机制砂

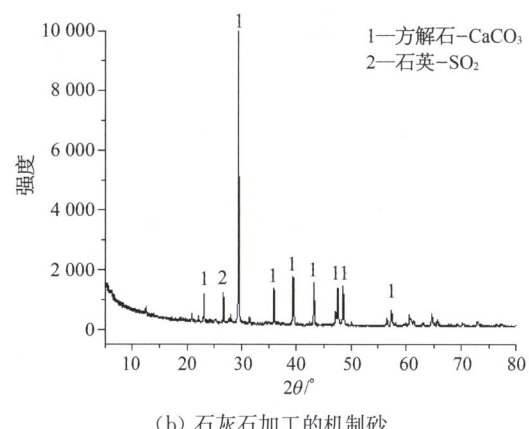
(b) 石灰石加工的机制砂

图 2-101 机制砂的矿物组成图谱

通过 X 线衍射分析可知,卵石加工的机制砂的主要矿物组成是 α-石英;石灰石加工的机制砂主要矿物组成是方解石,制备机制砂的母岩是以化学物质碳酸钙为主的石灰岩。卵石加工的机制砂和天然砂的化学成分以 SiO_2 为主,与石灰石加工的机制砂的化学成分差别较大,制备机制砂的母岩决定了其矿物组成,因此其化学性质也差别较大。

3) 机制砂与天然砂颗粒形貌扫描电镜分析

对机制砂与天然砂的颗粒形貌进行扫描电镜分析,结果如图 2-102 所示。

通过观察两种砂在扫描电镜下的照片,可以看出机制砂外形多为多边形,棱角清晰分明,而经河水长年冲刷形成的天然砂,表面光滑,粒形圆润;天然砂由于长期经历滚磨,棱角钝圆,外表陈旧,而机制砂外表新鲜,表面能量较高,棱角尖锐,啮合力比天然砂强。因此,天然砂在混凝土中与浆体的握裹能力与多棱角的机制砂相比较弱,黏结强度较低,浆体的密实度也较低。

混凝土暴露在恶劣环境下,各种侵蚀离子容易侵入,导致侵蚀破坏、强度降低、保护层剥离、钢筋锈蚀等,严重时影响结构的正常使用。在同等条件下,机制砂混凝土内部结构较为致密,可在一定程度上阻止有害离子的渗透侵蚀,有利于提高混凝土的耐久性能,适合在桥梁工程用高性能混凝土中推广应用。

2.5.1.2 石粉对水化放热的影响

水泥水化反应可以通过测试其水化放热来进行定量表征,主要用水化放热总量、水化放热速率来描述水泥基材料水化反应过程。水化放热对混凝土力学性能、耐久性能及工程工期都有非常重要的影响。

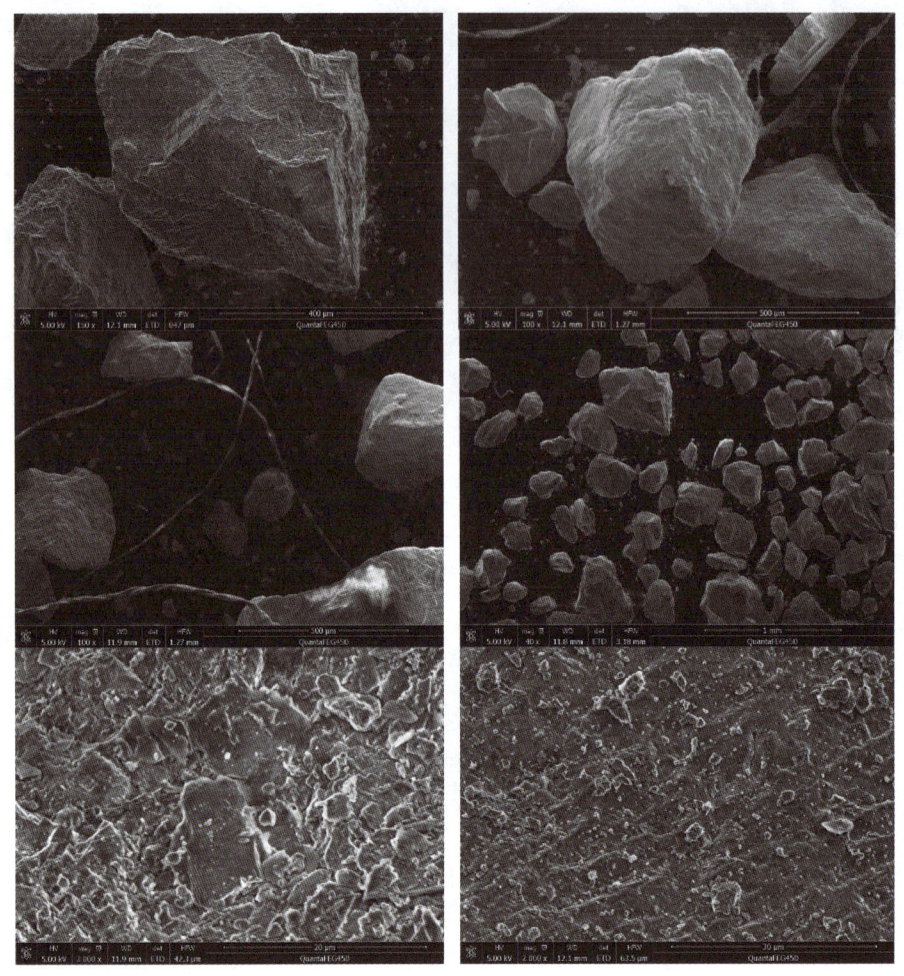

(a) 机制砂　　　　　　　　(b) 天然砂

图 2-102　机制砂与天然砂的颗粒形貌

通过掺加矿物掺和料和外加剂等都能调控水泥的水化放热速率，而机制砂中的石粉对水泥水化反应是否也有影响、程度如何，值得分析研究。硅酸盐水泥水化有两个主要的放热峰：①熟料 C_3A 水化产生，C_3A 水化速率快，其放热峰出现在初凝前；②熟料 C_3S 水化产生，C_3S 含量高，水化速率也较快，出现在水泥加水后 8～12 h 左右。因为 C_3A 的水化放热出现较早，对混凝土的力学性能和耐久性能的影响小，故第二个放热峰是研究水化的主要对象。

分别外掺水泥质量的 0%、10%、20%、30% 的石粉，水胶比为 0.35，环境温度为 20℃，分析测试 7 d 的水化放热过程。水化热试验结果见表 2-105，放热速率和放热量随时间的变化曲线如图 2-103、图 2-104 所示。

表 2-105　水化热试验结果

编号	水泥用量 /g	石粉用量 /g	用水量 /g	掺比水 /g	峰值 /(mW·g^{-1})	峰值时间 /h	3 d 放热量 /(J·g^{-1})	7 d 放热量 /(J·g^{-1})
1	2	0	0.7	0.956	3.97	9.8	273.6	310.1
2	2	0.2	0.7	0.985	3.82	10.1	265.7	305.8
3	2	0.4	0.7	1.013	4.11	10.4	290.7	326.1
4	2	0.6	0.7	1.041	3.88	10.3	269.4	304.7

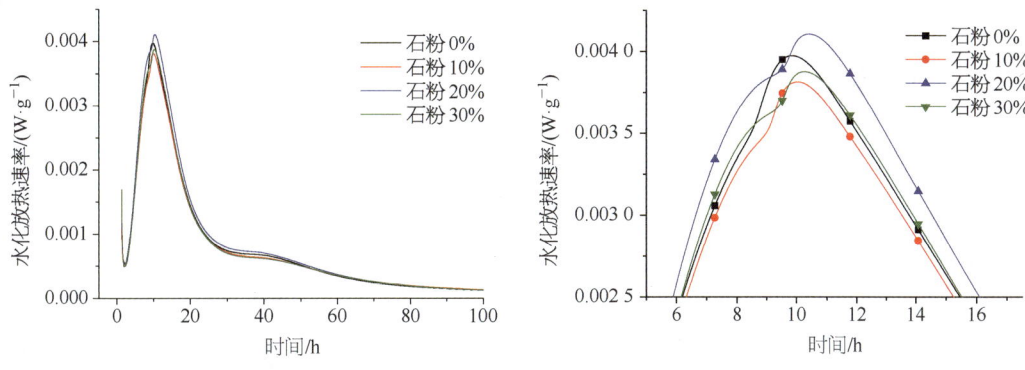

图 2-103 石粉对水化放热速率的影响

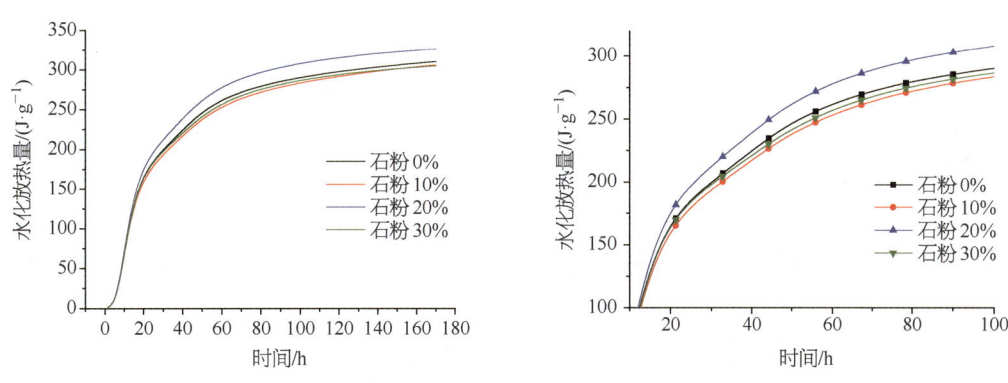

图 2-104 石粉对水化放热量的影响

由表 2-105、图 2-103 和图 2-104 可知,石英岩石粉掺量从 0% 增加到 30%,水泥水化放热速率和水化放热量差异较小,放热峰值出现的时间差异也较小。

右图是左图中上部区域放大后的结果,可以看出,当石粉掺量从 0% 增加到 10% 时,峰值出现时间延后 0.3h,水泥水化速率略有降低,且放热总量减少;当石粉掺量从 10% 增加到 30% 时,水泥水化速率和放热量均先升高后降低,峰值出现时间较纯水泥均有延后,石粉掺量为 20%、30% 时,延后时间分别为 0.6h 和 0.5h;当石粉掺量为 20% 时,即使纯水泥的放热速率达到峰值,仍低于掺石粉的水泥的放热速率,这可能是适量的石粉微粒在水泥水化早期对 $Ca(OH)_2$ 和 C—S—H 的形成起到晶核作用,加速了熟料矿物的水化;在石粉掺量达 30% 时,过多的石粉吸附较多的水且环绕在水泥颗粒周围,不利用水泥水化的进行,故其水化速率降低,水化放热量减少。由此可见,当掺入适量的石粉时,可以促进水泥水化,提高水泥石早期强度,石粉掺量约为 20% 时,水泥水化放热速率峰值、水化放热量最大,这也是机制砂存在最佳石粉含量促进水泥水化、提高早期和最终强度的原因之一。

2.5.1.3 石粉对水化产物的影响

采用 X 线衍射技术、扫描电镜测试技术,研究石粉对水泥水化产物及胶凝浆体微结构的影响,探讨混凝土微观结构与宏观性能之间的影响机理。外掺占水泥质量的 0%、5%、10%、20% 和 30% 的石粉,成型净浆试块(7 d、28 d 龄期)水胶比为 0.35,试件尺寸为 20 mm×20 mm×20 mm,养护至规定龄期测试 XRD、SEM。

1) 石粉对水泥水化矿物组成的影响

石粉岩性会影响水化矿物组成,分别对石英岩石粉和石灰岩石粉进行试验。石英岩石粉对水泥水化矿物组成的影响如图 2-105 所示,水化产物主要有 C—S—H 凝胶、$Ca(OH)_2$ 晶体、钙矾石(AFt)等。

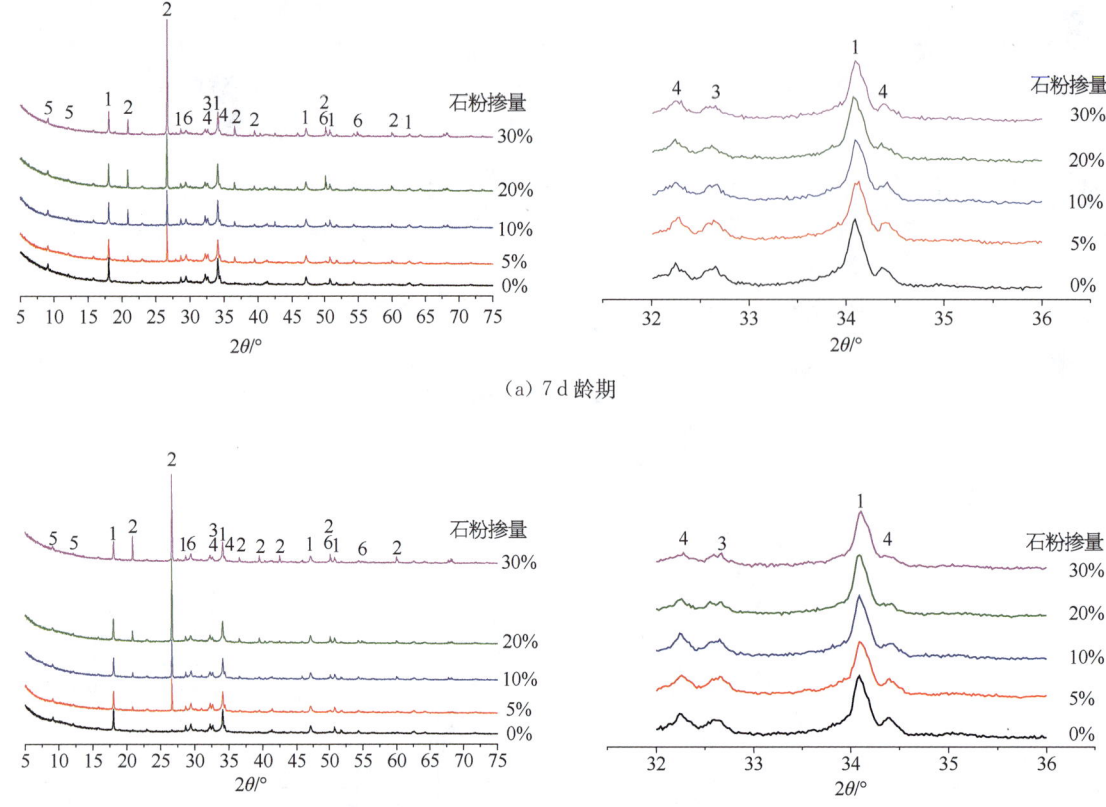

(a) 7 d 龄期

(b) 28 d 龄期

1—$Ca(OH)_2$;2—SiO_2;3—C_2S;4—C_3S;5—AFt;6—C—S—H

图 2‑105　不同石英岩石粉掺量的水泥水化产物 XRD 图谱

由图 2‑105 可知,石英岩石粉的加入并未改变水泥水化产物的矿物组成。随着石英岩石粉增多,SiO_2 的峰强显著增强,使其他峰强相对较弱。图 2‑105 两分图中右图是对 2θ 在 $32°\sim36°$ 的放大图谱,随着石粉掺量的增加,水泥熟料矿物 C_3S、C_2S 的衍射峰变化较小,对水泥水化影响较小;当石粉掺量为 20% 时,C_3S 的衍射峰略有降低,促进了水泥水化。

石灰岩石粉对水泥水化矿物组成的影响如图 2‑106 所示。水化产物除 C—S—H 凝胶、$Ca(OH)_2$ 晶体、钙矾石(AFt)等外,还有新相 $C_3A \cdot CaCO_3 \cdot 11H_2O$(水化碳铝酸钙)出现,而石英岩石粉则不会导致新相的出现。

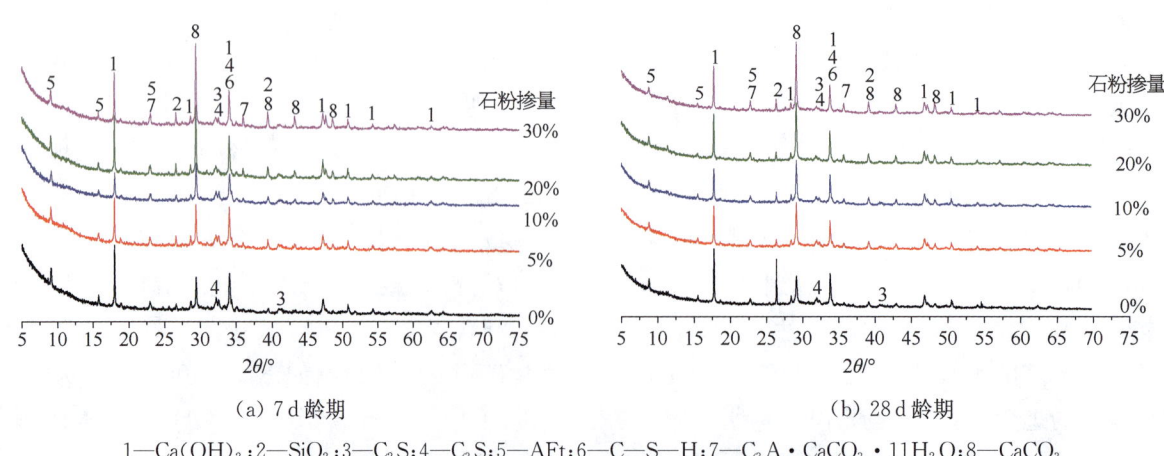

(a) 7 d 龄期　　　　　　　　　　　　　(b) 28 d 龄期

1—$Ca(OH)_2$;2—SiO_2;3—C_2S;4—C_3S;5—AFt;6—C—S—H;7—$C_3A \cdot CaCO_3 \cdot 11H_2O$;8—$CaCO_3$

图 2‑106　不同石灰岩石粉掺量的水泥水化产物 XRD 图谱

由图 2-106 可知，同一龄期，随着石灰岩石粉掺量的增加，$CaCO_3$ 的衍射峰显著增加，同时水泥熟料矿物 C_3S 的衍射峰略有减弱，此时石粉可以在水化过程中发挥晶核作用，加速 C_3S 的水化进程；随着石粉掺量的增加，钙矾石的衍射峰略有减弱，这是因为掺入石粉后，消耗了部分 C_3A 生成水化碳铝酸钙，减少了可与 $CaSO_4 \cdot 2H_2O$ 反应的 C_3A，导致 AFt 生成量略有减少；随着石粉掺量的增加，$Ca(OH)_2$ 的衍射峰先减弱、后增强，石粉掺量小于 10% 时，$Ca(OH)_2$ 衍射峰减弱，可能是 $Ca(OH)_2$ 参与反应产生了新物质，但数量较少，未能在 XRD 图谱上体现。有学者研究指出，这种新物质的化学式为 $Ca_3(CO_3)_2(OH)_2 \cdot 1.5H_2O$，是碱式碳酸钙，它的存在会使微界面结构更致密，对提高力学性能有利。由于石粉新鲜表面 $CaCO_3$ 的活性效应，其能与 C_3A 的反应形成新相，对比不掺石粉的水化矿物组成，出现新相碳铝酸钙水化物（$C_3A \cdot CaCO_3 \cdot 11H_2O$），主要反应见式（2-27），且 $C_3A \cdot CaCO_3 \cdot 11H_2O$ 的数量随石粉掺量的增加而增多：

$$C_3A + CaCO_3 + 11H_2O \longrightarrow C_3A \cdot CaCO_3 \cdot 11H_2O \tag{2-27}$$

2) 石粉对水化产物微观形貌的影响

对于硅酸盐水泥，按 T.C. Powers 的模型，水泥浆体硬化后，主要由以下五部分组成：$Ca(OH)_2$ 晶体、C—S—H 凝胶、AFt/AFm、气孔、未水化的水泥颗粒。在水泥水化的几分钟里，钙、硫酸盐、铝酸盐与氢氧根反应，生成针状棱柱形结晶的"钙矾石"。几小时后，大的棱柱状氢氧化钙结晶和细小纤维状硅酸钙水化物开始填充前期由水和未溶解水泥颗粒占据的空间。"钙矾石"可能会不稳定并分解为单硫型的硫铝酸盐水化物，形貌为六角形片状（也是铝酸钙水化物的形貌）。微观形貌中可观察到石粉和未水化的粉煤灰，其形貌对比如图 2-107 所示。

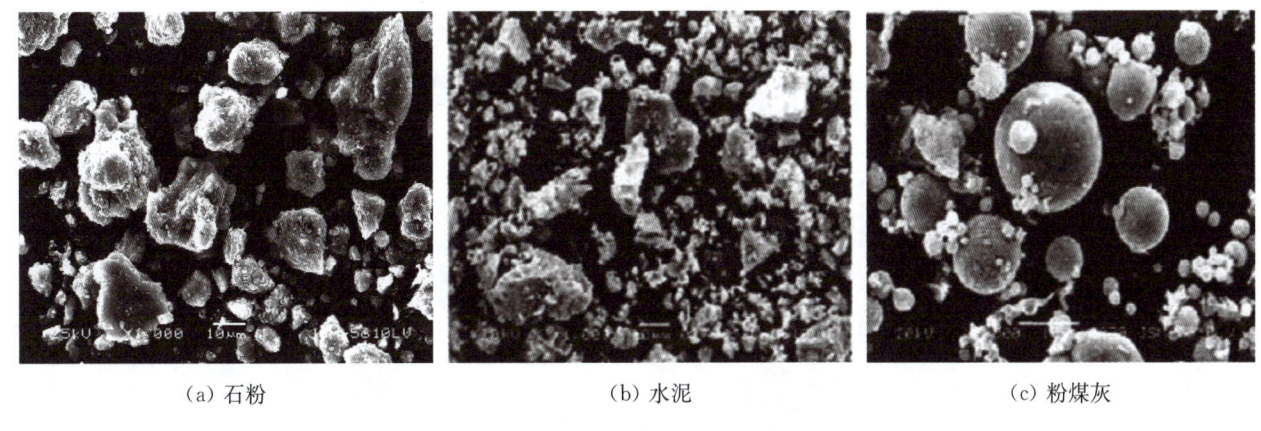

(a) 石粉　　　　　　(b) 水泥　　　　　　(c) 粉煤灰

图 2-107　不同颗粒形貌对比

图 2-108～图 2-110 分别是 3 d、7 d、28 d 龄期石粉掺量对水泥水化产物微观形貌影响的 SEM 图。由图中浆体的微结构可以观察到其各相不是均匀分布的。3 d 龄期时，掺有石粉的水泥浆体中有大量纤维放射球状的 C—S—H，这是由于石灰石石粉颗粒在水化液相中的异质成核作用形成的。此时纯水泥的微结构相对致密，随着水化进行至 7 d、28 d，C—S—H 凝胶逐渐生长填充于毛细孔内，浆体结构趋于致密，不同石粉掺量的水泥浆体微结构的致密程度差别变小。

由上述 SEM 图可知，水泥浆体的水化产物中大块的晶体为 $Ca(OH)_2$，针棒状的为 AFt 晶体，C—S—H 凝胶成纤维状交叠。当掺入 5% 的石粉时，凝胶体结构略显疏松，孔隙较多。当石粉掺量在 5%～10% 时，C—S—H 凝胶多以扭曲细针状形态出现，并且相互交错呈团簇状，同时存在扭曲的箔片状凝胶。当石粉掺量在 10%～20% 时，C—S—H 凝胶的形貌从结晶差的纤维状发展到多层扭绞的网状，细小针状的钙矾石晶体结晶与水泥颗粒之间相互交联呈网状，浆体较致密，说明此时石粉发挥了填充作用和成核中心的作用。水泥水化产物中的 $Ca(OH)_2$ 强度很低，多在界面处富集结晶，形成粗大晶粒，削弱界面过渡区，是水泥石最薄弱的环节。而石粉提供了大量的成核中心，使部分 $Ca(OH)_2$ 在

(a) 石粉掺量 0%　　　　　(b) 石粉掺量 5%　　　　　(c) 石粉掺量 10%

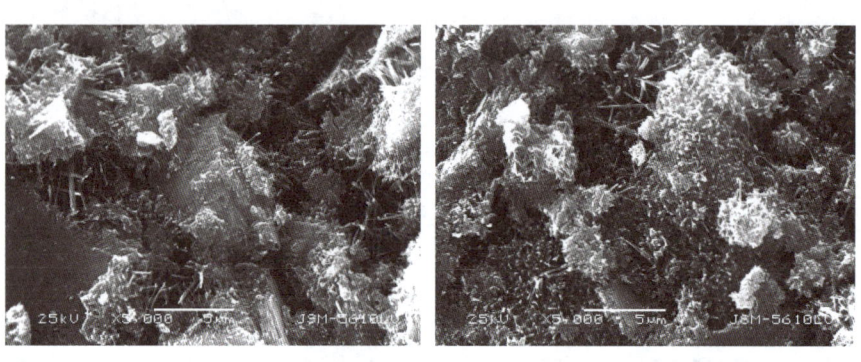

(d) 石粉掺量 20%　　　　　(e) 石粉掺量 30%

图 2-108　不同石粉掺量水泥水化 3 d 的 SEM 图

(a) 石粉掺量 0%　　　　　(b) 石粉掺量 5%　　　　　(c) 石粉掺量 10%

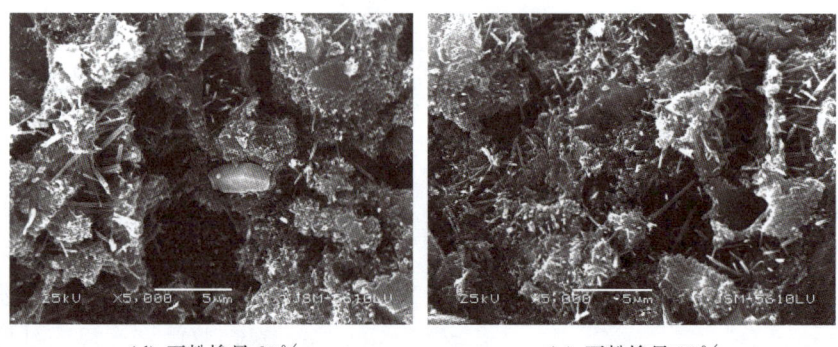

(d) 石粉掺量 20%　　　　　(e) 石粉掺量 30%

图 2-109　不同石粉掺量水泥水化 7 d 的 SEM 图

（a）石粉掺量0%

（b）石粉掺量5%

（c）石粉掺量10%

（d）石粉掺量20%

（e）石粉掺量30%

图 2-110　不同石粉掺量水泥水化 28 d 的 SEM 图

其表面结晶,而不是在局部区域生长成黏结力差的大块晶体,使 $Ca(OH)_2$ 晶粒细化,提高界面黏结性能,进而提高混凝土强度和耐久性。当石粉掺量达 30% 时,浆体的微结构虽然更加致密,但水泥的水化产物 C—S—H 凝胶多以结晶很差的聚集体颗粒存在,空间网络上的整体性较差,即使到 7 d、28 d 龄期凝胶体还是比较分散。说明此时石粉除了提供成核场所外,部分以游离态存在,这些未参与成核的石粉会阻碍 C—S—H 凝胶后期晶型的发展,使凝胶不能较好地相互黏结形成立体结构,进而影响水泥硬化浆体的整体强度。

从龄期发展上看,随着龄期的延长,C—S—H 凝胶逐渐丰富,与其他水化产物共同填充于前期由水和未溶解水泥颗粒占据的空间,使微结构趋于致密。对比未掺入石粉的浆体微结构可知,适量石粉的掺入对不同龄期微结构的致密程度影响相对较小,而对匀质性的改善作用明显,这对提高混凝土宏观上的工作性能、力学性能和耐久性能等意义重大。

2.5.1.4　石粉对砂浆流变性能的影响

机制砂中石粉充当双重作用效果:少量石粉的掺入弥补了水泥浆体的数量,有利于砂浆流动性的提高;当机制砂中石粉含量过高时,砂浆中粉体的总表面积显著增加,会使砂浆的流动性变差。研究石粉含量对砂浆流动性的影响规律,人为调整机制砂中的石粉含量,采用 1∶2 的胶砂比、0.4 的水胶比,拌制砂浆并测试流动度和旋转黏度,试验结果见表 2-106。

表 2-106　石粉影响流变性能的试验结果

编号	水泥用量/g	机制砂用量/g	水胶比	石粉含量/%	流动度/mm	黏度值/(mPa·s)
1	600	1 200	0.4	0	330	1 240
2				4	320	1 310
3				8	295	1 440
4				12	280	1 560
5				16	240	1 780
6				20	190	2 120
7				30	140	2 960

砂浆流动度与黏度随机制砂中石粉含量的变化趋势如图 2-111 所示。

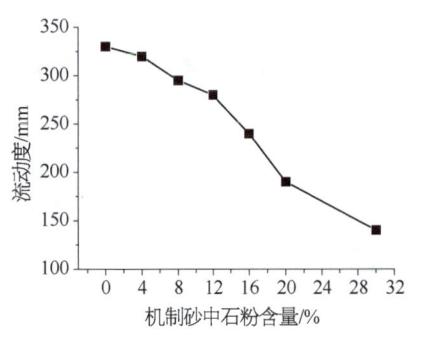 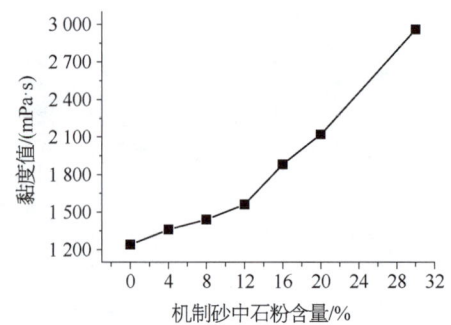

图 2-111　石粉对砂浆流动度和黏度的影响

由图可知，随着机制砂中石粉含量的增加，砂浆的流动度逐渐降低，而黏度逐渐升高，流动性变差。当机制砂中石粉含量小于 12% 时，砂浆的流动度和黏度的变化幅度均较小，可能是受石粉的双重作用影响，导致机制砂砂浆的流变性能变化不明显。当机制砂中石粉含量从 12% 增至 20% 时，砂浆的流动度急剧降低（下降幅度为 39.3%），同时黏度升高（上升幅度为 35.9%）。此时，因石粉含量的增加而使固体材料表面积增大，吸附水量增加，从而导致砂浆的流动性骤然下降。当机制砂中石粉含量达到 30% 时，在同样的水胶比下，砂浆几乎失去流动性，而黏度值也显著增大，达 2 960 mPa·s。对于配制混凝土来说，在满足混凝土的流动性、泵送性能要求的情况下，砂浆黏度控制在合适的范围内，可以减少混凝土拌合物的离析、泌水，增加混凝土的匀质性。可见，适量的石粉弥补了低等级混凝土胶凝材料用量少、机制砂粒型差等引起混凝土易泌水、离析的问题，提高了混凝土的黏聚性和包裹性。

2.5.1.5　石粉对混凝土匀质性的影响

通过测试成型后混凝土砂浆不同层面的显微硬度差别，可以间接得出混凝土材料的均匀性，即整体匀质性情况。人为调整机制砂石粉含量，对不同石粉含量的 C40 机制砂混凝土进行试验，并养护至 28 d 龄期，取靠近上下表面的试样进行显微硬度测试。在试样中对距离粗集料 1 mm 处的砂浆进行测试，测点不小于 16 个，取平均值作为测试结果，试验结果见表 2-107。

表 2-107　混凝土试件不同部位显微硬度

编号	显微硬度平均值 HV/MPa			石粉含量/%
	上部	下部	上下差值	
1	386.1	771.1	385.0	0
2	521.3	795.0	273.7	4.4
3	601.4	825.5	224.1	7
4	622.2	812.9	190.7	10
5	688.5	795.8	107.3	13
6	706.6	788.2	81.6	16
7	712.3	770.0	57.7	20

显微硬度随机制砂中石粉含量的变化趋势如图 2-112 所示。

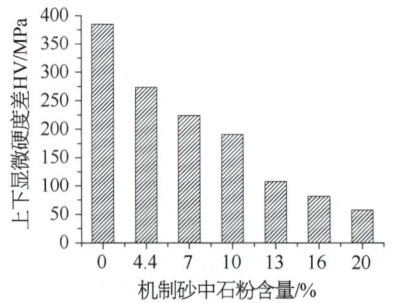

图 2-112　混凝土试件上部、下部显微硬度及差值

图 2-112 表明，随着机制砂中石粉含量的增加，混凝土试件上、下部的显微硬度差值逐渐缩小。当机制砂石粉含量为 0% 时，混凝土试件上、下部的显微硬度差值达到 385.0 MPa，材料的整体匀质性

较差,若不另外掺入增黏、增稠等外加剂组分来调节混凝土的匀质性,则会对混凝土构件整体强度、耐久性等产生不利影响;当机制砂中石粉含量从0%增加到13%时,混凝土试件上、下部的显微硬度差异大幅缩小;当机制砂中石粉含量增加到13%以上时,混凝土试件上、下部的显微硬度差异较小,此时混凝土的匀质性较好。可见,适量的石粉有利于提高混凝土材料的整体匀质性,对结构后期的强度、耐久性等也有益。

2.5.1.6 机制砂用减水、增黏组分对水化历程的调控机理

机制砂用减水、增黏组分对 $C_3A - CaSO_4 \cdot 2H_2O$ 体系水化历程的调控机理主要通过研究减水剂、增稠剂的种类和分子结构与水化延缓功能组分的配伍效应,对水泥的另一主要矿物 C_3A 和 $CaSO_4 \cdot 2H_2O$ 体系的水化历程调控机理进行分析。

1) 外加剂减水、水化延缓组分对 $C_3A - CaSO_4 \cdot 2H_2O$ 体系水化的影响

(1) 减水组分对 $C_3A - CaSO_4 \cdot 2H_2O$ 体系水化的影响。通过在 $C_3A - CaSO_4 \cdot 2H_2O$ 体系分别掺入聚羧酸(PC)、萘系、木钙减水组分,得到各减水组分下 $C_3A - CaSO_4 \cdot 2H_2O$ 水化热速率曲线,如图2-113所示。

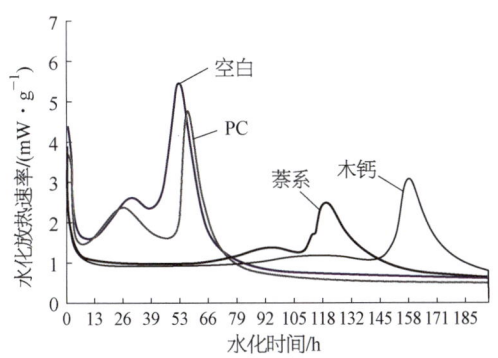

图2-113 各减水组分下 $C_3A - CaSO_4 \cdot 2H_2O$ 水化热速率曲线

图2-113表明,加入聚羧酸减水组分的水化放热峰有一定的延迟和削减,但效果较萘系和木钙要弱;而由于聚羧酸分子结构中含有羟基、羧基、磺酸基和聚乙氧基等功能基团,基团促进 C_3A 颗粒分散,水化活性点增多,促使 $C_3A - CaSO_4 \cdot 2H_2O$ 体系第一加速期提前;随着水化产物包裹层的增厚及减水分子的空间位阻作用,阻碍了 $C_3A - CaSO_4 \cdot 2H_2O$ 的水化和 C_3A 颗粒的团聚,延缓了第二加速期。

(2) 水化延缓组分对 $C_3A - CaSO_4 \cdot 2H_2O$ 体系水化的影响。通过在 $C_3A - CaSO_4 \cdot 2H_2O$ 体系分别掺入硼酸(BS)、葡萄糖酸钠(PP)、三聚磷酸钠(SJ)组分,得到各水化延缓组分下 $C_3A - CaSO_4 \cdot 2H_2O$ 水化热速率曲线,如图2-114所示。

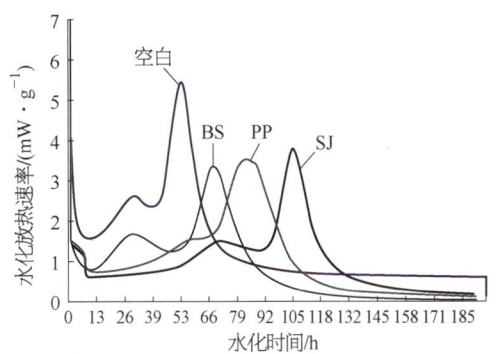

图2-114 各水化延缓组分下 $C_3A - CaSO_4 \cdot 2H_2O$ 水化热速率曲线

图2-114表明,三种水化延缓组分的掺入均对 $C_3A - CaSO_4 \cdot 2H_2O$ 体系水化放热速率曲线具有延峰和削峰作用,三者的削峰作用效果比较接近,其中BS的作用略强于其他两种延缓组分;SJ对于 $C_3A - CaSO_4 \cdot 2H_2O$ 体系最大水化放热速率峰出现时间推迟效果最好;SJ能有效抑制 $C_3A - CaSO_4 \cdot 2H_2O$ 体系早期水化放热,延长放热时间,但在第二水化加速期,其放热速率较BS和PP快。

(3) 减水组分与水化延缓组分配伍效应。随着高强、高性能混凝土配置技术对于减水功能材料要求的提高及减水组分研究技术的不断发展,传统的木质素磺酸盐、萘磺酸甲醛缩合物等减水组分材料已经难以满足目前相关技术指标的要求。例如,配置高强、超高强或特种混凝土时需要减水组分提供较高的减水率以满足超低水胶比的要求,而传统萘系减水组分达到理论极限掺量时仍无法满足相关减水率的要求;对于耐久性要求特别高的工程,除了在混凝土配置技术上有特别要求外,对作为主要材料之一的减水组分也提出了较高的耐久性指标要求,目前我国高速铁路建设工程中混凝土生产所使用的减水组分强制要求使用第三代聚羧酸系减水组分,

以保证混凝土的使用耐久性；随着聚羧酸减水组分研究的不断深入，国内相关行业已经打破国外技术垄断，目前国内自主研制生产的聚羧酸减水组分性能已经完全达到了国际先进水平，且性价比也完全可以与萘系减水组分进行竞争。因此，国内混凝土减水组分市场处在由萘系减水组分逐渐向聚羧酸高性能减水组分转换的过程中。

下面以目前混凝土生产所采用的主流减水组分——聚羧酸减水组分为基体材料，复配水化延缓组分并研究两者协同作用对 C_3A-$CaSO_4 \cdot 2H_2O$ 体系水化历程的调控作用。以聚羧酸减水组分为基材复配三种水化延缓组分，其各自对 C_3A-$CaSO_4 \cdot 2H_2O$ 体系水化放热速率曲线影响如图2-115所示。

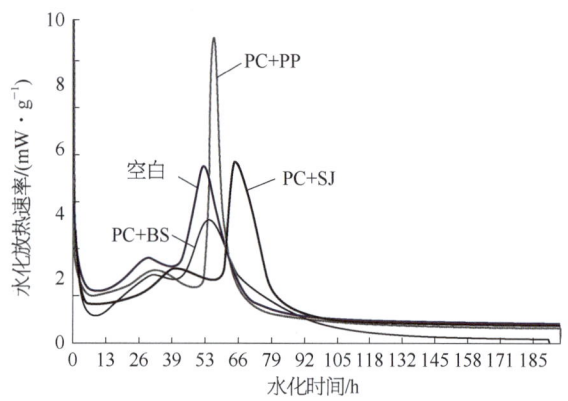

图2-115 减水、水化延缓组分对水化放热速率的影响

图2-115表明，以聚羧酸减水组分为基材复配三种水化延缓组分对 C_3A-$CaSO_4 \cdot 2H_2O$ 体系水化放热速率曲线作用效果各不相同。在PC+PP协同作用下，对 C_3A-$CaSO_4 \cdot 2H_2O$ 体系前三个水化阶段（溶解反应期、反应平衡期和第一加速期）的影响不大，仅对第二加速期有2h左右的推迟，最大水化放热峰峰值较空白样提高了约71%且窄化明显。

即PC+PP协同作用可延长第二加速期出现时间但钙矾石大量生成阶段速率较空白样明显提高，水化速率显著提升。相应的1d和7d放热量 $Q(1d)$ 较空白样要低，但 $Q(7d)$ 较空白样略高。

在PC+SJ协同作用下，减水和水化延缓双组分能有效推迟最大水化放热峰的出现时间，但整体放热量和加速期水化放热速率与空白样非常接近。

在PC+BS协同作用下，水化时间历程与空白样几乎一致，但各阶段水化放热速率均低于空白样，特别是最大水化放热峰值仅为空白样的70%。这表明两者共同作用对于 C_3A-$CaSO_4 \cdot 2H_2O$ 的水化具有叠加效果，整体水化放热量明显低于空白样。

2) **聚羧酸减水剂的类型、主链和支链的长短对 C_3A 水化插层反应的影响**

（1）不同分子结构聚羧酸减水剂插层反应研究。对 Ca-Al-LDH 进行 XRD 小角慢扫，以观测层状物(001)衍射面层间距变化，即 LDH 层板间高度的变化，观测结果如图2-116所示。

聚羧酸减水剂的主链和支链长度见表2-108。

表2-108 聚羧酸减水剂的主链和支链长度

参数	PC1	PC2	PC3	PC4	PC5
MCL/nm	13	16.6	11.3	13.2	11.7
SCL/nm	8.3	8.3	8.3	16.5	6.2

注：PC1、PC2、PC3、PC4 和 PC5 减水剂为上海某公司生产的甲氧基聚乙二醇甲基丙烯酸酯系聚羧酸减水剂，固含量为35%，减水率为35%。

C_3A 在饱和 CH 溶液中快速水化形成 LDH 层状结构，当甲氧基聚乙二醇甲基丙烯酸酯系聚羧酸分子支链长度小于6.2 nm 时，减水剂分子会在该层状结构中发生插层反应，影响减水分散效果，而当支链长度大于8.3 nm 时，不会发生插层反应。

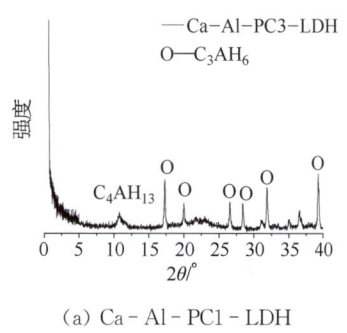

(a) Ca-Al-PC1-LDH

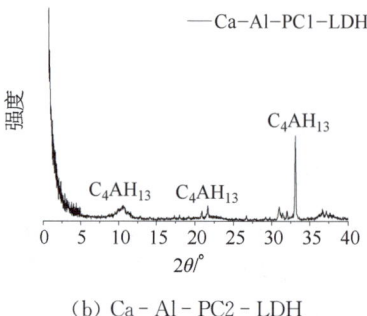

(b) Ca-Al-PC2-LDH

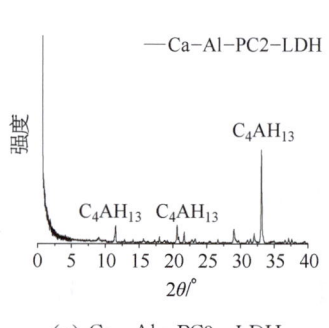

(c) Ca-Al-PC3-LDH

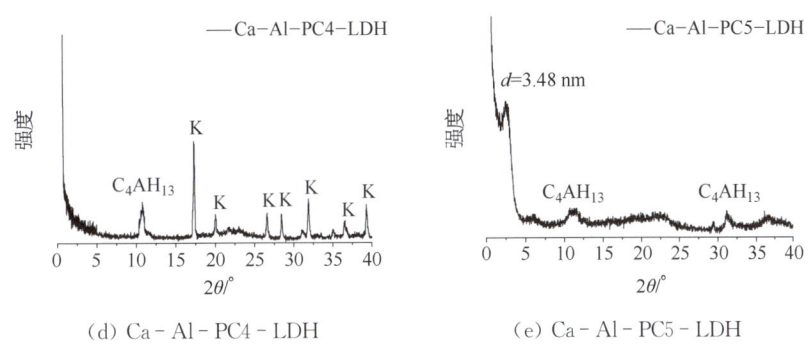

(d) Ca-Al-PC4-LDH

(e) Ca-Al-PC5-LDH

图 2-116 Ca-Al-PC-LDH XRD 图谱

(2) Ca-Al-PC5-LDH 在 SO_4^{2-} 存在条件下的插层反应研究。SO_4^{2-} 与 C_3A 摩尔比等于 1 时，水化产物为单硫型水化硫铝酸钙（AFm），AFm 属三方晶系，呈层状结构。控制 SO_4^{2-} 与 C_3A 摩尔比为 1∶1，使水化产物为层状 AFm 进行试验。

图 2-117 表明，SO_4^{2-} 存在条件下，C_3A 水化早期（3h 内），掺入支链长度小于 6.2 nm 的减水剂仍会发生插层反应，存在明显的插层衍射峰，说明 SO_4^{2-} 不会影响 PC5 在 C_3A 水化产物 Ca-Al-LDH 的插层反应。

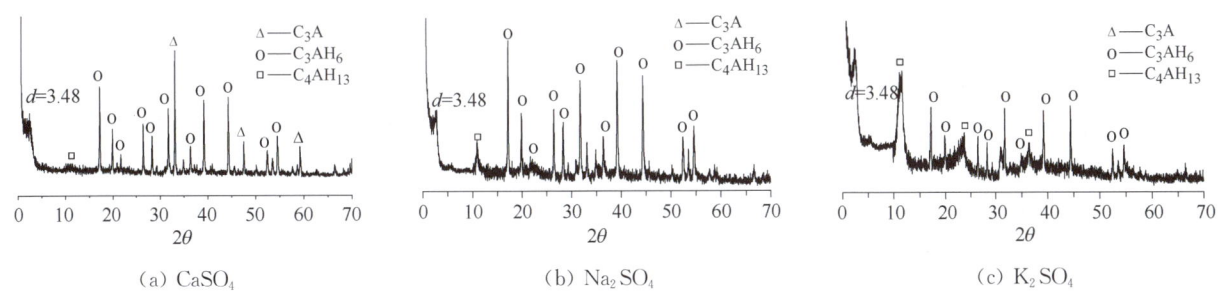

(a) $CaSO_4$

(b) Na_2SO_4

(c) K_2SO_4

图 2-117 SO_4^{2-} 存在条件下 Ca-Al-PC5-LDH XRD 图谱

所以，配制以铝酸盐和石膏水化生成钙矾石为膨胀源的补偿收缩混凝土时，宜选用长支链结构的聚羧酸减水剂，以避免胶凝材料水化过程中插层反应的发生，充分发挥其减水分散和保塑的作用。

3）**纤维素醚对水泥基组分结构与性能的影响**

(1) 纤维素醚对 C_3S 水化放热的影响。纤维素醚的分子结构（分子量、取代基类型、取代基数量）和掺量对普通硅酸盐水泥水化热有一定的影响，同时纤维素醚也影响硫铝酸盐水泥、硅酸三钙（C_3S）和铝酸三钙（C_3A）水泥水化放热。

图 2-118 分别描述了 H4、H9 和 E13 三种纤维素醚对普通硅酸盐水泥、硅酸三钙、铝酸三钙和硫铝酸盐水泥水化放热速率的影响。由图可知，纤维素醚的水化延迟能力会因水泥组成的不同而不同，纤维素醚对 C_3S 水化的延迟能力最强，对普通硅酸盐水泥水化的延迟能力要比 C_3S 小，对 C_3A 水化的

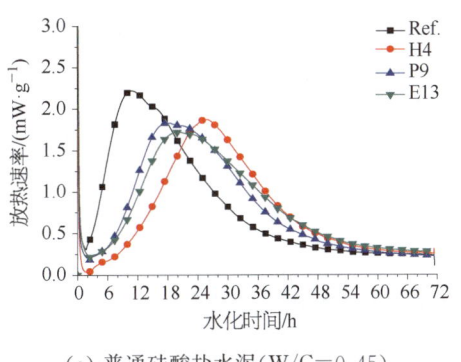

(a) 普通硅酸盐水泥（W/C=0.45）

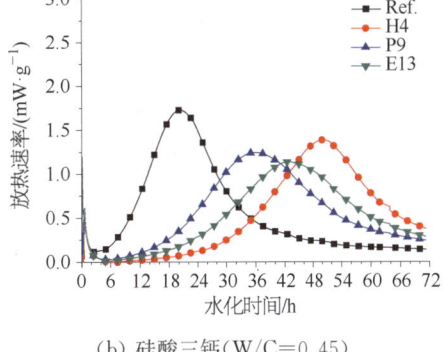

(b) 硅酸三钙（W/C=0.45）

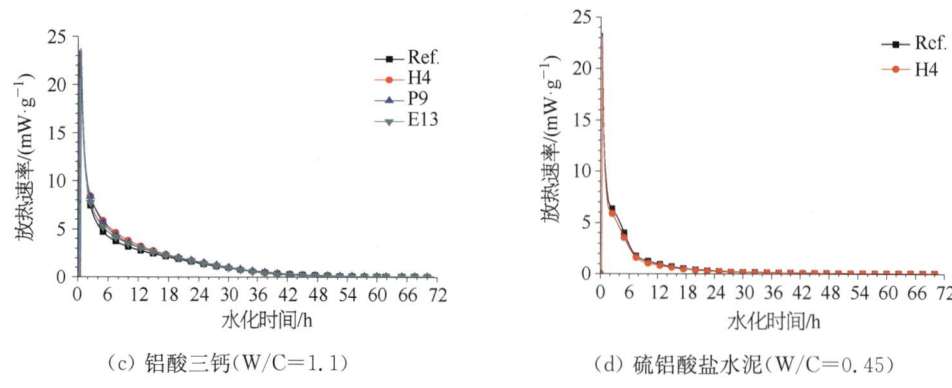

(c) 铝酸三钙(W/C=1.1)　　　　　　(d) 硫铝酸盐水泥(W/C=0.45)

图 2-118　纤维素醚对不同水泥水化放热速率的影响

延迟能力则非常弱,对硫铝酸盐水泥的水化几乎不延迟。

(2) 纤维素醚与不同水泥水化产物的吸附机理分析。多糖与金属氢氧化物之间的吸附作用类似于酸碱作用,多糖为酸,金属氢氧化物为碱,因矿物表面上金属氢氧化物的类型对矿物吸附多糖的能力起着重要作用,一些多糖能够被一些碱性氧化物(或氢氧化物)强烈吸收,而酸性氧化物却对多糖的吸附能力较差。对于给定的多糖,矿物表面的碱度决定着多糖-矿物之间作用的强度,如果这种作用比较强,则表现为化学络合作用,如果这种作用比较弱,则表现为氢键。

水泥早期水化产物中主要的无机氧化物有 CaO、Al_2O_3 和 SiO_2,它们的氢氧化物碱性顺序为 $Ca(OH)_2 > Al(OH)_3 > Si(OH)_4$。根据前面的吸附理论,这些氢氧化物与纤维素醚相互吸附的能力顺序为 $Ca(OH)_2 > Al(OH)_3 > Si(OH)_4$,事实上,多糖与无机矿物的吸附具有 pH 依赖性,由于 CaO 的等电点大于 12,Al_2O_3 的等电点小于 9,SiO_2 的等电点小于 3.5,在碱性较高的水泥浆(pH 值>12)中,Al_2O_3 和 SiO_2 与纤维素醚之间的吸附非常少,因此水泥水化产物表面的氢氧化钙的含量决定着水化产物与纤维素醚的吸附能力。

同时,纤维素醚分子长链及取代基侧链的空间位阻作用也是影响其吸附能力的关键因素,无论侧链为羟基或甲基,较长侧链都会对较短侧链产生较大的空间位阻,同时影响纤维素醚与水化产物吸附的紧密程度;纤维素醚分子长链越长,侧链和葡萄糖环上羟基的空间位阻越大。

(3) 纤维素醚延迟能力与表面张力的关系。图 2-119 表明,纤维素醚的延迟能力与其表面张力的关系大致是纤维素醚的表面张力越大,其延迟能力越强。因此,可以通过其溶液的表面张力粗略地估算纤维素醚的延迟能力。

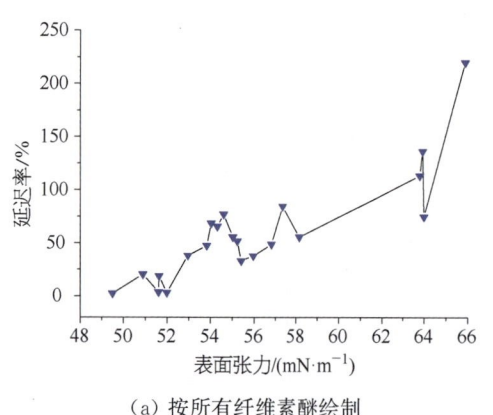
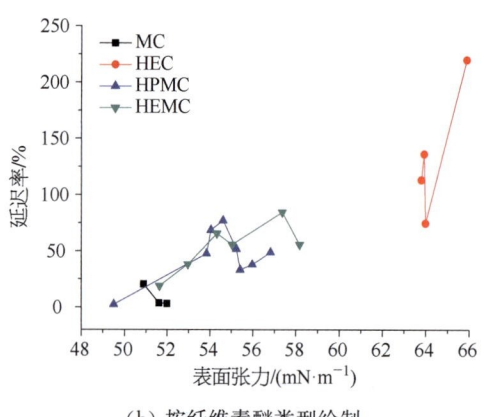

(a) 按所有纤维素醚绘制　　　　　　(b) 按纤维素醚类型绘制

图 2-119　纤维素醚的表面张力(0.01%,20℃)与延迟率的关系
(MC、HEC、HPMC、HEMC 为不同类型纤维素醚)

根据以上研究成果,选用主链短、支链长的聚羧酸减水剂,复配硼酸、葡萄糖酸钠等水化延缓组分与纤维素醚等增黏、保水组分,开发了具有保塑缓凝、抑制水化放热的钢管混凝土专用外加剂,解决了以钙矾石为膨胀源的混凝土坍落度损失大的问题,制备出了超保塑机制砂高性能混凝土,成功应用于多座特大型桥梁工程,已安全使用6年。

2.5.2 抗裂性能

混凝土抗裂性能是混凝土收缩性能与抗拉性能的综合体现。一定量的石粉使混凝土干缩率增大(而且恰恰是力学性能最佳时干缩率最大),导致混凝土塑性开裂的可能性增加,同时增加了混凝土的开裂敏感性。收缩性能与抗拉性能两方面因素对混凝土的开裂作用影响大小及不同强度等级机制砂混凝土抗裂性能优劣,需要进一步研究。

2.5.2.1 石粉对混凝土早期抗裂性能的影响

以C40机制砂混凝土配合比为基准,采用不同石粉含量机制砂,并用天然砂作为参比组,适当调整外加剂用量,保证坍落度基本相同,进行早期抗裂性能试验,试验结果见表2-109。

表2-109 石粉含量对混凝土早期抗裂性能的影响

石粉含量/%	早期抗裂性能					
	初裂时间/min	平均开裂面积/(mm²·条⁻¹)	裂缝特征	单位面积的裂缝数/(条·m⁻²)	单位面积的总开裂面积/(mm²·m⁻²)	抗裂等级
0	410	2.99	非常细,分散无方向	50.0	149	Ⅳ
4	330	2.36	非常细,分散无方向	54.2	128	Ⅳ
8	300	3.80	较细,少量顺刀口方向	75.0	285	Ⅳ
12	280	10.31	细,部分顺刀口方向	29.2	301	Ⅳ
16	140	4.89	细,顺刀口方向居多	52.1	255	Ⅳ
20	120	7.27	细,绝大部分顺刀口方向	33.3	242	Ⅳ
天然砂	350	3.09	非常细,分散无方向	56.3	155	Ⅳ

表2-109的试验结果表明,按照《混凝土耐久性检验评定标准》规定的评价方法,不同石粉含量的机制砂配制混凝土的早期抗裂等级均达到Ⅳ,抗裂性能优良。

(1) 从裂缝特征(图2-120)上看,机制砂中石粉含量小于12%时,裂缝均很细且无明显的方向性,抗裂性能较好;当机制砂中石粉含量不小于12%时,裂缝数量相对减少,但裂缝宽度明显增大,且大部分集中在刀口方向。分析其原因,可能是混凝土浇筑成型后表面水分迅速蒸发,随着石粉含量增加,混凝土保水性增强,内部可迁移水量减少且迁移速率减慢,加之刀口处混凝土浇筑层薄、应力集中,故易出现方向集中的较宽裂缝。可见,过多的石粉可导致较宽裂缝。

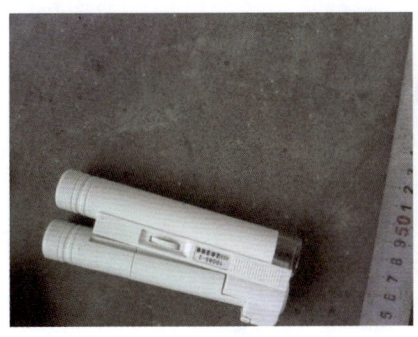

(a) 石粉含量0%

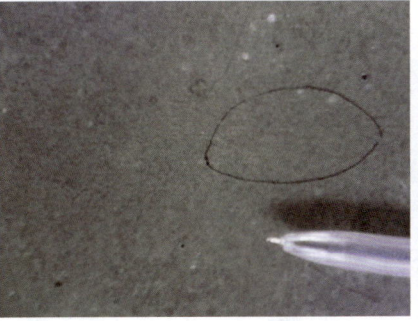

(b) 石粉含量4%

(c) 石粉含量8%

(d) 石粉含量 12%

(e) 石粉含量 16%

(f) 石粉含量 20%

图 2-120 石粉含量对裂缝特征的影响

(2) 如图 2-121a 所示，从初裂时间看，随着机制砂中石粉含量的增加，混凝土的初裂时间逐渐缩短，其中石粉含量从 12% 增加到 16% 时，初裂时间变化最大；天然砂与石粉含量约 4% 的机制砂所制备的混凝土初裂时间基本相同，早期抗裂性能都较好。随着机制砂中石粉含量的增加，提高了混凝土的保水性，降低了混凝土中可迁移水的数量，浇筑成型后混凝土表面大量水分蒸发、水泥水化等使混凝土产生较大收缩，收缩产生的应力大于混凝土早期抗拉强度，表现为开裂时间提前和裂纹宽度增大；此外，石粉增加了浆体量，增加了混凝土塑性开裂的概率。所以，在利用石粉含量高的机制砂制备高性能桥梁混凝土时，宜适当增加矿物掺和料取代水泥的掺量，降低水化温升，还需要特别注意早期养护、及时洒水、适当延长养护周期等，以减少混凝土的塑性开裂。

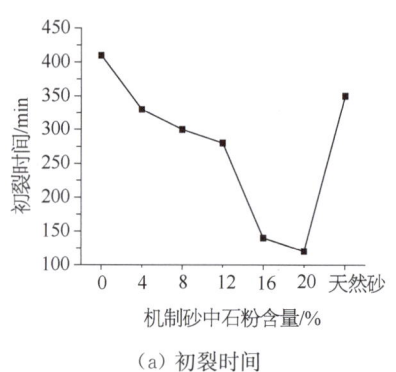
(a) 初裂时间

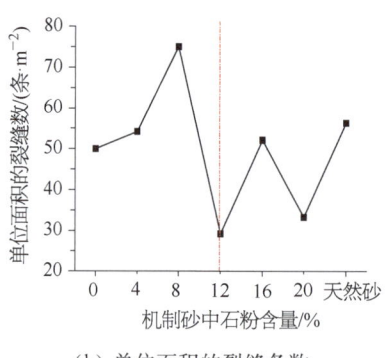
(b) 单位面积的裂缝条数

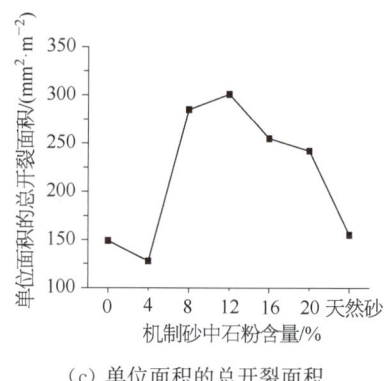
(c) 单位面积的总开裂面积

图 2-121 石粉含量对混凝土早期抗裂性能的影响

(3) 如图 2-121b 所示，单位面积的裂缝条数与石粉含量并不呈线性关系。综合上述对裂缝特征的分析可知，机制砂石粉含量小于 12% 时，裂缝极细且无明显的集中，虽然单位面积上的裂缝条数较多，但裂缝的长度和最大宽度均较小，故其单位面积的总开裂面积并不大，机制砂石粉含量为 8% 时，出现裂缝数量的极大值，刀口处没有集中出现裂缝，裂缝分散在整个平板内呈网状交叉；当机制砂石粉含量达到 12% 时，开始比较集中地出现刀口处细裂缝，但裂缝数量急剧减少；当机制砂石粉含量达到 16% 时，裂缝数量略有增多，但其平均长度变短，故总开裂面积略有下降；当机制砂石粉含量达到 20% 时，裂缝数量虽然有所减少，但每条裂缝的平均面积增大，说明石粉含量对早期抗裂性能影响提高到更大的程度，即宽裂缝的平均长度增大。

(4) 如图 2-121c 所示，从单位面积的总开裂面积来看，机制砂中石粉含量在 4% 左右时，总开裂面积达到了极小值，说明此时石粉对混凝土的增强作用较强，完善了混凝土中固体材料的级配，密实了混凝土结构，减少了早期裂缝的产生；由前节可知机制砂中石粉含量在 12% 时，干燥收缩最大，而图中其对应的单位开裂面积也是最大的；当石粉含量继续增加时,虽然单位面积的总开裂面积减少,但每条裂缝的宽度增大,对混凝土的抗裂性能、抗渗和抗侵蚀等性能均有不利影响。因此,宜减少使用12%以上石粉含量的机制砂制备C40混凝土,否则应采取加强养护、掺加聚丙烯腈纤维等措施提高混凝土抗裂能力。

2.5.2.2 不同强度等级混凝土的早期抗裂性能

以C25~C60强度等级机制砂混凝土配合比为基准,进行早期抗裂性能试验,试验结果见表2-110。

表2-110 不同强度等级混凝土的早期抗裂性能

强度等级	早期抗裂性能					
	初裂时间/min	平均开裂面积/(mm²·条⁻¹)	裂缝特征	单位面积的裂缝数/(条·m⁻²)	单位面积的总开裂面积/(mm²·m⁻²)	抗裂等级
C25	530	2.06	非常细	43.8	90	Ⅴ
C30	465	2.30	非常细	59.7	137	Ⅳ
C40	330	2.36	非常细	54.2	128	Ⅳ
C50	335	3.12	较细(0.15)	70.8	221	Ⅳ
C60	415	4.39	非常细	80.9	355	Ⅳ

表2-110中试验数据表明,C25~C60混凝土的早期抗裂等级均达到Ⅳ及以上,C25机制砂混凝土的单位面积的总开裂面积仅有90 mm²/m²,抗裂性能优异。如图2-122所示,随着混凝土强度等级的提高,单位面积的总开裂面积总体上逐渐增加,混凝土的早期抗裂性能略有下降。初裂时间随强度等级提高先缩短、后延长,可能是随着胶凝材料用量的增加,水化放热量增大,消耗的水量也增大而无法及时补充表面散发的水分,导致初裂时间缩短;C50、C60初裂时间比C40略有延长,主要原因可能是C50、C60混凝土早期硬化强度较C40高,抵抗拉应力的能力较强,但C50、C60混凝土单位面积的裂缝条数较多,开裂面积也较大。由此可见,对机制砂混凝土来说,胶凝材料的用量对混凝土抗裂性能影响很大,在进行配合比设计时,应尽量降低水泥用量。

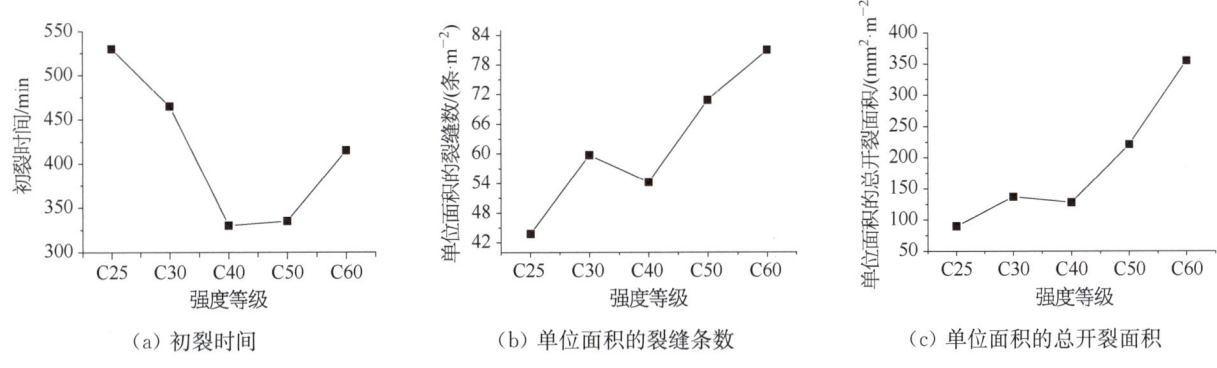

(a) 初裂时间　　(b) 单位面积的裂缝条数　　(c) 单位面积的总开裂面积

图2-122 不同强度等级混凝土的早期抗裂性能

2.5.3 抗水渗透性能

抗水渗透性能试验采用逐级加压法,以C25~C60强度等级机制砂混凝土配合比为基准,进行混凝土抗水渗透性能试验,试验过程如图2-123所示,试验结果见表2-111。

表2-111的试验结果表明,不同强度等级机制砂混凝土的抗渗等级均大于P12;随着强度等级的提高,混凝土的抗水渗透能力显著增强;C40、C50、C60混凝土的抗渗等级达P20以上,具有优异的抗水渗透性能,满足桥梁工程应用的需要;对比同配比的天然砂制备的混凝土,机制砂混凝土的抗渗等级均相对较高,主要是因为机制砂的棱角分明,起到嵌锁作用,同时石粉的引入填充了部分孔隙,阻断了渗水通道,增强了混凝土的抗渗能力。

图 2‑123　混凝土抗水渗透性能试验

表 2‑111　不同强度等级混凝土抗水渗透性能

强度等级	机制砂混凝土		天然砂混凝土	
	渗水压力/MPa	抗渗等级	渗水压力/MPa	抗渗等级
C25	1.3	P12	1.0	P9
C30	1.8	P17	1.5	P14
C40	2.2	P21	1.8	P17
C50	2.6	P25	2.4	P23
C60	3.8	P37	3.4	P33

表 2‑112　不同强度等级混凝土氯离子迁移系数

强度等级	氯离子迁移系数/(10^{-12} $m^2 \cdot s^{-1}$)	
	机制砂混凝土	天然砂混凝土
C25	2.30	2.51
C30	2.03	2.30
C40	1.48	2.00
C50	1.27	1.82
C60	0.85	1.02

2.5.4　抗氯离子渗透性能

2.5.4.1　快速氯离子迁移系数法(RCM 法)

采用 RCM 法,以 C25～C60 强度等级机制砂混凝土配合比为基准,进行混凝土抗氯离子渗透性能试验,试验过程如图 2‑124 所示,试验龄期为 56 d,试验结果见表 2‑112。

表 2‑112 的试验结果表明,随着强度等级的提高,混凝土的抗氯离子渗透能力有所提高,C25 机制砂混凝土氯离子迁移系数小于 2.5×10^{-12} m^2/s,C40 及以上机制砂混凝土氯离子迁移系数小于 1.5×10^{-12} m^2/s,大大提高了混凝土抗氯离子侵蚀的能力和耐久性,满足桥梁工程的需要;机制砂混凝土的氯离子迁移系数较同配合比天然砂混凝土略低,主要是石粉增强了混凝土的密实性,填充了部分孔隙,阻碍氯离子的扩散,提高了混凝土的抗渗能力。

2.5.4.2　电通量法

《混凝土耐久性检验评定标准》电通量等级是参照 ASTM C 1202 划分成五个级别,见表 2‑113。这种划分能够较灵敏地区分和评定混凝土抗氯离子渗透能力。

本次试验研究了两种不同机制砂对混凝土抗渗性的影响,并研究了大掺量(粉煤灰 40%)及掺量(粉煤灰 30%+硅灰 5%)与无掺和料混凝土的抗氯离子渗透性能,试验配合比见表 2‑114,试验结果见表 2‑115,如图 2‑125～图 2‑127 所示。

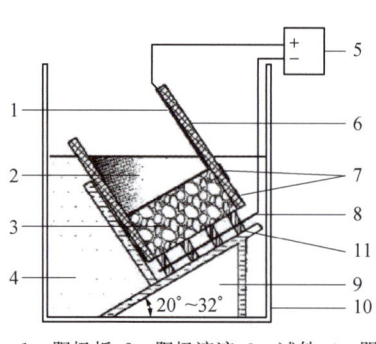 

1—阳极板;2—阳极溶液;3—试件;4—阴极溶液;5—直流稳压电源;6—有机硅橡胶套;7—环箍;8—阴极板;9—支架;10—阴极试验槽;11—支撑头

图 2‑124　混凝土抗氯离子渗透性能试验

表 2‑113　基于电通量的氯离子渗透性

电通量/C	等级	混凝土耐久性水平推荐意见	电通量/C	等级	混凝土耐久性水平推荐意见
≥4 000	Q‑Ⅰ	差	≥500 <1 000	Q‑Ⅳ	好
≥2 000 <4 000	Q‑Ⅱ	较差	<500	Q‑Ⅴ	很好
≥1 000 <2 000	Q‑Ⅲ	较好			

表 2‑114　高性能机制砂混凝土配合比主要参数

组号	水胶比	掺和料种类	强度/MPa	碳化深度/mm			
				3 d	7 d	14 d	28 d
C2	0.55	Ⅱ级灰 40%	33.7	6.7	9.2	14.9	21.3
C4	0.47		34.6	6.3	10.6	14.4	15.6
C6	0.42		45.7	6.0	8.3	9.3	11.5
C8	0.38		56.0	3.2	3.6	5.3	7.3
C10	0.3		60.3	3.6	3.2	6.0	6.5
C12	0.26		65.7	2.0	3.2	3.4	5.2
D1	0.36	Ⅰ级灰 40%	55.0	1.6	3.3	3.4	6.2
D2	0.32		73.6	0.3	1.9	2.4	3.4
D3	0.28		79.6	0.2	1.1	1.1	1.4
D4	0.26		70.6	0.0	0.7	0.8	1.0
E1	0.36	Ⅰ级灰 30%＋硅灰 5%	64.9	0.4	1.9	2.2	3.0
E2	0.32		66.3	0.0	0.7	0.9	1.4
E3	0.28		77.9	0.0	0.0	0.0	0.0
E4	0.26		81.8	0.0	0.0	0.0	0.0
F1	0.36	无掺和料	69.9	0.0	0.0	0.0	0.0
F2	0.32		78.0	0.0	0.0	0.0	0.0
F3	0.28		71.5	0.0	0.0	0.0	0.0
F4	0.26		76.5	0.0	0.0	0.0	0.0

表 2‑115　高性能机制砂混凝土电通量结果

组号	电通量/C	组号	电通量/C	组号	电通量/C
A1	714	C1	543	D1	285
A2	601	C2	387	D2	205
A3	593	C3	351	D3	216
A4	476	C4	342	D4	176
A5	444	C5	326	E1	176
A6	415	C6	301	E2	115
A7	373	C7	285	E3	101
A8	332	C8	280	E4	105

（续表）

组号	电通量/C	组号	电通量/C	组号	电通量/C
A10	314	C10	276	F1	1071
A12	294	C12	212	F2	1029
A14	264	C14	192	F3	937
				F4	745

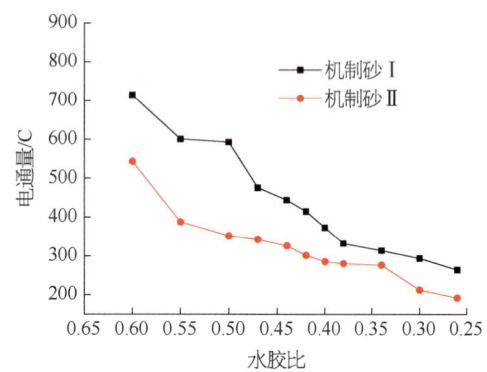

图 2-125　不同机制砂混凝土电通量结果对比

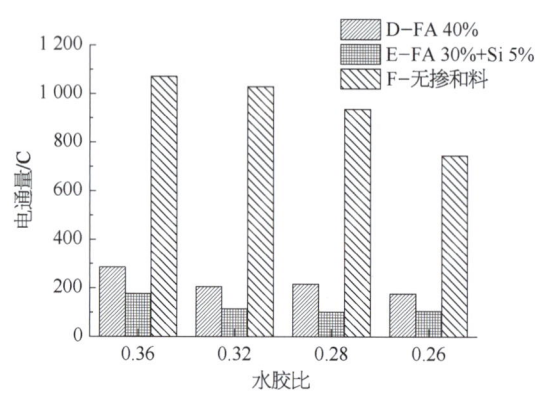

图 2-126　D、E 组与无掺和料组混凝土电通量结果对比

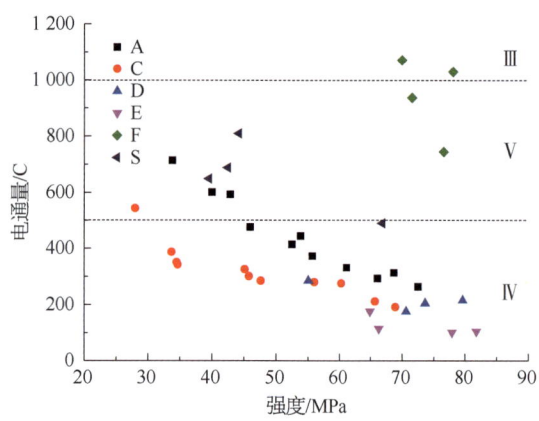

图 2-127　56 d 龄期不同强度等级与混凝土抗渗透性能的关系

从整体上看，掺入掺和料后，混凝土电通量值迅速降低，抗渗性大幅度提高。与碳化、强度等指标进行比对，可发现混凝土的抗渗性能与混凝土的强度、碳化的规律有显著的不同。以 C 组来看，混凝土水胶比从高到低，尽管强度不高，有一定的碳化，但是抗渗性优良。C25 的混凝土强度等级（组号 C2）电通量都能够达到 500 C 以内，属于最高的抗渗等级，耐久性能评级超过 100 年寿命。

由图 2-125 可以看出，机制砂 Ⅱ 配制混凝土的抗氯离子渗透性能要优于机制砂 Ⅰ 配置混凝土。对于组号 A1~A8、C1~C8 配合比基本相同，但组号 C1~C8 加入了石粉，石粉能够改善混凝土的和易性、减少泌水，使混凝土抗渗性提高，而不影响强度。组号 C8~C14 与 A8~A14 相比也有类似的结论。

把不同掺和料混凝土的强度及对应的电通量值绘制成图 2-127，可以看出，对于掺入掺和料机制砂混凝土，当抗压强度在 20~60 MPa 范围时，混凝土抗氯离子渗透的能力随强度的提高而提高；当抗压强度在 60 MPa 以上时，混凝土抗氯离子渗透的能力保持极强的水平，电通量很低；当抗压强度在 20~45 MPa 时，低强度等级混凝土抗渗透等级为 Q-Ⅳ，抗渗性好；当抗压强度大于 45 MPa 时，其抗渗透等级为 Q-Ⅴ（小于 500 C），抗渗性很好，通常用于设计寿命 100 年以上的结构工程。对于无掺和料的机制砂混凝土（F 组），强度虽较高但其抗渗性明显低于有掺和料的混凝土，电通量值是同强度等级掺和料混凝土的 3~6 倍。

对比图 2-126 中各混凝土的电通量，E 组混凝土的 6 h 电通量较 D、F 组混凝土低，抗氯离子渗透性更优；无掺和料的混凝土对比组抗氯离子渗透性明显低于有掺和料的混凝土，相较于无掺和料的混凝土的抗氯离子渗透性，掺入粉煤灰提高 75%，复掺提高 85%，30% 粉煤灰 + 5% 硅灰掺和料混凝土的抗氯离子渗透性最优，可以配制出电通量 200 C 以下的超抗渗混凝土。上述分析表明，掺入粉煤灰和硅灰能有效提高机制砂混凝土的抗氯离子渗透性；在配制高耐久性机制砂混凝土时，粉煤灰等掺和料同样是混凝土所必需的原材料；机制砂表面粗糙、有细裂缝等不影响混凝土结构的耐久性。

2.5.5 抗冻性能

抗冻试验采用快冻法，以 C25～C60 强度等级机制砂混凝土配合比为基准，进行混凝土抗冻性能试验，试验过程如图 2-128 所示，试验龄期为 28 d，试验结果见表 2-116。

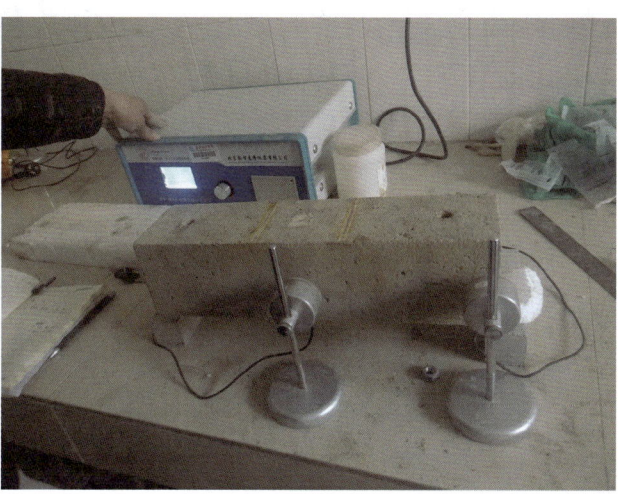

图 2-128　混凝土抗冻试验

表 2-116　不同强度等级混凝土的抗冻性能

强度等级	机制砂混凝土			天然砂混凝土		
	冻融循环次数	相对动弹性模量/%	抗冻等级	冻融循环次数	相对动弹性模量/%	抗冻等级
C25	150	66.8	＞F150	150	63.2	＞F150
C30	200	66.6	＞F200	200	66.5	＞F200
C40	350	65.8	＞F350	350	65.4	＞F350
C50	400	73.5	＞F400	400	69.3	＞F400
C60	400	81.6	＞F400	400	78.8	＞F400

表 2-116 的试验结果表明，随着强度等级的提高，混凝土的抗冻性能逐渐增强，C25 混凝土抗冻等级大于 F150，C60 混凝土抗冻等级远大于 F400，能满足不同桥梁结构部位混凝土抗冻性能的要求；机制砂混凝土的抗冻性能略优于天然砂混凝土，在相同冻融循环次数下，其动弹性模量损失较小，可能是因为机制砂中石粉在一定程度上改善了混凝土的微孔结构，填充了部分连通，使混凝土更加致密，从而提高了抗冻性能；混凝土内的孔结构对其抗冻性能影响很大，配制混凝土时采用的复合外加剂中的引气组分可在混凝土中引入细小、均匀分布的孔，大大提高了各强度等级机制砂混凝土的抗冻性能。

2.5.6 抗碳化性能

碳化试验采用快速碳化法，以 C25～C60 强度等级机制砂混凝土配合比为基准，进行混凝土碳化性能试验，试验过程如图 2-129 所示，试验龄期为 28 d，试验结果见表 2-117。

表 2-117 的试验结果表明，配合比相同时，机制砂混凝土与天然砂混凝土的抗碳化性能相差较小；混凝土的碳化深度随强度等级的提高而减小，抗碳化性能提高；C25 机制砂混凝土 28 d 碳化深度仅为 1.2 mm，说明混凝土结构密实，具有优异的抗碳化能力，能避免混凝土碳化破坏，满足不同桥梁结构部位混凝土的抗碳化性能要求。

图 2-129 混凝土抗碳化试验

表 2-117 不同强度等级混凝土的抗碳化性能

强度等级	机制砂混凝土平均碳化深度/mm				天然砂混凝土平均碳化深度/mm			
	3 d	7 d	14 d	28 d	3 d	7 d	14 d	28 d
C25	0	0.3	0.8	1.2	0	0.3	0.9	1.4
C30	0	0.3	0.7	1.1	0	0.3	0.7	1.3
C40	0	0.1	0.3	0.6	0	0.1	0.4	0.8
C50	0	0	0.2	0.6	0	0	0.3	0.7
C60	0	0	0.1	0.3	0	0	0.1	0.3

2.5.7 抗硫酸盐侵蚀性能

以 C25～C60 强度等级机制砂混凝土配合比为基准,进行混凝土抗硫酸盐侵蚀性能试验,试验龄期为 28 d,试验结果见表 2-118。

表 2-118 不同强度等级混凝土的抗硫酸盐侵蚀性能

强度等级	机制砂混凝土				天然砂混凝土			
	干湿循环后耐蚀系数			抗硫酸盐等级	干湿循环后耐蚀系数			抗硫酸盐等级
	90 次	120 次	150 次		90 次	120 次	150 次	
C25	81	73		KS90	80	71		KS90
C30	85	78	69	KS120	82	74		KS90
C40	89	82	74	KS120	87	81	73	KS120
C50	92	86	79	KS150	92	86	78	KS150
C60	94	88	82	KS150	94	85	80	KS150

表 2-118 的试验结果表明,随着强度等级的提高,混凝土的抗硫酸盐侵蚀性能显著提高,C25 机制砂混凝土的抗硫酸盐等级达 KS90,C50、C60 机制砂混凝土抗硫酸盐等级均达 KS150 以上;各强度等级混凝土均具有优异的抗硫酸盐侵蚀能力,减少了硫酸根离子与水化产物反应生成钙矾石造成混凝土破坏的概率,提高了混凝土的耐久性,满足不同桥梁结构部位混凝土的抗硫酸盐侵蚀性能要求;相同配合比时,机制砂混凝土的抗硫酸盐侵蚀性能优于天然砂混凝土,主要是由于机制砂表面粗糙、棱角多,彼此间的咬合度高,与浆体的界面黏结力强,且适量的石粉使混凝土密实度增

加,从而提高了机制砂混凝土的抗硫酸盐侵蚀能力。

2.5.8 机制砂的碱反应及抑制措施

2.5.8.1 碱集料的调查分析

1) 碱活性调查

采用卵石破碎的机制砂可能存在潜在的碱反应,对工程结构耐久性影响严重,本次研究分别调查了四川遂广、遂西高速公路所选材料送检的结果,发现砂卵石及破碎物质存在不同程度的碱活性,一些地区在0.10%~0.20%。

骨料碱活性快速砂浆棒法膨胀率见表2-119,因此拟采用活性骨料配制混凝土时,应该采取抑制碱-骨料反应的措施。

图2-130 碱-硅酸反应膨胀引起的裂纹

图2-131 桥梁碱-骨料反应膨胀导致裂纹

表2-119 前期集料碱活性试验检测结果

样品	产地	膨胀率/%
天然砂	巴中某砂石厂	0.28
碎石	南江某建材厂	0.02
碎石	南江某铁矿	0.03
碎石	桥亭乡某砂石场	0.03
机制砂	巴中某砂石厂	0.19
卵碎石	巴中某砂石厂	0.18
卵石	巴河某码头	0.21
天然砂	渠县某码头	0.09
卵碎石	南江某村料场	0.22
天然砂	南江某村料场	0.21
天然砂	巴中某石厂	0.02
碎石	南江某料场	0.02
碎石	南江某砂石场	0.09

2) 碱-骨料反应

碱-骨料反应(AAR)是指混凝土中的碱和骨料中的活性成分发生反应,引起混凝土膨胀和开裂(图2-130、图2-131),这种破坏不仅加剧混凝土结构中钢筋的锈蚀,还会影响混凝土结构的力学性能。这种破坏一旦发生便难以阻止,且不易修补及更换。按反应类型的不同,碱-骨料反应分为碱-硅酸反应(ASR)和碱-碳酸反应(ACR)。

3) 碱-硅酸反应

(1) 混凝土中碱溶解的过程。水泥水化过程中,溶液中会包含大量的Ca^{2+}和OH^-,同时还有一些碱金属离子,主要是Na^+和K^+,碱金属离子的数量虽然不多,但它们是产生碱集料反应的主要反应物之一。在此过程中,混合材料中的碱金属离子仅会有部分溶解出来,相当大的一部分仍然以固体的形式存在。

有研究表明,通常条件下,混凝土或砂浆中的OH^-浓度在28 d左右达到最大值,并在将来很长时间内保持这一水平;OH^-的浓度与水泥的额定碱含量线性相关,而与砂浆或混凝土的配合比和水泥的品种基本没有关系。

(2) 活性SiO_2矿物的溶解及凝胶的形成。集料表面会发生式(2-28)的反应,集料内部会发生式(2-29)的反应:

$$\text{—Si—OH} + \text{MOH} \longrightarrow \text{—Si—OM} + H_2O$$

(2-28)

$$-\mathrm{Si}-\mathrm{O}-\mathrm{Si}-+2\mathrm{MOH} \longrightarrow$$
$$2(-\mathrm{Si}-\mathrm{OM})+\mathrm{H_2O} \qquad (2-29)$$

对于像石英一类的 SiO_2 结晶比较完整、晶体体积较大，且化学键键长均匀、规则的矿物，碱只能侵蚀其表面，而无法侵蚀其内部；对于像微晶质、隐晶质等 SiO_2 结晶不良的矿物，则会在集料的表面和内部同时发生反应。这也是发生碱-硅酸反应矿物的基本特点。

上述反应中的 M 代表碱金属离子（K^+、Na^+），Ca^{2+} 会与 SiO_2 发生类似的反应，反应后由于产物中含有较多的钙元素，因此呈固体状，形成反应环。反应环具有半透膜的性质，Ca^{2+} 不能渗透穿过，而 K^+、Na^+ 可以渗透进入内部，与活性 SiO_2 继续反应，生成凝胶。凝胶具有高度的吸水性，吸水后体积膨胀，引起混凝土膨胀开裂。

4) 碱-碳酸反应

Swenson 在 1957 年发现碱-碳酸反应，其机理是白云石晶体与混凝土中的碱反应。碱-碳酸反应发生的概率较碱-硅酸反应小得多，具有碱-碳酸活性的集料不允许在有耐久性要求的结构中使用，因此我们主要研究碱-硅酸反应。

5) 机制砂碱-骨料反应类型

前期研究发现四川遂广、遂西高速公路拟用机制砂存在活性骨料，于是通过岩相试验进一步确定机制砂碱-骨料反应类型。试验按《普通混凝土用砂、石质量及检验方法标准》进行，通过机制砂所用母料岩相进行分析发现：卵石主要由大小不等的长石晶体和石英晶体镶嵌组成，部分长石晶体发生了绢云母化蚀变，有少量云母、角闪石和绿泥石分散在卵石中，局部区域含有约 1% 的微晶石英。碎石中的碱活性组分为微晶石英，含量约为 1%，未见白云石，发生碱-碳酸反应的可能性不存在。

卵石主要由部分绢云母化的长石晶体、石英晶体、角闪石和云母组成，含有少量方解石、绿泥石和黄铁矿，局部区域含有约 2% 的微晶石英。碎石中的碱活性组分为微晶石英，含量约为 2%，未见白云石。

对机制砂所用母料的岩相进行分析可知，两标段所用机制砂母岩中的碱活性组分均为微晶质石英，未显见白云石，而这些结晶不完全的微晶质石英或在地质演变过程中受到应力作用而改变了原有晶体结构的石英具有与碱反应的性质，因此可以判定，由巴河及其支流卵石破碎而成的机制砂具有潜在的 ASR 活性，排除了 ACR 活性的可能。

2.5.8.2 碱-骨料反应研究方法

通过对粉煤灰、矿渣、硅灰等掺和料的单独和复合使用抑制碱集料反应的效果进行了系统的研究，发现同时使用粉煤灰和硅灰抑制碱集料反应最有效，矿渣的抑制效果不够理想。对于活性板岩集料，单独使用 30% 粉煤灰的抑制效果也比较令人满意。虽然单独使用 10% 以上硅灰也有较好的抑制效果，但是经济成本较高，因此选用粉煤灰作为碱集料反应的材料。

同时我们进行了一些针对粉煤灰抑制 ASR 的试验研究。首先选取四川遂广、遂西高速公路沿线各标段拟采用的机制砂进行详细的碱活性鉴定工作，综合运用快速砂浆棒法、岩相法、扫描电镜等多种试验手段对该地区骨料的碱活性给予客观的评价，再采用粉煤灰等掺和料对碱活性骨料抑制技术进行系统试验研究。并采用现行公路标准对其抑制效果进行检测评定，通过对该检测评定方法比对及石英玻璃的特征等，对该检测评定方法进行评价。采用微观测试技术测试分析碱活性抑制的机理，并根据粉煤灰抑制碱-骨料反应机理，提出了碱-骨料反应膨胀的新的数学模型，用于评价骨料碱活性膨胀的相关参数，为混凝土结构耐久性设计提供了参考。

2.5.8.3 抑制骨料碱活性试验研究

1) 试验用原材料

（1）试验用水泥为 P·Ⅱ 52.5 硅酸盐水泥，碱含量为 0.68%。

（2）分别测试了不同标段送样机制砂的级配、细度模数、堆积密度、坚固性、含泥量或石粉含量及亚甲蓝试验，见表 2-120～表 2-123；筛分结果见表 2-124～表 2-127。

（3）粉煤灰为 Ⅰ 级粉煤灰，化学成分见表 2-128。

表 2-120　2 标机制砂基本性能

项目	级配	细度模数	堆积密度/(kg·m⁻³)	压碎值/%	含泥量或石粉含量/%	亚甲蓝试验
试验结果	Ⅰ区	3.4	1500	9.4	2.9	MB<1.4（石粉为主）

表 2-121　3 标机制砂基本性能

项目	级配	细度模数	堆积密度/(kg·m⁻³)	压碎值/%	含泥量或石粉含量/%	亚甲蓝试验
试验结果	Ⅰ区	3.1	1580	10.3	3.5	MB<1.4（石粉为主）

表 2-122　4 标机制砂基本性能

项目	级配	细度模数	堆积密度/(kg·m⁻³)	表观密度/(kg·m⁻³)	压碎值/%	含泥量或石粉含量/%	亚甲蓝试验
试验结果	Ⅱ区	2.9	1550	2670	10.2	1.5	MB<1.4（石粉为主）

表 2-123　5 标机制砂基本性能

项目	级配	细度模数	堆积密度/(kg·m⁻³)	表观密度/(kg·m⁻³)	压碎值/%	含泥量或石粉含量/%	亚甲蓝试验
试验结果	Ⅰ区	3.5	1520	2740	11.8	1.4	MB<1.4（石粉为主）

表 2-124　2 标机制砂筛分结果

样品	项目	筛孔/mm								细度模数 M_x	
		4.75	2.36	1.18	0.60	0.30	0.15	0.075	<0.075	单值	平均值
1	筛余/g	36	139	134	72	62	26	14	17	3.44	3.4
	分计/%	7.2	27.8	26.8	14.4	12.4	5.2	2.8	3.4		
	累计/%	7.2	35.0	61.8	76.2	88.6	93.8	96.6	100		
2	筛余/g	36	137	133	74	60	27	15	18	3.42	
	分计/%	7.2	27.4	26.6	14.8	12.0	5.4	3.0	3.6		
	累计/%	7.2	34.6	61.2	76.0	88.0	93.4	96.4	100		
累计平均值/%		7	35	62	76	88	94	97	100		

表 2-125　3 标机制砂筛分结果

样品	项目	筛孔/mm								细度模数 M_x	
		4.75	2.36	1.18	0.60	0.30	0.15	0.075	<0.075	单值	平均值
1	筛余/g	5	127	94	104	77	46	25	22	3.08	3.1
	分计/%	1.0	25.4	18.8	20.8	15.4	9.2	5.0	4.4		
	累计/%	1.0	26.4	45.2	66.0	81.4	90.6	95.6	100		
2	筛余/g	6	127	93	102	78	47	26	21	3.07	
	分计/%	1.2	25.4	18.6	20.4	15.6	9.4	5.2	4.2		
	累计/%	1.2	26.6	45.2	65.6	81.2	90.6	95.8	100		
累计平均值/%		1	27	45	66	81	91	96	100		

表 2-126 4 标机制砂筛分结果

样品	项目	筛孔/mm								细度模数 M_x	
		4.75	2.36	1.18	0.60	0.30	0.15	0.075	<0.075	单值	平均值
1	筛余/g	2	92	109	99	96	56	26	20	2.89	2.9
	分计/%	0.4	18.4	21.8	19.8	19.2	11.2	5.2	4.0		
	累计/%	0.4	18.8	40.6	60.4	79.6	90.8	96.0	100		
2	筛余/g	3	94	108	98	98	57	24	18	2.92	
	分计/%	0.6	18.8	21.6	19.6	19.6	11.4	4.8	3.6		
	累计/%	0.6	19.4	41.0	60.6	80.2	91.6	96.4	100		
累计平均值/%		1	19	41	61	80	91	96	100		

表 2-127 1 标机制砂筛分结果

样品	项目	筛孔/mm								细度模数 M_x	
		4.75	2.36	1.18	0.60	0.30	0.15	0.075	<0.075	单值	平均值
1	筛余/g	9	166	113	83	65	36	13	15	3.47	3.5
	分计/%	1.8	33.2	22.6	16.6	13.0	7.2	2.6	3.0		
	累计/%	1.8	35.0	57.6	74.2	87.2	94.4	97.0	100		
2	筛余/g	10	164	112	84	68	35	14	13	3.45	
	分计/%	2.0	32.8	22.4	16.8	13.6	7.0	2.8	2.6		
	累计/%	2.0	34.8	57.2	74.0	87.6	94.6	97.4	100		
累计平均值/%		2	35	57	74	87	95	97	100		

表 2-128 试验用粉煤灰化学成分   单位：%

规格	R_2O	K_2O	Na_2O	CaO	MgO	Fe_2O_3	Al_2O_3	SiO_2	SO_3	烧失量
Ⅰ级	1.18	1.44	0.23	0.09	0.18	14.72	26.99	51.24	2.16	2.21

（4）NaOH 分析纯度。

（5）配制试件养护溶液采用蒸馏水，成型及预养护砂浆试件制作采用饮用水。

（6）试验采用硬质玻璃破碎而成的玻璃砂作为骨料，硬质玻璃由中国建筑材料研究院生产。硬质玻璃如图 2-132 所示，玻璃砂级配见表 2-129。

图 2-132 试验用硬质石英玻璃

表 2-129　石英玻璃砂配制的级配

项目	筛孔尺寸/mm				
	4.75~2.36	2.36~1.18	1.18~0.6	0.6~0.3	0.3~0.15
分级质量/g	180	180	180	180	180

2) 试验用仪器设备

(1) 试验筛。包括孔径为 5.0 mm、2.5 mm 的圆孔筛和边长为 1.25 mm、0.63 mm、0.315 mm 和 0.16 mm 的方孔筛一套，筛的底盘和盖各一只。

(2) 天平。称量 500 g，感量 0.1 g 一台；称量 100 g，感量 0.01 g 一台。

(3) 胶砂搅拌机。符合《行星式水泥胶砂搅拌机》的规定，但搅拌叶片底缘同搅拌锅底间的间隙应为 5 mm±0.3 mm。

(4) 测头及试模。测头用不锈钢制成，测头形状及尺寸应与试模端板相应尺寸相吻合。试模为金属制成的三联试模，可以拆卸，其内壁尺寸为 25 mm×25 mm×280 mm。

(5) 比长仪。量程 275~300 mm，精度 0.01 mm。

(6) 捣棒。截面尺寸为 14 mm×13 mm、长度为 120~150 mm 的钢制长方体。

(7) 养护容器。由耐腐蚀耐高温材料（如聚丙烯、聚氯乙烯或不锈钢等）制成的带盖容器，其内设有试件架，加盖后不漏水、不透气，高度不低于 350 mm。

(8) 恒温水浴或烘箱。快速砂浆棒法试验温度为 80 ℃±2 ℃；砂浆棒长度法（即慢速砂浆棒法）试验温度为 38 ℃±2 ℃。

相关实物图如图 2-133~图 2-135 所示。

图 2-133　80 ℃（慢速砂浆棒法为 38 ℃）混凝土养护箱中正在养护的试件

图 2-134　外径千分尺测量砂浆棒膨胀率

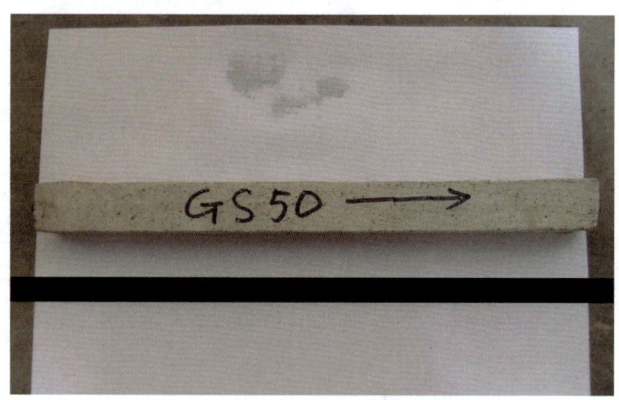

图 2-135　试件编号及测长方向

3）试验方法

(1) 岩相分析。岩相法的基本理论基于光性矿物学。具体操作是把集料磨制成薄片，在偏光显微镜下鉴定矿物成分及其含量，以及矿物结晶程度和结构。近来发展到借助扫描电镜、X 线衍射分析、热分析、红外光谱分析等测试手段。

岩相分析不仅可以用来观察集料的活性成分，而且可以用来观察已发生碱集料病害结构的反应程度和种类，制定相关的处理措施。岩相分析的具体操作可按照《铁路混凝土》中相关规定进行。

(2) 快速砂浆棒法。按照《铁路混凝土》进行试验。将骨料破碎分级后，制作成 25 mm×25 mm×280 mm 的砂浆棒试件，用水量应以 10 次/6 s 时砂浆流动度为 105～120 mm 进行控制，胶砂比为 0.44，碱含量调整至 0.8%，试件成型 24 h 后脱模并立即放入 80 ℃水浴养护箱内预养护，养护至 24 h 测量试件基准长度，测量完以后放入温度 80 ℃、浓度 1 mol/L 的 NaOH 溶液中，从测量基准长度之日起，3 d、7 d、14 d 分别测量试件长度。14 d 膨胀率大于 0.1%，则评定为碱活性骨料。

(3) 抑制试验方法。抑制试验选择的铁建抑制方法参数见表 2-130。

4）试验结果及分析

(1) 铁路标准及国标试验结果及分析。

① 本试验为快速砂浆棒法，并借鉴《预防混凝土碱骨料反应技术规范》中规定，其中水灰比为 0.47，试验主要选用 2 标骨料，试件掺量分为三组，其中粒

表 2-130　铁路标准试验方法（ASTM C1567—2008）

参数	标准
试件尺寸	25 mm×25 mm×280 mm
试验材料	400 g 胶凝材料＋900 g 骨料（粉煤灰内掺量 10%、20%、30%、40%）
胶骨比	1∶2.25
成型方式	手工成型
用水量	10 次/6 s 砂浆流动度为 105～120 mm
碱含量	0.8%
养护条件	80 ℃±2 ℃的 1 mol/L NaOH 养护液
试验周期	28 d（ASTM C1567—2008 为 14 d）
评价标准	0.10%

化高炉矿渣掺量分别为 30%、40%、50%，按照《铁路混凝土结构耐久性设计规范》附录 B 测其胶砂流动度在 105～120 mm，同时满足铁路工程相应的试验方法。配合比见表 2-131。

表 2-131　添加矿渣配合比设计

编号	水泥用量/g	矿渣用量/g	用水量/g	骨料用量/g
S-30	858	132	206.8	990
S-40	814	176	206.8	990
S-50	770	220	206.8	990

在 80 ℃±2 ℃的养护箱中养护 3 d、7 d、10 d、14 d、21 d、28 d、35 d，分别测得其长度，并算出其膨胀率，数据结果见表 2-132。

表 2-132 添加矿渣膨胀率

编号	膨 胀 率						
	3 d	7 d	10 d	14 d	21 d	28 d	35 d
标准砂	0.001 569	0.006 94	0.013 978	0.023 672	0.050 472	0.076 83	0.096 216
S-30	0.017 452	0.046 056	0.075 494	0.100 921	0.134 874	0.163 076	0.179 66
S-40	0.009 948	0.026 414	0.047 868	0.062 767	0.086 611	0.105 745	0.116 91
S-50	0.005 083	0.015 347	0.027 962	0.037 023	0.056 46	0.073 536	0.075 008

为了直观分析各试件膨胀率随时间变化的规律,作折线图如图 2-136 所示。

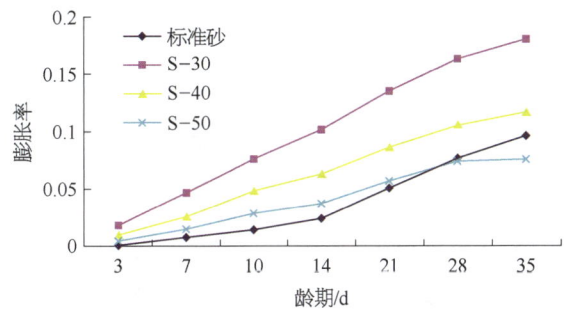

图 2-136 各矿渣掺量试件的膨胀率

《预防混凝土碱骨料反应技术规范》规定,若 14 d 膨胀率小于 0.03%,则掺和料对碱-骨料反应抑制有效,虽然随着矿渣掺量的增加,膨胀率有所下降,但从表 2-131 和图 2-136 可以看出,S-50 的 14 d 膨胀率为 0.037%,大于 0.03%,仍不能有效抑制碱-骨料反应。

从折线图可以看出,膨胀率大体呈线性增长,到了 35 d 膨胀速率仍然没有下降的趋势,仅矿渣掺量为 50%组在 28 d 后膨胀速率稍有下降,这说明试件后期还会高速膨胀,也说明矿渣抑制碱-骨料反应的效果不理想。

按照《铁路混凝土结构耐久性设计规范》附录 B,矿物掺和料及外加剂抑制碱-骨料反应有效性检测方法来评定矿渣抑制碱-骨料反应的效果,即 28 d 膨胀率小于 0.10%则抑制有效,那么矿渣掺量在 50%时抑制碱-骨料反应有效,掺量在 30%、40%时抑制效果不佳。

② 粉煤灰对骨料碱活性抑制效果。表 2-133 为粉煤灰抑制碱-骨料反应结果。从表 2-133 的抑制试验结果可以看出,不掺粉煤灰的空白试件 14 d 膨胀率分别为 2 标 0.29%、3 标 0.28%、4 标 0.03%、1 标 0.06%。通过图 2-137~图 2-140 可知,掺加不同比例的粉煤灰可以明显改善骨料的碱活性,对活性机制砂均有很好的抑制效果,且粉煤灰掺量越大,抑制效果越好。粉煤灰掺量达到 20%时,原来快速砂浆棒法膨胀率在 0.20%~0.30%的骨料在 14 d 的膨胀率全部小于 0.03%;28 d 膨胀率小于 0.10%,满足现行国家标准及铁路标准,碱活性抑制有效。超过 20%的掺量,试件膨胀率更低。

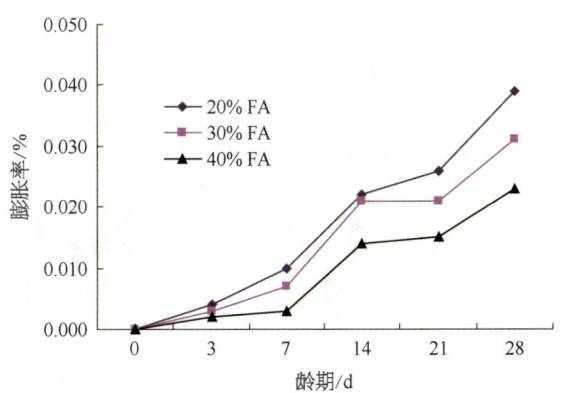

图 2-137 粉煤灰对 2 标骨料碱活性抑制效果

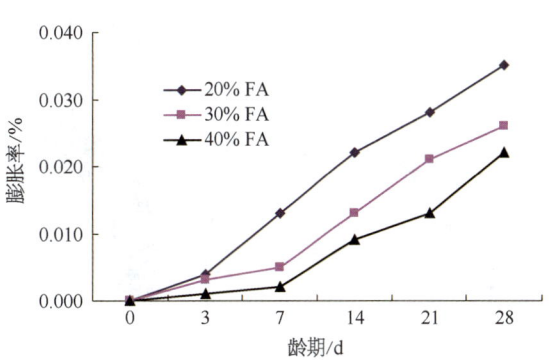

图 2-138 粉煤灰对 3 标骨料碱活性抑制效果

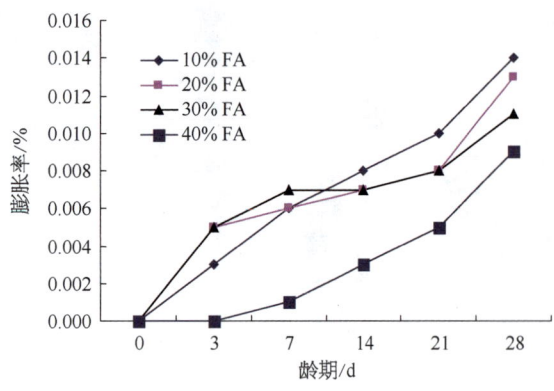

图 2-139　粉煤灰对 4 标骨料碱活性抑制效果

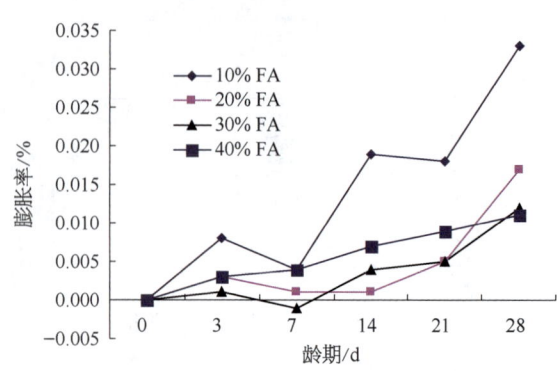

图 2-140　粉煤灰对 1 标骨料碱活性抑制效果

表 2-133　粉煤灰抑制碱活性效果

标段	内掺粉煤灰比例/%	初长/mm	膨胀率/%					28 d 取膨胀率/%	时间外观变化情况
			3 d	7 d	14 d	21 d	28 d		
2 标	0				0.290				无裂缝、变形
					0.270				
	20	287.888	0.003	0.007	0.022	0.026	0.039	0.04	无裂缝、变形
		285.550	0.003	0.005	0.021	0.026	0.038		
		288.960	0.002	0.008	0.020	0.025	0.034		
	30	288.370	0.004	0.010	0.021	0.021	0.031	0.03	无裂缝、变形
		288.398	0.002	0.005	0.016	0.018	0.030		
		288.417	0.003	0.006	0.014	0.014	0.027		
	40	287.270	0.002	0.003	0.014	0.015	0.023	0.02	无裂缝、变形
		286.338	0.003	0.007	0.014	0.019	0.026		
		286.421	0.003	0.005	0.013	0.016	0.022		
3 标	0				0.280				无裂缝、变形
					0.260				
	20	294.837	0.003	0.013	0.022	0.028	0.035	0.03	无裂缝、变形
		296.795	0.000	0.007	0.015	0.020	0.030		
		296.377	0.002	0.009	0.017	0.021	0.030		
	30	288.390	0.004	0.005	0.013	0.021	0.026	0.02	无裂缝、变形
		289.250	0.002	0.005	0.015	0.018	0.023		
		287.398	0.003	0.006	0.016	0.017	0.025		
	40	289.700	0.001	0.002	0.009	0.013	0.022	0.02	无裂缝、变形
		288.140	−0.002	0.002	0.010	0.013	0.022		
		289.748	0.003	0.006	0.014	0.017	0.025		
4 标	0	289.120	0.008	0.015	0.029				无裂缝、变形
		289.377	0.002	0.011	0.027				
		285.512	0.001	0.008	0.023				

(续表)

标段	内掺粉煤灰比例/%	初长/mm	膨胀率/%					28 d取膨胀率/%	时间外观变化情况
			3 d	7 d	14 d	21 d	28 d		
	10	287.221	0.005	0.002	0.006	0.009	0.015	0.01	无裂缝、变形
		298.832	0.003	0.006	0.008	0.010	0.014		
		288.870	0.005	0.003	0.007	0.008	0.013		
	20	288.656	0.001	0.002	0.005	0.010	0.012	0.01	无裂缝、变形
		287.296	0.006	0.002	0.006	0.008	0.011		
		288.114	0.005	0.006	0.007	0.008	0.013		
	30	289.523	0.005	0.007	0.007	0.008	0.011	0.01	无裂缝、变形
		289.112	0.005	0.006	0.009	0.009	0.012		
		289.655	0.006	0.003	0.008	0.009	0.011		
	40	287.462	0.000	0.001	0.003	0.005	0.009	0.01	无裂缝、变形
		288.776	0.002	0.001	0.005	0.007	0.008		
		288.200	0.004	0.004	0.006	0.008	0.010		
1标	0	285.714	0.005	0.010	0.055				无裂缝、变形
		288.508	0.008	0.013	0.056				
		289.020	0.008	0.013	0.055				
	10	287.642	0.008	0.004	0.019	0.018	0.033	0.03	无裂缝、变形
		287.948	0.003	0.005	0.016	0.020	0.032		
		287.989	0.009	0.006	0.016	0.021	0.031		
	20	297.278	0.003	0.001	0.001	0.005	0.017	0.02	无裂缝、变形
		296.860	0.000	−0.001	0.004	0.004	0.015		
		296.823	−0.001	0.000	0.006	0.005	0.013		
	30	297.530	0.001	−0.001	0.004	0.005	0.012	0.01	无裂缝、变形
		297.227	0.002	−0.002	0.004	0.003	0.013		
		296.094	0.002	−0.002	0.007	0.007	0.013		
	40	285.298	0.003	0.004	0.007	0.009	0.011	0.01	无裂缝、变形
		288.118	0.001	0.002	0.005	0.008	0.013		
		288.380	0.002	0.001	0.005	0.008	0.011		

随着粉煤灰掺量的增加，其对碱-硅酸反应的抑制效果增强。通过本次试验及前述试验得出，含有微晶质石英或隐晶质石英的活性集料，用快速砂浆棒法测定其在不同龄期的膨胀率，当掺有20%以上的粉煤灰时，普通混凝土结构的耐久性有足够的保证。如果采用掺混合材料的水泥，掺入的混合材料是粉煤灰且达到20%，也能够满足混凝土结构耐久性的要求，这类水泥包括粉煤灰硅酸盐水泥、复合硅酸盐水泥。

由粒化高炉矿渣和粉煤灰对骨料碱活性抑制效果可知，粒化高炉矿渣在掺量40%以下时效果不明显，达到40%及以上才有效果。因此从抑制碱活性的角度，应优先采用粉煤灰。

③ 粉煤灰矿渣复掺对骨料碱活性抑制效果。在复掺试验中，设计了4个配合比：10%粉煤灰+20%矿渣、10%粉煤灰+30%矿渣、20%粉煤灰+10%矿渣、20%粉煤灰+20%矿渣，分别记为FA-10-S-20、FA-20-S-30、FA-20-S-10、FA-20-S-20。其中试验过程借鉴《预防混凝土碱骨料反应技术规范》，其中水灰比为0.47，试验主要选用

表 2-134 粉煤灰矿渣复掺配合比

编号	水泥用量/g	矿渣用量/g	粉煤灰用量/g	用水量/g	砂用量/g
FA-10-S-20	308	88	44	206.8	990
FA-10-S-30	308	44	88		
FA-20-S-10	264	132	44		
FA-20-S-20	220	176	44		

表 2-135 粉煤灰矿渣复掺试验结果

编号	时间						
	1 d	3 d	7 d	10 d	14 d	21 d	28 d
FA-10-S-20	0.0019	−0.0007	0.0042	0.0059	0.0118	0.0147	0.0128
FA-10-S-30	0.0039	0.0009	0.0079	0.0097	0.0181	0.0209	0.0216
FA-20-S-10	0.0047	0.0032	0.0103	0.0131	0.0201	0.0264	0.0261
FA-20-S-20	−0.0030	−0.0056	0.0008	0.0056	0.0100	0.0128	0.0142

2 标骨料(14 d 膨胀率为 0.28%)。试验配合比见表 2-134，试验结果见表 2-135。

图 2-141 显示了膨胀率随龄期的变化趋势。

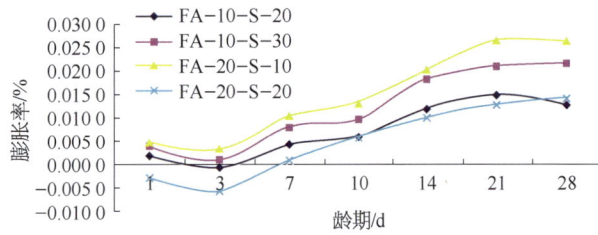

图 2-141 粉煤灰矿渣复掺对骨料碱活性抑制效果

《预防混凝土碱骨料反应技术规范》规定，若 14 d 膨胀率小于 0.03%，则抑制有效，由表 2-135 可知，4 种配合比均对碱活性抑制有效，试件 28 d 膨胀速率已经明显趋于平缓，这也进一步说明了抑制的有效性。

当粉煤灰掺量为 10%，矿渣掺量由 20% 增加到 30% 时，膨胀率增大，抑制效果变差；当粉煤灰掺量为 20%，矿渣掺量由 10% 增加到 20% 时，膨胀率降低，抑制效果变好。说明粉煤灰和矿渣复掺时，其效果不是两种掺和料抑制效果简单相加。在掺和料掺量较低的情况下，曾做过试验研究，当单掺粉煤灰掺量小于 10%，或者单掺硅灰小于 5%，掺和料不但没有抑制效果还可能提高膨胀率。

相比于只添加 20% 粉煤灰的试件而言，再添加 20% 矿渣能使 14 d 膨胀率再降低 50%，说明当粉煤灰掺量不过小的情况下，粉煤灰和矿渣复掺能起到很好的抑制作用。

(2) 公路标准试验结果及分析。

① 评定方法简介及分析。现行公路标准《公路工程集料试验规程》中采用 T 0325—1994 集料碱活性检验（砂浆长度法）作为检测方法（以美国标准 ASTM C441 为蓝本）。标准指出适用范围：评定矿物混合材料对高碱硅酸盐水泥与高活性集料（硬质玻璃）反应引起过量膨胀的抑制效能。结果评定：首先，碱集料反应的抑制效能，掺混合材料或外加剂的对比试件 14 d 龄期砂浆膨胀率降低值应大于或等于 75%，对比试件 56 d 龄期的膨胀率小于 0.05%，则认为所试验的材料及相应的掺量具有碱集料反应抑制效能。其次，膨胀率的判别试验，对比试件 14 d 和 56 d 龄期的膨胀率不超过同条件下低碱硅酸盐水泥标准试件的膨胀率，或者 14 d 龄期膨胀率不超过 0.02%，56 d 龄期膨胀率不超过 0.05%，则认为所试验的水泥不会产生有害的碱集料反应。

本次试验方法采用《公路工程集料试验规程》中采用的 T 0325—1994 集料碱活性检验作为检测方法。以高活性的硬质玻璃砂与高碱硅酸盐水泥制成的砂浆标准试件，与掺有抑制材料的砂浆对比试件进行同龄期膨胀率比较，评定材料的抑制效能。

每组 3 个试件，需水泥 400 g、玻璃砂 900 g。对比试件掺混合材料时,水泥为 300 g,混合材料掺量为 100 g 水泥体积对应的混合材料质量。

试验采用硬质玻璃破碎而成的玻璃砂作为骨料,水泥采用高碱硅酸盐水泥,含碱量约为 1.0%(以氧化钠计)。达不到则采用氢氧化钠溶液补充。抑制材料为粉煤灰。

② 试验结果。按《公路工程集料试验规程》中 T 0325—1994 集料碱活性检验的要求养护并测长,试验结果见表 2-136,试样照片如图 2-142 所示。规范采用的是慢速砂浆棒法,养护温度为 38 ℃±2 ℃,与快速砂浆棒法不同,快速砂浆棒法养护温度为 80 ℃±2 ℃。

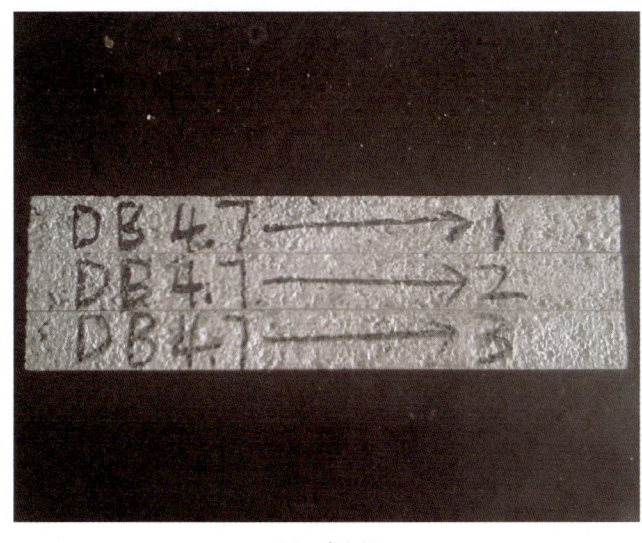
(a) 对比组

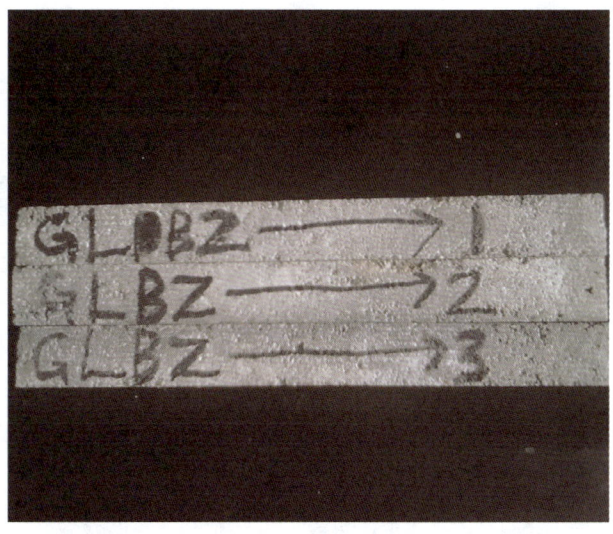
(b) 标准组

图 2-142　砂浆长度法试验试件 56 d 照片

表 2-136　玻璃砂骨料试验结果

试件	玻璃砂骨料用量/g	胶凝材料用量/g		膨胀率/%		14 d 膨胀率降低值/%
		水泥	粉煤灰	14 d	56 d	
标准组	900	400	0	0.537	0.599	45.3
对比组	900	300	68.35	0.294	0.342	

按照规范要求,粉煤灰的用量为 100 g 水泥体积的用量,即粉煤灰用量的体积和 100 g 水泥体积相同。

对于采用体积法掺量粉煤灰的胶凝材料,按照质量比其掺量不到 20%,14 d 膨胀率降低值低于 75%,不符合要求;对比试件 56 d 膨胀率大于 0.05%,不符合要求。

(3) 碱活性抑制方法的确定。不同的活性骨料应采用不同的抑制措施。现行公路标准只针对活性很高的石英玻璃进行检验,没有考虑骨料原材料活性大小。按照现行铁路标准《铁路混凝土结构耐久性设计规范》的规定,骨料碱活性按照快速砂浆棒法检测,其 14 d 膨胀率小于 0.10% 为非活性骨料,并规定了膨胀率小于 0.20% 的骨料、大于或等于 0.20% 且小于 0.30% 的骨料应采用的抑制措施。如膨胀率在大于或等于 0.20% 且小于 0.30% 的骨料在满足相应的混凝土中碱含量要求的基础上,还应对混凝土采取抑制碱-骨料反应技术措施,并试验证明抑制有效。而对于膨胀量达到或超过 0.30% 的骨料,不能用于混凝土结构中。石英玻璃活性远高于膨胀率 0.30% 的骨料,与现实差别很远。

试验采用快速砂浆棒法,14 d 后 5% 石英玻璃试样微观测试发现石英玻璃上出现数个面积较大的反应坑洞,并且石英玻璃开裂。数量较多以至于在 100～500 μm 比例尺下可以观测到反应坑(洞)及产物(图 2-143、图 2-144)。在反应坑(洞)内有大量的反应产物并伴随有微裂缝,在面积较大的反应坑(洞)内产物尺寸远大于自然界岩石碱-骨料反应物,特别是石英玻璃生成产物微观形貌很规则,呈虫状

(或毛线团状)，外观有些"漂亮"(图2-145)。虫状产物尺寸接近氢氧化钙(在水泥结构体系中属于大尺寸产物)。对虫状产物的能谱分析如图2-146所示，很明显其为碱-骨料反应产物。

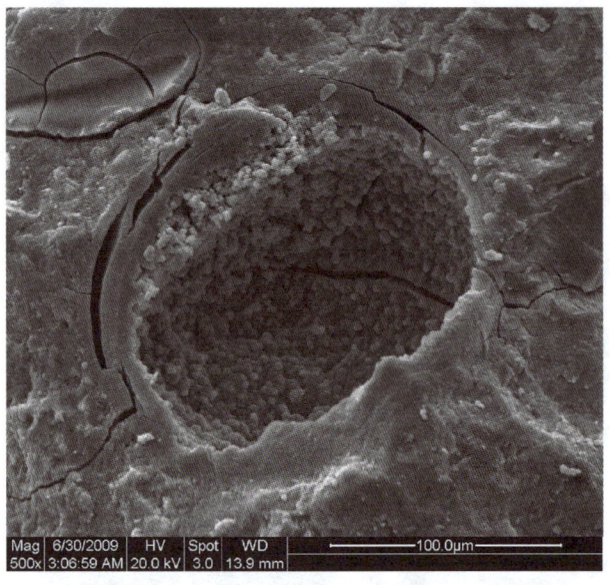

图2-143 石英玻璃碱-骨料反应坑(洞)形貌

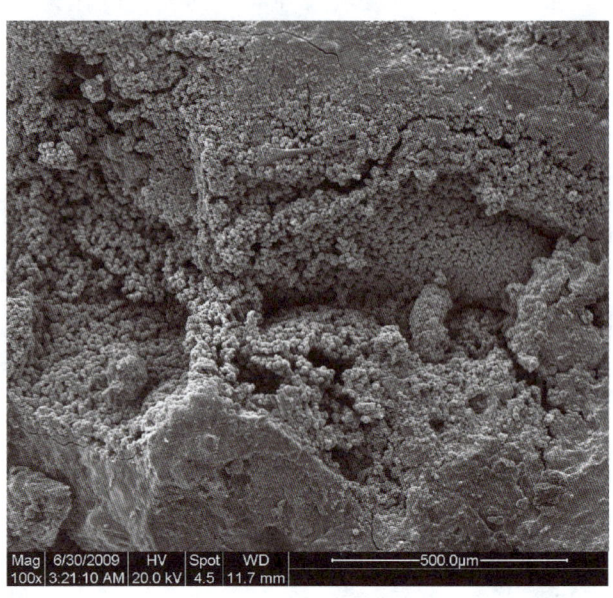

图2-144 石英玻璃碱-骨料反应坑(洞)腐蚀形貌

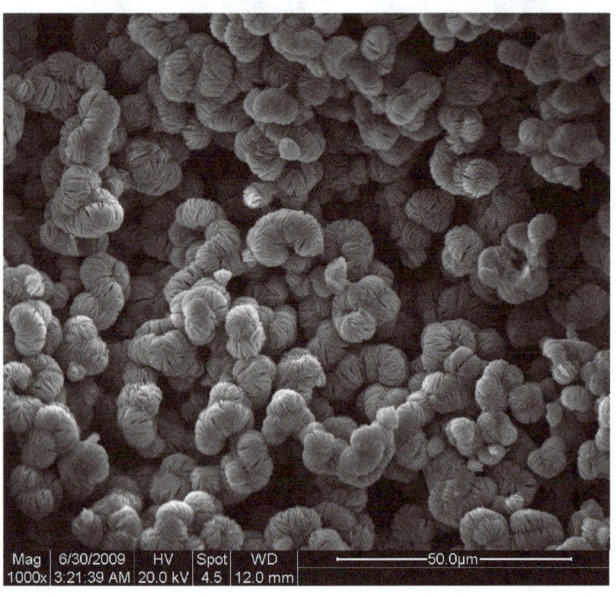

图2-145 石英玻璃碱-骨料反应坑(洞)内产物形貌

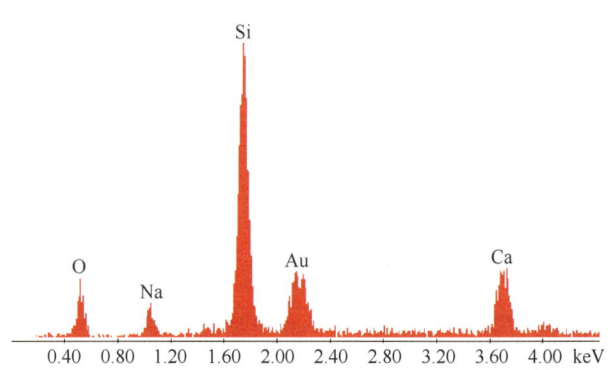

图2-146 石英玻璃碱-骨料反应坑(洞)内虫状生成物能谱成分分析谱

分析发现，石英玻璃在碱溶液中发生反应，其反应速度很快，生成产物与实际骨料产物微结构、形貌相差很大。因此，采用石英玻璃评定抑制效果的评定方法不合理。

(4) 对碱-骨料反应抑制有效性标准的分析。现行公路标准《公路工程集料试验规程》中碱活性抑制有效性试验方法标准采用的是以ASTM C441标准为蓝本，而ASTM C441标准在1959年制定，颁布后不断受到世界各国的质疑，主要原因是评定所采用骨料为硬质石英玻璃，评定指标与实际使用的骨料碱活性大小无关。后来美国将该标准废除，采用新的ASTM C1567，ASTM C1567采用快速砂浆棒法，14 d膨胀率小于0.10%则认为抑制有效。

大量的试验研究及相关文献试验资料表明，新的ASTM C1567方法规定仍然不够严格。2005年铁道部颁布了铁建设〔2005〕157号《铁路混凝土结构耐久性设计暂行规定》,其中碱活性抑制有效性规定采用快速砂浆棒法 28 d 膨胀率低于 0.10%,则抑制有效。2010 年颁布的《铁路混凝土结构耐久性设计规范》中关于骨料碱活性抑制有效性试验仍采用上述规定并沿用至今。

5) 石粉对骨料碱活性的影响分析

适量的石粉可使机制砂混凝土具有很好的保水性和黏聚性,改善离析、泌水现象,石粉填充了界面的空隙,使水泥石结构和界面结构更为致密,阻断了可能形成的渗透通路,使混凝土的抗渗性得到改善。B.P. Hudson 等认为,机制砂中的石粉可以提高集料的有效堆积,在水泥水化过程中阻止毛细孔道的形成,从而提高混凝土的抗渗性,石粉越多,被阻断的透水通道也就越多,越能改善混凝土的抗渗性能。下面的试验也证明,适量的石粉对提高混凝土综合性能是必要的。但是,具有碱活性岩石破碎后的石粉对于碱-骨料反应的效应仍需进一步研究。

本次研究选择了碱活性较高的 2 标岩石作为制备的母料,然后将岩石颗粒放入破碎机破碎成试验用集料。试验发现石粉较少(10% 以内)且在机制砂应用要求的石粉含量内时,石粉对骨料碱活性膨胀率影响不大,主要原因是较少的石粉在碱活性膨胀中存在最不利粒径。结合碱活性微观相近的板岩碱活性进行系统研究,也得到类似的结论。根据碱-骨料反应的膨胀机理,可以做出以下假设:①骨料为球形;②容纳胶凝体的孔隙包围在骨料周围,仅骨料周围 t 厚度的水泥可吸收胶凝体;③试件膨胀率与单位体积胶凝体填充孔隙后的剩余量成正比;④碱-骨料反应中胶凝体的产生量与骨料表面积成正比。在石粉颗粒表面积较小时,还可以做假设:骨料产生的胶凝体膨胀区域互不重叠,如图 2-147 所示。

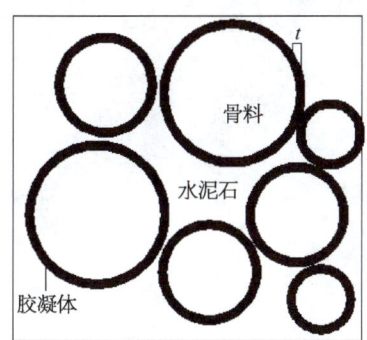

图 2-147 石粉较少时混凝土微观模型

设骨料仅含有粒径为 r 的骨料,在体积为 V 的混凝土含有骨料体积 $V_{骨料}$ 和水泥石体积 $V_{水泥石}$,则有

$$V = V_{骨料} + V_{水泥石}$$

膨胀量 S 与填充孔隙后的剩余胶凝体的体积成正比,则 S 满足

$$S = a\left\{k \times 4\pi r^2 - \frac{4}{3}\pi[(r+t)^3 - r^3] \times p\right\} \times \frac{V_{骨料}}{4\pi r^3/3}$$

其中大括号内前半部分表示胶凝体的生成量,后半部分表示骨料周围胶凝体体积,其中 p 为水泥石孔隙率。

膨胀率 $E = S/V$ 满足

$$E = a\left\{k \times 4\pi r^2 - \frac{4}{3}\pi[(r+t)^3 - r^3] \times p\right\} \times \frac{\rho_{骨料}}{4\pi r^3/3}$$

其中 $\rho_{骨料}$ 为骨料体积率。

将 E 对粒径 r 求导,得

$$dE/dr = a\rho_{骨料}\left[\frac{3Pt}{r^2}\left(1 + \frac{t}{r}\right)^2 - \frac{3k}{r^2}\right]$$

有研究表明,水泥胶孔尺寸仅比水分子大一个数量级,因此胶孔中不能成长微晶体,也不能被水化产物所填充,所以胶孔的孔隙率基本是一个常数,其体积约占水泥石体积的 28%,不随水灰比及水化程度的变化而变化。故孔隙率 p 为 28%。当石粉掺量一定时,$\rho_{骨料}$ 为一定值。

令 $dE/dr = 0$,得 $r = t/(\sqrt{k/pt} - 1)$。可知当 $0 < r < t/(\sqrt{k/pt} - 1)$ 时,膨胀率 E 随 r 的增大而增大,当 $r > t/(\sqrt{k/pt} - 1)$ 时,膨胀率 E 随 r 的增大而减小,该粒径 $R = t/(\sqrt{k/pt} - 1)$ 称为骨料的最不利粒径。

上述研究表明,当石粉含量较低时,对碱活性膨胀性影响很小,不但无害,还有一定的抑制作用,但是石粉较多时则和石粉的粗细有关,变化规律性不强,有待进一步试验及分析。

通过抑制骨料碱活性试验研究可知:

(1) 四川遂西、遂广高速公路骨料碱活性膨胀源主要为微晶质至隐晶质石英,膨胀率在 0.30% 以内,采用粉煤灰等掺和料抑制,按照现行国家标准或铁路标准对碱-骨料反应抑制有效性进行评定,达到抑制有效。

(2) 随着掺和料掺量的增加，对碱-硅酸反应的抑制效果增强。对于特定活性的集料来说，掺和料达到某一掺量时，碱-硅酸反应在某一龄期之内处于"静停"状态，继续增加掺量，抑制效果不再有明显改变。同一掺和料，不同活性骨料，其"静停"掺量不同。

(3) 含有微晶或隐晶质石英的活性集料，抑制碱活性效果次序如下：硅灰＞粉煤灰＞粒化高炉矿渣。快速砂浆棒法14 d膨胀率在0.20%～0.30%的骨料，20%掺量的粉煤灰有明显的效果。适量的细石粉不会增加碱活性膨胀。

(4) 硬质石英玻璃的活性很大，远大于普通骨料。四川遂西、遂广高速公路周边岩石作为骨料，最大膨胀率均为0.30%以下的骨料，不适宜采用硬质石英玻璃代替工程骨料进行碱活性抑制试验。现行公路标准关于抑制碱活性有效性试验方法不适用于土木工程，应采取其他方法。

2.5.8.4 掺和料抑制ASR机理及抑制ASR的数学模型的研究

1) 技术概况

在混凝土中掺加混合材料是抑制ASR的重要途径，它不仅成本较低，能够延缓或抑制ASR，而且对混凝土的其他性能也有一定的改善作用，同时有利于节约资源，保护环境。粉煤灰、磨细矿渣及硅粉是三种最常用的掺和料。

为研究矿物材料对骨料碱活性的抑制机理，对采取各种抑制措施的骨料砂浆进行微观分析。试样包括快速砂浆棒法试验后的试件（采用的标准为《预防混凝土碱骨料反应技术规范》和《铁路混凝土结构耐久性设计规范》）、砂浆长度法（慢速砂浆棒法）试件[采用标准《公路工程集料试验规程》中集料碱活性检测（砂浆长度法）]。微观测试方法采用偏光显微镜观测、扫描显微镜观测、能谱成分分析及X线衍射分析等，观测样品反应产物及形貌。

2) 微观分析

结合前几节试验所得到的一些结论，进行了一些微观方面的试验研究，从粉煤灰等抑制ASR的产物形貌、骨料发生ASR反应与否的一些显微照片，以及掺入矿物掺和料以后水泥石矿物组成的变化几个方面，探讨抑制ASR的主要机理。

用偏光显微镜观测，可以发现活性较高的骨料采用快速砂浆棒法时生成物明显，骨料界面处生成了大量的白色胶凝物质，即骨料界面有明显的反应环，如图2-148a所示。采取抑制措施后骨料界面处清洁，没有发现白色胶凝物质的生成。

对试验中的一些试件进行扫描电镜分析，可以更加清晰地看出ASR反应所生成的产物，图2-149为未掺加粉煤灰机制砂砂浆试样ASR产物。图中可以看出试件中的机制砂表面已经被腐蚀，生成大量絮状产物，对絮状物进行能谱分析，结果如图2-150所示，产物中含有大量的Si、O、Na、Ca等元素，从产物的位置、形貌及能谱分析可知试件内发生了严重的ASR反应。

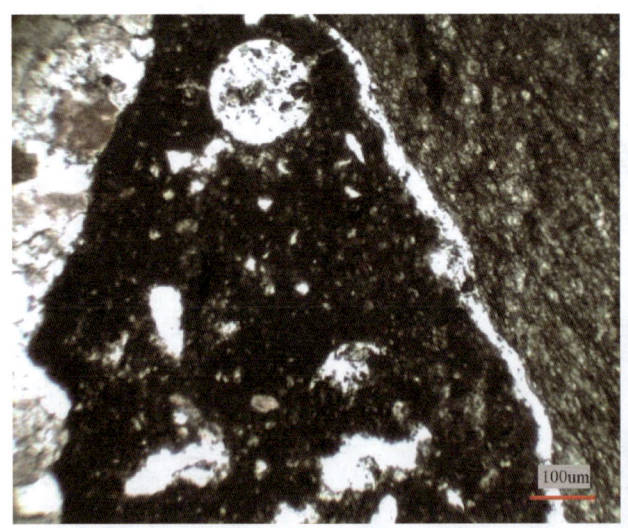

(a) 基准试样界面碱-骨料反应产物

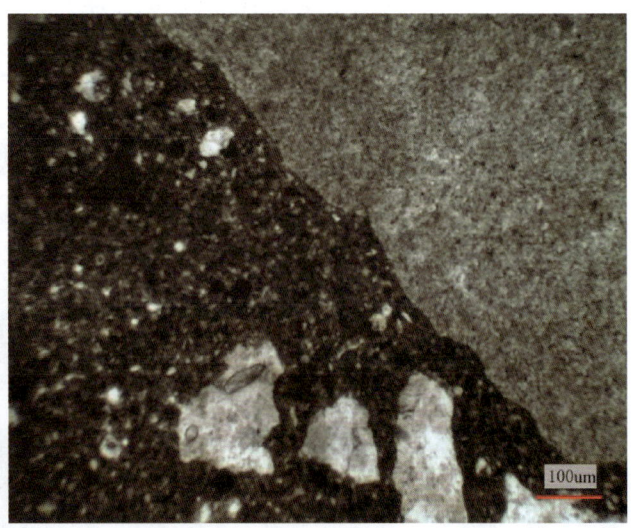

(b) 掺40%粉煤灰试样界面碱-骨料反应产物

图2-148 基准及掺粉煤灰试样骨料碱-骨料反应偏光显微照片

 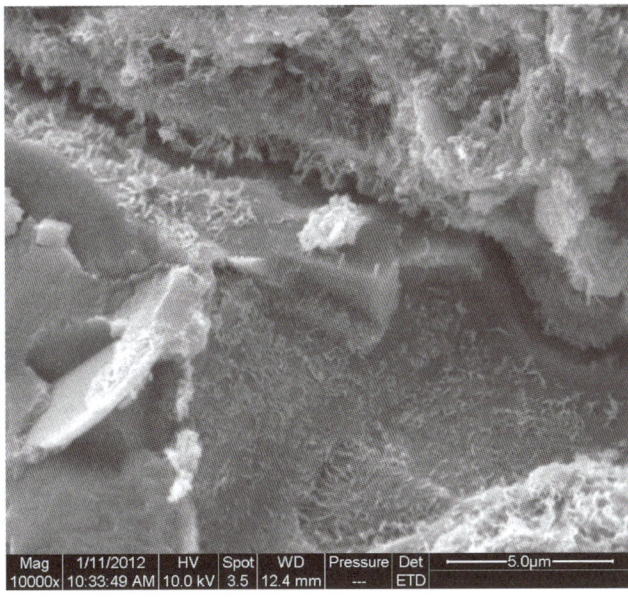

图 2-149　未掺加粉煤灰机制砂砂浆试样 ASR 产物

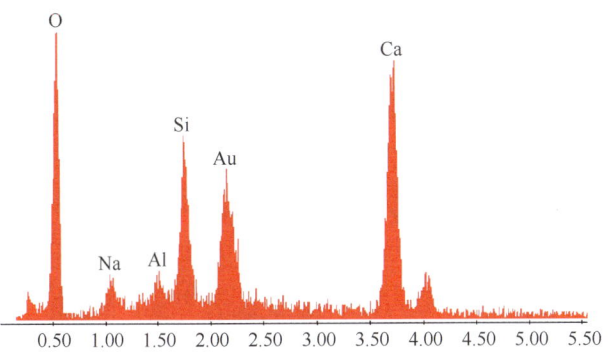

图 2-150　未掺加粉煤灰机制砂砂浆试样絮状
生成产物的能谱分析图谱

而当粉煤灰的掺量达到一定程度后,通过扫描电镜微观测试发现,骨料的碱活性可以得到很好的抑制。图 2-151 为掺加粉煤灰试样经试验后机制砂表面情况,从图中可以看出,机制砂骨料表面完好,没有出现碱活性反应的痕迹,孔隙内的 $Ca(OH)_2$ 数量也很少,生成了大量的 C—S—H 凝胶。对图 2-151 的骨料与胶凝体结合处进行能谱分析也未发现钠离子(图 2-152)。

在微观测试的过程中,发现原本为球状玻璃体的粉煤灰颗粒形貌发生了明显的变化。粉煤灰颗粒

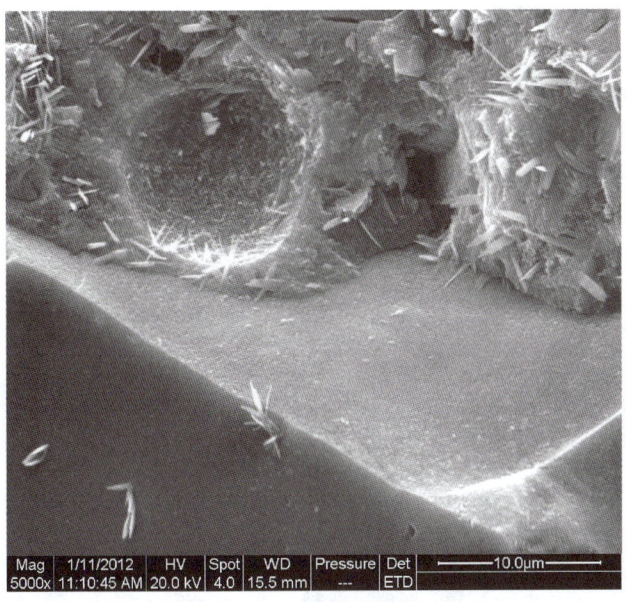 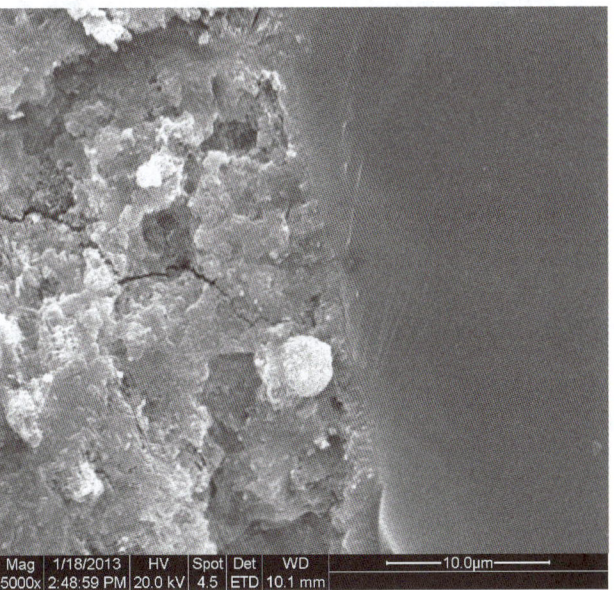

图 2-151　掺加粉煤灰机制砂砂浆试样骨料界面 SEM 图

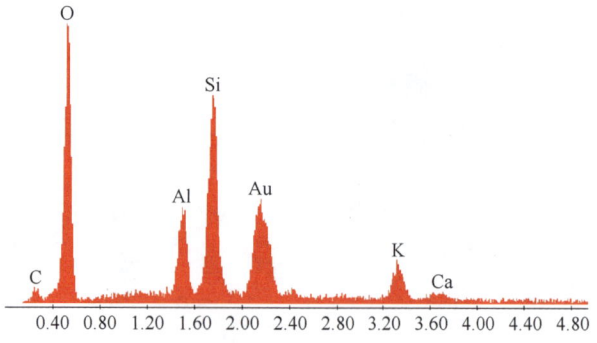

图 2-152 掺加粉煤灰机制砂砂浆试样骨料与胶凝体结合处的能谱分析图谱

表面已经不再光滑,粉煤灰已经与某些物质发生反应,有大量产物产生。对粉煤灰颗粒表面生成物进行能谱分析,显示有大量的 Si、O、Na、Ca 等元素,这表明粉煤灰的掺入消耗了大量碱性成分,从而避免发生碱-骨料反应。从图 2-153 可以看出骨料界面没有反应环,没有反应产物,说明粉煤灰可以留住碱(固定钠离子、钾离子)。如果外来碱源源不断地进入,对判断无外界碱渗入的环境将不符合,这也从侧面说明上述试验检测抑制碱活性改进方法的科学性。

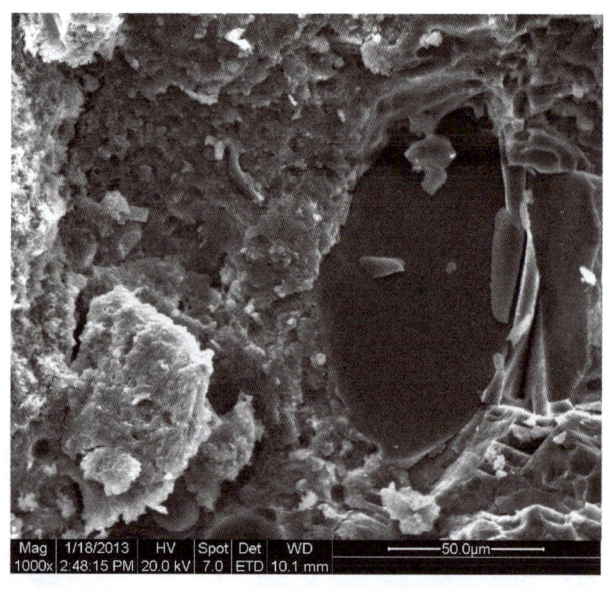

图 2-153 粉煤灰抑制后界面光滑的 SEM 图

3) 粉煤灰等掺和料抑制 ASR 机理

以前面的试验结果及得出的一些结论为基础,结合前面的一些微观分析内容,综合分析探讨粉煤灰等掺和料抑制 ASR 机理。通过一些研究人员的研究结论可知,碱含量对于 ASR 试验结果有着直接的影响。混凝土中的碱主要来自水泥、外加剂、矿物掺和料、搅拌用水等,水泥中的碱可分为可溶碱和不可溶碱两种,可溶碱主要以碱金属盐的形式存在,这些碱的溶解速度比较快,一般会直接参与 ASR 反应,而不可溶碱主要以固溶的形式存在于 C_2S 和 C_3A 中,随着水泥的水化,固溶碱只有一部分被溶解出来,其余以不可溶碱的形式存在于水化产物中。按照 Nixon 等的试验结论,孔溶液中的碱度降低与抑制 ASR 有着直接的关系,如能将孔溶液中的碱度降低到一定程度,则可以抑制 ASR 的发生。

水泥水化产生的 $Ca(OH)_2$ 对 ASR 的发生有着重要的意义,从前面的试验结果可看出在其他条件相同的情况下,$Ca(OH)_2$ 含量高的试件的膨胀率总是大于含量低的试件,这其中的原因主要是试件内的 $Ca(OH)_2$ 与试件内 OH^- 浓度有关,$Ca(OH)_2$ 虽然溶解度很低,大部分都是以固体的形式存在,但却起到了缓冲溶液的作用,为碱金属离子提供源源不断的 OH^-。研究表明,$Ca(OH)_2$ 和 $NaOH$ 共同存在时,系统内的 OH^- 浓度总是高于 $NaOH$ 单独存在时的浓度,已有文献也证明即使 $NaOH$ 浓度很低,在 $Ca(OH)_2$ 存在的情况下也能使溶液的 pH 值维持在 12.5 以上。

活性掺和料的化学成分主要是 SiO_2、Al_2O_3 等,活性 SiO_2、Al_2O_3 能与水泥熟料矿物水化后产生的 CH 发生反应生成 C—S—H 凝胶,填充在水泥石的孔隙内,改变水泥石的微观结构。掺和料参加水化反应是二次水化:

$$SiO_2 + mH_2O + nCa(OH)_2 \longrightarrow$$
$$nCaO \cdot SiO_2 \cdot (n+m)H_2O$$
$$(1.5\sim2.0)CaO \cdot SiO_2 \cdot aq + SiO_2 \longrightarrow$$
$$(0.8\sim1.5)CaO \cdot SiO_2 \cdot aq$$
$$Al_2O_3 + xH_2O + yCa(OH)_2 \longrightarrow$$
$$nCaO \cdot SiO_2 \cdot (x+y)H_2O$$
$$3CaSO_4 + 28H_2O + 3Ca(OH)_2 + Al_2O_3 \longrightarrow$$
$$3CaO \cdot Al_2O_3 \cdot 3CaSO_4 \cdot 31H_2O$$

一般来讲,硅灰比表面积是水泥或粉煤灰的 100 倍左右,水化速度快,消耗的 $Ca(OH)_2$ 多,在相同的掺量下,抑制碱-骨料反应最有效;粒化高炉矿渣是在冶炼生铁时的残渣,冶炼时加入大量的石灰石,因此还含有较多的氧化钙成分,大多氧化钙是以 C_2S 形式存在,水化后产生 CH,不利于抑制碱-骨料反应;而粉煤灰中的 Al_2O_3 降低水化铝酸钙中钙铝比,相对地提高了 $3CaO·Al_2O_3·3CaSO_4·31H_2O$ 数量,也能够改善抑制效果;相对应地可以推断偏高岭土也有抑制效果,但是由于相对成本较高,本试验没有测试偏高岭土的抑制效果。

一些关于 $CaO-SiO_2-H_2O$ 系统的研究结果表明,不同浓度 $Ca(OH)_2$ 的溶液中,水化硅酸钙的组成是不同的,当溶液中的 $Ca(OH)_2$ 的浓度为 $1\sim2$ mmol/L 时,生成 Ca/Si 比小于 1 的固相,当浓度为 $2\sim20$ mmol/L 时,生成 Ca/Si 比 $0.8\sim1.5$ 的固相,在此范围的硅酸钙固相称为 C—S—H(I)或称为 CSH(B),当溶液中的 $Ca(OH)_2$ 达到饱和时,则生成 Ca/Si 比大于 1.5 的硅酸钙固相 C—S—H(Ⅱ)。

综合矿物掺和料抑制 ASR 反应的作用机理主要在以下几个方面:①对碱的物理稀释和物理吸附。②与水泥水化所生成的 $Ca(OH)_2$ 起火山灰反应,生成产物(水化硅酸钙等)将填塞混凝土孔隙,使孔结构细化,孔曲折度增加,密实性提高,从而降低水及钾、钠离子的扩散速度,起到抑制碱-骨料反应的作用。③降低混凝土中 $Ca(OH)_2$ 含量,水泥在水化过程中约析出 20% 的 $Ca(OH)_2$,而 $Ca(OH)_2$ 是碱-骨料反应的必要条件,通过火山灰反应可减少甚至消除混凝土中的 $Ca(OH)_2$,起到抑制和缓解碱-骨料反应的作用。④火山灰反应生成的低 Ca/Si 比产物,能结合或吸附一定量钾离子、钠离子,改善水泥凝胶体的性能,降低凝胶体的碱度,变成含钾离子、钠离子的非膨胀型凝胶体。

4）碱活性膨胀数学模型的应用与分析

（1）粉煤灰对 ASR 的抑制膨胀机理的假定。根据试验和分析及资料介绍,粉煤灰对 ASR 的抑制机理主要概括为以下几个方面:①粉煤灰的比表面积大、活性高,其中的酸性颗粒对 Na^+、K^+、OH^- 等具有吸附作用;②粉煤灰与 $Ca(OH)_2$ 发生火山灰反应消除 $Ca(OH)_2$,而 $Ca(OH)_2$ 对 ASR 有促进作用;③火山灰反应生成的低 Ca/Si 比的 C—S—H 凝胶对碱具有吸附作用;④粉煤灰与碱反应生成不具有吸水膨胀性的硅铝酸盐。

（2）数学模型的建立。由以上粉煤灰抑制 ASR 的机理,为建立数学模型,做出以下假设:①碱-骨料反应的生成物碱硅凝胶引起膨胀,碱粉煤灰反应的产物不引起膨胀;②膨胀率与单位体积混凝土生成的碱硅凝胶量成正比;③膨胀速率与碱-骨料反应速率成正比;④碱-骨料反应速率与混凝土含碱量(有效碱)成正比;⑤碱粉煤灰反应(包括物理吸附及化学反应等消耗碱的过程)与粉煤灰含量成正比;⑥外部碱溶液扩散进砂浆棒满足指数函数关系。

最终建立以粉煤灰作为掺和料的砂浆棒膨胀率数学模型如下:

$$e=A(1-e^{-kt}) \qquad (2-30)$$

式中　A——渗透率;

　　　k——单位含量反应速率(1/d);

　　　t——龄期(d)。

（3）膨胀数学模型用于长龄期多数据碱-骨料反应。为了检验公式对数据的拟合程度及预测极限膨胀率值,运用 MATLAB 中 curve fitting tool 工具箱,对某次试验中粉煤灰抑制碱活性长期性能数据资料拟合并分析。该试验过程采用《铁路混凝土工程施工质量验收标准》中碱活性试验方法的快速砂浆棒法,试验所得砂浆棒膨胀率见表 2-137。

表 2-137 不同粉煤灰掺量的砂浆棒膨胀率　　　单位:%

粉煤灰掺量	龄期									
	3 d	7 d	14 d	21 d	28 d	35 d	42 d	49 d	56 d	112 d
0	0.067	0.232	0.403	0.514	0.597	0.668	0.717	0.761	0.791	0.939
10	0.045	0.151	0.265	0.347	0.406	0.462	0.494	0.530	0.559	0.69
20	0.009	0.019	0.039	0.058	0.073	0.102	0.113	0.130	0.136	0.216
30	0.002	0.005	0.017	0.020	0.026	0.041	0.048	0.051	0.055	0.088

用 MATLAB 软件对以上数据用式(2-30)进行拟合,结果如图 2-154 所示。

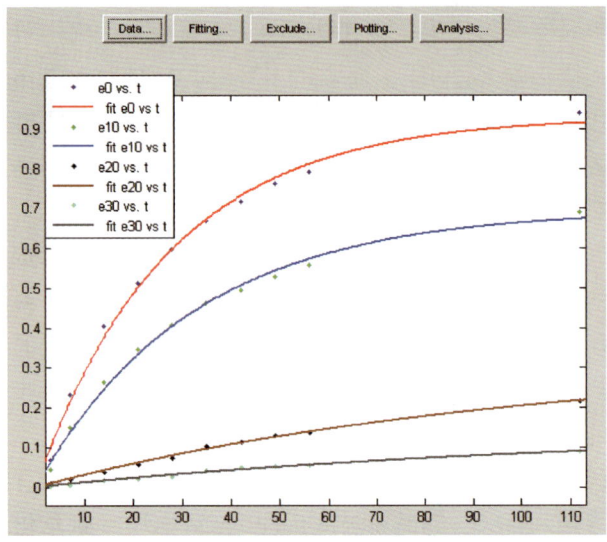

图 2-154 粉煤灰掺量为 0%~40%时的膨胀率散点图及拟合曲线图

粉煤灰掺量为 0%、10%、20%、30%的砂浆棒随时间的关系可以表示为

$e_0 = 0.9286(1 - e^{-0.03687t})$,拟合度 $R^2 = 99.41\%$

$e_{10} = 0.694(1 - e^{-0.03124t})$,拟合度 $R^2 = 99.45\%$

$e_{20} = 0.3196(1 - e^{-0.01015t})$,拟合度 $R^2 = 99.6\%$

$e_{30} = 0.1412(1 - e^{-0.008863t})$,拟合度 $R^2 = 98.62\%$

拟合结果表明,拟合度均大于 95%,说明效果很好,验证了模型的正确性。由模型 $e = A(1 - e^{-kt})$ 可以得到试件的极限膨胀率 $e_{\max} = A$,由拟合结果可以得到各组极限值如下:

$e_{0\max} = 0.9286, e_{10\max} = 0.694,$
$e_{20\max} = 0.3196, e_{30\max} = 0.1412$

对比各个掺量极限值和 112d 的膨胀率,可以发现粉煤灰有两个作用:①抑制 ASR 最大膨胀量(抑制了 ASR 的发生)。没有掺加粉煤灰的骨料极限膨胀率为 0.9286%,20%粉煤灰作用使得极限膨胀率降低到 0.3196%(下降了 65.5%),30%粉煤灰则只有 0.1412%(下降了 84.8%)。②减缓 ASR 的反应速率。粉煤灰掺量少(如 10%粉煤灰)膨胀快,在 112d 时接近最终膨胀值;而掺量多(30%粉煤灰)膨胀慢,在 112d 龄期膨胀率为 0.088%,只达到最终

值 0.1412%的 62%,膨胀速率明显降低。

由模型 $e = A(1 - e^{-kt})$ 可以得到初始时刻膨胀速率 $v = kA$,通过拟合结果可知:

$v_0 = 0.03424\%/d, v_{10} = 0.02168\%/d$

$v_{20} = 0.00324\%/d, v_{30} = 0.00125\%/d$

由此可知,粉煤灰掺量越大,ASR 初始反应速率越低。

按照粉煤灰抑制碱-骨料反应机理推导出的碱活性膨胀数学模型,很好地反映出碱活性膨胀性能,最终膨胀量相关系数达到 98%以上。

(4) 现行标准龄期试验点拟合曲线模型及分析。按照同样方法,采用 $e = A(1 - e^{-kt})$ 碱活性膨胀数学模型,运用 MATLAB 中 curve fitting tool 工具箱对四川遂广、遂西高速公路 4 个标段碱活性膨胀抑制数据进行拟合(掺粉煤灰抑制效果),结果见表 2-138~表 2-141。

表 2-138 2 标段拟合结果

粉煤灰掺量/%	极限膨胀率/%	砂浆棒 28d 膨胀率/%	拟合度/%
20	0.241	0.037	98
30	0.223	0.029	95
40	0.0046	0.024	98

$e_{7-20} = 0.241(1 - e^{-0.0058t})$

$e_{7-30} = 0.223(1 - e^{-0.0046t})$

$e_{7-40} = 0.167(1 - e^{-0.00548t})$

式中 e——砂浆膨胀率;

下标 7-20——2 标段的碱活性骨料掺入 20%粉煤灰,其他以此类推。

表 2-139 3 标段拟合结果

粉煤灰掺量/%	极限膨胀率/%	砂浆棒 28d 膨胀率/%	拟合度/%
20	0.169	0.032	98
30	0.113	0.025	98
40	0.084	0.023	93

$e_{11-20} = 0.069(1 - e^{-0.027t})$

$e_{11-30} = 0.113(1 - e^{-0.009t})$

$e_{11-40} = 0.084(1 - e^{-0.01t})$

表2-140　4标段拟合结果　　　单位：%

粉煤灰掺量	极限膨胀率	砂浆棒28 d 膨胀率	拟合度
10	0.017	0.014	86
20	0.016	0.012	86
30	0.010	0.011	78
40	0.012	0.009	95

$$e_{15-10}=0.017(1-e^{-0.043t})$$
$$e_{15-20}=0.016(1-e^{-0.04t})$$
$$e_{15-30}=0.010(1-e^{-0.119t})$$
$$e_{15-40}=0.012(1-e^{-0.039t})$$

表2-141　1标段拟合结果　　　单位：%

粉煤灰掺量	极限膨胀率	砂浆棒28 d 膨胀率	拟合度
10	0.074	0.032	91
20	0.03	0.015	69
30	0.076	0.013	75
40	0.019	0.012	93

$$e_{17-10}=0.074(1-e^{-0.178t})$$
$$e_{17-20}=0.03(1-e^{-0.015t})$$
$$e_{17-30}=0.076(1-e^{-0.005t})$$
$$e_{17-40}=0.019(1-e^{-0.028t})$$

结果分析表明，2标、3标骨料为活性骨料，快速砂浆棒法14 d膨胀率在0.20%～0.30%，2标膨胀率高于3标。可以看出拟合后的曲线相关率高，膨胀率高的2标相关性更高；4标和1标骨料为非活性骨料，膨胀率很低。测试精度相同，膨胀率很低的情况下，将造成拟合相关性下降，趋势有些失真。

对碱活性抑制要求安全性，现行国家标准严于铁路标准。对于快速砂浆棒法，按照已有长龄期膨胀数据为蓝本，如果以14 d膨胀率0.03%为标准（现行国家标准），极限膨胀率约为0.3%，如果以28 d膨胀率0.1%为标准（现行铁路标准），极限膨胀率约为0.35%。

按照某一短龄期评定碱活性抑制有效并不科学。极限膨胀率跟某一龄期膨胀率没有必然联系，反而跟数据变化趋势有关系，所以前面以某一龄期膨胀率来评定极限膨胀率的阈值有失妥当。模型的应用龄期拟为42 d或56 d。大量模拟发现极限膨胀率至少42 d左右出现拐点，并趋于稳定，过早的数据不能代表实际工程数十年的发展趋势。

通过掺和料抑制ASR机理及数学模型的研究表明：

① 按照粉煤灰抑制ASR机理，建立以粉煤灰为掺和料的ASR膨胀率数学模型：$e=A(1-e^{-kt})$。该数学模型拟合的碱活性膨胀曲线与试验数据相关性很高，可以作为粉煤灰抑制碱-骨料反应的膨胀模型。

② 粉煤灰为掺和料的ASR膨胀率数学模型$e=A(1-e^{-kt})$克服了现有各种碱活性膨胀模型过于复杂、参数难以确定、拟合困难等缺陷，也克服了某些模型简单但机理不清楚、拟合率低等问题。第一次提出膨胀机理明确、预测方便、实用性强的膨胀模型。

③ 采用快速砂浆棒法，合理的试验龄期（42 d或以上）的连续膨胀值拟合膨胀变化是应用$e=A(1-e^{-kt})$的必要条件。按照预测模型，粉煤灰对ASR的作用包括减小碱-骨料反应速率和抑制碱-骨料反应膨胀两方面。粉煤灰掺量越大，极限膨胀率越低，ASR的初期反应速率越小，膨胀过程持续得越久。

④ 采用ASR膨胀模型拟合出粉煤灰抑制骨料碱活性膨胀的曲线，可推导出极限膨胀率、规定龄期的膨胀率及膨胀速率，为混凝土耐久性设计提供参考。

2.5.8.5 碱-骨料反应抑制的原则

碱-骨料反应被称为是混凝土中的"癌症"，预防碱-骨料反应必须采取科学、严谨的技术措施。原材料检测、配合比审核制度与混凝土碱活性抑制技术措施相对应。甲方、监理、施工部门及上级管理部门应加强管理，严格按照有关技术规定执行，这是公路工程混凝土结构耐久性的必要保证。

1）检测及预防碱-骨料反应方法

（1）试样方法。岩相法分析采用ASTM C295，快速砂浆棒法采用ASTM C1260，抑制方法采用ASTM C1567—2008。国内现行国家标准、各个行业标准大部分采用ASTM标准，但是采用的版号不同，建议采用与上述版号一致的标准。

（2）结果评定。针对ASR类型的骨料，建议采用《预防混凝土碱骨料反应技术规范》，或按照《铁路混凝土结构耐久性设计规范》附录 B 铁路抑制集料碱活性效能试验快速砂浆棒法进行评定。并且规定太高活性的骨料不宜用于工程。骨料活性评定准则：快速砂浆棒法检测膨胀率小于 0.10% 时，为非活性骨料；膨胀率为 0.10%～0.30% 时，为可以抑制的活性骨料；膨胀率大于 0.30% 时，为活性骨料，不宜采用。

（3）抑制方法。采用快速砂浆棒法，当膨胀率在 14d 时低于 0.03% 或 28d 时低于 0.10% 时则抑制有效（与 ASTM C1567 不同）。评定技术条件国内外有差异，建议按照本研究提出的碱-骨料反应抑制膨胀数学模型对试验数据进行拟合，试验数据要求快速砂浆棒法试验至少 42d，评定抑制后最终膨胀率或在某龄期时的膨胀率，也可以得到随时间变化的膨胀速率参数，为结构耐久性设计提供资料。

混凝土柱试验方法试验龄期为 2 年，当膨胀率小于 0.04% 为抑制有效。这种方法周期长，工程中应用困难，但可以有选择地进行测试。

2）预防碱-骨料反应技术措施

典型的技术措施如下：①降低混凝土空隙中碱含量；②在条件许可下选用低活性骨料或非活性骨料；③降低混凝土中湿度，使得膨胀量降低；④改善水泥凝胶体的性能，降低凝胶体的碱度，变成非膨胀型凝胶体。针对第一种方法，一般采用控制胶凝材料中碱含量、混凝土中总碱含量来满足要求，加入掺和料在一定程度上吸附或反应结合一定的碱，可以减少混凝土孔溶液中碱浓度。第二种方法限制骨料的活性，有利于控制碱-骨料反应，一般规定在不同活性骨料的应用范围中。第三种方法，ASR 生成的胶凝材料吸水发生膨胀，降低混凝土中湿度可以减少其膨胀，常采用提高混凝土密实度或抗渗性能来减少外界水分侵入或尽可能隔断与水长期联系的措施或方法。第四种方法是一种新的方法，加入火山灰质掺和料有一定的效果。

国际材料与结构研究实验联合会（International Union of Laboratories and Experts in Construction Materials, Systems and Structures, RILEM）于 1947 年 6 月成立于法国，在 RILEM TC191-ARP 提出了对碱活性骨料进行抑制技术措施，建议对于临时性结构物，可以不采取任何措施，而对于有寿命要求的混凝土结构采取两种或两种以上的技术措施。环境条件苛刻、耐久年限长的，则需要的措施更严格。

2.6 混凝土内部微结构分析

2.6.1 胶凝材料浆体的水化及微结构

为研究高性能混凝土胶体水化程度，采用表 2-142 的水胶比、掺和料种类及掺量的 C、D、E、F 组混凝土。鉴于同掺和料的胶凝材料 DTA 曲线基本一样，考虑到水泥标准稠度用水量为 28%，故选用水胶比 0.28，采用与 C、D、E、F 组混凝土的掺和料相对应的配合比，分别为：C 组，60% 水泥＋40% Ⅱ级粉煤灰；D 组，60% 水泥＋40% Ⅰ级粉煤灰；E 组，65% 水泥＋30% Ⅰ级粉煤灰＋5% 硅灰。试件分别养护到 3d、7d、28d、90d，用扫描电镜观察其断裂面，用 ZCR-A 型差热分析仪观察其 DTA 曲线。

表 2-142 高性能机制砂混凝土配合比主要参数

组号	水胶比	掺和料种类	强度	碳化深度/mm			
				3d	7d	14d	28d
C2	0.55	Ⅱ级灰40%	33.7	6.7	9.2	14.9	21.3
C4	0.47		34.6	6.3	10.6	14.4	15.6
C6	0.42		45.7	6.0	8.3	9.3	11.5
C8	0.38		56.0	3.2	3.6	5.3	7.3
C10	0.3		60.3	3.6	3.2	6.0	6.5
C12	0.26		65.7	2.0	3.4	3.4	5.2

(续表)

组号	水胶比	掺和料种类	强度	碳化深度/mm			
				3 d	7 d	14 d	28 d
D1	0.36	Ⅰ级灰40%	55.0	1.6	3.3	3.4	6.2
D2	0.32		73.6	0.3	1.9	2.4	3.4
D3	0.28		79.6	0.2	1.1	1.1	1.4
D4	0.26		70.6	0.0	0.7	0.8	1.0
E1	0.36	Ⅰ级灰30%+硅灰5%	64.9	0.4	1.9	2.2	3.0
E2	0.32		66.3	0.0	0.0	0.9	1.4
E3	0.28		77.9	0.0	0.0	0.0	0.0
E4	0.26		81.8	0.0	0.0	0.0	0.0
F1	0.36	无掺和料	69.9	0.0	0.0	0.0	0.0
F2	0.32		78.0	0.0	0.0	0.0	0.0
F3	0.28		71.5	0.0	0.0	0.0	0.0
F4	0.26		76.5	0.0	0.0	0.0	0.0

为了观察其断裂面微观结构，把养护到龄期的试样切成薄片烘干，观察前在薄片表面覆盖一层金属壳，然后用扫描电镜仪观察其断面微观结构。

观察 DTA 曲线需要把到龄期的试样放入烘箱烘干，磨细至 100～200 目。试验前对样品称重，称重样品取小坩埚容量的 1/3～2/3，把小坩埚放入差热分析仪的热偶板上，放下炉体，设置初始参数，开始试验，加热到 1 000 ℃ 试验结束。

2.6.1.1 扫描电镜

为做比较先观察纯水泥浆不同龄期的微观结构。从图 2-155b 观察到水化 3 d 的水泥净浆表面结构不均匀，水泥颗粒表面被胶凝状的水化产物包围，水泥浆体表面存在部分水泥颗粒未发生水化；当水泥浆体水化到 28 d 时，水泥净浆结构内出现大量 C—S—H 凝胶体和结晶良好的片状 CH（图 2-155c）；90 d 时水泥浆体水化基本成熟，结构表面致密。

水化 3 d 的Ⅰ级粉煤灰的水泥浆体存在较多的未水化粉煤灰球，粉煤灰球粒周围有少量较短但细长的纤维状 C—S—H（长 1～2 μm，图 2-156a）。随着水化的继续，水化产物填充到孔隙中；28 d Ⅰ级粉煤灰的水泥浆体结构变得较为密实（图 2-156b、c）；90 d 时（图 2-156d），浆体断裂面微观结构表面平整致密，但仍有大量粉煤灰球未水化。

(a) 水泥

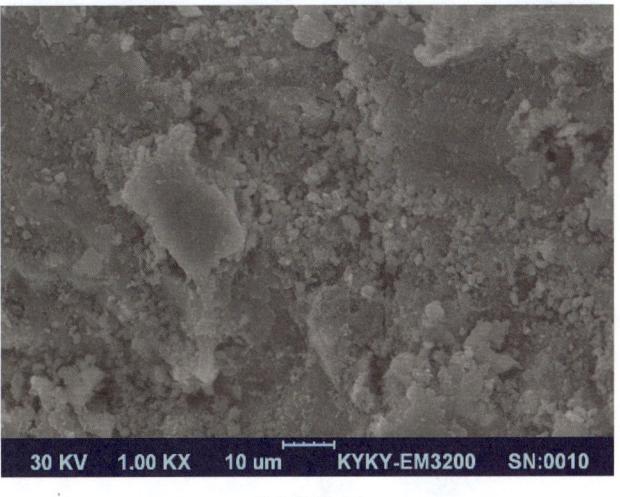

(b) F组 3 d

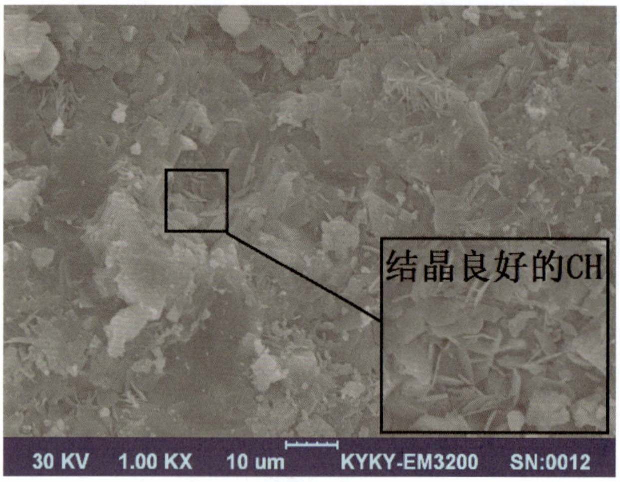

(c) F组 28 d

(d) F组 90 d

图 2-155 水泥净浆水化扫描电镜图

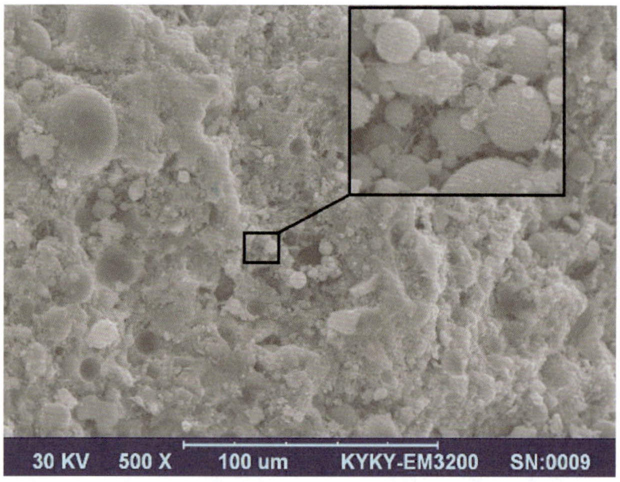

(a) D组 3 d

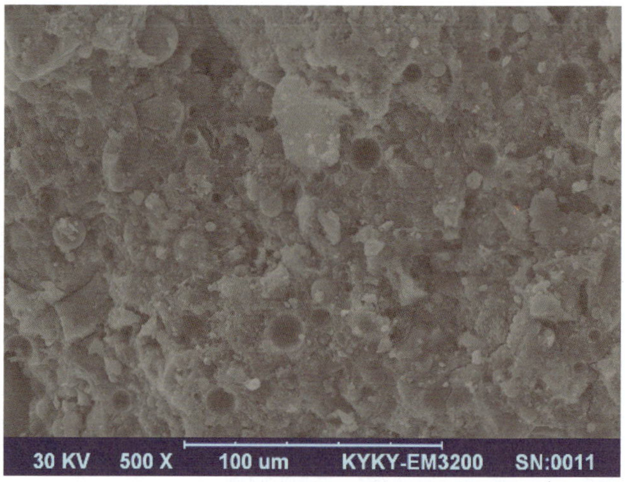

(b) D组 28 d

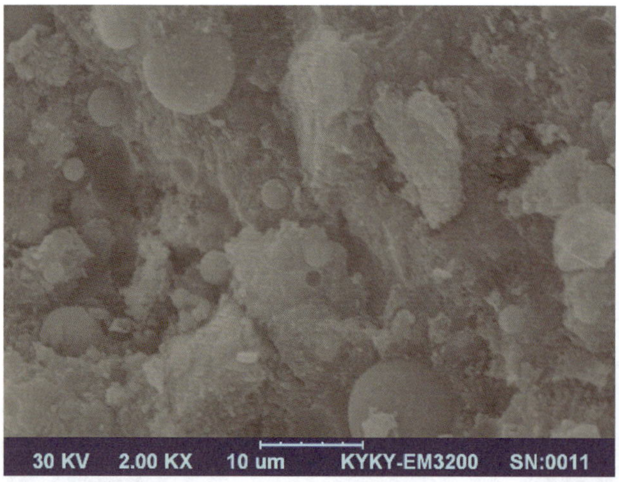

(c) D组 28 d

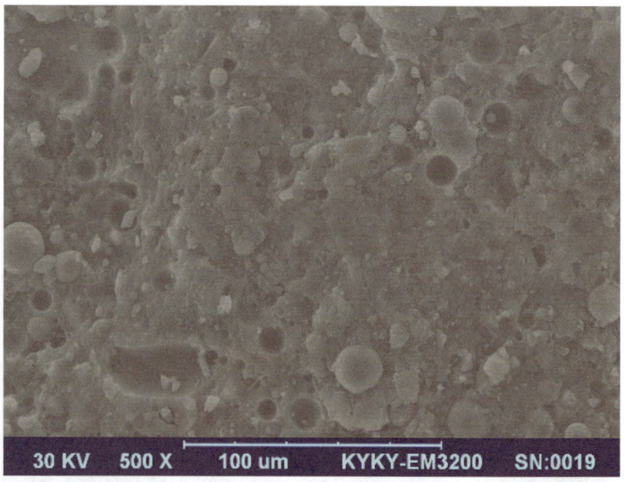

(d) D组 90 d

图 2-156 Ⅰ级粉煤灰水泥浆体扫描电镜图

粉煤灰的作用在28d及以前效果不显著。在后期，粉煤灰与Ca(OH)$_2$发生反应，使得Ca(OH)$_2$数量降低，骨料界面较为致密，90d Ca(OH)$_2$降低较为显著，但在空洞内仍有少量Ca(OH)$_2$，界面没有发现Ca(OH)$_2$。早期在内部观测到有钙矾石，但是在90d却很难找到，主要原因是在粉煤灰的作用下，水泥浆体内部水化产物碱度降低，Ca(OH)$_2$减少，高碱性水化产物转化为低碱性水化产物。水化铝酸钙或铁酸钙参与进一步水化，三硫型水化产物转变成单硫型水化产物，开始为不规则的板状，成簇生成或呈朵状，后期成为六方板状。

硅灰颗粒较小，平均粒径为0.1~0.2μm，约是水泥颗粒的两个数量积。能够填充在水泥颗粒和粉煤灰颗粒之间，且硅灰在水泥浆体中活性高，与粉煤灰相比反应很快，在几分钟内便溶解于Ca(OH)$_2$的饱和溶液中。并且能促进水泥的水化，使水泥浆体的微观结构更加密实。从图2-157a、b可以看出，掺入硅灰和粉煤灰的水泥浆体水化3d时，微观结构中存在大量的C—S—H凝胶，结构致密无较大孔隙；水化到28d时的结构密实程度和仅掺Ⅰ级粉煤灰的水泥浆体水化到90d的结构密实程度相同（图2-156d）；当水化到90d时几乎无孔洞，图2-157d中的圆形坑是粉煤灰球脱落时产生的。由图2-157c、d可以看出，加入硅灰和Ⅰ级粉煤灰水泥浆体在水化到28d甚至90d时，微观结构中仍存在未水化的粉煤灰球。加入硅灰后水化反应速度加快，孔洞内Ca(OH)$_2$很少，骨料界面也没有发现Ca(OH)$_2$，说明硅灰和粉煤灰复合可以很好地改善混凝土内部微结构。

由于试验浆体采用的是0.28的低水胶比，浆体

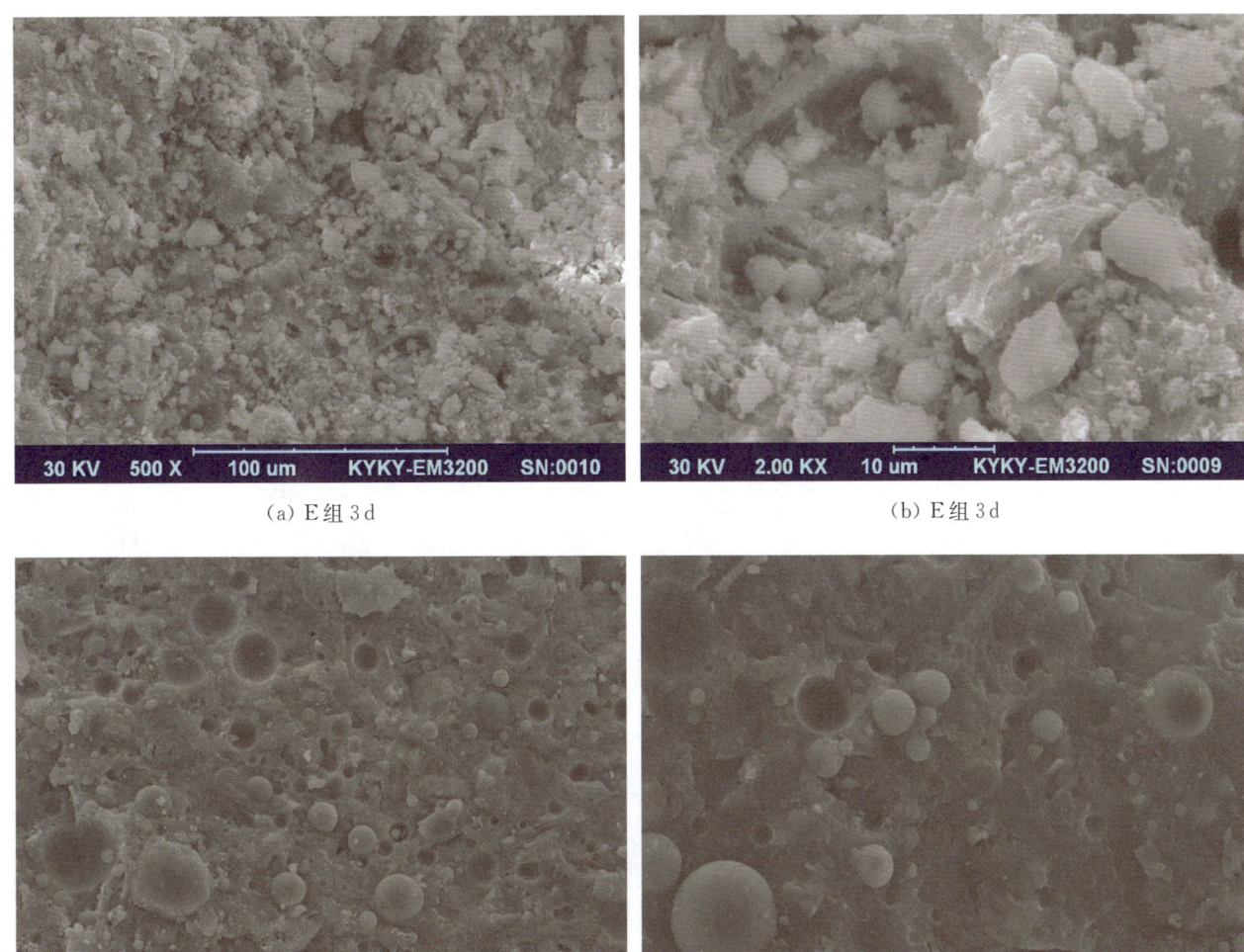

(a) E组3d　　　　　　　　　　(b) E组3d

(c) E组28d　　　　　　　　　　(d) E组90d

图2-157　硅灰、Ⅰ级粉煤灰水泥浆体扫描电镜图

黏稠,硬化后内部结构没有较大的孔洞,在水化后微观结构很密实,未发现较粗大的 $Ca(OH)_2$。

2.6.1.2 差热分析

差热分析(DTA)是热分析的一种,是在控制温度的情况下,建立被测物质和参比物质的温差与温度关系的一种技术。参比物是在测温区内对高热度稳定的物质。当温度发生变化时,测量物发生物理化学变化产生热效应。测量物与相对稳定物之间的温差通过差热电偶测定,绘制出温差与时间的关系曲线,即 DTA 曲线。

差热分析是利用物质在热处理过程中发生热量的改变来判定被测物质的组成或性质。目前,差热分析已经成为现代材料测试的一种技术手段,并被广泛应用到化学、物理学、地学、生物学等基本学科领域和生产企业。

差热分析试验步骤如图 2-158 所示。

图 2-158 差热分析试验步骤

本试验主要定性对比掺入粉煤灰、硅灰后与无矿物掺和料胶凝材料水化程度产物,试验结果如图 2-159 所示。

图 2-159 表明,在 115~117℃、180~190℃、490~510℃、770~780℃、790~810℃时均出现吸热峰。115~117℃出现吸热峰是由于 C—S—H(水化硅酸钙)及钙矾石凝胶脱水;180~190℃出现吸热峰是由于 AFm(单硫型水化硫铝酸钙)凝胶脱水;490~510℃出现吸热峰是由于 $Ca(OH)_2$ 脱水;770~780℃出现吸热峰是由于 $CaCO_3$ 分解吸热;

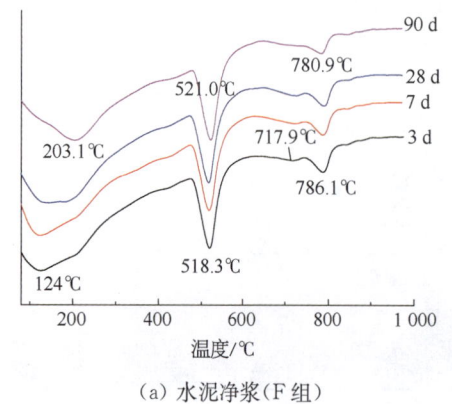

(a) 水泥净浆(F组)

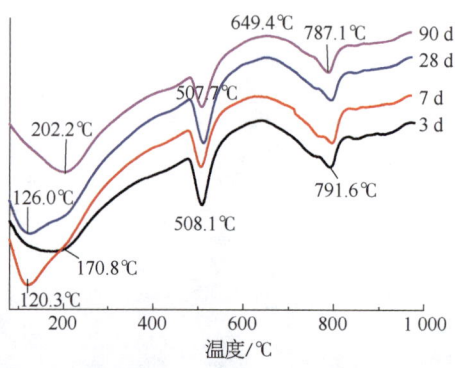

(b) 35% Ⅰ级粉煤灰+5%硅灰(E组)

图 2-159 浆体不同硬化龄期的 DTA 曲线

790～810 ℃出现吸热峰是由于 β-C_2S 发生晶型转变吸收热量；另外 770～800 ℃还有部分 C—S—H 凝胶分解；600 ℃左右还存在一个放热峰，是由于粉煤灰中存在一些未燃尽的碳粒，燃烧放热。

对比 E 组胶凝材料不同龄期的 DTA 曲线发现，随着养护龄期的增长，C—S—H 和 AFt 的吸热峰降低（115～117 ℃），AFm（180～190 ℃）的吸热峰有增大的趋势，这是因为 C_3A、C_4AF 水化先生成 AFt，随着水化继续，溶液中铝酸盐浓度增大，钙矾石变得不稳定，逐渐转变成单硫型硫铝酸钙，在扫描电镜观测中也证明了这种现象；$Ca(OH)_2$ 的吸热峰（490～510 ℃）在 7 d、28 d 有增大的趋势，但到 90 d 时 $Ca(OH)_2$ 的吸热峰有减小的趋势。因为粉煤灰中的玻璃相在液相孔隙水 pH 值达到 13.2 后才会溶解，而水泥水化到一定程度，孔隙水液相才呈碱性，故粉煤灰的水化在混凝土拌合后一周或者更长时间后才会开始。随着龄期增长，粉煤灰的火山灰质与 $Ca(OH)_2$ 发生火山灰反应消耗了 $Ca(OH)_2$，因此在 90 d DTA 曲线中，$CaCO_3$ 的吸热峰也不明显。

在早期 3 d、7 d 龄期的曲线发现，E 组 500 ℃左右的吸热谷降低，说明硅灰的活性很高，在早期就明显降低了 $Ca(OH)_2$ 含量。这也说明复合掺入掺和料后，在混凝土界面产生缺陷的因素减少，界面得到改善。

2.6.2 混凝土微观显微结构分析

为便于比对分析，采用相同的混合材料掺量、不同的水胶比，观测混凝土内部形貌，分析机制砂混凝土微结构特性。

试验采用粉煤灰掺量 40%（等量取代水泥）配制 0.28～0.34 水胶比的混凝土试样。采用扫描电镜对混凝土试样内部进行观测，主要分析试样界面的形貌和成分、机制砂混凝土内部微观结构。部分试验结果如图 2-160 所示。

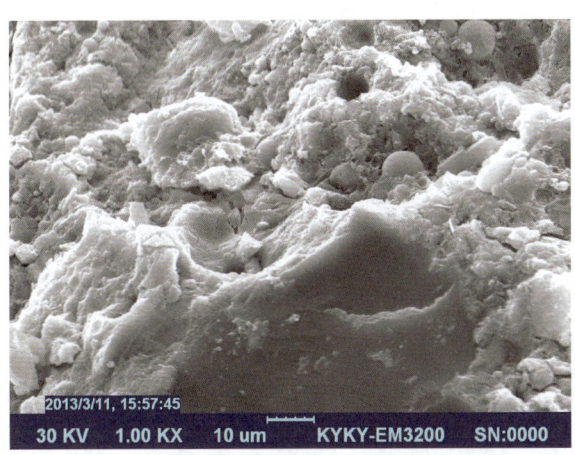

(a) Ⅱ级粉煤灰（W/B=0.30）

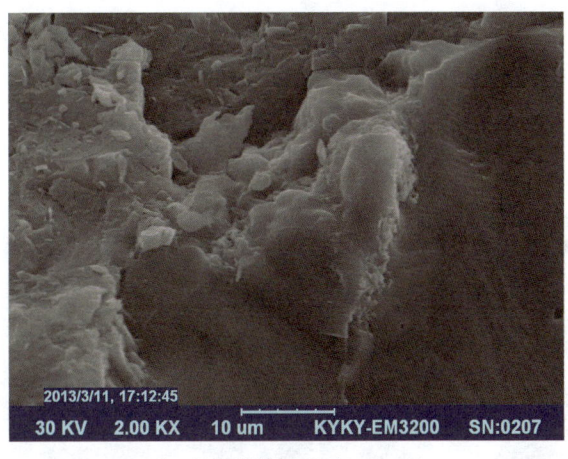

(b) Ⅰ级粉煤灰（W/B=0.28）

(c) Ⅰ级粉煤灰（W/B=0.28）

(d) Ⅱ级粉煤灰（W/B=0.36）

图 2-160 混凝土试样内部界面形貌扫描电镜图（龄期 28 d）

微观分析发现,水胶比在0.34~0.28时,混凝土中容易找到气孔或气泡,放大倍数达到5000倍,发现气孔或气泡内Ca(OH)$_2$的量较少;混凝土界面存在一定的过渡区,水胶比由0.34变化到0.28,界面过渡区有变小及过渡区不明显的趋势,这是混凝土强度提高、耐久性提高的主要原因,如图2-161、图2-162所示。

混凝土中加入40%粉煤灰,微观形貌观测发现,粉煤灰颗粒大小差别较大。7 d的混凝土内部,粉煤灰颗粒表面光滑,没有生成物,28 d时也很少,相对而言Ⅱ级粉煤灰表现更明显,如图2-161a、图2-162所示。图2-162为龄期28 d、40%Ⅱ级粉煤灰混凝土内部形貌,粉煤灰表面产物也很少。在90 d时,混凝土表面才覆盖有较多的生成物,说明粉煤灰的水化速度很慢,但后期将起重要的作用。水化速度是粉煤灰对混凝土强度和耐久性作用时间效应的体现。

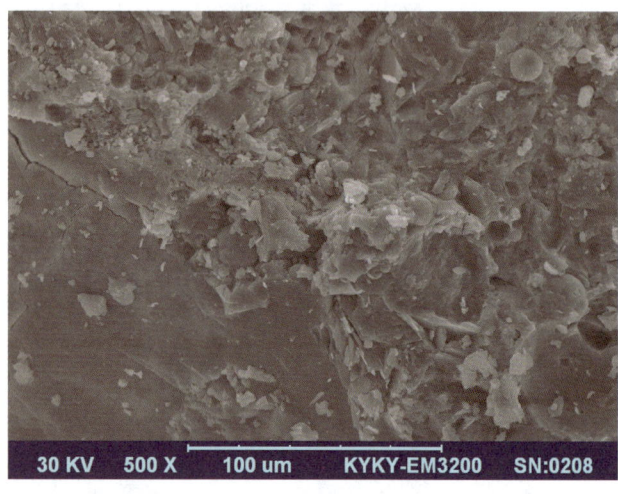

(a) 龄期28 d　　　　　　　(b) 龄期7 d

图2-161　混凝土内有微裂缝的机制砂骨料扫描电镜图

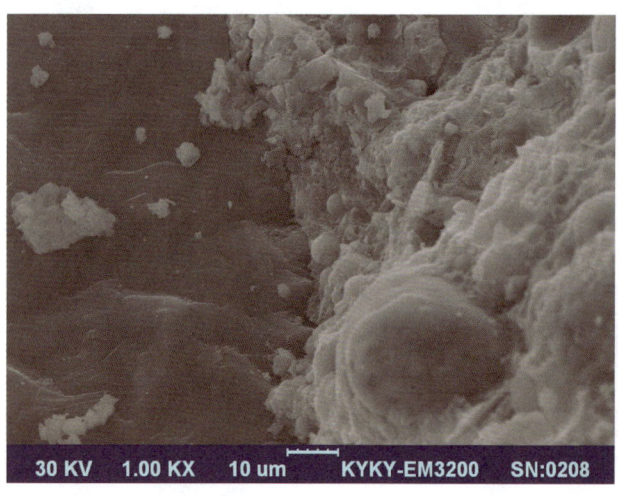
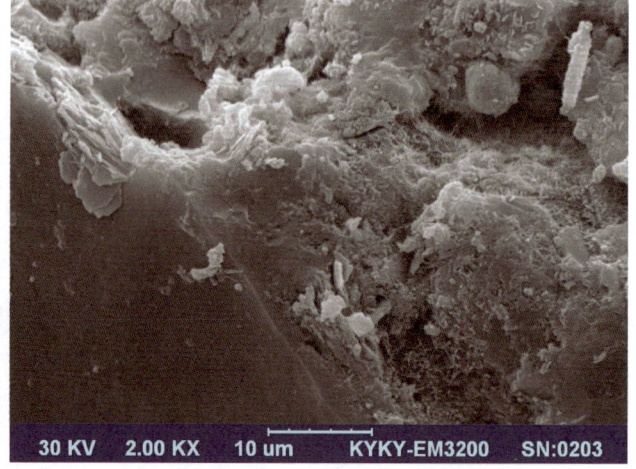

图2-162　混凝土内机制砂骨料扫描电镜图(龄期28 d)

在机制砂的应用过程中,有学者提出机制砂有裂缝,不能用于配制混凝土。从机制砂混凝土的强度试验结果及相关文献来看,采用机制砂配制高强度混凝土没有问题。试验结果同时表明,通过合理的技术可以配制出耐久性很高的机制砂混凝土。在电镜观测时,确实发现个别试样中的机制砂颗粒有一定的微裂缝,但没有发现贯穿细骨料的裂缝,不论机制砂岩性是以花岗岩、砂岩为主还是以石灰岩为主均可能呈现出微裂缝,裂缝长度在20~100 μm,但28 d龄期的机制砂界面上这种裂缝大量减少。

从宏观上看,机制砂配制的混凝土仍然具有很高的强度和耐久性,说明机制砂表面粗糙有利于界面的黏结,而机制砂中的这些裂缝对混凝土性能不会产生不利影响,即使产生影响,影响也很小,不足以降低混凝土强度和耐久性。

2.7 工程应用

2.7.1 遂广路高韧性机制砂混凝土应用

2.7.1.1 试验目的

为解决西部山区高速公路建设混凝土用砂资源匮乏的问题,经过科研学者和工程技术人员多年的试验研究,许多省份开始大规模使用机制砂。然而目前我国在机制砂生产和应用方面还存在以下问题,阻碍了机制砂混凝土的推广应用:

(1)机制砂级配、含粉量等指标的可控性本是机制砂的优势,但机制砂产品质量良莠不齐,同一生产厂商生产的机制砂级配、含粉量不稳定,特别是部分存在质量问题的机制砂导致混凝土性能不良,并将这些问题归咎于机制砂混凝土,导致人们不敢使用机制砂。

(2)对石粉在机制砂混凝土中作用研究不够,国家标准对机制砂中石粉含量限制过严。为了满足国标规定的石粉含量要求,机制砂中过量的石粉通常采取水洗、风选等方法去除,不仅增加了机制砂的生产难度,降低了产量,增加了制砂成本,同时石粉副产品的大量堆积也带来了新的环境污染。在使用中,由于去除石粉过程中不仅去掉了石粉,还有粒径 0.15 mm、0.3 mm、0.6 mm 甚至更大的颗粒,破坏了机制砂的自然级配,导致机制砂混凝土离析、泌水严重。

(3)机制砂混凝土的配合比设计技术目前基本沿袭天然砂混凝土配制方法,忽视了机制砂混凝土的特点,导致机制砂混凝土由于胶凝材料用量过大易出现泵送困难、收缩、开裂等诸多问题。

围绕机制砂生产与桥梁高性能混凝土应用中混凝土易出现泵送困难、收缩、开裂等突出难题,研究机制砂生产与质量控制技术、机制砂石粉含量对混凝土性能的影响,开发机制砂混凝土专用外加剂,通过混凝土配合比优化、纤维混杂等技术措施,制备出机制砂低收缩抗裂桥梁高性能混凝土,应用于桥梁工程。

2.7.1.2 试验内容

(1)机制砂低收缩抗裂高性能混凝土的制备技术及其性能研究。

① 专用复合外加剂的选用。优选合适的引气、减缩、增黏组分,研究引气、减缩、增黏等组分复合掺配对机制砂混凝土工作性、匀质性、黏聚性的影响,开发出机制砂混凝土专用复合外加剂。

② 机制砂物理特性对混凝土性能的影响。研究机制砂的级配、细度模数、粉尘含量等物理特性对混凝土工作性能、力学性能的影响,确定机制砂配制高性能混凝土的级配及粉尘含量合理范围。

③ 配合比优化设计。研究胶凝材料的组成、水胶比、砂率、外加剂等对混凝土的工作性能、力学性能的影响规律。

(2)针对承台、桩基、墩柱、预应力梁等不同桥梁结构,研究机制砂混凝土的工作性能、力学性能调控技术。

2.7.1.3 试验原材料

(1)水泥。广安某水泥有限公司产,强度等级 P·O42.5R,主要技术指标见表 2-143。

表 2-143 水泥主要技术指标

名称	标准稠度用水量/%	比表面积/(m²·kg⁻¹)	安定性	凝结时间/min		抗折强度/MPa		抗压强度/MPa	
				初凝	终凝	3 d	28 d	3 d	28 d
水泥	27.4	345	合格	131	218	5.9	8.1	26.0	46.0

(2)粉煤灰。成都某粉煤灰综合开发有限公司产,F 类粉煤灰,除需水量达到 Ⅱ 级标准外,其余指标均达 Ⅰ 级粉煤灰标准。主要技术指标见表 2-144。

表 2-144 粉煤灰主要技术指标

等级	细度(0.045 mm 方孔筛筛余)/%	烧失量/%	需水量比/%	SO_3 含量/%
Ⅱ级	6.6	4.62	102	0.3

(3) 细集料。机制砂，Ⅱ区中砂，四川广安某电站产。主要技术指标见表 2-145，筛分曲线如图 2-163 所示。

表 2-145 细集料主要技术指标

名称	表观密度 /(kg·m⁻³)	堆积密度 /(kg·m⁻³)	含泥量 (<0.075mm)/%	细度模数	亚甲蓝 MBV 值 /(g·kg⁻¹)
机制砂	2658	1550	4.4	2.8	1.0

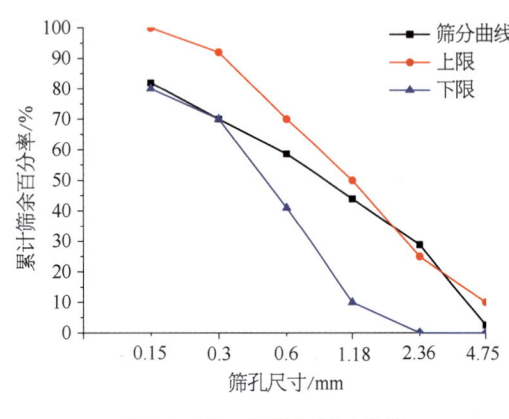

图 2-163 细集料筛分曲线

(4) 粗集料。卵石破碎型，四川广安某电站产，各规格粗集料的筛分结果见表 2-146。

C40 及以上等级混凝土使用粗集料，采用小石:中石=1:9 的掺配比例；C30 及以下等级混凝土使用粗集料，采用小石:中石:大石=1:7:2 的掺配比例。主要技术指标见表 2-147，筛分曲线如图 2-164 所示。

表 2-146 各规格粗集料筛分结果

规格/mm	各筛孔(mm)累计筛余百分率/%					
	37.5	31.5	19.0	9.5	4.75	2.36
5~10	0	0	0	4.6	83.6	95.8
10~20	0	0	9.6	89.2	96.8	99.1
合成 5~20	0	0	18.6	80.7	95.5	98.8
合成 5~31.5	0	1.8	34.5	80.7	97.7	99.9

表 2-147 粗集料主要技术指标

规格/mm	表观密度 /(kg·m⁻³)	堆积密度 /(kg·m⁻³)	含泥量 (<0.075mm)/%	针片状含量 /%	压碎指标 /%	吸水率 /%
5~20	2656	1530	0.3	4.6	14.4	0.88
5~31.5	2673	1564	0.2	3.8	12.1	0.73

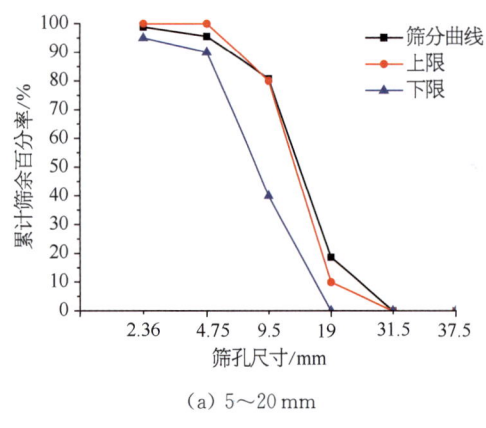
(a) 5~20 mm

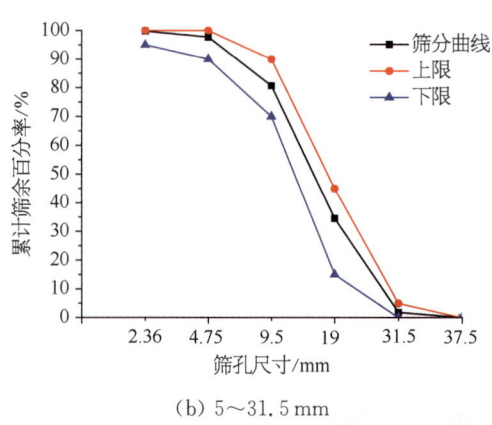
(b) 5~31.5 mm

图 2-164 粗集料筛分曲线

(5) 外加剂。聚羧酸标准型高性能减水剂，四川某化学建材有限公司产。主要技术指标见表 2-148。试验中所使用的引气组分、增黏组分、减缩组分均由该公司提供。

表 2-148 外加剂主要技术指标

名称	减水率/%	泌水率比/%	1h经时变化量坍落度/mm	凝结时间差/min 初凝	凝结时间差/min 终凝	抗压强度比 7d	抗压强度比 28d
减水剂	27	50	50	+90	+100	161	152

(6) 石粉。机制砂生产过程中水冲洗废弃石粉,四川广安某电站产,过筛(0.075mm)后使用。

(7) 水。自来水。

2.7.1.4 引气剂与石粉的掺量试验

机制砂中粉尘含量过高时,配制的混凝土黏度偏大,经试配和观察,发现混凝土拌合物虽然很黏,但不抓底,可能是引气剂对粉尘的吸附作用使其不沉降,故有必要研究粉尘含量与引气剂掺量的关系,找出合适的引气剂掺量,使粉尘掺量较大的拌合物黏度不致太大。采用C40箱梁机制砂混凝土配合比,小石:中石=1:9,砂率为0.43,水灰比为0.36。基准混凝土配合比设计见表2-149。

表 2-149 混凝土基准配合比

强度等级	配合比/(kg·m⁻³)					
	水泥	粉煤灰	砂	石	外加剂	水
C40	388	43	780	1036	4.31	155

表2-150、表2-151的试验结果表明:①当外加剂中引气组分掺量一定时,随机制砂中石粉含量的增加(4%~10%),混凝土拌合物黏聚性变好,坍落度基本没有受影响,且抗压强度有所增加;只是在石粉含量超过10%后,混凝土坍落扩展度有所减小,黏度明显增大,流动性变差。②当机制砂中石粉含量一定时,随着外加剂中引气组分掺量的增加(0%~5%),坍落度有所增大,混凝土拌合物包裹性和流动性变好,但当掺量达到5%时,混凝土的和易性不再增加。③石粉和引气剂之间关系并不明显,但随两者掺量增加,混凝土的和易性均在一定程度上有所改善;综合工作性能和强度两方面,C40机制砂混凝土外加剂中引气组分的最佳掺量为1%左右,机制砂中石粉最佳掺量为7%左右。

表 2-150 引气剂掺量与机制砂中粉尘含量

编号	引气剂掺量/%	粉尘含量/%
1	0	4.4
2	0	7
3	0	10
4	0.01	4.4
5	0.01	7
6	0.01	10
7	0.03	4.4
8	0.03	7
9	0.03	10
10	0.03	13
11	0.05	4.4
12	0.05	7
13	0.05	10

表 2-151 混凝土性能测试结果

编号	初始/1h坍落度/mm	初始/1h扩展度/mm	容重/(kg·m⁻³)	混凝土状态	抓底	泌水	抗压强度/MPa 7d	抗压强度/MPa 28d
1	195/70	400/—	2446	黏聚性、包裹性较好	无	无	52.8	66.5
2	195/—	405/—	2456	黏聚性、包裹性较好,铲起来较重	无	无	56.7	66.5
3	180/—	370/—	2499	黏聚性较好,包裹性一般,铲起来重	无	微泌水	54.5	67.6
4	195/140	460/300	2495	黏聚性较好,包裹性一般,铲起来较重	无	无	54.3	66.7
5	195/75	390/—	2490	黏聚性、包裹性较好,铲起来重	无	微泌水	59.9	68.4
6	210/195	530/430	2457	黏聚性、包裹性一般	无	无	56.7	63.7

(续表)

编号	初始/1 h 坍落度/mm	初始/1 h 扩展度/mm	容重/(kg·m⁻³)	混凝土状态	抓底	泌水	抗压强度/MPa 7 d	抗压强度/MPa 28 d
7	210/145	520/300	2 458	黏聚性较好,包裹性一般	无	无	50.3	63.8
8	205/125	570/—	2 465	黏聚性、包裹性较差,铲起来较重	有	有	47.7	58.6
9	195/195	560/430	2 446	黏聚性、包裹性较差,铲起来重	有	无	54.3	61.8
10	180/—	340/—	2 483	黏聚性、包裹性较好,铲起来很重	无	无	53.3	60.0
11	210/50	455/—	2 445	黏聚性较好,包裹性一般	无	无	52.2	63.4
12	190/30	380/—	2 465	黏聚性、包裹性较好	无	无	55.0	66.5
13	210/25	430/—	2 471	黏聚性、包裹性好,铲起来很重	无	无	53.4	61.2

2.7.1.5 外加剂的选用

研究不同引气剂、减缩剂、增黏剂复掺对混凝土工作性能、力学性能的影响规律。引气剂与增黏剂掺量均指占高效减水剂的质量比。由于减缩剂为液体,厂家建议掺量为胶凝材料质量的2%～6%(按厂家说明,计入用水量),故将其作为外加剂与高效减水剂进行复掺试验。采用正交试验,C40强度等级机制砂混凝土配合比见表2-149。

通过表2-152、表2-153可初步确定外加剂各组分最佳掺配比例,见表2-154。

表2-152 引气剂、减缩剂、增黏剂复掺方案

编号	引气剂掺量/%	减缩剂掺量/%	增黏剂掺量/%	水胶比	编号	引气剂掺量/%	减缩剂掺量/%	增黏剂掺量/%	水胶比
1	0	0	0	0.36	6	1.5	4	0	0.37
2	0	2	1.5	0.36	7	3	0	3	0.35
3	0	4	3	0.36	8	3	2	0	0.35
4	1.5	0	1.5	0.35	9	3	4	1.5	0.35
5	1.5	2	3	0.35					

注:适当调整用水量,保持坍落度基本相同。

表2-153 混凝土性能试验结果

编号	坍落度/mm	扩展度/mm	容重/(kg·m⁻³)	混凝土状态	抓底	泌水	抗压强度/MPa 7 d	抗压强度/MPa 28 d
1	200	520	2 465	黏聚性、包裹性一般	有	微泌水	51.5	
2	210	540	2 490	黏聚性、包裹性一般,铲起来较轻	有	有	41.5	
3	215	550	2 476	黏聚性、包裹性良好,较重、较黏	有	微泌水	43.5	
4	210	490		黏聚性、包裹性良好,较黏	无	无	51.5	
5	205	510	2 462	黏聚性、包裹性很好,铲起来较重	无	无	47.3	
6	210	540	2 428	黏聚性、包裹性良好,有点重	无	无	43.8	

(续表)

编号	坍落度/mm	扩展度/mm	容重/(kg·m⁻³)	混凝土状态	抓底	泌水	抗压强度/MPa 7 d	抗压强度/MPa 28 d
7	210	440	2 457	黏聚性、包裹性良好，但呈膨松状	无	无	47.8	
8	220	510	2 450	黏聚性、包裹性较好，铲起来较轻	无	无	48.9	
9	225	530	2 375	黏聚性、包裹性很好，铲起来很轻	无	无	33.3	

表 2-154 外加剂复配各组分最佳掺配比例

项目	组 分		
	引气剂	减缩剂	增黏剂
掺量/%	1.5	2	1.5

上述试验表明：①从机制砂混凝土工作性能来看，引气剂和增黏剂在掺入一定量（1.5%左右）时对混凝土的和易性有利，但掺量过大会导致混凝土黏度过大（增黏剂）或过轻（混凝土含气量大，膨松状），而影响拌合浇筑和强度。②减缩剂对混凝土的和易性没有明显的影响。③减缩剂对强度有不利影响，掺量不可太大。引气剂与增黏剂对强度影响相对较小，且掺量均在 1.5%左右时，混凝土和易性良好、强度较高。

2.7.1.6 机制砂物理特性对混凝土性能的影响

1）机制砂物理特性对 C40 混凝土性能的影响

通过人为调整机制砂的方法，研究机制砂细度模数、石粉含量及级配对混凝土工作性能、力学性能的影响。以 C40 机制砂混凝土配合比为基准配合比开展研究，为便于观察试验现象，配制只掺减水组分和缓凝组分的外加剂进行试验，其配合比见表 2-149。

选用不同细度模数、不同石粉含量和级配的机制砂及天然砂进行试验，机制砂、天然砂特性如图 2-165 所示，见表 2-155。

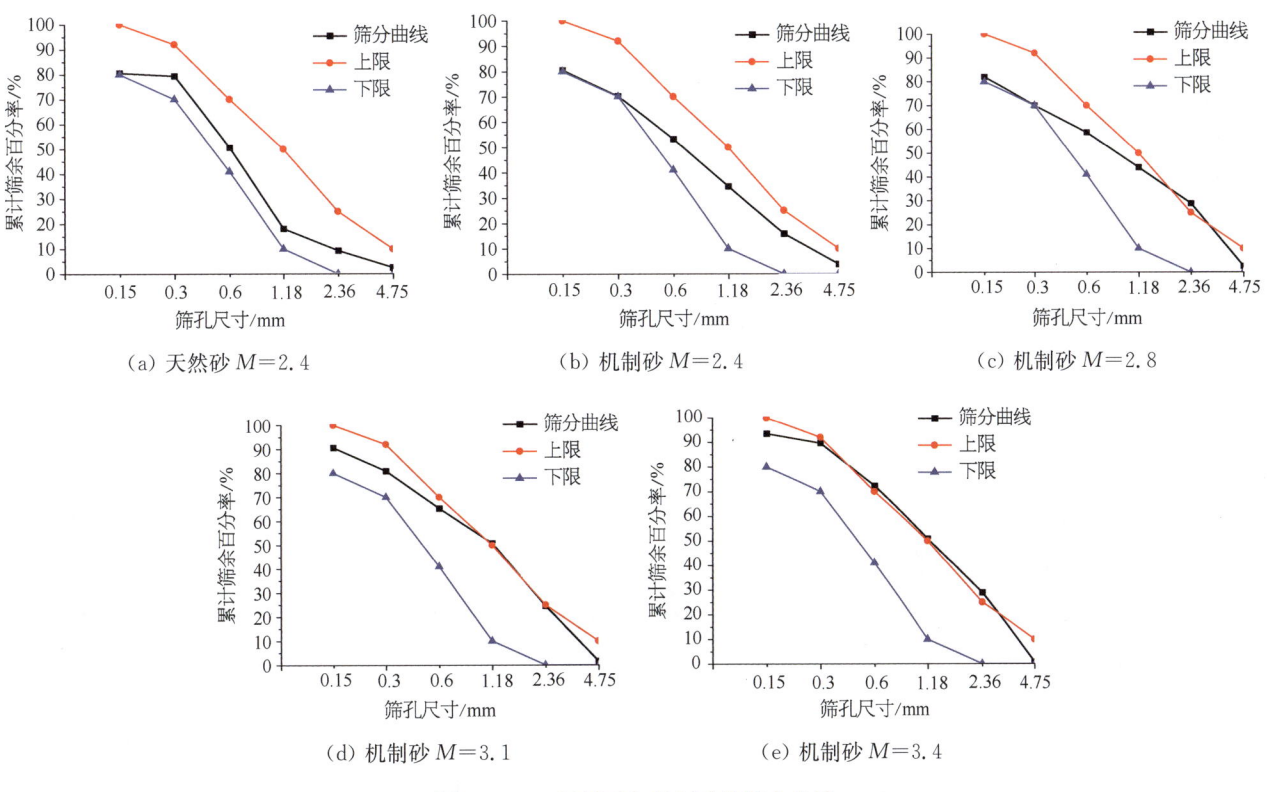

图 2-165 天然砂与机制砂的筛分曲线

表 2-155　天然砂与不同种类机制砂的特性

类型	编号	细度模数	石粉含量/%	级配情况
天然砂	1	2.4		Ⅱ区中值
机制砂	2	2.8	0	Ⅱ区
	3	2.8	4.4	
	4	2.8	7	
	5	2.8	10	
	6	2.8	13	
	7	2.4	5	Ⅱ区偏下
	8	2.8	5	Ⅱ区
	9	3.1	5	Ⅱ区中值偏上
	10	3.4	5	Ⅱ区偏上

表 2-156　混凝土性能试验结果

编号	坍落度/mm	扩展度/mm	容重/(kg·m⁻³)	混凝土状态	抓底	泌水	抗压强度/MPa 7d	抗压强度/MPa 28d
1	80		2416	黏聚性、包裹性一般,流动性差	无	无	47.0	65.5
2	205	550	2447	黏聚性、包裹性一般	有	微泌水	49.0	61.8
3	215	570	2445	黏聚性、包裹性良好	无	无	51.0	60.0
4	220	510	2408	黏聚性、包裹性好,铲起来很重	无	无	51.1	60.9
5	185	380	2445	黏聚性、包裹性好,铲起来重	无	无	53.4	64.0
6	210	570	2446	黏聚性、包裹性较差	有	微泌水	51.0	57.1
7	185	400	2480	黏聚性、包裹性良好,砂率偏高,流动性差	无	无	53.8	65.9
8	205	490	2460	黏聚性一般,包裹性略差	无	无	51.2	63.5
9	205	520	2461	黏聚性、包裹性一般	无	无	53.5	64.4
10	200	520	2440	黏聚性一般,包裹性差	无	无	53.4	66.2

表 2-156 的试验结果表明:①石粉含量较少时,混凝土工作性能较差,有轻微的离析泌水现象;随石粉含量的增加,混凝土黏聚性增强,离析泌水程度减小,坍落度在石粉含量为 10% 附近时较佳;当石粉含量达到 13% 以上时,混凝土很黏、很重,同样水胶比下流动性差、强度低。②随着机制砂细度模数的增加,混凝土工作性能呈现由差变好再变差的趋势,在同样水胶比下,机制砂细度模数对抗压强度影响不大;对 C40 机制砂混凝土来说,机制砂细度模数在 2.8~3.1 较佳。③在同样水胶比和砂率下,天然砂配制的混凝土状态较差,流动性明显不如机制砂,且强度偏低。

2) 机制砂与天然砂对比试验

对天然砂(细度模数为 2.4)进行试验,以 C40 混凝土配合比(表 2-149)为基准,调整水胶比及砂率(试验配合比见表 2-157)进行试验,试验结果见表 2-158。

表 2-158 的试验结果表明:①相对于同配合比的机制砂混凝土,天然砂混凝土需要增加用水量或降低砂率来达到较好的工作状态,且强度相对偏低(约 5 MPa)。②可能机制砂的棱角性比天然砂强,有利于强度提高;天然砂的吸水率明显大于机制砂,相当于增加了水胶比,对强度不利。

表 2-157　混凝土试验配合比

编号	配合比/(kg·m^{-3})					外加剂/%	水	砂率	水胶比
	水泥	粉煤灰	砂	石					
				小	中				
1	388	43	780	104	932	1.0	160	0.43	0.37
2	388	43	726	109	981	1.0	160	0.40	0.37
3	388	43	654	116	1046	1.0	156	0.36	0.36

表 2-158　混凝土性能试验结果

编号	坍落度/mm	扩展度/mm	容重/(kg·m^{-3})	混凝土状态	抓底	泌水	抗压强度/MPa	
							7 d	28 d
1	210	480	2431	黏聚性较差,包裹性一般,表面气泡多	有	泌水	48.4	
2	190	390	2415	黏聚性、包裹性一般	无	无	44.9	
3	210	490	2431	黏聚性、包裹性良好,较重,流动性差	无	无	46.3	

3) 不同石粉含量对 C25、C50 混凝土性能的影响

机制砂中粉尘含量过高时,配制的混凝土黏度偏大。对 C25、C50 机制砂混凝土进行试验,研究不同强度等级机制砂混凝土的最佳石粉含量。混凝土基准配合比见表 2-159,C25 所用大石:中石:小石=2:7:1,C50 所用中石:小石=9:1。试验采用石粉含量、水胶比见表 2-160。

表 2-159　混凝土基准配合比

强度等级	配合比/(kg·m^{-3})					
	水泥	粉煤灰	砂	石	外加剂	水
C25	272	68	817	1082	2.04	160
C50	436	48	704	1057	4.84	155

表 2-160　机制砂中石粉含量

编号	强度等级	石粉含量/%	水胶比
1	C25	4.4	0.46
2	C25	7	0.46
3	C25	10	0.46
4	C25	13	0.47
5	C50	4.4	0.32
6	C50	7	0.32
7	C50	10	0.32

表 2-161 的试验结果表明:①对于低强度等级机制砂混凝土(C25)而言,随着机制砂中石粉含量(4.4%~13%)的增加,混凝土的黏聚性、包裹性逐渐变好,但强度有所下降,故低强度等级机制砂混凝

表 2-161　混凝土性能试验结果

编号	坍落度/mm	扩展度/mm	容重/(kg·m^{-3})	混凝土状态	抓底	泌水	抗压强度/MPa	
							7 d	28 d
1	165	410	2421	黏聚性、包裹性一般,铲起来较轻	无	无	35.8	
2	180	410	2430	黏聚性、包裹性较好	无	无	31.6	
3	180	390	2452	黏聚性、包裹性良好,铲起来有点重	无	无	32.1	
4	120		2423	黏聚性、包裹性良好,铲起来很重,流动性差	无	无	30.5	

(续表)

编号	坍落度/mm	扩展度/mm	容重/(kg·m⁻³)	混凝土状态	抓底	泌水	抗压强度/MPa 7d	28d
5	200	540	2 464	黏聚性、包裹性一般,较黏,离析状	无	微泌水	58.0	
6	215	530	2 444	黏聚性、包裹性良好,较黏,较重	无	无	61.4	
7	200	460	2 441	黏聚性、包裹性良好,铲起来很黏、很重	无	无	60.3	

土石粉含量不可过高(4.4%左右)。②对于高强度等级机制砂混凝土(C50)而言,胶凝材料用量大,即使机制砂中石粉含量较低,混凝土的黏聚性也较好。随着机制砂中石粉含量(4.4%~10%)的增加,混凝土的包裹性变好,但流动性和泵送性均有所下降;强度则先增加、后降低,石粉含量在7%左右,强度最高,且工作性能也较好。③低强度等级(C25)与高强度等级(C50)机制砂混凝土在石粉含量不同时,强度趋势不同,最佳石粉含量也不同;前者要求机制砂石粉含量低(4.4%左右),而后者机制砂石粉最佳含量在7%左右。可能是由于低强度等级混凝土使用的胶凝材料较少,机制砂石粉含量大时,会影响硬化浆体与粗集料的界面强度。图2-166为两种强度等级混凝土试件压碎后浆体与粗集料界面破坏的情况,可以看出C25试件是沿浆体与粗集料界面破坏,破坏面粗集料均较完整,而C50试件没有沿浆体与粗集料界面破坏,试件被压碎的同时破坏面粗集料也被压碎。

图2-166 C25、C50混凝土试件压碎照片

2.7.1.7 机制砂混凝土配合比优化技术

1) 胶凝材料种类和掺量试验

胶凝材料采用水泥和粉煤灰:保持胶凝材料总量不变,改变水泥和粉煤灰比例;保持水泥和粉煤灰比例,改变胶凝材料总量。为便于应用研究,采用预制梁所用成品外加剂进行试验,基准配合比见表2-149。水泥和粉煤灰掺量见表2-162。

表2-163的试验结果表明:①保持胶凝材料总量不变,改变水泥和粉煤灰比例。随着水泥比例的增加,混凝土的黏聚性与包裹性变好,但坍落度与扩

表2-162 水泥和粉煤灰掺量 单位:kg/m³

编号	水泥掺量	粉煤灰掺量
1	310	120
2	340	90
3	370	60
4	400	30
5	430	0
6	360	40
7	333	37

注:6、7号配合比为调整砂石集料掺量,保持设计容重不变,而7号另外加水15 kg/m³。

表 2-163　混凝土性能试验结果

编号	坍落度/mm	扩展度/mm	容重/(kg·m⁻³)	混凝土状况	抓底	泌水	抗压强度/MPa 7 d	抗压强度/MPa 28 d
1	200	520	2435	黏聚性一般,包裹性较差,看起来散	有	微泌水	44.2	57.0
2	210	565	2448	黏聚性一般,包裹性较差,铲起来较重	有	泌水	48.8	58.9
3	215	570	2465	黏聚性、包裹性良好,流动性好	无	无	52.3	64.9
4	190	520	2452	黏聚性、包裹性良好	无	无	58.5	68.3
5	195	510	2450	黏聚性一般,包裹性良好,铲起来较重	无	无	58.8	70.7
6	170	390	2440	黏聚性良好,包裹性一般	无	无	54.5	
7	150	300	2434	黏聚性差,包裹性一般,流动性差	无	无	49.8	

展度则先变好、再变差;抗压强度随水泥用量的增加呈线性增加。②保持水泥和粉煤灰比例,随胶凝材料总量的增加,混凝土的黏聚性增加,流动性也增加,但相应的成本也增加。

2) 不同砂率试验

在一定的砂率范围内,随着砂率的增加,其润滑作用愈加显著,拌合物的塑性黏度降低,流动性提高;如果砂率过小,砂浆量不足,不能在粗集料周围产生足够的砂浆润滑层,将降低混凝土拌合物的流动性,影响混凝土拌合物的黏聚性和保水性,使粗集料离析,水泥浆流失,甚至出现崩散现象;反之,砂率过大,粗集料含量相对较少,集料的空隙率及总表面积都较大,在水灰比及水泥用量一定的条件下,混凝土拌合物显得干稠,流动性显著降低。因此,混凝土的砂率既不能过大,也不能过小,应取最佳砂率。所谓最佳砂率是在水灰比及水泥用量一定的条件下,能使混凝土拌合物在保持黏聚性和保水性良好的前提下获得最大流动性的砂率。

由于机制砂表面粗糙、棱角多,且石粉含量普遍较高,从而导致机制砂混凝土和易性较易出现极端情况。砂率稍小就容易出现离析泌水现象,砂率偏大则表现为黏性过大,流动性显著降低。因此,砂率的选择对高性能机制砂混凝土尤为重要。

采用 0.35～0.50 之间的砂率进行试验,为便于应用研究,采用预制梁所用成品外加剂进行试验。试验基准配合比、砂率见表 2-149、表 2-164,试验结果见表 2-165。

表 2-164　不同的试验砂率

编号	砂率/%	水胶比
1	35	0.36
2	40	0.36
3	45	0.35
4	50	0.35

表 2-165　混凝土性能试验结果

编号	坍落度/mm	扩展度/mm	容重/(kg·m⁻³)	混凝土状态	抓底	泌水	抗压强度/MPa 7 d	抗压强度/MPa 28 d
1	180	490	2451	黏聚性一般,包裹性较差,看起来散	有	有	59.0	65.6
2	200	470	2431	黏聚性、包裹性一般	无	无	60.2	70.8
3	190	430	2433	黏聚性、包裹性良好,铲起来较重	无	无	58.4	66.0
4	180	370	2438	黏聚性、包裹性较好,流动性差,铲起来重	无	无	54.5	65.5

表 2-165 的试验结果表明：随着砂率逐渐增大 (0.35~0.50)，机制砂混凝土拌合物和易性和强度呈现先增后减的趋势。说明在砂率较小时，砂浆量不足以完全包裹粗骨料表面和填充骨料间的空隙，导致混凝土和易性较差，密实性降低，从而降低混凝土的抗压强度；在砂率过大时，在相同胶凝材料用量的条件下，骨料表面的浆体就相对变少，使骨料之间的胶结力下降，此时的混凝土拌合物和易性也较差，造成混凝土强度降低。综合考虑工作性能和抗压强度，最佳砂率应在 0.40 左右。一般情况下，砂率选取的原则是在保证混凝土拌合物黏聚性和保水性良好的前提下，尽可能选取较小的砂率，以满足混凝土的弹性模量和干燥收缩的要求。

3) 不同水胶比与外加剂掺量试验

为便于应用研究，采用预制梁所用成品外加剂进行试验。基准配合比、水胶比和外加剂掺量见表 2-149、表 2-166，试验结果见表 2-167。

表 2-166　不同水胶比和外加剂掺量

编号	水胶比	外加剂掺量/%
1	0.33	1.0
2	0.35	
3	0.37	
4	0.36	0.8
5	0.36	1.0
6	0.35	1.1

表 2-167　混凝土性能试验结果

编号	坍落度/mm	扩展度/mm	容重/(kg·m^{-3})	混凝土状态	抓底	泌水	抗压强度/MPa 7d	抗压强度/MPa 28d
1	45		2422	看起来散，几乎没有流动性	无	无	57.3	68.7
2	190	435	2442	黏聚性、包裹性、流动性较好	无	无	57.2	68.4
3	215	520	2458	黏聚性、包裹性良好，铲起来较重	无	有	54.2	66.2
4	170	330	2431	黏聚性、包裹性较好，铲起来较重，流动性稍差	无	无	55.3	64.2
5	195	490	2460	黏聚性、包裹性较好	无	无	56.6	67.7
6	195	475		黏聚性、包裹性较好	无	无	57.8	69.4

表 2-167 的试验结果表明：①随着水胶比的增大，混凝土的坍落度有所增加，黏聚性有所降低，混凝土的 7d、28d 的强度均有所下降，特别是水胶比从 0.35 增加到 0.37，强度下降明显。②外加剂掺量一定时，水胶比的改变(0.02)对混凝土拌合物的工作性能影响巨大。水胶比减小 0.02，混凝土便几乎没有流动性；相反，水胶比增大 0.02 则易出现离析泌水、抓底等问题，严重影响抗压强度。③改变外加剂掺量，控制水胶比使混凝土拌合物坍落度基本相同。随外加剂掺量的增加，混凝土的流动性变好，抗压强度呈增长趋势，但涨幅较小，故应合理控制外加剂掺量，避免因掺量过大而产生用水量不易控制的问题。

4) 不同外加剂种类试验

在相同水胶比下，采用不同种类外加剂进行外加剂对混凝土性能的影响试验。外加剂采用：①四川某新型材料有限公司生产的 JX-GBNYI 高性能缓释型减水剂；②成都某建筑材料有限公司生产的 RH-H 缓凝高效减水剂；③重庆某建材有限公司生产的 QXW-16 缓凝型高效减水剂；④四川某化学建材有限公司生产的聚羧酸标准型高性能减水剂。基准配合比见表 2-149，试验结果见表 2-168。

表 2-168 的试验结果表明：①四种外加剂均有较好的减水效果，相同掺量下，1号和2号的外加剂减水率要大于3号和4号两种外加剂。因此，若使用前两种外加剂，应适当降低掺量或降低用水量。②在强度方面，采用1号的外加剂配制的混凝土强度相对较低。

表 2‑168 混凝土性能试验结果

编号	坍落度/mm	扩展度/mm	容重/(kg·m⁻³)	混凝土状态	抓底	泌水	抗压强度/MPa 7 d	抗压强度/MPa 28 d
1	220	500	2 437	黏聚性、包裹性较好	无	无	53.9	
2	220	510	2 441	黏聚性良好，包裹性一般	无	无	56.5	
3	200	490	2 447	黏聚性、包裹性较好	无	无	55.4	
4	195	490	2 460	黏聚性、包裹性较好	无	无	56.6	

2.7.1.8 不同结构混凝土试验

针对机制砂配制的用于桥台、承台、桩基、墩柱、预应力梁、连续刚构梁等不同桥梁结构的混凝土，研究其工作性能、力学性能对不同结构的适应性。首先进行各结构配合比的调配，然后进行工作性能、力学性能、收缩性能、开裂性能、耐久性能的测试。

1) 桥台、墙身 C25 混凝土

对重力式桥台、墙身等结构用机制砂混凝土进行试验，强度等级 C25，坍落度要求 190 mm。实际应用中，由于桥台混凝土没有配置钢筋网，坍落度要求可以较低（160 mm 左右，尤其是在冬季），但不能因流动性过差而影响正常浇筑。

进行胶凝材料种类和掺量、水胶比、外加剂掺量、砂率等对机制砂混凝土性能的影响试验。胶凝材料采用水泥和粉煤灰，保持胶凝材料总量不变，改变水泥和粉煤灰比例；保持水泥和粉煤灰比例不变，改变胶凝材料总量。为便于应用研究，采用预制梁所用成品外加剂进行试验。粗集料采用小石：中石：大石=1：7：2 的比例。配合比见表 2‑169、表 2‑170，试验结果见表 2‑171。

表 2‑169 混凝土基准配合比

强度等级	配合比/(kg·m⁻³)					
	水泥	粉煤灰	砂	石	外加剂	水
C25	272	68	817	1 082	2.72	160

表 2‑170 混凝土试验配合比

编号	配合比/(kg·m⁻³)						外加剂/%	水	砂率	水胶比
	水泥	粉煤灰	砂	石 小	石 中	石 大				
1	272	68	817	108	758	216	0.8	157	0.43	0.46
2	238	102	817	108	758	216	0.8	151	0.43	0.44
3	306	34	817	108	758	216	0.8	157	0.43	0.46
4	248	62	830	110	770	219	0.6	146	0.43	0.47
5	296	74	804	106	746	212	0.6	171	0.43	0.46
6	272	68	760	114	797	228	0.6	156	0.40	0.46
7	272	68	855	104	731	209	0.6	155	0.45	0.46
8	272	68	950	95	665	190	0.6	160	0.50	0.47

注：4、5 号配合比调整砂石集料掺量，保持设计容重不变。

表 2‑171 混凝土性能试验结果

编号	坍落度/mm	扩展度/mm	容重/(kg·m⁻³)	混凝土状态	抓底	泌水	抗压强度/MPa 7 d	抗压强度/MPa 28 d
1	190	490	2 462	黏聚性较差，包裹性一般，表面气泡多	有	泌水	34.7	
2	190	480	2 433	黏聚性、包裹性一般	无	无	26.0	

(续表)

编号	坍落度/mm	扩展度/mm	容重/(kg·m⁻³)	混凝土状态	抓底	泌水	抗压强度/MPa 7 d	28 d
3	110		2 436	黏聚性、包裹性良好,较重,流动性差	无	无	34.3	
4	170	400	2 437	黏聚性、包裹性一般,流动性稍差,浆体量看起来不足	无	无	28.1	
5	150	350		黏聚性、包裹性一般,流动性稍差	无	无	28.1	
6	185	430	2 431	黏聚性、包裹性差,有堆石情况	无	静置泌水	35.0	
7	185	390	2 422	黏聚性、包裹性一般	无	无	33.3	
8	175	330	2 392	黏聚性、包裹性良好,流动性稍差	无	无	32.2	

表 2-171 的试验结果表明：①保持胶凝材料总量不变,改变水泥和粉煤灰比例。随着水泥比例的增加,混凝土的黏聚性与包裹性变好,但流动性则逐渐变差。②保持水泥和粉煤灰比例,随胶凝材料总量的增加,混凝土的黏聚性增加,流动性也增加,但相应的成本也增加。③外加剂的掺量不宜太高（0.8%～1.0%）,尤其是在冬季施工时,否则拌合物易出现泌水离析,和易性不佳。④强度方面。水泥比例的增加使混凝土的抗压强度增加,水泥与粉煤灰比例为 8:2 或 9:1 时,强度相差不大,但后者的和易性较好,为较优配合比。水胶比的增加容易产生混凝土离析,导致强度不稳定,耐久性差。⑤砂率从 0.40 增加到 0.50,混凝土拌合物流动性有所降低,但包裹性提高,混凝土强度先升高、后降低,综合工作性能和力学性能,最佳砂率在 0.43～0.45。

2) 承台、墩柱 C30 混凝土

对承台、墩柱等结构用机制砂混凝土进行试验,强度等级 C30,坍落度要求 190 mm。承台中配置钢筋网,墩柱中配制钢筋笼,对混凝土的流动性要求较高。

进行胶凝材料种类和掺量、水胶比、外加剂掺量、砂率等对机制砂混凝土性能的影响试验。胶凝材料采用水泥和粉煤灰,保持胶凝材料总量不变,改变水泥和粉煤灰比例；保持水泥和粉煤灰比例,改变胶凝材料总量。为便于应用研究,采用预制梁所用成品外加剂进行试验。粗集料采用大石:中石:小石=2:7:1 的比例。配合比见表 2-172、表 2-173,试验结果见表 2-174。

表 2-172　混凝土基准配合比

强度等级	配合比/(kg·m⁻³)					
	水泥	粉煤灰	砂	石	外加剂	水
C30	320	80	810	1 030	4	160

表 2-173　混凝土试验配合比

编号	配合比/(kg·m⁻³)								砂率	水胶比
	水泥	粉煤灰	砂	石			外加剂/%	水		
				小	中	大				
1	280	120	810	103	721	206	1.0	152	0.44	0.38
2	280	120	810	103	721	206	0.8	160	0.44	0.40
3	320	80	810	103	721	206	0.8	160	0.44	0.40
4	360	40	810	103	721	206	0.8	160	0.44	0.40
5	344	86	797	101	709	203	1.0	160	0.44	0.37

(续表)

编号	配合比/(kg·m⁻³)							外加剂/%	水	砂率	水胶比
	水泥	粉煤灰	砂	石			外加剂/%	水	砂率	水胶比
				小	中	大				
6	296	74	823	105	733	209	0.6	160	0.44	0.43
7	320	80	736	110	773	221	0.8	160	0.40	0.40
8	320	80	847	99	695	199	0.8	160	0.46	0.40
9	320	80	920	92	644	184	0.8	160	0.50	0.40

表 2-174 混凝土性能试验结果

编号	坍落度/mm	扩展度/mm	容重/(kg·m⁻³)	混凝土状态	抓底	泌水	抗压强度/MPa	
							7 d	28 d
1	185	560	8173	黏聚性一般,包裹性较差,表面粉煤灰多	有	有	34.0	
2	200	520	8210	黏聚性、包裹性一般,微浮灰	无	无	36.1	
3	205	450	8286	黏聚性、包裹性良好	无	无	40.1	
4	200	420	8244	黏聚性、包裹性良好,和易性好	无	无	46.9	
5	200	475	8310	黏聚性、包裹性良好,铲起来较重	无	无	44.3	
6			8076	黏聚性、包裹性、流动性一般	无	无		
7	195	460	8230	黏聚性一般,包裹性较差	无	无		
8	200	410	8185	黏聚性、包裹性良好	无	无		
9	190	350	8186	黏聚性、包裹性良好,流动性差,较重	无	无		

表 2-174 的试验结果表明:①保持胶凝材料总量不变,改变水泥和粉煤灰比例,随着水泥比例的增加,混凝土的黏聚性与包裹性变好,流动性先变好、后变差。②保持水泥和粉煤灰比例,随胶凝材料总量的增加,混凝土的黏聚性、包裹性增加,和易性有所提高,但相应的成本也增加。③强度方面。随着水泥比例的增加,混凝土的抗压强度增加。保持水泥和粉煤灰比例,随着胶凝材料总量的增加,混凝土的抗压强度增加。④砂率从 0.40 增加到 0.50,混凝土拌合物流动性先变好、后变差,最佳砂率在 0.45 左右。

3) 预制箱梁、T 梁 C50 混凝土

对预应力箱梁、T 梁等结构用机制砂混凝土进行试验,强度等级 C50,坍落度要求 190 mm。梁结构中配置钢筋网,对混凝土的流动性要求较高,若是现浇梁则需要进行泵送,要求混凝土具有良好的黏聚性、保水性及流动性。

进行胶凝材料种类和掺量、水胶比、外加剂掺量、砂率等对机制砂混凝土性能的影响试验。胶凝材料采用水泥和粉煤灰,保持胶凝材料总量不变,改变水泥和粉煤灰比例;保持水泥和粉煤灰比例,改变胶凝材料总量。为便于应用研究,采用预制梁所用成品外加剂进行试验。粗集料采用中石:小石=9:1 的比例,配合比见表 2-175、表 2-176,试验结果见表 2-177。

表 2-175 混凝土基准配合比

强度等级	配合比/(kg·m⁻³)					
	水泥	粉煤灰	砂	石	外加剂	水
C50	436	48	704	1057	4.84	155

表 2-176 混凝土试验配合比

编号	配合比/(kg·m⁻³)					外加剂/%	水	砂率	水胶比
	水泥	粉煤灰	砂	石					
				小	中				
1	339	145	704	106	951		159	0.40	0.33
2	387	97	704	106	951		159	0.40	0.33
3	436	48	704	106	951	1.0	161	0.40	0.33
4	463	51	692	104	935	1.0	155	0.40	0.30
5	409	45	716	108	967	0.8	159	0.40	0.35
6	436	48	616	114	1 031	1.0	159	0.35	0.33
7	436	48	669	109	983	1.0	159	0.38	0.33
8	436	48	757	100	904	1.0	159	0.43	0.33

表 2-177 混凝土性能试验结果

编号	坍落度/mm	扩展度/mm	容重/(kg·m⁻³)	混凝土状态	抓底	泌水	抗压强度/MPa	
							7 d	28 d
1	215	470	8 171	黏聚性、包裹性较好,较黏重	无	无		
2	210	470	8 174	黏聚性、包裹性良好,很黏、很重	无	无		
3	195	410	8 177	黏聚性、包裹性良好,流动性稍差	无	无		
4	190	530	8 380	黏聚性、包裹性良好,很黏、很重	无	无		
5	180	350	8 230	黏聚性、包裹性良好,流动性稍差	无	无		
6	185	400	8 280	黏聚性良好,包裹性一般,流动性稍差	无	无		
7	210	410	8 270	黏聚性、包裹性良好,流动性好,黏重	无	无		
8	195	400	8 250	黏聚性、包裹性良好,很黏、很重	无	无		

表 2-177 的试验结果表明:①混凝土拌合物的黏聚性、包裹性均较好,其随胶凝材料中水泥和粉煤灰比例改变而变化的程度较小;但随着水泥比例的增加,混凝土拌合物的流动性逐渐变差,变黏、变重,泵送性能变差。②保持水泥和粉煤灰比例,随胶凝材料总量的增加,混凝土的流动性逐渐变差,泵送性能也变差,相应的成本也增加。若水泥用量过大,则会使混凝土黏性过大,增大施工时的泵送阻力,故在满足力学性能要求的前提下,应尽量减少胶凝材料用量。③砂率从 0.35 增加到 0.45,混凝土拌合物流动性先变好、后变差,最佳砂率在 0.38~0.40。

2.7.2 叙古路高石粉含量机制砂混凝土应用

2.7.2.1 工程概况

叙永至古蔺高速公路是泸州"一环七射一横"交通骨架网络的最后一条高速通道,项目全线长 65.739 km,概算总投资 82.38 亿元,桥隧比 56%(全线总长 65.739 km,桥梁共计 23 225 m/82 座),该项目地质构造复杂,需要桥梁高性能混凝土约 100 万 m³以上,分别应用于桩基、墩柱和梁等。叙古高速公路建设项目沿线缺少天然砂,若从较近的简阳等地购买天然砂,其价格高达 150~200 元/m³,且砂的质量不易控制。而项目路沿线多山,岩石分布广,机制砂的生产利用极为方便。所以项目沿线均采用石灰岩生产机制砂,由于山区缺水及环保部门禁止泥水物排放的要求,机制砂多采用干法工艺生产(图2-167),且石粉含量偏高,配制混凝土时易出现水泥用量高、工作性能和泵送性能差、强度低、易收缩开裂等问题。因此,针对高石粉含量(MB值<1.4)岩石破碎型机制砂进行桥梁高性能混凝土的制备研究。

图2-167 叙古路C4标石板滩机制砂生产线(干法工艺)

2.7.2.2 混凝土制备及工程应用

1) 原材料

(1) 水泥。拉法基水泥,强度等级P·O42.5,四川某水泥制造有限公司产,主要技术指标见表2-178。

表2-178 水泥主要技术指标

品种	比表面积/(m²·kg⁻¹)	安定性	SO₃含量/%	MgO含量/%	凝结时间/min		抗折强度/MPa		抗压强度/MPa	
					初凝	终凝	3 d	28 d	3 d	28 d
拉法基	330	合格	2.8	2.8	198	256	5.6	8.5	28.7	51.9

(2) 矿物掺和料。

① 粉煤灰。习水粉煤灰,Ⅱ级。主要技术指标见表2-179。

表2-179 粉煤灰主要技术指标

名称	细度(0.045 mm方孔筛筛余)/%	烧失量/%	需水量比/%	含水量/%	28 d活性指数/%
粉煤灰	17	7.34	100	0.3	74

② 硅灰。成都某科技有限公司产,主要技术指标见表2-180。

表2-180 硅灰主要技术指标

名称	SO₂含量/%	烧失量/%	需水量比/%	含水量/%	28 d活性指数/%
硅灰	97	2	112	0.7	114

(3) 细集料。泸州石板滩产,岩石破碎机制砂。主要技术指标见表2-181,筛分曲线如图2-168所示。

表2-181 细集料主要技术指标

名称	表观密度/(kg·m⁻³)	堆积密度/(kg·m⁻³)	石粉含量(<0.075 mm)/%	单级最大压碎值/%	细度模数	亚甲蓝MBV值/(g·kg⁻¹)
机制砂	2 700	1 608	10	12.3	3.2	0.5

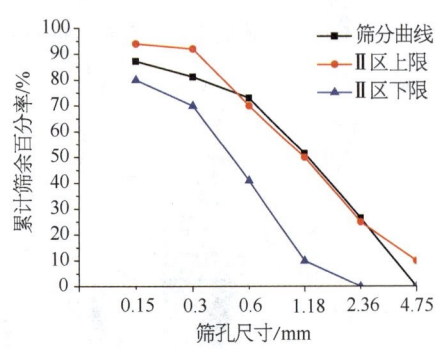

图 2-168 细集料筛分曲线

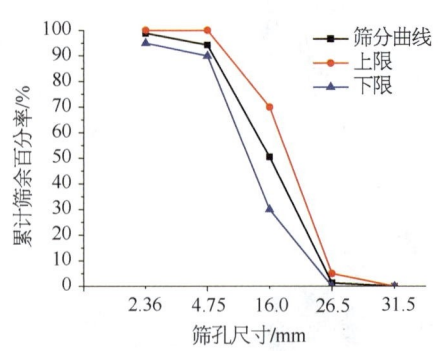

图 2-169 粗集料筛分曲线（5～25 mm）

(4) 粗集料。岩石破碎，泸州石板滩产，筛分曲线如图 2-169 所示。

(5) 减水剂。聚羧酸高性能减水剂（包括降黏型母液、脂肪醇类引气剂），上海某化学有限公司产；聚醚类减缩剂，四川某化学建材有限公司产。

(6) 石粉。机制砂生产过程中产生的石粉，泸州石板滩产，过筛（0.075 mm）后使用。

(7) 水。自来水。

2) 配合比优化设计及工程应用

采用密实骨架堆积法与额定粉体用量法相结合进行配合比设计，经试配、调整得 C40 机制砂混凝土的基准配合比见表 2-182。

表 2-182 混凝土基准配合比

强度等级	配合比/(kg·m⁻³)					
	水泥	粉煤灰	砂	石	减水剂	水
C40	380	50	791	1 049	6.02	155

(1) 采用 630 型和 910 型两种降黏型母液，分别配制相同减水率（25%）的外加剂进行试验，结果见表 2-183。

表 2-183 混凝土性能试验结果

类型	坍落度/mm	扩展度/mm	容重/(kg·m⁻³)	混凝土状态	抗压强度/MPa	
					7 d	28 d
630 型	200	480	2 445	包裹性稍差，较黏重	41.8	51.7
910 型	210	500	2 443	包裹性、黏聚性良好	42.5	53.6

表 2-183 的对比表明，910 型母液的降黏效果优于 630 型，混凝土拌合物的黏聚性、流动性相对较好，抗压强度也较高，故确定采用 910 型降黏型母液。

(2) 采用 910 型降黏型母液（掺量 28%）和 G 型保坍母液（掺量 15%）配制基准外加剂，对引气剂掺量（占外加剂的质量百分比）进行试验，结果见表 2-184。

表 2-184 混凝土性能试验结果

编号	引气剂掺量/‰	坍落度/mm	扩展度/mm	混凝土含气量/%	混凝土状态	抗压强度/MPa	
						7 d	28 d
1	0	200	520	2.0	流动性稍差，较黏重	43.7	53.1
2	0.3	220	560	3.2	黏聚性、包裹性良好	44.4	53.5
3	0.6	225	570	5.0	黏聚性、包裹性良好	47.8	54.0
4	0.9	220	550	7.1	黏聚性、包裹性良好，铲起来较轻，表面气泡多	43.0	51.2

表 2-184 和图 2-170 表明，随着引气剂掺量的增大，混凝土的坍落度、扩展度先增大，后减小，说明引气剂有一定的减水效果；同时，引气剂掺量增大，混凝土的含气量随之增大，当引气剂掺量达 0.3‰～

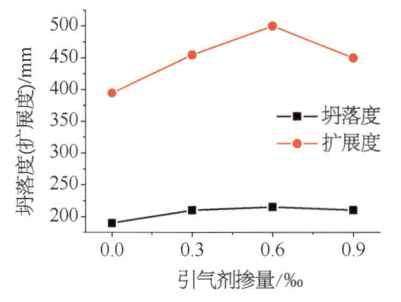 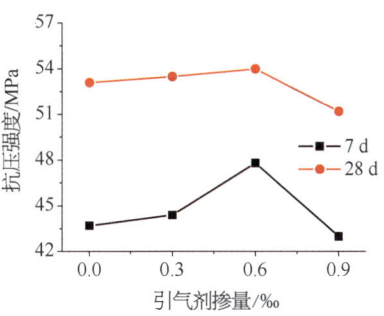 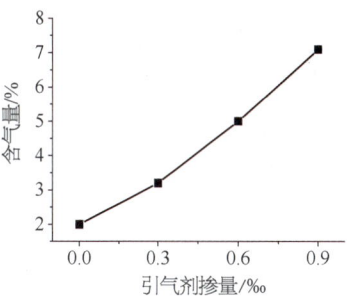

图 2-170 引气剂掺量对混凝土性能的影响

0.6‰时，混凝土的流动性、黏聚性都有提高，且早期抗压强度明显提高，引气剂起到了减水、"分散"和早强作用；当引气剂掺量达 0.9‰时，混凝土的含气量达 7.1%，大量气泡的存在影响混凝土的强度。故随着引气剂掺量的增大，混凝土强度呈现先增加、后减小的趋势。综合考虑，确定引气剂掺量为 0.3‰。

由上述试验确定复合降黏外加剂组分为 910 型降黏型母液 28%、G 型保坍母液 15%、引气剂 0.3‰、减缩剂 1.0%（占胶凝材料质量百分比）。

(3) 采用复合降黏外加剂，经配合比优化后，不同结构部位桥梁高性能混凝土施工配合比见表 2-185，混凝土主要性能见表 2-186。

表 2-185 混凝土施工配合比

结构部位	强度等级	配合比/(kg·m⁻³)						砂率	水胶比
		水泥	粉煤灰	砂	石	外加剂	水		
桩、柱	C40	380	50	791	1049	6.02	155	0.43	0.36
梁	C50	430	58	752	1038	6.50	151	0.42	0.31

表 2-186 混凝土主要性能

强度等级	坍落度/mm	抗压强度/MPa		28d干燥收缩率/10⁻⁶	抗裂等级	抗渗等级	56d Cl⁻渗透系数/(10^{-12} m²·s⁻¹)	抗冻等级	28d碳化深度/mm	抗硫酸盐等级
		7d	28d							
C40	220	44.5	55.1	268	Ⅳ	P20	1.55	F300	1.1	KS120
C50	220	54.8	64.6	293	Ⅳ	P35	0.93	F400	0.8	KS150

采用施工配合比配制的混凝土和易性、自密实性良好，泵送性能良好（T_{500}<18 s），解决了高石粉含量机制砂制备混凝土易离析泌水、过度黏稠、泵送性能差和硬化后混凝土易收缩开裂等问题，满足了桥梁结构混凝土施工和设计要求，提高了桥梁结构的耐久性。叙古路 C4 标部分桥梁结构工程如图 2-171 所示。

(a) C40 抗滑桩浇筑　　　　　　　　(b) C40 墩柱、方桩

(c) C50 混凝土拌合物　　　　　　　　　　(d) C50 预制梁

图 2-171　桥梁不同结构的机制砂桥梁高性能混凝土

2.7.3　江綦路高性能机制砂混凝土应用

2.7.3.1　工程概况

江津至綦江高速公路是重庆三环高速公路中重要的组成部分，它连接了"一小时经济圈"中两个大城市，拓展了"一小时经济圈"的发展空间，加强了重庆主城周边重要区县之间及小城镇之间的交通联系，将重庆绕城公路以外更大的空间连入10条射线高速公路网，加强了高速公路之间的联系，缓解了重庆主城过境交通的压力，增强了高速公路网的辐射作用（图 2-172）。

图 2-172　江綦高速公路地理位置图

三环高速江綦路段起于江津先锋，止于綦江县城南，起止处分别与渝泸高速和渝黔高速公路相接。该路段经过江津金泉、青泊、贾嗣、五福、夏坝、广兴、綦江北渡、永新等地，线路长 26 km，设有先锋、青泊、贾嗣和广兴四个互通立交，路基宽 24.5 m，为双向四车道，占地约 2 300 亩，总投资约 23 亿元，建设工期 3 年。

项目采用机制砂配制强度等级为 C50、C55 的桥梁高性能混凝土，根据实地调查发现，该项目所用的原材料性质存在一定的波动性，尤其是机制砂粉尘含量和细度模数等，这在一定程度上对配制质量稳定的混凝土产生了不利影响，需进行混凝土配合比优化试验。

2.7.3.2　原材料

（1）水泥（二分部）。采用江津某厂 P·O42.5 水泥，28 d 强度 51.3 MPa。

（2）粉煤灰。Ⅰ级，某电厂生产的Ⅰ级粉煤灰（细度 7.4%，烧失量 4.41%）。

（3）细集料。某料场生产，由卵石破碎而成的机制砂，石粉含量为 3.3%，细度模数 3.4，筛分曲线如图 2-173 所示。

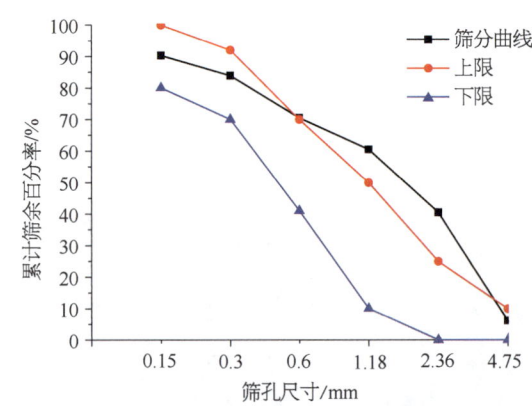

图 2-173　细集料筛分曲线

（4）粗集料。由卵石破碎而成的破碎砾石（5～26.5 mm），某料场产。5～16 mm 规格集料针片状含量 4.4%，16～26.5 mm 规格集料针片状含量 6.5%，压碎值 13.1%，含泥量 0.3%。各规格粗集料筛分结果见表 2-187，筛分曲线如图 2-174 所示，大小粗集料的比例为 5:5。

表 2-187 各规格粗集料筛分结果

规格 /mm	各筛孔(mm)通过百分率/%					
	37.5	31.5	19.0	9.5	4.75	2.36
5~16	100	100	100	48	3.8	0.3
16~26.5	100	98.3	47.2	0.4	0.2	0.2
掺配石	100	99.2	73.6	24.2	2.0	0.2

（5）外加剂。山西 SMS 聚羧酸高性能减水剂、湖北 SSF-4000 聚羧酸高性能减水剂。

（6）水。自来水。

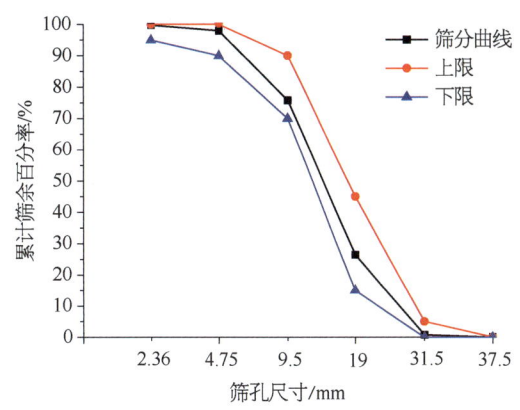

图 2-174 粗集料筛分曲线(5~31.5mm)

2.7.3.3 机制砂混凝土配合比试验

1) 原有混凝土施工配合比

表 2-188 和表 2-189 所示为该项目混凝土原用配合比。

表 2-188 第一种外加剂混凝土施工配合比

类型	配合比/(kg·m⁻³)							7d抗压强度/MPa		28d抗压强度/MPa
	水泥	粉煤灰	砂	小石	大石	水	外加剂	第一次	第二次	第一次
C40 科华、机制砂Ⅱ级灰	360	70	828	722	310	149	4.73	43.7	47.3	62.6
C40 南桐、机制砂Ⅱ级灰	365	70	837	716	307	160	4.57	41.6	44.4	52.2
C50 科华、机制砂Ⅱ级灰	390	80	809	736	315	149	5.405	49.1	48.8	62.6
C50 南桐、机制砂Ⅱ级灰	390	80	818	729	313	162	5.64	47.7	50.7	53.6
C55 南桐、机制砂Ⅰ级灰	420	60	818	729	313	151	6.72	48.5	43.5	55.1

表 2-189 第二种外加剂混凝土施工配合比

类型 （湖北）	配合比/(kg·m⁻³)							7d抗压强度/MPa		28d抗压强度/MPa
	水泥	粉煤灰	砂	小石	大石	水	外加剂	第一次	第二次	第一次
C40 科华、机制砂Ⅱ级灰	360	70	828	722	310	149	4.515	48.3	46.5	51.3
C40 南桐、机制砂Ⅱ级灰	365	70	837	716	307	156	4.35	48.3	46.7	50.9
C50 科华、机制砂Ⅱ级灰	390	80	809	736	315	149	5.17	53.6	45.5	63.2
C50 南桐、机制砂Ⅱ级灰	390	80	818	729	313	162	5.405	48.8	49.7	49.6
C55 南桐、机制砂Ⅰ级灰	420	60	818	736	315	150	6.96	47.0	54.6	62.6

类型 （山西）	配合比/(kg·m⁻³)							7d抗压强度/MPa		28d抗压强度/MPa
	水泥	粉煤灰	砂	小石	大石	水	外加剂	第一次	第二次	第一次
C40 科华、机制砂Ⅱ级灰	360	70	828	722	310	149	4.515	44.4	42.4	53.4
C40 南桐、机制砂Ⅱ级灰	365	70	837	716	307	160	4.35	46.9	47.0	51.7
C50 科华、机制砂Ⅱ级灰	390	80	809	736	315	149	5.17	49.8	47.5	51.8
C50 南桐、机制砂Ⅱ级灰	390	80	818	729	313	162	5.405	49.9	46.4	48.6
C55 南桐、机制砂Ⅰ级灰	420	60	818	736	315	150	6.96	44.0	53.5	56.6

注：綦江配合比由于机制砂原因未做，改去江津做 C50、C55 机制砂混凝土。

2) 混凝土配合比调整试验

(1) C50机制砂混凝土配合比试验。第一组：强度等级C50，山西SMS外加剂，小石：大石＝5：5。配合比设计及调整见表2-190，混凝土性能见表2-191。

表2-190　混凝土试验配合比

编号	配合比/(kg·m⁻³)							抗压强度/MPa		
	水泥	粉煤灰	砂	石		外加剂	水	3d	7d	28d
				小	大					
1-C50	400	60	841	525	525	5.98	150	41.9	53.9	61.2

表2-191　混凝土配合比调整后主要性能

编号	坍落度/mm	扩展度/mm	容重/(kg·m⁻³)	水胶比	砂率	调整情况及工作状态
1	200	450	2473	0.326	0.445	砂率0.445，外加剂掺量1.3%；流动性良好，黏聚性、包裹性良好，状态如图2-175所示

 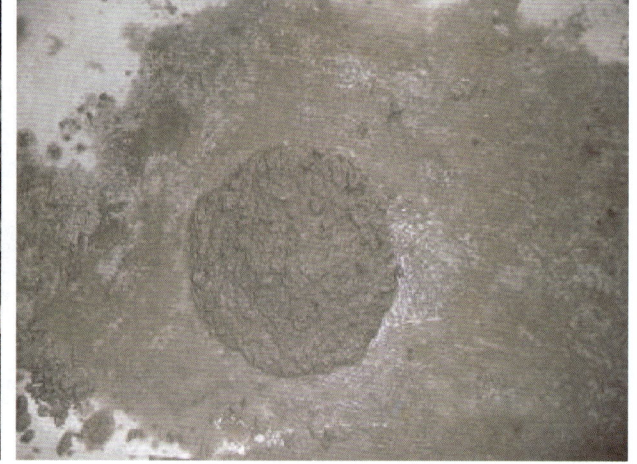

图2-175　混凝土出锅及做完坍落度的状态

第二组：强度等级C50，湖北SSF-4000外加剂，小石：大石＝5：5。配合比设计及调整见表2-192，混凝土性能见表2-193。

表2-192　混凝土试验配合比

编号	配合比/(kg·m⁻³)							抗压强度/MPa		
	水泥	粉煤灰	砂	石		外加剂	水	3d	7d	28d
				小	大					
2-C50	400	60	841	525	525	6.44	152		48.3	55.3

表2-193　混凝土配合比调整后主要性能

编号	坍落度/mm	扩展度/mm	容重/(kg·m⁻³)	水胶比	砂率	调整情况及工作状态
2	200	500	2442	0.326	0.445	砂率0.445，外加剂掺量1.4%；流动性良好，黏聚性、包裹性良好，状态如图2-176所示

图 2-176　混凝土出锅及做完坍落度的状态

通过对 C50 机制砂混凝土的配合比试验,得出以下结论:①由于机制砂较粗,在配制 C50 强度等级机制砂混凝土时,建议控制砂率在 0.44～0.45。②对比两种减水剂,从相同配合比用水量来看,山西 SMS 外加剂减水率要稍高一些,相同掺量下混凝土流动性较好,同时应严格控制拌合用水量,防止出现离析泌水等情况。

(2) C55 机制砂混凝土配合比试验。第三组:强度等级 C55,山西 SMS 外加剂。配合比设计及调整见表 2-194,混凝土性能见表 2-195。

表 2-194　混凝土试验配合比

编号	配合比/(kg·m^{-3})							抗压强度/MPa		
	水泥	粉煤灰	砂	石		外加剂	水	3 d	7 d	28 d
				小	大					
3-C55	430	60	833	407	611	7.35	142			
4-C55	430	60	814	518	518	6.37	148			
5-C55	430	70	805	523	523	6.75	150		43.5	62.1

表 2-195　混凝土配合比调整后主要性能

编号	坍落度/mm	扩展度/mm	容重/(kg·m^{-3})	水胶比	砂率	调整情况及工作状态
3	205	610	2 445	0.29	0.45	砂率 0.45,外加剂掺量 1.5%;流动性好,黏聚性、包裹性一般,外加剂掺量过大,静置微泌水,状态如图 2-177 所示
4	220	510	2 470	0.30	0.44	砂率调整为 0.44,外加剂掺量 1.35%;流动性好,黏聚性、包裹性也都良好,状态如图 2-178 所示
5				0.30	0.435	增加 10 kg/m^3 粉煤灰,砂率调整为 0.435,外加剂掺量 1.35%;状态很好,适合泵送,如图 2-179 所示

第四组:强度等级 C55,湖北 SSF-4000 外加剂。配合比设计及调整见表 2-196,混凝土性能见表 2-197。

图 2‑177　混凝土出锅及做完坍落度的状态

图 2‑178　混凝土出锅及做完坍落度的状态

图 2‑179　混凝土出锅的状态

表 2-196 混凝土试验配合比

编号	配合比/(kg·m⁻³)							抗压强度/MPa		
	水泥	粉煤灰	砂	石		外加剂	水	3 d	7 d	28 d
				小	大					
6-C55	430	70	805	523	523	7.5	153			
7-C55	430	70	805	523	523	7.5	151		42.8	60.9

表 2-197 混凝土配合比调整后主要性能

编号	坍落度/mm	扩展度/mm	容重/(kg·m⁻³)	水胶比	砂率	调整情况及工作状态
6				0.30	0.435	砂率 0.435,外加剂掺量 1.5%(其中 0.1%后加);流动性好,黏聚性、包裹性较差,稍泌水,状态如图 2-180 所示
7	210	490	2458	0.30	0.435	砂率 0.435,外加剂掺量 1.5%;流动性好,黏聚性、包裹性也都良好,状态如图 2-181 所示

图 2-180 混凝土出锅的状态

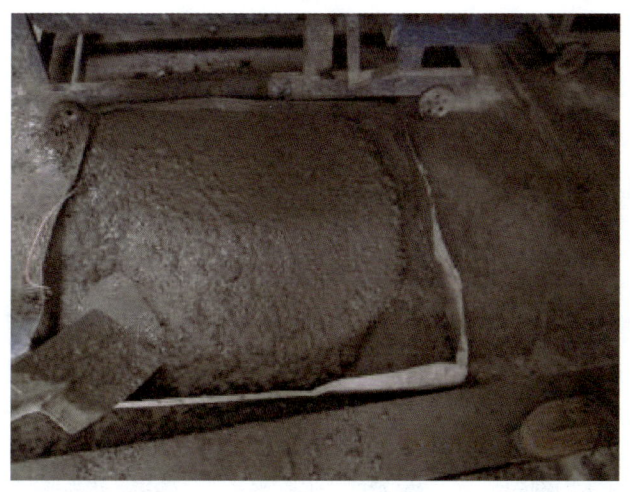 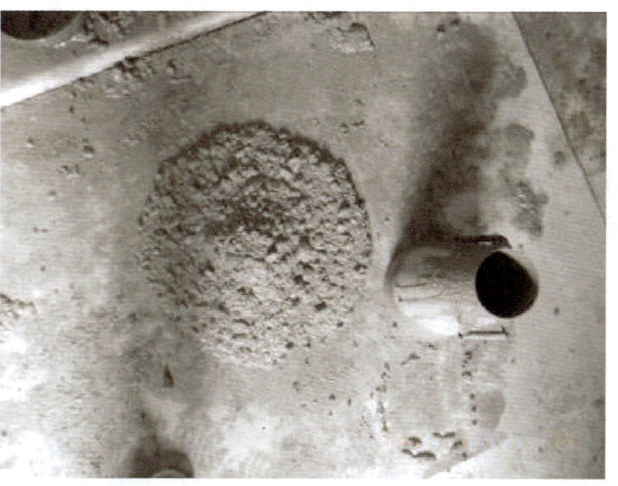

图 2-181 混凝土出锅及做完坍落度的状态

通过对 C55 机制砂混凝土的配合比试验,得出以下结论:①由于机制砂较粗,在配制 C55 强度等级机制砂混凝土时,建议控制砂率在 0.43~0.44。②对比两种减水剂,山西 SMS 外加剂的减水性能要稍好一些,相同掺量下混凝土流动性较好,但应适当控制其掺量。③由图 2-181 的拌合物状态来看,建议湖北 SSF-4000 外加剂掺量为 1.4%~1.5%,且应控制用水量。

2.7.3.4 工程应用配合比

通过对两种外加剂进行试验,调整胶凝材料用量、外加剂掺量、用水量及砂率,优化原有混凝土配合比,制备出满足工作性能和力学性能要求的机制砂混凝土。

(1) 各等级机制砂混凝土应用配合比见表 2-198。表 2-199 的试验结果表明,采用山西 SMS 外加剂所配制的机制砂混凝土工作性能与抗压强度均良好,而采用湖北 SSF-4000 外加剂配制的机制砂混凝土在抗压强度上相对较低。

表 2-198 混凝土优化配合比

类型		配合比/(kg·m⁻³)							水胶比	砂率
		水泥	粉煤灰	砂	小石	大石	外加剂	水		
山西	C50	400	60	841	525	525	5.98	150	0.326	0.445
	C55	430	70	805	523	523	6.75	150	0.30	0.435
湖北	C50	400	60	841	525	525	6.44	152	0.326	0.445
	C55	430	70	805	523	523	7.5	151	0.30	0.435

表 2-199 混凝土主要性能

类型		坍落度/mm	扩展度/mm	容重/(kg·m⁻³)	抗压强度/MPa		
					3 d	7 d	28 d
山西	C50	200	450	2 473	41.9	53.9	61.2
	C55	210	500	2 470		43.5	62.1
湖北	C50	200	500	2 442		48.3	55.3
	C55	210	490	2 458		42.8	60.9

(2) 通过试验及工程应用表明:①外加剂种类与机制砂存在最佳相容性,采用不同外加剂对机制砂混凝土有不同影响,包括拌合物的和易性、混凝土的抗压强度及耐久性等,应对不同种类的外加剂进行优选。②机制砂颗粒集配差、棱角多、流动性差,且粗颗粒多、细度模数大,故应适当提高砂率。对粉尘含量高的机制砂,可以增加粉煤灰的用量,提升混凝土的和易性,并适当对砂石及胶凝材料进行预拌,适当延长搅拌时间。③若矿物掺和料和砂率改动太大,则易造成混凝土和易性差、黏聚性和包裹性差、泌水、抓底等问题。综上所述,在施工前应进行大量试配及重复优化配合比试验,同时在施工中不得随意改动配合比,以满足混凝土各项性能的要求。

2.8 本章小结

本章对机制砂混凝土的工作性能、力学性能、配合比设计、体积稳定性能、耐久性能及工程应用进行了系统的研究,具体研究内容如下:

(1) 机制砂的石粉含量、细度模数及岩性对混凝土工作性能、力学性能的影响。

(2) 对于低强度等级机制砂混凝土,如何保证低水泥用量、低胶凝材料用量混凝土工作性能;高强度等级机制砂混凝土的高性能化。

(3) 采用密实骨架堆积法和额定粉体用量法进行配合比设计的方法;引气剂、增黏剂、减缩剂等复合外加剂对混凝土性能的影响;水胶比、砂率、外加剂等配合比参数对混凝土性能的影响;桥梁不同部位、不同工作性能和力学性能要求的混凝土配合比优化。

(4）机制砂混凝土收缩及影响因素的分析；通过矿物掺和料、专门研发的外加剂和内养护材料配制低温升抗裂大体积混凝土；研发开裂试验机对混凝土抗裂性能进行评价；低温升抗裂大体积混凝土的耐久性研究；低收缩高韧性抗裂大体积混凝土的配制及其应用到桥梁不同部位的抗裂梯度设计。

（5）通过分析天然砂与机制砂物化参数、石粉对水化和混凝土均匀性的影响、外加剂对水化的影响等，确定耐久性影响机理；石粉对混凝土早期抗裂性能的影响及不同强度等级混凝土的早期抗裂性能；混凝土的抗渗、抗冻、抗碳化、抗硫酸盐侵蚀性能；机制砂的碱反应及抑制措施。

（6）对混凝土内部微结构的观察和分析，进一步证明机制砂能够配制出高性能和高耐久性的混凝土。

（7）遂广路高韧性机制砂混凝土的工程应用；叙古路高石粉含量机制砂混凝土的工程应用；江綦路高性能机制砂混凝土的工程应用。

第 3 章

天然石料机制砂桥梁超高强混凝土

通常认为强度等级在 C60 以上的混凝土即可称之为高强混凝土,强度等级在 C100 及以上的混凝土即可称之为超高强混凝土。目前工程技术界配制超高强混凝土(强度等级不小于 C100)普遍采用两种技术思路。第一种是采用活性粉末混凝土的技术路线:①不选用大粒径的粗骨料,细骨料的最大粒径小于 300 μm,以提高水泥石的匀质性;②优化胶凝材料颗粒的组成和级配,掺入硅粉、超细粉煤灰、石英粉等超细活性矿物掺和料,降低水胶比,进一步改善混凝土孔结构和界面过渡区,降低孔隙率,提高混凝土的致密程度;③掺入大量的钢纤维,提高混凝土的强度和韧性;④混凝土硬化后养护采取高温或高温高压的方式,增强胶凝材料的水化反应活性,促进 C—S—H 凝胶向结构更为稳定的托贝莫来石晶体转变,提高混凝土力学性能和耐久性能。第二种技术思路是延续普通混凝土的制备方法,主要通过采用硅酸盐水泥+活性矿物掺和料+高效减水剂的技术手段,来达到增加混凝土密实度、优化孔结构、改善界面过渡区、提高混凝土力学性能的目的。

随着国家供给侧改革的推进,工程建设领域对环保的要求越来越高,天然河砂资源供应愈发紧张,迫切需要开展利用机制砂制备混凝土,在综合考虑原材料、生产难度及成本后,本章延续普通混凝土的制备方法生产机制砂桥梁超高强混凝土。

由于机制砂粒型多棱角、表面粗糙,特别是通常含有较高的石粉,对外加剂分子的吸附量大,且石粉、水泥和矿物掺和料密度差异大,采用其配制的混凝土在搅拌过程中浆体各组分不易充分分散,颗粒团聚,难以形成密实堆积结构,且收缩变形大,易开裂,严重影响混凝土力学性能和耐久性能。因此,国家最新标准《公路桥涵施工技术规范》明确规定:对于采用机制砂配置强度等级大于 C60 的高强混凝土,石粉含量应严格控制在 5% 以内。而实际生产中,机制砂的石粉含量均大于 5%,由此增加的机制砂水洗除粉工艺也带来了环境污染。因此,迫切需要系统研究机制砂在超高强混凝土中的应用。

3.1 原材料

(1)水泥。湖北某水泥股份有限公司生产的 P·I52.5 水泥,主要技术指标见表 3-1。

表 3-1 水泥主要技术指标

名称	比表面积/(m²·kg⁻¹)	安定性	凝结时间/min		抗压强度/MPa	
			初凝	终凝	3 d	28 d
水泥	389	合格	154	265	38.7	58.4

(2)粉煤灰。重庆某 I 级粉煤灰,主要技术指标见表 3-2。

表 3-2 粉煤灰主要技术指标

名称	细度(45 μm 方孔筛筛余)/%	烧失量/%	含水量/%	SO₃ 含量/%	游离氧化钙/%
粉煤灰	11	3.5	0.5	2.0	0.8

(3)粉煤灰微珠。天津某公司生产,其主要技术指标见表 3-3。

表 3-3 粉煤灰微珠主要技术指标

名称	形状	比表面积/(m²·kg⁻¹)	球体密度/(g·cm⁻³)	堆积密度/(g·cm⁻³)	触变指数	晶体结构
粉煤灰微珠	球形	1300	2.32	0.65	7.5	非晶态

(4) 矿粉。江南某公司生产的 S95 级矿粉,主要技术指标见表 3-4。

表 3-4 矿粉主要技术指标

名称	比表面积/ (m²·kg⁻¹)	烧失量 /%	含水量 /%	SO₃含量/%	密度/ (g·cm⁻³)	氯离子含量/%
矿粉	480	2.94	0.8	0.81	2.84	0.01

(5) 硅灰。成都某公司生产,其 SiO_2 含量为 93%,比表面积为 21 500 m²/kg,含水率为 0.5%,需水量比为 125%,烧失量为 3.7%。

(6) 细集料。四川某地卵石破碎机制砂,主要技术指标见表 3-5,外观如图 3-1 所示,筛分曲线如图 3-2 所示。

表 3-5 细集料主要技术指标

名称	表观密度/(kg·m⁻³)	堆积密度/(kg·m⁻³)	含泥/石粉量(<0.075 mm)/%	细度模数	亚甲蓝MBV 值/(g·kg⁻¹)
机制砂	2670	1560	5.1	2.81	1.0

图 3-1 细集料外观

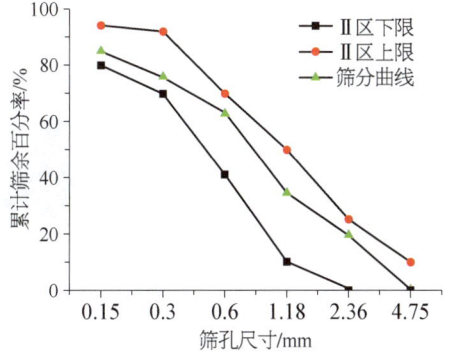

图 3-2 细集料筛分曲线

(7) 粗集料。四川某地产玄武岩碎石,小石级配范围为 5~10 mm,大石分为两种级配,分别为 10~16 mm、10~20 mm,小石可与大石分别组成 5~16 mm 及 5~20 mm 连续级配,均在小石∶大石=3∶7 时达到最紧密堆积。粗集料主要技术指标见表 3-6。

表 3-6 粗集料主要技术指标

级配范围 /mm	表观密度 /(kg·m⁻³)	堆积密度 /(kg·m⁻³)	压碎值 /%	针片状含量/%
5~10	2720	1654		13.2
5~16	2720	1730	6.2	4.2
5~20	2720	1714	5.6	4.1

(8) 外加剂。上海某公司生产的专用超高强钢管混凝土外加剂。

(9) 水。普通武汉自来水。

3.2 混凝土工作性能

机制砂超高强钢管混凝土由于水胶比低、胶凝材料用量高、机制砂粒型与级配不良等因素,致使配制的混凝土黏度大、工作性能差,胶凝材料因此未能充分分散,气泡也难以逸出,影响了混凝土胶凝浆体的致密程度,降低了力学性能。因此,首先须对机制砂超高强钢管混凝土进行降黏和工作性能优化。

从混凝土组成上看,新拌混凝土可以看作是由液相和固相颗粒组成的悬浮体系,对于混凝土而言,粗骨料是固相颗粒,悬浮于水泥砂浆组成的液相里;对于砂浆而言,细骨料是固相颗粒,悬浮于水泥浆组成的液相中。流变性能主要取决于同级中的液相部分。因此,降低混凝土的黏度首先应提高水泥净浆的工作性能。本节主要研究通过胶凝材料组成优化设计与高效复合外加剂的掺入,降低机制砂超高强钢管混凝土的黏度,改善混凝土匀质性,提高其工作性能。

3.2.1 矿物掺和料对混凝土胶凝浆体流变性能的影响

流变学是研究外力作用下,物体所产生的变形及应力随时间变化关系的科学。自从 1929 年美国的 E. C. Bingham 教授创立了流变学会,流变学逐渐成为一门独立的分支学科。通常用胡克体模型、圣维南体模型、牛顿体模型来表征理想的弹性、塑性和黏性体材料,一般的流变方程都是基于以上三种理想模型而来。然而水泥浆体的流变性能实际上介于弹性、塑性和黏性体之间,其流变曲线可用宾汉姆模型加以描述。宾汉姆模型中包含了两个参数,即塑性黏度 η、屈服应力 τ_0,示意如图 3-3、图 3-4 所示。

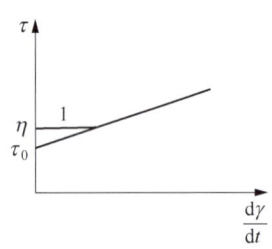

图 3-3 宾汉姆流体曲线图

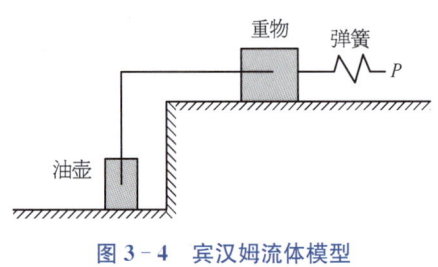

图 3-4 宾汉姆流体模型

由以上宾汉姆流体模型可知,当施加的作用力 P 小于重物与地面之间的摩擦力时,弹簧只做弹性伸长,重物不移动。此阶段即对应 $\tau < \tau_0$,混凝土具有固态性质:

$$\tau = G\gamma_e \quad (3-1)$$

式中 G——物体的弹性模量。

当作用力 P 继续增大时,弹簧中的应力保持恒定,重物将连续运动,此时的 P 即为屈服应力 τ_0,但由于后面接着一个油壶,塑性变形将会随着应力的增加而增大,而塑性黏度为一个定值。此阶段即对应 $\tau > \tau_0$,流变方程即为

$$\tau = \tau_0 + \eta \frac{dV}{dt} \quad (3-2)$$

式中 τ_0——屈服应力(Pa);
τ——剪切应力(Pa);
η——塑性黏度(Pa·s);
$\frac{dV}{dt}$——剪切速率(1/s)。

对于钢管混凝土,可泵性是其重要的施工指标,根据宾汉姆模型,新拌混凝土在管道内可以流动的极限是

$$\tau_0 \leqslant \frac{R}{2} \cdot \frac{\Delta P}{\Delta L} \quad (3-3)$$

混凝土泵送过程中,在钢管内呈现"栓塞流"的流动形式,流量 Q 可用式(3-4)表示,流动过程中的压力损失 ΔP 可用式(3-5)表示:

$$Q = \frac{\pi R^4}{8\eta}\left(\frac{\Delta P}{\Delta L}\right)\left[1 - \frac{4}{3}\left(\frac{2\tau_0}{R}\frac{\Delta P}{\Delta L}\right) + \frac{1}{3}\left(\frac{2\tau_0}{R}\frac{\Delta P}{\Delta L}\right)\right]^4 \quad (3-4)$$

$$\Delta P = \frac{4L}{R}\left(\frac{8\eta v}{R} + 1.33\tau_0\right) \quad (3-5)$$

从上述公式可以看出,混凝土的可泵性主要取决于混凝土的黏度值和屈服应力,混凝土的坍落度与其屈服应力具有较好的相关性,塑性黏度可以表征混凝土的黏聚性。因此,钢管混凝土的泵送需要混凝土满足较大的坍落度,同时混凝土的黏度又不应太小,以保证钢管混凝土不离析、不泌水。

(1)通过对水泥、Ⅰ级粉煤灰、粉煤灰微珠、硅灰、矿粉等材料进行流变性能研究(结果见表 3-7),建立各种胶凝材料对浆体的塑性黏度、屈服应力的影响规律,并检测各类矿物掺和料的活性指数,基于以上试验结果确定胶凝材料组成。试验统一水胶比为 0.25,胶凝材料用量为 1000g,减水剂固定掺量为 0.5%。

表 3-7 胶凝材料流变性能试验结果

编号	胶凝材料	矿物掺和料掺量/%	塑性黏度/(Pa·s)	屈服应力/Pa
1	纯水泥	0	1.367	60.362
2	水泥+Ⅰ级粉煤灰	5	1.215	56.397
3		10	1.107	45.700
4		15	0.963	41.774
5		20	0.847	39.121
6	水泥+粉煤灰微珠	5	1.149	54.394
7		10	0.774	32.020
8		15	0.323	11.350
9		20	0.108	3.427

(续表)

编号	胶凝材料	矿物掺和料掺量/%	塑性黏度/(Pa·s)	屈服应力/Pa
10	水泥+硅灰	5	1.987	93.894
11		10	3.189	167.403
12		15	4.574	240.034
13		20	5.932	328.283
14	水泥+矿粉	5	1.548	71.631
15		10	1.834	77.373
16		15	1.872	81.984
17		20	1.633	79.558

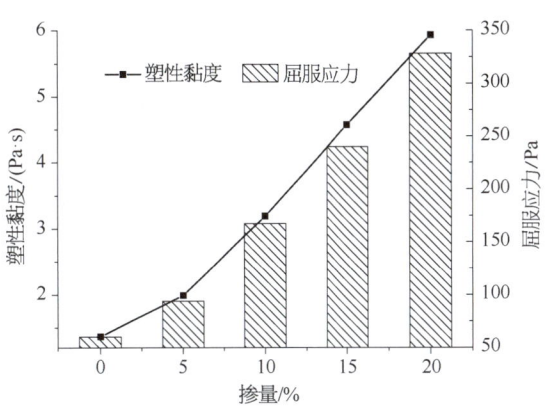

图 3-7 硅灰掺量对混凝土胶凝浆体流变性能的影响

表 3-7 及图 3-5～图 3-8 的试验结果表明，总体上水泥净浆的塑性黏度和屈服应力表现出较好的相关性。对于水泥与Ⅰ级粉煤灰组成体系，随着Ⅰ级粉煤灰掺量的提高，浆体的塑性黏度和屈服应力不断减小，当Ⅰ级粉煤灰掺量由 0% 增至 20% 时，塑性黏度由 1.367 Pa·s 降低至 0.323 Pa·s，屈服应力由 60.362 Pa 降低至 11.35 Pa。以上流变性能

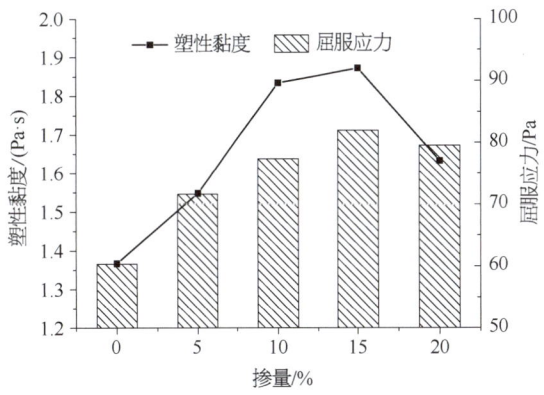

图 3-8 矿粉掺量对混凝土胶凝浆体流变性能的影响

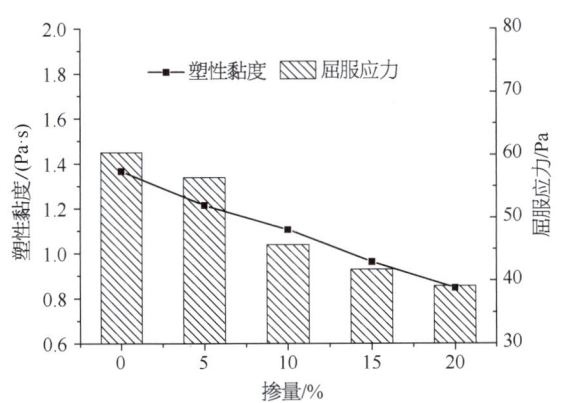

图 3-5 Ⅰ级粉煤灰掺量对混凝土胶凝浆体流变性能的影响

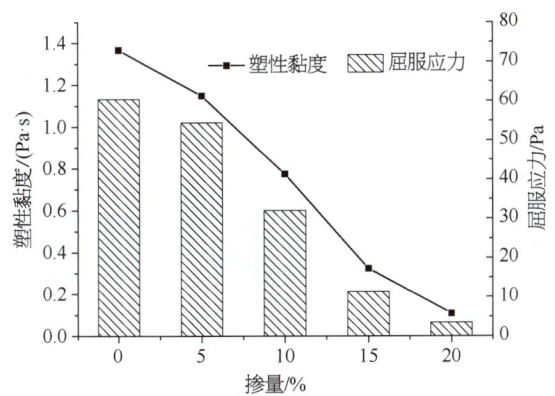

图 3-6 粉煤灰微珠掺量对混凝土胶凝浆体流变性能的影响

测试结果是由于Ⅰ级粉煤灰在水化早期活性很低，基本上不水化，因此Ⅰ级粉煤灰的掺入实际上增大了胶凝体系的实际水灰比，并且Ⅰ级粉煤灰的"滚珠作用"提高了浆体的工作性能，使得浆体中具有更多的自由水，因此Ⅰ级粉煤灰掺量的提高使混凝土表现出更低的塑性黏度和屈服应力。

对于水泥和粉煤灰微珠组成体系，粉煤灰微珠掺量越高，浆体流动性能越好，且粉煤灰微珠对于浆体体系黏度的改善十分显著。当粉煤灰微珠掺量超过 5% 后，浆体的塑性黏度和屈服应力降低幅度增大；粉煤灰微珠掺量达 15% 时，浆体塑性黏度和屈服应力分别为 0.323 Pa·s、11.35 Pa；此后，继续增大粉煤灰微珠掺量，降低幅度放缓，20% 微珠掺量时其塑性黏度和屈服应力分别为 0.108 Pa·s、3.427 Pa。粉煤灰微珠粒径小且其在扫描电镜下的形貌呈圆球状，具有极佳的"滚珠作用"，能大幅降低水泥浆的塑性黏度和屈服应力，具有极好的矿物减水特性。

对于水泥和硅灰组成体系，随着硅灰掺量的提

高,浆体流变性能变差,硅灰掺量越高,浆体塑性黏度和屈服应力越大。硅灰火山灰反应活性高、比表面积大、需水量高,硅灰取代水泥后使得浆体体系中自由水减少,颗粒之间的摩擦阻力增大,大幅增加了浆体的塑性黏度和屈服应力。当硅灰掺量超过5%时,黏度和屈服应力增加显著,而当掺量小于5%时,黏度和屈服应力小幅增加,这可能是由于该浆体体系中掺入了一定的减水剂,在硅灰掺量小于5%时,削弱了硅灰的增稠作用。

对于水泥和矿粉组成体系,随着矿粉的掺量由0%增至15%,浆体塑性黏度和屈服应力不断增大,当掺量超过10%时,增幅放缓。矿粉掺量由15%增至20%时,浆体塑性黏度和屈服应力又小幅回落,这是由于矿粉的掺入"稀释"了浆体中水泥矿物相的浓度,当掺量超过15%时,整个胶凝体系的级配更好,浆体流变性能变好。

(2) 依规范《高强高性能混凝土用矿物外加剂》的要求,对四种常见矿物掺和料进行活性指数检测,结果见表3-8。

表3-8 不同矿物掺和料活性检测

龄期	活性指数			
	硅灰	粉煤灰	粉煤灰微珠	矿粉
28 d	125	89	101	103

表3-8的试验结果表明,矿物掺和料中硅灰具有极高的活性指数,是制备超高强钢管混凝土必备的矿物掺和料,但硅灰的掺入会显著提升胶凝浆体的塑性黏度和屈服应力,增大超高强钢管混凝土施工时的泵送阻力;而粉煤灰微珠对混凝土的降黏效果十分显著。综合考虑各矿物掺和料对混凝土力学性能和工作性能的影响,确定矿物掺和料选取硅灰和粉煤灰微珠的组合。

3.2.2 超高强混凝土专用外加剂

混凝土化学外加剂的成功研发与应用不仅降低了混凝土工程施工过程中的作业强度,还大幅提高了混凝土的性能,混凝土减水剂现已成为制备低水胶比高强混凝土必不可少的组分。一般认为减水剂的发展主要经历了以下三个阶段:①以木质素钙为代表的第一代普通减水剂;②以萘系为代表的第二代高性能减水剂;③以聚羧酸为代表的第三代高性能减水剂。

其中聚羧酸系减水剂是一种梳型的聚合物,其分子结构具有可设计性,通过反应合成不同的主链和支链结构,可赋予减水剂不同的性能。通常聚羧酸减水剂的作用机理主要有静电斥力理论和空间位阻理论。

3.2.2.1 静电斥力理论

该理论认为带电胶粒之间存在两种相互作用力,一种是范德华力,另一种是双电层重叠时所引起的静电斥力。当粒子间的引力占据优势时,胶粒之间便会发生聚沉,当粒子间斥力占据优势时,就可减少因粒子的布朗运动造成的碰撞聚沉,胶粒体系便处于稳定状态。对同种粒子来说,范德华力的大小只与粒子间距有关,因此影响体系的稳定分散还是聚沉主要取决于静电斥力的大小。减水剂分子主要通过吸附在胶凝材料颗粒周围,使其带有电荷,形成粒子间的静电斥力,有效分散胶凝材料颗粒,释放存在于颗粒内部的自由水,从而提高混凝土的流动性。

3.2.2.2 空间位阻理论

减水剂分子吸附在胶凝颗粒表面会形成一定厚度的吸附层,吸附层粒子间相互接触时会发生碰撞重叠,可能会引起凝聚或者排斥作用,这种作用以自由能的变化 ΔG 表示,其表达式见式(3-6):当自由能的变化 ΔG 为正值时,粒子间的作用表现为斥力,此时减水剂有较好的分散效果。

$$\Delta G = \frac{4\pi KTC_\delta^2}{3v_1\rho^2}(\psi_1 - K_1)\left(\delta - \frac{h}{2}\right)^2\left(3a + 2\delta + \frac{h}{2}\right)$$

(3-6)

3.2.2.3 低含气量、超分散减水、高保坍聚羧酸减水剂的合成

聚羧酸减水剂是一种梳型的聚合物,分子结构中包含主链和侧链。主链为带有多个锚固基团(SO_3H、PO_4^{2-}、SO_3^-、聚醚及多元胺)的C—C链,锚固基团通过与水泥中Ca^{2+}结合而吸附在水泥颗粒表面;侧链主要为聚醚、聚酯、聚丙烯酸酯及聚烯烃等,这类聚合物具有良好的水溶性,可在混凝土胶凝浆体中舒展开来,在水泥颗粒表面形成一定厚度的吸附保护层(图3-9),使水泥颗粒充分分散,为胶凝浆体提供良好的流动性。

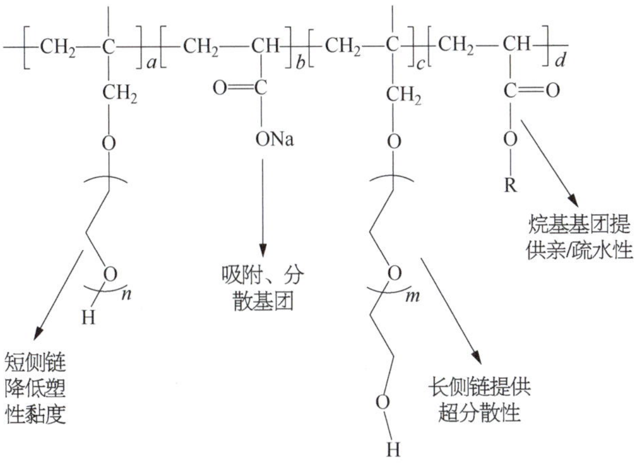

图 3-9 低含气量、超分散降黏型聚羧酸减水剂分子结构与性能的关系

通过试验研究发现,$b/(a+c+d)$ 的摩尔比及长侧链环氧乙烷的长度对减水剂的超分散性有着重要的影响,提高 $b/(a+c+d)$ 的摩尔比或侧链环氧乙烷的长度,可有效增加减水剂吸附和空间位阻作用,提高减水剂分散水泥等胶凝颗粒的效果;恰当的短侧链环氧乙烷的长度,可降低胶凝浆体的黏度,提高混凝土的流动性;主链上的烷基基团,可有效调节聚合物的亲/疏水平衡,同时起到降低胶凝浆体黏度的作用。

以甲基烯丙醇、环氧丙烷、氨水为原料,在催化剂和一定温度下反应制得甲基烯丙醇聚氧丙烯醚和三异丙醇胺的混合物,将制得的混合物置于带冷凝回流器、滴液漏斗和温度计的三口烧瓶中,同时加入甲基丙烯酸酯、丙烯酸磺酸钠及水搅拌混合,加热到适当温度,缓慢滴加小单体和引发剂,滴加完毕后继续保温 2 h,停止加热,并用 NaOH 溶液调节体系 pH 值至中性,冷却至室温,即制得低含气量、超分散降黏型聚羧酸减水剂 JSJ。

上述制备的低含气量、超分散降黏型聚羧酸减水剂 JSJ 具有极高的减水和分散水泥颗粒效果,但保坍能力较差。BT-1、BT-2 是主要体现保坍功能的减水剂,但减水分散效果一般。BT-1 的保坍方式主要为缓释型,BT-2 的保坍方式为延迟吸附。通过将制得的低含气量、超分散降黏型聚羧酸减水剂 JSJ 与保坍型减水剂按不同比例复合,确定满足超高强钢管混凝土泵送施工低含气量、超分散降黏、高保坍型减水剂,以基准混凝土配合比为例对复合母液中各组分不同比例进行试验。

表 3-9 不同比例减水剂母液复配后的混凝土工作性能

编号	外加剂组合	比例	掺量/%	初始坍落度/扩展度/mm	2 h 坍落度/扩展度/mm	T_{500}/s
1	JSJ+BT-1	8:2	2.2	265/630	220/585	12
2	JSJ+BT-1	7:3	2.2	255/610	215/575	15
3	JSJ+BT-1	6:4	2.2	240/590	220/575	16
4	JSJ+BT-2	8:2	2.2	265/640	230/590	12
5	JSJ+BT-2	7:3	2.2	260/625	240/605	13
6	JSJ+BT-2	6:4	2.2	245/605	230/590	15

注:减水剂母液固含量为 42%。

表 3-9 的试验结果表明,随着保坍型减水剂在复合母液中比例的提高,混凝土的保塑性能有大幅改善,2 h 坍落度/扩展度经时损失降低,但由于低含气量、超分散降黏型聚羧酸减水剂 JSJ 的含量也相应下降,初始工作性能降低;BT-1 保坍型减水剂为缓释型,该减水剂分子中的部分基团在水泥水化所产生的碱性环境中水解,释放出具有减水效果的羧酸基团,补充由于水泥水化、吸附造成的浓度下降,从而维持混凝土较高的工作性能,但受到水解速率、水解后产物等因素的影响,若不能保证稳定的吸附层厚度,仍难以实现优良的保坍性能;BT-2 的保坍方式为延迟吸附型,其吸附于水泥颗粒的活性相对较差,因此可在液相中保留较长时间,随着水泥水化逐渐吸附于水泥颗粒上,借助其空间位阻效应充分分散水泥,表现出较好的保坍效果;延迟吸附型 BT-2 的保坍效果在任何掺配比例下都优于 BT-1 减水剂,当 JSJ 与 BT-2 按 7:3 复合时,混凝土初始坍落度/扩展度为 260/625 mm,2 h 坍落度/扩展度经时损失不大于 20 mm,混凝土同时具有较好的初始工作性能和保塑性能。

3.2.2.4 其他功能组分的复配

含气量过高会影响钢管混凝土的力学性能,且气泡在钢管内富集易使混凝土与钢管壁间形成一层气膜,造成管内混凝土与钢管脱空,影响组合结构的协同受力;同时考虑到钢管混凝土的实际泵送顶升施工条件,还要求混凝土具备一定长度的凝结时间以保证其施工性能。尝试在上述复配的减水剂母液中掺入一定量的消泡剂、引气剂、缓凝剂,消除影响混凝土力学性能的大气泡,同时引入丰富的微小气泡来降低机制砂超高强钢管混凝土的黏度,提高其工作性能,缓凝剂依工程实际需要添加,一般需确保初凝时间不小于14 h。不同功能组分的工作原理如下,减水剂配方及混凝土性能见表3-10、表3-11。

表3-10 减水剂不同功能组分的复配方案

编号	功能组分复配/%			掺量/%
	引气剂	消泡剂	缓凝剂	
7	0	0.1	3	2.2
8	0	0.05	4	2.2
9	0.003	0.05	4	2.2
10	0.005	0.05	4	2.2
11	0.008	0.05	4	2.2
12	0.008	0.08	5	2.2

注:确保JSJ与BT-2母液按7:3混合后与其他功能组分混合后总份数为100%。掺量为复合后的外加剂占胶凝材料的质量比。

表3-11 不同功能组分复配后的混凝土工作性能

编号	坍落度/扩展度/mm		T_{500}/s	含气量/%	凝结时间/h	
	0 h	2 h			初凝	终凝
7	230/590	205/565	18	1.5	12.6	15.9
8	250/610	235/590	15	1.8	15.8	19.3
9	260/620	240/600	12	1.9	16.1	20.2
10	265/630	250/610	10	2.0	16.4	20.5
11	270/640	260/625	7	2.2	16.7	21.4
12	255/620	240/595	12	2.1	18.1	22.8

1) 消泡剂

消泡剂通常表面张力较低,其以液滴、固体质点或包裹固体质点的液滴形式分散于起泡介质中,通过插入作用和展开作用,自发地进入液膜,降低液体的黏度和表面张力,形成新的低表面黏度界面,液膜逐渐变薄失去弹性,从而加速了液体的渗出过程,最终使气泡失去自我修复能力而破裂,消泡剂选择与聚羧酸减水剂有较好相容性的改性有机硅类消泡剂PAC。

2) 引气剂

大部分引气剂属于阴离子表面活性剂,其引气作用机理如下:在水-气界面上,憎水基朝向空气一面吸附在水泥-水界面上,水泥与亲水基相吸附,憎水基背离水泥,形成憎水化吸附层,并靠近空气表面,由于粒子向空气表面靠近和引气剂分子在空气-水界面上的吸附作用,可显著降低水的表面张力,并使混凝土在拌合过程中产生一定量的微气泡。谨慎合理地掺入一定量的引气剂,不仅不会造成钢管混凝土含气量增加过多,且微气泡在混凝土中具有"滚珠作用",可显著降低机制砂混凝土的黏度,促进胶凝材料的充分分散,提高机制砂混凝土的匀质性,而匀质性的提升在一定程度上能提高钢管混凝土的抗压强度。引气剂选择十二烷基醇醚硫酸钠引气剂。

3) 缓凝剂

缓凝剂主要分为有机缓凝剂和无机缓凝剂两大类,最常用的缓凝剂是葡萄糖酸钠,其加入混凝土中能够在一定程度上延缓水泥的水化反应,推迟水化产物网络结构的形成,降低水泥水化对减水剂及水分的消耗,从而在较长时间内保持混凝土的塑性。缓凝剂选择葡萄糖酸钠。

表3-10的复配方案、表3-11的混凝土工作性能表明:缓凝剂掺量需不小于4%才能满足初凝时间大于14 h的设计要求;随着消泡剂掺量提高至0.1%,混凝土的含气量降低至1.5%,黏度增大,T_{500}为18 s,初始坍落度/扩展度仅为230/590 mm,工作性能不能满足钢管混凝土泵送顶升施工要求;引气剂掺入后,新拌混凝土体系中引入了丰富的小气泡,提高了混凝土的工作性能,当引气剂掺量达0.008%时,混凝土的初始坍落度/扩展度达到270/640 mm,T_{500}仅为7 s,黏度大幅下降,但此时混凝土含气量稍高,为2.2%;综合不同功能组分复配对混凝土工作性能、黏度、含气量及凝结时间的影响,确定功能组分最优复配比例为消泡剂掺量0.05%、引气剂掺量0.005%、缓凝剂掺量4%。

综合上述研究确定,通过将自制的JSJ与BT-2按7:3比例混合,合计占减水剂质量的95.945%,另掺入占减水剂4%的葡萄糖酸钠、占减水剂0.05%的有机硅消泡剂、占减水剂0.005%的引气剂,制得适用于机制砂超高强钢管混凝土专用的低含气量、超分散降黏、高保坍型聚羧酸减水剂。

本节针对机制砂超高强钢管混凝土黏度大、匀质性差、不易泵送等问题,提出了矿物降黏与外加剂组分优化协同提升混凝土工作性能的方法。对比了不同矿物掺和料（硅灰、粉煤灰、粉煤灰微珠、矿粉）的水化活性指数及在不同掺量下对水泥胶凝浆体塑性黏度与屈服应力的影响。硅灰 28 d 活性指数最高，达 125%，是超高强混凝土必不可少的组分，但会显著增大浆体的黏度和屈服应力，应控制其掺量小于 15%。粉煤灰微珠具有极佳的减水和降黏效果，20% 微珠掺量时其塑性黏度和屈服应力只有 0.108 Pa·s、3.427 Pa，且其 28 d 活性指数为 101%，远大于粉煤灰的活性指数，确定矿物掺和料选择粉煤灰微珠与硅灰的组合，以兼顾混凝土的强度与工作性能。研究了聚羧酸减水剂分子结构与其性能之间的关系，设计合成了低含气量、超分散降黏型聚羧酸减水剂 JSJ，将自制的 JSJ 与保坍剂 BT-2 按 7∶3 比例混合，合计占减水剂质量的 95.945%，另掺入占减水剂 4% 的葡萄糖酸钠，占减水剂 0.05% 的有机硅消泡剂，占减水剂 0.005% 的引气剂，开发出适用于机制砂超高强钢管混凝土专用的低含气量、超分散降黏、高保坍型聚羧酸减水剂。

3.3 混凝土配合比设计与力学性能

3.3.1 胶凝材料组成

保持胶凝材料总量、水胶比、砂率与基准配合比相同，进行不同胶凝材料组成对混凝土性能的影响试验，混凝土配合比及性能见表 3-12、表 3-13。

表 3-12 混凝土试验配合比

编号	材料用量/(kg·m⁻³)						减水剂/%	水胶比	砂率
	水泥	粉煤灰微珠	硅灰	砂	石	水			
1	475	130	35	742	1046	122	1.8	0.19	0.42
2	475	113	52	742	1046	122	1.8	0.19	0.42
3	460	104	76	742	1046	122	1.9	0.19	0.42
4	450	95	95	742	1046	122	2.0	0.19	0.42

表 3-13 混凝土性能试验结果

编号	坍落度/mm		扩展度/mm		T_{500}/s	含气量/%	抗压强度/MPa		
	初始	2 h	初始	2 h			3 d	7 d	28 d
1	275	260	660	635	7	1.8	70.1	88.4	104.5
2	265	250	630	620	9	2.0	74.7	92.5	112.6
3	255	240	615	600	11	2.0	78.3	101.4	116.3
4	240	220	590	570	14	2.1	80.4	94.3	109.7

表 3-12、表 3-13 和图 3-10 表明，在混凝土胶凝材料中，随着粉煤灰微珠掺量的减少和硅灰掺量的提高，混凝土工作性能下降，黏度增大，当硅灰掺量由 35 kg/m³ 提高到 95 kg/m³ 时，混凝土的初始坍落度由 275 mm 降低至 240 mm，扩展度由 660 mm 降低至 590 mm，T_{500} 由 7 s 增至 14 s。硅灰的火山灰活性极高，其早期便可与水泥水化产生的 $Ca(OH)_2$ 反应生成 C—S—H 凝胶，减小界面过渡区 $Ca(OH)_2$ 晶体的取向程度，提高界面黏结强度，细化混凝土胶凝浆体内部的孔结构，因此提高硅灰的掺量增加了混凝土的抗压强度。但是当硅灰掺量达 95 kg/m³ 时，此时混凝土的黏度过大，胶凝材料颗粒未能充分分散，在混凝土浆体内部呈细小团簇状，成为混凝土内部的薄弱区域，反而降低了混凝土的抗压强度，因此硅灰掺量不宜超过 15%。综合混凝土工作性能、力学性能，3 号配合比混凝土性能最优。

3.3.2 胶凝材料用量

在上述 3 号配合比的基础上，设置胶凝材料用量分别为 640 kg/m³、680 kg/m³、700 kg/m³、740 kg/m³、800 kg/m³、1 000 kg/m³，保持胶凝材料组分比例相同，砂率仍为 42%，水胶比为 0.19，进行不同胶凝材料用量对混凝土性能的影响试验，结果见表 3-14。

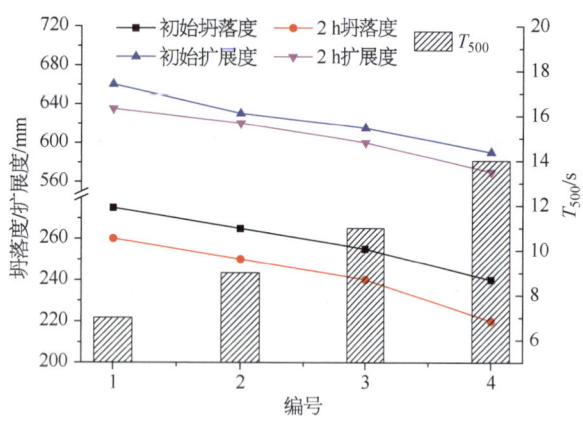

(a) 不同胶凝材料组成对混凝土工作性能的影响

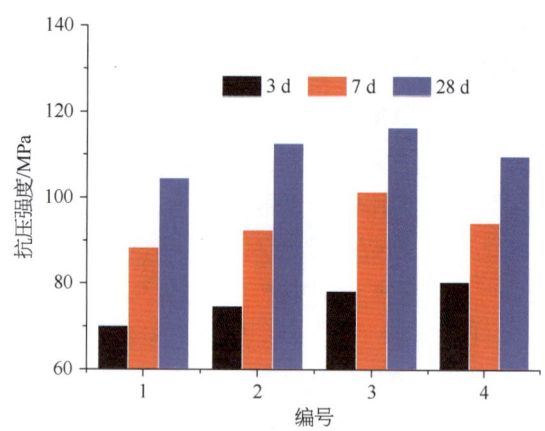

(b) 不同胶凝材料组成对混凝土力学性能的影响

图 3‑10 不同胶凝材料组成对混凝土工作性能和力学性能的影响

表 3‑14 混凝土性能试验结果

胶凝材料用量 /(kg·m⁻³)	坍落度/mm		扩展度/mm		T_{500}/s	含气量/%	抗压强度/MPa		
	初始	2 h	初始	2 h			3 d	7 d	28 d
640	255	240	615	600	11	2.0	78.3	101.4	116.3
680	265	255	640	620	10	2.0	80.6	103.5	121.6
700	270	255	640	625	10	1.9	85.4	106.9	125.7
750	270	260	650	630	9	2.0	79.1	97.4	118.7
800	275	260	655	640	8	2.1	74.7	92.5	110.3
1 000	280	260	670	650	8	2.3	71.1	89.3	102.5

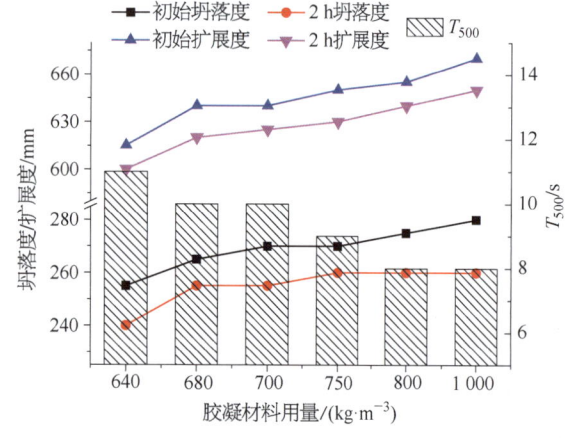

图 3‑11 不同胶凝材料用量对混凝土工作性能的影响

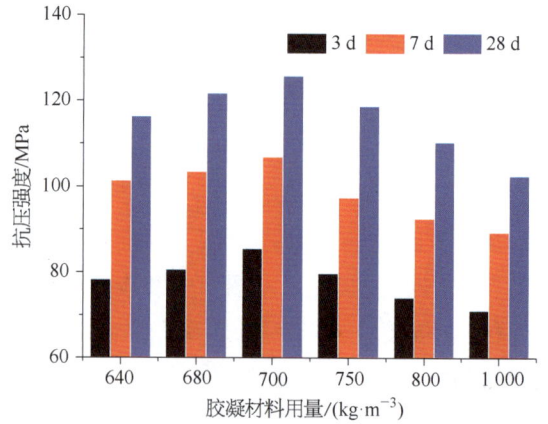

图 3‑12 不同胶凝材料用量对混凝土力学性能的影响

表 3‑14 和图 3‑11、图 3‑12 表明，当胶凝材料用量为 640 kg/m³ 时，混凝土的初始坍落度稍小，不利于超高强钢管混凝土的长泵距顶升施工。随着胶凝材料用量的提高，新拌混凝土中胶凝浆体的含量增大，混凝土的工作性能提高，T_{500} 减小，黏度降低，但含气量略微增大。混凝土存在最佳胶凝材料用量。当单方胶凝材料用量由 640 kg 增加至 700 kg，混凝土各龄期抗压强度均增大，28 d 抗压强度增大了 7.8%；当胶凝材料用量继续增大至 1 000 kg 时，抗压强度反而降低了 18%。抗压强度的降低一方面是由于浆体含量的提高增大了混凝土骨料浆体裹覆层厚度，影响了混凝土的密实堆积结构，削弱了骨料

的骨架作用;另一方面是由于胶凝材料用量提高使骨料的含量减少,对混凝土的约束作用降低,混凝土的脆性增大,反而降低了混凝土的抗压强度。综上所述,配制C100~C110机制砂超高强钢管混凝土胶凝材料用量范围宜为680~750 kg/m³,最优胶凝材料用量为700 kg/m³。

3.3.3 水胶比

控制胶凝材料组成与用量与上述700 kg/m³相同,砂率为42%,设置水胶比分别为0.16、0.18、0.19、0.2,进行不同水胶比对混凝土性能的影响试验,混凝土性能见表3-15。

表3-15 混凝土性能试验结果

水胶比	坍落度/mm		扩展度/mm		T_{500}/s	含气量/%	抗压强度/MPa		
	初始	2 h	初始	2 h			3 d	7 d	28 d
0.16	230	205	600	575	16	2.0	82.9	107.2	124.4
0.18	265	255	630	610	11	1.8	85.7	108.8	128.3
0.19	270	255	640	625	10	1.9	85.4	106.9	125.7
0.20	280	260	655	640	8	2.1	81.7	100.4	118.9

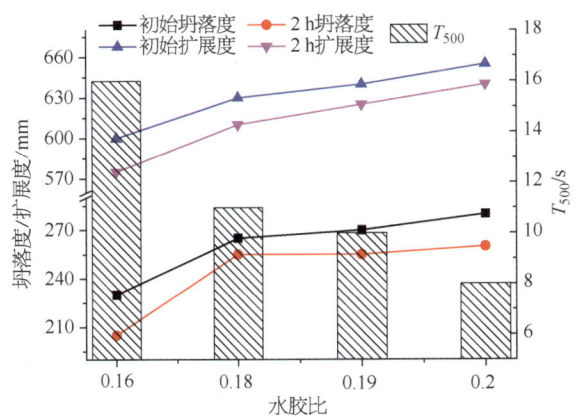

图3-13 不同水胶比对混凝土工作性能的影响

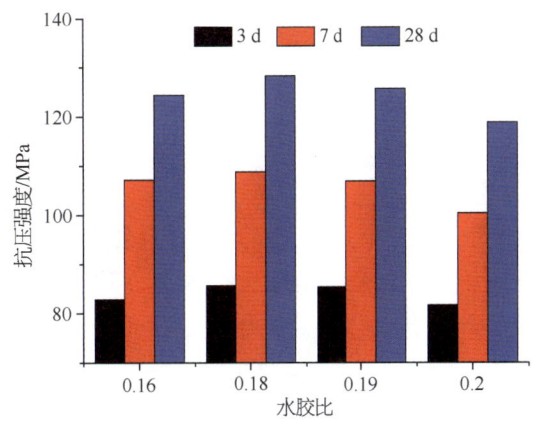

图3-14 不同水胶比对混凝土力学性能的影响

表3-15和图3-13、图3-14表明,随着水胶比的增大,混凝土的工作性能显著提高,当水胶比为0.2时,制备的机制砂超高强钢管混凝土初始坍落度/扩展度达到280/655 mm,T_{500}为8 s。由于用水量的提高,致使混凝土内部的空隙增大,致密程度下降,相较于0.18水胶比,0.2水胶比的混凝土28 d抗压强度降低了7.3%。当水胶比继续降低至0.16时,相较于0.18水胶比的混凝土,不仅工作性能下降,抗压强度也降低了3%。这一现象与普通混凝土的强度与水胶比规律不同,究其原因,可能是水胶比过低时,混凝土的黏度增大,气泡不易排除,致使混凝土的含气量增大,由此造成胶凝材料颗粒在混凝土拌合下难以分散均匀,混凝土胶凝浆体匀质性差,孔隙率增加。同时,当水胶比过低时,影响了胶凝材料的水化进程,因此造成在低水胶比下继续降低水胶比反而会影响混凝土的抗压强度。C100~C110机制砂超高强钢管混凝土的最优水胶比为0.18~0.20。

3.3.4 砂率

选择38%、40%、42%、44%四个砂率,胶凝材料用量为700 kg/m³,水胶比为0.18,进行不同砂率对混凝土性能的影响试验,混凝土性能见表3-16。

表3-16和图3-15、图3-16表明,随着砂率的增大,总体上混凝土的工作性能提高,当砂率为38%时,由于细集料偏少,混凝土的包裹性较差,工作性能较差,28 d抗压强度也最低。当砂率不小于40%时,混凝土的工作性能均较好,在砂率为40%时,28 d混凝土抗压强度达到最大值134.4 MPa,相较于44%砂率提高了8%,说明混凝土存在最佳砂

表 3‑16 混凝土性能试验结果

砂率/%	坍落度/mm		扩展度/mm		T_{500}/s	含气量/%	抗压强度/MPa		
	初始	2 h	初始	2 h			3 d	7 d	28 d
38	255	240	605	580	13	2.0	78.9	98.5	122.1
40	270	255	630	615	10	1.9	88.4	109.5	134.4
42	265	255	630	610	11	1.8	85.7	108.8	128.3
44	270	260	640	625	10	2.1	81.8	102.3	123.7

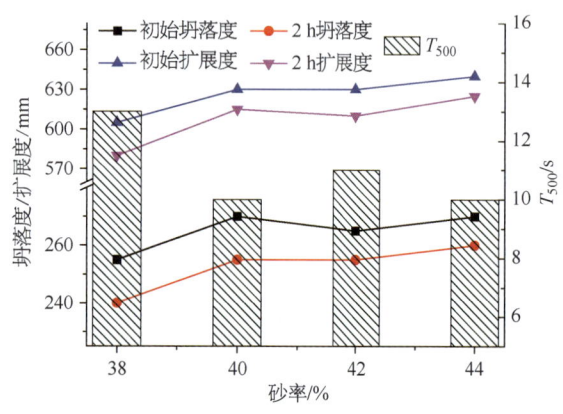

图 3‑15 不同砂率对混凝土工作性能的影响

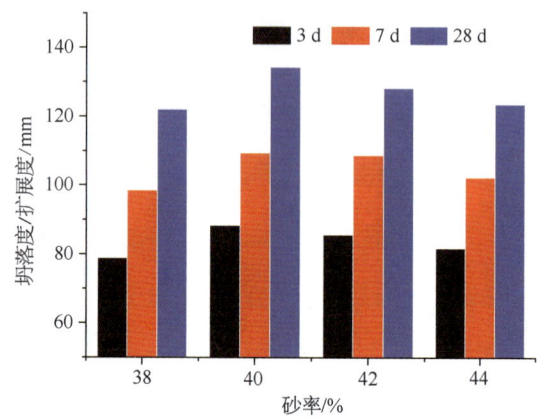

图 3‑16 不同砂率对混凝土力学性能的影响

率。此外,对于钢管混凝土,砂率过大会造成混凝土的收缩徐变大,对钢管混凝土结构受力不利。因此,C100～C110 机制砂超高强钢管混凝土的最优砂率为 40%～42%。

3.3.5 机制砂种类及细度模数

选择胶凝材料用量为 700 kg/m³,水胶比为 0.18,砂率为 40%,研究机制砂物化参数对超高强钢管混凝土性能的影响。研究卵石、石灰岩及玄武岩破碎的机制砂,并控制不同的细度模数配制混凝土。每种机制砂均设置三个不同的细度模数,控制其处于 3.1～3.2、2.75～2.85、2.4～2.5 三个区间,以便于比较相同细度模数下不同种类机制砂对超高强钢管混凝土性能的影响。混凝土性能见表 3‑17。

表 3‑17 混凝土性能试验结果

机制砂种类	细度模数	坍落度/mm		扩展度/mm		T_{500}/s	含气量/%	抗压强度/MPa		
		初始	2 h	初始	2 h			3 d	7 d	28 d
卵石破碎机制砂	3.12	275	250	630	610	9	1.9	85.7	105.8	130.7
	2.81	270	255	630	615	10	1.9	88.4	109.5	134.4
	2.47	260	240	620	590	12	2.0	86.7	105.4	131.9
石灰岩破碎机制砂	3.17	270	250	630	610	10	2.1	83.7	103.4	127.1
	2.76	270	250	625	610	10	1.9	86.7	107.5	131.4
	2.43	255	235	615	585	14	2.1	85.1	104.2	128.3
玄武岩破碎机制砂	3.10	265	235	625	595	12	2.1	81.4	101.5	123.4
	2.84	260	230	620	590	13	2.2	82.3	102.6	124.7
	2.51	255	225	610	575	16	2.4	79.7	98.2	119.4

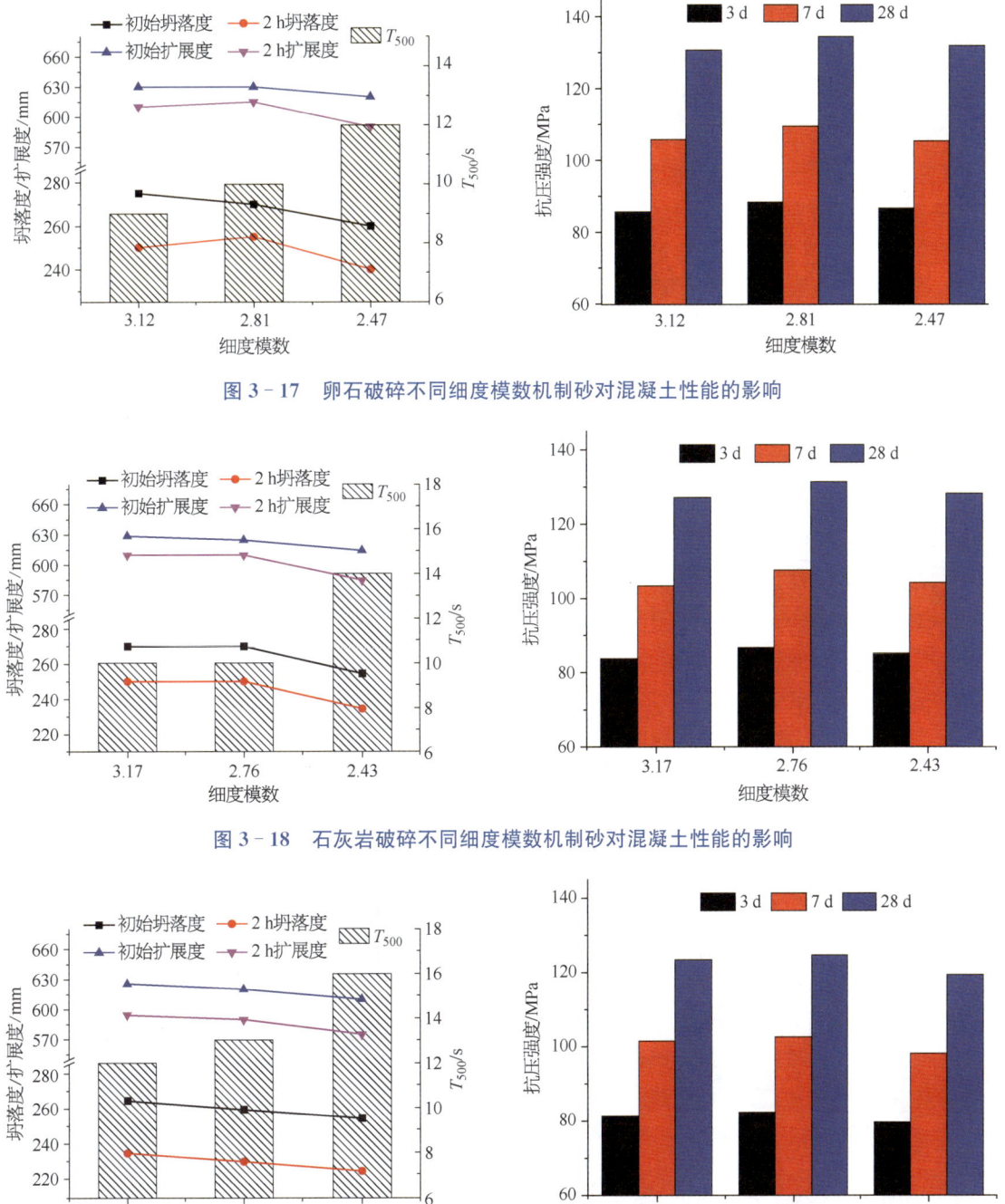

图 3-17　卵石破碎不同细度模数机制砂对混凝土性能的影响

图 3-18　石灰岩破碎不同细度模数机制砂对混凝土性能的影响

图 3-19　玄武岩破碎不同细度模数机制砂对混凝土性能的影响

表 3-17 和图 3-17～图 3-19 表明，总体上随着机制砂细度模数的增大，混凝土的初始工作性能提高。当机制砂细度模数处于 2.4～2.5 时，由于机制砂过细，需水量增大，使混凝土的黏度增大，坍落度和扩展度减小，难以满足钢管混凝土的泵送顶升施工要求。就超高强钢管混凝土的力学性能而言，石灰岩与卵石破碎的机制砂均具有较高的力学性能，不同细度模数下抗压强度均能达到 127 MPa 以上；玄武岩破碎的机制砂配制的混凝土力学性能偏低，采用玄武岩破碎机制砂（细度模数 2.84）配制混凝土相比卵石破碎机制砂（细度模数 2.81）配制混凝土抗压强度降低约 7%，这是由于玄武岩破碎的机制砂密度较大，配制混凝土时机制砂易沉底，致使混凝土坍落度/扩展度经时损失大、匀质性差，为了提高匀质性需要增加外加剂中的引气组分，含气量高，最终影响了混凝土的抗压

强度。综上所述，配制机制砂超高强钢管混凝土宜选用石灰岩或卵石破碎的机制砂，细度模数宜控制在 2.7～3.1 范围内，不宜选用玄武岩破碎机制砂。

3.3.6 石粉含量

通常机制砂中石粉含量会影响混凝土工作性能及力学性能，随着混凝土强度等级的提高，影响愈发显著。为此，《公路桥涵施工技术规范》要求混凝土强度等级大于 C60 时，机制砂中石粉含量应控制在 5% 以内。通过设置机制砂中不同的石粉含量 0%、5.1%、8%、10%、12%、15%。探究不同石粉含量机制砂对超高强钢管混凝土性能的影响规律。采用胶凝材料用量 700 kg/m³，水胶比为 0.18，砂率为 40%。混凝土性能见表 3-18。

表 3-18 混凝土性能试验结果

石粉含量 /%	坍落度/mm		扩展度/mm		T_{500}/s	含气量 /%	抗压强度/MPa		
	初始	2 h	初始	2 h			3 d	7 d	28 d
0	280	260	660	640	8	1.8	90.7	109.4	132.3
5.1	270	255	630	615	10	1.9	88.4	106.5	134.4
8	260	240	620	600	13	2.0	83.1	104.9	124.5
10	250	240	620	610	14	2.0	79.4	99.6	120.6
12	240	215	605	580	16	2.2	77.3	96.3	110.7
15	220	190	590	540	21	2.5	69.4	88.4	101.3

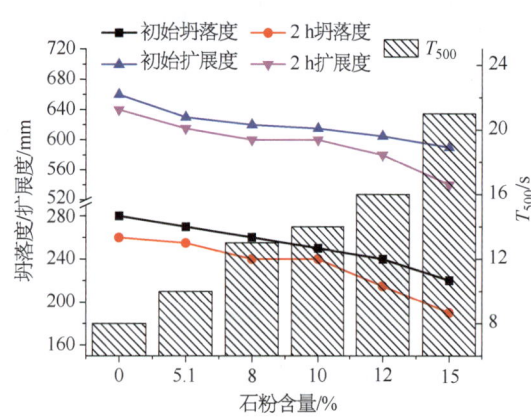

图 3-20 不同石粉含量对混凝土工作性能的影响

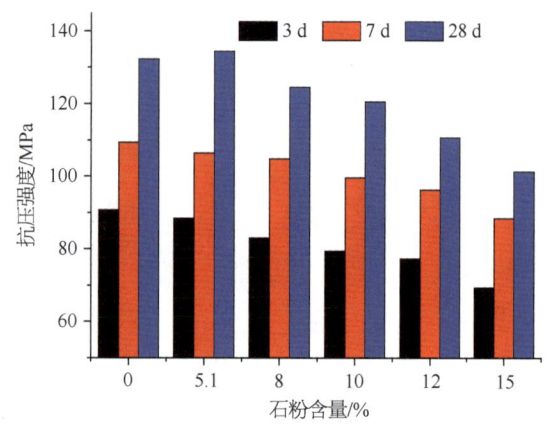

图 3-21 不同石粉含量对混凝土力学性能的影响

表 3-18 和图 3-20，图 3-21 表明，随着机制砂中石粉含量增大，在混凝土水胶比不变的情况下，相当于混凝土体系中的粉体材料含量增大，浆体将变得黏稠且含量增大，混凝土的工作性能降低，且石粉会吸附一定的外加剂分子，导致混凝土中实际发挥作用的减水剂含量减少，混凝土胶凝材料难以充分分散，混凝土黏度增大。当机制砂中石粉含量增大到 15% 时，混凝土初始坍落度/扩展度仅为 220/590 mm，且 2 h 坍落度/扩展度经时损失增大，T_{500} 达到 21 s，混凝土 28 d 抗压强度相比 5.1% 石粉含量时降低了 24%。随着石粉含量降低，混凝土工作性能变好。混凝土抗压强度在 5.1% 石粉含量时达到极值 134.4 MPa，比零石粉含量的混凝土抗压强度高 2.1 MPa，但当石粉含量超过 10% 时，混凝土的工作性能和力学性能的降低幅度增大，但仍可通过调整专用外加剂的用量，配制出 C100 超高强钢管混凝土。因此，虽然通过混凝土配合比设计及专用外加剂的使用，可以在规范基础上适当放宽机制砂中石粉含量，但在配制 C110 机制砂超高强钢管混凝土时，石粉含量须控制在 5% 以内，配制 C100 机制砂超高强钢管混凝土时，机制砂中石粉含量限值可放宽至 10%。

3.3.7 骨料最大粒径

上述配合比粗集料均为 5～16 mm 连续级配玄

武岩碎石,增设 5~10 mm 单级配及 5~20 mm 连续级配碎石拌制超高强钢管混凝土,探究不同骨料最大粒径(10 mm、16 mm、20 mm)对混凝土性能的影响。为保证粗集料体积相同,通过测定不同骨料最大粒径的堆积密度进行相应换算,使骨料体积与 5~16 mm 连续级配玄武岩碎石保持相同。胶凝材料用量为 700 kg/m³,水胶比为 0.18,砂率为 40%,混凝土性能见表 3-19。

表 3-19 混凝土性能试验结果

骨料最大粒径/mm	坍落度/mm		扩展度/mm		T_{500}/s	含气量/%	抗压强度/MPa		
	初始	2 h	初始	2 h			3 d	7 d	28 d
10	280	270	680	655	7	1.8	80.6	98.3	118.8
16	270	255	630	615	10	1.9	88.4	106.5	134.4
20	255	235	620	600	12	2.0	87.3	102.4	131.7

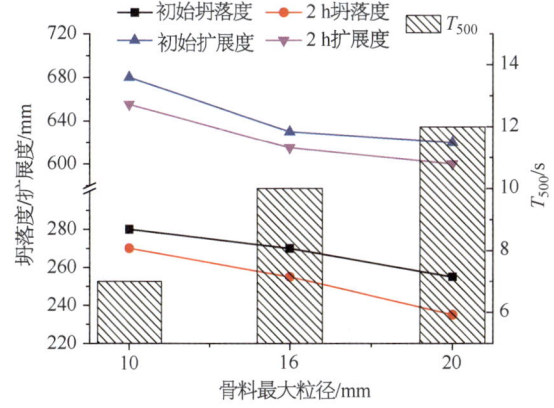

图 3-22 不同骨料最大粒径对混凝土工作性能的影响

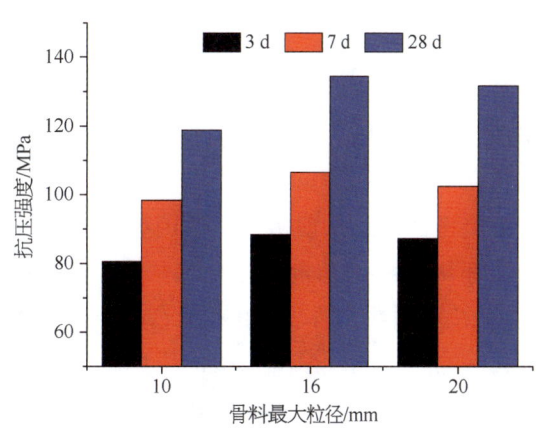

图 3-23 不同骨料最大粒径对混凝土力学性能的影响

表 3-19 和图 3-22、图 3-23 表明,随着骨料最大粒径减小,混凝土的工作性能有所改善,其中骨料最大粒径 16 mm 相比最大粒径 20 mm,各龄期混凝土的抗压强度均有小幅提高,这可能是由于骨料最大粒径减小,使得混凝土的工作性能提高,黏度降低,混凝土的拌合匀质性更好,略微增大了混凝土的抗压强度。当骨料最大粒径进一步减小至 10 mm 时,虽然混凝土的工作性能最好,但抗压强度却有一定幅度的下降,相比最大粒径 16 mm 时混凝土 28 d 抗压强度降低了 11%,这是由于此时的粗骨料为 5~10 mm 的单级配,且粒型和混凝土级配不良,削弱了粗骨料的骨架作用,抗压强度反而降低。C100~C110 机制砂超高强钢管混凝土骨料的最大粒径最优为 16 mm。

本节对机制砂超高强钢管混凝土配合比及性能进行了研究,系统研究了不同配合比参数(胶凝材料组成及用量、水胶比、砂率、机制砂种类及细度模数、石粉含量、骨料最大粒径)对混凝土工作性能与力学性能的影响规律。确定针对配制 C100~C110 超高强钢管混凝土存在适宜的胶凝材料用量 680~750 kg/m³,当胶凝材料用量过高时,不仅不经济,还会造成混凝土脆性增大而降低混凝土的抗压强度,超高强钢管混凝土水胶比很低,单独减小水胶比由于降低了混凝土的工作性能,致使混凝土成型匀质性差、胶凝材料水化程度低,反而会降低混凝土的抗压强度。机制砂中的石粉会降低超高强混凝土的工作性能和力学性能,通过配合比的优化设计和外加剂的合理复配,可削弱石粉的影响,因此可在《公路桥涵施工技术规范》的基础上,适当放宽超高强钢管混凝土对机制砂中石粉含量的限制,针对 C100 钢管混凝土石粉含量须不大于 10%,针对 C110 钢管混凝土石粉含量须不大于 5%。综合确定机制砂超高强混凝土最优配合比为水泥∶粉煤灰微珠∶硅灰∶机制砂∶碎石∶水=503∶114∶83∶690∶1035∶126,制备的超高强混凝土初始坍落度/扩展度为 270/630 mm,2 h 坍落度/扩展度损失均小于 20 mm，T_{500} 为 10 s，含气量为 1.9%，28 d 抗压强度达到 134.4 MPa。

3.4 混凝土体积稳定性能

3.4.1 力学性能与膨胀性能协同设计

因钢管混凝土组合结构的承力特性，在核心混凝土材料上通常采用微膨胀混凝土，以使核心混凝土与管壁保持密贴的同时，核心混凝土的膨胀受到管壁的约束而处于三向受力状态，大幅提高钢管混凝土结构的力学性能。然而，在钢管混凝土结构工程建设实践中，核心混凝土与管壁间的脱黏现象时有发生，发生这一现象一方面是由于混凝土含气量过大及混凝土灌注不密实造成的，另一方面核心混凝土的收缩也是造成钢管混凝土脱黏、脱空的重要原因。

混凝土的收缩一般由众多原因叠加造成，依发生的机理和成因不同，混凝土收缩主要有以下六种，即化学收缩、塑性收缩、干燥收缩、自收缩、温度收缩和碳化收缩。就钢管混凝土结构特点而言，由于管壁营造的密闭环境，其面临的收缩主要是化学收缩、塑性收缩及自收缩。自收缩也称为自干燥收缩，在混凝土硬化后，由于混凝土内部自由水被胶凝材料水化所消耗，混凝土内部湿度降低，导致混凝土内毛细孔液面形成弯月面，由此产生的毛细孔负压使得混凝土在宏观上表现为体积收缩。机制砂超高强钢管混凝土由于胶凝材料用量大、水胶比低，且配合比中掺有大量的硅灰，因此自收缩占总收缩的比重极高。本节将系统研究混凝土的补偿收缩原理，探明不同膨胀剂在低水胶比混凝土中的补偿收缩作用及其对混凝土力学性能发展的影响规律，制备出力学性能与体积稳定性能俱优的机制砂超高强钢管混凝土。

3.4.1.1 膨胀剂的分类及其膨胀机理

膨胀剂经过 30 多年的发展，已在土木工程中取得了广泛的应用，我国混凝土膨胀剂年产量达 130 万 t 以上，位居世界第一。《混凝土膨胀剂》中将膨胀剂按照水化产物的不同分为硫铝酸钙类、氧化钙类、硫铝酸钙-氧化钙类三大类。当前，实际使用较多的还有氧化镁膨胀剂。

(1) 硫铝酸钙类（代号 A）。该类膨胀剂的生产通常固定 SO_3（一般以硬石膏为硫质原料），改变铝质原料，根据原料不同的比例粉磨而成，从而赋予膨胀剂不同的膨胀性能。该类膨胀剂需水量大，通常要求对混凝土进行初期湿养护。

(2) 氧化钙类（代号 C）。通常煅烧温度为 1 300~1 350 ℃，水化产物为 $Ca(OH)_2$，其膨胀速度受温度和湿度影响显著，生产和使用间隔不能过长，该类膨胀剂的膨胀产物 $Ca(OH)_2$ 颗粒间的作用较弱、胶凝性能差，且膨胀反应在早期便很快完成，后期膨胀极小。

(3) 硫铝酸钙-氧化钙类（代号 AC）。水化产物为钙矾石和 $Ca(OH)_2$，通过 $Ca(OH)_2$ 提供早期膨胀，钙矾石补偿后期膨胀，由于该膨胀剂具有双膨胀源，且在混凝土中引入了一定的 Ca^{2+}，不会降低混凝土体系中 $Ca(OH)_2$ 的含量和矿物掺和料的正常水化。

(4) 氧化镁膨胀剂。水化产物为 $Mg(OH)_2$，MgO 最初被认为是影响水泥安定性的组分，其在混凝土中的含量被严格限制。近年来，研究者们发现 MgO 的膨胀性能具有很强的可设计性，通过改变煅烧制度、颗粒大小、生产工艺等因素，可制备出具有不同膨胀特性的混凝土膨胀剂。

3.4.1.2 不同膨胀剂对机制砂超高强钢管混凝土性能的影响

以上一节中研究得到的最优配合比为基准，采用不同类型的膨胀剂来补偿机制砂超高强钢管混凝土的收缩，系统研究不同类型膨胀剂在机制砂超高强钢管混凝土中的作用规律。

(1) EA 型膨胀剂。膨胀源为硫铝酸钙，其性能指标见表 3-20。

表 3-20 EA 型膨胀剂性能指标

类型	比表面积 /($m^2 \cdot kg^{-1}$)	凝结时间/min		限制膨胀率/%		抗压强度/MPa	
		初凝	终凝	水中 7 d	空气中 21 d	7 d	28 d
EA	283	173	251	0.035	0.010	29.4	42.8

（2）HCSA 型膨胀剂。膨胀源为硫铝酸钙和氧化钙，由石灰石、铝矾土和石膏按一定比例复合而成，控制煅烧温度为 1 350 ℃，保温时间为 40 min，然后与硬石膏混匀研磨至比表面积为 300 kg/m³ 左右，即制得 HCSA 型膨胀剂。无水硫铝酸钙含量占 15%，游离氧化钙含量占 50%~60%，石膏含量占 25%~35%，其性能指标见表 3-21。

表 3-21 HCSA 型膨胀剂性能指标

类型	比表面积/(m²·kg⁻¹)	凝结时间/min		限制膨胀率/%		抗压强度/MPa	
		初凝	终凝	水中 7 d	空气中 21 d	7 d	28 d
HCSA	323	190	265	0.065	0.036	30.7	45.4

（3）氧化镁膨胀剂。选取破碎的菱镁矿于 1 000 ℃ 电阻炉下煅烧，保温时间为 30 min，再将煅烧后的产物研磨，过 200 目方孔筛，控制其粒度在 45~75 μm，即制得所需的中速（M 型）氧化镁膨胀剂。其性能指标见表 3-22。

表 3-22 氧化镁膨胀剂性能指标

80 μm 方孔筛筛余/%	MgO 含量/%	柠檬酸反应时间/s	凝结时间/min		限制膨胀率/%		抗压强度/MPa	
			初凝	终凝	20 ℃水中 7 d	Δξ	7 d	28 d
3.4	92	120	165	257	0.018	0.042	32.8	47.3

从表 3-23 的配合比可见，膨胀剂采用内掺法，设置三个掺量，分别为 4%、6%、8%，为避免胶凝材料组成对结果的干扰，膨胀剂等量取代胶凝材料，水泥、粉煤灰微珠、硅灰按基准配合比相应减少。混凝土的收缩变形参照《普通混凝土长期性能和耐久性能试验方法标准》，采用非接触式法测量机制砂超高强钢管混凝土的自收缩，待混凝土终凝后去除试模两端的约束钢板，将试件与空气接触的地方涂抹凡士林，并用塑料薄膜包覆密封，以模拟钢管混凝土所处的绝湿密闭环境。不同膨胀剂的自收缩测试结果如图 3-24 所示。

表 3-23 混凝土试验配合比

编号	配合比/(kg·m⁻³)						
	水泥	粉煤灰微珠	硅灰	膨胀剂	砂	石	水
1	503	114	83	0	690	1 035	126
2	483	109	80	28	690	1 035	126
3	475	106	77	42	690	1 035	126
4	463	105	76	56	690	1 035	126

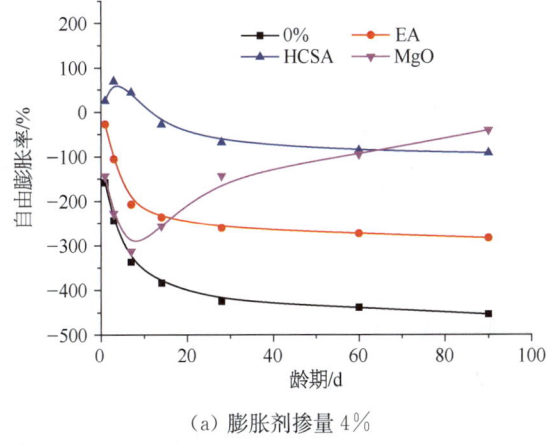

(a) 膨胀剂掺量 4%

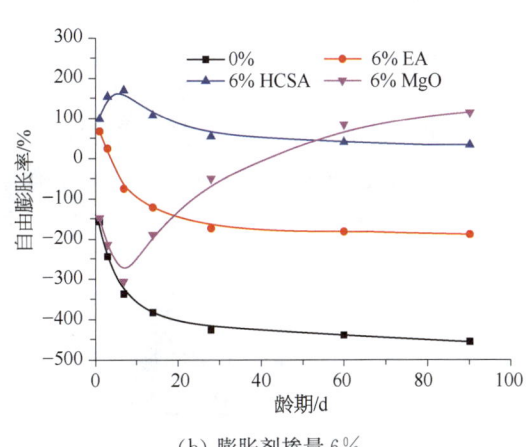

(b) 膨胀剂掺量 6%

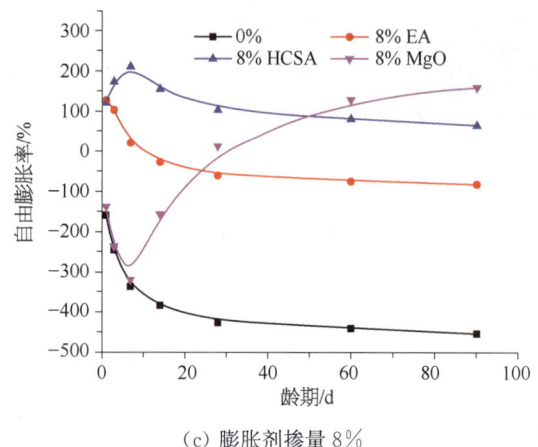

(c) 膨胀剂掺量 8%

图 3-24　不同膨胀剂的自收缩测试结果

图 3-24 的试验结果表明：

(1) 未掺任何膨胀剂的空白组随着龄期的延长收缩不断增大，机制砂超高强钢管混凝土由于水胶比低，且配合比中掺有大量的硅灰，致使早期收缩发展较快，7 d 收缩量占 60 d 收缩的 77%，收缩大致在 60 d 趋于稳定，收缩量为 439×10^{-6}。膨胀剂的掺入能够有效补偿机制砂超高强钢管混凝土的自收缩。

(2) 从不同膨胀剂的自由膨胀率随龄期的走势来看，EA 型和 HCSA 型膨胀剂的膨胀效能均主要发生在早期，因此掺有 EA 型和 HCSA 型膨胀剂的组在 7 d 后自由膨胀率均有回落，且同等膨胀剂掺量下 HCSA 型的膨胀率要大于 EA 型，这是由于 EA 型膨胀剂为硫铝酸钙单膨胀源，当混凝土体系中缺乏 Ca(OH)$_2$ 时，EA 型膨胀剂会和水泥水化产生的 Ca(OH)$_2$ 反应生成钙矾石，此时生成的钙矾石大多用于填充毛细孔隙，而非产生膨胀，因此其膨胀效能相对较小。而 HCSA 型膨胀剂为硫铝酸钙和氧化钙双膨胀源，氧化钙水化膨胀产生的 Ca(OH)$_2$ 还可与硫铝酸钙反应生成钙矾石，对混凝土体系水泥水化产生 Ca(OH)$_2$ 的依赖小，膨胀率较 EA 型大。氧化镁膨胀剂膨胀反应的作用时间相对较晚，具有延迟膨胀的特点，本研究用氧化镁膨胀剂的膨胀反应作用时间在水化龄期 7 d 以后，且其膨胀反应持续时间长，一直到水化龄期 60 d 时还有一定的膨胀作用。

(3) 当膨胀剂统一掺量为 4% 时，EA 型膨胀剂由于膨胀量过小，只能补偿一部分混凝土的自收缩，混凝土始终都处于收缩状态，收缩大致在 60 d 时趋于稳定，为 274×10^{-6}；HCSA 型膨胀剂膨胀能大，其自由膨胀率在 3 d 趋于最大值，达 69×10^{-6}，此后

自由膨胀率不断回落，大约在 14 d 时处于收缩状态，60 d 自收缩为 87×10^{-6}；氧化镁膨胀剂膨胀反应在 7 d 以后，此后混凝土的自收缩不断减小，大约在 90 d 时收缩为 42×10^{-6}，延迟膨胀的 MgO 能够补偿混凝土大部分收缩。

(4) 当膨胀剂统一掺量为 6% 时，EA 型膨胀剂在 1 d 时膨胀达到最大值，此后膨胀回落，收缩大致在 60 d 时趋于稳定，为 182×10^{-6}；HCSA 型膨胀剂在水化 7 d 时自由膨胀率趋于最大值，达 168×10^{-6}，此后膨胀出现回落，60 d 自由膨胀率趋于稳定，为 31×10^{-6}；氧化镁膨胀剂膨胀反应仍发生在 7 d 以后，60 d 时其自由膨胀率为 81×10^{-6}。

(5) 当膨胀剂统一掺量为 8% 时，各膨胀剂表现的自由膨胀规律与掺量为 6% 时类似，只是可能由于超高强钢管混凝土水胶比过低，当膨胀剂掺量超过 6% 后，膨胀剂掺量的提升对混凝土的膨胀效能提升效果减弱。EA 型膨胀剂在 60 d 时仍表现为收缩状态，HCSA 型膨胀剂在水化 7 d 时自由膨胀率达 213×10^{-6}，60 d 自由膨胀率为 66×10^{-6}，氧化镁型膨胀剂 60 d 时自由膨胀率为 130×10^{-6}。

3.4.1.3　不同膨胀剂对机制砂超高强钢管混凝土抗压强度的影响

机制砂超高强钢管混凝土的收缩主要发生在早期，水泥等胶凝材料水化产生强度也主要发生在早期，膨胀剂若早期水化速度过慢或膨胀能不足，膨胀性能发展滞后于力学强度发展，后期由于"缺水"，膨胀剂膨胀反应水分不足，将难以补偿收缩；膨胀剂若后期膨胀能过大，也会造成混凝土安定性不良。

以空白组不掺膨胀剂组的各龄期混凝土抗压强

度为100%，通过比较掺入不同种类、不同掺量膨胀剂的混凝土各龄期抗压强度占空白组的百分比，研究膨胀剂的掺入对混凝土力学性能发展的影响规律。空白组3d、7d、28d、60d龄期的抗压强度分别为88.4MPa、106.5MPa、134.4MPa、138.8MPa。

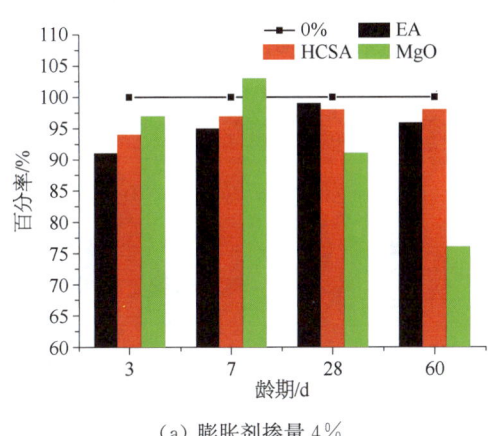

(a) 膨胀剂掺量4%

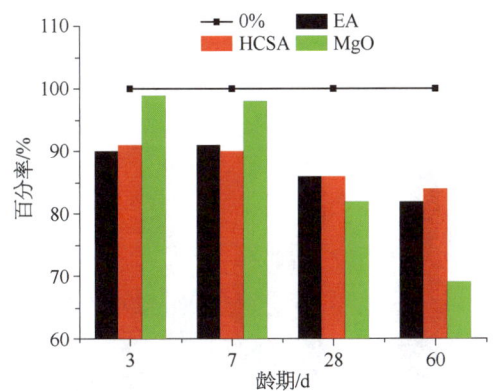

(b) 膨胀剂掺量6%

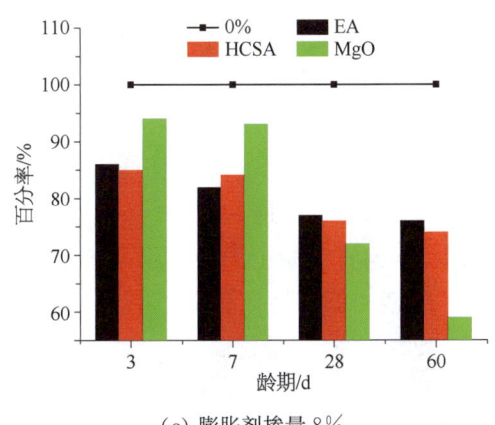

(c) 膨胀剂掺量8%

图3-25　不同膨胀剂的抗压强度测试结果

图3-25的试验结果表明，总体上膨胀剂的掺入对混凝土的抗压强度均产生了一定的影响，EA型和HCSA型膨胀剂由于膨胀反应均主要发生在早期，膨胀剂的水化反应需要消耗水，而机制砂超高强钢管混凝土水胶比低，因此膨胀剂的水化反应与水泥的水化反应之间存在"争水现象"，膨胀剂的水化影响了水泥早期的正常水化。当膨胀剂掺量为4%时，EA型、HCSA型膨胀剂组7d强度分别为空白组的91%、94%；7d以后，膨胀剂的膨胀效能基本发挥完全，此时水泥保持正常水化，EA型和HCSA型膨胀剂混凝土28d强度分别为空白组的96%和98%，EA型和HCSA型膨胀剂对混凝土后期强度影响不大。

当膨胀剂掺量提高到6%时，HCSA型膨胀剂能够完全补偿混凝土的收缩，但是其早期膨胀反应对水泥的水化产生了一定的影响，其7d强度为空白组的90%，28d强度为空白组的86%。EA型膨胀剂仅前3d表现为膨胀，后期混凝土仍处于收缩状态，且EA型膨胀剂同样影响了混凝土的抗压强度，其28d强度为空白组的86%，可见EA型膨胀剂不适于补偿机制砂超高强钢管混凝土的收缩。

当膨胀剂掺量达8%时，HCSA型膨胀剂早期水化反应相较于水泥的水化占据优势，且其在早期产生过大的膨胀应力对早期混凝土胶凝浆体微结构产生了一定的破坏，使得混凝土7d强度为空白组的84%，且HCSA型膨胀剂水化消耗了大量的水，使得水泥中后期水化反应的供水不足，对混凝土后期的抗压强度的影响较大，其28d抗压强度为空白组的74%，抗压强度下降了26%。

本次试验利用氧化镁膨胀剂具有延迟膨胀的特点，其膨胀补偿收缩作用大致在7d后才逐渐开始发挥作用，因此氧化镁膨胀剂对超高强钢管混凝土早期抗压强度基本没有影响，掺4%膨胀剂组7d龄期抗压强度达到了空白组的103%；7d龄期以后，氧化镁膨胀剂开始水化并产生膨胀，但超高强钢管混凝土强度及弹性模量发展快，其7d强度便达到了106.5MPa，弹性模量达到了42.6GPa，氧化镁膨胀剂延迟膨胀产生的膨胀应力对混凝土胶凝浆体微结构产生了破坏作用，造成混凝土安定性不良，4%掺量氧化镁膨胀剂60d强度为空白组的76%，6%掺量为空白组的69%，8%掺量为空白组的59%，混凝土抗压强度下降显著。其虽然能补偿混凝土的后期收缩，但其膨胀反应与超高强钢管混凝土强度发展十分不协调。

3.4.1.4 机制砂超高强钢管混凝土膨胀性能设计

机制砂超高强钢管混凝土理想的膨胀组分应具有如下特性:早期具有足量的膨胀能,在补偿混凝土收缩的同时产生一定的膨胀变形,膨胀可持续并能有效补偿混凝土后期的收缩,考虑到超高强钢管混凝土水胶比极低,后期混凝土胶凝浆体内部水分不足,因此后期膨胀组分的膨胀反应耗水量要低,膨胀量不宜过大,以免造成混凝土安定性不良。

常用的不同膨胀源膨胀剂的膨胀反应表达式如下:

$$C_4A_3\bar{S} + 2(CaSO_4 \cdot 2H_2O) + 31H_2O \longrightarrow AFt + 2Al(OH)_3(gel) \quad (3-7)$$

$$2Al(OH)_3(gel) + 3Ca(OH)_2 + 3(CaSO_4 \cdot 2H_2O) \longrightarrow AFt \quad (3-8)$$

$$CaO + H_2O \longrightarrow Ca(OH)_2 \quad (3-9)$$

$$MgO + H_2O \longrightarrow Mg(OH)_2 \quad (3-10)$$

由上述反应表达式可知,氧化镁和氧化钙类膨胀剂膨胀反应耗水较小,且本次试验制备的氧化镁膨胀剂的膨胀效能主要发挥在 7 d 以后,适合提供后期膨胀;而单膨胀源的 EA 型膨胀剂膨胀能不足,难以有效补偿早期超高强钢管混凝土的自收缩。因此,复合膨胀剂选用 HCSA 型、低活性氧化镁和石膏进行三组分复配,控制膨胀剂掺量为 6%,研究不同复配比例对混凝土膨胀性能的影响。复配比例见表 3-24,混凝土性能如图 3-26、图 3-27 所示。

表 3-24 复合膨胀剂复配比例

编号	复配比例/%		
	HCSA 型	低活性氧化镁	石膏
1	55	35	10
2	68	22	10
3	80	10	10

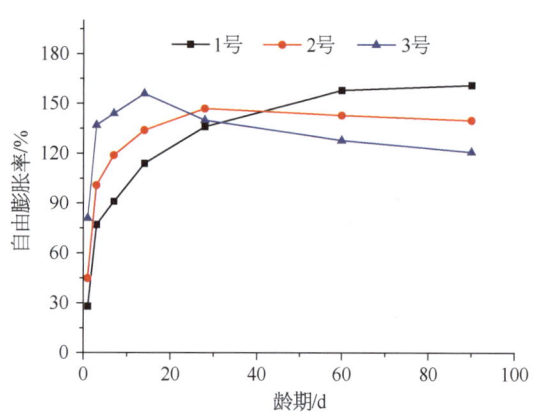

图 3-26 不同膨胀剂复配比例对混凝土膨胀性能的影响

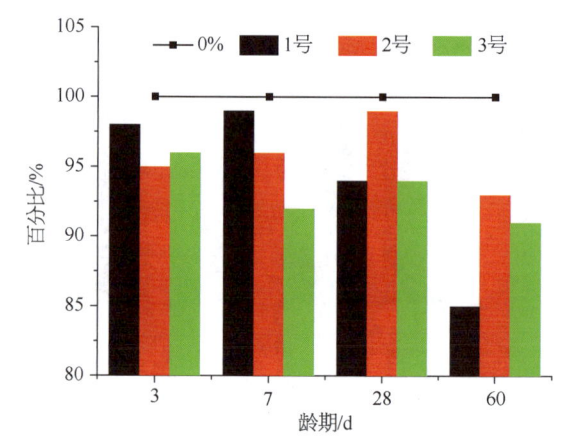

图 3-27 不同膨胀剂复配比例对混凝土力学性能的影响

图 3-26、图 3-27 的试验结果表明,1 号配方中氧化镁膨胀剂掺比最高,因此其密闭环境下自由膨胀率随时间的变化曲线较为理想,膨胀率未曾回落,膨胀率在 60 d 时趋于稳定,为 158×10^{-6},但 MgO 后期产生的延迟膨胀仍对混凝土强度产生了一定的影响,其 28 d 强度为空白组的 94%,60 d 强度为空白组的 85%。3 号配方中氧化镁膨胀剂掺比最低,因此其膨胀在后期出现了一定回落,其各龄期混凝土抗压强度相比于 2 号配方稍低。综合混凝土力学性能与体积稳定性能,确定 2 号配方为适用于机制砂超高强钢管混凝土的最优膨胀剂配方,其比例为 HCSA 型:低活性氧化镁:石膏=68:22:10。表 3-25 为掺 6%最优膨胀剂配方下混凝土的整体性能。

表 3-25 膨胀剂掺量为 6%时的混凝土性能

坍落度/mm		扩展度/mm		T_{500}/s	含气量/%	60 d 膨胀率/10^{-4}	抗压强度/MPa		
初始	2 h	初始	2 h				3 d	7 d	28 d
270	265	630	610	11	2.0	1.43	84.1	102.4	133.4

3.4.1.5 机制砂超高强补偿收缩钢管混凝土的设计方法

(1) 按照超高强钢管混凝土的工作性能与力学性能设计指标要求，采用密实骨架堆积法和富裕浆体理论设计混凝土的初始配合比，依据初始配合比下混凝土工作性能和力学性能的试验结果，优化胶凝材料的组成和超分散减水、高保坍、低含气量型的高效外加剂用量。以此对配合比参数进行优化设计，制备出兼顾经济性、工作性能、力学性能及低含气量的机制砂超高强钢管混凝土。

(2) 依据钢管混凝土的膨胀性能设计要求对混凝土进行膨胀性能设计。选取不同类型的膨胀剂（氧化钙型、无水硫铝酸钙型、氧化钙-无水硫铝酸钙型、氧化镁）按不同比例替代胶凝材料，探明不同膨胀剂在低水胶比超高强混凝土下的膨胀特性（补偿收缩量、膨胀率随时间的发展规律）。

(3) 设定不掺膨胀剂的基准混凝土各龄期的强度为100%，以掺加膨胀剂后混凝土各龄期强度占基准混凝土对应龄期抗压强度的百分率作图，对比分析该膨胀剂在各龄期下的膨胀率及对混凝土抗压强度的影响规律。

(4) 基于不掺膨胀剂的基准混凝土的自收缩测试结果，依据材料复合原理，提出不同膨胀剂复配，来有效补偿混凝土早期、中期、后期的收缩。结合不同膨胀剂的膨胀特性及对混凝土各龄期力学性能的影响规律，初步拟定3~5组不同复配比例下的复合膨胀剂进行配合比试验。

(5) 对上步的测试结果综合分析，确定适用于低水胶比的机制砂超高强钢管混凝土复合膨胀剂的组成与掺量。并适当调整超分散减水、保坍、低含气量钢管混凝土专用外加剂的掺量，以获得兼顾工作性能、力学性能及体积稳定性能的机制砂自密实补偿收缩超高强钢管混凝土。

3.4.2 纤维增强超高强混凝土的变形性能

随着混凝土强度的提高，混凝土的脆性增大，因此在接近其极限承载力时，超高强混凝土内部微裂纹的发生、扩展导致其易发生脆性破坏，在前期进行机制砂超高强钢管混凝土的抗压强度测试时，绝大多数混凝土试块会在结构失效前无征兆地突然炸裂。纤维掺入超高强混凝土后，借助其在基体混凝土中的乱向分布，可有效阻止内部微裂纹的扩展及宏观裂缝的发生和发展，约束混凝土在受压时的横向变形，推迟破坏过程，在一定程度上提高超高强混凝土抗变形性能及抗压强度。

同时，随着钢管混凝土桁架梁桥在西部山区应用的经济优势（代表性工程为雅西高速干海子大桥，钢管内填C60钢纤维混凝土），纤维增强超高强钢管混凝土将会有更加广阔的应用。借助纤维增强技术，将进一步提高机制砂超高强钢管混凝土的性能。

3.4.2.1 纤维对混凝土性能的影响

1) 纤维增强机理

目前针对纤维混凝土的增强机理主要有两种解释：一种是基于混合法则的复合材料理论，另一种是基于断裂力学的纤维间距理论。

(1) 复合材料理论。该理论将纤维混凝土视作纤维和混凝土基体两种材料复合而成，其基本假设是：①纤维在混凝土中分布均匀且排列方向与受力方向一致；②纤维与基体黏结良好，无相对滑移；③纤维与基体呈弹性变形。

基于以上假设，可以得出纤维混凝土材料的应力计算公式：

$$\sigma_{fc} = \sigma_m(1-\rho_f) + \sigma_f \rho_f \quad (3-11)$$

式中 σ_{fc}——复合材料的平均应力；

σ_m——混凝土基体的应力；

ρ_f——纤维的体积率；

σ_f——纤维的应力。

由于在实际工程中，纤维在混凝土基体中大多呈乱向分布，这一模型的假定与实际情况不符，在实际中还需考虑纤维的有效利用系数、纤维的方向、纤维与混凝土基体间的黏结力等因素。

(2) 纤维间距理论。该理论是1963年由Romualdi教授基于格里菲斯理论提出的，该理论认为材料结构自身存在不均匀性、宏观缺陷及微观裂缝，当材料受力时，这些内部结构缺陷会产生应力集中，引起裂缝的扩展，发育成大的宏观裂缝，最终导致材料结构发生脆性破坏。混凝土基体中掺入纤维可有效延缓裂缝的产生和发展，从而对材料起到增强、增韧的作用。纤维间距越小，纤维的分布密度就会越大，纤维的增强作用也会越高，并提出了计算纤维间距的理论公式：

$$S = 13.8 \frac{d}{\sqrt{p}} \quad (3-12)$$

式中 S——纤维的平均间距；
　　　d——纤维的有效直径；
　　　p——纤维的体积百分率。

2）纤维种类及其物理力学性能

不同钢纤维物理力学性能及外观见表3-26，如图3-28所示。

表3-26　不同钢纤维物理力学性能

纤维种类	样品描述	长度/mm	直径/μm	抗拉强度/MPa	断裂延伸率/%	密度/(g·cm^{-3})
镀铜短细钢纤维	短细圆直	12	300	1620	14	7.8
多锚点钢纤维	两端带端钩	30	500	1830	15	7.8

(a) 镀铜短细钢纤维

(b) 多锚点钢纤维

图3-28　不同钢纤维的外观

3）试验方案设计

纤维增强试验基准配合比的胶凝材料用量为700 kg/m³，膨胀剂采用上述的高效复合膨胀剂，掺量为6%，水胶比为0.18，考虑到掺加钢纤维后，通常需要增加砂率，因此砂率取42%。基准配合比见表3-27，试验方案见表3-28。

表3-27　混凝土基准配合比

编号	配合比/(kg·m^{-3})							减水剂掺量/%
	水泥	粉煤灰微珠	硅灰	膨胀剂	砂	石	水	
1	475	106	77	42	725	1001	126	2.0

表3-28　纤维对混凝土性能影响的试验方案

纤维种类	纤维掺量/%		
	0.4	0.7	1
多锚点钢纤维	1号	3号	5号
镀铜短细钢纤维	2号	4号	6号

表3-29和图3-29、图3-30的试验结果表明：

(1) 总体上钢纤维的掺入进一步提高了混凝土的抗压强度，且镀铜短细钢纤维的增强效果要优于多锚点钢纤维，但钢纤维的掺入也影响了混凝土的工作性能。

表 3-29 不同纤维及其掺量对混凝土性能的影响

编号	坍落度/mm		扩展度/mm		T_{500}/s	含气量/%	抗压强度/MPa		
	初始	2 h	初始	2 h			3 d	7 d	28 d
基准	270	255	630	615	11	2.0	84.1	102.4	133.4
1	255	235	605	580	13	1.8	88.3	111.4	139.2
2	265	245	620	605	12	2.0	92.7	115.4	144.8
3	240	210	585	550	15	2.0	92.3	118.7	145.5
4	255	240	605	590	13	1.9	96.7	123.8	152.7
5	225	185	545	500	18	1.7	89.1	113.7	142.1
6	240	215	580	550	16	1.9	98.4	125.4	154.5

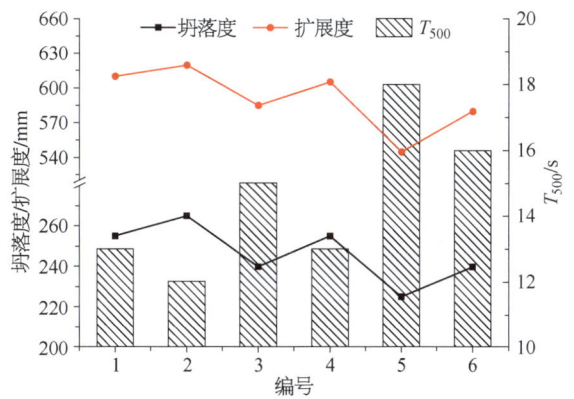

图 3-29 不同纤维及其掺量对混凝土工作性能的影响

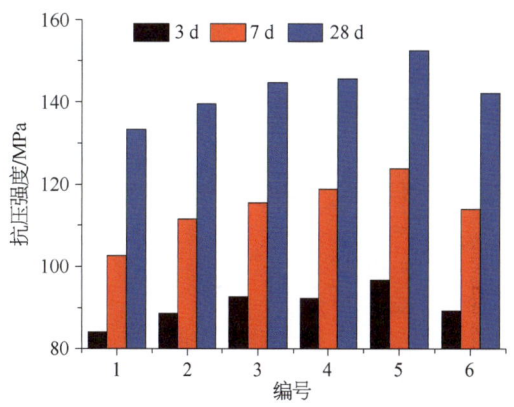

图 3-30 不同纤维及其掺量对混凝土力学性能的影响

（2）多锚点钢纤维由于其较长且两端带端钩，因此其在混凝土中的分散性较镀铜短细钢纤维差，对混凝土的工作性能影响显著。随着其掺量的提高，混凝土的工作性能变差，体积掺量为 1% 时混凝土初始坍落度/扩展度仅为 225/545 mm，纤维的掺入对混凝土的扩展度影响更大。多锚点钢纤维掺量在 0.7% 时，混凝土 28 d 抗压强度达到极值 145.5 MPa，相较不掺钢纤维的基准组强度提高约 9%。当多锚点钢纤维掺量在 1% 时，强度较掺量 0.7% 时有所下降，为 142.1 MPa，这可能是由于多锚点钢纤维掺量过高后，对混凝土的工作性能影响较大，使得混凝土试块成型时局部存在不密实，因此影响了混凝土的抗压强度。

（3）镀铜短细钢纤维的分散效果较好，其对混凝土的工作性能影响较小。混凝土抗压强度随着纤维掺量的提高而提高，当其体积掺量达 1% 时，混凝土的 28 d 抗压强度达到 154.5 MPa，相较于基准组强度提高约 15%，但混凝土的初始坍落度/扩展度下降为 240/580 mm，但仍能满足钢管混凝土的泵送顶升施工要求。综合工作性能与力学性能，确定镀铜短细钢纤维的增强效果优于多锚点钢纤维，但其在制备 C130 超高强钢管混凝土中的体积掺量不宜超过 0.7%。

4）纤维对不同胶凝材料用量下混凝土性能的影响

砂率设置为 42%，水胶比为 0.18，复合膨胀剂掺量为 6%，胶凝材料组成与表 3-27 中基准配合比相同。纤维选择镀铜短细钢纤维，控制其掺量为 0.7%，各组混凝土性能见表 3-30。

表 3-30 和图 3-31、图 3-32 的试验结果表明：

（1）同等纤维掺量下，随着胶凝材料用量的增大，混凝土的工作性能提高，坍落度/扩展度不断增大，T_{500} 减小，纤维体积掺量为 0.7%、胶凝材料用量为 1000 kg/m³ 时，混凝土的初始坍落度/扩展度达 265/635 mm；力学性能方面，当胶凝材料用量小于 750 kg/m³ 时，随着胶凝材料用量的提高，混凝土的抗压强度不断增大；当胶凝材料用量超过 750 kg/m³

表 3-30 不同胶凝材料用量对纤维增强混凝土性能的影响

胶凝材料用量 /(kg·m⁻³)	坍落度/mm		扩展度/mm		T_{500}/s	含气量/%	抗压强度/MPa		
	初始	2 h	初始	2 h			3 d	7 d	28 d
640	245	225	600	575	15	1.7	92.8	113.7	143.4
700	255	240	605	590	13	1.9	96.7	123.8	152.7
750	260	240	615	600	13	1.8	97.5	129.4	160.1
800	260	245	620	610	11	2.0	95.2	117.6	147.3
1 000	265	250	635	620	9	2.0	88.2	109.4	128.8

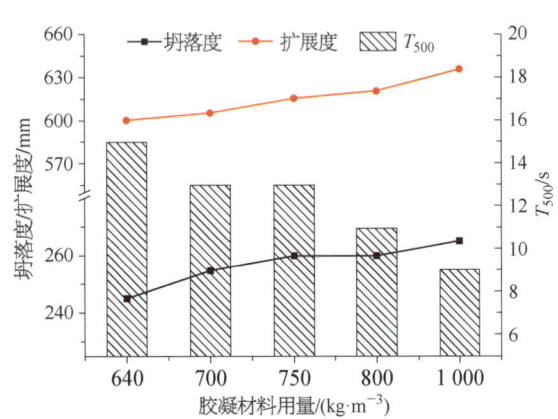

图 3-31 不同胶凝材料用量对纤维增强混凝土工作性能的影响

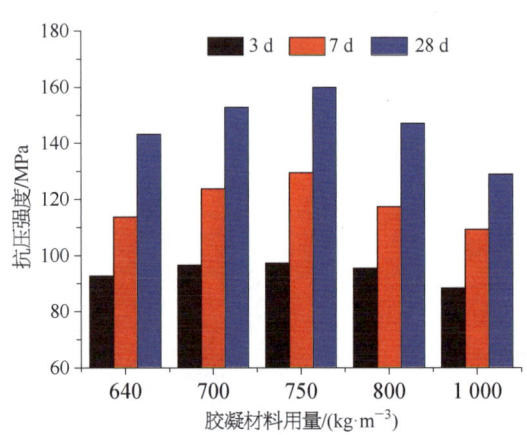

图 3-32 不同胶凝材料用量对纤维增强混凝土力学性能的影响

时,抗压强度又开始下降。0.7%纤维掺量下混凝土存在一个最佳的胶凝材料用量,混凝土抗压强度在 750 kg/m³ 胶凝材料用量下达到极值,28 d 抗压强度为 160.1 MPa,相比于不掺纤维条件下最优胶凝材料用量 700 kg/m³ 的混凝土,抗压强度提高了 27 MPa。纤维的掺入增大了超高强混凝土的最优胶凝材料用量,并且由于纤维的增强、增韧作用,显著提高了混凝土受压时的横向变形能力。图 3-33、图 3-34 为不掺纤维与掺纤维下超高强钢管混凝土试块在抗压强度测试后的试件外观。

图 3-33 未掺纤维下混凝土炸裂

图 3-34 掺加纤维后混凝土裂而不散

(2)纤维的掺入在提高混凝土抗压强度的同时,也显著改善了混凝土脆性,不掺纤维下当胶凝材料用量不小于 800 kg/m³ 时,混凝土抗压强度下降明显,而掺加纤维后,在高胶凝材料用量下混凝土仍保持着较高的抗压强度。

由上述试验发现,相比不掺加纤维,0.7%钢纤维的掺入使最优胶凝材料用量由 700 kg/m³ 提高到 750 kg/m³，因此以上述基准配合比为基础，选取 1% 钢纤维掺量，探究 1% 钢纤维掺量对胶凝材料用量不小于 750 kg/m³ 时混凝土性能的影响规律。

表 3-31 高胶凝材料用量在 1%钢纤维掺量下对混凝土性能的影响

胶凝材料用量 /(kg·m⁻³)	坍落度/mm		扩展度/mm		T_{500}/s	含气量 /%	抗压强度/MPa		
	初始	2 h	初始	2 h			3 d	7 d	28 d
750	245	220	590	550	15	1.8	99.5	130.7	162.9
800	245	225	600	555	15	1.9	97.7	127.4	160.5
900	250	230	610	560	14	2.1	95.7	122.8	146.4
1 000	260	235	620	585	12	2.1	92.8	119.4	137.3

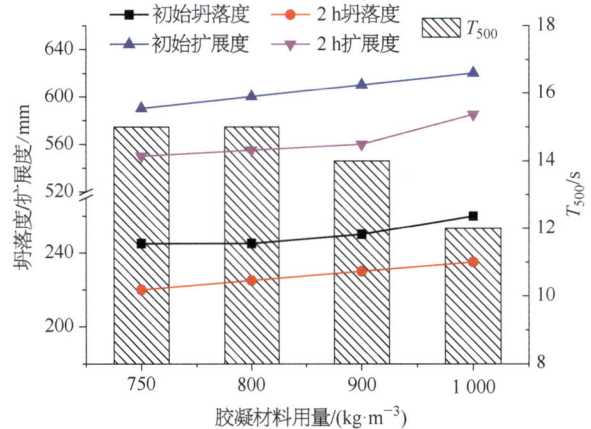

图 3-35 高胶凝材料用量在 1%钢纤维掺量下对混凝土工作性能的影响

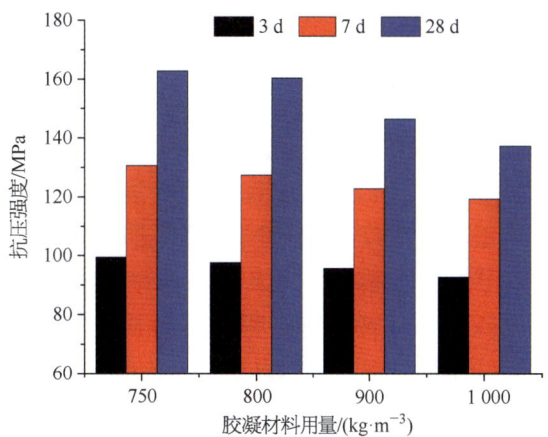

图 3-36 高胶凝材料用量在 1%钢纤维掺量下对混凝土力学性能的影响

表 3-31 和图 3-35、图 3-36 的试验结果表明，纤维掺量提高到 1% 后，抗压强度仍然是 750 kg/m³ 胶凝材料用量组最高，其 28 d 抗压强度达到 162.9 MPa，但相比纤维掺量 0.7% 组抗压强度仅提高 2.8 MPa；800 kg/m³ 胶凝材料用量组 28 d 抗压强度为 160.5 MPa，相比其在 0.7% 纤维掺量下提高了 9%，表明提高纤维掺量后可以较大提高高胶凝材料用量下混凝土的力学性能；就工作性能而言，钢纤维掺量 1% 时混凝土工作性能降低，750 kg/m³ 胶凝材料用量组初始坍落度/扩展度为 245/590 mm，2 h 后坍落度/扩展度下降为 220/550 mm。以上试验结果表明钢纤维掺量提高到 1% 后，超高强钢管混凝土的力学性能提升较小，但工作性能降低较大，且混凝土的配制成本增加，综合经济性和混凝土泵送顶升施工要求，钢纤维的掺量不宜超过 0.7%。

3.4.2.2 纤维限缩与膨胀剂协同体积稳定性能提升技术

以上述基准配合比为基础，控制胶凝材料用量为 750 kg/m³，纤维掺量为 0.7%，设置不同膨胀剂掺量，探明纤维增强与膨胀剂对混凝土体积稳定性能和力学性能的影响。

表 3-32 不同膨胀剂掺量对纤维增强混凝土性能的影响

膨胀剂掺量 /%	坍落度/mm		扩展度/mm		T_{500}/s	含气量 /%	抗压强度/MPa		
	初始	2 h	初始	2 h			3 d	7 d	28 d
0	265	255	630	615	10	2.0	103.3	131.7	165.4
4	260	245	620	605	12	1.9	96.2	127.4	161.7
6	260	240	615	600	13	1.8	97.5	129.4	160.1
8	250	230	600	570	15	1.9	93.7	119.2	149.4

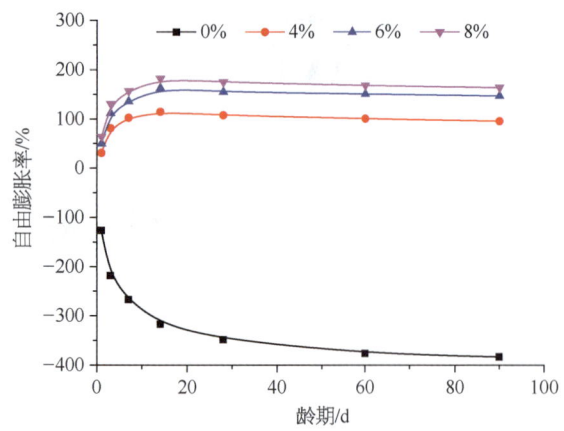

图 3-37 不同膨胀剂掺量对纤维增强
混凝土膨胀性能的影响

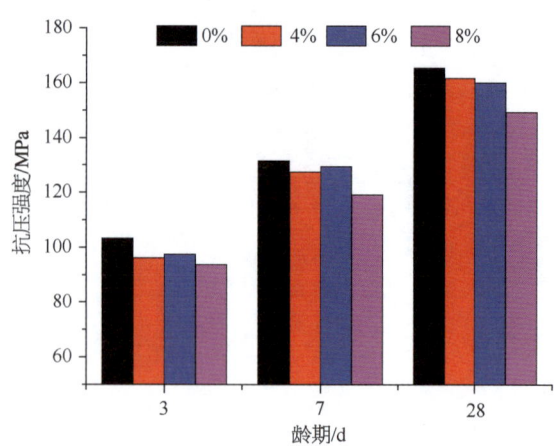

图 3-38 不同膨胀剂掺量对纤维增强
混凝土力学性能的影响

表 3-32 和图 3-37、图 3-38 的试验结果表明,掺加纤维不仅提高了混凝土的力学性能,还提高了混凝土的体积稳定性能,未掺纤维混凝土 60 d 收缩为 $439×10^{-6}$,掺加纤维后,混凝土的 60 d 收缩为 $383×10^{-6}$,收缩降低了 12.7%;纤维与膨胀剂复合掺入后,混凝土的后期膨胀回落值减小,当膨胀剂掺量超过 6% 时,混凝土的自由膨胀率的增幅下降,钢纤维的限缩作用降低了膨胀剂对混凝土的体积膨胀作用;未掺纤维混凝土,当膨胀剂掺量达 8% 时,抗压强度下降明显,掺有镀铜短细钢纤维 0.7% 体积掺量后,随着膨胀剂掺量的增加,抗压强度虽然也不断降低,但降低幅度显著减小,膨胀剂掺量达 8% 时,混凝土仍然表现出优异的力学性能,其 28 d 抗压强度达到了 149.4 MPa,自由膨胀率 28 d 为 $164×10^{-6}$。

3.4.2.3 混凝土徐变及组合构件性能

1) 超高强钢管混凝土徐变

在长期荷载作用下,和普通混凝土一样,钢管混凝土也会产生收缩和徐变变形,随着加荷期的延长,混凝土的变形会不断增大,这可能导致钢管与核心混凝土间产生细微的间隙,破坏钢管与混凝土的整体受力特性,使钢管成为主要的承力构件,影响整个组合构件的刚度和承载能力。机制砂超高强钢管混凝土的徐变性能试验参考《普通混凝土长期性能和耐久性能试验方法标准》,试件尺寸为 100 mm × 100 mm × 400 mm,试件拆模标准养护 7 d 后置于温度为 (20±2)℃、湿度为 (60±5)% 的恒温恒湿徐变室进行徐变性能试验,对中及施荷初始形变测量完毕后,在规定的相应龄期内测量混凝土的徐变变形及同龄期的混凝土收缩值,试验结果计算参照规范中推荐的下列公式进行:

$$\varepsilon_{et} = \frac{\Delta L_t - \Delta L_0}{L_b} - \varepsilon_t \quad (3-13)$$

$$\varepsilon_0 = \frac{\Delta L_0}{L_b} \quad (3-14)$$

$$\varphi_t = \frac{\varepsilon_{et}}{\varepsilon_0} \quad (3-15)$$

式中 ε_{et}——加荷龄期时的徐变应变 (mm/m);
ΔL_t——加荷龄期后的总变形值;
ΔL_0——加荷时所测初始变形值;
L_b——测量标距 (mm);
ε_t——同龄期的收缩值 (mm/m);
ε_0——加荷时所测初始应变值;
φ_t——加荷龄期时的徐变系数。

选择三组试件进行相应的徐变性能测试,三组试件基本参数及性能见表 3-33。

表 3-33 试件基本参数及性能

组号	胶凝材料用量/(kg·m⁻³)	纤维体积掺量/%	复合膨胀剂掺量/%	7 d 抗压强度/MPa	7 d 轴心抗压强度/MPa	7 d 弹性模量/GPa
Z1	700	0	0	106.5	91.7	42.6
Z2	700	0	6	102.4	87.1	41.1
Z3	750	0.7	6	129.4	111.3	47.8

表3-34 试件各龄期下的徐变系数

组号	持荷时间/d							
	1	3	7	14	28	60	90	180
Z1	0.489	0.617	0.705	0.733	0.790	0.874	0.915	0.940
Z2	0.481	0.591	0.659	0.723	0.757	0.829	0.872	0.890
Z3	0.396	0.482	0.526	0.580	0.619	0.662	0.698	0.720

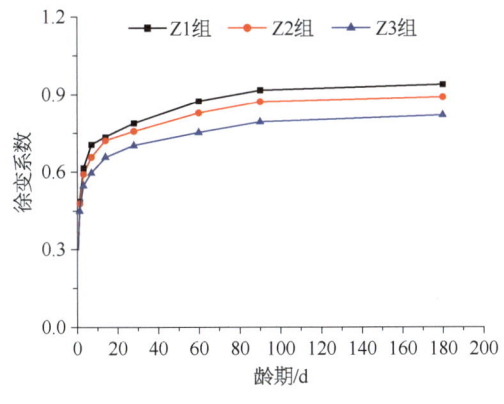

图3-39 试件徐变性能试验结果

表3-34和图3-39的试件徐变性能试验结果表明,超高强钢管混凝土由于强度较高,内部结构极为致密,混凝土在长期荷载作用下的徐变变形较小,三组试件7d龄期加载,持荷至180d时徐变系数均小于1;超高强钢管混凝土的徐变变形主要发生在早期,其中3d、7d、28d龄期的徐变分别占180d龄期总徐变的65%、73%、84%以上,持荷龄期90d时徐变变形基本上停止增长;掺加膨胀剂的Z2组相较于未掺膨胀剂的Z1组,由于膨胀剂水化产物填充混凝土内部胶凝浆体的空隙,使混凝土内部结构更加密实,故Z2组混凝土在各龄期持续荷载作用下的徐变变形均较Z1组小;Z3组在Z2组的基础上还额外掺加了0.7%体积掺量的钢纤维,因此其抵抗外部荷载作用下的变形能力更强,纤维和膨胀剂复合作用使得混凝土的180d的徐变系数较Z1组降低了23%,较Z2组降低了19%。

2) 超高强钢管混凝土构件的力学性能

为研究机制砂超高强钢管混凝土组合结构的静力学性能,在上述选择的三组混凝土配合比的基础上,成型钢管混凝土组合构件,并进行构件的徐变和轴心承载力测试。钢管为圆钢管,参考《钢管混凝土拱桥技术规范》,钢管材质为Q390,长径比约为3,尺寸为$\phi 110\,mm \times 350\,mm$,钢管壁厚3.5mm,含钢率为11.6%。制件过程中,钢管下端用盖板焊接,保持界面平整,在灌注成型前先清除钢管内壁铁锈。混凝土浇筑完毕后,将上端面抹平,并用塑料薄膜密封养护。养护至所需龄期后进行钢管混凝土组合构件的轴心承载力测试。表3-35为试件轴心承载力测试结果。

表3-35 试件轴心承载力测试结果

组号	混凝土28d抗压强度/MPa	混凝土28d轴心抗压强度/MPa	约束效应系数ξ_0	承载力N_u/kN
Z1	134.4	115.4	0.546	1527
Z2	133.4	117.3	0.537	1640
Z3	160.1	134.2	0.470	1694

表3-35和图3-40、图3-41的试验结果表明:

(1) 借助钢管对混凝土的套箍作用,组合结构表现出优良的静力学性能,三组配合比下成型的钢管混凝土构件均有着极高的轴心承载力。三组试件约束效应系数略微不同,主要是由于核心混凝土的轴心抗压强度差异引起。未掺膨胀剂和钢纤维的Z1组28d轴心承载力为1527kN,Z2组与Z1组核心混凝土强度相差不大,但Z2组配比中掺有6%的

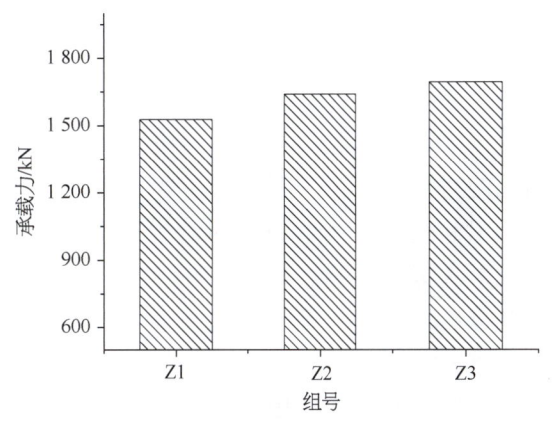

图3-40 组合构件轴心承载力

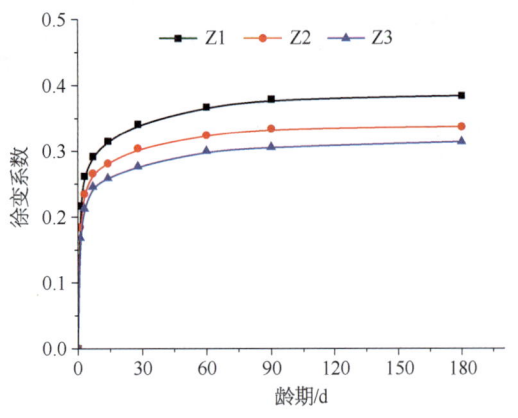

图3-41 组合构件徐变性能

复合膨胀剂,混凝土的膨胀受到钢管的约束会产生一定的初始自应力,核心混凝土与钢管的结合面的受力性能得到加强,组合构件承载力进一步提高,相比Z1组,承载力大约提高了7.4%。Z3组由于掺有膨胀剂和钢纤维,借助钢纤维的增强作用,该组混凝土28d轴心抗压强度达到了134.2 MPa,该组配合比下组合构件轴心承载力最高,为1694 kN。

(2) 组合构件的抗变形性能较核心混凝土有了大幅提高,上述三组钢管混凝土构件在施加长期荷载作用下180d的徐变系数均较小,与核心混凝土的徐变规律相似,掺加纤维和膨胀剂提高了组合构件抵抗长期荷载作用下变形的能力,且膨胀剂的提升作用较钢纤维的提升效果更优,这是由于膨胀剂所产生的初始自应力导致核心混凝土与管壁的相互作用加强,大幅提高了组合构件的刚度和抗变形能力。

本节对机制砂超高强钢管混凝土的体积稳定性能进行了研究:

(1) 纤维的掺入有效改善了混凝土的脆性,约束了混凝土在受压时的横向变形,提高了混凝土的力学性能,掺量越高,抗压强度提升越大,其中多锚点钢纤维由于其两端带弯钩,在混凝土中不易分散,对混凝土的工作性能影响较大,而镀铜短细钢纤维对混凝土的工作性能影响较小,即使掺量达1%时,混凝土的初始坍落度/扩展度仍为240/580 mm。当纤维掺量超过0.7%时,纤维对混凝土的力学性能提升效果减弱,综合分析确定选用镀铜短细钢纤维,控制其掺量为0.7%。制备的混凝土初始坍落度/扩展度为255/605 mm,T_{500}为13 s,含气量为1.9%,28d抗压强度达152.7 MPa。

(2) 研究了纤维对不同胶凝材料用量下混凝土性能的影响,未掺纤维的混凝土最优胶凝材料用量为700 kg/m³,掺有纤维提高了最优胶凝材料用量至750 kg/m³,且纤维掺入后,1 000 kg/m³胶凝材料用量下混凝土28 d强度仍具有128.8 MPa。

(3) 纤维掺入混凝土后具有一定的限缩作用,掺入0.7%的镀铜短细钢纤维后,混凝土60 d自收缩降低了12.7%,钢纤维还降低了膨胀剂对混凝土力学性能的影响,钢纤维和膨胀剂的协同极大地提高了混凝土的体积稳定性能。

(4) 由试验研究确定机制砂超高强(C100~C140)钢管混凝土的制备原则:针对配制C100~C110超高强钢管混凝土,适宜的胶凝材料用量为680~750 kg/m³,水胶比为0.18~0.2,砂率为40%~44%,机制砂宜选用卵石或石灰岩破碎的机制砂,细度模数在2.7~3.1,石粉含量不大于10%。骨料可选用5~16 mm高强玄武岩碎石。针对配制C120~C130超高强钢管混凝土,适宜的胶凝材料用量为680~750 kg/m³,水胶比为0.18~0.19,砂率为42%~45%,机制砂宜选用卵石或石灰岩破碎的机制砂,细度模数在2.7~3.1,石粉含量不大于5%,骨料选用5~16 mm高强玄武岩碎石,镀铜短细钢纤维体积掺量为0.4%~0.7%。针对配制C140超高强钢管混凝土,适宜的胶凝材料用量为750~800 kg/m³,水胶比为0.18,砂率为42%~45%,机制砂宜选用卵石或石灰岩破碎的机制砂,细度模数在2.7~3.1,石粉含量不大于5%,骨料选用5~16 mm高强玄武岩碎石,镀铜短细钢纤维体积掺量为0.7%~1.0%。

(5) 超高强混凝土强度发展快,早期弹性模量大,徐变变形较小,徐变变形在90 d时基本不再增加。纤维和膨胀剂复合作用提高了混凝土在长期荷载作用下的抗变形能力。钢管混凝土组合构件承载力试验结果表明,在长径比约为3、钢管壁厚3.5 mm、含钢率为11.6%的条件下,掺有0.7%镀铜短细钢纤维和6%膨胀剂的钢管混凝土组合构件28 d轴心抗压极限承载力达1 694 kN,组合结构具有极佳的力学性能。

3.5 混凝土耐久性能

3.5.1 超高强混凝土早期水化反应放热特性分析

一般的物质发生化学反应都会伴随体系热的变

化,通过对水泥水化过程中的热变化测量可以反映出水泥的水化过程,但由于测试时间所限,一般水泥的水化热测试只能反映水化早期的反应速率和反应放热量等特性。本节对所选定的几组配合比进行水化放热测定,以研究低水胶比下超高强钢管混凝土胶凝材料的早期水化过程。试验仪器采用美国 TA 公司生产的 TAM-Air 型水化微量热仪。

基于前几节对超高强钢管混凝土的配合比研究,水化放热试验选定以下五组配合比,以研究不同膨胀剂、石粉、胶凝材料组成对混凝土早期水化过程的影响。为减少胶凝材料的拌合均匀性所引起的试验误差,水胶比适当放大至 0.2。每组称量胶凝材料总量为 5g,试验配合比及试验结果见表 3-36,如图 3-42、图 3-43 所示。

表 3-36 水化放热试验配合比

组号	配合比/g						
	水泥	粉煤灰微珠	硅灰	MgO	HCSA	减水剂	水
P1	3.6	0.81	0.59	0	0	0.1	1
P2	3.38	0.765	0.555	0.3	0	0.1	1
P3	3.38	0.765	0.555	0	0.3	0.1	1
P4	3.75	1	0.25	0	0	0.1	1

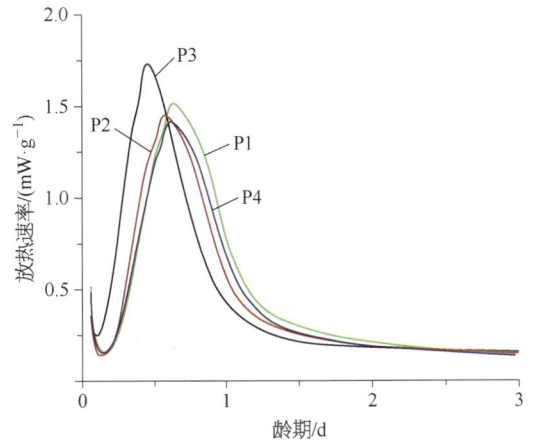

图 3-42 水泥浆体水化放热速率

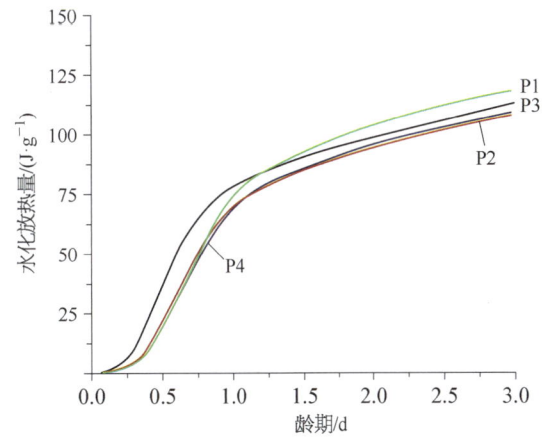

图 3-43 水泥浆体放热量

表 3-36 和图 3-42、图 3-43 的试验结果表明,不同膨胀剂对胶凝浆体的水化进程影响不同,相比基准组 P1,掺有 HCSA 型膨胀剂的 P3 组,浆体水化加速期提前,水化放热峰值提高,这是由于 HCSA 型膨胀剂的膨胀反应主要发生在水化早期,水泥的水化反应产生 $Ca(OH)_2$,而 HCSA 型膨胀剂的膨胀反应会消耗 $Ca(OH)_2$ 生成钙矾石,促使化学平衡朝水泥的水化方向进行,但由于膨胀剂的反应消耗大量的水,水化峰值之后由于胶凝体系水化反应用水不足,影响了水泥正常的水化,因此 3d 的水化放热总量低于 P1 组;P2 组掺加的氧化镁膨胀剂具有延迟膨胀的特点,其在水化初期基本上不发生膨胀反应,因此相比 P1 组,体系中发生反应的胶凝材料用

量减少,其 3d 水化放热总量低于 P1、P3 组;P4 组没有掺加膨胀剂,与 P1 组的不同之处是胶凝体系中硅灰的掺量大幅减小,粉煤灰微珠掺量提高,P4 组胶凝体系整体水化速率较慢,与 P1 组相比,水化放热加速期延后,水化放热峰最小,其 3d 的水化放热总量与 P2 组相近。

3.5.2 超高强混凝土水化程度分析

水泥浆体水化程度的测试方法众多,包括 X 线衍射法、差热分析法、化学结合水法、氢氧化钙解耦法等。其中化学结合水法的测试原理是通过测量水泥水化产物 C—S—H 凝胶、钙矾石、$Ca(OH)_2$ 中的化学结合水含量的变化,来反映水泥浆体的水化进程,其测试相对比较简单,结果较为直观可靠,因此本节拟采用化学结合水法来测试机制砂超高强钢管混凝土在设定龄期下的水化程度。

在P1~P4组配合比的基础上,增设P5及P6组,P5、P6组胶凝材料与P1组相同,只是水胶比不同,P5组水胶比为0.16,P6组水胶比为0.2。测试以上六组同混凝土同配合比净浆3d、7d、28d、60d的化学结合水含量。试验步骤如下:在到达测试龄期之前将净浆试块敲碎,并置于丙酮中终止水化。测试时先取出试样将其研磨后过200目筛,称取5g左右研磨试样转移至瓷坩埚中,在105℃烘箱烘24h至重量恒定,随后置于高温炉下煅烧,控制升温速率为20℃/min,目标温度为1050℃,保温2h,降温冷却并称重。化学结合水的计算公式如下:

$$W = \frac{m_1 - m_2}{m_1} - W_0 \quad (3-16)$$

式中　m_1——试样在105℃烘干至恒重时的质量;

　　　m_2——浆体高温煅烧后的剩余质量;

　　　W_0——所有胶凝材料的固有单位烧失量。

图3-44的试验结果表明,总体上超高强钢管混凝土由于水胶比低,化学结合水含量较少,整体水化程度较低,胶凝材料体系中还有大量未水化颗粒,这与XRD试验结果中水泥浆体中含有较强的C_3S、C_2S衍射峰相对应;随着水化龄期的延长,水化程度不断增加,六组试样28d龄期时化学结合水含量均达到60d龄期时化学结合水含量的92%以上;28d龄期试样已基本完成水化,后期水化程度增加较少。掺有MgO的P2组相比P1组早期水化程度略小,后期水化程度基本相近;掺有HCSA型膨胀剂的P3组各龄期水化程度均小于P1组,这可能是由于HCSA型膨胀剂水化耗水,影响了水泥的水化,且HCSA型膨胀剂水化产物AFt在样品烘干处理时发生了脱水分解,导致部分化学结合水减少;P4组相比P1组在胶凝材料组成上硅灰掺量减小,粉煤灰微珠掺量提高,因此P1组早期水化程度高于P4组,在28d龄期以后,P4组的水化程度逐渐超过了P1组;P6组相比P1组,水胶比有所提高,故P6组水化程度高于P1组,28d时P6组化学结合水含量比P1组高2.5%。

3.5.3　超高强混凝土水化产物及微观结构分析

3.5.3.1　XRD

为了探究低水胶比下复合膨胀剂的水化及其对水泥浆体水化产物的影响,以未掺膨胀剂的P1组配合比为空白组,对未掺与掺6%复合膨胀剂的水泥胶凝浆体进行X线衍射仪测试,测试结果如图3-45、图3-46所示。

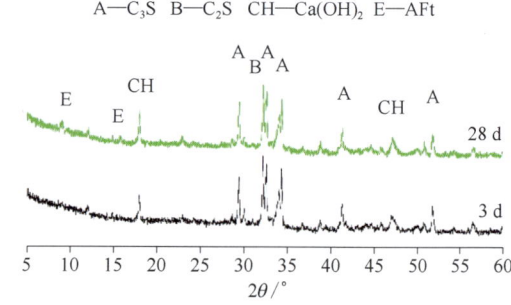

图3-45　未掺膨胀剂的水泥胶凝浆体XRD测试结果

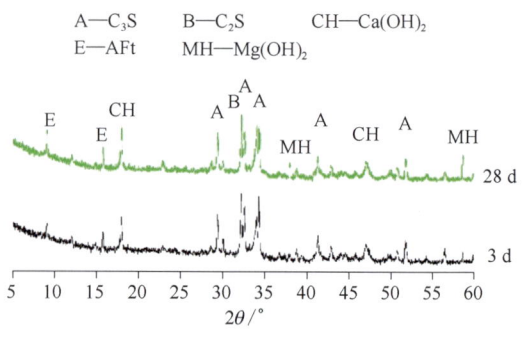

图3-46　掺6%多膨胀源复合膨胀剂的
　　　　水泥胶凝浆体XRD测试结果

图3-45、图3-46中XRD测试结果表明,总体而言,由于超高强钢管混凝土水胶比低,水泥等矿物水化供水不足,因此水化28d龄期后胶凝体系中仍存在大量未反应的水泥矿物C_3S、C_2S等,这与前述

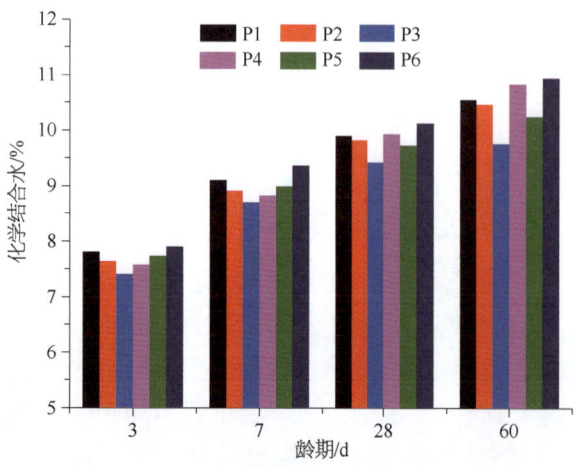

图3-44　不同配合比下混凝土的化学结合水测试结果

化学结合水测试中超高强混凝土中水泥的水化程度相对较低的结果相吻合;未掺膨胀剂时,水泥的主要水化产物为 $Ca(OH)_2$、AFt 等,随着水化龄期的延长,$Ca(OH)_2$ 的主峰峰高逐渐增大,C_3S 等矿物水化逐渐被消耗,峰高逐渐降低,但降低幅度较小,表明水泥的水化反应一直在进行;掺加多膨胀源的复合膨胀剂之后,水化产物增加了 $Mg(OH)_2$,早期的膨胀主要由 CaO 及硫铝酸钙水化生成 $Ca(OH)_2$ 和钙矾石提供,因此相比未掺膨胀剂组,钙矾石峰高增强;$Mg(OH)_2$ 的衍射峰在水化 3 d 龄期时较小,表明氧化镁膨胀剂在水化早期膨胀反应较弱,其膨胀反应主要发生在水化后期,28 d 龄期时水泥胶凝浆体中 $Mg(OH)_2$ 的衍射峰增强,表明水化后期 MgO 发生了膨胀反应。

3.5.3.2 扫描电镜

采用 FEI Quanta 450 型 FEG 场发射环境扫描电镜,观察不同配合比净浆的显微结构及砂浆试样的界面过渡区形貌特征。砂浆试样在混凝土抗压强度测试后,取其中心处砂浆片采用无水乙醇终止水化后获得。

上述试样扫描电镜下的照片(图 3-47)表明:

(1) 对于 P1 组,水化 3 d 时,试样水泥浆体微结构已十分密实,水泥水化产生大量的呈绒毛状 C—S—H 凝胶,配合比中硅灰掺量高,初期火山灰反应消耗了大量的 $Ca(OH)_2$,影响了钙矾石的生成,因此只能在浆体空隙中看到少量的钙矾石;28 d 龄期时,浆体水化趋于稳定,大量的 C—S—H 凝胶堆叠使水泥胶凝浆体结构更为致密,同时众多未水化的粉煤灰微珠颗粒被水化产物所包覆。

(2) 对于 P2 组,掺有氧化镁膨胀剂,3 d 时水泥浆体形貌与 P1 组相似,28 d 时由于 MgO 延迟膨胀,造成了混凝土安定性不良,该龄期下水泥浆体微结

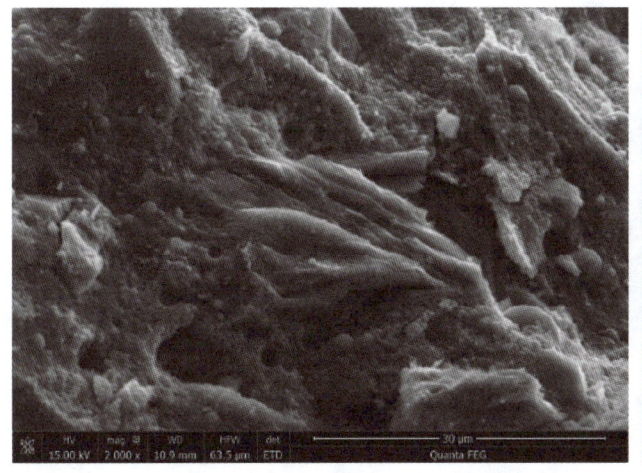

(a) P1 组 3 d

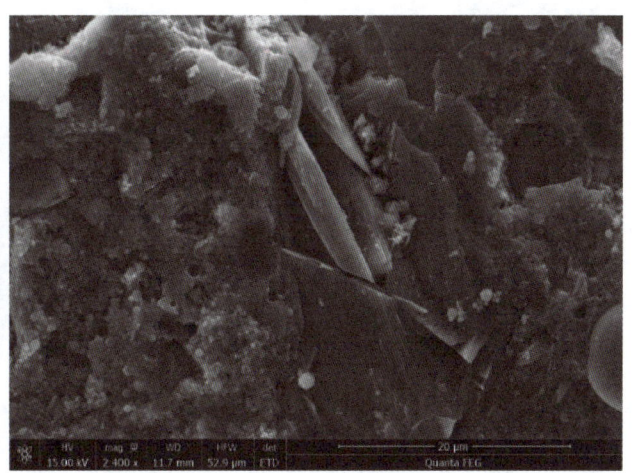

(b) P1 组 28 d

(c) P2 组 3 d

(d) P2 组 28 d

(e) P3组3d

(f) P3组28d

图3‑47 不同配合比试样扫描电镜照片

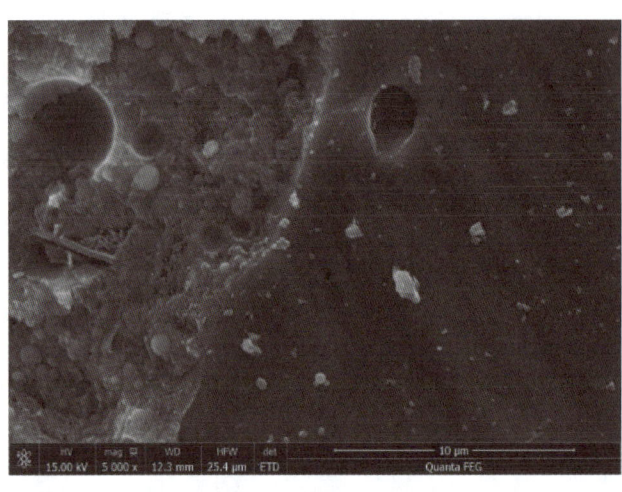
(a)

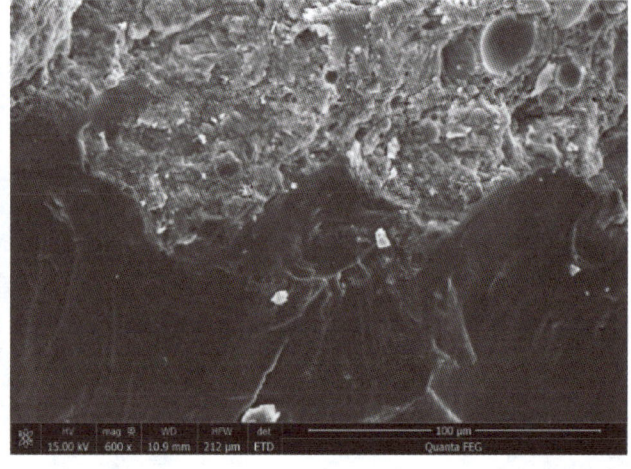
(b)

图3‑48 28d龄期集料与水泥浆体界面

构中可观察出不同区域之间的裂痕,通过EDS能谱检测出该区域中含有一定的镁元素,但在水泥胶凝浆体中,$Mg(OH)_2$晶体与水泥水化产物相互混合,不易分辨。

(3) 对于P3组,掺有HCSA型膨胀剂,膨胀剂水化生成的钙矾石填充浆体内部空隙,水化28d时浆体微结构十分致密,还可看出结晶完好的$Ca(OH)_2$晶体。

从图3‑48可看出,超高强钢管混凝土水泥浆体与集料的界面结合十分紧密,硅灰等矿物掺和料水化,消耗了大量的$Ca(OH)_2$,优化了混凝土浆体内的孔结构,扫描电镜未观察出集料与浆体界面间定向生长的$Ca(OH)_2$晶体。因此,混凝土宏观上表现出超高的力学性能。

3.6 工程应用

3.6.1 工程概况

四川省广安官盛渠江特大桥是广安环城公路东南端跨渠江的一座特大型桥梁(图3‑49),大桥全长793m,总投资约1.18亿元。其主孔为320m中承式钢管混凝土劲性骨架钢筋混凝土拱桥,跨径位居同类型桥梁世界第五。拱肋采用单箱单室截面,主拱为跨径320m变截面悬链线无铰拱,净矢跨比1/4,拱轴系数1.5,拱顶截面径向高3.5m,拱脚截面径向高6m,肋宽3m,拱上立柱和吊杆间距12.8m,桥面梁为工字形格子梁,桥面板为钢-混凝土组合桥面板。

图 3-49　已建成的广安官盛渠江特大桥

主拱肋钢管混凝土劲性骨架钢管内灌注 C100 机制砂自密实补偿收缩超高强钢管混凝土,钢管混凝土劲性骨架外包 C50 钢筋混凝土,外包混凝土采用二环八工作面对称浇筑施工工艺(图 3-50)。官盛渠江特大桥作为四川省重点交通工程,因其率先在国内拱桥建设中采用 C100 机制砂超高强钢管混凝土,社会关注度高,技术难度大。该桥的顺利建成对广安规划的工业园区和上游广安主港区的发展有着极其重要的作用。

图 3-50　建设中的广安官盛渠江特大桥钢管混凝土劲性骨架

3.6.2　原材料及配合比对混凝土性能的影响

3.6.2.1　原材料

（1）水泥。四川某水泥厂生产的 P·O52.5 水泥,经检测性能指标合格。

（2）粉煤灰微珠。天津某新材料科技有限公司生产,主要技术指标见表 3-37。

表 3-37　粉煤灰微珠主要技术指标

名称	形状	比表面积/(m²·kg⁻¹)	球体密度/(g·cm⁻³)	堆积密度/(g·cm⁻³)	触变指数	晶体结构
粉煤灰微珠	球形	1 300	2.32	0.65	7.5	非晶态

（3）硅灰。成都某科技有限公司生产,其 SiO_2 含量为 93%,比表面积为 21 500 m²/kg,含水率为 0.5%,需水量比为 125%,烧失量为 3.7%。

（4）膨胀剂。项目研发的多膨胀源复合膨胀剂。

（5）细集料。四川广安当地生产机制砂,细度模数为 2.71,石粉含量为 9.4%。

（6）粗集料。四川峨眉山产碎石,5～16 mm 连续级配。

（7）水。广安当地自来水。

（8）外加剂。项目研发的机制砂超高强钢管混凝土专用外加剂。

3.6.2.2　施工配合比及混凝土性能

广安官盛渠江特大桥施工配合比及混凝土性能见表 3-38、表 3-39。

表 3-38　C100 机制砂钢管混凝土施工配合比

配合比/(kg·m⁻³)							外加剂掺量/%
水泥	粉煤灰微珠	硅灰	膨胀剂	机制砂	碎石	水	
480	100	70	30	716	1070	123	2.0

表 3-39　C100 机制砂钢管混凝土性能

坍落度/mm		扩展度/mm		T_{500}/s	含气量/%	抗压强度/MPa			28 d 自由膨胀率/10⁻⁴	28 d 弹性模量/GPa
初始	2 h	初始	2 h			3 d	7 d	28 d		
270	260	640	620	9	1.9	82.4	103.4	119.4	1.41	47.4

采用针对该项目开发的低含气量、超分散减水、高保坍缓凝型减水剂及高性能复合膨胀剂，制备的混凝土初始坍落度/扩展度达 270/640 mm，2 h 坍落度/扩展度损失小于 20 mm，$T_{500}=9$ s，含气量为 1.9%，3 d 抗压强度达到 82.4 MPa，28 d 抗压强度达到 119.4 MPa，28 d 自由膨胀率为 1.41×10^{-4}，28 d 弹性模量为 47.4 GPa，性能满足项目对 C100 钢管混凝土的设计和施工要求。

3.6.3 施工前准备

3.6.3.1 原材料

钢管混凝土在灌注施工前应提前计算好工程混凝土方量，并依据施工配合比，将各类原材料备料进场，原材料在确保具有一定富裕量的同时，还应当保证材料与配合比试验时一致。

（1）粉料。各类粉料在进场前需对其进行性能测试，各项性能指标均需严格满足相应规范及项目前期配合比试验要求。矿物掺和料及膨胀剂应置于阴凉、干燥处保存，切勿受潮，以免结块，影响混凝土拌合物的均匀性。

（2）细集料。机制砂中的石粉对外加剂的吸附量大，石粉含量高不仅会增大混凝土拌合物的黏度，降低其工作性能，还会影响钢管混凝土的抗压强度。本项目通过配合比优化设计和专用外加剂的开发，可放宽机制砂中石粉含量的限值，但仍需限制石粉含量在 10% 以内，MB 值小于 1.4。

（3）粗集料。粗集料粒型应尽量规整，随着混凝土强度的提高，粗集料的骨架堆积和自身强度对混凝土强度的影响愈发显著，因此粗集料要严格检测其针片状含量和压碎值。

3.6.3.2 施工机械

施工前应根据泵送任务制定周全的机械设备需求计划，泵车型号可选中联 ZLJ5130THBE，泵车宜多备一台，或确保能在短时间内迅速调集一台混凝土泵车，确保即使某台泵车出现事故，也不影响钢管混凝土的泵送；混凝土搅拌车应提前一天仔细检查罐内残余水分是否排干净。

3.6.3.3 现场布置

拌合站在钢管混凝土施工前一天应暂停其他混凝土的拌合任务，仔细将拌合室清理干净，并再次校正拌合站原材料的称量设备，确保施工配合比准确。接着开展人机联动，对配合比及人员开展拌合站验证。拱桥现场泵管的布设应紧密牢固，尽量避免弯折。仔细检查现场用电系统，制定备用电方案。

3.6.4 施工中控制

（1）拌合前应检测集料的含水率，每 2 h 复测一次，并依据集料实际含水率对砂石及用水量做出相应调整，机制砂超高强钢管混凝土的拌合时间应适当延长，宜为 150 s 以上；混凝土在出拌合站及运送到现场均应进行工作性能检测，确保混凝土符合泵送要求，混凝土泵车罐内严禁随意加水，混凝土罐车运输混凝土至现场浇筑前，应高速搅拌 30~60 s，然后将拌合物卸出。为保证混凝土的连续泵送，现场每岸应确保有四台以上待泵送的混凝土罐车时才能开始钢管混凝土的泵送。

（2）由于机制砂超高强钢管混凝土对用水量较为敏感，因此相较于普通强度等级混凝土，润滑管道方案调整为先泵送 0.3~0.4 m³ 同配合比净浆润滑钢管内壁，并观察各个接头是否漏浆，确保泵管连接牢固，紧接着泵送 0.6 m³ 同配合比砂浆对钢管进行润湿。混凝土泵送应确保连续性，不得中途随意停断，同根钢管两岸泵送宜同时进行，且确保泵送混凝土高差小于 3 m，开始泵送时泵机应先处于低速运转状态，仔细观察泵送压力和各部分工况，待顺利泵送后将泵机设置到正常泵送速度，当换罐车等待造成停泵时间超过 10 min 时，应每 3~4 min 开泵一次，但要严禁反泵，同时开动料斗搅拌器防止斗内混凝土离析。混凝土对称顶升至拱顶时，拱顶排浆管将依次排出润滑管道的净浆、砂浆，紧接着会排出混凝土，待排出混凝土达 1 m³ 时，每 5 min 开动两次泵机，确保管内混凝土填充密实，泵送完成后关闭拱脚处的截止阀，清洗泵管。

3.6.5 管内混凝土密实度检测

官盛渠江特大桥主拱肋钢管共计 12 根，均需内灌 C100 自密实补偿收缩机制砂超高强钢管混凝土，施工组织计划一次对称完成两根钢管混凝土的灌注，两次灌注混凝土的时间间隔为 3 d，共计 6 次钢管混凝土的灌注施工任务。全管混凝土浇筑 28 d 后，对钢管混凝土依据《超声法检测混凝土缺陷技术规程》进行混凝土灌注密实性的检测，测试结果见表 3-40，混凝土灌注密实，未发生脱空现象，应用效果良好(图3-51、图3-52)。

表3-40 钢管混凝土灌注施工超声法密实度检测

参数	检测位置			
	1/4钢管拱处	1/2钢管拱处	3/4钢管拱处	拱顶
波速/(m·s^{-1})	4 386	4 335	4 280	4 175

图3-52 混凝土泵送现场

图3-51 施工现场混凝土工作状态

3.7 本章小结

(1) 针对机制砂超高强钢管混凝土水胶比低、黏度大、匀质性差、泵送阻力大等问题,提出了矿物降黏与外加剂组分优化协同提升混凝土工作性能的方法,并对基准配合比设计参数进行了优化,形成了机制砂超高强钢管混凝土的工作性能与力学性能协同提升技术。

① 硅灰、粉煤灰、粉煤灰微珠、矿粉对低水胶比下(水胶比为0.25)的超高强钢管混凝土胶凝浆体塑性黏度与屈服应力的影响规律:随着硅灰掺量增加,胶凝浆体的塑性黏度和屈服应力显著增大;随着Ⅰ级粉煤灰或粉煤灰微珠掺量的增加,胶凝浆体的塑性黏度和屈服应力降低,相同掺量下,粉煤灰微珠较粉煤灰降低幅度大,20%粉煤灰微珠掺量时,浆体塑性黏度和屈服应力由纯水泥浆体的1.367 Pa·s、60.302 Pa降为0.108 Pa·s、3.427 Pa;随着S95矿粉掺量的增加,胶凝浆体的塑性黏度和屈服应力先增大后减小,当矿粉掺量达15%时,塑形黏度和屈服应力达到最大值。自密实超高强钢管混凝土宜选用粉煤灰微珠与硅灰的组合(分别为胶凝材料用量的15%~20%和8%~13%),以协同提升混凝土的工作性能和力学性能。

② 开发出的适于机制砂制备超高强钢管混凝土专用外加剂,可充分分散水泥、矿物掺和料、石粉等颗粒,显著降低混凝土黏度,并可使混凝土在低含气量下(混凝土含气量小于2.0%)具有优异的高流态保持性能(2 h扩展度损失不大于20 mm)。

③ 利用硅灰与粉煤灰微珠复合矿物掺和料和研制的超高强钢管混凝土专用外加剂制备C100~C140机制砂超高强钢管混凝土,机制砂可选用卵石或石灰岩破碎的细度模数在2.7~3.1的中粗砂,不宜选用玄武岩机制砂。随着机制砂中石粉含量的增加,混凝土的工作性能降低,抗压强度先增加、后减

小,配制 C100 钢管混凝土,机制砂中石粉含量宜不大于 10%,配制 C110 以上钢管混凝土,机制砂中石粉含量宜不大于 5.0%。碎石宜选用 5~16 mm 连续级配的高强玄武岩碎石。

(2) 针对机制砂超高强钢管混凝土胶凝材料用量高、自收缩大,易造成核心混凝土与钢管内壁之间脱空,影响钢管混凝土组合结构协同受力的问题,系统探究了不同组成的膨胀剂和纤维的种类及掺量对超高强钢管混凝土力学性能和体积稳定性能的影响规律,开发出适用于超高强钢管混凝土多膨胀源复合膨胀剂,提出了机制砂超高强钢管混凝土的力学性能、体积稳定性能与泵送性能协同提升的制备技术,利用机制砂制备出 C100~C140 自密实补偿收缩超高强钢管混凝土。

① 超高强钢管混凝土(强度等级为 C100~C140)的收缩主要为自收缩,7 d 收缩便达到了收缩稳定值的 75%以上。HCSA 型膨胀剂(1 350 ℃下煅烧 40 min 的含有 CaO、$C_4A_3\bar{S}$ 和石膏)在超高强钢管混凝土中水化产生膨胀作用主要发生在早期(7 d以内),7 d 之后超高强钢管混凝土的膨胀率开始降低。氧化镁膨胀剂(柠檬酸反应时间为 120 s)在超高强钢管混凝土中水化产生膨胀作用主要发生在 7 d 以后,能够有效补偿混凝土后期的收缩。适用于机制砂超高强钢管混凝土用复合膨胀剂的组成为HCSA 型∶MgO∶石膏=68∶22∶10,当其掺量为胶凝材料用量的 6%时,C100 超高强混凝土 60 d 膨胀率可达 1.4×10^{-4},且膨胀率稳定。

② 多锚点钢纤维(长度 30 mm,直径 0.5 mm)和镀铜短细钢纤维(长度 12 mm,直径 0.3 mm)的掺入均能有效改善了超高强钢管混凝土的脆性,约束其在受压时的横向变形,显著提高混凝土的力学性能。且随着钢纤维掺量的增加,超高强钢管混凝土抗压强度提高。多锚点钢纤维降低超高强混凝土的泵送性能,而镀铜短细钢纤维在掺量 1%以内时,对超高强钢管混凝土的泵送性能影响较小。当镀铜短细钢纤维掺量分别为 0.4%、0.7%、1%时,相比未掺纤维的基准 C100 自密实补偿收缩钢管混凝土,其抗压强度分别提升了 8.5%、14.5%、15.8%。

③ 钢纤维的掺入对超高强钢管混凝土具有限制收缩作用,掺入 0.7%的镀铜短细钢纤维比未掺加膨胀剂的 C100 超高强钢管混凝土 60 d 自收缩降低了 12.7%,掺 6%膨胀剂和 0.7%钢纤维可使 C100 超高强钢管混凝土的徐变系数降低,钢纤维和膨胀剂协同显著提高了超高强钢管混凝土的体积稳定性能。

④ 提出了利用机制砂制备出 C100~C140 自密实补偿收缩超高强钢管混凝土的设计制备方法,采用该设计制备方法、开发的复合膨胀剂和外加剂,以及镀铜短细钢纤维,制备出 C100~C140 自密实补偿收缩超高强钢管混凝土。

a. C100 自密实补偿收缩超高强钢管混凝土配合比设计参数:适宜的胶凝材料用量为 640~700 kg/m³,膨胀剂掺量为胶凝材料用量的 6%,硅灰掺量为 8%~12%,粉煤灰微珠掺量为 15%~20%,水胶比为 0.18~0.2,砂率为 40%~44%,机制砂可选用卵石或石灰岩破碎的机制砂,细度模数为 2.7~3.1,石粉含量不大于 10%。骨料可选用 5~16 mm 高强玄武岩碎石。

b. C120 自密实补偿收缩超高强钢管混凝土配合比设计参数:胶凝材料用量为 680~750 kg/m³,膨胀剂掺量为胶凝材料用量的 6%,水胶比为 0.18~0.2,砂率为 42%~45%,机制砂石粉含量不大于 5%,镀铜短细钢纤维体积掺量为 0.4%~0.7%。

c. C140 自密实补偿收缩超高强钢管混凝土配合比设计参数:胶凝材料的适宜用量为 750~800 kg/m³,膨胀剂掺量为胶凝材料用量的 6%,水胶比为 0.17~0.18,砂率为 42%~45%,机制砂石粉含量不大于 5%,镀铜短细钢纤维体积掺量为 0.7%~1.0%。

(3) 研究成果应用于大跨度钢管混凝土拱桥,形成了机制砂超高强钢管混凝土的泵送施工及质量控制技术。机制砂制备的 C100 自密实补偿收缩超高强钢管混凝土应用于四川省广安官盛渠江特大桥的钢管混凝土劲性骨架钢管内,检测结果表明,自密实补偿收缩超高强钢管混凝土初始坍落度/扩展度达 270/640 mm,2 h 坍落度/扩展度损失小于 20 mm,$T_{500}=9$ s,含气量为 1.9%,3 d 抗压强度达到 82.4 MPa,28 d 抗压强度达到 119.4 MPa,28 d 自由膨胀率为 1.41×10^{-4},28 d 弹性模量为 47.4 GPa,钢管内混凝土填充密实,未见脱空。总结实际工程中原材料的选择与质量控制、施工机械、现场布置、拌合站管理、施工中控制、混凝土密实度检测等方面,形成了机制砂超高强钢管混凝土的泵送施工及质量控制技术。

第 4 章

高钛废渣机制砂桥梁高性能混凝土

　　高钛重矿渣是高炉冶炼钒钛磁铁矿时产生的熔融矿渣,置于空气中自然冷却或水冷形成的一种以钛辉石、钙钛矿等矿物为主的石质材料。高钛重矿渣机制砂结构多孔、多棱角、表面粗糙,材料外观形态及结构较天然石料机制砂更复杂,要实现高钛重矿渣混凝土的高性能化更加困难。项目研究组在天然石料机制砂混凝土高性能化技术的基础上,通过针对性的集料组成配合比优化设计、专用外加剂的开发、混凝土制备工艺开发等技术,实现了高钛重矿渣混凝土的高性能调控。在大量试验研究过程中,既有单个试验研究的案例,也有多个试验研究归纳总结的案例,还有工程实际应用的案例。现将研究全过程提供给读者,希望与读者能更深入、更广泛、更全面地交流。同时,为了对高钛重矿渣机制砂桥梁高性能混凝土调控技术进行验证,本章还包含了高钛重矿渣混凝土构件的力学性能等试验,进一步证明了人工集料桥梁高性能混凝土可调控设计既包括混凝土材料的强度和工作性能、体积稳定性能、耐久性能的调控设计,同时还包括结构构件的力学性能、耐久性能的调控设计。

　　现阶段,国内外综合利用高炉矿渣(重矿渣)应用于混凝土建筑材料虽然已经在有些方面取得了阶段性的研究成果,但对高钛重矿渣利用的技术还不能实现高钛重矿渣合理、经济的资源化利用。为实现生产可持续发展,结合科研成果,本章对高钛重矿渣集料制造、物理性能、拌合物工作性能、体积稳定性、耐久性能和轻质化性能进行了专项系统的描述。研究高钛重矿渣的生产与质量控制技术,掌握高钛重矿渣桥梁工程混凝土的高性能化及制备技术,开发高钛重矿渣混凝土专用外加剂,通过混凝土配合比优化和桥梁不同部位混凝土的针对性设计等技术措施,制备出高钛重矿渣桥梁高性能混凝土并应用于实际工程,形成高钛重矿渣桥梁高性能混凝土的设计、制备及施工质量控制成套技术。同时,为进一步验证高钛重矿渣桥梁高性能混凝土的力学性能和耐久性能,进行了系列高钛重矿渣钢筋混凝土构件的力学性能试验研究。

4.1 集料的物化特性及生产工艺

4.1.1 集料的物化特性

4.1.1.1 化学成分及矿物组成分析

1) 化学成分分析

　　攀钢高钛重矿渣分为快喷水冷渣和自然慢冷渣两种,采用荧光分析测试方法,对两种高钛重矿渣及长期自然堆放的高钛重矿渣进行了化学成分分析,分析结果见表 4-1。

表 4-1 高钛重矿渣化学成分分析结果

取样情况	Fe_2O_3	CaO	SiO_2	Al_2O_3	MgO	TiO_2	K_2O	Na_2O	SO_3	MnO	烧失量
喷水快冷	1.27	27.04	27.03	13.46	8.25	18.95	0.92	0.86	1.01	0.54	0.27
自然慢冷	0.86	28.24	26.74	14.40	9.00	18.79	0.72	0.74	0.88	0.57	0.19
堆放 3 年	1.34	27.00	26.88	14.70	7.67	18.74	0.81	0.76	0.98	0.52	0.22

表 4-1 的分析结果表明,不同冷却方式的高钛重矿渣的主要化学成分基本一致,主要化学成分为 CaO、SiO_2、TiO_2、MgO、Al_2O_3,占总量的 95% 以上,TiO_2 含量大于 18%,波动很小,基本稳定。与普通高炉矿渣相比,CaO 含量较低,TiO_2 含量较高,水化活性低,喷水快冷渣长期堆放(3 年)的化学成分未见明显变化。

2) 矿物组成分析

将高钛重矿渣碎石磨细进行矿物组成分析,采用 X 线衍射分析仪,分析结果如图 4-1、图 4-2 所示。

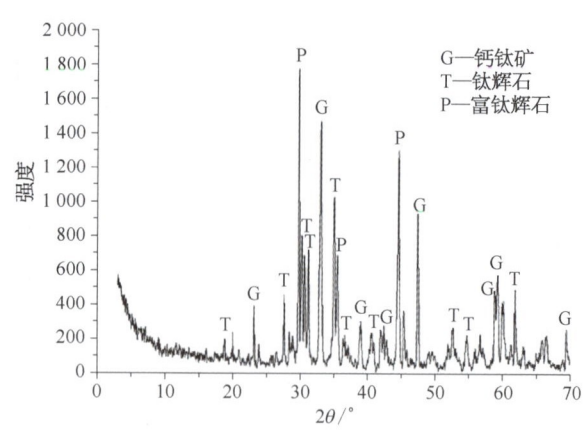

图 4-2 慢冷少孔高钛重矿渣碎石 X 线衍射分析结果

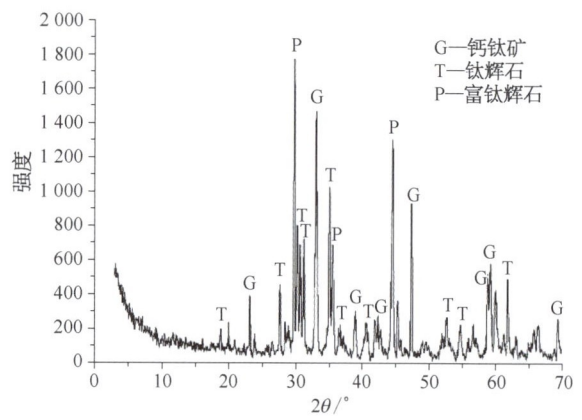

图 4-1 快冷多孔高钛重矿渣碎石 X 线衍射分析结果

图 4-1、图 4-2 XRD 衍射分析结果表明,不同冷却方式对高钛重矿渣碎石的组成物相影响不大,高钛重矿渣碎石的主要物相为钙钛矿、钛辉石,以及一定含量的富钛辉石,未见 $\beta\text{-}C_2S$、$f\text{-}CaO$、FeS、FeS_2、MnS 等有害物质。

4.1.1.2 微观结构及其稳定性分析

1) 微观结构及其与宏观物理力学性能的关系

通过扫描电子显微镜对两种孔结构的高钛重矿渣集料进行 SEM 测试,并对分布进行了压碎值测试。其 SEM 测试结果如图 4-3 所示,压碎值、表观密度测试结果见表 4-2。

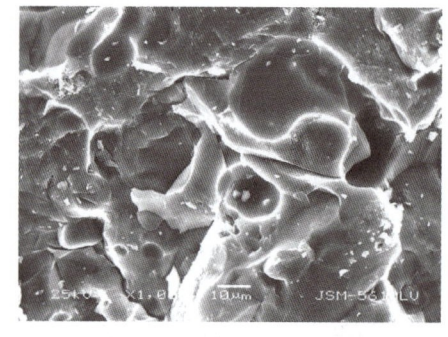

(a) 慢冷高钛重矿渣

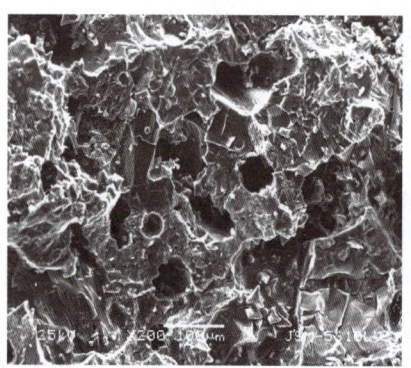
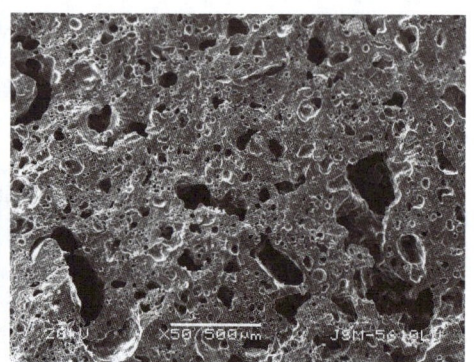

(b) 快冷高钛重矿渣

图 4-3 两种高钛重矿渣 SEM 照片

表4-2 两种钛矿渣集料的压碎值、表观密度的试验结果

分类	孔隙率/%	孔径尺寸/mm	压碎值/%	表观密度/(kg·m⁻³)	堆积密度/(kg·m⁻³)
快冷渣1	14	6~10	11.8	2715	1460
快冷渣2	18	6~10	12.2	2668	1418
快冷渣3	20	7~10	12.7	2626	1400
快冷渣4	21	7~11	13.0	2560	1367
快冷渣5	25	7~12	13.7	2485	1325
快冷渣6	26	8~12	14.3	2430	1280
慢冷渣1	5	<50	8.6	2962	1780
慢冷渣2	5.5	3~6	9.3	2940	1736
慢冷渣3	6	4~8	9.6	2906	1689
慢冷渣4	8	5~8	10.5	2854	1643
慢冷渣5	10	5~10	10.9	2798	1595
慢冷渣6	11	6~10	12.1	2769	1520

图4-3试验结果表明,两种高钛重矿渣集料均为多孔材料,其中慢冷渣孔隙率低、孔隙尺寸小,玻璃体相对较少,结构致密。

表4-2试验结果表明,快冷高钛重矿渣的开口孔孔径范围、孔隙率、压碎值均大于慢冷高钛重矿渣,而快冷高钛重矿渣的表观密度小于慢冷高钛重矿渣。即高钛重矿渣开口孔越大、孔隙率越高时,其表观密度越小、压碎值越大。

2) 稳定性分析

(1) 压蒸法。试验采用《混凝土用高炉重矿渣碎石》(YB/T 4178—2008)附录 A 重矿渣碎石石灰分解检验方法,检验重矿渣碎石的热稳定性能。取粒径范围在9.5~25 mm 有代表性的矿渣试样6 kg,称取两份各约 2 kg 备用;用清水将试块清洗干净后,进行仔细检查,剔除有裂纹的渣块后,将试块平摊在盘子内,试样间不得有重叠;把装有试块的盘子置于蒸压釜内,在不少于2 h 内将压力逐渐升到2个大气压,在此压力下恒压 2 h,然后停止加热,自然降至常温常压,取出试样进行检查。如果试样无粉化、无被石灰颗粒胀裂,则认为集料稳定性良好。检验结果见表4-3。

表4-3 高钛重矿渣碎石热稳定性检验结果

公称粒级/mm	质量/g		质量损失/%
	试验前	试验后	
快冷多孔碎石	2001	1999	0.1
慢冷少孔碎石	2002	1998	0.2

表4-3检验结果表明,不同冷却方式的高钛重矿渣碎石经过2h蒸压后几乎无质量损失,且无颗粒胀裂,稳定性良好。

(2) 水侵法。试验采用《混凝土用高炉重矿渣碎石》附录 B 重矿渣碎石铁分解检验方法,检验重矿渣碎石有无由于硫化亚铁分解导致的体积膨胀。取粒径范围在9.5~37.5mm 的有代表性的 50 块高钛重矿渣试样。试样用清水刷洗干净,仔细检查无裂缝后,将试样置于盛蒸馏水的容器中,保持水面至少高出试样 20 mm,浸泡 14 d 后取出试样进行检验。如果试样在浸泡过程中无破碎,认为没有铁分解。检验结果见表4-4。

表4-4 高钛重矿渣 FeS 分解检验结果

公称粒级/mm	个数	
	试验前	试验后
快冷多孔碎石	15	15
慢冷少孔碎石	15	15

表4-4检验结果表明,不同冷却方式的高钛重矿渣碎石在浸泡过程中无破碎,说明高钛重矿渣没有发生铁分解,稳定性良好。

4.1.1.3 碱集料反应活性分析

1) 岩相分析

对于每一粒级样品,分别从每一分类样品中选取 3~5 块样品,称重后制成薄片,然后在偏光显微镜下观察,确定岩石的名称、结构构造和矿物成分等。若发现有碱活性矿物,则在偏光显微镜下测定各薄片中碱活性矿物的百分含量,并按式(4-1)计算碱活性矿物的平均百分含量:

$$a = \frac{\sum_{i=1}^{n} b_i a_i}{\sum_{i=1}^{n} b_i} \quad (4-1)$$

式中 a——碱活性矿物的平均百分含量(%);
b_i——第 i 块样品的重量(g);
a_i——在偏光显微镜下测得的第 i 块样品的薄片中碱活性矿物的百分含量(%);
n——所取样品块数。

图4-4岩相表明,快冷多孔高钛重矿渣碎石为多孔结构,主要矿物为尖晶石、钛辉石、钙钛矿(断面

  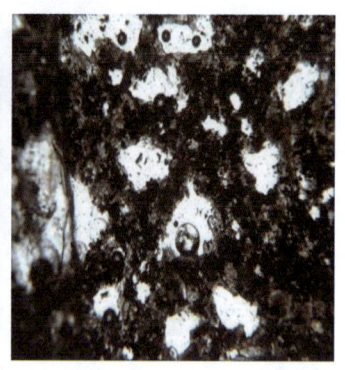

(a) 不规则粒状的钙蔷薇辉石　　(b) 多孔结构　　(c) 葡萄状的尖晶石分布在钙蔷薇辉石中或之间

图 4-4　快冷多孔高钛重矿渣碎石岩相分析

呈正方形)、钙蔷薇辉石(呈板柱状)等矿物。尖晶石呈葡萄状,且大多分布在钙蔷薇辉石的颗粒中或颗粒之间;金属铁为黑色块状和毛发状(分布在矿物的间隙之中),氧化铁分布在金属铁边缘,呈黄褐色;钛辉石的含量较多,含有一定量的金属铁、氧化铁、钙钛矿、尖晶石等包裹体;未见碱活性物质。

图 4-5 岩相表明,慢冷少孔高钛重矿渣碎石为多孔结构,主要矿物为钙钛矿(断面呈正方形)、钙蔷薇辉石(呈板柱状)、尖晶石(呈葡萄状集合体)等矿物。金属铁为黑色块状和毛发状(分布在矿物的间隙之中);氧化铁分布在金属铁边缘,呈黄褐色;未见碱活性物质。

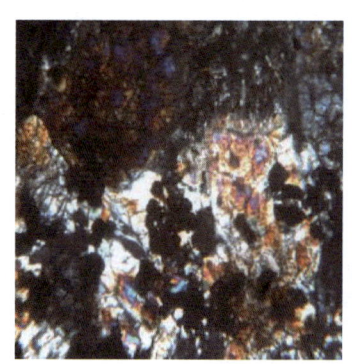 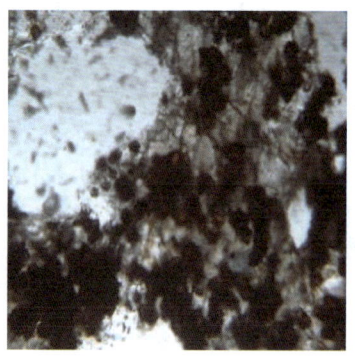 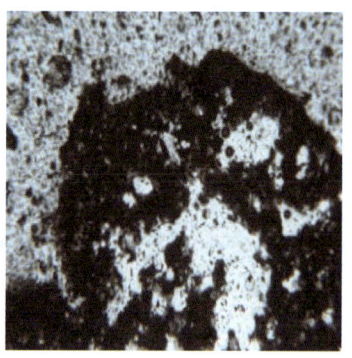

(a) 钙蔷薇辉石其中包裹钙钛矿、磁铁矿　　(b) 葡萄状的尖晶石　　(c) 多孔结构

图 4-5　慢冷少孔高钛重矿渣碎石岩相分析

上述岩相分析结果表明,两种冷却方式生产的高钛重矿渣碎石主要矿物相同,且均没有发现碱活性物质,说明高钛重矿渣的矿物组成稳定。

2) 砂的碱活性试验分析

试验按照《普通混凝土用砂、石质量及检验方法标准》中关于砂的碱活性要求进行。试件的膨胀率应按下式计算,精确至 0.001%。试验结果见表 4-5。

$$\varepsilon_t = \frac{L_t - L_0}{L_0 - 2\Delta} \times 100\% \qquad (4-2)$$

表 4-5　高钛重矿渣砂碱活性试验结果(砂浆长度法)

类别	龄期/d	膨胀率/%	最大膨胀率/%	膨胀率允许值/%	结论
快冷多孔砂	14	0.014	0.041	0.05	无潜在危害
	30	0.022			
	60	0.034			
	90	0.041			
慢冷少孔砂	14	0.013	0.040	0.05	无潜在危害
	30	0.020			
	60	0.032			
	90	0.040			

式中 ε_t ——试件在 t 天龄期的膨胀率(%);
L_0 ——试件的基长(mm);
L_t ——试件在 t 天龄期的长度(mm);
Δ ——测头长度(mm)。

表 4-5 试验结果表明,快冷多孔高钛重矿渣砂、慢冷少孔高钛重矿渣砂试件在 14 d、30 d、60 d、90 d 的膨胀率均小于 0.05%,满足规范要求,说明高钛重矿渣砂为非碱活性集料,无潜在危害。

3) 碎石的碱活性试验分析

试验方法参考高钛重矿渣砂的碱活性试验方法,试验结果见表 4-6。

表 4-6 高钛重矿渣碎石碱活性试验结果(砂浆长度法)

类别	龄期/d	膨胀率/%	最大膨胀率/%	膨胀率允许值/%	结论
快冷多孔碎石	14	0.017	0.043	0.05	无潜在危害
	30	0.029			
	60	0.038			
	90	0.043			
慢冷少孔碎石	14	0.015	0.042	0.05	无潜在危害
	30	0.027			
	60	0.037			
	90	0.042			

表 4-6 试验结果表明,快冷多孔高钛重矿渣碎石、慢冷少孔高钛重矿渣碎石试件在 14 d、30 d、60 d、90 d 的膨胀率均小于 0.05%,满足规范要求,说明高钛重矿渣碎石为非碱活性集料,无潜在危害。

4.1.1.4 抗压强度、压碎值与表观密度、孔结构之间关系

分别检测高钛重矿渣的表观密度、堆积密度、孔隙尺寸、孔隙率、压碎值、抗压强度等,结果见表 4-7。

表 4-7 高钛重矿渣集料的密度、孔隙和强度

集料名称	表观密度/(kg·m⁻³)	堆积密度/(kg·m⁻³)	孔隙尺寸/mm	孔隙率/%	压碎值/%	圆柱体抗压强度/MPa
快冷多孔碎石 1	2550	1280	8~12	26	14.1	68.2
快冷多孔碎石 2	2668	1418	6~10	20	15.4	73.4
慢冷少孔碎石 1	2858	1643	5~9	8	10.7	80.0
慢冷少孔碎石 2	2940	1736	3~6	5.5	9.3	92.5

表 4-7 检测结果表明,高钛重矿渣冷却工艺的不同对其表观密度、堆积密度及孔隙率均产生影响。快冷工艺生产的碎石与慢冷工艺相比,表观密度、堆积密度较小,孔隙率和孔隙尺寸则较大;随着孔隙率和孔隙尺寸的增大,高钛重矿渣碎石表观密度、堆积密度逐渐减小,抗压强度、压碎值逐渐减小。快冷多孔高钛重矿渣碎石的压碎值略高于普通石灰石,可用于配制 C50 及以下强度等级的桥梁高性能混凝土;慢冷少孔高钛重矿渣碎石的压碎值与普通石灰石相当,可用于配制 C60 以上强度等级的桥梁高性能混凝土。

4.1.1.5 集料特性

1) 基本性能

(1) 砂、石筛分级配。高钛重矿渣砂、石级配按照《普通混凝土用砂、石质量及检验方法标准》的规定执行,由于慢冷少孔碎石与快冷多孔碎石仅仅是冷却方式不同,破碎筛分工艺相同,因此仅对快冷多孔碎石进行集料筛分试验,试验结果如图 4-6、图 4-7 所示。

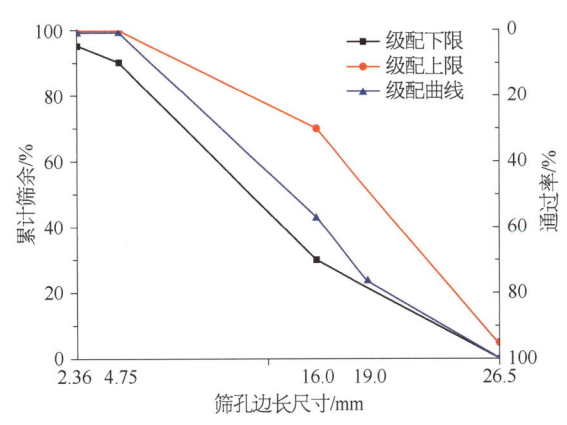

图 4-6 高钛重矿渣碎石的级配曲线

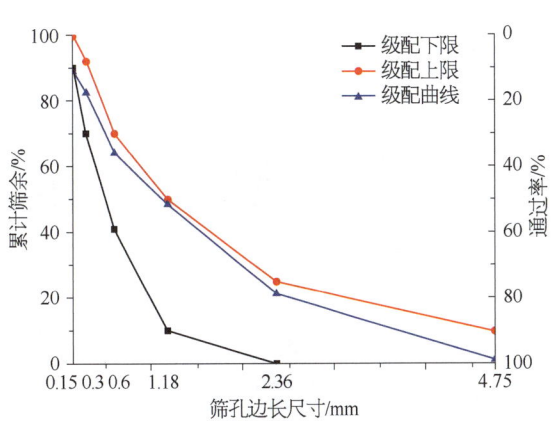

图 4-7 高钛重矿渣砂的级配曲线

图4-6、图4-7试验结果表明,高钛重矿渣碎石级配曲线在合理范围内,满足《混凝土用高炉重矿渣碎石》中对级配的要求,可以应用于公路、桥梁高性能混凝土。

(2) 表观密度和堆积密度。表4-8试验结果表明,由于冷却方式不同,高钛重矿渣集料孔隙率不同,两种集料的表观密度与堆积密度有区别,慢冷少孔集料的表观密度和堆积密度比快冷多孔集料大;相同粒径范围的快冷多孔高钛重矿渣碎石的表观密度和堆积密度均小于石灰岩碎石,而慢冷少孔高钛重矿渣碎石与石灰岩碎石相当;快冷砂与慢冷砂的表观密度与堆积密度相差不大。

表4-8 高钛重矿渣集料的表观密度和堆积密度

集料名称	粒径/mm	表观密度/(kg·m⁻³)	堆积密度/(kg·m⁻³)
快冷多孔碎石	5~25	2668	1418
慢冷少孔碎石	5~25	2858	1643
快冷砂	0.075~4.75	2830	1639
慢冷砂	0.075~4.75	2880	1650
石灰岩碎石	5~25	2725	1628

(3) 孔隙率、饱和吸水率、粉尘含量。表4-9试验结果表明,冷却方式不同对高钛重矿渣集料的孔隙率、饱和吸水率和粉尘含量影响较大。慢冷少孔高钛重矿渣集料孔隙率、饱和吸水率和粉尘含量均小于快冷多孔高钛重矿渣集料。由于高钛重矿渣集料均为多孔结构,在集料充分泡水的情况下,吸附水先储存于集料内表层,随着水化的进行慢慢释放出来,加强混凝土的养护,水泥水化反应更加充分,有利于混凝土强度的增长,并能有效降低混凝土的自收缩和干燥收缩;同时,由于渣石、渣砂吸水率大,降低了混凝土实际水灰比,提高了混凝土的强度。

表4-9 高钛重矿渣孔隙率、饱和吸水率和粉尘含量

砂石类别	孔隙率/%	饱和吸水率/%	粉尘含量/%
慢冷少孔碎石	11	4.52	0.71
快冷多孔碎石	20	8.85	1.15
慢冷少孔渣砂	13	3.24	7.38
快冷多孔渣砂	14	6.14	10.81

(4) 针片状颗粒含量。试验采用游标卡尺法测定高钛重矿渣碎石针片状颗粒含量,试验结果见表4-10。

表4-10 高钛重矿渣碎石针片状颗粒含量

类型	针片状颗粒含量/%
快冷多孔碎石	8.7
慢冷少孔碎石	7.5

表4-10试验结果表明,两种冷却方式的高钛重矿渣碎石针片状颗粒含量分别为8.7%和7.5%,均满足《混凝土用高炉重矿渣碎石》的要求。

2) 抗冲击强度

将慢冷、快冷高钛重矿渣集料加工成$\phi \times h = 25\text{mm} \times 25\text{mm}$圆柱体,在石材撞击机上进行测试。慢冷试件孔隙率在10%~16%,其撞击强度为3.0~5.0MPa;快冷试件孔隙率在15%~20%,其撞击强度为2.0~4.0MPa;慢冷渣的抗冲击强度高于快冷渣,两种高钛重矿渣集料均具有良好的抗冲击韧性。

3) 韧度

采用洛杉矶磨耗机测定高钛重矿渣碎石的韧度,试验结果见表4-11。

表4-11 高钛重矿渣碎石的韧度

集料名称	表观密度/(kg·m⁻³)	堆积密度/(kg·m⁻³)	韧度σ
快冷多孔碎石	2550	1280	70.1
快冷多孔碎石	2668	1418	75.9
慢冷少孔碎石	2858	1643	79.5
慢冷少孔碎石	2940	1736	85.3
天然碎石(石灰岩)	2800	1470	75.6

4) 磨耗值

采用《公路工程集料试验规程》中测试集料的磨耗损失,计算洛杉矶磨耗损失,精确至0.1%,试验结果见表4-12:

$$Q = \frac{m_1 - m_2}{m_1} \times 100 \quad (4-3)$$

式中 Q——洛杉矶磨耗损失(%);
m_1——装入圆筒中试样质量(g);
m_2——试验后在1.7mm筛上洗净烘干的试样质量(g)。

表 4-12 集料的磨耗损失值

试样种类	粒级组成(方空筛)/mm	试样总质量/g	钢球数量/个	转动次数/转	过筛后试样质量/g	洛杉矶磨耗损失值/%
石灰岩	5~25	5 000	12	500	3 868	22.6
矿渣碎石(快冷)	5~25	5 005	12	500	3 994	23.2
矿渣碎石(慢冷)	5~25	5 002	12	500	4 072	18.6

表 4-12 试验结果表明，快冷和慢冷条件下的高钛重矿渣碎石的洛杉矶磨耗值均能满足《公路工程集料试验规程》的要求，其中快冷高钛重矿渣碎石的洛杉矶磨耗损失值大于慢冷高钛重矿渣碎石。

5）坚固性

高钛重矿渣碎石的坚固性采用硫酸钠溶液法检验，以 5 次循环后的质量损失衡量其坚固性指标。试验结果见表 4-13。

表 4-13 高钛重矿渣碎石坚固性试验结果

项目	参数	公称粒级/mm		
		5.00~10.0	10.0~20.0	20.0~40.0
快冷多孔碎石	质量损失百分率/%	1.2	0.6	0.9
	总质量损失百分率/%	0.8		
慢冷少孔碎石	质量损失百分率/%	1.3	0.8	0.7
	总质量损失百分率/%	0.9		
补充依据	颗粒无开裂、剥落、掉边和掉角等情况			

表 4-13 试验结果表明，两种高钛重矿渣碎石总质量损失百分率分别为 0.8% 和 0.9%，均小于规范《混凝土用高炉重矿渣碎石》中要求的 8%，高钛重矿渣碎石坚固性指标满足混凝土用高炉重矿渣碎石的要求。

6）抗冻性

高钛重矿渣碎石的抗冻性采用《普通混凝土长期性能和耐久性能试验方法标准》检验，以 15 次、30 次、45 次、60 次冻融循环后的压碎值指标损失衡量其抗冻性能，试验结果见表 4-14。

表 4-14 试验结果表明，经过 60 次冻融循环后，高钛重矿渣碎石的压碎值变化在 1% 左右，具有良好的抗冻性能，可用于配制高性能混凝土。

表 4-14 高钛重矿渣碎石抗冻性试验结果

循环次数	试验前压碎值/%	试验后压碎值/%	压碎值变化/%	压碎值变化平均值/%
15 次	13.83	13.98	1.036 4	1.009 6
	14.17	14.31	0.984 4	
	14.17	14.31	1.008 1	
30 次	14.17	14.31	1.008 1	1.032 3
	13.99	14.14	1.094 3	
	14.33	14.48	0.994 5	
60 次	14.16	14.30	1.087	1.082 0
	14.17	14.31	1.081	
	14.17	14.31	1.078	

7）放射性能

通过现场勘察取样，委托四川省建材产品质量监督检验中心、中国疾病预防控制中心、湖北省产品质量监督检验研究院等专业试验检测单位，对高钛重矿渣砂、矿渣碎石、高钛重矿渣集料混凝土试件进行放射性能检测。试验检测结果表明，高钛重矿渣砂、高钛重矿渣碎石、高钛重矿渣集料混凝土试件的内照射指数（I_{Ra}）的检测最大值为 0.7，外照射指数（I_r）的检测最大值为 0.4，所有检测指标均小于放射性核素限量 1.0，放射性水平均属 A 类建材，因此销售和使用不受限制。

4.1.2 侵蚀环境下的稳定性及其评价方法

4.1.2.1 侵蚀环境下的稳定性

抗硫酸盐侵蚀、抗氯离子渗透性能、碳化、冻融循环等侵蚀环境的试验条件及试验关键参数见表 4-15。

通过对硫酸盐+氯离子、硫酸盐+碳酸盐、硫酸盐+冻融、氯离子+冻融、硫酸盐+氯离子+冻融五种侵蚀环境耦合作用下的高钛重矿渣集料进行侵蚀前后压碎值变化率和质量损失率试验，试验结果见表 4-16。

表 4‑15 高钛重矿渣在侵蚀环境下的稳定性试验条件

试验项目	试验参数			试验项目	试验参数	
抗硫酸盐侵蚀	干循环(保温温度80℃)	升温时间	0.5 h	碳化	二氧化碳浓度	21%
		保温时间	6 h		相对湿度	70%
		冷却时间	2 h		温度	19℃
	湿循环(浸泡5%硫酸钠溶液)	注入溶液时间	0.5 h	冻融循环	最高温度	5℃
		浸泡时间	15 h		最低温度	−19℃
		烘干时间	1 h		降温时间	50 min
	周期		25 h		冷冻时间	20 min
抗氯离子渗透	阴极溶液		10% NaCl 溶液		升温时间	60 min
	阳极溶液		0.3 ml/L NaOH 溶液		保温时间	20 min
	显色剂		0.1 mol/L $AgNO_3$ 溶液			

表 4‑16 高钛重矿渣在侵蚀环境下的稳定性试验结果

耦合条件	试验周期数	试验前压碎值/%	试验后压碎值/%	压碎值变化率/%	质量损失变化率/%	耦合条件	试验周期数	试验前压碎值/%	试验后压碎值/%	压碎值变化率/%	质量损失变化率/%
硫酸盐+氯离子	15	14.09	14.21	0.12	0.15	硫酸盐+冻融	15	14.13	14.24	0.11	0.11
		14.17	14.29	0.12	0.13			14.17	14.28	0.11	0.11
		14.13	14.26	0.13	0.12			14.10	14.22	0.12	0.13
	30	13.89	14.04	0.15	0.15		30	13.92	14.04	0.12	0.12
		14.04	14.18	0.14	0.13			14.10	14.22	0.12	0.12
		14.11	14.25	0.14	0.14			14.13	14.26	0.13	0.12
	45	14.08	14.23	0.15	0.17		45	14.07	14.19	0.12	0.14
		14.06	14.21	0.15	0.12			14.12	14.26	0.14	0.21
		14.07	14.22	0.15	0.20			14.06	14.19	0.13	0.13
	60	13.98	14.14	0.16	0.15		60	14.03	14.17	0.14	0.16
		14.01	14.17	0.16	0.12			13.93	14.08	0.15	0.15
		14.12	14.27	0.15	0.14			14.02	14.16	0.14	0.14
硫酸盐+碳酸盐	15(碳化3 d)	14.10	14.22	0.12	0.12	氯离子+冻融	15	14.09	14.20	0.11	0.11
		14.11	14.23	0.12	0.15			14.07	14.20	0.13	0.13
		14.11	14.22	0.11	0.11			13.95	14.08	0.13	0.11
	30(碳化7 d)	14.18	14.31	0.13	0.19		30	14.11	14.23	0.12	0.12
		13.95	14.07	0.12	0.12			14.09	14.22	0.13	0.11
		14.05	14.18	0.13	0.12			14.16	14.29	0.13	0.13
	45(碳化14 d)	14.03	14.16	0.13	0.17		45	13.86	14.00	0.14	0.19
		14.08	14.21	0.13	0.13			14.17	14.32	0.15	0.15
		13.98	14.12	0.14	0.14			14.16	14.29	0.13	0.13
	60(碳化28 d)	14.06	14.20	0.14	0.12		60	14.11	14.27	0.16	0.22
		13.97	14.12	0.14	0.14			14.06	14.22	0.16	0.16
		14.15	14.31	0.16	0.20			13.91	14.06	0.15	0.18

(续表)

耦合条件	试验周期数	试验前压碎值/%	试验后压碎值/%	压碎值变化率/%	质量损失变化率/%	耦合条件	试验周期数	试验前压碎值/%	试验后压碎值/%	压碎值变化率/%	质量损失变化率/%
硫酸盐+氯离子+冻融	15	14.22	14.34	0.12	0.12		45	14.10	14.24	0.14	0.14
		14.16	14.29	0.13	0.16			14.01	14.15	0.14	0.12
		14.17	14.31	0.14	0.12			14.01	14.14	0.13	0.13
	30	14.11	14.25	0.14	0.11		60	14.03	14.18	0.15	0.20
		13.87	14.00	0.13	0.13			13.84	13.98	0.14	0.14
		14.18	14.31	0.15	0.17			14.06	14.21	0.15	0.21

表 4-16 试验结果表明，在各种侵蚀条件耦合作用下，高钛重矿渣集料的压碎值变化率和质量损失率均在 1% 以内，说明高钛重矿渣集料在侵蚀环境下的稳定性优良。

4.1.2.2 质量检测与评价方法

通过以上对高钛重矿渣集料稳定性的研究，提出了高钛重矿渣作为混凝土集料的质量检测与评价方法。高钛重矿渣作为混凝土集料在应用于桥梁结构之前，必须按照国家规范规定的集料取样检测方法进行化学成分、化学侵蚀稳定性、碱集料反应活性三个方面的性能检测，具体如下：

（1）化学成分。采用荧光分析或滴定法，检测钛矿渣中 TiO_2 含量。研究表明，当集料中 TiO_2 含量大于 15% 时，高钛重矿渣无水化活性，用于配制混凝土时不会因为其发生水化反应而影响体积稳定性。

（2）化学侵蚀稳定性。必须按照《混凝土用高炉重矿渣碎石》附录 A 重矿渣碎石石灰分解检验方法（压蒸法），检验高钛重矿渣碎石的热稳定性能，按照附录 B 重矿渣碎石铁分解检验方法（水侵法），检验高钛重矿渣碎石有无由于硫化亚铁分解导致的体积膨胀；将高钛矿渣集料进行冻融循环（60 次）、硫酸盐侵蚀（SO_4^{2-} 浓度 5%，5 次循环）、碳酸盐侵蚀作用后，检测其压碎值、质量损失变化率，要求检测前后的高钛重矿渣压碎值变化率小于 1%，质量损失率小于 5%，以保证在化学侵蚀环境下混凝土的耐久性。

（3）碱集料反应活性。通过岩相法或砂浆棒法检测后，要求高钛重矿渣无碱集料反应活性，以保证混凝土的体积稳定性和耐久性。

高钛重矿渣集料的具体指标要求见表 4-17，上述各项指标合格后，方可用于桥梁结构工程。

表 4-17 高钛重矿渣集料的具体指标要求

检测项目	技术指标	指标要求
化学成分	TiO_2 含量/%	≥15
稳定性（压碎值增大值）/%	压蒸法	<1.0
	水侵法	<1.0
	冻融循环	<1.0
	硫酸盐	<1.0
	碳酸盐	<1.0
稳定性（质量损失率）/%	压蒸法	<5.0
	水侵法	<5.0
	冻融循环	<5.0
	硫酸盐	<5.0
	碳酸盐	<5.0
碱活性	岩相法或砂浆棒法	无碱活性

4.1.3 集料的生产工艺

高钛重矿渣粗细集料的生产工艺包括高钛重矿渣的冷却处理工艺、粗集料-碎石生产工艺、细集料-砂生产工艺。

4.1.3.1 冷却处理工艺

高钛重矿渣是钒钛磁铁矿炼铁后的高炉渣，要生产建设用粗细集料，就必须按专门的高钛重矿渣工艺生产。该工艺的第一部分就是热泼、冷却和开采，统称为冷却处理工艺。

首先将高温熔融的液态高炉渣装入 9 m³ 左右的渣罐，运到渣场呈一列排开，然后启动专门的翻转机构缓慢地将液态渣倾倒在 8～12 m 宽的受渣平台上，厚度 10～30 cm，此为热泼；渣液自然冷却 30 min 后，喷水冷却约 8 min，此时渣表层约 10 cm 厚的部分结壳，再自然冷却 30 min 后，再喷水冷却约 15 min，此时渣大部分凝固成重矿渣，但温度依然较高,此为冷却;凝固后形成的新的平台,可承受下一趟液态渣的热泼,冷却方式同上;几小时后,用推土机耕开凝结的重矿渣,耕完后的渣块大小不一,大部分直径在0～60 cm,通过挖掘机将渣块挖掘出来,装车运输到破碎生产线进行生产,采掘完的受渣平台由推土机推平待用,此为开采。

此工艺对集料产品质量影响最大的是水冷工艺,水量和喷水时间的控制是高钛重矿渣独有的。自然冷却的时间越久,矿渣的强度越好,强制喷水的时间越早则矿渣的强度越低。自然冷却时间是根据高炉生产的节奏和集料强度要求确定的,自然冷却30 min 能保证矿渣碎石的压碎值在15%～17%,自然冷却长于30 min 也可。

4.1.3.2 粗集料-碎石生产工艺

高钛重矿渣粗集料-碎石生产主要为破碎、筛分、除铁工艺,如图4-8所示。采掘出的大渣块先用液压破碎锤破碎成200～400 mm 的粒度再上生产线,此为预处理。

损坏破碎设备。兼顾建材质量要求和经济性、规模化要求,此处采用颚式破碎机破碎。采用PE600×900 或 PE750×1050 的粗颚破和PEX250×1200 细颚破配套的两段式工艺可以将大部分矿渣破碎到混凝土粗集料要求的粒度。如果需进一步将筛上的粗碎石加工成细碎石,可以再加一级圆锥式破碎机变成三段开路破碎。破碎后的产品采用高效重型直线筛进行独立筛分,筛面采用梳齿筛板,孔为上小下大型。生产线布置5道磁选机除铁,生产线的初始段和中段都采用自卸式和滚筒式联合除铁,末段由磁滚筒除铁。其中2道自卸式除铁器,磁感应强度不小于70 mT,3道永磁滚筒除铁器,磁场强度在2 000～2 500 Gs。除铁后碎石含铁量小于1.5%,符合建材质量标准。

4.1.3.3 细集料-砂生产工艺

高钛重矿渣砂的制备是在矿渣碎石的基础上再进一步破碎而成。破碎的工艺有两种,一种是直立冲击式破碎机破碎,一种是湿式球磨机破碎(图4-9)。

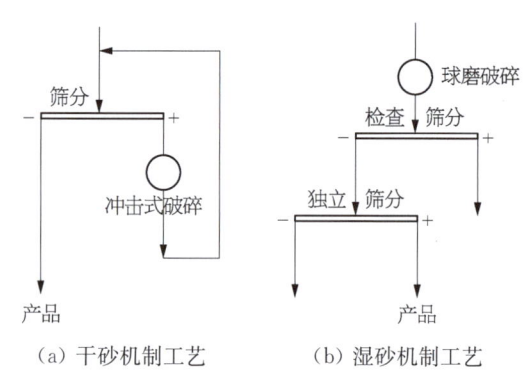

(a) 干砂机制工艺　　(b) 湿砂机制工艺

图4-9　干、湿砂机制工艺

直立冲击式破碎机是一种高速旋转的破碎机,其转子旋转速度为1 500 r/min。物料从破碎机正上方落进转子中心,在离心力的作用下,被转子高速抛出后,从衬板反弹回来,与后续物料互相撞击破碎后落下。落下的物料经过筛分,合格的筛下料被运走,不合格的大粒度料循环到冲击式破碎机再次破碎,直至合格。其中原料进入破碎机之前要经过磁滚筒除铁,磁滚筒磁场强度在1 000 Gs 以上。

湿式球磨机破碎是一种磨矿的工艺,原料碎石用水冲入球磨机进行破碎,破碎后被水带出球磨机,进入筒筛(孔径8 mm),筛上不合格料被运走,筛下料进入1 200 Gs 可调式磁滚筒除铁,除铁后的细料

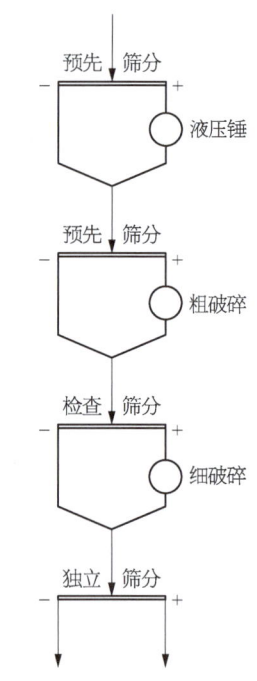

图4-8　钛矿渣粗集料的生产工艺图

根据高钛重矿渣硬度和棱角丰富的特点,采用两段或三段开路破碎工艺。高钛高炉渣是一种硬度不均匀的矿石,最高抗压强度可达200 MPa,一般含水率在1%～2%,真密度为3 100 kg/m³,有尖锐的棱角,磨蚀性较强,且渣中夹杂未除净的金属铁,易

进入洗砂机,洗砂机带有1mm网筛,合格料被捞出作为产品,细粉被水带走不再使用。

两种生产工艺各有所长,直立冲击式破碎机效率较高,但入料粒度不能大于30mm,生产出的机制砂为中砂,细度模数为2.5~3.1,含粉率10.7%,含水率2%。湿式球磨机能耗较高,但入料粒度限制可以放宽到50mm。生产出的机制砂粒度较细,细度模数为2.2~2.8,含粉率8.7%,含水率10%。

4.1.3.4 生产设备选型分析及规模化生产质量控制工艺参数

粗集料生产工艺对产品质量影响较大的是破碎机的选型、筛子的选型和孔型、除铁器的选型及布置位置和数量。与普通高炉渣不同,高钛重矿渣的气孔含量、含铁量、密度都较大,所以设备必须是专用的。

粗集料生产规模化生产质量控制参数如下:原料含水率(2%)、粗破碎和细破碎的出料粒度(180mm、35mm)、除铁器磁场强度、振动筛筛孔大小(5mm、25mm)。

细集料生产规模化生产质量控制参数如下:细集料生产工艺中直立冲击式破碎机效率较高,但入料粒度不能大于30mm;湿式球磨机能耗较高,入料粒度限制可以放宽到50mm。

4.2 混凝土制备技术及性能

4.2.1 原材料

4.2.1.1 水泥

利用高钛重矿渣砂、高钛重矿渣碎石配制的C30~C65桥梁高性能混凝土所用的各种水泥物理性能指标见表4-18~表4-23。

表4-18 某P·O52.5普通硅酸盐水泥的物理性能指标

比表面积/(m²·kg⁻¹)	细度(0.08mm筛余)/%	凝结时间		抗压强度/MPa		安定性
		初凝	终凝	3d	28d	
346	2.9	2:31	5:65	38.4	60.7	合格

表4-19 某P·O52.5普通硅酸盐水泥胶砂强度试验结果

水泥品种	抗折强度/MPa		抗压强度/MPa	
	3d	28d	3d	28d
P·O52.5	6.0	7.8	38.4	60.7

表4-20 某P·O42.5普通硅酸盐水泥的物理性能指标

细度(0.08mm筛余)/%	凝结时间		抗压强度/MPa		安定性
	初凝	终凝	3d	28d	
2.6	2:02	5:37	26.5	50.1	合格

表4-21 某P·O42.5普通硅酸盐水泥胶砂强度试验结果

水泥品种	抗折强度/MPa		抗压强度/MPa	
	3d	28d	3d	28d
P·O42.5	5.6	7.0	26.5	50.1

表4-22 某P·O42.5普通硅酸盐水泥的物理性能指标

细度(0.08mm筛余)/%	凝结时间		抗压强度/MPa		安定性
	初凝	终凝	3d	28d	
2.0	2:35	5:07	23.4	49.7	合格

表4-23 某P·O42.5普通硅酸盐水泥胶砂强度试验结果

水泥品种	抗折强度/MPa		抗压强度/MPa	
	3d	28d	3d	28d
P·O42.5	5.1	6.8	23.4	49.7

4.2.1.2 粉煤灰

试验采用粉煤灰为攀枝花某公司Ⅱ级粉煤灰,其主要性能指标见表4-24。

表4-24 粉煤灰的主要性能指标

烧失量/%	细度(0.045mm方孔筛筛余)/%	需水量比/%
6.3	16.1	98

4.2.1.3 外加剂

(1) 成都某公司高效聚羧酸减水剂,减水率30%。

(2) 上海某公司高钛重矿渣混凝土专用聚羧酸减水剂,减水率30%。

(3) 增黏组分为羟丙基甲基纤维素醚;减缩增韧组分为低级醇的环氧化合物与烷基聚氧乙烯醚;消泡组分为有机硅油;引气组分为松香热聚物。

(4) 江苏某材料有限公司生产的减缩增韧剂。

(5) 自主研发的有机无机复合混凝土内养护剂。

4.2.1.4 硅灰

攀枝花某工业有限公司硅灰,其主要性能指标见表4-25。

表 4-25 硅灰的主要性能指标

烧失量/%	SiO_2 含量/%	含水量/%	需水量比/%
4.3	92.0	0.7	120

4.2.1.5 集料

1) 高钛重矿渣集料

高钛重矿渣砂配制桥梁高性能混凝土,高钛重矿渣砂细度模数控制在 2.3～3.0,压碎值小于 30%;C40 以上混凝土,高钛重矿渣砂的粉尘含量宜在 5%～10%,C40 以下混凝土,高钛重矿渣砂的粉尘含量宜在 5%～15%。所用的高钛重矿渣砂、高钛重矿渣碎石的主要性能指标见表 4-26。

表 4-26 高钛重矿渣集料物理性能指标

取样	表观密度/(kg·m⁻³)	堆积密度/(kg·m⁻³)	细度模数	粉尘含量/%
高钛重矿渣砂 A	3 176	1 980	2.8	10.6
高钛重矿渣砂 B	2 965	1 850	2.4	8.1
高钛重矿渣碎石 A	2 850	1 630		1.1
高钛重矿渣碎石 B	2 740	1 600		0.5

2) 普通集料

(1) 砂:普通河砂,细度模数 2.4～2.8,表观密度 2 650 kg/m³。

(2) 普通碎石:某厂普通碎石,小石 5～16 mm,连续粒级。大石 10～20 mm,小石 5～10 mm,其主要性能指标见表 4-27,级配曲线如图 4-10～图 4-13 所示。

表 4-27 碎石性能指标

粗集料	表观密度/(kg·m⁻³)	堆积密度/(kg·m⁻³)	粉尘含量/%	针片状/%	压碎指标
大石	2 690	1 610	0.1	4.2	13.5
小石	2 710	1 660	1.0		

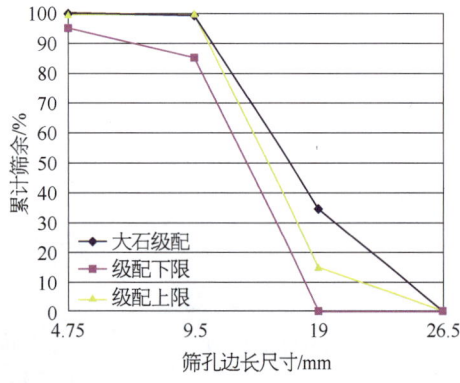

图 4-10 普通碎石大石的级配曲线

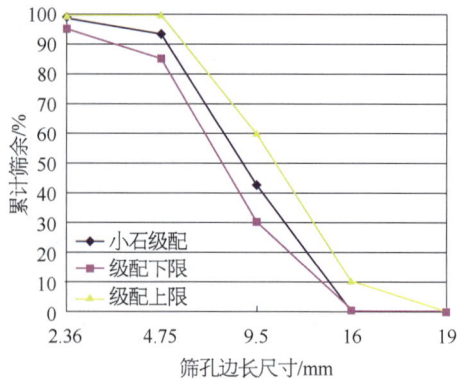

图 4-11 普通碎石小石的级配曲线

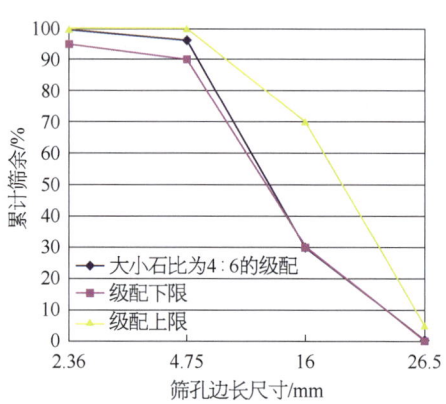

图 4-12 大小石比为 4:6 的级配曲线

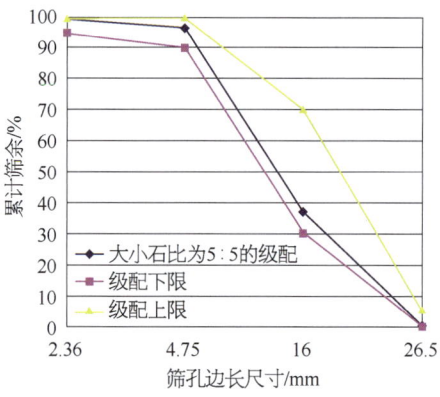

图 4-13 大小石比为 5:5 的级配曲线

通过对大、小碎石比例的调整,将普通碎石调整成 5～20 mm 连续级配。从图 4-10～图 4-13 可以看出,碎石级配曲线在合理范围内,满足《普通混凝土用砂、石质量及检验方法标准》中对普通碎石级配的要求。

4.2.2 原材料对混凝土性能的影响

4.2.2.1 矿渣做细集料的组成、级配和粉尘含量对混凝土性能的影响

1) 细集料组成对混凝土性能的影响

(1) 不同冷却方式形成的高钛重矿渣砂对混凝

土性能的影响。以细度模数为2.8的Ⅱ区高钛重矿渣砂为例,选取喷水快冷和自然慢冷两种条件下形成的钛矿渣砂配制C30、C50混凝土,配合比见表4-28,并进行钛矿渣砂不预湿和预湿24 h两种方式下的混凝土工作性能、力学性能、耐久性能的对比试验,结果见表4-29。

表4-28 C30、C50高钛重矿渣砂混凝土配合比

混凝土强度等级	水泥/kg	粉煤灰/kg	高钛重矿渣砂/kg	普通碎石/kg	纤维素醚/10^{-4}	聚羧酸减水剂/%	水/kg
C30	230	160	847	1 192	1.0	1.1	148
C50	430	60	836	1 108	0.5	1.6	142

表4-29 C30、C50高钛重矿渣砂混凝土性能试验结果

混凝土强度等级	高钛重矿渣砂生产、处理方式	坍落度/扩展度/mm		抗压强度/MPa		耐久性能		
		0 h	1 h	7 d	28 d	56 d Cl$^-$渗透系数/(10^{-12} m^2·s^{-1})	抗冻等级	28 d 干燥收缩值/10^{-6}
C30	喷水快冷(不预湿)	180/430	30/250	28.3	39.4	2.39	F150	239
	自然慢冷(不预湿)	200/480	110/400	31.3	41.8	2.19	F150	252
	喷水快冷(预湿24 h)	210/520	200/500	27.9	39.2	2.32	F150	178
	自然慢冷(预湿24 h)	220/530	210/520	30.3	42.0	2.21	F150	200
C50	喷水快冷(不预湿)	190/430	80/280	45.3	58.2	2.21	F150	263
	自然慢冷(不预湿)	205/450	100/400	48.2	61.3	2.03	F150	274
	喷水快冷(预湿24 h)	220/500	205/490	45.9	60.2	2.25	F150	228
	自然慢冷(预湿24 h)	225/500	220/490	47.9	62.1	2.24	F150	236

注:预湿24 h高钛重矿渣的含水率为14%。

表4-29试验结果表明,对于C30混凝土,在细集料不预湿的情况下,喷水快冷和自然慢冷高钛重矿渣砂配制的混凝土工作性能损失均较大,且喷水快冷高钛重矿渣砂混凝土的坍落度损失更大,主要是因为喷水快冷砂孔隙率大,在拌合过程中不断吸水,导致坍落度损失大;在预湿的情况下,喷水快冷和自然慢冷的高钛重矿渣砂配制的混凝土工作性能损失均较小;喷水快冷和自然慢冷高钛重矿渣砂配制的混凝土在预湿和不预湿的情况下,其力学性能和耐久性能差异均较小,表明两种条件下形成的钛矿渣对混凝土的力学性能和耐久性能影响较小。

对于C50混凝土,在细集料不预湿的情况下,喷水快冷和自然慢冷高钛重矿渣砂配制的混凝土工作性能损失较大,且喷水快冷高钛重矿渣砂混凝土的坍落度损失更大,主要是因为喷水快冷砂孔隙率大,在拌合过程中不断吸水,导致坍落度损失大;在预湿的情况下,喷水快冷和自然慢冷的高钛重矿渣砂配制的混凝土工作性能损失均较小;喷水快冷和自然慢冷钛矿渣砂配制的混凝土在预湿和不预湿的情况下,其力学性能和耐久性能差异均较小;喷水快冷高钛重矿渣砂配制的混凝土收缩值较自然慢冷高钛重矿渣砂小,主要是因为喷水快冷渣孔隙较多,早期蓄水量多,当混凝土内部相对湿度降低后,可以释放出水分,对混凝土进行内养护。因此,建议采用快冷高钛重矿渣碎石制备细度模数在2.4～3.0的二区高钛重矿渣砂,以配制不同强度等级的桥梁高性能混凝土。

(2)不同预湿时间对混凝土性能的影响。由于高钛重矿渣为多孔结构,如果不进行预湿处理,在混凝土拌合过程中会不断吸水,影响混凝土的工作性能,所以在拌制混凝土前,需对高钛重矿渣进行预湿处理。研究表明,高钛重矿渣的预湿时长不同,其含水率不同。随着预湿时间(0～20 h)增加,高钛重矿渣的含水率依次增大:预湿时间5 h,高钛重矿渣砂达到饱和面干,吸水率为6.1%;预湿时间10 h,高钛重矿渣的含水率达9%左右;预湿时间大于20 h,高钛重矿渣的含水率保持在14%左右。考虑到高钛重矿渣集料在未达到饱和吸水率时,拌合过程中吸收自由水较多,对混凝土工作性能影响显著。因此,在拌制混凝土

之前,需对高钛重矿渣预湿10h以上,即要求高钛重矿渣的含水率超过饱和面干含水率,确保在拌合时不会因为吸水而影响混凝土的工作性能。在计算高钛重矿渣砂配制的混凝土的水胶比时,由于饱和面干吸入的水分在拌合时不易释放出来,此部分水不计入有效水胶比。当高钛重矿渣砂的含水率超过饱和吸水率6.1%时,超过的含水量计算在外加水部分,当水胶比确定后,外加的水分应减去超过饱和面干吸水率所含水分。

以下试验采用细度模数同为2.8、含水率不同(0%~14.2%)的高钛重矿渣砂进行不同含水率对混凝土性能影响的对比试验,试验结果见表4-30、表4-31。

表4-30 高钛重矿渣砂不同预湿时间对C65混凝土强度的影响

编号	水泥/kg	粉煤灰/kg	预湿时间/h	含水率/%	水胶比	减水剂/%	砂率/%	坍落度/扩展度/mm		抗压强度/MPa	
								0 h	1 h	7 d	28 d
A	440	70	0	0	0.34	1.35	38	220/490	30/200	69.2	79.7
B	440	70	1	3.8	0.34	1.35	38	220/500	200/460	63.4	74.6
D	440	70	5	6.1	0.34	1.35	38	240/550	240/490	65.8	77.2
E	440	70	10	9.8	0.34	1.35	38	240/580	230/560	67.6	78.9
F	440	70	24	14.2	0.34	1.35	38	250/580	240/560	64.4	76.8

注:所用的水泥为P·O42.5普通硅酸盐水泥。

表4-31 高钛重矿渣砂不同预湿时间对C65混凝土耐久性能的影响

编号	抗裂等级	抗渗等级	56 d Cl⁻扩散系数/(10^{-12} m²·s⁻¹)	28 d平均碳化深度/mm	90次循环K_f/%	7 d自收缩率/10^{-6}	28 d干燥收缩值/10^{-6}	60 d徐变系数
A	Ⅳ级	P20	2.16	5	93	261.4	362.1	1.38
B	Ⅳ级	P20	1.89	3	87	252.7	339.2	1.29
C	Ⅳ级	P20	1.92	3	89	236.2	358.2	1.27
D	Ⅳ级	P20	1.73	4	92	245.9	349.9	1.21
E	Ⅳ级	P20	1.86	3	90	249.1	335.2	1.21

表4-30、表4-31试验结果表明,虽然高钛重矿渣砂的预湿时间不同,其含水率不同,但只要将水胶比控制在同样的范围内,预湿时间对混凝土初始状态与7 d、28 d强度影响不大。当高钛重矿渣砂不预湿时,配制的混凝土抗压强度较高,原因可能是高钛重矿渣砂的吸水降低了实际的水胶比。在进行实际工程施工时,需严格测试高钛重矿渣砂的实时含水率,以便准确配制工作性能符合泵送要求、力学性能达到设计要求的混凝土。对高钛重矿渣砂预湿处理,有利于提高混凝土的耐久性,但耐久性随含水率的变化不明显。因此,在实际施工中,需要对钛矿渣预湿5 h以上,这对混凝土工作性能有显著的改善作用。

(3)不同天然砂/钛矿渣砂取代率对混凝土性能的影响。用不同天然砂/钛矿渣砂取代率配制混凝土,研究其对混凝土性能的影响,试验结果见表4-32。

表4-32 高钛重矿渣砂取代天然砂对混凝土性能的影响

编号	水泥/kg	粉煤灰/kg	砂率41% 天然砂:钛矿渣砂	减水剂/%	水/kg	坍落度/扩展度/mm	抗压强度/MPa	
							7 d	28 d
A	440	70	0:1	1.0	178	170/380	63.6	76.3
B	440	70	1:2	1.0	178	190/420	64.2	77.1
C	440	70	1:1	1.0	178	210/500	62.8	76.2
D	440	70	2:1	1.0	178	230/550	63.6	75.2
E	440	70	1:0	1.0	178	240/580	64.1	77.3

表4-32试验结果表明,由于高钛重矿渣砂为机制砂,且具有多孔结构,对外加剂吸附现象较严重,且随着高钛重矿渣掺量的增加,混凝土工作性能逐渐变差,但7d、28d强度没有显著的差别。因此,利用高钛重矿渣砂配制混凝土,在相同水胶比的情况下,需要增加外加剂的用量,以保证混凝土的工作性能。

2) 细度模数对混凝土性能的影响

选取喷水快冷条件下形成的1.9、2.4、2.6、2.8、3.2五种不同细度模数的高钛重矿渣砂进行C65混凝土的性能试验,试验结果见表4-33、表4-34。

表4-33 不同细度模数高钛重矿渣砂对混凝土工作性能、强度的影响

编号	水泥/kg	粉煤灰/kg	硅灰/kg	砂率/%	减水剂/%	水胶比	坍落度/扩展度/mm		抗压强度/MPa		砂细度模数
							0h	1h	7d	28d	
A	450	15	35	42	1.8	0.30	210/520	195/340	47.9	68.3	1.9
B	450	15	35	42	1.8	0.30	230/550	220/480	52.9	70.9	2.4
C	450	15	35	42	1.8	0.30	240/580	220/560	56.4	73.7	2.6
D	450	15	35	42	1.8	0.30	240/580	225/540	58.5	75.6	2.8
E	450	15	35	42	1.8	0.30	210/530	180/410	57.3	74.1	3.2

注:外加剂配方中所含缓凝成分较多,导致3d、7d抗压强度较低。

表4-34 不同细度模数高钛重矿渣砂对混凝土耐久性能的影响

编号	抗裂等级	抗渗等级	56d Cl⁻扩散系数/(10^{-12} m²·s⁻¹)	28d平均碳化深度/mm	90次循环K_f/%	7d自收缩率/10^{-6}	28d干燥收缩值/10^{-6}	60d徐变系数
A	Ⅳ级	P20	2.11	5	86	264.2	365.2	1.28
B	Ⅳ级	P20	1.72	2	93	242.9	347.2	1.09
C	Ⅳ级	P20	1.92	3	89	246.2	338.2	1.17
D	Ⅳ级	P20	1.71	3	93	235.9	329.9	1.21
E	Ⅳ级	P20	1.82	3	90	259.1	355.2	1.31

表4-33、表4-34试验结果表明,当高钛重矿渣砂的细度模数过低时(小于2.6),会对混凝土的工作性能、强度产生不利的影响。分析原因可能是细度模数过低,砂比表面积大,吸附外加剂量大,在相同外加剂掺量的情况下,混凝土的工作性能差。另外,细度模数过低,配制的混凝土水泥石与集料之间界面过渡区较多,在承受同样压力时,界面多的混凝土产生破坏的概率增高,宏观上表现为抗压强度略有降低。当高钛重矿渣砂的细度模数过高时(大于3.1),由于集料粒径偏粗,配制的混凝土整体细集料明显不足,表现在工作性能上为包裹性能不良、流动性差。因此,配制高性能混凝土时,高钛重矿渣砂的细度模数应严格控制在2.6~3.0,高钛重矿渣砂细度模数对耐久性能影响较小。

3) 级配对混凝土性能的影响

以二区快冷高钛重矿渣砂的颗粒级配范围为基准,设置了六种级配类型——级配上限、级配中值、级配下限、级配上限到下限、级配下限到上限及级配不良,以研究高钛重矿渣砂级配变化对混凝土性能的影响。

表4-35的参数表明,由类型1到类型6,机制砂的细度模数逐渐增大,并逐步由细砂变为粗砂,其中类型1为细砂,类型2、3、4为中砂,类型5、6为粗砂。

表4-36试验结果表明,类型1、5、6机制砂均属于不良级配,其所配制的混凝土工作性能均较差,其中类型1的级配中粒径不小于1.18mm组分含量过少,小于1.18mm组分含量过多,所配制的混凝土较黏,和易性差;而类型5、6的级配中粒径不小于1.18mm组分含量过多,小于1.18mm组分含量过少,所配制的混凝土表现出离析、泌水、骨料堆积、和易性差等特点;类型2、3、4的级配优于类型1、

表 4-35 集配分组及参数测定结果

级配类型	级配特点	各筛孔累计筛余百分数/%						细度模数
		4.75	2.36	1.18	0.6	0.3	0.15	
1	偏于下限	0	0	10	41	70	90	2.11
2	下限过渡到上限	10	25	30	41	70	90	2.29
3	接近中值	4.89	12.24	29.37	54.33	79.30	93.0	2.62
4	上限过渡到下限	0	0	27.90	65.10	85.56	93.0	2.92
5	偏于上限	9.30	23.25	46.5	65.1	85.56	93.0	3.19
6	级配不良,超出二区范围	3.06	36.5	55.25	71.99	84.30	88.1	3.31

表 4-36 高钛重矿渣砂集配对混凝土性能的影响

编号	水泥/kg	粉煤灰/kg	砂细度模数	大石:小石	水胶比	减水剂/%	砂率/%	0 h 坍落度/扩展度/mm	和易性	抗压强度/MPa	
										7 d	28 d
1	440	70	2.1	5:5	0.30	1.35	41	200/500	较黏	63.0	75.5
2	440	70	2.2	5:5	0.30	1.35	41	230/560	好	66.1	77.8
3	440	70	2.6	5:5	0.30	1.35	41	240/580	好	65.4	76.8
4	440	70	2.9	5:5	0.30	1.35	41	220/550	好	61.3	73.9
5	440	70	3.1	5:5	0.30	1.35	41	200/520	差	65.1	75.6
6	440	70	3.3	5:5	0.30	1.35	41	180/480	很差	63.8	76.1

5、6,其粒径不小于 1.18 mm 与小于 1.18 mm 组分的含量比例保持在 1:2 左右,所配制的混凝土工作性能明显更好,充分发挥出Ⅰ组分在整个混凝土中使集料集配更连续的作用。另外,在类型 2、3、4 中,其粒径不小于 1.18 mm 组分的颗粒组成比例有所不同,特别是类型 4 缺少粒径 2.36 mm 以上的颗粒,其所对应混凝土的坍落度、扩展度均小于类型 2 和类型 3。

在原材料配合比相同的情况下,由于机制砂颗粒级配不同,所配制的混凝土强度具有明显差异。对于高钛重矿渣砂不良级配类型 1、5、6,其所配制的混凝土强度均较低,虽然类型 2、3、4 级配符合规范要求,但由于类型 4 中的Ⅰ组分中 2.36 mm、4.75 mm 筛档颗粒严重缺失,导致混凝土强度明显偏低,类型 2、3 的Ⅰ组分中含有 2.36 mm、4.75 mm 筛档颗粒且按一定比例组成,其所配制的混凝土强度明显提高。其中类型 2 的颗粒组成偏于骨架结构,其对应混凝土的强度最高。

4) 粉尘含量对混凝土性能的影响

(1) 粉尘含量对高钛重矿渣混凝土物理力学性能的影响。粉尘在混凝土中起着润滑、减少粗集料颗粒之间的摩擦阻力的作用,高钛重矿渣砂由于粉尘含量高,颗粒圆度与颗粒级配差,易导致所配制混凝土包裹性能差。通过内掺粉尘,选择粉尘含量从 0%~20%,研究高钛重矿渣砂粉尘含量对混凝土工作性能、力学性能的影响,试验结果见表 4-37。

表 4-37 高钛重矿渣砂粉尘含量对 C30 混凝土性能的影响

编号	粉尘含量/%	初始坍落度/扩展度/mm	2 h 坍落度/扩展度/mm	28 d 强度/MPa
1	0	200/450	170/390	39.3
2	5	210/490	190/430	38.9
3	10	230/540	200/510	42.5
4	15	220/530	200/500	41.0
5	20	220/520	200/480	40.4

表 4-37 试验结果表明,对强度等级为 C30 的高钛重矿渣砂混凝土来说,随着高钛重矿渣砂粉尘含量的增加,混凝土的工作性能变好,但力学性能变化不大。当粉尘含量为 10% 时,混凝土的工作性能和强度最佳,坍落度大于 220 mm,扩展度大于 550 mm,混凝土包裹性能最好,28 d 强度为 42 MPa;粉尘含量小于 15% 时,对混凝土的工作性能影响不大。这是由于高钛重矿渣砂是多孔结构,在拌合过

程中会吸附大量的水泥浆体,从而导致混凝土包裹性能变差,在一定掺量的范围内(小于15%),随着高钛重矿渣砂的粉尘含量增加,浆体量增加,润滑作用愈加显著,混凝土的塑性黏度降低,流动性提高;高钛重矿渣砂粉尘含量过量时(大于15%),总表面积增加过大,在一定用水量的条件下,吸附外加剂量增大,砂浆黏度增加,从而使混凝土的流动性能降低。因此,需要控制高钛重矿渣砂中粉尘含量小于15%为宜。

针对粉尘含量对高钛重矿渣砂混凝土拌合物性能的影响,对强度等级为C65的高钛重矿渣砂混凝土进行相应的试验,试验结果见表4-38。

表4-38 高钛重矿渣砂粉尘含量对C65混凝土性能的影响

编号	矿渣粉尘含量/%	初始坍落度/扩展度/mm	1h坍落度/扩展度/mm	3d抗压强度/MPa	7d抗压强度/MPa	28d抗压强度/MPa
A	0	200/450	170/390	39.3	53.4	73.7
B	5	210/490	190/430	38.9	53.6	74.6
C	10	230/540	200/510	42.5	54.1	76.2
D	15	220/530	200/500	41.0	52.4	74.3

注:外加剂配方中所含缓凝成分较多,导致3d、7d抗压强度较低。

表4-38试验结果表明,对强度等级为C65的高钛重矿渣砂混凝土来说,随着高钛重矿渣砂粉尘含量在0%~15%范围内的增加,混凝土的工作性能先变好、后变差,混凝土的强度变化不大。当粉尘含量为10%时,混凝土的工作性能和力学性能最佳,包裹性能最好,这是由于高钛重矿渣砂是多孔结构,在拌合过程中会吸附大量的水泥浆体,从而导致混凝土包裹性能变差,粉尘在一定掺量的范围内,随着粉尘掺量的增加,浆体量增加,润滑作用愈加显著,混凝土的塑性黏度降低,流动性提高。但粉尘含量在达到一定程度后,总表面积会过分地增大,在一定用水量的条件下,砂浆的黏度会增加,流动性降低。因此,控制高钛重矿渣砂中的粉尘含量在10%左右为宜。

对于强度等级比较低的混凝土(C30~C40),由于胶凝材料用量较少,粉尘含量可增加混凝土的包裹性,其粉尘含量宜控制在15%以下;对于强度等级比较高的混凝土(C50~C65),由于胶凝材料用量较多,粉尘含量对外加剂的吸附较大,导致混凝土的流动性降低,其粉尘含量宜控制在10%以下。

(2)粉尘含量对高钛重矿渣砂混凝土含气量的影响。设计了A~G的七种不同粉尘含量的混凝土配合比,并选取了不同含水率的高钛重矿渣砂和河砂进行对比试验,研究了粉尘含量对混凝土含气量的影响规律。

表4-39对比表明,河砂混凝土的含气量较高钛重矿渣砂混凝土低,这是由于矿渣砂具有多孔的结构特点及较为粗糙的表面,一方面多孔导致孔隙中含有一定量的空气,另一方面较为粗糙的表面增加的总表面积又相对增加了浆体的稠度,不利于气泡的迁移,导致高钛重矿渣砂混凝土的含气量较普通河砂混凝土高。

表4-39 高钛重矿渣砂粉尘含量对混凝土含气量的影响

编号	水泥/kg	粉煤灰/kg	砂类型	水胶比	减水剂/%	砂率/%	粉尘含量/%	砂含水率/%	含气量/%
A	440	70	高钛重矿渣	0.34	1.35	38	15	0	4.1
B	440	70	高钛重矿渣	0.34	1.35	38	10	5.0	3.3
C	440	70	高钛重矿渣	0.34	1.35	38	15	9.0	3.5
D	440	70	高钛重矿渣	0.34	1.35	38	10	9.0	3.0
E	440	70	高钛重矿渣	0.34	1.35	38	5	9.0	3.6
F	440	70	高钛重矿渣	0.34	1.35	38	0	14.0	3.2
G	440	70	河砂	0.34	1.35	38	0	3.5	2.5

相同含水率的高钛重矿渣砂混凝土的含气量在粉尘含量10%时最小,这是由于粉尘含量低于10%时,粉尘不足以填充钛渣砂孔隙,而钛渣砂孔隙中含有一定量的空气,导致混凝土的含气量变大;当粉尘含量高于10%时,钛渣砂粗糙的表面结构,以及过高的粉尘吸附浆体与外加剂较为严重,使混凝土浆体变黏,不利于混凝土内空气的及时排出,同样导致混凝土含气量的增大。

当粉尘含量相同时,随着对高钛重矿渣砂预湿程度的提高,混凝土的含气量随之降低。这是由于较好的预湿一方面减少了钛渣砂对外加剂的吸附,相对提高了外加剂的分散作用;另一方面,钛渣砂的孔隙被自由水充分填充,减少了钛渣砂孔隙中气体的含量,从而使混凝土含气量降低。

(3) 粉尘含量对高钛重矿渣集料混凝土收缩性能的影响。粉尘含量不仅会影响混凝土的工作性能和力学性能,还会影响高钛重矿渣混凝土的体积稳定性能。C30混凝土的试验配合比见表4-28,通过内掺粉尘,选择粉尘含量从0%~20%,研究高钛重矿渣砂粉尘含量对混凝土收缩性能的影响。试验结果如图4-14所示。

图4-14试验结果表明,随着粉尘含量的增加,高钛重矿渣砂混凝土的收缩率略有增大,但120 d的混凝土收缩率基本稳定在$3.0 \times 10^{-4} \sim 3.2 \times 10^{-4}$,这是由于高钛重矿渣砂粉尘为无水化活性的超细惰性混合材料,由于其颗粒尺寸效应,高钛重矿渣砂混凝土更加密实,体积稳定性更好。

(4) 粉尘含量对高钛重矿渣砂混凝土抗冻性的

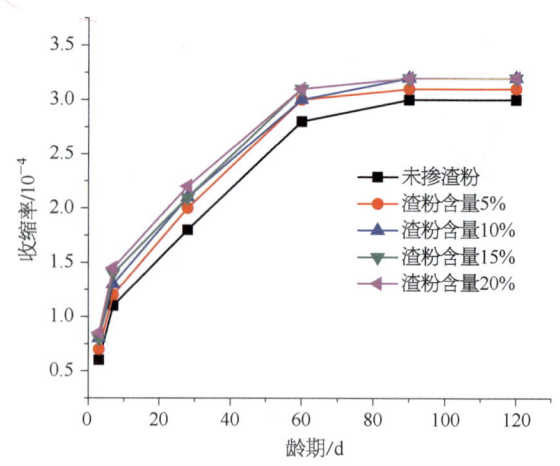

图4-14 高钛重矿渣砂粉尘含量对混凝土收缩率的影响

影响。通过对不同粉尘含量的高钛重矿渣砂在相同配合比及冻融循环次数的情况下,相对动弹性模量大小的比较,研究分析不同粉尘含量对高钛重矿渣砂混凝土的抗冻性的影响。

表4-40的试验结果表明,当粉尘含量为15%时,C65高钛重矿渣砂混凝土的相对动弹性模量最低,这说明15%的粉尘含量对强度等级为C65的高钛重矿渣砂混凝土的抗冻性能产生了不利的影响。粉尘含量为5%、10%时,两者的相对动弹性模量差别不大。通过比较发现,较高的粉尘含量会对混凝土的抗冻性能产生不利影响,这是由于高强度等级的混凝土粉料用量较高,同时水胶比较低,使得混凝土浆体流动性能不佳,包裹性变差,对混凝土的抗冻带来不利的影响。10%的粉尘含量最有利于混凝土的抗冻性能的发挥。

表4-40 高钛重矿渣砂粉尘含量对C65混凝土抗冻性能的影响

编号	水泥/kg	粉煤灰/kg	矿渣砂/kg	碎石/kg	水/kg	减水剂/%	粉尘含量/%	冻融循环次数	相对动弹性模量/%	抗冻等级
A	445	85	736	1110	150	1.6	5	200	67.8	F200
B	445	85	736	1110	150	1.6	10	200	68.9	F200
C	445	85	736	1110	150	1.6	15	200	64.8	F200

5) 对砂浆工作性能的影响

主要采用砂浆流动度试验、砂浆稠度试验及黏度计试验对高钛重矿渣砂砂浆的工作性能进行测试。

(1) 砂浆流动度试验。依照《公路工程水泥及水泥混凝土试验规程》中水泥砂浆流动度测试方法,测定砂浆流动度。该方法以在跳桌上经过25次跳动后的水泥砂浆扩展度为参数,用来测量并反映砂浆的稳定性,试验结果见表4-41。

(2) 砂浆稠度试验。依照《建筑砂浆基本性能试验方法标准》中水泥砂浆稠度试验方法,利用砂浆稠度测定仪测定砂浆稠度。砂浆稠度值是在不同

表 4-41 C30～C65 高钛重矿渣砂砂浆配合比及工作性能

等级	水泥/kg	粉煤灰/kg	砂/kg	砂类型	减水剂/%	水/kg	抗折强度/MPa		抗压强度/MPa		砂浆稠度/mm	流动度/mm
							7 d	28 d	7 d	28 d		
C30	230	160	825	普通河砂	0.7	164	4.9	6.2	28.5	43.6	47	167
C30	230	160	825	矿渣砂	0.7	164	5.2	6.6	29.7	44.8	38	163
C40	340	80	816	普通河砂	0.9	167	5.3	6.8	46.7	63.2	69	186
C40	340	80	816	矿渣砂	0.9	167	5.6	7.0	47.9	64.2	62	179
C50	450	48	836	普通河砂	1.4	187	5.8	7.2	59.4	70.3	78	233
C50	450	48	836	矿渣砂	1.4	187	6.1	7.5	61.2	72.4	72	227
C65	445	85	736	普通河砂	1.6	178	6.9	8.5	63.7	75.8	94	246
C65	445	85	736	矿渣砂	1.6	178	7.4	8.9	65.0	78.9	90	241

注：C30、C40、C50 所用水泥品种为 P·O42.5 普通硅酸盐水泥。C65 所用水泥品种为 P·O52.5 普通硅酸盐水泥。水胶比为砂石中的含水量与外部加水量总质量与胶材质量比。

剪切速率时砂浆表观黏度的综合反应，试验结果见表 4-41。

表 4-41 试验结果表明，在相同配合比前提下，用高钛重矿渣砂所制备砂浆的流动度及稠度均小于用普通河砂制备砂浆。可见，对相同配合比的砂浆，高钛重矿渣砂较普通河砂会劣化砂浆的工作性能，使砂浆稠度增加，流动度减小。

（3）砂浆黏度试验。砂浆黏度试验可以通过旋转黏度计直接测定水泥砂浆不同剪切速率与剪切应力之间的关系曲线，通过宾厄姆流体流变方程对曲线线性拟合从而求出流变参数。宾厄姆流体当剪切应力 τ 大于屈服应力 τ_0 时，浆体才能发生流动，具有塑性液体性质；当剪切应力 τ 小于屈服应力 τ_0 时，浆体没有流动性，表现为固体。其流变方程如下：

$$\tau = \tau_0 + \mu_{pl} \cdot \frac{du}{dy} \quad (4-4)$$

当 $\tau < \tau_0$ 时，$\frac{du}{dy} = 0$，$\mu_{pl} = \infty$

当 $\tau \geq \tau_0$ 时，$\tau = \tau_0 + \mu_{pl} \cdot \frac{du}{dy}$

式中 τ——剪切应力(Pa)；
τ_0——屈服应力(Pa)；
μ_{pl}——塑性黏度(Pa·s)；
$\frac{du}{dy}$——剪切速率(1/s)。

采用表 4-41 中相应强度等级的砂浆配合比，利用旋转黏度计直接测定水泥砂浆不同剪切速率与剪切应力之间的关系曲线，利用最小二乘法对曲线进行线性拟合求出水泥砂浆屈服应力与塑性黏度，结果如图 4-15～图 4-22 所示，见表 4-42。

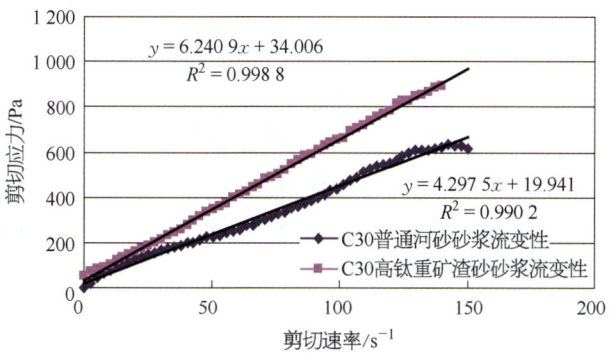

图 4-15 C30 水泥砂浆流变性曲线

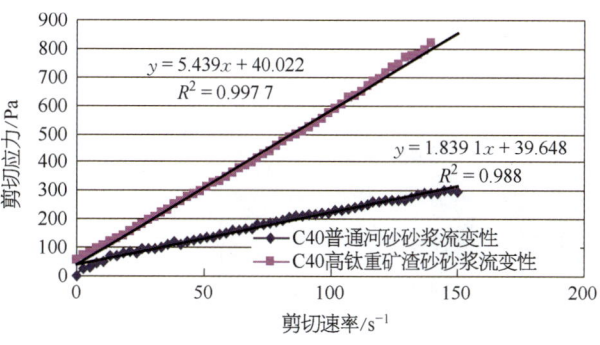

图 4-16 C40 水泥砂浆流变性曲线

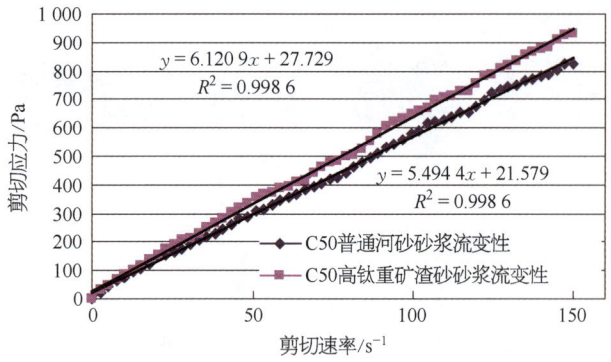

图4-17 C50水泥砂浆流变性曲线

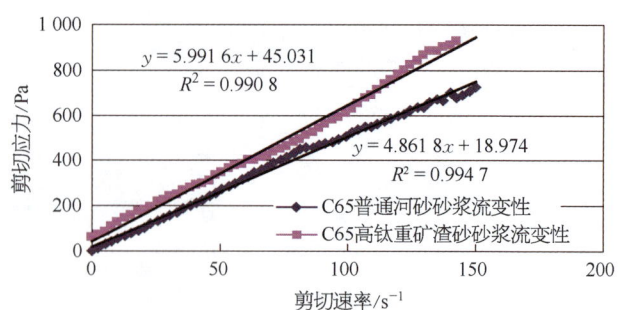

图4-18 C65水泥砂浆流变性曲线

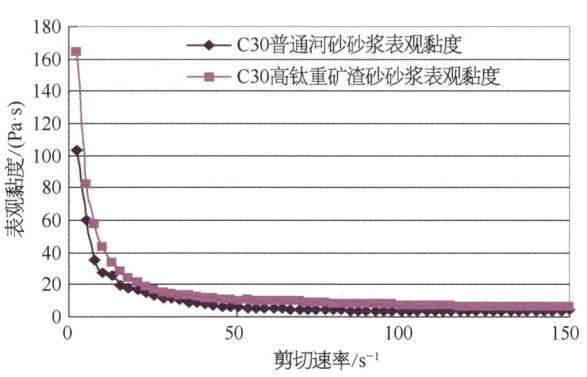

图4-19 C30水泥砂浆表观黏度

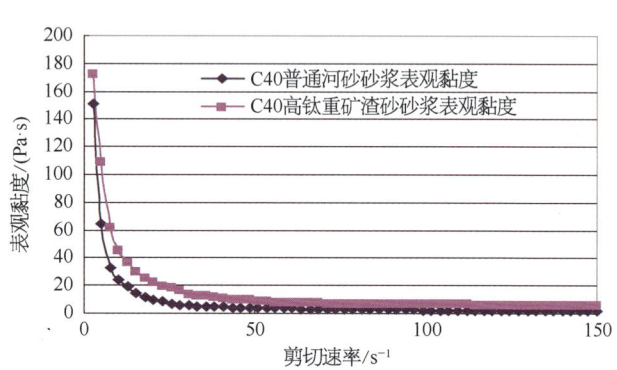

图4-20 C40水泥砂浆表观黏度

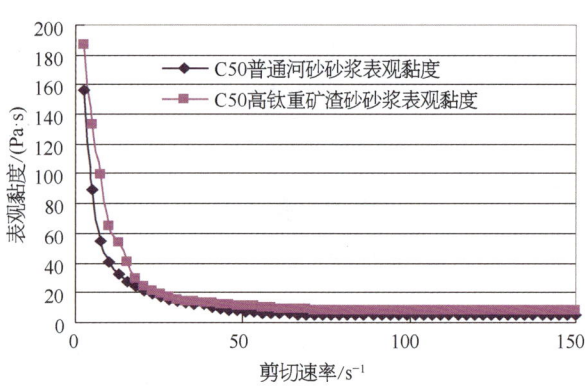

图4-21 C50水泥砂浆表观黏度

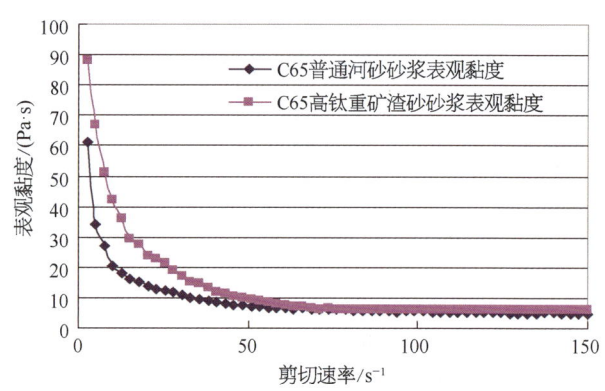

图4-22 C65水泥砂浆表观黏度

表4-42 不同类型的砂对砂浆流变性能的影响

强度等级	砂类型	屈服应力/Pa	塑性黏度/(Pa·s)	R^2
C30	普通河砂	19.9	4.30	0.9988
C30	矿渣砂	34.0	6.24	0.9902
C40	普通河砂	39.6	1.84	0.9880
C40	矿渣砂	40.0	5.44	0.9977
C50	普通河砂	21.6	5.50	0.9986
C50	矿渣砂	27.7	6.12	0.9986
C65	普通河砂	19.0	4.86	0.9947
C65	矿渣砂	45.0	5.99	0.9908

图4-15～图4-22、表4-42试验结果表明，在相同砂浆配合比的情况下，砂浆的流变性能受砂类型的影响而不同。相同配合比的砂浆，高钛重矿渣砂砂浆屈服应力、塑性黏度及表观黏度均较普通河砂砂浆高。这是由于高钛重矿渣砂是多孔材料，同时表面较普通河砂粗糙，导致高钛重矿渣砂对外加剂及胶凝材料浆体的吸附作用较普通河砂严重，使砂浆流变性变差，砂浆的屈服应力变大，塑性黏度也随之增高，表观黏度变强。

6) 外加剂对混凝土性能的影响

(1) 外加剂掺量的影响。通过不同外加剂用量对高钛重矿渣砂混凝土(强度等级 C65)工作性能的影响进行对比试验,试验结果见表 4-43。

表 4-43　外加剂用量对混凝土工作性能的影响

编号	掺量/%	0 h 坍落度/mm	1 h 坍落度/mm	工作状态评价
A	1.2	190	100	流动性不佳
B	1.35	230	200	流动性佳,包裹性好
C	1.5	250	230	浮浆、离析、泌水

表 4-43 试验结果表明,外加剂的加入对高钛重矿渣砂混凝土工作性能的影响明显,混凝土的包裹性能变好,坍落度损失明显减小。外加剂掺量过低会导致混凝土流动性不佳,掺量过高混凝土易出现浮浆、泌水等情况,不利于泵送施工。对强度等级为 C65 高钛重矿渣砂混凝土,当外加剂掺量为 1.35% 时,混凝土的工作性能达到最佳,初始坍落度为 240 mm,1 h 坍落度为 200 mm,混凝土状态有利于泵送施工。

细度模数同为 2.8 的高钛重矿渣砂与普通河砂在相同含水率的情况下,对外加剂掺量的影响进行对比试验,试验结果见表 4-44。

表 4-44　高钛重矿渣砂、普通砂对外加剂掺量的影响对比试验

编号	水泥/kg	粉煤灰/kg	砂含水率/%	水胶比	砂种类	减水剂/%	砂率/%	0 h 坍落度/扩展度/mm	抗压强度/MPa 7 d	抗压强度/MPa 28 d
A	440	70	9.0	0.34	矿渣	1.50	38	250/580	64.1	76.2
B	440	70	9.0	0.34	普通	1.35	38	250/590	64.4	76.8
C	440	70	0	0.34	矿渣	1.50	38	130/350	65.3	77.5
D	440	70	5.0	0.34	矿渣	1.50	38	240/560	64.8	77.1
E	440	70	14.0	0.34	矿渣	1.50	38	260/600	63.2	74.7

注:仅 E 有轻微的离析、泌水现象。

从表 4-44 中 A 与 B 对比可以看出,在其他条件均相同的前提下,高钛重矿渣砂对外加剂的吸附作用较普通河砂严重,但是对混凝土初始工作状态及抗压强度没有明显影响。这是由于高钛重矿渣砂是机制砂,存在很多棱角,同时高钛重矿渣砂又是多孔材料,这就使得它的比表面积比普通河砂大得多,会有更强的吸附外加剂作用,导致在保证相同工作状态的条件下,外加剂的掺量比普通河砂混凝土高。

不同预湿程度的高钛重矿渣砂对外加剂的吸附作用也有不同,随着高钛重矿渣砂的含水率在 0%~9% 范围内增加,相同配合比的混凝土初始工作状态由差变好。当含水率在 9.0% 时,所配制的混凝土的初始工作状态最佳。同样的配合比,因高钛重矿渣砂不同的预湿程度导致混凝土的初始工作性能有所差异,这是由于预湿程度不够时,高钛重矿渣砂的孔隙并没有充分润湿,会对外加剂及浆体产生较大的吸附作用,使混凝土的初始工作状态变差。当高钛重矿渣砂的含水率在 9%~14% 范围内增加,高钛重矿渣砂的孔隙中含水量过大,由于在计算水胶比时,未扣除多余的吸附水分,相当于增加了拌合用水,实际水胶比增大,导致混凝土拌合物出现离析、泌水现象,如若扣除此部分水分,也能达到较好的工作状态。因此,高钛重矿渣砂充分预湿,即保证高钛重矿渣砂的含水率在 9.0% 以上时,配制的混凝土状态较好。

通过以上试验研究,为减少高钛重矿渣砂对外加剂的吸附,更充分地发挥外加剂的分散作用,通过以下技术方法解决上述问题:对高钛重矿渣砂进行充分润湿(10 h 以上,保证高钛重矿渣砂含水率大于 9%),制备混凝土时,先加入砂、水泥、粗集料于拌合机内高速拌合 60~90 s,再将外部剩余用水全部加入,强制搅拌 30 s 后,再投入外加剂,并搅拌 60~90 s,待搅拌均匀为宜。

(2)外加剂掺加方式的影响。减水剂的掺加方式有先掺法、同掺法和后掺法。先掺法是指减水剂与水泥混合以后再加水搅拌;同掺法是将减水剂配成溶液,随水掺入;后掺法是混凝土先加水搅拌,过一定时间再掺入减水剂。对高钛重矿渣砂混凝土进行外加剂同掺法及后掺法两种不同的掺加方式下初始工作状态进行比较分析，配合比采用表4-45中C65混凝土对应的配合比。

对新拌混凝土试样进行坍落度试验及维勃稠度试验，通过试验结果对外加剂掺加方式对混凝土初始状态影响进行分析，试验结果见表4-46。

表4-45　C65高钛重矿渣砂砂浆及混凝土配合比

编号	强度等级	配合比类型	水泥/kg	粉煤灰/kg	砂/kg	石/kg	外加剂/%	水/kg
A	C65	混凝土	445	85	736	1110	1.4	178
B	C65	砂浆	445	85	736		1.4	178

注：C65所用水泥品种为P·O52.5普通硅酸盐水泥。

表4-46　外加剂掺加方式对砂浆流变性及混凝土初始状态的影响

等级	含水率/%	外加剂掺加方式	砂浆屈服应力/Pa	砂浆剪切黏度/(Pa·s)	R^2	混凝土维勃稠度/s	混凝土坍落度/mm 0h	1h	混凝土抗压强度/MPa 7d	28d
C65	0	同掺	73.2	6.24	0.9879	6.6	230	200	65.2	77.8
C65	0	后掺	70.7	6.23	0.9918	6.1	240	210	64.7	76.5
C65	5	同掺	68.8	6.20	0.9932	5.8	240	220	65.1	76.7
C65	5	后掺	65.9	6.16	0.9875	5.2	250	230	64.2	75.3
C65	9	同掺	50.2	6.07	0.9942	4.5	250	220	63.5	75.2
C65	9	后掺	45.0	5.99	0.9908	4.0	260	230	63.0	74.6

表4-46试验结果表明，采用后掺法制备的混凝土初始工作状态较采用同掺法的混凝土好。这是因为采用同掺法时，大部分外加剂首先被胶凝材料颗粒吸附，然后便迅速地被初始反应期产生的水化产物所包裹，起到分散作用的外加剂数量相对减少，导致分散作用被削弱，严重影响了混凝土初始工作性能。采用后掺法时，外加剂大多吸附于凝胶体的膜层上，减缓了外加剂的消耗速度，相对提高了外加剂的分散能力，进而提高了混凝土保持坍落度的能力。

7) 混凝土力学性能的影响

采用《普通混凝土力学性能试验方法标准》中有关混凝土的抗折强度试验、抗压强度试验、劈裂抗拉强度试验、静力受压弹性模量试验方法分别对高钛重矿渣砂混凝土的抗折强度、抗压强度、劈裂抗拉强度、静力受压弹性模量进行测试。

(1) 抗折强度。采用100mm×100mm×400mm的棱柱体混凝土试件。当混凝土抗压强度等级为C30时，加荷速度取每秒0.02～0.05MPa；当混凝土等级大于C30且小于C60时，加荷速度取每秒0.05～0.08MPa；当混凝土强度等级大于C60时，加荷速度取每秒0.08～0.10MPa。加荷直至试件破坏，记录破坏荷载F(N)。混凝土抗折强度按下式计算，结果精确至0.1MPa：

$$F_\mathrm{f}=\frac{FL}{bh^2} \quad (4-5)$$

式中　F_f——混凝土抗折强度(MPa)；
F——试件被破坏荷载(N)；
L——支座间跨度(mm)；
h——试件截面高度(mm)；
b——试件截面宽度(mm)。

对试件尺寸为100mm×100mm×400mm的非标准试件，乘以尺寸换算系数0.85，试验结果见表4-47。

表4-47　C30～C65高钛重矿渣砂及普通混凝土的抗折强度

编号	抗折强度/MPa 7d	28d	60d	90d	编号	抗折强度/MPa 7d	28d	60d	90d
A	3.0	4.1	5.2	5.5	A'	2.8	4.0	4.8	5.2
B	3.0	4.6	5.4	5.7	B'	2.8	4.6	4.9	5.1
C	3.1	5.2	6.0	6.4	C'	2.9	5.1	5.8	6.2
D	5.0	7.5	7.7	7.9	D'	4.8	6.9	7.3	7.4
E	7.6	8.1	8.4	8.5	E'	7.3	8.2	8.3	8.4
F	6.6	8.3	8.5	8.6	F'	6.6	8.4	8.5	8.5

注：所用的水泥为P·O42.5普通硅酸盐水泥，A～F为高钛重矿渣砂配制的高性能混凝土，A'～F'为普通河砂配制的高性能混凝土。

表4-47试验结果表明，在相同配合比的情况下，高钛重矿渣砂混凝土的抗折强度与普通河砂混凝土的抗折强度基本相同，两者差别不大；后期高钛重矿渣砂混凝土的抗折强度较普通河砂混凝土高一些，这说明高钛重矿渣砂全部取代普通河砂后，对混

凝土的抗折性能没有明显的不利影响。

(2) 抗压强度。

① C30～C65 高钛重矿渣砂及普通河砂混凝土的抗压强度。试验采用 150 mm×150 mm×150 mm 立方体混凝土试件。强度等级低于 C30 的混凝土加荷速度取每秒 0.3～0.5 MPa；强度等级不小于 C30 且小于 C60 时，加荷速度取每秒 0.5～0.8 MPa；强度等级不小于 C60 时，加荷速度取每秒 0.8～1.0 MPa。加荷直至试件破坏，记下破坏极限荷载。混凝土立方体抗压强度按下式计算，结果精确至 0.1 MPa：

$$R = \frac{F}{A} \quad (4-6)$$

式中　R——混凝土抗压强度(MPa)；
　　　F——极限荷载(N)；
　　　A——受压面积(mm^2)。

混凝土的抗压强度见表 4-48。

表 4-48　C30～C65 高钛重矿渣砂及普通混凝土的抗压强度

编号	抗压强度/MPa					编号	抗压强度/MPa				
	7 d	28 d	90 d	180 d	360 d		7 d	28 d	90 d	180 d	360 d
A	26.5	41.2	51.7	54.3	56.7	A′	25.5	40.6	48.8	50.3	51.2
B	32.0	46.0	51.5	52.8	54.5	B′	31.5	45.1	50.4	51.6	53.2
C	45.8	50.4	64.9	70.6	73.3	C′	42.5	53.7	60.6	62.3	64.1
D	53.2	65.1	70.4	73.9	74.4	D′	50.2	64.5	67.5	68.7	70.3
E	63.0	74.0	83.4	85.2	86.1	E′	62.3	77.2	83.6	83.2	83.9
F	63.0	74.6	75.2	75.5		F′	65.1	76.4	77.1	76.3	77.2

表 4-48 试验结果表明，高钛重矿渣砂与普通河砂混凝土 28 d 龄期之前的抗压强度及强度增长速率均差别不大。但是高钛重矿渣砂混凝土后期的抗压强度增长较快。各强度等级的混凝土在一年后的抗压强度，高钛重矿渣砂混凝土较同配合比的普通河砂混凝土的强度普遍偏高。其中 C40(C、C′)混凝土的后期强度差别最明显。这可能是由于相较 C40，强度等级较低的 C30(A、A′、B、B′)混凝土水胶比较高，后期仍有较多的自由水未参与水化反应，导致高钛重矿渣砂对混凝土后期强度的发展作用不是很明显。对高强度等级的 C50(D、D′)、C65(E、E′、F、F′)混凝土来说，由于水胶比较低，致使前期自由水基本完全参与水化反应，高钛重矿渣砂的内养护作用不能很好地发挥出来。对 C40 混凝土而言，适当的水胶比使得高钛重矿渣砂在后期将孔隙中未参与水化的自由水释放出来，进一步促进粉料的水化，高钛重矿渣砂后期的内养护作用使得混凝土后期强度发展最大。

② 粉煤灰掺量对混凝土抗压强度的影响。表 4-49 试验结果表明，纯水泥配制的混凝土前期抗压强度高，随着龄期的增长，强度增长变慢，较掺入粉煤灰的后期强度增长速度慢，后期抗压强度低。相同配比的高钛重矿渣砂混凝土强度较普通河砂混凝土，前期抗压强度差别不大，后期抗压强度高，这是由于高钛重矿渣砂的内养护作用，促使粉煤灰后期火山灰效应的发挥，促进了胶凝材料的水化。

表 4-49　粉煤灰掺量对混凝土抗压强度的影响

编号	水泥/kg	粉煤灰/kg	砂含水率/%	水胶比	砂种类	减水剂/%	砂率/%	抗压强度/MPa			
								7 d	28 d	60 d	90 d
A	510	0	3.5	0.34	普通	1.35	38	67.9	72.4	74.9	75.5
B	470	40	3.5	0.34	普通	1.35	38	65.7	75.6	77.3	78.4
C	440	70	3.5	0.34	普通	1.35	38	64.4	76.8	80.2	81.0
D	510	0	9.0	0.34	矿渣	1.50	38	66.8	72.1	76.4	78.3
E	470	40	9.0	0.34	矿渣	1.50	38	64.5	73.0	78.6	80.4
F	440	70	9.0	0.34	矿渣	1.50	38	63.2	74.7	81.4	85.6

注：保证混凝土的初始工作状态一致，坍落度为 250 mm，扩展度为 560 mm。

(3) 劈裂抗拉强度。采用 150 mm×150 mm×150 mm 标准立方体混凝土试件测得劈裂抗拉强度。开动试验机,当上压板与圆弧形垫块接近时,调整球座,使接触平衡。加荷应连续均匀,当混凝土强度等级小于 C30 时,加荷速度取每秒 0.02~0.05 MPa;当混凝土强度等级不小于 C30 且小于 C60 时,加荷速度取每秒 0.05~0.08 MPa;当混凝土强度等级不小于 C60 时,加荷速度取每秒 0.08~0.10 MPa。加荷直至试件破坏,记录破坏荷载。混凝土劈裂抗拉强度按下式计算,结果精确到 0.01 MPa:

$$f_{ts} = \frac{2F}{\pi A} = 0.637 \frac{F}{A} \quad (4-7)$$

式中 f_{ts}——混凝土劈裂抗拉强度(MPa);
F——试件破坏荷载(N);
A——试件劈裂面面积(mm^2)。

试验结果见表 4-50。

表 4-50 C30~C65 高钛重矿渣砂及普通混凝土的劈裂抗拉强度

编号	劈裂抗拉强度/MPa				编号	劈裂抗拉强度/MPa			
	7 d	28 d	60 d	90 d		7 d	28 d	60 d	90 d
A	2.04	3.17	3.58	3.98	A′	1.96	3.13	3.50	3.76
B	2.30	3.31	3.59	3.71	B′	2.27	3.25	3.53	3.63
C	3.53	4.38	4.76	5.00	C′	3.37	4.09	4.51	4.68
D	4.57	5.13	5.32	5.56	D′	4.32	5.49	5.63	5.74
E	4.92	5.65	6.35	6.59	E′	4.93	6.01	6.41	6.60
F	4.79	5.77	5.70	5.72	F′	4.55	5.81	5.84	5.86

表 4-50 计算结果表明,高钛重矿渣砂在制备高强度等级(C50、C65)混凝土时,会对混凝土的劈裂抗拉强度产生不利影响;高钛重矿渣砂在制备低强度等级(C30、C40)混凝土时,其劈裂抗拉强度较普通河砂混凝土高。这可能是由于对高强度等级混凝土而言,较低的水胶比和较高的石粉含量(15%~20%),使混凝土胶凝材料浆体含量相对偏低,虽然高钛重矿渣砂有内养护作用,有利于混凝土中后期强度的发展,但混凝土在劈裂抗拉试验中受到的是劈拉荷载,高钛重矿渣砂属于机制砂,有较多的棱角,易产生应力集中,导致劈裂抗拉强度低。此外,较低的水胶比及较高的石粉含量造成的不利影响,对高强度等级混凝土的劈裂抗拉强度产生不利影响。对低强度等级混凝土而言,较高的石粉含量对混凝土的强度发挥起着有利影响,由于较高的石粉含量与较高的水胶比使混凝土胶凝材料浆体含量相对较高,其与高钛重矿渣砂的内养护作用一起提高了低强度等级混凝土的劈裂抗拉强度,虽然高钛重矿渣砂有较多棱角,但多棱角的不利影响相较有利影响降至次要位置。因此,高强度等级(C50、C65)高钛重矿渣砂混凝土的劈裂抗拉强度较普通河砂混凝土低,低强度等级(C30、C40)高钛重矿渣砂混凝土的劈裂抗拉强度较普通河砂混凝土高。

(4) 弹性模量。采用 150 mm×150 mm×300 mm 的棱柱体混凝土试件,将微变形量测仪安装在试件两侧的中线上并对称于试件两侧。开动压力机,加荷至基准应力为 0.5 MPa 对应的初始荷载值 F_0,保持恒载 60 s,立即以 0.6 MPa/s±0.4 MPa/s 的加荷速率连续均匀加荷至 1/3 轴心抗压强度 f_{cp} 对应的荷载值 F_a,保持恒载 60 s。至少进行两次预压循环,在完成最后一次预压后,保持 60 s 初始荷载值 F_0,在后续的 30 s 内记录两侧变形量测仪的读数 ε_0(左)、ε_0(右),再用同样的加荷速度加荷至荷载值 F_a,再保持 60 s 恒载,并在后续的 30 s 内记录两侧变形量测仪的读数 ε_a(左)、ε_a(右)。混凝土抗压弹性模量 E_c 按下式计算,结果精确至 100 MPa:

$$E_c = \frac{F_a - F_0}{A} \times \frac{L}{\Delta n} \quad (4-8)$$

式中 E_c——混凝土抗压弹性模量(MPa);
F_a——终荷载(N)($1/3 f_{cp}$ 时对应的荷载值);
F_0——初荷载(N)(0.5 MPa 时对应的荷载值);
L——测量标距(mm);
A——试件承压面积(mm^2);
Δn——最后一次加荷时,试件两侧在 F_a 及 F_0 作用下变形差平均值(mm),$\Delta n = [\varepsilon_a(左)+\varepsilon_a(右)]/2 - [\varepsilon_0(左)+\varepsilon_0(右)]/2$;
ε_a——F_a 时标距间试件变形(mm);
ε_0——F_0 时标距间试件变形(mm)。

表 4-51 试验结果表明,高强度等级混凝土的弹性模量较低强度等级的弹性模量高。相同配合比

表 4-51 C30～C65 高钛重矿渣砂及普通河砂混凝土的弹性模量

编号	弹性模量/10^4 MPa 7d	弹性模量/10^4 MPa 28d	编号	弹性模量/10^4 MPa 7d	弹性模量/10^4 MPa 28d
A	3.22	3.45	A′	2.98	3.44
B	3.25	3.66	B′	2.97	3.50
C	3.38	3.92	C′	3.08	3.66
D	3.45	4.01	D′	3.33	3.89
E	3.53	4.27	E′	3.44	4.17
F	3.59	4.20	F′	3.39	4.11

下，7d、28d 龄期高钛重矿渣砂混凝土的弹性模量均较普通河砂混凝土高，这主要是由于高钛重矿渣砂自身较高的强度，使得由高钛重矿渣砂制备的混凝土的弹性模量较普通河砂混凝土高。

通过对高钛重矿渣砂与普通河砂以相同配合比制备的混凝土进行力学性能对比发现，高钛重矿渣砂混凝土的抗折强度与普通河砂混凝土差别不大，但高钛重矿渣砂混凝土后期抗折强度略高一些；两者前期的抗压强度差别不大，但后期高钛重矿渣砂混凝土的抗压强度增长较快，使其后期强度较高，其中 C40 的抗压强度增长最为明显；高强度等级（C50、C65）高钛重矿渣砂混凝土的劈裂抗拉强度较普通河砂混凝土低，低强度等级（C30、C40）高钛重矿渣砂混凝土的劈裂抗拉强度较普通河砂混凝土高；高钛重矿渣砂混凝土的弹性模量较普通河砂混凝土高。

8）高钛重矿渣做细集料对混凝土抗冻性能的影响

（1）C30～C65 高钛重矿渣砂混凝土抗冻性能试验。试验方法采用《普通混凝土长期性能和耐久性能试验方法》规定的快冻法。成型尺寸为 100 mm×100 mm×400 mm 的标准试件，养护至规定龄期前 4d，放入水中浸泡 4d 后用自动冻融循环试验机在 2h 完成一次冻融循环。以重量损失超过 5% 或相对动弹性模量下降达 40% 时的冻融循环次数来表示抗冻标号。

表 4-52 试验结果表明，在相同配合比下，高钛重矿渣砂混凝土的抗冻性能均优于普通河砂混凝土。这是因为高钛重矿渣砂是机制砂，表面较为粗糙，有利于其与胶凝材料浆体更紧密地结合，形成较为致密的水泥石结构，增强了高钛重矿渣砂混凝土的抗冻性能；另外，高钛重矿渣砂含有 10%～15% 的渣粉，这些适量的渣粉对改善混凝土的密实度有帮助，在一定程度上细化了混凝土内部孔隙结构，从而增强了高钛重矿渣砂混凝土的抗冻性能；同时，结合上文 XRD 检测结果，28d 高钛重矿渣砂混凝土的 $Ca(OH)_2$ 量较普通河砂混凝土少，因 $Ca(OH)_2$ 发生了水化反应，生成 C—S—H 无定形胶，填充了高钛重矿渣砂混凝土中的孔隙，使混凝土内部结构更加致密，从而提高了混凝土抗冻性能。

表 4-52 高钛重矿渣砂混凝土抗冻、抗渗性能试验结果

编号	冻融循环次数	相对动弹性模量/%	抗冻等级	编号	冻融循环次数	相对动弹性模量/%	抗冻等级
A	150	69.1	>F150	A′	150	61.7	>F150
B	150	64.2	>F150	B′	100	63.2	>F100
C	200	76.4	>F200	C′	200	74.6	>F200
D	300	70.2	>F300	D′	300	68.5	>F300
E	500	63.4	>F500	E′	500	60.9	>F500
F	500	66.8	>F500	F′	500	62.7	>F500

相同配合比下，高钛重矿渣砂混凝土的抗渗等级较普通河砂混凝土高，高钛重矿渣砂混凝土 56d Cl^- 扩散系数略小于普通河砂混凝土，抗碳化性能相近，高钛重矿渣砂混凝土的抗硫酸盐侵蚀性能较好。

（2）不同预湿程度对 C65 高钛重矿渣砂混凝土抗冻性的影响。通过对高钛重矿渣砂不同预湿程度的对比，研究含水率对高钛重矿渣砂混凝土抗冻性的影响规律，并探讨造成相应影响的机理。本试验配合比采用表 4-45 中对应的 C65 高钛重矿渣砂混凝土的配合比，对 5%、10%、15% 含水率的高钛重矿渣砂混凝土的抗冻性进行对比研究，试验结果见表 4-53。

表 4-53　不同预湿程度对高钛重矿渣砂混凝土的抗冻性能的影响

编号	水泥/kg	粉煤灰/kg	矿渣砂/kg	碎石/kg	水/kg	减水剂/%	含水率/%	冻融循环次数	相对动弹性模量/%	抗冻等级
A	445	85	736	1110	150	1.6	5	500	62.7	>F500
B	445	85	736	1110	150	1.6	10	500	64.8	>F500
C	445	85	736	1110	150	1.6	15	500	60.9	>F500

表 4-53 试验结果表明，当高钛重矿渣砂的含水率在 10% 时，抗冻性能最佳。这是由于充分预湿的高钛重矿渣砂可以降低 $Ca(OH)_2$ 的取向生长，提高黏结力，减少微裂缝的数量；活性矿物细掺料粉煤灰的掺入可以消耗界面处 $Ca(OH)_2$，并限制 $Ca(OH)_2$ 的取向生长，从而改善过渡层的性质；同时，矿物细掺料的填充作用还可以降低过渡层的孔隙率；高钛重矿渣砂粗糙的表面也可以使界面过渡区的 $Ca(OH)_2$ 不易富集，结晶的颗粒减少，不再出现取向性，孔隙率也大大减少，从而提高了混凝土的密实度，进而提高混凝土的抗冻性能。由上文的结论可知，随着对高钛重矿渣砂预湿程度的提高，混凝土的含气量随之降低。这是由于较好的预湿一方面减少了对外加剂的吸附，相对提高了外加剂的分散作用；另一方面，高钛重矿渣砂的孔隙被自由水充分填充，减少了其孔隙中气体的含量，从而使混凝土含气量降低，提高了混凝土的密实度，进而提高了混凝土的抗冻性能。但过低的含水率则不利于胶凝材料浆体与高钛重矿渣砂集料充分黏结，导致混凝土内部出现孔隙，对混凝土的抗冻性能产生不利影响。而过高的含水率一方面对混凝土工作状态带来不良影响，另一方面由于局部过高的水胶比，极易形成 $Ca(OH)_2$ 的富集，形成较大的结晶颗粒，同样不利于混凝土的抗冻性。

9）高钛重矿渣做细集料对混凝土微结构的影响

（1）高钛重矿渣砂对水化程度的影响。通过不同龄期水泥净浆及高钛重矿渣砂砂浆 XRD 的对比，研究分析高钛重矿渣砂对水泥水化程度的影响规律，探讨产生相应影响规律的机理。

由于高钛重矿渣砂有内养护性能，为了更显著地反映其内养护性能及其对水泥水化程度的影响，本试验采用强度等级为 C65 的低水胶比混凝土所对应的配合比制备砂浆。配合比见表 4-54。

表 4-54　C65 高钛重矿渣砂砂浆配合比

等级	类型	水泥/kg	粉煤灰/kg	砂/kg	减水剂/%	水/kg	抗折强度/MPa 7d	抗折强度/MPa 28d	抗压强度/MPa 7d	抗压强度/MPa 28d	砂浆稠度/mm	流动度/mm
C65	水泥净浆	445	85	0	1.6	178	6.9	8.5	63.7	75.8	94	246
C65	矿渣砂浆	445	85	736	1.6	178	7.4	8.9	65.0	78.9	90	241

注：所用水泥品种为 P·O52.5 普通硅酸盐水泥。

图 4-23～图 4-26 的 XRD 图表明，对净浆来说，随着龄期的增长，AFt 及 $Ca(OH)_2$ 的量也随之增加，而 C_2S 与 C_3S 的量有所减少。对高钛重矿渣砂砂浆来说，在 3～7 d 的龄期中，随着龄期增长，AFt 及 $Ca(OH)_2$ 的量也随之增加，C_2S 与 C_3S 的量略有增加；在 7～28 d 的龄期过程中，随着龄期增长，AFt 及 $Ca(OH)_2$ 的量随之减少，C_2S 与 C_3S 的变化量不大。

进一步分析可以发现，高钛重矿渣砂对水泥水化过程早中期影响不是非常明显，在后期（28 d），随着粉煤灰的火山灰反应的进行，$Ca(OH)_2$ 逐渐被消耗，但砂浆内同时仍有 $Ca(OH)_2$ 在生成，结合 XRD 高钛重矿渣砂砂浆中 $Ca(OH)_2$ 的含量在变少的结果分析，$Ca(OH)_2$ 消耗的速度要大于其生成速度，导致高钛重矿渣砂砂浆中 $Ca(OH)_2$ 的含量变少，这说明高钛重矿渣砂的加入在后期有效地促进了 $Ca(OH)_2$ 的消耗，结合 C_2S 与 C_3S 的量的减少，$Ca(OH)_2$ 与 C_2S、C_3S 转化生成 C—S—H 凝胶，进一步促进了水泥水化。

（2）高钛重矿渣砂混凝土界面微观分析。试验对 C40 高钛重矿渣砂混凝土和普通河砂混凝土的微观形貌进行扫描电镜分析，测试龄期为 28 d、500 d，测试结果如图 4-27～图 4-30 所示。

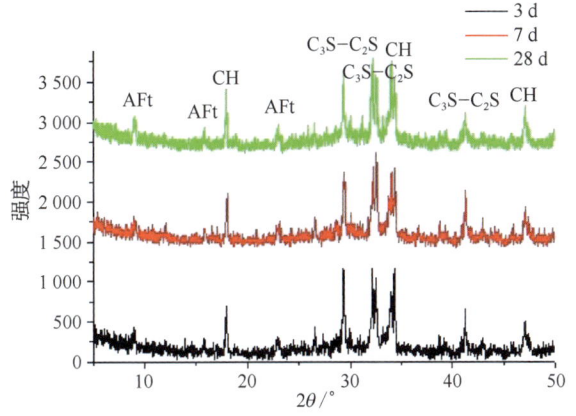

图 4-23　净浆不同龄期 XRD 图

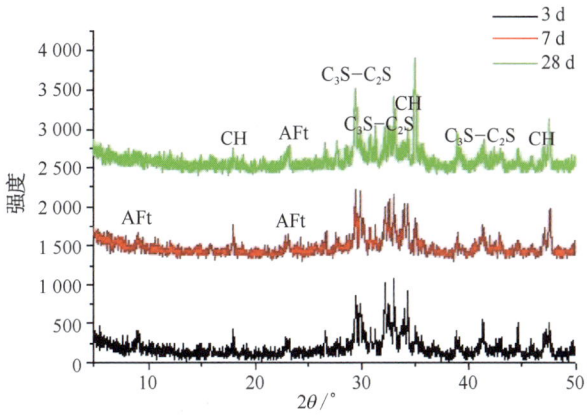

图 4-24　矿渣砂浆不同龄期 XRD 图

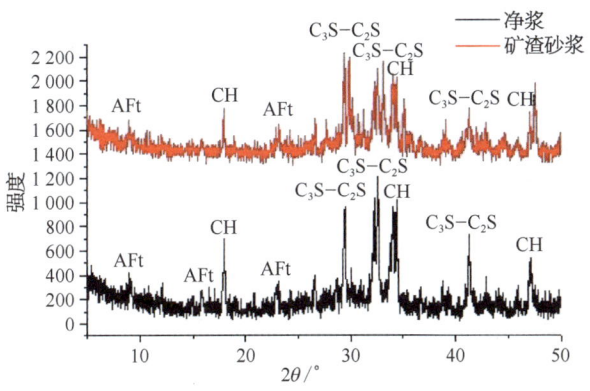

图 4-25　7 d 龄期 XRD 图

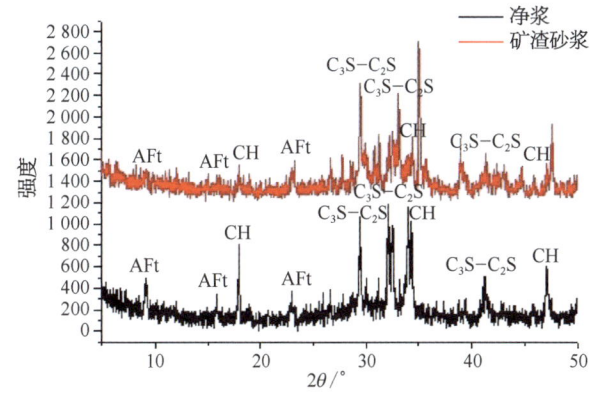

图 4-26　28 d 龄期 XRD 图

图 4-27　矿渣砂混凝土 28 d SEM 图片

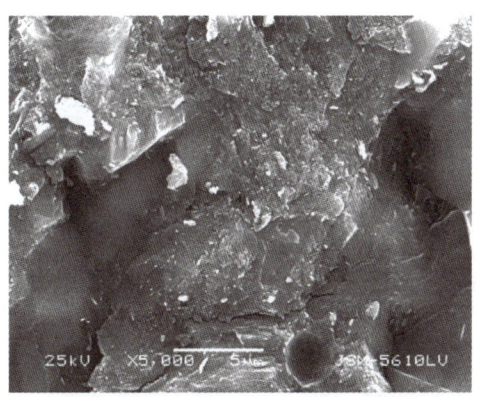

图 4-28　普通砂混凝土 28 d SEM 图片

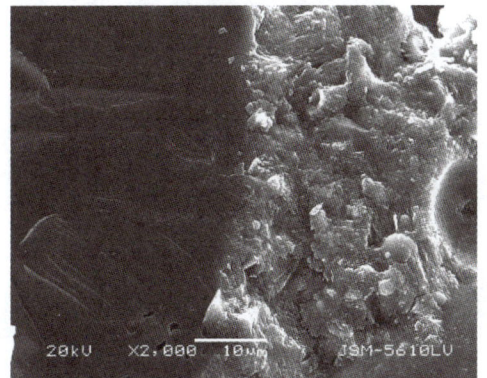

图 4-29　矿渣砂混凝土 500 d SEM 图片

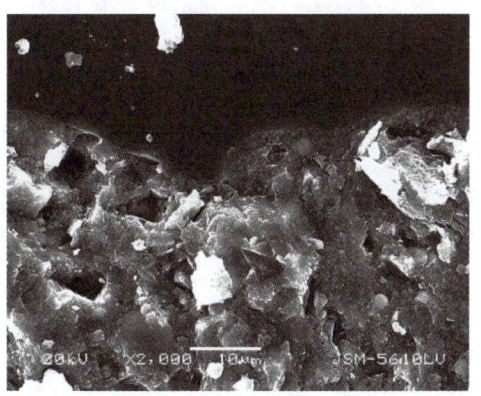

图 4-30　普通砂混凝土 500 d SEM 图片

图 4-27~图 4-30 的对比表明,高钛重矿渣砂混凝土与普通砂混凝土相比,没有明显的界面过渡区,没有 Ca(OH)$_2$ 晶体的富集现象,胶凝材料的水化产物进入高钛重矿渣砂内部的孔隙,形成致密的"嵌套"结构,改善了高钛重矿渣砂的界面结构,在其内部形成大量"销钉",产生"销钉"效应,增强集料界面的结合力。随着时间的推移,当混凝土内部的水分因胶凝材料水化不断被消耗,混凝土内部湿度下降时,高钛重矿渣砂内部的水分便会释放出来,促进水泥的进一步水化,优化混凝土内部的孔结构,使混凝土结构更加密实,提高了混凝土的强度和耐久性。

4.2.2.2 矿渣做粗集料的组成、级配和粉尘含量对混凝土性能的影响

1) 粗集料组成对混凝土性能的影响

(1) 不同冷却方式对混凝土性能的影响。以 5~25 mm 连续级配高钛重矿渣碎石为例,选取喷水快冷和自然慢冷两种条件下形成的高钛重矿渣碎石配制 C30、C50 混凝土,并进行高钛重矿渣碎石在不预湿和预湿 24 h 两种方式下配制的混凝土工作性能、力学性能、耐久性能的对比试验,结果见表 4-55。

表 4-55 不同冷却方式对高钛重矿渣碎石混凝土性能的影响

混凝土强度等级	高钛重矿渣组成	坍落度/扩展度/mm		抗压强度/MPa		耐久性能		
		0 h	1 h	7 d	28 d	56 d Cl$^-$ 渗透系数/(10^{-12} m^2·s^{-1})	抗冻等级	28 d 干燥收缩值/10^{-6}
C30	喷水快冷(不预湿)	190/480	30/200	27.2	38.4	2.44	F150	260
	自然慢冷(不预湿)	210/500	100/300	29.1	40.7	2.31	F150	272
	喷水快冷(预湿 24 h)	215/520	200/510	27.1	40.1	2.26	F150	189
	自然慢冷(预湿 24 h)	230/530	220/510	30.6	41.3	2.29	F150	225
C50	喷水快冷(不预湿)	205/400	35/260	48.3	59.3	2.11	F150	285
	自然慢冷(不预湿)	215/420	105/310	50.5	61.4	2.25	F150	291
	喷水快冷(预湿 24 h)	220/480	200/470	48.2	60.8	2.13	F150	202
	自然慢冷(预湿 24 h)	230/500	220/500	49.6	61.8	2.14	F150	241

表 4-55 试验结果表明,对于 C30 混凝土,在不预湿的情况下,喷水快冷和自然慢冷高钛重矿渣碎石混凝土工作性能损失较大,且喷水快冷高钛重矿渣碎石混凝土的坍落度损失更大,主要是因为喷水快冷碎石孔隙率大,在拌合过程中不断吸水,导致坍落度损失大;在预湿的情况下,喷水快冷和自然慢冷的高钛重矿渣碎石混凝土工作性能损失均较小;喷水快冷和自然慢冷高钛重矿渣碎石混凝土在预湿和不预湿的情况下,其力学性能和耐久性能差异均较小,表明两种条件下形成的高钛重矿渣碎石对混凝土的力学性能和耐久性能影响较小。对于 C50 混凝土,在不预湿的情况下,喷水快冷和自然慢冷高钛重矿渣碎石混凝土工作性能损失较大,且喷水快冷高钛重矿渣碎石混凝土的坍落度损失更大,主要是因为喷水快冷碎石孔隙率大,在拌合过程中不断吸水,导致坍落度损失大;在预湿的情况下,喷水快冷和自然慢冷的高钛重矿渣碎石混凝土工作性能损失均较小;喷水快冷和自然慢冷高钛重矿渣碎石混凝土在预湿和不预湿的情况下,其耐久性能差异较小,而喷水快冷碎石混凝土抗压强度、收缩值较自然慢冷碎石的小,主要是因为喷水快冷碎石孔隙较多、强度小,但其较高的孔隙率对混凝土的内养护作用较自然慢冷碎石大。

(2) 不同天然碎石/钛矿渣碎石取代率对混凝土性能的影响。选取不同的普通碎石/高钛重矿渣碎石取代率配制的混凝土,其性能试验结果见表 4-56。

表 4-56 试验结果表明,由于高钛重矿渣碎石具有多孔结构,外加剂吸附现象较严重,因此随着高钛重矿渣碎石掺量的增加,混凝土工作性能逐渐变差。另外,在同样水胶比下,混凝土 7 d、28 d 强度没有显著的差别。

表4-56 高钛重矿渣碎石取代天然碎石对混凝土性能的影响

编号	水泥/kg	粉煤灰/kg	砂率(普通河砂)/%	普通碎石∶钛矿渣碎石	减水剂/%	水/kg	0 h坍落度/扩展度/mm	抗压强度/MPa 7 d	抗压强度/MPa 28 d
A	440	70	41	0∶1	1.0	178	180/380	63.6	76.3
B	440	70	41	2∶1	1.0	178	190/420	64.2	77.1
C	440	70	41	1∶1	1.0	178	220/520	62.8	76.2
D	440	70	41	1∶2	1.0	178	230/550	63.6	75.2
E	440	70	41	1∶0	1.0	178	250/600	64.1	77.3

2) 粗集料级配对混凝土性能的影响

(1) 选取5~20 mm、5~25 mm、5~31.5 mm连续级配的喷水快冷高钛重矿渣碎石,配制C50高性能混凝土,其性能试验结果见表4-57。

表4-57 不同连续级配对高钛重矿渣碎石混凝土性能的影响

混凝土强度等级	不同级配高钛重矿渣碎石/mm	坍落度/扩展度/mm 0 h	坍落度/扩展度/mm 1 h	抗压强度/MPa 3 d	抗压强度/MPa 28 d	耐久性能 Cl^-渗透系数/$(10^{-12}\ m^2\cdot s^{-1})$	耐久性能 抗冻等级	耐久性能 28 d干燥收缩值/10^{-6}
C50	5~20	250/580	200/460	51.3	62.6	2.21	F150	237
	5~25	240/550	200/430	50.2	61.9	2.13	F150	256
	5~31.5	220/500	220/470	49.3	59.2	2.32	F150	309

表4-57试验结果表明,5~20 mm、5~25 mm、5~31.5 mm三种粒级的高钛重矿渣碎石混凝土中,5~20 mm、5~25 mm粒级碎石混凝土的工作性能略优于5~31.5 mm粒级,这是由于连续级配的碎石最大粒径和平均粒径越大,需要用于包裹集料表面的浆体越多,在同样胶凝材料用量的情况下,混凝土的流动性降低;高钛重矿渣碎石最大粒径越大,混凝土强度相对越低,主要是因为碎石粒径越大,破碎时微裂纹越多;三者耐久性相差不大;高钛重矿渣碎石最大粒径越大,28 d干燥收缩值越大,这是由于碎石粒径越大,碎石在混凝土中分布越不均匀,导致局部区域得不到内养护作用而内养护效果差,从而使干燥收缩较大。综合考虑混凝土的工作性能、力学性能和体积稳定性能,高钛重矿渣碎石的粒径控制在5~25 mm连续级配较好。

(2) 不同粒径区间钛矿渣碎石掺配比例对混凝土性能的影响。选取不同粒径区间[5~10 mm(小石)、10~20 mm(大石)]的高钛重矿渣碎石,进行不同大小石比例配制C50高性能混凝土,其性能试验结果见表4-58。

表4-58 高钛重矿渣碎石级配对混凝土性能的影响

编号	水泥/kg	粉煤灰/kg	砂细度模数	大石∶小石	水胶比	减水剂/%	砂率/%	0 h坍落度/扩展度/mm	黏聚性	抗压强度/MPa 7 d	抗压强度/MPa 28 d
A	440	70	2.4	4∶6	0.34	1.35	41	210/500	好	63.0	75.5
B	440	70	2.4	5∶5	0.34	1.35	41	240/550	好	67.1	78.3
C	440	70	2.4	6∶4	0.34	1.35	41	250/560	一般	68.4	80.8
D	440	70	2.4	7∶3	0.34	1.35	41	250/580	差	65.9	76.4

表4-58试验结果表明,随着大石∶小石掺配比例的增大,高钛重矿渣碎石混凝土黏聚性能逐渐变差,坍落度和扩展度逐渐增大,但当大石∶小石=6∶4和7∶3时坍落度和扩展度已变化不大,这是由于随着大石∶小石掺配比例的增大,集料总比表面积和空隙率减小,在水泥浆体用量一定的条件下,集料颗粒间的摩擦力减小,拌合物流动性提高,但是粗集料过多时,粗集料离析、水泥浆流失现象严重,黏聚性变差;随着大石∶小石掺配比例的增大,混凝土强度先增大,后减小,当大石∶小石=6∶4时强度达到最大,

这可能是由于较大的集料颗粒对水泥浆体体积变化阻力较大,有利于提高混凝土强度。当大石:小石掺配比例达到一定值时,较大粗集料比例增大,容易引起较大的应力集中,会在水泥浆体中引起附加应力,从而削弱混凝土,使混凝土强度降低。综合考虑大石:小石掺配比例对混凝土工作性能与力学性能的影响,确定大石:小石最佳掺配比例为5:5。

3) 粗集料粉尘含量对混凝土工作性能、力学性能的影响

利用三种粉尘含量0.5%、1.0%、2.0%的高钛重矿渣碎石和普通河砂制备C50高性能混凝土,其配合比见表4-59,性能见表4-60。

表4-59 C50混凝土配合比

水泥/kg	粉煤灰/kg	砂率/%	大石:小石	减水剂/%	水胶比	坍落度/mm		抗压强度/MPa	
						0h	1h	7d	28d
430	60	43	6:4	1.6	0.32	180	170	51.6	62.7

表4-60 高钛重矿渣碎石粉尘含量对C50混凝土性能的影响

编号	粉尘含量/%	初始坍落度/扩展度/mm	2h坍落度/扩展度/mm	28d强度/MPa
1	0.5	220/510	200/480	62.8
2	1.0	230/540	210/510	61.4
3	2.0	180/430	150/310	60.1

表4-60试验结果表明,高钛重矿渣碎石中的粉尘含量小于1%,其对混凝土的工作性能和力学性能影响不大;粉尘含量超过1%,对混凝土力学性能影响不大,但降低了混凝土的工作性能。因此,需要控制高钛重矿渣碎石中的粉尘含量小于1.0%。

4.2.3 混凝土配合比优化设计

4.2.3.1 原材料组成与用量对混凝土性能的影响

1) 胶凝材料组成对混凝土性能的影响

(1) 胶凝材料组成对高钛重矿渣砂混凝土强度的影响。通过变化胶凝材料的组成,设计了A~F组混凝土配合比并进行了试验,试验结果见表4-61。

表4-61 不同胶凝材料组成对混凝土强度的影响

序号	水泥/kg	粉煤灰/kg	硅灰/kg	水胶比	减水剂/%	砂率/%	抗压强度/MPa	
							7d	28d
A	450	0	50	0.335	1.8	42	56.1	73.5
B	450	10	40	0.335	1.6	42	58.0	75.6
C	450	15	35	0.335	1.8	42	52.9	70.9
D	450	20	40	0.335	1.8	42	49.1	67.2
E	450	30	40	0.335	1.8	42	50.0	68.9
F	450	40	40	0.335	1.8	42	57.6	74.1

注:外加剂配方中所含缓凝成分较多,导致3d、7d抗压强度较低;水泥为P·O42.5水泥。

表4-61中,A组与F组的对比发现,虽然F组粉煤灰比A组多40kg,但对混凝土早期强度没有太大影响。A组与C组对比发现,掺有一定量的粉煤灰对硅灰早期强度的发挥有促进作用,虽然硅灰少加了15kg,但对混凝土3d强度影响不大。B组与D组对比发现,虽然B组粉煤灰掺量少,但混凝土早期强度反而高,通过比较发现,B组减水剂的掺量仅为1.6%,而其他组为1.8%,原因可能有两点:一是由于减水剂的掺入引入了气泡,导致混凝土内部不够致密,从而影响到混凝土的强度;二是减水剂的缓凝组分延缓了混凝土早期强度的发挥。D组与E组的对比发现,硅灰的掺量适当增加有助于混凝土早期强度的提高。综合分析来看,加入硅灰有利于混凝土早期强度的发展,粉煤灰虽然对早期强度贡献不大,但它的加入对硅灰强度的发挥有促进作用。

(2) 胶凝材料用量对混凝土性能的影响。通过变化胶凝材料的用量,设计了A~D组混凝土配合比并进行了试验,试验结果见表4-62。

表4-62 胶凝材料组成对混凝土强度的影响

序号	水泥/kg	粉煤灰/kg	水胶比	减水剂/%	砂率/%	坍落度/扩展度/mm	黏聚性	抗压强度/MPa	
								7d	28d
A	414	46	0.335	1.8	42	210/500	一般	45.9	60.2
B	432	48	0.335	1.8	42	220/550	好	49.3	66.3
C	450	50	0.335	1.8	42	230/580	好	53.1	70.5
D	468	52	0.335	1.8	42	250/600	好	54.2	72.7

注:外加剂配方中所含缓凝成分较多,导致3d、7d抗压强度较低;水泥为P·O42.5普通硅酸盐水泥。

表 4-62 试验结果表明,固定粉煤灰掺量为 10%,变化胶凝材料用量时,随着胶凝材料用量的增加,混凝土坍落度和扩展度逐渐增大,但胶凝材料达到 520 kg/m³ 时,混凝土出现跑浆、泌水现象。这是由于胶凝材料的增加使混凝土润滑层增厚,集料颗粒间摩擦力减小,混凝土流动性增加,但胶凝材料过量时,集料阻止拌合物流浆能力降低,出现了跑浆、泌水现象。随着胶凝材料的增加,混凝土强度逐渐增大。

(3) 水胶比对混凝土性能的影响。表 4-63 的试验结果表明,随着水胶比的增大,混凝土坍落度先增大,而后泌水现象逐渐严重,混凝土抗压强度逐渐减小。

表 4-63 水胶比对混凝土强度的影响

序号	水泥/kg	粉煤灰/kg	硅灰/kg	水胶比	减水剂/%	砂率/%	坍落度/扩展度/mm	黏聚性	抗压强度/MPa	
									7 d	28 d
A	450	10	40	0.30	1.6	42	205/480	好	56.1	73.5
B	450	10	40	0.35	1.6	42	230/550	好	52.5	70.2
C	450	10	40	0.40	1.6	42	235/570	轻微泌水	49.1	68.4
D	450	10	40	0.45	1.6	42		严重泌水		

注:水泥为 P·O42.5 普通硅酸盐水泥。

(4) 粗细集料掺配比例对混凝土性能的影响。表 4-64 试验结果表明,在高钛重矿渣砂的细度模数为 2.8 的前提下,砂率偏高(43%)时,混凝土拌合物包裹性不好,较高的砂率对混凝土拌合物的初始工作状态带来不利的影响,这是因为过高的砂率增加了细集料对减水剂与浆体的吸附量,在同样的外加剂掺量与用水量的前提下,对混凝土的初始工作状态产生不利影响,虽然强度能够满足要求,但不能保证混凝土的施工性能。经过对比分析发现,41% 的砂率在满足强度要求的前提下,工作性能非常好,完全能够满足混凝土泵送的要求。

表 4-64 不同砂率对混凝土强度的影响

编号	水泥/kg	粉煤灰/kg	砂细度模数	大石:小石	有效水胶比	减水剂/%	砂率/%	0 h 坍落度/扩展度/mm	和易性	抗压强度/MPa	
										7 d	28 d
A	440	70	2.8	5:5	0.34	1.35	38	240/500	差	63.0	75.5
B	440	70	2.8	5:5	0.34	1.35	41	240/580	好	67.1	78.3
C	440	70	2.8	5:5	0.34	1.35	43	240/510	一般	64.4	76.8

注:水泥为 P·O52.5 普通硅酸盐水泥。混凝土和易性好:流动性好,不离析、不泌水、不扒底。和易性差:流动性不好,包裹性差,有离析、泌水现象。和易性一般:状态介于和易性好与差之间。

(5) 外加剂种类对混凝土性能的影响。针对高钛重矿渣粗细集料石粉含量高、配制混凝土流动性差,设计一种新的高重钛矿渣粗细集料专用外加剂,其主要成分为 P-Y 聚羧酸减水剂和增黏保水组分。

设计试验对比专用外加剂与普通聚羧酸减水剂对混凝土工作性能的影响,试验结果见表 4-65。

表 4-65 的对比表明,高钛重矿渣粗细集料专用外加剂有效提高了混凝土的工作性能,混凝土初始工作状态和 2 h 后工作状态均优于普通聚羧酸减水剂,初始坍落度由 190 mm 提高至 220 mm,扩展

表 4-65 外加剂种类对混凝土工作性能的影响

编号	种类	掺量/%	0 h 坍落度/扩展度/mm	2 h 坍落度/扩展度/mm	工作状态评价
A	普通聚羧酸减水剂	1.2	190/430	110/350	包裹性不佳
B	专用外加剂	1.2	220/550	200/540	包裹性佳

度由 430 mm 提高至 550 mm,2 h 坍落度与扩展度提高幅度更大。由普通型聚羧酸减水剂结构式与高钛重矿渣粗细集料专用外加剂结构式可知,P-Y 聚羧酸减水剂特征是侧链长短比例搭配,难以与层状结

构的水泥发生插层反应,从而减少减水剂的消耗。侧链上的分子可以随着水泥水化反应进行,发生水解反应,持续释放小分子,提供持续的分散能力,表现出超长保坍能力;同时,增黏保水组分可使浆液更充分地包裹在机制砂颗粒表面,避免混凝土离析、泌水,保证混凝土具有良好的工作性能(图 4-31、图 4-32)。

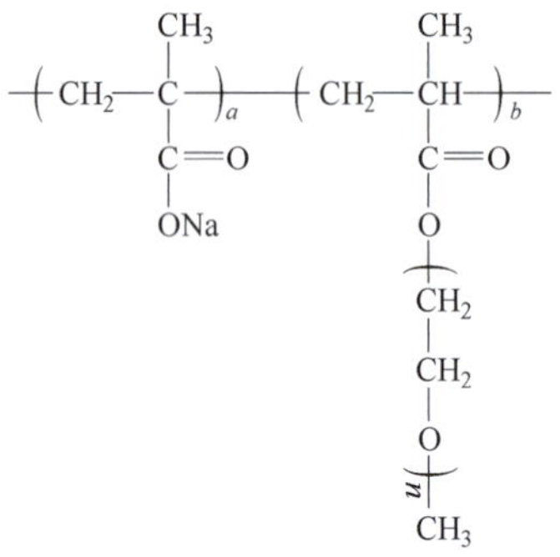

图 4-31 普通型聚羧酸减水剂结构式($n=22$)

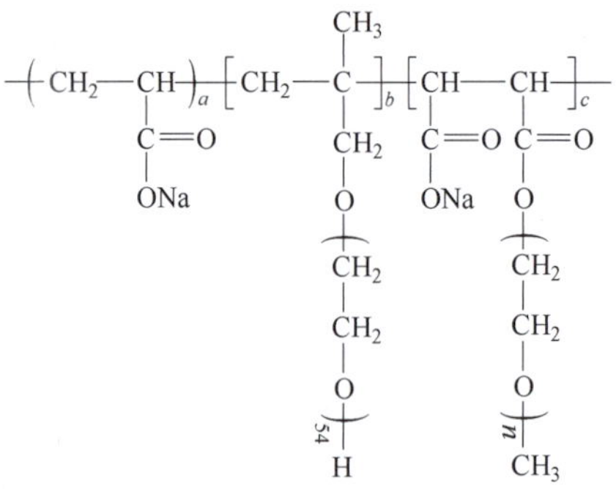

图 4-32 专用减水剂结构式($n=2\sim9$)

(6) 外加剂用量对混凝土性能的影响。外加剂用量对混凝土性能的影响试验结果见表 4-66。

表 4-66 外加剂用量对混凝土工作性能的影响

编号	掺量/%	0h坍落度/扩展度/mm	2h坍落度/扩展度/mm	工作状态评价
A	0.8	175/450	150/400	流动性不佳
B	1.2	220/550	200/540	流动性佳,包裹性好
C	1.35	230/580	220/580	流动性佳,包裹性好
D	1.5	250/600	230/580	浮浆、离析、泌水

表 4-66 试验结果表明,外加剂对高钛重矿渣集料混凝土工作性能的影响明显,外加剂加入后,混凝土的包裹性能变好,坍落度损失明显减小。但是外加剂存在最佳掺量,掺量过低会导致混凝土工作状态不佳,掺量过高易出现浮浆、泌水等情况,不利于泵送施工。对强度等级为 C65 高钛重矿渣集料混凝土,当外加剂掺量为 1.35% 时,混凝土的工作性能达到最佳,初始坍落度为 240 mm,1h 坍落度为 200 mm,混凝土流动性佳、包裹性好,利于泵送施工。

2) 不同种类水泥胶凝浆体水化放热性能

(1) 水化放热速率与放热量。为了研究不同水泥种类对混凝土水化放热的影响,从实际工程出发,参考 C65 高钛重矿渣高性能混凝土的配合比,选择 P·O42.5 和 P·O52.5 两种水泥,利用其同配比砂浆(试样配合比见表 4-67)进行水化热试验。

表 4-67 水化热试验砂浆配合比

编号	水泥/kg	粉煤灰/kg	砂/kg	水胶比	减水剂/%
A	440	60	700	0.28	1.6

两种水泥水化放热曲线的特征值见表 4-68。

表 4-68 不同水泥种类对水化放热特征值的影响

项目	水泥种类	
	P·O42.5	P·O52.5
峰值/($mW·g^{-1}$)	2.00	1.73
峰值出现时间/h	29.3	35.7
7d放热量/($J·g^{-1}$)	253.7	304.6

两种水泥相比,P·O52.5 水泥比表面积更大,C_3S 与 C_3A 含量更高。由图 4-33、图 4-34 可知,20h 前与 35h 后,P·O52.5 水泥水化放热速率高于 P·O42.5 水泥,而水化放热速率峰值前者却小于后者,这可能是由于 P·O52.5 水泥中 C_3S 与 C_3A 含量很高,且比表面积很大,早期水化放热剧烈,后期波动较小,而 P·O42.5 水泥水化放热主要集中在 20~40 h 内,在此期间,P·O42.5 水泥反应剧烈,而 P·O52.5 水泥水化放热速率虽然出现峰值,但相对平稳,从而造成 P·O42.5 水化放热速率峰值高于 P·O52.5 水泥;P·O52.5 水泥与 P·O42.5 水泥相比,7d 放热量前者大于后者,这一结果与之前解释相符,虽然水化放热峰值 P·O52.5 水泥低于 P·O42.5 水泥,但放热量是放热过程累积得到的结果,P·O52.5 水泥由于其细度和矿物组成,总体水化放热更为剧烈,放热量远高于 P·O42.5 水泥。

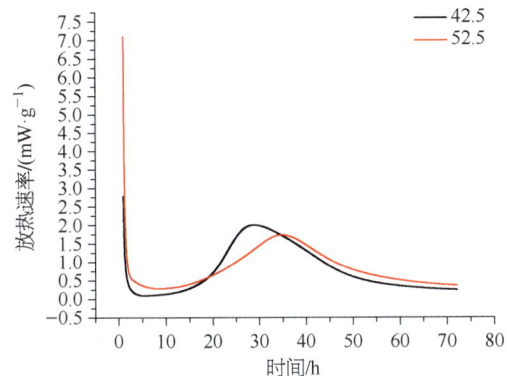

图4-33 不同水泥种类对水化放热速率的影响

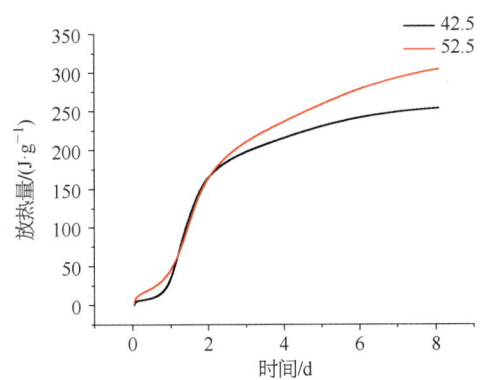

图4-34 不同水泥种类对水化放热量的影响

(2) 水化温升。混凝土绝热温升有下列公式计算：

$$T_h = (W_c + K \cdot F)Q_t / C \cdot \rho \quad (4-9)$$

式中 T_h——混凝土绝热温升($^\circ\!C$)；
 W_c——水泥用量(kg/m³)；
 F——混凝土中活性掺和料用量(kg/m³)；
 K——掺和料折减系数，粉煤灰按0.5取值，磨细矿渣粉按0.7取值；
 Q_t——水泥t龄期水化热(kJ/kg)；
 C——混凝土比热，取0.97 kJ/(kg·K)；
 ρ——混凝土密度，取2450 kg/m³。

计算结果见表4-69。

表4-69 不同水泥种类对混凝土温升的影响 单位：℃

水泥种类	龄期	
	3 d	7 d
P·O42.5	43.3	49.8
P·O52.5	45.8	63.2

表4-69计算结果表明，P·O52.5水泥混凝土内部温升在3 d与7 d龄期均高于P·O42.5水泥混凝土。

3) 不同种类水泥对混凝土内部相对湿度的影响

混凝土的内部相对湿度采用电容式温湿度数字传感器测试。混凝土试件成型时，在其内部插入略大于传感器探头的PVC管，并预先插入不锈钢棒，以防止振捣成型过程中混凝土浆体渗入PVC管。混凝土终凝后，拔出钢棒，用海绵吸出残留在PVC管底部的浆体，将传感器放入PVC管，并用高分子液体密封胶密封传感器和PVC管之间的间隙。测试结果见表4-70。

表4-70 不同水泥种类对混凝土内部相对湿度的影响

单位：%

水泥种类	龄期				
	1 d	3 d	7 d	14 d	28 d
P·O42.5	100	99	94	91	87
P·O52.5	100	95	89	85	78

表4-70测试结果表明，除1 d外，P·O52.5水泥制备的混凝土各龄期内部湿度均低于P·O42.5水泥制备的混凝土，这是由于P·O52.5水泥混凝土内水化反应更剧烈，消耗水更多导致。

4) 胶凝材料组成对浆体水化性能的影响

(1) 水化放热规律。为了研究不同掺和料对混凝土水化放热的影响，从实际工程出发，参考C65高钛重矿渣高性能混凝土的配合比，设计混凝土掺和料分别为粉煤灰单掺、粉煤灰硅灰复掺、硅灰单掺，利用其砂浆(试样配合比见表4-71)进行水化热试验。

表4-71 水化热试验砂浆配合比

编号	水泥/kg	粉煤灰/kg	硅灰/kg	砂/kg	水胶比	减水剂/%
A	440	60	0	700	0.34	1.6
B	440	40	20	700	0.34	1.6
C	440	20	40	700	0.34	1.6
D	440	0	60	700	0.34	1.6

试验前将高钛重矿渣砂进行饱水处理，待饱和面干状态后，按表4-71中各砂浆配合比将固体总量核算至4 g后进行水化热试验。水化放热速率和水化放热量曲线分别如图4-35、图4-36所示。

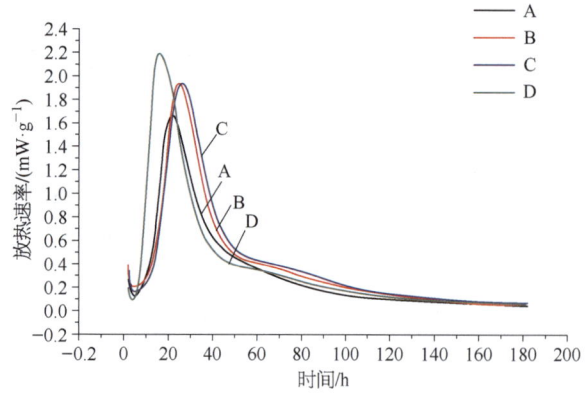

图 4-35　不同掺和料对水化放热速率的影响

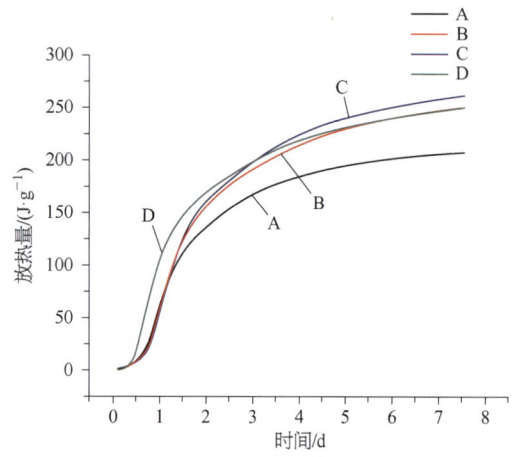

图 4-36　不同掺和料对水化放热量的影响

图 4-35、图 4-36 中 A 曲线为粉煤灰掺量 12％时砂浆水化放热曲线，B 曲线为粉煤灰掺量 8％、硅灰掺量 4％时砂浆水化放热曲线，C 曲线为粉煤灰掺量 4％、硅灰掺量 8％时砂浆水化放热曲线，D 曲线为硅灰掺量 12％时砂浆水化放热曲线。A、B、C、D 水化放热曲线的特征值见表 4-72。

表 4-72　不同掺和料对水化放热特征值的影响

项目	曲线			
	A	B	C	D
峰值/(mW·g^{-1})	1.65	1.85	1.87	2.15
峰值出现时间/h	22.3	25.7	26.2	17.3
7d 放热量/(J·g^{-1})	206.7	246.9	257.8	247.1

表 4-72 放热特征值表明，A、B、C、D 曲线水化放热峰值大小为 A＜B＜C＜D，即随着硅灰掺量的增加，水泥水化放热峰值逐渐升高。单掺粉煤灰（12％）作为掺和料时，水泥水化放热峰值最低，为 1.65 mW/g，硅灰部分取代粉煤灰（1/3、2/3）和单掺

硅灰（12％）作为掺和料时，水泥水化放热峰值分别增加 12.1％、13.3％和 30.3％。这是因为硅灰相比粉煤灰火山灰活性更高，除自身与液相中的 Ca^{2+}、OH^- 反应生成 C—S—H 凝胶放出热量外，硅灰在水化初期与水泥水化释放的 Ca^{2+} 形成富硅水化物，能对自水泥颗粒表面剥离的水化产物起到成核中心的作用，促进了水泥水化的进行，因此使得胶凝材料体系水化加速期的水化速率增大。

水化放热峰值出现的时间先后依次为 D、A、B、C。即单掺硅灰时水化放热峰值出现最早，单掺粉煤灰次之，相较单掺硅灰延迟 5 h，硅灰取代粉煤灰 1/3 和 2/3 出现最晚，相较单掺硅灰均延迟约 9 h。此处，A、B 峰值出现的时间早于 C，这可能是由于硅灰反应速率过快，在和粉煤灰、水泥同时加入水中时，硅灰很快反应形成凝胶并将粉煤灰和水泥团聚，导致早期参与水化放热的胶凝材料减少，从而水化放热速率降低。

7 d 水化放热量 A＜B＜D＜C，即硅灰取代粉煤灰 2/3 作为掺和料时，7 d 浆体水化放热量最大，单掺硅灰次之，硅灰取代粉煤灰 1/3 较低，单掺粉煤灰最低。7 d 水化放热量 D＜C，这是因为单掺硅灰作为掺和料时，由于硅灰前期对水泥水化加速期的促进作用，未水化的水泥颗粒表面在加速期形成的水化产物层较厚，当水化反应进入由扩散机理所控制的减速期后，由于该水化产物层对迁移离子扩散能力的削弱作用，抑制了胶凝材料体系的水化，减缓了水化放热速率，降低了水化放热量。另外，之前研究对象为低水胶比的高强高性能混凝土，刘连新等曾指出，与普通混凝土不同，单纯掺硅灰对高性能混凝土的水化速度控制效果不明显，在前 3 d 反而起加快作用，但最终使混凝土的总水化放热量有所降低。这与本试验结论相符。

同时，由图 4-35 还可以发现，在 60～80 h 水泥水化减速期，A、B、C、D 四条曲线均不同程度地出现了一小段水化放热速率升高过程，体现了高钛重矿渣砂促进水泥水化的优势。因为高钛重矿渣砂具有孔隙结构，充分预湿后孔隙里含有充足的水分，当胶凝材料水化后混凝土内部水分变少时，高钛重矿渣砂孔隙中的水分会通过毛细管向混凝土内部迁移，从而促进水化的进行。

（2）水化温升。对于掺加硅灰和粉煤灰的混凝土，按照式（4-9）计算水化温升时，粉煤灰的 K 值取 0.5，硅灰的 K 值取 1.2，计算结果见表 4-73。

表 4-73 胶凝材料组成对混凝土温升的影响 单位：℃

曲线	龄期	
	3 d	7 d
A	42.3	48.8
B	47.8	53.2
C	49.5	54.1
D	53.2	60.1

表 4-73 计算结果表明，随着硅灰掺量的增加，混凝土理论绝热温升逐渐增大。

(3) 内部相对湿度。测试了不同胶凝材料组成的高钛重矿渣混凝土 1 d、3 d、7 d、14 d、28 d 的内部相对湿度，试验结果见表 4-74。

表 4-74 胶凝材料组成对混凝土内部相对湿度的影响

单位：%

曲线	龄期				
	1 d	3 d	7 d	14 d	28 d
A	100	98	95	90	87
B	100	95	89	85	78
C	98	90	84	76	70
D	100	93	85	79	75

表 4-74 测试结果表明，胶凝材料组成对混凝土内部相对湿度的影响规律与其对水化放热的影响规律一致，即随着硅灰掺量的增加，相同龄期混凝土内部相对湿度逐渐降低。

(4) 强度。通过改变胶凝材料的组成，设计了 A~F 组混凝土配合比并进行了试验，试验结果见表 4-75。

表 4-75 胶凝材料组成对混凝土强度的影响

序号	水泥/kg	粉煤灰/kg	硅灰/kg	水胶比	减水剂/%	砂率/%	抗压强度/MPa	
							7 d	28 d
A	450	0	50	0.335	1.8	42	56.1	73.5
B	450	10	40	0.335	1.6	42	58.0	75.6
C	450	15	35	0.335	1.8	42	52.9	70.9
D	450	20	40	0.335	1.8	42	49.1	67.2
E	450	20	30	0.335	1.8	42	50.0	68.9
F	450	40	40	0.335	1.8	42	57.6	74.1

注：外加剂配方中所含缓凝成分较多，导致 3 d、7 d 抗压强度较低。水泥为 P·O42.5 普通硅酸盐水泥。

表 4-75 中，A 组与 F 组的对比发现，虽然 F 组粉煤灰比 A 组多 40 kg，但对早期强度没有太大的影响。A 组与 C 组对比发现，掺有一定量的粉煤灰对硅灰早期强度的发挥有促进作用，虽然硅灰少加了 15 kg，但对 3 d 强度影响不大。B 组与 D 组对比发现，虽然 B 组粉煤灰掺量少，但早期强度反而高，通过比较发现 B 组减水剂的掺量仅为 1.6%，而其他组为 1.8%，原因可能有两点：一是由于减水剂的掺入引入了气泡，导致混凝土内部不够致密，从而影响到混凝土的强度；二是减水剂的缓凝组分延缓了混凝土早期强度的发挥。D 组与 E 组的对比发现，硅灰的掺量适当增加有助于早期强度的提高。综合分析来看，加入硅灰有利于混凝土早期强度的发展，粉煤灰虽然对早期强度贡献不大，但其加入对硅灰早强作用的发挥有促进效果。

4.2.3.2 高钛重矿渣高性能混凝土配合比设计

1) 普通混凝土配合比设计

参考《普通混凝土配合比设计规程》，采用高钛重矿渣碎石替代普通碎石，高钛重矿渣砂替代河砂，进行高钛重矿渣集料混凝土配合比试验，试验基准配合比采用 C30 普通混凝土 (表 4-76)。

表 4-76 C30 高钛重矿渣混凝土基准配合比

单位：kg/m³

水泥	粉煤灰	砂	石	水	减水剂
305	90	810	1 145	196	3.9

表 4-77 试验结果表明，采用普通混凝土配合比进行高钛重矿渣集料混凝土制备时，混凝土工作性能较差，坍落度损失较快，和易性差，黏聚性不好。快冷多孔砂、碎石集料高钛重矿渣混凝土不宜用于配制大流动性能的混凝土，慢冷少孔砂、碎石可以用于配制泵送混凝土，但是要解决其和易性和坍落度损失大的问题。因此，需要提出一种适合高钛重矿渣集料混凝土配合比的设计方法。

表 4-77 C30 高钛重矿渣混凝土基本性能

编号	0 h 坍落度/mm	1 h 坍落度/mm	2 h 坍落度/mm	和易性	7 d 强度/MPa	28 d 强度/MPa
1	220	200	180	好	32.1	43.7
2	50	10	—	差	30.2	41.8
3	190	140	100	一般	29.5	42.6

注：编号 1 为普通石灰岩碎石和河砂；编号 2 为快冷多孔砂、碎石；编号 3 为慢冷少孔砂、碎石。

2) 高钛重矿渣集料混凝土配合比设计方法——绝对体积法

(1) 绝对体积法配合比设计原理。高钛重矿渣集料具有多孔特性，与普通集料有较大差别，高钛重矿渣砂粉尘含量较高，采用普通高性能混凝土设计方法不能充分利用集料特性，因此不宜采用普通混凝土配合比设计方法，需要根据高钛重矿渣集料特点，提出一种新型的高钛重矿渣混凝土配合比设计方法。借鉴轻集料混凝土配合比设计方法，采用松散体积法，固定砂、碎石体积，首先考虑满足高钛重矿渣混凝土的工作性能，确定高钛重矿渣混凝土配合比设计方法：

① 测定高钛重矿渣碎石的松散堆积密度 ρ_{go} 和表观密度 ρ_g，测定高钛重矿渣砂的表观密度 ρ_{so}。

② 设定每立方米混凝土中高钛重矿渣碎石用量的松散堆积体积为 a_g，根据高钛重矿渣碎石的松堆密度 ρ_{go} 计算 $1m^3$ 混凝土中高钛重矿渣碎石用量：

$$G_g = \rho_{go} \times a_g \quad (4-10)$$

③ 根据高钛重矿渣碎石用量 G_g 和密度 ρ_g 计算出每立方米混凝土中高钛重矿渣碎石的密实体积 V_g：

$$V_g = G_g/\rho_g \quad (4-11)$$

④ 高钛重矿渣砂浆体积 V_{sj}：

$$V_{sj} = 1 - V_g \quad (4-12)$$

⑤ 设定高钛重矿渣砂浆中渣砂体积含量为 a_s，根据高钛重矿渣砂浆密实体积 V_{sj} 和渣砂体积含量 a_s 计算出渣砂的密实体积 V_{so} 和高钛重矿渣砂浆的密实体积 V_j：

$$V_{so} = V_{sj} \times a_s \quad (4-13)$$

$$V_j = V_{sj} - V_{so} \quad (4-14)$$

⑥ 根据高钛重矿渣砂密实体积 V_{so} 和高钛重矿渣砂的表观密度 ρ_{so} 计算出 $1m^3$ 混凝土中高钛重矿渣砂的用量：

$$G_s = \rho_{so} \times V_{so} \quad (4-15)$$

⑦ 根据高钛重矿渣混凝土的设计强度等级和掺和料类型、用量确定水胶比 w/b、掺和料(F)体积替代水泥(C)量 k 和外加剂用量，确定复合胶凝材料的表观密度 ρ_b：

$$\rho_b = \rho_f \times k + \rho_c \times (1-k) \quad (4-16)$$

⑧ 由复合胶凝材料的表观密度 ρ_b、水胶比 w/b 计算水和总胶凝材料的体积比，再根据总浆体体积分别求出总胶凝材料和水的体积，计算出总胶凝材料用量 G_b：

$$\frac{G_b}{\rho_b} + \frac{w/b \times G_b}{1000} = V_j \quad (4-17)$$

⑨ 根据水胶比和总胶凝材料用量计算出用水量：

$$G_w = G_b \times w/b \quad (4-18)$$

⑩ 根据总胶凝材料体积 V_b 和矿物掺和料替代率 k 及各自的表观密度，分别求出 $1m^3$ 混凝土中的矿物掺和料用量 G_{FA} 和水泥用量 G_c：

$$V_b = G_b/\rho_b \quad (4-19)$$

$$V_f = V_b \times k \quad (4-20)$$

$$G_{FA} = \rho_{FA} \times V_{FA} \quad (4-21)$$

$$V_c = V_b \times (1-k) \quad (4-22)$$

$$G_c = \rho_c \times V_c \quad (4-23)$$

高钛重矿渣混凝土配合比设计流程如图 4-37 所示。

(2) 配合比设计关键控制参数试验研究。采用慢冷少孔高钛重矿渣砂、碎石进行泵送高性能混凝土配合比设计，为了得到配合比设计中关键控制因素对高钛重矿渣混凝土工作性能与力学性能的影响大小，找出配合比设计中的影响显著因素，本试验研究设计 L16 正交试验，以混凝土坍落度、扩展度、倒坍时间、7d 强度作为控制指标。正交试验因素水平表见表 4-78，试验结果见表 4-79。表 4-80 的分析结果表明，三种因素对高钛重矿渣混凝土的坍落度与扩展度的影响顺序依次为 B 渣砂体积含量＞C 粉煤灰体积掺量＞A 高钛重矿渣碎石松堆体积。渣砂体积含量对高钛重矿渣集料混凝土的坍落度与扩展度影响最大，渣砂体积含量存在一个最佳值，随着渣砂体积含量的增大，高钛重矿渣的坍落度与扩展度先增大、后减小；随着粉煤灰掺量的增加，高钛重矿渣混凝土的坍落度与扩展度增大；高钛重矿渣碎石松散堆积对混凝土坍落度与扩展度的影响较小。

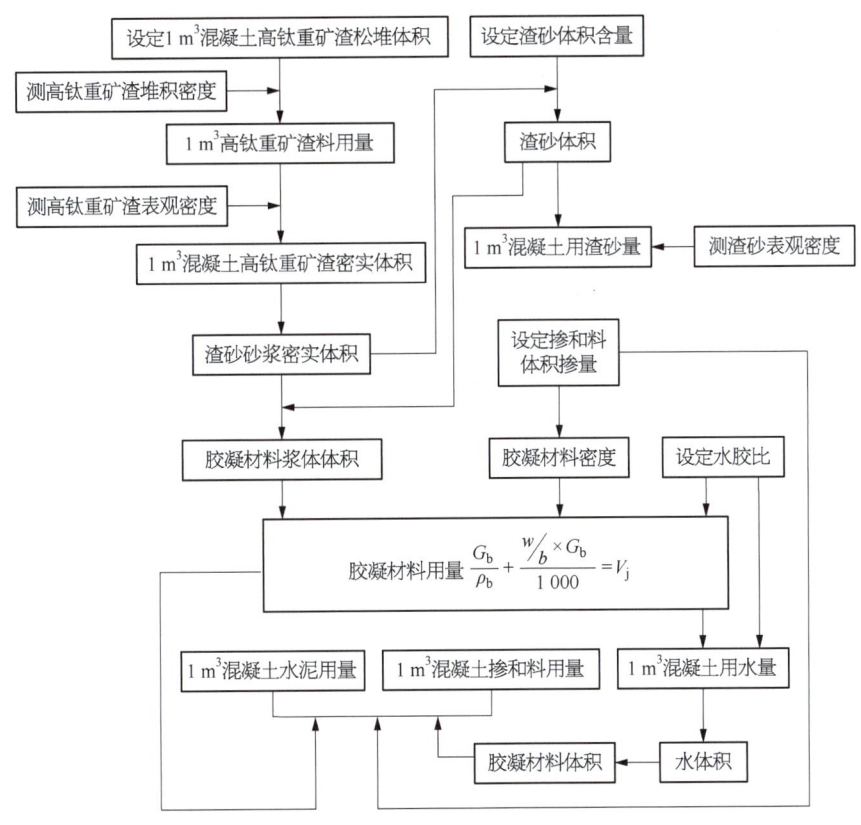

图 4-37 高钛重矿渣混凝土配合比设计流程图

表 4-78 因素水平表

水平	因素			水平	因素		
	A 高钛重矿渣碎石松堆体积	B 渣砂体积含量	C 粉煤灰体积掺量/%		A 高钛重矿渣碎石松堆体积	B 渣砂体积含量	C 粉煤灰体积掺量/%
1	0.8	0.45	10	3	0.7	0.55	30
2	0.75	0.5	20	4	0.65	0.6	40

表 4-79 试验结果

编号	因素			Δh/mm	D/mm	t/s	RC/MPa	编号	因素			Δh/mm	D/mm	t/s	RC/MPa
	A	B	C						A	B	C				
1	1	1	1	220	540	8	31.2	9	3	1	3	190	380	17	41.2
2	1	2	2	225	535	12	33.1	10	3	2	4	175	320	51	38.7
3	1	3	3	220	560	18	29.3	11	3	3	1	210	550	11	31.3
4	1	4	4	210	520	24	34.7	12	3	4	2	225	570	11	26.3
5	2	1	2	225	570	9	37.1	13	4	1	4	180	330	56	36.7
6	2	2	3	230	580	9	35.3	14	4	2	1	215	510	29	33.2
7	2	3	4	170	310	45	32.1	15	4	3	2	225	500	13	32.0
8	2	4	3	220	580	12	25.7	16	4	4	1	230	570	10	25.8

① 坍落度及扩展度极差分析。

② 倒坍时间极差分析。表 4-81 的分析结果表明,三种因素对高钛重矿渣混凝土倒坍时间的影响与对坍落度和扩展度的影响类似,顺序依次为 B 渣砂体积含量＞C 粉煤灰体积掺量＞A 高钛重矿渣碎石松堆体积。渣砂体积含量对高钛重矿渣混凝土的

表 4-80　坍落度与扩展度极差分析表

项目名称		诸因素与水平代数和			
		A	B	C	空
坍落度 Δh/mm	K1	875	895	800	825
	K2	850	895	845	835
	K3	795	845	830	850
	K4	840	725	885	850
	R	20	42.5	21.25	6.25
扩展度 D/mm	K1	2 155	2 260	1 790	1 910
	K2	2 020	2 165	1 945	1 975
	K3	1 830	2 020	1 930	2 020
	K4	1 880	1 440	2 220	1 980
	R	81.25	205	107.5	27.5

表 4-81　倒坍时间极差分析表

项目名称		诸因素与水平代数和			
		A	B	C	空
倒坍时间 t/s	K1	62	36	90	91
	K2	72	43	100	89
	K3	88	74	87	87
	K4	107	176	52	62
	R	11.25	35	12	7.25

倒坍时间影响最大，渣砂体积含量存在一个最佳值，随着渣砂体积含量的增大，高钛重矿渣混凝土的和易性能变好，混凝土倒坍时间减小，当渣砂体积含量增加到一定程度后，混凝土的黏性增加，倒坍时间变长；随着粉煤灰掺量的增加，高钛重矿渣混凝土的倒坍时间减小；高钛重矿渣碎石松散堆积体积对混凝土倒坍时间的影响较小，随着碎石松散堆积体积的增加，混凝土和易性和包裹性能变差，倒坍时间增加。

③ 强度极差分析。表 4-82 分析结果表明，三种因素对高钛重矿渣混凝土的抗压强度影响顺序依次为 C 粉煤灰体积掺量＞A 高钛重矿渣碎石松堆体积＞B 渣砂体积含量，粉煤灰掺量对高钛重矿渣混凝土的力学性能的影响最大，随着粉煤灰掺量的增加，水泥用量减少，混凝土 7 d 强度降低；高钛重矿渣碎石松散堆积体积存在一个最佳值，随着高钛重矿渣碎石松堆体积的增大，混凝土的力学性能先增大、后减小；渣砂体积含量对混凝土力学性能的影响较小。

表 4-82　抗压强度极差分析表

项目名称		诸因素与水平代数和			
		A	B	C	空
抗压强度/MPa	K1	128.3	122.5	146.2	120.8
	K2	130.1	126.5	140.0	126.8
	K3	135.5	129.4	124.7	129.9
	K4	126.7	142.2	109.5	143.1
	R	2.2	4.925	9.175	5.575

综上研究结果，得到高钛重矿渣混凝土配合比关键控制参数的范围：粉煤灰体积掺量为 20%～30%，高钛重矿渣碎石松堆体积为 0.7～0.75 m³，渣砂体积含量为 0.5～0.55。根据上述范围，计算出 C30 高钛重矿渣混凝土的基本配合比，见表 4-83。

表 4-83　正交试验得到的 C30 高钛重矿渣混凝土基本配合比

单位：kg/m³

水泥	粉煤灰	渣砂	渣石	水	减水剂
320	80	847	1 192	150	3.9

(3) 全高钛重矿渣混凝土配合比优化设计。根据正交试验得到的高钛重矿渣集料混凝土的配合比，满足了设计施工的工作性能要求，但是对高钛重矿渣集料性能对混凝土产生影响的因素并未考虑，需要对高钛重矿渣混凝土配合比进行优化设计，考虑粗集料预湿时间、渣砂中渣粉含量及外加剂对高钛重矿渣混凝土工作性能、力学性能及体积稳定性能的影响规律。

① 预湿时间对全高钛重矿渣混凝土性能的影响。由于高钛重矿渣集料的多孔形貌具有很强的吸水特性，在进行混凝土试配前要进行预湿处理，不同的预湿处理时间，集料具有不同的含水率，对混凝土的工作性能及经时坍落度损失影响不同。基准配合比见表 4-83，高钛重矿渣集料不同预湿时间对混凝土工作性能的影响见表 4-84。

表 4-84 试验结果表明，随着高钛重矿渣集料预湿时间的延长，碎石的含水率随之增加，混凝土的工作性能更好，坍落度损失减小。当预湿时间达到 7 h 后，碎石吸水达到饱和状态，混凝土的工作性能最佳，初始坍落度达到 220 mm，扩展度为 550 mm，2 h 混凝土基本无坍损，满足泵送混凝土施工性能要求。预湿时间对混凝土力学性能的影响不大，相比

表 4-84 预湿时间对混凝土性能的影响

编号	预湿时间/h	碎石含水率/%	初始坍落度/扩展度/mm	2 h坍落度/扩展度/mm	28 d强度/MPa
1	0	0	200/450	100/300	37.2
2	1	2.1	200/460	120/340	38.1
3	3	2.9	210/480	180/430	40.5
4	5	3.7	220/530	200/500	41.8
5	7	4.2	220/550	210/510	42.5
6	12	4.3	220/550	210/520	40.2

未预湿混凝土,预湿 7 h 的混凝土 28 d 强度增加 5.3 MPa。这是由于高钛重矿渣是多孔结构,未预湿的集料在混凝土拌合过程中会吸收大量的自由水,影响混凝土的工作性能;而预湿吸水的集料由于其多孔效应,水在混凝土中分布更加均匀,混凝土拌合过程中,孔隙中的水会补偿其坍落度损失,使混凝土保持很好的工作性能;另外,高钛重矿渣吸附的水在后期混凝土强度发展过程中释放出来,起到内养护作用,增强集料界面黏结性能,有利于混凝土强度的发展。因此,高钛重矿渣集料配制高性能混凝土时要采取预湿措施,浸泡 7 h 对于混凝土的工作性能和力学性能最有利。

② 预湿时间对全高钛重矿渣混凝土体积稳定性的影响。采用表 4-83 的混凝土配合比,选择未预湿处理、预湿 7 h、预湿 12 h 的高钛重矿渣集料制备混凝土,研究不同预湿时间对混凝土体积稳定性的影响,如图 4-38 所示。

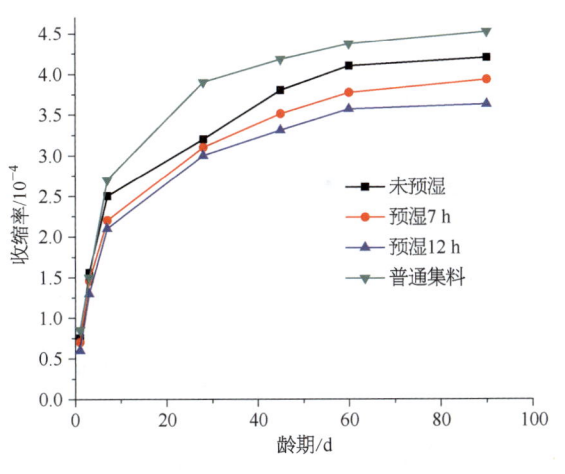

图 4-38 预湿时间对收缩率的影响

图 4-38 结果表明,高钛重矿渣集料混凝土的收缩曲线明显不同于普通集料混凝土,普通混凝土收缩曲线在 28 d 之后基本趋于稳定,收缩率变化不大,而高钛重矿渣混凝土在 28 d 以后还有明显收缩,60 d 之后混凝土收缩率趋于稳定。未预湿集料的高钛重矿渣混凝土收缩率很大,与普通混凝土相当,随着预处理时间的延长,集料的含水率变大,内养护水分增加,混凝土的收缩减小,预湿处理 7 h,相较于未预湿混凝土,高钛重矿渣混凝土的收缩率降低 20%。

这是由于在拌合前通过预湿处理而使高钛重矿渣集料内部含有一定量的水,这部分水会随着混凝土内部湿度的降低而逐渐释放出来,外界的湿度较低,释放过程还会加速,释放出来的水分不仅能使水泥水化得更为充分,而且还能补偿混凝土的干缩。因此,通过提高高钛重矿渣内部的含水率可以减小混凝土的收缩。

③ 渣粉含量对全高钛重矿渣混凝土性能的影响。高钛重矿渣砂在混凝土中起着润滑、减少粗集料颗粒之间的摩擦阻力的作用。高钛重矿渣砂由于渣粉含量高、颗粒圆度差、颗粒级配差,导致混凝土包裹性能差,泵送施工性能不好。通过内掺渣粉,选择渣粉含量为 0%~20%,研究高钛重矿渣砂渣粉含量对混凝土工作性能的影响。试验基准配合比见表 4-83,试验结果见表 4-85。

表 4-85 渣粉含量对混凝土性能的影响

编号	渣粉含量/%	初始坍落度/扩展度/mm	2 h坍落度/扩展度/mm	28 d强度/MPa
1	0	200/450	170/390	39.3
2	5	210/490	190/430	38.9
3	10	230/540	200/510	42.5
4	15	220/530	200/500	41.0
5	20	200/500	170/450	40.4

表 4-85 试验结果表明,随着高钛重矿渣砂渣粉含量的增加,混凝土的工作性能和抗压强度先提高、后降低,当渣粉含量为 10% 时,混凝土的工作性能(坍落度大于 220 mm,扩展度大于 550 mm)和抗压强度最佳,混凝土包裹性能最好,28 d 的强度为 42.5 MPa;渣粉含量小于 15% 时,渣粉对混凝土的工作性能影响不大。由于高钛重矿渣碎石的多孔形貌,在拌合过程中会吸附大量的水泥浆体,从而导致混凝土包裹性能变差,掺加渣粉,在一定掺量范围内,随着渣粉掺量的增加,浆体量增加,浆体润滑作

用愈加显著,混凝土的塑性黏度降低,流动性提高。但渣粉含量在增大到一定程度后,其总表面积过分增大,在一定用水量的条件下,砂浆的黏度增加,从而使混凝土的流动性能降低,工作性能降低。因此,需要控制高钛重矿渣砂中的渣粉含量。

④ 渣粉含量对高钛重矿渣混凝土收缩性能的影响。高钛重矿渣集料不同的渣粉含量会对混凝土的工作性能和力学性能产生较大影响,也会影响到高钛重矿渣混凝土的体积稳定性能。通过内掺渣粉,选择渣粉含量为 0%～20%,研究高钛重矿渣砂渣粉含量对混凝土收缩性能的影响。试验基准配合比见表 4-83,试验结果如图 4-39 所示。

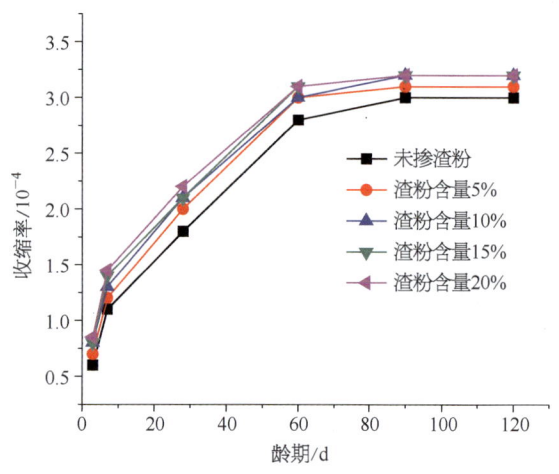

图 4-39　渣粉含量对混凝土收缩率的影响

图 4-39 试验结果表明,渣粉含量对高钛重矿渣混凝土的收缩率影响不大,随着渣粉含量的增加,高钛重矿渣混凝土的收缩率稍微增大,120 d 的混凝土收缩率基本稳定在 3.0×10^{-4}～3.2×10^{-4}。这是由于高钛重矿渣砂中渣粉与普通砂中粉尘不同,高钛重矿渣渣粉是没有活性的超细惰性混合材料,由于其颗粒尺寸效应,高钛重矿渣混凝土更加密实,体积稳定性更好。

⑤ 外加剂对全高钛重矿渣混凝土工作性能的影响。由于高钛重矿渣集料的多孔形貌,以及渣砂粉尘含量高,对于水和外加剂的吸附量很大,需要大量的水泥浆体包裹。以前相关研究中高钛重矿渣集料泵送混凝土与普通混凝土配合比相比,胶凝材料总量偏大,混凝土流动性能差,在泵送施工过程中,由于高钛重矿渣集料的吸、放水,使得混凝土易堵管或离析、泌水。因此,需要针对高钛重矿渣集料特殊的形貌特征,对外加剂进行调整,增加高钛重矿渣混凝土的保水性能,使混凝土工作性能最佳。采用表 4-83 中基准配合比进行试验,在保持减水剂母液组分不变的前提下,增加羟丙基甲基纤维素醚保水增黏组分,分子结构简式如图 4-40 所示,优化其掺量,试验方案见表 4-86。

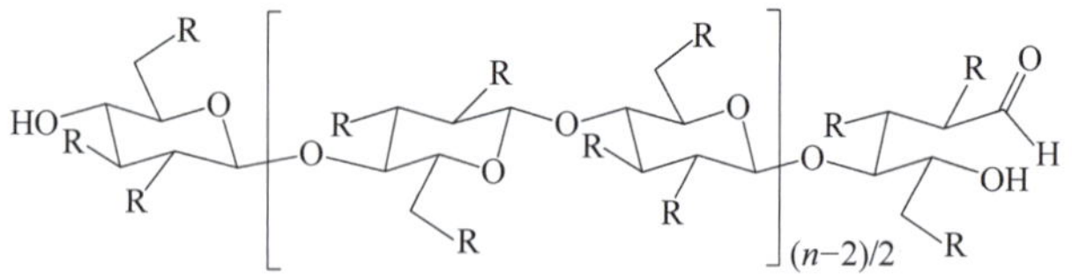

图 4-40　羟丙基甲基纤维素醚分子简式

表 4-86　外加剂组成对混凝土工作性能的影响

编号	掺量/%	倒坍时间/s	0 h 坍落度/mm	1 h 坍落度/mm	2 h 坍落度/mm
1	0	26	170	150	100
2	0.01	21	200	180	170
3	0.03	10	230	210	190
4	0.05	18	210	190	170
5	0.07	36	190	170	150

注:掺量为羟丙基甲基纤维素醚与胶凝材料总量的比。

表 4-86 试验结果表明,羟丙基甲基纤维素醚的加入对高钛重矿渣集料混凝土工作性能的影响明显,混凝土的包裹性能变好,混凝土坍落度损失明显减小。随着羟丙基甲基纤维素醚掺量的增加,混凝土的坍落度先增大、后减小,倒坍时间先减小、后变大,当羟丙基甲基纤维素醚的掺量为 0.03% 时,混凝土的工作性能达到最佳,倒坍时间为 10 s,初始坍落度为 230 mm,2 h 坍落度为 190 mm,混凝土泵送施工性能最佳。这是由于羟丙基甲基纤维素醚分子结构中的羟基和醚键上的氧原子与水分子形成氢键,将水泥浆体中的自由水变成结合水,使得水泥浆体中的自由水减少,增加了水泥浆体的黏度,起到保水增黏的作用。

3) 高钛重矿渣集料混凝土配合比设计方法——密实骨架堆积法

由于慢冷高钛重矿渣砂孔隙较小,为了最大限度降低水泥用量,获得最优配合比,可采用密实骨架堆积法设计"高钛重矿渣砂＋普通碎石"高性能混凝土。

(1) 密实骨架堆积法基本原理。由材料的堆积理论可知,当利用密度较小的材料来填充密度较大材料间的空隙时,其密度曲线是一个具有峰值的抛物线,当密度与体积均较小的材料完全填充了大粒径材料中间间隙时,即达到密度曲线峰值,当达到峰值而继续添加填充材料时,大粒径高密度材料间原本的间隙被迫撑大,反而导致密度的降低。所以为了实现骨料的密实堆积,提高材料整体强度,需调整混凝土中粗细集料的掺入比例,让粗细骨料的堆积产生混凝土最大容重,从而达到混凝土材料的最小孔隙率。在具体实施时,按四分法取料,对每次的密实容重进行测定,将多次试验数据通过曲线拟合,从而得出混凝土的致密堆积系数 α、β,调整各部分组成材料的掺量以获得最大堆积密度 U_w。

采用密实骨架堆积原理进行大体积混凝土的配合比设计时,首先将不同比例的粉煤灰与砂进行充填试验,以获得最大单位容重;再将最大单位容重掺入比例下的粉煤灰与砂作为细集料同石子进行充填试验,从而获得骨料与粉料在密实填充状态下的最大单位容重,进一步确定材料最小空隙率 V_v 及所需要的润滑浆量;最后根据混凝土强度和耐久性的相关设计要求确定水胶比。

(2) 密实骨架堆积法计算方法。

① 确定粉煤灰与砂的填充比例:

$$\alpha = w_f / (w_f + w_s) \quad (4-24)$$

② 以 α 比例的细骨料(含粉煤灰与砂)填塞石子,得最大堆积因子 β:

$$\beta = (w_f + w_s) / (w_f + w_s + w_a) \quad (4-25)$$

③ 混凝土中粉料与骨料密实堆积的最大单位重为 U_w:

$$U_w = w_f + w_s + w_a \quad (4-26)$$

④ 最大单位重下的石子质量:

$$agg = U_w (1 - \beta) \quad (4-27)$$

⑤ 最大单位重下的砂质量:

$$sand = U_w \beta (1 - \alpha) \quad (4-28)$$

⑥ 最大单位重下的粉煤灰质量:

$$fly = U_w \beta \alpha \quad (4-29)$$

⑦ 骨料密实堆积的条件下的最小空隙率:

$$V_v = 1 - (fly/\gamma_f + sand/\gamma_s + agg/\gamma_a)$$
$$(4-30)$$

⑧ 混凝土单位体积下的水泥浆体积:

$$V_p = V_v + s \times t = N \times V_v \quad (4-31)$$

⑨ 混凝土单位体积下的骨材体积:

$$V_{agg} = 1 - V_p \quad (4-32)$$

式中 w_f、w_s、w_a —— 粉煤灰、砂、石子的质量;

α、β —— 细集料及粗集料的致密堆积系数;

γ_f、γ_s、γ_a —— 粉煤灰、砂、石子的密度;

N —— 水泥浆量的放大倍数;

s —— 骨材表面积;

t —— 包裹于骨材表面的润浆厚度。

4.2.4 混凝土力学性能与耐久性能

4.2.4.1 高钛重矿渣砂混凝土

1) 不同部位高钛重矿渣砂混凝土设计

(1) 承台 C30 大体积混凝土。水泥用量的多少直接影响水泥水化热的多少,一般每立方米混凝土水泥用量每增减 10kg,水泥水化热将使混凝土的温度相应升降 1℃。因此,在保证混凝土强度等级、和易性、耐久性的前提下,应尽量减少水泥用量,以减少水泥水化的总发热量,从而降低混凝土内部的最高温度及温度应力。采用大掺量粉煤灰的方式一方面可以降低水泥用量从而减少水泥水化热,使混凝土的温度相应降低,另一方面有利于提高混凝土的耐久性。

由于承台部位大体积混凝土一般采用泵送施工,混凝土泵送施工中,混凝土可泵性与水泥用量有很大的关系,水泥用量除满足混凝土的强度要求外,还要满足管道的输送要求。因混凝土拌合物中石子本身无流动性,它必须均匀地分散在水泥浆体中才能流动(相对位移),而石子产生相对移动的阻力和水泥浆的厚度有关。在混凝土拌合物中,水泥浆填充骨料颗粒间的空隙并包裹着骨料,在骨料表面形成浆层,而这种浆层的厚度加大,骨料产生相对移动的阻力就会减小。若水泥用量不足,水泥浆不能包裹骨料全部表面，会造成管道输送时摩阻力增大，且这种混凝土保水性差，容易产生泌水和离析，泵送时易发生混凝土堵管现象。若水泥用量过大，混凝土拌合物黏度增高，泵送阻力增大，且会使凝结硬化的混凝土增大干缩和开裂的风险，在大体积混凝土施工中还会引起较大的温度应力而产生温度裂缝。所以选择合适的水泥用量是提高泵送混凝土的可泵性、降低工程成本、确保工程质量的关键。为了确定合适的水泥用量，近几年来为了提高混凝土的可泵性，确保工程质量，进行了深入系统的大量试验，最终将 C30 高钛重矿渣砂承台大体积混凝土水泥用量确定在 230～250 kg/m³。

由于 C30 高钛重矿渣砂混凝土中所掺胶凝材料较少，对集料的黏结力不足。通过研究发现纤维素醚加入混凝土能够有效增加混凝土中浆体黏度。这是因为纤维素醚分子中的羟基与醚键具有强烈的亲水性，并在溶液中形成立体网络结构，纤维素醚改性水泥浆中，纤维素醚立体网络结构与水泥水化产物网络结构之间相互交织，以及纤维素醚分子与水泥水化产物之间的吸附，共同产生"复合叠加效应"，使得水泥浆的整体黏度显著增加，并且随着纤维素醚掺量的增加，这种复合叠加效应愈强，使得水泥浆体的黏度增加的幅度随着纤维素醚掺量的增加而增大。

因此，采用高钛重矿渣砂、普通碎石为混凝土集料，掺加大量粉煤灰及一定量的纤维素醚，以降低混凝土早期水化热，减少温度收缩裂缝的产生，并选用水化热较低的水泥，尽可能减少水泥用量。通过以上原理进行 C30 大体积混凝土配合比设计，基准配合比见表 4－76，试验配合比见表 4－87。

表 4－87　C30 高钛重矿渣砂承台大体积混凝土试配结果

编号	水泥/kg	粉煤灰/kg	砂率/%	大石：小石	纤维素醚/10⁻⁴	减水剂/%	水胶比	坍落度/mm		抗压强度/MPa	
								0 h	1 h	7 d	28 d
A	230	160	42	6∶4	1	1.3	0.41	200	180	26.5	41.2
B	240	150	42	6∶4	1	1.3	0.41	190	170	28.1	40.1
C	250	140	42	6∶4	1	1.3	0.41	190	160	29.3	42.5

表 4－87 试验结果表明，A 组配合比所配制的混凝土初始工作状态最佳，7 d 及 28 d 抗压强度均能满足工程要求，且所掺粉煤灰的量最大，能对降低大体积混凝土水化放热产生更有利的作用，可以更有效地减少温度收缩裂缝的产生。因此将 A 组配合比作为表 4－96 中 A（C30 高钛重矿渣砂承台大体积混凝土）对应的配合比。

（2）桩基 C30、桥墩 C40 混凝土。桥梁桩基、桥墩等部位混凝土一般需要长距离泵送施工，要求混凝土不离析、泌水，具有良好的工作性能。由于 C30、C40 高钛重矿渣砂混凝土中所掺胶凝材料较少，对集料的黏结力不足，通过在混凝土中添加上文中的纤维素醚可使得水泥浆的整体黏度显著增加，解决低胶凝材料用量混凝土易离析、泌水的问题。

减缩增韧剂是通过引入一种具有超长分子链的硅氧烷基团和聚醚基团（图 4－41），利用这种聚合物的超长分子链在基体中相互缠结形成的网络状骨架结构，可以降低混凝土毛细孔溶液的表面张力，达到降低毛细孔力的作用，从而降低混凝土的干燥收缩和自收缩。由于在增韧体系中，减缩增韧剂具有的环境响应交联点，可以使其与包括自身在内的物质相互交联，形成复杂的网络状骨架结构，当材料受到外力作用时吸收部分冲击能，提高混凝土的断裂韧性，通过这种网络状骨架结构的形变、吸收和传递来自基体的冲击能量，达到减缩增韧的目的。减缩增韧剂中引入柔性基团，可以使得裂纹扩展需要吸收更多的能量，从而使混凝土的断裂韧性增加。制备过程：加入具有遥爪结构的减缩剂和吸水释水增韧聚合物，其中具有遥爪结构的减缩剂主要成分为低级醇的环氧化合物与烷基聚氧乙烯醚；吸水释水增韧聚合物主要成分为对氨基甲酸酯嵌段共聚物改性处理后的一种具有超长分子链的硅氧烷基团和聚醚基团。减缩剂与增韧剂用量比为 1∶2，然后通过与高效减水剂复合，可以制成使用效果显著的混凝土减缩增韧剂，掺量为复合减水剂用量的 30%～45%。

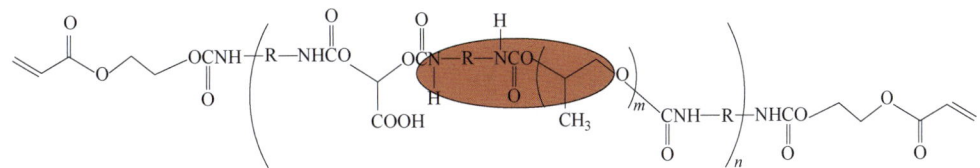

图 4-41 增韧材料分子规整性调节图

采用高钛重矿渣砂、普通碎石，调整粉煤灰掺量，并掺加一定量的纤维素醚来进行 C30、C40 高钛重矿渣砂混凝土配合比优化设计，基准配合比见表 4-76，试验配合比见表 4-88、表 4-89。

表 4-88 C30 高钛重矿渣砂桩基混凝土试配结果

编号	水泥/kg	粉煤灰/kg	砂率/%	大石：小石	纤维素醚/10^{-4}	减水剂/%	水胶比	坍落度/mm		抗压强度/MPa	
								0h	1h	7d	28d
A	280	100	42	6:4	0.4	1.3	0.40	220	200	32.0	39.0
B	300	80	42	6:4	0.4	1.3	0.40	210	200	34.8	42.2
C	320	60	42	6:4	0.4	1.3	0.40	220	190	36.5	45.1

表 4-89 C40 高钛重矿渣砂桥墩混凝土试配结果

编号	水泥/kg	粉煤灰/kg	砂率/%	大石：小石	减水剂/%	纤维素醚/10^{-4}	水胶比	坍落度/mm		抗压强度/MPa	
								0h	1h	7d	28d
A	340	80	43	6:4	1.6	0.5	0.38	220	200	45.8	50.4
B	360	60	43	6:4	1.6	0.5	0.38	220	170	43.4	50.5
C	380	40	43	6:4	1.6	0.5	0.38	180	160	45.5	51.2

表 4-88 试验结果表明，A 组配合比所配制的混凝土初始工作状态最佳，7d 及 28d 抗压强度均能满足工程要求，且所掺粉煤灰的量最大，水泥用量最小，由于水泥较粉煤灰单价更高，A 组配合比的工程造价最低。因此将 A 组配合比作为表 4-96 中 B (C30 高钛重矿渣砂桩基混凝土) 对应的配合比。

表 4-89 试验结果表明，A 组配合比所配制的混凝土初始工作状态、7d 及 28d 抗压强度均最佳，另外该配合比工程造价也最低。因此将 A 组配合比作为表 4-96 中 C (C40 高钛重矿渣砂桥墩混凝土) 对应的配合比。

（3）T 梁 C50 混凝土。

① 减缩增韧剂与高效减水剂复合。针对混凝土收缩及抗裂性能较差的问题，通过引入一种具有超长分子链的硅氧烷基团和聚醚基团的减缩增韧剂，利用这种聚合物的超长分子链在基体中相互缠结形成的网络状骨架结构，可以降低混凝土毛细孔溶液的表面张力，达到降低毛细孔力的作用，从而降低混凝土的干燥收缩和自收缩。

② C50 高钛重矿渣砂混凝土配合比优化设计。预制梁高性能混凝土一般采用门吊吊装料斗进行浇筑施工，混凝土出机到入模时间较短，运输距离较近，混凝土坍落度损失较小。在上述施工条件要求下，通过掺入一定量复配的减缩增韧剂与高效减水剂，对细度模数 2.5~3.0、粉尘含量 10.0%~15.0% 的预湿高钛重矿渣砂进行 C50 高钛重矿渣砂混凝土配合比优化设计，试验配合比见表 4-90。

表 4-90 C50 高钛重矿渣砂预制梁混凝土试配结果

编号	水泥/kg	粉煤灰/kg	砂率/%	砂的含水率/%	大石：小石	减水剂/%	水胶比	坍落度/mm		扩展度/mm		抗压强度/MPa	
								0h	1h	0h	1h	7d	28d
A	400	70	43	7.5	6:4	1.3	0.32	160	140	470	410	45.8	58.3
B	420	50	43	6.0	6:4	1.3	0.32	150	130	460	400	47.6	60.5
C	430	60	43	5.0	6:4	1.3	0.32	180	160	500	460	50.3	61.2

(续表)

编号	水泥/kg	粉煤灰/kg	砂率/%	砂的含水率/%	大石：小石	减水剂/%	水胶比	坍落度/mm 0h	坍落度/mm 1h	扩展度/mm 0h	扩展度/mm 1h	抗压强度/MPa 7d	抗压强度/MPa 28d
D	450	48	43	11.0	6∶4	1.3	0.32	180	160	500	460	53.2	65.1
E	450	48	43	8.0	6∶4	1.3	0.32	180	160	500	460	52.3	64.8
F	450	48	43	11.0	6∶4	1.5	0.30	180	160	510	470	54.5	66.2
G	450	48	43	8.0	6∶4	1.1	0.34	180	140	500	460	46.8	58.4
H	450	48	45	8.0	6∶4	1.3	0.32	180	160	490	440	53.1	64.5
I	450	48	41	8.0	6∶4	1.3	0.32	180	160	480	420	52.7	63.9

根据表4-90试验结果，通过A、B、C、D这四组不同的胶凝材料组分配合比的对比发现，C、D两组配合比对应的混凝土拌合物不仅初始工作状态满足施工要求，抗压强度也能达到设计要求；通过D、E组配合比的对比发现，在水胶比不变的情况下，高钛重矿渣砂中含水率的变化对混凝土拌合物的初始状态与混凝土的抗压强度没有明显的影响；通过D、F、G这三组配合比的对比发现，在保证混凝土拌合物初始工作状态一致的情况下，外加剂掺量的变大有利于提高混凝土的抗压强度；通过D、H、I三组配合比的对比发现，只改变砂率对混凝土的抗压强度影响不大，但是过高(45%)或过低(41%)的砂率对混凝土拌合物的初始状态会产生不利的影响，使混凝土初始拌合物的包裹性变差或易出现抓底、泌水现象，扩展度在相同的时间里损失变大。综合以上分析，C、D组配合比配制的混凝土初始工作状态与抗压强度均较好，但D组配合比中胶凝材料用量较多，由于预制梁是桥梁较为关键的部位，对混凝土强度的要求较高，同时考虑到现场施工等因素的影响，混凝土强度应该有一定的富余系数。因此，确定D组配合比作为表4-96中D(C50高钛重矿渣砂预制梁混凝土)对应的配合比。

③ C50高钛重矿渣砂混凝土配合比经济性对比。表4-91对普通河砂、高钛重矿渣砂配制的C50混凝土进行了经济性对比，结果表明用P·O42.5水泥和普通河砂配制的C50混凝土7d强度达48.7MPa，基本满足7d预应力张拉的要求。用P·O42.5水泥和高钛重矿渣砂配制的C50混凝土7d强度达53.2MPa，同样满足7d预应力张拉的要求，且混凝土拌合物的初始工作状态较普通河砂混凝土好。此外，用普通河砂制备的混凝土为402.34元/m³，用高钛重矿渣砂制备的混凝土为336.34元/m³，因此用高钛重矿渣砂制备的混凝土较普通河砂混凝土降低约66元/m³的成本，有非常高的性价比。因此，综合以上因素，最后确定采用表4-91中的B对应的混凝土配合比进行工程应用。

表4-91 C50高钛重矿渣砂混凝土配合比经济性对比

项目	P.O42.5水泥/kg	粉煤灰/kg	天然砂/kg	石/kg	减水剂/kg	水/kg	坍落度/扩展度/mm 0h	坍落度/扩展度/mm 1h	抗压强度/MPa 3d	抗压强度/MPa 7d	抗压强度/MPa 28d
编号A	494	0	596	1156	4.9	154	180/480	140/420	38.9	48.7	59.2
单价/(元·kg⁻¹)	0.48	0.15	0.121	0.053	6.5						
总价/元	237.1	0	72.12	61.27	31.85						
合计/(元·m⁻³)								402.34			
项目	P.O42.5水泥/kg	粉煤灰/kg	矿渣砂/kg	石/kg	减水剂/kg	水/kg	坍落度/扩展度/mm 0h	坍落度/扩展度/mm 1h	抗压强度/MPa 3d	抗压强度/MPa 7d	抗压强度/MPa 28d
编号B	450	48	836	1021	5.5	187	180/490	160/460	42.4	53.2	65.1
单价/(元·kg⁻¹)	0.48	0.13	0.029	0.053	6.5						
总价/元	216	6.24	24.2	54.1	35.8						
合计/(元·m⁻³)								336.34			

(4) 主梁 C65 混凝土。

① 外加剂的优化设计。优化调整前的高效聚羧酸减水剂应用于混凝土拌合物中,其初始状态如图 4-42 所示。

图 4-42 外加剂优化前混凝土拌合物初始状态

从图 4-42 可以很清楚地看到,在混凝土表面有很多大气泡,同时伴有轻微的离析、抓底现象。在此外加剂的基础上,通过改善混凝土外加剂组分,制备出初始工作状态良好且能满足泵送施工的高钛重矿渣砂高强混凝土。

针对高钛重矿渣砂研制的外加剂,由于高强及泵送工艺的需要,在严格控制用水量的前提下,为了使混凝土满足适当的浆体含量、适宜的流动性,以及早期强度高、收缩低、后期强度高的性能要求,通过调整外加剂中不同组分,发明了一种针对高钛重矿渣砂高强泵送混凝土外加剂。其具体方法如下:

a. 由于高钛重矿渣砂为多孔结构,比表面积较大,一方面摩擦阻力大,另一方面对外加剂吸附较严重,导致混凝土初始工作状态不佳,扩展度偏低,无法满足混凝土泵送施工的要求。对此,通过掺加一定量含有阴离子表面活性剂的引气组分,使混凝土在拌合过程中产生大量相同电荷并能均匀分布的微气泡,这些微气泡起到"滚珠"效应,有效提高混凝土初始扩展度。

b. 混凝土外加剂的加入会在混凝土内部引入大气泡,不仅不利于改善混凝土的初始状态,而且对混凝土的力学性能及耐久性有害。通过引入一种能改变体系的界面状态破坏或抑制泡沫的物质,可消除大气泡。该消泡剂具有较高的表面活性,能形成新的表面膜或改变原表面膜,降低泡沫的强度,进而有效地减少混凝土中大气泡的生成量。

c. 为避免混凝土在泵送过程中因离析而发生堵管现象,在外加剂中掺加一定量具有保水和增稠作用的增黏组分,使其高分子长链可以在水泥颗粒和水泥、骨料之间形成稳定的空间柔性网络结构,提高新拌混凝土的黏聚力。且其所含有的化学基团如羟基和醚键上的氧原子与水分子缔合成氢键,使游离水变成结合水,以保证水泥水化时具有足够的水,使水泥浆体黏度上升,有效避免在泵送过程中因离析而发生堵管现象。

d. 为减少混凝土的收缩量,在外加剂中增加了一种使混凝土毛细孔溶液表面张力显著降低的减缩增韧组分。由于这一组分的引入,混凝土孔隙细化,没有明显的原生裂纹产生,结构更加致密,从根本上减小了收缩,提高了抗裂性能。增韧机理的实质是在基体材料中引入一种具有超长分子链的聚合物,利用这种聚合物的超长分子链在基体中相互缠结形成的网络状骨架结构,为材料提供机械强度;当材料受到外力作用时,通过这种网络状骨架结构的形变,吸收和传递来自基体的冲击能量,起到增韧作用。

消泡剂选用有机硅油,引气剂选用松香热聚物,增黏剂选用纤维素醚,减缩组分选用低级醇的环氧化合物与烷基聚氧乙烯醚为主要组分。通过调整以上各成分占外加剂量的含量,与减水剂复合而成一种适用于高钛重矿渣砂混凝土的外加剂,其中消泡剂 5%~10%、引气剂 1%~2%、增黏剂 2.5%~5%、减缩增韧组分 7.5%~15%,其余部分为高效聚羧酸减水剂。通过对以上几种不同组分掺量进行调整,成功研制出一种适用于高钛重矿渣砂混凝土的外加剂,并用此外加剂成功制备出用水量低、和易性良好、满足长距离泵送施工的高钛重矿渣砂混凝土。相关外加剂的分子结构如图 4-43~图 4-46 所示。

通过上述手段对外加剂进行调整,调整以后的外加剂应用于 C65 高钛重矿渣砂混凝土中,具体的配合比见表 4-92,得到的混凝土拌合物初始工作状态如图 4-47、图 4-48 所示。

图 4‑43　引气剂主要组分松香酸酯分子结构图

$$R(OH_6C_3)_b(OH_4C_2)_aOH_6C_3(Me_2SiO)_nSiMe_2C_3H_6O(C_2H_4O)_a(C_3H_6O)_bR$$

图 4‑44　消泡剂主要组分分子式

图 4‑45　甲基羟乙基纤维素醚的分子结构图

图 4‑46　减缩增韧主要组分分子结构图

表 4‑92　C65 高钛重矿渣砂高性能混凝土试配结果

编号	水泥/kg	粉煤灰/kg	砂细度模数	大石：小石	水胶比	减水剂/%	砂率/%	坍落度/扩展度/mm		和易性	抗压强度/MPa		
								0 h	1 h		5 d	7 d	28 d
A	445	85	2.4	5∶5	0.39	1.35	41	230/600	200/460	好	59.0	63.0	74.6

注：好—包裹性好、黏聚性好、流动性好，不离析、不泌水。

图 4‑47　初始坍落度 230 mm

图 4‑48　初始扩展度 600 mm

② 利用 P·O42.5 水泥配制 C65 高钛重矿渣砂混凝土。主梁混凝土一般采用泵送施工，主梁跨度大，且距地面超过 100 m，这要求混凝土保证初始坍落度大于 200 mm，坍落度 1 h 损失小于 40 mm。针对以上要求，利用 P·O42.5 水泥与硅灰并掺入一定量调整过的外加剂，进行 C65 高钛重矿渣砂混凝土配合比优化设计，试验配合比见表 4‑93。

表4-93 C65高钛重矿渣砂高性能混凝土试配结果

编号	水泥/kg	粉煤灰/kg	硅灰/kg	砂细度模数	大石：小石	含水率/%	水胶比	减水剂/%	砂率/%	坍落度/扩展度/mm 0h	坍落度/扩展度/mm 1h	和易性	抗压强度/MPa 5d	抗压强度/MPa 7d	抗压强度/MPa 28d
A	460	20	35	2.8	6:4	10.0	0.33	1.7	38	210/550	190/510	差	51	69	76
B	460	20	35	2.8	6:4	7.0	0.33	1.7	41	230/580	210/520	好	44	61	77
C	460	20	35	2.8	6:4	10.0	0.33	1.7	41	230/590	210/540	好	46	63	78
D	450	45	20	2.8	6:4	13.0	0.33	1.7	41	220/560	210/520	欠佳	42	60	74
E	480	40	0	2.8	6:4	10.0	0.33	1.7	41	220/570	210/520	欠佳	41	57	72
F	460	20	35	2.4	6:4	10.0	0.33	1.7	41	230/590	210/540	好	43	60	73
G	460	20	35	3.2	6:4	10.0	0.33	1.7	41	230/590	210/540	好	44	61	77
H	460	20	35	2.8	6:4	10.0	0.33	1.7	44	210/530	190/510	欠佳	48	65	75

注：好—包裹性好、黏聚性好、流动性好；差—包裹性差，有点离析，流动性差；欠佳—包裹性介于好与差之间。

根据表4-93和图4-49～图4-52试验结果，通过A、B、H三组不同配合比的对比发现，在高钛重矿渣砂的细度模数为2.8的前提下，41%的砂率配制的混凝土状态最好，这是因为如果砂率太高（44%），此时由于砂的比表面积大且是多孔材料，一方面需要更多的浆体才能将其包裹住，另一方面多孔材料会吸附一部分浆体，将本来就相对不多的浆体变得更少，会出现混凝土拌合物初始工作状态不佳的情况；如果砂率太小（38%），由于砂的级配不好，不能很好地与混凝土体系组成较为致密的整体，且砂子太少，不能将碎石间的孔隙完全填充，出现部分碎石裸露在外，混凝土拌合物初始工作状态也不佳。通过B、C两组配合比的对比发现，高钛重矿渣砂的含水率对混凝土初始工作状态及抗压强度影响均不大。通过A、F、G三组配合比的对比发现，高钛重矿渣砂的不同细度模数对混凝土的初始状态影响不大，对混凝土的抗压强度略有影响，细度模数偏大（3.2）时，混凝土的抗压强度偏高，细度模数偏小（2.4）时，混凝土的抗压强度偏低。通过以上不同配合比的对比分析，C组所对应的配合比在保证混凝土的抗压强度满足设计要求的前提下，工作性能非常好，1h后坍落度损失小，完全能够满足混凝土泵送的要求，因此将C组配合比作为表4-96中E（C65高钛重矿渣砂泵送混凝土）对应的配合比。

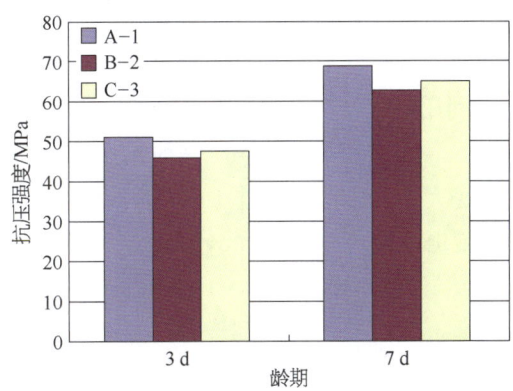

图4-49 C65高钛重矿渣砂高性能混凝土抗压强度

图4-50 A配合比混凝土初始工作状态

图 4-51　C 配合比混凝土初始工作状态

图 4-52　H 配合比混凝土初始工作状态

③利用 P·O52.5 水泥配制 C65 高钛重矿渣砂混凝土。主梁高性能混凝土一般采用泵送施工，主梁跨度大，且距地面超过 100 m，这要求混凝土保证初始坍落度大于 200 mm，坍落度 1 h 损失小于 40 mm。针对以上要求，利用 P·O52.5 水泥并掺入一定量的调整过的外加剂，进行 C65 高钛重矿渣砂混凝土配合比优化设计，试验配合比见表 4-94。

表 4-94　C65 高钛重矿渣砂高性能混凝土试配结果

编号	水泥/kg	粉煤灰/kg	砂细度模数	大石：小石	水胶比	减水剂/%	砂率/%	坍落度/扩展度/mm		和易性	抗压强度/MPa		
								0 h	1 h		5 d	7 d	28 d
A	445	85	2.8	5：5	0.39	1.35	41	230/600	200/540	好	59.0	63.0	74.6
B	445	85	2.4	5：5	0.39	1.35	41	230/600	200/540	好	57.2	61.3	72.4
C	445	85	3.2	5：5	0.39	1.35	41	230/570	200/540	欠佳	60.8	64.7	76.5
D	445	85	2.8	5：5	0.39	1.35	38	220/560	200/520	欠佳	57.1	61.9	72.6
E	445	85	2.8	5：5	0.39	1.35	44	210/550	190/490	差	58.0	62.6	73.8
F	425	105	2.8	5：5	0.39	1.35	41	230/590	210/550	好	54.7	58.9	69.3
G	465	65	2.8	5：5	0.39	1.35	41	230/590	200/530	好	61.0	64.2	77.5

注：好—包裹性好、黏聚性好、流动性好，不离析、不泌水；差—包裹性差，有点离析，流动性差；欠佳—包裹性介于好与差之间。

根据表 4-94、图 4-53、图 4-54 试验结果，通过 A、D、E 三组不同配合比对比发现，在高钛重矿渣砂的细度模数为 2.8 的前提下，41% 的砂率配制的混凝土状态最好。通过 A、B、C 三组配合比的对比发现，高钛重矿渣砂的细度模数对混凝土的初始状态影响不大，对混凝土的抗压强度略有影响，细度模数偏大（3.2）时，混凝土的抗压强度高，细度模数偏小（2.4）时，混凝土的抗压强度偏低。通过 A、F、

图 4-53 初始坍落度 230 mm

图 4-54 初始扩展度 600 mm

G 三组不同胶凝材料用量的混凝土配合比对比发现,F 组所对应的混凝土抗压强度低,不能保证混凝土 7 d 张拉,而 G 组虽然能够很好地满足对混凝土抗压强度的要求,但是考虑到经济性,A 组对应的配合比最优,其不仅能满足工程施工及强度的要求,同时经济性最优。通过以上不同配合比的对比分析,A 组所对应的配合比在保证混凝土的抗压强度满足设计要求的前提下,工作性能非常好,1 h 后坍落度损失小,完全能够满足混凝土泵送的要求,因此将 A 组配合比作为表 4-96 中 F(C65 高钛重矿渣砂泵送混凝土)对应的配合比。

④ C65 高钛重矿渣砂混凝土配合比经济性对比。对工地用混凝土配合比和试验用配合比进行了经济和性能对比分析,其中工地用水泥为 P·O52.5 普通硅酸盐水泥,工地用砂为河砂,工地用减水剂为聚羧酸高效减水剂;泵送试验用水泥为 P·O52.5 普通硅酸盐水泥,泵送试验用砂为高钛重矿渣砂,泵送试验用减水剂为聚羧酸系高效减水剂。A 为工地用配合比,B 为 P·O42.5 普通硅酸盐水泥试验用配合比,C 为 P·O52.5 普通硅酸盐水泥泵送试验用配合比,其混凝土性能、价格对比见表 4-95。

表 4-95 工地用施工配合比与泵送试验配合比的经济性分析

项目	P·O52.5 水泥/kg	粉煤灰/kg	砂/kg	石/kg	减水剂/kg	水/kg	坍落度/扩展度/mm		抗压强度/MPa		
							0 h	1 h	5 d	7 d	28 d
编号 A	445	85	706	1104	6.9	184	220/500	180/380	63.0	65.6	76.0
单价/(元·kg^{-1})	0.76	0.15	0.049	0.041	6.6						
总价/元	338.2	12.75	34.6	45.3	45.5						
合计/(元·m^{-3})							476.4				

项目	P·O42.5 水泥/kg	硅灰/kg	粉煤灰/kg	砂/kg	石/kg	减水剂/kg	水/kg	坍落度/扩展度/mm		抗压强度/MPa		
								0 h	1 h	5 d	7 d	28 d
编号 B	460	35	20	772	1110	10.3	174	230/550	210/480	46.0	63.0	74.0
单价/(元·kg^{-1})	0.48	1.3	0.15	0.029	0.041	13						
总价/元	220.8	45.5	3.0	22.4	45.5	133.9						
合计/(元·m^{-3})								458.2				

项目	P·O52.5 水泥/kg	粉煤灰/kg	砂/kg	石/kg	减水剂/kg	水/kg	坍落度/扩展度/mm		抗压强度/MPa		
							0 h	1 h	5 d	7 d	28 d
编号 C	445	85	736	1110	7.4	175	240/600	200/510	59.0	63.0	74.6
单价/(元·kg^{-1})	0.76	0.15	0.029	0.041	6.6						
总价/元	338.2	12.75	21.3	45.5	49.0						
合计/(元·m^{-3})							466.8				

表 4-95 分析结果表明，试验采用 P·O42.5 水泥和高钛重矿渣砂配制的 C65 混凝土 7 d 强度达 63.0 MPa，28 d 强度达 74.0 MPa，满足 7 d 预应力张拉的要求，且试验用配合比的混凝土价格为 458.2 元/m³，工地用配合比的混凝土价格为 476.4 元/m³，试验用配合比的混凝土每立方米价格较工地用配合比的混凝土降低 18.2 元，性价比好。泵送试验采用 P·O52.5 水泥和高钛重矿渣砂配制的 C65 混凝土，7 d 强度可达 63.0 MPa，满足 7 d 预应力张拉的要求，且泵送试验用配合比的混凝土价格为 466.8 元/m³，工地用配合比的混凝土价格为 476.4 元/m³，泵送试验用配合比的混凝土每立方米价格较工地用配合比的混凝土降低 9.6 元，性价比较好。

上述试验结果表明，高钛重矿渣砂泵送混凝土 C30～C65 各强度等级混凝土的初始坍落度均在 180～230 mm，流动性能良好，满足设计及施工要求。高钛重矿渣砂能制备出满足设计及施工要求的 C30～C65 混凝土。

2) 工作性能和力学性能

表 4-96～表 4-98 对比表明，普通高钛重矿渣砂混凝土与同强度等级的普通混凝土在胶凝材料用量相同的条件下，其 7 d、28 d 立方体抗压强度与普通混凝土相当，7 d、28 d 抗折强度优于普通混凝土，28 d 抗折强度均大于 5.0 MPa；高钛重矿渣混凝土 7 d、28 d 劈裂抗拉强度、弹性模量与普通混凝土差别不大，28 d 弹性模量均大于 $3.4×10^4$ GPa，能够很好地满足桥梁混凝土的设计要求。

表 4-96 C30～C65 高钛重矿渣砂及普通混凝土优选配合比

编号	水泥/kg	粉煤灰/硅灰/kg	砂/kg	石/kg	纤维素醚/10^{-4}	减水剂/%	水/kg	初始坍落度/mm	1 h 坍落度/mm	抗压强度/MPa 7 d	抗压强度/MPa 28 d
A	230	160/0	825	1160	1.0	0.7	164	200	180	26.5	41.2
B	300	100/0	847	1192	0.4	0.8	179	190	170	32.0	46.0
C	340	80/0	816	1148	0.5	0.9	167	220	200	45.8	60.4
D	450	48/0	836	1108	0	1.4	187	180	160	58.3	69.2
E	460	20/35	813	1078	0	1.4	169	230	210	63.0	74.0
F	445	85/0	736	1110	0	1.4	178	230	200	63.0	74.6
A′	230	160/0	825	1160	0	0.6	140	200	140	25.5	40.6
B′	300	100/0	847	1092	0	0.7	156	190	170	31.5	47.1
C′	340	80/0	816	1148	0	0.8	140	200	170	42.5	53.7
D′	450	48/0	836	1108	0	1.4	160	180	160	50.2	64.5
E′	460	20/35	813	1078	0	1.4	144	220	200	62.3	77.2
F′	445	85/0	736	1110	0	1.4	145	230	210	65.1	76.4

表 4-97 C30～C65 高钛重矿渣砂及普通混凝土抗压强度

编号	抗压强度/MPa 7 d	28 d	90 d	180 d	360 d	编号	抗压强度/MPa 7 d	28 d	90 d	180 d	360 d
A	26.5	41.2	51.7	54.3	56.7	A′	25.5	40.6	48.8	50.3	51.2
B	32.0	46.0	51.5	52.8	54.5	B′	31.5	45.1	50.4	51.6	53.2
C	45.8	50.4	64.9	70.6	73.3	C′	42.5	53.7	60.8	62.2	64.1
D	53.2	65.1	70.4	73.9	74.4	D′	50.2	64.5	67.5	68.7	70.3
E	63.0	74.0	83.4	85.2	86.1	E′	62.3	77.2	83.6	83.3	83.9
F	63.0	74.6	75.2	75.5		F′	65.1	76.4	77.1	76.3	77.2

表 4-98　C30～C65 高钛重矿渣砂及普通混凝土力学性能

编号	坍落度/mm	1 h 坍落度/mm	抗压强度/MPa		抗折强度/MPa		劈裂抗拉强度/MPa		静弹性模量/10^4 GPa	
			7 d	28 d	7 d	28 d	7 d	28 d	7 d	28 d
A	200	180	26.5	41.2	3.0	4.8	3.2	4.0	3.22	3.45
B	190	170	32.0	46.0	3.0	5.1	3.1	4.1	3.25	3.66
C	220	200	45.8	60.4	3.1	5.2	3.1	4.4	3.38	3.92
D	180	160	58.3	69.2	5.0	7.5	4.6	5.2	3.45	4.01
E	230	210	63.0	74.0	6.4	8.1	4.9	5.7	3.53	4.27
F	230	200	63.0	74.6	7.6	8.3	4.8	5.8	3.59	4.20
A′	200	140	25.5	40.6	2.8	5.0	2.4	3.8	2.98	3.44
B′	190	170	31.5	47.1	2.8	5.05	2.5	3.9	2.97	3.50
C′	200	170	42.5	53.7	2.9	5.2	3.6	4.0	3.08	3.66
D′	180	160	50.2	64.5	4.8	6.9	4.5	5.5	3.33	3.89
E′	220	200	62.3	77.2	7.3	8.2	4.9	5.7	3.43	4.17
F′	230	210	65.1	76.4	6.9	8.7	4.6	5.8	3.39	4.11

注：1. A～D、F 所用外加剂均为成都合力减水剂，E 所用外加剂为上海三瑞减水剂。
2. A～E 所用水泥均为 P·O42.5 水泥，F 所用水泥为 P·O52.5 水泥。
3. A 为 C30 高钛重矿渣砂承台大体积混凝土；B 为 C30 高钛重矿渣砂桩基混凝土；C 为 C40 高钛重矿渣砂桥墩混凝土；D 为 C50 高钛重矿渣砂预制梁混凝土；E 为 C65 高钛重矿渣砂泵送混凝土；F 为 C65 高钛重矿渣砂泵送混凝土；A′ 为 C30 承台大体积普通混凝土；B′ 为 C30 桩基普通混凝土；C′ 为 C40 桥墩普通混凝土；D′ 为 C50 预制梁普通混凝土；E′ 为 C65 泵送普通混凝土；F′ 为 C65 泵送普通混凝土。

（1）C30～C65 混凝土应力-应变关系研究。研究高钛重矿渣砂配制的混凝土在压力作用下压应力和变形的关系，作压应力-应变曲线，同时对比分析高钛重矿渣砂配制混凝土与普通河砂混凝土的脆性。

从图 4-55、图 4-56 可以看出，相同强度等级的混凝土在相同的压应力下，高钛重矿渣砂混凝土的应变较普通河砂混凝土小，这说明高钛重矿渣砂混凝土的弹性模量较普通河砂混凝土高。对相同配合比的混凝土，由于高钛重矿渣砂混凝土的抗压强度较普通河砂混凝土高，导致当普通河砂混凝土达到极限应力时，高钛重矿渣砂混凝土的压应力还在

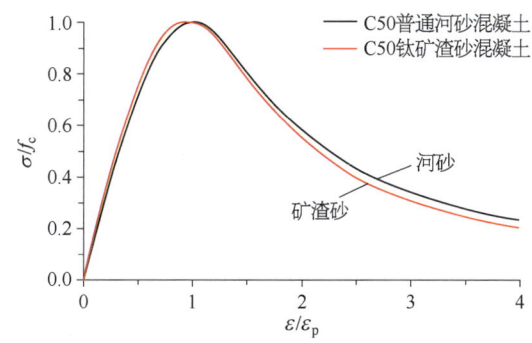

图 4-56　C65 混凝土应力-应变曲线

增长，以至于普通河砂混凝土破坏时的应变较小而高钛重矿渣砂混凝土应变较大。

（2）C30～C65 混凝土荷载-挠度曲线。试件尺寸为 100 mm×100 mm×400 mm 的棱柱体，通过四点弯曲试验，分别对强度等级为 C50、C65 的混凝土试件进行测试，获得完整的荷载-挠度曲线，试验结果如图 4-57、图 4-58 所示。

由图 4-57、图 4-58 可以看出，相同强度等级的高钛重矿渣砂混凝土的荷载-挠度曲线与普通河砂混凝土基本一致，这说明高钛重矿渣砂混凝土的脆性与普通混凝土差别不大。另外，由 C65 荷载-挠度曲线可知，高钛重矿渣砂混凝土的抗折强度更大，

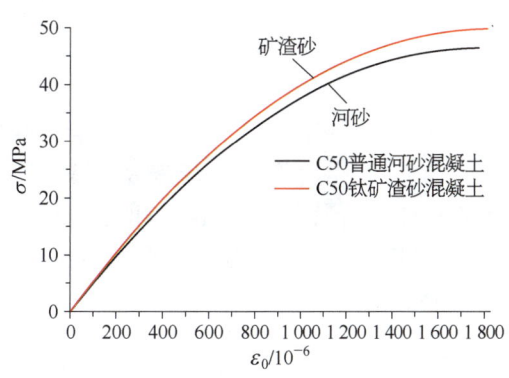

图 4-55　C50 混凝土应力-应变曲线

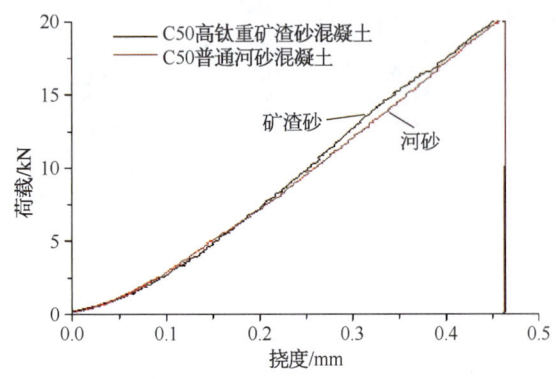

图 4-57 C50 混凝土荷载-挠度曲线

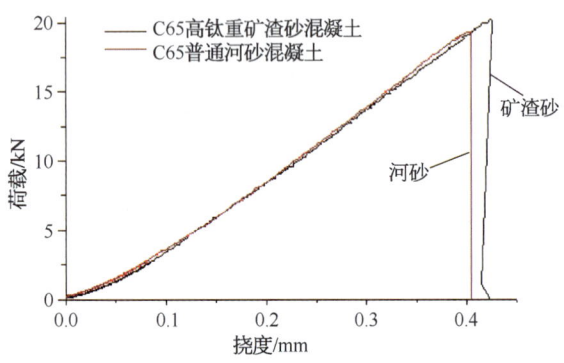

图 4-58 C65 混凝土荷载-挠度曲线

进而较同等级普通河砂混凝土的挠度更大。这是由于高钛重矿渣砂具有特殊的孔结构及较粗糙的表面,能较好地与水泥浆体结合,增强了集料与水泥石的结合力,使混凝土的抗折性能提高,也使混凝土的挠度随之变大,同时使高钛重矿渣砂混凝土的脆性较普通河砂混凝土小。

(3) C50 高钛重矿渣砂混凝土回弹曲线。为保证工程的安全,通常需要采用各种方法对实际工程使用的混凝土强度进行监测,回弹法检测混凝土强度由于不受被测构件形状大小限制,对混凝土无损伤,设备简单、操作简便,被广泛用于工程质量监测。

高钛重矿渣混凝土使用的高钛重矿渣集料和天然砂石集料性质差异较大,矿渣混凝土力学性能与普通混凝土具有明显差异,如果使用普通混凝土回弹曲线对工程质量进行检测,势必造成数据的偏差及使用标准的不适应,影响高钛重矿渣混凝土在工程中的应用。因此,有必要针对高钛重矿渣集料混凝土建立一条回弹专用测强曲线。

就非泵送高钛重矿渣混凝土回弹性能进行专门研究,并以《回弹法检测混凝土抗压强度技术规程》为基础建立了高钛重矿渣砂混凝土回弹测强专用曲线。C50 高钛重矿渣砂混凝土专用测强曲线幂函数回归方程式如图 4-59 所示。

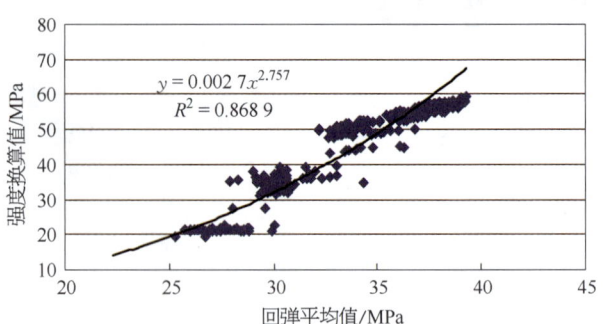

图 4-59 高钛重矿渣砂混凝土回弹测强曲线

随着矿渣混凝土在工程中越来越多的应用,为提高回弹测强曲线在实际应用中的精确度,保障工程的安全,特将 C50 高钛重矿渣砂混凝土回弹测强曲线与攀枝花专用普通混凝土回弹测强曲线、全国统一混凝土回弹测强曲线进行对比分析,结果如图 4-60 所示。

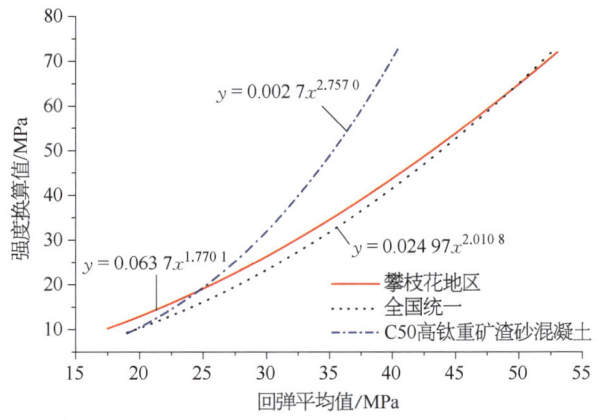

图 4-60 各种回弹测强曲线对比图

由图 4-60 可知,C50 高钛重矿渣砂混凝土的回弹曲线与全国统一回弹曲线及攀枝花地区回弹曲线有明显差异,主要是由于高钛重矿渣集料具有高强、多孔的特性。当 C50 高钛重矿渣砂混凝土的回弹平均值小于 20 MPa 时,其强度换算值低于全国统一回弹曲线对应的强度换算值,且随着回弹平均值的增加,强度换算值的差距随之减小;当回弹平均值大于 20 MPa 时,C50 高钛重矿渣砂混凝土强度换算值高于全国统一回弹曲线对应强度换算值,且两者偏差随回弹平均值的增加而逐渐增大。

回弹曲线应用时,当测试回弹平均值小于交点值时,采用全国统一回弹曲线进行混凝土强度预测将导致预测值高于实际值,从而给工程带来安全隐患;当回弹值大于交点值时,又会使预测值低于实际值,导致建筑工程材料的浪费和成本的上升。因此,在采用高钛重矿渣砂混凝土的工程设计过程和施工验收过程中,采用专用的高钛重矿渣砂混凝土回弹测强曲线对材料实际强度值进行监控是非常必要的。

(4) 高钛重矿渣砂混凝土耐磨性能。通过对高钛重矿渣砂与普通河砂集料的磨耗损失及分别作为细集料配制的 C40 混凝土的耐磨性能的对比研究,探讨高钛重矿渣砂作为细集料对混凝土耐磨性能的作用机理。采用《公路工程集料试验规程》测试集料的磨耗损失,计算洛杉矶磨耗损失[式(4-33)],精确至 0.1%:

$$Q = \frac{m_1 - m_2}{m_1} \times 100 \quad (4-33)$$

式中 Q——洛杉矶磨耗损失(%);
m_1——装入圆筒中试样质量(g);
m_2——试验后在 1.7mm 筛上洗净烘干的试样质量(g)。

试验结果见表 4-99。

表 4-99 集料的磨耗损失值

试样种类	粒级组成(方也筛)/mm	试样质量/g	试样总质量/g	钢球数量/个	转动次数/转	过筛后试样质量/g	洛杉矶磨耗损失值/%
河砂	2.36~4.75	5 002	5 002	6	500	4 266	14.7
矿渣砂	2.36~4.75	5 006	5 006	6	500	4 460	10.9

表 4-99 试验结果表明,高钛重矿渣砂的洛杉矶磨耗损失值较普通河砂小,这反映了高钛重矿渣砂的耐磨性能较普通河砂好。

利用高钛重矿渣砂与普通河砂配制强度等级为 C40 的混凝土,对混凝土的磨损量进行试验,对高钛重矿渣砂混凝土与普通河砂混凝土的耐磨性能进行对比研究。按照《公路工程水泥及水泥混凝土试验规程》中关于混凝土磨损量的试验方法进行混凝土耐磨性能测试,将混凝土在耐磨试验机上先以 200N 的力转 30 转,然后取下试件刷净表面粉尘称重,记下质量 m_1。再用 200N 的力转 60 转,然后取下试件刷净表面粉尘称重,记下质量 m_2。按式(4-34)计算试件的磨损量,以单位面积的磨损量来表示:

$$G_c = \frac{m_1 - m_2}{0.0125} \quad (4-34)$$

式中 G_c——单位面积的磨损量(kg/m²);
m_1——试件的初始质量(kg);
m_2——试件磨损后的质量(kg);
0.0125——试件磨损面积(m²)。

高钛重矿渣砂混凝土与普通河砂混凝土的配合比及耐磨性能见表 4-100。

表 4-100 C40 混凝土配合比及磨损量

砂种类	水泥/kg	粉煤灰/kg	砂率/%	钢纤维/%	减水剂/%	水胶比	坍落度/mm 0h	坍落度/mm 1h	抗压强度/MPa 28d	磨损量/(kg·m⁻²) 28d
普通河砂	340	80	43	0	1.6	0.38	220	200	50.2	2.53
矿渣砂	340	80	43	0	1.6	0.38	230	200	51.4	2.37
普通河砂	340	80	43	1.5	1.6	0.38	210	190	48.2	2.27
矿渣砂	340	80	43	1.5	1.6	0.38	210	190	47.7	2.15

表 4-100 试验结果表明,相同配合比的普通河砂混凝土的磨损量较高钛重矿渣砂混凝土的磨损量大,即高钛重矿渣砂混凝土更耐磨。一方面是由于高钛重矿渣砂磨损量较普通河砂小,用作细集料时有利于提高混凝土的耐磨性能;另一方面,高钛重矿渣砂较普通河砂有更多的棱角,与胶凝材料浆体结合得更紧密,集料与水泥石的黏结力提高,进而提高了混凝土的耐磨性。

同时，掺入钢纤维有利于混凝土耐磨性能的提高，一方面是由于钢纤维的增强、增韧及对混凝土内部结构完整性的改善作用，另一方面是由于钢纤维表面溶出的铁离子使得纤维与基材的界面结构改善和界面区显微硬度值提高。

3）耐久性

混凝土的耐久性包括几个方面：混凝土抗裂性能、抗氯离子渗透性能、抗硫酸盐侵蚀性能、抗碳化性能、抗冻性能、徐变性能等。高钛重矿渣砂混凝土由于集料的特殊性，需要对高钛重矿渣砂混凝土的耐久性能进行长期研究，并与普通混凝土进行对比。

（1）抗裂性能。采用平板法测试高钛重矿渣混凝土的早期抗裂性能，平板法试件尺寸为 600 mm×600 mm×63 mm，试验结果见表 4-101。

表 4-101 混凝土早期开裂试验结果

试件编号	抗裂性指标					
	初裂时间	裂缝最大宽度/mm	平均开裂面积 a/mm²	单位面积的裂缝数目 b/(根·m^{-2})	单位面积上的总开裂面积 c/(mm²·m^{-2})	评定等级
A	302	0.1	38	12.2	464	Ⅲ级
B	317	0.1	37	11.9	440	Ⅲ级
C	383	0.2	31	11.2	347	Ⅳ级
D	396	0.2	22	9.8	216	Ⅳ级
E	421	0.3	19	10.3	196	Ⅳ级
F	431	0.3	18	9.2	167	Ⅳ级
A′	77	0.1	42	12.3	517	Ⅲ级
B′	105	0.2	46	13.7	630	Ⅲ级
C′	165	0.1	33	11.5	380	Ⅳ级
D′	207	0.2	29	9.9	287	Ⅳ级
E′	234	0.2	25	10.1	253	Ⅳ级
F′	221	0.2	20	9.5	190	Ⅳ级

表 4-101 试验结果表明，各配比高钛重矿渣砂混凝土的初裂时间明显比普通混凝土靠后，在 5 h 前均未出现任何微裂缝，平均开裂面积比同强度等级的普通混凝土低。高钛重矿渣砂混凝土相较于普通混凝土的抗裂性能更优良，这是由于高钛重矿渣砂具有多孔结构，试验前矿渣砂进行了预湿饱水处理，使高钛重矿渣砂混凝土在水化前期，孔隙中过多的自由水开始释出，起到内养护的作用，降低了混凝土收缩产生的拉应力。因此，提前预湿的高钛重矿渣集料对混凝土抗裂性能有较好的改善作用。

（2）抗渗透性能。从相关文献中查阅，水压力法和快速 Cl⁻ 渗透试验方法都可用于评价混凝土的抗渗透性。试验用两种方法测试并进行对比分析。

① 水压力试验。按标准对不同强度等级的高钛重矿渣砂混凝土进行测试，试验水压从 0.1 MPa 开始，每间隔 8 h 增加水压 0.1 MPa，并观察端面情况，当 6 个试件中有 3 个试件表面出现渗水时，或加至规定压力后在 8 h 内 6 个试件中出现表面渗水的试件小于 3 个，可停止试验，并记录此时的水压力。在试验过程中，发现水从试件周边渗出时，则需重新密封。试验结果见表 4-102。

表 4-102 混凝土抗渗性能试验结果

配合比编号	抗渗压力/MPa	抗渗等级
A	1.2	P15
B	1.3	P18
C	1.3	P20
D	1.4	P20
E	4.1	>P40
F	4.1	>P40

表 4-102 试验结果表明，高钛重矿渣砂混凝土抗水渗透等级随着强度等级的提高而增大，各强度

等级的高钛重矿渣砂混凝土抗渗等级均大于P10，C50预制T梁混凝土、C65泵送高钛重矿渣砂混凝土抗渗等级为P15。高钛重矿渣砂混凝土整体密实，抗渗性能良好，可以满足桥梁高性能混凝土的性能要求。

② 快速氯离子渗透试验。采用快速Cl^-渗透试验方法测定混凝土中Cl^-非稳态快速迁移的扩散系数、Cl^-扩散系数随混凝土龄期的变化规律。试验试件尺寸为直径$\phi=100$ mm、高度$h=50$ mm的圆柱体，试验龄期为56 d。试验结果见表4-103。

表4-103　各龄期的混凝土Cl^-扩散系数试验结果

配合比编号	56 d Cl^-扩散系数/$(10^{-12}$ $m^2 \cdot s^{-1})$	配合比编号	56 d Cl^-扩散系数/$(10^{-12}$ $m^2 \cdot s^{-1})$
A	2.45	A′	2.47
B	2.43	B′	2.49
C	2.26	C′	2.38
D	1.92	D′	2.07
E	0.96	E′	1.04
F	0.89	F′	0.97

表4-103试验结果表明，高钛重矿渣砂混凝土56 d Cl^-扩散系数略小于普通混凝土，并且随着强度等级的增加，Cl^-扩散系数逐渐降低，C30高钛重矿渣砂混凝土抗氯离子渗透系数小于2.5×10^{-12}，C60的小于1.0×10^{-12}，大大提高了高钛重矿渣砂混凝土的使用寿命，满足桥梁混凝土的耐久性要求。

(3) 抗碳化性能。试验采用快速碳化法，使用标准碳化箱，混凝土试件尺寸为100 mm×100 mm×100 mm。混凝土的28 d碳化试验数据见表4-104。

表4-104　混凝土碳化深度试验结果

试件编号	平均碳化深度/mm			
	3 d	7 d	14 d	28 d
A	0	1	2	4
B	0	1	2	3
C	0	1	3	4
D	0	1	2	4
E	0	1	1	2
F	0	1	2	3
A′	0	1	2	4
B′	0	1	1	3
C′	0	1	3	4
D′	0	1	2	3
E′	0	1	2	3
F′	0	1	2	3

表4-104试验数据表明，高钛重矿渣砂混凝土与相同标号的普通河砂混凝土的抗碳化性能相近，各测试龄期碳化深度均小于10 mm，说明所设计的配合比为较优配合比，高钛重矿渣砂混凝土结构密实，桥梁混凝土结构物的保护层厚度不易被破坏，结构稳定。

(4) 抗硫酸侵蚀性能。当混凝土结构周围环境中硫酸盐浓度较大时，硫酸盐离子渗透到水泥石内部与一些固相成分发生化学反应，生成难溶的盐类矿物，这些盐类矿物不但可以形成钙矾石、石膏等膨胀性产物而引起混凝土膨胀、开裂和剥落，也可使硬化水泥石中的氢氧化钙和水化硅酸钙等组分溶出或分解，导致混凝土黏结性和强度损失，造成混凝土的硫酸盐侵蚀破坏。

本试验采用干湿循环法评定高钛重矿渣砂混凝土抗硫酸盐侵蚀性能，以能够经受的最大干湿循环次数来表示混凝土抗硫酸盐侵蚀性能。当混凝土试件的抗压强度耐蚀系数达到75%，或者混凝土的干湿循环次数达到150次或设计要求，则可以停止试验。混凝土抗压强度耐蚀系数按式(4-35)进行计算：

$$K_f = \frac{f_{cn}}{f_{c0}} \times 100 \quad (4-35)$$

式中　K_f——抗压强度耐蚀系数(%)；

f_{cn}——n次干湿循环后受硫酸盐腐蚀的一组混凝土试件的抗压强度测定值(MPa)，精确至0.1 MPa；

f_{c0}——与受硫酸盐腐蚀试件同龄期的标准养护的一组对比混凝土试件的抗压强度测定值(MPa)，精确至0.1 MPa。

试验结果见表4-105。

表 4-105　高钛重矿渣砂混凝土抗硫酸盐侵蚀性能试验结果

编号	设计抗硫酸盐等级	90次循环 K_f/%	编号	设计抗硫酸盐等级	90次循环 K_f/%
A	KS90	82	A′	KS90	81
B	KS90	84	B′	KS90	85
C	KS90	86	C′	KS90	85
D	KS90	89	D′	KS90	88
E	KS90	92	E′	KS90	93
F	KS90	93	F′	KS90	92

表 4-105 试验结果表明，高钛重矿渣砂混凝土与相同标号的普通河砂混凝土的抗硫酸盐侵蚀性能差别不大，都具有良好的抗硫酸盐侵蚀性能，这是由于高钛重矿渣砂混凝土配合比中掺入了粉煤灰，由于粉煤灰具有火山灰效应、形态效应及微集料效应，提高了混凝土的整体密实性能，改善了混凝土的抗渗性能。另外，粉煤灰中的活性成分与 $Ca(OH)_2$ 发生反应，减少了侵蚀的"策源地"，改善了混凝土的抗硫酸盐侵蚀性能。同时，随着高钛重矿渣砂混凝土强度等级的提高，混凝土内部结构更加密实，孔隙率降低，水泥石中自由水含量减小，抗硫酸盐侵蚀性能随之增强。

(5) 抗冻性。试验方法采用《普通混凝土长期性能和耐久性能试验方法》规定的快冻法。成型尺寸为 100 mm×100 mm×400 mm 的标准试件，养护至规定龄期前 4 d，放入水中浸泡 4 d 后用自动冻融循环试验机在 2 h 内完成一次冻融循环。以重量损失超过 5% 或相对动弹性模量下降达 40% 时的冻融循环次数来表示抗冻标号。

表 4-106 试验结果表明，配合比相同时，高钛重矿渣砂混凝土的抗冻性能均优于普通河砂混凝土。一方面，这是因为高钛重矿渣砂是机制砂，表面较为粗糙，有利于其与胶材浆体更紧密地结合，形成较为致密的水泥石结构，增强了高钛重矿渣砂混凝土的抗冻性能；另一方面，高钛重矿渣砂含有 10%～15% 的粉尘，这些适量的粉尘在一定程度上细化了混凝土内部的孔隙结构，改善了混凝土的密实度，从而增强了高钛重矿渣砂混凝土的抗冻性能。同时，结合前面 XRD 结果分析，28 d 高钛重矿渣砂混凝土的 $Ca(OH)_2$ 含量较普通河砂少，$Ca(OH)_2$ 发生水化反应，生成 C—S—H 无定形凝胶，填充了高钛重矿渣砂混凝土中的孔隙，使混凝土内部结构更加致密，进一步提高了混凝土的抗冻性能。

表 4-106　高钛重矿渣砂混凝土抗冻性能试验结果

编号	冻融循环次数	相对动弹性模量/%	抗冻等级
A	150	69.1	>F150
B	150	64.2	>F150
C	200	76.4	>F200
D	300	70.2	>F300
E	500	63.4	>F300
F	500	66.8	>F300
A′	150	61.7	>F150
B′	100	63.2	>F100
C′	200	74.6	>F200
D′	300	68.5	>F300
E′	500	60.9	>F300
F′	500	62.7	>F300

(6) 体积稳定性。

① 自收缩。自收缩是指在恒温、绝湿的条件下混凝土初凝后因胶凝材料的继续水化引起自干燥而引起的混凝土宏观体积减小。

混凝土自收缩试验试件尺寸为 100 mm×100 mm×515 mm，通过式(4-36)计算不同龄期混凝土的自收缩(S_a)：

$$S_a(t) = \frac{L_t - L_0}{L_0} \quad (4-36)$$

高钛重矿渣砂混凝土及普通混凝土自收缩试验结果见表 4-107。

表 4-107　高钛重矿渣砂混凝土自收缩率试验结果

试件编号	混凝土自收缩率/10^{-6}					
	0 d	1 d	3 d	7 d	14 d	28 d
A	32.1	165.4	203.2	233.1	254.8	256.5
B	34.5	169.8	201.3	234.5	258.7	263.7
C	35.4	169.3	204.4	235.2	257.0	261.3
D	37.8	176.8	212.5	246.2	264.3	277.0
E	43.2	190.1	227.8	260.8	276.4	287.8
F	44.1	187.8	225.0	256.5	275.9	282.3
A′	53.1	206.7	242.3	279.7	293.5	305.0
B′	51.2	215.9	251.7	283.2	302.0	319.9

(续表)

试件编号	混凝土自收缩率/10⁻⁶					
	0 d	1 d	3 d	7 d	14 d	28 d
C′	56.7	209.3	247.6	276.6	298.7	301.0
D′	54.5	221.4	256.3	297.0	310.4	319.3
E′	52.8	252.2	276.4	323.7	341.1	353.2
F′	58.7	240.9	279.1	309.1	328.3	338.1

表4-107及图4-61、图4-62试验结果表明，高钛重矿渣砂混凝土早期自收缩率随着高钛重矿渣砂混凝土强度等级的提高而增大。一方面，这是由于随着混凝土强度等级的提高，水胶比降低，结构内部可供水化的自由水减少，混凝土结构内部相对湿度下降较多，自收缩率变大；另一方面，强度等级高的高钛重矿渣砂混凝土形成的水泥石结构较致密，孔隙减小，导致毛细管负压增大，混凝土自收缩增大。

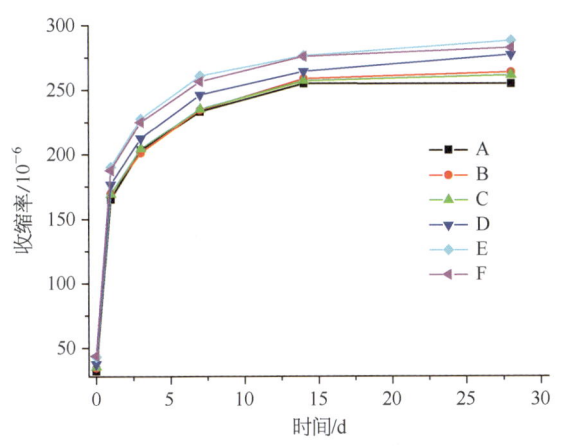

图4-61 高钛重矿渣砂混凝土自收缩率

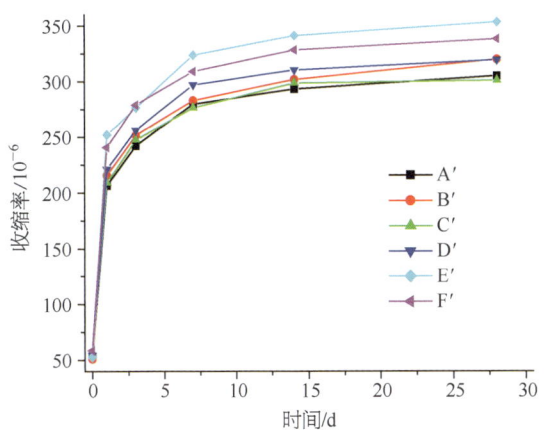

图4-62 普通混凝土自收缩率

相同龄期下，高钛重矿渣砂混凝土自收缩率小于普通河砂混凝土。这是由于高钛重矿渣砂具有多孔的结构，孔的尺度远远大于水泥基材料中毛细孔的尺度，当水泥水化使得混凝土内部相对湿度降低时，高钛重矿渣砂孔隙内的水将逐渐向硬化水泥浆体迁移，起到内养护作用，阻止内部相对湿度的降低，降低毛细管张力，从而降低了自收缩。

通过图4-63~图4-72中不同强度高钛重矿渣砂混凝土和普通河砂混凝土自收缩率、内部相对湿度的检测结果可知，相同强度等级的混凝土，高钛重矿渣砂混凝土较普通河砂混凝土自收缩率明显减小；同时也能看到，高钛重矿渣砂混凝土内部相对湿度在3d左右有一个小幅的提升后逐渐降低，而普通河砂混凝土内部相对湿度一直是下降的，且高钛重矿渣砂混凝土内部的相对湿度总是高于相同强度等级普通河砂混凝土。这一结论印证了有关高钛重矿渣砂的多孔结构特有的早期蓄水和后期释水功能有利于降低混凝土收缩的观点。

图4-63 混凝土早期自收缩试验

图4-64 混凝土内部相对湿度试验

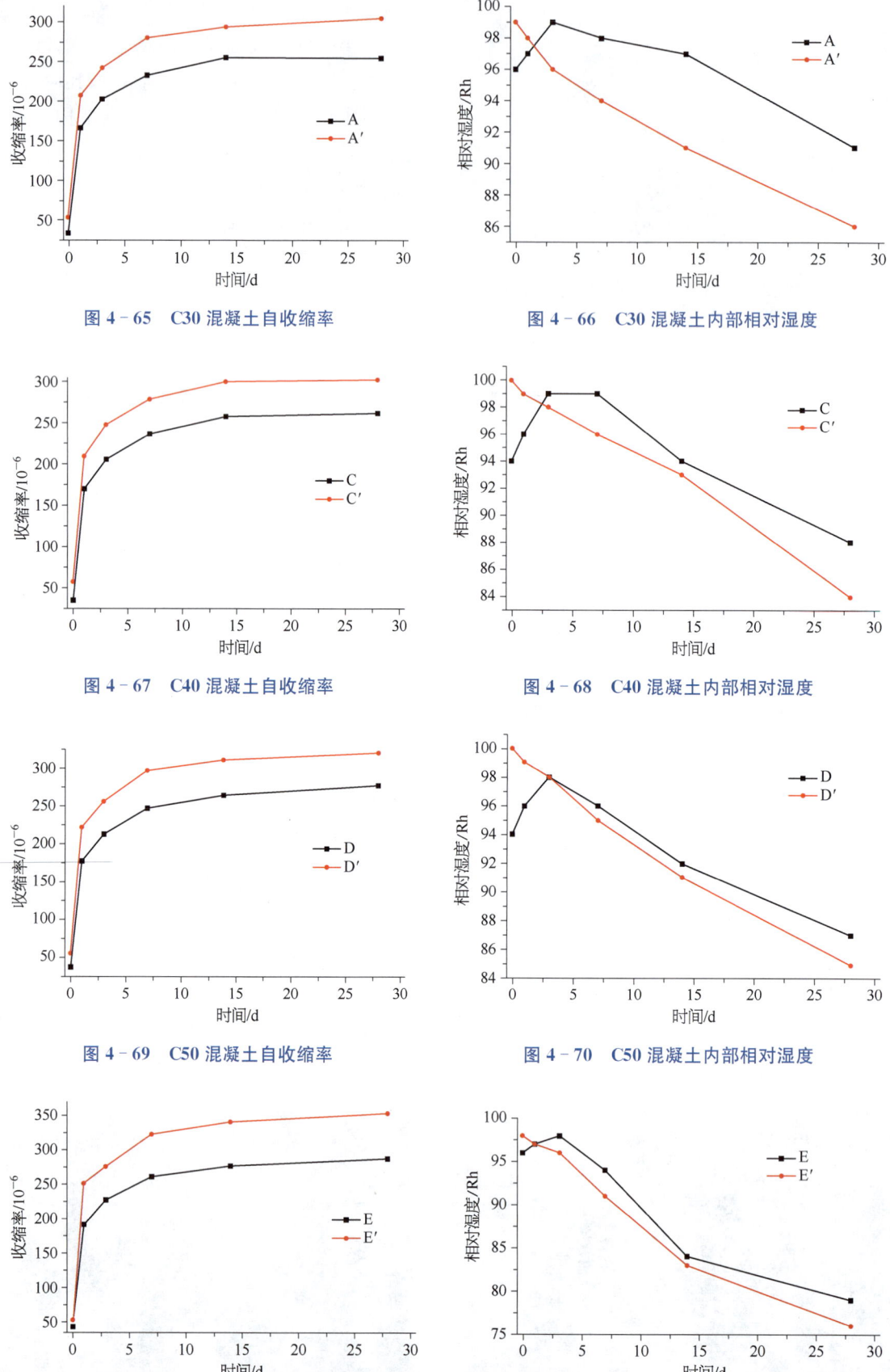

图 4-65　C30 混凝土自收缩率
图 4-66　C30 混凝土内部相对湿度
图 4-67　C40 混凝土自收缩率
图 4-68　C40 混凝土内部相对湿度
图 4-69　C50 混凝土自收缩率
图 4-70　C50 混凝土内部相对湿度
图 4-71　C65 混凝土自收缩率
图 4-72　C65 混凝土内部相对湿度

② 干燥收缩。测定混凝土收缩时以 100 mm×100 mm×515 mm 的棱柱体试件为标准试件，混凝土收缩值应按式(4-37)计算：

$$\varepsilon_{st} = \frac{L_0 - L_t}{L_b} \quad (4-37)$$

式中 ε_{st} ——试验期为 t 的混凝土收缩值，t 从测定初始长度时算起；

L_b ——试件的测量标距，用混凝土收缩仪测定时应等于两侧头内侧的距离，即等于混凝土试件的长度（不计测头凸出部分）减去 2 倍测头埋入深度(mm)；

L_0 ——试件长度的初始读数(mm)；

L_t ——试件在试验期 t 时的长度(mm)。

试验测试结果见表 4-108。

表 4-108 和图 4-73～图 4-75 试验结果表明，高钛重矿渣砂混凝土干燥收缩值随着混凝土强度等级的提高而增大，这与混凝土早期自收缩的规律一致。相同龄期，高钛重矿渣砂混凝土的干燥收缩值小于相同强度等级的普通河砂混凝土，这是由于高钛重矿渣砂为多孔隙结构，充分预湿的高钛重矿渣砂孔隙里含有充足的水分，当胶凝材料水化后混凝土内部水分变少时，高钛重矿渣砂孔隙中的水分会通过毛细管向混凝土内部迁移，一方面填充由于自由水参与水化而产生的毛细孔，另一方面促进水化的进行，使混凝土内部结构更加密实，从而降低了混凝土的干燥收缩值。

表 4-108 高钛重矿渣砂混凝土的干燥收缩试验结果

混凝土种类	混凝土干燥收缩值/10^{-6}						
	0 d	1 d	7 d	14 d	28 d	45 d	60 d
A	64	198	254	284	309	311	325
B	58	190	250	286	310	320	326
C	62	200	252	287	314	326	330
D	56	240	264	290	338	351	354
E	53	214	288	306	346	384	396
F	52	226	280	323	362	405	411
A′	78	232	282	307	315	339	346
B′	61	261	290	311	331	356	366
C′	72	254	298	296	316	324	332
D′	72	268	316	327	336	342	346
E′	59	288	350	366	389	406	422
F′	67	278	348	370	397	415	426

(7) 徐变性能。徐变也叫蠕变，是材料在长期恒温、恒湿和恒载作用下产生的形变。一般认为混凝土徐变的产生是由受表面张力作用而牢固地保持在凝胶颗粒上的吸附水的渗透引起，其渗透速率随应力的大小而变化。桥梁结构往往因预应力混凝土徐变导致应力损失，为了给桥梁预应力高钛重矿渣砂混凝土提供资料依据，本试验对 C30、C40、C50、C65 高钛重矿渣砂混凝土进行徐变性能研究，测试了标准条件下高钛重矿渣砂混凝土养护 28 d 后加载的徐变系数，测试结果见表 4-109。

图 4-73 混凝土干燥收缩仪

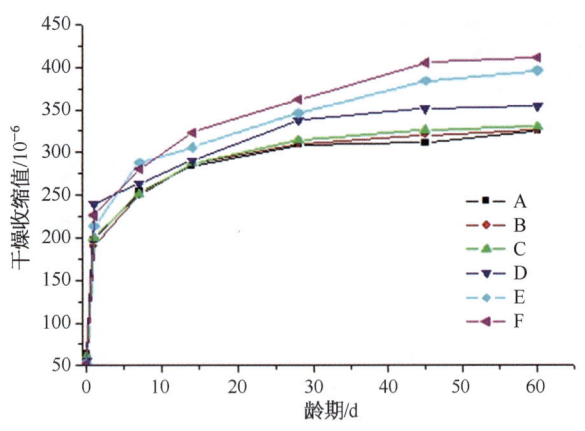

图 4-74 高钛重矿渣砂混凝土干燥收缩值

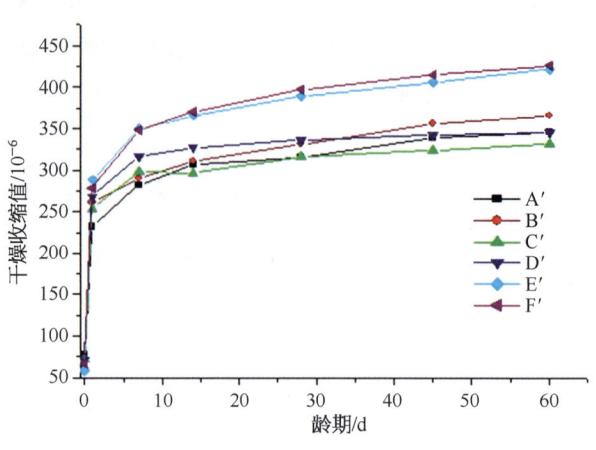

图 4-75 普通混凝土干燥收缩值

表 4-109 高钛重矿渣砂混凝土徐变性能试验结果

试件	徐变系数								
	1 d	3 d	7 d	14 d	28 d	45 d	60 d	90 d	180 d
A	0.66	0.93	1.11	1.35	1.49	1.57	1.64	1.70	1.73
B	0.64	0.95	1.16	1.41	1.51	1.55	1.60	1.68	1.74
C	0.54	0.81	0.98	1.25	1.42	1.49	1.56	1.62	1.68
D	0.45	0.67	0.77	0.97	1.09	1.15	1.17	1.19	1.23
E	0.23	0.48	0.57	0.73	0.88	0.93	0.96	0.98	1.00
F	0.28	0.43	0.65	0.72	0.79	0.87	0.91	0.93	0.95
A′	0.64	0.91	1.10	1.32	1.47	1.55	1.62	1.68	1.71
B′	0.63	0.89	1.08	1.31	1.46	1.53	1.61	1.66	1.70
C′	0.57	0.78	0.94	1.21	1.39	1.47	1.54	1.61	1.67
D′	0.48	0.74	0.94	1.02	1.13	1.17	1.2	1.22	1.26
E′	0.24	0.46	0.56	0.76	0.88	0.94	0.96	0.98	1.02
F′	0.21	0.45	0.54	0.67	0.85	0.90	0.93	0.95	0.97

表 4-109 和图 4-76、图 4-77 的试验结果表明,对于高钛重矿渣砂混凝土,随着龄期增长,其各强度等级混凝土试件的徐变系数逐渐增大;随着强度等级的增大,各加载龄期试件的徐变系数逐渐减小;高钛重矿渣砂混凝土同龄期的徐变系数略小于相同强度等级的普通河砂混凝土。这是由于高钛重矿渣砂中含有一定量的粉尘,这些细小的颗粒起到填充作用,使混凝土的结构更加密实,强度提高,徐变减小。

混凝土的徐变性能往往与混凝土界面过渡区有很大关系,为此进一步通过试验对 C40 高钛重矿渣砂混凝土和普通河砂混凝土的界面微观形貌进行扫描电镜分析,测试龄期为 28 d、180 d,测试结果如图 4-78～图 4-81 所示。

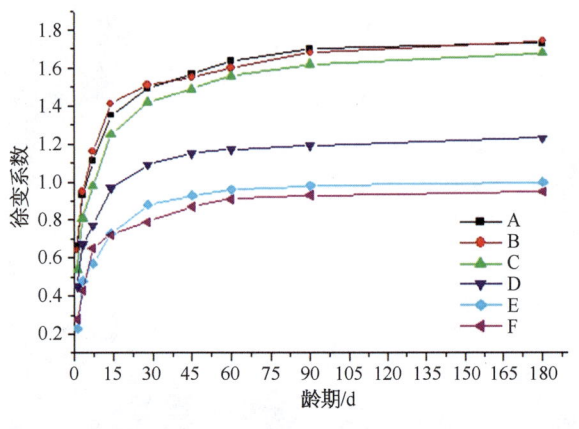

图 4-76 高钛重矿渣砂混凝土徐变

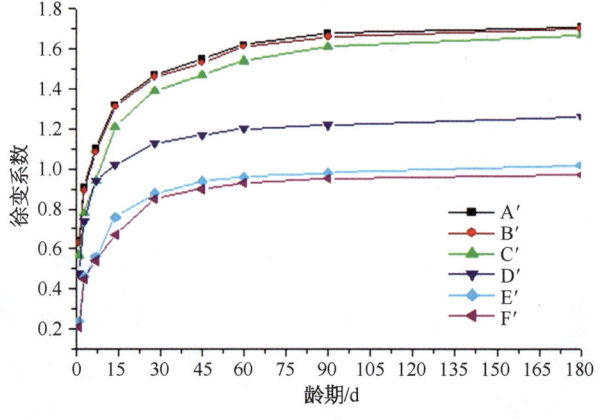

图 4-77 普通河砂混凝土徐变

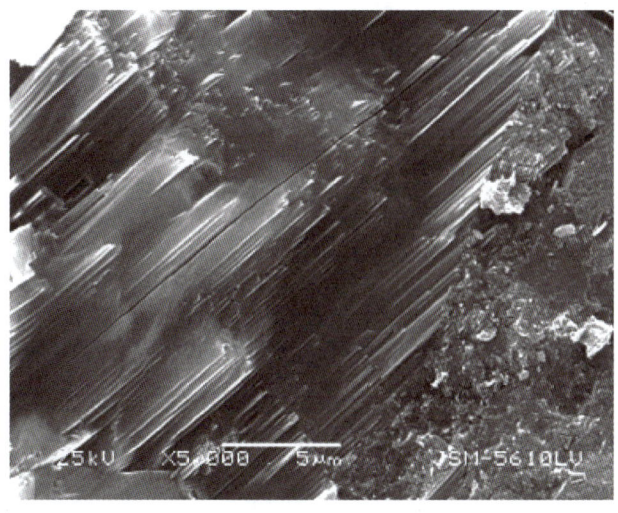

图4-78 高钛重矿渣砂混凝土 28 d SEM 图片

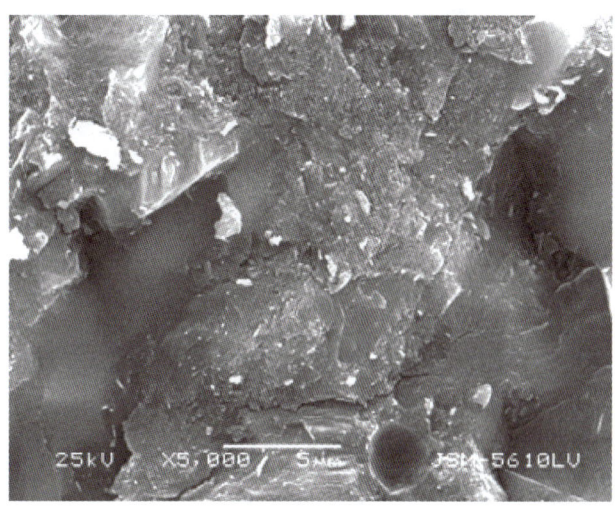

图4-79 普通河砂混凝土 28 d SEM 图片

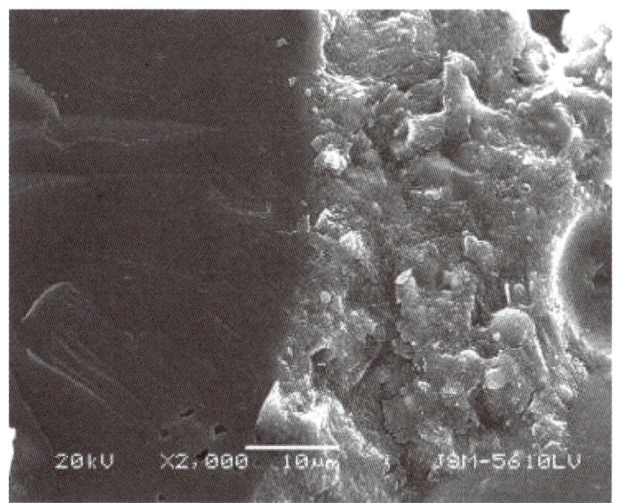

图4-80 高钛重矿渣砂混凝土 180 d SEM 图片

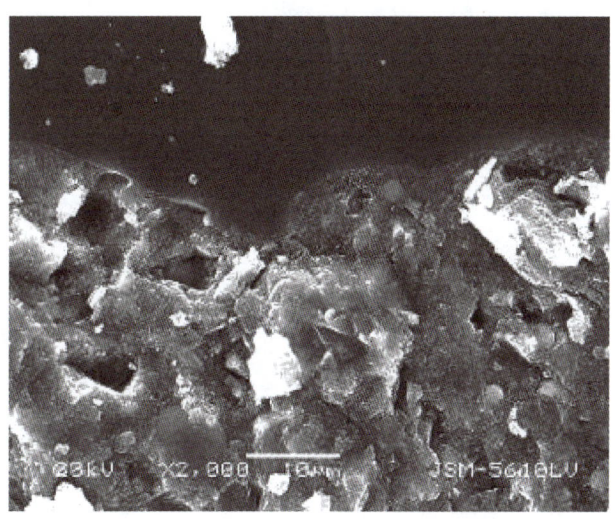

图4-81 普通河砂混凝土 180 d SEM 图片

通过图4-78～图4-81扫描电镜的微观对比发现,高钛重矿渣砂混凝土与普通河砂混凝土相比,没有明显的界面过渡区,没有 $Ca(OH)_2$ 晶体的富集现象,内部结构更致密。这是因为随着时间的推移,当混凝土内部的水分由于胶凝材料的水化不断被消耗,混凝土内部相对湿度下降时,高钛重矿渣砂孔隙内部的水分便释放出来,促进水泥的进一步水化,同时胶凝材料的水化产物进入高钛重矿渣砂内部的孔隙,形成致密的"嵌套"结构,在高钛重矿渣砂内部形成大量"销钉",产生"销钉"效应,增强了集料界面的结合力,改善了高钛重矿渣砂混凝土的界面结构,这同样有利于改善混凝土的徐变性能。

4.2.4.2 全高钛重矿渣混凝土

1) 不同部位全高钛重矿渣混凝土配合比设计

根据不同桥梁结构部位的混凝土强度等级要求和施工工作性能要求,设计出满足设计要求的高钛重矿渣混凝土配合比,并与普通砂石混凝土配合比进行对比研究。普通细集料采用河砂,细度模数为2.7,含泥量为0.2%;粗集料为石灰岩碎石,粒径为5～25 mm的连续级配;压碎值为6.4%,针片状含量为4.5%。试验配合比见表4-94～表4-101,KZ表示高钛重矿渣集料,PT表示普通碎石集料。

(1) 承台部位大体积混凝土配合比设计及温度场分析。由于承台部位大体积混凝土采用泵送施工,要求混凝土具有良好的工作性能,因此采用慢冷少孔高钛重矿渣砂、碎石,大掺量粉煤灰,降低混凝土早期水化热,减少收缩裂缝的产生,进行C30、C40大体积混凝土配合比设计,试验配合比见表4-110、表4-111。

表 4-110 C30 高钛重矿渣承台大体积混凝土试配结果

砂石种类	水泥/kg	粉煤灰/kg	砂/kg	碎石/kg	纤维素醚/‰	减水剂/%	水/kg	坍落度/mm	2h坍落度/mm	抗压强度/MPa 7d	抗压强度/MPa 28d
KZ	230	160	825	1160	0.1	0.7	145	200	160	26.5	41.2
KZ	240	150	825	1160	0.1	0.7	145	190	140	28.1	40.1
KZ	250	140	825	1160	0.1	0.7	145	190	140	29.3	42.5
PT	230	160	800	986		0.6	144	200	140	25.5	40.6

表 4-111 C40 高钛重矿渣承台大体积混凝土试配结果

砂石种类	水泥/kg	粉煤灰/kg	砂/kg	碎石/kg	纤维素醚/‰	减水剂/%	水/kg	坍落度/mm	2h坍落度/mm	抗压强度/MPa 7d	抗压强度/MPa 28d
KZ	320	160	810	990	0.1	0.7	172	200	160	42.4	54.2
KZ	300	180	810	990	0.1	0.7	172	210	170	40.1	51.7
KZ	280	200	810	990	0.1	0.7	172	210	180	38.5	50.6
PT	300	180	800	986		0.6	160	200	180	41.9	52.6

（2）桩基、墩柱混凝土配合比设计。桥梁桩基、桥墩等部位混凝土一般需要长距离泵送施工，要求混凝土不离析、泌水，具有良好的工作性能。因此也采用慢冷少孔高钛重矿渣砂、碎石，调整粉煤灰掺量，进行C30～C50高钛重矿渣混凝土配合比设计，试验配合比见表4-112～表4-114。

表 4-112 C30 高钛重矿渣桩基混凝土试配结果

砂石种类	水泥/kg	粉煤灰/kg	砂/kg	碎石/kg	纤维素醚/‰	减水剂/%	水/kg	坍落度/mm	2h坍落度/mm	抗压强度/MPa 7d	抗压强度/MPa 28d
KZ	300	100	847	1182	0.1	0.8	150	190	160	32	46
KZ	320	80	847	1192	0.1	0.8	150	180	140	34.8	47.2
KZ	340	60	847	1192	0.1	0.8	150	170	130	36.5	48.1
PT	300	100	807	1102		0.7	150	190	140	32	51

表 4-113 C40 高钛重矿渣桥墩混凝土试配结果

砂石种类	水泥/kg	粉煤灰/kg	砂/kg	碎石/kg	纤维素醚/‰	减水剂/%	水/kg	坍落度/mm	2h坍落度/mm	抗压强度/MPa 7d	抗压强度/MPa 28d
KZ	340	80	816	1138	0.1	0.9	140	200	160	41.3	49
KZ	360	60	816	1148	0.1	0.9	140	190	140	43.4	50.5
KZ	380	40	816	1148	0.1	0.9	140	180	130	45.5	51.2
PT	340	80	796	1088		0.8	140	200	140	42	53

表 4-114 C50 高钛重矿渣泵送混凝土试配结果

砂石种类	水泥/kg	粉煤灰/kg	砂/kg	碎石/kg	纤维素醚/‰	减水剂/%	水/kg	坍落度/mm	2h坍落度/mm	抗压强度/MPa 7d	抗压强度/MPa 28d
KZ	420	70	807	1135	0.1	1.0	157	200	160	44.0	59.0
KZ	430	60	807	1135	0.1	1.0	157	190	150	47.0	61.0
KZ	440	60	807	1135	0.1	1.0	157	180	140	48.0	60.0
PT	430	60	767	1055		0.9	157	200	130	46.8	64

运用 ANSYS 对承台 C40 大体积混凝土浇筑过程中的温度场变化进行了相关分析，本次分析以 5.0 m 厚 C40 混凝土承台为分析对象，承台大体积混凝土采用一次成型浇筑，不通冷却水管，预计混凝土方量约 2 100 m³。

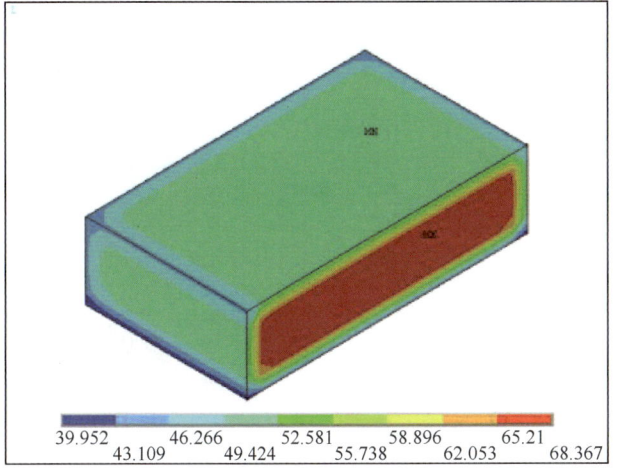

图 4-82　承台第 3 天水化热温度云图（单位：℃）

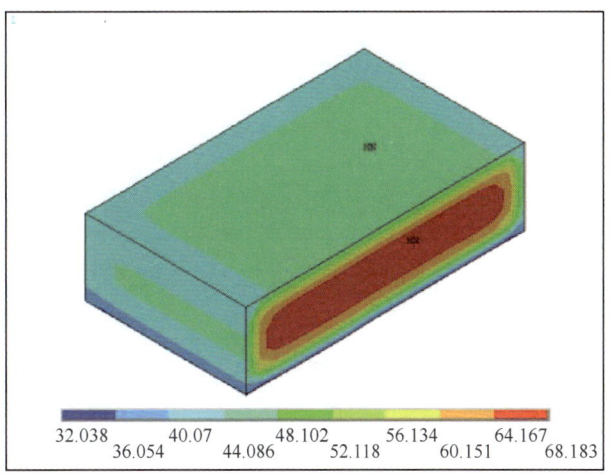

图 4-83　承台第 7 天水化热温度云图（单位：℃）

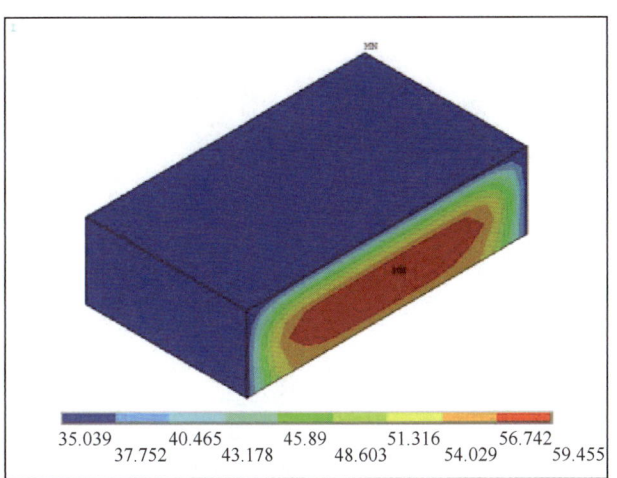

图 4-84　承台第 28 天水化热温度云图（单位：℃）

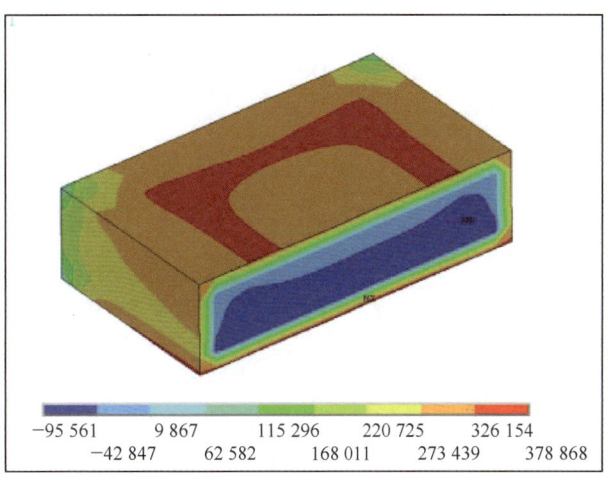

图 4-85　承台第 3 天水化热应力云图（单位：Pa）

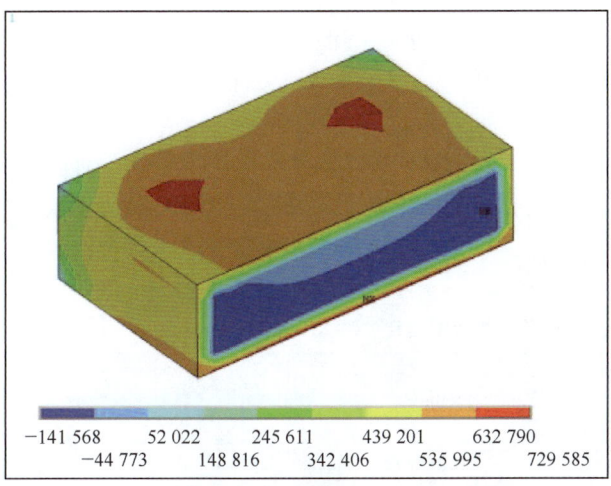

图 4-86　承台第 7 天水化热应力云图（单位：Pa）

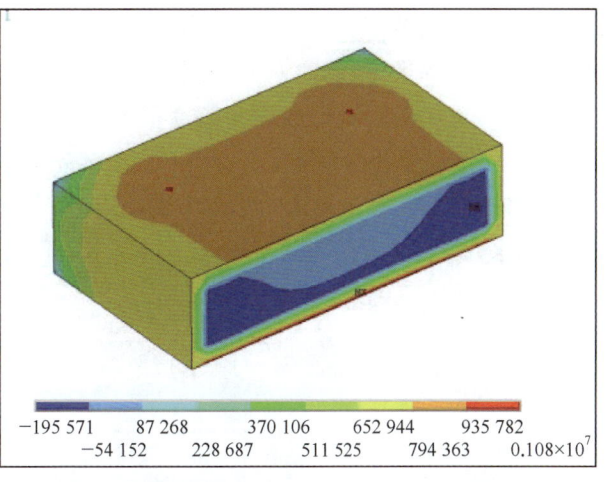

图 4-87　承台第 28 天水化热应力云图（单位：Pa）

通过温度、温度应力分析(图 4-82～图 4-87),承台混凝土最高温度、最大温差见表4-115,承台混凝土最大主应力见表4-116。

表 4-115　承台混凝土温度分析结果　单位:℃

部位	最高温度	最大温差
承台	68.4	23.8

表 4-116　承台混凝土最大主应力　单位:MPa

部位	龄期层号		
	第3天	第7天	第28天
承台	0.38	0.73	1.08

由表 4-115 可知,承台高钛重矿渣混凝土施工最高温度为 68.4 ℃,最大温差为 23.8 ℃,小于 25 ℃。根据混凝土劈裂抗拉强度测试结果(表 4-117)可知,承台大体积混凝土在施工期内C40混凝土劈裂抗拉强度高于大体积混凝土内温度主拉应力,具有较高的抗裂安全系数,在采取有效的温控措施并合理施工后,可以防止承台混凝土产生有害温度裂缝。高钛重矿渣集料混凝土具有良好的抗裂效果。

表 4-117　大体积混凝土劈裂抗拉强度
单位:MPa

项目	龄期/d		
	3	7	28
C40 混凝土	1.83	3.01	4.13

(3) 预制梁混凝土配合比设计。预制梁高性能混凝土一般采用门吊吊装料斗浇筑施工,混凝土出机到入模时间较短,运输距离较近,混凝土坍落度损失较小,可以采用高钛重矿渣快冷多孔碎石、砂进行配制,试验配合比见表 4-118。

表 4-118　C50 高钛重矿渣预制梁混凝土试配结果

砂石种类	水泥/kg	粉煤灰/kg	砂/kg	大石/kg	纤维素醚/‰	减水剂/%	水/kg	坍落度/mm	1h坍落度/mm	抗压强度/MPa	
										7d	28d
KZ	360	70	862	1164		1.0	140	160	130	45.8	56
KZ	380	50	862	1164		1.0	140	150	120	47.6	60.5
KZ	400	50	842	1164		1.0	144	140	110	49	63
KZ	450		842	1164		1.1	144	160	100	52.6	64
PT	380		822	1104		0.9	140	150	150	48	62.5

2) 工作性能和力学性能

在坍落度基本相同、胶凝材料用量相等的情况下,采用高钛重矿渣砂石替代天然砂石配制混凝土,需要的减水剂用量增大,这是由于高钛重矿渣砂、碎石表面粗糙,孔隙率大,吸附浆体多,且由于其比表面积大、吸水率大,搅拌时对减水剂有一定的吸附。另外,高钛重矿渣混凝土经时坍落度损失比天然砂石混凝土小,这是因为高钛重矿渣砂石吸附水先储存在砂石内表层,在水泥水化的过程中慢慢释放出来,减小因水分挥发造成的坍落度损失。最后,相同强度等级的高钛重矿渣混凝土与普通混凝土的 7 d、28 d 强度基本相同,均满足设计强度要求。表 4-119 为桥梁各部位优选高钛重矿渣混凝土配合比及性能。

表 4-120 试验结果表明,在胶凝材料用量相同的条件下,高钛重矿渣混凝土与同强度等级的普通混凝土相比,7 d、28 d 立方体抗压强度相当,7 d、28 d 抗折强度稍高,28 d 抗折强度均大于 5.0 MPa,7 d、28 d 劈裂抗拉强度差别不大,7 d、28 d 弹性模量相差较小,均大于 3.4×10^4 MPa,能够很好地满足桥梁混凝土的要求。

表 4-119　高钛重矿渣及普通混凝土优选配合比

编号	水泥/kg	粉煤灰/kg	砂/kg	大石/kg	纤维素醚/‰	减水剂/%	水/kg	坍落度/mm	2h坍落度/mm	抗压强度/MPa	
										7d	28d
A	230	160	825	1160	0.1	0.7	140	200	160	26.5	41.2
B	320	140	810	1090	0.1	0.9	150	200	160	35	51.6

(续表)

编号	水泥/kg	粉煤灰/kg	砂/kg	大石/kg	纤维素醚/‰	减水剂/%	水/kg	坍落度/mm	2h坍落度/mm	抗压强度/MPa 7d	抗压强度/MPa 28d
C	300	100	847	1192	0.1	0.8	156	190	150	32	46
D	340	80	816	1148	0.1	0.9	140	200	160	41.3	52.0
E	430	60	807	1135	0.1	1.0	157	190	150	47	61
F	380	50	862	1164		1.0	140	150	120(1h)	52.5	62
G	420	80	815	1120		1.2	155	210	180	62.5	72.2
A′	230	160	800	1086	0	0.6	140	200	140	25.5	40.6
B′	320	140	809	1138	0	0.8	150	200	160	32	51
C′	300	100	807	1102	0	0.7	156	190	140	31.5	47
D′	340	80	796	1088	0	0.8	140	200	140	42	53
E′	430	60	767	1055	0	0.9	157	200	130	46.8	64
F′	380	50	822	1104	0	0.9	140	150	100(1h)	48	62.5

注：G组混凝土采用5~25mm慢冷高钛重矿渣碎石,水泥为P·O52.5普通硅酸盐水泥。

表4-120 高钛重矿渣及普通混凝土的力学性能

编号	坍落度/mm	2h坍落度/mm	抗压强度/MPa 7d	抗压强度/MPa 28d	抗折强度/MPa 7d	抗折强度/MPa 28d	劈裂抗拉强度/MPa 7d	劈裂抗拉强度/MPa 28d	静弹性模量/10^4 GPa 7d	静弹性模量/10^4 GPa 28d
A	200	160	26.5	41.2	3.0	5.2	2.5	3.9	3.01	3.46
B	200	160	35	51.6	3.1	5.45	3.0	4.1	3.05	3.61
C	190	150	32	46	3.0	5.25	2.6	4.0	3.08	3.52
D	200	160	41.3	49	3.1	5.4	3.7	4.1	3.14	3.68
E	190	150	47	61	3.3	6.0	4.2	5.6	3.33	3.81
F	150	120(1h)	47.6	60.5	3.5	6.4	4.9	5.7	3.25	3.76
G	210	180	62.5	72.2	4.8	7.1	5.1	5.9	3.32	3.96
A′	200	140	25.5	40.6	2.8	5.0	2.4	3.8	2.98	3.44
B′	200	160	32	51	2.9	5.25	2.9	4.0	3.03	3.59
C′	190	140	31.5	47	2.8	5.05	2.5	3.9	2.97	3.50
D′	200	140	42	53	2.9	5.2	3.6	4.0	3.13	3.66
E′	200	130	46.8	64	3.1	5.8	4.1	5.5	3.28	3.79
F′	150	100(1h)	48	62.5	3.3	6.2	4.8	5.6	3.18	3.74

注：1. A~F组混凝土采用5~25mm连续级配高钛重矿渣碎石,细度模数为2.8的高钛重矿渣砂。
2. A′~F′组混凝土采用5~25mm连续级配普通碎石,细度模数为2.6的河砂。
3. A为C30高钛重矿渣承台大体积混凝土；B为C30高钛重矿渣桩基混凝土；C为C30高钛重矿渣桩基混凝土；D为C40高钛重矿渣桥墩混凝土；E为C50高钛重矿渣泵送混凝土；F为C50高钛重矿渣预制梁混凝土；G为C60高钛重矿渣泵送混凝土；A′为C30承台大体积普通混凝土；B′为C40承台大体积普通混凝土；C′为C30桩基普通混凝土；D′为C40桥墩普通混凝土；E′为C50泵送普通混凝土；F′为C50预制梁普通混凝土。

3) 耐久性

混凝土的耐久性包括几个方面：混凝土抗裂性能、抗氯离子渗透性能、抗硫酸盐侵蚀性能、抗碳化性能、抗冻性能、徐变性能等。高钛重矿渣混凝土由于集料的特殊性,需要对其耐久性能进行长期研究,并与普通混凝土进行对比。

(1) 抗裂性能。表 4-121 试验结果表明，四个配合比的抗裂性能相比，高钛重矿渣混凝土的初裂时间明显比普通混凝土靠后，5 h 内均未出现任何微裂缝；裂缝宽度也比普通混凝土明显减小，平均开裂面积降低 50%以上；单位面积上的裂缝数目也降低 6~8 根/m²，单位面积上的总开裂面积降低 30%以上。高钛重矿渣混凝土的抗裂性能良好，抗裂等级均为Ⅱ级，而普通混凝土的抗裂等级均为Ⅲ级，高钛重矿渣混凝土抗裂效果提高一个等级。这是由于高钛重矿渣具有多孔结构，试验前高钛重矿渣骨料进行了预湿饱水的措施，骨料在水化过程中释水，起到内养护的作用，降低了混凝土收缩产生的拉应力，因此提前预湿的高钛重矿渣集料对混凝土抗裂性能有较好的改善作用。

表 4-121　混凝土早期开裂试验结果

试件编号	抗裂性指标					
	初裂时间	裂缝最大宽度/mm	平均开裂面积 a/mm²	单位面积的裂缝数目 b/(根·m⁻²)	单位面积上的总开裂面积 c/(mm²·m⁻²)	评定等级
A	350	0.3	6.2	8	129	Ⅳ级
D	367	0.3	4.7	6	116	Ⅳ级
E	423	0.1	2.5	3	92	Ⅴ级
F	456	0.1	2.2	3	109	Ⅳ级
A′	57	0.5	15.9	14	197	Ⅳ级
D′	85	0.5	16.9	12	195	Ⅳ级
E′	125	0.4	14.1	9	185	Ⅳ级
F′	137	0.6	15.2	9	167	Ⅳ级

(2) 抗渗性能。

① 水压力试验。表 4-122 试验结果表明，高钛重矿渣混凝土的抗水渗透等级随着强度等级的提高而增大，各强度等级的高钛重矿渣混凝土抗渗等级均大于 P10，C50 泵送高钛重矿渣混凝土抗渗等级为 P15，高钛重矿渣混凝土整体密实，抗渗性能良好，可以满足桥梁高性能混凝土的要求。

表 4-122　混凝土抗渗性能试验结果

配合比编号	抗渗压力/MPa	抗渗等级
A	1.3	P12
B	1.4	P13
C	1.2	P11
D	1.4	P13
E	1.6	P15
F	1.5	P14

② 快速氯离子渗透试验。试验结果见表 4-123，试验龄期为 28 d、56 d。

从表 4-123 可知，高钛重矿渣混凝土 56 d Cl⁻

表 4-123　各龄期的混凝土 Cl⁻ 扩散系数试验结果

配合比编号	56 d Cl⁻扩散系数/(10^{-12} m²·s⁻¹)	配合比编号	56 d Cl⁻扩散系数/(10^{-12} m²·s⁻¹)
A	2.45	A′	2.55
B	2.10	B′	2.21
C	2.36	C′	2.41
D	2.01	D′	2.09
E	1.42	E′	1.51
F	1.15	F′	1.21

扩散系数略小于普通混凝土，并且随着强度等级的增大，Cl⁻扩散系数逐渐降低，C30 抗氯离子渗透系数小于 2.5×10^{-12}，C60 的小于 1.0×10^{-12}，大大提高了高钛重矿渣混凝土的使用寿命，满足桥梁混凝土的耐久性要求。

(3) 抗碳化性能。表 4-124 试验结果表明，高钛重矿渣混凝土与相同强度等级的普通混凝土的抗碳化性能相近，所测龄期碳化深度均小于 10 mm，说明所设计的配合比为较优配合比，高钛重矿渣混凝土结构密实，桥梁混凝土结构物的保护层厚度不易被破坏，结构稳定。

表 4-124　混凝土碳化深度试验结果

试件编号	平均碳化深度/mm			
	3 d	7 d	14 d	28 d
A	0	1	2	4
B	0	1	2	3
C	0	1	3	4
D	0	1	2	4
E	0	0	1	2
F	0	0	1	2
A′	0	1	2	4
B′	0	1	2	4
C′	0	1	3	4
D′	0	1	2	3
E′	0	1	2	3
F′	0	1	2	3

(4) 抗硫酸侵蚀性能。表 4-125 试验结果表明，高钛重矿渣混凝土与相同强度等级的普通混凝土的抗硫酸盐侵蚀性能差别不大，都具有良好的抗硫酸盐侵蚀性能。这是由于高钛重矿渣混凝土配合比中掺入了粉煤灰，粉煤灰具有火山灰效应、形态效应及微集料效应，提高了混凝土的整体密实性能，改善了混凝土的抗渗性能。另外，粉煤灰中的活性成分与 $Ca(OH)_2$ 发生反应，限制了侵蚀的发生。同时，随着高钛重矿渣混凝土强度等级的提高，水灰比降低，混凝土内部结构更加密实，孔隙率降低，水泥石中自由水含量减小，抗硫酸盐侵蚀性能提高。

表 4-125　高钛重矿渣混凝土抗硫酸盐侵蚀性能试验结果

编号	设计抗硫酸盐等级	90 次循环 K_f/%	编号	设计抗硫酸盐等级	90 次循环 K_f/%
A	KS90	84	A′	KS90	85
B	KS90	86	B′	KS90	87
C	KS90	85	C′	KS90	86
D	KS90	87	D′	KS90	88
E	KS90	92	E′	KS90	93
F	KS90	93	F′	KS90	92

(5) 抗冻性能。表 4-126 试验结果表明，高钛重矿渣混凝土的抗冻性能均优于普通混凝土。这是因为一方面高钛重矿渣砂是机制砂，表面较为粗糙，能与胶凝材料浆体更紧密地结合，形成较为致密的水泥石结构，增强了高钛重矿渣砂混凝土的抗冻性能；另一方面，高钛重矿渣砂含有 10%~15% 的粉尘，这些适量的粉尘对改善混凝土的密实度有帮助，在一定程度上细化了混凝土内部的孔隙结构，增强了高钛重矿渣砂混凝土的抗冻性能。同时，高钛重矿渣的蓄水功能不仅降低了混凝土的实际水灰比，还有助于后期的水化，这同样有利于提升混凝土抗冻性能。

表 4-126　高钛重矿渣混凝土抗冻性能试验结果

编号	冻融循环次数	相对动弹性模量/%	抗冻等级	编号	冻融循环次数	相对动弹性模量/%	抗冻等级
A	150	70.1	>F150	A′	150	61.7	>F150
B	150	67.4	>F150	B′	100	63.2	>F100
C	200	77.1	>F200	C′	200	74.6	>F200
D	300	72.2	>F300	D′	300	68.5	>F300
E	500	65.3	>F300	E′	500	60.9	>F300
F	500	68.6	>F300	F′	500	62.7	>F300

(6) 体积稳定性。

① 自收缩。高钛重矿渣混凝土及普通混凝土自收缩试验结果见表 4-127。

表 4-127　高钛重矿渣混凝土自收缩率试验结果

试件编号	混凝土自收缩率/10^{-6}				
	1 d	3 d	7 d	14 d	28 d
A	9.2	27.2	54.3	63.2	68.4
B	10.2	18.9	55.3	64.5	72.8
C	11.3	26.4	57.3	65.0	72.3
D	12.4	21.6	60.1	66.7	79.8
E	21.2	42.9	75.9	84.6	93.1
F	18.2	39.9	67.9	82.3	91.7
A′	40.3	70.7	88.8	108.4	109.7
B′	35.3	64.5	92.1	115.8	118.9
C′	45.4	73.8	85.5	111.0	112.3
D′	36.4	66.3	96.4	114.6	124.4
E′	35.3	64.5	101.1	135.8	155.2
F′	48.9	111.4	122.6	149.8	176.3

表 4-127 和图 4-88、图 4-89 试验结果表明，高钛重矿渣混凝土自收缩率小于相同强度等级的普通混凝土。C30 高钛重矿渣承台大体积混凝土 1 d、

3 d、7 d、14 d 和 28 d 自收缩率分别比普通混凝土降低了 77.2%、61.5%、38.4%、41.7% 和 37.6%，C50 预制梁高钛重矿渣混凝土 1 d、3 d、7 d、14 d 和 28 d 自收缩率分别比普通混凝土降低了 39.9%、33.5%、24.9%、39.4% 和 40.0%，有效地减小了承台和预制梁混凝土的收缩，减小了裂缝产生的可能性，提高了混凝土的耐久性能。原因在于高钛重矿渣具有多孔的结构，孔的尺度远远大于水泥基材料中毛细孔的尺度，当水泥水化使得内部相对湿度降低时，高钛重矿渣集料内部的水将逐渐向硬化水泥浆体迁移，形成内养护，阻止混凝土内部相对湿度的降低，降低毛细管张力，从而降低混凝土自收缩。

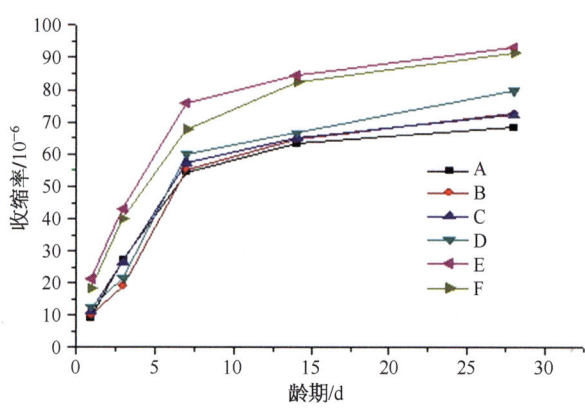

图 4-88　高钛重矿渣混凝土自收缩率

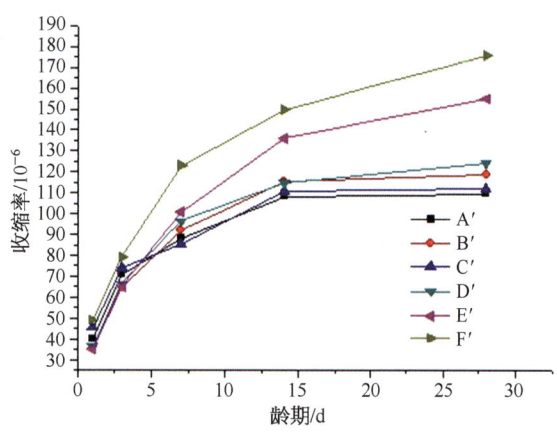

图 4-89　普通混凝土自收缩率

试验结果还表明，混凝土早期自收缩随着高钛重矿渣混凝土强度等级的提高而增大。这是由于随着混凝土强度等级的提高及水胶比的降低，结构内部可供水化的自由水减少，混凝土结构内部相对湿度下降较多，自收缩较大；另外，强度等级高的高钛重矿渣混凝土形成的水泥石结构较致密，孔隙减小，毛细管负压增大，混凝土自收缩增大。

② 干燥收缩。表 4-128 和图 4-90、图 4-91 试验结果表明，高钛重矿渣混凝土的干燥收缩小于

表 4-128　高钛重矿渣混凝土干燥收缩试验结果

混凝土种类	混凝土干燥收缩值/10^{-6}					
	1 d	3 d	7 d	14 d	28 d	45 d	60 d
A	47	66	104	138	187	213	222
B	45	73	119	138	182	199	209
C	47	64	101	129	192	217	212
D	48	72	126	141	180	204	217
E	42	61	89	129	175	191	196
F	38	57	84	127	169	186	189
A′	86	147	187	233	276	309	324
B′	80	132	158	178	197	233	243
C′	69	152	178	206	258	301	313
D′	64	128	127	147	186	244	245
E′	64	97	134	186	220	237	241
F′	59	90	138	176	201	223	233

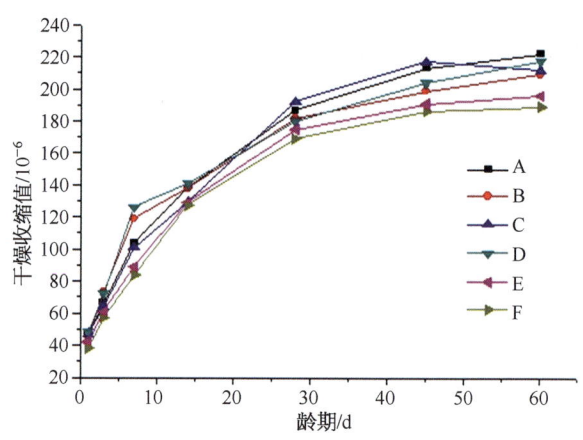

图 4-90　高钛重矿渣混凝土干燥收缩值

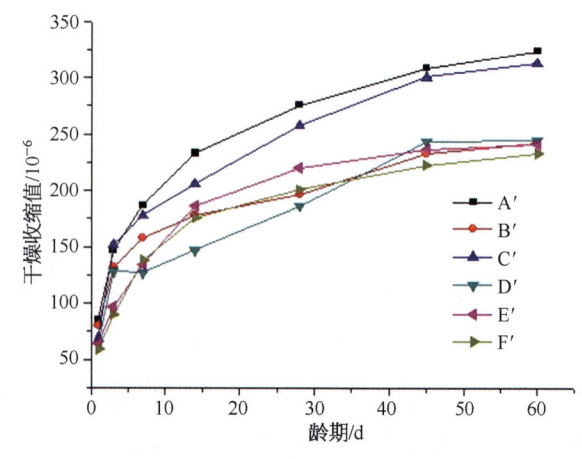

图 4-91　普通混凝土干燥收缩值

相同强度等级的普通混凝土,采用高钛重矿渣作为集料配制混凝土可降低混凝土干缩值,特别是对混凝土早期干缩值减小尤其明显。高钛重矿渣 C50 混凝土 1d、3d、7d、14d、28d、60d 和 90d 干缩值分别比普通混凝土降低了 34.4%、37.1%、33.6%、30.6%、20.4%、19.4% 和 18.7%。

(7) 徐变性能。表 4-129 和图 4-92、图 4-93 试验结果表明,随着高钛重矿渣混凝土龄期增长,各强度等级混凝土试件的徐变系数逐渐增大;随着混凝土强度等级的增大,各加载龄期试件的徐变系数逐渐减小;高钛重矿渣混凝土与相同强度等级的普通混凝土同龄期的徐变相近;各组高钛重矿渣混凝土的徐变均较小,满足实际工程要求。

表 4-129 高钛重矿渣混凝土徐变性能试验结果

试件	徐变系数								
	1d	3d	7d	14d	28d	45d	60d	90d	180d
A	0.20	0.28	0.33	0.45	0.55	0.67	0.74	0.77	0.78
D	0.21	0.30	0.34	0.44	0.53	0.63	0.67	0.70	0.72
E	0.19	0.25	0.31	0.42	0.50	0.56	0.58	0.61	0.63
F	0.10	0.16	0.22	0.29	0.39	0.43	0.46	0.48	0.50
A'	0.19	0.27	0.34	0.46	0.69	0.75	0.79		0.82
D'	0.19	0.26	0.35	0.44	0.53	0.63	0.68	0.71	0.73
E'	0.18	0.23	0.29	0.46	0.52	0.55	0.58	0.61	0.63
F'	0.11	0.18	0.23	0.31	0.37	0.42	0.45	0.48	0.51

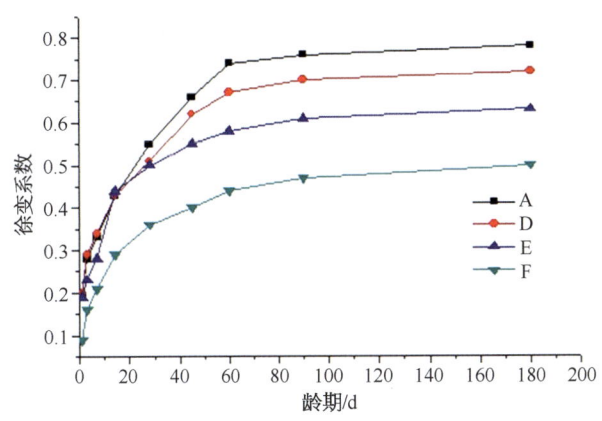

图 4-92 高钛重矿渣混凝土徐变

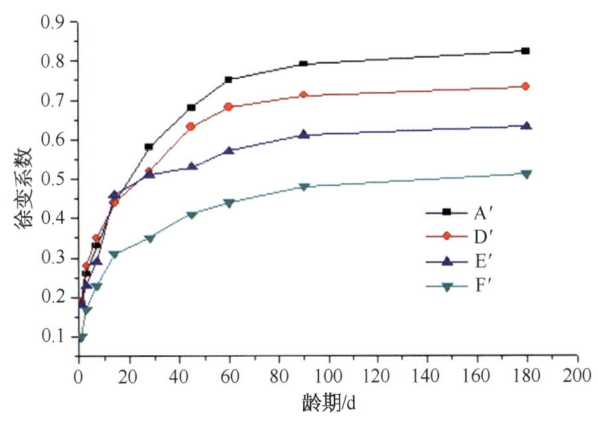

图 4-93 普通混凝土徐变

综上所述,高钛重矿渣集料混凝土的力学性能和耐久性能试验结果表明,各强度等级的高钛重矿渣混凝土力学性能 7d 能达到设计强度的 100%,28d 达到 120%;高钛重矿渣混凝土具有良好的耐久性,其抗渗等级均大于 P10,抗硫酸盐侵蚀性能良好,高钛重矿渣混凝土早期收缩抗裂性能比普通混凝土提高一个等级,自收缩与干缩均优于相同强度等级的普通混凝土,高钛重矿渣混凝土徐变系数与相同强度等级普通混凝土相近。高钛重矿渣混凝土各强度等级配合比具有很好的力学性能和耐久性能。

4.2.4.3 高钛重矿渣碎石混凝土

1) 不同部位高钛重矿渣碎石混凝土配合比设计

配合比初步设计方法仍然采用松散体积法,集料的物理性能对混凝土性能的影响前面已经进行了相关研究,不再赘述。

(1) C30 混凝土。由于承台部位大体积混凝土采用泵送施工,要求混凝土具有良好的工作性能,因此采用高钛重矿渣碎石、普通砂、大掺量粉煤灰,降低混凝土早期水化热,减少温度收缩裂缝的产生,进行 C30 大体积混凝土配合比设计,试验配合比见表 4-130。

表 4-130 试验结果表明,A 组配合比所配制的混凝土初始工作状态最佳,7d 及 28d 抗压强度均能满足工程要求,且所掺粉煤灰的量最大,对大体积混凝土水化放热的控制更有利,较 B、C 两组配合比可以更有效地减少温度收缩裂缝的产生。因此将 A 组配合比作为表 4-134 中 A(C30 高钛重矿渣碎石承台大体积混凝土)对应的配合比。

(2) C40 混凝土。桥面铺装层混凝土因直接承受车辆荷载,存在易开裂、耐磨性差等问题,高钛重矿渣碎石对于解决上述问题拥有天然的优势,因为

表 4‑130　C30 高钛重矿渣碎石承台大体积混凝土试配结果

编号	水泥/kg	粉煤灰/kg	砂率/%	大石：小石	纤维素醚/10^{-4}	减水剂/%	水胶比/%	坍落度/mm		抗压强度/MPa	
								0 h	1 h	7 d	28 d
A	230	160	42	6：4	1	1.1	38	200	190	27.9	42.1
B	240	150	42	6：4	1	1.1	38	190	180	28.6	42.9
C	250	140	42	6：4	1	1.1	38	200	180	29.5	43.6

高钛重矿渣碎石自身是多孔结构,具有一定的"蓄水‑释水"功能,对混凝土有内养护作用,能减少混凝土的收缩,从而有利于解决桥面铺装层混凝土易开裂的问题;高钛重矿渣碎石耐磨性能好的特点也有助于桥面铺装层混凝土耐磨性的提高。本试验采用大石：小石＝6：4 的高钛重矿渣碎石,细度模数 2.9 的普通砂。并从以下两方面对 C40 高钛重矿渣碎石高性能桥面铺装层混凝土配合比进行进一步优化设计。

① 引入具有遥爪结构的减缩剂和"吸水‑释水"增韧聚合物。具有遥爪结构的减缩剂主要成分为低级醇的环氧化合物与烷基聚氧乙烯醚,"吸水‑释水"增韧聚合物主要成分为对氨基甲酸酯嵌段共聚物经改性处理后形成的一种具有超长分子链的硅氧烷和聚醚基团。减缩剂与增韧剂用量比为 1：2,并与高效减水剂复合后制得效果显著的混凝土减缩增韧高效减水剂,其掺量为复合减水剂用量的 30%～45%。一方面,减缩增韧高效减水剂利用"吸水‑释水"聚合物超长的分子链在基体中相互缠结形成网络状骨架结构,可以降低混凝土毛细孔溶液的表面张力,达到降低毛细孔力的作用,从而降低混凝土的自收缩与干燥收缩;另一方面,减缩增韧高效减水剂具有环境响应交联点,可以使其与包括自身在内的物质相互交联,形成复杂的网络状骨架结构,当材料受到外力作用时吸收部分冲击能,提高混凝土的断裂韧性(图 4‑94)。

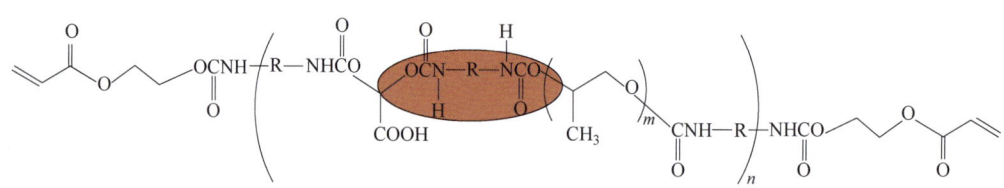

图 4‑94　增韧材料分子规整性调节图

② 加入特殊工艺制备及表面处理后的钢纤维。加入特殊工艺制备及表面处理后具有断裂强度高、握裹力强等优点的钢纤维,可轻易而迅速地与混凝土材料混合,均匀分布,在混凝土内部构成一种均匀的乱向支撑体系,产生有效的二级加强效果。由此,混凝土可将自身的收缩能量分散到高抗拉的纤维上,阻止混凝土原有微裂缝的扩展并延缓新裂缝的出现,最终减小微裂缝的尺寸,增强材料内部的连续性,减少冲击波被阻断引起的局部应力集中,提高混凝土的断裂韧性。通过试验研究,确定 C40 高钛重矿渣高性能桥面铺装层混凝土配合比,见表 4‑131。

表 4‑131　C40 高钛重矿渣碎石桥面铺装层混凝土试配结果

水泥/kg	粉煤灰/kg	砂/kg	石/kg	钢纤维/kg	减水剂/%	纤维素醚/10^{-4}	水胶比/%	坍落度/mm		抗压强度/MPa	
								0 h	1 h	7 d	28 d
340	60	600	1200	2.4	1.2	0.3	34	220	200	41.5	52.5

桥梁桩基、桥墩等部位混凝土一般需要长距离泵送施工,要求混凝土不离析、泌水,具有良好的工作性能,因此也采用高钛重矿渣碎石、普通砂,调整粉煤灰掺量,进行 C40 高钛重矿渣碎石混凝土配合比优化设计,试验配合比见表 4‑132。

表 4-132　C40 高钛重矿渣碎石桩基、桥墩混凝土试配结果

编号	水泥 /kg	粉煤灰 /kg	砂率 /%	钢纤维 /kg	大石：小石	减水剂 /%	纤维素醚 /10^{-4}	水胶比 /%	坍落度/mm		抗压强度/MPa	
									0 h	1 h	7 d	28 d
A	340	80	43	2.4	6∶4	1.4	0.5	34	220	200	42.5	54.4
B	360	60	43	2.4	6∶4	1.4	0.5	34	210	190	43.1	55.5
C	380	40	43	2.4	6∶4	1.4	0.5	34	210	190	44.3	56.2

表 4-132 试验结果表明，A 组配合比所配制的混凝土初始工作状态最佳，7 d 及 28 d 抗压强度均能满足工程要求，且所掺粉煤灰的量最大，水泥用量最小，由于水泥较粉煤灰单价更高，A 组配合比的工程造价最低。因此综合比较，将 A 组配合比作为表 4-134 中 B(C40 高钛重矿渣碎石桩基、桥墩混凝土)对应的配合比。

（3）C50 混凝土。预制梁高性能混凝土一般采用门吊吊装料斗浇筑施工，混凝土出机到入模时间较短，运输距离较近，混凝土坍落度损失较小，对 C50 高钛重矿渣碎石混凝土配合比进行优化设计，为提高其韧性，从以下几个方面进行改善：在预制梁混凝土中，通过加入具有遥爪结构减缩剂和"吸水-释水"增韧聚合物的外加剂、钢纤维提升高钛重矿渣碎石混凝土韧性及抗断裂性能。试验配合比见表 4-133。

表 4-133　C50 高钛重矿渣碎石预制梁混凝土试配结果

编号	水泥 /kg	粉煤灰 /kg	砂率 /%	钢纤维 /kg	大石：小石	减水剂 /%	水胶比	坍落度/mm		抗压强度/MPa	
								0 h	1 h	7 d	28 d
A	400	70	43	3.0	6∶4	1.6	0.32	180	160	46.3	57.4
B	420	50	43	3.0	6∶4	1.6	0.32	170	150	49.3	60.5
C	430	60	43	3.0	6∶4	1.6	0.32	180	170	51.3	62.7
D	440	60	43	3.0	6∶4	1.6	0.32	180	160	53.2	63.4
E	450	40	43	3.0	6∶4	1.6	0.32	180	170	54.1	63.8
F	460	30	43	3.0	6∶4	1.6	0.32	180	170	56.3	64.5

表 4-133 试验结果表明，C～F 组配合比配制的混凝土初始工作状态与抗压强度均满足要求，但 D～F 组胶凝材料用量较 C 组多，从经济性上分析，C 组配合比在完全满足工程要求的前提下最经济。综合考虑，将 C 组配合比作为表 4-134 中 C(C50 高钛重矿渣碎石预制梁混凝土)对应的配合比。

2）工作性能和力学性能

表 4-134、表 4-135 试验结果表明，高钛重矿渣碎石混凝土与同强度等级普通混凝土在胶凝材料用量相同的条件下，其 7 d、28 d 立方体抗压强度与普通混凝土相当；7 d、28 d 抗折强度优于普通混凝土，28 d 抗折强度均大于 5.0 MPa；7 d、28 d 劈裂抗拉强度与普通混凝土差别不大；7 d、28 d 弹性模量与普通混凝土相差较小，28 d 弹性模量均大于 3.4×10^{4} GPa。高钛重矿渣碎石混凝土能够很好地满足桥梁混凝土的设计要求。

表 4-134　C30～C50 高钛重矿渣碎石及普通混凝土优选配合比

编号	水泥 /kg	粉煤灰 /kg	砂 /kg	石 /kg	纤维素醚 /10^{-4}	钢纤维 /kg	减水剂 /%	水 /kg	坍落度 /mm	1 h 坍落度 /mm	抗压强度/MPa	
											7 d	28 d
A	230	160	847	1192	1.0		1.1	148	200	190	27.9	42.1
B	340	80	816	1148		3.0	1.4	143	220	200	42.5	54.4
C	430	60	836	1108		3.0	1.6	142	180	170	51.6	62.7
A′	230	160	847	1192	1.0		1.1	148	190	180	28.7	44.2
B′	340	80	816	1148		3.0	1.4	143	210	200	43.3	57.4

表 4-135 C30～C50 高钛重矿渣碎石及普通混凝土的力学性能

编号	坍落度/mm	1h坍落度/mm	抗压强度/MPa		抗折强度/MPa		劈裂抗拉强度/MPa		静弹性模量/10^4 GPa	
			7 d	28 d	7 d	28 d	7 d	28 d	7 d	28 d
A	200	190	27.9	42.1	2.8	5.1	3.0	3.9	3.12	3.53
B	220	200	42.5	54.4	2.9	5.4	2.9	4.2	3.25	3.79
C	180	170	51.6	62.7	4.8	7.2	4.5	5.1	3.32	3.88
A′	190	180	28.7	44.2	2.6	5.2	2.4	3.7	2.84	3.42
B′	210	200	43.2	57.4	2.7	5.5	3.5	3.8	2.95	3.53
C′	170	150	50.3	59.8	4.6	6.6	4.4	5.3	3.20	3.76

注：A 为 C30 高钛重矿渣碎石大体积承台混凝土；B 为 C40 高钛重矿渣碎石桩基、桥墩混凝土；C 为 C50 高钛重矿渣碎石预制梁混凝土；A′为 C30 大体积承台普通混凝土；B′为 C40 桩基、桥墩普通混凝土；C′为 C50 预制梁普通混凝土。

3）耐久性

(1) 抗裂性能。表 4-136 试验结果表明，在测试各配合比抗裂性能时，高钛重矿渣碎石混凝土的初裂时间明显比普通混凝土推后，在 5 h 前未出现任何微裂缝；平均开裂面积比同强度等级的普通混凝土小。高钛重矿渣碎石混凝土的抗裂性能良好。

表 4-136 混凝土早期开裂试验结果

试件编号	抗裂性指标					
	初裂时间/h	裂缝最大宽度/mm	平均开裂面积 a/mm^2	单位面积的裂缝数目 b/(根·m^{-2})	单位面积上的总开裂面积 c/(mm^2·m^{-2})	评定等级
A	312	0.1	36	13.7	493	Ⅲ级
B	343	0.2	29	12.7	368	Ⅳ级
C	386	0.2	20	11.3	226	Ⅳ级
A′	98	0.1	40	13.8	552	Ⅲ级
B′	156	0.1	31	13.0	403	Ⅲ级
C′	197	0.2	27	11.4	308	Ⅳ级

(2) 抗渗性能。

① 水压力试验。表 4-137 试验结果表明，高钛重矿渣碎石混凝土抗水渗透等级随着强度等级的提高而提高；各强度等级的高钛重矿渣碎石混凝土抗渗等级均大于 P10，C50 预制 T 梁混凝土抗渗等级为 P15。高钛重矿渣碎石混凝土整体密实，抗渗性能良好，可以满足桥梁高性能混凝土的性能要求。

表 4-137 混凝土抗渗性能试验结果

配合比编号	抗渗压力/MPa	抗渗等级
A	1.2	P11
B	1.3	P12
C	1.6	P15

② 快速氯离子渗透试验。表 4-138 试验结果表明，高钛重矿渣碎石混凝土 56 d Cl$^-$ 扩散系数略小于普通混凝土，并随着强度等级的增大，Cl$^-$ 扩散系数逐渐减小，C30 抗氯离子渗透系数小于 2.5×10^{-12}，大大提高了高钛重矿渣碎石混凝土的使用寿命，满足桥梁混凝土的耐久性要求。

表 4-138 各龄期的混凝土 Cl$^-$ 扩散系数试验结果

配合比编号	56 d Cl$^-$ 扩散系数/(10^{-12} m^2·s^{-1})	配合比编号	56 d Cl$^-$ 扩散系数/(10^{-12} m^2·s^{-1})
A	2.44	A′	2.37
B	2.23	B′	2.29
C	1.89	C′	1.96

(3) 抗碳化性能。表 4-139 试验结果表明，高钛重矿渣碎石混凝土与同强度等级普通混凝土的抗碳化性能相近，所测龄期碳化深度均小于 10 mm，说明所设计的配合比为较优配合比，高钛重矿渣碎石混凝土结构密实，桥梁混凝土结构物的保护层厚度

表 4-139　混凝土碳化深度试验结果

试件编号	平均碳化深度/mm			
	3 d	7 d	14 d	28 d
A	0	1	2	4
B	0	1	3	4
C	0	1	2	3
A′	0	1	3	4
B′	0	1	3	4
C′	0	1	2	3

不易被破坏,结构稳定。

(4) 抗硫酸侵蚀性能。抗硫酸侵蚀性能试验结果见表 4-140。

表 4-140　高钛重矿渣碎石混凝土抗硫酸盐侵蚀性能试验结果

编号	设计抗硫酸盐等级	90 次循环 K_f/%	编号	设计抗硫酸盐等级	90 次循环 K_f/%
A	KS90	83	A′	KS90	80
B	KS90	87	B′	KS90	84
C	KS90	88	C′	KS90	87

试验结果表明,高钛重矿渣碎石混凝土与同强度等级普通混凝土的抗硫酸盐侵蚀性能差别不大,均能满足混凝土性能要求;同时,随着强度等级的提高,高钛重矿渣碎石混凝土抗硫酸盐侵蚀性能提高。因强度等级越高,混凝土孔隙率降低,水泥石中自由水含量减小,内部更加密实,提高了混凝土抗硫酸盐侵蚀性能。

(5) 抗冻性能。表 4-141 试验结果表明,混凝土配合比相同时,高钛重矿渣碎石混凝土的抗冻性能均优于普通混凝土。这是因为高钛重矿渣碎石的蓄水功能不仅降低了混凝土的实际水胶比,还有助于后期的水化,有助于提升混凝土抗冻性能。

表 4-141　高钛重矿渣碎石混凝土抗冻性能试验结果

编号	冻融循环次数	相对动弹性模量/%	抗冻等级	编号	冻融循环次数	相对动弹性模量/%	抗冻等级
A	150	69.6	>F150	A′	150	61.7	>F150
B	150	66.9	>F150	B′	100	63.2	>F100
C	200	76.1	>F200	C′	200	74.6	>F200

(6) 体积稳定性。

① 自收缩。高钛重矿渣碎石混凝土及普通混凝土自收缩试验结果见表 4-142。

表 4-142　高钛重矿渣碎石混凝土自收缩率试验结果

试件编号	混凝土自收缩率/10^{-6}				
	1 d	3 d	7 d	14 d	28 d
A	7.6	25.6	52.7	61.6	66.8
B	9.7	24.8	55.7	63.4	70.7
C	10.8	20.3	58.5	65.1	78.2
A′	38.7	69.1	86.6	106.8	108.1
B′	43.8	72.2	83.9	109.4	110.7
C′	34.8	64.7	94.8	113.7	122.8

表 4-142 和图 4-95、图 4-96 试验结果表明,高钛重矿渣碎石混凝土早期自收缩随着混凝土强度等级的提高而增大;高钛重矿渣碎石混凝土自收缩率小于同强度等级的普通混凝土,特别是早期混凝土的自收缩率,这有效减小了承台和预制梁混凝土

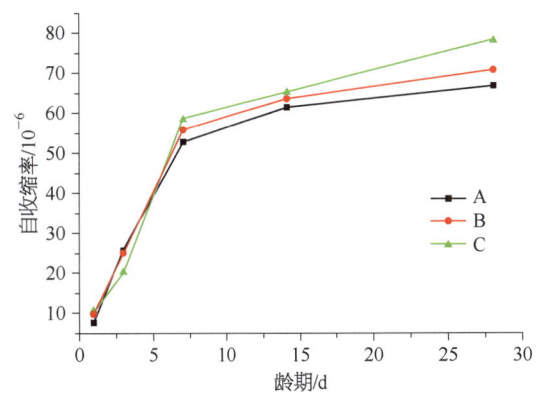

图 4-95　高钛重矿渣碎石混凝土自收缩率

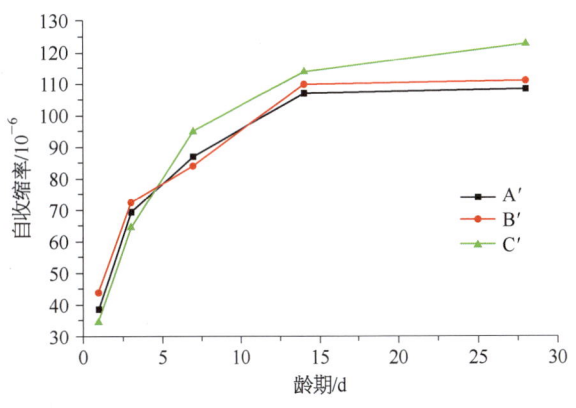

图 4-96　普通混凝土自收缩率

的收缩值,减小了裂缝产生的可能性,提高了混凝土的耐久性能。

② 干燥收缩。干燥收缩测试结果见表 4-143。

表 4-143　混凝土的干燥收缩性能试验结果

混凝土种类	混凝土干燥收缩值/10^{-6}						
	1 d	3 d	7 d	14 d	28 d	45 d	60 d
A	58	107	139	174	214	224	237
B	56	114	131	152	184	201	210
C	50	94	120	137	177	192	211
A′	72	133	173	219	252	282	296
B′	66	126	144	164	183	215	226
C′	66	128	137	147	186	205	213

表 4-143 和图 4-97、图 4-98 试验结果表明,高钛重矿渣碎石混凝土的干燥收缩值小于同强度等级普通混凝土,采用高钛重矿碎石作为粗集料可降低混凝土干缩值,且对早期干燥收缩减小得更加明显。

(7) 徐变性能。表 4-144 和图 4-99、图 4-100 试验结果表明,随着高钛重矿渣碎石混凝土龄期增长,各强度等级混凝土试件的徐变系数逐渐增大;随着混凝土强度等级的增大,各加载龄期试件的徐变系数逐渐减小;高钛重矿渣碎石混凝土徐变系数与同强度等级普通混凝土相近。各组高钛重矿渣碎石混凝土的徐变较小,均满足实际工程要求。

表 4-144　高钛重矿渣碎石混凝土徐变性能试验结果

试件	徐变系数							
	1 d	3 d	7 d	14 d	28 d	45 d	60 d	90 d	180 d
A	0.57	0.84	1.02	1.26	1.445	1.48	1.55	1.61	1.64
B	0.45	0.72	0.89	1.16	1.33	1.41	1.47	1.53	1.58
C	0.36	0.58	0.68	0.88	1.01	1.06	1.08	1.13	1.21
A′	0.55	0.82	1.01	1.23	1.38	1.46	1.53	1.59	1.63
B′	0.48	0.69	0.85	1.12	1.32	1.38	1.45	1.52	1.56
C′	0.39	0.65	0.85	0.93	1.04	1.08	1.11	1.17	1.21

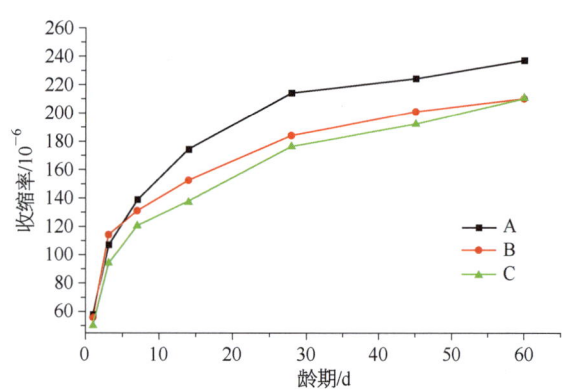

图 4-97　高钛重矿渣碎石混凝土干燥收缩值

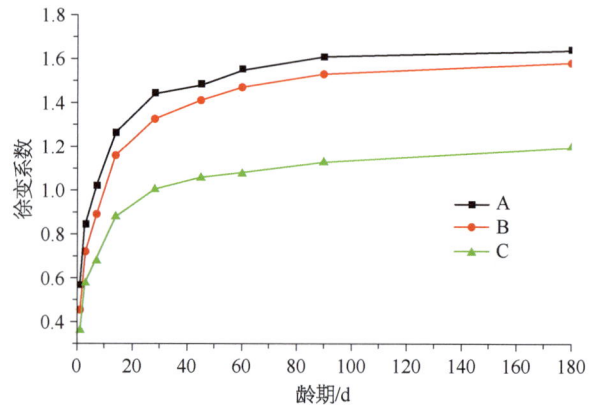

图 4-99　高钛重矿渣碎石混凝土徐变

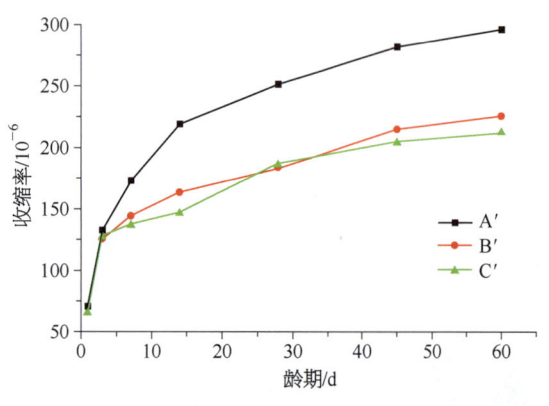

图 4-98　普通混凝土干燥收缩值

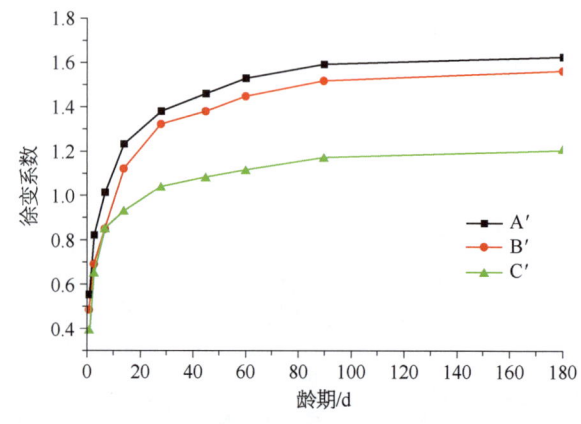

图 4-100　普通混凝土徐变

综上所述，高钛重矿渣碎石混凝土的力学性能和耐久性能试验结果表明，各强度等级的高钛重矿渣碎石混凝土力学性能 7d 均能达到设计强度的 90%，28d 达到 115%；高钛重矿渣碎石混凝土具有良好的耐久性，其抗渗等级均大于 P10，抗硫酸盐侵蚀性能良好，高钛重矿渣碎石混凝土早期收缩抗裂性能优于普通混凝土，自收缩与干缩均优于同强度等级的普通混凝土，高钛重矿渣碎石混凝土徐变系数与同强度等级普通混凝土相近。高钛重矿渣碎石混凝土各强度等级配合比具有很好的力学性能和长期耐久性能。

4.3 钢筋混凝土构件力学性能

4.3.1 力学性能研究

对全高钛重矿渣混凝土的研究，重点在于探讨该种素混凝土的配制及其基本力学性能，较充分地论证了全高钛重矿渣混凝土的可行性与优越性，为攀钢工业弃渣的利用提供了有效途径。事实上，攀钢相关公司也在不断利用高钛重矿渣研制开发各种产品，诸如全高钛重矿渣泵送商品混凝土、彩色路面砖、路缘石等，为充分利用攀钢的固体废弃物、减少资源消耗、保护生态环境、走可持续发展之路做出了有益的探索。但对全高钛重矿渣混凝土的研究仍然属于材料层次的研究，对于构件层次的研究，即对该种混凝土配筋构件的力学性能、变形性能及构件在使用状态下的安全性能等重要问题的研究，在国内目前尚未进行，对该种钢筋混凝土构件缺乏破坏性试验验证。全高钛重矿渣钢筋混凝土构件在承载能力状态及正常使用状态的性能表现与普通钢筋混凝土构件有何差异？承载能力与现行规范计算有何差别？这些问题的回答必须通过试验研究，这也是本节研究的重点内容和主要目标。

首先仅对全高钛重矿渣钢筋混凝土受弯构件做正截面承载能力研究。受弯构件是钢筋混凝土结构的基本构件之一，对其正截面承载能力的研究是评估该种混凝土构件力学性能的基础工作，目的是明确该种混凝土受弯构件的正截面抗弯性能与普通钢筋混凝土构件的差异。研究的内容集中在强度、刚度和破坏形态等宏观力学性能上，通过短期静载试验，对混凝土和钢筋的应变，裂缝的开展，构件的强度、刚度等进行量测和分析，为普通混凝土构件的正截面承载能力计算公式

能够用于该种钢筋混凝土构件的计算提供理论依据。

4.3.1.1 试验方案

1）混凝土材料选用

（1）粗集料。攀钢某公司生产 5~31.5mm 高钛重矿渣碎石连续级配，表观密度 2.72 g/cm³，堆积密度 1.35 g/cm³；重庆某砂石厂 5~20mm 级配碎石。

（2）细集料。攀钢某公司产高钛重矿渣砂，渣粉含量 10%~13%，细度模数 2.9~3.2，表观密度 3.14 g/cm³，堆积密度 1.68 g/cm³；重庆某砂石厂细砂，细度模数 2.4。

（3）水泥。采用重庆某公司产 P·O32.5R 普通硅酸盐水泥。

（4）粉煤灰。北京某公司的Ⅱ级粉煤灰。

（5）水。自来水。

2）构件的设计及制作

为了研究高钛重矿渣钢筋混凝土梁在荷载作用下正截面的受力和变形情况，试验制作了 6 根正截面承载力试验梁，其中 4 根为全高钛重矿渣钢筋混凝土梁[编号记为 LM(1、2、3、4)-Q]，2 根为普通钢筋混凝土梁（编号记为 LM1、LM2）。试件截面设计尺寸均为 150mm×250mm×1500mm，混凝土保护层厚度 $a=15$mm。箍筋为 $\phi6@100$，在钢筋混凝土梁两端支座处，由于受力复杂，箍筋加密，其间距为 $3\phi6@70$，架立筋均采用 $2\phi6$。另外，为使钢筋混凝土梁为单筋梁，梁的上部架立钢筋在中间段（两个对称集中力之间）不拉通。以混凝土强度和纵筋为变量参数，进行正截面抗弯试验研究。梁体编号、尺寸及配筋如图 4-101 所示，见表 4-145。

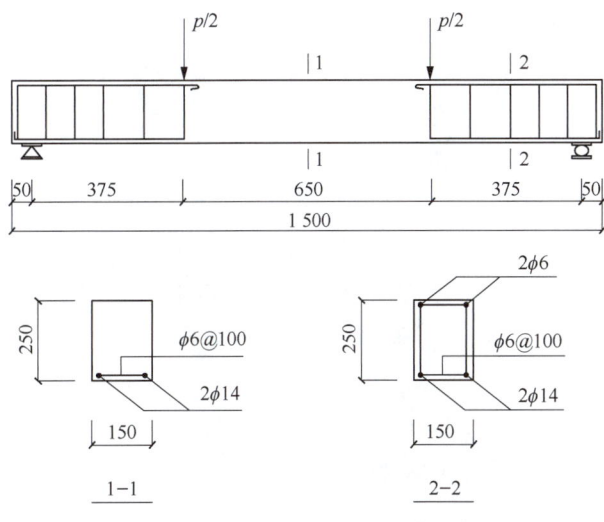

图 4-101 试验梁尺寸及配筋图（单位：mm）

表 4-145　梁编号、截面尺寸及配筋情况

序号	梁编号	$b \times h$（实测值）/mm	配筋 受力纵筋	配筋 配筋率/%	配筋 箍筋
1	LM1-Q	151×253	Ⅱ-2φ14	0.86	φ6@100/70
2	LM2-Q	153×254	Ⅱ-3φ14	1.26	φ6@100/70
3	LM1	152×253	Ⅱ-2φ14	0.85	φ6@100/70
4	LM3-Q	153×250	Ⅱ-2φ14	0.86	φ6@100/70
5	LM4-Q	152×252	Ⅱ-3φ14	1.26	φ6@100/70
6	LM2	150×253	Ⅱ-2φ14	0.86	φ6@100/70

实验室对所用钢筋的各项力学性能指标的实测值见表 4-146。

试验梁混凝土配合比设计见表 4-147。构件在土木工程结构实验室的施工现场制作，混凝土采用搅拌机搅拌，模板为现制木模板；采用插入式振捣器振捣，用浸湿细砂遮盖，自然条件下养护。每种构件预留混凝土制作三块 150 mm×150 mm×150 mm 的立方体标准试件，与试验梁同条件养护，同时在压力机上进行抗压强度试验，测定其立方体抗压强度，见表 4-147。

表 4-146　钢筋材料性能实测值

钢筋种类	钢筋等级	屈服强度/(N·mm^{-2})	极限强度/(N·mm^{-2})	伸长率/%	弹性模量/(N·mm^{-2})
φ14 受力纵筋	HRB335	366	580	10.02	1.91×10^5
φ6 箍筋	HPB235	342	533	11.71	2.01×10^5

表 4-147　梁混凝土配合比设计

梁编号	设计强度	水胶比	材料用量/(kg·m^{-3}) 水泥	水	高钛重矿渣砂石（普通砂）	高钛重矿渣碎石（普通碎石）	粉煤灰	立方体抗压强度 f_{cu}/MPa
LM1-Q、LM2-Q	C30	0.60	327	230	726	1192	87	38.8
LM1	C30	0.45	440	198	(372)	(1400)	0	31.3
LM3-Q、LM4-Q	C40	0.50	391	230	627	1229	104	49.4
LM2	C40	0.44	452	199	(352)	(1407)	0	42.6

3）试验装置及加载设备

试验梁简支在钢结构抗弯大梁平台上，一端为固定铰支座，另一端为滚动铰支座。为消除剪力对正截面受弯的影响，通过简支在试验梁上的分配梁作用形成对称两点的集中加载方式，使两个对称集中力之间的截面在忽略自重的情况下，受纯弯而无剪力，形成纯弯区段。为防止混凝土发生局部受压破坏，同时也为了保证接触面受力均匀，在试验梁加载点及支座与试验梁底接触部位分别设置尺寸为 200 mm×80 mm×12 mm 的钢垫板。

采用土木工程结构实验室 5 000 kN 液压压力试验机进行加载。采用计算机、数据采集系统进行连续实时数据采集。整个试验梁安装在与压力试验机配套的抗弯大梁台座上，试验加载装置示意如图 4-102 所示，试验现场如图 4-103 所示。

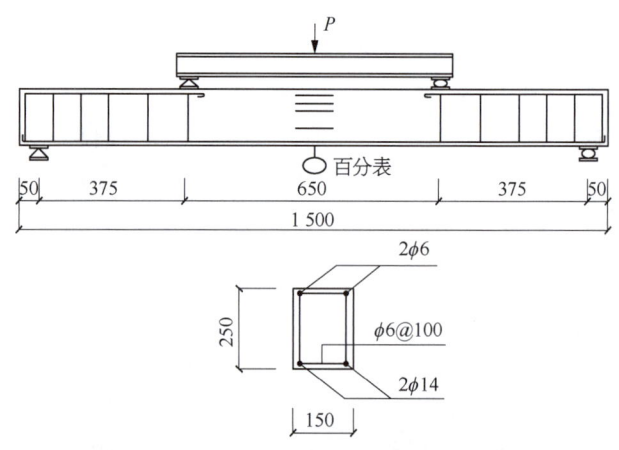

图 4-102　试验梁加载装置示意图（单位：mm）

4）试验加载制度

（1）预加载。在试验正式加载前，一般需要对构件进行预加载试验。预加载的目的在于检测构件

图 4-103 试验现场

各部分是否接触良好,荷载与变形关系是否趋向稳定,测量仪器是否正常工作,试验梁是否对中等。当经过预加载证明整个试验装置工作正常后卸载至零。预加载试验所用的荷载一般是分级荷载的 1~2 级。由于研究混凝土构件抗裂的结果离散性较大,因此预加载荷载值应严格控制不使结构开裂,预加载时的荷载值不宜超过该试件开裂试验荷载计算值的 70%。每加(卸)一级荷载,停歇 10 min。

(2) 试验加载。正式试验时,根据预计的破坏荷载进行分级加载,每级荷载约为破坏荷载的 1/8~1/10。在达到使用状态短期试验荷载值以前,每级加载值不宜大于其荷载值的 20%;在超过其使用状态短期试验荷载值后,每级加载值不大于其荷载值的 10%。为了较为准确地获得结构开裂荷载的实测值,在加载达到开裂试验荷载计算值的 90% 以后,将级距减小,每级加载值不大于使用状态短期试验荷载值的 5%。当构件开裂后,每级加载值恢复到上述 20% 的级距。卸载时,级距放大,取使用状态短期试验荷载值的 20%~50%。根据以上加载原则,本试验荷载等级大致取 10 kN、5 kN、2.5 kN 三个加载等级。开裂前每级荷载取 10 kN,在接近开裂试验荷载计算值时,减小级距,开裂后又放大级距,两次加载时间间隔 3~5 min,以便观察和描绘裂缝开展情况、记录挠度值等。

5) 试验量测内容及方法

(1) 变形观测。由于试验梁支承在钢抗弯大梁台座上,因此构件两端支座处不存在沉降位移,只在构件跨中处安置百分表(图 4-102),用以测量跨中位置处的挠度,以求得梁整体的变形情况。

(2) 钢筋(纵筋)应变的测量。为了测量受弯梁纵筋的点应变,在试验梁的两侧受力主筋上沿跨中部位依次向两侧粘贴电阻式应变片(3 mm×5 mm 箔式胶基电阻应变片,电阻为 120 Ω),应变片在跨中间距 50 mm 各粘贴 3 片,然后间距 100 mm 各粘贴 2 片,如图 4-104 所示。

图 4-104 纵向钢筋应变片粘贴

应变片粘贴时严格遵守贴片规则,然后用环氧树脂包裹,浇筑混凝土,电阻应变片的读数由 YJ-5 型静态电阻应变仪读出。预加载完成并卸荷至零后,调整电阻应变仪读数为零,并记录初始值,在加载过程中,记录每级荷载所对应的应变值。

(3) 混凝土表面平均应变的测量。为了测定混凝土沿梁高不同纤维层的应变,沿梁高不同位置粘贴混凝土应变片来测量混凝土应变;为了测定混凝土的极限压应变,在受压区边缘粘贴应变片进行测量。应变片粘贴如图 4-105 所示。

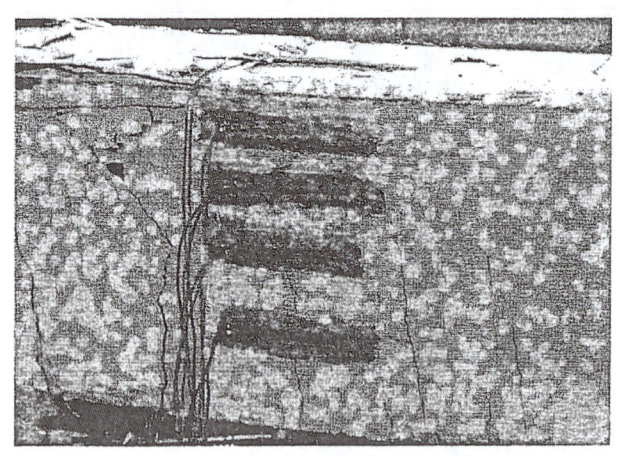

图 4-105 混凝土表面应变片粘贴

(4) 裂缝观测。试验前在梁表面涂刷一层薄白浆,以便观测梁表面微小裂缝的出现和发生的部位。利用读数放大镜肉眼观测裂缝,发现裂缝后在其出现部位的旁边做出标记,并画出裂缝的发展情况。裂缝宽度采用 20 倍读数放大镜进行量测。

4.3.1.2 正截面承载力试验梁裂缝研究

1) 梁裂缝观测

(1) 构件 LM1-Q。构件 LM1-Q 的实际尺寸为 $b \times h = 151 \text{mm} \times 253 \text{mm}$。加载到 50 kN 时,在距跨中约 230 mm 的地方出现了第一条垂直裂缝,裂缝宽度小于 0.05 mm。加载到 60 kN 时,新裂缝出现较为迅速,发展为 4 条,长度增长较慢,为 50~70 mm。加载到 90 kN 时,裂缝长度延伸加快,最大裂缝宽度达到 0.18 mm。加载到 120 kN 时,裂缝宽度和长度均迅速增加,最大裂缝宽度达 0.32 mm,出现在滚动铰支座一侧的加载点下方,跨中裂缝宽度也达 0.3 mm。加载到 180 kN 时,混凝土局部有压酥现象,在原有主裂缝的周围出现很多水平方向的裂缝,裂缝发展呈树状,加载点的下方最大裂缝宽度达 0.62 mm。加载到 200 kN 以后,试件进入"延性破坏"阶段,荷载上升速度显著变慢,裂缝急剧开展,梁的挠度激增。继续加载到 210 kN,混凝土被压坏后荷载略有下降。

(2) 构件 LM2-Q。构件 LM2-Q 的实际尺寸为 $b \times h = 153 \text{mm} \times 254 \text{mm}$。加载到 50 kN 时,在梁跨中出现了第一条裂缝,裂缝宽度为 0.05 mm,长约 50 mm。加载到 90 kN 时,裂缝长度迅速延伸,长度为 150~200 mm,裂缝宽度为 0.05~0.12 mm,裂缝条数增多。加载到 120 kN 时,裂缝宽度和长度均迅速增加,裂缝宽度为 0.05~0.20 mm,最大宽度的裂缝出现在滚动铰支座一侧的加载点下方,最大裂缝宽度为 0.32 mm。加载到 180 kN 时,出现斜向发展的裂缝,纯弯曲段没有出现新的裂缝,最大裂缝宽度为 0.46 mm。加载到 270 kN 以后,加载速度显著变慢,裂缝急剧开展,梁的挠度激增。290 kN 为试件的极限强度,混凝土被压坏后荷载下降。

(3) 构件 LM3-Q。构件 LM3-Q 的实际尺寸为 $b \times h = 153 \text{mm} \times 250 \text{mm}$。加载到 50 kN 时,在距跨中约 50 mm 处出现了第一条裂缝,裂缝宽度为 0.08 mm,长约 50 mm。加载到 80 kN 时,裂缝出现较多,出现的范围为跨中两侧各约 150 mm 内。加载到 90 kN 时,最大裂缝宽度达 0.18 mm。加载到 110 kN 时,最大裂缝宽度达 0.23 mm,长度约为 250 mm。加载到 130 kN 时,最大裂缝宽度为 0.28 mm,裂缝发展变慢。加载到 110 kN 时,裂缝开始分叉,部分裂缝向水平方向发展,最大裂缝宽度为 0.4 mm。加载到 180 kN 时,小裂缝出现不多,最大裂缝宽度为 0.52 mm。加载到 210 kN 时,最大裂缝宽度为 0.65 mm,之后试件进入"延性破坏"阶段,加载速度显著变慢,裂缝急剧开展,梁的挠度激增。208 kN 为试件的极限强度,混凝土被压坏后荷载略有下降。

(4) 构件 LM4-Q。构件 LM4-Q 的实际尺寸为 $b \times h = 152 \text{mm} \times 252 \text{mm}$。加载到 50 kN 时,在距跨中约 40 mm 处出现了第一条裂缝,裂缝宽度为 0.05 mm,长度小于 50 mm。加载到 60 kN 时,第一条裂缝的宽度达 0.1 mm。加载到 90 kN 时,裂缝条数增多,裂缝长度约为 120 mm。加载到 120 kN 时,裂缝多数延伸到梁的腹板顶部,最大裂缝宽度为 0.32 mm。加载到 150 kN 时,最大裂缝宽度为 0.50 mm。加载到 180 kN 时,试件进入"延性破坏"阶段,荷载增长缓慢,变形急剧增大,裂缝宽度迅速增长。破坏荷载为 280 kN。

2) 裂缝的形成与发展过程

(1) 裂缝的形成。从开始加载至受拉区混凝土即将开裂,这一阶段由于弯矩很小,量测到的梁截面上各个纤维层应变也很小,且应变的变化规律符合平截面假定。由于应变很小,这时梁的工作情况与匀质弹性体梁相似,混凝土基本处于弹性工作阶段,应力与应变成正比,受压区和受拉区混凝土应力分布图形为三角形。

当荷载继续增加,受拉区边缘纤维应变恰好到达混凝土受弯时的极限拉应变,梁处于即将开裂还未开裂的极限状态。当荷载施加到 40～60 kN 时,在纯弯段抗拉能力最薄弱的截面处将出现第一批裂缝(一条或几条裂缝),一般情况下,第一批裂缝将出现在跨中附近或靠近加荷作用点内侧,受弯裂缝出现时的裂缝宽度为 0.03～0.05 mm,初始高度在 40～50 mm,开裂后混凝土受拉区应变急剧增加并退出工作,原来由混凝土承受的拉力转加至纵向钢筋,导致钢筋应力较开裂前突然增大许多,混凝土开裂的瞬间,钢筋混凝土梁的挠度突然增大,刚度降低,在荷载-挠度曲线图上出现易观察到的较明显转折。

试验中记录了梁的开裂荷载 P_{cr}。P_{cr} 的确定可从三方面综合考虑:①利用大白浆刷白试件表面,用肉眼观察寻找裂缝,把观察到第一条裂缝时的前一级荷载作为构件的开裂荷载值。②根据所绘制的荷载-挠度曲线,取该曲线上斜率首先发生突变时的荷载值作为开裂荷载值。③根据应变仪量测得到的混凝土表面的应变值,取应变增量有突变时的荷载值作为开裂荷载值。经上述三方面综合考虑后,准确地确定构件的开裂荷载 P_{cr}。各梁的开裂荷载值见表 4-148。

(2) 裂缝的发展。试验中,随着外荷载的增加,梁的挠度逐渐加大,裂缝开展越来越宽,沿梁高不断向上延伸,从而使裂缝截面处的中和轴的位置随之上移。当外荷载增加到 50%左右极限承载力时,数条裂缝已延伸至形心轴的位置,随着外荷载的增加,裂缝的数量不再增加,原有裂缝变宽,并穿过形心轴沿梁高向上延伸;当外荷载增加到 55%～70%极限承载力时,在剪弯段梁腹部靠近形心轴的位置出现斜裂缝,斜裂缝的倾斜角约为 45°,一般情况下,最早出现的斜裂缝在试验梁的滚动支座一侧,随着外荷载的增加,斜裂缝向支座和加载点两个方向延伸;当外荷载增加到 60%～80%极限承载力时,裂缝最宽已达到 0.2 mm;当荷载增加到极限荷载 P_u 时,此时梁受压,边缘纤维压应变达到或接近混凝土受弯时的极限压应变,标志着梁已经开始破坏;其后,试验梁仍可继续变形,但所承受的荷载将有所降低,最后在破坏区段上受压混凝土被压碎,甚至崩落而完全破坏。

本次试验中,取首先达到其中之一时的荷载值作为试件承载力实测值。若在荷载持续时间结束后出现破坏标志之一时,取前一级荷载值作为试件破坏荷载实测值,具体见表 4-148。

在试验的基础上,根据《混凝土结构设计规范》,用 PKPM 结构计算软件对试验梁进行理论验算。按 PKPM 有关构件(GJ)的计算要求,输入各梁的基本参数和试验实测的极限弯矩,计算出各梁的理论配筋率和最大裂缝宽度 W_{max},与对应的实测值比较,验证全高钛重矿渣混凝土梁是否满足规范计算要求,计算结果见表 4-149。

表 4-149 计算结果表明,在 PKPM 中就试验梁实测的极限弯矩输入进行计算,所得各梁的计算配筋率均大于实际配筋率,计算最大裂缝宽度均大于实测裂缝宽度。说明全高钛重矿渣混凝土梁的承载能力和最大裂缝宽度满足按规范计算的要求。

3) 试验梁正截面破坏裂缝分布对比

全高钛重矿渣混凝土梁与普通混凝土梁正截面破坏时裂缝分布对比如图 4-106 所示。

表 4-148 各试验梁的开裂荷载、屈服荷载及极限荷载实测值

梁编号	设计强度	f_{cu}/MPa	纵筋配筋率/%	P_{cr}/kN M_{cr}/(kN·m)	P_y/kN M_y/(kN·m)	P_u/kN M_u/(kN·m)
LM1-Q	C30	38.8	0.86	50	130	210
				9.38	24.38	39.38
LM2-Q	C30	38.8	1.26	50	175	290
				9.38	32.81	54.38
LM1	C30	31.3	0.85	40	130	180
				7.5	24.38	33.75
LM3-Q	C40	49.4	0.86	60	113	208
				11.25	21.19	39
LM4-Q	C40	49.4	1.26	60	185	280
				11.25	34.69	52.5
LM2	C40	42.6	0.86	45	115	182
				8.44	21.56	34.13

表 4-149　试验梁理论计算与实测值的比较

梁编号	设计强度	f_{cu}/MPa	纵筋实际配筋率/%	理论计算配筋率/%	实测最大裂缝宽度 W_{max}/mm	理论计算宽度 W_{max}/mm
LM1-Q	C30	38.8	0.86	1.788	0.62	0.702
LM2-Q	C30	38.8	1.26	2.424	0.46	0.522
LM1	C30	31.3	0.85	1.452	0.55	0.589
LM3-Q	C40	49.4	0.86	1.617	0.52	0.677
LM4-Q	C40	49.4	1.26	2.384	0.50	0.499
LM2	C40	42.6	0.86	1.378	0.54	0.579

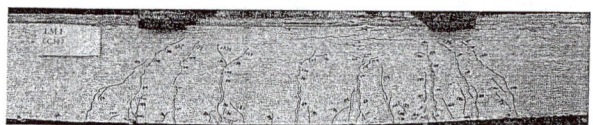

LM1-Q

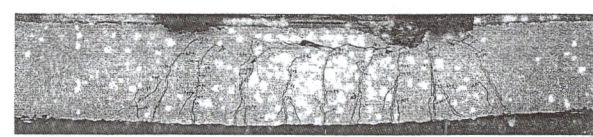
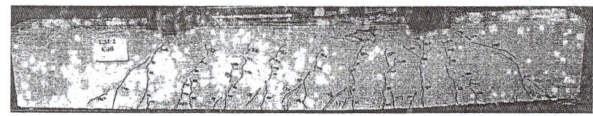

图 4-106　全高钛重矿渣混凝土梁与普通混凝土梁正截面破坏时裂缝分布对比

4）试验结果分析

（1）从表 4-148 可以看出，在混凝土强度等级和配筋率相等的情况下，全高钛重矿渣混凝土梁的开裂弯矩高于普通混凝土梁。例如，全高钛重矿渣混凝土梁 LM1-Q 与普通混凝土梁 LM1 的混凝土强度等级相同，配筋相同，LM1-Q 梁的开裂弯矩比 LM1 梁大 25%；同样，LM3-Q 梁的开裂弯矩比 LM2 梁大 33%。

（2）在混凝土强度等级和配筋率相等的情况下，全高钛重矿渣混凝土梁的屈服弯矩接近普通混凝土梁。

（3）在混凝土强度等级和配筋率相等的情况下，全高钛重矿渣混凝土梁的极限弯矩高于普通混凝土梁。例如，LM1-Q 梁的极限弯矩比 LM1 梁大 17%；LM3-Q 梁的极限弯矩比 LM2 梁大 14%。

（4）全高钛重矿渣混凝土梁的试验实测抗弯承载力数值均高于规范计算值。

（5）如图 4-106 所示，全高钛重矿渣混凝土梁的裂缝开展、分布较均匀，裂缝条数相对较多，平均裂缝宽度比普通混凝土梁小，呈现出典型的正截面破坏形态。

4.3.1.3　全高钛重矿渣混凝土梁的平均应变

图 4-107 给出了 4 根全高钛重矿渣混凝土梁平均应变沿梁截面高度的分布图。由图可以看出，随着弯矩的不断增加，梁截面中和轴不断上移，受压区高度逐渐缩小，混凝土边缘纤维压应变、拉应变随之增大，但应变图仍是上下两个三角形，即平均应变符合平截面假定。

4.3.1.4　全高钛重矿渣混凝土梁荷载-挠度关系

试验中量测了各梁正截面弯曲破坏时的荷载-挠度曲线。按配筋率、混凝土种类、混凝土强度等级等因素进行对比分析。

1）全高钛重矿渣混凝土梁与普通混凝土梁的对比

同配筋率及同强度等级（C30、C40）的全高钛重矿渣混凝土梁与普通混凝土梁的荷载-挠度曲线对比如图 4-108、图 4-109 所示。

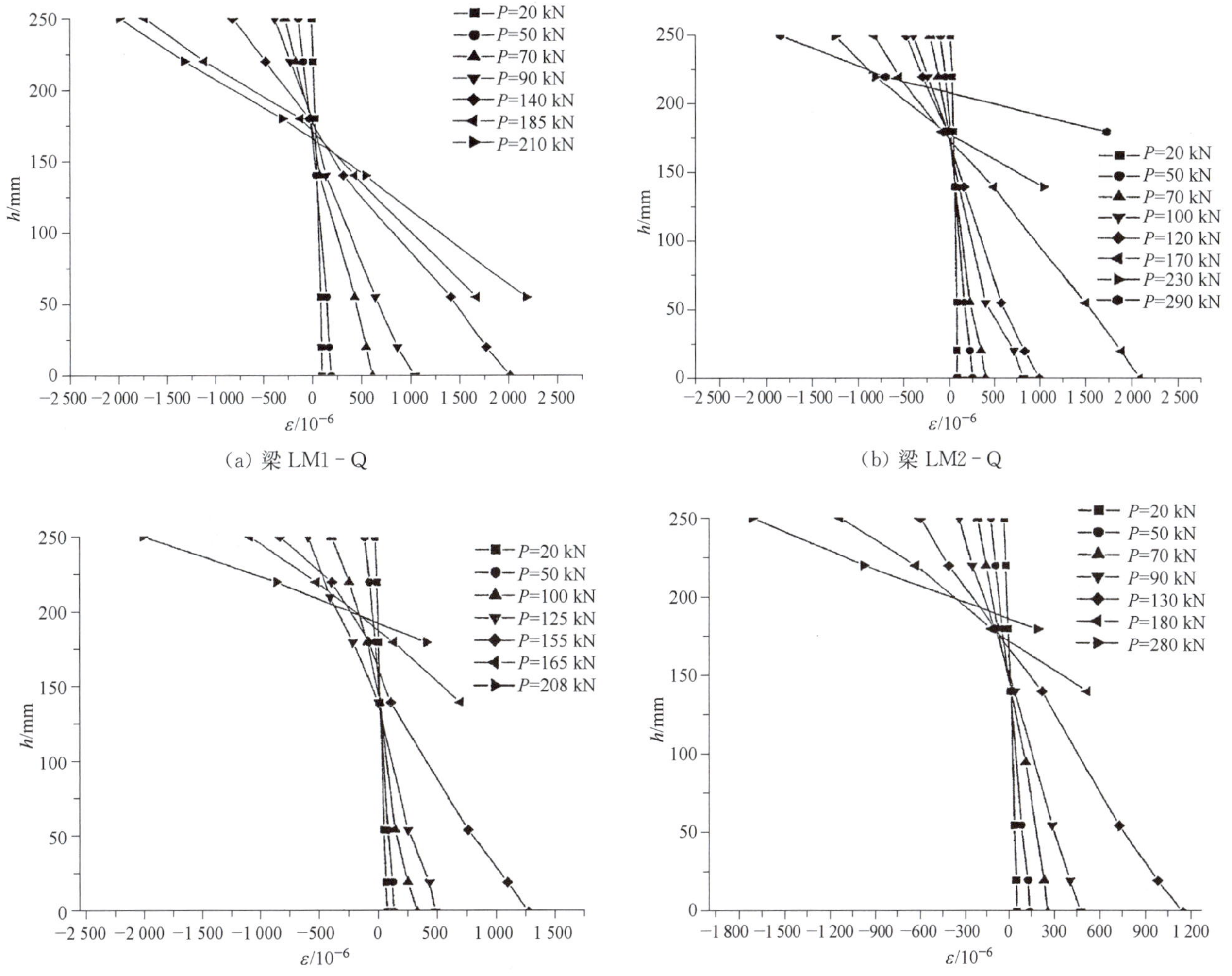

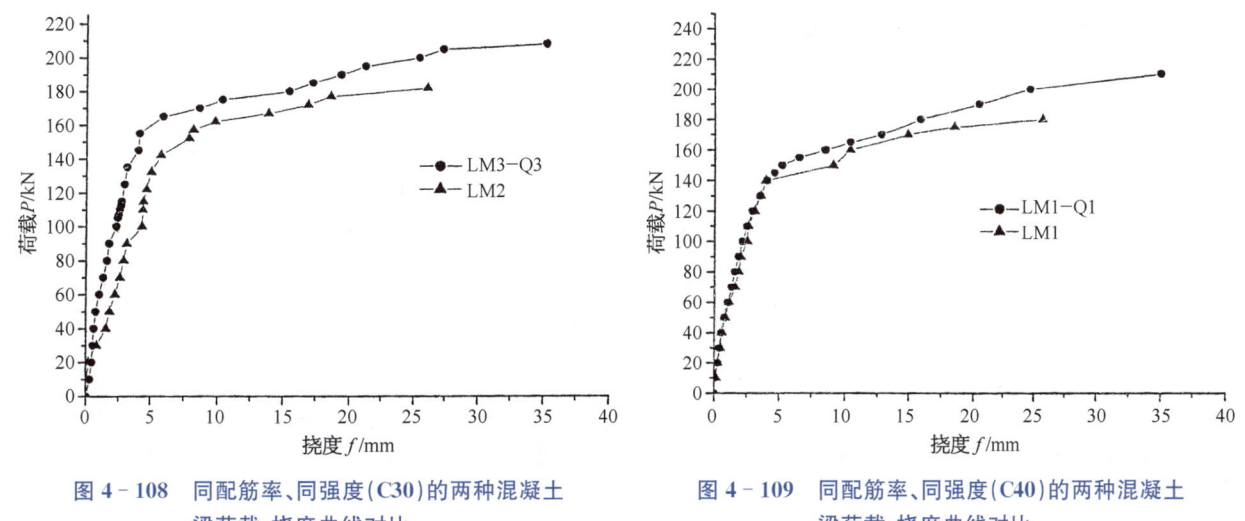

(a) 梁 LM1-Q (b) 梁 LM2-Q
(c) 梁 LM3-Q (d) 梁 LM4-Q

图 4-107　4 根全高钛重矿渣梁平均应变沿梁高的分布图

图 4-108　同配筋率、同强度(C30)的两种混凝土梁荷载-挠度曲线对比

图 4-109　同配筋率、同强度(C40)的两种混凝土梁荷载-挠度曲线对比

图 4-108、图 4-109 的对比表明：

(1) 全高钛重矿渣混凝土梁的荷载-挠度关系曲线与普通混凝土梁的规律基本一致。当荷载较小时,挠度和荷载接近直线变化,此时试验梁处于弹性阶段,未出现裂缝;当荷载增大,试验梁所受荷载超过开裂荷载 $P_{cr}(M_{cr})$ 后,裂缝发生、发展,挠度的增长速度较开裂前快;当试验梁所受荷载达到屈服荷载 $P_y(M_y)$ 时,梁的裂缝急剧开展,挠度急剧增加;当试验梁所受荷载达到极限荷载 $P_u(M_u)$ 时,梁开始破坏。

(2) 在混凝土强度等级相同、配筋相同的情况下,全高钛重矿渣混凝土梁的荷载-挠度曲线均呈现比普通混凝土梁高的规律。相同荷载下,全高钛重矿渣混凝土梁 LM1-Q1、LM2-Q2 的挠度均比普通混凝土梁 LM1、LM2 小,说明同条件下全高钛重矿渣混凝土梁的刚度比普通混凝土梁大。

(3) 相同条件下,全高钛重矿渣混凝土梁所能承受的极限荷载 P_u(极限弯矩 M_u)均比普通混凝土梁高,破坏时的挠度变形值均比普通混凝土梁大。例如,LM1-Q1 的极限荷载 $P_u=210$ kN(极限弯矩 $M_u=39.38$ kN·m),破坏时挠度变形值为 35 mm;而 LM1 的极限荷载 $P_u=180$ kN(极限弯矩 $M_u=33.75$ kN·m),破坏时挠度变形值为 25.7 mm;同样,LM3-Q3 的极限荷载 $P_u=208$ kN(极限弯矩 $M_u=39.00$ kN·m),破坏时挠度变形值为 35.23 mm;而 LM2 的极限荷载 $P_u=182$ kN(极限弯矩 $M_u=34.13$ kN·m),破坏时挠度变形值为 26.08 mm。说明全高钛重矿渣混凝土梁的抗弯承载力比普通混凝土梁大,延性比普通混凝土梁好。

2) 同强度等级不同配筋率的全高钛渣混凝土梁的对比

同设计强度等级(C30、C40)不同配筋率的全高钛重矿渣混凝土梁的荷载-挠度曲线对比如图 4-110、图 4-111 所示。

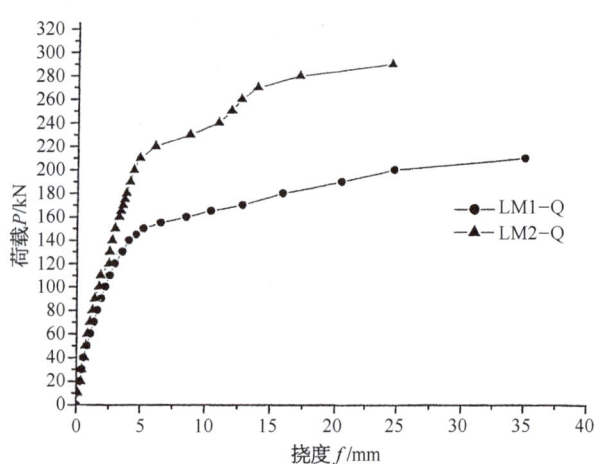

图 4-110 同强度(C30)、不同配筋率的全高钛重矿渣梁荷载-挠度曲线对比

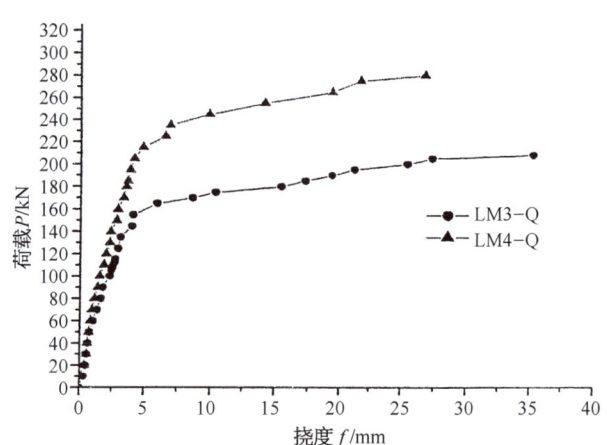

图 4-111 同强度(C40)、不同配筋率的全高钛重矿渣梁荷载-挠度曲线对比

图 4-110、图 4-111 的对比表明:

(1) 在混凝土强度相同的条件下,全高钛重矿渣混凝土梁的配筋率越高,相同荷载下产生的挠度值越小,即梁的刚度越大。但其破坏时挠度变形值越小,延性相应越低。

(2) 设计梁时所追求的是"延性破坏"。两种不同设计强度等级的全高钛重矿渣混凝土梁,纵向配筋 $2\phi14$ 的梁较配筋 $3\phi14$ 的梁,其破坏形式更接近于延性破坏。

3) 同配筋率不同强度等级的全高钛渣混凝土梁对比

配筋相同的情况下,不同混凝土强度等级(C30、C40)的全高钛重矿渣混凝土梁的荷载-挠度曲线对比如图 4-112、图 4-113 所示。

图 4-112、图 4-113 的对比表明,LM1-Q1 与 LM3-Q3 两根全高钛重矿渣梁仅混凝土强度等级不同(C30、C40)的情况下,其荷载-挠度曲线区别不大。同样,LM2-Q2 与 LM4-Q4 两根全高钛重矿渣梁的荷载-挠度曲线区别也不大。说明当混凝土材料选定以后,梁的破坏形式主要因配筋率的大小而异,混凝土强度对梁的破坏形式影响不大。这也很好地证明了已有的结论。

通过上述试验研究可得到以下结论:

(1) 在混凝土强度等级和配筋率相等的情况下,

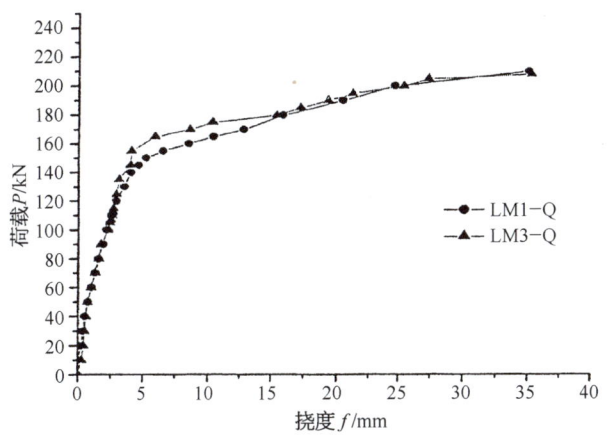

图 4-112 同配筋率、不同强度(C30)的全高钛重矿渣梁荷载-挠度曲线对比

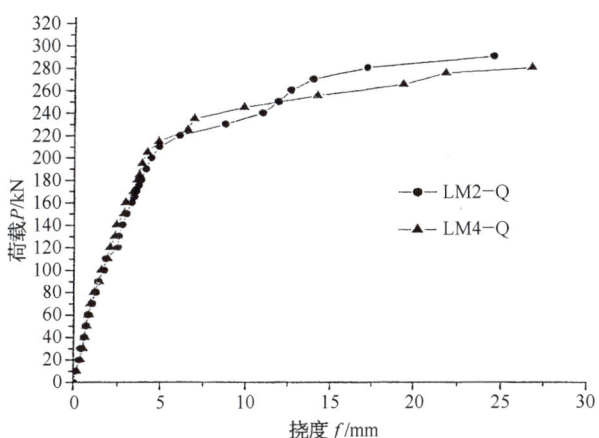

图 4-113 同配筋率、不同强度(C40)的全高钛重矿渣梁荷载-挠度曲线对比

全高钛重矿渣混凝土梁的开裂弯矩、极限弯矩高于普通混凝土梁,屈服弯矩接近于普通混凝土梁。全高钛重矿渣混凝土梁的裂缝开展分布较均匀,裂缝条数相对较多,平均裂缝宽度较普通混凝土梁小,呈现出典型的正截面破坏形态。同时,全高钛重矿渣混凝土梁的实测抗弯承载力均高于规范计算值。

(2) 通过绘制 4 根全高钛重矿渣梁平均应变沿梁截面高度的分布图可以看出,随着弯矩的不断增加,梁截面中和轴不断上移,受压区高度逐渐缩小,混凝土边缘纤维压应变随之加大。受拉钢筋的拉应变也随着弯矩的增长而加大,但应变图仍是上下两个三角形,即平均应变符合平截面假定。

(3) 在混凝土强度等级相同、配筋相同的情况下,全高钛重矿渣混凝土梁的荷载-挠度曲线均呈现比普通混凝土梁高的规律。相同荷载下,全高钛重矿渣混凝土梁的挠度均较普通混凝土梁小,刚度较普通混凝土梁大。同时,全高钛重矿渣混凝土梁的极限荷载均较普通混凝土梁高,破坏时的挠度均较普通混凝土梁大,抗弯承载力较普通混凝土梁大,延性较普通混凝土梁好。

4.3.2 结构耐久性能研究

4.3.2.1 钛矿渣数量

高钛重矿渣是攀钢炼铁高炉、冶炼钒钛磁铁矿的熔融高炉渣倾倒至排渣场经自然冷却或"热泼法"冷却形成的含 TiO_2 达 20% 以上的石质材料。由于高钛重矿渣活性极低,难以作为活性材料使用,而攀钢每年有近 300 万 t 高炉渣需排放,渣场狭窄,排渣困难的矛盾日益突出。只有充分利用高钛重矿渣才能盘活渣场,彻底解决排放场困难,保护环境。早在 20 世纪 70 年代末,第 19 冶金建设公司原攀钢建安公司、原攀矿二公司等单位就利用攀钢高钛重矿渣碎石做粗集料配制 75#～300# 混凝土,广泛应用于工业、民用建筑及道路工程中。2001 年自攀钢环业公司成立以来,对开发利用重矿渣做了大量试验研究工作,取得了三年内即盘活渣场的可喜成果。如今,相关单位努力利用高钛重矿渣集料替代普通集料配制 C15～C50 的全高钛重矿渣混凝土已应用于部分工业与民用建筑工程,取得了良好的经济效益、社会效益和环境效益。

在建筑工程中为了更好地利用高钛重矿渣,了解高钛重矿渣混凝土耐久性能,环业公司、冶建公司组成调查组,对原攀矿二公司在 1977—1978 年使用高钛重矿渣碎石做粗集料配制混凝土的部分工程及 2002 年采用高钛重矿渣碎石、砂做混凝土粗细集料配制全高钛重矿渣混凝土修建的环业公司高钛重矿渣研究所办公楼进行了调查。

4.3.2.2 应用调查

1) 应用工程

(1) 1977—1978 年,原攀矿二公司用渡口水泥厂 400 号水泥(1:3 硬练胶砂)、19 冶生产 20～40 mm 高钛重矿渣碎石、仁河砂配制高钛重矿渣混凝土。施工工业建筑有攀钢选矿厂主厂房新增跨、柱基,密地机修二加工车间预制柱、吊车梁、12 m 跨屋架、室外公路电缆沟,攀矿物资处 1 号库(现为 3 号库)预制柱、吊车梁(15 m 跨),密地机修全厂(现名化验楼现浇框架)室外挡墙、室外楼梯、框架柱,选矿二号泵房循环水池

(现为选钛泵房循环水池)。施工民用建筑有密地机修招待所,攀矿二公司7201、7403住宅楼梯。

(2) 大渡口建筑公司在2002年用全高钛重矿渣混凝土施工的环业公司高钛渣研究所(全框架)的框架柱、室外公路。

2) 调查类别与方法

(1) 强度等级。1977—1978年施工的标号为150号(挡墙、电缆沟)、200号(公路、楼梯、圈梁、厂房预制柱、吊车梁)、300号(屋架)的高钛重矿渣混凝土;2002年施工的强度等级为C20(公路)和C40(框架柱)的全高钛重矿渣混凝土。

(2) 检查方法。构件表面肉眼观察法及对矿渣混凝土实体结构进行钻芯强度试验。

4.3.2.3 调查结果

1977—1978年施工的高钛重矿渣碎石混凝土构件距今年代已久,机修二加工车间、攀矿物资处仓库的预制柱、吊车梁在桥式吊车的动荷载频繁作用下工作,其构件仍能正常使用。对其中的部分构件进行钻芯取样,其芯样混凝土中含有铁粒,铁粒大部分未锈蚀,芯样结构密实。

2002年施工的全高钛重矿渣混凝土构件主要为环业公司高钛渣研究所办公楼一层框架柱和室外公路,对其进行钻芯取样,其芯样密实,且无肉眼可见的铁粒存在。

对上述所有钻芯取样试件进行强度检测,芯样强度均高于设计强度等级,具体结果见表4-150。

表4-150 钻芯取样强度汇总

编号	工程名称	设计(标号)等级	施工日期	试验日期	芯样代表强度/MPa	备注
1	机修浴室一号走廊梁(现为机制公司招待所)	200#(C18)	1978年3月	2005年1月17日	20.8	矿渣碎石混凝土
2	机修全厂库室外挡墙	150#(C13)	1977年2—12月	2005年1月17日	18.8	矿渣碎石混凝土
3	机修二加工车间门柱	200#(C18)	1977年2—12月	2005年1月17日	24.7	矿渣碎石混凝土
4	机修二加工车间室外道路	200#(C18)	1977年2—12月	2005年1月17日	23.0	矿渣碎石混凝土
5	机修二加工车间室外电缆沟	150#(C13)	1977年2—12月	2005年1月17日	15.4	矿渣碎石混凝土
6	机修全厂库楼梯	200#(C18)	1977年2—12月	2005年1月17日	21.2	矿渣混凝土
7	环业公司办公楼一楼框架柱	C40	2003年8月23日	2005年1月17日	46.0	全矿渣混凝土
8	环业公司办公楼室外公路	C20	2002年12月23日	2005年1月17日	26.6	全矿渣混凝土
9	机修浴室一号走廊梁(现为机制公司招待所)	200#(C18)	1978年3月	2005年1月17日	31.1	矿渣混凝土

4.3.2.4 工程调查结论

从调查结果可以看出,高钛重矿渣结构稳定、耐久性能好,能满足混凝土用集料对其耐久性的要求。环业公司通过除铁处理的高钛重矿渣砂、高钛重矿渣碎石价格低廉,综合利用高钛重矿渣是解决排渣困难、保护环境、降低工程造价的有效措施。

4.3.3 钢筋混凝土构件力学性能研究

4.3.3.1 原材料

1) 水泥

水泥采用P·O42.5R普通硅酸盐水泥,性能指标见表4-151。

表4-151 P·O42.5R普通硅酸盐水泥物理性能指标

细度(0.08mm筛余)/%	凝结时间		抗压强度/MPa		安定性
	初凝	终凝	3d	28d	
2.0	2:35	5:07	23.4	49.7	合格

2) 粉煤灰

试验采用粉煤灰为某公司生产Ⅰ级粉煤灰,其主要性能指标见表4-152。

3) 减水剂

上海某公司生产高钛重矿渣混凝土专用聚羧酸

表 4-152 粉煤灰的主要性能指标

烧失量/%	细度(0.045 mm 方孔筛筛余)/%	需水量比/%
4.3	13.1	91

减水剂,减水率 30%。

4) 集料

(1) 高钛重矿渣集料。

① 高钛重矿渣碎石。攀钢高钛重矿渣碎石,5~25 mm 连续级配。

② 高钛重矿渣砂。攀钢高钛重矿渣砂,粒径 0.16~5 mm,细度模数 3.0,渣粉含量 10.8%,表观密度 3 300 kg/m³,堆积密度 1 739 kg/m³。

(2) 普通集料。

① 普通碎石。某厂生产普通碎石,5~20 mm 连续级配。

② 普通河砂。普通河砂,细度模数 2.1~2.5,含泥量小于 0.5%。

5) 混凝土配合比

高钛重矿渣集料配制前预湿 10 h,分别利用高钛重矿渣碎石、砂及普通碎石、河砂配制混凝土,轴压短柱和梁为同批次浇筑,大偏压柱、小偏压柱分批浇筑,三次浇筑都预留试块,试验配合比及实测强度见表 4-153,如图 4-114 所示。

表 4-153 四种混凝土配合比和强度

混凝土种类	水泥/kg	粉煤灰/kg	天然砂/kg	高钛重矿渣砂/kg	天然碎石/kg	高钛重矿渣碎石/kg	水/kg	减水剂/kg	7 d 强度/MPa	28 d 强度/MPa
普通混凝土	430	60	780		1040		160	4.9	41.86	55.3
全高钛矿渣混凝土	430	60		780		1040	160	4.9	47.16	61.2
高钛矿渣砂混凝土	430	60		780	1040		160	4.9	36.05	
高钛矿渣碎石混凝土	430	60	780			1040	160	4.9	37.00	

图 4-114 混凝土立方体抗压强度试验图

6) 钢筋

试验构件使用的钢筋直径大于 10 mm 的钢筋为 HRB335,直径小于等于 10 mm 的钢筋为 HPB300。依照标准拉伸试验测得纵筋的实测屈服强度见表 4-154,如图 4-115 所示。

表 4-154 试验试件所用钢筋性能

参数	钢筋直径/mm					
	6.5	10	12	16	18	20
钢筋牌号	HPB300	HPB300	HRB335	HRB335	HRB335	HRB335
实测屈服强度/MPa	380	302.5	513.4	525.3	450.8	421.3

图 4-115 钢筋性能试验

4.3.3.2 轴压试验

1) 试验方法

试验柱纵筋和箍筋分别采用 HRB335 螺纹钢和 HPB300 光圆钢筋,纵筋直径分别为 12 mm、16 mm、20 mm。依照标准拉伸试验,纵筋的实测屈服强度见表 4-155,极限强度分别是 637.8 MPa、648.9 MPa、543.7 MPa。制作了普通钢筋混凝土柱、全高钛重矿渣集料钢筋混凝土柱、高钛重矿渣代砂混凝土柱、高钛重矿渣代碎石混凝土柱各 3 根,共 12 个试件。主要考虑了集料类别和配筋率这两个变量。试件的纵筋配筋率分别为 1.13%、2.01%、3.24%,箍筋按 6.5@100 配置。人工拌合混凝土并浇筑试件,预留 150 mm×150 mm×150 mm 的立方体标准试块。自然条件下成型养护,28 d 实测普通混凝土试块抗压强度 $f_{cu1}=55.3$ MPa,高钛矿渣集料混凝土试块抗压强度 $f_{cu2}=53.5$ MPa。

试验柱尺寸、配筋形式、测点的布置和加载装置如图 4-116 所示。表 4-155 列出了所有柱的具体配筋率、极限荷载及极限荷载时柱的压缩量等主要参数。

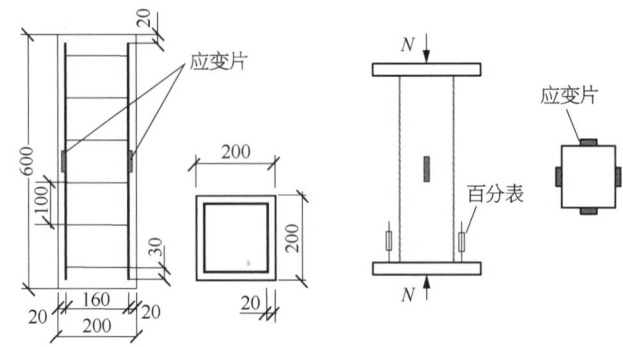

图 4-116 试验柱配筋、测点布置及加载装置情况(单位:mm)

表 4-155 试件的主要参数

试件编号	粗集料	细集料	配筋情况	配筋率/%	立方体抗压强度/MPa	钢筋屈服强度 f_y/MPa	抗压承载力试验值/kN	抗压承载力计算值/kN	试验值/计算值	荷载最大时试件的轴向压缩量/mm
TZ1-1	天然碎石	天然河砂	4@12	1.13	55.3	513.4	1 603	1 397.52	1.15	3.05
TZ1-2			4@16	2.01		525.3	2 000	1 524.24	1.31	2.17
TZ1-3			4@20	3.24		421.3	1 670	1 648.19	1.01	3.36
KZ1-1	高钛重矿渣碎石	高钛重矿渣砂	4@12	1.13	53.5	513.4	1 982	1 346.04	1.47	3.96
KZ1-2			4@16	2.01		525.3	>2 000	1 472.76	1.36	>3.35
KZ1-3			4@20	3.24		421.3	1 916	1 598.32	1.20	3.50
KS1-1	天然碎石	高钛重矿渣砂	4@12	1.13	53.3	513.4	1 824	1 340.64	1.36	3.23
KS1-2			4@16	2.01		525.3	1 827	1 467.36	1.25	3.06
KS1-3			4@20	3.24		421.3	1 672	1 593.09	1.05	3.83
KG1-1	高钛重矿渣碎石	天然河砂	4@12	1.13	52.6	513.4	2 000	1 321.13	1.51	3.75
KG1-2			4@16	2.01		525.3	1 973	1 447.85	1.36	3.96
KG1-3			4@20	3.24		421.3	2 000	1 574.19	1.27	3.37

2) 试验结果分析

(1) 表4-155试验结果表明：①虽然高钛重矿渣集料混凝土的立方体抗压强度要略低于普通混凝土，但在同钢筋同配筋率下，高钛重矿渣混凝土柱的极限荷载比普通混凝土柱明显高出许多；随着配筋率的增大，试件的轴向刚度没有呈现出一致增大的趋势，且TZ1-2试件的轴向刚度比同组的其他试件高。②增大配筋率对高钛重矿渣混凝土柱的轴向刚度影响不大，同组试件的轴向刚度十分接近，在适筋范围内配筋率并非越大越好，存在最优配筋率。图4-117为相同配筋率下柱的荷载-钢筋应变曲线，从中可以看出，配筋率为3.24%的柱，其钢筋屈服应变小于配筋率为1.13%、2.01%的柱。

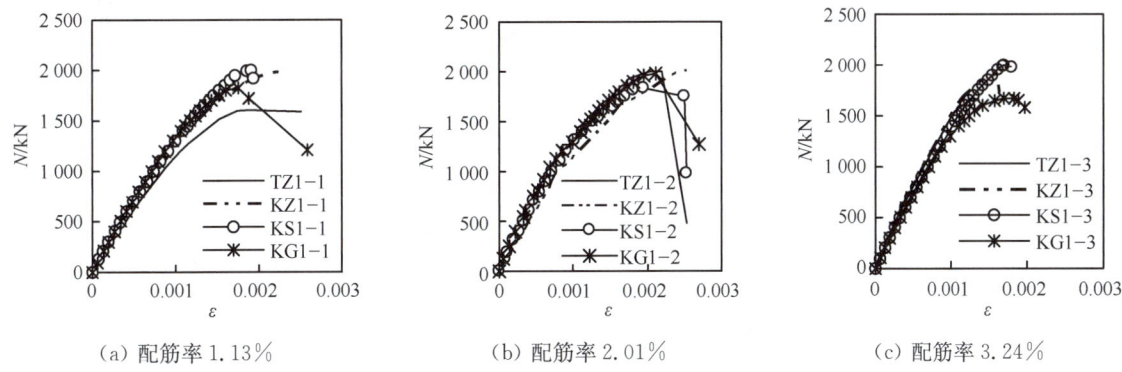

图4-117 相同配筋率下的试件荷载-钢筋应变曲线

(2) 图4-118为相同配筋率下柱的荷载-轴向压缩曲线，可以看出，在配筋率相同的情况下，高钛重矿渣混凝土柱的刚度比普通混凝土柱略有降低，但结合表4-155可以得出，在相同荷载条件下，高钛重矿渣混凝土柱性能更优。从表4-155可以看出，从开始施加荷载至试件破坏，高钛重矿渣混凝土柱的轴向变形比普通混凝土柱略大。按照规范中的相关公式计算柱的抗压承载力，计算时高钛重矿渣混凝土的轴心抗压强度按照规范取值，由表4-155中高钛重矿渣混凝土柱的抗压承载力计算值与实测值的对比可知，按照规范公式计算的抗压承载力比实测值低。这表明采用规范计算高钛重矿渣混凝土柱的抗压承载力具有与普通混凝土柱相近的安全储备，可采用规范公式计算高钛重矿渣混凝土柱的抗压承载力。

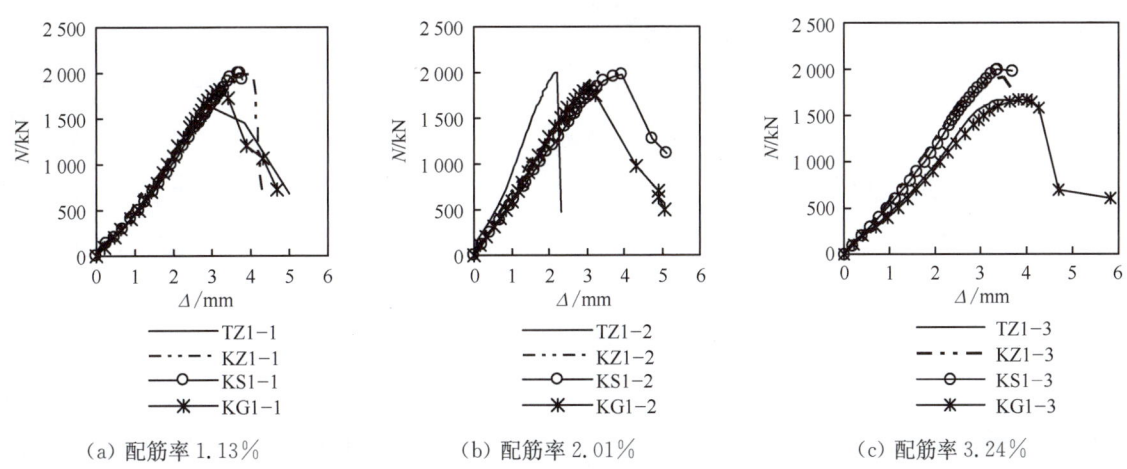

图4-118 相同配筋率下的试件荷载-轴向压缩量曲线

(3) 图4-119为所有柱的破坏形态对比图，图4-119a、b、c、d分别为同集料、不同配筋混凝土柱的破坏形态。由图可以看出，纵向配筋为4φ20 mm的轴心受压柱破坏最严重，原因可能是配筋率提高使柱的脆性增加，混凝土与钢筋的协同工作性能下降。同时，纵向配筋为4φ16 mm的轴心受压柱破坏

(a) 普通钢筋混凝土柱破坏形态

(b) 高钛重矿渣集料钢筋混凝土柱破坏形态

(c) 高钛重矿渣碎石钢筋混凝土柱破坏形态

(d) 高钛重矿渣砂钢筋混凝土柱破坏形态

(e) 1.13%配筋柱破坏图

(f) 2.01%配筋柱破坏图

(g) 3.24%配筋柱破坏图

图 4-119 所有试验柱的破坏形态对比

程度相对较弱,进一步说明在适筋范围内,配筋率并不是越大越好,存在最优配筋率。图 4-119e、f、g 分别为不同集料、同配筋混凝土柱的破坏形态,由图可以看出,不同集料混凝土柱在相同配筋情况下的破坏形式和程度相近,说明高钛重矿渣集料的混凝土柱与同强度、同配筋的普通集料混凝土柱工作性能接近。

综合上述分析,针对本次试验可得到以下结果:

(1) 短柱的轴向刚度不随配筋率的增加而增大,增大配筋率只能在一定范围内提高短柱的极限承载力。

(2) 相同配筋率的高钛重矿渣混凝土短柱的极限承载力均比普通混凝土短柱高,且高钛重矿渣集料混凝土短柱的刚度稍弱,轴向变形稍大。

(3) 高钛重矿渣可以作为混凝土集料用于钢筋

混凝土构件,并能取得比普通混凝土构件更优的力学性能。

(4) 在保证全高钛重矿渣混凝土短柱与普通混凝土短柱相近的安全性的同时,全高钛重矿渣混凝土短柱承载力可以乘以 1.05 左右的放大系数。

4.3.3.3 纯弯试验

1) 试验方法

试件梁混凝土强度等级采用 C50;混凝土保护层厚 20 mm,直径大于 10 mm 的钢筋为 HRB335,直径小于等于 10 mm 的钢筋为 HPB300。计算适筋梁最小配筋 $A_{s,min}=50.4\ mm^2$,最大配筋 $A_{s,max}=592.9\ mm^2$。构件尺寸及详细配筋情况见表 4-156、表 4-157,如图 4-120 所示。试验设计从材料变量出发,在集料的选择上以高钛重矿渣砂、高钛重矿渣碎石、天然砂、普通碎石为变量,配置四种混凝土(配合比设计见表 4-153)。同时采用三种配筋方式,进行对比试验,共制作 3×4=12 个试件,各试验梁的编号及材料使用情况见表 4-156。

表 4-156 试验梁材料

构件编号	粗集料	细集料	受拉钢筋 N_1	钢筋类型	钢筋实测屈服强度/MPa	箍筋 N_2	配筋率 ρ /%	最小配筋要求 ρ_{min}/%
TL2-1	天然碎石	天然河砂	3ϕ6.5	HPB300	380	ϕ4@100	0.71	0.28
TL2-2			2ϕ10	HRB335	302.5	ϕ4@100	1.12	0.41
TL2-3			2ϕ16	HRB335	490	ϕ6.5@100	2.87	0.41
KL2-1	高钛重矿渣碎石	高钛重矿渣砂	3ϕ6.5	HPB300	380	ϕ4@100	0.71	0.28
KL2-2			2ϕ10	HRB335	302.5	ϕ4@100	1.12	0.41
KL2-3			2ϕ16	HRB335	490	ϕ6.5@100	2.87	0.41
KG2-1	天然碎石	高钛重矿渣砂	3ϕ6.5	HPB300	380	ϕ4@100	0.71	0.28
KG2-2			2ϕ10	HRB335	302.5	ϕ4@100	1.12	0.41
KG2-3			2ϕ16	HRB335	490	ϕ6.5@100	2.87	0.41
KS2-1	高钛重矿渣碎石	天然河砂	3ϕ6.5	HPB300	380	ϕ4@100	0.71	0.28
KS2-2			2ϕ10	HRB335	302.5	ϕ4@100	1.12	0.41
KS2-3			2ϕ16	HRB335	490	ϕ6.5@100	2.87	0.41

表 4-157 三种梁的配筋情况

N_1	N_2	N_3	钢筋面积 A_s/mm²
3ϕ6.5	4@200	2ϕ4	99.6
2ϕ10	4@100	2ϕ4	157
2ϕ16	6@50	2ϕ4	402

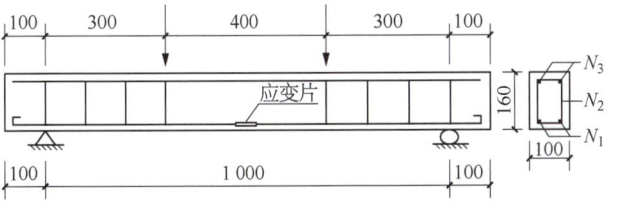

图 4-120 梁截面试件尺寸及配筋图(单位:mm)

为便于观测裂缝,试验前对梁刷白浆并划分 4 cm×4 cm 的坐标网格。试验梁一端为固定铰支座,另一端为滚动支座,支座与试件之间垫有薄钢板,以免发生混凝土梁因局部受压而破坏的情况。试验采用两点集中力对称加载,用千斤顶通过反力梁施加压力,由分配梁分配荷载,在跨中形成纯弯段。采用压力传感器测定荷载值,处理得到加载时纯弯段的弯矩值 M。试验梁采用单调分级加载,每次加载时间间隔为 15 min。在正式加载前先预加载,检查仪器、仪表读数是否正常,预加载所用的荷载是分级荷载的前两级。试验梁加载装置如图 4-121 所示。

图 4-121 试验加载装置

在试验梁跨中纯弯段粘贴电阻应变片测量沿梁高度变化的混凝土应变，在所有受拉主筋中间位置粘贴电阻应变片测量钢筋在加载过程中的应变。在梁跨中的下部和支座上部布置百分表测量跨中挠度，处理得到梁的实际最大挠度 u_m，并绘制梁的 $M-u_m$ 关系曲线。试验过程使用智能裂缝测宽仪观测裂缝开展情况，测定试验梁的开裂弯矩 M_{0cr} 和极限弯矩 M_{0u}（图 4-122）。

(a) 高钛重矿渣砂混凝土梁裂缝及变形

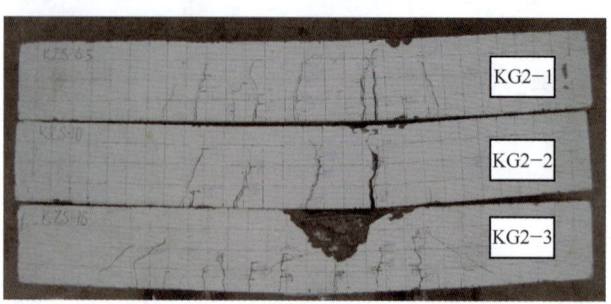
(b) 高钛重矿渣碎石混凝土梁裂缝及变形

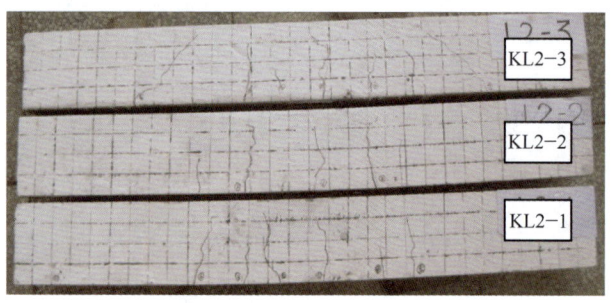
(c) 全高钛重矿渣混凝土梁裂缝及变形

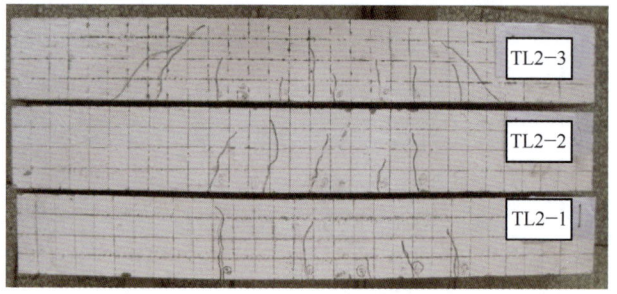
(d) 普通混凝土梁裂缝及变形

图 4-122 试验梁裂缝及变形图

2）试验结果分析

表 4-158 列出了所有梁在试验中测得的开裂弯矩、极限弯矩和最大挠度值。

表 4-158 试验梁开裂弯矩和极限弯矩

构件编号	混凝土类型	立方体抗压强度/MPa	受拉钢筋	峰值挠度/mm	开裂弯矩 $M_{0cr}/(kN·m)$	计算极限弯矩 $M_u/(kN·m)$	实测极限弯矩 $M_{0u}/(kN·m)$
TL2-1	普通混凝土	55.3	3φ6.5	4.7	1.88	5.13	6.09
TL2-2			2φ10	3.76	2.05	6.38	6.6
TL2-3			2φ16	7.42	2.69	22.96	23.23
KL2-1	高钛重矿渣混凝土	53.5	3φ6.5	5.29	2.02	5.12	6.58
KL2-2			2φ10	6.02	2.27	6.37	7.1
KL2-3			2φ16	6.62	2.77	22.81	23.24
KS2-1	高钛重矿渣砂混凝土	53.3	3φ6.5	5.467	2.03	5.12	6.4
KS2-2			2φ10	5.07	2.14	6.37	7.33
KS2-3			2φ16	6.32	2.33	22.72	21.44
KG2-1	高钛重矿渣碎石混凝土	52.6	3φ6.5	5.71	2.09	5.12	6.01
KG2-2			2φ10	6.32	2.36	6.37	6.63
KG2-3			2φ16	6.75	2.47	22.79	23.67

(1) 从试验过程中梁的裂缝开展和图 4-122 梁的裂缝分布可以看出,所有梁的第一批裂缝均出现在跨中附近,裂缝宽度为 0.02～0.03 mm;随着荷载增加,跨中有新裂缝出现,原有裂缝变宽并穿过形心轴沿梁高向上延伸;当荷载接近极限荷载时,剪弯段出现了斜裂缝,裂缝间距为 80～120 mm,在配筋率较小的情况下,裂缝间距更大,垂直开展的裂缝较多。在同种配筋情况下,四种梁的裂缝开展方式、裂缝间距、最大裂缝宽度和普通钢筋混凝土梁相近。

(2) 对试验梁在不同混凝土集料和不同配筋情况下的开裂弯矩进行比较,可以看出使用高钛重矿渣集料混凝土浇筑的钢筋混凝土梁,其开裂弯矩比同条件下普通混凝土梁大。说明相对于普通混凝土梁,高钛重矿渣集料(砂、碎石)混凝土梁具有相对更好的抗裂性能。其原因可能是高钛重矿渣集料的物理、化学性能可以较明显地改善混凝土的孔隙特征,改善浆-集料界面结构,有利于混凝土界面的黏结;另外,高钛重矿渣集料所含的渣粉具有微集料的填充效应,填充了混凝土中的孔隙,使混凝土更致密,并且高钛重矿渣集料质地坚硬,砂石表面粗糙、棱角多,有助于提高界面黏结性能。同时还可以看出,配筋率的适当提高有助于抗裂性能的提高。在较低配筋率时,高钛重矿渣钢筋混凝土梁抗裂性能提高更为显著;在其他适筋范围内,两种不同集料试验梁的抗裂性能增长效果相当。

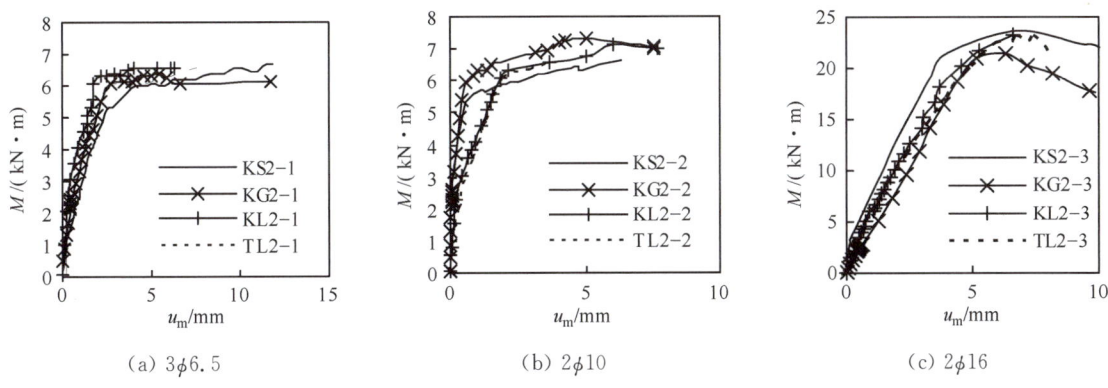

图 4-123 三种配筋情况下挠度-弯矩图

(3) 图 4-123 是三种高钛重矿渣混凝土梁与普通混凝土梁在三种配筋情况下的弯矩 M 和跨中挠度 u_m 的关系曲线。由图可以看出,高钛重矿渣混凝土梁与普通混凝土梁破坏形式都有明显的延性特征,达到极限承载力之后仍能持荷一段时间;在相同配筋情况下,三种高钛重矿渣混凝土梁的极限承载力均较普通混凝土梁略高,但并不明显。其原因可能是试验梁混凝土的抗拉强度都很小,受弯所受的拉力主要由下部纵向钢筋承担,中和轴以下的混凝土抗拉作用可以忽略,试验梁能承受的极限弯矩主要由配筋情况决定(图 4-124)。

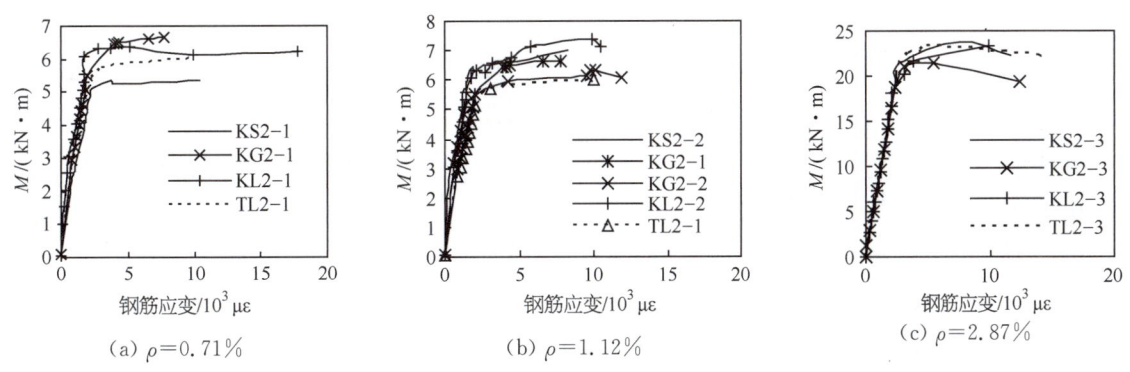

图 4-124 三种配筋情况下钢筋应变与最大弯矩关系图

(4) 图 4-125 为试验梁跨中的混凝土应变沿截面高度分布图,跨中纯弯区段混凝土沿截面高度的应变是在加载过程中观测的平均值。由图可以看出,三种高钛重矿渣钢筋混凝土梁与普通钢筋混凝土梁正截面应变特征相似,其中截面底部点的应变出现弯折,这是由于底部应变片与侧面应变片不在一个竖向平面内,或者是由于裂缝正好发生在应变片的两端。纯弯段的计算都符合现行钢筋混凝土结构设计规范的平截面假定。

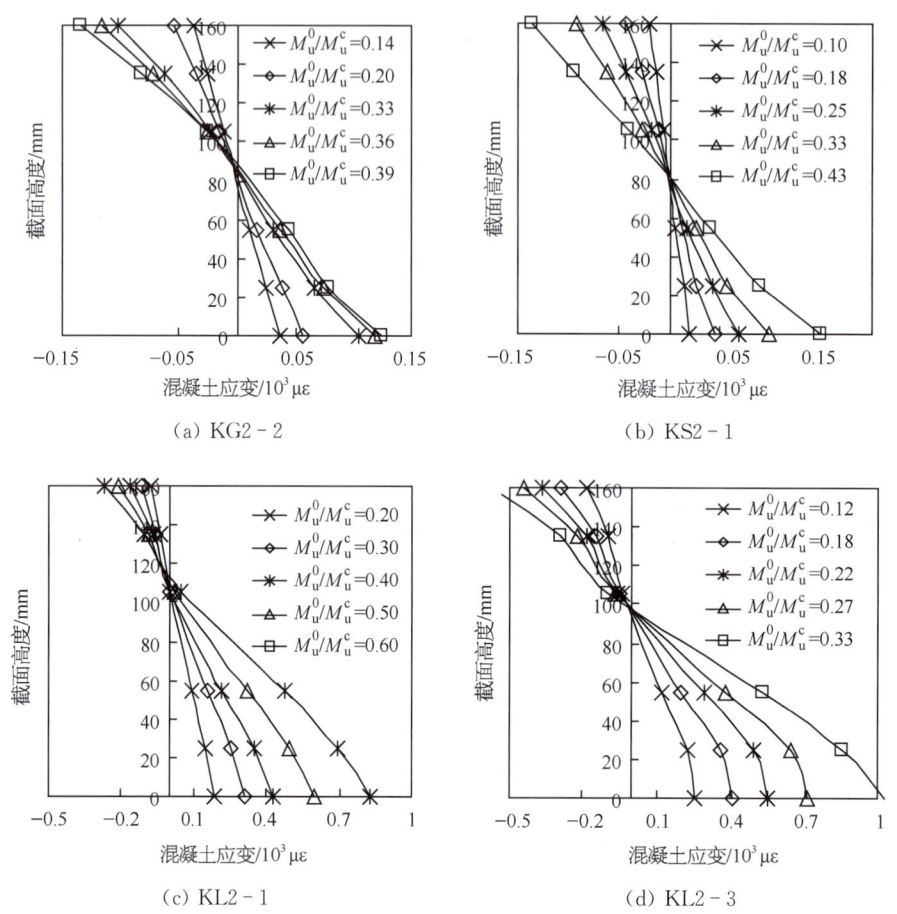

图 4-125 试验梁混凝土应变沿梁截面高变化分布图

(5) 通过表 4-158 可以看出,试验梁开裂弯矩、极限弯矩在相同配筋情况下都比较接近。但在相同配筋情况下,全高钛重矿渣混凝土梁的开裂弯矩、极限弯矩均比普通混凝土梁略高。同混凝土的试验梁,在不同配筋情况下的开裂荷载差值在 1.8~2.8 kN·m 范围内,差距不大,说明配筋情况对开裂荷载的影响不明显。

(6) 由图 4-126、图 4-127 可知,在适筋范围内,提高受拉钢筋的配筋率可显著提高试验梁的极限承载力,对混凝土梁的开裂弯矩也有一定的提高,但是不明显。其原因可能是混凝土的抗拉强度均很小,受弯试验梁所受的拉力主要由下部钢筋承担,中和轴以下的混凝土抗拉作用可以忽略,试验梁能够承受的极限弯矩主要由配筋情况决定。

上述试验梁纯弯试验结果表明,高钛重矿渣钢筋混凝土梁与普通钢筋混凝土梁相比,极限承载力和挠度变化值较接近,裂缝开展情况大致相同,开裂荷载略有提高。高钛重矿渣做细集料、粗集料或同时做粗细集料制作的钢筋混凝土梁与普通钢筋混凝土梁工作性能相近,适用于现行混凝土结构设计规范。

4.3.3.4 偏压试验

1) 试验方法

表 4-159 列出了所有偏压试验柱的材料及部分参数,图 4-128~图 4-130 为偏压柱尺寸和配筋、测点布置、加载装置。

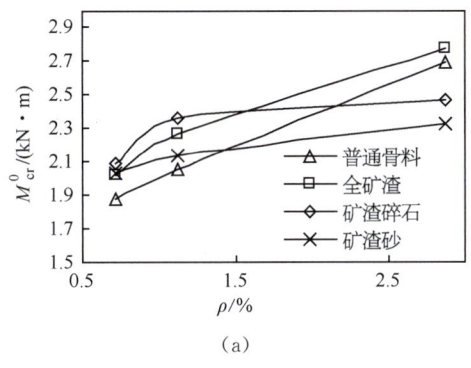
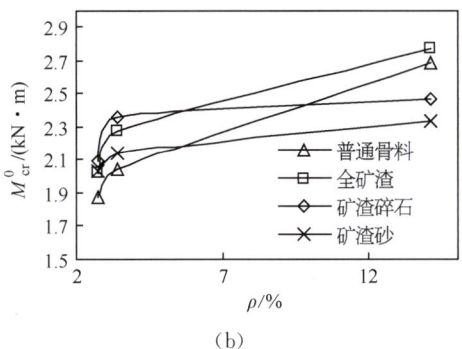

图 4‑126 配筋率与配筋强度对开裂弯矩的影响

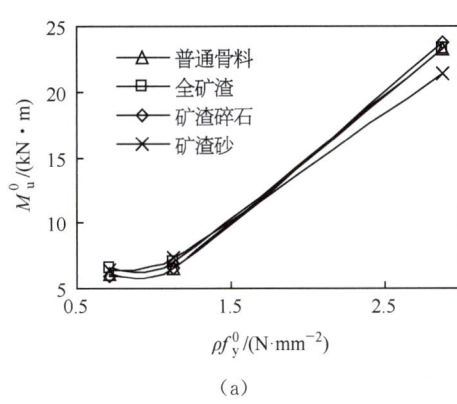
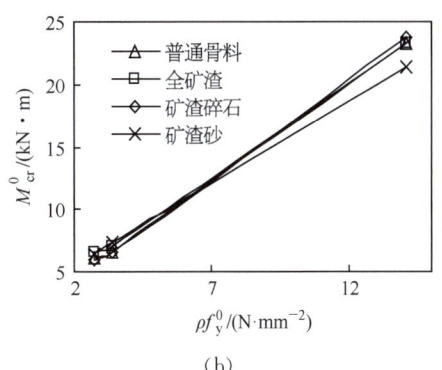

图 4‑127 配筋率与配筋强度对极限弯矩的影响

表 4‑159 偏压柱材料及部分参数

构件编号	偏心距 e_0/mm	h/mm	b/mm	粗集料	细集料	受拉钢筋	受压钢筋	钢筋类型	箍筋	配筋率/%
PY1‑1	20			天然碎石	天然河砂					
PY1‑2	40									
PY1‑3	60									
PY2‑1	20			高钛重矿渣碎石	高钛重矿渣砂					
PY2‑2	40									
PY2‑3	60	250	200			2φ18	2φ16	HRB335	A6.5@100	1.82
PY3‑1	20			天然碎石	高钛重矿渣砂					
PY3‑2	40									
PY3‑3	60									
PY4‑1	20			高钛重矿渣碎石	天然河砂					
PY4‑2	40									
PY4‑3	60									
PY1‑4	80			天然碎石	天然河砂					
PY1‑5	100									
PY1‑6	120									
PY2‑4	80			高钛重矿渣碎石	高钛重矿渣砂					
PY2‑5	100									
PY2‑6	120	250	200			2φ18	2φ16	HRB335	A6.5@100	1.26
PY3‑4	80			天然碎石	高钛重矿渣砂					
PY3‑5	100									
PY3‑6	120									
PY4‑4	80			高钛重矿渣碎石	天然河砂					
PY4‑5	100									
PY4‑6	120									

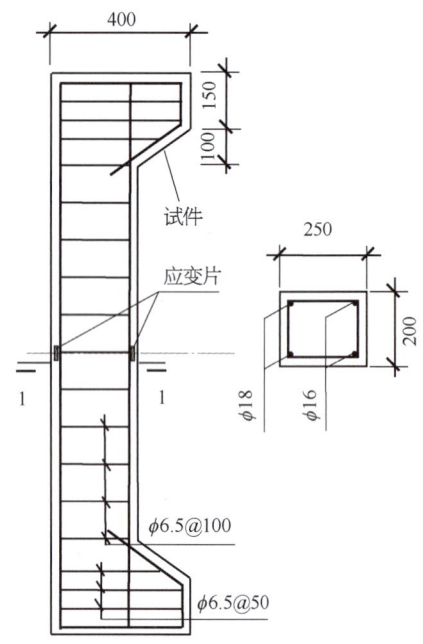

图 4-128 偏压柱截面尺寸及配筋图(单位:mm)

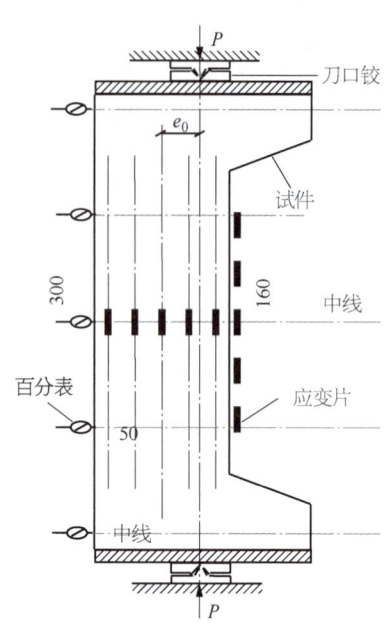

图 4-129 偏压柱应变片和百分表布置图(单位:mm)

2) 试验结果与分析

表 4-160 列出了所有试验柱在试验中所测得的开裂荷载、极限荷载和最大挠度等值,图 4-131～图 4-134 为 24 根偏压柱的破坏形态。由表 4-160、图 4-131～图 4-134 试验结果表明,偏压柱的压碎区大多数出现在柱的中部,还有一部分出现在中部上、下位置;试验中,所有偏压柱的第一条裂缝都出现在柱中部附近,当牛腿处出现纵向裂缝时,偏压柱接近承载能力极限,牛腿处的裂缝不断延伸,直至破坏。

(1) 此次试验的偏压柱(偏心距分别为 80 mm、100 mm、120 mm)都是在受拉侧出现几条较宽的通缝后,柱压碎区逐渐明显,在达到材料承载力极限状态后,柱的承载力下降,受拉侧裂缝更宽,压碎区出现混凝土脱落现象;而偏心距为 20 mm、40 mm、60 mm 的偏压柱受拉侧或不出现裂缝,或出现裂缝,而出现的裂缝均不宽,一般是先牛腿处出现纵向裂缝,然后柱中部受压侧出现压碎的裂缝,裂缝渐渐增长,柱的承载力达到最大后下降。试验中 PY4-1 试件由于成型不佳,牛腿处平面出现凸起,加载时受力极不均匀,预载时没有出现明显的差异,正式加载后差异显现,柱受到平面外弯矩作用,一角纵向开裂,之后达到最大承载力,随后承载力下降。

(2) 相同配筋率下,不同材料、不同偏心距下的偏压柱的破坏过程和破坏形态相近。所有偏压柱的开裂荷载值和极限荷载值见表 4-160。同时给出了试验值与计算值的比值,通过比较各种材料及各种偏心距下的开裂荷载比值,可以得出:

① 由高钛重矿渣碎石做粗集料的混凝土偏压柱的开裂荷载比相同条件下的普通碎石混凝土柱大,而且由高钛重矿渣碎石做粗集料的混凝土偏压柱开裂荷载较稳定。

② 对于偏压柱的极限荷载,由高钛重矿渣碎石做粗集料的混凝土偏压柱实测值与计算值的比值十分稳定,高钛重矿渣碎石代石混凝土偏压柱极限荷载比全高钛重矿渣混凝土柱要高一些,但是相差不大。

③ 相对于普通混凝土偏压柱,由高钛重矿渣做集料的混凝土具有更好的抗裂性能。其中高钛重矿渣碎石代石混凝土的抗裂性能最佳,其原因是高钛重矿渣集料的物理化学性能可明显改善混凝土的空隙特征,改善浆-集料界面结构,有利于混凝土界面的黏结;从几何特征看,高钛重矿渣碎石表面粗糙、棱角多,周身遍布孔隙,普通砂浆能够很好地填充高钛重矿渣碎石表面的孔隙,使混凝土内部密实,有助于提高界面的黏结强度。

表 4-160 偏压柱的试验数据

构件编号	龄期及拌合方式	立方体抗压强度/MPa	偏心距/mm	实测极限荷载时的挠度 f/mm	实测荷载标准值时挠度 f^0/mm	荷载设计值 N/kN	荷载标准值 N_k^0/kN	实测开裂荷载 N_{cr}^0/kN	实测极限荷载 N_u^0/kN	计算开裂荷载 N_{cr}/kN	计算极限荷载 N_u/kN	N_{cr}^0/N_{cr}	N_u^0/N_u
PY1-1		49.05	20	0.97	0.58	929	1381		1707		1447		1.18
PY1-2			40	1.76	1.04	754	1074	482	1485	372	1166	1.30	1.27
PY1-3			60	2.77	1.08	612	786		1220		919		1.33
PY2-1		66.38	20	1.47	0.64	933	1387		2121		1884		1.13
PY2-2	61 d 搅拌机拌合		40	2.23	0.93	773	1101	820	1765	447	1491	1.83	1.18
PY2-3			60	4.65	1.54	620	798		1577		1167		1.35
PY3-1		53.36	20	0.60	0.47	954	1411		1909		1558		1.23
PY3-2			40	1.73	0.37	772	1101	183	1678	386	1254	0.47	1.34
PY3-3			60	5.17	1.60	609	774		1282		987		1.30
PY4-1		66.32	20	0.97(坏)	0.65(坏)	948	1403		1572		1884		0.83
PY4-2			40	1.64	0.49	773	1108	289	2015	411	1489	0.70	1.35
PY4-3			60	3.07	0.91	596	756		1591		1166		1.36
PY1-4		58.50	80	2.35	1.34	552	722	194.90	1060	213	936	0.92	1.13
PY1-5			100	4.18	1.40	467	586	185.25	935	139	753	1.33	1.24
PY1-6			120	3.82	1.11	388	476	264.41	858	95	601	2.78	1.43
PY2-4		57.10	80	3.62	1.14	552	729	194.90	1418	210	923	0.93	1.54
PY2-5			100	4.21	1.40	467	586	212.18	1157	136	742	1.56	1.56
PY2-6	211 d 人工拌合		120	5.81	1.64	398	489	147.17	843	106	620	1.39	1.36
PY3-4		58.47	80	3.18	1.14	546	716	194.90	1225	209	936	0.93	1.31
PY3-5			100	4.26	1.51	462	580	146.67	1012	137	743	1.07	1.36
PY3-6			120	3.75	1.40	398	489	156.32	776	106	618	1.47	1.26
PY4-4		56.77	80	1.12	0.39	535	703	369.50	1446	197	929	1.88	1.56
PY4-5			100	1.03	0.33	462	580	379.14	1176	133	728	2.85	1.62
PY4-6			120	1.66	0.87	393	476	242.62	858	103	607	2.36	1.41

图 4-130　加载装置

（a）偏心距为 20 mm　　　（b）偏心距为 40 mm　　　（c）偏心距为 60 mm

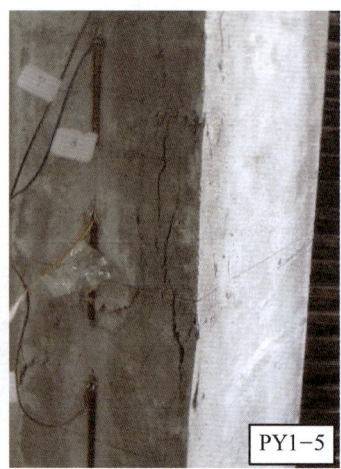
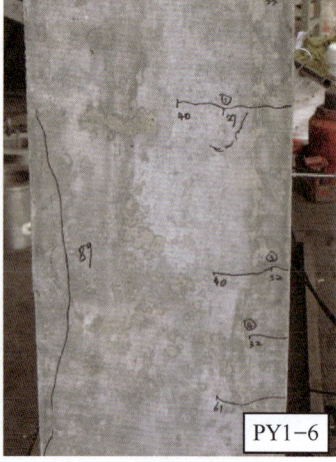

（d）偏心距为 80 mm　　　（e）偏心距为 100 mm　　　（f）偏心距为 120 mm

图 4-131　普通混凝土偏压柱破坏形态

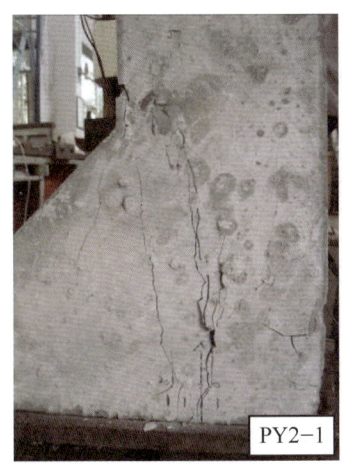  

（a）偏心距为 20 mm　　　（b）偏心距为 40 mm　　　（c）偏心距为 60 mm

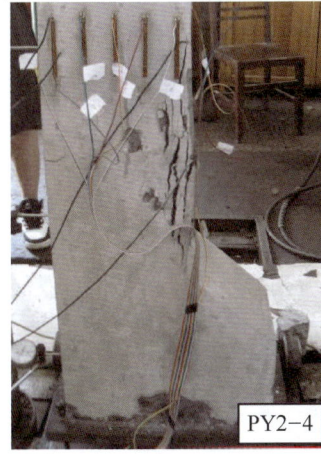  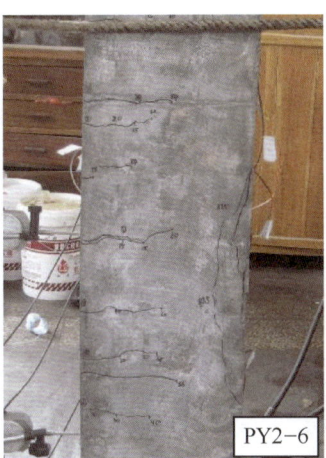

（d）偏心距为 80 mm　　　（e）偏心距为 100 mm　　　（f）偏心距为 120 mm

图 4-132　全高钛重矿渣集料混凝土偏压柱破坏形态

  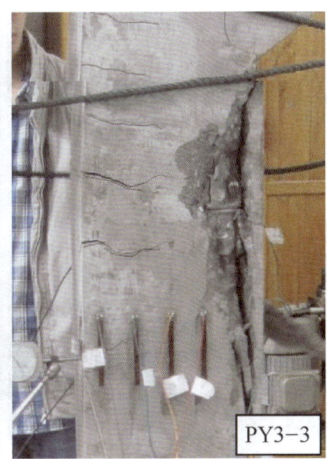

（a）偏心距为 20 mm　　　（b）偏心距为 40 mm　　　（c）偏心距为 60 mm

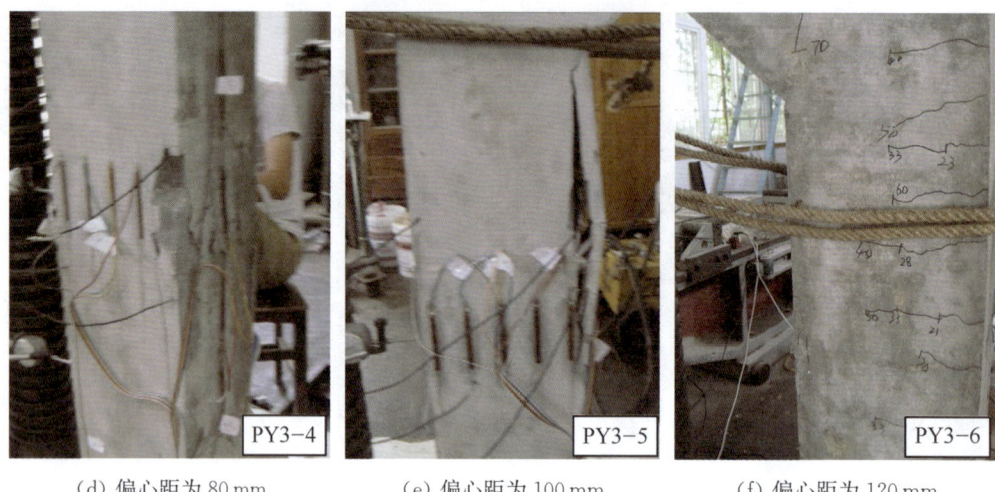

(d) 偏心距为 80 mm　　　　(e) 偏心距为 100 mm　　　　(f) 偏心距为 120 mm

图 4-133　高钛重矿渣砂代砂集料混凝土偏压柱破坏形态

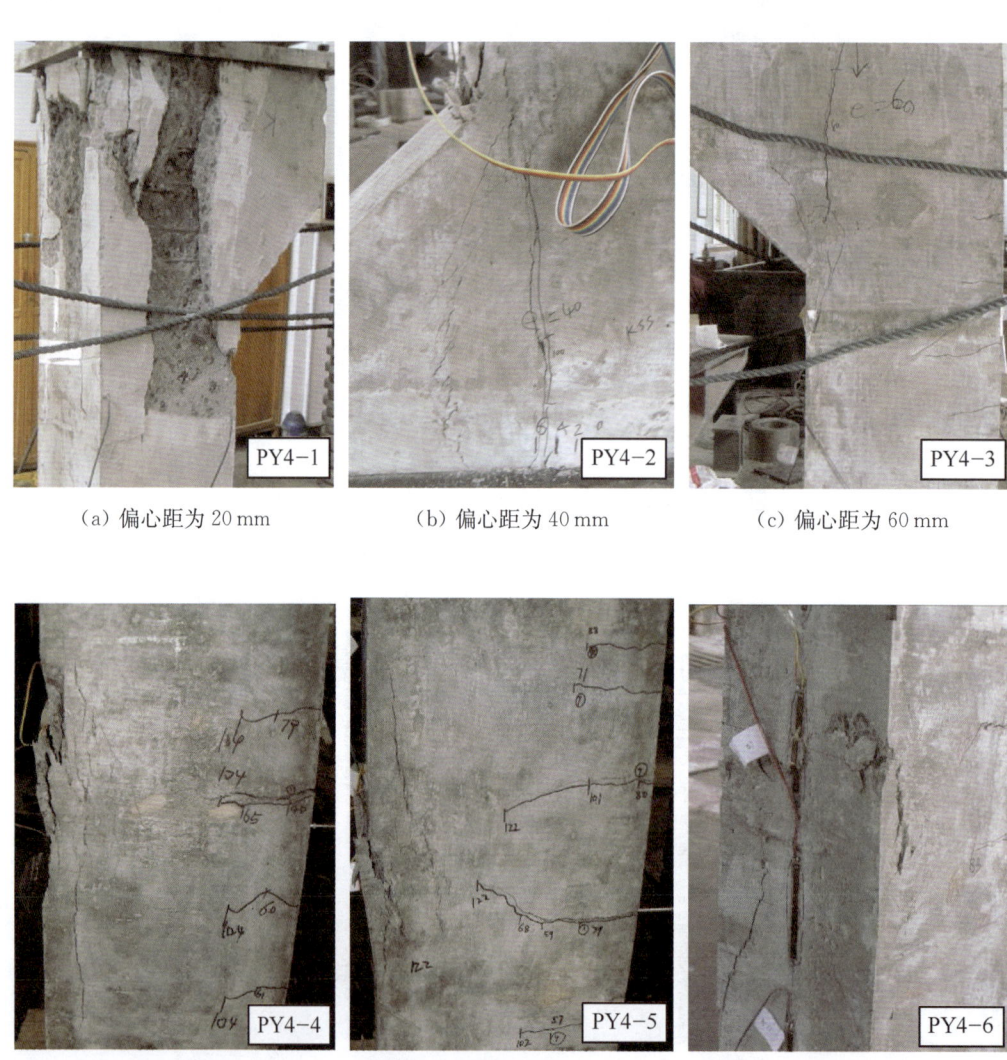

(a) 偏心距为 20 mm　　　　(b) 偏心距为 40 mm　　　　(c) 偏心距为 60 mm

(d) 偏心距为 80 mm　　　　(e) 偏心距为 100 mm　　　　(f) 偏心距为 120 mm

图 4-134　高钛重矿渣碎石代石集料混凝土偏压柱破坏形态

(3) 柱中部截面混凝土应变。图4-135为典型偏压柱中部截面的混凝土应变沿截面高度分布图。由图可知，全高钛重矿渣、高钛重矿渣砂代砂、高钛重矿渣碎石代石钢筋混凝土偏压柱与普通钢筋混凝土偏压柱正截面应变特征相似，都符合现行混凝土结构设计规范中平截面假定的规定。

(4) 荷载与柱中部挠度 f 关系曲线。图4-136为全高钛重矿渣、高钛重矿渣碎石代石、高钛重矿渣砂代砂混凝土和普通混凝土偏压柱在6种偏心距情况下的荷载与柱中部挠度 f 的关系曲线。上述曲线图分析结果表明：①高钛重矿渣混凝土偏压柱与普通混凝土偏压柱破坏形式都有明显的延性特征，达到

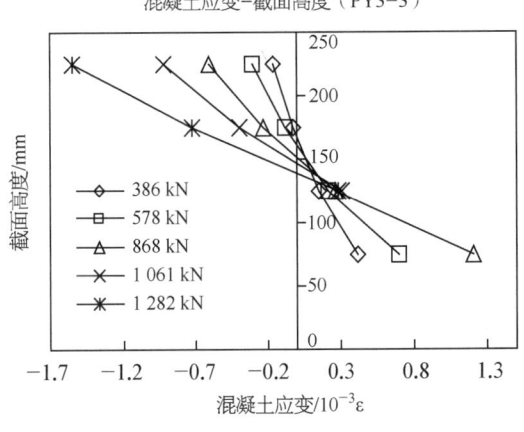

(a) 普通混凝土偏心距为60 mm

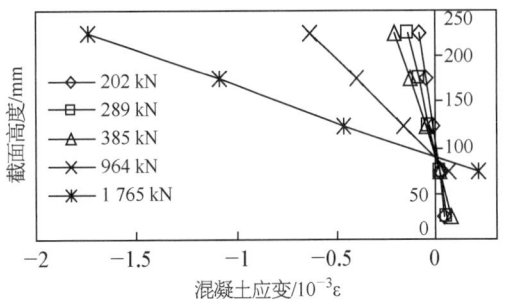

(b) 全高钛重矿渣混凝土偏心距为40 mm

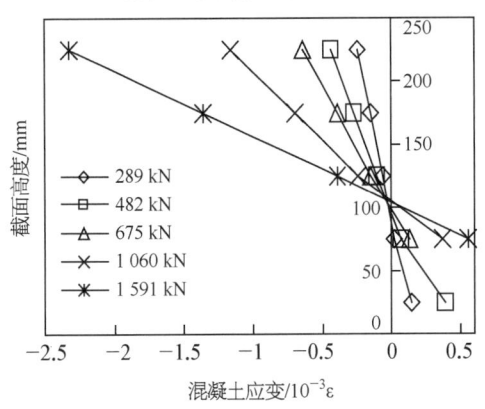

(c) 高钛重矿渣砂代砂混凝土偏心距为60 mm

(d) 高钛重矿渣碎石代石混凝土偏心距为60 mm

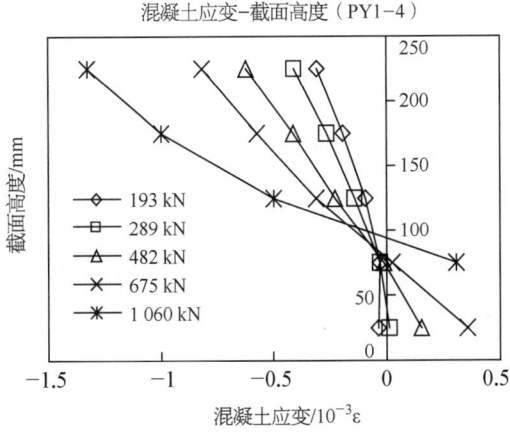

(e) 普通混凝土偏心距为80 mm

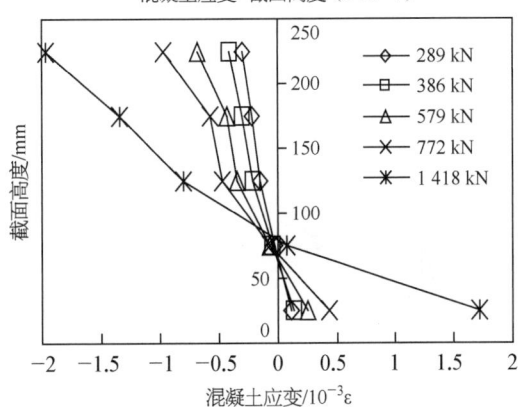

(f) 全高钛重矿渣混凝土偏心距为80 mm

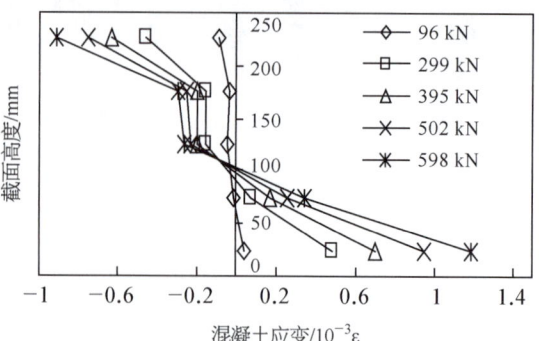

(g) 高钛重矿渣砂代砂混凝土偏心距为 80 mm　　(h) 高钛重矿渣碎石代石混凝土偏心距为 100 mm

图 4-135　典型混凝土偏压柱中部截面高度应变分布

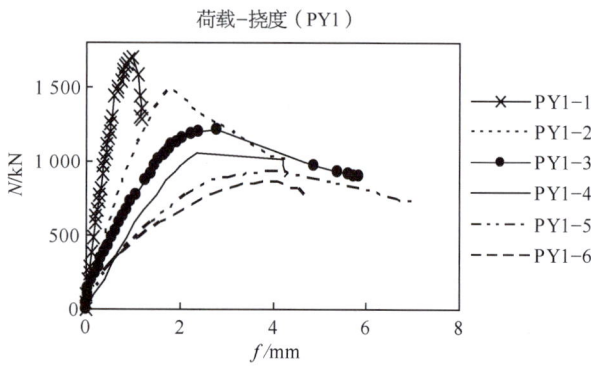
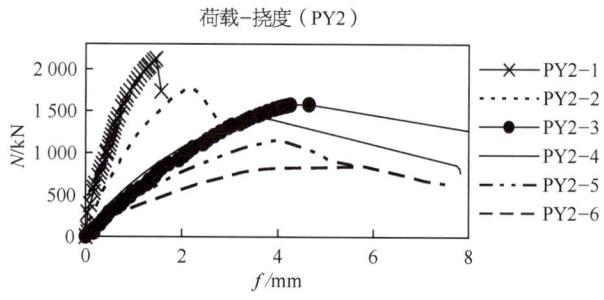

(a) 普通混凝土的不同偏心矩下偏压柱荷载-挠度变化　　(b) 全高钛重矿渣混凝土的不同偏心矩下偏压柱荷载-挠度变化

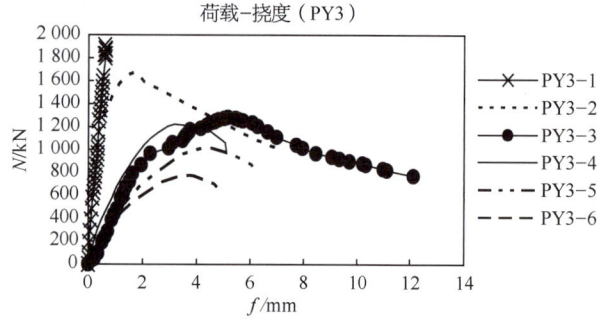
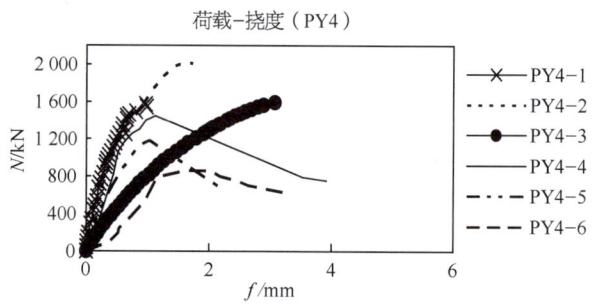

(c) 高钛重矿渣砂代砂混凝土的不同偏心矩下偏压柱荷载-挠度变化　　(d) 高钛重矿渣碎石代石混凝土的不同偏心矩下偏压柱荷载-挠度变化

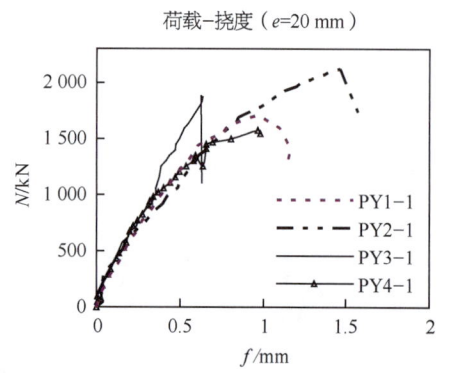
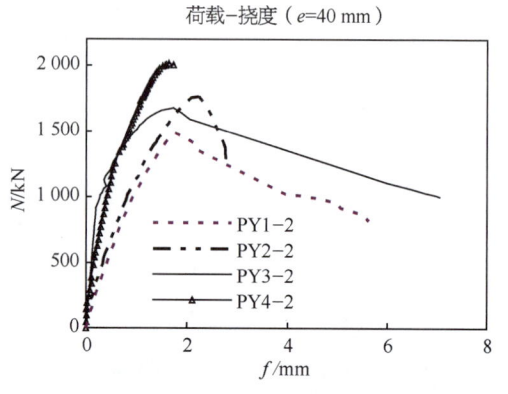

(e) 偏心距 20 mm 下不同材料的荷载-挠度变化　　(f) 偏心距 40 mm 下不同材料的荷载-挠度变化

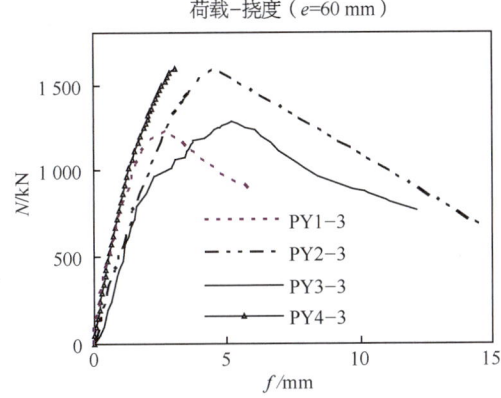
(g) 偏心距 60 mm 下不同材料的荷载-挠度变化

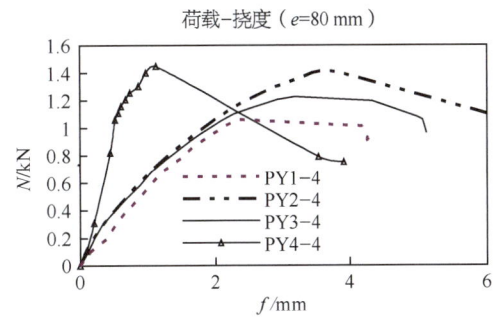
(h) 偏心距 80 mm 下不同材料的荷载-挠度变化

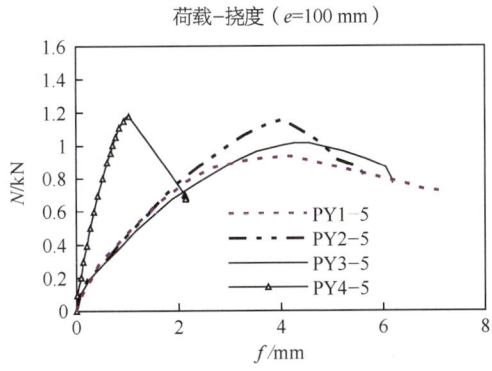
(i) 偏心距 100 mm 下不同材料的荷载-挠度变化

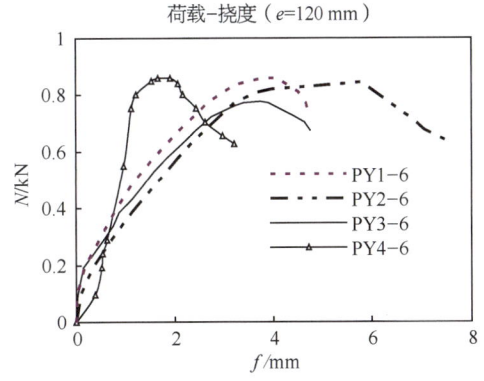
(j) 偏心距 120 mm 下不同材料的荷载-挠度变化

图 4-136 偏压柱荷载-挠度曲线

极限承载力之后仍能持荷或继续加荷；②全高钛重矿渣混凝土偏压柱延性最好，高钛重矿渣砂代砂混凝土偏压柱延性次之，高钛重矿渣碎石代石混凝土偏压柱延性不明显，呈现出脆性破坏的倾向；③在偏心距为 120 mm 时，全高钛重矿渣混凝土和高钛重矿渣碎石代石混凝土偏压柱比普通混凝土偏压柱的极限承载力高，但不明显；④随着偏心距的减小，承载力的提高越来越明显。其原因是四种混凝土的抗拉强度都很小，对于大偏压柱受弯所受的拉力主要由受拉侧钢筋承担，混凝土抗拉作用可以忽略，偏压柱所受的压力主要由钢筋和混凝土承担，但是由于配筋率一样，所以偏压柱能够承受的极限荷载主要由受压区混凝土高度决定，也就是偏心距来决定；对于小偏压柱所受弯矩小，主要受压，受拉侧先受拉、后受压，且随偏心距减小呈现出脆性破坏的趋势。

(5) 柱实测极限荷载 N_{0u} 与理论计算极限荷载 N_u。表 4-160 给出了偏压柱的实测极限荷载 N_{0u} 与理论计算极限荷载 N_u。其中计算极限荷载 N_u 是根据材料实际强度采用现行混凝土结构设计规范中相关公式求得。由表 4-160 可以看出，偏压柱的实测极限荷载 N_{0u} 与理论计算极限荷载 N_u 的比值都大于1，并且高钛重矿渣集料偏压柱的 N_{0u}/N_u 几乎都大于普通混凝土偏压柱。因此，高钛重矿渣混凝土偏压柱的正截面承载力计算方法可采用现行混凝土结构设计规范所规定的取值和计算公式，计算结构偏于安全。

(6) 偏压试验分析结果。

① 高钛重矿渣、高钛重矿渣砂代砂混凝土偏压柱和普通混凝土偏压柱的挠度变化比较接近，开裂荷载相近。

② 高钛重矿渣碎石代石混凝土偏压柱的挠度变化很小，小于普通混凝土偏压柱挠度的 1/2，然而开裂荷载却较普通混凝土偏压柱有较大提高。

③ 高钛重矿渣混凝土偏压柱与普通混凝土偏压柱裂缝开展情况、破坏形态大致相同，故现行混凝

土结构设计规范也适用于高钛重矿渣混凝土柱裂缝宽度的计算。

④ 高钛重矿渣碎石代石混凝土偏压柱在大偏压情况下挠度小,与普通混凝土偏压柱相比差异显著;但是在小偏压情况下,与普通混凝土偏压柱的挠度变化比较吻合,且承载力得到提高,故认为在小偏心受压构件设计时按照规范计算所得承载力可以适当提高。

4.3.3.5 抗震试验

1) 试验方案

(1) 试件设计。对比全高钛重矿渣混凝土与普通混凝土试件抗震性能,试验配比及混凝土材料力学性能见表4-153,钢筋布置及尺寸设计如图4-137所示,基本设计参数见表4-161。

表4-161 抗震柱的基本设计参数

试件编号	剪跨比	截面($b×h$)/mm^2	轴压比	配筋率/%	配箍率/%
KZ6-4	3.18	220×220	0.5	1.66	0.574
NC5-3	3.18	220×220	0.5	1.66	0.574

注:KZ6-4表示高钛重矿渣混凝土抗震柱;NC5-3表示普通混凝土抗震柱。

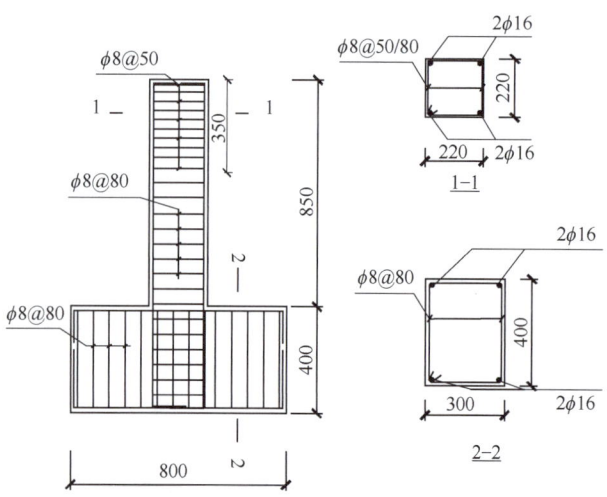

图4-137 抗震柱的尺寸及配筋示意图(单位:mm)

(2) 加载方案设计。试验设计加载制度为荷载-位移混合控制加载制度,加载装置如图4-138所示。首先在柱顶中心处施加轴向力559 kN,并在试验过程中保持恒定,之后再进行水平加载(注:正、反方向的加载速度要一致)。

图4-138 试验加载装置

① 预加载。加载到开裂荷载的30%(60 kN),间隔至少5 min。

② 达到屈服状态前。"荷载控制"即试件屈服前(屈服荷载由曲线确定),采用荷载控制,分级加载,10 kN/级,每级荷载反复一次,加载间隔至少5 min。

③ 达到屈服状态后。"位移控制"即试件屈服后采用位移控制,以屈服时的最大位移值为级差加载(最大位移值由试验曲线确定),每级荷载反复3次,每次间隔不小于5 min。

④ 试验结束。当荷载下降到最大荷载的85%时或混凝土被压碎,认为试件已经破坏,停止加载。

⑤ 卸载。加载、卸载的速度要保持一致,每级加、卸载试件间隔不小于5 min。

2) 数据采集及裂缝绘制

试验数据采用IMP数据采集系统采集水平荷载、水平位移、钢筋应变和混凝土应变,并人工绘制裂缝。

3) 试验结果及分析

(1) 破坏特征。当荷载下降到最大荷载的85%时或混凝土被压碎时,认为试件已经破坏,停止加载,两种抗震柱的最终破坏形态如图4-139所示。

(a) KZ5-3柱　　　　　　　　(b) KZ6-4柱

图 4-139　试件破坏形态

由图 4-139a 和 b 对比分析可以看出：①由于两种抗震柱均为长柱，都发生了典型的弯曲破坏；②KZ6-4 柱和 NC5-3 柱相比，弯曲破坏现象更为明显，表现出良好的延性性能。

(2) 滞回曲线。在低周期反复荷载的作用下，试件的滞回曲线如图 4-140 所示。其中 F 表示抗震柱顶部水平荷载值，U 表示抗震柱顶部水平位移值。

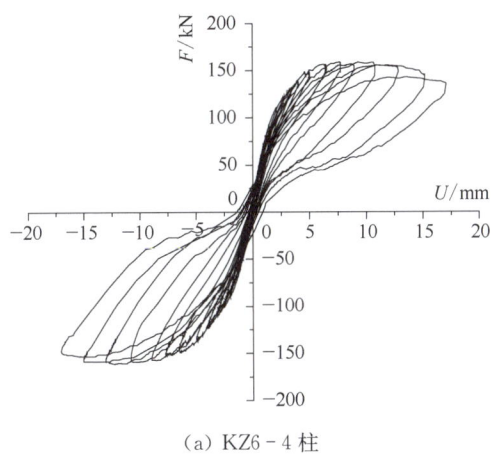 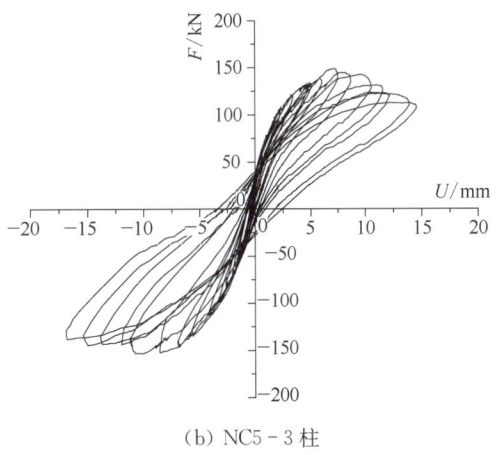

(a) KZ6-4柱　　　　　　　　(b) NC5-3柱

图 4-140　KZ6-4 柱和 NC5-3 柱的滞回曲线

由图 4-140 可知：①高钛重矿渣混凝土抗震柱与普通混凝土抗震柱的曲线形状基本相同，两种混凝土抗震柱的滞回曲线均较饱满，均有较好的耗能能力；②高钛重矿渣混凝土抗震柱的滞回曲线比普通混凝土抗震柱的更饱满，有较好的滞回特性；③高钛重矿渣混凝土抗震柱的水平荷载峰值较大，相同荷载值时水平位移值高于普通混凝土抗震柱，表现出更好的延性。

(3) 骨架曲线及刚度衰减曲线。实测的各循环峰值绘制的骨架曲线如图 4-141 所示，实测的各阶段刚度值绘制的刚度衰减曲线如图 4-142 所示。

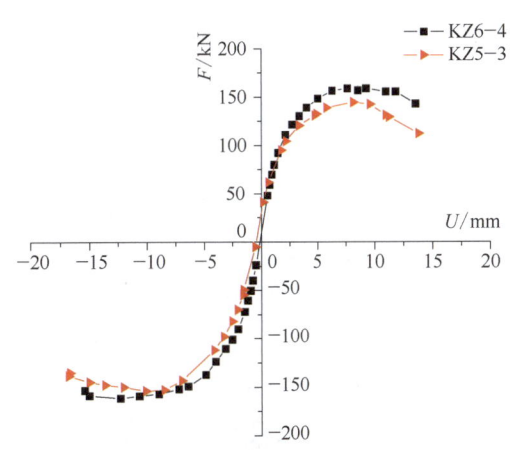

图 4-141　两种混凝土抗震柱的骨架曲线

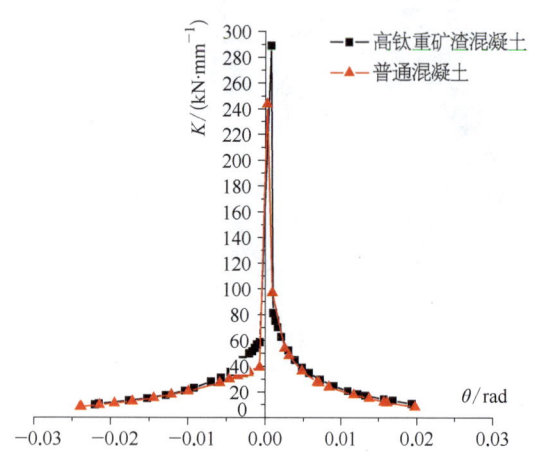

图 4-142 两种混凝土抗震柱的 $K-\theta$ 衰减曲线

由图 4-141、图 4-142 可知：①两种混凝土的骨架曲线关于原点均较对称。②两种混凝土的骨架曲线的两侧均较明显地表现了弹性阶段、强化阶段和退化阶段。③在加载初期，两种混凝土柱的力和位移基本成弹性关系，卸载后试件的残余变形很小；当试件屈服后，随着加载循环次数的增加和水平位移的增大，滞回曲线的切线斜率明显减小。④高钛重矿渣混凝土抗震柱表现出较大的初始刚度、较高的承载力及较好的延性。⑤两种混凝土柱的刚度随位移角的增大，衰减的趋势相同。⑥高钛重矿渣混凝土柱的初始刚度明显高于普通混凝土柱，且衰减的速率小于同种条件下的普通混凝土柱。

由于高钛重矿渣表面比较粗糙，为蜂窝状，砂浆和粗集料的黏结优于普通混凝土，能提高相同配合比条件下构件的初始刚度、承载力；当发生破坏时，由于界面间的摩擦力要远远高于普通混凝土，砂浆和粗集料的界面能较高，会使高钛重矿渣抗震柱承载力衰减的速率减缓，使其表现出较大的延性。

（4）荷载特征值。

① 确定极限点的方法：a. 取最大承载力下降 15%，即 $F_u = 0.85 F_M$；b. 取混凝土达极限（压）应变值 $\varepsilon_u = 3 \times 10^{-3} \sim 4 \times 10^{-3}$ 对应承载力。

根据试验要求，极限点的确定采用方法 a。

② 确定屈服荷载值的方法。方法有通用屈服弯矩法、派克（Park）法和能量法。其中能量法能够反映试件的计算模型和耗能性能，而且与实际的骨架曲线比较接近，所以拟采用能量法计算试件的屈服荷载。

综合上述方法计算出两种混凝土抗震柱的荷载特征值，见表 4-162。

表 4-162 两种混凝土抗震柱的荷载特征值

类型	荷载特征值					
	P_y/kN	Δ_y/mm	P_u/kN	Δ_u/mm	β	E_k/(kN·mm)
KZ6-4	122.27	2.77	135.09	10.67	3.85	1 087.071
NC5-3	110.43	2.592	129.47	8.51	3.28	687.61

注：P_y 表示屈服荷载值；Δ_y 表示屈服荷载值时相应位移值；P_u 表示极限荷载值；Δ_u 表示极限荷载值时相应位移值；β 表示延性比；E_k 表示极限总耗能。

混凝土构件破坏时，一般在粗集料和细集料界面处开始发生破坏，由于高钛重矿渣表面为紧密的蜂窝状，细集料能够在粗集料表面孔内填充，使粗集料间有良好的联系，成为一个具有一定耗能能力的摩擦型耗能元件，在结构受到地震荷载作用时，截面能高于普通混凝土。在未开裂前，抗震柱主要整体承受地震荷载的作用，混凝土开裂后，粗集料间的耗能元件发挥较高的耗能作用，所以高钛重矿渣抗震柱的荷载特征值及耗能能力在其他条件相同的情况下都会高于普通混凝土柱。高钛重矿渣混凝土抗震柱的屈服荷载值、极限荷载值、延性比和耗能能力分别比普通混凝土抗震柱提高了 10.72%、4.34%、6.01% 和 58.09%，而且满足钢筋混凝土抗震结构延性比 $\beta = 3 \sim 4$ 的要求，说明高钛重矿渣混凝土抗震柱符合抗震设计的要求。

（5）刚度。两种混凝土抗震柱各阶段的刚度值及刚度衰减值见表 4-163。其中 $K = F/U$，K 表示抗震柱的抗侧移刚度，F 表示抗震柱顶部水平荷载值，U 表示抗震柱顶部水平位移值。K_0 表示初始弹性刚度值；K_c 表示试件开裂时刚度值；K_y 表示试件屈服时的刚度值；$\beta_c = K_c/K_0$ 表示结构的开裂刚度延性比，表示试件从开始到开裂时的刚度值衰减；$\beta_y = K_y/K_0$ 表示结构的屈服刚度延性比，表示试件

表 4-163 两种混凝土的刚度值

类型	K_0/(kN·mm⁻¹)	K_c/(kN·mm⁻¹)	K_y/(kN·mm⁻¹)	β_c	β_y
KZ6-4	288.96	56.87	44.14	0.2	0.15
NC5-3	243.76	39.14	42.6	0.16	0.17

注：KZ6-4 表示高钛重矿渣混凝土抗震柱；NC5-3 表示普通混凝土抗震柱。

从开始到屈服时的刚度值衰减。

由表4-163可知,高钛重矿渣混凝土抗震柱的初始刚度比普通混凝土抗震柱的初始刚度提高了18.54%,开裂刚度提高了45.3%,屈服刚度提高了3.52%,开裂刚度延性比和屈服刚度延性比相当,说明两抗震柱刚度衰减程度相当。

抗震试验结果表明:

(1) 高钛重矿渣做粗、细集料配制的钢筋混凝土柱与普通砂、石集料配制的钢筋混凝土柱,其滞回曲线和骨架曲线趋势均相同,且均关于原点较对称。

(2) 高钛重矿渣做粗、细集料的钢筋混凝土柱屈服荷载值、极限荷载值、延性比和耗能能力分别比普通砂、石集料钢筋混凝土柱提高了10.72%、4.34%、6.01%和58.09%,且满足钢筋混凝土抗震结构延性比$\beta=3\sim4$的要求,说明高钛重矿渣混凝土柱符合抗震设计的要求。

(3) 高钛重矿渣做粗、细集料的钢筋混凝土柱的初始刚度比普通砂、石集料的钢筋混凝土柱的初始刚度提高了18.54%,开裂刚度提高了45.3%,屈服刚度提高了3.52%。高钛重矿渣做粗、细集料的钢筋混凝土柱的抗震性能优于普通砂、石集料的钢筋混凝土柱,能够满足抗震设计的刚度要求。

4.3.3.6 有限元计算与分析

1) 模型的建立

(1) 单元类型的选取与网格划分。分析中钢垫板和混凝土均采用八节点减缩积分格式的三维实体单元(C8D8R),这种单元类型常用于模拟大应变分析的情形,它允许网格产生较大的扭曲变形。钢筋只受轴力,采用三维杆单元模拟。

网格划分的密度影响有限元计算的精度,如果网格划分过于粗糙,还有可能导致计算不收敛;如果网格划分得特别精细,计算会更精确,但是会浪费大量的时间。由此看来,网格划分的合理与否对有限元计算至关重要。运用结构化划分网格的方法,通过大量的网格试验,在构件的长度方向上均匀地划分网格,并由此确定了如图4-143所示的划分密度。图4-143为轴压短柱、纯弯、偏压构件钢筋骨架和混凝土网格划分示意图。

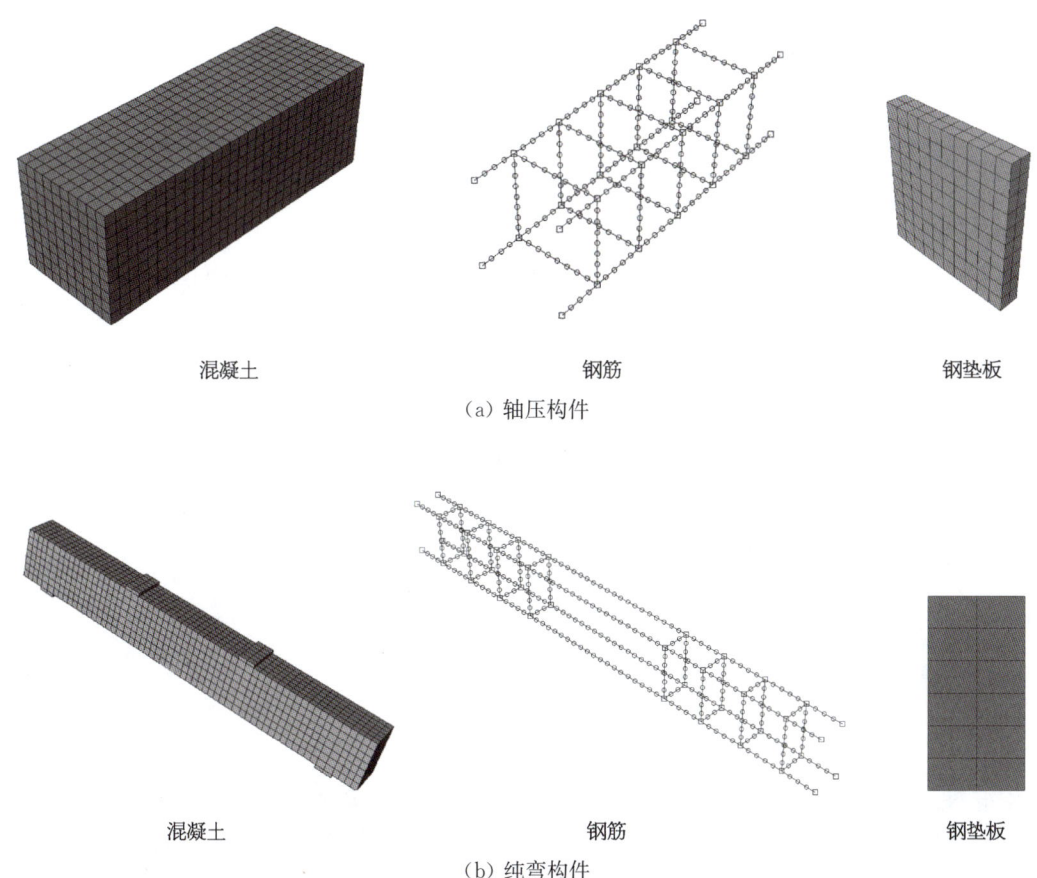

混凝土 　　　　钢筋 　　　　钢垫板

(a) 轴压构件

混凝土 　　　　钢筋 　　　　钢垫板

(b) 纯弯构件

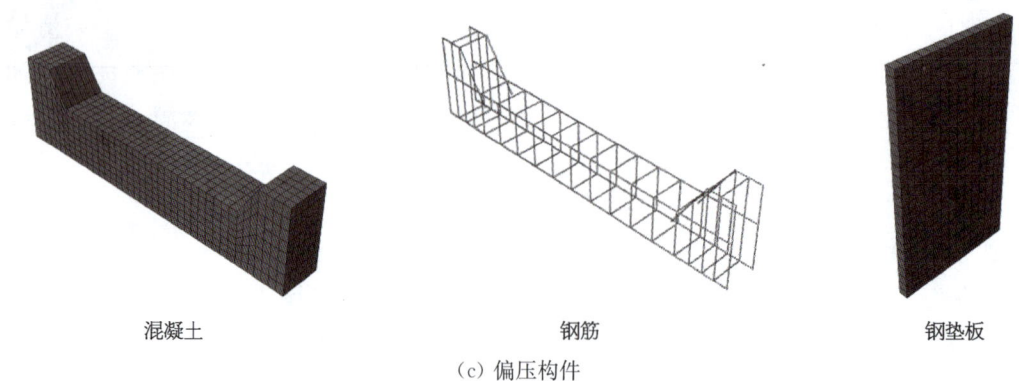

混凝土　　　　　钢筋　　　　　钢垫板

(c) 偏压构件

图 4-143　构件网格划分

(2) 钢筋和混凝土的本构关系模型。钢筋的本构关系采用有限元软件 ABAQUS 中的弹塑性模型，这种模型采用的强化法则是各向同性的，而且此模型满足多轴应力状态下经典的 Von Mises 屈服准则。低碳软钢的塑性性能的应力-应变关系曲线采用图 4-144 的五段式二次塑流模型来描述，该模型分为弹性阶段（oa）、弹塑性阶段（ab）、塑性阶段（bc）、强化阶段（cd）和二次塑流阶段（de）。图中的 f_p 为钢材的比例极限，f_y 为屈服极限，f_u 为抗拉强度。$\varepsilon_e = 0.8 f_y / E_s$，$\varepsilon_{e1} = 1.5\varepsilon_e$，$\varepsilon_{e2} = 10\varepsilon_e$，$\varepsilon_{e3} = 100\varepsilon_e$，参照钢筋混凝土结构设计规范，直径大于等于 10 mm 的钢筋在弹性阶段的弹性模量 E_s 取 200 GPa，直径小于 10 mm 的钢筋在弹性阶段的弹性模量 E_s 取 210 GPa，泊松比 μ_s 均取 0.3。试件的上下垫板考虑为近似刚性材料，计算时弹性模量取 1×10^8 MPa，泊松比取为 1×10^{-4}。

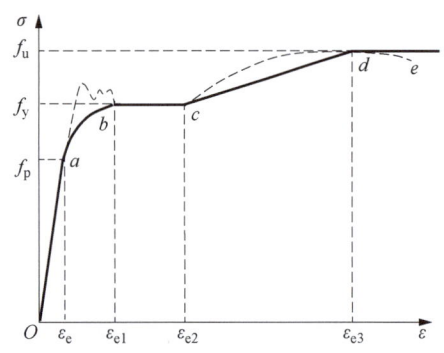

图 4-144　钢材的应力-应变关系

混凝土的本构关系模型采用有限元软件 ABAQUS 中混凝土的塑性损伤（concrete damaged plasticity）本构关系模型，该模型建立在各向同性塑性的拉伸和压缩的基础之上，是一种连续的线性损伤模型，可以较好地模拟混凝土在单轴、双轴及其他的复杂受力状态下的工作性能。该模型将混凝土的破坏分为两种情况：受拉开裂和受压破碎。由于该模型的屈服面和破坏面是由等效压、拉塑性应变控制的，因此该模型定义材料的性能分别采用受压和受拉的应力-塑性应变关系。

采用式（4-38）、式（4-39）所示混凝土受压应力-应变关系模型：

$$\sigma = f'_c \times \{1 - [(\varepsilon_0 - \varepsilon)/\varepsilon_0]^2\}, \varepsilon \leqslant \varepsilon_0 \tag{4-38}$$

$$\sigma = f'_c \times \{1 - [(\varepsilon_0 - \varepsilon)/3/\varepsilon_0]^2\}, \varepsilon_0 \leqslant \varepsilon \leqslant \varepsilon_{cu} \tag{4-39}$$

式中　f'_c——无侧向压力约束的圆柱体试件的轴心抗压强度；

ε_0——峰值应变，取为 0.002 636；

ε_{cu}——极限压应变，取为 0.01。

混凝土的弹性模量 $E_c = 2 \times f'_c / \varepsilon_0$，单位为 MPa；泊松比 μ_c 参考《混凝土结构设计规范》，取 0.2。

对于混凝土的受拉应力-应变关系，采用塑性损伤模型中提供的 $G_f - u_t$ 关系，其中 G_f 表示断裂能，u_t 表示开裂位移。断裂能是指裂缝扩展单位面积所需要的能量，其计算公式参考欧洲规范，具体表达式为

$$G_f = a \cdot \left(\frac{f_c}{10}\right)^{0.7} \times 10^{-3} \tag{4-40}$$

其中，$a = 1.25 d_{max} + 10$，d_{max} 为粗集料的最大粒径，f_c 为混凝土的圆柱体抗压强度。图 4-145 表示开裂后的混凝土应力-位移之间的关系。经验证，混凝土塑性损伤模型在有限元软件 ABAQUS 计算时可以达到有效收敛的结果。

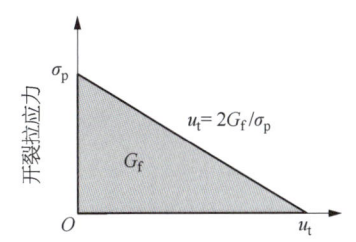

图 4-145　混凝土断裂能与位移的关系

混凝土的峰值拉应力 σ_p 计算式为

$$\sigma_p = 0.26(1.5 f_{ck})^{2/3} \quad (4-41)$$

（3）约束模型。垫板和混凝土之间采用绑定约束来模拟，钢筋与混凝土之间采用内置区域约束。绑定约束模型使得混凝土与垫板表面绑定在一起，使得两个面的变形、运动一致。钢筋与混凝土之间采用内置区域约束，这种约束处理可以用来指定一个或一组单元被埋入一组主单元中，主单元的变化将控制内置单元的自由度，能够用在线性或者非线性分析中。

（4）边界条件。

① 轴压构件。轴心受压短柱构件均采用全结构计算分析，构件的约束类型为一端固定，另一端自由，如图 4-146a 所示。加载方式为位移加载，在构件的自由端盖板的中心位置设一个参考点（图 4-146b），该参考点和盖板上表面耦合。在参考点处施加轴向位移，用增量迭代法进行求解。

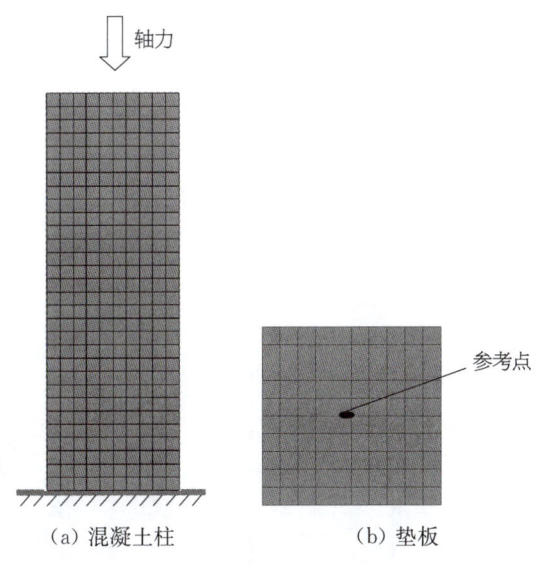

图 4-146　轴心受压构件计算模型

② 纯弯构件。纯弯构件同样采用全结构计算分析，构件的约束类型为一端固定铰支，另一端滑动铰支，如图 4-147 所示。采用位移加载方式，在梁上两个垫板的中心线位置施加位移，用增量迭代法进行求解。

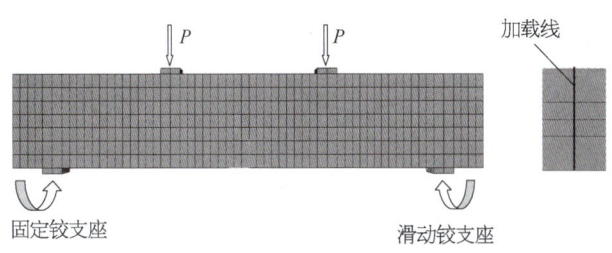

图 4-147　纯弯构件计算模型

③ 偏压构件。偏压构件同样采用全结构计算分析，如图 4-148a 所示。对上盖板施加偏心距为 e 的线荷载，同时对下盖板施加 X、Y、Z 三个方向的线约束，加载方式采用位移加载，如图 4-148b 所示。

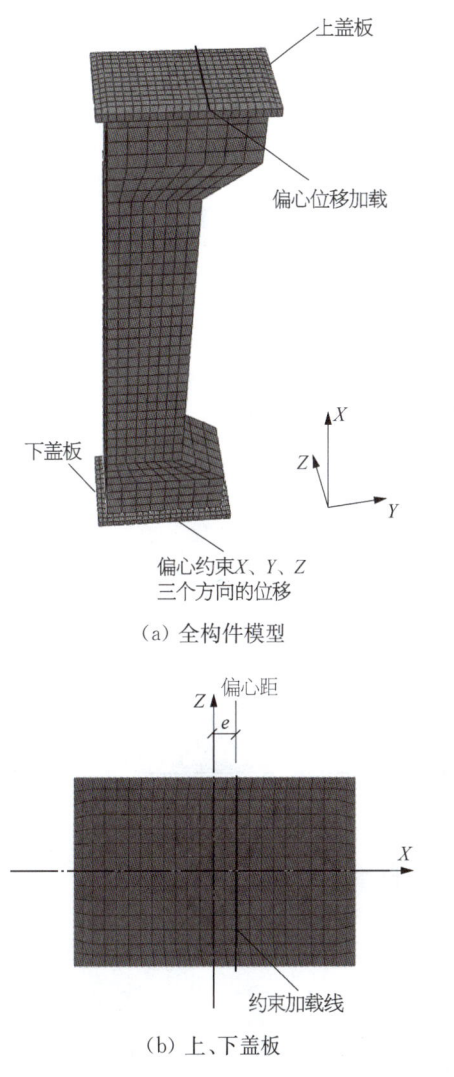

图 4-148　偏心受压的边界条件

(5) 非线性方程组求解。有限元软件 ABAQUS 计算分析涉及钢筋与混凝土的材料非线性问题及几何非线性问题,另外构件在受力过程中钢筋与混凝土的界面接触也会随着变化,这种变化也是非线性的,即边界条件非线性问题。

非线性问题的本质就是求解非线性方程组,在方程组中把位移考虑为未知数,如果用$[K_T]$表示总体刚度矩阵,$[\delta]$表示结点位移列阵,$[R]$表示阶段荷载列阵。则非线性方程组为

$$[K_T][\delta]=[R] \quad (4-42)$$

一般来说,非线性方程组的求解有增量法、迭代法和增量迭代混合法三种方法。这三种方法中增量迭代混合法更具优点,它跟增量法相似,也是将荷载划分为若干级的增量,但荷载分级的数目跟增量法相比却大大减少了,这样对每一个荷载增量迭代计算时,可以大大缩小每一级增量中的计算误差。所以有限元计算采用增量迭代混合法。

有限元软件 ABAQUS 中的迭代法包括牛顿法、拟牛顿法和修正牛顿法三种。综合比较三种方法在计算量和收敛速度上的特点,牛顿法的计算效率更高、收敛性好,所以选用牛顿法的迭代方法进行计算。

2) 有限元计算结果与试验结果的比较

为了验证上述有限元模型的正确性,采用上述方法对试验中的四种钢筋混凝土试件的荷载与变形关系进行了计算。试件的参数及承载力的对比结果分别列于表 4-164~表 4-166,荷载-变形全过程曲线如图 4-149~图 4-151 所示。

(1) 轴压构件。图 4-149 为试验轴心受压短柱有限元计算轴力(N)-轴向压缩量(Δ)曲线与试验结果的比较,抗压承载力的计算值和试验值见表 4-164,有限元软件计算抗压承载力(N_{uc1})与试验抗压承载力(N_{ue})之比的平均值为 0.87,均方差为 0.07。由图 4-149 和表 4-164 可知,在整个受力的过程中,轴力的计算值与试验值接近,抗压承载力的计算结果与试验结果相比偏于安全。

表 4-164 试件参数及试验结果一览表

试件编号	粗集料	细集料	配筋情况	配筋率/%	立方体抗压强度/MPa	钢筋屈服强度f_y/MPa	试验抗压承载力/kN	有限元计算抗压承载力/kN	有限元计算值/试验值	荷载最大时试件的轴向压缩量/mm
TZ1-1	天然碎石	天然河砂	4×12	1.13	55.3	513.4	1603	1674.56	1.04	3.05
TZ1-2			4×16	2.01		525.3	2000	1733.41	0.87	2.17
TZ1-3			4×20	3.24		421.3	1670	1551.85	0.93	3.36
KZ1-1	高钛重矿渣碎石	高钛重矿渣砂	4×12	1.13	53.5	513.4	1982	1721.67	0.87	3.96
KZ1-2			4×16	2.01		525.3	>2000	1643.7	0.82	>3.35
KZ1-3			4×20	3.24		421.3	1916	1500.28	0.78	3.50
KS1-1	天然碎石	高钛重矿渣砂	4×12	1.13	53.3	513.4	1824	1720.15	0.94	3.23
KS1-2			4×16	2.01		525.3	1827	1632.91	0.89	3.06
KS1-3			4×20	3.24		421.3	1672	1494.7	0.89	3.83
KG1-1	高钛重矿渣碎石	天然河砂	4×12	1.13	52.6	513.4	2000	1712.79	0.85	3.75
KG1-2			4×16	2.01		525.3	1973	1599.47	0.81	3.96
KG1-3			4×20	3.24		421.3	2000	1476.18	0.74	3.37

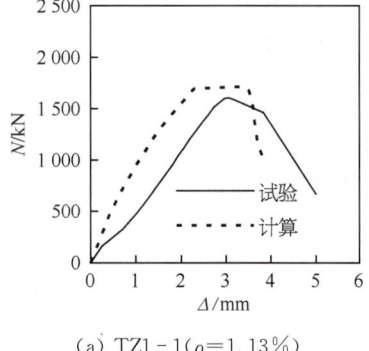

(a) TZ1-1(ρ=1.13%)

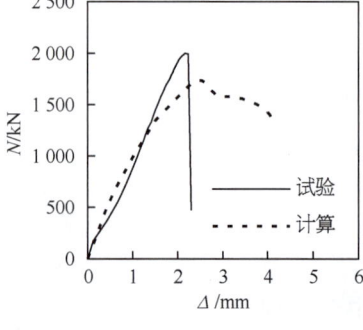

(b) TZ1-2(ρ=2.01%)

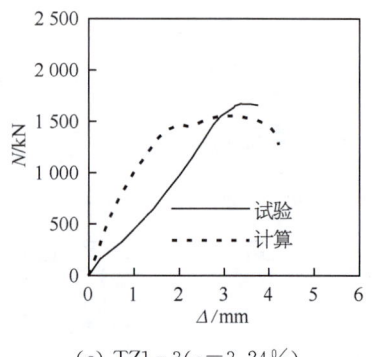

(c) TZ1-3(ρ=3.24%)

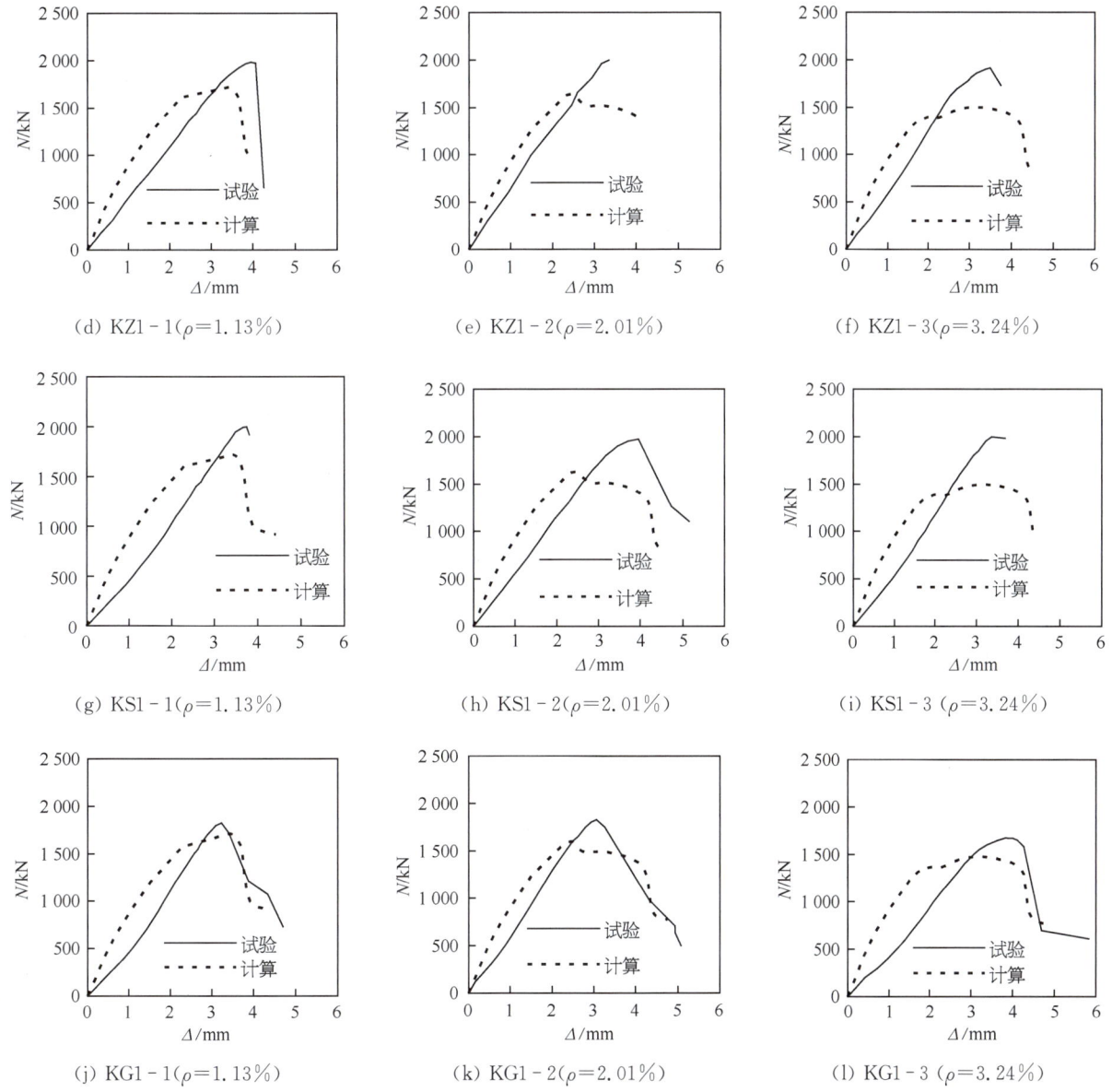

图 4-149 轴心受压构件荷载-变形曲线试验值与计算值的比较

(2) 纯弯构件。图 4-150 中虚线所示为所有试验高钛重矿渣钢筋混凝土梁试验测得的弯矩-挠度关系曲线,实线为试验梁有限元计算得到的弯矩-挠度关系曲线。抗弯承载力的计算值和试验值见表 4-165,有限元软件计算抗弯承载力(M_{uc1})与试验抗弯承载力(M_{ue})之比的平均值为 0.91,均方差为 0.08。由图 4-150、表 4-165 可知,弯矩的计算值与试验值较接近,抗弯承载力的计算结果总体上略偏于安全。

表 4-165 试件参数及试验结果一览表

构件编号	混凝土类型	立方体抗压强度/MPa	受拉钢筋	峰值挠度/mm	开裂弯矩 M_{0cr}/(kN·m)	计算极限弯矩 M_u/(kN·m)	实测极限弯矩 M_{0u}/(kN·m)	计算M_u/实测M_{0u}
TL2-1	普通混凝土	55.3	3A6.5	4.70	1.88	5.13	6.09	0.84
TL2-2			2A10	3.76	2.05	6.38	6.60	0.97
TL2-3			2B16	7.42	2.69	22.96	23.23	0.99
KL2-1	高钛重矿渣混凝土	53.5	3A6.5	5.29	2.02	5.12	6.58	0.78
KL2-2			2A10	6.02	2.27	6.37	7.10	0.90
KL2-3			2B16	6.62	2.77	22.81	23.24	0.98

(续表)

构件编号	混凝土类型	立方体抗压强度/MPa	受拉钢筋	峰值挠度/mm	开裂弯矩 $M_{0cr}/(kN \cdot m)$	计算极限弯矩 $M_u/(kN \cdot m)$	实测极限弯矩 $M_{0u}/(kN \cdot m)$	计算 M_u/实测 M_{0u}
KS2-1	高钛重矿渣砂混凝土	53.3	3A6.5	5.467	2.03	5.12	6.40	0.80
KS2-2			2A10	5.07	2.14	6.37	7.33	0.87
KS2-3			2B16	6.32	2.33	22.72	21.44	1.06
KG2-1	高钛重矿渣碎石混凝土	52.6	3A6.5	5.71	2.09	5.12	6.01	0.85
KG2-2			2A10	6.32	2.36	6.37	6.63	0.96
KG2-3			2B16	6.75	2.47	22.79	23.67	0.96

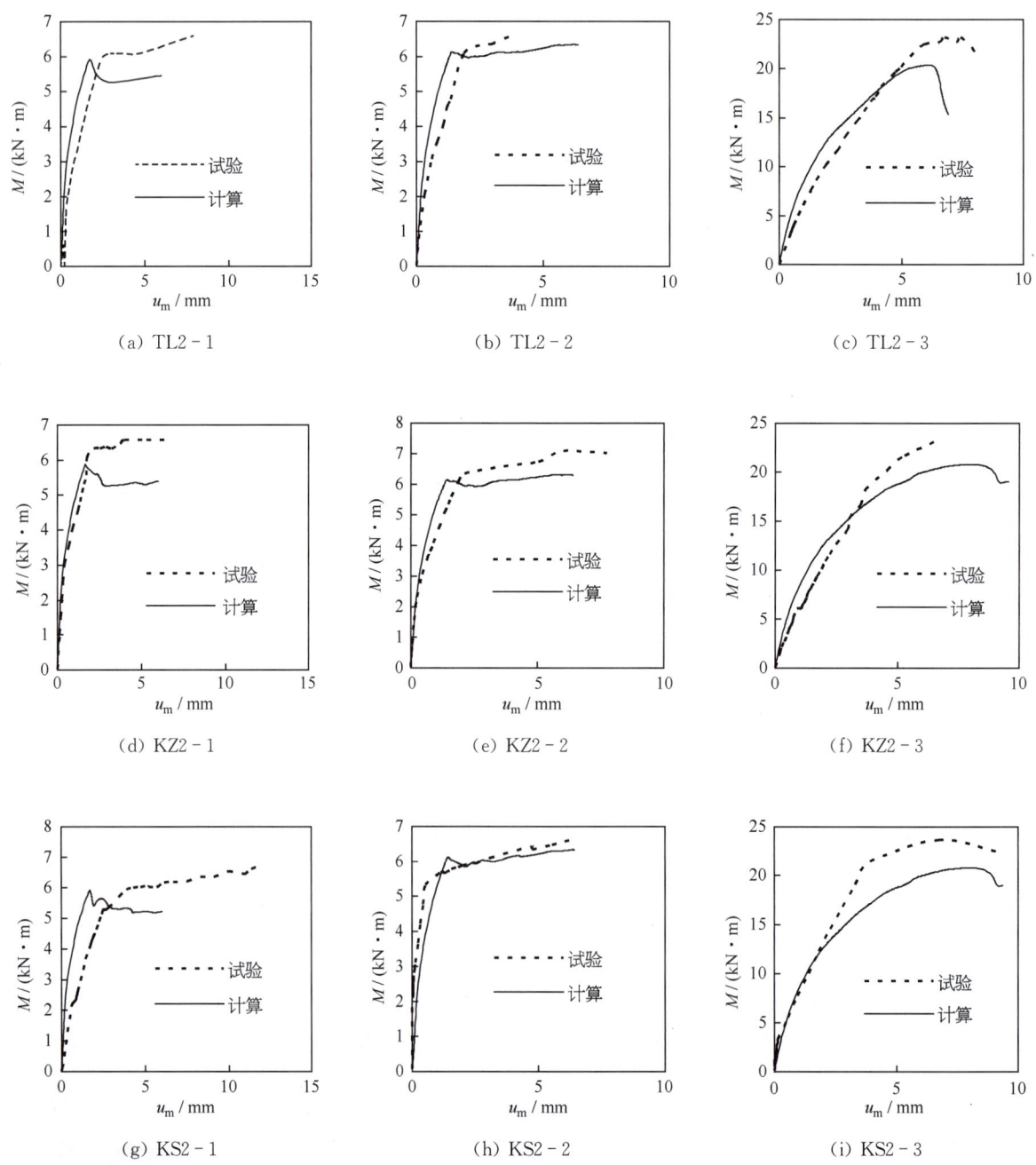

(a) TL2-1　(b) TL2-2　(c) TL2-3
(d) KZ2-1　(e) KZ2-2　(f) KZ2-3
(g) KS2-1　(h) KS2-2　(i) KS2-3

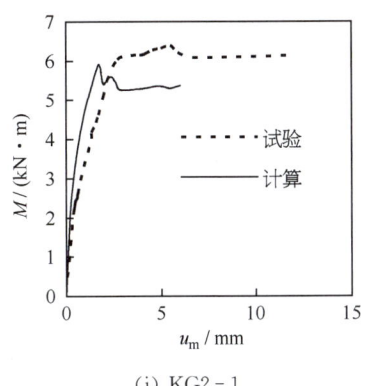
(j) KG2-1

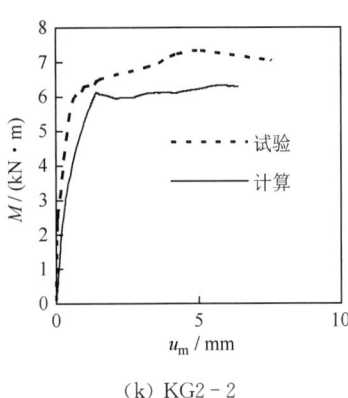
(k) KG2-2

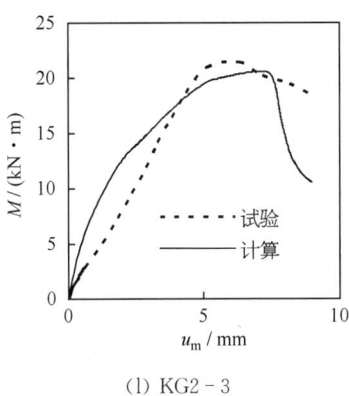
(l) KG2-3

图 4-150 有限元计算曲线与试验曲线比较

(3) 偏压构件。图 4-151 中虚线为钢筋混凝土偏压构件试验测得的所有试件荷载-变形关系曲线，实线为偏压构件有限元计算得到的荷载-变形关系曲线。抗压承载力的计算值和试验值见表 4-166，试验抗压承载力（N_{0u}）与有限元软件计算的抗压承载力（N_{ua}）之比的平均值为 1.103，均方差为 0.021。由图 4-151 和表 4-166 可知，偏压柱承载力的计算值与试验值较接近，偏压承载力的计算结果总体上略偏于安全。

表 4-166 试件参数及试验结果一览表

构件编号	龄期及拌合方式	立方体抗压强度 /MPa	偏心距 /mm	实测极限承载力时的挠度 f/mm	实测承载力标准值时挠度 f_0/mm	承载力标准值 N_{0k}/kN	实测极限承载力 N_{0u}/kN	有限元计算极限承载力 N_{ua}/kN	N_{0u}/N_{ua}
PY1-1			20	0.97	0.58	1381	1707	1740	0.981
PY1-2		49.05	40	1.76	1.04	1074	1485	1515	0.980
PY1-3			60	2.77	1.08	786	1220	1271	0.960
PY2-1			20	1.47	0.64	1387	2121	1926	1.101
PY2-2		66.38	40	2.23	0.93	1101	1765	1793	0.984
PY2-3	61d 搅拌机拌合		60	4.65	1.54	798	1577	1562	1.010
PY3-1			20	0.60	0.47	1411	1909	1818	1.050
PY3-2		53.36	40	1.73	0.37	1101	1678	1593	1.053
PY3-3			60	5.17	1.60	774	1282	1345	0.953
PY4-1			20	0.97(坏)	0.65(坏)	1403	1572	1925	0.817
PY4-2		66.32	40	1.64	0.49	1108	2015	1792	1.124
PY4-3			60	3.07	0.91	756	1591	1562	1.019
PY1-4			80	2.35	1.34	722	1060	1060	1.000
PY1-5		58.50	100	4.18	1.40	586	935	909	1.029
PY1-6			120	3.82	1.11	476	858	754	1.138
PY2-4			80	3.62	1.14	729	1418	1044	1.358
PY2-5		57.10	100	4.21	1.40	586	1157	878	1.318
PY2-6	211d 人工拌合		120	5.81	1.64	489	843	694	1.215
PY3-4			80	3.18	1.14	716	1225	1064	1.151
PY3-5		58.47	100	4.26	1.51	580	1012	896	1.129
PY3-6			120	3.75	1.40	489	776	695	1.117
PY4-4			80	1.12	0.39	703	1446	1039	1.392
PY4-5		56.77	100	1.03	0.33	580	1176	876	1.342
PY4-6			120	1.66	0.87	476	858	692	1.240

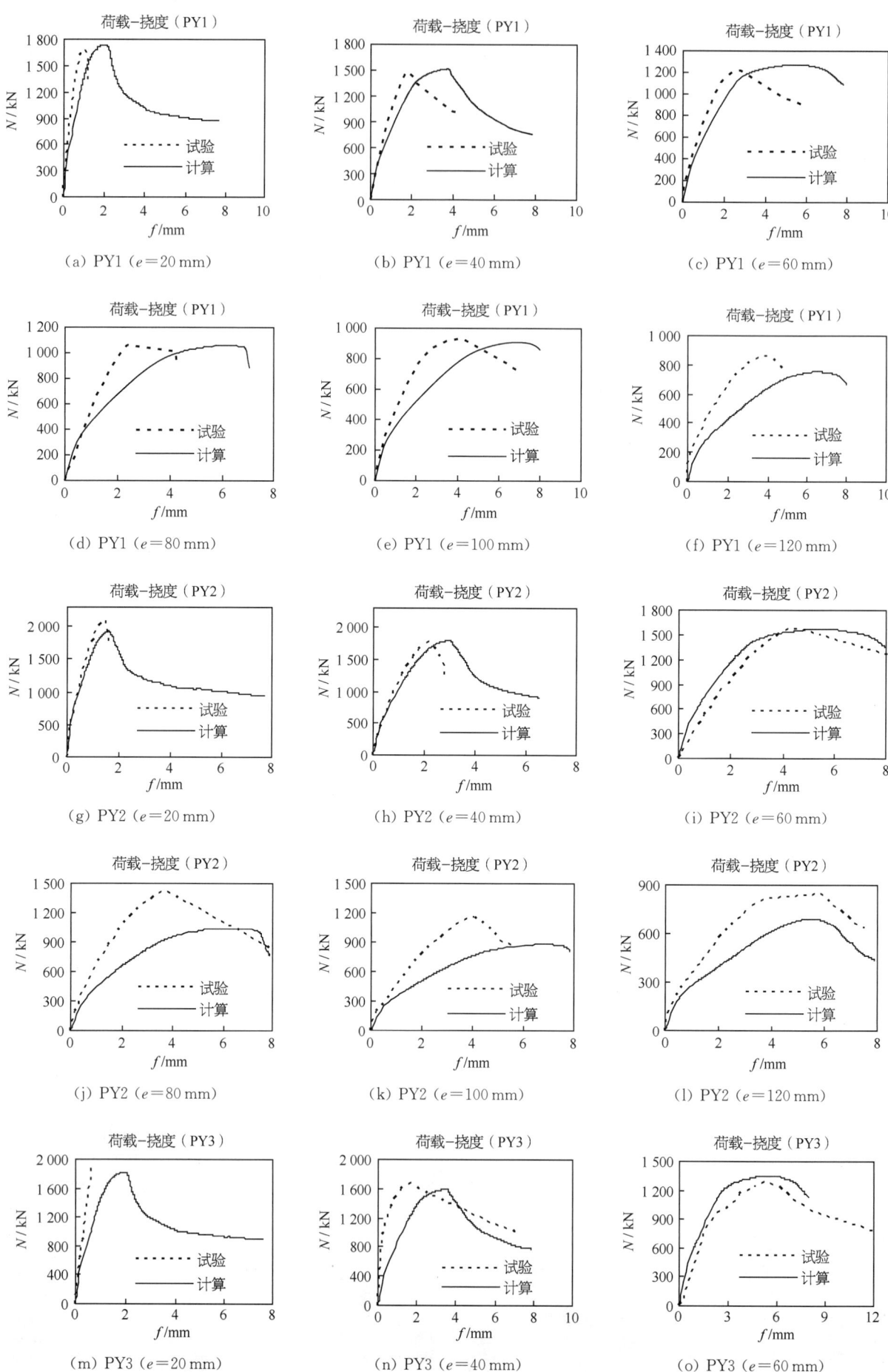

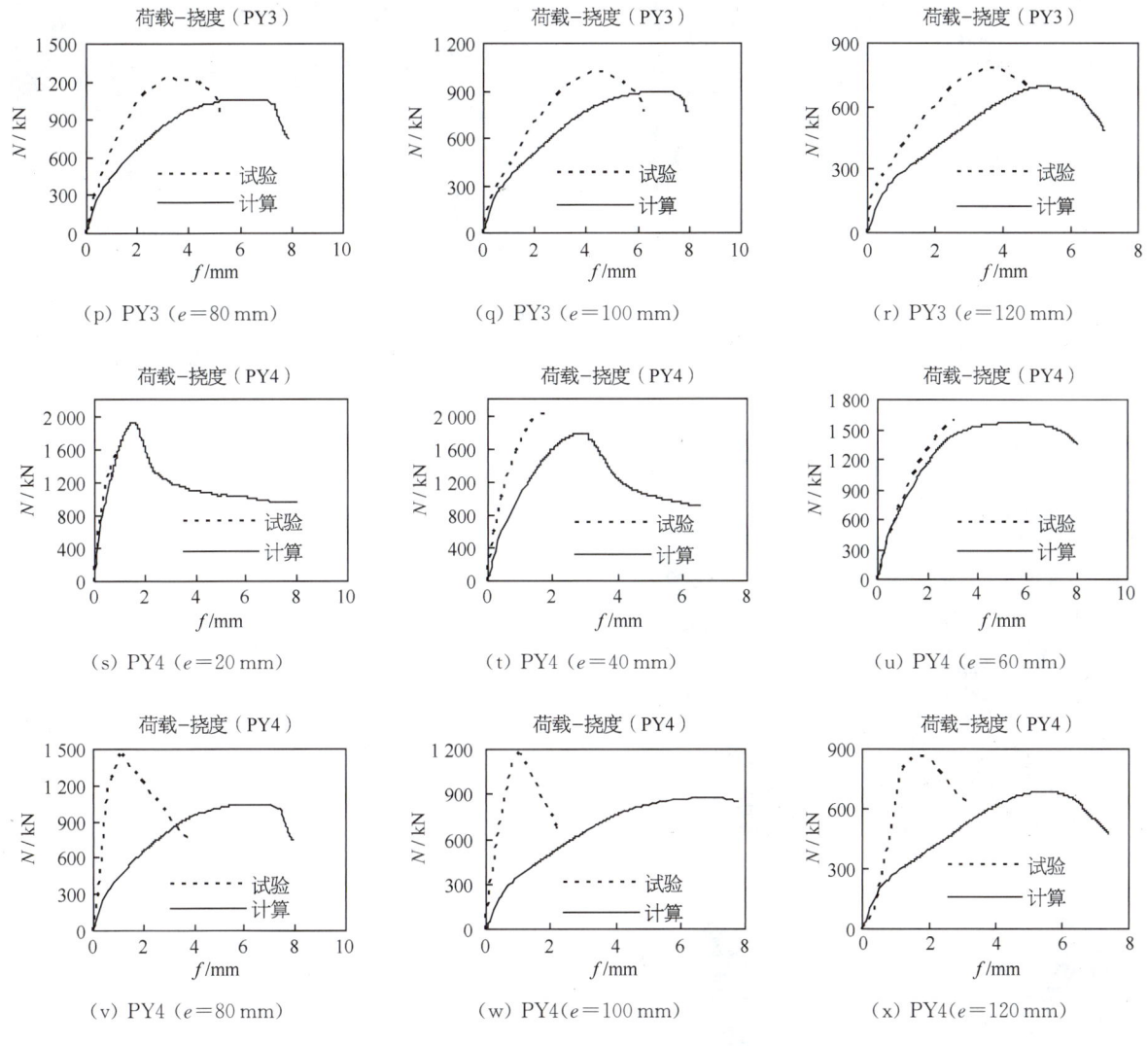

图 4-151 有限元计算曲线与试验曲线的比较

图 4-151 中虚线为试验测得的所有试件荷载-挠度关系曲线，实线为试件采用有限元软件计算得到的构件荷载-挠度关系曲线。由图 4-151 可知，小偏压荷载下，计算曲线与试验所得曲线整体符合较好，表 4-166 中列出了小偏压试件极限荷载的试验结果（N_{0u}）与有限元计算结果（N_{ua}）的比较情况，可见理论计算结果和试验结果两者吻合良好，计算结果总体上略偏于安全；大偏压荷载下，计算曲线与试验曲线相差较大，导致这种情况的主要原因是试验中预留试块实测强度偏低。

(4) 抗震构件。选用 MARC 来模拟抗震柱的抗震性能。MARC（Analysis Research Corporation）创始于 1967 年，是全球第一家非线性有限元软件公司，它在全球非线性有限元软件行业占据领导地位。MARC 软件是较为先进的高度非线性分析软件，是基于位移法的有限元程序，其按模块编程，在分析过程中，利用网格自适应和重划分技术，来变更单元的划分和节点数目。

为了使结构分析数据尽可能精确，模型尺寸、形状和材料尽可能与实际情况相符，但考虑实际情况的复杂性，进行非线性分析时，做如下简化：①假定钢筋和混凝土之间黏结牢固，没有相对滑移；②钢筋建模时忽略分布钢筋的作用，只建立受力钢筋的模型。

采用混凝土 9 号单元、钢筋 7 号单元，轴压比为 0.5，其他试件设计参数同前。混凝土和钢筋模型如图 4-152、图 4-153 所示。

实际的加载过程、边界条件如图 4-154 所示。对构件施加荷载及边界条件，得到试件的位移云图，如图 4-155、图 4-156 所示。

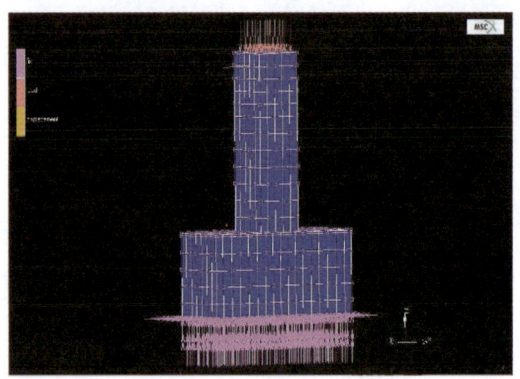

图 4-152　混凝土模型

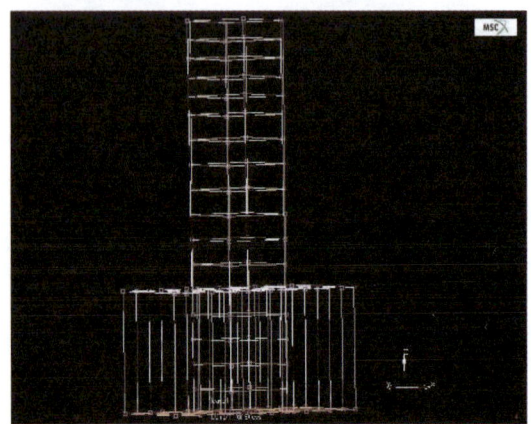

图 4-153　钢筋模型

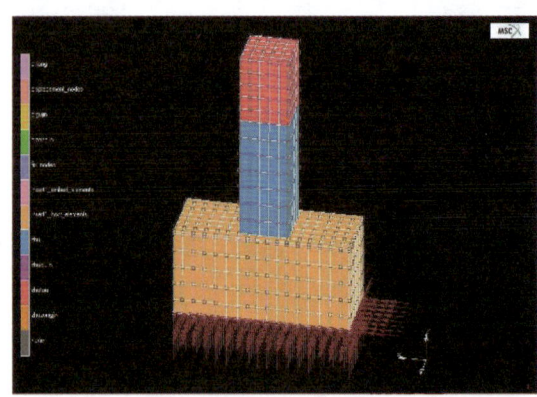

图 4-154　试件的加载图

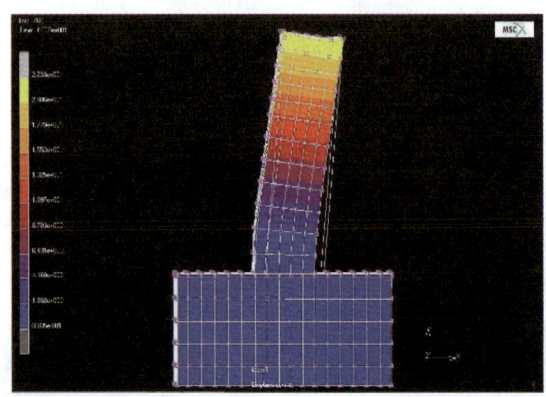

图 4-155　高钛重矿渣抗震柱位移云图

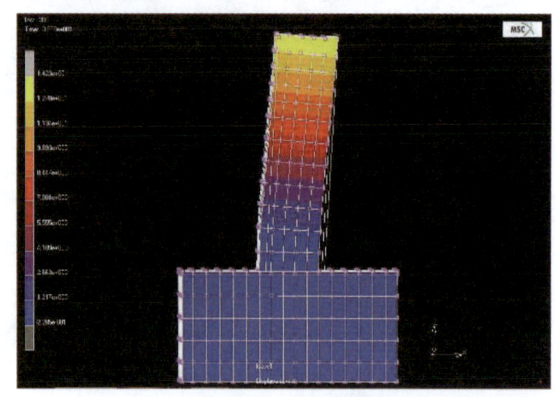

图 4-156　普通混凝土抗震柱位移云图

由图 4-155、图 4-156 可以看出，在相同条件下，高钛重矿渣抗震柱的延性、极限荷载和相应的位移均优于普通混凝土抗震柱，与实际试验结果相似。由 MARC 模拟分析出的数据绘制出两种材料抗震柱的滞回曲线，如图 4-157、图 4-158 所示。

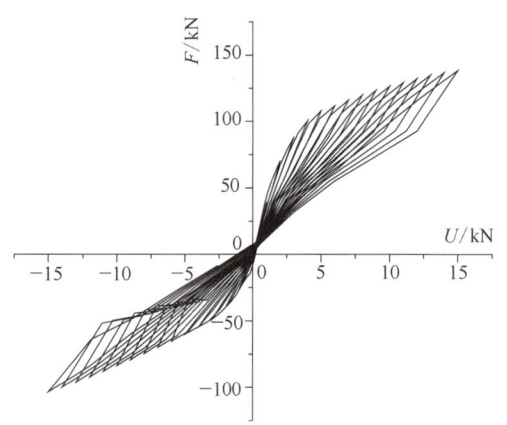

图 4-157　高钛重矿渣抗震柱滞回曲线

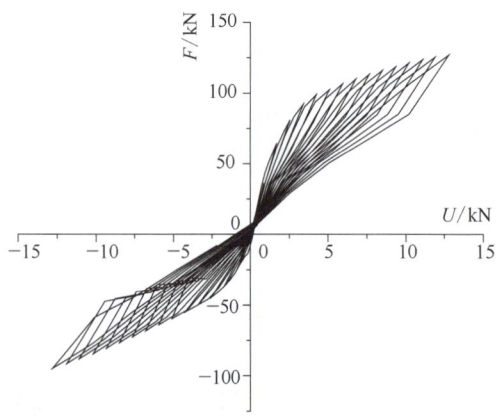

图 4-158　普通混凝土抗震柱滞回曲线

由模拟的滞回曲线分析知，高钛重矿渣抗震柱的抗震性能高于普通混凝土抗震柱，其初始刚度和刚度衰减程度均优于普通混凝土抗震柱,这与实际试验结论一致,从模拟分析中进一步证明了高钛重矿渣材料粗糙的表面对抗震耗能的作用。所以高钛重矿渣抗震柱无论是试验还是有限元模拟,其抗震设计指标都要优于普通混凝土柱,说明高钛重矿渣在结构抗震设计中能够满足设计的要求。

3) 混凝土构件受力状态下工作机理的有限元分析

为了更好地了解高钛重矿渣混凝土在轴压、纯弯、偏压受力作用下的工作机理,采用上述有限元建模的方法,通过几个典型算例从破坏模态、荷载-变形全过程曲线、钢筋与混凝土的应力分布等方面对高钛重矿渣混凝土轴压、纯弯、偏压构件在整个受力过程中的工作机理进行分析。各算例的各参数取值分别为各构件的设计参数,钢材和各混凝土的强度分别取钢筋材料试验所得值和混凝土预留试块所测强度。

(1) 轴压构件。

① 破坏模态。图4-159分别给出了高钛重矿渣钢筋混凝土试验短柱在轴心受压状态下混凝土与钢筋网的典型模态图,为防止试验柱局部破坏,计算时在混凝土柱两端设置垫板。在荷载作用初始阶段,压筋与混凝土协同工作,高钛重矿渣混凝土柱中部鼓曲压缩,钢筋应变值与混凝土接近,但是箍筋变形较小,对纵向压筋起约束作用,改善了混凝土柱一裂就坏的缺点。在加载后期,混凝土短柱的端角部应力较大,最先产生裂缝,纵筋变形较大的同时,箍筋进一步加强约束整个钢筋网。随着荷载的增加,最后角部裂缝扩展,柱四周出现明显的纵向裂缝,箍筋间的纵筋发生压屈,明显向外凸出,混凝土被压碎,柱子破坏。

(a) 受力初始阶段混凝土模态图

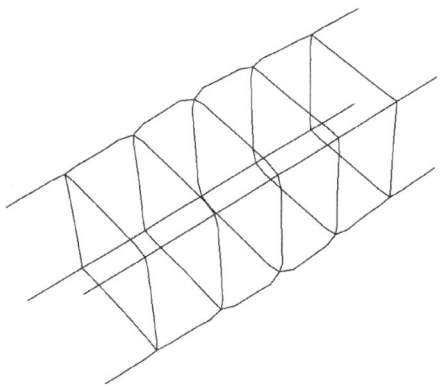

(b) 受力初始阶段钢筋模态图

(c) 受力最后阶段混凝土模态图

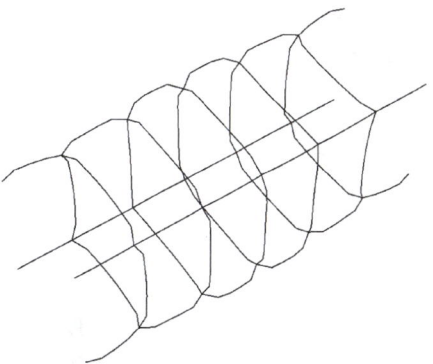

(d) 受力最后阶段钢筋模态图

图4-159 高钛重矿渣钢筋混凝土轴压柱破坏模态图

② 荷载-位移全过程曲线分析。典型算例的轴力-压缩量全过程曲线如图4-160所示,图中N为轴压力,Δ为轴向压缩量。轴心受压短柱在轴向受压状态下的典型N-Δ曲线分为三个阶段:

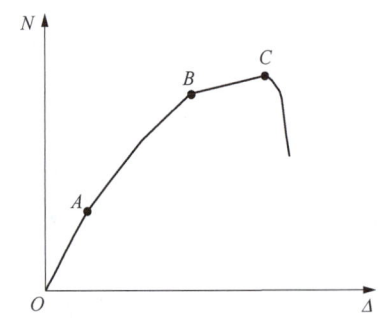

图 4-160　典型轴压构件 N-Δ 关系曲线

a. 弹性阶段(OA)。A 点为试件达到比例极限的点，大致相当于混凝土发展微裂缝，进入弹塑性阶段的起点。在此阶段，钢筋与混凝土共同受力，柱的端角受力增长较快，其他部位增长较慢。N-Δ 关系曲线基本呈直线。

b. 弹塑性阶段(AB)。B 点大致相当于混凝土进入极限抗压强度的起点。在轴力的作用下，混凝土开始出现可见的裂缝并不断地扩展，端部棱角处最先出现裂缝，此时钢筋与混凝土的相互作用力快速增长，压筋的应力和变形先于箍筋，同时箍筋对压筋的变形起约束作用。在这个阶段，混凝土裂缝逐渐扩展，钢筋应力不断增加。

c. 塑性强化阶段(BC)。这个阶段混凝土已经达到极限压应力，混凝土出现明显裂缝，但是内部钢筋对混凝土起到约束作用，抑制了混凝土的过快脆性破坏。正是由于两者存在组合作用，钢筋混凝土短柱的抗压承载力仍然缓慢增长，稍微增加了一定的塑性性能。在此阶段，混凝土截面应力增长幅度趋于平缓，直至最后钢筋的约束作用不再明显，短柱急剧变形发生脆性破坏。

③ 钢筋和混凝土之间的相互作用。轴心受压钢筋混凝土短柱典型算例的 N-Δ 曲线及素混凝土轴心受压短柱各自的 N-Δ 曲线如图 4-161 所示。由图可知，在轴向力作用下，两者的 N-Δ 曲线都出现明显的下降段，表现出明显的脆性破坏特征。钢筋混凝土柱的抗压承载力与素混凝土柱的抗压承载力比较接近，说明钢筋高钛重矿渣混凝土柱的承载力主要由高钛重矿渣混凝土提供，与普通钢筋混凝土短柱的工作机理相同。

（2）纯弯构件。

① 破坏模态。图 4-162 为高钛重矿渣混凝土

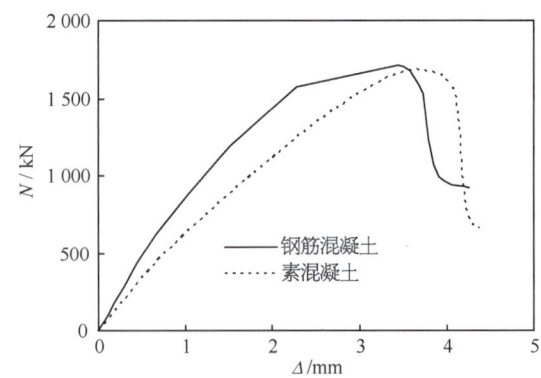

图 4-161　典型算例的 N-Δ 曲线及素混凝土的 N-Δ 曲线

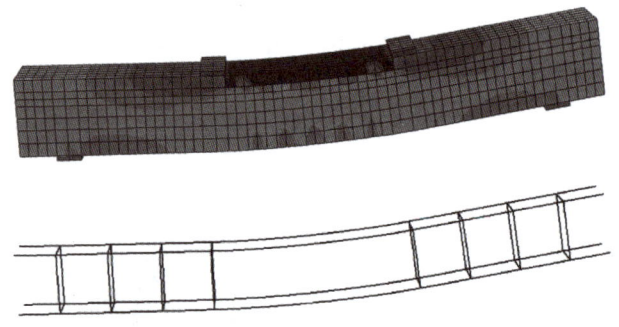

图 4-162　高钛重矿渣钢筋混凝土梁纯弯状态转破坏模态图

简支梁及内部钢筋网的破坏模态图，为防止局部破坏，计算时在简支梁两边支座和两个加载点设置了垫板。从图可知，梁的下部受拉，裂缝最先出现在跨中纯弯段内，并向中和轴方向扩展；上部受压，导致跨中顶端混凝土被压碎。随着荷载的加大，挠度逐渐增加，直至梁破坏，跨中挠度变化明显。可以看出高钛重矿渣钢筋混凝土纯弯梁与普通钢筋混凝土纯弯梁的破坏模态相似，表现出良好的塑性性能。

② 弯矩-挠度全过程曲线分析。典型算例的弯矩(M)-挠度(f)全过程曲线如图 4-163 所示。由图可知，高钛重矿渣钢筋混凝土纯弯试验梁典型 M-f 曲线分为三个阶段：

a. 混凝土开裂前梁未裂阶段(OC)。C 点为混凝土达到受弯时的极限拉应变对应的抗裂承载力。在该阶段内，混凝土未开裂，受压区混凝土的应力图由直线发展到后期的曲线。混凝土和钢筋协同工作，应变值接近，钢筋应力值稍大于混凝土的应力值。弯矩与跨中挠度基本上是直线关系，混凝土开裂前梁未裂阶段的后期可作为受弯构件抗裂度的计算依据。

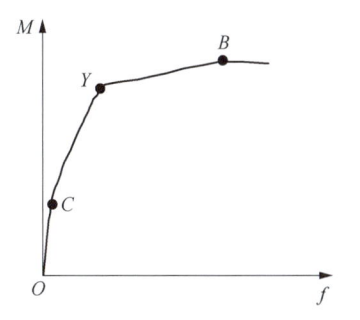

图4-163 典型纯弯构件 M-f 关系曲线

b. 混凝土开裂后至钢筋屈服前的裂缝阶段（CY）。在 C 点裂缝出现，同时试验梁的挠度突增。Y 点为受拉钢筋开始进入屈服的点。此阶段梁带裂缝工作，在裂缝截面处受拉区大部分混凝土退出工作，拉力主要由纵向受拉钢筋承担；受压区混凝土已有塑性变形，但不充分，压应力只有部分上升；弯矩与跨中挠度是曲线关系。

c. 钢筋开始屈服至截面破坏的破坏阶段（YB）。在 Y 点钢筋开始进入屈服时，梁的挠度也突然增大。此阶段裂缝宽度随之扩展并沿梁高向上延伸，中和轴继续上移，受压区高度进一步减小，受压区混凝土边缘纤维应变迅速增长，塑性特征表现得很明显，最后边缘纤维混凝土达到压应变限值破坏。B 点后试验梁虽仍可继续变形，但所承受的弯矩有所下降。高钛重矿渣混凝土梁在纯弯受力状态下的抗弯承载力在相当长的时间内仍然保持一个相对稳定的值，具有较好的塑性变形能力。在该工作阶段内，弯矩-挠度关系为接近水平的曲线。

③ 钢筋与混凝土的应力分布。图4-164给出了高钛重矿渣钢筋混凝土梁纯弯典型算例中弯矩-挠度全过程曲线的 C 点、Y 点和 B 点对应的钢筋和混凝土截面的正应力 σ_x 分布，σ_x 表示 x 平面内沿 x 方向的正应力。由图可见，受力各阶段，梁下部受拉、上部受压特征不变；在加载初期，钢筋和混凝土协同工作，混凝土和钢筋共同承受拉应力，并且应变值接近，但钢筋的应力值稍高些；加载中期，下部混凝土逐渐开裂并向上扩展延伸，跨中开裂截面处混凝土拉应力为零，混凝土逐渐退出工作，拉应力主要由下部受拉钢筋承担；最后阶段，纵向受拉钢筋的应力接近屈服值并逐渐屈服，拉力保持为常值，裂缝截面处受拉区混凝土大部分退出工作，受压区混凝土压应力上升明显，逐渐达到混凝土的极限压应力，混凝土被压碎。

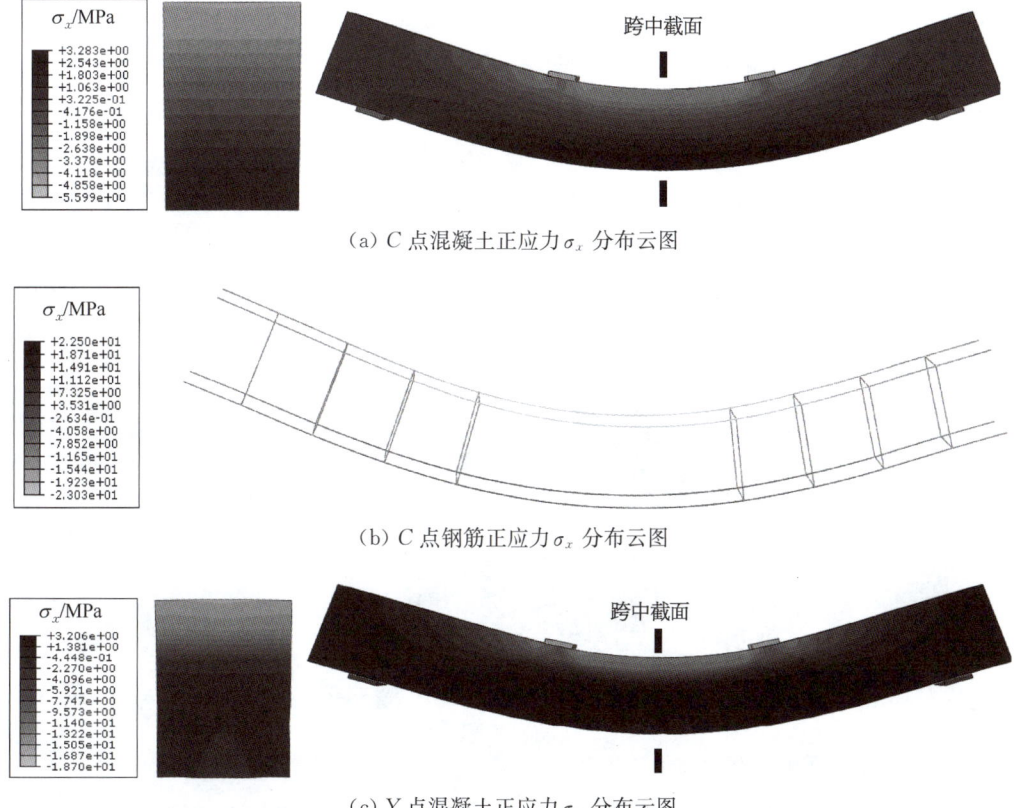

(a) C 点混凝土正应力 σ_x 分布云图

(b) C 点钢筋正应力 σ_x 分布云图

(c) Y 点混凝土正应力 σ_x 分布云图

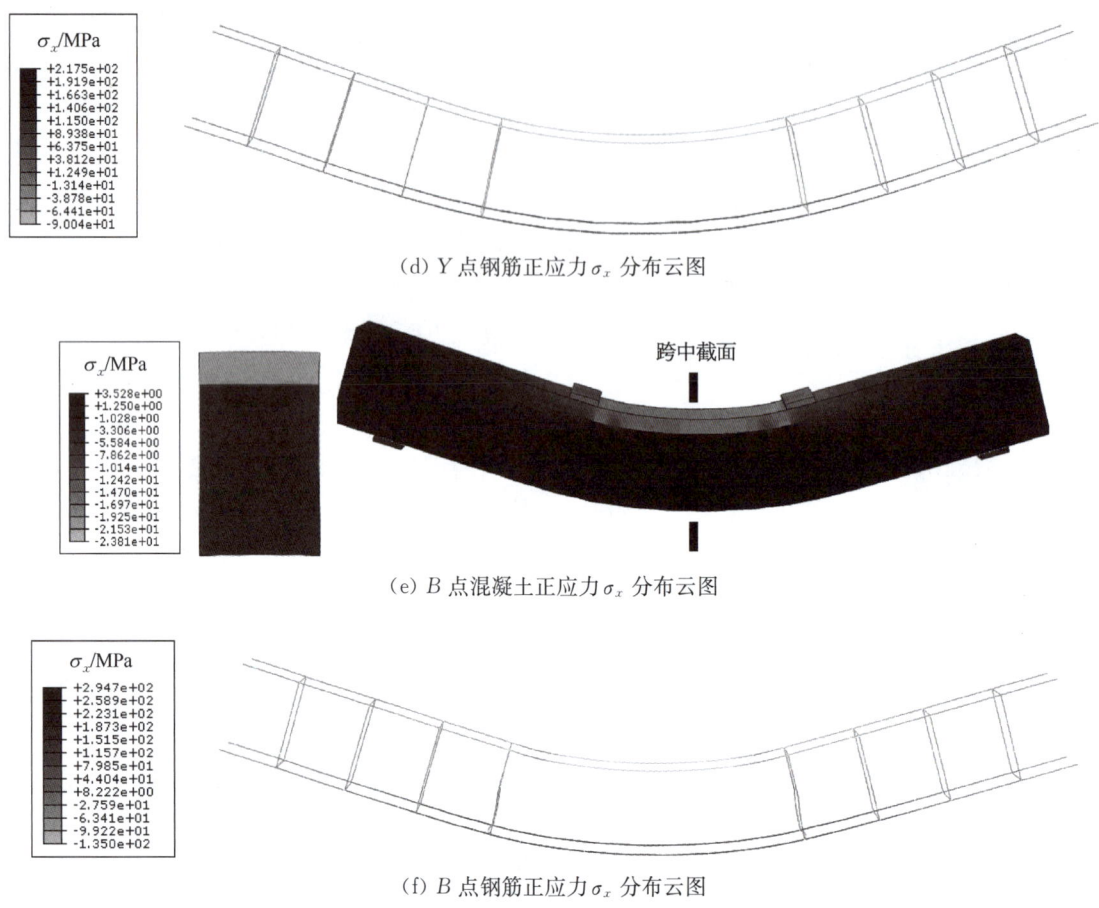

(d) Y 点钢筋正应力 σ_x 分布云图

(e) B 点混凝土正应力 σ_x 分布云图

(f) B 点钢筋正应力 σ_x 分布云图

图 4-164 高钛重矿渣钢筋混凝土纯弯梁不同阶段下截面正应力 σ_x 图

(3) 偏压构件。

① 破坏模态。高钛重矿渣混凝土偏压构件在荷载作用下，表现为正截面破坏，其破坏模态与普通钢筋混凝土偏压构件相似，有受拉破坏形态和受压破坏形态。图 4-165 分别给出了高钛重矿渣、高钛重矿渣砂代砂、高钛重矿渣碎石代石混凝土偏压柱和普通混凝土偏压柱在大偏压和小偏压状态下典型破坏模态的对比。从图 4-165 可见，高钛重矿渣集料钢筋混凝土柱与普通集料钢筋混凝土柱两者的破坏模态区别不大，十分相近。大偏压柱的压碎区大多数出现在柱的中部，还有一部分出现在中部偏下的位置或者中部偏上的位置；小偏压柱的压碎区大多出现在柱的中部偏上或者偏下的位置；试验中，所有偏压柱的第一条裂缝都出现在柱中部附近，当牛腿

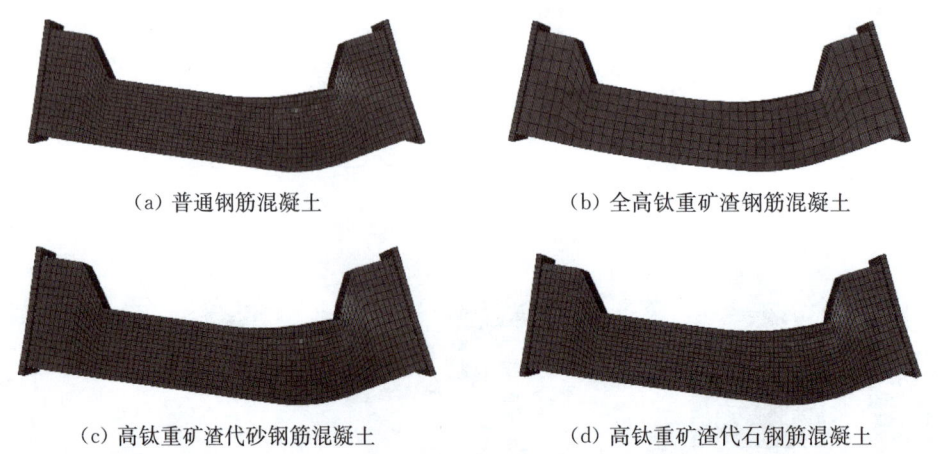

(a) 普通钢筋混凝土
(b) 全高钛重矿渣钢筋混凝土
(c) 高钛重矿渣代砂钢筋混凝土
(d) 高钛重矿渣代石钢筋混凝土

图 4-165 四种不同混凝土在小偏压 ($e=20\,\mathrm{mm}$) 下破坏模态对比

处出现纵向裂缝时,偏压柱快达承载能力极限,牛腿处的裂缝不断延伸,直至破坏。

② 荷载-挠度全过程曲线分析。典型算例的荷载(N)-挠度(f)全过程曲线如图4-166所示。由图可知,高钛重矿渣钢筋混凝土偏压柱在偏压受力状态下的典型N-f曲线大致可分为三个阶段：

a. 弹性阶段(OA)。A点为钢筋达到比例极限的点,在此阶段,构件荷载与挠度呈线性关系,跨中截面大部分区域处于受压状态,钢筋最大拉应力值达到比例极限,混凝土最大纵向压应力值小于f_c(f_c为混凝土圆柱体抗压强度)。

b. 弹塑性阶段(AB)。B点为极限承载力所在的点,此阶段随着荷载的增加,跨中截面中和轴逐渐向受压区移动,截面受拉区的范围不断扩大,钢筋应力值开始超过比例极限值,并很快超过钢材f_y。

c. 塑性阶段(BC)。在此阶段,由于二阶效应的影响,跨中截面中和轴继续向受压区移动,钢筋应变不断增大,随着跨中截面挠度的不断增加,构件荷载值不断下降。

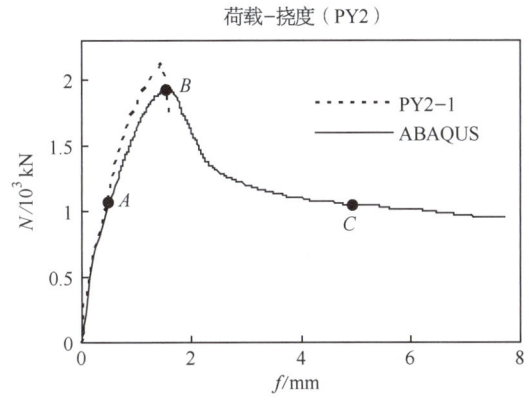 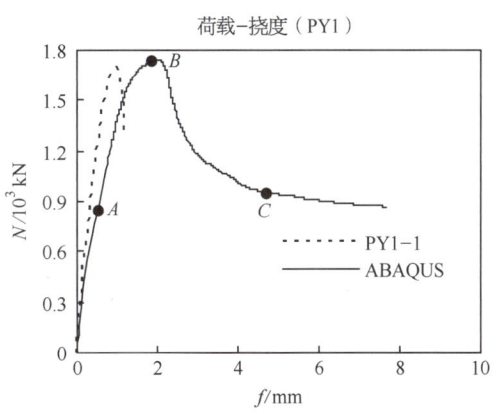

(a) 全高钛重矿渣钢筋混凝土偏压柱($e=20\text{mm}$)　　(b) 普通钢筋混凝土偏压柱($e=20\text{mm}$)

图4-166　典型偏压构件N-f关系曲线

③ 钢筋与混凝土的应力分布。图4-167给出了钢筋混凝土偏压构件典型算例(全高钛重矿渣钢筋混凝土,$e=20\text{mm}$)中荷载-挠度全过程曲线的A点、B点和C点对应的钢筋和混凝土截面的拉、压应力σ分布。由图可见,受力各阶段,钢筋和混凝土截面的正应力分布规律基本相同,钢筋角部和混凝土角部应力最大,而且在弹性和弹塑性阶段正应力基本上呈对称分布；过了弹塑性阶段后,由于破坏位置的不确定性,正应力分布由对称过渡到不对称。在加载初期,混凝土和钢筋截面上的正应力增长较快,

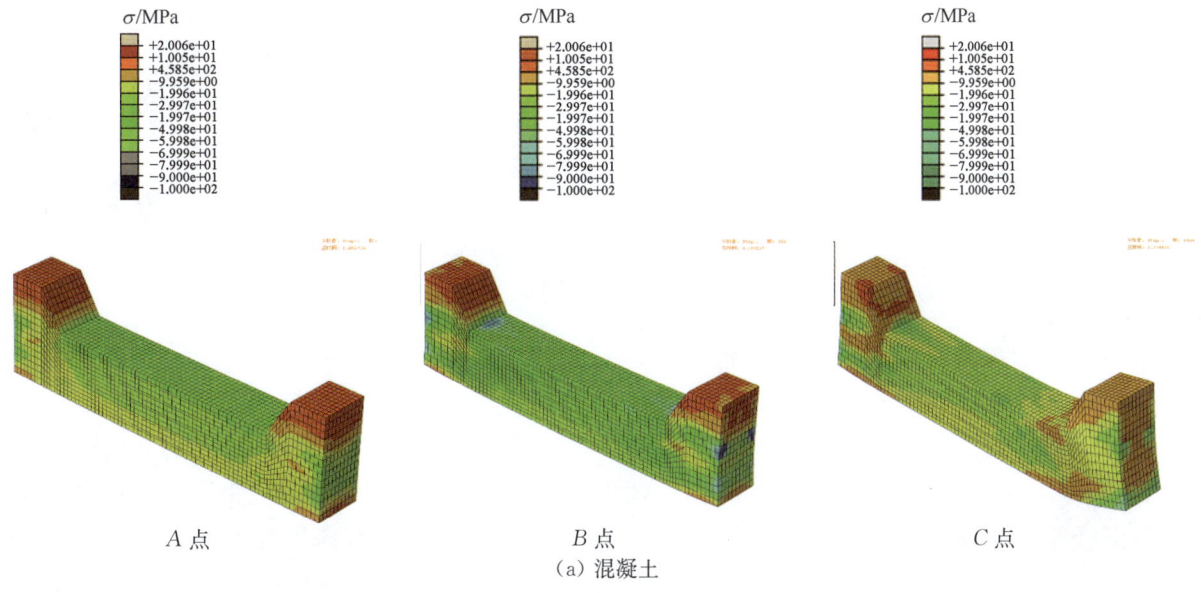

A点　　　　　　　　B点　　　　　　　　C点

(a) 混凝土

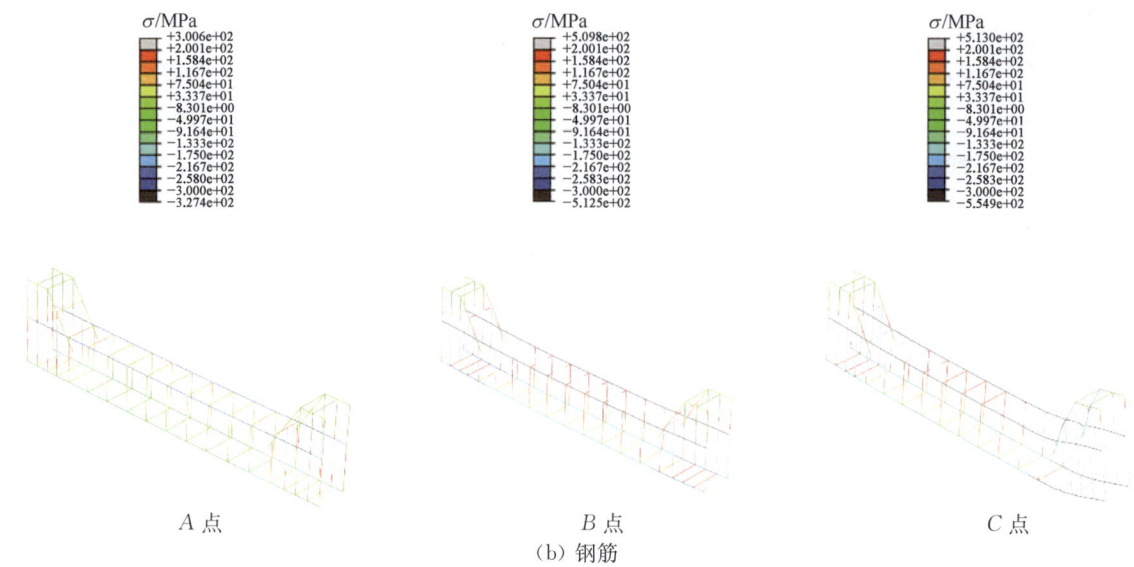

(b) 钢筋

图 4‑167 高钛重矿渣混凝土偏压构件正应力 σ 分布云图

在弹塑性阶段和塑性阶段,钢筋和混凝土的正应力仍然呈增大的趋势,但是幅度减小。

采用非线性有限元软件 ABAQUS 建模,对普通混凝土、全高钛重矿渣混凝土、高钛重矿渣代砂混凝土、高钛重矿渣代石混凝土轴压、纯弯、偏压构件进行分析计算,并与试验结果进行对比,验证了计算模型的可靠性。在理论计算结果得到试验结果验证的基础上,通过典型算例从破坏模态、荷载‑变形全过程曲线及钢筋与混凝土的应力分布等方面对高钛重矿渣钢筋混凝土构件在整个受力过程中的工作机理进行分析,验证了高钛重矿渣钢筋混凝土轴压、纯弯、偏压构件在受力状态下的工作机理与普通钢筋混凝土构件无明显差异。

4.3.4 钢筋混凝土构件耐久性能研究

4.3.4.1 钢筋和高钛重矿渣混凝土界面黏结性能研究

为了研究高钛重矿渣混凝土与钢筋的黏结性能,采用中心拉拔试验分析研究钢筋直径和相对黏结长度对 C50 高钛重矿渣混凝土与钢筋黏结性能的影响,并与 C50 普通混凝土进行对比。

1) 试验方法

试验采取 C50 高强混凝土,共 18 组,每组 3 个试件,采用边长为 150 mm×150 mm×150 mm 的立方体试件(图 4‑168),钢筋与混凝土的相对黏结长度选取 $3.5d$、$5.5d$、$7.5d$,其余部分采用 PVC 管隔开,根据《普通混凝土力学性能试验方法标准》规定的方法,在 200 t 电液伺服万能试验机上利用改进后的加载反力架试验装置(图 4‑169)进行中心拉拔试验。该装置利用固定在钢筋自由端的机电百分表测定钢筋和混凝土的相对滑移量,利用 30 t 压力传感器,通过静态应变采集系统绘制出钢筋与混凝土的黏结‑滑移曲线。

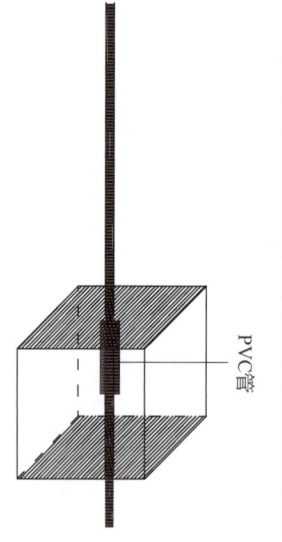

图 4‑168 试验构件模型　　图 4‑169 试验装置

2) 黏结性能结果与分析

参考《混凝土结构试验方法标准》控制试件加载速率为 0.1 kN/s,当自由端位移超过 2 mm、拉拔荷载降低到峰值荷载的 30% 或钢筋拔断时试验结束。测得黏结性能试验结果见表 4‑167。

表 4-167　黏结性能试验结果

试件编号	l/d	τ_0/MPa	τ_{cr}/MPa	S_{cr}/mm	τ_u/MPa	S_u/mm	破坏状态
B1-12-3.5	3.5	8.7	30.66	0.18	35.88	1.27	钢筋拔出
B1-12-5.5	5.5	8.3	22.08	0.16	26.84	0.43	钢筋拔出
B1-12-7.5	7.5	8.09	18	0.15	19.99	0.33	钢筋拔断
B1-16-3.5	3.5	5.81	11.35	0.15	24.88	67	混凝土劈裂
B1-16-5.5	5.5	3.67	13.78	0.03	13.84	0.03	混凝土劈裂
B1-16-7.5	7.5	2.27	7.46	0.13	10.73	0.55	混凝土劈裂
B1-20-3.5	3.5	5.78	6.02	0.04	24.26	0.27	混凝土劈裂
B1-20-5.5	5.5	3.9	4.85	0.02	9.72	0.17	混凝土劈裂
B1-20-7.5	7.5	2.77	3.32	0.03	5.38	0.23	混凝土劈裂
B2-12-3.5	3.5	10.45	33.36	0.33	41.61	1.17	钢筋拔出
B2-12-5.5	5.5	5.27	26.4	0.11	27.29	0.2	钢筋拔断
B2-12-7.5	7.5	4.21	21.5	0.09	22.5	0.16	钢筋拔断
B2-16-3.5	3.5	14.48	31.9	0.09	31.06	1.51	钢筋拔出
B2-16-5.5	5.5	10.4	26.4	0.11	23.7	0.4	钢筋拔断
B2-16-7.5	7.5	5.89	18.8	0.12	20.1	0.35	钢筋拔断
B2-20-3.5	3.5	2.47	6.68	0.21	25.7	1.73	混凝土劈裂
B2-20-5.5	5.5	2.11	6.5	0.29	11.54	0.36	混凝土劈裂
B2-20-7.5	7.5	2.01	6.42	0.32	9.56	0.23	混凝土劈裂

注：试件编号第一个数字表示混凝土种类（B1—普通混凝土，B2—高钛重矿渣混凝土）；第二个数字表示钢筋直径（12 mm、16 mm、20 mm）；第三个数字表示相对的黏结长度值（3.5d、5.5d、7.5d）；d—钢筋直径；l—钢筋黏结长度；τ_0—初始滑移强度；τ_u—极限黏结强度；S_u—极限黏结滑移量；τ_{cr}—劈裂黏结强度。

根据表 4-167 中两种混凝土黏结性能的试验结果发现，τ_0、τ_u、τ_{cr} 均随着相对黏结长度的增加而减小，且高钛重矿渣混凝土的 τ_u、τ_{cr} 均高于普通混凝土；高钛重矿渣混凝土的黏结滑移量和普通混凝土相当；高钛重矿渣混凝土试件多为钢筋拔断，而普通混凝土多为破裂破坏。

3) 应力-滑移曲线结果与分析

根据表 4-167 的分析结果，选取部分数据绘制了两种混凝土的黏结-滑移曲线（图 4-170）。根据图 4-170 黏结-滑移曲线，研究钢筋直径、相对黏结长度对高钛重矿渣混凝土的黏结性能的影响，并和普通混凝土进行对比。

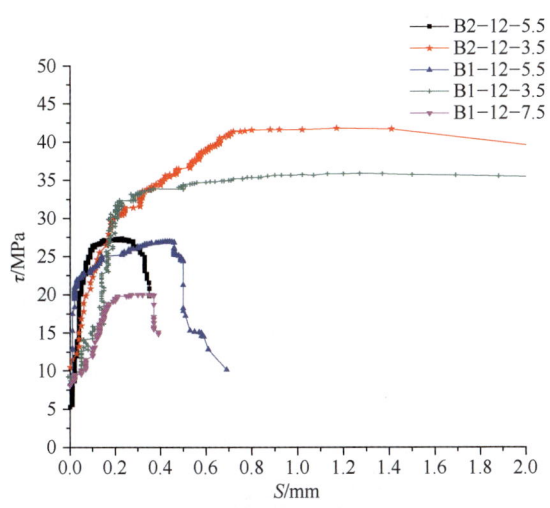

(a) 配筋 ϕ12 的两种混凝土 τ-S 曲线

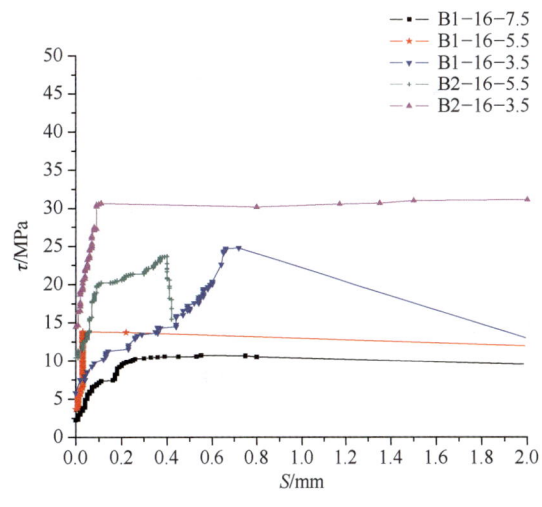

(b) 配筋 ϕ16 的两种混凝土 τ-S 曲线

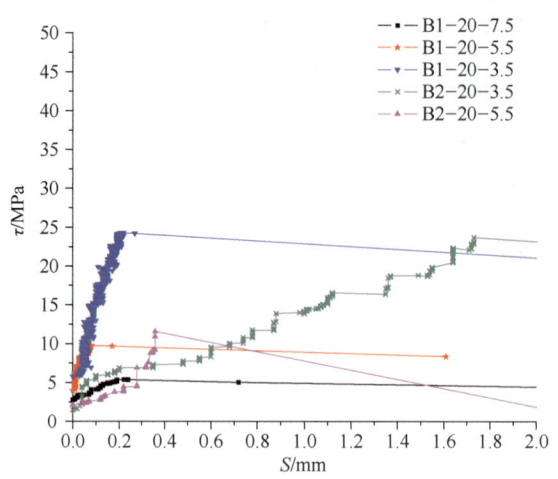

(c) 配筋 φ20 的两种混凝土 τ-S 曲线

图 4-170 不同配筋的两种混凝土的 τ-S 曲线

对图 4-170a、b、c 所示曲线进行对比分析得出：①高钛重矿渣混凝土构件黏结-滑移曲线宏观上整体与普通混凝土的黏结-滑移曲线相似，大致都经历了微滑阶段、滑移阶段、劈裂阶段、下降阶段、残余阶段。②同种混凝土相同直径的钢筋和混凝土的黏结应力随着黏结长度（l/d）的增加而减小。因为试件中的钢筋埋得越深，则受力后的黏结应力分布越不均匀，试件破坏时的平均黏结应力与实际最大的黏结应力的比值越小，故试验黏结强度随埋长的增加而降低。③同种混凝土及相同黏结长度（l/d）的钢筋和混凝土的黏结应力随着钢筋直径的增大，极限黏结应力逐渐变小。因为直径越大的钢筋，相对的黏结面积就越小，不利于极限黏结强度。④相同直径钢筋在相同的黏结长度（l/d）下，钢筋与高钛重矿渣混凝土的极限黏结应力比普通混凝土的黏结应力值提高了 3%～71%，且高钛重矿渣混凝土中钢筋的滑移量明显小于普通混凝土。⑤相同直径钢筋条件下，高钛重矿渣混凝土与钢筋的 τ-S 曲线初始增长斜率高于普通混凝土，即高钛重矿渣混凝土与钢筋的黏结刚度高于普通混凝土。

4）极限黏结强度计算公式

钢筋与混凝土的平均极限黏结强度在各种回归分析中考虑的影响因素有所不同，只考虑钢筋直径、相对黏结强度对混凝土黏结性能的影响，认为保护层厚度为定值，且不小于 2.5，参考极限黏结强度的计算公式 $\frac{\tau_u}{f_t} = \left(5.5 \times \frac{c}{d} - 9.76\right) \times \left(\frac{d}{l} - 0.4\right) + 1.965 \times \frac{c}{d}$，并加以调整，通过试验数据的统计分析拟合，建立普通混凝土和高钛重矿渣混凝土的钢筋极限黏结强度的经验公式，即

普通混凝土：$\frac{\tau_u}{f_t} = \left(11 \times \frac{c}{d} - 19.52\right) \times \left(\frac{d}{l} - 0.087\right) + 0.64 \times \frac{c}{d}$

高钛重矿渣混凝土：$\frac{\tau_u}{f_t} = \left(10.109 \times \frac{c}{d} - 17.939\right) \times \left(\frac{d}{l} - 0.178\right) + 1.039 \times \frac{c}{d}$

拟合公式计算值和试验值的对比如图 4-171 所示，其中普通混凝土的拟合相似系数为 0.8，高钛重矿渣混凝土的拟合相似系数为 0.85，满足精度的要求。所以高钛重矿渣混凝土的极限黏结强度公式有一定的代表性，可为高钛重矿渣混凝土的非线性分析提供参考依据。

高钛重矿渣混凝土与钢筋的黏结性能试验表明：

（1）高钛重矿渣混凝土黏结-滑移曲线整体上与普通混凝土的黏结-滑移曲线相似，大致都经历了微滑阶段、滑移阶段、劈裂阶段、下降阶段、残余阶段。

（2）高钛重矿渣混凝土与钢筋的黏结强度随着相对黏结长度（l/d）的增加而减小。

（3）高钛重矿渣混凝土的极限黏结强度随着钢筋直径的增大逐渐减小，且比同种条件下普通混凝

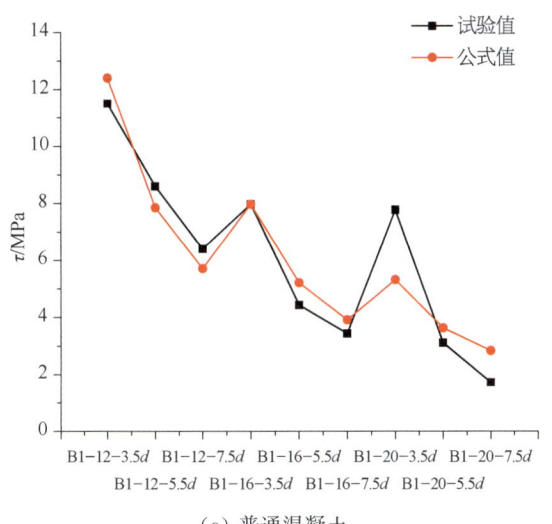
(a) 普通混凝土

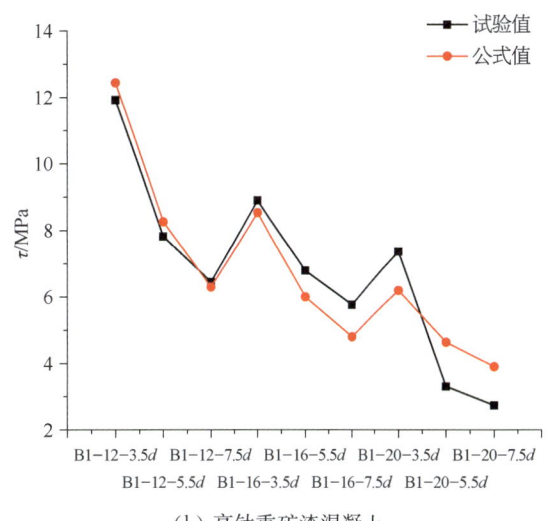
(b) 高钛重矿渣混凝土

图 4-171 试验值和拟合公式计算值

土的极限黏结强度提高了 3%～71%。

(4) 相同条件下，高钛重矿渣混凝土与钢筋的 τ-S 曲线初始增长斜率高于普通混凝土，表明高钛重矿渣混凝土与钢筋的初始黏结刚度高于普通混凝土，这是由于高钛重矿渣集料的多孔特性，使其具有内养护作用，饱水处理后的集料会在混凝土内部相对湿度降低时释放出水分，从而使高钛重矿渣集料混凝土与普通集料混凝土相比，水化程度更高，结构更为致密。同时，由于高钛重矿渣集料的特殊结构，基体、集料和钢筋之间连接更为致密，黏结力更强。

(5) 钢筋直径和黏结长度对混凝土与钢筋的黏结性能有影响，通过试验数据拟合出高钛重矿渣混凝土的极限黏结应力公式，为高钛重矿渣混凝土的非线性分析提供了参考依据。

4.3.4.2 环境-荷载耦合作用下高钛重矿渣钢筋混凝土构件损伤劣化与失效机理

1) 氯盐-疲劳荷载共同作用

(1) 试验概况。试件设计：试验所使用的钢筋混凝土梁试件，按适筋梁设计，尺寸 100 mm×160 mm×1 200 mm。纵向受拉钢筋（主筋）为 HRB335 螺纹钢筋，架力筋和箍筋均采用 HPB235 光圆钢筋，箍筋间距 80 mm。主筋和架力筋（包括箍筋）屈服强度实测值分别为 497.3 MPa 和 421.1 MPa，抗拉强度实测值分别为 621.2 MPa 和 583.5 MPa。混凝土保护层厚度 20 mm。试验梁截面配筋布置和其他参数如图 4-172 所示。

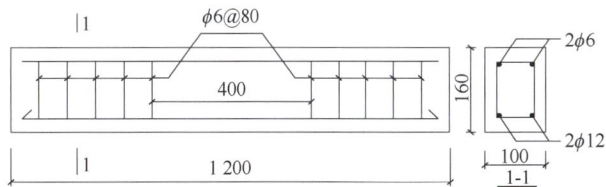

图 4-172 试件几何尺寸及截面配筋（单位：mm）

试件混凝土采用普通集料混凝土与高钛重矿渣混凝土两种。用钢模成型，振动台振捣密实，24 h 后脱模。露天覆草浇水养护 28 d，自然放置 90 d 后进行试验。疲劳试验前，采用 150 mm×150 mm×300 mm 棱柱体试件，按《普通混凝土力学性能试验方法》测得混凝土轴心抗压强度为 33.95 MPa，混凝土初始弹性模量为 33.25 GPa。

(2) 试验方法。试验在自制氯盐与疲劳荷载多因素耦合作用模拟试验装置上实施。该装置是对现有 MTS 万能试验机进行改造、开发计算软件集成创新研制而成，该装置不仅可实现疲劳荷载、氯离子"同步"作用，还能实现在线实时监测这种复杂环境条件下钢筋混凝土材料的损伤演化。试验装置如图 4-173 所示。

图 4-173 试验装置

试件自然养护 90d 后,置于上述试验装置上,进行疲劳加载。疲劳荷载采用四点弯曲(计算跨度 1000mm),以正弦波的形式施加在梁试件上,频率 2.5Hz。荷载水平 r 定义为试验中的最大荷载与对应静态最大承载力的比值,对于所有疲劳试验荷载比 $R=0.1$;按照刚度退化准则,以疲劳试验机记录的位置下降 30%,或者循环加载次数达到 2×10^6 次时,结束疲劳试验。钢箱中 NaCl 溶液静止液面处于梁主筋纵轴中心位置附近。试验过程中,采用 YHD-50 动态挠度仪和 306DF 智能信号采集处理分析仪同步测量试件在循环荷载上限作用下的跨中挠度,同时设计将 DJUS-05 智能超声波探测仪探头固定在梁试件自由端面上,采用平面对测法测试试件损伤劣化过程中的超声波波速变化。考虑到数据结果有一定的离散性,最终结果取三次平行试验的平均值。

(3)疲劳刚度变化。刚度是体现结构构件承载力的重要指标,而复杂环境条件下钢筋混凝土构件的疲劳模量变化可近似认为是其疲劳刚度变化,且在试件材料及尺寸等一定的情况下疲劳模量与构件跨中位移(挠度)有关。因此,可以选择用位移的演化过程来表述刚度的演化趋势,即可以选择用 $d_{0\max}/d_{\max}$ 来表述疲劳刚度变化趋势,其中 $d_{\max}$ 为试件跨中位移最大值,$d_{0\max}$ 为疲劳荷载第一次循环当中的最大位移。

图 4-174a、c 分别为普通集料混凝土梁和高钛重矿渣集料混凝土梁在疲劳荷载单独作用下的刚度演变;图 4-174b、d 分别为普通集料混凝土梁和高钛重矿渣集料混凝土梁在 3.5% NaCl 和疲劳荷载耦合作用下的刚度演变。由图可知,钢筋混凝土损伤演化具有如下特点:

① 在疲劳应力水平不超过某一限值 $S_{\lim}$ 时,钢筋混凝土一般呈三个阶段发展,即初始快速增加、损伤累积和临近破坏急剧增加。从损伤细观力学角度来看,三个阶段分别对应材料内部损伤形核、内部损伤稳定扩展和内部损伤加速发展三个阶段。

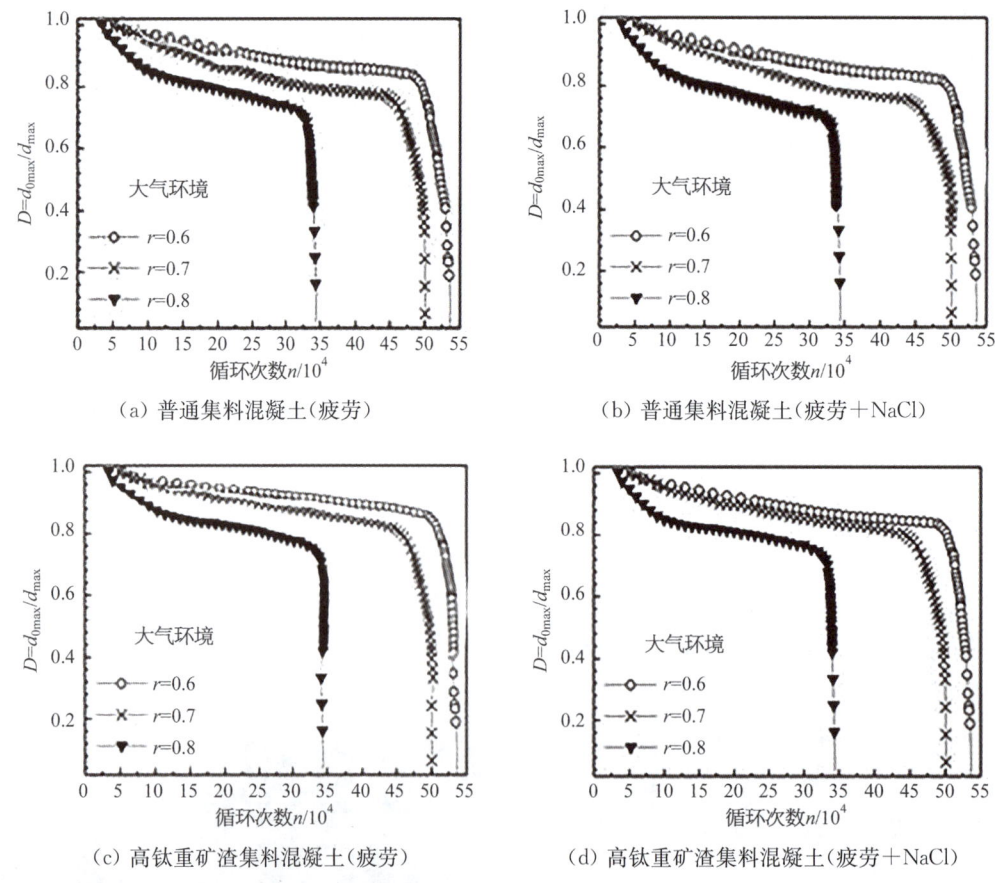

(a)普通集料混凝土(疲劳)　　(b)普通集料混凝土(疲劳+NaCl)

(c)高钛重矿渣集料混凝土(疲劳)　　(d)高钛重矿渣集料混凝土(疲劳+NaCl)

图 4-174 钢筋混凝土疲劳刚度演变

② 氯离子存在的情况下,钢筋混凝土损伤劣化呈腐蚀疲劳破坏特性,氯离子的存在致使混凝土结构疲劳损伤发展明显加快、使用寿命显著降低,且随氯离子浓度的增大而越加明显。

③ 氯离子和疲劳荷载对高钛重矿渣集料混凝土与普通集料混凝土结构损伤影响差别不大,且高钛重矿渣集料混凝土结构损伤略小于普通集料混凝土。

分析其原因,主要在于以下几点:

① 钢筋因发生腐蚀,其表面生成一层疏松而又毫无胶结作用的膨胀腐蚀产物,向周围混凝土孔洞、微裂纹内扩散。当钢筋腐蚀产物体积超过孔洞、微裂纹的容纳能力时,混凝土保护层产生一定的环向拉应力,随着时间的推移,拉应力不断增大,钢筋/混凝土界面处出现径向内裂缝,并在锈胀拉应力和疲劳荷载双重作用下,开始向混凝土表面发展,直至混凝土保护层产生顺筋方向锈胀裂缝,甚至开裂、剥落,导致构件承载能力下降。

② 混凝土内微裂纹在疲劳荷载作用下进一步引发和扩展,可为容纳部分腐蚀产物提供空间,从而使钢筋腐蚀反应不断向利于生成腐蚀产物的方向发展。在铁锈的锈胀开裂作用下,腐蚀钢筋反过来又进一步增加微裂纹的数量和尺度,导致钢筋混凝土结构承载能力进一步降低。正因如此,氯离子与载荷作用下钢筋混凝土与一般大气环境下的疲劳损伤演变规律相比,有更快的损伤劣化速度(图4-175)。

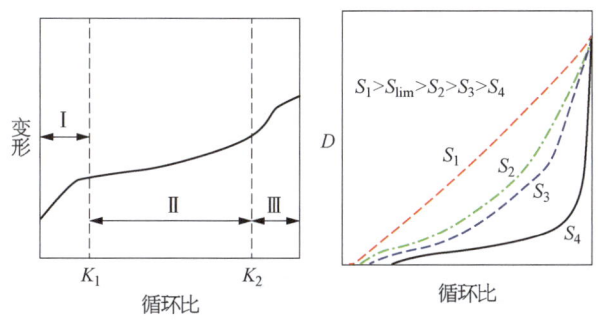

图4-175 钢筋混凝土损伤发展

③ 高钛重矿渣集料由于其多孔特性,具有"吸水-释水"功能,饱水处理后的集料会在混凝土内部相对湿度降低时释放出水分,促进水泥水化,使混凝土更为致密。同时,由于高钛重矿渣集料的特殊结构,基体、集料和钢筋之间连接更为致密,黏结力更强,因而高钛重矿渣集料混凝土结构损伤略小于普通集料混凝土。

(4) 高钛重矿渣集料钢筋混凝土微结构分析。图4-176为普通集料混凝土梁和高钛重矿渣集料混凝土梁处于3.5% NaCl与疲劳共存环境中,在相同时间内其钢筋断口的扫描电子显微镜(SEM)照片。

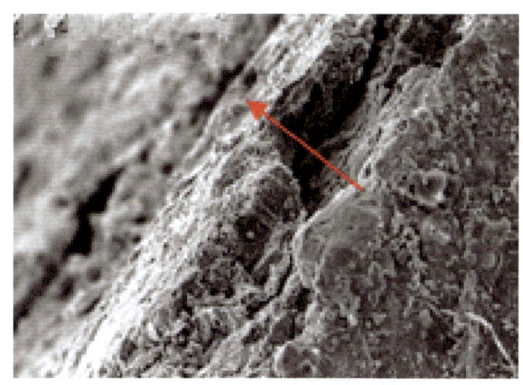

(a) 普通集料混凝土钢筋

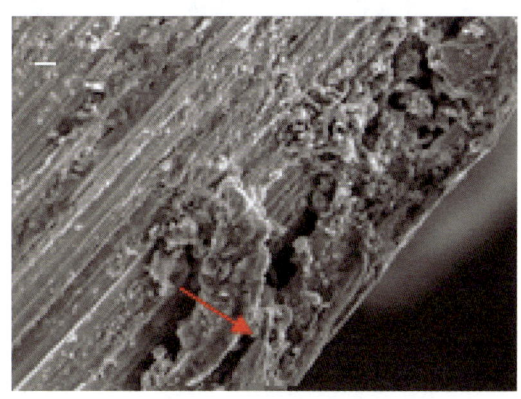

(b) 高钛重矿渣集料混凝土钢筋

图4-176 钢筋断口SEM分析

图4-176a、b分别为普通集料混凝土梁与高钛重矿渣集料混凝土梁在NaCl和疲劳荷载耦合条件下钢筋断口SEM分析图。由图可以看出,钢筋表面生成了一层较为疏松、毫无胶结力的物质,采用电子能谱分析,鉴定该物质是铁锈(经XRD分析),其主要由Fe_2O_3、Fe_3O_4、$FeOH$等组成(图4-177);附着在钢筋表面上铁锈的量因环境腐蚀作用强度增大而增加;高钛重矿渣集料混凝土梁相比普通集料混凝土梁,钢筋表面铁锈略有减少。

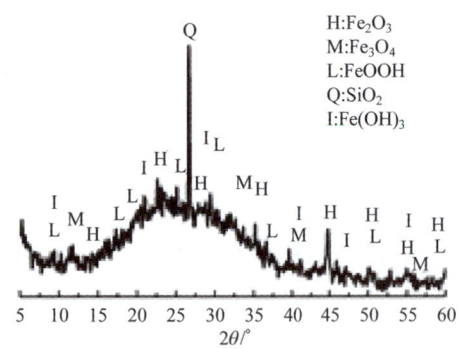

图4‑177　普通集料混凝土钢筋腐蚀产物XRD分析

钢筋混凝土结构的承载力主要取决于钢筋自身力学性能及钢筋与混凝土之间的协同作用。钢筋与混凝土之间的协同作用主要是钢筋与混凝土间的黏结力、握裹力等。由于氯离子可使钢筋锈蚀，钢筋表面生成一层毫无胶结力且具有较大膨胀作用的铁锈，致使钢筋与混凝土间脱空，黏结力下降。同时，钢筋因锈蚀，其有效承载面积减小、力学性能下降，结果导致构件承载力大幅度下降，对于承受循环荷载作用的钢筋混凝土结构而言，钢筋锈蚀，因膨胀作用，混凝土结构内部损伤源的数量增多且尺度变大，疲劳裂纹的萌生和发展速度加大，导致试件疲劳寿命缩短，且锈蚀程度越大，这种情况越明显。

2) 冻融循环-疲劳荷载共同作用

冻融循环和疲劳荷载作用的协同作用试验，是利用带环境箱的MTS对混凝土在疲劳荷载和（闭合）冻融循环同时作用下的力学行为及内部物理环境进行测试（图4‑178）。−25℃下试件的疲劳应变表明，冰在孔隙内的形成带来了两方面作用：一方面填充孔隙，增强了材料多孔的结构，使得试件抵抗变形的能力增大；另一方面是容易起到桥接裂纹，促进其扩展的作用。若孔溶液处于液态，则疲劳裂纹发展到此就会被钝化，无法跨越孔隙进一步向前发展。这在一定程度上延缓了裂纹的扩展。混凝土在疲劳荷载和冻融循环同时作用下的失效取决于这两种作用的综合结果。

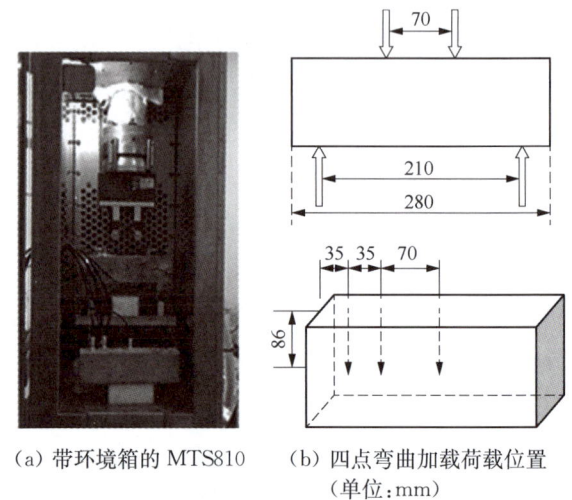

(a) 带环境箱的MTS810　　(b) 四点弯曲加载荷载位置（单位：mm）

图4‑178　疲劳荷载与冻融循环耦合作用试验装置

图4‑179a、b分别为普通集料混凝土与高钛重矿渣集料混凝土疲劳荷载与冻融循环耦合作用下的应变及单独疲劳荷载下的应变。由图可知，疲劳荷载与冻融循环耦合作用下，钢筋混凝土的应变大于

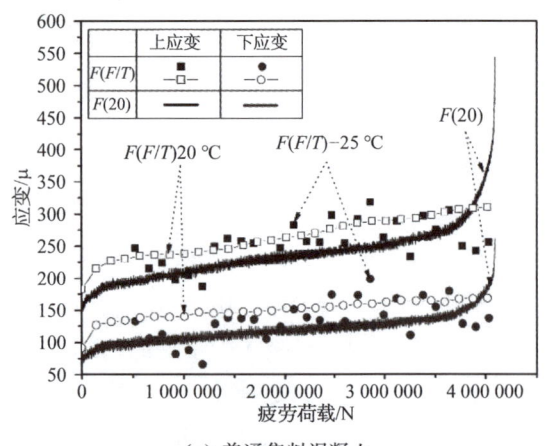

(a) 普通集料混凝土

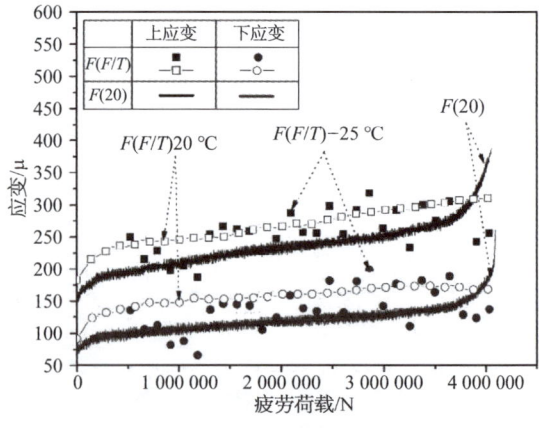

(b) 高钛重矿渣集料混凝土

图4‑179　疲劳荷载与冻融循环耦合作用下的应变及单独疲劳荷载下的应变对比

相同疲劳荷载单独作用下的应变,且相同条件下,高钛重矿渣集料混凝土的应变略小于普通集料混凝土,这是由于高钛重矿渣具有多孔结构,能吸收部分由于冻融与疲劳作用下产生的肿胀压,从而使应变略小于普通集料混凝土。

损伤试件的显微图像表明,疲劳荷载和冻融循环同时作用下试件内的微裂纹不仅绕着界面过渡区生长,并且对周围的气孔具有取向性(图4-180)。气孔周围有沿径向开裂的微裂纹存在,这与由于结冰膨胀引起的最大主拉应力方向正好垂直。说明损伤一部分是由于疲劳荷载导致,另一部分是由于冻融循环引起的内应力所致。

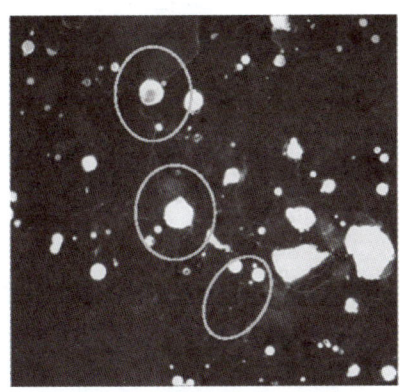

(a) 接触裂纹

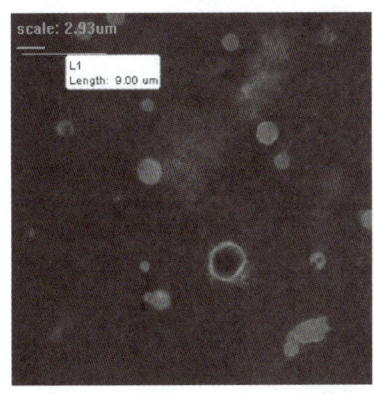

(b) 径向裂纹

图4-180 疲劳荷载和冻融循环耦合作用下高钛重矿渣集料混凝土损伤试件的显微观察

3) 碳化-弯曲荷载

研究了无荷载作用下高钛重矿渣砂砂浆和普通河砂砂浆试件的加速碳化深度发展规律,同时采用弯曲荷载加载系统,研究了应力比分别为0.2、0.4和0.6的砂浆和混凝土试件在碳化龄期3 d、7 d、14 d和28 d时的依时碳化深度发展规律,并分析了弯曲受拉和弯曲受压荷载影响碳化反应速率的机理。

图4-181、图4-182的研究结果表明:

(1) 对于不同水灰比的砂浆,满足如下变化规律:随着碳化时间的延长,加速碳化深度值逐渐增大,初期(0~14 d)碳化深度增长较快,后期(14~28 d)碳化深度增长较慢;在碳化时间相同时,水灰比越大(CP30、M30、C30的水灰比都为0.53,CP50、M50、C50的水灰比都为0.35,CP80、M80、C80的水灰比都为0.23),加速碳化深度值也越大;在水灰比相同时,水泥净浆的加速碳化深度值大于砂浆,砂浆的加速碳化深度值大于混凝土。

(2) 在碳化时间相同时,与未加荷载的砂浆相比,受拉区的加速碳化深度值增大,受压区的加速碳化深度值减小;在碳化时间相同时,随着应力比从0.2到0.4再到0.6逐渐增大,受拉区的加速碳化深度值也逐渐增大,而受压区的加速碳化深度值逐渐减小,说明应力比越大,对砂浆的加速碳化深度值影响越大;对于荷载种类来说,弯曲受拉区对加速碳化深度值的影响要大于弯曲受压区,并且应力比越大,该现象越明显。

(3) 高钛重矿渣砂砂浆和普通河砂砂浆试件相比,加速碳化值相差不大。高钛重矿渣砂由于其多孔特性,具有"吸水-释水"功能,促进了水泥水化,体系更为致密,有利于提高砂浆的抗碳化能力。

环境-荷载耦合作用下高钛重矿渣钢筋混凝土损伤劣化与失效机理为:高钛重矿渣集料由于其多孔特性,具有"吸水-释水"功能,饱水处理后的集料会在混凝土内部相对湿度降低时释放出水分,促进水泥水化,使混凝土更为致密。同时,由于高钛重矿渣集料的特殊结构,基体、集料和钢筋之间连接更为致密,黏结力更强,因而在氯盐-疲劳荷载、碳化-弯曲荷载作用下,高钛重矿渣集料混凝土结构损伤略小于普通集料混凝土。冻融循环-疲劳荷载作用下,由于高钛重矿渣具有多孔结构,能吸收部分因冻融与疲劳作用产生的膨胀压,使高钛重矿渣集料混凝土应变略小于普通集料混凝土。

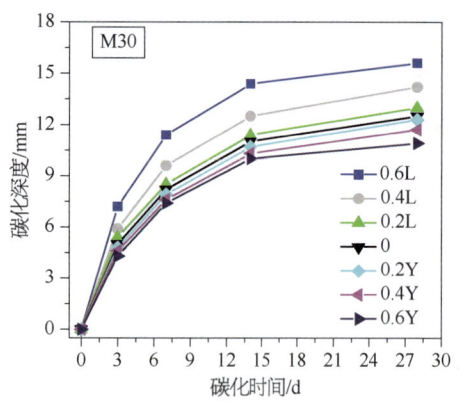
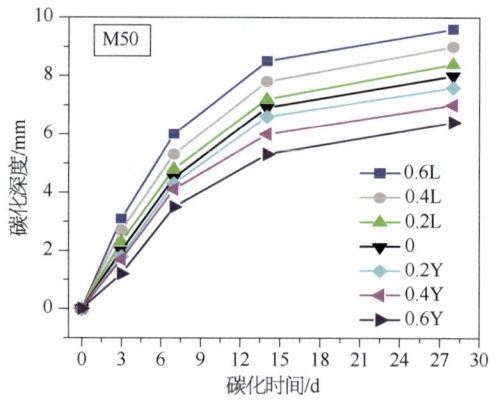

图 4‑181 普通河砂砂浆 M30 和 M50 在不同应力比下的加速碳化深度值

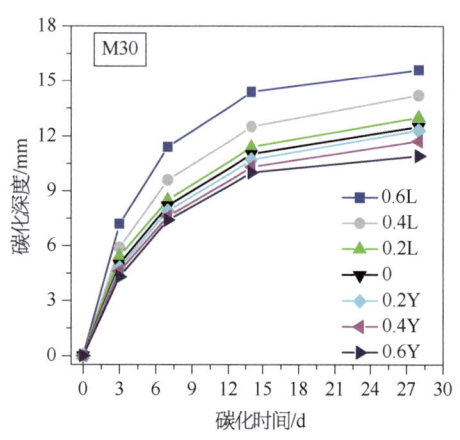
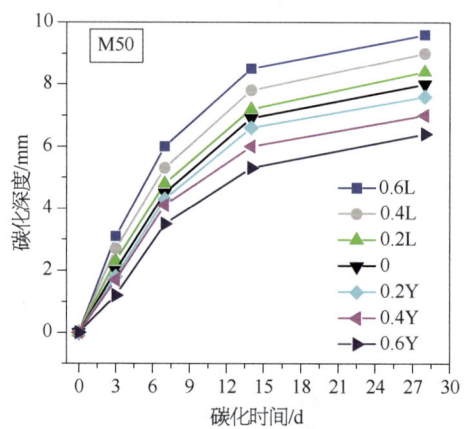

图 4‑182 高钛重矿渣砂砂浆 M30 和 M50 在不同应力比下的加速碳化深度值

4.4 轻质高强构件力学性能

4.4.1 集料轻质高强化技术

4.4.1.1 机械膨珠法

高炉渣从高炉排出后是熔融状的液体，温度在 1 500 ℃ 左右，熔渣中含有大量气体，如一氧化碳、二氧化碳、氢、氧和硫化氢等。在熔渣运输过程中，温度有所下降，这些气体大部分逸出，当运至翻渣现场时，仍有少量气体留在熔渣内。高温熔渣流入流槽及滚筒时，遇水快冷，使熔渣中的气体来不及释放，在一定的黏度及表面张力作用下，形成珠状。高钛重矿渣内的微孔除来自熔渣内的气体外，还来自水与滚筒的作用。

热熔高炉渣由渣罐倒入接渣流槽内，熔渣温度在 1 200～1 350 ℃，接渣流槽采用厚钢板或铸铁制成，倾斜度 30°，熔渣流到滚筒上，滚筒直径 ϕ800 mm，外焊有 9 个叶片，叶片高 200 mm，滚筒转速 320～400 r/min，叶片顶端最大线速度 20～25 m/s，滚筒边旋转边对熔渣进行喷水，熔渣与水有一定的接触，但喷水量不宜过多，否则熔渣冷却后的强度不高。熔渣在滚筒与水轻微混合后，再被滚筒叶片甩入的空气中快速冷却，大部分成为含有大量玻璃体的珠体落入集料坑中。在集料坑中堆积的高钛重矿渣装车运到生产线进行筛分，筛分后根据不同的粒度分别堆放（图 4‑183）。

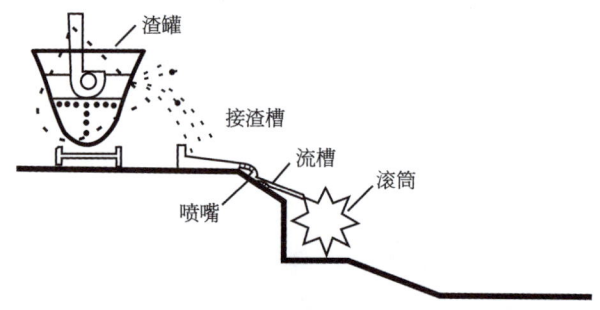

图 4‑183 机械膨珠法制备高钛重矿渣集料工艺流程图

水对高钛重矿渣的作用有两个：①水能加速熔渣的冷却，使熔渣能很快形成固体状，从而防止更多的气体从熔渣内逸出；②水与熔渣的硫化物起化学作用,硫化氢在高温下生成二氧化硫气体。硫化氢、二氧化硫与水蒸气在熔渣内也能生成气孔。

滚筒对高钛重矿渣的形成也起到两个作用:①滚筒把熔渣甩在空中,加快熔渣冷却,熔渣表面冷却快,能在甩散的熔渣表面生成密闭的玻璃体;②熔渣在空中冷却后,落到地面时已成珠状,温度较低,互相不易黏结成块,因此滚筒也起到对熔渣的破碎作用。

图4-184是机械膨珠法制备高钛重矿渣集料的现场图。

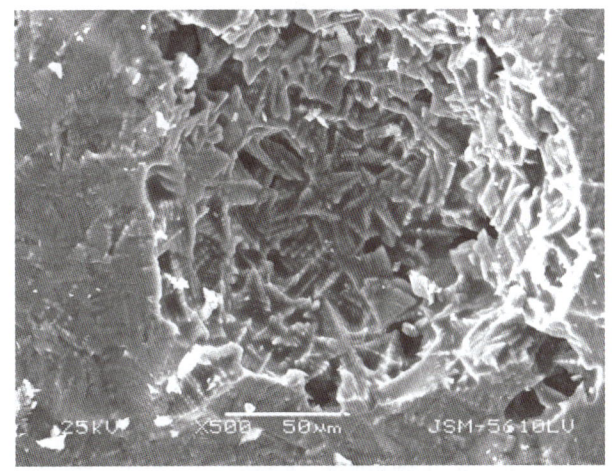

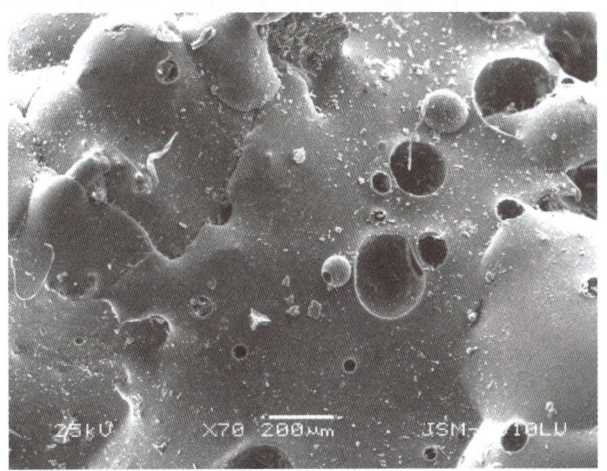

图4-184 机械膨珠法制备高钛重矿渣集料现场图

图4-185 机械膨珠法轻质高钛重矿渣集料微观结构

膨胀高钛重矿渣珠是在半急冷作用下形成的,外壳具有釉化玻璃质光泽,珠内有微孔。高钛重矿渣的松散容重在900~1450 kg/m³波动。高钛重矿渣目前颗粒直径为1~10 mm的占70%,最大粒径可达30 mm。高钛重矿渣的容重与颗粒级配随着其在高钛重矿渣池的位置不同而不同,离滚筒近的粒径小、容重大,离滚筒远的粒径大、容重小。

高钛重矿渣的颜色呈黄色和黑色。黑色由没有接触到水的熔渣生成,珠内孔少,密度大,粒径在1~4 mm。黄色由接触到水的熔渣生成,珠内孔多,密度小,粒径在5~10 mm。两者可以通过筛分分离。

采用该方法制备的轻质高钛重矿渣集料的物理性能见表4-168,而微观结构如图4-185所示。

表4-168 机械膨珠法轻质高钛重矿渣集料物理性能

表观密度/(kg·m⁻³)	堆积密度/(kg·m⁻³)	筒压强度/MPa	吸水率/%
1530	880	5.3	5.7

高钛重矿渣的生产工艺较为简单,与一般的轻集料(黏土陶粒、页岩陶粒、粉煤灰陶粒、膨胀珍珠岩)的生产工艺相比,可节省开采、原料加工、焙烧及成品加工工序,因而价格较低。

与水池泡渣法及炉前冲渣法相比,采用滚筒法生产高钛重矿渣具有以下优点:①比水池泡渣法安全。用水池泡渣时,由于经常有大块热渣壳落入池内,发生爆炸,危害设备与人身安全。而滚筒法通过滚筒把熔渣打散,无爆炸现象。②采用滚筒法生产高钛重矿渣,用水量少,水分全部蒸发,不产生废水,可以避免水土污染问题。③由于用水量少,熔渣被滚筒甩散,产生的硫化氢气体与蒸汽量少,可减少对空气的污染。④生产的高钛重矿渣是干燥的,可以省去烘干所需的燃料,以及避免运输过程中湿作业对设备的腐蚀。

目前采用该工艺生产高钛重矿渣还存在一些问题,如高钛重矿渣容重大、级配较差,在生产过程中易产生渣棉等,这都有待进一步改进。

4.4.1.2 引气组分发泡法

如图 4-186 所示,引气组分发泡法制备重钛矿渣集料的步骤为:先在 8~12 m 宽的受渣平台上铺上一定厚度的煤粉,然后启动专门的翻转机构缓慢地将熔渣倾倒在受渣平台上,摊铺成适宜厚度的熔渣,此过程为热泼。煤粉在与高温熔渣接触后迅速燃烧,释放出大量的二氧化碳等气体,气体逸出后使熔渣形成疏松多孔的结构。同时在受渣平台两侧对熔渣进行喷水冷却,此时熔渣大部分凝固成矿渣,再对固态矿渣进行破碎、筛分和分选等工序的处理,便可制得不同堆积密度的高钛重矿渣集料。

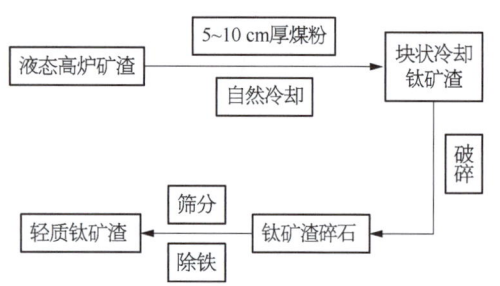

图 4-186　引气组分发泡法制备重钛矿渣集料流程图

表 4-169　煤粉/熔渣比例对高钛重矿渣集料性能的影响

煤粉/熔渣/%	表观密度/(kg·m⁻³)	堆积密度/(kg·m⁻³)	筒压强度/MPa	吸水率/%
1	2100	1109	10.5	8.1
2.5	1905	1050	9.5	10.6
5	1780	970	8.6	11.3
10	1640	900	6.7	14.2
15	1580	850	6	15.4

煤粉/熔渣比例对高钛重矿渣的影响规律见表 4-169。由表中数据可知,随着煤粉/熔渣比例的增加,高钛重矿渣集料的堆积密度和表观密度呈现出逐渐降低的趋势。这主要是因为当煤粉/熔渣比例较小时,可供燃烧的煤粉数量较少,燃烧时所释放出的二氧化碳气体较少,高钛重矿渣集料气孔数量相对较少,导致其堆积密度和表观密度较大;随着煤粉/熔渣比例的增大,其燃烧时所释放的二氧化碳气体量逐渐增加,高钛重矿渣集料气孔数量增多,导致其堆积密度和表观密度较低。但是当煤粉/熔渣比例太大时,所制备的高钛重矿渣集料堆积密度和表观密度的降低幅度较小,而生产成本却大幅度提高。因此,综合考虑高钛重矿渣集料堆积密度和经济性两方面因素,选择煤粉/熔渣比例为 5%~10%,即煤粉摊铺厚度控制在 5~10 mm,熔渣摊铺厚度在 10~20 cm。

采用该方法制备的轻质高钛重矿渣集料的物理性能见表 4-170,微观结构如图 4-187 所示。

表 4-170　引气组分发泡法轻质高钛重矿渣集料物理性能

表观密度/(kg·m⁻³)	堆积密度/(kg·m⁻³)	筒压强度/MPa	吸水率/%
1780	970	8.6	12

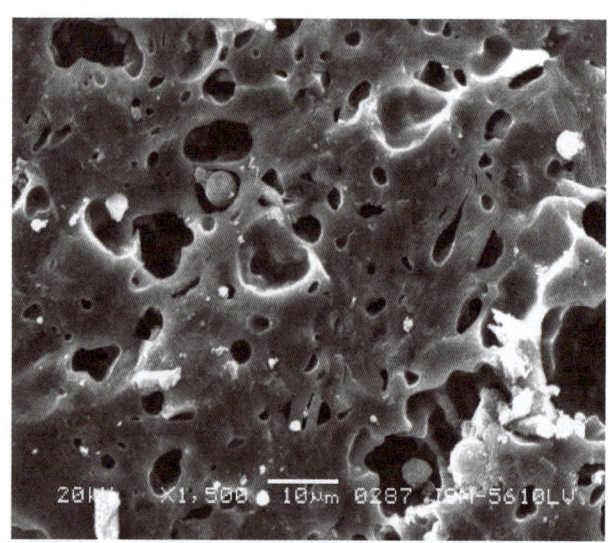

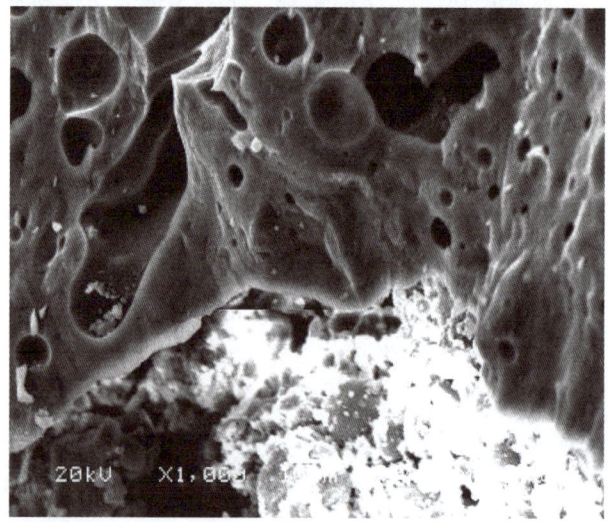

图 4-187　引气组分发泡法轻质高钛重矿渣集料微观结构

4.4.2　混凝土轻质化技术

4.4.2.1　原材料

(1) 水泥。水泥为 P·O42.5 普通硅酸盐水泥,其物理性能见表 4-171、表 4-172。

表 4-171　P·O42.5 普通硅酸盐水泥的物理性能指标

细度(0.08 mm 筛余)/%	凝结时间		抗压强度/MPa		安定性
	初凝	终凝	3 d	28 d	
2.6	2:02	5:37	26.5	50.1	合格

表 4-172　P·O42.5 普通硅酸盐水泥胶砂强度试验结果

水泥品种	抗折强度/MPa		抗压强度/MPa	
	3 d	28 d	3 d	28 d
P·O42.5	5.6	7.0	26.5	50.1

（2）粉煤灰。试验采用粉煤灰为Ⅰ级粉煤灰，其主要性能指标见表 4-173。

表 4-173　粉煤灰的主要性能指标

烧失量/%	细度(0.045 mm 方孔筛筛余)/%	需水量比/%
4.8	10	91

（3）硅灰。攀枝花某公司产硅灰，其主要性能指标见表 4-174。

表 4-174　硅灰的主要性能指标

烧失量/%	SiO_2 含量/%	含水量/%	需水量比/%
4.3	92.0	0.7	120

（4）砂。河砂，细度模数 2.6，含泥量小于 0.5%。

（5）高钛重矿渣轻集料。粒径取 5~20 mm。

（6）外加剂。上海某公司产高钛重矿渣混凝土专用聚羧酸减水剂，减水率 30%。增黏组分：羟丙基甲基纤维素醚。

4.4.2.2　配合比设计（绝对体积法）

1）绝对体积法的基本理论

绝对体积法是指混凝土混合料的体积等于各组成材料的绝对体积之和，混凝土中石子的空隙由砂子填充，砂子的空隙由水泥浆填充，从而使混凝土形成一个密实的整体。可以写成以下关系式：

$$\frac{W}{1}+\frac{C}{\gamma_C}+\frac{S}{\gamma_S}+\frac{G}{\gamma_G}=1000 \quad (4-43)$$

式中　W、C、S、G——1 m^3 混凝土中水、水泥、砂、石的用量(kg)；

γ_C、γ_S、γ_G——水泥、砂、石子的比重；

1000——1 m^3 的体积为 1000 L。

2）方法与步骤

（1）确定水胶比。水胶比的选择必须根据混凝土的设计强度和耐久性的要求而定。

① 试配强度的确定：

$$R_配 = R_标 + \sigma_0 \quad (4-44)$$

② 计算水胶比，可用鲍罗米公式：

$$R_配 = AR_C\left(\frac{C}{W}-B\right) \quad (4-45)$$

$$\frac{C}{W}=\frac{A\cdot R_C}{R_配+A\cdot R_C\cdot B} \quad (4-46)$$

（2）确定用水量。根据坍落度的要求和骨料情况查表确定。

（3）计算水泥用量。根据已经确定的水胶比和用水量，即可求出每立方米混凝土的水泥用量 C。

（4）确定砂率。确定砂率的方法有两种：一是查表法；二是计算法。以下采用计算法确定砂率，其原则为用砂子填充石子的空隙，并稍有富余。

按照填充原则得出：

$$V_{0S}=V_{0G}\cdot P$$

因为

$$\gamma_{0S}=\frac{S}{V_{0S}} \text{ 和 } \gamma_{0G}=\frac{G}{V_{0G}}$$

$$S_P=\frac{S}{S+G}\cdot \alpha = \frac{\gamma_{0S}\cdot V_{0S}}{\gamma_{0S}\cdot V_{0S}+\gamma_{0G}\cdot V_{0G}}\cdot \alpha$$

所以　$$S_P = \frac{\gamma_{0S}\cdot P}{\gamma_{0S}\cdot V_{0S}+\gamma_{0G}\cdot V_{0G}\cdot P}\cdot \alpha$$

$$=\frac{\gamma_{0S}\cdot P}{\gamma_{0S}\cdot P+\gamma_{0G}}\cdot \alpha \quad (4-47)$$

式中　S_P——砂率；

S、G——每立方米混凝土中砂、石子用量(kg)；

V_{0S}、V_{0G}——砂和石子松散容重(kg/m^3)；

α——砂子过剩系数，表示砂子除填满石子空隙外，还稍有剩余以增大混合料流动性，一般用 $\alpha=1.1$~1.4。

（5）计算砂及石子用量。按绝对体积法的原理，可建立下列关系式：

$$\frac{S}{\gamma_S}+\frac{G}{\gamma_G}=1000-\frac{C}{\gamma_C}-W \quad (4-48)$$

$$\frac{G}{S+G}=S_P \qquad (4-49)$$

式中 γ_C、γ_S、γ_G ——水泥、砂、石子的比重;

联立式(4-48)、式(4-49),即可分别求得砂、石用量 S、G。

经计算,初步配合比见表 4-175。

表 4-175　轻质高钛重矿渣碎石 C50 混凝土配合比试验结果(一)

SF/kg	C/kg	FA/kg	S/kg	G/kg	W/kg	PC/%	容重/(kg·m^{-3})	初始坍落度/扩展度/mm	抗压强度/MPa	
									7 d	28 d
0	420	80	640	620	150	1.6	2100	180/480	43.1	52.6
0	480	40	830	540	170	1.6	2210	190/480	50.1	61.6
0	450	40	640	620	150	1.6	2050	180/450	45.1	56.8

利用表 4-175 中所列配合比制备的轻质高钛重矿渣集料混凝土,含气量为 2.5%,具有较好的包裹性与流动性,且其强度满足 C50 混凝土的强度要求,但其容重超过了预设值小于 2000 kg/m³ 的要求。

导致这一不足的主要原因是,与普通粗集料相比,高钛重矿渣粗集料具有较多的空隙,而且表面空隙较大,在混凝土的拌制与振捣成型过程中,开放的空隙易吸收浆体,导致部分空隙被水泥浆体所填充,混凝土密实度增大,最终导致混凝土容重超过预设值。

针对这一问题,可通过在混凝土中掺加一定量的引气剂,其掺量为减水剂总量的 3‰,适当提高混凝土的含气量,使其含气量在 5%~6%,通过引入适量的小气孔,改善混凝土的孔结构,适当降低其密实度,从而达到降低其容重的目的。在此基础上,配合使用纤维素醚等增黏组分,增加浆体的黏聚性,也可减少高钛重矿渣粗集料孔隙对浆体的吸附,进一步降低混凝土的容重。为此,对表 4-175 中所列配合比进行了相应的优化设计,其结果见表 4-176。

表 4-176　轻质高钛重矿渣碎石 C50 混凝土配合比试验结果(二)

SF/kg	C/kg	FA/kg	S/kg	G/kg	W/kg	PC/%	纤维素醚/‰	容重/(kg·m^{-3})	初始坍落度/扩展度/mm	抗压强度/MPa	
										7 d	28 d
0	420	80	640	620	150	1.6	0.5	1910	195/490	35.1	46.8
0	480	40	830	540	170	1.6	0.5	2003	200/500	39.1	49.5
0	450	40	640	620	150	1.6	0.5	1908	190/480	33.1	42.6

利用表 4-176 中所列配合比制备的轻质高钛重矿渣集料混凝土,含气量均在 5.6% 左右,由于有大量气泡的存在,使得所制备混凝土的包裹性与流动性均较表 4-175 中混凝土好。通过对比表 4-175 和表 4-176 中数据可以发现,随着含气量的提高,混凝土容重逐渐降低,当混凝土含气量增加到 5.6% 时,所制备的混凝土容重已基本满足预设值小于 2000 kg/m³ 的要求。但由于其含气量较高,混凝土中气孔较多,密实度相对较低,导致混凝土的强度有所降低,其 28 d 强度最高仅为 49.5 MPa,不满足 C50 混凝土的强度要求。

大量研究发现,在混凝土拌合物中掺加一定量的硅灰,可以有效提高混凝土的强度。其原因是硅灰极细微的颗粒可产生良好的微填充效应,使混凝土孔结构充分细化,低水化热及较高的火山灰活性对混凝土早期和后期强度发展十分有利。硅灰接触拌合水后首先形成富硅的凝胶,并吸收水分;凝胶在水化水泥颗粒之间聚集,逐渐包裹水泥颗粒;CH 与该富硅凝胶的表面反应产生 C—S—H 凝胶,这些来源于硅灰和 CH 的 C—S—H 凝胶多生成于水泥水化的 C—S—H 凝胶孔隙之中,大大提高了混凝土密实度。也就是说,硅灰的火山灰效应能将对强度不利的氢氧化钙转化成 C—S—H 凝胶,并填充在水泥水化产物之间,有力地促进了混凝土强度的增长。同时,硅灰与 CH 反应,CH 不断被消耗会加快水泥的水化速率,提高混凝土的早期强度。

此外，由于浆体黏聚性的提高，使得高钛重矿渣集料对水泥浆体的吸附量减少，混凝土的容重得到减轻，实现了混凝土的轻质化。经过多次优化设计后，成功制备出强度达标且容重也满足设计要求的轻质高强高钛重矿渣混凝土，其配比见表4-177。

表4-177　轻质高钛重矿渣碎石C50混凝土配合比试验结果（三）

SF/kg	C/kg	FA/kg	S/kg	G/kg	W/kg	PC/%	纤维素醚/‰	含气量/%	容重/(kg·m⁻³)	初始坍落度/扩展度/mm	抗压强度/MPa	
											7 d	28 d
50	450	40	640	620	155	1.6	0.5	6	1980	190/490	49.7	61.0

4.4.3　轻质高强混凝土性能及制备技术

4.4.3.1　水胶比对混凝土性能的影响

为研究水胶比对轻质高强高钛重矿渣高性能混凝土性能的影响，保持混凝土胶凝材料用量不变，只改变用水量。集料采用轻质高强高钛重矿渣集料，拌合前先预湿10 h。固定胶凝材料总量540 kg/m³，砂率42%，粉煤灰掺量7%，减水剂掺量1.6%。0#作为基准配合比，各种掺和料的百分比以胶凝材料总量为基础。试验结果见表4-178。

表4-178　水胶比对轻质高强高钛重矿渣高性能混凝土性能的影响

编号	水胶比	坍落度/cm	分层离析	容重/(kg·m⁻³)	抗压强度/MPa		抗折强度/MPa	劈裂抗拉强度/MPa	弹性模量/GPa
					7 d	28 d	28 d		
0#	0.29	19	无	1980	49.7	61.0	5.1	4.3	28.8
1#	0.26	16	无	1988	50	62.5	5.3	4.1	29.5
2#	0.32	20	无	1988	47	56	4.5	3.6	28.1
3#	0.36	21	集料上浮	1985	38	47	4.3	3.5	24.2
4#	0.38	20	集料上浮	1985	32	43	4.1	3.4	23.8

表4-178试验结果表明，随着水胶比的增大，轻质高强高钛重矿渣高性能混凝土的工作性能呈现出先变好、后变差的趋势。当水胶比从0.26增大到0.32时，混凝土的工作性能逐渐变好，流动性有所改善；当水胶比大于0.32后，混凝土的工作性能开始劣化，出现轻微离析现象。最好的工作性能对应水胶比为0.32的2#混凝土，但是由于其水胶比较大，导致强度不满足设计要求；而随着水胶比的增大，混凝土的密度并未出现较大的改变，基本稳定在1985 kg/m³左右。

随着水胶比的增大，轻质高强高钛重矿渣高性能混凝土的抗压抗折强度及劈裂抗拉强度逐步降低。0#、1#、2#、3#混凝土28 d抗压强度比4#分别高出42%、45%、30%、9.3%，但抗折强度和抗拉强度却并没有同步增长，抗折强度仅分别增长6.9%、13.8%、10.3%、3.4%，劈裂抗拉强度仅分别增长8.6%、11.4%、8.6%、2.9%，弹性模量也随着水胶比的降低而增大。可见采用降低水胶比来提高轻质高强高钛重矿渣混凝土强度的方法会降低轻质高强高钛重矿渣混凝土的变形能力，使混凝土的脆性增大。通常认为，混凝土的弹性模量直接取决于强度和密度，因此强度越高，弹性模量相应越高，脆性越大。

4.4.3.2　集料用量对混凝土性能的影响

保持胶凝材料、用水量、减水剂用量和集料的总量不变，通过改变砂率来达到改变轻质高强高钛重矿渣集料用量的目的。试验采用砂率分别为40%、42%、54%和46%的四种轻质高强高钛重矿渣高性能混凝土，考察砂率变动对混凝土性能的影响规律。集料采用轻质高强高钛重矿渣集料，拌合前先预湿10 h。固定胶凝材料总量540 kg/m³，水胶比0.29，粉煤灰掺量7%，减水剂掺量1.6%。试验结果见表4-179。

表4-179试验结果表明，随着砂率的增大，轻质高强高钛重矿渣高性能混凝土的工作性能先变好、后又变差，较好的工作性能对应砂率为42%和44%的0#和6#混凝土；混凝土的容重逐渐变大，

表 4-179 集料用量(砂率)对轻质高强高钛重矿渣高性能混凝土性能的影响

编号	砂率/%	坍落度/cm	分层离析	容重/(kg·m⁻³)	抗压强度/MPa 7d	抗压强度/MPa 28d	抗折强度/MPa 28d	劈裂抗拉强度/MPa	弹性模量/GPa
5#	40	16	集料上浮	1940	45.6	57.2	4.9	4.0	28.5
0#	42	19	无	1980	49.7	61.0	5.1	4.3	28.8
6#	44	21	无	2030	51.3	63.1	5.3	4.3	29.5
7#	46	19	无	2083	55	66.8	5.5	4.4	31.1

抗压抗折强度及劈裂抗拉强度逐步增加，0#、6#、7#混凝土 28 d 抗压强度比 5#分别高出 6.6%、10.3%、16.8%，但抗折强度和抗拉强度却并没有同步增长，抗折强度仅分别增长 4.1%、8.1%、12.2%，劈裂抗拉强度仅分别增长 7.5%、7.5%、10.0%。弹性模量随着砂率的增大而增加，与理论规律是一致的。根据复合材料的强度理论，轻质高强高钛重矿渣高性能混凝土可以看作是由粗集料-砂浆两相组成的一种复合材料，则轻质高强高钛重矿渣高性能混凝土属于硬质复合材料，它的弹性模量和强度值随着混凝土内砂浆相对体积的增大而增大，上限是纯砂浆的弹性模量和强度值。

图 4-188、表 4-180 分别为不同砂率轻质高强高钛重矿渣高性能混凝土试件的荷载-挠度曲线和韧性指数，用 η_5 表示其韧性指数。从图 4-188 和表 4-180 可以看出，随着砂率的增大，轻质高强高钛重矿渣高性能混凝土的弹性模量增大，抗压强度增大，弯曲韧性指数变小，脆性增大。即随着轻质高强高钛重矿渣集料用量的减少，混凝土的弹性模量增大，抗压强度增大，弯曲韧性指数变小，脆性增大。

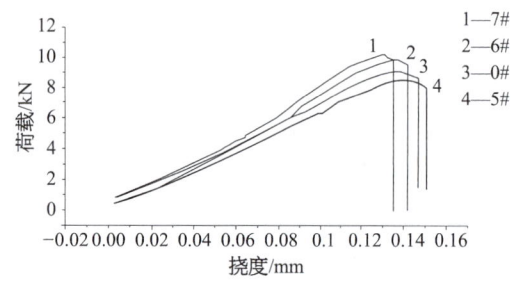

图 4-188 不同砂率试件的荷载-挠度曲线

表 4-180 不同砂率试件的韧性指数

韧性指数	编号			
	5#	0#	6#	7#
η_5	1.58	1.25	1.21	1.20

4.4.3.3 胶凝材料组成对混凝土性能的影响

随着现代混凝土技术的发展，矿物掺和料(国外也称为辅助胶凝材料)已成为现代混凝土技术必不可少的组分，轻质高强高钛重矿渣高性能混凝土也不例外。不掺粉煤灰的混凝土在现代工程中已经少见，因此这里所讨论的轻质高强高钛重矿渣高性能混凝土都是含有粉煤灰组分的，除此之外，还有两种常用的矿物掺和料——矿渣和硅灰，在此作为胶凝材料的不同组分予以讨论。

矿渣和硅灰都是工业废渣，也是混凝土材料的常用组分之一，它们的利用符合环保需求和可持续发展战略。矿物掺和料对轻质高强高钛重矿渣高性能混凝土主要有堆积密实作用、界面增强作用、改善新拌混凝土工作性能、增进混凝土的后期强度、提高混凝土的耐久性及不同矿物掺和料复合使用的"超叠效应"。但是这些作用如何影响轻质高强高钛重矿渣高性能混凝土的脆性，还有待研究。

保持胶凝材料总量、用水量、减水剂用量和粗细集料的用量不变，改变胶凝材料中矿物掺和料的用量，考察矿物掺和料组分变动对轻质高强高钛重矿渣高性能混凝土脆性的影响规律。集料采用轻质高强高钛重矿渣集料，拌合前预湿 10 h。固定胶凝材料总量 540 kg/m³，水胶比 0.29，砂率 42%，减水剂掺量 1.6%。试验结果见表 4-181。

表 4-181 试验结果表明，随着粉煤灰、硅灰掺量的增加，轻质高强高钛重矿渣高性能混凝土的工作性能先变好、后又变差。主要原因是粉煤灰具有减水作用，矿渣的减水作用不明显，而硅灰的需水量较大，增加了混凝土的黏度，使得混凝土的工作性能下降，混凝土黏度增大，钛矿渣集料对浆体的吸附量降低，混凝土容重减小。抗压强度、抗折强度、抗拉强度和弹性模量均随着硅灰掺量增加而增大。但抗压强度的增长幅度大于抗拉强度，表明混凝土的脆

表 4-181 胶凝材料组成对轻质高强高钛重矿渣高性能混凝土性能的影响

编号	粉煤灰/%	硅灰/%	坍落度/cm	容重/(kg·m⁻³)	抗压强度/MPa 7d	抗压强度/MPa 28d	抗折强度/MPa 28d	劈裂抗拉强度/MPa	弹性模量/GPa
8#	5		18	1 985	38	45	4.0	3.6	23.1
0#	7	9	19	1 980	49.7	61.0	5.1	3.8	28.8
9#	10		21	1 996	45	55	4.6	4.1	26.4
10#	10	5	18	2 005	48	59	4.9	4.2	28.0
10#	10	10	14	1 950	50	65	5.4	4.5	30.1

性随着硅灰掺量的增加而增大。

4.4.3.4 外加剂的种类和掺量对混凝土性能的影响

为研究不同的外加剂对轻质高强高钛重矿渣高性能混凝土性能的影响，分别采用 FDN9000、AS100、MD-PCA 三种不同系列的减水剂，其掺量根据控制混凝土坍落度在 180～220 mm 来调节，三者的掺量分别为 3.6%、2.4%、1.1%。试验配合比、试验结果见表 4-182、表 4-183。

表 4-182 轻质高强高钛重矿渣高性能混凝土配合比

单位：kg/m³

水泥	粉煤灰	硅灰	砂	粗集料	水
450	40	50	640	620	155

表 4-183 不同减水剂对轻质高强高钛重矿渣高性能混凝土性能的影响

编号	坍落度/cm 0 min	坍落度/cm 60 min	扩展度/cm 0 min	扩展度/cm 60 min	分层度	含气量/%	强度 R_{28}/MPa	混凝土容重/(kg·m⁻³)
12#	20	14	53	35	0.150	3.5	62.2	2 026
13#	21	15	55	40	0.122	3.0	63.6	2 050
14#	19	18	53	45	0.175	6.0	61.0	1 980

注：表中 12#、13#、14# 分别为使用 FDN9000、AS100、MD-PCA 减水剂。

表 4-183 试验结果表明，FDN9000 减水剂由于其减水率低、保塑性能较差，导致坍落度经时损失较大，含气量相对较低，混凝土较密实，容重较大；AS100 聚羧酸减水剂的减水率较 FDN9000 高，含气量稍有降低，保塑性能也有所提高，所以用其配制的混凝土保塑性能有所改善；而 MD-PCA 减水剂减水率较前两者都高，保塑性能也较好，此外，由于其复配了引气剂，含气量相对较高，所以用其制备的混凝土含气量也较高，表观密度低，虽然强度较前者有所降低，但仍满足混凝土设计要求。

4.4.3.5 集料表观密度与筒压强度对混凝土性能的影响

通过对轻质高强高钛重矿渣混凝土强度理论分析可知，当混凝土强度等级较低时，轻质高强高钛重矿渣混凝土的破坏与普通密度混凝土相同。但混凝土强度较高，集料的支架强度比起支撑作用的基材强度低时，轻质高强高钛重矿渣混凝土的破坏则表现出不同的破坏特征。

强度高的轻质高强高钛重矿渣集料配制低强度等级混凝土时能在混凝土中起到骨架作用，混凝土破坏首先从砂浆开始。但由于轻质高强高钛重矿渣集料的强度往往较低，一般低于水泥石的强度，利用其配制较高强度等级混凝土时，轻质高强高钛重矿渣集料虽然也承担一定荷载，但荷载主要由水泥石来承担，当水泥石的强度达到一定值之后，混凝土的强度主要受轻质高强高钛重矿渣集料的强度制约，继续提高水泥石的强度，混凝土的强度增加幅度很小。此时，混凝土强度由轻质高强高钛重矿渣集料强度决定，混凝土的破坏往往是由轻质高强高钛重矿渣集料的破坏所引起。这说明具有一定筒压强度和表观密度的高钛重矿渣集料只适宜配制一定强度等级的混凝土，否则在技术上和经济上是不合理的。不同筒压强度和表观密度的轻质高强高钛重矿渣集料对混凝土强度的影响试验结果见表 4-184。

表 4-184　不同筒压强度轻质高强高钛重矿渣集料对混凝土性能的影响

编号	集料表观密度 /(kg·m⁻³)	筒压强度 /MPa	坍落度 /cm	混凝土容重 /(kg·m⁻³)	强度/MPa	
					7 d	28 d
1	1580	6.0	17.5	1805	44.0	54.0
2	1640	6.7	19.0	1905	47.2	58.6
3	1780	8.6	19.5	1980	49.7	61.0
4	1905	9.5	21.0	2100	52.0	64.2

表 4-184 试验结果表明，相同配合比条件下，轻质高强高钛重矿渣集料混凝土的 28 d 抗压强度随着高钛重矿渣集料的筒压强度和表观密度增大而提高。这主要是因为随着粗集料筒压强度和表观密度的提高，集料中的空隙率逐渐降低，存在的缺陷也相应地减少，所以利用其制备的混凝土的密实程度有所提高，表现为混凝土抗压强度的增加。这与前面的理论分析结果也是相吻合的。在试验所用的几种轻质高强高钛重矿渣集料中，4 号集料筒压强度和表观密度最高，混凝土的抗压强度也最高；相比之下，1 号集料筒压强度和表观密度较低，利用其配制的混凝土抗压强度也相对较低。因此，在配制 C50 轻质高强高钛重矿渣混凝土时，宜选择表观密度为 1600～1800 kg/m³、筒压强度大于 6.5 MPa 的高钛重矿渣集料。

4.4.3.6　集料级配(最大粒径)对混凝土性能的影响

选择表观密度为 1780 kg/m³、筒压强度为 8.6 MPa，最大粒径分别为 5～31.5 mm、5～20.0 mm、5～16.0 mm 的三种连续级配的轻质高强高钛重矿渣集料进行试验，结果见表 4-185。

表 4-185　集料最大粒径对混凝土性能的影响

编号	集料最大粒径/mm	扩展度/cm	坍落度/cm	混凝土容重 /(kg·m⁻³)	混凝土 28 d 自收缩值/10⁻⁶	强度/MPa	
						7 d	28 d
1	31.5	51	20	1900	265	40.0	54.5
2	20.0	50	19	1930	241	47.2	61.7
3	16.0	50	18	1990	230	50.6	60.0

表 4-185 试验结果表明，随着集料最大粒径由大到小变化，混凝土的 7 d 和 28 d 抗压强度增加非常显著。

已有研究表明，轻集料的运动速度与粒径的平方成正比，因此轻集料的粒径无疑是影响轻集料混凝土工作性能的主要因素之一，粒径越大，集料越容易上浮。轻集料混凝土拌合物的工作性能，尤其是稳定性对轻集料粒径的变化非常敏感，而轻质高强高钛重矿渣混凝土也有类似的规律。随着集料粒径变大，混凝土的稳定性变差，分层离析程度加大，其强度也逐渐降低；集料粒径越小，集料颗粒分布越均匀，但是随着粒径的减小，集料的表面积增大，导致水泥用量的增加，而水泥用量的增加会导致混凝土密度 ρ_c 与轻质高强高钛重矿渣集料密度 ρ 之间的差值 $(\rho_c - \rho)$ 增大，这对于抑制集料的上浮反而不利。试验发现，在集料粒径为 12～20 mm 范围时，拌合物具有较高坍落度和较大的扩展度，混凝土拌合物的流动性和稳定性均较好。当集料的最大粒径小于 16 mm 时，混凝土拌合物在扩展度高达 60 cm 以上时仍然具有良好的稳定性；而当集料的最大粒径超过 20 mm 后，难以使混凝土拌合物同时具有高流动性和优良的稳定性。由此可见，控制集料的最大粒径在适当的范围内，是获得轻质高强高钛重矿渣混凝土较好工作性能与力学性能的关键。

4.4.4　轻质高强混凝土耐久性能研究

4.4.4.1　抗冻性能

轻质高强高钛重矿渣混凝土的配合比按照《轻集料混凝土技术规程》采用绝对体积法设计。试验中为了确保其工作性的稳定，轻质高强高钛重矿渣集料在制备混凝土前需预先在水中浸泡 10 h。配合比的参数包括水胶比 0.29、胶凝材料用量 540 kg/m³、以及不同的体积砂率。同时保持水胶比和胶凝材料用量不变,采用普通碎石 1083 kg/m³、砂 722 kg/m³ 作为对比试样(7 号)。试验中各参数变化及 28 d 混凝土抗压强度见表 4-186。

表 4-186　混凝土抗冻试验各相关参数

编号	28 d抗压强度/MPa	养护制度	集料预处理方式	体积砂率/%
1	62.7	标准养护	预湿 10 h	40
2	51.5	5℃养护	预湿 10 h	40
3	59.7	自然养护	预湿 10 h	40
4	61.4	标准养护	不预湿	40
5	58.3	标准养护	预湿 10 h	50
6	55.6	标准养护	预湿 10 h	60
7	65.9	标准养护	预湿 10 h	40

表 4-187　轻质高强高钛重矿渣混凝土的抗冻试验结果

编号	测试项目	冻融循环次数			
		0	100	200	250
1	相对动弹性模量/%	100	98	97	97
	质量损失率/%	0	0	0	0
	外观变化	—	—	—	—
2	相对动弹性模量/%	100	96	94	93
	质量损失率/%	0	0	0.1	0.3
	外观变化	—	—	—	—
3	相对动弹性模量/%	100	98	97	95
	质量损失率/%	0	0	0	0
	外观变化	—	—	—	—
4	相对动弹性模量/%	100	99	94	93
	质量损失率/%	0	0	0	0
	外观变化	—	—	—	—
5	相对动弹性模量/%	100	96	94	93
	质量损失率/%	0	0	0.1	0.3
	外观变化	—	—	—	—
6	相对动弹性模量/%	100	95	92	92
	质量损失率/%	0	0.1	0.3	0.5
	外观变化	—	—	—	*
7	相对动弹性模量/%	100	93	90	82
	质量损失率/%	0	0.2	0.5	2.1
	外观变化	—	—	*	*

注:表中"—"表示试件完好无损,"*"表示试件外表已局部脱落。

在表 4-187 中,通过轻质高强高钛重矿渣混凝土试件(1~6 号)与对比组试件(7 号)的对比可以发现,轻质高强高钛重矿渣混凝土抗冻性能较普通集料混凝土好。这主要是因为轻质高强高钛重矿渣集料是表面粗糙且具有大量沟纹和凹槽的多孔材料,在混凝土搅拌、成型及水化硬化过程中具有吸水和供水的作用。在水化初期,轻质高强高钛重矿渣集料从水泥浆体中吸收水分,其界面过渡区的水胶比小于水泥浆基体的水胶比,有效地避免了 CH 的富集和定向排列,提高了集料与水泥的界面黏结力;在水化硬化的过程中,轻质高强高钛重矿渣集料所吸收的水又可为未水化的水泥颗粒不断地提供水化用水,从而提高水泥的水化程度,使界面过渡区更加密实,提高了混凝土的抗渗性。此外,轻质高强高钛重矿渣集料颗粒具有较低的弹性模量和多孔结构,其多孔结构中存在大量的封闭细小孔隙,相当于引气剂在混凝土中引入的封闭气孔,这些特性使得其对结冰时产生的膨胀应力具有缓冲作用,使轻质高强高钛重矿渣混凝土具有良好的抗冻性能。

从表 4-187 还可看出,养护制度对轻质高强高钛重矿渣混凝土的抗冻性能有影响。随着养护温度的降低,其抗冻性能降低,但是降低幅度并不大;在标准养护条件下,轻质高强高钛重矿渣集料是否预湿处理对混凝土的抗冻性能几乎没有影响;体积砂率对轻质高强高钛重矿渣混凝土的抗冻性能影响较大,随着体积砂率的增大,其抗冻性能有所降低。具体原因分析如下:

(1) 养护制度的影响。由表 4-187 试验结果可以看出,在 5℃条件下养护的轻质高强高钛重矿渣混凝土的质量损失率及动弹性模量降低幅度均略比标准养护和室温养护试件的大些,而室温养护与标准养护试件的质量损失率及动弹性模量降低幅度则基本相当。这是因为环境温度对水泥水化反应程度的影响较大,环境温度越低,水泥的水化反应程度越低,水泥浆体及界面过渡区的结构及性能比高温养护时差,所以混凝土的抗冻性能低。但是由于轻质高强高钛重矿渣集料具有强大的缓冲膨胀应力能力,所以轻质高强高钛重矿渣混凝土抗冻性能下降并不十分明显。室温与标准养护时的温度相差更小,因此两种养护条件下轻质高强高钛重矿渣混凝土的抗冻性能基本相当。

(2) 预湿程度的影响。表 4-187 试验结果表明，轻质高强高钛重矿渣集料的预湿与否对混凝土的抗冻性能影响不明显。这是因为轻质高强高钛重矿渣集料是多孔结构，未经预湿处理的集料能在混凝土搅拌成型的过程中从水泥浆体中吸收较多水分存储在孔隙里，而后在混凝土水化硬化的过程中不断地释放水分起到自养护作用。这样一方面可优化界面过渡区的结构，从而提高混凝土的抗冻性能；另一方面则可保证多孔集料内有足够的含气孔隙，使混凝土在冻结时可释放应力，保证混凝土不被冻坏。

(3) 体积砂率的影响。由表 4-187 试验结果也可以看出，体积砂率对轻质高强高钛重矿渣混凝土的抗冻性能有较明显的影响，随着体积砂率的增大，混凝土的抗冻性能降低。这是因为砂在混凝土中的作用主要是填充粗骨料空隙，使骨料堆积更加致密。细集料的比表面积比粗集料大得多，增大砂率可以提高混凝土的黏聚性，混凝土拌合物黏性越大，其稳定性、均匀性则越好。但是当砂率超过一定值（约 50%）以后，过大的砂率就会使砂浆与轻质高强高钛重矿渣集料间的密度差增加，导致轻质高强高钛重矿渣混凝土的匀质性变差，试验中可观察到混凝土拌合物有明显的分层离析和轻微的泌水现象，降低了混凝土的截面强度和密实度，进而导致混凝土抗冻性能降低。因此，当体积砂率大于 50% 时，再提高砂率会使混凝土的抗冻性能有较明显的降低。

4.4.4.2 抗氯离子渗透性能

轻质高强高钛重矿渣混凝土在实验室制备，采用 60 L 搅拌机搅拌，搅拌顺序为：先将高钛重矿渣轻集料、砂、水泥、矿物掺和料干拌 30 s，然后加一半水搅拌 60 s，再加入剩余水和外加剂搅拌 120 s 后出锅，后振动成型，并在标准条件下养护至一定龄期后进行试验。轻质高强高钛重矿渣混凝土渗透性试验采用从 150 mm×150 mm×150 mm 立方体混凝土试件中钻芯取样，然后切割成 ϕ100 mm×50 mm 的圆柱体试样，按照 ASTM C1202-97 标准进行，测定试样在 60 V 电压下 6 h 内通过的电量，以评价轻质高强高钛重矿渣混凝土抗氯离子渗透性能。试验配合比与试验结果见表 4-188。

表 4-188　轻质高强高钛重矿渣混凝土配合比及性能

编号	胶凝材料/(kg·m^{-3})	水胶比	砂率/%	坍落度/mm	28 d 抗压强度/MPa	混凝土容重/(kg·m^{-3})	氯离子渗透系数/(10^{-12} m^2·s^{-1})
1	540	0.26	42	160	62.5	1988	1.2
2	540	0.29	42	190	61.0	1980	1.3
3	540	0.32	42	200	56	1960	1.5

表 4-188 试验结果表明，不同水胶比的轻质高强高钛重矿渣混凝土的氯离子渗透系数均较低，说明其均具有较好的抗氯离子渗透性能。这主要是因为高钛重矿渣集料具有多孔结构，能够吸收一定量的水分，在水泥水化后期能释放出一定量的水，起到混凝土内部湿度补偿的作用，提高集料周围水泥水化程度，使浆体与集料之间的界面结构密实，能够有效阻断氯离子的渗透。因此，使用高钛重矿渣集料配制的轻质高强高钛重矿渣混凝土具有较好的抗氯离子渗透性能。

4.4.4.3 抗碳化性能

表 4-189 试验结果表明，轻质高强高钛重矿渣混凝土和高强普通集料混凝土都具有良好的抗碳化性能；在胶凝材料用量相同的情况下，轻质高强高钛重矿渣混凝土具有比普通混凝土更好的抗碳化性能，尤其是复掺粉煤灰和硅灰后，其抗碳化性能得到了明显改善。具体原因分析如下：

表 4-189　混凝土抗碳化性能试验配合比及结果

编号	胶凝材料组成/(kg·m^{-3})	水胶比	360 d 碳化深度/mm
C0	540C	0.3	2.1
CQ1	540C	0.3	1.2
CQ2	450C+90FA	0.3	1.5
CQ3	450C+40FA+50SF	0.3	1.0

注：表中 C0 为普通混凝土，CQ 系列为轻质高强高钛重矿渣混凝土。

(1) 混凝土发生碳化的前提条件是，空气中的 CO_2 溶于混凝土内存在的水，并通过毛细管孔和界面过渡区的细小裂缝扩散渗透进入深层混凝土内部，发生进一步反应。轻质高强高钛重矿渣混凝土由于粗集料的湿度补偿作用,比普通混凝土的水泥水化程度高,粗集料与水泥石之间的界面过渡区也更密实,连通的毛细管孔数量更少,有效阻断了CO_2在混凝土中的传输路径。因此,其抗碳化性能较普通混凝土好。

(2) 掺入辅助胶凝材料对混凝土的抗碳化性能具有双重作用。一方面由于辅助胶凝材料自身的CaO含量都较低,且与水泥的水化产物发生二次水化反应,消耗了$Ca(OH)_2$,降低了混凝土的pH值,对混凝土的抗碳化性能有负面影响;另一方面由于辅助胶凝材料微粒的微集料填充效应和火山灰效应,能增强混凝土界面过渡区的性能,提高混凝土的密实度,有效阻断CO_2向混凝土内部扩散的通道,提高混凝土的抗碳化性能。

综合而言,对于掺加辅助胶凝材料的轻质高强高钛重矿渣混凝土来说,由于集料的内养护作用,使得胶凝材料水化程度大大提高,提高了混凝土的密实度,因而具有良好的抗碳化性能。

4.4.4.4 抗硫酸盐侵蚀性能

试件在5%硫酸钠溶液中浸泡90 d和180 d后取出,与在水中同龄期养护混凝土试件进行抗压强度对比试验。试验结果见表4-190。从90 d和180 d抗压强度损失率的变化可以看出,轻质高强高钛重矿渣混凝土和普通混凝土的抗压强度在侵蚀溶液的作用下都有不同程度的损失,其中轻质高强高钛重矿渣混凝土的强度损失较普通混凝土小,尤其是在粉煤灰或粉煤灰、硅灰复掺的情况下,能有效减小侵蚀环境下轻质高强高钛重矿渣混凝土的强度损失。具体原因分析如下:

表4-190 混凝土抗碳化性能试验配合比及结果

编号	胶凝材料组成/(kg·m^{-3})	水胶比	90 d抗压强度损失率/%	180 d抗压强度损失率/%
C0	540C	0.3	24.5	28.3
CQ1	540C	0.3	19.8	24.6
CQ2	450C+90FA	0.3	13.7	16.8
CQ3	450C+50FA+40F	0.3	10.5	14.1

注:表中C0为普通混凝土,CQ系列为轻质高强高钛重矿渣混凝土。

(1) 高钛重矿渣集料具有"吸水-释水"作用,能不断为未水化水泥颗粒提供水化用水,提高水泥的水化程度,增强界面过渡区的性能,防止侵蚀离子侵入;此外,高钛重矿渣集料弹性模量低,能释放侵蚀产物产生的膨胀能,所以用其配置的混凝土具有很好的抗硫酸盐侵蚀性能。

(2) 掺粉煤灰能够显著提高混凝土的抗硫酸盐侵蚀能力。因为混凝土中掺入粉煤灰后,能与水泥水化产物CH发生二次水化反应:

$$SiO_2 + m_1Ca(OH)_2 + n_1H_2O \longrightarrow \\ m_1CaO \cdot SiO_2 \cdot n_1H_2O \quad (4-50)$$

$$Al_2O_3 + m_2Ca(OH)_2 + n_2H_2O \longrightarrow \\ m_2CaO \cdot Al_2O_3 \cdot n_2H_2O \quad (4-51)$$

粉煤灰微填充作用及其水化生成的产物能填充水泥石的毛细孔,使混凝土更加密实,降低了孔隙率,阻碍侵蚀介质侵入混凝土内部,同时也增加了混凝土的强度,因而使混凝土的抗侵蚀能力增强。粉煤灰的二次水化作用还能使石膏结晶型侵蚀严重受阻。这是因为石膏只有在Ca^{2+}和SO_4^{2-}的浓度积达到石膏的溶度积时才能结晶析出,而且只有当石膏结晶量超过一定数值时才能对混凝土产生明显的侵蚀破坏作用。由于粉煤灰的水化反应消耗了大量的CH,即使在SO_4^{2-}浓度很高的情况下,也难以出现大量的石膏结晶体,这就大大减少了石膏结晶带来的危害。一般来说,少量的石膏不会引起混凝土膨胀破裂,除非大量的石膏在浆体和集料的界面上生成,才会导致混凝土膨胀破裂。

此外,由于粉煤灰水化反应消耗了混凝土体系中的CH,降低了硬化水泥石的碱度,这会引起一些只能在较高碱度条件下存在的水化产物分解,其中最重要的是高盐基的水化铝酸钙分解为碱度较低的低盐基水化铝酸钙,从而减小了高硫型水化硫铝酸钙(钙矾石)形成的可能性,而主要形成单硫型水化铝酸钙。高硫型水化硫铝酸钙是碱度较高时在水化铝酸四钙(或水化铝酸三钙)固相表面生成,并以细小针状向四方放射状析出,交叉搭建、相互挤压产生很大的膨胀应力;而碱度较低时,高硫型水化铝酸钙发生分解而成为单硫型水化铝酸钙($3CaO \cdot Al_2O_3 \cdot CaSO_4 \cdot 12H_2O$),并在远离含铝固相表面的液相中析出结晶。由于它在液相中析出结晶,填充原来的充水空间,不仅不会产生有害的内应力,还可以增强水泥石的密实性和强度。

对掺粉煤灰等辅助胶凝材料的轻质高强高钛重

矿渣混凝土来说,硫酸盐侵蚀溶液不仅难以产生有危害性的结晶型侵蚀,还对二次水化反应有促进作用。因此,其抗硫酸盐侵蚀性能随着粉煤灰掺量的增加而提高。

4.4.5 轻质高强混凝土构件优化设计

工程中大量的钢筋混凝土结构是由一维构件组成的,其中梁(板)和柱(墙)是水平向和竖向构件的最普遍形式。按照它们的受力特点可以分为受弯构件和受剪构件。掌握基本构件的受力特性、构件中钢筋和混凝土共同受力规律及分析方法,是了解和分析结构性能的基础。因此主要对轻质高强高钛重矿渣混凝土梁的极限抗弯承载力、抗裂度及短期荷载作用下裂缝宽度和刚度进行探讨,同时对比其与高强普通集料混凝土梁在抗弯性能和抗剪性能上的差异,为轻质高强高钛重矿渣混凝土在桥梁工程、高层建筑等工程中的推广应用提供参考依据。

4.4.5.1 混凝土梁抗弯试验

1) 原材料性能与试验方法

(1) 原材料性能。钢筋、混凝土配合比及混凝土的力学性能分别见表4-191~表4-193。

表4-191 钢筋力学性能

种类	直径D/mm	屈服强度/MPa	极限强度/MPa	弹性模量/GPa
Ⅰ级	6	412	511	210
Ⅰ级	8	242	356	210
Ⅰ级	10	264	390	210
Ⅱ级	10	458	627	200
Ⅱ级	16	368	562	200
Ⅱ级	20	396	586	200
Ⅱ级	25	378	581	200

表4-192 混凝土配合比及性能

SF/kg	C/kg	FA/kg	S/kg	G/kg	W/kg	PC/%	纤维素醚/‰	含气量/%	容重/(kg·m⁻³)	初始坍落度/扩展度/mm
50	450	40	640	620	155	1.6	0.5	6	1980	180/485
	450	70	756	1044	150	1.3		2.7	2450	220/550

表4-193 混凝土的力学性能

混凝土种类	抗压强度/MPa	轴心抗压强度/MPa	弹性模量/GPa	劈裂抗拉强度/MPa
SC50	62.0	41.0	29.4	4.3
NC50	67.5	65.4	37.2	4.7

注:SC—轻质高强高钛重矿渣混凝土;NC—普通混凝土。

(2) 试验梁的设计与制作。试验共制作6片强度等级为SC50的试验梁。轻质高强高钛重矿渣混凝土制备前对高钛重矿渣集料进行预湿处理,试验配合比见表4-192。试验梁的截面尺寸为 $b \times h = 150\,mm \times 270\,mm$,跨径$L=2\,m$,净跨为$L_0=1.8\,m$,各项指标见表4-194。试验梁的纯弯段不设箍筋,其配筋如图4-189所示。

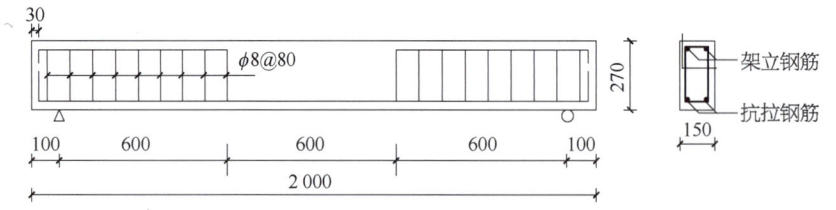

图4-189 试验梁配筋图(单位:mm)

表4-194 试验方案

编号	试验梁	截面尺寸 $b \times h$/mm	跨长 L/mm	混凝土强度等级	钢筋直径/mm	钢筋面积 A_y/mm²	配筋率 ρ/%
1	SC50-10	150×270	2000	SC50	2φ10	1.57	0.45
2	SC50-16	150×270	2000	SC50	2φ16	4.02	1.16

(续表)

编号	试验梁	截面尺寸 $b \times h$ /mm	跨长 L /mm	混凝土强度等级	钢筋直径 /mm	钢筋面积 A_y/mm²	配筋率 ρ /%
3	SC50-16-16	150×270	2 000	SC50	2φ16+2φ16	8.04	2.56
4	SC50-16-20	150×270	2 000	SC50	2φ16+2φ20	10.30	3.37
5	NC50-16	150×270	2 000	C50	2φ16	4.02	1.16

(3) 加载方式及试验方法。试验梁测点布置如图4-190所示。加载方式为两点对称加载,由分配梁来实现,加载装置如图4-191所示。试验过程中采用分级加荷,每级荷载的大小根据每根试验梁极限荷载来确定。接近纵筋屈服应变时,适当增加荷载级别以确定试验梁的屈服荷载。

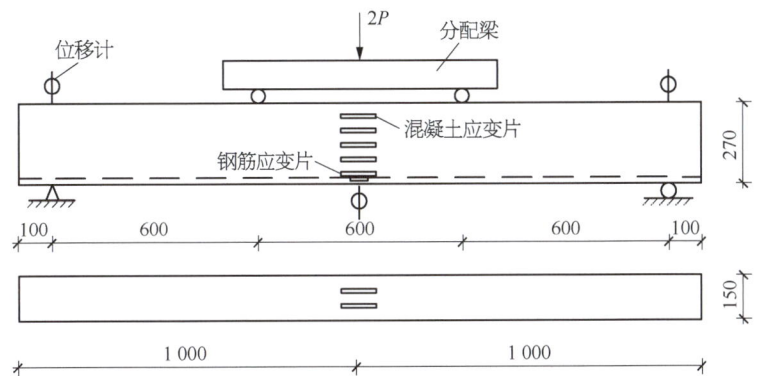

图4-190 试验梁测点布置图(单位:mm)

图4-191 试验加载装置

2) 混凝土应变和钢筋的应变

(1) 混凝土应变。轻质高强高钛重矿渣混凝土试验梁跨中截面沿梁高混凝土的平均应变与荷载的关系如图4-192所示。由图示结果可以看出,在荷载较小时,试验梁截面中和轴在试验梁截面的中线附近,随着荷载增加,受压区高度减小,中和轴逐渐上移。在应变片的正常测量范围之内,试验梁在荷载作用下的混凝土应变基本上呈线性变化。因此,轻质高强高钛重矿渣混凝土(SC)受弯构件的截面应变符合平截面假定。

(2) 钢筋应变。试验梁纵向抗拉钢筋的荷载-应变关系如图4-193所示。由图示结果可以看出,在试验梁混凝土开裂之前,钢筋应力增长缓慢;混凝土开裂之后,受拉区混凝土退出工作,截面的拉应力全部由钢筋承担,钢筋的应力增长明显加快,在荷载-钢筋应变关系图上表现为曲线出现转折,斜率减小。钢筋达到屈服点后,钢筋应力保持屈服强度不变,而应变迅速增加,基本保持屈服强度,直至受压区混凝土被压碎破坏。配筋率较低的SC50-10试验梁在开裂后,钢筋应力急速增长,很快就达到屈服。

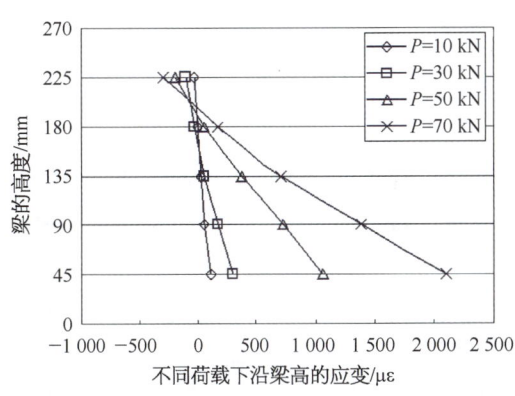

图4-192 SC50-16沿梁高混凝土的平均应变

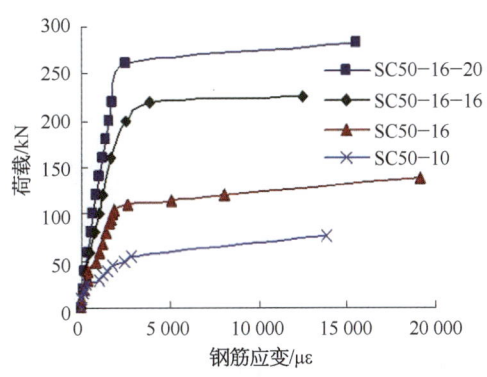

图4-193 不同配筋率的SC试验梁荷载-钢筋应变变化关系的对比

3) 正截面承载力

试验梁的抗弯正截面承载力计算应遵循以下基本假定:①横截面变形符合平截面假定;②受拉区混凝土的抗拉强度可忽略;③受压区应力图形按矩形计算。

基于以上假定,规范给出普通混凝土梁的抗弯正截面承载力的计算公式:

$$M = A_g R_g^b \left(h_0 - \frac{x}{2}\right) = f_c b x \left(h_0 - \frac{x}{2}\right) \quad (4-52)$$

式中 R_g^b——钢筋的实测屈服强度(MPa);
A_g——钢筋面积(mm^2);
f_c——混凝土轴心抗压强度(MPa);
h_0——梁截面的有效高度(mm);
b——梁截面的宽度(mm);
x——截面受压区高度(mm)。

试验梁的正截面各阶段的实测承载力见表4-195。由表中结果可知,对于轻质高强高钛重矿渣混凝土试验梁,屈服荷载理论计算值与试验值很接近,比值平均值为0.95,表明轻质高强高钛重矿渣混凝土梁的正截面抗弯承载力与普通混凝土梁没有明显差别,其正截面承载力可依据现行普通混凝土结构计算方法计算;相同配筋率情况下,轻质高强高钛重矿渣混凝土梁的抗弯承载力不低于同强度等级普通混凝土梁。

表4-195 试验梁各阶段实测荷载和理论值的对比

编号	f_{cu}/MPa	配筋率 ρ/%	开裂阶段荷载			屈服阶段荷载			实测极限荷载/kN
			理论/kN	实测/kN	理论/实测	理论/kN	实测/kN	理论/实测	
SC50-10	62	0.45	39.23	36.18	1.08	55.49	56.63	0.98	80.54
SC50-16	62	1.16	40.66	39.68	1.02	110.6	116.32	0.95	150.76
SC50-16-16	62	2.56	42.43	40.57	1.05	190.9	205.39	0.93	224.65
SC50-16-20	62	3.37	43.42	45.26	0.96	242.35	258.27	0.94	276.36
NC50-16	67.5	1.16	41.42	42.71	0.99	109.45	119.03	0.92	147.45

配筋率对试验梁开裂荷载N_{cr}的影响如图4-194所示,由图示结果可知,在混凝土强度相同的条件下,试验梁的开裂荷载随着配筋率的增加而增大。

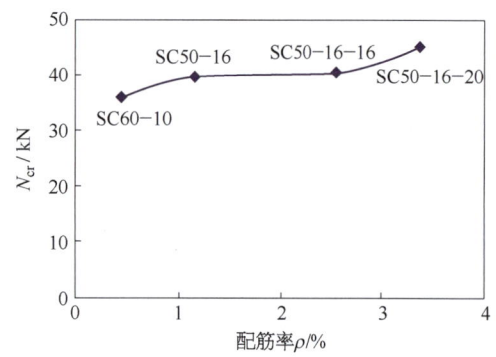

图4-194 配筋率对开裂荷载N_{cr}的影响

4) 挠度

试验梁的荷载与跨中挠度的关系如图4-195、图4-196所示。由图可知,所有试验梁从开始加载到受弯破坏都可以明显地划分为弹性上升、塑性变形和软化下降三个阶段;在混凝土强度相同的情况下,提高配筋率,试验梁的刚度EI_0增大,表现为荷载-挠度曲线的斜率增大,这是因为纵向配筋率越大,试验梁的换算截面有效惯性矩I_0也就越大;在配筋率和混凝土强度等级相同的情况下,轻质高强高钛重矿渣混凝土梁SC50-16挠度较普通混凝土梁NC50-16大,这主要是由于轻质高强高钛重矿渣混凝土的弹性模量比同强度等级普通混凝土低。

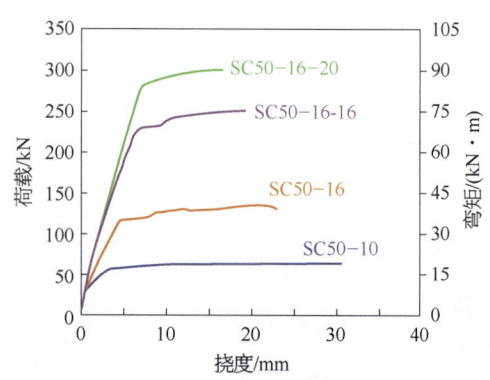

图4-195 高强SC试验梁荷载-挠度图

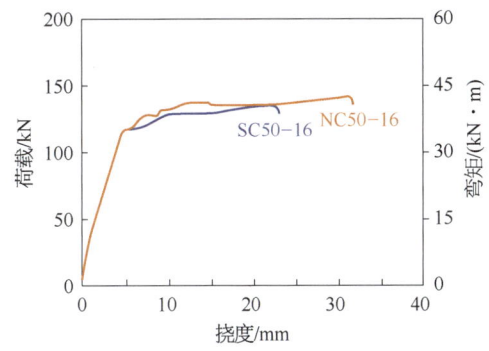

图 4-196 不同混凝土梁荷载-挠度图

5) 延性

延性是指在破坏阶段结构承受荷载后变形的能力,它是构件在承受地震及冲击荷载作用时的一项重要的受力特性。构件延性一般用延性系数表示,受弯构件的延性系数有挠度延性系数 u_f、截面曲率延性系数 u_ψ 和塑性区段的截面极限转角 θ_p 等。其中挠度延性系数 u_f 是指试验梁极限挠度 f_u 与屈服挠度 f_y 的比值。试验梁的挠度延性系数见表 4-196。

表 4-196 试验梁的延性系数 u_f

试验梁	抗压强度 f_{cu}/MPa	配筋率 ρ/%	屈服挠度 f_y /mm	极限挠度 f_u /mm	挠度延性系数 (f_u/f_y)
SC50-10	62.0	0.45	3.29	31.78	9.66
SC50-16		1.16	4.63	28.16	6.08
SC50-16-16		2.56	6.27	17.32	2.76
SC50-16-20		3.37	6.75	16.25	2.41
NC50-16	67.5	1.16	4.36	28.91	6.63

表 4-196 结果表明,对于强度等级相同的轻质高强高钛重矿渣混凝土试验梁,配筋率越高,延性越差;当 $\rho \leqslant 2.56\%$ 时,试验梁的延性随配筋率的增加大幅度降低,而当 $\rho \geqslant 2.56\%$ 时,随着配筋率的增加,试验梁的延性降低幅度减小;在混凝土强度等级(如 C50)与配筋率相同的情况下,轻质高强高钛重矿渣混凝土梁的延性要小于普通混凝土梁。

6) 试验梁的破坏形式

由试验梁破坏的过程可以看出,在破坏之前,所有试验梁都表现出明显的破坏征兆,受拉纵筋屈服,裂缝充分开展,跨中挠度明显增加,最后受压区混凝土被压碎。这些都属于典型的延性抗弯破坏现象。

普通混凝土试验梁与轻质高强高钛重矿渣混凝土试验梁的典型破坏形式如图 4-197、图 4-198 所示。轻质高强 SC 试验梁的受压区混凝土接近极限应变时,由于水平裂缝的出现,受压区边缘的混凝土

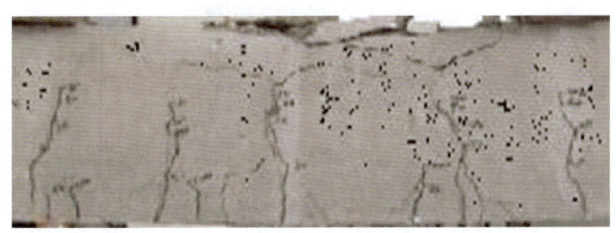

图 4-197 NC50-16 试验梁的破坏形式

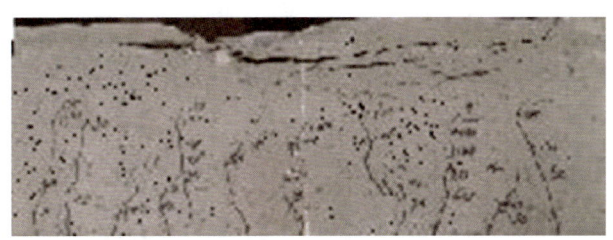

图 4-198 SC50-16 试验梁的破坏形式

会因突然被压碎而成块崩裂,此时其承载力下降很快。而普通 NC 试验梁受压区的混凝土也有相似的破坏特征。

引起受压区混凝土达到极限应变进而发生突然脆性破坏的主要原因如下:

(1) 混凝土的脆性随着强度等级的提高而增大,低强度等级的普通混凝土受弯构件在受压区混凝土达到极限应变后,混凝土的破损剥落是缓慢进行的。而高强混凝土的极限应变普遍要小于普通强度混凝土,在《高强混凝土结构技术规程》中,规定 C50~C80 混凝土的极限应变 ε_{cu} 均取 0.003,而普通强度混凝土则为 0.0033。

(2) 试验梁纯弯段的受压区没有配置纵向钢筋(抗压钢筋)和横向约束钢筋(箍筋)。受压区内的纵筋可以与混凝土一起承受压力,在混凝土压碎后起到强度补偿作用;而箍筋则对混凝土的变形形成有

效约束,提高混凝土的极限应变。因此,它们能延缓受压区混凝土的压碎崩裂,从而有效地提高梁的延性。所以在实际工程应用中,宜在高强 SC 受弯构件的受压区内(特别是在最大弯矩截面附近)配置一定数量的抗压纵筋和横向约束钢筋,以提高其延性。

从轻质高强 SC 试验梁和普通 NC 试验梁的破坏断面(图 4-199、图 4-200)可以看到,裂缝均贯穿了混凝土的粗集料。这种现象对轻质混凝土而言较为常见,但对于普通混凝土,只有在水泥砂浆(水泥石基体)强度较高时才会出现。因为在普通强度普通混凝土中,天然集料的强度和硬度都要大于水泥砂浆(水泥石基体),裂缝首先在粗集料与砂浆的界面产生,然后绕过集料扩展。但是轻质高强 SC 试验梁的水泥砂浆与高钛重矿渣轻集料的界面黏结致密,且水泥砂浆的强度一般要高于高钛重矿渣集料的强度。所以轻质高强 SC 试验梁的裂缝首先在高钛重矿渣集料内部发生,然后贯穿集料扩展到水泥砂浆。试验研究表明,轻质高强 SC 试验梁的断裂能要小于同等强度等级的普通混凝土梁,这是轻质高强 SC 试验梁脆性比普通 NC 试验梁大的原因。

7) 裂缝分布

试验过程中,用读数显微镜仔细观测了裂缝的发展与分布情况,并在试验梁上绘出裂缝的位置,标出相应的荷载等级及各级荷载作用下的最大裂缝宽度。

在荷载作用下,试验梁首先在跨中纯弯段出现竖向的弯曲裂缝。随着荷载增加,不断出现新的裂缝,裂缝的分布越来越密。在 100 kN 左右出现了弯剪裂缝。随着荷载持续增加,在试验梁剪力段,出现了剪切斜裂缝。斜裂缝首先在试验梁腹板中间出现,然后朝两端不断延伸。试验梁屈服之后,弯曲裂缝迅速向上延伸。跨中的主弯曲裂缝发展到一定高度时出现分岔。随着受压区高度的不断减小,受压区混凝土被压碎,试验梁也失去承载力。典型的试验梁裂缝分布图如图 4-201～图 4-204 所示。

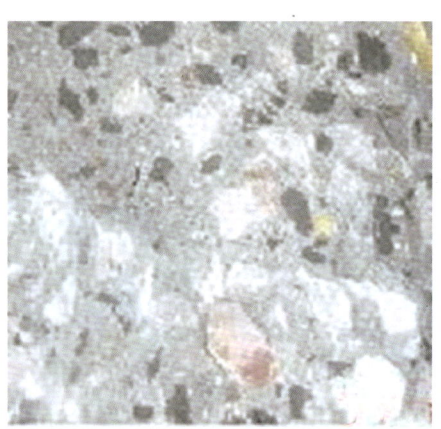

图 4-199 SC 试验梁破坏断面

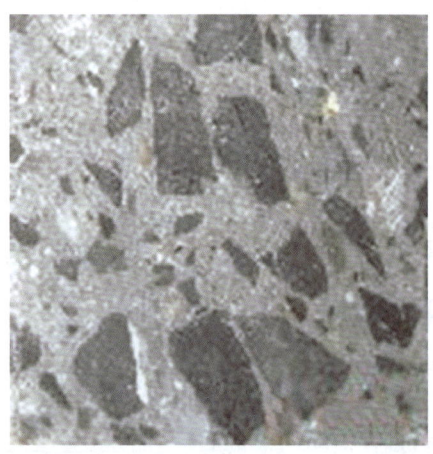

图 4-200 NC 试验梁破坏断面

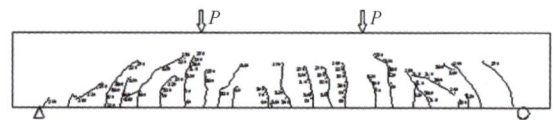

图 4-201 SC50-16-20 的裂缝分布图

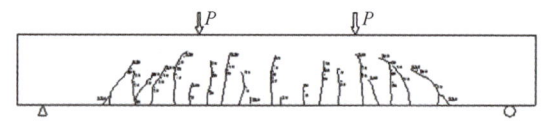

图 4-202 SC50-16 的裂缝分布图

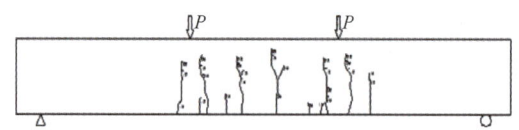

图 4-203 SC50-10 的裂缝分布图

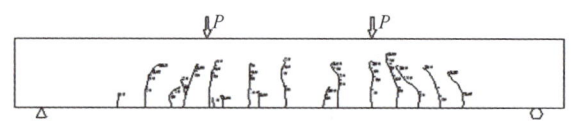

图 4-204 NC50-16 的裂缝分布图

从图 4-201～图 4-204 的轻质高强高钛重矿渣混凝土 SC 试验梁裂缝分布情况可以看出,随着配筋率的增加,裂缝的数量越来越多,间距越来越密;对于同类型混凝土受弯构件,裂缝间距和宽度主要受配筋率、钢筋表面形状和钢筋直径的影响,对混凝土强度的变化并不敏感。

图 4-202 和图 4-204 为同配筋率、同强度等级普通混凝土梁和轻质高强高钛重矿渣混凝土梁的裂缝分布图,表 4-197 为试验梁裂缝和最大裂缝宽度结果。通过图和表的对比可以发现,与普通混凝土梁相比,轻质高强高钛重矿渣混凝土梁的裂缝间距较小,裂缝宽度较细。轻质高强高钛重矿渣混凝土梁满足《公路钢筋混凝土及预应力混凝土桥涵设计规范》在正常使用荷载下混凝土受弯构件的最大裂缝宽度不应超过 0.2mm 的要求。

表 4-197 试验梁裂缝间距和最大裂缝宽度

试验梁编号	使用荷载下的裂缝间距和最大裂缝宽度			屈服前的裂缝间距和最大裂缝宽度		
	使用荷载 M /(kN·m)	平均裂缝间距 /mm	最大裂缝宽度 /mm	屈服弯矩 M_y/(kN·m)	平均裂缝间距/mm	最大裂缝宽度 /mm
SC50-10	10.25	98.71	0.16	16.65	83.16	0.56
SC50-16	25.08	85.43	0.15	33.18	69.58	0.41
SC50-16-16	42.22	73.52	0.13	57.27	61.98	0.40
SC50-16-20	50.69	72.37	0.10	72.71	57.55	0.37
NC50-16	25.08	92.81	0.15	32.84	78.77	0.45

轻质高强高钛重矿渣混凝土梁与普通混凝土梁裂缝的不同特性主要由粗集料的不同引起,高钛重矿渣集料具有较大的吸水率,能在搅拌过程中预储水分待水泥水化硬化时补充水分,这在一定程度上影响了混凝土的收缩变形性能,进而影响混凝土的抗裂性能。此外,高钛重矿渣集料的强度和弹性模量均低于普通粗集料,其与水泥砂浆弹性模量之间的差值小于普通集料,这提高了高钛重矿渣集料混凝土与钢筋之间的协同变形性能。

4.4.5.2 混凝土梁抗剪试验

1) 原材料性能与试验方法

(1) 原材料。试验所用原材料同前。混凝土与钢筋的力学指标见表 4-191 和表 4-192。

(2) 试件设计与制作。抗剪试验梁为矩形截面的钢筋混凝土简支梁,横截面尺寸同抗弯试验构件尺寸,主筋采用Ⅱ级 $2\phi25$(无腹筋)和 $4\phi25$(有腹筋)的螺纹钢筋,架立筋采用Ⅱ级 $2\phi16$ 的螺纹钢筋,箍筋采用Ⅰ级 $\phi6$ 的光圆钢筋。抗剪试验梁的混凝土制备方式及配合比同抗弯构件,见表 4-192。试验梁的基本指标见表 4-198,构造及配筋图如图 4-205、图 4-206 所示。

(3) 加载方式与试验方法。试验的加载装置如图 4-207 所示。加载方式为两点加载,加载点为试验梁的三分点并根据剪跨比改变,由分配梁来实现两点加载。试验过程中采用分级加荷,每级荷载的大小根据每根试验梁极限荷载确定,接近纵筋屈服应变时,适当增加荷载级别以确定试验梁的屈服荷载。

表 4-198 试验梁基本指标

编号	截面有效高度/mm	剪跨比	主筋/mm	主筋配筋率 μ/%	受压钢筋/mm	箍筋	箍筋配筋率 μ_k/%
SC50-1	200	1	$4\phi25$	6.55	$2\phi16$	$\phi6@140$	0.27
SC50-2	200	2	$4\phi25$	6.55	$2\phi16$	$\phi6@140$	0.27
SC50-3	200	3	$4\phi25$	6.55	$2\phi16$	$\phi6@140$	0.27
SC50-4	200	4	$4\phi25$	6.55	$2\phi16$	$\phi6@140$	0.27
NC50-3	200	3	$4\phi25$	6.55	$2\phi16$	$\phi6@140$	0.27
SC50-N	226.5	3	$2\phi25$	2.89			

注:1. SC50 为轻质高强高钛重矿渣混凝土有腹筋梁。
2. -1、-2、-3、-4 分别指剪跨比为 1、2、3、4。
3. NC50-3 为普通混凝土有腹筋梁,剪跨比为 3。
4. SC50-N 为轻质高强高钛重矿渣混凝土无腹筋梁。

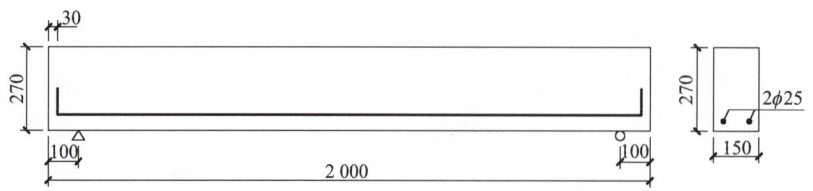

图 4-205 无腹筋梁构造及配筋图(单位:mm)

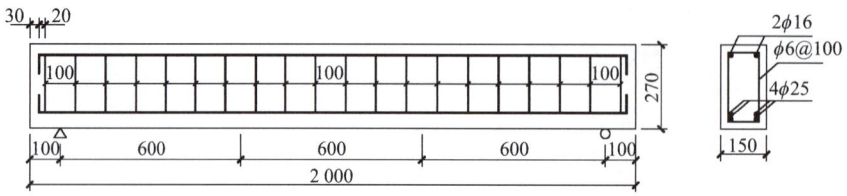

图 4-206 有腹筋梁构造及配筋图(箍筋间距 140 mm)(单位:mm)

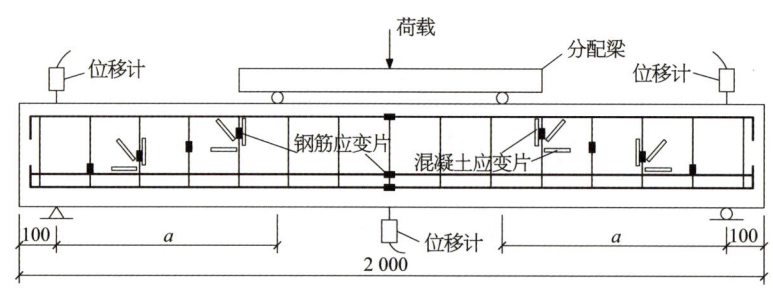

图 4-207 测点布置与加载图(单位:mm)

2)试验梁抗剪承载力分析

试验梁的抗剪承载力试验结果见表 4-199。由结果可知,试验梁 SC50 斜裂缝开裂剪力和极限抗剪承载力随剪跨比的增加而减小;剪跨比相同的不同混凝土有腹筋梁,SC50-3 梁的斜裂缝开裂剪力大于 NC50-3 梁;对比剪跨比相同的轻质高强高钛重矿渣混凝土梁(SC50-3、SC50-N)抗剪承载力可以发现,有腹筋梁比无腹筋梁斜裂缝剪力略大。

临界斜裂缝剪力是斜裂缝宽度为 0.2 mm 时对应的剪力。从表 4-199 可以看出,临界斜裂缝剪力比斜裂缝开裂剪力有比较大的提高,可见箍筋能有效地抑制裂缝的发展,裂缝发展较慢,而相应的无腹筋梁,斜裂缝出现以后,裂缝宽度增长很快,临界斜裂缝剪力和斜裂缝开裂剪力相差不大。

表 4-199 试验主要结果

编号	f_{cu}/MPa	梁开裂时跨中弯矩/(kN·m)	斜裂缝开裂剪力/kN	临界斜裂缝剪力/kN	极限剪力 V_{cs}/kN	破坏形式
SC50-1	62.0	25.7	128.4	251.4	375.2	斜压
SC50-2	62.0	41.5	103.7	157.1	304.6	剪压
SC50-3	62.0	56.8	94.8	118.5	225.9	剪压
SC50-4	62.0	53.0	77.9	128.8	185.7	斜拉
NC50-3	67.5	58.2	88.0	112.7	211.9	剪压
SC50-N	62.0	45.6	67.9	81.3	114.9	斜拉

注:f_{cu} 为混凝土立方体抗压强度。

3) 试验梁抗剪承载力特征值分析

（1）剪跨比对 SC50 试验梁抗剪特征值的影响分析。剪跨比是影响梁的极限抗剪承载力的主要因素之一，为了消除混凝土强度差异对梁极限抗剪承载力的影响，将其（V_{cs}）除以 $f_c bh_0$，得到抗剪特征值。图 4-208 为 SC50 有腹筋试验梁的抗剪特征值与剪跨比的关系。由图可知，当剪跨比从 1 增加到 2 时，极限抗剪特征值变化不大，这可能是由于 SC50-1 试验梁破坏多以支座撕裂而破坏，试验梁未能充分发挥其抗剪能力，导致 V_{cs} 较小；当剪跨比从 2 增加到 3，再从 3 增加到 4 时，极限抗剪特征值均有明显下降；对于临界斜裂缝荷载，剪跨比从 1 增加到 2，其值急剧下降，而从 2 增加到 3 再增加到 4 时，其值变化不大，说明剪跨比对临界斜裂缝荷载影响不大。

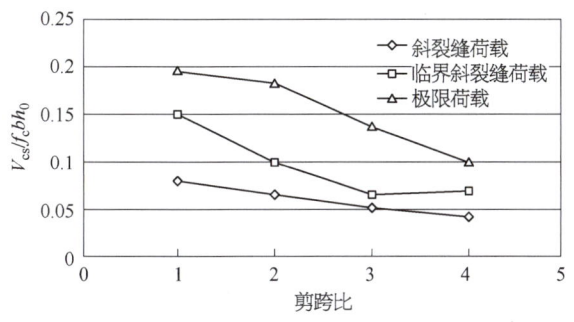

图 4-208 剪跨比对 SC 试验梁抗剪特征值的影响

（2）不同混凝土在有、无腹筋时对抗剪特征值的影响分析。将试验梁的斜裂缝开裂剪力、临界斜裂缝剪力、极限抗剪承载力除以 $f_c bh_0$，即得到试验梁相应抗剪特征值。图 4-209 是有、无腹筋梁抗剪特征值的对比图，由图可知，NC50 试验梁的斜裂缝开裂抗剪特征值、临界斜裂缝抗剪特征值、极限抗剪特征值均较 SC50 试验梁小，这是由于轻质高强高钛重矿渣混凝土梁和普通混凝土梁的材料组成和破坏形式不同，这对混凝土梁的抗剪特征值有很大的影响。

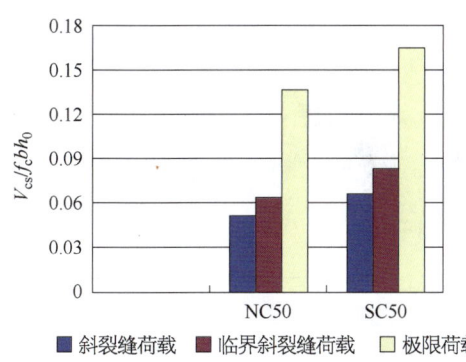

图 4-209 不同混凝土材料有腹筋梁抗剪特征值

4) 混凝土抗剪承载力分析

（1）不同剪跨比下 SC50 试验梁不同箍筋部位处的混凝土抗剪承载力比较。混凝土的抗剪承载力可由式 $V_c = V_{cs} - V_s$ 求出，其中箍筋的承载力 V_s 通过箍筋上应变片的应变计算，剪跨段的剪力 V_{cs} 则可通过施加荷载得知。

混凝土贡献的抗剪承载力在不同荷载下、不同箍筋部位是不同的。图 4-210、图 4-211 分别为不同剪跨比 (m) 下 SC50 梁左侧和右侧箍筋对应的混凝土的抗剪承载力曲线。

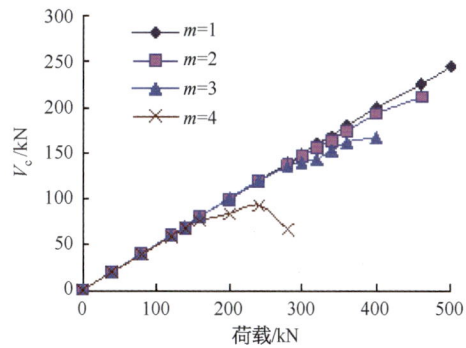

图 4-210 剪跨比对 SC50 梁左侧箍筋对应混凝土抗剪承载力的影响

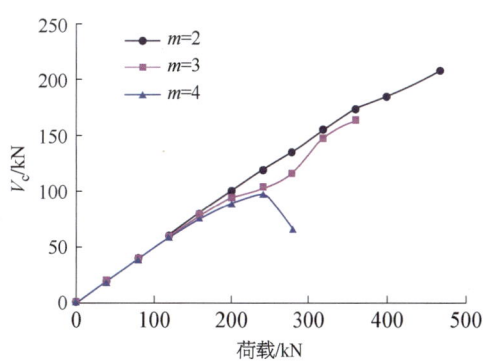

图 4-211 剪跨比对 SC50 梁右侧箍筋对应混凝土抗剪承载力的影响

当 $m=1$ 时，由于剪跨段内仅两根箍筋，故取靠近支座处的箍筋部位作为分析对象。由图 4-210 可知，当 $m=1$ 时，SC50-1 梁混凝土抗剪承载力 V_c 随荷载增加而增加，且呈线性分布。从梁的破坏形式和应变片测得应变来看，箍筋对梁的抗剪承载贡献很小，主要由混凝土承担剪力。且两根 $m=1$ 试验梁破坏时，没出现应力重分布现象。由图 4-210、图

4-211可知,当 $m=2$ 时,SC50 梁左侧和右侧箍筋对应的混凝土抗剪承载力与 $m=1$ 时情况相同,直至梁破坏时未出现应力重分布;当 $m=3$ 时,对于左侧箍筋对应的混凝土抗剪承载力,SC50 梁的混凝土抗剪承载力曲线已不再是直线,这说明随着荷载增加,发生了从混凝土到箍筋的应力重分布现象;当 $m=4$ 时,在试验梁达到极限荷载以前,左、右两侧箍筋对应的混凝土的抗剪承载力 V_c 达到一个最大值,当混凝土抗剪承载力达到这个峰值以后,随着荷载的增加,试验梁内力出现应力重分布,箍筋承担的剪力逐渐增加,混凝土承担的剪力逐渐减少,直至梁破坏。由图还可以看出,混凝土在达到其最大抗剪承载力后,还能继续贡献抗剪能力,同时由于试验梁的应力重分布,说明混凝土在剪切荷载下存在一定延性。

(2) 不同混凝土梁不同箍筋部位处的混凝土抗剪承载力比较。图 4-212、图 4-213 分别为同强度等级轻质高强高钛重矿渣混凝土梁和普通混凝土梁,在相同剪跨比下左、右侧箍筋处混凝土抗剪承载力。由图可知,在相同剪跨比下,SC50、NC50 试验梁混凝土的抗剪承载力曲线后段呈非线性关系,这说明在试验后期发生了混凝土和箍筋间的应力重分布现象;在试验后期,SC50 试验梁混凝土转移到钢筋的应力较 NC50 普通混凝土试验梁少,说明轻质高强高钛重矿渣混凝土试验梁延性较普通混凝土试验梁小,这也印证了前面抗弯试验中轻质高强 SC 试验梁脆性比普通 NC 试验梁大的观点。

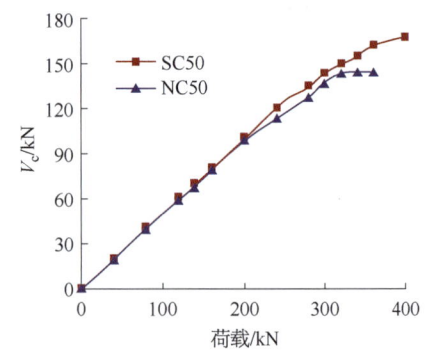

图 4-212 同剪跨比混凝土梁左侧箍筋对应的混凝土抗剪承载力

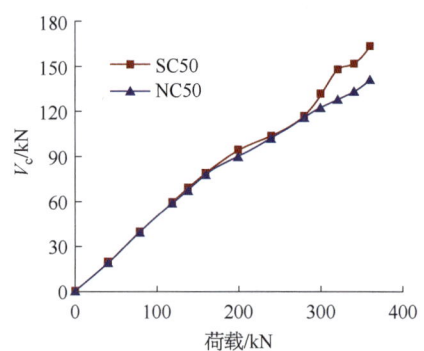

图 4-213 同剪跨比混凝土梁右侧箍筋对应的混凝土抗剪承载力

5) 箍筋应变分析

图 4-214 列出了不同剪跨比下 SC50 试验梁不同位置的箍筋应变图。由图可知,在斜裂缝出现之前,箍筋拉应变很小,甚至处于受压状态,斜裂缝出现后,与斜裂缝相交的箍筋应变迅速增大,说明箍筋对斜裂缝的出现影响很小,在斜裂缝出现以后,箍筋才发挥作用;构件斜截面破坏时,剪跨中部箍筋应变可达到其屈服强度,而在支座和加载点附近,由于横向压应力 σ_y 的影响,箍筋拉应变较小或处于受压状态,以致中部箍筋应变比其两侧箍筋应变大,说明剪跨中部的箍筋对提高试验梁的受剪承载力作用更大一些;SC50-4 梁中下、中上和上部箍筋应变曲线几

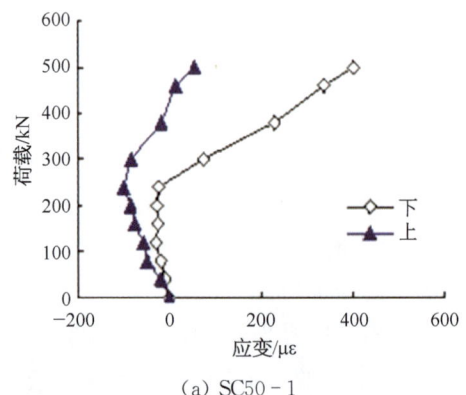

(a) SC50-1

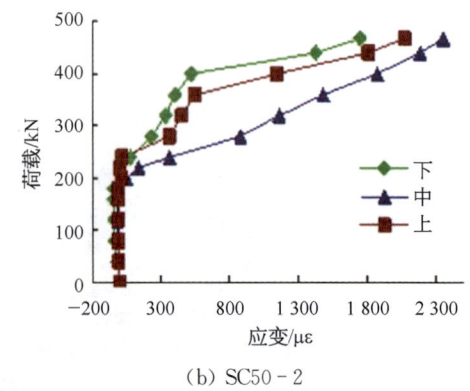

(b) SC50-2

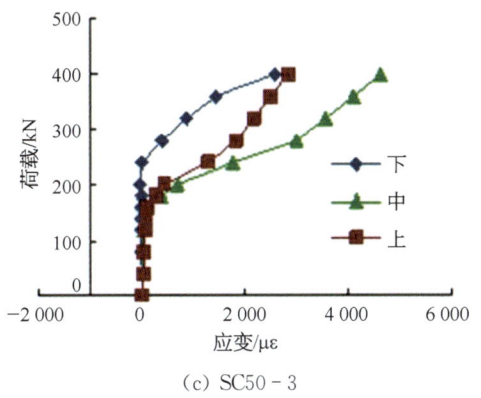
(c) SC50-3

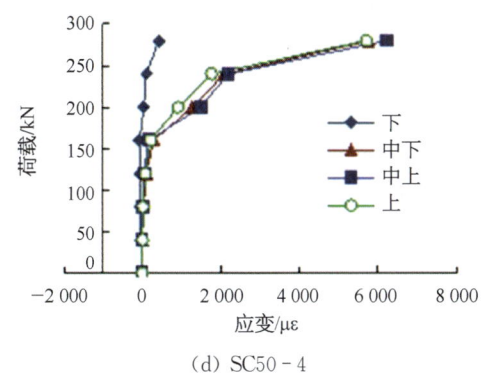
(d) SC50-4

图 4-214　不同剪跨比下 SC50 混凝土梁的箍筋应变

乎一致,表明该试验梁破坏时,临界斜裂缝穿过了这三部分箍筋,箍筋充分发挥了其抗剪能力;随着剪跨比增加,试验梁箍筋的最大应变也增加,这反映了不同剪跨比下,试验梁的破坏形式不同,导致箍筋的最大应变随剪跨比增加而增大。

图 4-215 为剪跨比对试验梁主要箍筋应变的影响,其中 SC50-1 由于应变太小,未予列出。由图可知,在相同荷载下,SC50 试验梁随着剪跨比的增加,箍筋应变也随之增大;SC50-3 与 NC50-3 的箍筋应变曲线几乎重合,表明在相同剪跨比下,同强度等级的轻质高强高钛重矿渣混凝土梁与普通混凝土梁的箍筋抗剪承载能力相当。

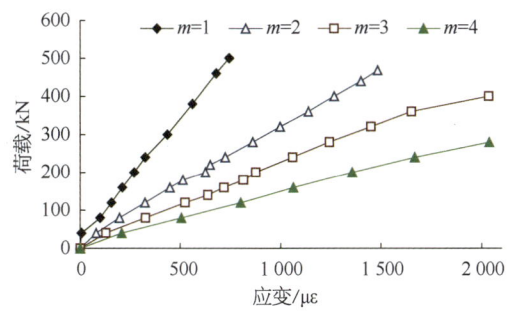

图 4-216　不同剪跨比下 SC50 有腹筋梁主筋应变

7) 挠度

(1) 剪跨比对 SC50 梁挠度的影响。由于试验主要针对混凝土梁抗剪性能研究,主筋的配筋较高,导致梁跨中挠度较小,所有梁的挠度均在 10 mm 以内。此外,所有梁的破坏为发生在剪跨段内的脆性破坏,其荷载-挠度曲线接近直线,且梁破坏时荷载下降很快,因此选取从开始加载到极限荷载这一段的荷载-挠度曲线进行研究分析。

图 4-217 是不同剪跨比下 SC50 梁的荷载-挠度曲线图。由图可知,从开始加载直至斜裂缝开裂

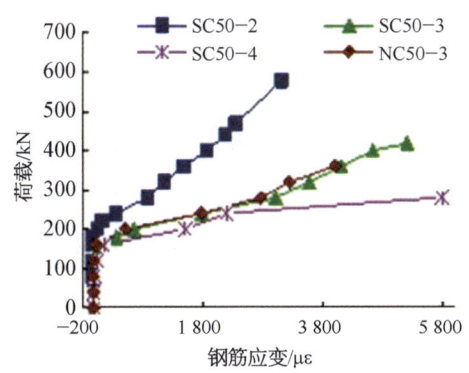

图 4-215　剪跨比对箍筋应变的影响

6) 主筋应变

图 4-216 是不同剪跨比下 SC50 有腹筋试验梁的主筋应变曲线。为了使试验梁的破坏发生在剪跨段,出现抗剪破坏现象,因而主筋配筋率较大,所以在剪跨比 $m=4$ 时,主筋应变还处于弹性阶段,曲线呈线性分布。由图可知,随着剪跨比增大,主筋应变的增长趋势变快。

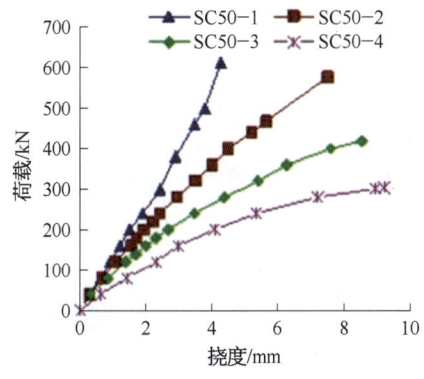

图 4-217　剪跨比对 SC50 梁挠度的影响

并达到破坏,试验梁的挠度曲线基本呈线性发展,只是在斜裂缝开裂以后,曲线的斜率逐渐减小,且随着剪跨比的增大,这种变化趋势越明显;在相同荷载等级下,梁的跨中挠度随着剪跨比的增大而增大;在剪跨比较小时,SC50梁的荷载-挠度曲线更接近直线,这说明SC50梁具有很好的弹性。

(2)腹筋对SC50梁挠度的影响。图4-218是SC50有、无腹筋的荷载-挠度曲线图,由图可以看出,对无腹筋梁,在斜裂缝出现以前,梁跨中的挠度曲线呈线性发展,说明梁处于良好的弹性阶段,随着斜裂缝的出现,荷载-挠度曲线的斜率明显减小,开裂以后的挠度曲线接近水平直线,这与无腹筋梁的脆性破坏特征相吻合;而对于有腹筋梁,在开裂以后,虽然挠度曲线斜率也在缓慢变小,但变化的速度相对于无腹筋梁来说要慢得多,表明腹筋能明显提高梁的延性。

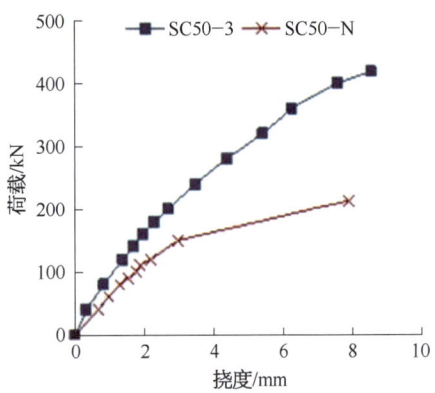

图4-218 腹筋对SC50梁挠度的影响

(3)不同混凝土试验梁在有、无腹筋时的挠度的对比分析。图4-219是不同种类混凝土有腹筋梁的荷载-挠度曲线对比图。从图中可以看出,在相同荷载等级下,SC50-3梁的挠度比NC50-3梁的挠度小,说明SC50-3试验梁的刚度更大。

8) 裂缝发展和破坏形态分析

钢筋混凝土梁斜截面的主要破坏型态可分为三种:斜压、剪压和斜拉。轻质高强高钛重矿渣混凝土梁在出现裂缝时,高钛重矿渣集料被劈成两半,而仅有少数普通集料被劈开。轻质高强高钛重矿渣混凝土的抗拉强度和弹性模量较小,导致混凝土早裂,裂缝在荷载作用下扩展较快,以致在使用荷载时裂缝扩展过宽。高钛重矿渣混凝土梁在裂缝出现、发展过程中及剪切破坏时有明显的劈裂声,斜裂缝上的集料大部分被劈开,裂缝表面比普通混凝土梁光滑。而普通混凝土梁出现裂缝并破坏时,粗集料只有一部分被劈裂为两半,造成裂缝两侧表面凹凸不平且互相咬合。

图4-220为SC50-1梁的裂缝图,其破坏形式为典型的斜压破坏,构件破坏时在支座处有明显的撕裂裂缝。试验中,在大约30%的破坏荷载下,首先在近似沿支座与加荷点连线方向出现第一条斜裂缝,继续加载后又相继出现一条或两条斜裂缝,其方向大致与第一条斜裂缝平行。随着荷载的增加,裂缝不断发展,最后被斜裂缝所包住的部分轻质高强高钛重矿渣混凝土压碎破坏。由于剪跨比较小,所以与短柱受压破坏形式相似。

图4-221~图4-223分别为SC50-2、SC50-3、NC50-3梁的裂缝图。对于剪跨比为2和3的试验梁,破坏形式均为剪压破坏,即在剪跨段内出现斜裂缝,随着荷载增大,陆续出现另几条斜裂缝。破坏时,剪压区的混凝土均被压酥剥落,破坏处可见到很多平行的斜向短裂缝和混凝土碎渣。

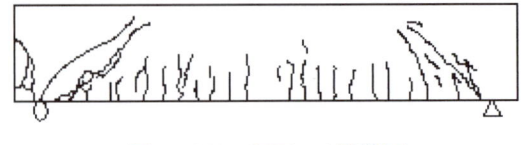

图4-220 SC50-1裂缝图

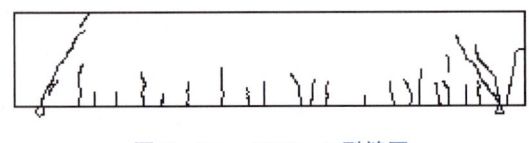

图4-221 SC50-2裂缝图

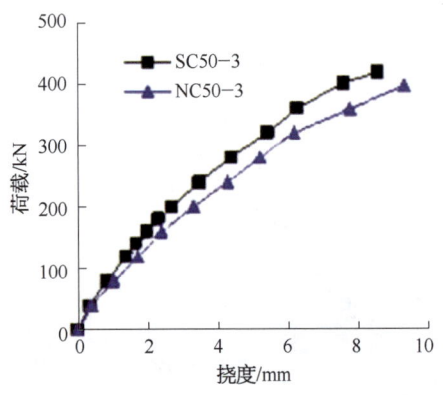

图4-219 不同混凝土有腹筋梁挠度曲线

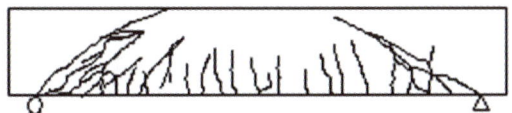

图 4-222　SC50-3 裂缝图

图 4-223　NC50-3 裂缝图

图 4-224 为 SC50-4 梁的裂缝图,对剪跨比为 4 的试验梁,其破坏形式为斜拉破坏,在梁的剪跨段产生梁底竖直裂缝,沿主压应力轨迹线向上延伸发展而成斜裂缝,其中有一条主要斜裂缝贯穿剪压区,梁接近破坏时迅速延伸至荷载垫板边缘,使梁被撕裂成两部分而丧失承载力。

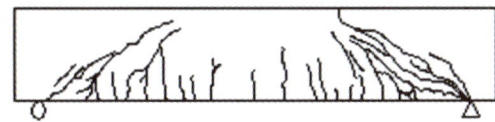

图 4-224　SC50-4 裂缝图

图 4-225 为 SC50-N 梁的裂缝图。无腹筋梁 SC50-N 的破坏形式也是斜拉破坏,在剪跨段内主斜裂缝沿主压应力线轨迹线延伸到加载垫板处,线形几乎呈拱形,且梁下端有水平裂缝,表明梁破坏呈明显的脆性破坏,下端混凝土被撕裂,破坏时支座也被撕裂。

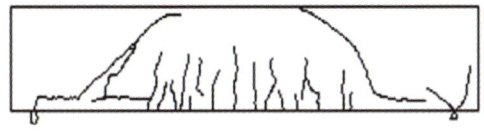

图 4-225　SC50-N 裂缝图

图 4-226、图 4-227 分别为 SC50、NC50 梁破坏后的断面图,从图中可以看出,两种混凝土材料具有不同的破坏形式和机理。

对所有试验梁的裂缝发展与分布进行分析对比可发现以下特点:

(1) 所有试验梁都是在纯弯段先出现弯曲裂缝,然后在剪跨段出现斜裂缝,随着荷载增加,其中一条斜裂缝发展为主斜裂缝,即临界斜裂缝。且所有梁随剪跨比不同,破坏形式也不同。

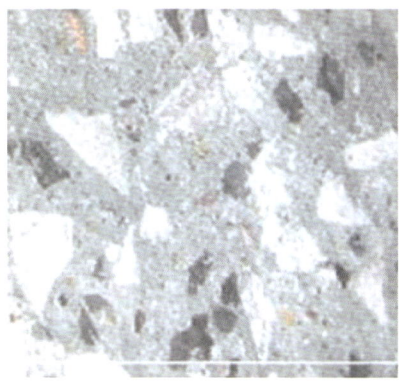

图 4-226　SC50 梁破坏断面

图 4-227　NC50 梁破坏断面

(2) 在各试验梁临近破坏前,裂缝宽度随剪跨比增大而增加。

(3) 剪跨比较小的试验梁在构件破坏时支座有不同程度的撕裂裂缝,而剪跨比较大的梁则没有,表明纵筋的销栓作用随着剪跨比的增大而减小。

(4) 无腹筋试验梁的下端和支座处均会出现少量的水平裂缝,这主要是由于梁的纵筋对裂缝发展的抑制作用和支座处剪切力较大而造成的。

(5) 配置箍筋能很好地阻止斜裂缝的扩展,而配箍率越高,这种效果越明显。

4.4.5.3　混凝土柱轴压试验

通过对试件的静载试验研究轴心受压轻质高强高钛重矿渣混凝土柱和普通混凝土柱力学性能的区别,初步探索轻质高强高钛重矿渣混凝土柱的破坏过程和形态、破坏机理、开裂荷载、极限承载力等方面的内容。分析轻质高强高钛重矿渣混凝土柱刚度、承载力和延性等性能变化规律。

1) 试验技术路线

(1) 试验试件设计。试件混凝土配合比及混凝土材料力学性能同表4-192,钢筋布置及尺寸设计如图4-228所示,柱基本设计参数见表4-200。

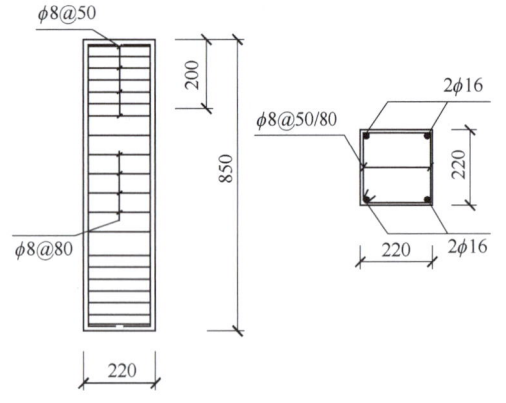

图4-228 轴压柱尺寸及配筋

表4-200 试验柱的基本设计参数

试件编号	截面($b \times h$)/mm	配筋率/%	配箍率/%
NC50	220×220	1.66	0.574
SC50	220×220	1.66	0.574

(2) 试件测点布置。对角两根纵筋在柱中间位置及上、下部100 mm处各贴一个钢筋应变片,中间位置及上、下100 mm范围内的箍筋每根贴2个钢筋应变片,钢筋应变片布置如图4-229所示。在混凝土外侧中间位置每侧水平方向贴一混凝土应变片,垂直方向贴2个混凝土应变片。在试件1/2截面处两对面对称布置百分表以测量侧向变形,在加载端布置一百分表以测量竖向变形量。混凝土应变片及百分表布置如图4-230所示。

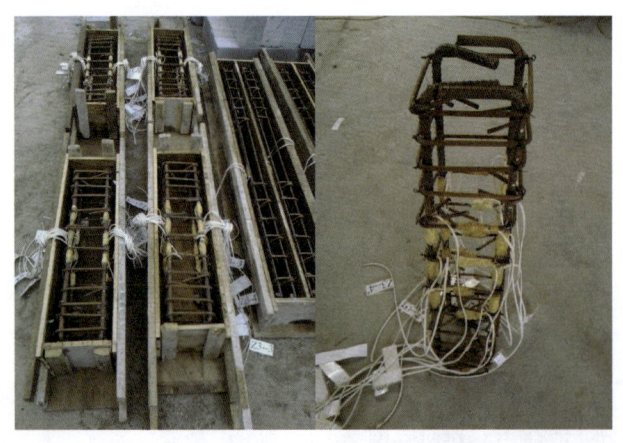

图4-229 钢筋应变片布置图

(3) 加载方案设计。试验加载选择在万能压力试验机上进行,加载装置如图4-230所示。加载方案如下:

图4-230 试验加载装置

① 预加载。加载至$P_u/3$,分3次施加,加载完毕后分2~3次卸载。

② 正式加载。以$P_u/20(80\ kN)$进行荷载分级加载,每级加载间隔时间不小于3 min。

③ 试验结束。直至构件被压碎破坏。

(4) 数据采集及裂缝绘制。试验数据采用IMP数据采集系统采集荷载、水平位移、钢筋应变和混凝土应变,并人工绘制裂缝。

2) 试验结果及分析

(1) 裂缝开展。SC50柱在轴压力1 000 kN时顶部产生竖向裂缝,并在1 195 kN时向下延伸;NC50柱在轴压力1 150 kN时顶部产生竖向裂缝,并在1 225 kN时向下延伸。

(2) 试件荷载-混凝土应变曲线。由柱中部混凝土应变片实测的混凝土应变值绘制出荷载-混凝土应变曲线,如图4-231所示。

由图4-231可知,NC50柱的初始刚度及屈服强度明显高于SC50柱,且SC50柱的刚度衰减速率高于NC50柱;NC50柱和SC50柱在试验中经历的阶段相似,都经历了弹性阶段、屈服阶段、强化阶段和破坏阶段;NC50柱的极限压应变要高于SC50柱。

(3) 试件荷载-轴向位移曲线。根据加载端部的百分表实测数据,利用IMP采集系统,绘制出两

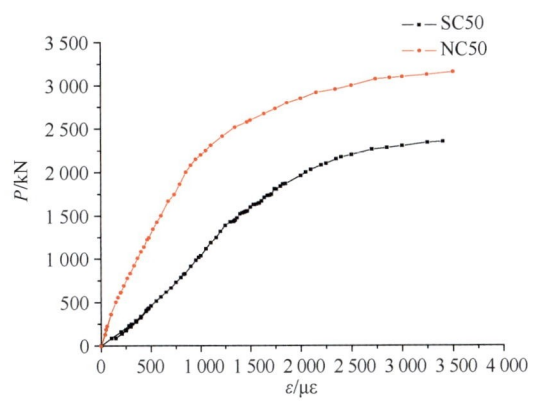

图 4-231 试件荷载-混凝土应变曲线

种混凝土柱荷载和轴向位移之间的关系曲线,如图 4-232 所示(注:荷载-轴向位移曲线经过预加载后开始记录,并未从 0 点开始记录)。

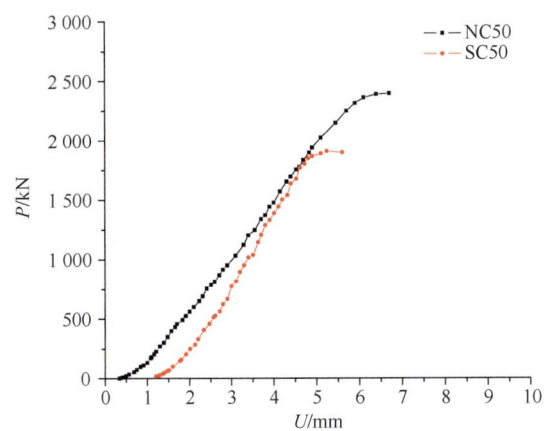

图 4-232 试件荷载-轴向位移曲线

由图 4-232 可知,NC50 柱和 SC50 柱的变形过程基本相同,整个加载过程都经历了弹性阶段、屈服阶段、强化阶段和破坏阶段;NC50 柱的初始刚度、屈服刚度、极限承载力和极限轴向位移均高于 SC50 柱,其中 NC50 柱的极限荷载值和极限轴向位移分别为 2 645 kN 和 8.42 mm,SC50 柱分别为 1 936 kN 和 5.43 mm。NC50 柱与 SC50 柱均满足"强柱"和较好延性的设计要求。

轻质高强高钛重矿渣混凝土柱轴压性能研究表明:

(1) NC50(普通混凝土)柱的初始刚度及屈服强度明显高于 SC50(轻质高强高钛重矿渣混凝土)柱,且 SC50 柱的刚度衰减速率高于 NC50 柱。

(2) NC50 柱和 SC50 柱加载过程经历的阶段相似,都经历了弹性阶段、屈服阶段、强化阶段和破坏阶段。

(3) NC50 柱的极限压应变要高于 SC50 柱。

(4) SC50 柱的初始刚度、屈服刚度、极限承载力和极限轴向位移均略低于 NC50 柱,这主要是因为 NC50 混凝土柱抗压强度略高于 SC50 混凝土柱,NC50 柱与 SC50 柱均满足"强柱"的设计要求。

4.5 桥梁结构优化设计

4.5.1 研究概况

4.5.1.1 研究背景

高钛重矿渣是高炉冶炼钒钛磁铁矿时产生的熔融矿渣在空气中自然冷却或水冷形成的一种由钛辉石、钙钛矿等矿物为主组成的石质材料,其具有多孔、高强、化学稳定性好等特点。攀钢年排放高钛重矿渣 380 万 t,由于其极低的水化活性,不能作为矿物掺和料配制混凝土,因此除少部分用作集料制备商品混凝土用于民用建筑及道路工程(基层和底基层)中外,大部分采用堆放、填埋的方式进行处理,每年占地 20 余亩,目前该公司已有 7 000 万 t 的高钛重矿渣未得到资源化利用,每年耗费巨额经费进行处理。而且由于高钛重矿渣含有一定量的重金属,掩埋后在一定程度上会带来长江中下游的水污染问题,对攀枝花市的发展带来不利的影响,因此迫切需要研究开发攀钢高钛重矿渣规模化、资源化的高效利用技术(图 4-233)。

丽江至攀枝花高速公路是《四川省高速公路网规划(2008—2030 年)》中的第五条南北纵线(宜宾至攀枝花)525 km 中的末段,也是大香格里拉旅游环线川滇两省的公共通道,连接京昆高速及大丽高速,构成了我国西南部高速公路网。丽攀高速公路攀枝花段长约 50 km,全线设有特大桥 3 座、长隧道 2 座、桥隧比例达 90% 以上,共需 100 多万 m³ 混凝土,其中混凝土拌合用砂需 40 多万 m³、碎石 50 多万 m³。

拟将高钛重矿渣经过人工加工制造后,用于桥梁结构工程。但因高钛重矿渣集料制备的混凝土性能与天然集料制备混凝土性能在黏聚性、抗碳化性、极限强度、工作性能方面具有不同程度差异,因此应针对性地开展桥梁优化设计。

能,优化桥梁结构桩基、墩柱和主梁等构件,研究高钛重矿渣高性能混凝土性能指标对桥梁结构的影响。利用轻质高强高钛重矿渣高性能混凝土和高钛重矿渣高性能混凝土,开展桥梁结构优化设计及性价比分析研究。

4.5.2 高钛重矿渣钢筋混凝土构件优化设计

4.5.2.1 轴压柱的优化设计

通过对采用不同强度等级钢筋和混凝土的轴心受压短柱的受力过程进行分析,研究了配筋率及配筋强度对高钛重矿渣钢筋混凝土短柱最大承载力的影响。分析结果表明,由于钢筋和高钛重矿渣混凝土的非线性性能,受压高钛重矿渣钢筋混凝土短柱的最大承载力并不总是等于混凝土和钢筋两种材料各自最大承载力之和;钢筋混凝土短柱的最大承载力取决于钢筋、混凝土的力学性能及短柱的配筋率,其值有可能小于混凝土和钢筋最大承载力之和;分析还表明,试验得到的钢筋混凝土短柱承载力比按我国现行规范计算得到的承载力大,采用规范的方法计算钢筋混凝土短柱的承载力是偏于安全的。

根据《混凝土结构设计规范》的规定,钢筋混凝土轴心受压构件当配置的箍筋符合该规范 9.3 节的规定时,其正截面受压承载力符合以下规定:

$$N \leqslant 0.9\varphi(f_c A + f'_y A'_s) \quad (4-53)$$

式中 N ——轴向压力设计值;
φ ——钢筋混凝土构件的稳定系数,按规范中表 6.2.15 采用;
f_c ——混凝土轴心抗压强度设计值;
A ——构件截面面积;
A'_s ——全部纵向普通钢筋的截面面积。

当纵向普通钢筋的配筋率大于 3% 时,式(4-53)中的 A 改用 $(A-A'_s)$ 代替(图 4-234)。

图 4-233 堆积如山的攀钢高钛重矿渣

4.5.1.2 构件优化设计

与同强度等级普通混凝土相比,轻质高强高钛重矿渣混凝土的自重减轻 20%～25%,且还具有耐疲劳、抗震性能好等突出的技术与经济优势。采用轻质高强高钛重矿渣混凝土替代普通混凝土建造桥梁不仅可以增加桥梁跨度,降低基础处理费用,节约原材料和安装费用,还可以延长桥梁使用寿命。研究表明,在相同强度等级条件下,轻质高强高钛重矿渣混凝土的脆性较普通混凝土大,且抗剪与抗拉强度相对较低。如利用轻质高强高钛重矿渣混凝土预制混凝土梁,在施加预应力的过程中,非常容易造成预应力锚固端开裂,引起混凝土梁的预应力损失,需要对其锚固端进行材料和结构的防裂优化设计。因此,需根据使用部位和构件性质的不同,对高钛重矿渣混凝土构件进行优化,以使其具有更好的适应性。

根据试验研究及工程应用情况,提出使用高钛重矿渣混凝土构件的优化设计技术,根据轻质高强高钛重矿渣混凝土的表观密度、力学性能和耐久性

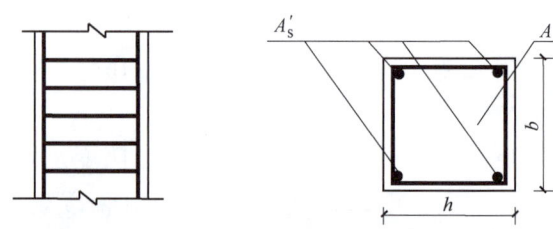

图 4-234 配置箍筋的钢筋混凝土轴心受压构件

该项目的高钛重矿渣混凝土短柱试验采用了三种不同的纵向配筋，对不同配筋情况下短柱的力学性能进行分析比较，为高钛重矿渣混凝土柱的优化设计提供依据。

由图4-235可以看出，柱的轴心抗压强度不完全随配筋率、配筋强度的增加而增加，极限抗压承载力在配筋率较低时随着配筋强度的增加而增加，而在配筋率为3.24%时的轴心抗压承载力反而下降。出现此现象的主要原因是，短柱轴心受压构件不论受压钢筋在构件破坏时是否达到屈服，构件的强度最终都是由混凝土压碎控制。裂缝相互贯通，斜裂缝沿截面滑移，外层混凝土严重剥落，核心部分混凝土将在纵向裂缝之间被完全压碎。并且由于混凝土的侧向膨胀将向外推挤钢筋，而使纵筋向外屈折，呈灯笼状。高钛重矿渣钢筋混凝土短柱的破坏形态属混凝土材料的压碎破坏，具有突然性。进一步验证了《混凝土结构设计规范》中9.3.2条规定，即柱中全部纵向受力钢筋的配筋率大于3%时，箍筋直径不应小于8 mm，间距不应大于10d，且不应大于200 mm。本试验中所有短柱都采用直径6.5 mm、间距为100 mm的箍筋。

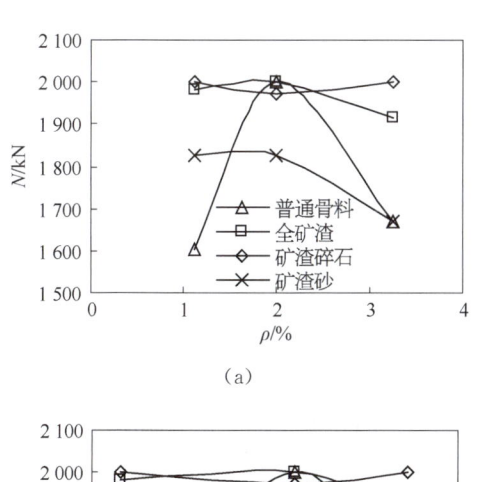

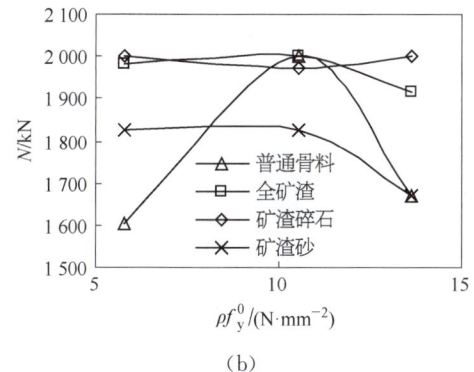

图4-235 配筋率与配筋强度对受压承载力的影响

针对高钛重矿渣钢筋混凝土柱的优化，并非采用配筋强度越高就越好，建议采用现行规范进行设计，当全部纵向受力钢筋配筋率大于3%时，可适当提高箍筋的直径、减小箍筋间距并提高混凝土保护层厚度。

4.5.2.2 梁的优化设计

1) 技术方案

为了避免预应力高钛重矿渣混凝土空心板梁在预应力张拉过程中的端部开裂，导致工程延期，以及在桥梁使用过程中的预应力损失过大造成结构安全隐患，根据研究成果，采用结构材料梯度设计方法，提高预应力高钛重矿渣混凝土梁端部抗压、抗拉、抗剪等力学性能，降低其收缩和徐变，从而提高高钛重矿渣混凝土梁的质量。即在预应力高钛重矿渣混凝土空心板梁两端锚固区1 m范围内采用表观密度为2 108 kg/m³、28 d抗压强度达到65 MPa、弹性模量3.5×10⁴ MPa、抗拉强度达到4.1 MPa的HSC50高强高钛重矿渣混凝土，其他部位为SC40轻质高强高钛重矿渣混凝土，当混凝土实测强度达到设计强度的90%以上，弹性模量达到2.5×10⁴ MPa，进行预应力筋的张拉，工序为0～初始应力（10%σ_{con}）～50%σ_{con}～100%σ_{con}～1.03σ_{con}～持荷5 min～σ_{con}。具体技术方案如图4-236所示。

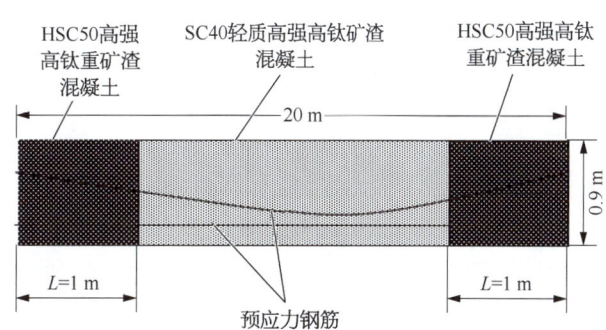

图4-236 20 m空心高钛重矿渣混凝土板梁结构梯度设计

预应力高钛重矿渣混凝土空心板梁采用的SC40轻集料混凝土的设计参数如下：①28 d抗压强度49.0 MPa；②轴心抗压强度26.8 MPa；③抗压弹性模量$E_{LC}=2.5×10^4$ MPa；④设计干表观密度为1 920 kg/m³；⑤360 d徐变系数为2.8；⑥抗压疲劳极限应力比0.58；⑦导热系数1.01 W/(m·K)；⑧碳化深度值小于20 mm；⑨泊松比0.20。

2) 技术方案可行性分析

(1) 梯度设计空心板梁与全轻质高钛重矿渣混凝土空心板梁的对比分析。为了提高端部混凝土局部承压能力，在梁的端部采用结构材料梯度设计，综合考虑生产成本和施工工艺，初步选定在试验梁端部1m长度范围内采用HSC50高强高钛重矿渣混凝土。但整梁全部采用轻质高强高钛重矿渣混凝土是否能满足规范要求、梯度设计对结构安全系数提高多少，仍需要试验验证。本研究制作了5组试验梁，并对其进行了试验与数据分析。

梁体的几何形状及预应力钢筋布置如图4-237所示，梁长20 m，计算跨径为19.3 m。非预应力普通钢筋为9根φ8的Ⅰ级钢筋，预应力钢筋为4根φ15.24 mm高强低松弛钢绞线（两端弯起的曲线预应力筋），架立筋、箍筋、纵向水平筋采用φ8的Ⅰ级钢筋，其他普通钢筋不予考虑。锚具采用OVM16-6型锚具，并采用配套波纹管成孔。张拉控制应力值为预应力筋标准强度的73%，采用双控方法和超张拉工艺。

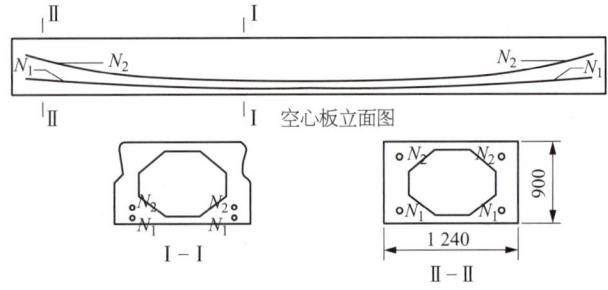

图4-237 20 m预应力高钛重矿渣混凝土空心板梁的几何模型

试验采用单点集中荷载对板梁进行加载，加载示意图如图4-238所示。根据桥梁最不利工作状态下的最大弯矩值确定等效集中荷载P为218 kN。

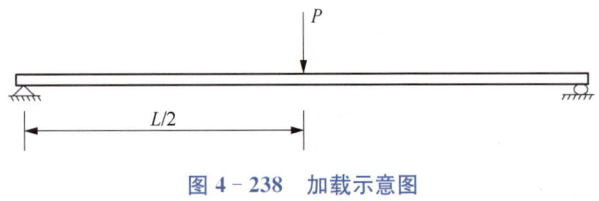

图4-238 加载示意图

试验荷载采用砂袋重物提供反力，液压手动千斤顶加载，整个试验阶段分为加载八级、卸载四级，每级的荷载见表4-201。HSC50高强高钛重矿渣混凝土和SC40轻质高强高钛重矿渣混凝土材料属性见表4-202。

表4-201 试验分级加载表

加载分级	荷载/kN
第一级	44
第二级	87
第三级	131
第四级	153
第五级	174
第六级	196
第七级	207
第八级	218
卸载分级	荷载/kN
第一级	196
第二级	153
第三级	87
第四级	0

注：每一级荷载加载时间为30 min。

表4-202 高强高钛重矿渣混凝土和轻质高强高钛重矿渣混凝土主要性能

材料	弹性模量/MPa	泊松比	表观密度/(kg·m⁻³)	轴心抗压强度/MPa	抗拉设计强度/MPa
SC40	2.54×10^4	0.20	1 900	26.8	2.39
HSC50	3.50×10^4	0.20	2 120	42.5	4.10

① 跨中挠度。轻质高强高钛重矿渣混凝土梁（全轻）和试验梁在荷载作用下的跨中挠度对比如图4-239所示。由对比结果可知，全轻质高强高钛重矿渣混凝土梁的整体挠度都比试验梁大，说明在整体刚度上，全轻质高强高钛重矿渣混凝土梁低于试

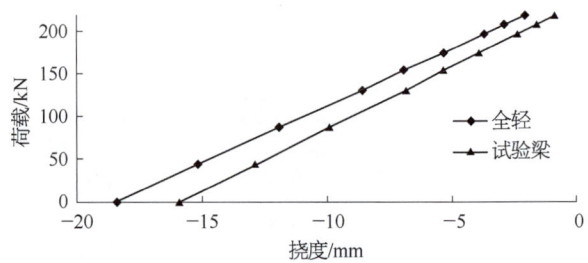

图4-239 全轻质高强高钛重矿渣混凝土梁与试验梁跨中挠度对比图

验梁,这主要与高强高钛重矿渣混凝土的弹性模量大于轻质高强高钛重矿渣混凝土有关。但单就全轻质高强高钛重矿渣混凝土梁来说,无论是张拉后梁向上反拱 18.43 mm,还是逐级加载到 218 kN 后,跨中挠度变为 -2.05 mm(向下为正),都满足相关规范规定的板梁最大挠度应小于 $L/600=32.17$ mm 的要求。

② 端部应力。在预应力构件端部锚固区,巨大的预压力需要通过锚具及其下面的垫板传递给混凝土,要将预加力均匀地传递到梁体的整个截面,需要一个过渡区段,这一过渡区段称为端块。端块的受力复杂,不仅存在着不均匀的纵向应力 σ_z,而且存在着剪应力 τ 和横向拉、压应力 σ_y。因此,对于后张法预应力混凝土构件,需要验算端块锚下混凝土的局部承压强度和局部承压区混凝土的抗裂性,以防止在横向拉应力作用下出现裂缝。因此,将端部混凝土作为重点考察对象,对其进行有限元分析。

图 4-240　全梁三维实体模型

选择实体力筋法模拟分析预应力混凝土结构,采用约束方程法施加实体预应力筋,以此模拟预应力张拉过程中混凝土和预应力筋的相对滑移对端部混凝土应力分布的影响,建立预应力高钛重矿渣混凝土空心板梁三维有限元模型,分析预应力张拉过程中的端部实际应力分布情况。预应力筋用空间 link10 杆单元来实现,该单元只能承受轴向张力,不承受弯矩和剪力,可以较好地表达预应力筋的受力行为;采用 combin14 弹簧单元来实现在预应力张拉过程之中预应力筋与混凝土之间的滑移;采用三维空间八节点 solid65 单元,并对其定义材料特性、设定单元实常数,模拟高强高钛重矿渣混凝土、轻质高强高钛重矿渣混凝土。全梁的三维有限元模型如图 4-240 所示,其中绿色为 HSC50 高强高钛重矿渣混凝土,紫色和青色为轻质高强高钛重矿渣混凝土,最左边四个红点方框为锚垫板,中间上部为施加力时的钢垫板。

针对以上建立的全梁三维有限元模型,施加约束和荷载并对其进行有限元计算分析,端部锚固区高强高钛重矿渣混凝土和全轻质高强高钛重矿渣混凝土的四个部分的应力最大位置沿离端部距离变化曲线如图 4-241～图 4-244 所示。

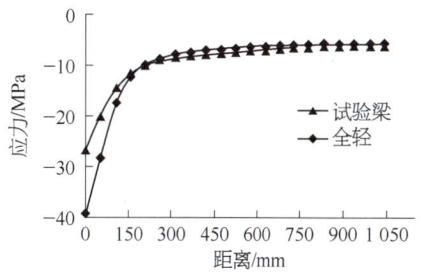

图 4-241　左上锚固区混凝土应力变化曲线

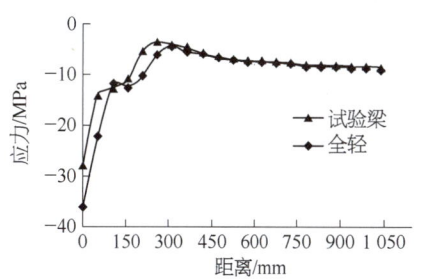

图 4-242　左下锚固区混凝土应力变化曲线

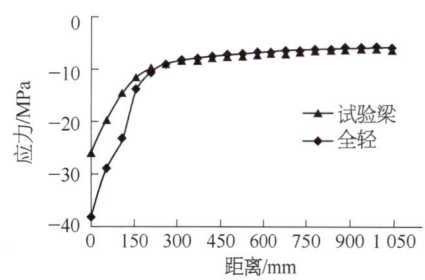

图 4-243　右上锚固区混凝土应力变化曲线

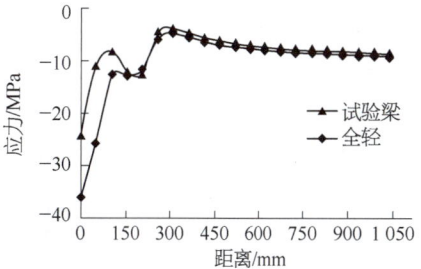

图 4-244　右下锚固区混凝土应力变化曲线

从图 4-241～图 4-244 可以看出,混凝土应力在锚固区端部长度 300 mm 以后大小基本相同。在

300mm 以内,全轻质高强高钛重矿渣混凝土的端部应力明显大于试验梁,如在左上区,试验梁的最大应力为-26.60MPa,全轻质高强高钛重矿渣混凝土梁为-38.98MPa;在右上区,试验梁的最大应力为-25.65MPa,全轻质高强高钛重矿渣混凝土梁为-38.32MPa。其他两个区也是同样的情况,全轻质高强高钛重矿渣混凝土最大应力比试验梁大10MPa左右。依照《轻骨料混凝土技术规程》和试验梁所用轻质高强高钛重矿渣集料配合比试验情况,轻质高强高钛重矿渣SC40混凝土的轴心抗压设计强度为26.8MPa,HSC50高强高钛重矿渣混凝土的轴心抗压强度为42.5MPa。因此,若整个梁全部采用轻质高强高钛重矿渣混凝土,预应力张拉后端部混凝土应力将超过SC40轻质高强高钛重矿渣混凝土的轴心抗压容许值,锚固端将出现有害裂缝。而采用试验梁的方案,在端部锚固区1m范围内采用高强高钛重矿渣混凝土,端部最大应力远小于HSC50高强高钛重矿渣混凝土的轴心抗压容许值,锚固端将不会出现裂缝,这与试验梁锚固端没有发现裂缝现象相吻合。

鉴于以上原因,在预应力轻质高强高钛重矿渣混凝土空心板梁设计时,在端部一定长度范围内须采用高强、弹性模量较大、体积稳定性良好的HSC50高强高钛重矿渣混凝土进行空心板梁结构材料梯度设计,可以避免锚固端混凝土裂缝的产生。

(2) 锚固端高强高钛重矿渣混凝土浇筑长度对其端部应力影响分析。由以上试验分析可知,在梁体端部锚固区,如不采用高强高钛重矿渣混凝土,全梁均采用轻质高强高钛重矿渣混凝土,端部局部应力会超过混凝土强度容许值而出现部分裂缝,影响梁的强度、刚度和耐久性。因此,在端部一定长度范围内应采用混凝土强度加强措施。前面试验时,为便于施工端部锚固区混凝土,采用1m长的高强高钛重矿渣混凝土,结果表明在这种情况下,整个结构都处于安全使用状态。为了进一步提高混凝土梁的经济性和安全性,现分别增加锚固端高强高钛重矿渣混凝土加固长度为0.8m、0.9m、1.1m、1.2m 的梁进行对比研究。

① 跨中挠度。为了表述方便明确,以梁的加固长度作为梁的编号,试验梁中高强高钛重矿渣混凝土长度为1m,编号取为1.00,加固长度为0.8m、0.9m、1.1m、1.2m 的对比梁分别标识为0.8、0.9、1.1、1.2。对比梁和试验梁在荷载作用下的跨中挠度对比如图4-245所示。由图可以看出,不同的加固长度对跨中挠度影响不大,在同一荷载等级下,最大相差约2mm;加固长度为0.9m 和1.1m 的对比梁跨中挠度基本重合,且与试验梁的挠度非常接近;加固长度为0.8m 和1.2m 的对比梁跨中挠度基本重合,但与试验梁的挠度变化相差较大。

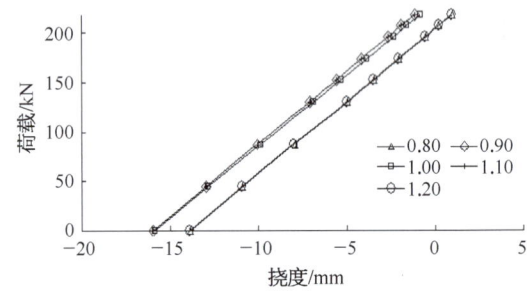

图4-245 跨中挠度对比图

② 端部应力。由于梁端部下半部分受支座处集中应力的影响,应力分析效果不明显,因此只取上半部分,即左上、右上锚固区部分混凝土应力进行对比。

图4-246、图4-247为左上、右上锚固区混凝土应力沿离端部距离变化曲线。从图中可以看出,在锚固区端部300mm长度范围内,混凝土的应力因加固长度的不同有所变化,而在300mm以后,混凝土的应力基本重合;对比梁的端部锚固区混凝土应力呈不规则变化,而试验梁的端部应力明显小于其他对比梁。

根据以上的对比分析,试验梁和对比梁在跨中挠度相差不大,基本处于中间状态,加固区长度为0.9m 和1.1m 的对比梁的挠度和跨中应力更接近试验梁;但在端部应力对比中,试验梁明显优于对比梁,端部应力比对比梁小6~10MPa。

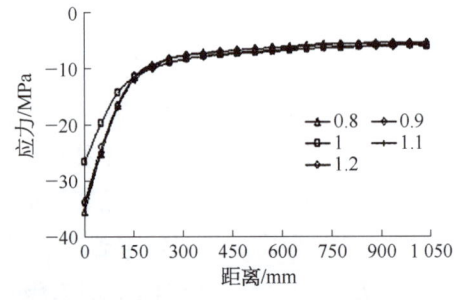

图4-246 左上锚固区混凝土应力对比

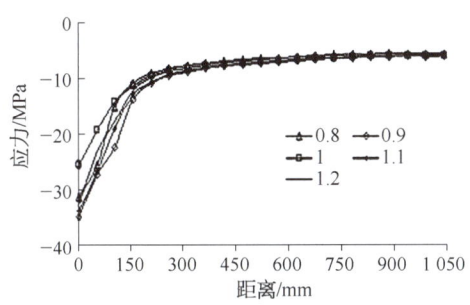

图 4-247 右上锚固区混凝土应力对比

(3) 分析结论。根据以上分析,20 m 预应力 SC40 轻质高强高钛重矿渣混凝土空心板梁端部浇筑长度 1 m 的 HSC50 高强高钛重矿渣混凝土,进行结构材料梯度设计,可以有效地避免空心板梁在施加预应力过程中端部开裂问题,并可减少预应力损失,提高梁的结构安全性。

3) 高强次轻混凝土配合比设计与板梁施工

(1) 原材料。

① 水泥:P·O42.5 级水泥。

② 粉煤灰:Ⅱ级粉煤灰,比表面积为 380 m²/kg。

③ 外加剂:高效减水剂。

④ 细集料:中粗河砂,连续级配,细度模数为 2.7~2.8,含泥量小于 1%。

⑤ 粗集料:轻质高强高钛重矿渣集料。为了控制轻集料的质量,施工过程中对轻集料进行了 10 次抽样检查,每次检测堆积密度、筒压强度、1 h 吸水率和级配等基本性能指标。检测结果为:集料级配为 5~20 mm 连续级配,筒压强度大于 8.0 MPa,1 h 吸水率在 4.3% 左右。粗集料堆积密度抽样检测结果:堆积密度平均值为 948.7 kg/m³,堆积密度的偏差在 2.5% 以内。

(2) 配合比。经过试配,确定轻质高强高钛重矿渣混凝土和高强高钛重矿渣混凝土的配合比、主要技术参数,见表 4-203、表 4-204。

表 4-203 预应力空心板梁混凝土配合比设计

单位:kg/m³

混凝土	水泥	粉煤灰	砂率/%	水胶比	外加剂/%
SC40	340	80	43	0.38	0.7
HSC50	470	50	43	0.32	0.8

表 4-204 预应力空心板梁混凝土主要技术参数

材料	弹性模量/GPa	泊松比	表观密度/(kg·m⁻³)	轴心抗压强度/MPa	抗拉设计强度/MPa	28 d 抗压强度/MPa	坍落度/mm
SC40	25.4	0.20	1900	26.8	2.39	51	80
HSC50	35.0	0.20	2120	42.5	4.10	60	100

(3) 空心板梁的施工工艺。由于采用了在梁两端使用 HSC50 高强高钛重矿渣混凝土梯度设计工艺,同时考虑到高钛重矿渣混凝土在施工过程中容易上浮导致分层离析的问题,特制定了以下施工工艺:

① 浇筑顺序。采用"先两端、后中间"的混凝土施工工艺,即先浇筑梁两端各 1 m 长的 HSC50 高强高钛重矿渣混凝土,后浇筑中间的 SC40 轻质高强高钛重矿渣混凝土。实体梁的现场浇筑如图 4-248 所示。

② 振捣工艺。与普通混凝土相比,高钛重矿渣混凝土拌合物自重较小,且具有较大的离析倾向,所以浇筑、振捣高钛重矿渣混凝土适宜采用插捣成型。为防止高钛重矿渣高性能混凝土拌合物因振动产生离析,在选用振捣设备及振捣工艺时应注意:

图 4-248 实体梁的浇筑

a. 宜采用高频低振幅振动器(50 振捣棒或 80 振捣棒)振捣成型,应严防过振造成离析。

b. 振捣棒每次插入的深度应大于每次分层的

高度,向下层拌合物延伸约 50 mm。通过振捣棒向下层拌合物延伸可调整高钛重矿渣集料在整个构件截面高度上的分布,使混凝土更加均匀。

c. 高钛重矿渣混凝土振捣延续时间以 10 s 左右为宜。

d. 由于高钛重矿渣混凝土容重小,排出气泡的速度比普通混凝土慢,所以振捣必须充分。为保证振捣密实,振点间距应缩小至振捣棒作用半径的 1 倍左右,同时加强对梁两端混凝土的振捣。

e. 采用振捣棒对高钛重矿渣混凝土进行振捣成型时,遵循的原则是"振捣时间短、振点间距小"。实体梁的混凝土振捣施工如图 4-249 所示。

图 4-249 实体梁的振捣环节

③ 养护工艺。高钛重矿渣集料内部所含水分可供混凝土养护之用,并能减少混凝土的收缩变形,这是因为当混凝土表面的水分蒸发时,高钛重矿渣集料内部的水分从集料向基体转移,水分的连续迁移在一定时期内维持着混凝土内部水化反应的进行,这一时期持续时间的长短视周围气候条件和高钛重矿渣集料的饱水率而定,在温和的气候条件下,为保证适宜的水化,可不必采用防止蒸发的养护措施(湿麻袋或喷湿的塑料薄膜覆盖)。但在炎热的气候条件下或风速较大的情况下,仍然有必要加强养护以防止表面失水干燥,连续的保湿养护是防止过度蒸发和收缩开裂的最有效方法。养护期间如果温度显著下降,就需要特别注意以防止冷缩引起的开裂。如果施工季节在冬季,应加强对梁的养护,除在浇筑的混凝土初凝以后立即在表面搭盖草席等防止表面出现开裂以外,还须在夜间搭盖防风罩,并在罩内放置电炉保温,防止混凝土受冻破坏。

由于高强高钛重矿渣混凝土所用的集料吸水率相对较低,因而需加强养护,如在混凝土达到要求的强度时宜尽早拆模进行养护;当仅以水泥作为胶凝材料时,一般情况下养护时间不应少于 7 d;当掺加了粉煤灰、磨细矿渣和硅灰等活性矿物掺和料时,应适当延长养护时间。

④ 预应力施加工艺与控制。由于高钛重矿渣混凝土的徐变变形较普通混凝土大,其预应力损失大于普通混凝土结构,因此对预应力施加工艺进行调整。

a. 预应力设计值。预应力钢筋采用高强度、低松弛钢绞线,标准强度 $R = 1860 \text{MPa}$,弹性模量 $E = 1.95 \times 10^5 \text{MPa}$,张拉控制应力 $\sigma = 0.73R$(1357.8MPa)。

b. 预应力施加工艺。预应力钢筋的张拉在预制梁混凝土强度达到设计强度的 90%,弹性模量不低于 25 GPa,14 d 龄期后进行,张拉工序为 0~初始应力($10\%\sigma$)~$50\%\sigma$~$100\%\sigma$~1.03σ~持荷 5 min~σ。

预应力施加过程如图 4-250 所示。为了消除在张拉过程中混凝土弹性变形、预应力管道摩擦等因素造成的预应力损失,在张拉至 $100\%\sigma$ 后,持荷 5 min,待预应力损失后,再张拉至 $103\%\sigma$,以消除部分预应力损失。

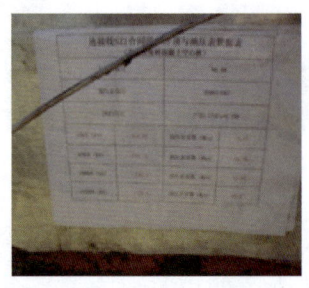

(a) 控制表

(b) $10\%\sigma$(4.1 MPa)

(c) $50\%\sigma$(20.99 MPa)

(d) 100%σ(42.01 MPa)　　(e) 5 min后预应力损失　　(f) 103%σ(43.33 MPa)

图 4-250　预应力施加过程监控及记录

c. 预应力施加过程控制。预应力施加过程采用施加应力控制和伸长量控制的双控技术,确保预应力张拉达到设计要求。应力控制严格按照张拉工艺要求执行;伸长量控制按照标准计算得到。

对于直线段,应根据结构设计参数计算直线段理论控制伸长值($126.25 \leqslant \Delta L \leqslant 142.37$)。对于曲线段,应根据结构设计参数计算曲线段理论控制伸长值($123.66 \leqslant \Delta L \leqslant 139.44$)。

预应力张拉过程中,直线段伸长量见表4-205,曲线段伸长量见表4-206。根据计算,直线段理论控制伸长值$126.25 \leqslant \Delta L \leqslant 142.37$,曲线段理论控制伸长值$123.66 \leqslant \Delta L \leqslant 139.44$。由表可知,张拉后直线段与曲线段的$\Delta L$值均在理论控制范围内。

表 4-205　直线段伸长量 L　　单位:mm

编号	预应力					ΔL
	0	10%	50%	100%	103%	
1#	0	1.7	6.3	13.7	14.5	139.0
2#	0	1.2	6.2	14.1	14.5	142.2
3#	0	1.3	2.8	3.3	3.3	139.0
4#	0	1.7	3.8	3.9	3.9	142.2

表 4-206　曲线段伸长量 L　　单位:mm

编号	预应力					ΔL
	0	10%	50%	100%	103%	
1#	0	1.9	4.4	8	8.6	133.97
2#	0	3.0	7.5	12.5	12.8	125.30
3#	0	2.0	6.0	9.6	9.6	133.97
4#	0	1.8	2.6	5.4	5.5	125.30

20 m预应力SC40轻质高强高钛重矿渣混凝土空心板梁,在其端部浇筑长度1 m的HSC50高强高钛重矿渣混凝土,进行结构材料梯度设计,可以有效地避免空心板梁在施加预应力过程中端部开裂问题,并可减少预应力损失,提高梁的结构安全性。

4) 优化计算方法

上文通过试验和计算比较了不同配筋率的高钛重矿渣混凝土梁的承载力关系和破坏特征,发现在其他条件相同时,高钛重矿渣钢筋混凝土梁的承载力主要取决于梁的配筋率,因而在结构设计时采取合适的配筋率尤为重要。

配筋率ρ是结构计算时通过梁实际受力情况和构件实际情况确定的。为了使结构有合理的构造措施,梁的配筋率存在一个使用范围,即有最小配筋率$\rho_{\min}$和最大配筋率$\rho_{\max}$。根据配筋率与最小配筋率$\rho_{\min}$和最大配筋率$\rho_{\max}$之间的关系,可将高钛重矿渣钢筋混凝土梁分为适筋梁、超筋梁和少筋梁三种类型。配筋率适中($\rho_{\min} \leqslant \rho \leqslant \rho_{\max}$)的梁称为适筋梁,它的破坏特征为破坏首先从受拉区开始,受拉钢筋首先进入屈服阶段,直到受压区高钛重矿渣混凝土达到极限压应变ε_u,受压区混凝土被压碎而告终。从钢筋开始屈服到受压区混凝土达到极限压应变这一过程中,受拉区混凝土的裂缝逐渐扩展、延伸,梁的挠度明显加大,预示着梁的破坏即将到来,其破坏形式有塑性破坏的特征,即在破坏前有明显的预兆——裂缝和变形急剧发展。这种破坏属于"延性破坏"。

针对本试验的单筋矩形截面高钛重矿渣混凝土梁,其载力计算根据截面配筋情况可分为三种情况:

当截面处于适筋状态时,即梁的配筋率$\rho_{\min} \leqslant \rho \leqslant \rho_{\max}$时,

$$M_u = f_{cm}bx(h_0 - 0.5x) = f_y A_s(h_0 - 0.5x)$$

(4-54)

当截面处于超筋状态时,即梁的配筋率$\rho \geqslant \rho_{\max}$时,

$$M_u = f_{cm} b x_b (h_0 - 0.5 x_b) \quad (4-55)$$

当截面处于少筋状态时,即梁的配筋率 $\rho \leqslant \rho_{\min}$ 时,

$$M_u = 0.292(1 + 5.0 a_E A_s / bh) f_t bh^2 \quad (4-56)$$

式中 f_{cm}、f_t——高钛重矿渣混凝土的弯曲抗压强度值、轴心抗拉强度;

x、x_b——计算受压区高度、界限受压区高度,$x_b = \xi_b h_0$;

ξ_b——钢筋含钢特征值,为常数,与钢筋的等级有关;

f_y——受拉钢筋的屈服强度;

A_s——受拉钢筋的截面面积;

α_E——弹性系数,$\alpha_E = E_s / E_c$;

E_s、E_c——钢筋和高钛重矿渣混凝土的弹性模量。

上述试验中,所有试验梁均满足配筋率 $\rho_{\min} \leqslant \rho \leqslant \rho_{\max}$,故采用式(4-54)进行试验梁承载力的计算。

从试验梁计算与分析及实际试验所测值的验证,可知高钛重矿渣钢筋混凝土梁的配筋率是影响其承载力的主要因素,配筋率的变化不仅使梁的受弯承载力发生变化,而且会使梁截面的受力性能和破坏特征发生实质性改变。因此,在结构设计中,为设计出既安全又经济的高钛重矿渣钢筋混凝土梁,必须使梁的配筋率在最小配筋率 $\rho_{\min}$ 和最大配筋率 $\rho_{\max}$ 的范围内,这样才能既提高梁的承载力又满足工程结构设计的要求,从而保证结构的安全使用。

如图 4-251 所示,从上述试验结果可以看出,试验梁的极限抗弯承载力与配筋率 ρ 不完全呈线性递增关系,而与配筋强度 ρf_y^0 呈线性递增关系,这与适筋梁的抗弯强度计算公式[式(4-54)]中采用的 $f_y A_s$ 相吻合。

因此,针对高钛重矿渣混凝土适筋梁,其抗弯承载力的优化设计宜从配筋强度出发,采用以下公式计算:

$$M_u = f_y A_s (h_0 - 0.5x) \quad (4-57)$$

$$x = \frac{f_y A_s}{\alpha_1 f_c b} \quad (4-58)$$

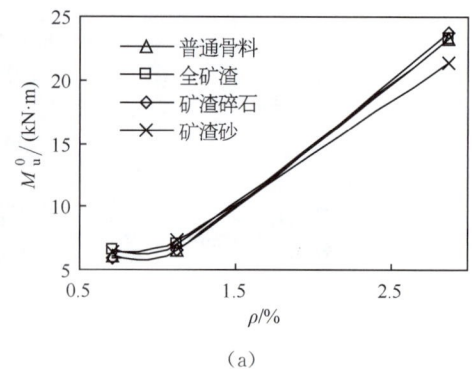

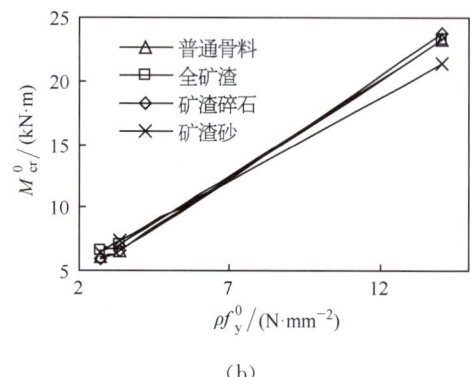

图 4-251 配筋率与配筋强度对极限弯矩的影响

式中 f_y——钢筋屈服强度;

A_s——受拉钢筋面积;

h_0——梁截面有效高度;

b——梁截面宽度;

x——混凝土受压区高度。

4.5.2.3 偏压柱优化设计

依据以上 24 根偏压柱试验结果的分析,全高钛重矿渣混凝土偏压柱可以按照普通混凝土的设计规范来计算,故也可按照普通混凝土偏压柱的优化方法来优化。但是依据试验结果,可以得出在偏心距小于 100 mm 时,可以取高于普通混凝土的强度设计值,即在按照国家设计规范设计的基础上乘以放大系数 1.2,或者在荷载设计值相同的情况下,可以适当降低配筋率。下面就普通混凝土偏压柱的设计进行优化分析。

在钢筋混凝土受弯构件设计中,材料费用等由于截面尺寸及配筋的可选择性,存在一种最经济的配筋方案,此时的配筋率称为经济配筋率。偏压构件作为受弯构件的一种特殊形式,同时又是结构中应用最广泛的构件之一,对于如何求得其经济配筋率做出探讨是十分必要的。

由于偏压构件截面尺寸受到构造规定的限制，一般截面尺寸已定或选择幅度较小，再加上偏心距的变化和纵向弯曲、徐变及二次弯矩等的影响，其经济配筋率确定较为复杂。从偏心受压构件的受力过程、破坏机理及由此所建立的基本公式出发，进行一系列推导，最终求得偏压构件的经济配筋率的一般表达式及其变化规律。

假设钢筋混凝土偏压构件受压钢筋配筋率为 $\rho' = \dfrac{A_s'}{bh_0}$，受拉钢筋配筋率为 $\rho = \dfrac{A_s}{bh_0}$，受压区高度为 x，压力为 N，偏心距为 e_0，具体如图 4-252 所示。

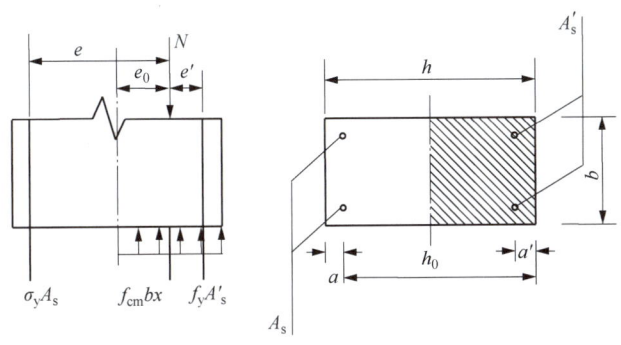

图 4-252 偏压构件示意图

构件受压破坏时，受压钢筋达到屈服阶段，即 $\sigma_s' = f_y'$。由内力平衡条件（$\sum M = 0$，$\sum x = 0$），可得

$$\left. \begin{aligned} \rho &= \dfrac{1}{\sigma_s(h_0 - a')h_0}\left[f_{cm} \cdot x\left(\dfrac{x}{2} - a\right) - \dfrac{Ne'}{b}\right] \\ \rho' &= \dfrac{1}{f_y'(h_0 - a')h_0}\left[\dfrac{Ne}{b} - f_{cm} \cdot x\left(h_0 - \dfrac{x}{2}\right)\right] \end{aligned} \right\} \quad (4-59)$$

视 $\rho + \rho'$ 为 x 的函数，并求 $\rho + \rho'$ 对 x 的导数，当令导数等于零时，便可求得使 $\rho + \rho'$ 取得最小值时的 x 值。其具体过程如下：

将式(4-59)两方程相加，并通过 $\rho + \rho'$ 对 x 求导，得

$$\dfrac{d(\rho + \rho')}{dx} = \dfrac{f_{cm}}{(h_0 - a')h_0}\left[\left(\dfrac{1}{\sigma_s} + \dfrac{1}{f_y'}\right)x - \left(\dfrac{h_0}{f_y'} + \dfrac{a'}{\sigma_s}\right)\right] \quad (4-60)$$

令 $\dfrac{d(\rho + \rho')}{dx} = 0$，得

$$x = \dfrac{\sigma_s h_0 + f_y' a'}{\sigma_s + f_y'} \quad (4-61)$$

这就是钢筋混凝土偏压构件最经济配筋时构件受压区高度的计算公式。

小偏压构件破坏时，构件的远侧钢筋可分为受拉不屈服、受压不屈服、受压屈服三种情况：①满足 $\beta_1 \geqslant \xi \geqslant \xi_b$ 时，则 $f_y > \sigma_s \geqslant 0$，为受拉不屈服；②满足 $\xi_{cy} > \xi > \beta_1$ 时，则 $0 > \sigma_s > -f_y'$，为受压不屈服；③满足 $\xi > \xi_{cy}$ 时，则 $\sigma_s = -f_y'$，为受压屈服。

依平截面假定，近似取为 $\sigma_s = \dfrac{\xi - \beta_1}{\xi_b - \beta_1} f_y$，$\xi$、$\xi_b$ 分别为相对受压区高度和相对界限受压区高度。

将 $\sigma_s = \dfrac{\xi - \beta_1}{\xi_b - \beta_1} f_y$ 代入式(4-61)，得到 $x = \dfrac{-\beta_1 h_0 f_y}{h_0(\xi_b - \beta_1) - f_y}$，下面就此条件讨论 ρ 与 ρ' 之间的关系及 $\rho + \rho'$ 的值。由式(4-59)及内力平衡条件，可得

$$\rho = \dfrac{k_1}{k_2}\rho' - \dfrac{k_3}{k_2}\left[\dfrac{(k_0 h_0)^2}{2}(1 + k_1) - k_0 h_0(a - k_1 h_0)\right] \quad (4-62)$$

其中，$k_0 = \dfrac{-\beta_1 f_y}{h_0(\xi_b - \beta_1)f_y}$，$k_1 = \dfrac{e'}{e}$，$k_2 = \dfrac{\beta_1 - k_0}{\xi_b - \beta_1}$，$k_3 = \dfrac{f_{cm}}{f_y(h_0 - a')h_0}$，这就是 ρ 与 ρ' 的关系式。由此可见，ρ 与 ρ' 之间是一种线性关系。

同时也可得到

$$\rho + \rho' = mN - l \quad (4-63)$$

其中，$m = \dfrac{1}{f_y bh_0} \cdot \dfrac{e' - k_2 e}{h_0 - a'}$，$l = \dfrac{f_{cm}}{f_y} \cdot \dfrac{k_0[(k_2 + 1)k_0 h_0 - 2ak_2 - h_0]}{2(h_0 - a')}$，式(4-63)即为小偏压构件最经济配筋率的计算公式。

大偏压构件破坏时，构件的远侧钢筋也达到屈服极限，即 $\sigma_s = f_y$，如图 4-253 所示。在大多数情况下，钢筋拉压屈服强度都等于 f_y，代入式(4-61)，便可得到 $x = \dfrac{h}{2}$。下面就 $f_y = f_y'$，$x = \dfrac{h}{2}$ 讨论 ρ 与 ρ' 之间的关系及 $\rho + \rho'$ 的值。由式(4-59)及内力平衡条件，可得

$$\rho = k_1 \rho' + c \quad (4-64)$$

其中，$k_1 = \dfrac{e'}{e}$，$c = \dfrac{f_{cm}}{4f_y} \cdot \dfrac{h}{h_0} \left[1 + k_1 - \dfrac{h}{2e}\right]$，此为 ρ 与 ρ' 的关系式。ρ 与 ρ' 之间是一种线性关系。

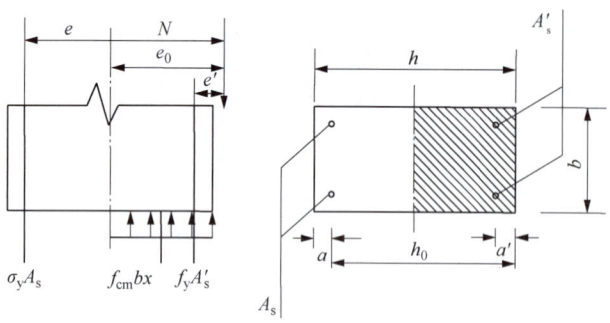

图 4-253　大偏压构件示意图

同时也可得到

$$\rho + \rho' = mN - l \quad (4-65)$$

其中，$m = \dfrac{1}{f_y b h_0} \cdot \dfrac{e - e'}{h_0 - a'}$，$l = \dfrac{f_{cm}}{f_y} \cdot \dfrac{h}{2(h_0 - a')}$，式(4-65)即为大偏压构件最经济配筋率的计算公式。

从上述分析可以看出，ρ 与 ρ' 之间是一种线性关系，计算中 ρ' 可能有等于零或小于零的情况，这时取规范规定的最小配筋率，而不能取计算值。

以上就是对普通混凝土偏压柱的优化设计。结合试验结果，可知上述优化同样适用于全高钛重矿渣混凝土偏压柱。

高钛重矿渣钢筋混凝土构件的优化原则如下：

(1) 针对高钛重矿渣钢筋混凝土柱的优化，并非采用配筋强度越高就越好，建议采用现行规范进行设计，当全部纵向受力钢筋配筋率大于3%时，可适当提高箍筋的直径、减小箍筋间距和提高混凝土保护层厚度。

(2) 试验梁的极限抗弯承载力与配筋率 ρ 呈不完全线性递增关系，但与配筋强度 ρf_y^0 呈线性递增关系，这与适筋梁的抗弯承载力计算公式中采用的 $f_y A_s$ 相吻合。

(3) 由于偏压构件截面尺寸受到构造规定的限制，一般截面尺寸已定或选择幅度较小，再加上偏心距的变化和纵向弯曲、徐变及二次弯矩等的影响，其经济配筋率确定较为复杂。从偏心受压构件的受力过程、破坏机理及由此所建立的基本公式出发，进行一系列推导，求得偏压构件经济配筋率的一般表达式。

4.6　工程应用

利用高钛重矿渣混凝土设计制备出 C30～C65 高性能混凝土，先后在丽攀高速公路的几个标进行了成功应用，形成了高钛重矿渣高性能混凝土的生产、施工及质量控制技术指南。

4.6.1　C30、C40 混凝土施工及质量控制应用

4.6.1.1　工程概况

2009年12月23日，四川省攀枝花市至云南省丽江市的高速公路四川段在攀枝花市破土动工。丽攀高速四川段起于攀枝花市西区福田镇，经西区、东区，止于攀枝花钒钛产业园区金江镇(图4-254)。攀枝花至丽江高速公路开通后，将形成经昆明到大理、丽江，再由丽江到攀枝花、昆明的旅游环线，将与丽江—大理高速公路、西昌—攀枝花高速公路、攀枝花—昆明高速公路一起形成川西南、滇西北城市群的高速公路网。攀枝花至丽江高速公路攀枝花段是四川省高速公路网宜宾至攀枝花高速公路的重要组成部分，也是国家高速公路网中大理至丽江和北京至昆明两条高速公路之间的一条重要连接线，对补充和完善国家西南部高速公路网具有重要作用。对四川而言，这是一条重要的出川大通道，也是融入湄公河流域和东南亚经济圈、进入南亚的必经之路。线路全长50.289 km，按山岭重丘区四车道高速公路标准设计，设计时速80 km，预计总投资达54亿元。

图 4-254　丽攀高速公路攀枝花段线路图

高钛重矿渣高性能混凝土首先应用于丽攀高速金沙江特大桥桥梁桩基、承台和墩柱等结构部位。金沙江特大桥桥位区位于攀枝花市中部高山狭谷地

带,总体气候属南亚热带气候到北温带气候,和相差巨大的垂直立方体气候,具有夏季长、气温日变化大、干热、日照强、降雨集中等特点。高程1400 m以上地区,常年极端高温40 ℃,极端低温－20 ℃,年平均气温20.3 ℃,年平均无霜期300 d以上。高程1 000~1 400 m地区,常年极端高温40.7 ℃,极端低温2 ℃,年平均气温21.3 ℃,基本无冬天。一般6—10月是雨季,11—5月是旱季。年平均降雨量761.6 mm,降雨一般集中在雨季,以暴雨居多。年平均日照时间2 700~3 000 h,年太阳总辐射量138~150 kcal/cm²,多年平均湿度为61%。桥台位于金沙江两侧斜坡上,丽江岸桥台斜坡坡度约20°,攀枝花岸桥台斜坡平缓,表面为厚约12.0 m的覆盖层,下伏稳定的基岩层,无不良地质作用,两岸桥台地基稳定。桥墩主要位于金沙江河床、河漫滩及阶地,除金沙江河床、河漫滩处桥墩的河流冲刷外,无大的不良地质作用,桥墩稳定。

金沙江特大桥为预应力混凝土连续刚构桥。主梁采用单箱单室截面,主墩为双薄壁桥墩。丽江岸引桥为1×30 m预应力混凝土简支T梁;金江岸引桥为2×30 m预应力混凝土简支T梁。主桥上部结构为三跨预应力混凝土连续刚构,跨径布置为95 m+180 m+95 m,分幅设计。左、右幅主桥采用单箱单室箱形截面,箱梁顶板宽11.75 m,底板宽7.05 m,外翼缘悬臂长2.35 m,箱梁顶板设置2.0%横坡。箱梁跨中及边跨支架现浇段梁高3.5 m(箱梁高度均以腹板外侧为准),墩顶根部梁高为11.5 m。从箱梁根部至跨中,箱梁梁高以1.8次抛物线变化。箱梁腹板在墩顶范围内厚100 cm,从根部到跨中及边跨现浇段按70 cm、60 cm、50 cm三种厚度设置。箱梁底板厚除0号梁段为150 cm外,其余各梁段底板从箱梁根部截面的130 cm厚按1.8次抛物线渐变至跨中截面的30 cm。主桥跨中段设4道横隔板,边跨段设2道横隔板,兼作体外束的转向块。在两个主墩墩顶各设2道2.0~2.5 m厚的横隔板,兼作体外束的锚固块。

4.6.1.2 原材料及施工配合比

1)原材料

(1)水泥:P·O42.5水泥,其他项目经检测合格。
(2)拌合用水:饮用水。
(3)砂:高钛重矿渣慢冷少孔砂,细度模数3.1。
(4)碎石:高钛重矿渣慢冷少孔碎石,粒径为5~25 mm的连续级配碎石,其他指标检测均合格。
(5)粉煤灰:Ⅱ级粉煤灰。
(6)外加剂:山西省某公司产高效减水剂。

2)施工配合比

根据设计要求,桩基采用C30泵送混凝土,墩柱采用C40泵送混凝土,承台采用C40大体积泵送混凝土。

采用上述原材料,进行高钛重矿渣混凝土配合比优化设计,相关施工配合比及混凝土性能见表4-207~表4-212。

表4-207 高钛重矿渣C30桩基混凝土配合比

单位:kg/m³

水泥	粉煤灰	渣砂	碎石	水	纤维素醚/‰	减水剂/%
300	100	853	950	200	0.1	1.1

表4-208 高钛重矿渣C30桩基混凝土性能

0 h坍落度/扩展度/mm	1 h坍落度/扩展度/mm	7 d强度/MPa	28 d强度/MPa
21/550	18/470	27.2	39.8

表4-209 高钛重矿渣C40墩柱混凝土配合比

单位:kg/m³

水泥	粉煤灰	渣砂	碎石	水	纤维素醚/‰	减水剂/%
370	120	816	1 138	170	0.1	1.2

表4-210 高钛重矿渣C40墩柱混凝土性能

0 h坍落度/扩展度/mm	1 h坍落度/扩展度/mm	7 d强度/MPa	28 d强度/MPa
22/570	19/490	37.8	49.1

表4-211 高钛重矿渣C40承台混凝土配合比

单位:kg/m³

水泥	粉煤灰	渣砂	碎石	水	纤维素醚/‰	减水剂/%
320	160	810	990	172	0.1	1.1

表4-212 高钛重矿渣C40承台混凝土性能

0 h坍落度/扩展度/mm	1 h坍落度/扩展度/mm	7 d强度/MPa	28 d强度/MPa
22/560	19/480	36.7	48.6

3）承台大体积混凝土温度、应力分析云图

运用有限元分析软件 ANSYS 对承台 C40 大体积混凝土浇筑过程中的温度场变化进行相关分析，以 5.0 m 厚 C40 混凝土承台为分析对象，承台大体积混凝土采用一次成型浇筑，不通冷却水管，预计混凝土方量约 2 100 m³。通过温度应力分析，承台混凝土最高温度、最大温差见表 4－213，承台混凝土最大主应力见表 4－214，混凝土劈裂抗拉强度见表 4－215。

表 4－213　承台混凝土温度分析结果　　单位：℃

部位	最高温度	最大温差
承台	68.4	23.8

表 4－214　承台混凝土最大主应力　单位：MPa

部位	龄期/d		
	3	7	28
承台	0.38	0.73	1.08

表 4－215　大体积混凝土劈裂抗拉强度

单位：MPa

强度等级	龄期/d		
	3	7	28
C40	1.83	3.01	4.13

由表 4－213 可以看出，承台高钛重矿渣混凝土核心最高温度为 68.4 ℃，最大温差 23.8 ℃，小于 25 ℃。根据混凝土劈裂抗拉强度测试结果可知，承台大体积混凝土在施工期内 C40 混凝土劈裂抗拉强度高于大体积混凝土内温度主拉应力，具有较高的抗裂安全系数，在采取有效的温控措施并合理施工后，可以防止承台混凝土产生有害温度裂缝，高钛重矿渣集料混凝土具有很好的保温抗裂效果。

4）泵送后混凝土性能

在泵送施工过程中，泵送距离约 100 m，泵送压力为 14.0 MPa，高钛重矿渣混凝土的工作性能在泵管压力作用下，坍落度损失较大，这是由于在泵送压力作用下，浆体中的自由水被压入高钛重矿渣集料的孔隙中，导致浆体中的自由水分减少，有效水胶比减小，混凝土的工作性能降低，混凝土的坍落度与扩展度减小。现场检测 C40 高钛重矿渣混凝土泵送前与泵送后的工作性能与力学性能差异见表 4－216。

表 4－216　泵送前与泵送后混凝土性能

泵送前后	坍落度/扩展度/mm	7 d 强度/MPa	28 d 强度/MPa
泵送前	220/560	36.7	48.6
泵送后	180/450	40.1	51.3

表 4－216 检测结果表明，高钛重矿渣混凝土在泵管内经过长距离运输，在泵送压力作用下，混凝土的坍落度损失 40 mm，强度比泵送前高 4~5 MPa，混凝土具有很好的力学性能。

4.6.1.3　施工效果

施工效果如图 4－255 所示，采用高钛重矿渣做集料配制的高性能混凝土完全满足泵送施工工艺要求，混凝土工作性能良好、力学强度优良、外观质量良好，具有很好的经济与环境效益。

（a）集料

（b）集料预湿

(c) 施工前准备

(d) 混凝土运输

(e) 混凝土出机性能检测

(f) 混凝土入泵

(g) 混凝土泵送

(h) 混凝土出泵状态

(i) 混凝土抹面　　　　　　　　　(j) 混凝土表面养护

(k) C40 墩柱施工　　　　　　　　(l) C40 承台施工

图 4‑255　施工效果图

4.6.2　C50 预制 T 梁混凝土施工及质量控制应用

4.6.2.1　工程概况

丽攀高速公路某标段路线起点桩号 K15+745，终点桩号 K22+585，全长 6.84 km。全线桥梁工程如下：花山特大桥 1 350.53 m、三经堂大桥 484.56 m、宝鼎特大桥 1 335.73 m、毛家河沟大桥 128.06 m、兴隆煤矿 2 号中桥 98.06 m、筲箕湾中桥 79.56 m、兴隆煤矿大桥 93.46 m、兴隆煤矿 1 号左幅中桥 60.86 m、癞子箐中桥 91.06 m、癞子箐大桥 109.56 m、灰噶河口大桥 212.81 m，全长 4 029.35 m，占全线总长度的 58.9%。

4.6.2.2　原材料

（1）水泥：P·O42.5 水泥，其他项目经检测合格。

（2）拌合用水：饮用水。

（3）砂：高钛重矿渣砂，细度模数 2.4～3.1。

（4）碎石：普通天然碎石，粒径为 5～25 mm 的连续级配碎石，其他指标检测均合格。

（5）粉煤灰：Ⅱ级粉煤灰，其主要性能指标检测合格。

（6）外加剂：成都某公司减水剂，其主要性能指标检测合格。

（7）硅灰：采用攀枝花某公司生产硅灰，其主要性能指标检测合格。

4.6.2.3　试验研究

高钛重矿渣具有多孔、高强、化学稳定性好等特点。利用高钛重矿渣作为粗、细集料替代天然河砂、碎石配制高性能混凝土用于桥梁、隧道、路面工程，可以降低工程成本。但在进行混凝土配合比设计与施工时从原材料的选择、配合比的设计到施工控制都会影响混凝土最终的施工质量。在丽攀高速公路某标段进行了大量的试验，现总结如下。

1）原材料的选择

水泥宜选择具有一定强度富余系数的普通硅酸盐水泥，宜采用 P·O42.5 水泥；外加剂应选用减水率高的高性能聚羧酸减水剂，与水泥的适应性要强，主要是因为攀枝花地区水泥稳定性不是特别高，水泥矿物组分及掺和料都有一定的波动，需要外加剂与水泥具有好的适应性。

（1）高钛重矿渣碎石。配制高钛重矿渣高性能混凝土的碎石应采用连续级配，强度等级低于C40混凝土可以采用 4.75～31.5 mm 的高钛重矿渣碎石，碎石压碎值按《普通混凝土用砂、石质量及检验标准》方法进行检验，压碎值宜小于 20%，针片状含量小于 5%，粉尘含量小于 3%；C40 及以上混凝土宜采用 4.75～26.5 mm 的碎石，压碎值小于 16%，针片状含量小于 5%，粉尘含量小于 2%。表观密度不小于 2 600 kg/m³。

（2）高钛重矿渣砂。高钛重矿渣砂采用破碎筛分的干砂和球磨的湿砂均可，主要控制其细度模数、颗粒级配和粉尘含量。细度模数应控制在 2.6～3.1，颗粒级配曲线尽量在普通河砂的 1 区砂分布区间内。配制 C40 以下混凝土的高钛重矿渣砂的粉尘含量宜在 10%左右；C40 以上混凝土的高钛重矿渣砂粉尘含量宜在 5%～10%。

2）配合比设计

混凝土配合比设计是混凝土材料科学中最基本且最重要的一个问题。配合比设计方法主要有以水胶比、单位用水量和砂率三个基本参数为特征的普通混凝土配合比设计，进行高钛重矿渣高性能混凝土配合比设计时应注意在设计时矿渣碎石以湿重计算，水胶比不包括矿渣碎石的吸水量；砂率宜比普通砂石提高 2%～4%。

3）配合比试验及分析

对施工现场的原材料和去高钛重矿渣生产料场取样进行原材料对比分析试验、配合比试验等。

对法拉大桥旁料场取样 3 次，矿渣砂的试验结果见表 4-217。

表 4-217 矿渣砂（球磨）取样试验结果

取样时间	表观密度/(kg·m⁻³)	堆积密度/(kg·m⁻³)	细度模数	粉尘含量/%
8月17日	2 850	1 630	3.55	5.7
8月19日	2 920	1 650	2.21	8.9
8月22日	2 890	1 660	2.89	6.8

从表 4-217 可以看出，球磨矿渣砂具有一定的不稳定性，细度模数偏差较大，通过生产工艺的调整，9月12日取样试验细度模数在 2.9 左右；工地现场矿渣砂细度模数基本在 2.8～3.1。

对于 C40 及以上强度等级混凝土，高钛重矿渣碎石的压碎值指标非常重要，对取样的矿渣碎石进行了试验，试验结果见表 4-218。

表 4-218 高钛重矿渣碎石试验结果

材料来源	表观密度/(kg·m⁻³)	堆积密度/(kg·m⁻³)	粉尘含量/%	针片状/%	压碎指标 方法1	压碎指标 方法2
生产料场	2 735	1 540	1.4	3.2	7.9	18.4
工地现场1	2 670	1 480	1.5	3.5	11.1	20.4
工地现场2	2 750	1 520	1.2	3.9		

注：试验时大小石按 7∶3 的比例混合，压碎值方法 1 按《公路工程集料试验规程》检验；方法 2 按《普通混凝土用砂、石质量及检验方法标准》检验。

由表 4-218 可知，矿渣碎石的压碎值按两个标准进行检验差别很大，因为按《公路工程集料试验规程》试验时取 9.5～13.2 mm 的碎石进行试验，而按《普通混凝土用砂、石质量及检验方法标准》试验时取 9.5～19 mm 的碎石进行试验。由于高钛重矿渣碎石自身多孔的特点，集料的粒径越大孔隙率就越大，强度也就越低，所以在试验时建议采用《普通混凝土用砂、石质量及检验方法标准》中压碎值检验方法进行试验，这样可以更有效地评价高钛重矿渣碎石的压碎值指标，选出孔隙率小、强度相对高的碎石。

采用取样材料和工地现场材料进行配合比试验，主要通过 C50 预制箱梁配合比试验进行对比分析。采用不同细度模数的矿渣砂，对比试验见表 4-219；采用中砂时，不同砂率及水胶比试验结果见表 4-220。

表 4－219 不同细度模数矿渣砂试验结果（8月23日）

砂细度模数	水泥/(kg·m⁻³)	粉煤灰/(kg·m⁻³)	砂率/%	外加剂/%	强度/MPa 7d	强度/MPa 28d
3.55	422	75	48	1.4	31.8	41.4
2.21	422	75	39	1.3	24.0	39.7
2.89	422	75	44	1.3	27.3	39.6

表 4－220 C50 预制梁混凝土配合比试验

水泥/(kg·m⁻³)	粉煤灰/(kg·m⁻³)	砂/(kg·m⁻³)	大石/(kg·m⁻³)	小石/(kg·m⁻³)	纤维素醚/‰	聚羧酸减水剂/%	拌合水/(kg·m⁻³)	坍落度/mm	1h坍落度/mm	抗压强度/MPa 7d	抗压强度/MPa 28d
450	48	757	795	340	0.08	1.5	160	210	150	49.8	68.4
450	48	814	755	323	0.08	1.5	160	220	155	51.9	73.8
450	48	851	729	312	0.08	1.5	160	230	160	46.5	65.3
450	48	828	738	316	0.08	1.4	170	200	150	49.4	64
450	48	821	732	314	0.08	1.3	185	210	165	45.1	62.3

注：采用的外加剂为现场预制梁正在使用的外加剂。

由于8月23日未单独掺加纤维素醚，纤维素醚由外加剂厂直接加入外加剂，并且设计配合比时矿渣砂含水未计算在用水量内，故混凝土强度偏低。但可以看出，要得到相同的工作性能，粗砂的砂率需要增大到48%，中砂则为44%，细砂为39%。也可以看出，砂的质量稳定性对混凝土工作性能影响很大，所以要控制高钛重矿渣砂的质量，细度模数最好为2.6~3.1，颗粒级配良好。

由表4-220可以看出，采用细度模数为2.89的中砂，43%的砂率为最佳砂率，40%的砂率混凝土包裹性不够好，45%的砂率混凝土的早期强度降低，不能满足早期张拉的要求。通过外加剂的掺量调整，用水量调整为160 kg/m³、170 kg/m³、185 kg/m³时混凝土工作状态可以满足要求，但用水量增加，早期强度降低；外加剂掺量为1.5%时混凝土有轻微抓底现象，故推荐外加剂掺量为1.4%。

由于9月12日取样水泥和矿渣砂试验复验C50预制梁混凝土配合比时混凝土坍落度损失非常大，所以对矿渣砂含水率及不同厂家外加剂对C50预制梁混凝土工作性能的影响进行对比试验，试验结果见表4-221、表4-222。

由表4-221可知，在外加剂与水泥有很好的适应性及矿渣碎石充分饱水后，矿渣砂含水率对混凝土的工作性能没有太大的影响，混凝土坍落度损失

表 4－221 矿渣砂不同含水率对比试验结果

砂含水率/%	外加用水量/(kg·m⁻³)	外加剂/%	坍落度/mm 0h	坍落度/mm 0.5h后	7d强度/MPa
0	160	1.5	210	170	51.9
4.0	155	1.5	210	160	47.2
7.0	123	1.5	225	190	45.6
11.9	76	1.5	190	150	44.1

注：矿渣干砂试验时间为9月5日，与后面的试验水泥与外加剂不一致。

表 4－222 C50 预制梁混凝土不同外加剂对比试验结果

外加剂	掺量/%	坍落度/mm 0h	坍落度/mm 0.5h后	7d强度/MPa
成都某外加剂	1.5	195	180	49.5
上海某外加剂	1.5	225	190	45.6

快主要是由于水泥与外加剂的不适应或者矿渣碎石未充分饱水。矿渣砂含水较大时，混凝土7d强度有所降低。

由表4-222可以看出，在外加剂与水泥适应性没问题的前提下混凝土的工作性能良好，7d强度在使用上海某外加剂时略高。

采用普通碎石与矿渣砂进行C50预制梁混凝土配合比试验时，矿渣砂必须是湿润状态，否则混凝土坍落度损失较大。试验结果见表4-223。

表 4-223 普通碎石与矿渣砂混凝土配合比试验结果

砂含水率/%	砂率/%	外加剂/%	坍落度/mm 0h	坍落度/mm 0.5h后	强度/MPa 7d	强度/MPa 28d
0	40	1.5	160	40	59.0	72.7
4.0	42	1.5	230	205	55.7	
9.7	42	1.5	190	170	52.7	67.0

由表 4-223 可以看出,采用普通碎石与矿渣砂进行配合比试验时,矿渣砂为干砂时混凝土坍落度损失很大,所以矿渣砂需要润湿;普通碎石与矿渣砂所配制的 C50 混凝土与全矿渣混凝土相比较,混凝土 7d 强度较高,后期强度增长较慢。

除了 C50 混凝土外,还进行了 C15、C20、C30 及 C40 混凝土配合比试验,C30 及以下强度等级混凝土按施工现场实际情况不使用粉煤灰,故未掺加粉煤灰,采用的是成都某公司萘系外加剂。试验结果见表 4-224。由试验结果可知,各标号混凝土 7d 强度达到设计强度的 100% 左右,但由于不掺加粉煤灰,混凝土的总胶凝材料用量不是太高,混凝土包裹性和流动性不是太好。

表 4-224 各全矿渣集料混凝土配合比试验结果

水泥/(kg·m^{-3})	粉煤灰/(kg·m^{-3})	砂/(kg·m^{-3})	大石/(kg·m^{-3})	小石/(kg·m^{-3})	纤维素醚/‰	外加剂/%	拌合水/(kg·m^{-3})	坍落度/mm	0.5h坍落度/mm	抗压强度/MPa 7d	抗压强度/MPa 28d
363	108	800	883	221	0.10	1.4	175	200	165	40	55.6
363	108	874	769	325	0.06	1.3	125	210	150	37.3	
395		911	743	319	0.06	1.2	132	185	150	35.9	
395		1044	827	207	0.06	0.8	78	150	90	18.0	
359		1008	835	209	0.06	0.9	76	150	100	23.4	
333		961	836	209	0.06	0.9	143	160	130	25.5	

注:表中后 3 个低标号采用 P·O32.5 复合水泥。

4)施工建议

通过施工现场的桩基混凝土质量,以及混凝土搅拌站的混凝土搅拌过程,发现了如下问题:

(1)矿渣碎石的预湿饱水非常不足,矿渣碎石饱水不足会引起用水量增大,以及混凝土坍落度损失快等问题;再者,由于配合比设计和试验时计算矿渣碎石是按饱水后总量计算,饱水不够但重量相同的矿渣碎石体积相对增大了,混凝土方量不准。

(2)矿渣砂的含水率没有及时检查,砂率偏差较大,也会引起用水量的偏差,影响混凝土的整体性能。

(3)纤维素醚的量添加不准确,虽有精度为 0.01g 的天平,现场人员未准确称量加入;纤维素醚应存放在干燥的地方,防止纤维素醚受潮,使其增黏饱水的性能下降,使混凝土出现黏聚性不好、泌水等问题。

4.6.2.4 C50 高钛重矿渣砂混凝土

1)施工配合比

根据设计要求,预制 T 梁采用 C50 高钛重矿渣砂混凝土,采用上述原材料进行高钛重矿渣砂混凝土配合比优化设计。胶凝材料采用 P·O42.5 水泥、Ⅱ级粉煤灰,高钛重矿渣砂 C50 预制 T 梁混凝土配合比及性能见表 4-225~表 4-227。

表 4-225 高钛重矿渣砂 C50 预制 T 梁混凝土配合比

水泥/kg	粉煤灰/kg	矿渣砂/kg	碎石/kg	水/kg	减水剂/%
450	48	836	1021	187	1.4

表 4-226 高钛重矿渣砂 C50 预制 T 梁混凝土工作性能和力学性能

0h坍落度/扩展度/mm	1h坍落度/扩展度/mm	7d强度/MPa	28d强度/MPa	28d抗折强度/MPa	28d劈裂抗拉强度/MPa	28d静弹性模量/10^4 MPa
200/510	160/450	51.3	65.2	7.5	5.2	4.01

表 4-227　高钛重矿渣砂 C50 预制 T 梁混凝土耐久性能

抗裂等级	抗渗等级	56 d Cl⁻ 扩散系数 /(10^{-12} m² · s⁻¹)	28 d 平均碳化深度/mm	90 次循环 K_f/%	7 d 自收缩率 /10^{-6}	28 d 干燥收缩值/10^{-6}	60 d 徐变系数
Ⅳ级	P20	1.92	0.3	89	246.2	338	1.17

2) C50 高钛重矿渣砂混凝土配合比经济性对比

表 4-228 对普通河砂、高钛重矿渣砂配制的 C50 混凝土进行了经济性对比，结果表明，用 P·O42.5 水泥和普通河砂配制的 C50 混凝土 7 d 强度达 48.7 MPa，基本满足 7 d 预应力张拉的要求。用 P·O42.5 水泥和高钛重矿渣砂配制的 C50 混凝土 7 d 强度达 53.2 MPa，同样满足 7 d 预应力张拉的要求，且混凝土拌合物的初始工作状态较普通河砂混凝土好。此外，用普通河砂制备的混凝土成本为 402.34 元/m³，用高钛重矿渣砂制备的混凝土成本为 336.34 元/m³，因此用高钛重矿渣砂制备的混凝土较普通河砂混凝土降低约 66 元/m³ 的成本，有非常高的性价比。综合以上因素，最后确定采用表 4-228 中编号 B 对应的混凝土配合比进行工程应用。

表 4-228　C50 高钛重矿渣砂混凝土配合比经济性对比

编号	P·O42.5 水泥/kg	粉煤灰/kg	砂/kg	石/kg	减水剂/kg	水/kg	坍落度/扩展度/mm		抗压强度/MPa		
							0 h	1 h	3 d	7 d	28 d
A(普通河砂)	494	0	596	1 156	4.9	154	180/480	140/420	38.9	48.7	59.2
总价/元	237.1	0	72.12	61.27	31.85						
合计/(元·m⁻³)							402.34				
B(高钛重矿渣砂)	450	48	836	1 021	5.5	187	180/490	160/460	42.4	53.2	65.1
总价/元	216	6.24	24.2	54.1	35.8						
合计/(元·m⁻³)							336.34				

4.6.2.5　施工效果

如图 4-256 所示，采用高钛重矿渣做集料配制的桥梁高性能混凝土完全满足泵送施工工艺要求，混凝土工作性能良好、力学性能优良、外观质量良好，具有很好的经济与环境效益。

(a) 集料预湿

(b) 集料均质化

(c) 混凝土入料斗时状态

(d) T梁浇筑施工

(e) T梁侧面

图 4-256 施工效果图

4.6.3 C65 主梁混凝土施工及质量控制应用

4.6.3.1 工程概况

金沙江特大桥为预应力混凝土连续刚构桥。主梁采用单箱单室截面，主墩为双薄壁桥墩。丽江岸引桥为 1×30 m 预应力混凝土简支 T 梁，金江岸引桥为 2×30 m 预应力混凝土简支 T 梁。主桥上部结构为三跨预应力混凝土连续刚构，跨径布置为 95 m+180 m+95 m，分幅设计。左、右幅主桥采用单箱单室箱形截面，箱梁顶板宽 11.75 m，底板宽 7.05 m，外翼缘悬臂长 2.35 m，箱梁顶板设置 2.0% 横坡。箱梁跨中及边跨支架现浇段梁高 3.5 m（箱梁高度均以腹板外侧为准），墩顶根部梁高为 11.5 m。从箱梁根部至跨中，箱梁梁高以 1.8 次抛物线变化。箱梁腹板在墩顶范围内厚 100 cm，从根部到跨中及边跨现浇段按 70 cm、60 cm、50 cm 三种厚度设置。箱梁底板厚除 0 号梁段为 150 cm 外，其余各梁段底板从箱梁根部截面的 130 cm 厚按 1.8 次抛物线渐变至跨中截面的 30 cm。主桥跨中段设 4 道横隔板，边跨段设 2 道横隔板，兼作体外束的转向块。在两个主墩墩顶各设 2 道 2.0～2.5 m 厚的横隔板，兼作体外束的锚固块。

4.6.3.2 原材料

(1) 砂：湿磨生产高钛重矿渣砂，细度模数 2.4～3.1。

(2) 碎石：普通天然碎石，粒径为 5～25 mm 的连续级配碎石，其他指标检测均合格。

(3) 水泥：P·O42.5 水泥，其他项目经检测合格;P·O52.5水泥,其他项目经检测合格。

(4)粉煤灰:Ⅱ级粉煤灰,其主要性能指标检测合格。

(5)硅灰:攀枝花某公司生产硅灰,其主要性能指标检测合格。

(6)外加剂:成都某公司高效聚羧酸减水剂、上海某公司高效聚羧酸减水剂,其主要性能指标检测合格。

(7)拌合用水:饮用水。

4.6.3.3 C65高钛重矿渣砂混凝土

1) 施工配合比

主梁连续刚构采用C65高钛重矿渣砂泵送混凝土。胶凝材料采用P·O42.5水泥、Ⅱ级粉煤灰与硅灰,外加剂选用上海某公司高效聚羧酸减水剂,制备高钛重矿渣砂C65主梁混凝土,配合比及性能见表4-229～表4-231。

表4-229 高钛重矿渣砂C65主梁混凝土配合比

水泥/kg	粉煤灰/kg	硅灰/kg	矿渣砂/kg	碎石/kg	水/kg	减水剂/%
460	20	35	813	1078	144	1.4

表4-230 高钛重矿渣砂C65主梁混凝土工作性能和力学性能

0h坍落度/扩展度/mm	1h坍落度/扩展度/mm	7d强度/MPa	28d强度/MPa	28d抗折强度/MPa	28d劈裂抗拉强度/MPa	28d静弹性模量/10⁴ MPa
230/540	210/500	63.0	74.0	10.4	5.7	4.27

表4-231 高钛重矿渣砂C65主梁混凝土耐久性能

抗裂等级	抗渗等级	56d Cl⁻扩散系数/(10^{-12} m²·s⁻¹)	28d平均碳化深度/mm	90次循环 K_f/%	7d自收缩率/10^{-6}	28d干燥收缩值/10^{-6}	60d徐变系数
Ⅳ级	>P40	0.96	0.2	92	260.8	346	0.96

由于施工工期的变化,主梁由原来的7d张拉更改为5d张拉。虽然以上C65混凝土配合比满足7d张拉及泵送施工要求,但是5d强度不能满足张拉要求,因此对高钛重矿渣砂C65混凝土配合比进行了适当调整。最终调整为表4-232的配合比,胶凝材料采用P·O52.5水泥和Ⅱ级粉煤灰,外加剂选用成都某公司高效聚羧酸减水剂,制备高钛重矿渣砂C65主梁混凝土,配合比及性能见表4-232～表4-234。

表4-232 高钛重矿渣砂C65主梁混凝土优化配合比

水泥/kg	粉煤灰/kg	矿渣砂/kg	碎石/kg	水/kg	减水剂/%
445	85	736	1110	150	1.4

表4-233 高钛重矿渣砂C65主梁混凝土工作性能和力学性能

0h坍落度/扩展度/mm	1h坍落度/扩展度/mm	7d强度/MPa	28d强度/MPa	28d抗折强度/MPa	28d劈裂抗拉强度/MPa	28d静弹性模量/10⁴ MPa
230/580	200/490	63.0	74.6	9.3	5.8	4.2

表4-234 高钛重矿渣砂C65主梁混凝土耐久性能

抗裂等级	抗渗等级	56d Cl⁻扩散系数/(10^{-12} m²·s⁻¹)	28d平均碳化深度/mm	90次循环 K_f/%	7d自收缩率/10^{-6}	28d干燥收缩值/10^{-6}	60d徐变系数
Ⅳ级	>P40	0.89	0.2	93	256.5	362	0.91

2) C65高钛重矿渣砂混凝土经济性对比与选择

对工地用混凝土配合比和试验用配合比进行了经济和性能对比分析,其中工地用水泥为P·O52.5普通硅酸盐水泥,工地用砂为河砂,工地用减水剂为高效聚羧酸减水剂;泵送试验用水泥为P·O52.5普通硅酸盐水泥,泵送试验用砂为高钛重矿渣砂,泵送试验用减水剂为聚羧酸系高效减水剂。A为工地用配合比,B为P·O42.5普通硅酸盐水泥试验用配合比,C为P·O52.5普通硅酸盐水泥泵送试验用配合比,其混凝土性能、价格对比见表4-235。

表4-235 工地用施工配合比与泵送试验配合比混凝土的性价比分析

编号	P·O52.5 水泥/kg	粉煤灰/kg	砂/kg	石/kg	减水剂/kg	水/kg	坍落度/扩展度/mm 0h	1h	抗压强度/MPa 5d	7d	28d
A	445	85	706	1104	6.9	184	220/500	180/380	63.0	65.6	76.0
总价/元	338.2	12.75	34.6	45.3	45.5						
合计/(元·m⁻³)						476.4					

编号	P·O42.5 水泥/kg	硅灰/kg	粉煤灰/kg	砂/kg	石/kg	减水剂/kg	水/kg	坍落度/扩展度/mm 0h	1h	抗压强度/MPa 5d	7d	28d
B	460	35	20	772	1110	10.3	174	230/550	210/480	46.0	63.0	74.0
总价/元	220.8	45.5	3.0	22.4	45.5	133.9						
合计/(元·m⁻³)							458.2					

编号	P·O52.5 水泥/kg	粉煤灰/kg	砂/kg	石/kg	减水剂/kg	水/kg	坍落度/扩展度/mm 0h	1h	抗压强度/MPa 5d	7d	28d
C	445	85	736	1110	7.4	175	240/600	200/510	59.0	63.0	74.6
总价/元	338.2	12.75	21.3	45.5	49.0						
合计/(元·m⁻³)						466.8					

由表4-235分析结果表明,试验采用P·O42.5水泥和高钛重矿渣砂配制的C65混凝土7d强度达46.0MPa,28d强度达63.0MPa,满足7d预应力张拉的要求,且试验用配合比的混凝土价格为458.2元/m³,工地用配合比的混凝土价格为476.4元/m³,试验用配合比的混凝土每立方米价格较工地用配合比的混凝土降低18.2元,性价比好。泵送试验采用P·O52.5水泥和高钛重矿渣砂配制的C65混凝土,7d强度可达59.0MPa,满足7d预应力张拉的要求,且泵送试验配合比的混凝土价格为466.8元/m³,工地用配合比的混凝土价格为476.4元/m³,泵送试验用配合比的混凝土每立方米价格较工地用配合比的混凝土降低9.6元,性价比较好。

B、C两配合比均有较好的性价比,由于工程进度中间做了调整,对C65高钛重矿渣砂混凝土提出了新的要求,由原来7d达到张拉要求更改为5d满足张拉要求,导致原来用P·O42.5水泥可以满足工程7d张拉施工要求的C65高钛重矿渣砂混凝土不能满足5d张拉施工要求。通过对配合比进行调整,最终将满足5d张拉施工要求的C65高钛重矿渣砂混凝土配合比确定为表4-232中的配合比。

4.6.3.4 高钛重矿渣砂对混凝土施工性能的影响

1) 高钛重矿渣砂混凝土对泵送的影响

通过现场泵送试验研究高钛重矿渣砂混凝土对泵送的影响。泵送试验采用SANY-80型混凝土泵送机。通过在同一台机器上泵送普通混凝土和高钛重矿渣砂混凝土,通过对泵送过程中泵送压力的对比,来分析高钛重矿渣砂对混凝土泵送施工过程的影响。在泵送C65普通混凝土时,泵送机泵送压力为8~10MPa。在泵送C65高钛重矿渣砂混凝土时,泵送机泵送压力为9~11MPa。高钛重矿渣混凝土泵送压力较普通混凝土高1MPa左右。主要因为高钛重矿渣砂为机制砂,有较多的棱角,在泵送过程中与泵管管壁产生摩擦大于普通混凝土,对泵送施工产生了不利影响。但是泵送压力仅多1MPa左右,并不会对泵送过程造成非常明显的不利影响,不会因摩擦阻力变大而导致堵管。

2) 高钛重矿渣砂不同含水率对泵送后混凝土状态的影响

高钛重矿渣砂不同含水率对C65高钛重矿渣砂混凝土泵送后状态的影响试验结果如图4-257~图4-260所示。

图 4-257　含水率 11% 矿渣砂泵送后混凝土状态

图 4-258　含水率 11% 矿渣砂泵送振捣后混凝土状态

图 4-259　含水率 4% 矿渣砂泵送后混凝土状态

图 4-260　含水率 4% 矿渣砂泵送振捣后混凝土状态

通过以上对比可以看出，高钛重矿渣砂含水率高于 10% 时，砂孔隙中含水率过高，在泵送压力作用下，砂孔隙中的水分释放出来，导致泵送后混凝土出现轻微的浮浆现象，振捣后浮浆现象更为明显；当高钛重矿渣砂含水率低于 5% 时，由于砂是多孔材料，在泵送压力作用下，会更易吸附浆体，导致泵送后的混凝土流动性变差，振捣后凝结较快。因此，在泵送施工时宜将高钛重矿渣砂的含水率控制在 5%～10%。

3）泵送后混凝土性能

在泵送施工过程中，高钛重矿渣混凝土的工作性能会受到泵管压力的影响，其中混凝土的坍落度损失较大，这是由于在泵送压力作用下，混凝土浆体中的自由水被压入高钛重矿渣集料的孔隙中，导致浆体中的自由水减少，有效水胶比减小，混凝土的工作性能降低，混凝土的坍落度与扩展度减小。现场检测 C65 高钛重矿渣混凝土泵送前与泵送后的工作性能与力学性能差异见表 4-236。

表 4-236　泵送前与泵送后混凝土性能差异

泵送前后	坍落度/扩展度/mm	7d 强度/MPa	28d 强度/MPa
泵送前	220/560	63.0	74.6
泵送后	180/480	67.2	78.1

从表 4-236 中可以看出，高钛重矿渣砂混凝土在泵管内经过长距离运输，在泵送压力作用下，混凝土的坍落度损失较大，但强度比泵送前高 3～4 MPa，

混凝土具有很好的力学性能。

4.6.3.5 施工效果

如图4-261所示,采用高钛重矿渣做集料配制的桥梁高性能混凝土完全满足泵送施工工艺要求,混凝土工作性能良好、力学性能优良、外观质量良好,具有很好的经济与环境效益。

(a) 集料均质化

(b) 混凝土入泵

(c) 混凝土泵送施工

(d) 混凝土出泵状态

(e) 混凝土振捣后

(f) 主跨即将合龙

图4-261 施工效果图

4.6.4 施工及质量控制技术

4.6.4.1 T梁C50高钛重矿渣混凝土施工质量控制技术

T梁C50高钛重矿渣混凝土施工工艺流程如图4-262所示。

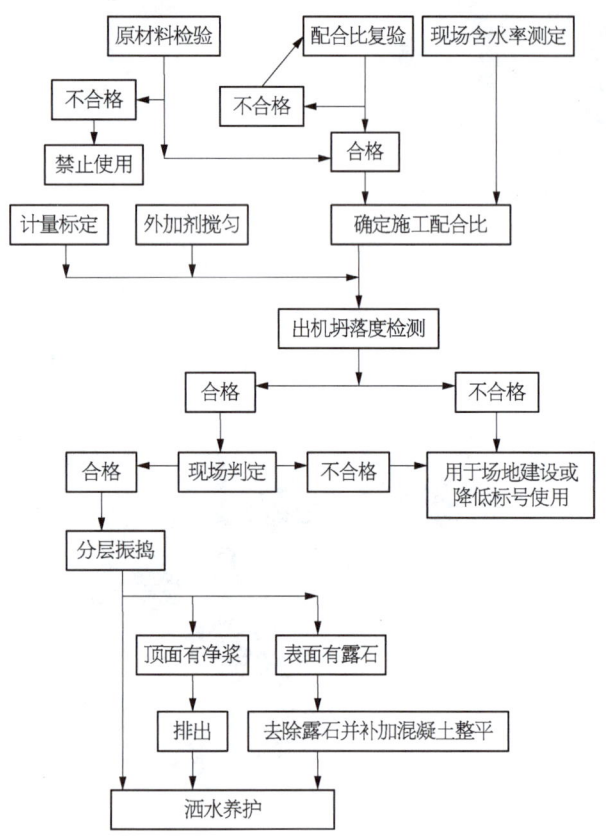

图4-262 T梁C50高钛重矿渣混凝土施工工艺流程图

1) 施工准备

(1) 进场各原材料应进行取样检测,检测合格方能使用。其中高钛重矿渣砂必须是高钛重矿渣湿磨砂,细度模数在2.6~3.1范围内,表观密度大于2700 kg/m³,松散堆积密度大于1450 kg/m³,空隙率小于55%,渣粉含量小于10%。

(2) 原材料变化时,特别是新进场外加剂,应采用现场材料进行混凝土配合比复验,确保外加剂与水泥适应性合格,及时调整理论配合比。

(3) 做好施工前的方案设计、技术交底等各项技术准备工作。

2) 混凝土拌合

(1) 混凝土拌制配料前,采用铲车对高钛重矿渣砂进行一定的混合,使砂尽量混合均匀;提前半小时对砂分2~3个部位取样测定含水率,根据测得的含水率确定施工配合比。

(2) 聚羧酸外加剂在混凝土拌制配料前应人工搅3~5 min,确保外加剂上下层的固体含量和减水率一致。各种衡器应请计量部门进行计量标定,称料误差应符合规范要求,其中外加剂、水、水泥和粉煤灰称量误差小于±1%。

(3) 浇筑混凝土前应对模板、钢筋、预埋件等进行检查,同时应检查仓面内是否有碎渣异物等,检验合格后才能开盘。

(4) 混凝土的拌合宜按碎石、砂、水泥、粉煤灰的顺序填加材料,先干拌0.5 min,再加入水和减水剂湿拌2~3 min,确认搅拌均匀、充分后方可出料。

3) 工作性能检测

(1) 搅拌成的预制梁混凝土拌合物应立即检验其工作性能,包括测定坍落度、扩展度;观察有无分层、离析、泌水,评定均质性。

(2) 坍落度控制检验应在出料口和预制梁现场同时进行,出料口每班检查1~2次,预制现场每班检查2~4次,现场检测结果应作为混凝土拌合物质量评定的依据。

4) 浇筑与振捣

(1) 混凝土浇筑应避开气温低于5℃或高于35℃的时段,炎热夏季宜在晚间进行浇筑施工,寒冷的冬天宜在中午施工,并做好保温措施。

(2) 混凝土生产和浇筑过程中,搅拌站与预制梁现场都应有专人控制。搅拌站控制混凝土的出机坍落度,现场人员应在混凝土到场后在第一斗料静置2 min后判断混凝土是否可用,不合格的混凝土不能入模,搅拌站与现场的控制人员应及时沟通,确保入模混凝土质量合格。

(3) 浇筑混凝土时,混凝土堆积高度不宜超过0.5 m,即时摊平,分层振捣。应采用振捣器振捣密实:①使用插入式振捣器时,移动间距不应超过振捣器作用半径的1.5倍,与侧模应保持5~10 cm距离,应插入下层混凝土5~10 cm;②对每一部位混凝土必须振捣到密实为止,密实的标志是混凝土停止下沉,不再冒气泡,表面呈平坦、泛浆状。

(4) 混凝土浇筑到顶面时,应保证顶面混凝土的平整,如出现有大量浮浆的情况,应采用坍落度较小的混凝土使浮浆排出模板;如出现表面石子堆积或是石子裸露超过 1/2 的情况,应清除表面石子,人工铲少量混凝土进行插捣整平。

5) 养护

混凝土养护的目的是使混凝土在一段时间内保持适当的温度、湿度,营造良好的混凝土硬化条件。混凝土浇筑完后,顶面应及时进行洒水养护,拆模后对整个梁体进行洒水养护。

4.6.4.2 C65 高钛重矿渣砂泵送混凝土施工质量控制技术

C65 高钛重矿渣砂泵送混凝土施工工艺流程如图 4-263 所示。

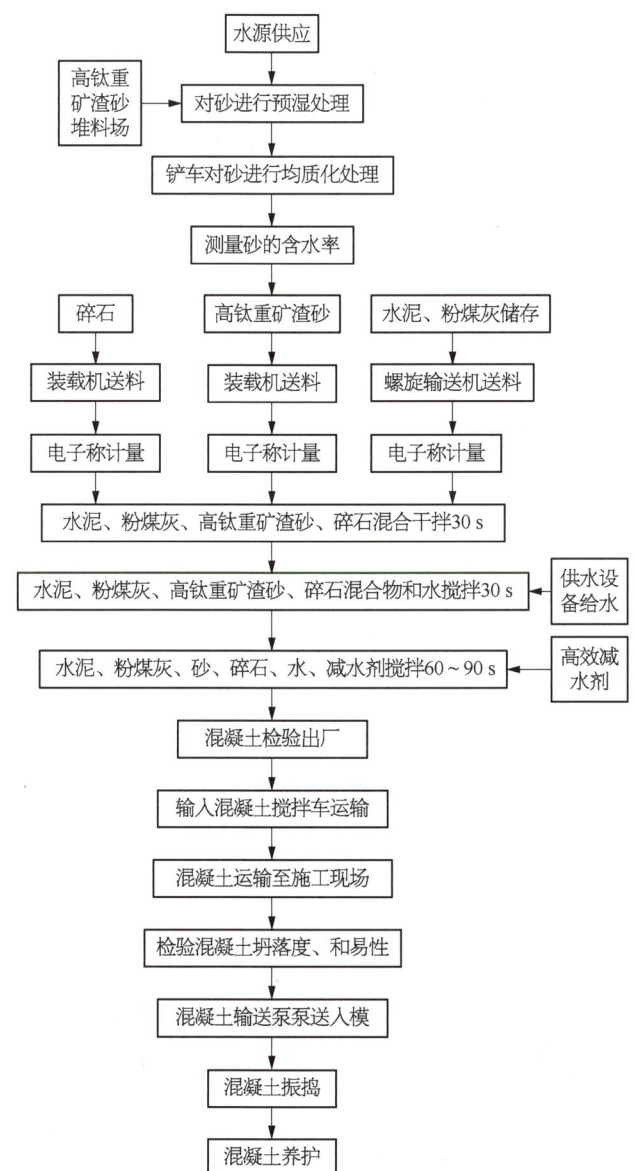

图 4-263 C65 泵送混凝土施工工艺流程图

1) 质量控制要素

(1) 在配制高钛重矿渣砂混凝土前,至少提前 24h 对高钛重矿渣砂进行饱水处理,由于高钛重矿渣砂是多孔材料,如果不提前做饱水处理,在混凝土泵送过程中,在泵送压力的作用下,砂会吸附水泥浆体,对混凝土的工作性能产生不利影响。

(2) 在配制高钛重矿渣砂混凝土前 2~3h,用铲车将料场中做过饱水处理的高钛重矿渣砂进行混匀操作,让砂堆上部与砂堆下部不同含水率的砂混合均匀,然后静置 1~2h,目的是使测出的含水率更接近实际含水率。

(3) 在配制高钛重矿渣砂混凝土前 0.5h,测量经过混匀操作的砂的含水率,取 3~6 个砂堆中不同部位且有代表性的位置进行砂的含水率测量,然后以其平均值作为砂的含水率。

(4) 砂的含水率宜控制在 5%~10%,如果含水率小于 6%,在泵送压力作用下,高钛重矿渣砂会吸附水泥浆体,对混凝土的工作性能产生不利影响。如果含水率大于 11%,在泵送压力作用下,砂孔隙中自由水会释放出,导致泵送后的混凝土多浮浆。

(5) 在装载机铲运高钛重矿渣砂时,应尽量从料堆的中上部取料,可有效防止料堆下部的砂含水率波动过大,对配制混凝土的工作性能及强度产生不利影响。

(6) 混凝土有效水胶比不宜大于 0.32,一般在 0.28~0.30。高钛重矿渣砂是多孔材料,其孔隙中含有约 3.5% 的饱和面干含水量,这部分水不参与水泥水化,不属于外部加水,因此有效水胶比是将高钛重矿渣砂饱和面干 3.5% 的含水量除去后所得的水胶比。

(7) 混凝土搅拌运输车在运输途中,拌筒以 1~3r/min 速度不停地进行搅动,运到现场卸料前应使拌筒高速搅拌 1~2min 后再卸料。

2) C65 混凝土泵送工艺

(1) C65 现场施工配合比。

① 原材料。

a. 水泥:P·O52.5 普通硅酸盐水泥,其物理性能指标见表 4-237。

表 4-237　水泥的主要性能指标

比表面积/(m²·kg⁻¹)	细度(0.08 mm筛余)/%	凝结时间		抗压强度/MPa		安定性
		初凝	终凝	3 d	28 d	
346	2.9	2:31	5:65	38.4	60.7	合格

b. 细集料：高钛重矿渣砂，细度模数为 2.6，主要性能指标见表 4-238。

表 4-238　细集料的主要性能指标

细度模数	表观密度/(g·cm⁻³)	堆积密度/(g·cm⁻³)
2.9	3.170	1.690

c. 粗集料：普通碎石，粒径分别为 5~16 mm、10~20 mm，主要性能指标见表 4-239。

表 4-239　粗集料的主要性能指标

大石 10~20 mm					小石 5~16 mm			
表观密度/(g·cm⁻³)	堆积密度/(g·cm⁻³)	含泥量	泥块含量	压碎值	表观密度/(g·cm⁻³)	堆积密度/(g·cm⁻³)	含泥量	泥块含量
2.690	1.61	0.3	0	9.7	2.710	1.66	0.5	0

d. 粉煤灰：Ⅱ级粉煤灰，性能指标见表 4-240。

表 4-240　粉煤灰的主要性能指标

品种	细度(0.045 mm方孔筛筛余)	需水量比	烧失量	含水量	SO_3含量
攀枝花Ⅱ级粉煤灰	16.1	98	6.3	0.2	0.87

e. 外加剂：成都某公司高效聚羧酸减水剂，减水率 30%。

f. 拌合水：金沙江江水。

② 现场施工配合比。实验室配合比和现场施工配合比见表 4-241、表 4-242。

表 4-241　C65 高钛重矿渣砂泵送混凝土的实验室目标配合比　　单位：kg/m³

水	水泥	粉煤灰	砂	碎石1	碎石2	减水剂/%
175	445	85	736	666	444	1.4

注：用水量为总用水量，包括高钛重矿渣砂 3.5%的饱和面干含水量。碎石1表示粒径为 10~20 mm 的普通碎石，碎石2表示粒径为 5~16 mm 的普通碎石。混凝土 3 d 抗压强度 52 MPa，5 d 抗压强度 59 MPa，7 d 抗压强度 65 MPa，28 d 抗压强度 80 MPa。

表 4-242　C65 高钛重矿渣砂泵送混凝土的现场施工配合比　　单位：kg/m³

水	水泥	粉煤灰	砂	碎石1	碎石2	减水剂/%
146	445	85	743	676	451	1.4

注：用水量为总用水量，包括高钛重矿渣砂 3.5%的饱和面干含水量。碎石1表示粒径为 10~20 mm 的普通碎石，碎石2表示粒径为 5~16 mm 的普通碎石。混凝土 3 d 抗压强度 50 MPa，5 d 抗压强度 57 MPa，7 d 抗压强度 61 MPa，28 d 抗压强度 74 MPa。

(2) C65 高钛重矿渣砂泵送混凝土施工工艺。通过对高钛重矿渣砂的预饱水处理及对外加剂的调整，成功实现了垂直 100 m＋水平 100 m 的 C65 高钛重矿渣砂混凝土的泵送施工。

① 高钛重矿渣砂饱水处理。针对高钛重矿渣砂的多孔特性，在混凝土泵送过程中，在泵送压力的作用下，高钛重矿渣砂会吸附水泥浆体，对混凝土的工作性能产生不利影响，在配制高钛重矿渣砂混凝土前，应对高钛重矿渣砂进行饱水处理。

在配制高钛重矿渣砂混凝土时，至少提前 24 h 对砂进行饱水处理；在配制高钛重矿渣砂混凝土前 2~3 h，用装载机将料场中做过饱水处理的砂进行混匀操作，让砂堆上部与砂堆下部不同含水率的砂混合均匀，然后静置 1~2 h；在配制高钛重矿渣砂混凝土前 0.5 h，测量经过混匀操作的砂的含水率，取 3~6 个砂堆中不同部位且有代表性的位置进行砂的含水率测量，以其平均值作为砂的含水率。

通过对比不同含水率的高钛重矿渣砂对混凝土泵送性能的影响，确定高钛重矿渣砂在混凝土最佳泵送状态的含水率。不同含水率的高钛重矿渣砂对混凝土泵送性能的影响如图 4-264 所示，见表 4-243。

通过图 4-264 和表 4-243 的对比分析发现，高钛重矿渣砂的含水率宜控制在 5%~10%。如果含水率小于 5%，在泵送压力作用下，高钛重矿渣砂会吸附水泥浆体，对混凝土的工作性能产生不利影响，易出现堵管现象；如果含水率大于 11%，在泵送压力的作用下，高钛重矿渣砂孔隙中自由水会释放

| （a）含水率4% | （b）含水率8% | （c）含水率11% |

图4-264 高钛重矿渣砂不同含水率对混凝土泵送性能的影响

表4-243 不同含水率的高钛重矿渣砂制备的混凝土对泵送压力的影响

参数	数据		
混凝土输送泵型号	SANY 80C		
高钛重矿渣砂含水率/%	4	8	11
混凝土输送泵泵送压力/MPa	11	10	9

出，导致泵送后的混凝土多浮浆，易出现离析现象。因此，高钛重矿渣砂的含水率宜控制在5%~10%。

② 外加剂调整。由于强度及泵送工艺的需要，在严格控制用水量的前提下，为了满足适当的浆体含量和适宜的流动性，以及混凝土早期强度好、收缩低、后期强度好的性能，通过调整外加剂中不同组分，发明了一种高钛重矿渣砂高强泵送混凝土专用外加剂。其具体方法如下：

掺加一定量含有阴离子表面活性剂的引气组分，使混凝土在拌合过程中产生大量相同电荷并能均匀分布的微气泡，这些微气泡起到"滚珠"作用，有效提高混凝土初始扩展度。

通过引入一种既能改变体系的界面状态又能破坏或抑制泡沫的物质，可消除大气泡。该消泡剂具有较高的表面活性，能形成新的表面膜或改变原表面膜，降低泡沫的强度，进而有效地减少混凝土中大气泡的生成量。

在外加剂中掺加一定量具有保水和增稠作用的增黏组分，使其高分子长链可以在水泥颗粒和水泥、骨料之间形成稳定的空间柔性网络结构，提高新拌混凝土的黏聚力，且其所含有的化学基团如羟基和醚键上的氧原子与水分子缔合成氢键，使游离水变成结合水，以保证水泥水化时具有足够的水，使水泥浆体黏度上升，有效避免在泵送过程中混凝土因离析而发生堵管现象。

引入一种具有超长分子链的聚合物，利用这种聚合物的超长分子链在基体中相互缠结形成的网络状骨架结构，为材料提供机械强度；当材料受到外力作用时，通过这种网络状骨架结构的形变，吸收和传递来自基体的冲击能量，起到增韧作用。

消泡剂选用有机硅油5%~10%，引气剂选用松香热聚物1%~2%，增黏剂选用纤维素醚2.5%~5%，减缩组分选用低级醇的环氧化合物与烷基聚氧乙烯醚为主要组分。

通过调整以上各成分占外加剂量的含量，与减水剂复合而成一种适用于高钛重矿渣砂混凝土的外加剂，其中消泡剂5%~10%、引气剂1%~2%、增黏剂2.5%~5%、减缩增韧组分7.5%~15%，其余部分为高效聚羧酸减水剂。通过对以上几种不同组分掺量进行调整，成功研制出一种适用于高钛重矿渣砂混凝土的外加剂。并用此外加剂成功制备出用水量低、和易性良好、满足长距离泵送施工的高钛重矿渣砂混凝土。

③ 施工准备。

a. 高钛重矿渣砂。在配制高钛重矿渣砂混凝土前对砂进行饱水处理。高钛重矿渣砂的含水率宜控制在5%~10%。

b. 外加剂。在制备高钛重矿渣砂混凝土时，采用调整后的外加剂。

c. 粗集料。由于碎石露天堆放，阳光暴晒、雨水渗透导致石料堆由表层向下含水率不断变化。因此，在施工过程中必须随时测定碎石的含水率变化，根据现场新拌混凝土的工作性能，实时调整混凝土的用水量。

d. 粉料。应做好标记，分别堆放，以避免水泥、粉煤灰等材料混淆，造成工程事故；同时这些原材料应采取防雨、防潮措施，避免结块，降低混凝土的工作性能和强度。

e. 搅拌与运输。水泥混凝土拌制配料前,各种衡器应请计量部门进行计量标定,称料误差应符合规范要求。混凝土搅拌站控制系统即自动计量系统要定期进行标定,且每班在使用前要检查一次,确保计量准确,计量最大偏差不得超过以下标准:水泥、粉煤灰、水±1%;粗细骨料±2%;减水剂±0.5%。及时检测粗、细集料的含水率,遇阴雨天气应增加检测频率,随时调整用水量。

聚羧酸外加剂在混凝土拌制配料前应人工搅 3~5 min,确保外加剂上下层的固含量和减水率一致。

搅拌混凝土应采用强制式搅拌机,应严格按照经批准的施工配合比准确称量混凝土原材料。混凝土原材料计量后,宜先向搅拌机投入细骨料、粗骨料、水泥和矿物掺和料,充分混合干拌 30 s 后,再将外部用水全部加入,强制搅拌 30 s 后,再投入外加剂,并搅拌 60~90 s,待搅拌均匀为宜。从全部材料装入搅拌机开始搅拌起,至开始卸料时止,连续搅拌混凝土的时间应大于 150 s。

严格检验新拌混凝土初始工作状态,符合设计要求方可放入混凝土搅拌运输车送达浇筑现场。混凝土搅拌运输车在运输途中,拌筒以 1~3 r/min 速度不停地进行搅动,运到现场卸料前应使拌筒高速搅拌 1~2 min 后再卸料。

f. 泵送。混凝土泵送初期,应慢速泵送,待泵送顺利后,再用正常速度泵送;混凝土泵送速度要均匀连续,必要时可降低混凝土的泵送速度;若停泵时间过长,应每隔 15 min 反泵一次,防止料斗内的混凝土沉淀离析,若预计等待时间过长,应将管中混凝土清除,用水清洗管道,等待重新泵送(图 4-265)。

图 4-265 傈果金沙江特大桥主桥连续刚构节段混凝土泵送

g. 振捣。浇筑混凝土时,应采用振捣器振实:使用插入式振捣器时,要垂直插入,快插慢拔,插点交错均匀布置,在振捣上一层混凝土时,要在下层混凝土初凝前进行,移动间距不应超过振捣器作用半径的 1.5 倍,每一插点振捣时间为 10~20 s,与侧模应保持 5~10 cm 距离,避开预埋件或监控元件 10~15 cm,插入下层混凝土 5~10 cm;对每一部位混凝土必须振捣到密实为止,密实的标志是混凝土停止下沉,不再冒气泡,表面呈平坦状且泛出水泥浆。振捣时间过短,混凝土不易振实,而振捣时间过长,会引起混凝土离析(图 4-266)。

图 4-266 傈果金沙江特大桥主桥连续刚构节段混凝土浇筑振捣

h. 养护。在混凝土浇筑完毕后,立即用塑料薄膜覆盖,待初凝后,应洒水养护,养护时间不得小于规范规定要求,保证模板接缝处不致失水干燥。拆模后要立即用塑料薄膜或者湿麻袋覆盖混凝土表面并进行养护(图 4-267)。

图 4-267 傈果金沙江特大桥主桥连续刚构节段混凝土养护

(3) 混凝土施工注意事项。

① 主桥箱梁为现浇 C65 混凝土,由于箱梁壁薄,为保证混凝土浇筑密实,要求粗骨料采用最大粒径不超过 25 mm 的轧制高标号碎石,并加强振捣,以保证混凝土密实。

② 在装载机铲运高钛重矿渣砂时,应尽量从料堆的中上部取料,可有效防止料堆下部砂含水率波动过大,对配制的混凝土工作性能及强度产生不利影响。

③ 混凝土有效水胶比不宜大于 0.32,一般在 0.28~0.30。高钛重矿渣砂是多孔材料,其孔隙中含有约 3.5% 的饱和面干含水量,这部分水不参与水泥水化,不属于外部加水,因此有效水胶比是将高钛重矿渣砂饱和面干 3.5% 的含水量除去后所得的水胶比。

④ 在进行混凝土拌合时,为使高钛重矿渣砂与其他材料混合均匀,可适当延长搅拌时间。

⑤ 箱梁悬臂浇筑过程中,每节段的混凝土要达到设计强度的 85% 且龄期达到 6 d,才能张拉相应预应力钢束。

(4) 关键技术。

① 通过对高钛重矿渣砂的饱水处理和外加剂调整,严格按照 C65 高钛重矿渣砂高强泵送混凝土的施工工艺和施工质量要求施工,成功实现了施工现场垂直 100 m + 水平 100 m 的泵送施工,现场拆模后高钛重矿渣砂混凝土的表面没有明显的裂缝出现。混凝土现场所留试样 3 d 抗压强度 50 MPa,5 d 抗压强度 57 MPa,7 d 抗压强度 61 MPa,28 d 抗压强度 74 MPa,满足施工设计要求。

② 高钛重矿渣砂替代普通河砂用于高强泵送混凝土中,不仅对攀枝花钢铁集团公司、攀枝花社会经济的可持续发展做出了贡献,而且对节约自然资源、降低工程成本、保护长江上游生态环境等具有重要意义。

4.7 本章小结

本章对高钛重矿渣、高钛重矿渣混凝土及高钛重矿渣混凝土构件进行了系统的研究,取得主要成果如下:

(1) 高钛重矿渣的化学及矿物组成、碱集料反应活性、粗细集料在荷载和侵蚀环境耦合作用下的稳定性;高钛重矿渣粗细集料的生产设备选型分析及高钛重矿渣粗细集料的生产质量控制关键参数。

(2) 高钛重矿渣粗细集料的组成、级配和粉尘含量对混凝土性能的影响;高钛重矿渣集料的最佳预湿时间及高钛重矿渣混凝土有效水胶比的计算方法;高钛重矿渣集料桥梁高性能混凝土的专用外加剂;密实骨架法和绝对体积法两种高钛重矿渣高性能混凝土配合比设计方法;高钛重矿渣砂和碎石设计制备低温升抗裂大体积混凝土及高性能泵送抗裂混凝土。

(3) 通过用高钛重矿渣粗细集料配制相同强度等级的全高钛重矿渣钢筋混凝土构件、高钛重矿渣砂钢筋混凝土构件、高钛重矿渣碎石钢筋混凝土构件与普通砂、石集料钢筋混凝土构件进行对比试验,并采用非线性有限元软件 ABAQUS 建模进行对比分析,得出两种混凝土构件工作性能相近。

(4) 高钛重矿渣集料轻质高强化技术;轻质高强高钛重矿渣高性能混凝土的制备技术;高钛重矿渣钢筋混凝土构件的优化设计。

(5) 通过高钛重矿渣混凝土在西攀高速公路各标段中的应用,总结归纳出高钛重矿渣混凝土质量控制要素。

第 5 章

普通强度等级钢管混凝土

钢管混凝土是指在钢管中填充混凝土,由钢管及其核心混凝土共同承受外荷载作用的结构构件。众所周知,混凝土的抗压强度高,但抗弯能力很弱,而钢材特别是型钢的抗弯能力强,具有良好的弹塑性,但在受压时容易失稳而丧失轴向抗压能力。钢管混凝土在结构上能够将两者的优点结合在一起,可使混凝土处于侧向受压状态,其抗压强度可成倍提高,同时由于混凝土的存在,提高了钢管的刚度,两者共同发挥作用,从而大大提高了承载能力。钢管混凝土作为一种新兴的组合结构,越来越广泛地应用在桥梁工程中。钢管混凝土结构能迅速在桥梁工程中发展,是由于其具有良好的受力性能和施工性能,具体表现如下:

(1) 承载力高且延性好,抗震性能优越。钢管混凝土构件中,钢管对其内部混凝土的约束作用使混凝土处于三向受压状态,提高了混凝土的抗压强度;钢管内部的混凝土又可以有效地防止钢管发生局部屈曲。研究表明,钢管混凝土构件的承载力高于相应的钢管构件承载力和混凝土构件承载力之和,达到 1+1>2 的效果。同时,钢管和混凝土之间的相互作用使钢管内部混凝土的破坏由脆性破坏转变为塑性破坏,构件的延性性能明显改善,耗能能力大大提高,具有优越的抗震性能。

(2) 施工方便使工期大大缩短。钢管混凝土结构施工时,钢管可以作为劲性骨架承担施工阶段的施工荷载和结构重量,施工不受混凝土养护时间的影响;由于钢管混凝土内部没有钢筋,便于混凝土的浇筑和捣实;钢管混凝土结构施工时,不需要模板,既节省了支模、拆模的材料和人工费用,也节省了时间。

现有钢管内混凝土按照现行规范规定的最高混凝土强度等级为 C60,桥梁工程中,钢管内灌注混凝土强度等级一般低于或等于 C60,因此将钢管内灌注混凝土等级等于或低于 C60 的钢管混凝土称为普通强度等级钢管混凝土。现有桥梁工程应用多、市场广,本章对此开展专项论述。

5.1 试验目的与设备

5.1.1 试验目的

通过试验研究钢管混凝土短柱在轴向受压至破坏时,钢管混凝土构件中混凝土和钢管的应力发展变化规律,弄清两种材料的组合性能。

内容主要包括:①在加载全过程中,钢管与混凝土应力的分配是否与刚度始终成比例;②钢管混凝土柱屈服和破坏时,钢管与混凝土对应的应力。

5.1.2 试验设备

5.1.2.1 应变计的选择

1) GK-4370 型振弦式混凝土应变计

本试验拟采用 GK-4370 型振弦式混凝土应变计,该应变计设计用于直接监测结构混凝土内部的拉、压应力。仪器由一个微型的振弦式压力盒与一个混凝土圆柱体串联构成,混凝土圆柱和周围混凝土具有相同的性质,但通过一根均匀多孔透水的塑料管与周围混凝土分离开,并由两个法兰将应变计与周围混凝土连接。该振弦式压力盒可克服结构混凝土因温度、湿度、负载等带来的弹模、收缩,和膨胀变化引起的不确定的应变变化,方便、准确地测量结构内部应力。该应变计外形如图 5-1 所示,应变计技术指标见表 5-1。由于该应变计的尺寸偏大,在本试验中无法采用,但在实际工程中钢管直径较大的情况下可以采用。

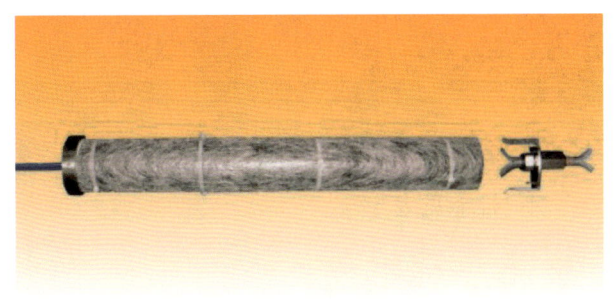

图 5-1 GK-4370 型振弦式混凝土应变计

表 5-1 GK-4370 型振弦式混凝土应变计主要技术指标

参　数	指　标
标准量程	130 MPa
灵敏度	40 kPa
精度	±0.1% F·S
非线性度	<0.5% F·S
温度范围	-20～80 ℃
长度×直径	600 mm×76 mm

2）GHB-3 型混凝土应变计

本次试验拟采用 GHB-3 型混凝土应变计，该应变计可用于结构中混凝土应变量的测定，以及钢筋、钢管、钢板、钢梁等金属结构应变量的测定。该应变计具有刚度匹配好、测量精度高、标距确切、标定数据可靠、长期稳定性好、温度漂移极小等特点，广泛应用于桥梁、水坝、承载桩等结构中。该应变计外形如图 5-2 所示，其主要技术指标见表 5-2。

表 5-2 GHB-3 型混凝土应变计主要技术指标

参　数	指　标
型号	GHB-3 型
工作方式	双线圈连续振荡
线圈阻值	激励 30 Ω；感应 30 Ω
分辨率	0.7 με/Hz
不重复度	<1.0% F·S
回差	<1.0% F·S
综合误差	<1.5% F·S
长期稳定性	1.0% F·S
工作温度	-30～70 ℃
外形尺寸	φ38×150 mm
重量	0.5 kg

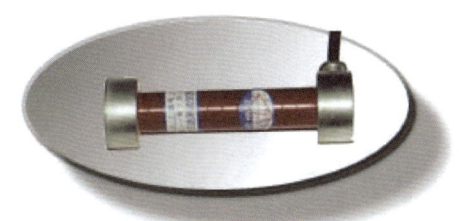

图 5-2 GHB-3 型混凝土应变计

GHB-3 型混凝土应变计的尺寸对于本试验而言依然偏大，但在实际工程中可以采用。

3）GHB-5 型混凝土应变计

本试验拟采用 GHB-5 型混凝土应变计，该应变计尺寸为 φ18×90 mm，其直径与钢管构件直径之比小于 10%，可将其视为质点，使试验结果更加精确，适用于本次试验。该应变计外形如图 5-3 所示，其主要技术指标见表 5-3。

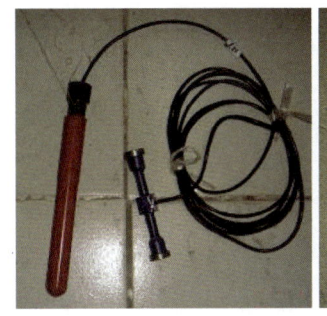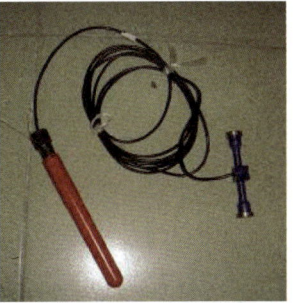

图 5-3 GHB-5 型混凝土应变计

表 5-3 GHB-5 型混凝土应变计主要技术指标

参　数	指　标
型号	GHB-5 型
工作方式	单线圈间歇振荡
线圈阻值	120 Ω
分辨率	0.7 με/Hz
不重复度	<1.0% F·S
回差	<1.0% F·S
综合误差	<1.5% F·S
长期稳定性	1.0% F·S
工作温度	-30～70 ℃
外形尺寸	φ18×90 mm
重量	0.2 kg

5.1.2.2 应变片的选择

钢管应变片采用 BX120-3CA 型,该应变片外形如图 5-4 所示,主要技术指标见表 5-4。

图 5-4 BX120-3CA 型电阻应变片

表 5-4 BX120-3CA 型电阻应变片主要技术指标

参 数	指 标
型号	BX120-3CA 型
电阻	(119.9±0.3)Ω
灵敏系数	(2.08±1)%
精度等级	A
栅长×栅宽	3(3×2)mm

5.2 原材料性能

5.2.1 钢材性能

钢材性能见表 5-5。

表 5-5 钢材性能

钢管壁厚 /mm	抗拉强度 /MPa	屈服强度 /MPa	弹性模量 /10^5 MPa
3.5	360	275	0.202
4.5	426	319	0.197
5	433	328	0.197

5.2.2 混凝土性能

正式试验的混凝土采用 C50 和 C30 两种强度等级混凝土,现场拌制,配合比见表 5-6、表 5-7。分别制作 150 mm×150 mm×150 mm 试块 4 个及 300 mm×150 mm×150 mm 试块 3 个,进行混凝土材性试验,测得 C50 混凝土立方体轴心抗压强度为 60.3 MPa,C30 混凝土立方体轴心抗压强度为 42.2 MPa。

表 5-6 C50 混凝土配合比

1 m³ 混凝土用量/kg						
水泥	水	粉煤灰	中砂	石子		减水剂
				5~10 mm	16~25 mm	
459	150	62.7	647	297	692	8

表 5-7 C30 混凝土配合比

1 m³ 混凝土用量/kg					
水泥	水	粉煤灰	砂	石	减水剂
336	175	100.8	665	1 085	6.2

5.3 试验准备及过程

5.3.1 试验准备

5.3.1.1 混凝土浇筑

在钢管中浇筑混凝土,由于混凝土会收缩沉降,浇筑面应高出钢管 2~3 cm,如图 5-5 所示。试验时再将高出部分打磨平整。在浇筑后大约 6 h,待管内混凝土初凝,将试件水平放置,模拟真实工程状态。

图 5-5 混凝土浇筑过程及浇筑后试件

5.3.1.2 加载方式设计

在 500 t 压力机上进行试验,轴压试件采用平板加载,偏压试件采用上下刀铰加载。

根据《钢管混凝土结构设计与施工规程》《钢-混凝土组合结构设计规程》《钢管混凝土结构设计与施工规程》中单肢柱承载力的计算公式:

《钢管混凝土结构设计与施工规程》:

$$N_u = f_c A_c (1 + \sqrt{\xi} + \xi) \quad (5-1)$$

《钢-混凝土组合结构设计规程》:

$$f_{sc} = (1.212 + \eta_s \xi_0 + \eta_c \xi_0^2) f_c \quad (5-2)$$

《钢管混凝土结构设计与施工规程》:

$$N_u = f_y A_s + K_1 f_c A_c \quad (5-3)$$

将材性试验测得的钢管屈服强度 f_y 和混凝土抗压强度标准值 f_{ck} 分别代入三个公式,可求得正式试验试件的极限承载力,试件极限承载力见表 5-8,通过比较发现《钢管混凝土结构设计与施工规程》得出的极限承载力最大。

表 5-8 试件极限承载力

试件编号	计算承载力/kN	试件编号	计算承载力/kN	试件编号	计算承载力/kN
CFSTSC1-1	1558	CFSTSC2-1	1989	CFSTSC3-1	1033
CFSTSC1-2	1754	CFSTSC2-2	2194	CFSTSC3-2	1140
CFSTSC1-3	1847	CFSTSC2-3	2292	CFSTSC3-3	1191

采用分级加载,每级荷载为预计极限荷载的 1/40,持荷时间约为 1 min;当荷载达到 0.6 倍预计极限荷载后,每级加载减小为预计极限荷载的 1/60,持荷时间为半分钟;当接近破坏时慢速连续加载,直至试件最终破坏。

5.3.2 试验过程

5.3.2.1 轴压试件

对于轴压试件,首先将下垫板放置于 500 t 压力机小车上,准确对中;再将试验试件放置于下垫板上,准确对中;最后将上垫板放置在试验试件上,准确对中,并使埋置于混凝土内的应变计的数据线伸出。在试件两侧竖直安置两个 YDH-200 型位移计,在钢管中截面处和距离上端面一倍管径的位置水平安置两个 YDH-200 型位移计(1 mm=100 με)。在正式试验进行之前进行预压,将荷载加至 200 kN,通过电脑采集各应变片的应变值并进行物理对中,若两个对称方向应变片所测值大致相同,则可判断试件已经对中,可进行正式加载。试件及位移计安置如图 5-6 所示。

采用 DH3816 静态应变测试系统,通过电脑采集 4 片双向应变片和 4 个位移计的数据。测试系统如图 5-7 所示。

埋置于混凝土内部的应变计采用 GPC-2 型读数仪进行人工读数,如图 5-8 所示。

图 5-6 轴压试件试验装置及位移计布置

图 5-7 DH3816 静态应变测试系统

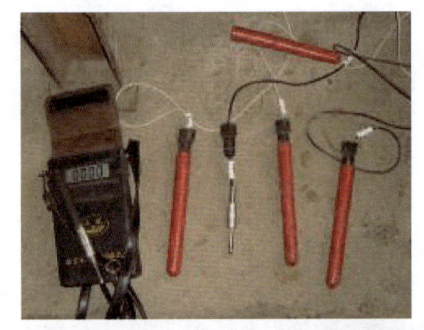

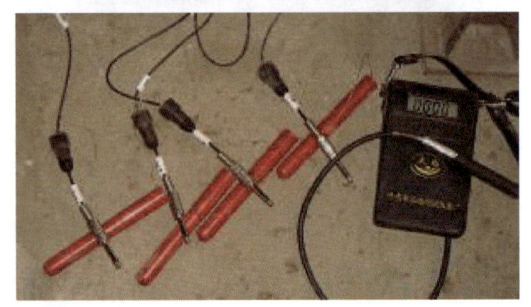

图 5‑8　GPC‑2 型读数仪

5.3.2.2　偏压试件

对于偏压试件,首先将下刀铰放置于 500 t 压力机小车上,准确对中;将下垫板上的刀槽与刀口对应放置,用楔形木块将下垫板垫平;再将试验试件放置于下垫板上,准确对中;然后在试验试件上放置上垫板,准确对中,并使埋置于混凝土内的应变计的数据线伸出;最后将上刀铰放置于上垫板上,刀口与上垫板上的刀槽对应。在试件两侧竖直安置两个 YDH‑200 型位移计,并在钢管中截面处和距离上下端面一倍管径的位置水平安置三个 YDH‑200 型位移计($1\,mm=100\,\mu\varepsilon$)。在正式试验进行之前进行预压,将荷载加至 200 kN,通过电脑采集各应变片的应变值进行物理对中,若没有偏心的两个方向应变片所测值大致相同,则可判断试件已经对中,可进行正式加载。试件及位移计安置如图 5‑9 所示。

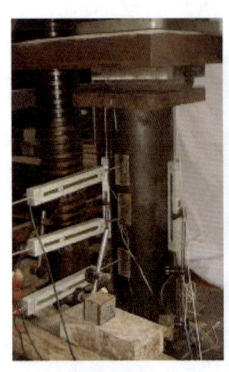

图 5‑9　偏压试件试验装置及位移计布置

5.4　试验结果与分析

5.4.1　试验结果
5.4.1.1　轴压试件

对于轴压试件,当荷载加载到约 0.5 倍计算极限承载力时,混凝土应变超过应变计量程,混凝土应变计发生损坏,无读数;当荷载加载到约 0.6 倍计算极限承载力时,钢管表面出现剪切滑移线,表明钢管开始进入弹塑性阶段。破坏形态有剪切型和腰鼓状。各轴压试件的实际承载力见表 5‑9,破坏形态如图 5‑10 所示。

表 5‑9　各轴压试件的实际承载力

试件编号	计算承载力/kN	实际承载力/kN	实际承载力/计算承载力	破坏形态
CFSTSC1‑1	1558	2190	1.41	腰鼓状
CFSTSC1‑2	1989	2650	1.33	剪切型
CFSTSC2‑1	1754	2740	1.56	腰鼓状
CFSTSC2‑2	2194	3070	1.40	剪切型
CFSTSC3‑1	1847	2890	1.56	腰鼓状
CFSTSC3‑2	2292	3290	1.44	剪切型

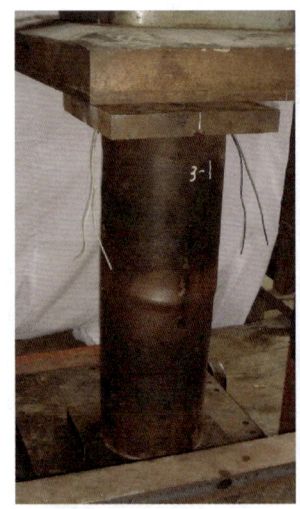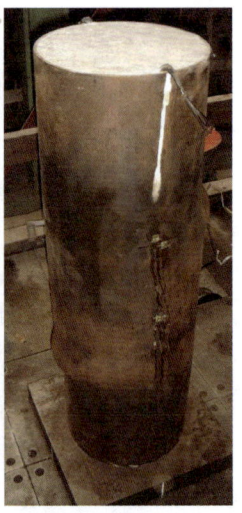

(a) 腰鼓状破坏形态　　(b) 剪切型破坏形态

图 5‑10　轴压试件的破坏形态

各轴压试件的荷载‑纵向位移曲线如图 5‑11 所示。

各轴压试件的荷载‑钢管纵向应变、荷载‑混凝土应变曲线如图 5‑12 所示。

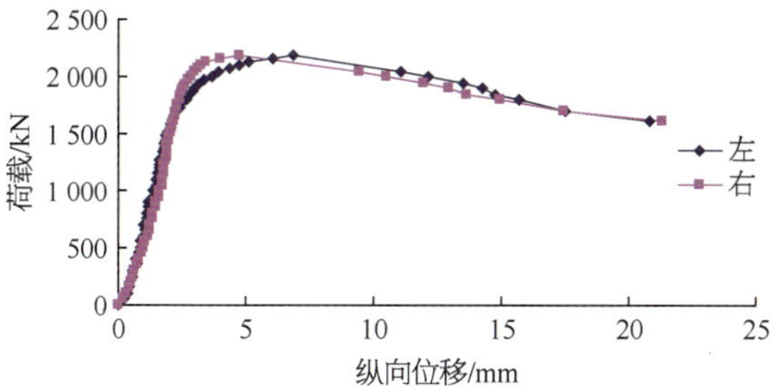

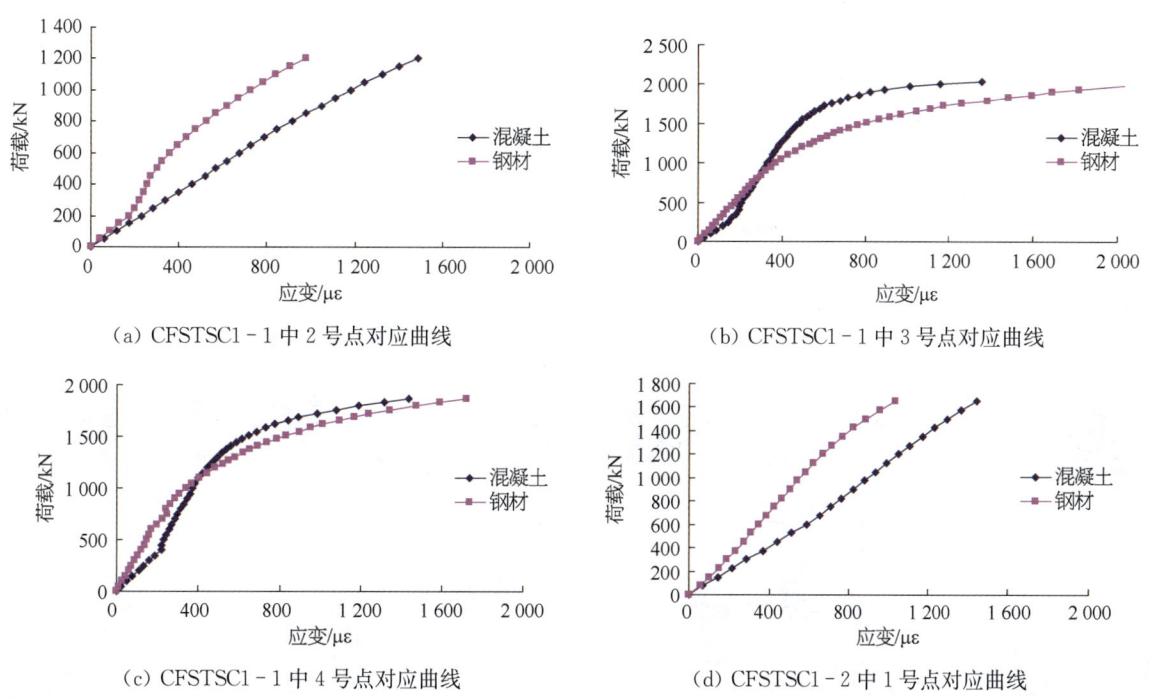

(a) CFSTSC1-1 荷载-纵向位移曲线
(b) CFSTSC1-2 荷载-纵向位移曲线 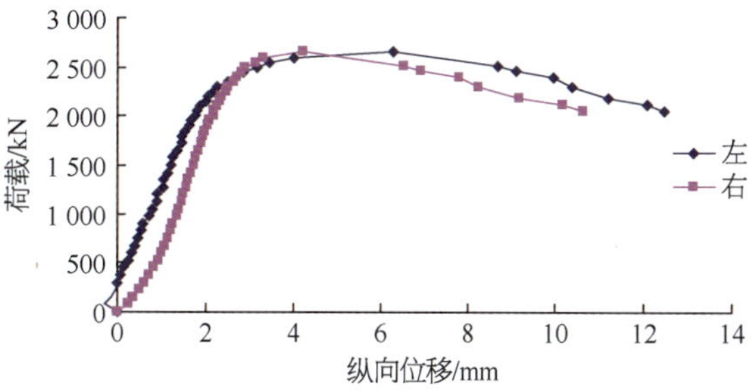
(c) CFSTSC2-1 荷载-纵向位移曲线 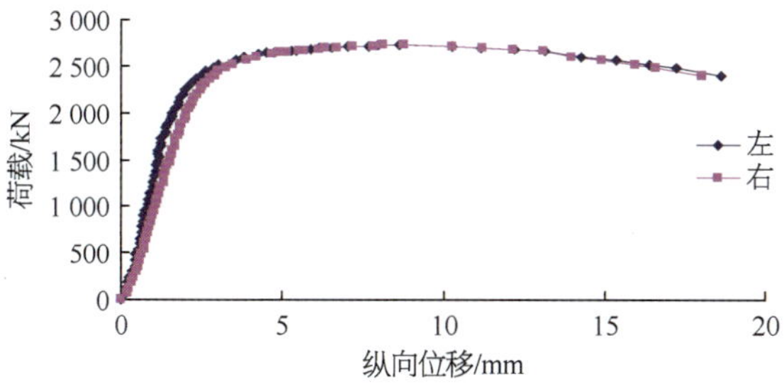
(d) CFSTSC2-2 荷载-纵向位移曲线 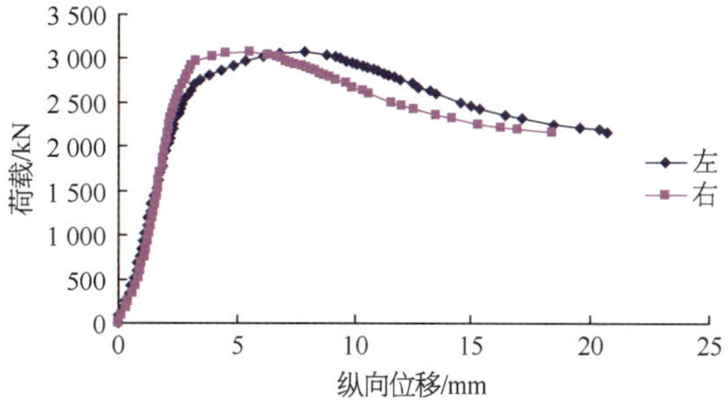
(e) CFSTSC3-1 荷载-纵向位移曲线 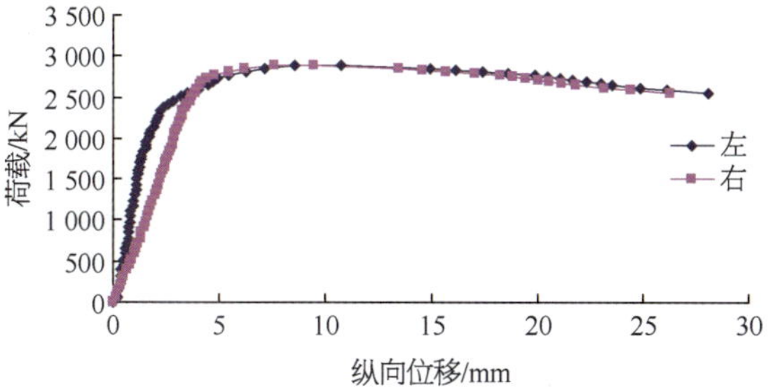
(f) CFSTSC3-2 荷载-纵向位移曲线 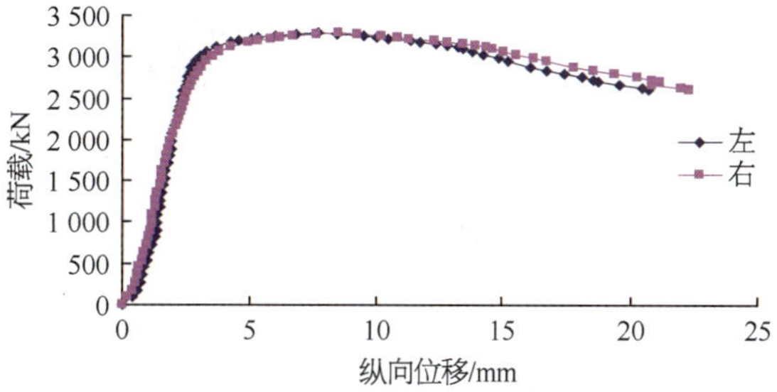

图 5-11 轴压试件的荷载-纵向位移曲线

(a) CFSTSC1-1 中 2 号点对应曲线
(b) CFSTSC1-1 中 3 号点对应曲线
(c) CFSTSC1-1 中 4 号点对应曲线
(d) CFSTSC1-2 中 1 号点对应曲线

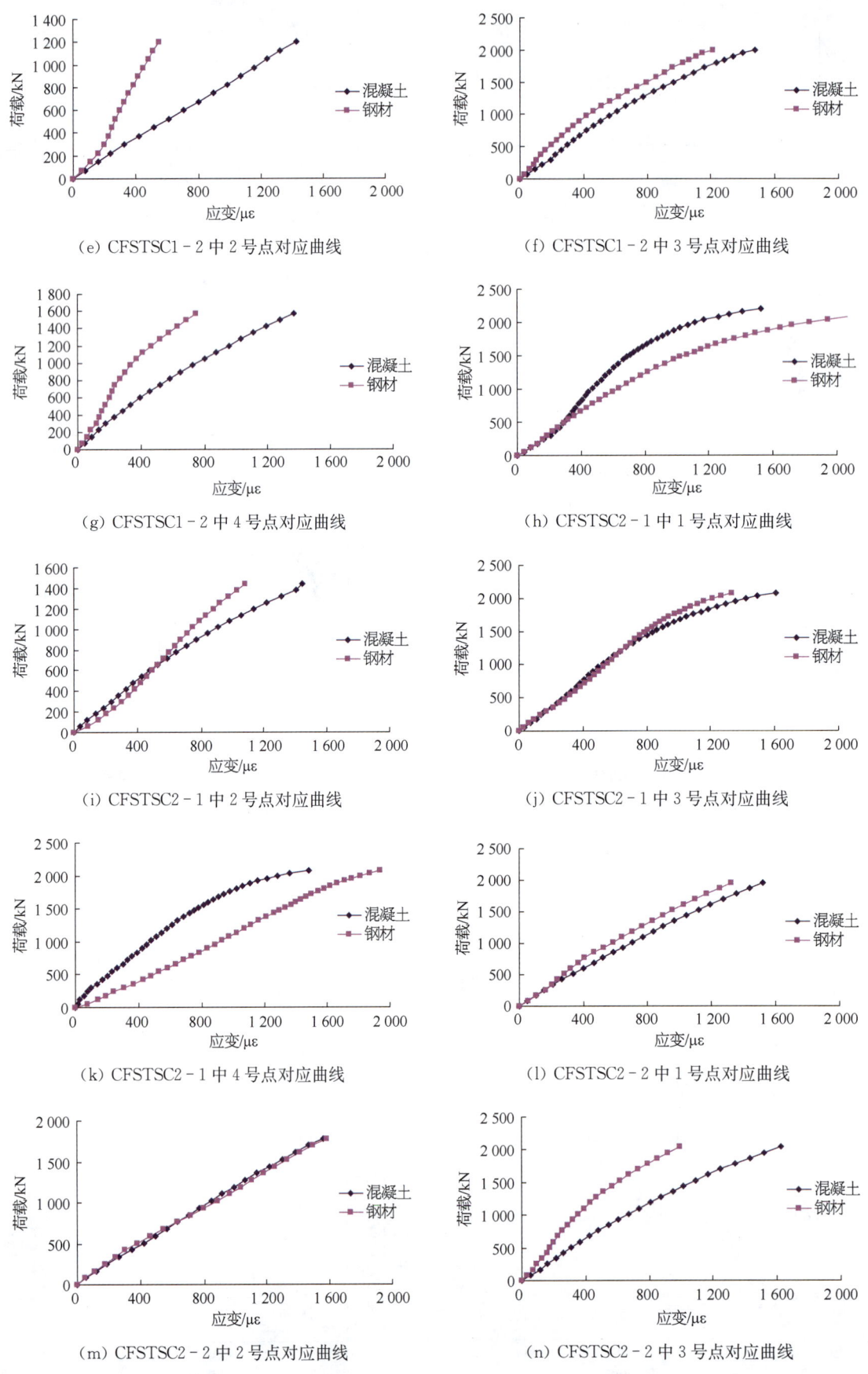

(e) CFSTSC1-2 中 2 号点对应曲线

(f) CFSTSC1-2 中 3 号点对应曲线

(g) CFSTSC1-2 中 4 号点对应曲线

(h) CFSTSC2-1 中 1 号点对应曲线

(i) CFSTSC2-1 中 2 号点对应曲线

(j) CFSTSC2-1 中 3 号点对应曲线

(k) CFSTSC2-1 中 4 号点对应曲线

(l) CFSTSC2-2 中 1 号点对应曲线

(m) CFSTSC2-2 中 2 号点对应曲线

(n) CFSTSC2-2 中 3 号点对应曲线

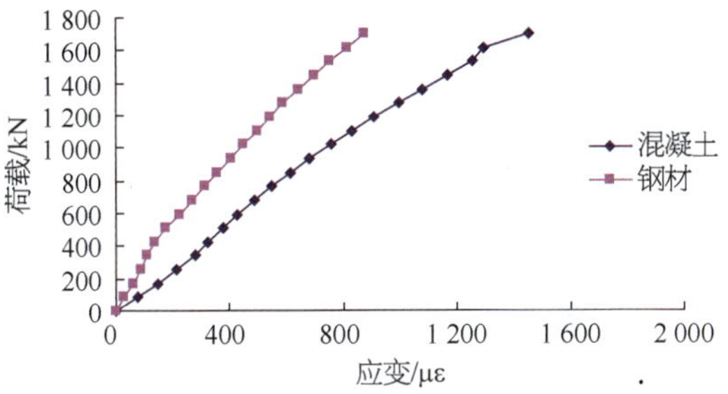

(o) CFSTSC2-2 中 4 号点对应曲线

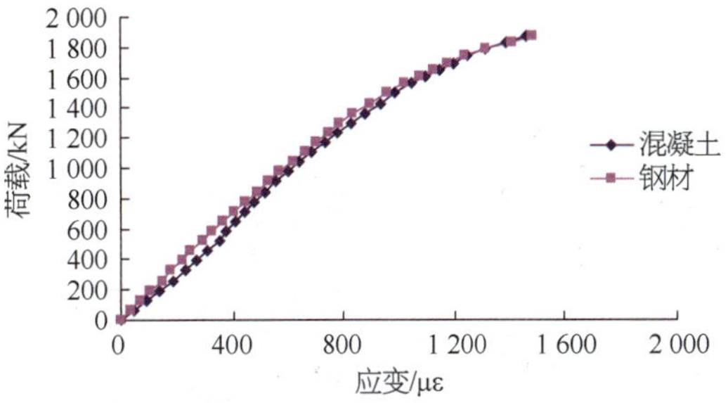

(p) CFSTSC3-1 中 1 号点对应曲线

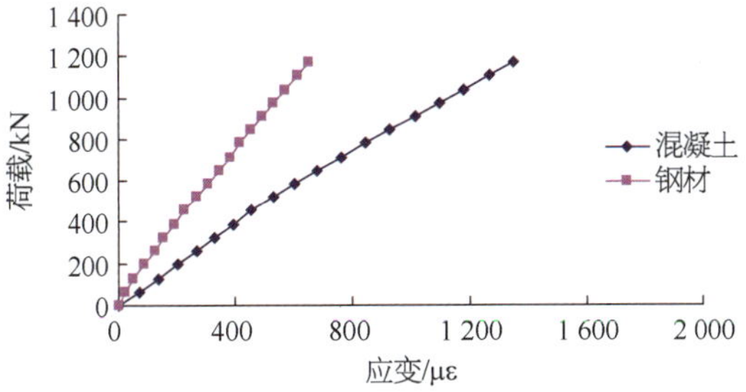

(q) CFSTSC3-1 中 2 号点对应曲线

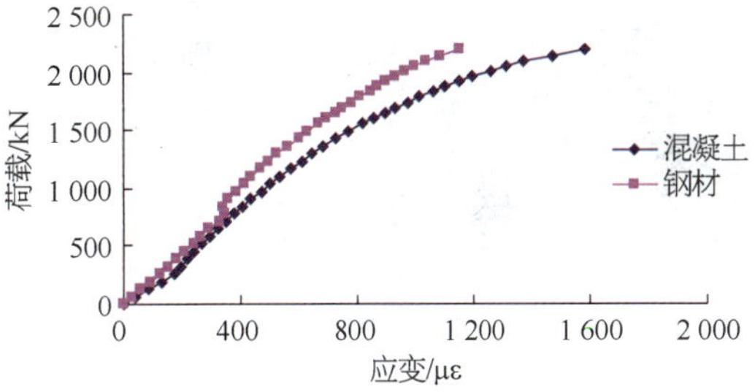

(r) CFSTSC3-1 中 4 号点对应曲线

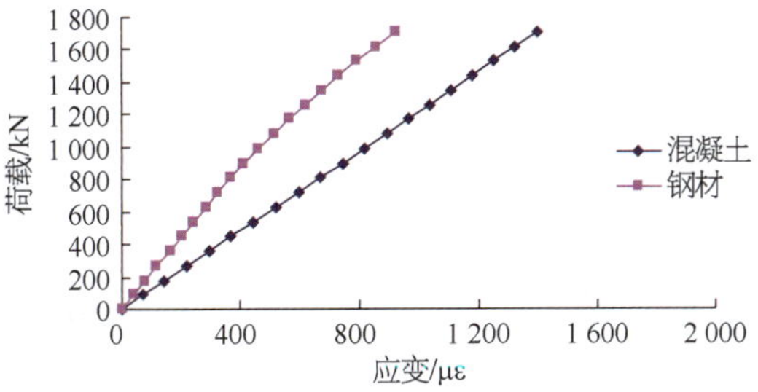

(s) CFSTSC3-2 中 1 号点对应曲线

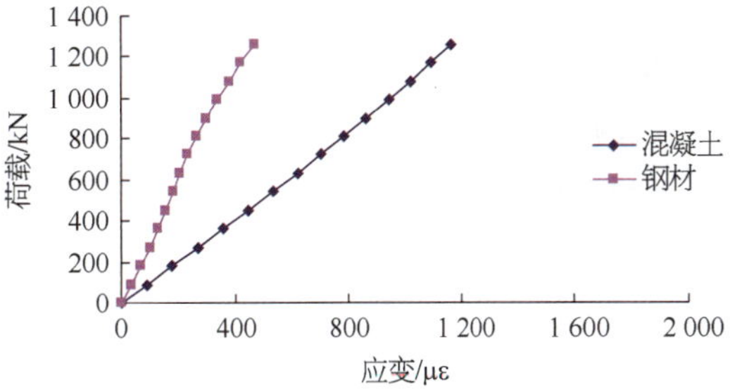

(t) CFSTSC3-2 中 2 号点对应曲线

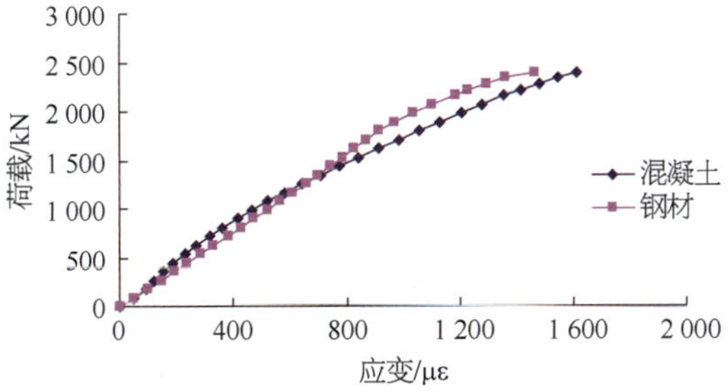

(u) CFSTSC3-2 中 3 号点对应曲线

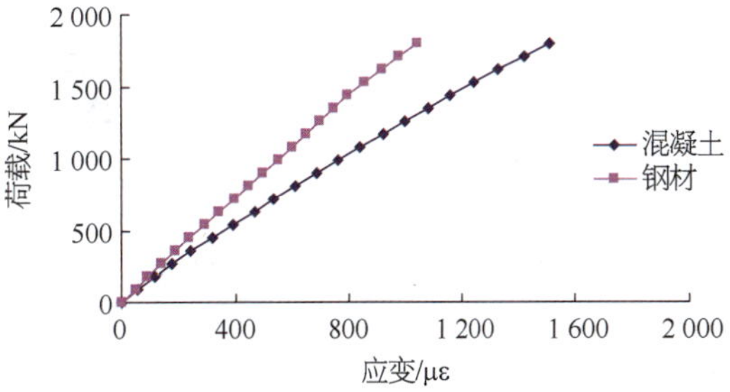

(v) CFSTSC3-2 中 4 号点对应曲线

图 5-12 轴压试件的荷载-应变曲线

5.4.1.2 偏压试件

偏压试件混凝土应变计与钢管应变片编号如图 5-13 所示。

对于偏压试件，当荷载加到约 0.4 倍计算极限承载力时，1 号混凝土应变计超出量程，应变计发生损坏，无读数；当荷载加到约 0.75 倍极限承载力时，2 号和 4 号混凝土应变计超出量程，应变计发生损

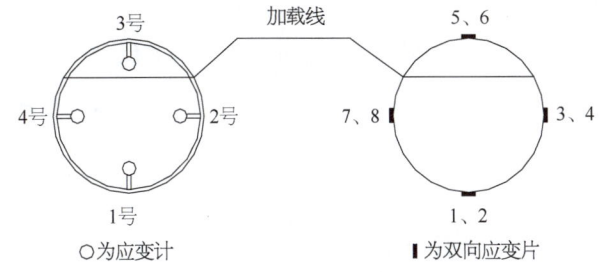

图 5-13 偏压试件混凝土应变计与钢管应变片编号

坏,无读数。偏压试件破坏形态为弯曲型,破坏形态如图5-14所示。

表5-10 偏压试件承载力与破坏形态

试件编号	计算承载力/kN	实际承载力/kN	实际承载力/计算承载力	破坏形态
CFSTSC1-3	1 033			局部破坏
CFSTSC2-3	1 140	1 680	1.47	弯曲型
CFSTSC3-3	1 191			局部破坏

图5-14 偏压试件的弯曲破坏形态

由于焊缝未达到设计要求,在端部效应的影响下,CFSTSC1-3和CFSTSC3-3试件出现局部破坏的情况,数据无法使用。而CFSTSC2-3试件上下垫板与试件焊接可靠,其数据可以使用。偏压试件的实际承载力见表5-10。

偏压试件的荷载与1/2截面横向位移曲线如图5-15所示。

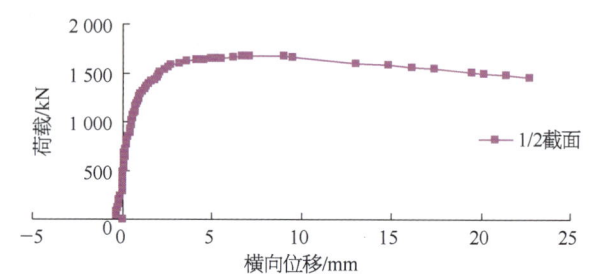

图5-15 CFSTSC2-3偏压试件的荷载-1/2截面横向位移曲线

偏压试件的荷载-钢管应变、荷载-混凝土应变曲线如图5-16所示。

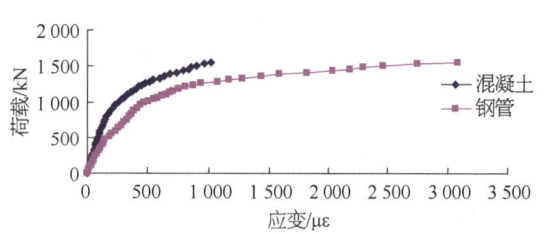

(a) CFSTSC2-3中1号点对应曲线

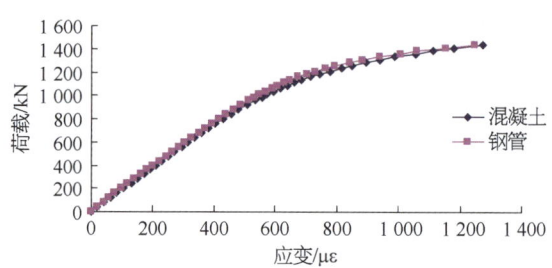

(b) CFSTSC2-3中2号点对应曲线

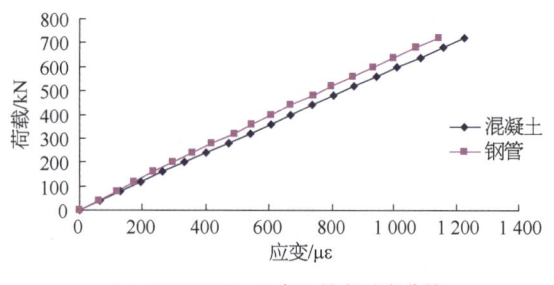

(c) CFSTSC2-3中3号点对应曲线

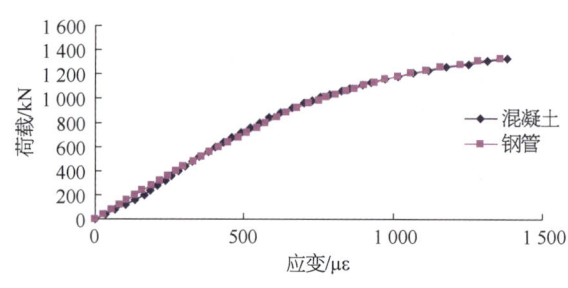

(d) CFSTSC2-3中4号点对应曲线

图5-16 偏压试件的荷载-应变曲线

5.4.2 试验结果分析

5.4.2.1 弹性阶段

钢管混凝土试件由钢管和混凝土构成,其极限承载力为

$$N = N_c + N_s = \sigma_s A_s + \sigma_c A_c = E_s \varepsilon_s A_s + E_c \varepsilon_c A_c \quad (5-4)$$

如果钢管与混凝土的应力分配与刚度成比例关系,则需要满足钢管的应变值与混凝土的应变值相同,即

$$\varepsilon_s = \varepsilon_c = \varepsilon \quad (5-5)$$

从而使得其承受的荷载为两者的线性叠加,即

$$N = (E_s A_s + E_c A_c)\varepsilon \quad (5-6)$$

式中 E_s——钢管的弹性模量;
ε_s——钢管的应变;
A_s——钢管的面积;
E_c——混凝土弹性模量;
ε_c——混凝土的应变;
A_c——混凝土的面积。

截取图 5-12、图 5-16 中各试件弹性阶段应变曲线,绘制弹性阶段轴压试件、偏压试件的混凝土应变和钢管应变曲线,如图 5-17、图 5-18 所示。曲线图表明,不管是轴压试件还是偏压试件,在同一级荷载作用下,钢管的应变值与混凝土的应变值基本相同。由此可以判断,在弹性阶段,钢管混凝土试件中钢管与混凝土的应力分配与刚度成比例关系。

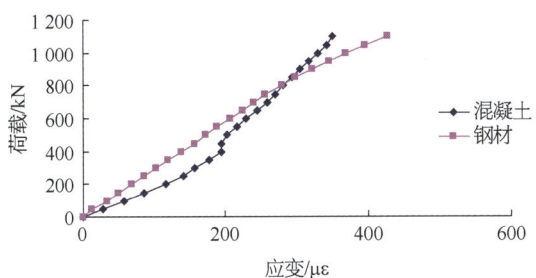

(a) CFSTSC1-1 中 3 号点对应曲线

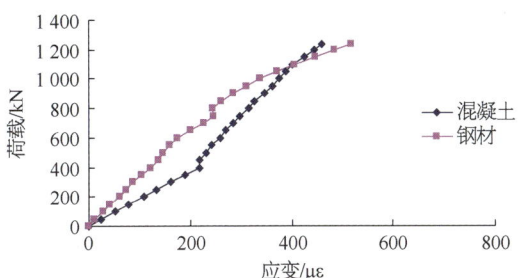

(b) CFSTSC1-1 中 4 号点对应曲线

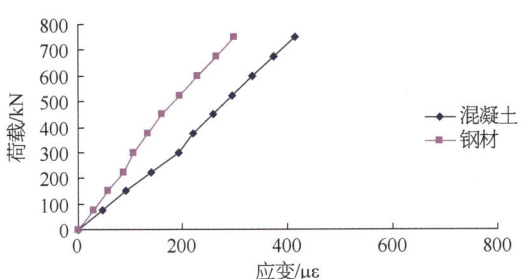

(c) CFSTSC1-2 中 3 号点对应曲线

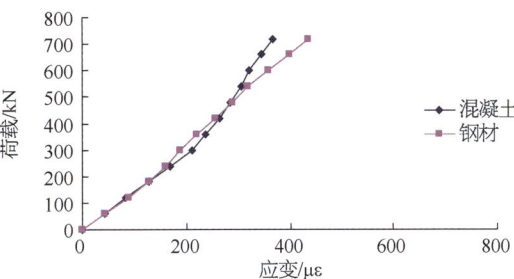

(d) CFSTSC2-1 中 1 号点对应曲线

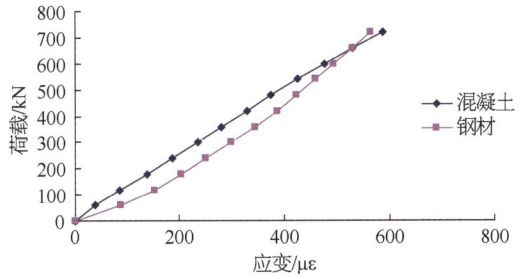

(e) CFSTSC2-1 中 2 号点对应曲线

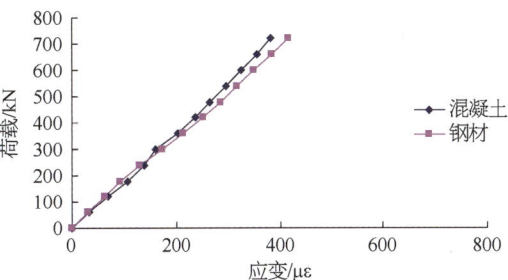

(f) CFSTSC2-1 中 3 号点对应曲线

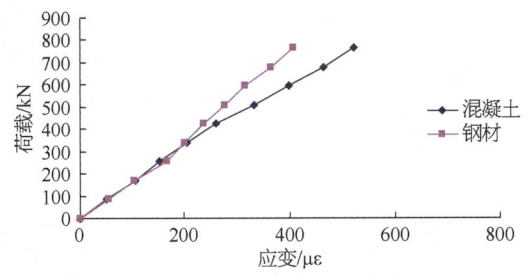

(g) CFSTSC2-2 中 1 号点对应曲线

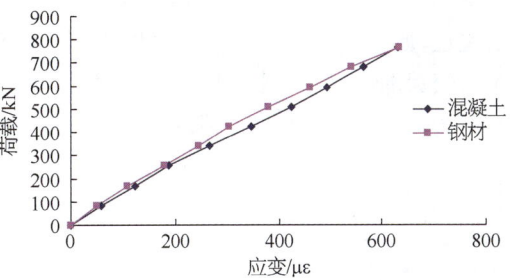

(h) CFSTSC2-2 中 2 号点对应曲线

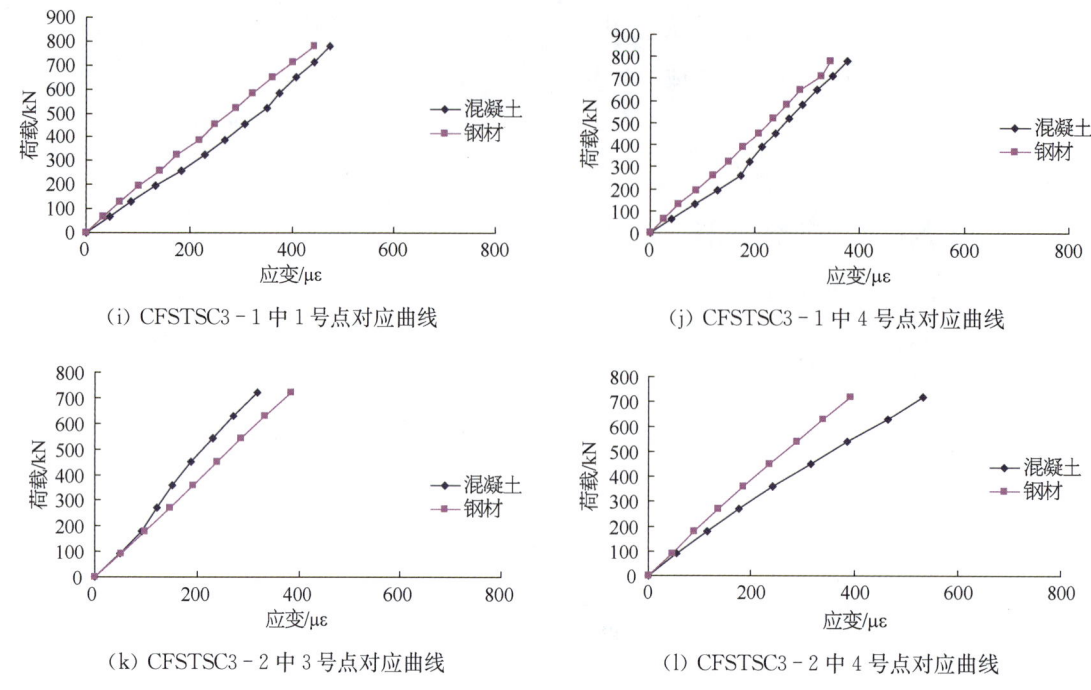

(i) CFSTSC3-1 中 1 号点对应曲线
(j) CFSTSC3-1 中 4 号点对应曲线
(k) CFSTSC3-2 中 3 号点对应曲线
(l) CFSTSC3-2 中 4 号点对应曲线

图 5-17　轴压试件弹性阶段的荷载-应变曲线

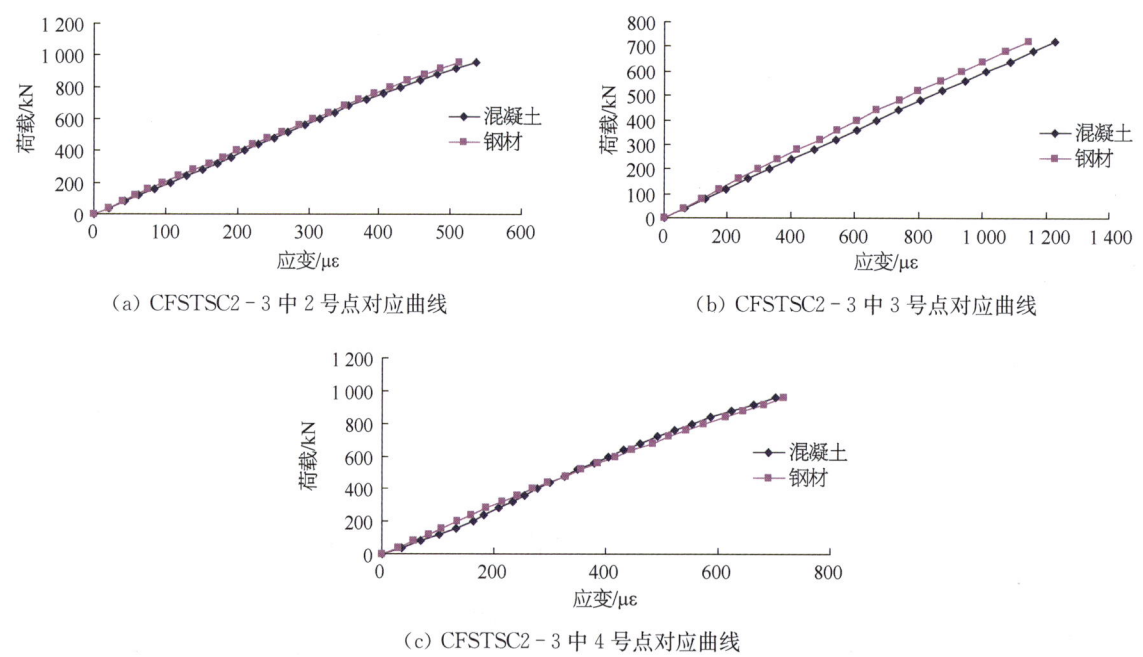

(a) CFSTSC2-3 中 2 号点对应曲线
(b) CFSTSC2-3 中 3 号点对应曲线
(c) CFSTSC2-3 中 4 号点对应曲线

图 5-18　偏压试件弹性阶段的荷载-应变曲线

荷载增大直至钢管混凝土试件破坏,由于混凝土应变已超过埋入式混凝土应变计量程范围,故本次试验无法探讨非弹性阶段钢管与混凝土的应力分配与刚度是否成比例的问题。

5.4.2.2　钢管和混凝土的应力-应变曲线

对于钢管的应力-应变曲线,可以采用试验直接获得,如图 5-19 所示。

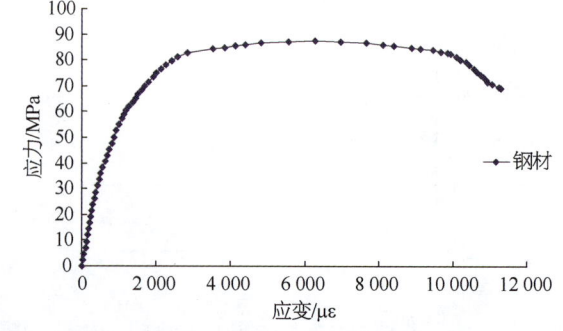

图 5-19　实测 5 mm 厚钢管应力-应变曲线

对于混凝土,由于无法获得非弹性阶段的应变,使得无法直接获得混凝土的应力-应变曲线。但可以利用实测的钢管应力-应变曲线、混凝土应变来获得混凝土的换算应力-应变曲线。其计算原理如下:

在钢管的弹性模量 E_s 已知的条件下,由式(5-6)可推算出混凝土的换算应力为

$$\sigma_c = E_c \varepsilon = \frac{N - E_s A_s \varepsilon}{A_c} \quad (5-7)$$

具体计算方法如下:

(1)根据钢材材性试验得到的钢材实测应力-应变曲线,获得钢材弹性模量 E_s、屈服极限 f_y、抗拉强度极限 f_u 等参数。

(2)已知实测的混凝土纵向应变 ε_c,令 $\varepsilon_c = \varepsilon_s = \varepsilon$,将 ε 代入实测钢管荷载-应变曲线中,通过内插计算,可得与 ε_s 对应的外荷载 N,代入式(5-7),求得混凝土的换算应力。

根据韩林海教授的著作《钢管混凝土结构》提出的混凝土应力-应变公式:

当 $\varepsilon_c \leqslant \varepsilon_0$,

$$\frac{\sigma}{\sigma_0} = A(\varepsilon_c/\varepsilon_0) - B(\varepsilon_c/\varepsilon_0)^2$$

当 $\varepsilon_c > \varepsilon_0$,

$$\frac{\sigma}{\sigma_0} = \begin{cases} (1-q) + q(\varepsilon_c/\varepsilon_0)^{0.1\xi}, & \xi \geqslant 1.12 \\ \dfrac{(\varepsilon_c/\varepsilon_0)}{[\beta(\varepsilon_c/\varepsilon_0 - 1)^2 + (\varepsilon_c/\varepsilon_0)]}, & \xi < 1.12 \end{cases}$$

$$(5-8)$$

其中,

$$\sigma_0 = f_{ck}[1.194 + (13/f_{ck})^{0.45}(-0.07485\xi^2 + 0.5789\xi)]$$

$$\varepsilon_0 = \varepsilon_{cc} + [1400 + 800(f_{ck} - 20)/20]\xi^{0.2}$$

$$\varepsilon_{cc} = 1300 + 14.93 f_{ck}$$

$$A = 2 - k, \quad B = 1 - k, \quad k = 0.1\xi^{0.745}$$

$$q = k/(0.2 + 0.1\xi)$$

$$\beta = (2.36 \times 10^{-5})^{[0.25 + (\xi - 0.5)^7]} f_{ck}^2 \times 5 \times 10^{-4}$$

$$\xi = A_s f_y / A_c f_{ck}$$

从上面的公式可以看出,要获得混凝土应力-应变曲线,主要在于确定两个控制量 σ_0 和 ε_0。

在获得了混凝土各测点换算应力后,将同一试件中多个测点的混凝土换算应力和实测应变绘制混凝土应力-应变曲线,如图 5-20 所示。然后采用最小二乘法对曲线进行非线性拟合,即可求得实际内填混凝土的控制量 σ_0 和 ε_0,超过 σ_0 和 ε_0 后,混凝土的应力-应变曲线利用韩林海教授的公式进行模拟,σ_0 和 ε_0 的值见表 5-11。

表 5-11 内填混凝土的 σ_0 和 ε_0

试件编号	按回归求得		按式(5-8)求得	
	σ_0/MPa	$\varepsilon_0/\mu\varepsilon$	σ_0/MPa	$\varepsilon_0/\mu\varepsilon$
CFSTSC1-1	31.5	763	33.5	3046
CFSTSC1-2	39.0	1334	44.8	3460
CFSTSC2-1	26.8	1650	36.6	3170
CFSTSC2-2	35.5	1524	47.7	3606
CFSTSC3-1	26.9	1319	37.9	3213
CFSTSC3-2	41.1	1630	49.0	3658

从表 5-11 可以看出,本次试验利用实测的钢管应力-应变曲线、混凝土应变来获得混凝土的换算应力-应变曲线的两个实际控制量 σ_0 和 ε_0,与韩教授的公式计算结果相比,σ_0 值比较接近,但 ε_0 值较小。

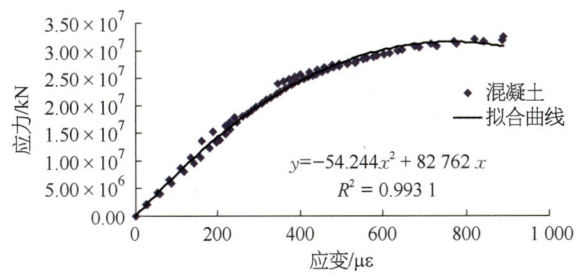

(a) CFSTSC1-1 混凝土应力-应变关系
($\sigma_0 = 31.5$ MPa, $\varepsilon_0 = 763\mu\varepsilon$)

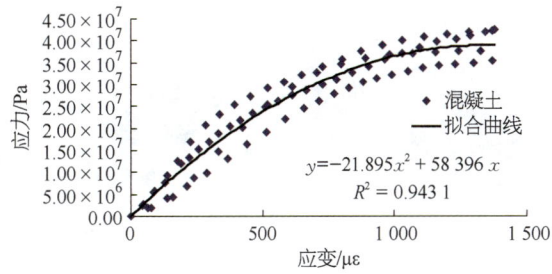

(b) CFSTSC1-2 混凝土应力-应变关系
($\sigma_0 = 39$ MPa, $\varepsilon_0 = 1334\mu\varepsilon$)

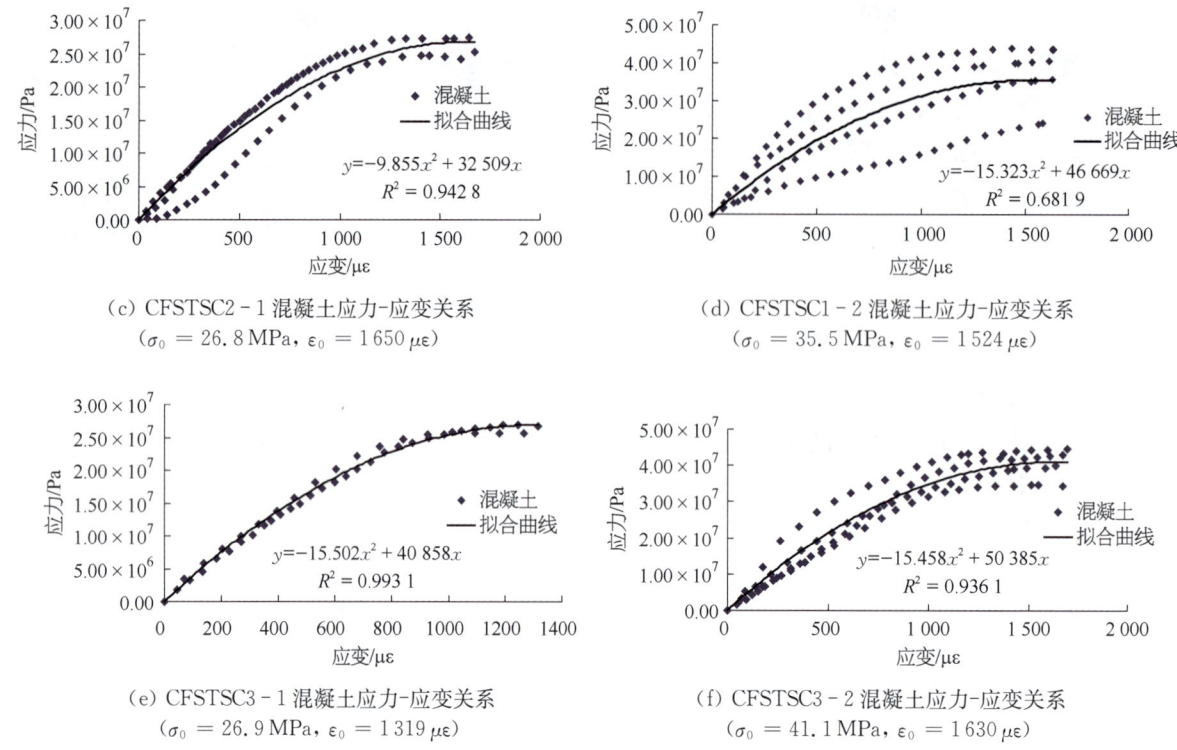

(c) CFSTSC2-1 混凝土应力-应变关系
($\sigma_0 = 26.8$ MPa, $\varepsilon_0 = 1650\ \mu\varepsilon$)

(d) CFSTSC1-2 混凝土应力-应变关系
($\sigma_0 = 35.5$ MPa, $\varepsilon_0 = 1524\ \mu\varepsilon$)

(e) CFSTSC3-1 混凝土应力-应变关系
($\sigma_0 = 26.9$ MPa, $\varepsilon_0 = 1319\ \mu\varepsilon$)

(f) CFSTSC3-2 混凝土应力-应变关系
($\sigma_0 = 41.1$ MPa, $\varepsilon_0 = 1630\ \mu\varepsilon$)

图 5-20　轴压试件的混凝土应力-应变曲线

5.4.2.3 采用有限元法计算钢管混凝土试件的极限承载力

为了确认上述混凝土应力-应变曲线的合理性，采用有限元软件 ABAQUS 建立计算模型，进行非线性分析，获得各试件的极限承载力。

图 5-21 的有限元模型中，钢管采用板壳单元，核心混凝土和两端的加载板采用实体单元。轴压试件的加载方式为一端加载板 6 个自由度均约束，另一端加载板施加纵向面位移；偏压试件的加载方式为一端加载板除了绕刀铰加载线的转动外，其余 5 个自由度均约束，另一端加载板在刀铰加载线处施加纵向线位移，剩下 5 个自由度中除了绕加载线的转动外，其余 4 个自由度均约束。

钢管的弹性模量采用不同壁厚钢管的材性试验实测值，具体弹性模量和屈服极限见表 5-12，本构关系采用双折线模型，如图 5-22 所示。

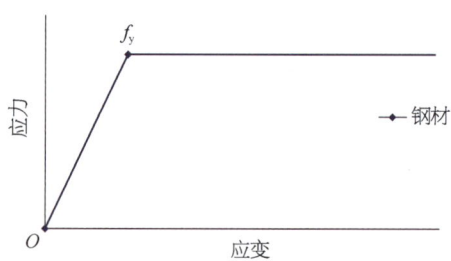

图 5-22　不同厚度钢管的应力-应变关系

表 5-12　钢管材性实测数据

壁厚/mm	弹性模量 $E_s/10^5$ MPa	屈服极限 f_y/MPa
3.5	0.202	275
4.5	0.197	319
5.0	0.197	328

关于混凝土的本构关系，采用图 5-23 的完全弹塑性模型，即

当 $\varepsilon_c \leqslant \varepsilon_0$，

$$\frac{\sigma}{\sigma_0} = A(\varepsilon_c/\varepsilon_0) - B(\varepsilon_c/\varepsilon_0)^2$$

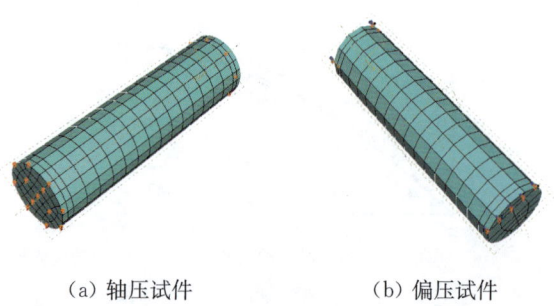

(a) 轴压试件　　(b) 偏压试件

图 5-21　有限元模型

当 $\varepsilon_c > \varepsilon_0$,

$$\frac{\sigma}{\sigma_0} = 1$$

采用表 5-11 的混凝土应力应变控制量 σ_0 和 ε_0，即可确定混凝土的应力-应变曲线。图 5-24 为计算中采用的各试件的混凝土本构关系。

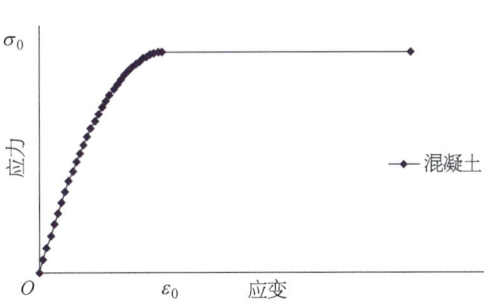

图 5-23 混凝土应力-应变关系

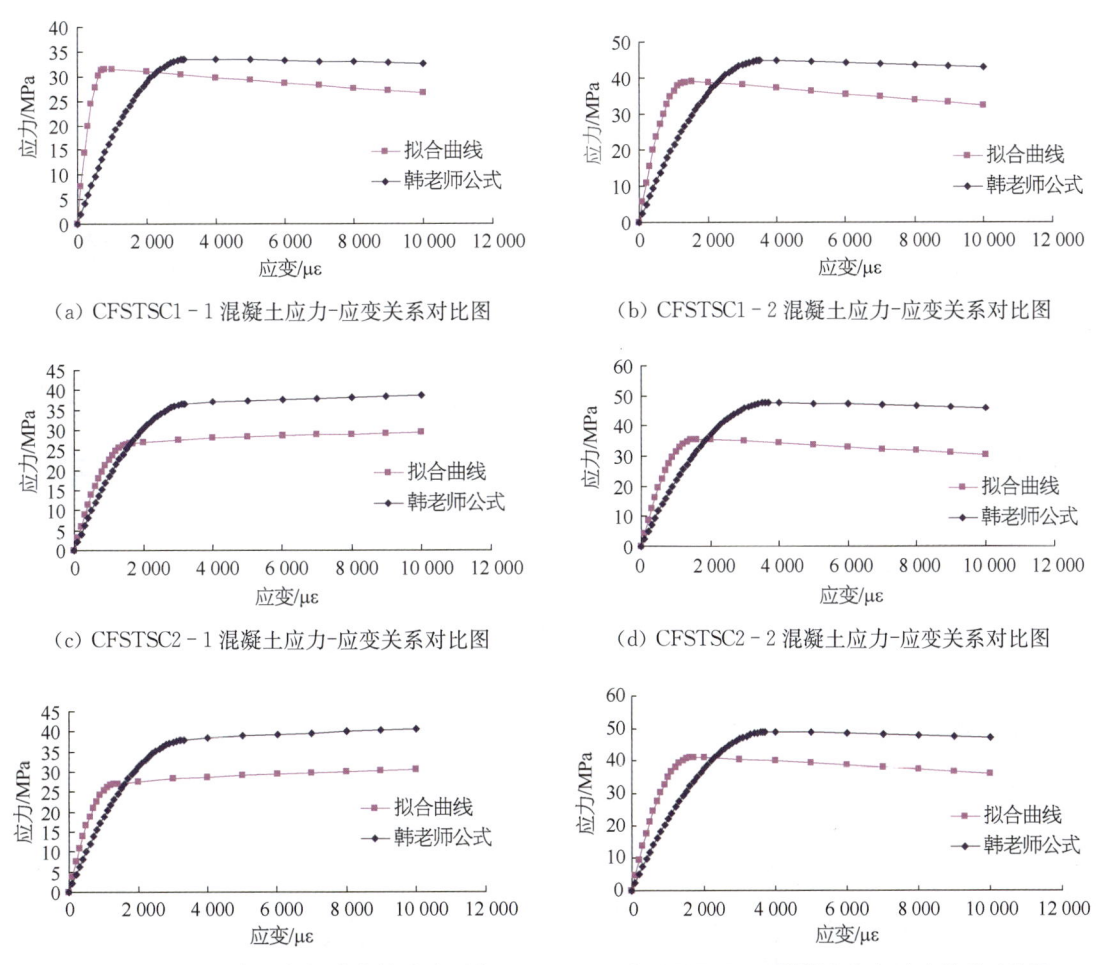

图 5-24 各试件的混凝土应力-应变计算曲线

采用回归的混凝土应力-应变曲线及韩林海教授提出的混凝土应力-应变曲线，分别求得各轴压试件的荷载-纵向位移曲线、偏压试件的荷载-1/2 截面横向位移曲线，将上述荷载-位移曲线和实测荷载-位移曲线绘制成图 5-25，同时将试件极限承载力列于表 5-13 中。

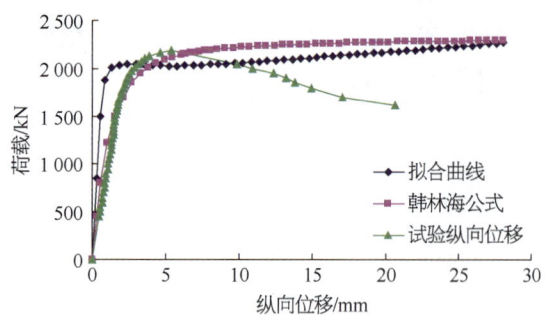

(a) CFSTSC1-1 荷载-纵向位移曲线
（含钢率 $\rho=0.0671$，套箍系数 $\xi=0.96$）

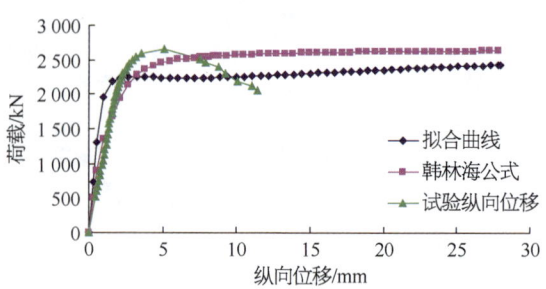

(b) CFSTSC1-2 荷载-纵向位移曲线
（含钢率 $\rho=0.0671$，套箍系数 $\xi=0.61$）

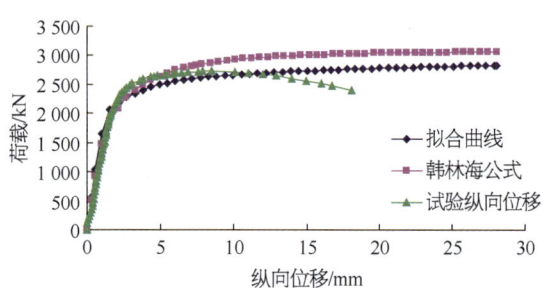

(c) CFSTSC2-1 荷载-纵向位移曲线
（含钢率 $\rho=0.0876$，套箍系数 $\xi=1.25$）

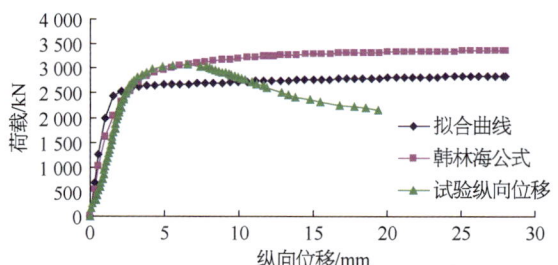

(d) CFSTSC2-2 荷载-纵向位移曲线
（含钢率 $\rho=0.0876$，套箍系数 $\xi=0.80$）

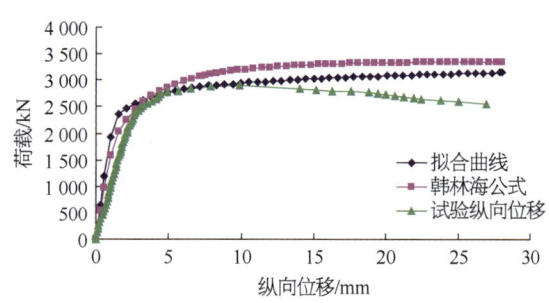

(e) CFSTSC3-1 荷载-纵向位移曲线
（含钢率 $\rho=0.0980$，套箍系数 $\xi=1.40$）

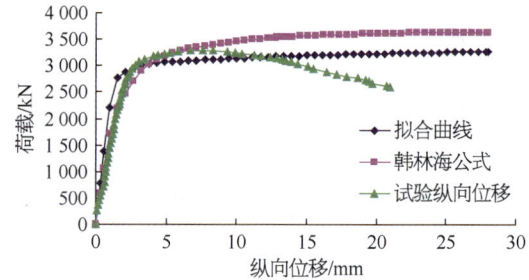

(f) CFSTSC3-2 荷载-纵向位移曲线
（含钢率 $\rho=0.0980$，套箍系数 $\xi=0.90$）

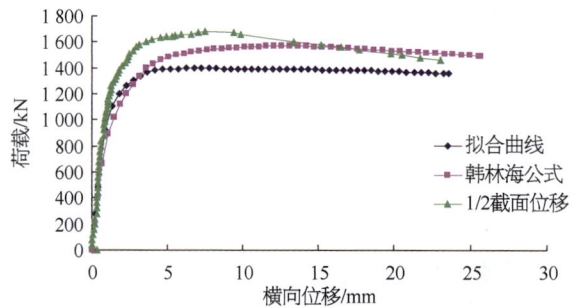

(g) CFSTSC2-3 荷载-横向位移曲线
（含钢率 $\rho=0.0876$，套箍系数 $\xi=0.80$）

图 5-25 试验试件的荷载-位移曲线

表 5-13 试验试件的极限承载力

试件编号		试验值 /kN	按拟合曲线求得		按韩林海教授公式求得	
			N/kN	与试验值比值	N/kN	与试验值比值
轴压试件	CFSTSC1-1	2190	2027	0.93	2121	0.97
	CFSTSC1-2	2650	2229	0.84	2486	0.94
	CFSTSC2-1	2740	2639	0.96	2880	1.05
	CFSTSC2-2	3070	2681	0.87	3085	1.00
	CFSTSC3-1	2890	2941	1.02	3191	1.10
	CFSTSC3-2	3290	3108	0.95	3379	1.03
偏压试件	CFSTSC2-3	1680	1394	0.83	1537	0.91

从图 5-25 和表 5-13 可以看出，本次试验采用的回归混凝土应力-应变关系经过非线性有限元分析确认了其合理性，与韩林海教授提出的混凝土应力-应变关系一样，极限荷载均接近于实际的试验值。

根据钟善桐编写的《钢管混凝土统一理论——研究与应用》(图 5-26)可知，对于圆钢管混凝土轴向受压试件，当套箍系数 $0.5 < \xi < 1$ 时，钢管对混凝土的约束力不大，荷载-位移曲线有下降段；当套箍系数 $\xi > 1$ 时，荷载-位移曲线有强化段，进入塑性后承载能力仍然不断增加。

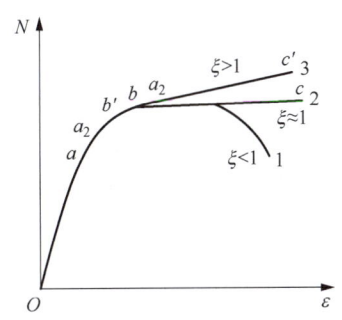

图 5-26 圆钢管混凝土轴压试件工作的三种情况

从图 5-25 可以看出，本次试验中，当套箍系数 ξ 为 0.96、0.61、0.80、0.90 时，钢管对混凝土的约束力不大，荷载加至极限荷载之后荷载-位移曲线均出现下降；当套箍系数 ξ 为 1.25 和 1.40 时，荷载加至极限荷载之后荷载-位移曲线出现强化段，进入塑性后荷载可继续增加，经过了一定变形后由于试件端部钢管出现局部屈曲，导致荷载无法增加，稍有下降。这说明本次试验的圆钢管混凝土轴压试件的工作性能与该书的结论是一致的。

5.5 本章小结

本章通过钢管约束普通强度等级的混凝土，改善了混凝土性能，强度高、刚度大、延性好。其主要调控性能如下：

(1) 采用埋入式混凝土传感器可以测量钢管混凝土结构中内填混凝土的应变，但是应注意布置方式、尺寸效应和保护措施。

(2) 对于轴压和偏压的钢管混凝土短柱试件，通过试验实测钢管和混凝土的纵向应变值可知，在线性阶段，钢管与混凝土的应力分配与抗压刚度成比例关系。但是由于试验仪器的限制，无法对非线性阶段进行判断。

(3) 利用钢管的实测应力-应变曲线和混凝土的实测应变值，通过回归计算获得了内填混凝土的应力-应变关系。通过 ABAQUS 进行非线性有限元分析发现，与韩林海教授提出的混凝土应力-应变关系近似，极限荷载均接近实际的试验值。

(4) 通过试验研究钢管混凝土试件或结构在受压直至破坏时钢管混凝土试件中混凝土和钢管的应力发展变化规律，弄清两种材料的组合性能，是一个非常关键的问题。

第 6 章

超高强度等级钢管混凝土

钢管混凝土是典型的高强、低碳和经济的建筑结构材料,在我国西部地区及其他山区的高墩、大跨桥梁建设中具有广阔的应用前景。然而目前我国桥梁实际工程应用的钢管混凝土强度等级主要集中在C30~C60,现行交通行业规范、国家规程也只适用于核心混凝土强度等级不大于C80的钢管混凝土,其应用于西部山区高墩、大跨拱桥等桥梁工程,仍存在构件截面直径大、混凝土用量多、灌注难度高、结构自重大等不足;用作劲性骨架应用于大跨钢筋混凝土拱桥,因强度与刚度不够,存在主拱外包混凝土浇筑时分环次数多、施工周期长等问题,具体如图6-1所示。

采用超高强钢管混凝土(核心混凝土强度等级不小于C80)是解决上述问题的有效途径。从实际工程应用效果来看,超高强钢管混凝土不仅可以使构件高强化,提高桥梁承载能力,简化施工工艺,还可以减小截面尺寸,节约混凝土等原材料用量,减轻结构自重,实现桥梁结构轻质化、大跨化。

但目前缺乏对超高强钢管混凝土工作机理与力学行为的认识,且没有合理的计算分析理论与适用的承载力计算方法。因此,研究超高强钢管混凝土轴压、偏压、受弯与受剪力学行为,揭示超高强钢管混凝土的套箍约束效应与影响因素,建立合理的组合力学参数取值方法与极限承载力计算方法,对促进钢管混凝土结构学科进步与钢管混凝土桥梁工程的技术发展具有重要的现实意义和工程应用价值。

高强与超高强钢管混凝土具有广阔的工程应用前景,也引起了国内外科研工作者的关注,并对其力学性能进行了相关研究。目前的研究主要集中于C60~C80强度等级的高强钢管混凝土,且主要聚焦其轴压承载力、工作性能与破坏形态等方面,认为高强钢管混凝土承载力高,钢管对核心混凝土约束效果与普通钢管混凝土相当,但承载力提高幅度小、延性相对差;并基于普通钢管混凝土承载力计算公式,通过参数修正得到高强钢管混凝土承载力计算方法。对超高强钢管混凝土(核心混凝土强度等级不小于C80)受压、受弯、受剪等力学性能试验研究数据还较少。此外,目前的研究基本忽视了高强与超高强混凝土自身特性,以及含钢率、钢材强度与混凝土强度之间的匹配对其力学性能、破坏形态的影响。

为此,本章拟从超高强混凝土自身力学特性出发,并考虑其含钢率高的特点,通过模型试验与数值分析,系统深入研究钢材强度、含钢率、核心混凝土强度等对超高强钢管混凝土(核心混凝土强度等级C80~C100)受压、受弯与受剪承载能力、破坏过程与破坏模式,以及后期变形行为的影响规律,揭示其受压、受弯与受剪力学行为规律,并建立其力学参数取值方法与承载力计算方法,为超高强钢管混凝土结构的设计、计算分析及工程推广应用提供技术支撑。

6.1 轴心受压力学性能

6.1.1 试验概况

6.1.1.1 试件设计与制作

目前相关钢管混凝土设计规范中,混凝土强度等级≤C80,构件含钢率 α_s 一般取4%~20%。前期开展的试验研究与参阅的文献资料表明,核心混凝土强度较高(达到C100)时,对于含钢率较低的钢管混凝土试件,达到轴压极限承载力时,钢管表面有明

(a) 主管直径最大达 1.5 m

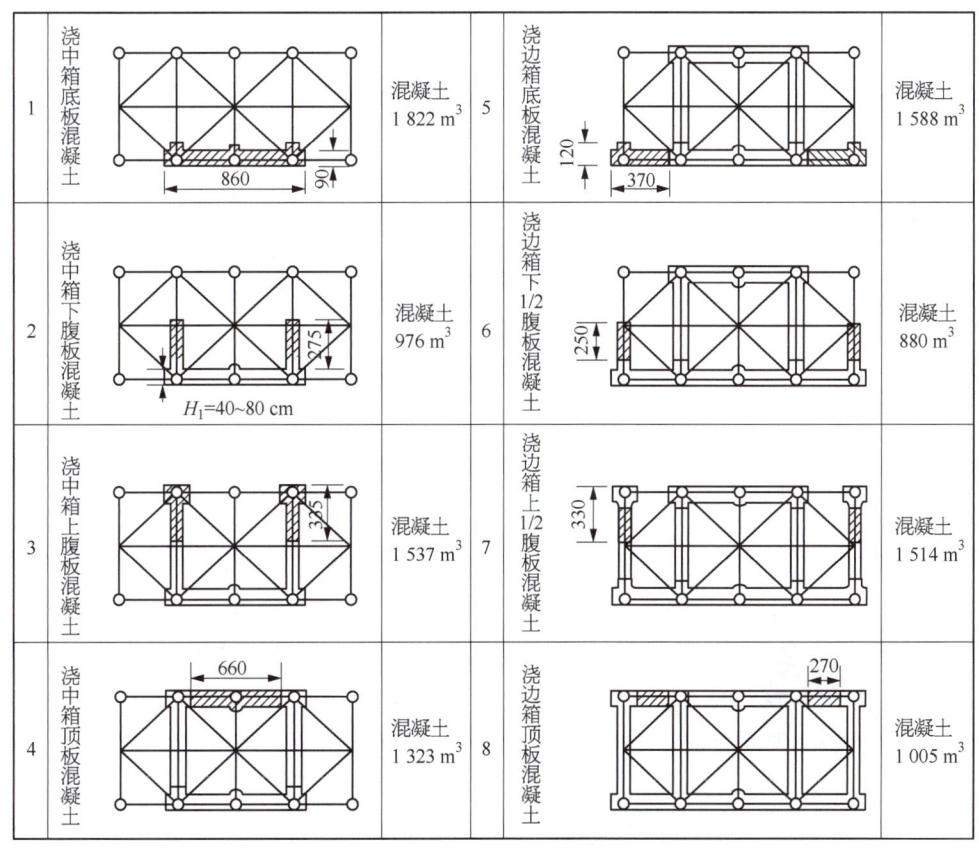

(b) 钢筋混凝土拱桥劲性骨架外包混凝土分 8 环浇筑

图 6-1　普通钢管混凝土主管直径大、劲性骨架外包混凝土浇筑分环次数多

显鼓屈,其至出现皱褶等局部变形,且承载力会快速、大幅下降;随着含钢率增加,钢管表面局部屈曲减缓,但钢管混凝土试件达到极限承载力后,承载力会出现不同程度的下降,随后再趋于平缓,即使含钢率到达 20% 时仍存在这种现象,后期抗变形能力与延性性能较差。

为深入了解含钢率对钢管局部变形及承载能力的影响,探索超高强钢管混凝土合理的含钢率,本试验设计了 8 种不同含钢率系列试件,其含钢率 α_s 分别为 5.97%、9.16%、13.87%、16.99%、20.24%、23.63%、27.16%、38.72%,根据其钢管壁厚不同,系列号依次记为 Y2、Y3、……、Y12,钢管钢材牌号主要为 Q345。试件设计参数如图 6-2 所示,其中含钢率 α_s 为 5.97%、9.16% 的系列试件(Y2、Y3

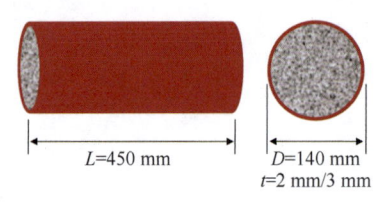

(a) Y2、Y3 系列

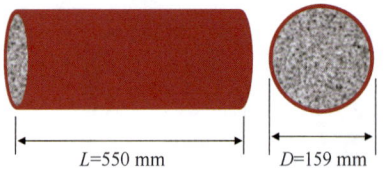

(b) Y5～Y8、Y10、Y12 系列

图 6-2　试件设计参数

系列),钢管外径 D 为 140 mm,壁厚 t 分别为 2 mm 和 3 mm;含钢率 α_s 为 13.87%、16.99%、20.24%、23.63%、27.16%、38.72%的系列试件(Y5~Y8、Y10、Y12 系列),钢管外径 D 为 159 mm,壁厚 t 依次为 5 mm、6 mm、7 mm、8 mm、10 mm 与 12 mm。

如图 6-3 所示,为探讨不同强度混凝土与不同壁厚钢管(含钢率不同)组合时试件力学性能的差异,确定混凝土强度与截面含钢率的合理匹配关系,试验设计将含钢率为 5.97%、9.16%、13.87%、16.99%的系列试件(Y2、Y3、Y5、Y6 系列),钢管内均灌 C60、C80 与 C100 混凝土;含钢率较高的 20.24%、23.63%、27.16% 系列试件(Y7、Y8、Y10 系列),钢管内均灌 C80 与 C100 混凝土;含钢率达到 38.72%的系列试件(Y12 系列),钢管内仅灌注 C100 混凝土。另外,Y5 系列试件还设计了空钢管轴压试件,对比钢管混凝土与空钢管试件的力学行为差异。

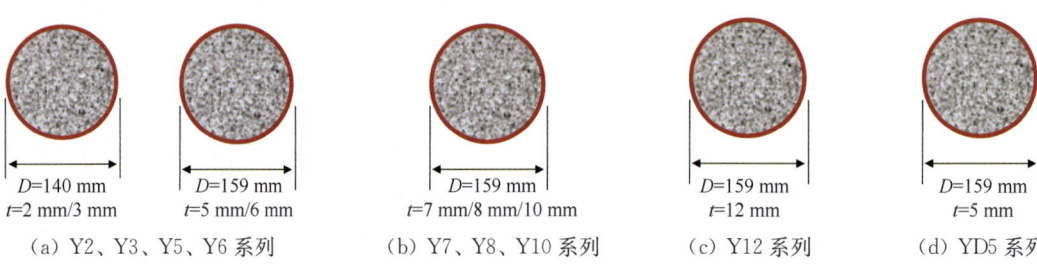

(a) Y2、Y3、Y5、Y6 系列　　(b) Y7、Y8、Y10 系列　　(c) Y12 系列　　(d) YD5 系列

图 6-3　管内混凝土的灌注情况

为研究钢材强度对超高强钢管混凝土力学行为的影响,还设计了一批钢管钢材牌号 Q390、壁厚 5 mm、含钢率 13.87%的试件(YD5 系列),混凝土强度等级包括 C60、C70、C80、C90、C100,与钢管型号为 Q345 的同类型试件进行对比。

所有短柱模型试件的详细参数见表 6-1,共 25 组(其中一组为空钢管)。为确保试验结果的可靠性,每组均制作 2 个完全相同的试件(在试件编号后以 1 和 2 区别),合计 50 个试件(其中 2 个为空钢管试件)。试件的径厚比 D/t 为 13.3~70,长径比为 3.2~3.5。每系列试件均预留一根空钢管,进行材料力学性能测试。

表 6-1　轴心受压试验试件一览表

系列	试件编号	$D \times t \times L$ /mm	α_s/%	D/t	f_y /MPa	f_{ck} /MPa	f_{sd} /MPa	f_{cd} /MPa	ξ_0	N_u^c/kN	备注
Y2	Y2-C60-1/2	140×2×450	5.97	70	345	38.5	310	26.5	0.70	756	
	Y2-C80-1/2	140×2×450	5.97	70	345	50.2	310	34.6	0.53	898	反复加载
	Y2-C100-1/2	140×2×450	5.97	70	345	61.2	310	42.2	0.44	1 031	反复加载
Y3	Y3-C60-1/2	140×3×450	9.16	46.7	345	38.5	310	26.5	1.07	911	
	Y3-C80-1/2	140×3×450	9.16	46.7	345	50.2	310	34.6	0.82	1 053	
	Y3-C100-1/2	140×3×450	9.16	46.7	345	61.2	310	42.2	0.67	1 186	

(续表)

系列	试件编号	$D\times t\times L$ /mm	α_s/%	D/t	f_y /MPa	f_{ck} /MPa	f_{sd} /MPa	f_{cd} /MPa	ξ_0	N_u^c/kN	备注
Y5	Y5-C60-1/2	159×5×550	13.87	31.8	345	38.5	310	26.5	1.62	1471	
	Y5-C80-1/2	159×5×550	13.87	31.8	345	50.2	310	34.6	1.24	1654	反复加载
	Y5-C100-1/2	159×5×550	13.87	31.8	345	61.2	310	42.2	1.02	1826	反复加载
	KGY5-1/2	159×5×550	13.87	31.8	345		310			750	空钢管
Y6	Y6-C60-1/2	159×6×550	16.99	26.5	345	38.5	310	26.5	1.99	1667	
	Y6-C80-1/2	159×6×550	16.99	26.5	345	50.2	310	34.6	1.52	1850	
	Y6-C100-1/2	159×6×550	16.99	26.5	345	61.2	310	42.2	1.25	2022	
Y7	Y7-C80-1/2	159×7×550	20.24	22.7	345	50.2	310	34.6	1.81	2054	
	Y7-C100-1/2	159×7×550	20.24	22.7	345	61.2	310	42.2	1.49	2226	反复加载
Y8	Y8-C80-1/2	159×8×550	23.63	19.9	345	50.2	310	34.6	2.12	2267	
	Y8-C100-1/2	159×8×550	23.63	19.9	345	61.2	310	42.2	1.74	2439	
Y10	Y10-C80-1/2	159×10×550	27.16	15.9	345	50.2	310	34.6	2.43	2488	
	Y10-C100-1/2	159×10×550	27.16	15.9	345	61.2	310	42.2	2.00	2660	反复加载
Y12	Y12-C100-1/2	159×12×550	38.72	13.3	345	61.2	310	42.2	2.84	3386	
YD5	YD5-C60-1/2	159×5×550	13.87	31.8	390	38.5	350	26.5	1.83	1583	反复加载
	YD5-C70-1/2	159×5×550	13.87	31.8	390	44.5	350	30.5	1.59	1674	反复加载
	YD5-C80-1/2	159×5×550	13.87	31.8	390	50.2	350	34.6	1.40	1766	反复加载
	YD5-C90-1/2	159×5×550	13.87	31.8	390	55.7	350	38.5	1.26	1855	反复加载
	YD5-C100-1/2	159×5×550	13.87	31.8	390	61.2	350	42.2	1.15	1938	反复加载

承载力按《公路钢管混凝土拱桥设计规范》计算：

$$N_u = f_{sc}\times A_{sc} = (1.14+1.02\times\xi_0)\times f_{cd}\times A_{sc} \tag{6-1}$$

$$\xi_0 = \frac{A_s f_{sd}}{A_c f_{cd}} \tag{6-2}$$

模型试件均在项目依托工程——广安官盛渠江大桥工程现场加工制作。钢管采用数床机械自动切割，确保钢管上下端面平整且与纵向轴线垂直。混凝土灌注前将钢管内壁铁锈、污物等擦拭干净，并用湿布润湿。空钢管竖直置于表面平整、光滑的木板上，随后将搅拌均匀的混凝土拌合物分层灌注入钢管内。混凝土灌注完毕后，将试件顶面抹平、收光，并用塑料膜覆盖。待管内混凝土的龄期达28 d时，运回实验室进行力学性能测试。部分制作过程如图6-4所示。

(a) 钢管采用机械切割、内壁清洁干净并编号

(b) 试件底部垫平、浇灌混凝土

(c) 混凝土分层浇筑,顶面抹平、收光并覆盖塑料薄膜

(d) 制作完成的试件

图 6-4 轴压短柱试件

6.1.1.2 核心混凝土制备与性能

各强度等级混凝土的配合比、工作性能见表 6-2。其中 C100 混凝土的配合比采用实际工程应用配合比,制备混凝土的原材料均与实际工程一致,其拌合物坍落度为 205 mm,扩展度为 520 mm,状态如图 6-5 所示,其黏聚性、包裹性与流动性较好,满足工程设计泵送施工要求。

表 6-2 混凝土配合比与性能

混凝土等级	配合比/(kg·m^{-3})							减水剂/%	工作性能/mm		28 d 抗压强度/MPa
	水泥	微珠	硅灰	膨胀剂	砂	石	水		坍落度	扩展度	
C60	360	70	20	40	765	1095	156	0.45	210	545	80.3
C70	375	85	30	35	760	1085	150	0.55	215	560	88.9
C80	410	95	40	30	755	1080	147	0.80	205	535	95.9
C90	440	100	55	25	730	1080	138	0.95	200	520	103.1
C100	480	115	70	20	715	1075	125	1.30	205	520	115.2

图 6-5　C100 混凝土拌合物状态与留样试件

6.1.2　试验方案

6.1.2.1　试验装置

根据试件预计承载力大小，分别采用 3 000 kN 与 10 000 kN 液压伺服压力试验机进行轴向加载，试验加载装置如图 6-6 所示。试件放置在试验机的加载端板上，在试件上下端各垫一块 30 mm 厚钢板。

6.1.2.2　测试内容与测点布置

试验测试分一次受压加载与反复受压加载两部分。所有试件先进行一次轴压加载测试，然后选取部分试件进行反复加载测试，反复加、卸载累计 4 次。

1) 测试内容

主要测试或观察内容如下：①通过位移传感器，测试试件的纵向压缩变形随荷载增加的变化关系；②采用电阻应变片，测试试件中部的纵、横向应变发展随荷载增加的变化关系；③观察轴压荷载作用下，钢管混凝土的变形特征与破坏过程；④记录钢管表面出现局部变形时的荷载值；⑤记录荷载-变形曲线开始发生非线性变化的荷载值；⑥记录钢管达到极限强度时的荷载值；⑦反复加载时，试件剩余承载力的变化规律。

图 6-6　液压伺服压力试验机

2) 测点布置

轴压试件应变片与位移计测点布置如图 6-7 所示。沿试件中部对称粘贴 4 对应变片，测试钢管表面纵、横向应变发展过程；在试件两侧对称布置一对位移传感器，测试试件纵向整体压缩变形。荷载值由压力机自带传感器采集并记录。

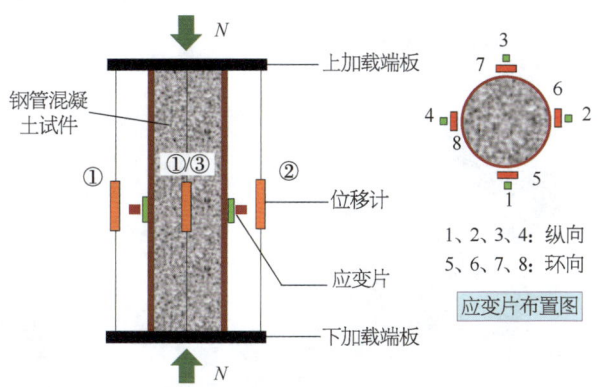

图 6-7　轴压试验测点布置

6.1.2.3 加载方案

1) 预加载

正式测试前,先进行2~3次预压加载,预压值取预计承载力的50%,加载过程如图6-8所示,加到预定值后持荷3~5 min,然后卸载。以消除试件与加载端板接触不紧密、试件端面混凝土局部不平整等导致的非弹性变形对测试结果的影响。

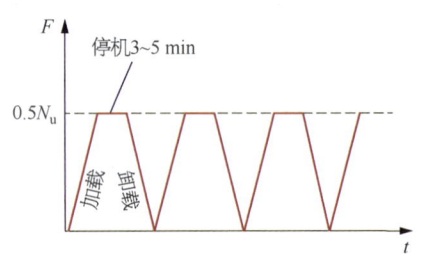

图6-8 预压加载示意图

2) 正式加载

正式加载时,先采用力控制,分级加载;试件屈服后采用位移控制,连续缓慢加载。加载示意图如图6-9所示,具体加载过程如下:

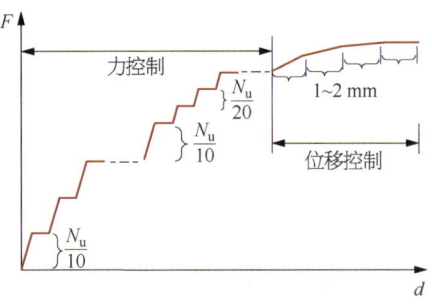

图6-9 加载控制示意图

（1）开始加载时,采用力控制,按分级加载方式加载,每级荷载约取预计承载力的1/10,每级加载持荷1 min。

（2）荷载-变形曲线开始出现非线性特征后,分级要加密,此时每级荷载约取预计承载力的1/20,每级荷载持荷1 min。

（3）荷载-变形曲线出现明显的非线性特征(即试件进入弹塑性阶段)后,转化为位移控制模式,缓慢连续加载。

（4）循环加-卸载的试件,其第二次至第四次加载,加载控制方式、卸载准则与第一次一致,预计承载力约取为上一次加载时最大荷载值的80%。

3) 卸载准则

（1）一次加载。①压缩变形量Δl达试件长度L的5%左右：$L=450$ mm的试件,$\Delta l \approx 22.5$ mm；$L=550$ mm的试件,$\Delta l \approx 27.5$ mm。②钢管表面开裂。③试验过程中的其他意外。出现上述情况之一时,停机卸载。

（2）循环加载。①第一次加载时,荷载-变形曲线下降段出现拐点而进入平缓发展阶段,且压缩变形量Δl达试件长度L的2%左右：$L=450$ mm的试件,$\Delta l \approx 9$ mm；$L=550$ mm的试件,$\Delta l \approx 11$ mm。②第二次至第四次加载,压缩变形量Δl达试件长度L的1.5%左右：$L=450$ mm的试件,$\Delta l \approx 6.8$ mm；$L=550$ mm的试件,$\Delta l \approx 8.3$ mm。③进行循环加-卸载试验过程中钢管表面开裂。④试验过程中的其他意外。出现上述情况之一时,停机卸载。

6.1.3 材性试验结果与分析

6.1.3.1 混凝土试块

钢管混凝土短柱力学性能测试前,先测试管内核心混凝土同龄期的抗压强度,结果见表6-3,各强度等级混凝土破坏形态如图6-10所示。另外,还

C60

C80

C100

(a) 立方体试件($d=150$ mm)

C60　　　　　　　　　　　　C80　　　　　　　　　　　　C100

(b) 圆柱体试件（$D×L = 149\,\text{mm}×200\,\text{mm}$）

图 6-10　不同强度等级混凝土试件破坏形态

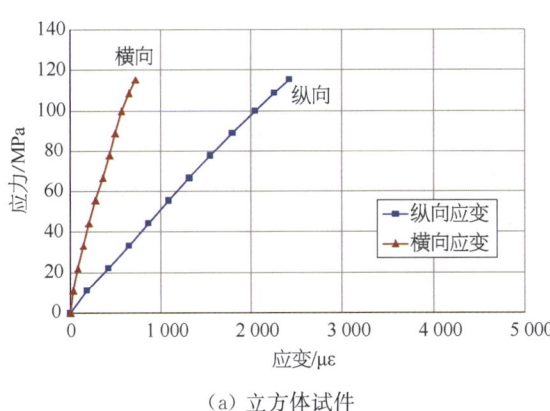 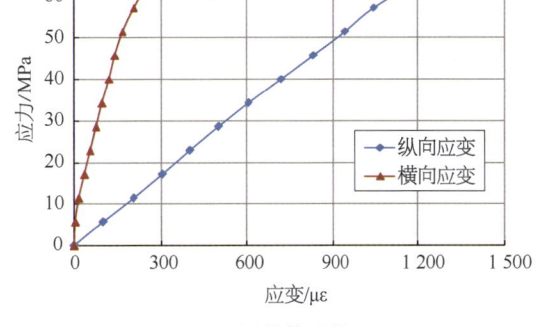

(a) 立方体试件　　　　　　　　　　　　　(b) 圆柱体试件

图 6-11　实测 C100 应力-应变关系曲线

采用管径 $D×T=159\,\text{mm}×5\,\text{mm}$ 空钢管制作混凝土圆柱体，进行轴压测试，破坏形态与强度测试结果如图 6-10 所示，见表 6-3。混凝土抗压强度均达到设计要求。混凝土强度越高，试件破坏时越零碎，脆性越明显。C100 混凝土破坏时伴随有较大声响，碎片外崩。由于测试手段缘故，C100 混凝土应力-应变曲线只测得上升段，如图 6-11 所示，其基本呈线性增加，接近极限强度时横向应变增长有所减缓。

6.1.3.2　钢管材料

根据《金属拉伸试验试样》取样，按《金属材料室温拉伸试验方法》的测试方法，对试验用钢管的材料力学性能进行测试，结果见表 6-4。Y2～Y12 系列钢管屈服强度在 406～435 MPa，YD5 系列钢管屈服强度达到 566 MPa。

表 6-3　抗压强度实测值

混凝土强度等级	抗压强度/MPa	
	150 mm 立方体试件	149 mm×200 mm 圆柱体试件
C60	80.3	57.9
C70	88.9	
C80	95.9	62.0
C90	103.1	
C100	115.2	67.8

表 6-4　钢管材料力学性能

系列	截面尺寸 $D×t$/mm	屈服强度/MPa	极限强度/MPa	弹性模量/MPa
Y2	140×2	435	506	$2.01×10^5$
Y3	140×3	431	533	$1.96×10^5$
Y5	159×5	426	585	$1.98×10^5$
Y6	159×6	411	582	$2.04×10^5$
Y7	159×7	406	567	$2.02×10^5$
Y8	159×8	404	582	$1.94×10^5$
Y10	159×10	424	557	$1.98×10^5$
Y12	159×12	418	575	$2.06×10^5$
YD5	159×5	566	723	$2.03×10^5$

6.1.3.3 空钢管试件

试验测试了 Y5 系列中 2 根尺寸为 159 mm×5 mm×550 mm 的空钢管试件 KGY5-1/2 的轴压力学性能,最终破坏形态如图 6-12 所示,荷载-变形曲线、应力-应变曲线如图 6-13、图 6-14 所示。空钢管试件的荷载-变形曲线有明显的水平段(图 6-13),表明其已轴压屈服,此时试件整体横向鼓胀变形发展较快。随后荷载还能继续增加,钢管进入强化阶段,管壁观察到有轻微波浪形屈曲特征;到达极限荷载后,由于加载端板的约束作用,试件靠近端部的部位被压鼓屈,承载力开始逐渐下降,随后由于试件屈曲严重,承载力下降过快而卸载。如图 6-14 所示,由于应变片粘贴技术条件有限而脱黏失效,没有测得钢管屈服后其表面应变发展过程。

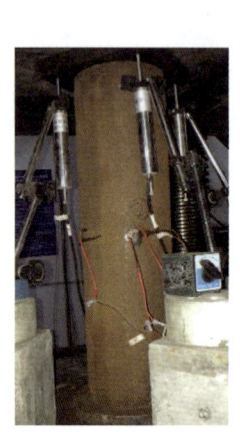
(a) 屈服时变形形态

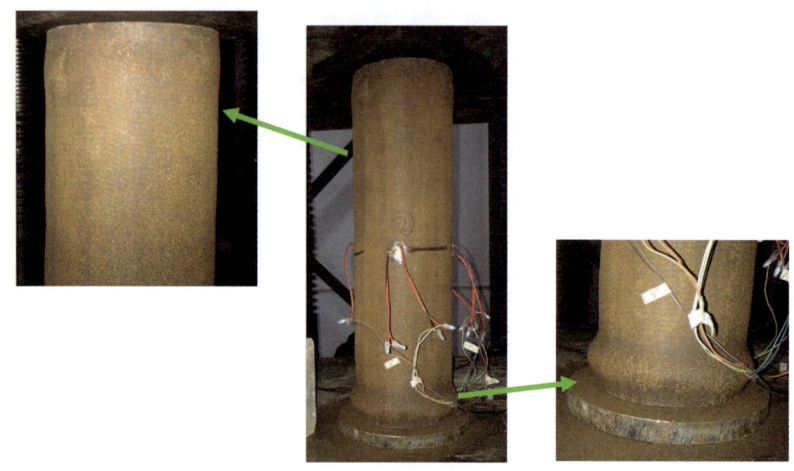
(b) 最终破坏形态

图 6-12 空钢管试件轴压破坏形态

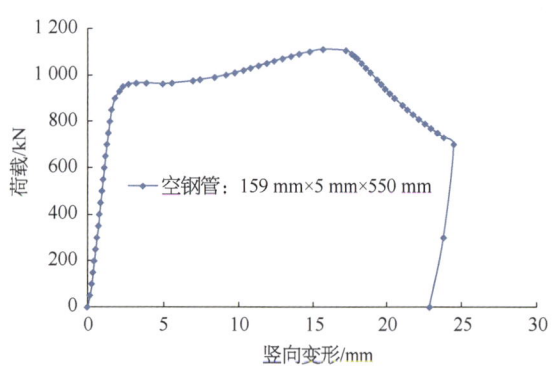

图 6-13 空钢管荷载-变形曲线

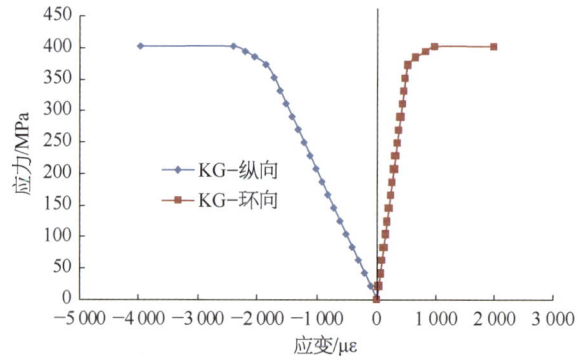

图 6-14 空钢管应力-应变曲线

承载力测试结果见表 6-5。实测屈服荷载与极限荷载均较计算值小,分析原因主要是钢管壁局部屈曲所致。

表 6-5 空钢管试件承载力实测值

试件编号	$D×t×L$ /mm	f_y^t /MPa	f_b^t /MPa	A_s /mm²	计算屈服荷载 /kN	实测屈服荷载 /kN	计算极限荷载 /kN	实测极限荷载 /kN
KGY5-1	159×5×550	426	585	2 419.026	1 030	965	1 415	1 100
KGY5-2	159×5×550	426	585	2 419.026	1 030	970	1 415	1 135

6.1.4 一次加载试验结果与分析

6.1.4.1 试验过程与测试结果

所有钢管混凝土短柱均完成了一次轴压加载测试,整个试验过程控制良好。在加载初期,荷载与竖向压缩变形均近线性增长,钢管外壁基本没有变化。且由于管内混凝土的强度较高($f_{cu}=80.3\sim115.2\,\text{MPa}$),荷载与竖向压缩变形曲线($N$-$\delta$ 曲线)的线性段均较长。对于含钢率较低的试件,例如 Y2、Y3 系列试件($a_s=5.97\%$、9.16%),如图 6-15 所示,荷载增加到极限荷载的 90% 左右($N/N_u=90\%$)时,荷载-变形曲线逐渐偏离线性增长,试件开始出现可见变形,主要表现为整体鼓胀,两端钢管外表面出现斜向剪切滑移线(吕德尔斯滑移线);弹塑性阶段很短,达到极限荷载后,荷载-变形曲线快速下降,试件逐渐呈现剪切滑移破坏,滑移区域两端钢管壁出现明显局部鼓屈,滑移区域内的钢管壁皱褶。而含钢率较高的试件,例如 Y10、Y11 系列试件($a_s=27.16\%$、38.72%),如图 6-16 所示,$N/N_u=80\%$ 左右时荷载-变形曲线逐渐偏离线性增长,试件有明显的弹塑性变形阶段,直到荷载增加到接近屈服荷载时,试件两端钢管外表面才出现斜向剪切滑移线(吕德尔斯滑移线),随后荷载缓慢下降或基本不下降,破坏主要表现为整体鼓胀,钢管壁无局部屈曲。

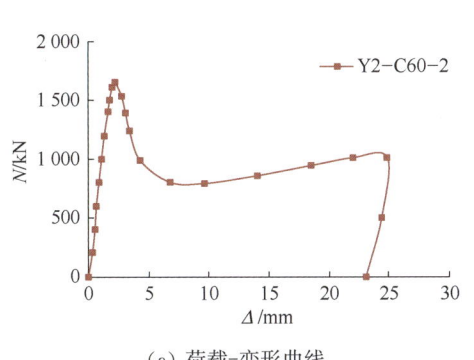  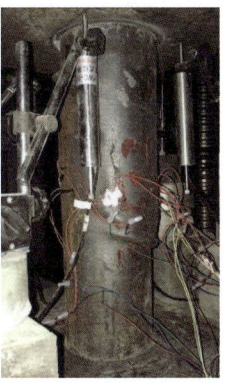

(a) 荷载-变形曲线　　　　　　(b) 管壁斜向滑移线

图 6-15　含钢率较低试件荷载-变形曲线、试件破坏形态(Y2-C60-2)

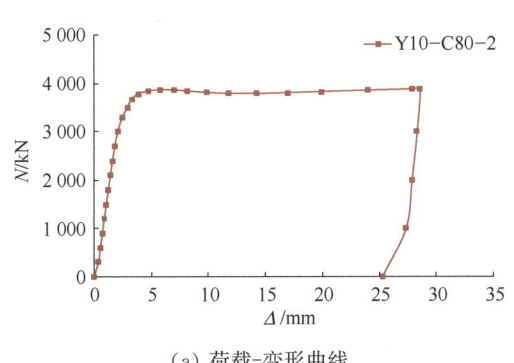 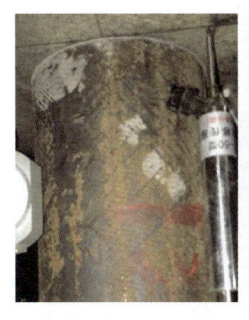 

(a) 荷载-变形曲线　　　　　　(b) 管壁斜向滑移线

图 6-16　含钢率较高试件荷载-变形曲线、试件破坏形态(Y10-C80-2)

试验测得的各试件的套箍系数、极限承载力、屈服后剩余承载力等结果见表 6-6,表中 $f_c=0.76f_{cu}$。此处实测极限承载力取荷载-位移曲线上屈服位移 Δ_y 点对应的荷载记为 N_{ue},关于 Δ_y 点的定义参考韩林海教授对屈服点的定义原则[《钢管混凝土结构——理论与实践》(第二版),2007]。

表 6-6 中 Y5-C100 组 2 个试件的极限承载力 N_{sc} 均值为 3 461 kN,而与之对应的空钢管试件承载力 N_s 与 C100 圆柱体混凝土试件的承载力 N_c 分别为 1 118 kN 与 1 180 kN,$N_{sc}/(N_s+N_c)\approx 1.51$,即

表 6-6 测试结果汇总

系列	试件编号	α_s/%	f_y/MPa	f_{cu}/MPa	f_c/MPa	实测套箍系数 ξ_t	实测极限承载力 N_{ue}/kN	剩余承载力 /kN
Y2	Y2-C60-1	5.97	435	80.3	61.0	0.43	1590	915
	Y2-C60-2	5.97	435	80.3	61.0	0.43	1650	790
	Y2-C80-1	5.97	435	95.9	72.9	0.36	1900	760
	Y2-C80-2	5.97	435	95.9	72.9	0.36	1980	820
	Y2-C100-1	5.97	435	115.2	87.6	0.30	2240	960
	Y2-C100-2	5.97	435	115.2	87.6	0.30	2280	850
Y3	Y3-C60-1	9.16	431	80.3	61.0	0.65	1860	1200
	Y3-C60-2	9.16	431	80.3	61.0	0.65	1835	1238
	Y3-C80-1	9.16	431	95.9	72.9	0.54	2150	1240
	Y3-C80-2	9.16	431	95.9	72.9	0.54	2140	1345
	Y3-C100-1	9.16	431	115.2	87.6	0.45	2392	1321
	Y3-C100-2	9.16	431	115.2	87.6	0.45	2540	1300
Y5	Y5-C60-1	13.87	426	80.3	61.0	0.97	2650	2270
	Y5-C60-2	13.87	426	80.3	61.0	0.97	2556	2370
	Y5-C80-1	13.87	426	95.9	72.9	0.81	3000	2337
	Y5-C80-2	13.87	426	95.9	72.9	0.81	3018	2211
	Y5-C100-1	13.87	426	115.2	87.6	0.67	3430	2610
	Y5-C100-2	13.87	426	115.2	87.6	0.67	3492	2367
Y6	Y6-C60-1	16.99	411	80.3	61.0	1.14	2775	
	Y6-C60-2	16.99	411	80.3	61.0	1.14	2810	2510
	Y6-C80-1	16.99	411	95.9	72.9	0.96	3100	2549
	Y6-C80-2	16.99	411	95.9	72.9	0.96	3278	2515
	Y6-C100-1	16.99	411	115.2	87.6	0.80	3500	2659
	Y6-C100-2	16.99	411	115.2	87.6	0.80	3716	2700
Y7	Y7-C80-1	20.24	406	95.9	72.9	1.13	3422	2968
	Y7-C80-2	20.24	406	95.9	72.9	1.13	3426	2925
	Y7-C100-1	20.24	406	115.2	87.6	0.94	3787	3152
	Y7-C100-2	20.24	406	115.2	87.6	0.94	3835	3144
Y8	Y8-C80-1	23.63	404	95.9	72.9	1.31	3536	3176
	Y8-C80-2	23.63	404	95.9	72.9	1.31	3657	3360
	Y8-C100-1	23.63	404	115.2	87.6	1.09	3935	3312
	Y8-C100-2	23.63	404	115.2	87.6	1.09	3966	3320
Y10	Y10-C80-1	27.16	424	95.9	72.9	1.58	3851	3890
	Y10-C80-2	27.16	424	95.9	72.9	1.58	3870	3790
	Y10-C100-1	27.16	424	115.2	87.6	1.32	4215	3760
	Y10-C100-2	27.16	424	115.2	87.6	1.32	4200	3780

(续表)

系列	试件编号	a_s/%	f_y/MPa	f_{cu}/MPa	f_c/MPa	实测套箍系数 ξ_t	实测极限承载力 N_{ue}/kN	剩余承载力 /kN
Y12	Y12-C100-1	38.72	418	115.2	87.6	1.85	4740	4705
	Y12-C100-2	38.72	418	115.2	87.6	1.85	4795	4735
YD5	YD5-C60-1	13.87	566	80.3	61.0	1.29	2630	2260
	YD5-C60-2	13.87	566	80.3	61.0	1.29	2873	2480
	YD5-C70-1	13.87	566	88.9	67.6	1.16	2880	2440
	YD5-C70-2	13.87	566	88.9	67.6	1.16	2990	2443
	YD5-C80-1	13.87	566	95.9	72.9	1.08	3025	2509
	YD5-C80-2	13.87	566	95.9	72.9	1.08	3140	2435
	YD5-C90-1	13.87	566	103.1	78.4	1.00	3200	2457
	YD5-C90-2	13.87	566	103.1	78.4	1.00	3303	2379
	YD5-C100-1	13.87	566	115.2	87.6	0.90	3494	2580
	YD5-C100-2	13.87	566	115.2	87.6	0.90	3580	2440

超高强钢管混凝土试件承载力约为其组成钢管与混凝土试件两者承载力之和的1.51倍。由此可见，与普通钢管混凝土一样，钢管对超高强混凝土的套箍作用提高了试件整体承载力。

6.1.4.2 试件破坏特征

由于试件含钢率变化较大（$a_s = 5.97\% \sim 38.72\%$），且同一种类型试件管内核心混凝土强度等级不一致，实测各系列试件的破坏特征与最终破坏形态差异明显。

1) Y2系列试件

Y2系列试件的含钢率$a_s = 5.97\%$，试件典型破坏形态如图6-17所示。灌注C60、C80、C100三种不同强度等级混凝土的试件破坏形态接近，都呈现明显剪切破坏，且剪切破坏面两端钢管局部鼓屈十分明显，其中Y2-C100试件的两端钢管局部屈曲最为严重。同时可以发现，Y2-C60试件剪切滑移区域的钢管壁还有明显的皱褶，Y2-C80试件与Y2-C100试件的这一特征逐渐减弱。

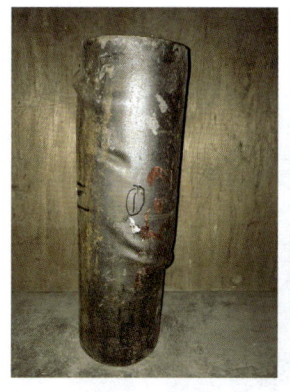
(a) Y2-C60

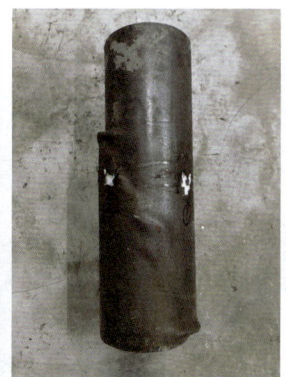
(b) Y2-C80

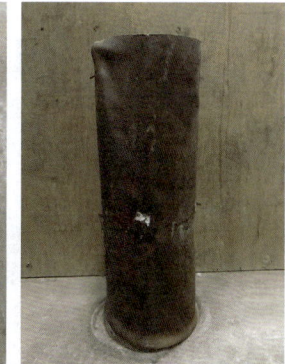
(c) Y2-C100

图6-17 Y2系列试件主要破坏形态（$a_s = 5.97\%$）

2) Y3系列试件

Y3系列试件的含钢率$a_s = 9.16\%$，试件典型破坏形态如图6-18所示。试件均为剪切型破坏，但不及图6-17中所示Y2系列试件剪切破坏程度严重。同时也可以看到，C100短柱试件钢管局部皱褶屈曲最为严重。

 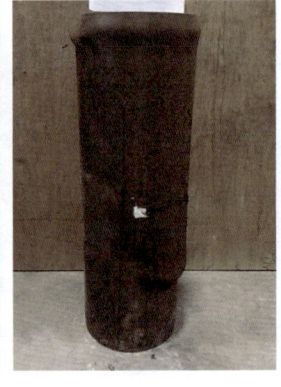 

(a) Y3－C60　　　　　(b) Y3－C80　　　　　(c) Y3－C100

图6-18　Y3系列试件主要破坏形态（$\alpha_s = 9.16\%$）

3) Y5系列试件

Y5系列试件的含钢率$\alpha_s = 13.87\%$，试件典型破坏形态如图6-19所示。虽然Y5系列试件的含钢率较Y2与Y3系列试件提高，但Y5－C80与Y5－C100试件仍呈剪切型破坏，但局部破坏程度较Y2、Y3系列试件减轻。其中Y5－C60试件剪切破坏特征已不明显，主要为整体鼓胀，其端部由于受到加载板的约束而有明显局部屈曲。

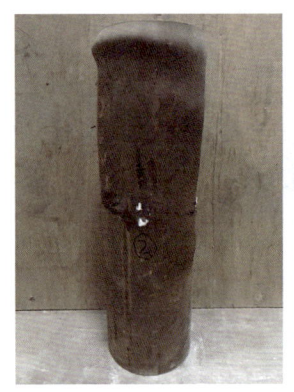  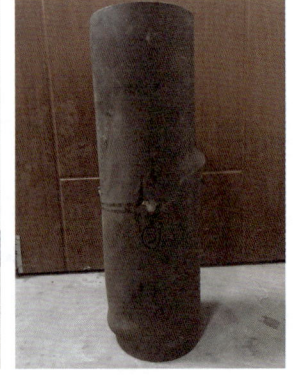

(a) Y5－C60　　　　　(b) Y5－C80　　　　　(c) Y5－C100

图6-19　Y5系列试件主要破坏形态（$\alpha_s = 13.87\%$）

4) Y6系列试件

Y6系列试件的含钢率$\alpha_s = 16.99\%$，试件典型破坏形态如图6-20所示。Y6试件含钢率虽较Y5系列试件高，Y6－C80与Y6－C100试件最终破坏

 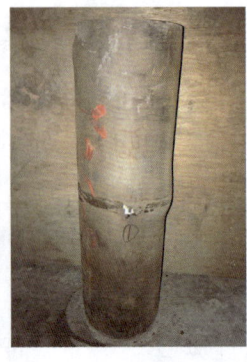 

(a) Y6－C60　　　　　(b) Y6－C80　　　　　(c) Y6－C100

图6-20　Y6系列试件主要破坏形态（$\alpha_s = 16.99\%$）

形态仍表现出一定剪切破坏特征,但钢管壁局部屈曲较 Y5 系列试件减弱;Y6-C60 试件主要表现为整体鼓胀,基本呈腰鼓型破坏。

5) Y7 系列试件

Y7 系列试件的含钢率 $\alpha_s=20.24\%$(已达到现有规范中钢管混凝土含钢率上限 20%),试件典型破坏形态如图 6-21 所示。Y7-C80 试件剪切破坏已不明显,主要为整体鼓胀,仅在试件中部钢管有轻微局部屈曲。Y7-C100 试件仍能观测到剪切破坏特征,但钢管壁局部屈曲较 Y6 系列试件进一步减弱。

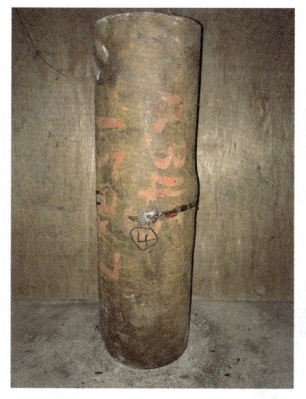
(a) Y7-C80

(b) Y7-C100

图 6-21 Y7 系列试件主要破坏形态($\alpha_s=20.24\%$)

6) Y8 系列试件

Y8 系列试件的含钢率 $\alpha_s=23.63\%$,试件典型破坏形态如图 6-22 所示。Y8-C80 试件基本呈整体鼓胀,仅有轻微局部屈曲。Y8-C100 试件也主要表现为整体鼓胀,但仍有轻微剪切破坏特征,钢管壁局部屈曲明显,较 Y7 系列试件减弱。

(a) Y8-C80

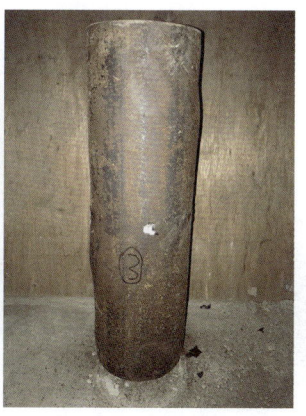
(b) Y8-C100

图 6-22 Y8 系列试件主要破坏形态($\alpha_s=23.63\%$)

7) Y10 系列试件

Y10 系列试件的含钢率 $\alpha_s=27.16\%$,试件典型破坏形态如图 6-23 所示。Y10-C80 试件完全呈整体鼓胀,钢管壁无局部屈曲。Y10-C100 试件基本呈整体鼓胀,无明显剪切破坏特征,钢管壁仅有轻微局部屈曲。

(a) Y10-C80

(b) Y10-C100

图 6-23 Y10 系列试件主要破坏形态($\alpha_s=27.16\%$)

8) Y12 系列试件

Y12 系列试件的含钢率 $\alpha_s=38.72\%$,试件典型破坏形态如图 6-24 所示。此时 Y12-C100 试件完全呈整体鼓胀,钢管壁无局部屈曲。

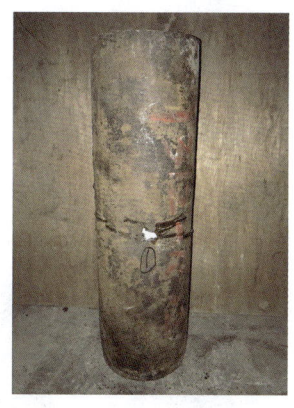

图 6-24 Y12-C100 试件主要破坏形态($\alpha_s=38.72\%$)

9) YD5 系列试件

YD5 系列试件的含钢率 $\alpha_s=13.87\%$,试件典型破坏形态如图 6-25 所示。可见,从 YD5-60 到 YD5-100 试件,核心混凝土强度由 80.3MPa 提高到 115.2MPa,由于钢管的套箍作用有限,对高强混凝土的约束能力不够,试件由整体鼓胀逐渐发展为剪切破坏,钢管壁的局部屈曲逐渐明显。

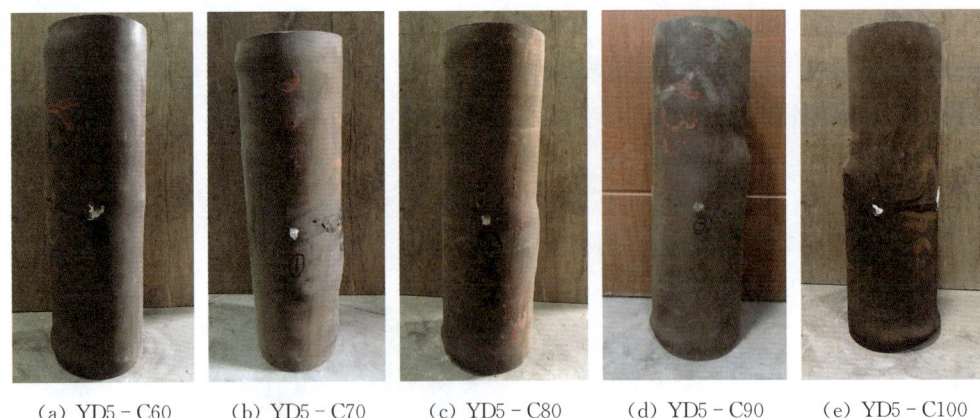

(a) YD5-C60　　(b) YD5-C70　　(c) YD5-C80　　(d) YD5-C90　　(e) YD5-C100

图 6-25　YD5 系列试件主要破坏形态

对比分析以上试验结果可以看出，不同强度等级的钢管混凝土短柱试件随含钢率的增加，钢管对核心混凝土的套箍作用增强，试件的破坏模式由剪切型破坏向整体鼓胀（近腰鼓型）破坏演变，钢管壁的局部屈曲逐渐减弱甚至无局部屈曲。本试验测得的 C60、C80、C100 三种强度等级钢管混凝土短柱，管壁不发生局部屈曲（或仅有轻微局部屈曲）的含钢率依次为 16.99%、20.24%、23.63%。这三种不同强度的钢管混凝土短柱随含钢率增加试件的典型破坏形态对比如图 6-26～图 6-28 所示。

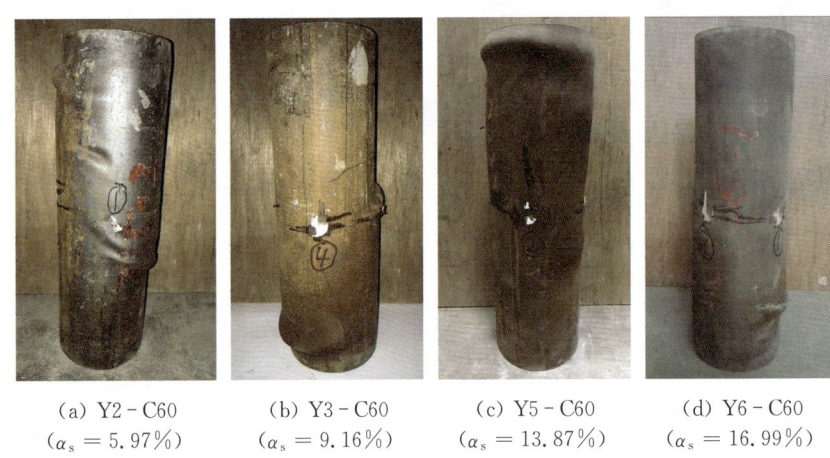

(a) Y2-C60　　(b) Y3-C60　　(c) Y5-C60　　(d) Y6-C60
($\alpha_s = 5.97\%$)　($\alpha_s = 9.16\%$)　($\alpha_s = 13.87\%$)　($\alpha_s = 16.99\%$)

图 6-26　C60 钢管混凝土试件破坏形态对比

(a) Y2-C80　(b) Y3-C80　(c) Y5-C80　(d) Y6-C80　(e) Y7-C80　(f) Y8-C80　(g) Y10-C80
($\alpha_s = 5.97\%$)　($\alpha_s = 9.16\%$)　($\alpha_s = 13.87\%$)　($\alpha_s = 16.99\%$)　($\alpha_s = 20.24\%$)　($\alpha_s = 23.63\%$)　($\alpha_s = 27.16\%$)

图 6-27　C80 钢管混凝土试件破坏形态对比

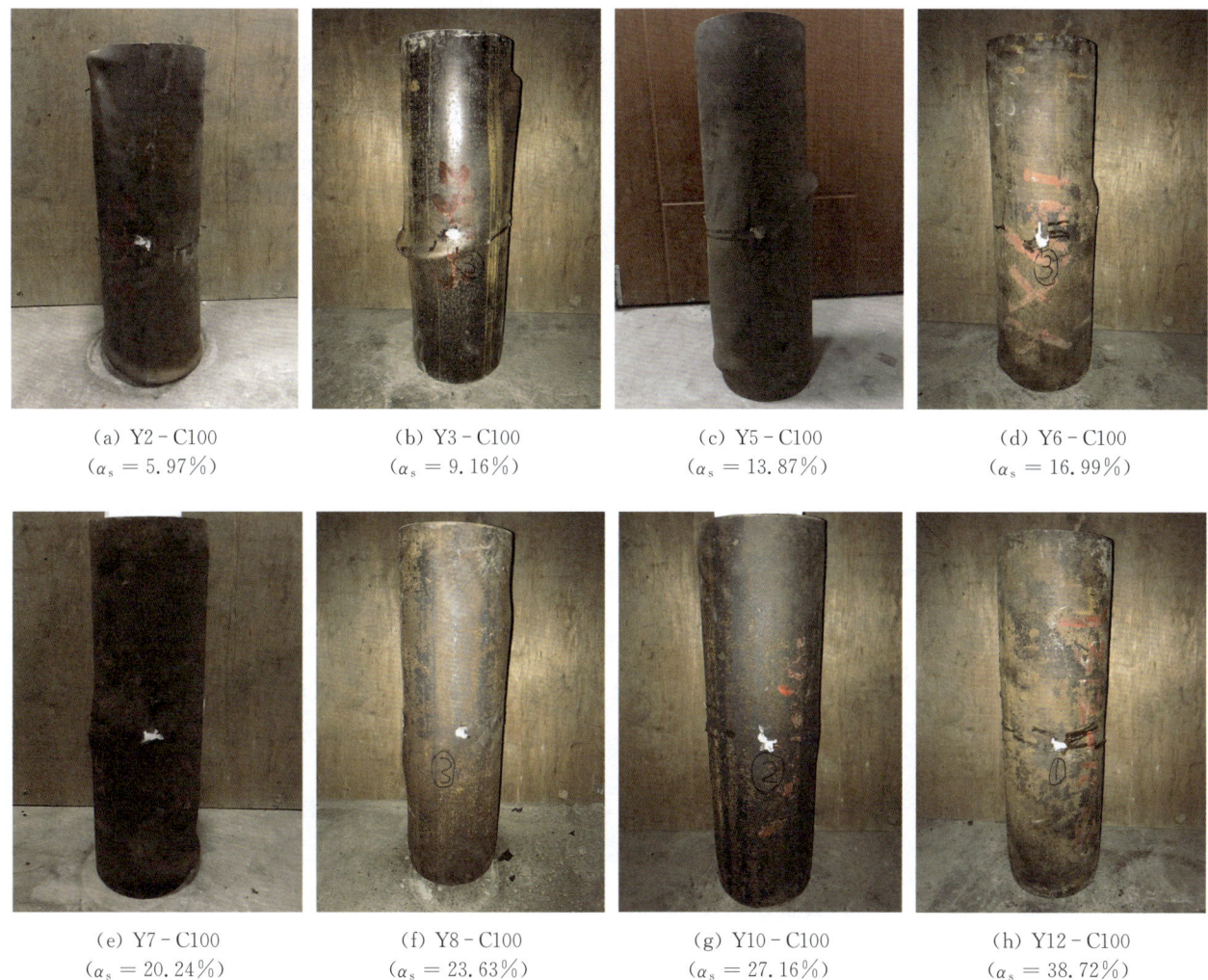

(a) Y2-C100 ($\alpha_s = 5.97\%$)　(b) Y3-C100 ($\alpha_s = 9.16\%$)　(c) Y5-C100 ($\alpha_s = 13.87\%$)　(d) Y6-C100 ($\alpha_s = 16.99\%$)

(e) Y7-C100 ($\alpha_s = 20.24\%$)　(f) Y8-C100 ($\alpha_s = 23.63\%$)　(g) Y10-C100 ($\alpha_s = 27.16\%$)　(h) Y12-C100 ($\alpha_s = 38.72\%$)

图 6-28　C100 钢管混凝土试件破坏形态对比

6.1.4.3　荷载-变形关系分析

1) 实测荷载-变形关系曲线及其特征

由于各类试件的含钢率、实测套箍系数不同，钢管对核心混凝土的约束作用差异大，各系列试件的荷载-变形关系曲线（$N-\delta$ 曲线）差别明显。含钢率低、套箍系数小的试件，弹塑性变形阶段较短，到达峰值荷载后，承载能力丧失较快，$N-\delta$ 曲线下降较陡，延性性能相对不足；含钢率高、套箍系数大的试件，弹塑性变形阶段较长，达到极限荷载后，承载力下降缓慢甚至不下降，$N-\delta$ 曲线近似水平发展，后期变形性能与延性性能较好。各系列试件实测的 $N-\delta$ 曲线如图 6-29～图 6-38 所示，图中压缩变形值均为 4 个位移计实测的平均值。

（1）Y2 系列试件。图 6-29 为 Y2 系列试件典型 $N-\delta$ 曲线。C60、C80、C100 三种不同强度等级的钢管混凝土短柱，在峰值荷载前后的力学行为与素混凝土相似。Y2-C60-2、Y2-C80-2 与 Y2-C100-2 试件的弹性阶段均较长，荷载增加到极限荷载的 90% 左右（$N/N_u = 90\%$）时，$N-\delta$ 曲线偏离线性增长，弹塑性阶段均较短，试件很快达到极限荷载。Y2-C60-2 试件的极限承载力最低，峰值点、轴向压缩变形最小，Y2-C100-2 试件的极限承载力最高，峰值点轴向压缩变形最大。可见核心混凝土强度越高，试件承载力越高，峰值点位移越大，与素混凝土的变形规律一致。达到极限荷载后，由于管内混凝土强度高，而含钢率低（$\alpha_s = 5.97\%$）、套箍系数较小（$\xi_t = 0.30 \sim 0.43$），钢管对核心混凝土的约束能力不够，管内混凝土横向膨胀并发生剪切变形破坏，管壁表面出现局部屈曲，试件承载能力丧失较快，$N-\delta$ 曲线快速下降，且核心混凝土强度越大，下降段斜率越大。$N-\delta$ 曲线下降到一定程度后（$N/N_u = 40\% \sim 50\%$ 时）出现缓升，因为此时钢材进入强化阶段,钢管对混凝土的约束增强,试件承载力有所回升。但各试件后期的剩余承载力很接近,可见低含钢率试件的后期承载力取决于钢管强度。

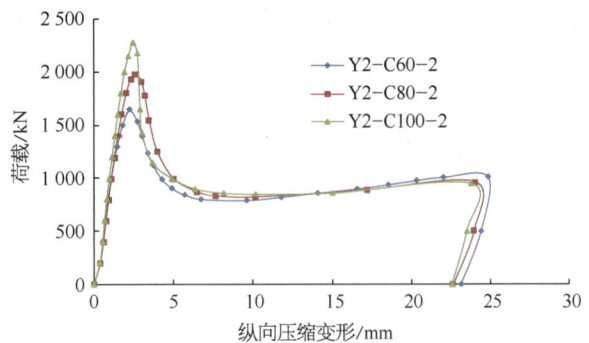

图 6-29 Y2 系列试件 N-δ 曲线($\alpha_s = 5.97\%$)

(2) Y3 系列试件。图 6-30 为 Y3 系列试件典型 N-δ 曲线。Y3 系列试件含钢率($\alpha_s = 9.16\%$)较 Y2 系列试件($\alpha_s = 5.97\%$)高,套箍系数有所增加($\xi_t = 0.45 \sim 0.65$),其 Y3-C100-2、Y3-C80-2、Y3-C60-2 试件的 N-δ 曲线弹性阶段依次缩短而弹塑性阶段变长,Y3-C60-2 试件有明显的弹塑性变形阶段;由于含钢率提高,套箍系数增加,钢管对核心混凝土的变形约束能力增强,达到峰值荷载后,各试件的 N-δ 曲线下降趋势均较 Y2 系列同类型试件有明显缓和。可见含钢率、套箍系数的增加对试件延性与变形性能有较大改善。各试件的后期剩余承载力也较接近($N/N_u = 50\% \sim 65\%$ 时),试件的后期剩余承载力仍主要与钢管强度有关。

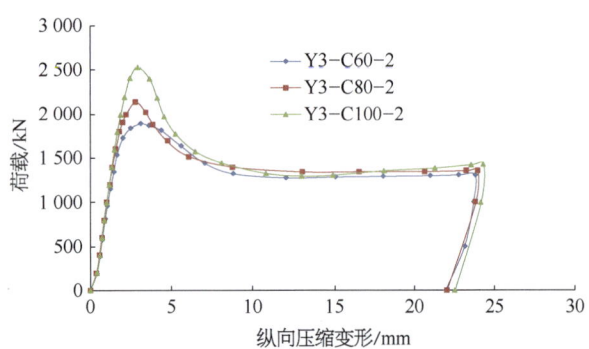

图 6-30 Y3 系列试件 N-δ 曲线($\alpha_s = 9.16\%$)

(3) Y5 系列试件。图 6-31 为 Y5 系列试件典型 N-δ 曲线,Y5 系列试件的含钢率 $\alpha_s = 13.87\%$,实测套箍系数为 $\xi_t = 0.67 \sim 0.97$。Y5-C60-2、Y5-C80-2、Y5-C100-2 试件的 N-δ 曲线与 Y3 系列同类型试件相比,弹性阶段缩短,弹塑性阶段更明显,到达极限荷载后下降趋势更缓和。同时可以看到,峰值点后,Y5-C60-2 试件承载力缓慢持续衰减,Y5-C80-2、Y5-C100-2 试件的承载力下降到一定程度后($N/N_u = 65\% \sim 75\%$ 时)小幅回升,且 Y5-C100-2 试件的剩余承载力较 Y5-C80-2 高。

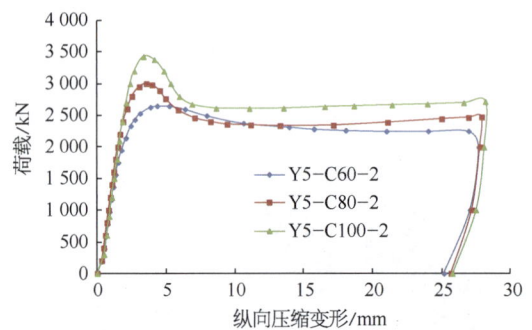

图 6-31 Y5 系列试件 N-δ 曲线($\alpha_s = 13.87\%$)

(4) Y6 系列试件。图 6-32 为 Y6 系列试件典型 N-δ 曲线,Y6 系列试件与 Y5 系列同类型试件的 N-δ 曲线变化规律相似。但 Y6-C100-2 试件的承载力下降到一定程度后($N/N_u \approx 70\%$ 时)仍小幅回升,而 Y6-C80-2 试件承载力降低到一定程度后($N/N_u \approx 75\%$ 时)承载力基本保持不变。另外,Y6 系列试件含钢率、实测套箍系数更高($\alpha_s = 16.99\%$,$\xi_t = 0.80 \sim 1.14$),各试件的极限荷载与剩余承载力均较 Y5 系列同类型试件高。

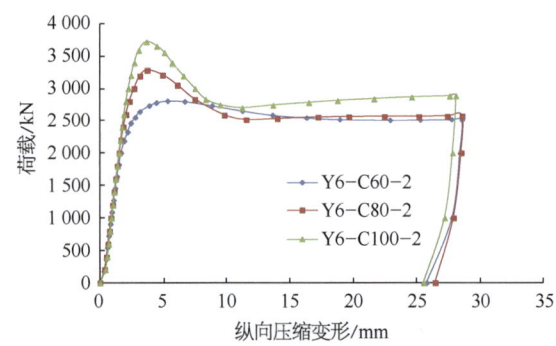

图 6-32 Y6 系列试件 N-δ 曲线($\alpha_s = 16.99\%$)

(5) Y7 系列试件。图 6-33 为 Y7 系列试件典型 N-δ 曲线,Y7 系列试件的含钢率 $\alpha_s = 20.24\%$,实测套箍系数为 $\xi_t = 0.94 \sim 1.13$。Y7-C80-2、

Y7-C100-2 试件 N-δ 曲线的弹塑性阶段较 Y6 系列同类型试件更长,达到峰值荷载后下降段更缓和,剩余承载力提高。同时还发现,Y7-C100-2 试件 N-δ 曲线达到峰值点后缓慢下降,随后出现第二个峰值点。

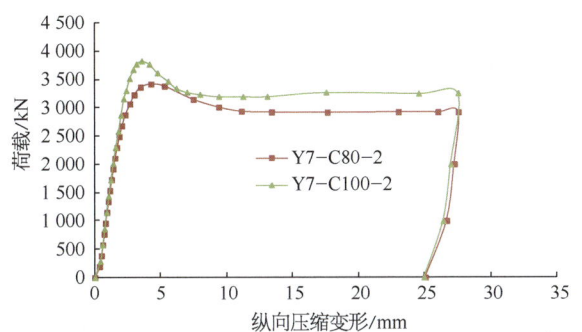

图 6-33　Y7 系列试件 N-δ 曲线($\alpha_s=20.24\%$)

(6) Y8 系列试件。图 6-34 为 Y8 系列试件典型 N-δ 曲线,Y8 系列试件的含钢率 $\alpha_s=23.63\%$,实测套箍系数为 $\xi_t=1.09\sim1.31$。Y8 系列试件含钢率较 Y7 系列试件进一步提高,Y7-C80-2 试件峰值点后承载力仅小幅下降且下降趋势十分缓和,随后 N-δ 曲线近似水平线($N/N_u\approx92\%$),屈服后延性与变形性能改善明显。Y7-C100-2 试件 N-δ 曲线峰值点后的下降幅度也减小,第二峰值点更明显。Y7-C80-2 试件与 Y7-C100-2 试件剩余承载力接近。

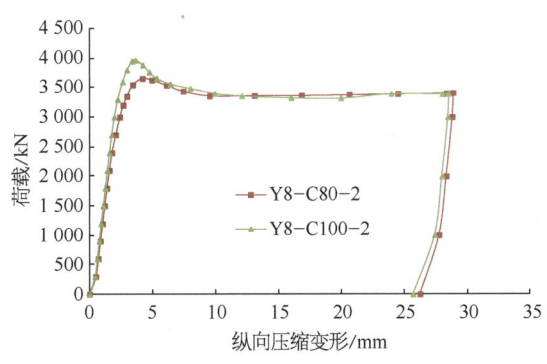

图 6-34　Y8 系列试件 N-δ 曲线($\alpha_s=23.63\%$)

(7) Y10 系列试件。图 6-35 为 Y10 系列试件典型 N-δ 曲线,Y10 系列试件的含钢率 $\alpha_s=27.16\%$,实测套箍系数为 $\xi_t=1.32\sim1.58$。Y10-C80-2 试件屈服后承载力不降低,N-δ 曲线接近水平,类似图 6-36 中空钢管屈曲后 N-δ 曲线变化特征,具有很好的延性性能。Y10-C100-2 试件 N-δ 曲线的弹塑性阶段十分明显,峰值点后的承载力衰减很缓慢,剩余承载力高($N/N_u\approx90\%$)且基本保持不变。

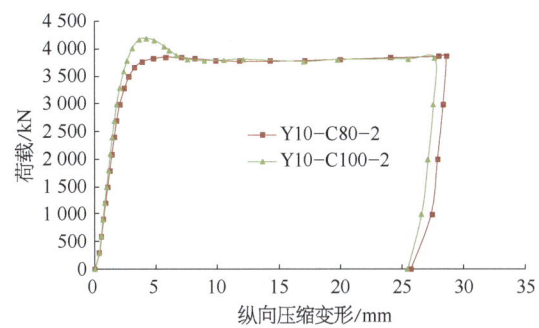

图 6-35　Y10 系列试件 N-δ 曲线($\alpha_s=27.16\%$)

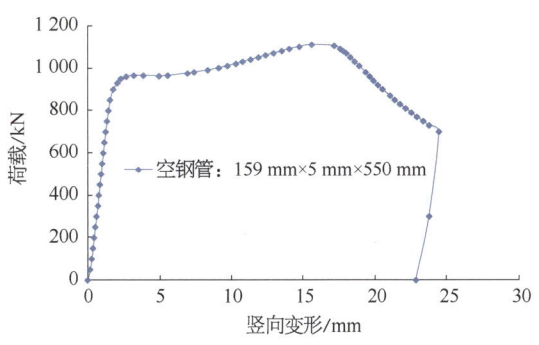

图 6-36　空钢管试件 N-δ 曲线

(8) Y12 系列试件。图 6-37 为 Y12 系列试件典型 N-δ 曲线,Y12 系列试件的含钢率 $\alpha_s=38.72\%$,实测套箍系数为 $\xi_t=1.85$。其有明显的弹性、弹塑性与屈服阶段,进入屈服阶段后承载力基本不下降,试件屈服后 N-δ 曲线变化特征也与图 6-36 中空钢管屈曲后 N-δ 曲线变化特征类似,具有很好的延性性能。

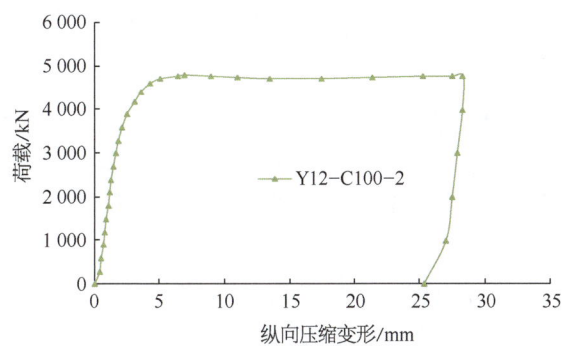

图 6-37　Y12 系列试件 N-δ 曲线($\alpha_s=38.72\%$)

(9) YD5系列试件。图6-38为YD5系列试件典型N-δ曲线，YD5系列试件的含钢率$\alpha_s=13.87\%$，套箍系数为$\xi_t=0.90\sim1.29$。可以看到，当钢管类型一致时，随核心混凝土强度增加，试件N-δ曲线线性变化段的斜率略有增加，试件初始刚度增大；此外，试件弹性阶段增长，弹塑性阶段缩短，峰值荷载（极限荷载）提高。但由于试件含钢率不够高（$\alpha_s=13.87\%$），过了峰值点后，N-δ曲线先下降，荷载降低到一定程度后N-δ曲线趋于平缓。核心混凝土强度越高，套箍系数越小，N-δ曲线峰值点后的下降段越陡。各试件N-δ曲线平缓段较集中，试件的剩余承载力差别不大。

时，对应的含钢率依次为16.99%、27.16%、38.72%，实测的套箍系数依次为1.14、1.58、1.85。

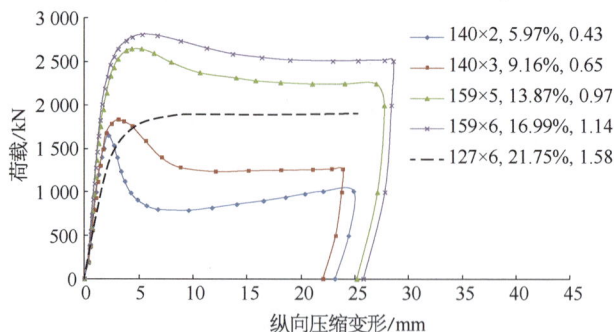

图6-39 C60钢管混凝土试件N-δ曲线（虚线为前期C60钢管混凝土短柱试验结果，$D\times t=127\,\text{mm}\times6\,\text{mm}$，$\alpha_s=21.96\%$）

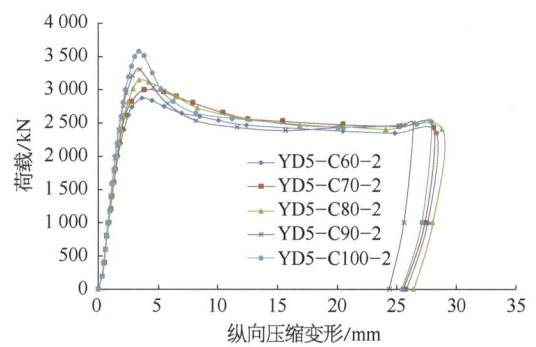

图6-38 YD5系列试件N-δ曲线（$\alpha_s=13.87\%$）

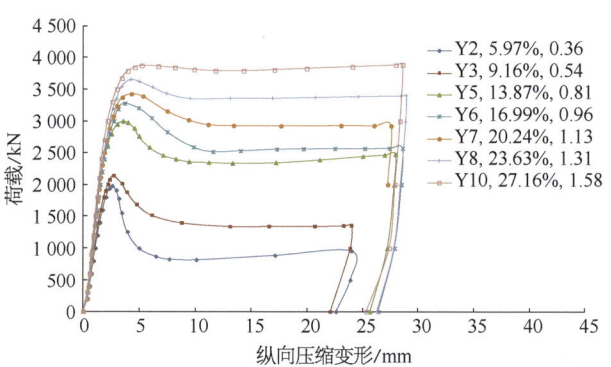

图6-40 C80钢管混凝土试件N-δ曲线

2）荷载-变形关系曲线对比分析

根据以上试验实测结果，对比核心混凝土强度等级为C60、C80、C100的三种钢管混凝土短柱试件，随含钢率与套箍系数增加，其荷载-变形发展关系分别如图6-39~图6-41所示。可以清楚地看到，当核心混凝土强度一定时，随试件含钢率增加，N-δ曲线的线性变化段斜率增加，弹塑性变形段越来越明显，极限荷载明显增加，极限荷载后N-δ曲线的下降趋势减缓甚至没有下降段，试件的变形能力与延性性能逐步改善，逐渐呈现出近似钢材的力学性能特征。可见超高强钢管混凝土也具有很好的延性性能。但钢管混凝土试件的核心混凝土强度越高，需要试件有匹配的含钢率，以保证钢管具有足够的约束能力，能限制核心混凝土的横向变形，提升试件整体变形性能与延性性能。对于C60、C80、C100三种钢管混凝土短柱试件，如其N-δ曲线在极限荷载后承载力保持基本不下降

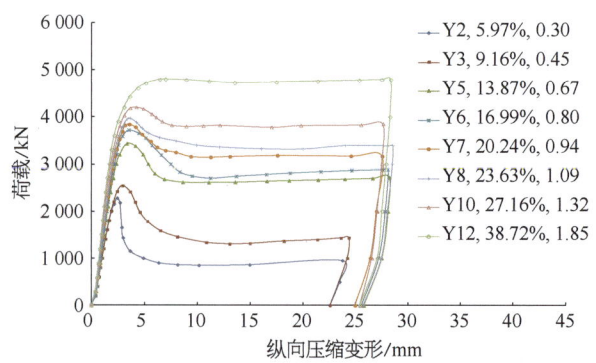

图6-41 C100钢管混凝土试件N-δ曲线

3）延性性能分析

延性或延性比是度量结构或材料延性的主要数值指标。结构或材料的延性比是指在保持结构或材料的基本承载力（强度）的情况下，极限变形D_u与初始屈服变形D_y的比值，即延性系数：

$$\beta_D = \frac{D_u}{D_y}$$

其中，D_u 根据实测的 $N-\delta$ 曲线的形状进行目估确定，D_y 取最大承载力下降 15%（即 $N_u = 0.85N_b$）时的位移。一般认为钢筋混凝土抗震结构要求的延性比为 3~4。若试件屈服后承载力不降低，或者 $N_r \geq 0.85N_b$，表明构件具有很好的延性。分析各构件的位移延性系数见表 6-7，表中 N_b 为极限承载力，N_r 指试件剩余承载力。

表 6-7 轴压试验测得的各试件延性系数

系列	试件编号	α_s/%	ξ_0	ξ_t	D_y/mm	D_u/mm	β_D	备注
Y2	Y2-C60-1	5.97	0.70	0.43	2.42	4.76	1.97	
	Y2-C60-2	5.97	0.70	0.43	1.6	3.11	1.94	
	Y2-C80-1	5.97	0.53	0.36	1.91	3.37	1.76	
	Y2-C80-2	5.97	0.53	0.36	2.03	3.22	1.59	
	Y2-C100-1	5.97	0.44	0.30	2.21	2.95	1.33	
	Y2-C100-2	5.97	0.44	0.30	2.16	2.8	1.30	
Y3	Y3-C60-1	9.16	1.07	0.65	2.14	5.79	2.71	
	Y3-C60-2	9.16	1.07	0.65	2.02	5.84	2.89	
	Y3-C80-1	9.16	0.82	0.54	2.34	4.33	1.85	
	Y3-C80-2	9.16	0.82	0.54	2.19	3.88	1.77	
	Y3-C100-1	9.16	0.67	0.45	2.48	3.53	1.42	
	Y3-C100-2	9.16	0.67	0.45	2.46	4.19	1.70	
Y5	Y5-C60-1	13.87	1.62	0.97	2.42			$N_r > 0.85N_b$
	Y5-C60-2	13.87	1.62	0.97	2.16			$N_r > 0.85N_b$
	Y5-C80-1	13.87	1.24	0.81	2.51	5.88	2.34	
	Y5-C80-2	13.87	1.24	0.81	2.58	4.82	1.87	
	Y5-C100-1	13.87	1.02	0.67	2.67	5.95	2.23	
	Y5-C100-2	13.87	1.02	0.67	2.59	4.43	1.71	
Y6	Y6-C60-1	16.99	1.99	1.14	2.43			承载力仅小幅下降
	Y6-C60-2	16.99	1.99	1.14	2.40			承载力仅小幅下降
	Y6-C80-1	16.99	1.52	0.96	2.82	8.29	2.94	
	Y6-C80-2	16.99	1.52	0.96	2.66	6.32	2.38	
	Y6-C100-1	16.99	1.25	0.80	2.86	7.43	2.60	
	Y6-C100-2	16.99	1.25	0.80	2.93	6.65	2.27	
Y7	Y7-C80-1	20.24	1.81	1.13	2.96			$N_r > 0.85N_b$
	Y7-C80-2	20.24	1.81	1.13	2.83			$N_r > 0.85N_b$
	Y7-C100-1	20.24	1.49	0.94	2.99	11.69	3.91	
	Y7-C100-2	20.24	1.49	0.94	2.92	11.22	3.84	
Y8	Y8-C80-1	23.63	2.12	1.31	2.85			$N_r > 0.85N_b$
	Y8-C80-2	23.63	2.12	1.31	2.96			$N_r > 0.85N_b$
	Y8-C100-1	23.63	1.74	1.09	2.98	13.91	4.67	
	Y8-C100-2	23.63	1.74	1.09	2.97	19.97	6.72	

(续表)

系列	试件编号	α_s/%	ξ_0	ξ_t	D_y/mm	D_u/mm	β_D	备注
Y10	Y10-C80-1	27.16	2.43	1.58	2.91			承载力不降低
	Y10-C80-2	27.16	2.43	1.58	3.01			承载力不降低
	Y10-C100-1	27.16	2.00	1.32	3.06			$N_r > 0.85N_b$
	Y10-C100-2	27.16	2.00	1.32	3.02			$N_r > 0.85N_b$
Y12	Y12-C100-1	38.72	2.84	1.85	3.16			承载力不降低
	Y12-C100-2	38.72	2.84	1.85	3.09			承载力不降低
YD5	YD5-C60-1	13.87	1.83	1.29	2.52			$N_r > 0.85N_b$
	YD5-C60-2	13.87	1.83	1.29	2.56			$N_r > 0.85N_b$
	YD5-C70-1	13.87	1.59	1.16	2.64	9.42	3.57	
	YD5-C70-2	13.87	1.59	1.16	2.69	11.59	4.31	
	YD5-C80-1	13.87	1.40	1.08	2.7	12.455	4.61	
	YD5-C80-2	13.87	1.40	1.08	2.77	10.41	3.76	
	YD5-C90-1	13.87	1.26	1.00	2.71	9.48	3.50	
	YD5-C90-2	13.87	1.26	1.00	2.74	7.68	2.80	
	YD5-C100-1	13.87	1.15	0.90	2.75	5.67	2.06	
	YD5-C100-2	13.87	1.15	0.90	2.86	7.92	2.77	

由表6-7可知，C60、C80、C100三种强度等级的钢管混凝土试件随含钢率增加，试件的延性性能增加，如图6-42所示。Y5-C60组、Y7-C80组与Y10-C100组试件，含钢率分别为13.87%、20.24%与27.16%（对应的套箍系数为0.97、1.13与1.32）时，各组试件的剩余承载力保持在极限承载力的85%以上（$N_r > 0.85N_b$），表明试件具有很好的延性性能。而Y2、Y3系列试件含钢率较小，三种强度等级的钢管混凝土试件的延性系数均小于3，延性性能不足（图6-43）。另外，由图6-43还可以看出，相同含钢率时，混凝土强度越高，试件的延性系数越小。

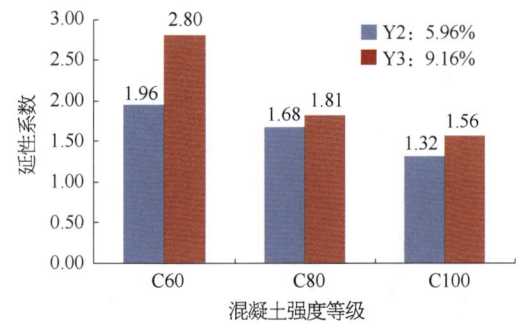

图6-43 混凝土强度对延性的影响

由图6-44可知，钢材强度提高，试件的延性系数增加，延性性能改善。YD5系列试件含钢率较Y5系列试件高，同类型试件的延性系数相应也提高。

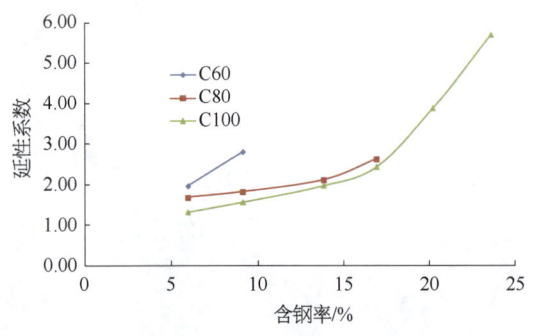

图6-42 含钢率对延性的影响

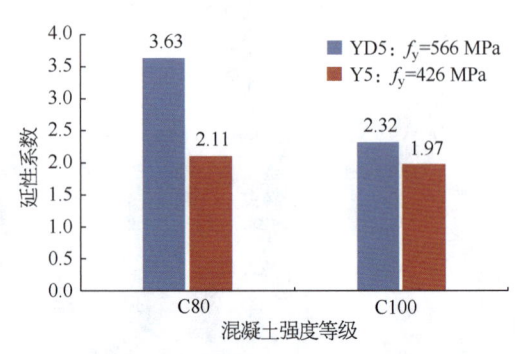

图6-44 钢材强度对延性的影响

6.1.4.4 等效应力-应变关系分析

等效应力 σ_{sc} 由荷载值 N 除以钢管混凝土全截面面积 A_{sc} 而得 ($\sigma_{sc}=N/A_{sc}$)，应变则为布置在钢管表面的纵、横向应变片实测应变值 ε_s。由于应变片的粘贴技术有限，当钢管发生屈曲后，其表面的应变片即出现脱黏，无法测得后续试件发生较大屈曲变形的应变数据。因此，等效应力-应变关系曲线（$\sigma_{sc}-\varepsilon_s$ 曲线）只能反映试件在小变形阶段的力学特征。

1) 实测 $\sigma_{sc}-\varepsilon_s$ 曲线分析

各系列试件实测的 $\sigma_{sc}-\varepsilon_s$ 曲线如图 6-45～图 6-54 所示。图中带"-V1、-V2、-V3、-V4"的为钢管外表面 4 个纵向应变片的实测值曲线，"-V"为 4 个纵向应变片实测值的拟合曲线；带"-H1、-H2、-H3、-H4"的为钢管外表面 4 个横向应变片的实测值曲线，"-H"为 4 个横向应变片实测值的拟合曲线。总体来看，在低应力阶段，4 个不同部位的纵、横向应变发展均较同步，且都近似呈线性增长；随应力增加，由于混凝土的横向膨胀变形加大，在某一薄弱部位先进入塑性状态，相应的钢管表面局部应变较其他部位增长加快，截面应力出现重分布；随后试件进入弹塑性变形阶段，应力进一步增加，4 个不同部位的应变发展差异加大，但 4 条实测值曲线的拟合曲线发展规律较清晰。由于核心混凝土强度与含钢率不同，各类试件的实测 $\sigma_{sc}-\varepsilon_s$ 曲线发展趋势，以及局部应变突增时的应力 σ_{sc}^l、峰值应力 σ_{sc}^u 与峰值应变 ε_s^u、组合模量 E_{sc} 等特征参数各异，具体如下所述：

(1) Y2 系列试件。图 6-45 为 Y2 系列试件实测 $\sigma_{sc}-\varepsilon_s$ 曲线，表 6-8 为各曲线的特征值汇总。Y2-C60、Y2-C80、Y2-C100 三组试件实测峰值应力分别为 107.2 MPa、128.6 MPa、145.5 MPa，纵向峰值应变分别为 4 099 $\mu\varepsilon$、3 854 $\mu\varepsilon$、3 098 $\mu\varepsilon$，组合模量分别为 47 412 MPa、52 129 MPa、57 112 MPa。由于 Y2 系列试件的含钢率较低（$\alpha_s=5.97\%$），钢管对核心混凝土的横向变形约束作用有限，三组试件达到极限强度后应力逐渐下降，且核心混凝土强度越高，$\sigma_{sc}-\varepsilon_s$ 曲线峰值点后下降段越陡。另外，三组试件钢管表面局部应变突增时的应力 σ_{sc}^l 均不高，其与峰值应力 σ_{sc}^u 的比值（$\sigma_{sc}^l/\sigma_{sc}^u$）分别为 60.6%、70.7%、80.3%，与核心混凝土单轴受压时发生塑性应变的应力水平接近。

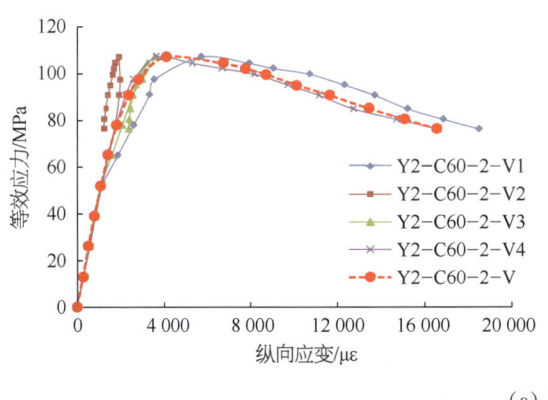

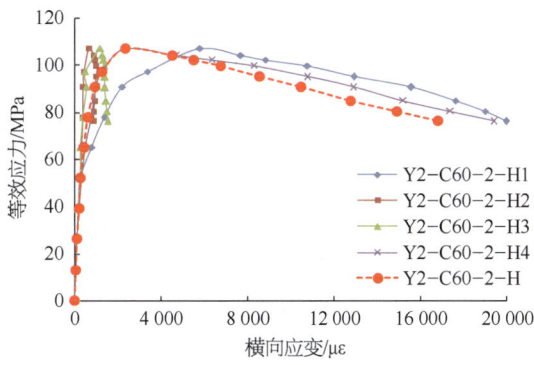

(a) Y2-C60

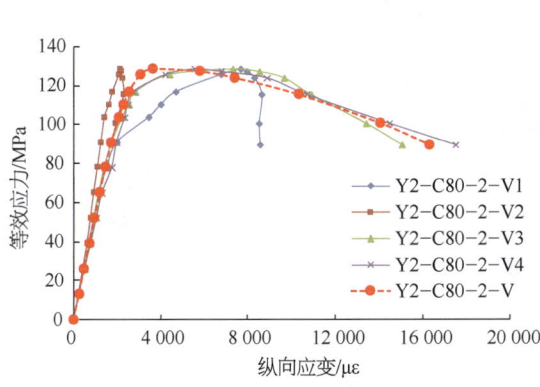

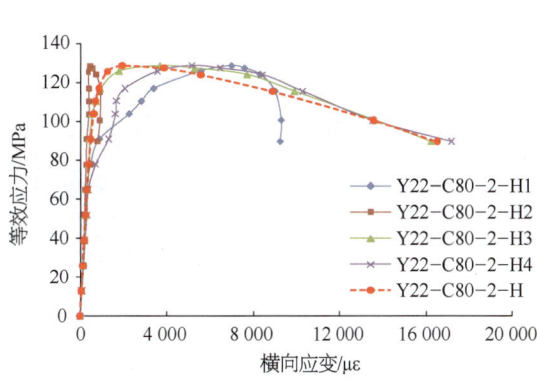

(b) Y2-C80

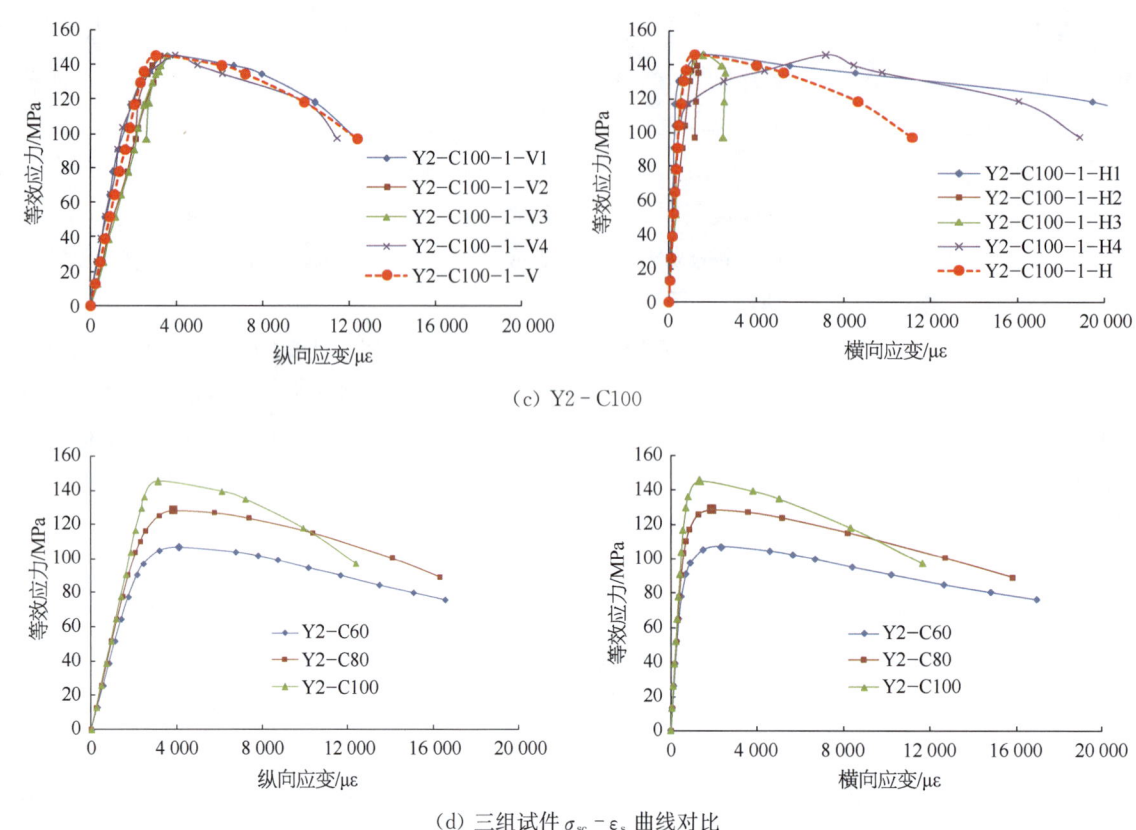

(c) Y2-C100

(d) 三组试件 σ_{sc}-ε_s 曲线对比

图 6-45 Y2 系列试件 σ_{sc}-ε_s 曲线

表 6-8 Y2 系列试件特征值测试结果汇总

试件	局部应变突增时应力 σ_{scl}/MPa	组合峰值应力 f_{scu}/MPa	σ_{scl}/f_{scu}/%	峰值应变 ε_{su}		组合模量 E_{sc}/MPa
				纵向	横向	
Y2-C60	65.0	107.2	60.6	4 099	2 334	47 412
Y2-C80	90.9	128.6	70.7	3 854	1 925	53 338
Y2-C100	116.9	145.5	80.3	3 098	1 359	57 112

(2) Y3 系列试件。图 6-46 为 Y3 系列试件实测 σ_{sc}-ε_s 曲线,表 6-9 为各曲线的特征值汇总。Y3-C60、Y3-C80、Y3-C100 三组试件实测峰值应力分别为 119.2 MPa、139.0 MPa、165.0 MPa,纵向峰值应变分别为 5 228 $\mu\varepsilon$、4 212 $\mu\varepsilon$、3 560 $\mu\varepsilon$,组合模量分别为 51 625 MPa、57 032 MPa、62 458 MPa。与 Y2 系列相比,Y3 系列试件含钢率提高(α_s = 9.16%),其各特征参数均提高,峰值点后 σ_{sc}-ε_s 曲线的下降趋势减缓,特别是 Y3-C60 试件峰值点后 σ_{sc}-ε_s 曲线仅有小幅下降且平缓。Y3 系列三组试件的 $\sigma_{sc}^l/\sigma_{sc}^u$ 值分别为 62.5%、72.2%、81.2%,较 Y2 系列试件有一定的提高,表明钢管对混凝土的横向变形约束增强,试件的弹性阶段延长。

表 6-9 Y3 系列试件特征值测试结果汇总

试件	局部应变突增时应力 σ_{scl}/MPa	组合峰值应力 f_{scu}/MPa	σ_{scl}/f_{scu}/%	峰值应变 ε_{su}		组合模量 E_{sc}/MPa
				纵向	横向	
Y3-C60	74.5	119.2	62.5	5 228	3 213	51 626
Y3-C80	100.4	139.0	72.2	4 212	2 146	57 032
Y3-C100	133.9	165.0	81.2	3 560	1 655	62 458

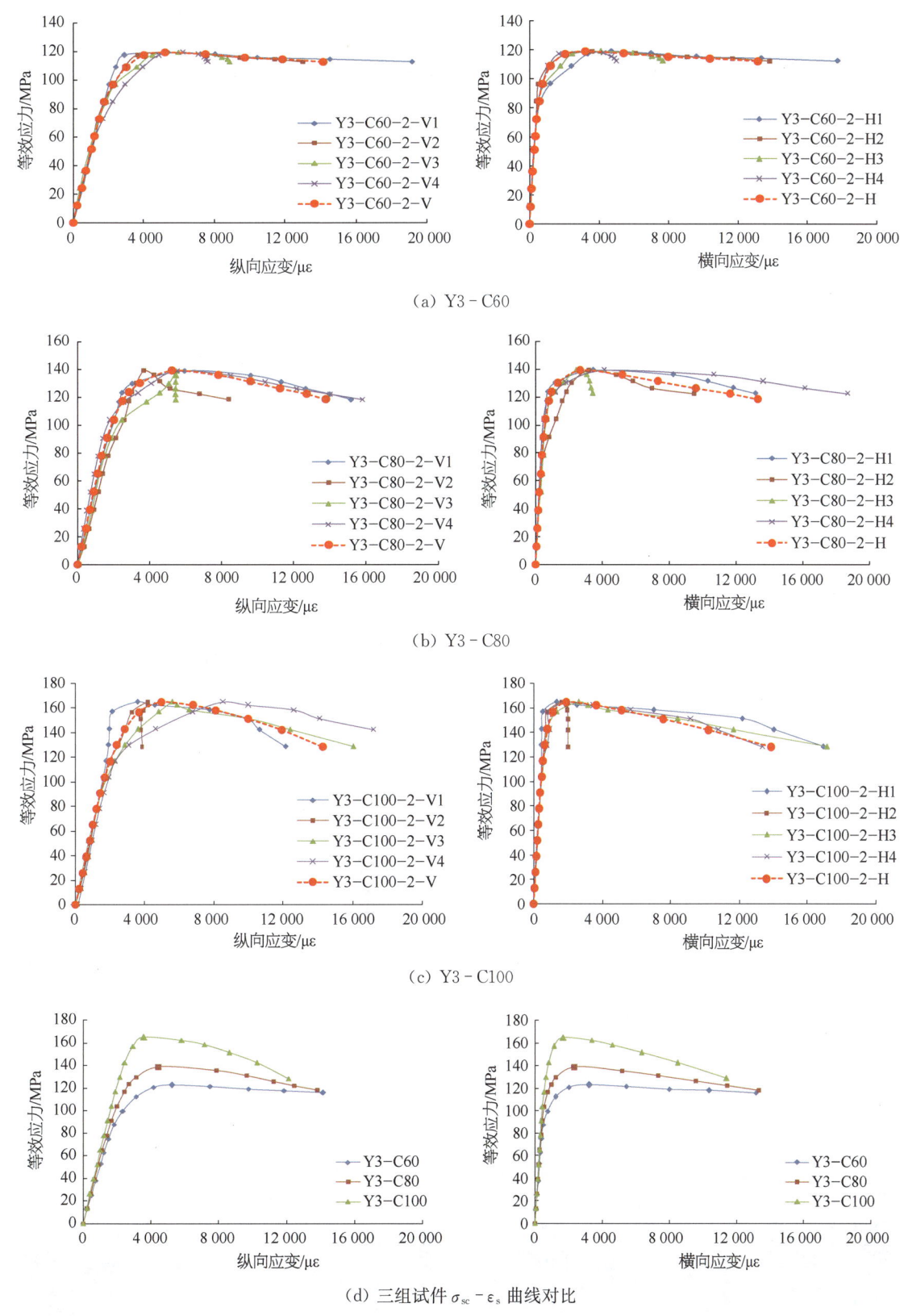

图 6-46 Y3 系列试件 σ_{sc}-ε_s 曲线

（3）Y5 系列试件。图 6-47 为 Y5 系列试件（α_s=13.87%）实测 σ_{sc}-ε_s 曲线，表 6-10 为各曲线的特征值汇总。Y5-C60、Y5-C80、Y5-C100 三组试件实测峰值应力分别为 133.4 MPa、151.1 MPa、172.7 MPa，纵向峰值应变分别为 7 967 $\mu\varepsilon$、5 014 $\mu\varepsilon$、3 744 $\mu\varepsilon$，组合模量分别为 56 105 MPa、61 776 MPa、

67 127 MPa，均较 Y3 系列试件提高。Y5-C60 试件峰值应变已达 7 967 με，弹塑性变形十分明显，峰值点后 σ_{sc}-ε_s 曲线接近水平线，与图 6-48 中钢材的应力-应变关系曲线发展趋势类似；Y5-C80、Y5-

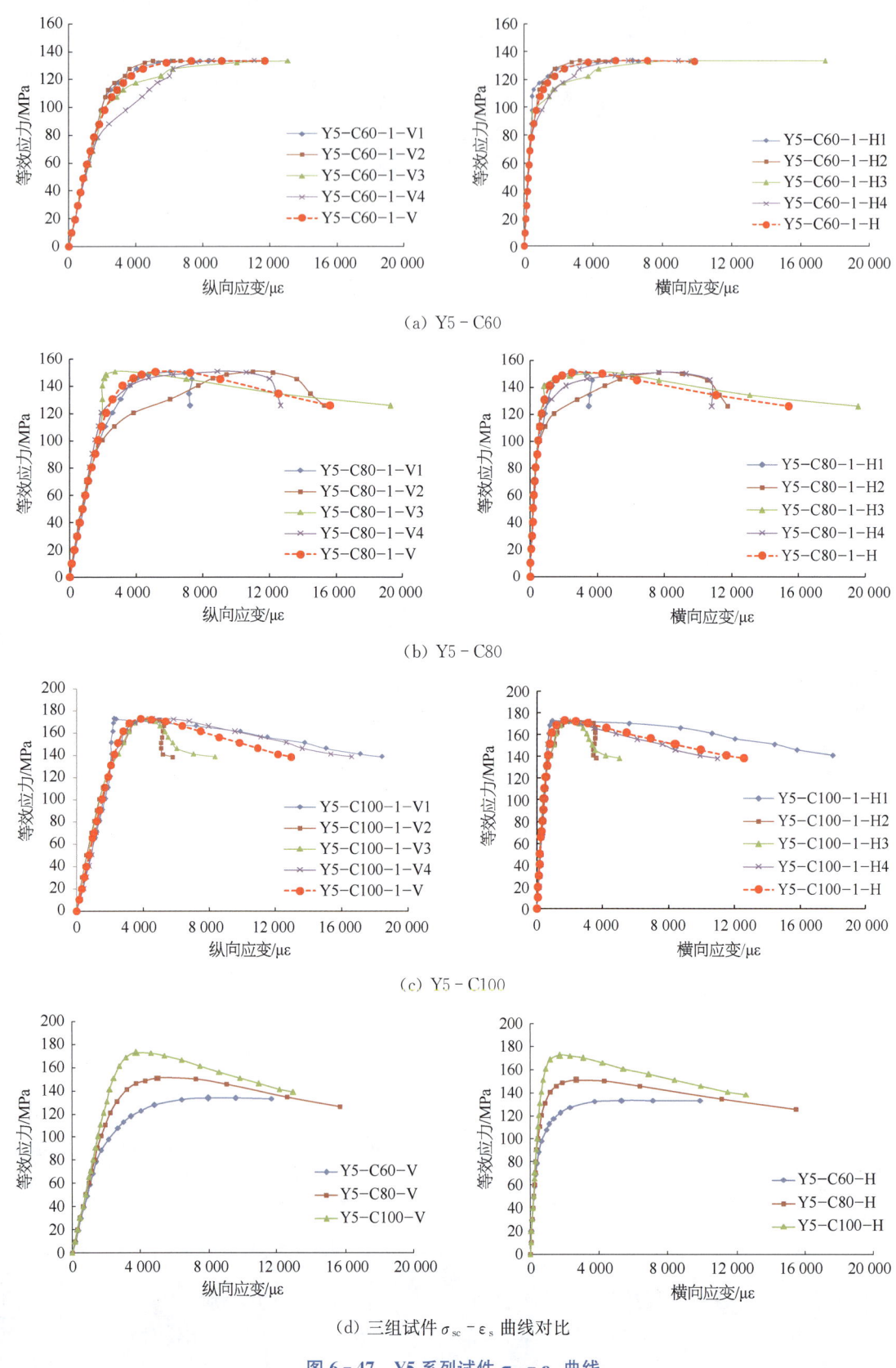

图 6-47 Y5 系列试件 $\boldsymbol{\sigma_{sc}}$-$\boldsymbol{\varepsilon_s}$ 曲线

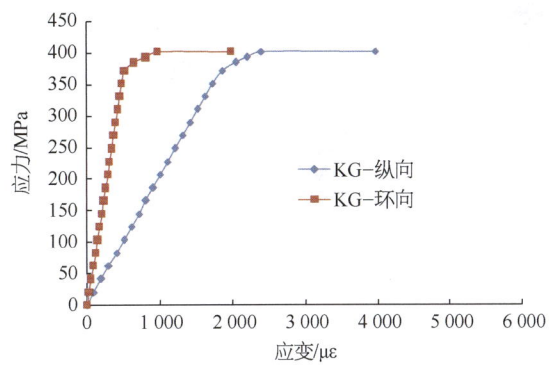

图 6-48 空钢管试件 $\sigma_{sc} - \varepsilon_s$ 曲线

表 6-10 Y5 系列试件特征值测试结果汇总

试件	局部应变突增时应力 σ_{sc1}/MPa	组合峰值应力 f_{scu}/MPa	σ_{sc1}/f_{scu}/%	峰值应变 ε_{su} 纵向	峰值应变 ε_{su} 横向	组合模量 E_{sc}/MPa
Y5-C60	88.3	133.4	66.2	7 967	5 311	56 105
Y5-C80	110.8	151.1	73.3	5 014	2 667	61 776
Y5-C100	141.0	172.7	81.6	3 744	1 703	67 127

C100 试件峰值点后的下降趋势也进一步缓和。Y5 系列三组试件的 $\sigma_{sc}^l / \sigma_{sc}^u$ 值分别为 66.2%、73.3%、81.6%，较 Y2 与 Y3 系列试件有一定提高，且 Y5-C60 试件提高较明显，而 Y5-C80、Y5-C100 试件提高幅度不大。可见混凝土强度越高，需匹配更高的含钢率，以约束混凝土的横向膨胀变形，提升试件的延性与塑性变形性能。

(4) Y6 系列试件。图 6-49 为 Y6 系列试件（$\alpha_s = 16.99\%$）实测 $\sigma_{sc} - \varepsilon_s$ 曲线，表 6-11 为各曲线的特征值汇总。Y6-C60、Y6-C80、Y6-C100 三组试件实测峰值应力分别为 141.5 MPa、165.1 MPa、187.1 MPa，纵向峰值应变分别为 9 434 με、5 814 με、4 161 με，组合模量分别为 58 222 MPa、64 162 MPa、69 267 MPa，均较 Y5 系列试件提高。Y6-C60 试件 $\sigma_{sc} - \varepsilon_s$ 曲线峰值点后基本呈水平发展，与钢材的应力-应变关系曲线发展趋势一致；Y6-C80 试件 $\sigma_{sc} - \varepsilon_s$ 曲线峰值点后下降幅度小且平缓；Y6-C100 试件峰值点后的下降趋势也进一步缓和。Y6 系列三组试件的 $\sigma_{sc}^l / \sigma_{sc}^u$ 值分别为 71.4%、76.3%、82.0%，与 Y5 系列试件相比，Y6-C60 的 $\sigma_{sc}^l / \sigma_{sc}^u$ 值提高最大，Y6-C80 其次，Y6-C100 最小。所以要改善 C80、C100 钢管混凝土的塑性变形性能与延性性能，需进一步提高含钢率。

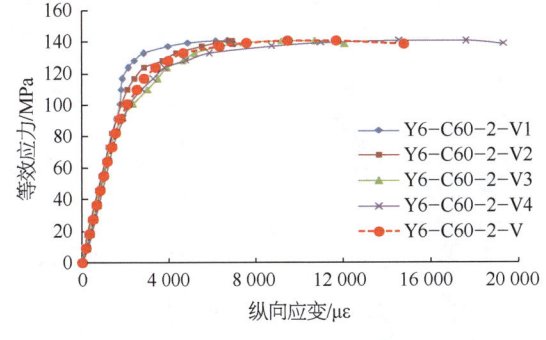
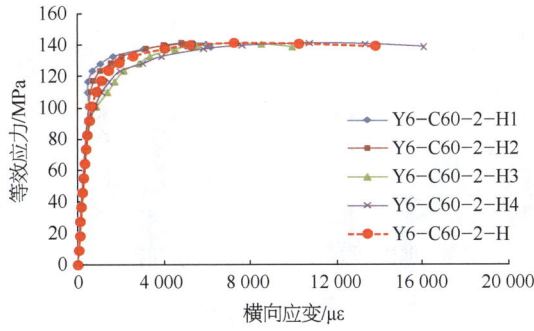

(a) Y6-C60

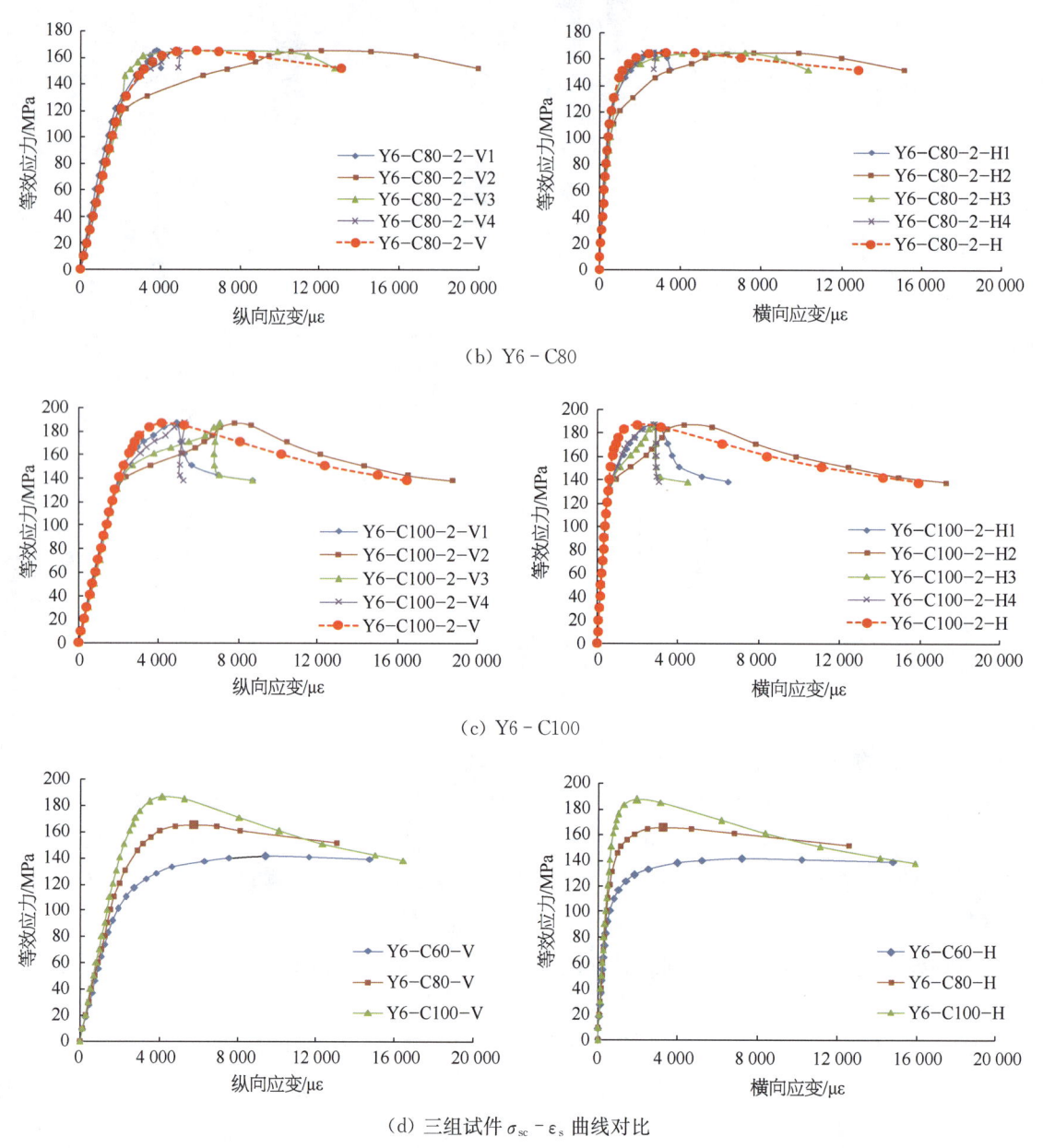

(b) Y6-C80

(c) Y6-C100

(d) 三组试件 σ_{sc}-ε_s 曲线对比

图 6-49 Y6 系列试件 σ_{sc}-ε_s 曲线

表 6-11 Y6 系列试件特征值测试结果汇总

试件	局部应变突增时应力 σ_{sc1}/MPa	组合峰值应力 f_{scu}/MPa	σ_{sc1}/f_{scu}/%	峰值应变 ε_{su}		组合模量 E_{sc}/MPa
				纵向	横向	
Y6-C60	101.0	141.5	71.4	9 434	7 214	58 222
Y6-C80	125.9	165.1	76.3	5 814	3 311	64 162
Y6-C100	153.5	187.1	82.0	4 161	1 977	69 267

（5）Y7 系列试件。图 6-50 为 Y7 系列试件（α_s=20.24%）实测 σ_{sc}-ε_s 曲线，表 6-12 为各曲线的特征值汇总。Y7-C80、Y7-C100 两组试件实测峰值应力分别为 174.6 MPa、193.2 MPa，纵向峰值应变分别为 6 117 $\mu\varepsilon$、4 373 $\mu\varepsilon$，组合模量分别为 67 215 MPa、71 313 MPa，均较 Y6 系列试件提高，σ_{sc}-ε_s 曲线峰值点后下降趋势减缓。Y7 系列两组试件的 $\sigma_{sc}^l/\sigma_{sc}^u$ 值分别为 77.5%、82.6%，较 Y6 系列试件仅有小幅提高，因此还需进一步提高试件含钢率。

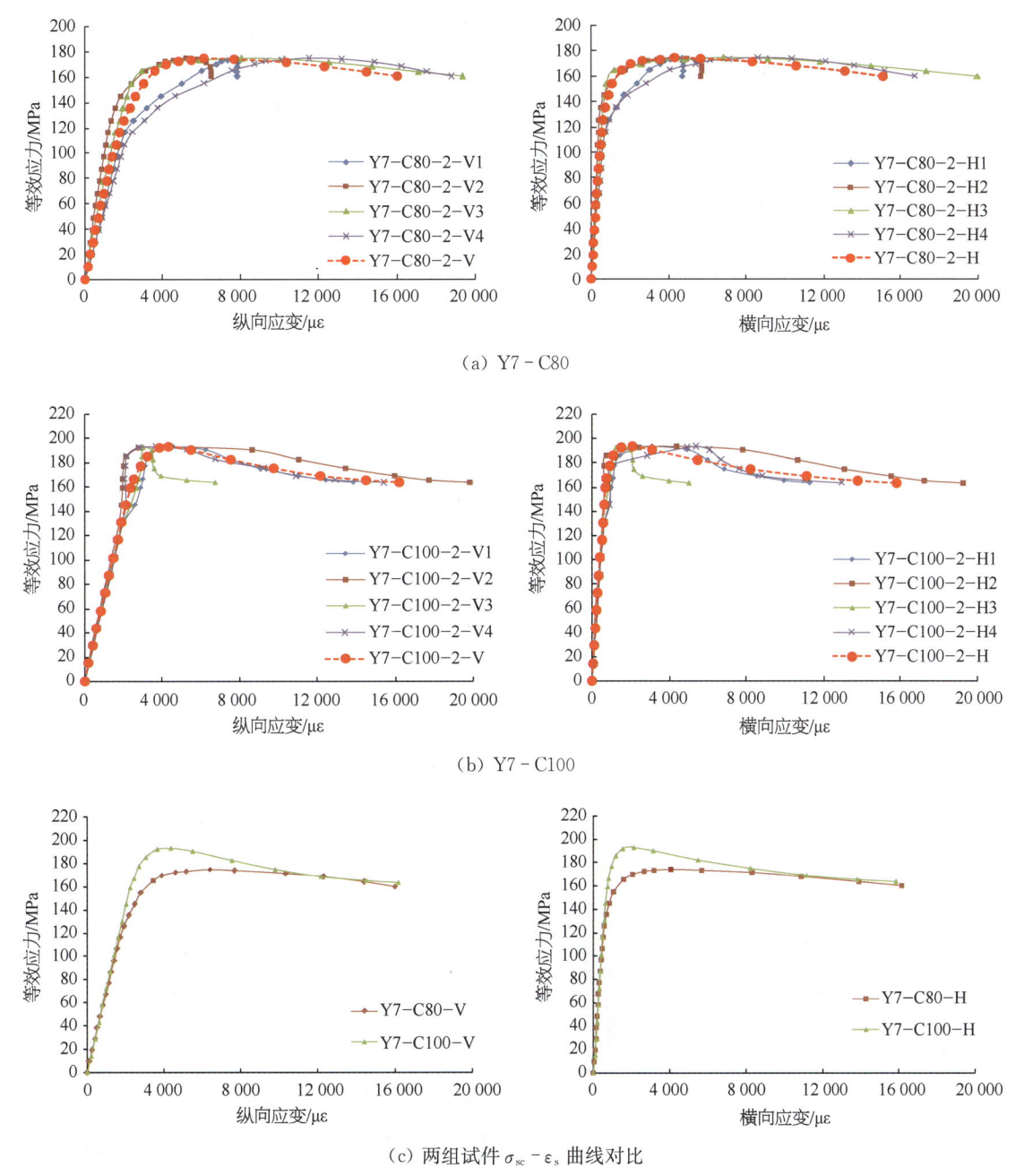

图 6-50　Y7 系列试件 σ_{sc}-ε_s 曲线

表 6-12　Y7 系列试件特征值测试结果汇总

试件	局部应变突增时应力 σ_{scl}/MPa	组合峰值应力 f_{scu}/MPa	σ_{scl}/f_{scu}/%	峰值应变 ε_{su} 纵向	峰值应变 ε_{su} 横向	组合模量 E_{sc}/MPa
Y7-C80	135.4	174.6	77.5	6 117	4 197	67 215
Y7-C100	159.5	193.2	82.6	4 373	2 078	71 313

（6）Y8 系列试件。图 6-51 为 Y8 系列试件（α_s=23.63%）实测 σ_{sc}-ε_s 曲线，表 6-13 为各曲线的特征值汇总。Y8-C80、Y8-C100 两组试件实测峰值应力分别为 184.2 MPa、199.7 MPa，纵向峰值应变分别为 7 158 $\mu\varepsilon$、4 887 $\mu\varepsilon$，组合模量分别为 69 731 MPa、73 882 MPa。Y8-C80 试件峰值点后 σ_{sc}-ε_s 曲线接近水平线，接近钢材的应力-应变关系曲线发展趋势；Y8-C100 试件 σ_{sc}-ε_s 曲线峰值点后

降幅减小,下降趋势明显减缓。Y8 系列两组试件的 $\sigma_{sc}^l / \sigma_{sc}^u$ 值分别为 82.0%、83.2%,与 Y7 系列试件相比,Y8-C80 试件 $\sigma_{sc}^l / \sigma_{sc}^u$ 值提高明显,而 Y8-C100 试件提高幅度不大。表明 Y8 系列试件钢管能有效约束 C80 混凝土的横向膨胀变形,对 C100 混凝土的横向变形也有较好的限制作用,但还可进一步提高含钢率以提供更强的套箍作用,约束 C100 混凝土的横向变形,延缓峰值点后承载能力衰减。

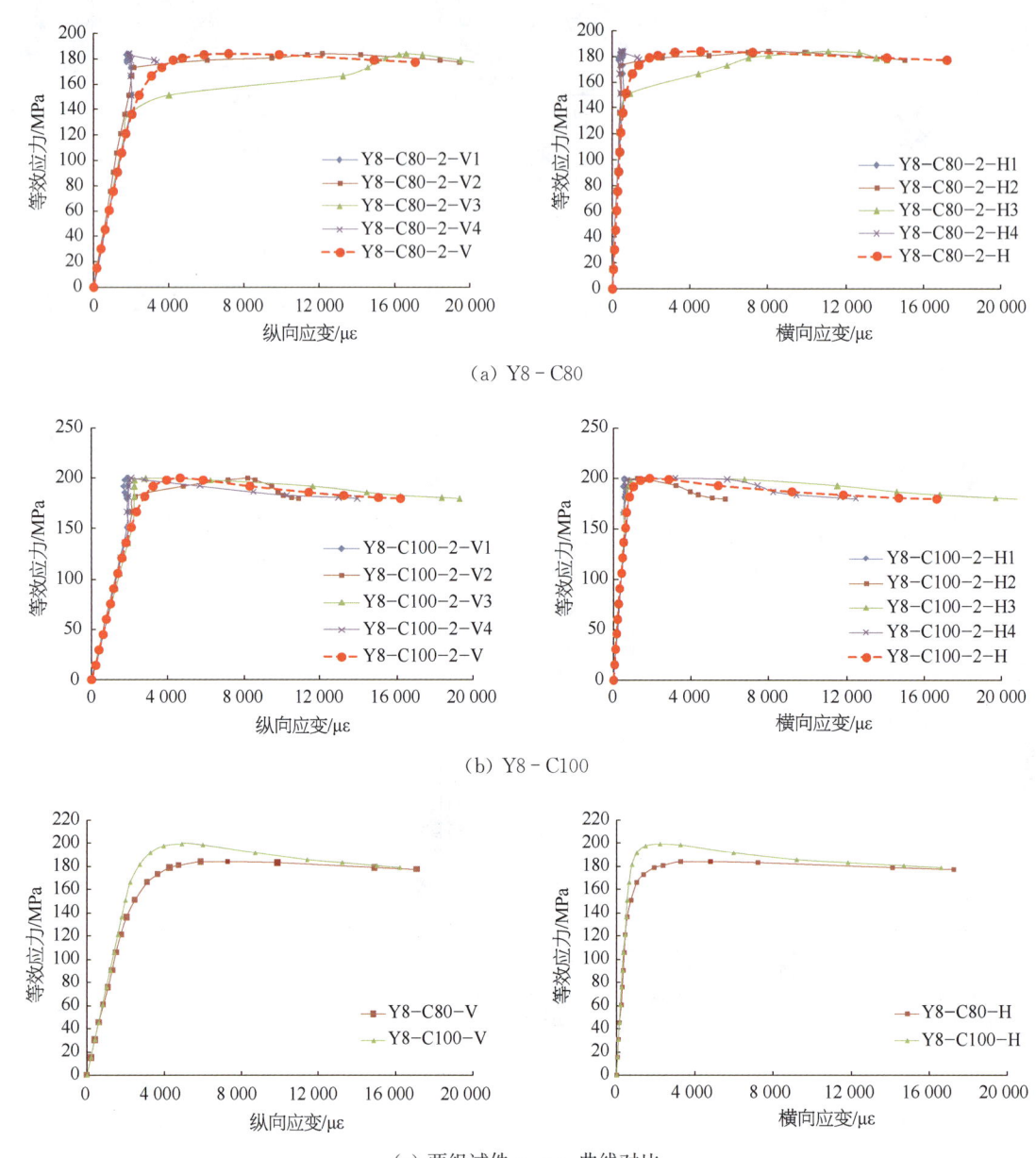

图 6-51 Y8 系列试件 σ_{sc}-ε_s 曲线

表 6-13 Y8 系列试件特征值测试结果汇总

试件	局部应变突增时应力 σ_{scl}/MPa	组合峰值应力 f_{scu}/MPa	σ_{scl}/f_{scu}/%	峰值应变 ε_{su}		组合模量 E_{sc}/MPa
				纵向	横向	
Y8-C80	151.1	184.2	82.0	7 258	4 766	69 731
Y8-C100	166.2	199.7	83.2	4 887	2 233	73 882

(7) Y10 系列试件。图 6-52 为 Y10 系列试件（$\alpha_s = 27.16\%$）实测 σ_{sc}-ε_s 曲线，表 6-14 为各曲线的特征值汇总。Y10-C80、Y10-C100 两组试件实测峰值应力分别为 194.9 MPa、211.5 MPa，纵向峰值应变分别为 11 550 $\mu\varepsilon$、5 696 $\mu\varepsilon$，组合模量分别为 72 510 MPa、78 601 MPa。Y10-C100 试件峰值应变已达 11 550 $\mu\varepsilon$，塑性变形很充分，峰值点后 σ_{sc}-ε_s 曲线基本呈水平线，已与钢材的应力-应变关系曲线发展趋势一致；Y10-C100 试件 σ_{sc}-ε_s 曲线峰值点后仅有小幅下降且十分平缓。Y10 系列两组试件的 $\sigma_{sc}^l / \sigma_{sc}^u$ 值分别为 85.3%、85.7%，与 Y8 系列试件相比，提高幅度均较小。所以进一步增加含钢率，对

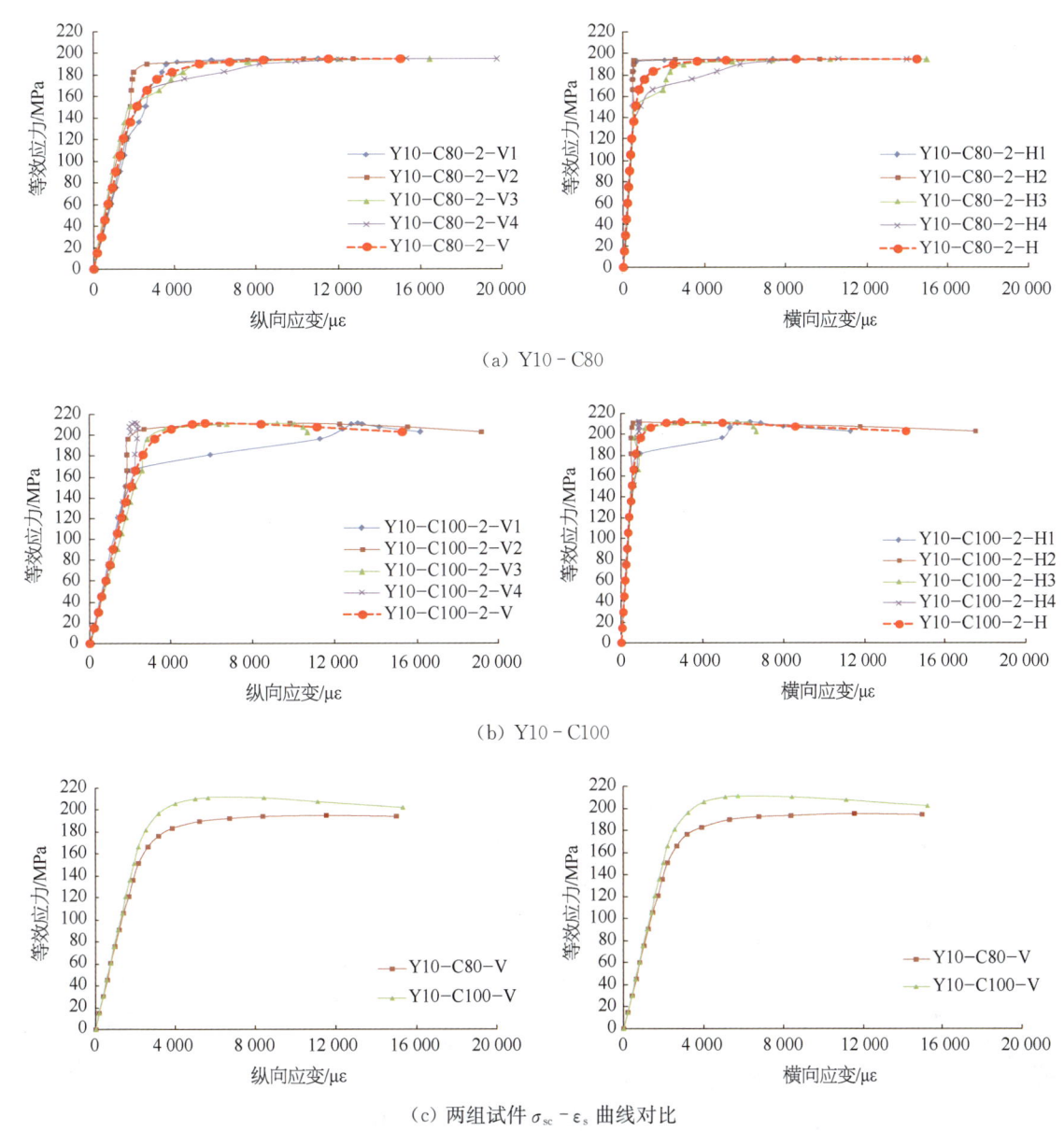

(a) Y10-C80

(b) Y10-C100

(c) 两组试件 σ_{sc}-ε_s 曲线对比

图 6-52 Y10 系列试件 σ_{sc}-ε_s 曲线

表 6-14 Y10 系列试件特征值测试结果汇总

试件	局部应变突增时应力 σ_{scl}/MPa	组合峰值应力 f_{scu}/MPa	σ_{scl}/f_{scu}/%	峰值应变 ε_{su}		组合模量 E_{sc}/MPa
				纵向	横向	
Y10-C80	166.2	194.9	85.3	11 550	8 466	72 510
Y10-C100	181.3	211.5	85.7	5 696	2 939	78 601

提高C80钢管混凝土的线弹性阶段比例、后期变形性能与延性性能的贡献程度有限。

(8) Y12系列试件。图6-53为Y12系列试件($α_s=38.72\%$)实测$σ_{sc}-ε_s$曲线,表6-15为各曲线的特征值汇总。Y12-C100试件的实测峰值应力为241.5 MPa,组合模量为86 371 MPa,纵向峰值应变为12 147 $με$。其$σ_{sc}^l/σ_{sc}^u$值为90.1%,较Y10-C100试件有较大提高,表明钢管对核心混凝土的横向变形约束进一步增强。Y12-C100试件的纵向峰值应变已达12 147 $με$,其进入弹塑性阶段后,塑性变形很充分,峰值点后$σ_{sc}-ε_s$曲线基本呈水平线,与钢材的应力-应变关系曲线发展趋势一致。

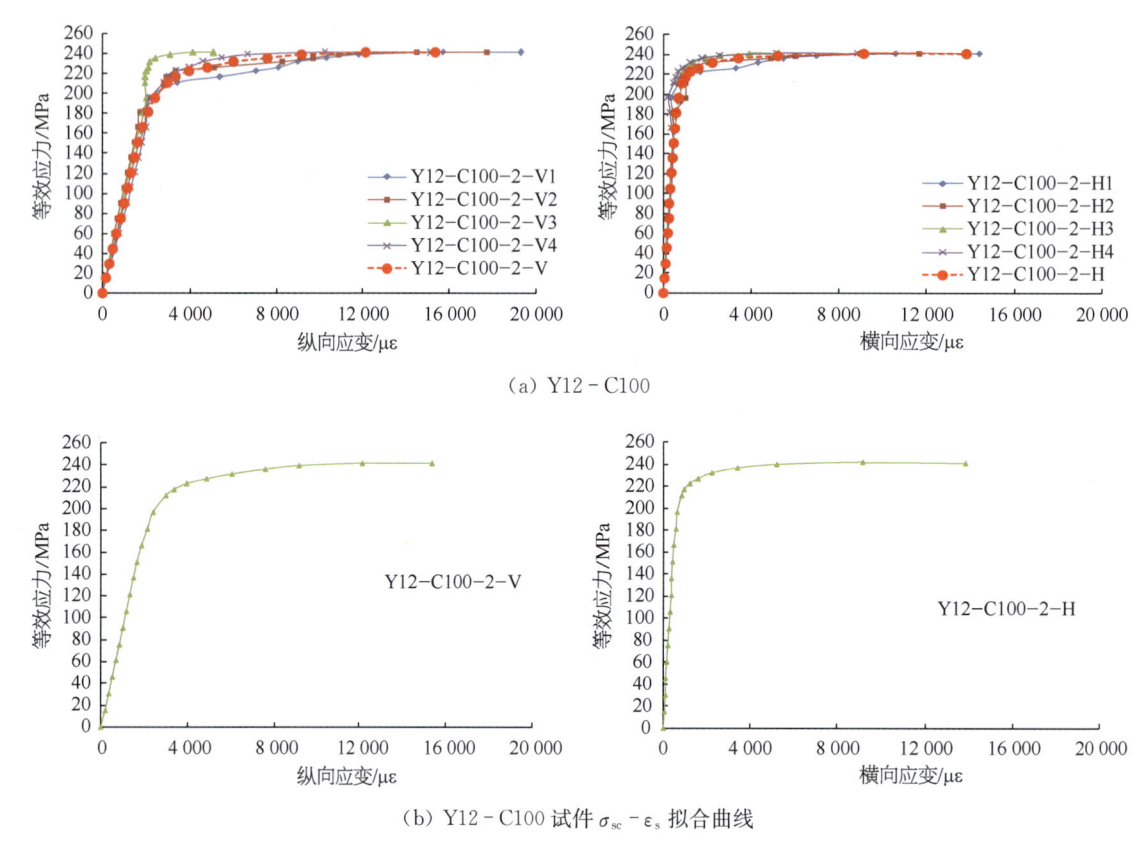

图6-53 Y12系列试件 $σ_{sc}-ε_s$ 曲线

表6-15 Y12系列试件特征值测试结果汇总

试件	局部应变突增时应力 $σ_{scl}$/MPa	组合峰值应力 f_{scu}/MPa	$σ_{scl}/f_{scu}$/%	峰值应变 $ε_{su}$		组合模量 E_{sc}/MPa
				纵向	横向	
Y12-C100	217.5	241.5	90.1	12 147	9 156	86 371

(9) YD5系列试件。图6-54为YD5系列试件($α_s=13.87\%$)实测$σ_{sc}-ε_s$曲线,表6-16为各曲线的特征值汇总。YD5系列试件主要考察混凝土强度对构件力学行为的影响,五组试件实测峰值应力分别为144.7 MPa、150.6 MPa、158.1 MPa、166.4 MPa、180.3 MPa,纵向峰值应变分别为5 819 $με$、5 312 $με$、4 834 $με$、4 185 $με$、3 289 $με$,组合模量分别为58 848 MPa、61 432 MPa、63 371 MPa、65 864 MPa、68 525 MPa,$σ_{sc}^l/σ_{sc}^u$分别为69.6%、73.6%、76.5%、83.5%、82.4%。所以钢管类型一致时,随核心混凝土强度增加,组合应力与组合模量增加,$σ_{sc}^l/σ_{sc}^u$也基本呈增加趋势,$σ_{sc}-ε_s$曲线的弹性变形段延长(图6-54f),但峰值应变减小,峰值点后$σ_{sc}-ε_s$曲线的下降幅度与下降段斜率增加,后期变形性能与延性减小,因此对于超高强混凝土应提高含钢率,以增强钢管对核心混凝土的套箍作用,增加构件的延性性能与后期变形能力。

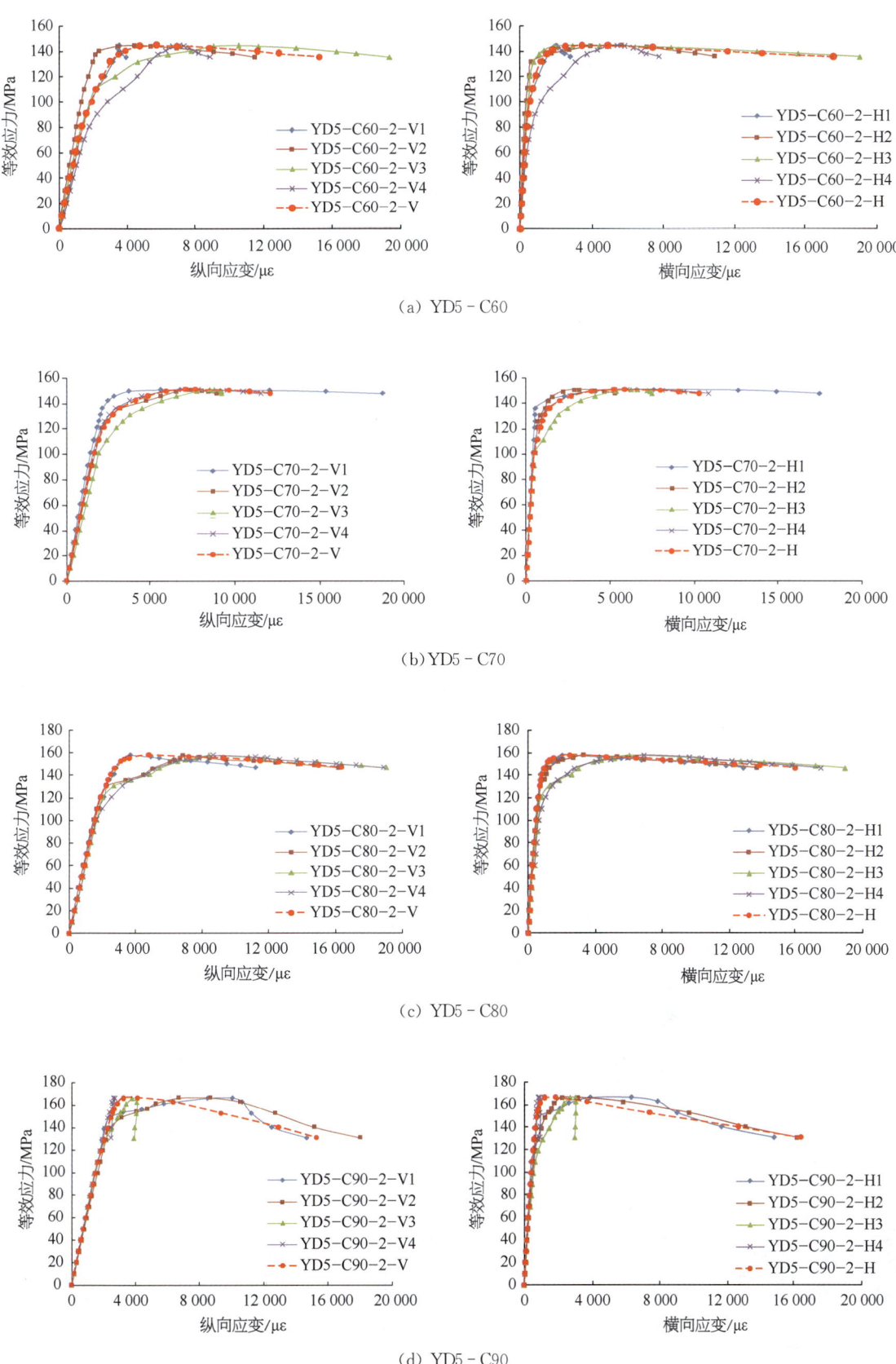

(a) YD5-C60

(b) YD5-C70

(c) YD5-C80

(d) YD5-C90

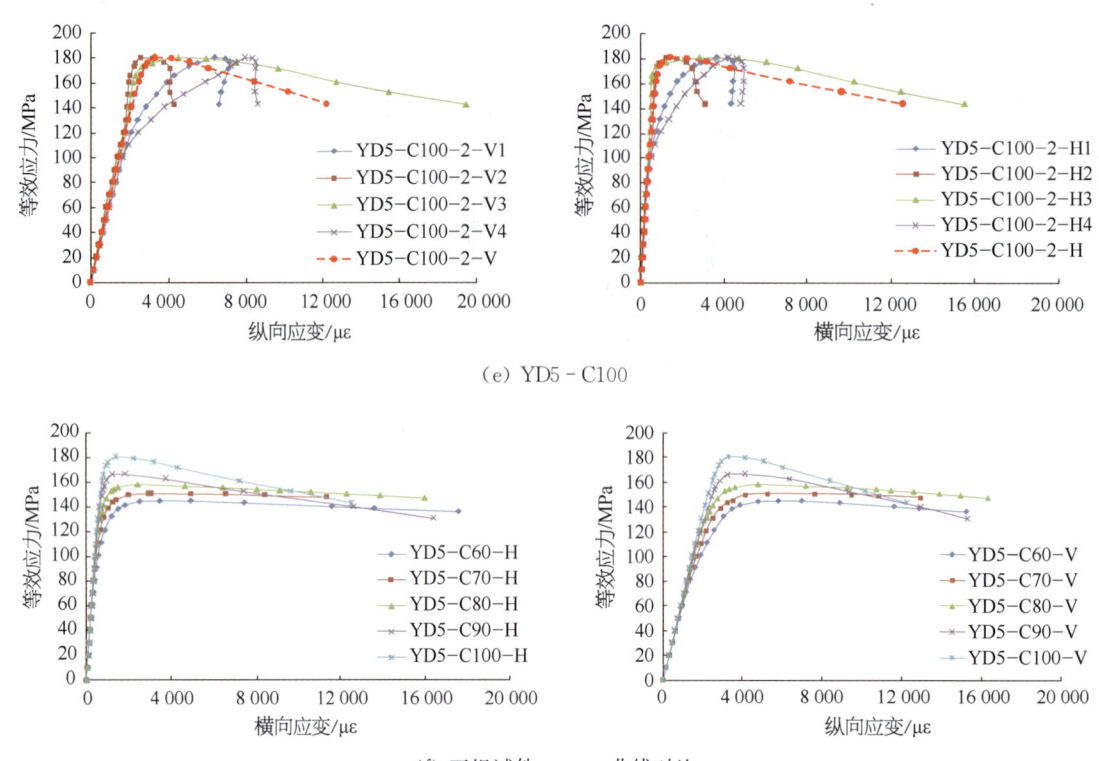

(e) YD5-C100

(f) 五组试件 σ_{sc}-ε_s 曲线对比

图 6-54　YD5 系列试件 σ_{sc}-ε_s 曲线

表 6-16　YD5 系列试件特征值测试结果汇总

试件	局部应变突增时应力 σ_{scl}/MPa	组合峰值应力 f_{scu}/MPa	σ_{scl}/f_{scu}/%	峰值应变 ε_{su}		组合模量 E_{sc}/MPa
				纵向	横向	
YD5-C60	100.7	144.7	69.6	5 819	3 445	58 848
YD5-C70	110.8	150.6	73.6	5 312	2 984	61 432
YD5-C80	120.9	158.1	76.5	4 834	2 423	63 371
YD5-C90	138.9	166.2	83.5	4 185	1 837	65 864
YD5-C100	148.5	180.3	82.4	3 289	1 376	68 525

2) 各系列试件 σ_{sc}-ε_s 曲线对比分析

根据试验实测结果,对比核心混凝土强度等级为 C60、C80、C100 的三种钢管混凝土短柱试件,随含钢率增加其等效应力-应变发展关系(σ_{sc}-ε_s 曲线)分别如图 6-55～图 6-57 所示。由图可知,三种不同强度等级的钢管混凝土试件,随含钢率的增加,

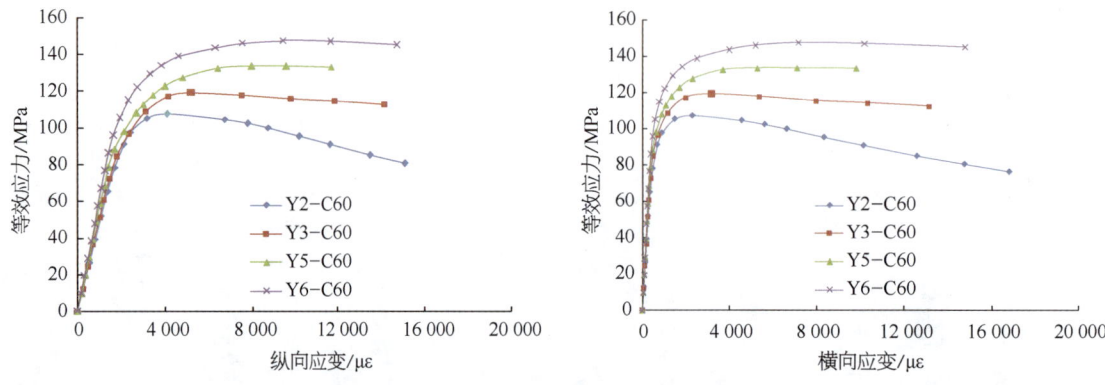

图 6-55　C60 钢管混凝土试件 σ_{sc}-ε_s 曲线

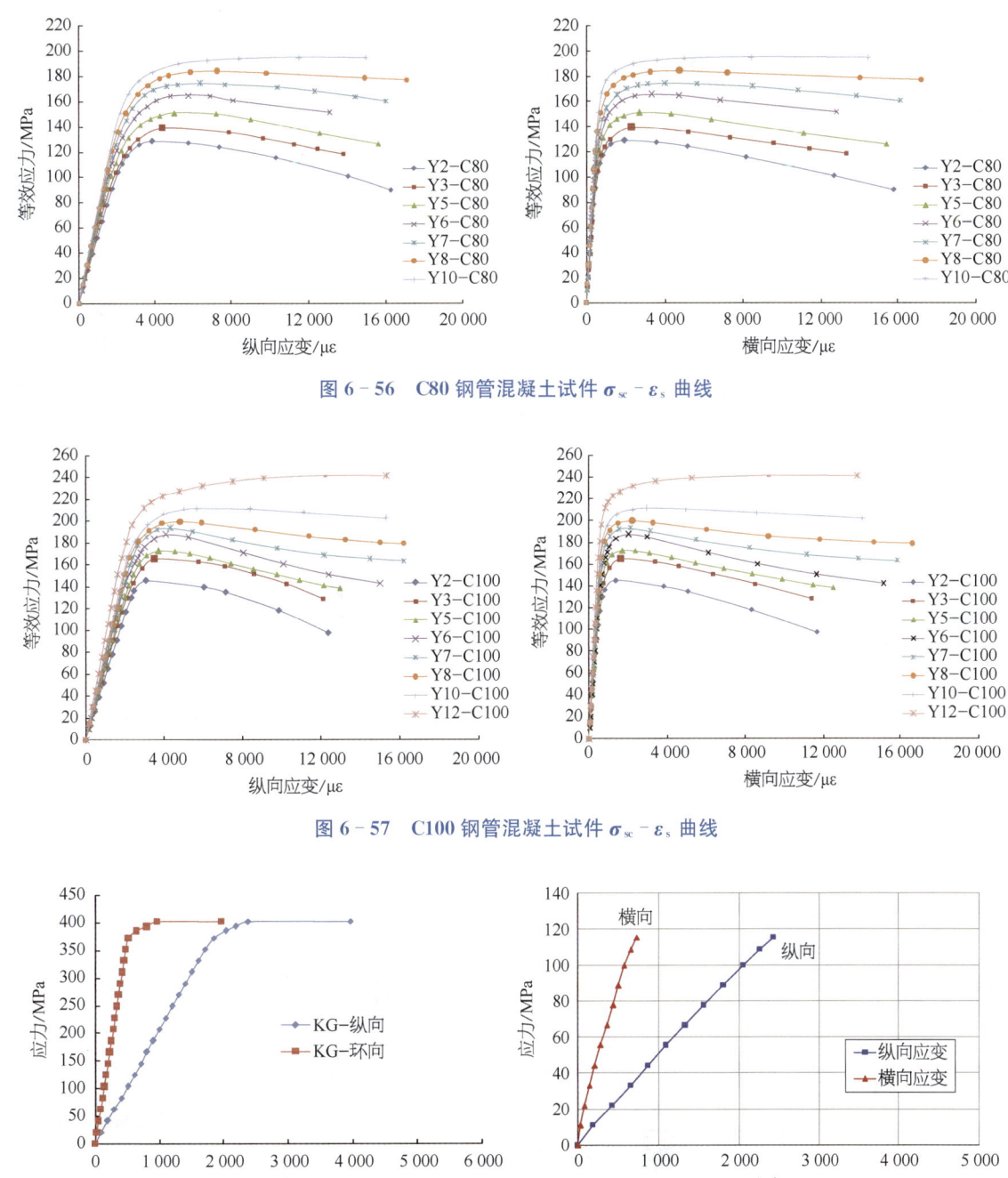

图 6-56 C80 钢管混凝土试件 σ_{sc}-ε_s 曲线

图 6-57 C100 钢管混凝土试件 σ_{sc}-ε_s 曲线

(a) 空钢管　　(b) 混凝土

图 6-58 超高强混凝土与空钢管试件 σ-ε 曲线

套箍系数增加，σ_{sc}-ε_s 曲线的近似弹性阶段变长，初始斜率增加，组合刚度增大，且峰值应力与峰值应变均逐渐增加，峰值点后曲线下降趋势减缓并逐步发展成近似水平线。由此可见，随含钢率增加，钢管对核心混凝土的套箍作用增强，试件弹塑性变形发展较充分，延性与变形性能好，逐渐接近钢材屈服后的力学性能特征。C60、C80、C100 的三种钢管混凝土短柱试件 σ_{sc}-ε_s 曲线峰值点后基本不下降的含钢率依次为 13.87%、20.24%、27.16%，套箍系数为 0.97、1.13、1.32。图 6-58 是空钢管与超高强混凝土试件 σ-ε 曲线。

6.1.4.5 横向变形系数（泊松比）分析

构件承受轴向压力时，由于泊松效应的影响，会引起横向膨胀变形。横向应变与纵向应变的比值即为横向变形系数（匀质材料为泊松比 μ），能较好地反映试件的横向变形特征。

1) 实测等效应力-横向变形系数曲线

各系列试件实测的等效应力-横向变形系数关系曲线如图6-59～图6-66所示。可以看到,各系列试件的横向变形系数在加载初期较稳定,表明试件横向应变与纵向应变增长幅度一致,横向变形与纵向变形同步增长。试件进入弹塑性变形阶段后横向变形系数逐渐增大,主要因高应力状态下,管内混凝土的微裂纹发展而开始横向膨胀变形挤压钢管,当钢管屈服后,不能有效约束混凝土的横向变形,致使横向应变的增加幅度较纵向应变大;达到峰值应力后,管内混凝土横向膨胀加快,横向变形系数也显著增长,截面横向变形显著发展,在试件外表可观察到整体鼓胀与局部屈曲。

另外,试件进入弹塑性变形阶段后,横向变形系数开始显著增长,通过与各试件的等效应力-应变关系曲线对比可以发现,横向变形系数开始逐渐增大时的应力与4个测点 $\sigma_{sc} - \varepsilon_s$ 曲线应变发展不同步(局部应变突增)时的应力基本一致,说明横向变形系数增长加快主要是因钢管已屈服,其对管内混凝土横向膨胀限制逐渐减弱所致。

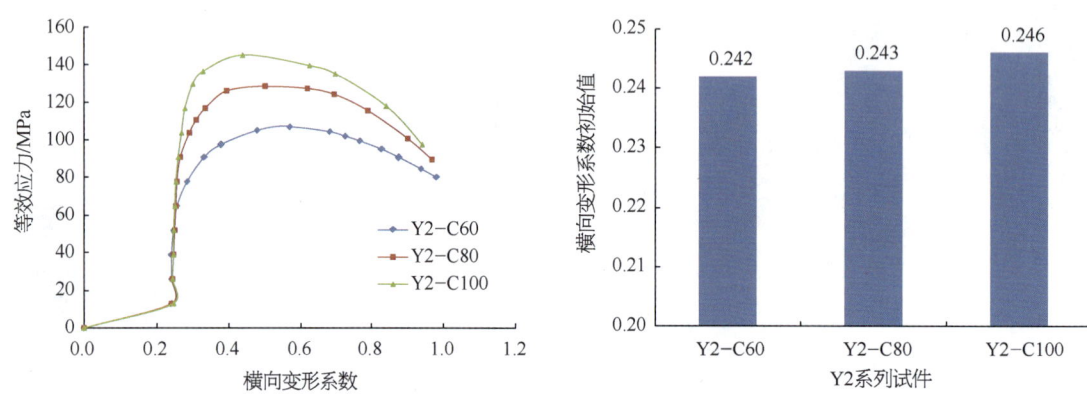

图6-59 Y2系列试件等效应力-横向变形系数关系

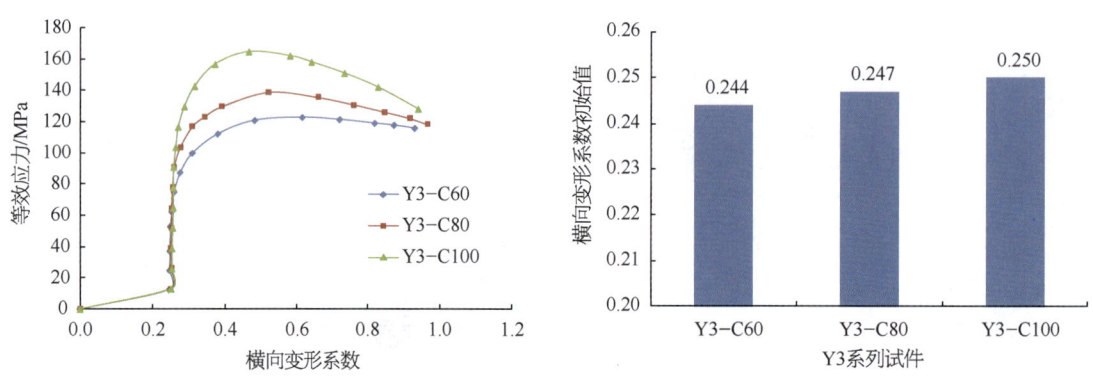

图6-60 Y3系列试件等效应力-横向变形系数关系

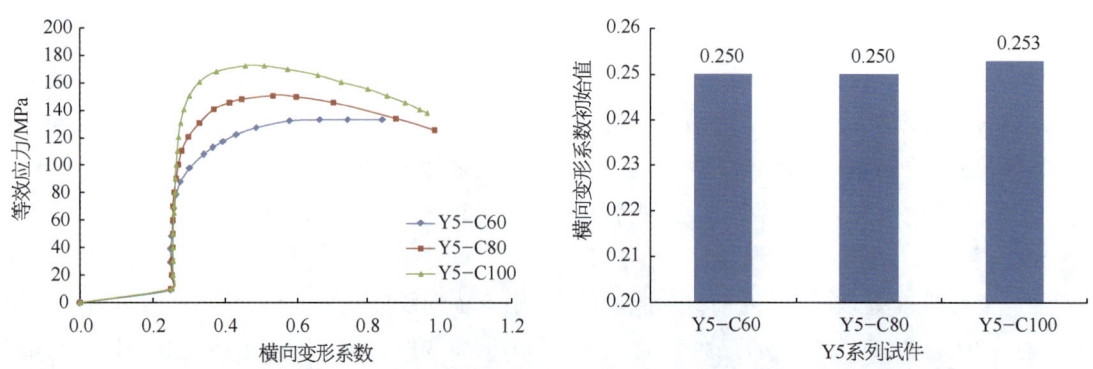

图6-61 Y5系列试件等效应力-横向变形系数关系

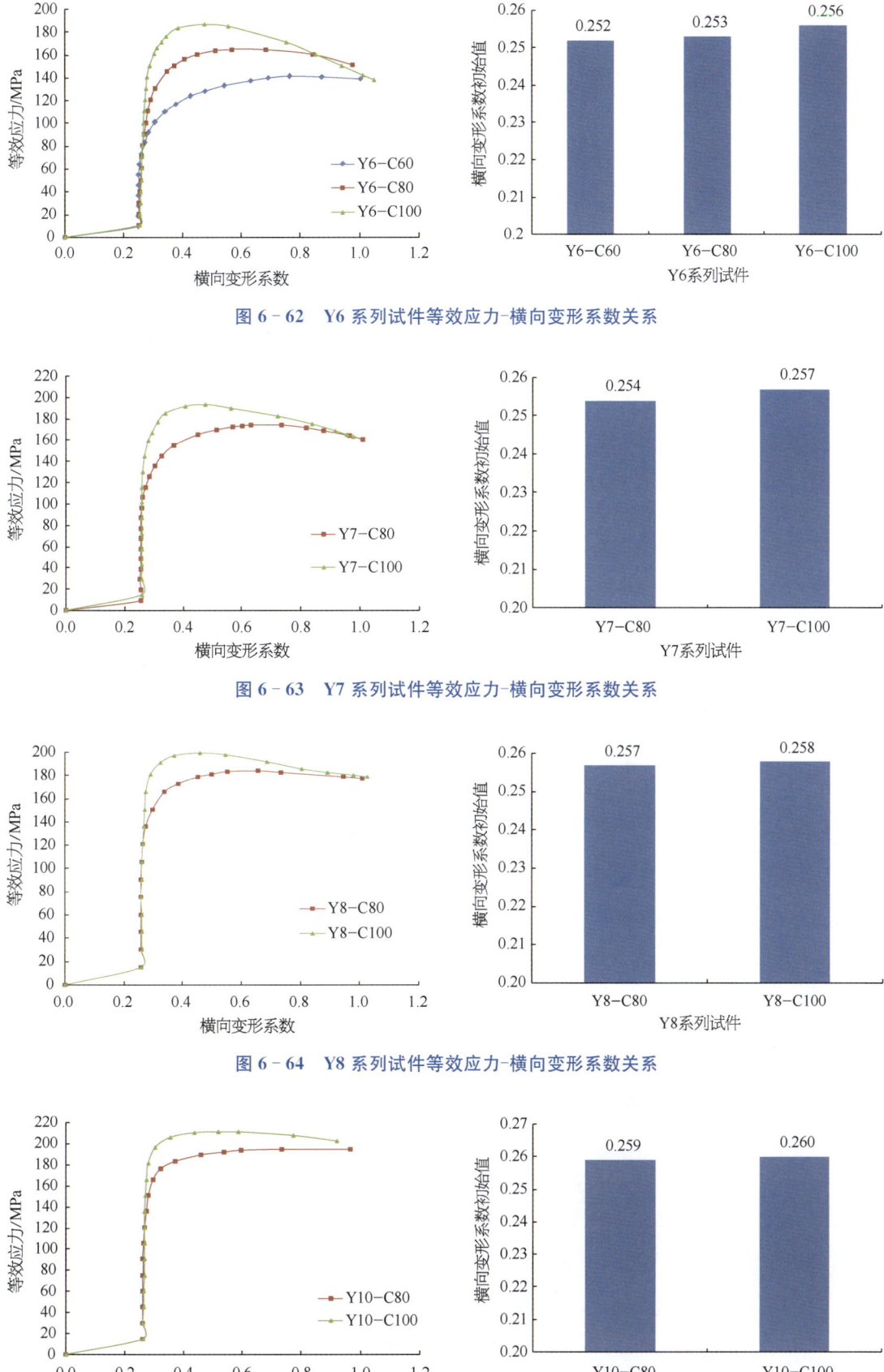

图 6-62　Y6 系列试件等效应力-横向变形系数关系

图 6-63　Y7 系列试件等效应力-横向变形系数关系

图 6-64　Y8 系列试件等效应力-横向变形系数关系

图 6-65　Y10 系列试件等效应力-横向变形系数关系

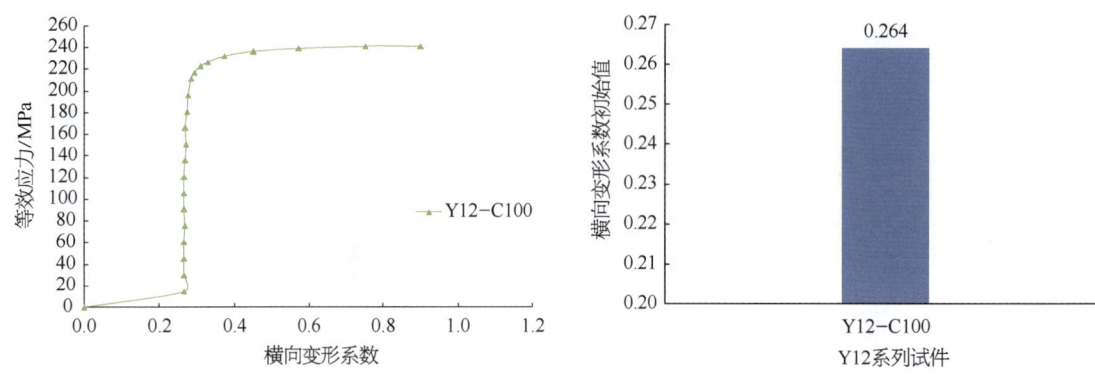

图 6-66　Y12 系列试件等效应力-横向变形系数关系

2) 含钢率相同时横向变形系数分析

图 6-67 为 YD5 系列试件实测的等效应力-横向变形系数关系曲线。由图可知，含钢率相同时，C60~C100 强度等级的钢管试件混凝土强度越高，横向变形系数的稳定发展期越长，截面稳定性越好，构件的弹性工作阶段也越长。且随混凝土强度增加，试件的横向变形系数初始值略有增加。

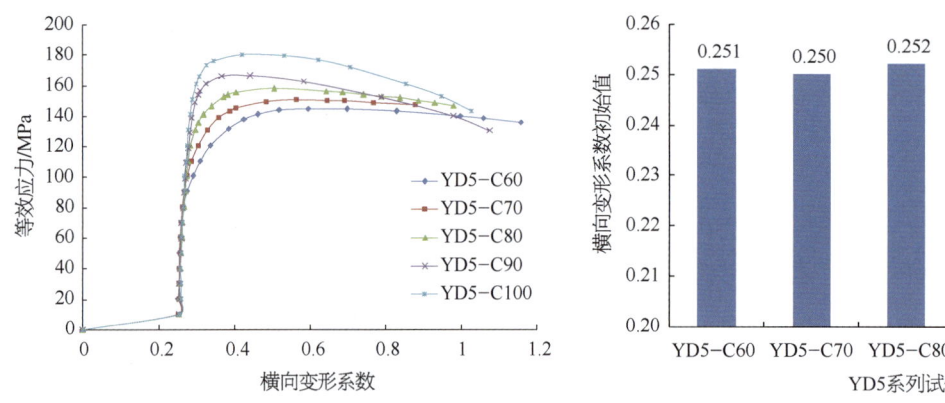

图 6-67　YD5 系列试件等效应力-横向变形系数关系

3) 混凝土强度相同时横向变形系数分析

管内混凝土强度一致，随试件含钢率增加，等效应力-横向变形系数关系曲线对比如图 6-68~图 6-70 所示。由图可知，C60、C80、C100 三种不同强度等级钢管混凝土试件，随含钢率增加，试件的横向变形系数初始值相应也越大，但增长趋势逐渐减弱。另外，含钢率越高，对混凝土的横向变形约束作用越强，试件的弹性工作阶段越长，横向变形系数的稳定发展期也越长，逐渐向钢材的泊松比发展趋势靠拢，尤其是 Y10-C80、Y12-C100 试件，试件屈服前其横向变形系数曲线与钢材的泊松比发展曲线基本一致。

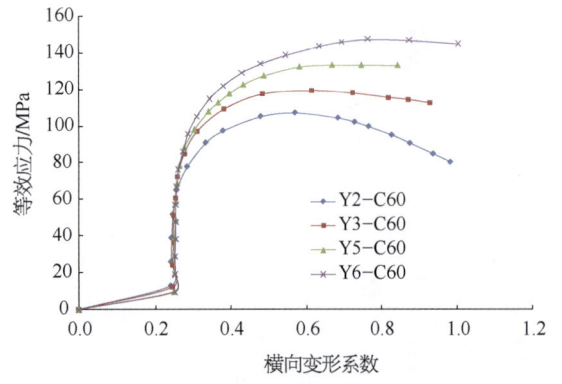

图 6-68　C60 钢管混凝土试件横向变形系数

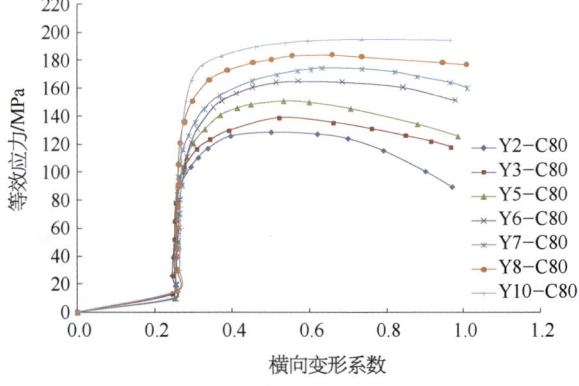

图 6-69　C80 钢管混凝土试件横向变形系数

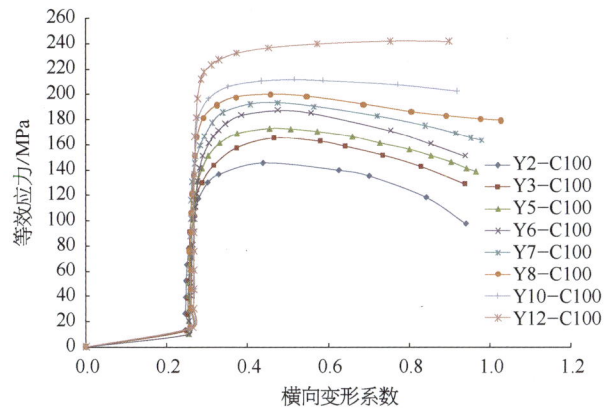

图 6-70 C100 钢管混凝土试件横向变形系数

4) 初始横向变形系数分析

图 6-71 为 C60、C80、C100 三种不同强度等级钢管混凝土试件横向变形系数初始值对比。当含钢率相同（同类型钢管），C100 钢管混凝土试件初始横向变形系数最大，C60 钢管混凝土试件初始横向变形系数最小。可见管内混凝土强度越高，横向变形系数的初始值越大。另外，图 6-71 中各试件的横向变形系数初始值大致位于 0.241~0.265，较 C60 以下强度等级钢管混凝土试件的横向变形系数初始值 (0.232~0.244) 大，更接近钢材的泊松比 ($\mu_s \approx 0.283$)。说明超高强钢管混凝土中钢管对核心混凝土的套箍约束作用较普通混凝土提前。主要原因是混凝土强度越高，初始横向变形系数越大（图 6-72），C80~C100 混凝土的横向变形系数初始值 μ_h 为 0.20~0.22，而普通混凝土的横向变形系数初始值 μ_h 约为 0.173，超高强混凝土的横向变形超过钢材横向变形 ($\mu_h > \mu_s$) 的时间较普通混凝土早，因此钢管对超高强混凝土的约束作用较普通混凝土提前形成，两者更早进入共同工作状态，超高强管混凝土的初始横向变形系数较普通钢管混凝土高。

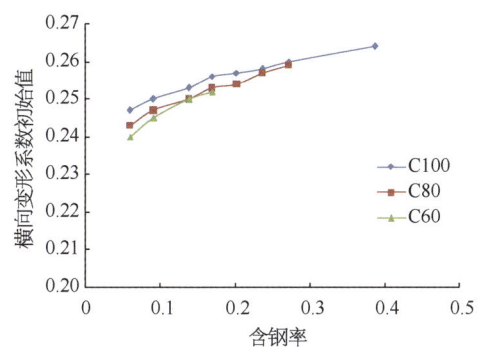

图 6-71 横向变形系数初始值对比

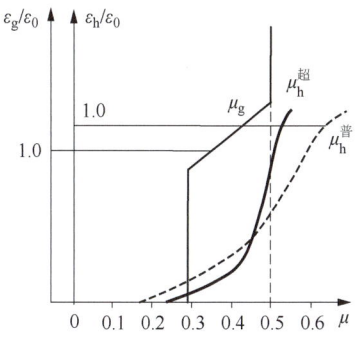

图 6-72 横向变形系数变化过程

但含钢率越高，图 6-71 中三条曲线逐渐靠拢，表明混凝土强度对横向变形系数初始值的影响逐渐减弱，含钢率对截面横向变形的影响逐渐起主导作用。

6.1.4.6 承载能力分析

根据试验测试结果，可以看出混凝土强度、含钢率与钢材强度对超高强钢管混凝土试件的承载能力均有一定的影响。图 6-73 描述了混凝土强度对试

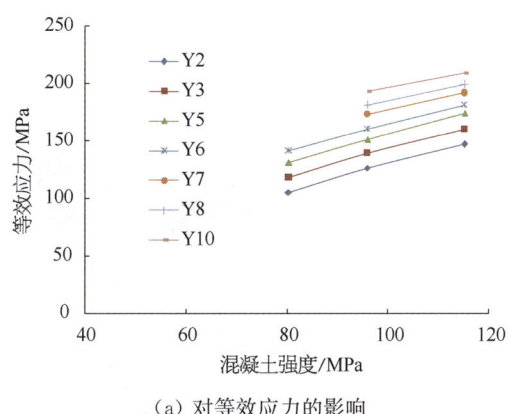

(a) 对等效应力的影响

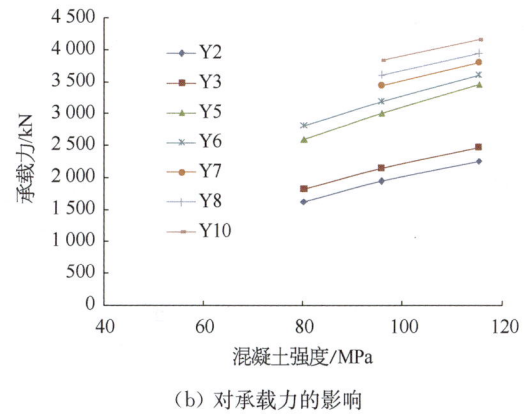

(b) 对承载力的影响

图 6-73 混凝土强度的影响

件承载能力的影响规律,随混凝土强度增加,各系列试件的承载力或等效应力均基本呈线性增加,说明钢管对超高强混凝土的约束效应与普通混凝土是一致的。由于 Y2、Y3 试件钢管外径($D=140\text{ mm}$)较其他系列($D=159\text{ mm}$)小,承载力较其他试件明显减小。含钢率对试件承载能力的影响如图 6-74 所示,含钢率越高,试件承载力或等效应力越大,但承载力与等效应力的增加幅度略有减小。另外,钢管与混凝土类型一致时,钢材强度越高,试件的承载力与等效应力越高,如图 6-75 所示,YD5 系列试件含钢率较 Y5 系列试件高,相应的试件承载力与等效应力均提高。

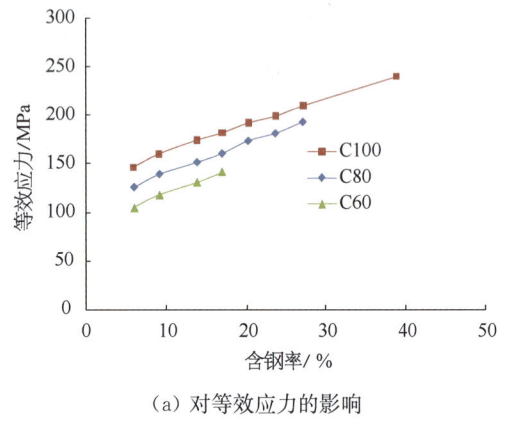

(a) 对等效应力的影响

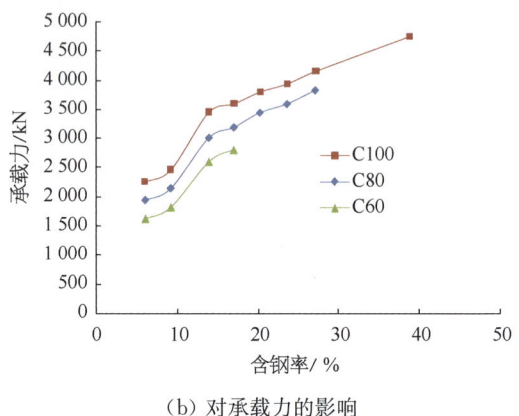

(b) 对承载力的影响

图 6-74 含钢率的影响

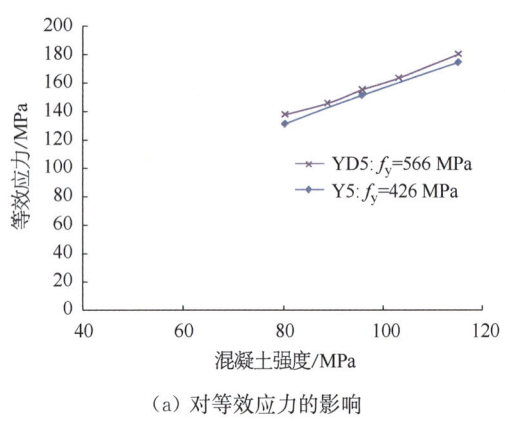

(a) 对等效应力的影响

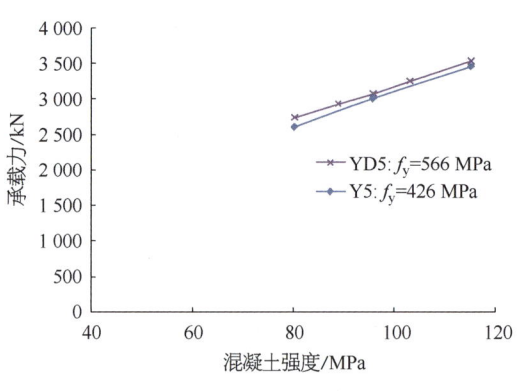

(b) 对承载力的影响

图 6-75 钢材强度的影响

6.1.4.7 计算方法探讨

1) 组合应力

按《公路钢管混凝土拱桥设计规范》计算的组合应力 f_{scy}[式(6-3)]与实测组合应力峰值见表 6-17,表中 f_{scy}^1 与 f_{scy}^2 分别为按照式(6-3),采用材料设计值与实测值计算的超高强钢管混凝土组合强度:

$$f_{sc} = (1.14 + 1.02\xi_0)f_{cd} \quad (6-3)$$

表 6-17 组合应力计算值与实测值对比

系列	试件	f_{scy}^e/MPa	式(6-3)		f_{scy}^e/f_{scy}^1	f_{scy}^e/f_{scy}^2	式(6-4)		f_{scy}^e/f_{scy}^3	f_{scy}^e/f_{scy}^4
			f_{scy}^1/MPa	f_{scy}^2/MPa			f_{scy}^3/MPa	f_{scy}^4/MPa		
Y2	Y2-C60	105.2	49.1	96.1	2.14	1.10	52.2	109.0	2.01	0.97
	Y2-C80	126.0	58.3	109.6	2.16	1.15	64.3	126.7	1.96	0.99
	Y2-C100	146.8	67.0	126.3	2.19	1.16	75.6	148.6	1.94	0.99

(续表)

系列	试件	f_{scy}^e/MPa	式(6-3)		f_{scy}^e/f_{scy}^1	f_{scy}^e/f_{scy}^2	式(6-4)		f_{scy}^e/f_{scy}^3	f_{scy}^e/f_{scy}^4
			f_{scy}^1/MPa	f_{scy}^2/MPa			f_{scy}^3/MPa	f_{scy}^4/MPa		
Y3	Y3-C60	118.2	59.2	109.8	2.00	1.08	59.0	118.3	2.00	1.00
	Y3-C80	139.3	68.4	123.4	2.04	1.13	71.1	136.0	1.96	1.02
	Y3-C100	160.2	77.1	140.1	2.08	1.14	82.4	157.9	1.94	1.01
Y5	Y5-C60	131.1	74.1	129.8	1.77	1.01	69.1	131.8	1.90	0.99
	Y5-C80	151.5	83.3	143.4	1.82	1.06	81.2	149.5	1.87	1.01
	Y5-C100	174.3	92.0	160.1	1.90	1.09	92.8	171.4	1.88	1.01
Y6	Y6-C60	141.5	83.9	140.8	1.69	1.00	75.8	139.2	1.87	1.02
	Y6-C80	160.6	93.2	154.3	1.72	1.04	87.8	156.9	1.83	1.02
	Y6-C100	181.7	101.8	171.0	1.78	1.06	99.2	178.8	1.83	1.02
Y7	Y7-C80	173.5	103.4	166.9	1.68	1.04	94.8	165.4	1.83	1.05
	Y7-C100	191.9	112.1	183.6	1.71	1.05	106.1	187.3	1.81	1.02
Y8	Y8-C80	181.2	114.2	180.5	1.59	1.00	102.0	174.5	1.78	1.04
	Y8-C100	199.0	122.8	197.2	1.62	1.01	113.3	196.4	1.76	1.01
Y10	Y10-C80	193.0	125.3	200.5	1.54	0.96	109.6	188.0	1.76	1.03
	Y10-C100	209.8	134.0	217.3	1.57	0.97	120.9	209.9	1.74	1.00
Y12	Y12-C100	239.6	170.5	264.9	1.41	0.90	145.6	242.1	1.65	0.99
DY5	YD5-C60	137.8	79.7	149.6	1.73	0.92	72.9	145.1	1.89	0.95
	YD5-C70	147.8	84.3	157.1	1.75	0.94	78.9	154.9	1.87	0.95
	YD5-C80	155.3	89.0	163.2	1.75	0.95	85.0	162.8	1.83	0.95
	YD5-C90	163.8	93.4	169.4	1.75	0.97	90.8	171.0	1.80	0.96
	YD5-C100	178.1	97.6	179.9	1.82	0.99	96.3	184.7	1.85	0.96

由表 6-17 可知,实测极限强度(f_{scy}^e)与采用材料设计值按规范计算结果(f_{scy}^1)之比(f_{scy}^e/f_{scy}^1)在 1.41~2.19,虽然安全系数较高,但离散性大。混凝土强度越高,该比值越大;混凝土强度一致时,含钢率越高,该比值越小。可见规范公式对低含钢率的超高强钢管混凝土,其计算值偏低,而对高含钢率的超高强钢管混凝土,其计算值偏高。

实测极限强度(f_{scy}^e)与采用材料实测值按规范计算结果(f_{scy}^2)之比(f_{scy}^e/f_{scy}^2)为 0.90~1.16。对于低含钢率试件(例如 Y2 系列),其计算值较实测值小,约小 16%;对于高含钢率试件(例如 Y12 系列),其计算值较实测值高,高出约 10%。但由图 6-74 的含钢率对实测承载力的影响规律可见,含钢率越高,承载力增长越缓,因此规范公式计算值与实测值的差异较大。

由于超高强钢管混凝土的管内混凝土强度较高,为保持较好的延性性能,其含钢率一般也较高,可见设计规范中普通钢管混凝土强度计算方法[式(6-3)]不能适用于超高强钢管混凝土的计算。因此,根据各参数对承载力的影响规律分析,基于实测强度数据,通过回归分析(图 6-76),得到了超高强钢管混凝土的组合强度计算方法($f_{cu} \geqslant 80\text{MPa}$):

$$f_{sc} = (1.490 + 0.689\xi_0)f_{cd} \qquad (6-4)$$

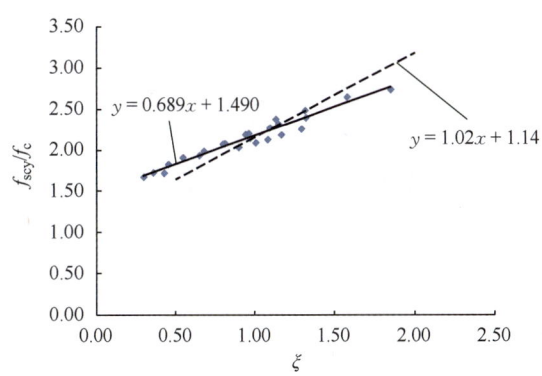

图 6-76 ξ 与 f_{sc}/f_c 的关系

按式(6-4),采用材料设计值与实测值计算的超高强钢管混凝土强度见表6-17中 f_{scy}^3 与 f_{scy}^4。分析实测极限强度(f_{scy}^e)与 f_{scy}^3、f_{scy}^4 的比值关系可以看出,实测极限强度(f_{scy}^e)与采用材料设计值计算结果(f_{scy}^3)之比(f_{scy}^e/f_{scy}^3)为1.65~2.01,对不同含钢率试件的强度计算值适应性较好、稳定性好。其实测极限强度(f_{scy}^e)与采用材料实测值计算结果(f_{scy}^4)之比(f_{scy}^e/f_{scy}^4)为0.95~1.05,材料实测值计算的超高强钢管混凝土极限强度与实测极限强度误差不超过5%,提高了结构安全度和可靠度。

2) 承载力计算方法

以统一理论为基础,根据提出的超高强钢管混凝土组合强度计算方法,得到超高强钢管混凝土轴压承载力实用计算方法,如式(6-5)所示。采用式(6-5)计算得到的超高强钢管混凝土计算承载力与实测承载力比较如图6-77所示,图中还列出了前期试验测试结果及谭克锋等的试验结果,可见式(6-5)的计算结果与实测结果吻合较好:

$$N_u = (1.490 + 0.689\xi_0) f_{cd} A_{sc} \quad (6-5)$$

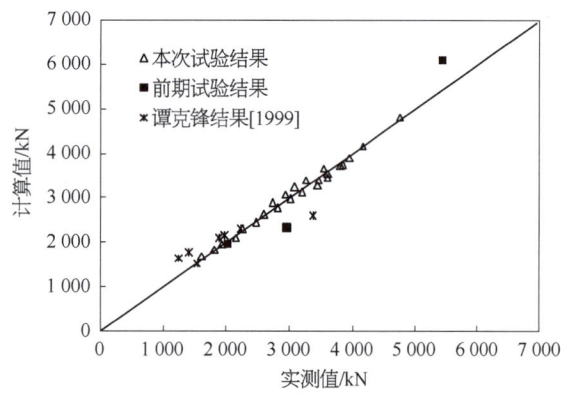

图6-77 计算承载力与实测承载力比较

6.1.5 反复加载试验结果与分析

为研究超高强钢管混凝土在受压屈服后的力学行为与承载力衰退模式,对部分试件进行了累计4次反复加-卸载测试,观测各次加载过程中钢管表面与试件整体破坏形态发展趋势,以及各次加载时的剩余承载力。

6.1.5.1 试验过程与测试结果

第1次加载:Y2系列试件($L=450\text{ mm}$)压缩变形量 $\Delta l \approx 9\text{ mm}$、其他系列试件($L=550\text{ mm}$)压缩变形量 $\Delta l \approx 11\text{ mm}$ 时,即开始卸载,各组试件均受压屈服,荷载-变形曲线进入下降阶段,试件的承载能力逐渐衰退(图6-78)。此时可以看出,与一次轴压加载测试一样,不同含钢率试件,其整体与钢管表面局部破坏程度均不同(图6-79),含钢率较低的试件(如Y2-C100-2,$\alpha_s=5.97\%$)有明显的剪切破坏特征,钢管表面端部与中部鼓屈明显;含钢率高的试件(如Y10-C100-2,$\alpha_s=27.16\%$)主要表现为整体鼓胀,钢管表面无明显局部屈曲特征。相同含钢率、不同混凝土强度等级试件的破坏特征也有差异,混凝土强度越高的试件破坏特征更明显、破坏程度更大,如YD5-C100-2试件钢管中部有局部屈曲特征,而YD5-C60-2试件主要是整体鼓胀,局部屈曲不明显。

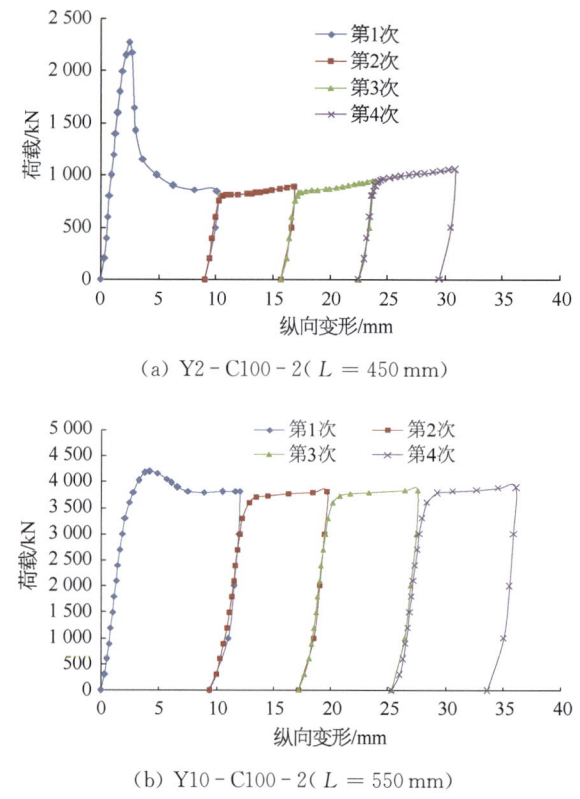

图6-78 反复加-卸载典型 $N-\delta$ 曲线

第2至第4次加载,加载初期荷载-变形曲线近似线性增长,试件破坏形态没有变化。加载到接近上一次试验的卸载荷载时,荷载-变形曲线发生转折,荷载增加缓慢、变形快速增长,此时能听到管内混凝土开裂声响,钢管表面原有屈曲部位进一步发展,破坏越来越严重。随加-卸载次数增加,含钢率

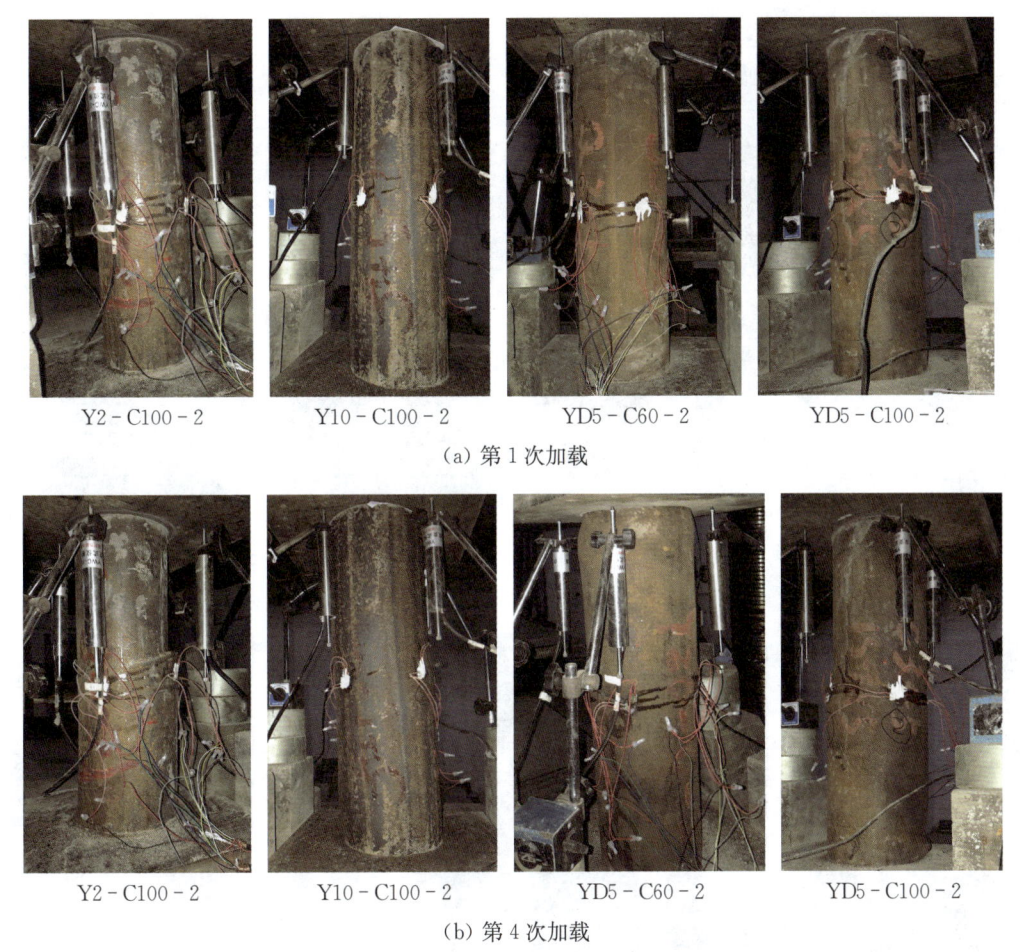

Y2-C100-2　　　Y10-C100-2　　　YD5-C60-2　　　YD5-C100-2

(a) 第1次加载

Y2-C100-2　　　Y10-C100-2　　　YD5-C60-2　　　YD5-C100-2

(b) 第4次加载

图 6-79　反复加-卸载典型破坏特征

低的试件,剪切滑移破坏特征逐渐加剧,钢管表面还出现新的局部屈曲;含钢率高的试件仍主要表现为整体鼓胀,鼓胀程度越来越明显。

各试件均完成 4 次反复加-卸载,各次加载实测的剩余承载力见表 6-18。

表 6-18　剩余承载力测试结果

试件编号	各次加载承载力实测值/kN			
	第1次 N_u^1	第2次 N_u^2	第3次 N_u^3	第4次 N_u^4
Y2-C80-2	1 980	890	960	1 040
Y5-C80-2	3 018	2 290	2 325	2 380
Y2-C100-2	2 280	890	950	1 055
Y5-C100-2	3 492	2 370	2 420	2 570
Y7-C100-2	3 835	3 220	3 215	3 225
Y10-C100-2	4 200	3 730	3 770	3 820
YD5-C60-2	2 874	2 395	2 320	2 325
YD5-C70-2	2 990	2 587	2 454	2 400
YD5-C80-2	3 140	2 458	2 400	2 364
YD5-C90-2	3 303	2 315	2 282	2 434
YD5-C100-2	3 580	2 415	2 343	2 460

6.1.5.2 破坏特征

4次反复加-卸载,各试件的破坏形态与演变过程如下:

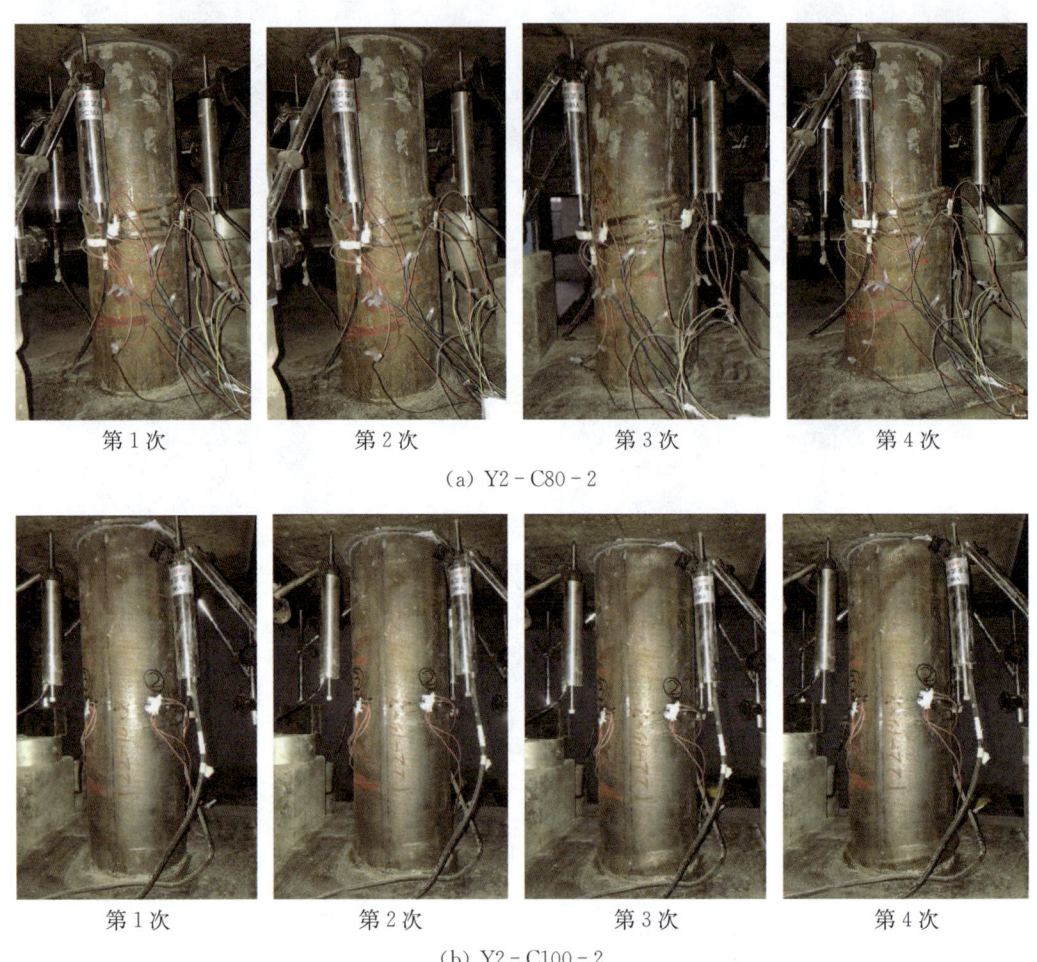

第1次　　第2次　　第3次　　第4次

(a) Y2-C80-2

第1次　　第2次　　第3次　　第4次

(b) Y2-C100-2

图 6-80　Y2 系列试件反复加载破坏形态与演变过程

Y2 系列试件含钢率 $\alpha_s = 5.97\%$,4 次加载破坏过程如图 6-80 所示,Y2-C80-2 与 Y2-C100-2 试件第 1 次加载后试件整体呈剪切破坏,钢管表面局部屈曲较明显。第 2 至第 4 次加载,原有的破坏现象更加显著,剪切滑移区钢管出现皱褶,且在钢管端部还出现新的局部屈曲。

第1次　　第2次　　第3次　　第4次

(a) Y5-C80-2

第1次　　　第2次　　　第3次　　　第4次

(b) Y5-C100-2

图 6-81　Y5 系列试件反复加载破坏形态与演变过程

Y5 系列试件含钢率 $\alpha_s = 13.87\%$，4 次加载破坏过程如图 6-81 所示。第 1 次加载结束，Y5-C80-2 与 Y5-C100-2 试件主要呈整体鼓胀，仅有轻微局部屈曲。随加-卸载次数增加，试件逐渐呈现出剪切破坏特征，但破坏程度不显著。

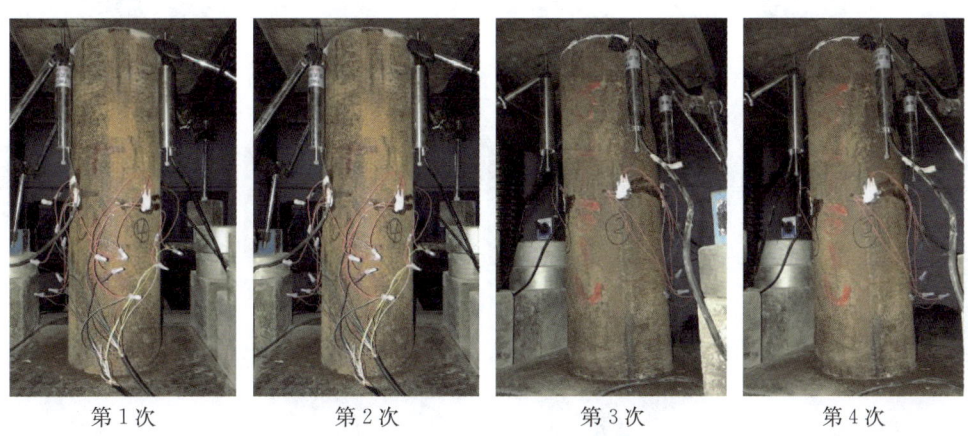

第1次　　　第2次　　　第3次　　　第4次

图 6-82　Y7 系列试件反复加载破坏形态与演变过程

Y7 系列试件含钢率 $\alpha_s = 20.24\%$，4 次加载破坏过程如图 6-82 所示。第 1、2 次加载结束，试件整体鼓胀明显，表面无明显局部屈曲，仅有掉锈渍现象；第 3 次加载，试件鼓胀进一步发展，中、下端出现轻微局部屈曲，有剪切破坏趋势；第 4 次加载结束，试件仍以整体鼓胀为主，中、下部有轻微剪切破坏现象。

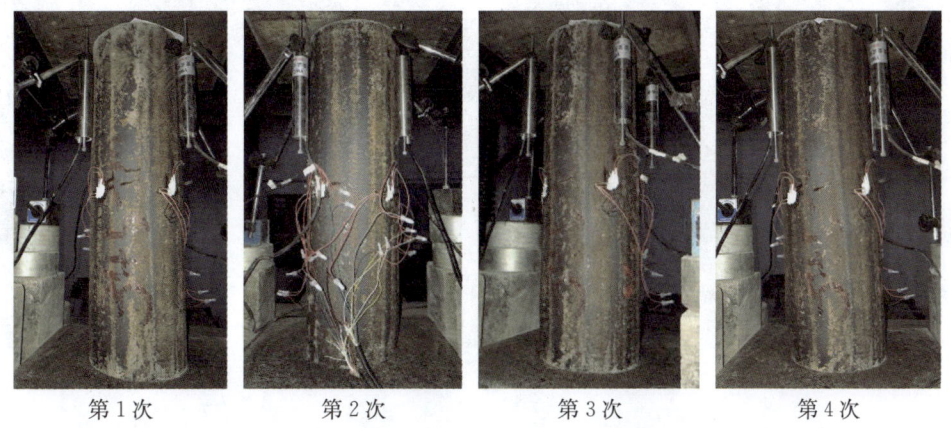

第1次　　　第2次　　　第3次　　　第4次

图 6-83　Y10 系列试件反复加载破坏形态与演变过程

Y10 系列试件含钢率 $\alpha_s=27.16\%$，4 次加载破坏过程如图 6-83 所示。Y10 系列试件含钢率较高，4 次加载结束后，钢管表面无明显局部屈曲，整体鼓胀程度随加载次数逐渐加剧。

YD5 系列试件含钢率与 Y5 系列试件一致，为 $\alpha_s=13.87\%$，但钢材强度较后者提高，其 5 组试件 4 次加载破坏过程如图 6-84 所示。可以看到，5 组试件中，YD5-C60-2 试件各次加载的破坏程度最轻，主要为整体鼓胀，钢管表面没有明显的局部屈曲。随混凝土强度提高，YD5-C70-2、YD5-C80-2、YD5-C90-2、YD5-C100-2 试件钢管表面局部屈曲逐渐凸显。随加载次数增加，剪切破坏特征逐渐呈现，其中 4 次加载结束后，YD5-C100-2 试件的剪切破坏特征最显著。

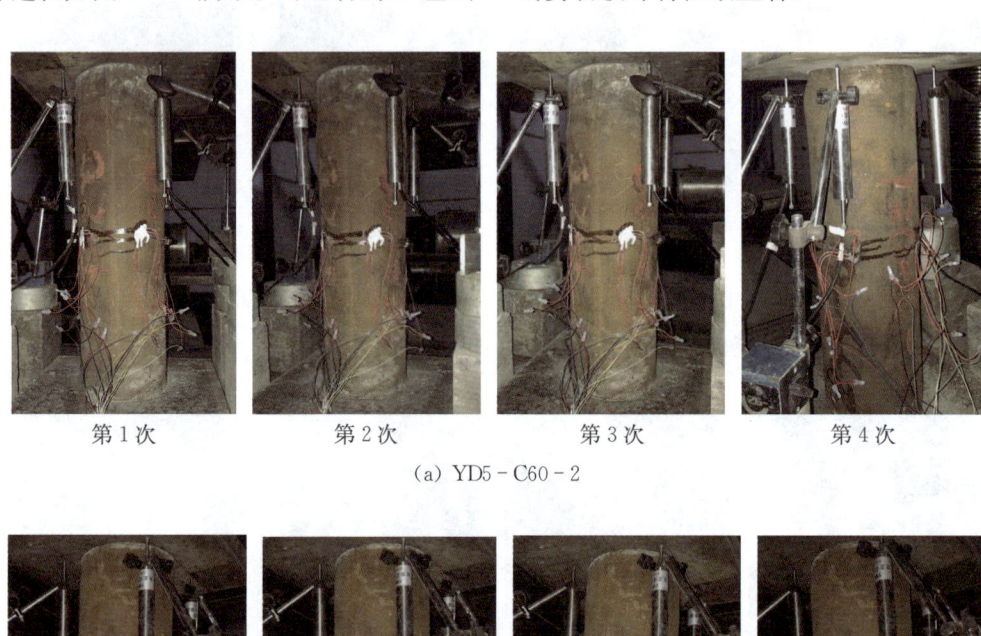

(a) YD5-C60-2

(b) YD5-C70-2

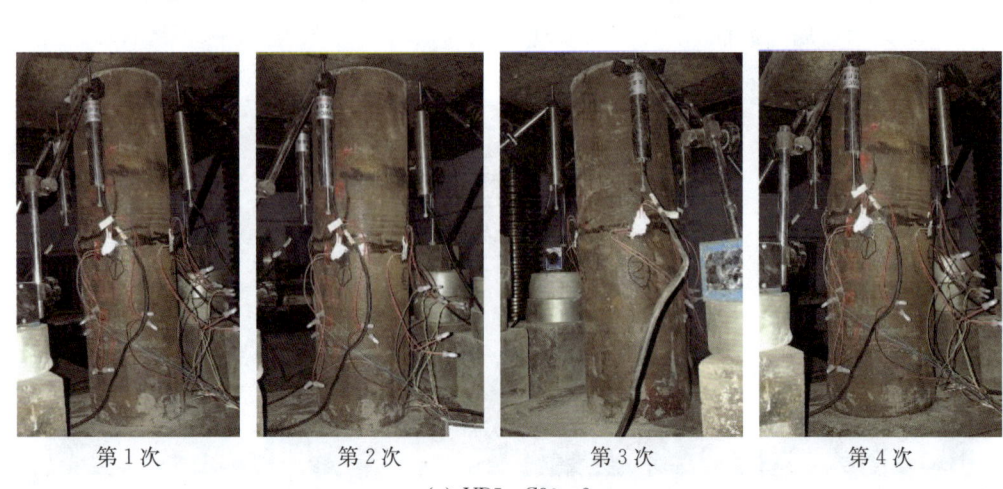

(c) YD5-C80-2

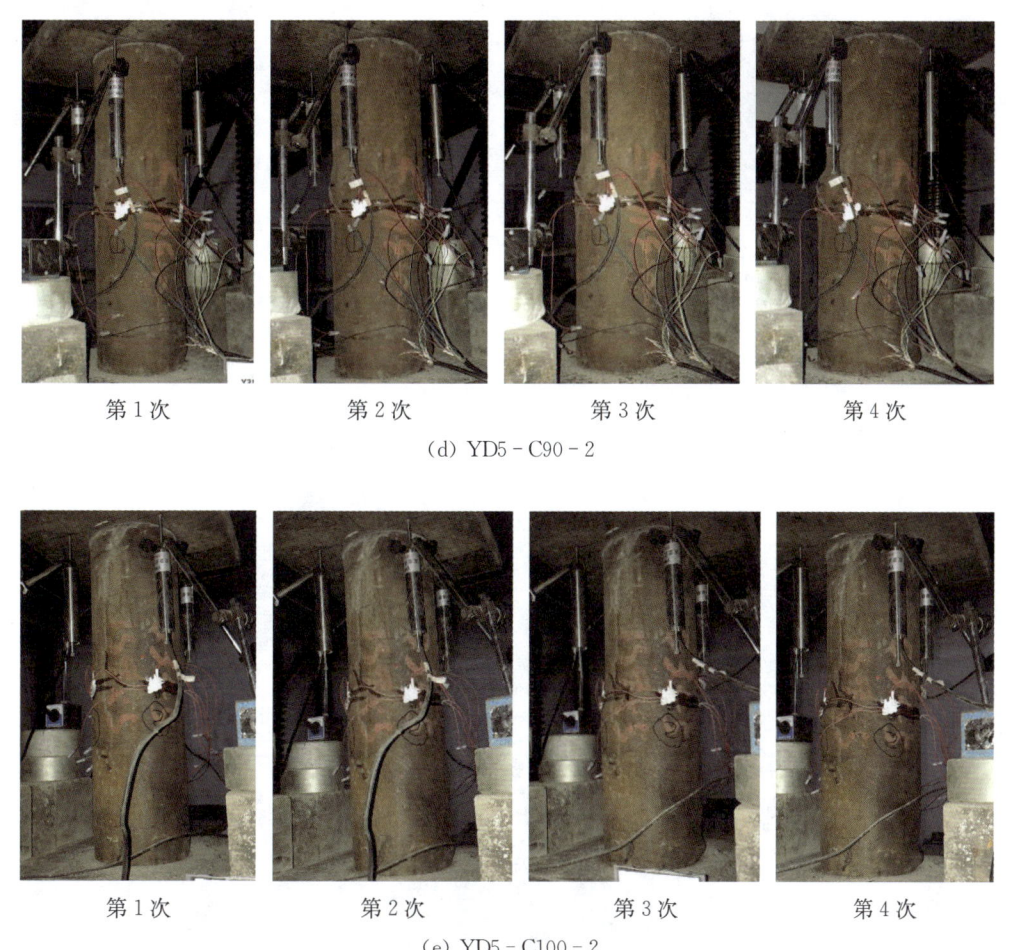

(d) YD5-C90-2

第1次　　第2次　　第3次　　第4次

(e) YD5-C100-2

图 6-84　YD5 系列试件反复加载破坏形态与演变过程

6.1.5.3　荷载-变形曲线

各试件反复加载的 $N-\delta$ 曲线如图 6-85～图 6-89 所示。由图可知，所有试件第 2 至第 4 次加载，在加载初期，$N-\delta$ 曲线基本呈线性增长，达到上一次卸载荷载时，曲线很快进入塑性阶段，随后荷载变化较小（缓慢增加或缓慢减小）而变形增长较快，各次加载时试件的屈服荷载与上一次加载的卸载荷载基本一致。若以第 1 次加载的 $N-\delta$ 曲线为基础，依次连接各次加载的屈服荷载得到的 $N-\delta$ 曲线，与一次轴压加载的 $N-\delta$ 曲线基本一致。由此可见，反复加-卸载不影响试件的力学性能，无论是 C60 还是 C100 钢管混凝土，都表现出相同的规律。同时可以观测到，各次加-卸载的 $N-\delta$ 曲线在弹性段的斜率与卸载后曲线恢复段的斜率基本相同，可见在弹性

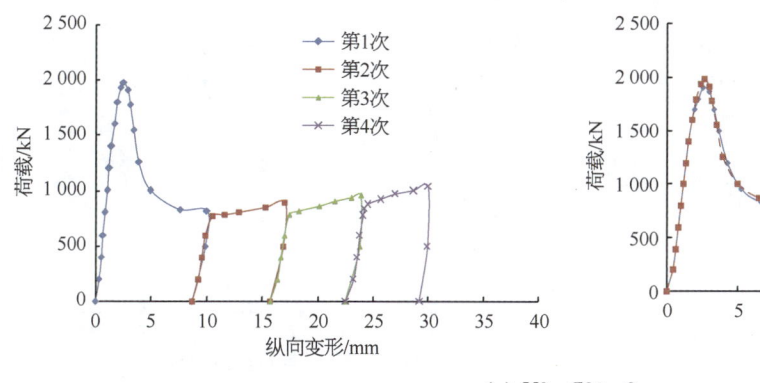

(a) Y2-C80-2

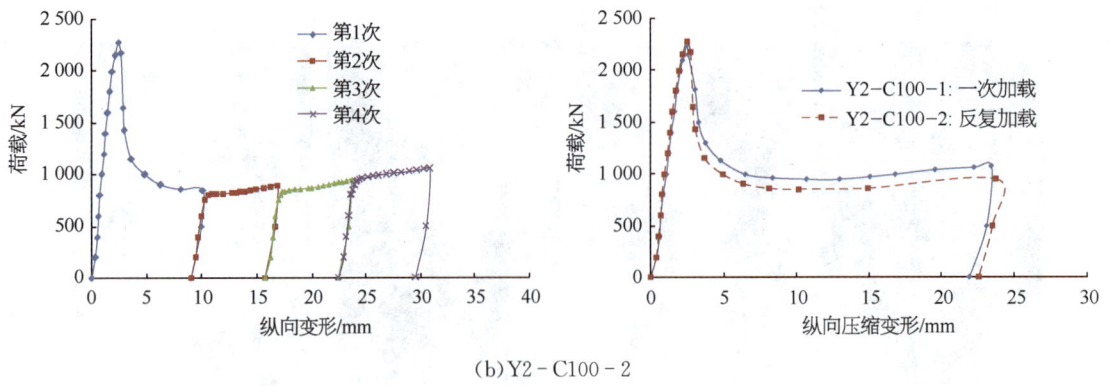

(b) Y2-C100-2

图 6-85 Y2 系列试件反复加载 N-δ 曲线

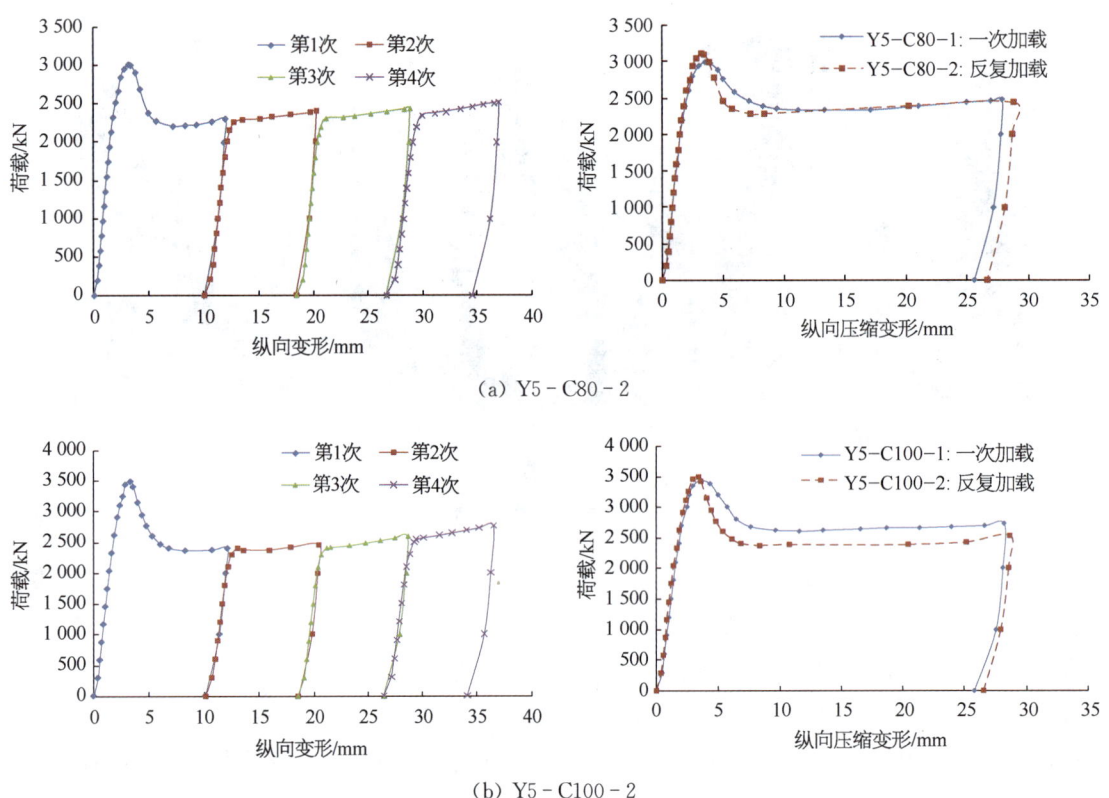

(a) Y5-C80-2

(b) Y5-C100-2

图 6-86 Y5 系列试件反复加载 N-δ 曲线

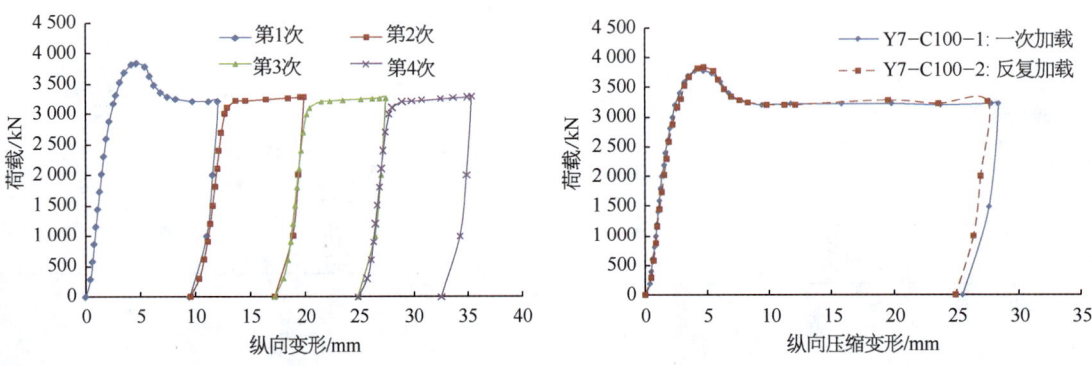

图 6-87 Y7 系列试件反复加载 N-δ 曲线

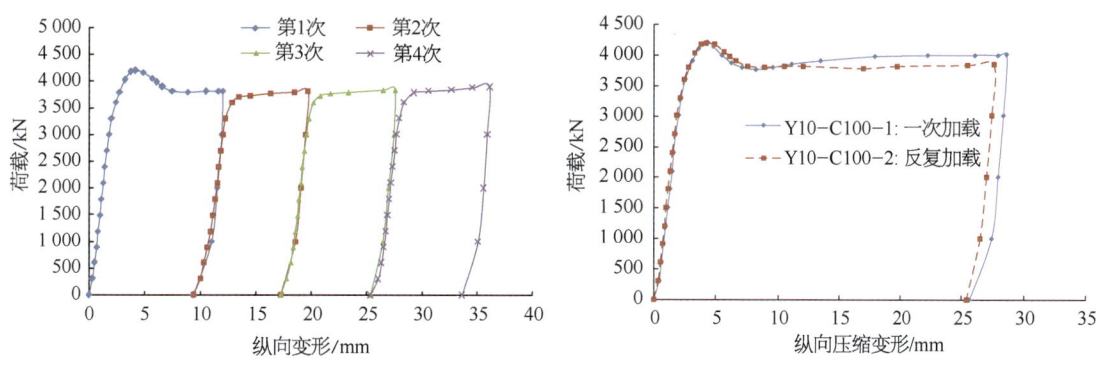

图 6-88　Y10 系列试件反复加载 N-δ 曲线

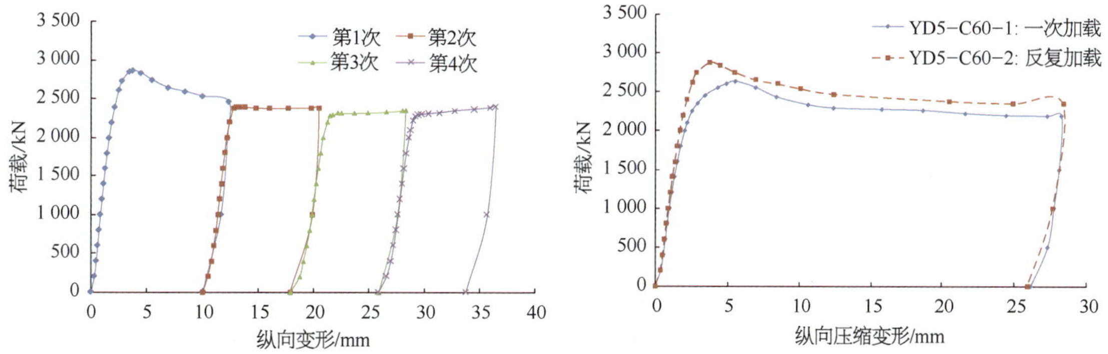

(a) YD5-C60-2

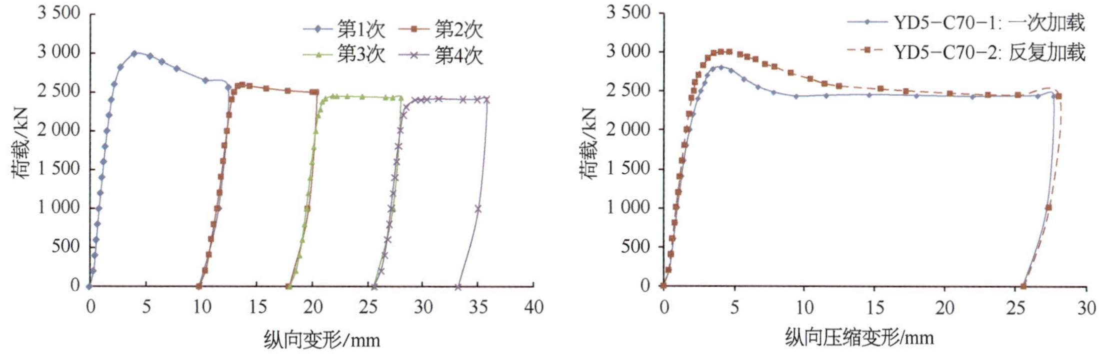

(b) YD5-C70-2

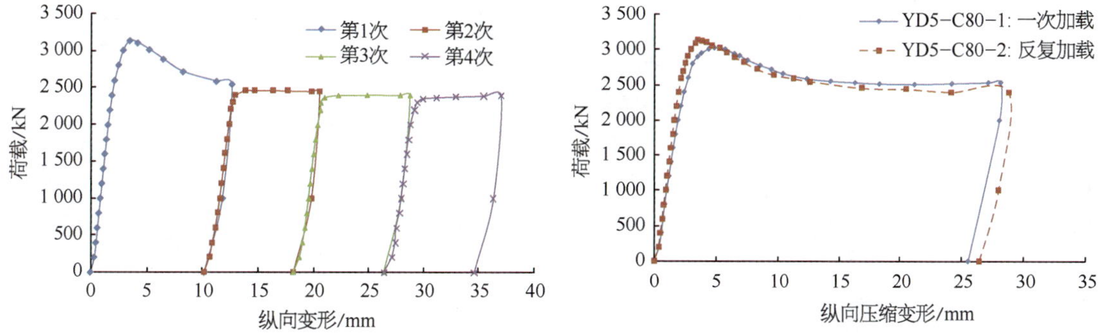

(c) YD5-C80-2

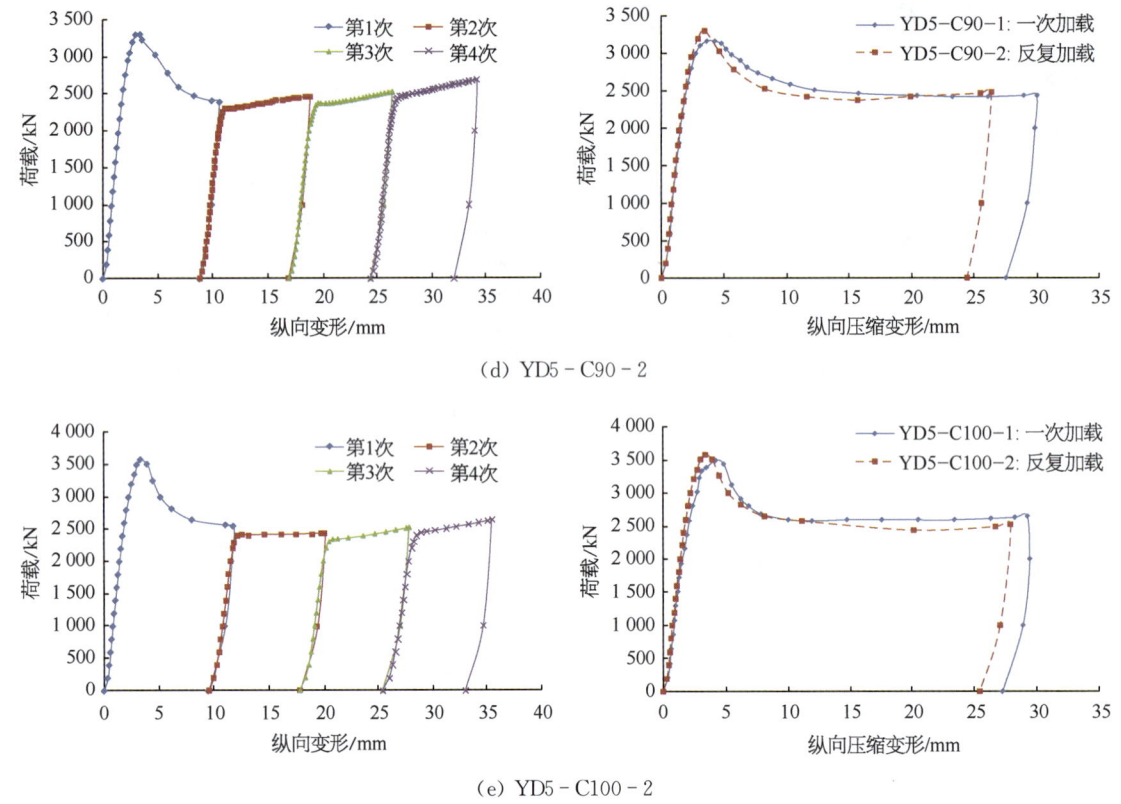

(d) YD5-C90-2

(e) YD5-C100-2

图 6-89 YD5 系列试件反复加载 N-δ 曲线

段的加载刚度与试验结束时的卸载刚度一致。虽然试件轴压屈服后再次受荷,其承载能力下降,但构件在弹性工作阶段的刚度并没有下降。

6.1.5.4 承载力衰减

由 4 次反复加-卸载结果可知,第 1 次加载各试件纵向压缩变形率均达到 1.5%,试件均进入塑性变形阶段,承载力出现不同程度的下降,钢管表面也有不同程度的局部屈曲。第 2 至第 4 次加载时,测得的试件剩余承载力及其与第 1 次测试的极限承载力比值见表 6-19。

表 6-19 各次加载试件承载力及其占极限荷载的比例

试件编号	各次加载承载力/kN				各次加载与第 1 次加载的承载力之比			
	第1次 N_u^1	第2次 N_u^2	第3次 N_u^3	第4次 N_u^4	N_u^1/N_u^1	N_u^2/N_u^1	N_u^3/N_u^1	N_u^4/N_u^1
Y2-C80-2	1 980	890	960	1 040	1.000	0.449	0.485	0.525
Y5-C80-2	3 018	2 290	2 325	2 380	1.000	0.759	0.770	0.789
Y2-C100-2	2 280	890	950	1 055	1.000	0.390	0.417	0.463
Y5-C100-2	3 492	2 370	2 420	2 570	1.000	0.679	0.693	0.736
Y7-C100-2	3 835	3 220	3 215	3 225	1.000	0.840	0.838	0.841
Y10-C100-2	4 200	3 730	3 770	3 820	1.000	0.888	0.898	0.910
YD5-C60-2	2 874	2 395	2 320	2 325	1.000	0.833	0.807	0.809
YD5-C70-2	2 990	2 587	2 454	2 400	1.000	0.865	0.821	0.803
YD5-C80-2	3 140	2 458	2 400	2 364	1.000	0.783	0.754	0.753
YD5-C90-2	3 303	2 315	2 282	2 434	1.000	0.701	0.691	0.737
YD5-C100-2	3 580	2 415	2 343	2 460	1.000	0.675	0.654	0.687

分析了各因素对试件承载力衰减的影响,结果如图 6-90 所示。由图 6-90a 可见,Y2、Y5、Y7、Y10 系列试件的含钢率依次增加,相应的试件屈服后承载力的降低幅度减小。含钢率低、混凝土强度高的 Y2-C100-2 试件,第 1 次加载结束其钢管外表面局部屈曲严重,承载力衰退也最明显,第 2 次加载时的剩余承载力仅占第 1 次加载的极限承载力的 39.0%;含钢率高的 Y10-C100-2 试件,第 1 次加载结束其钢管外表面无局部屈曲现象,承载力衰退也最缓慢,其第 2 次加载的剩余承载力占第 1 次加载的极限承载力的 88.8%。且随加载次数增加,剩余承载力变化较小。与一次轴压试验一样,承载力降低到一定程度后不再降低,随着钢管进入强化阶段,剩余承载力出现缓慢增加。

由图 6-90b 可见,YD5 系列 5 组试件,含钢率相同($\alpha_s = 13.87\%$),随混凝土强度提高,试件承载力衰减越明显。混凝土强度最高的 YD5-C100-2 试件,第 1 次加载结束其钢管外表面局部屈曲现象最突出,承载力衰退最明显,其第 2 次加载的剩余承载力约为第 1 次加载的极限承载力的 67.5%。

由图 6-90c 可见,钢材强度对承载力的衰减影响不明显,YD5 系列试件较 Y5 系列试件钢材强度高,但 YD5-C80-2 与 Y5-C80-2、YD5-C100-2 与 Y5-C100-2 的承载力降低幅度及剩余承载力变化趋势基本一致。

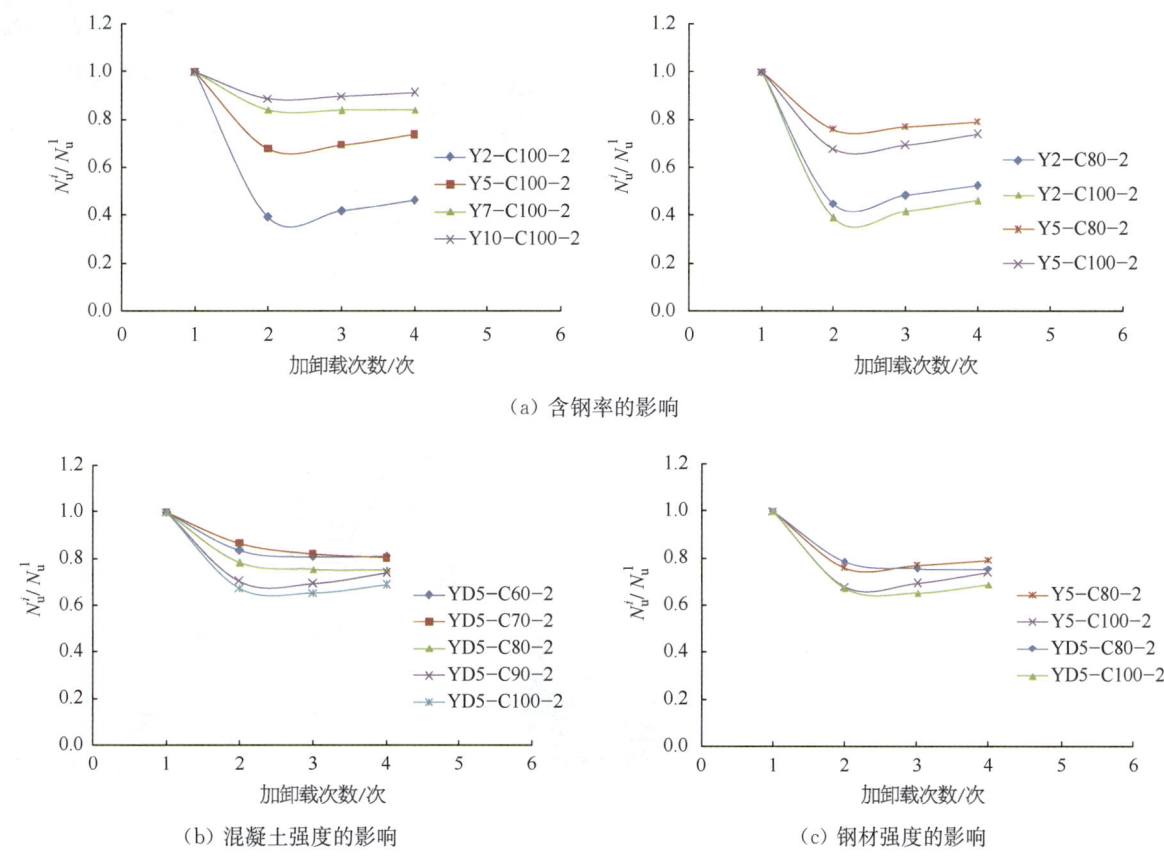

图 6-90 各次加载承载力衰减趋势

6.2 偏心受压力学性能

6.2.1 试验概况

6.2.1.1 试件设计

在轴压试验研究的基础上,选取含钢率为 13.87%、钢管钢材牌号为 Q345 的部分 YD5 系列试件进行偏心受压试验,钢管尺寸 $D \times T = 159\,\text{mm} \times 5\,\text{mm}$,核心混凝土强度等级取 C60、C80 和 C100,即 PY5-C60、PY5-C80、PY5-C100 三类试件。偏心率 e_0/r 分别为 25%、50%,共 6 组,每组 2 个试件,研究不同强度等级钢管混凝土在偏心荷载作用下的承

表 6-20 偏心受压试验构件一览表

试件编号	试件尺寸 $D \times T \times L$ /mm	含钢率/%	钢材型号	混凝土强度等级	偏心率/%	计算承载力/kN
PY5-C60-25-1/2	159×5×550	13.87	Q345	C60	25	1 089
PY5-C60-50-1/2	159×5×550	13.87	Q345	C60	50	885
PY5-C80-25-1/2	159×5×550	13.87	Q345	C80	25	1 218
PY5-C80-50-1/2	159×5×550	13.87	Q345	C80	50	989
PY5-C100-25-1/2	159×5×550	13.87	Q345	C100	25	1 342
PY5-C100-50-1/2	159×5×550	13.87	Q345	C100	50	1 090

载能力、变形性能与破坏特征等。试件详细参数见表 6-20。

6.2.1.2 试件制作

钢管加工制作与轴压试验中 YD5 系列试件一致，采用机械自动切割，保证钢管两端的平整度。C60、C80、C100 三组混凝土的配合比与工作性能及力学性能见表 6-2。浇筑与养护方式也与轴压试件一致。

6.2.2 试验装置与方法

6.2.2.1 试验装置

试验测试在 10 000 kN 液压伺服压力试验机上进行，试验装置如图 6-91 所示。偏压试件上下两端采用刀铰连接加载，刀铰和加载端板根据试件实际尺寸与设计的偏心距进行加工，如图 6-92 所示。在加载端板底部车出深 10 mm、直径比钢管外径大 2 mm 的圆孔，以便于加载端板与试件连接。

图 6-91 试验加载装置

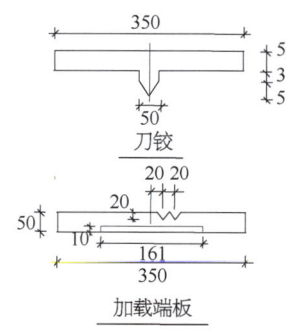

图 6-92 刀铰与加载端板(单位:mm)

6.2.2.2 测试内容与测点布置

1) 测试内容

主要测试或观察内容包括：①观察不同偏心距荷载作用下，钢管混凝土的变形特征与破坏过程；②通过位移传感器测试试件的纵向压缩变形随荷载增加的变化规律；③采用电阻应变片测试试件中间部位的纵、横向应变发展随荷载增加的变化规律；④记录钢管表面出现局部变形时的荷载值；⑤记录荷载-变形曲线开始发生非线性变化的荷载值；⑥记录钢管达到极限强度时的荷载值。

2) 测点布置

偏压试件应变片与位移计测点布置如图 6-93 所示。沿试件中部对称粘贴 4 对应变片，测试钢管中部表面纵、横向应变发展过程；在试件垂直偏心荷载作用方向两侧对称布置一对位移传感器，测试试件纵向整体压缩变形；在偏心荷载作用方向的远侧，

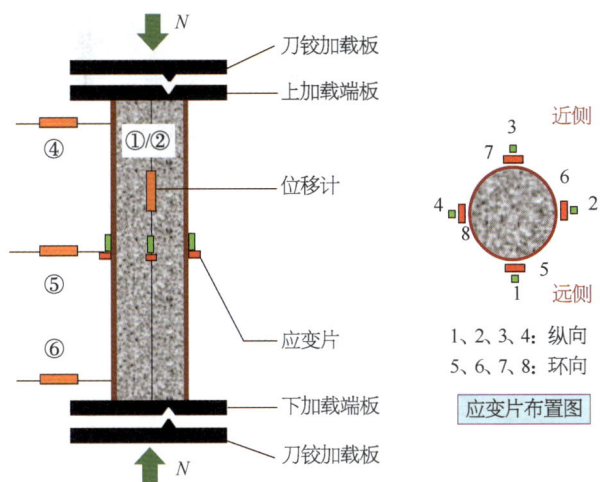

图 6-93 偏压试验测点布置

沿试件的上、中、下部各横向布置一个位移传感器，测试试件在偏压荷载作用下的弯曲变形过程。荷载值由压力机自带传感器采集并记录。

6.2.2.3 加载制度

1）预加载

正式测试前，先进行 2~3 次预压加载，预压值取预计承载力的 30%，加载过程如图 6-94 所示。加到预定值后持荷 3~5 min，然后卸载，以消除试件与加载端板接触不紧密、试件端面混凝土局部不平整等导致的非弹性变形对测试结果的影响。

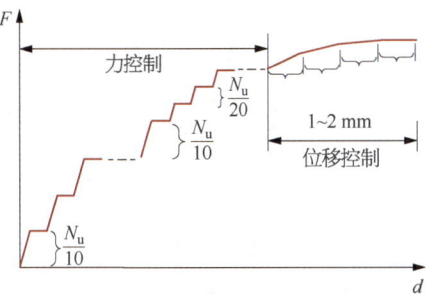

图 6-95 加载控制示意图

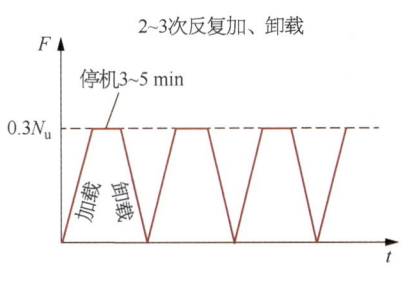

图 6-94 预压加载示意图

2）正式加载

正式加载时，先采用力控制，分级加载；试件屈服后采用位移控制，连续缓慢加载。加载示意如图 6-95 所示，具体加载过程如下：

（1）开始加载时，采用力控制，按分级加载方式加载，每级荷载约取预计承载力的 1/10，每级加载持荷 1 min。

（2）荷载-变形曲线开始出现非线性特征后，分级要加密，此时每级荷载约取预计承载力的 1/20，每级荷载持荷 1 min。

（3）荷载-变形曲线出现明显的非线性特征（即试件进入弹塑性阶段）后，转化为位移控制模式，缓慢连续加载。

3）卸载准则

（1）荷载降至极限荷载的 70%，或试件出现显著破坏特征。

（2）钢管表面开裂。

（3）试验过程中的其他意外。

出现上述情况之一时，停机卸载。

6.2.3 试验过程与结果分析

6.2.3.1 试验过程与破坏形态

偏压试验加载初期，荷载与纵向压缩变形均近似线性增长，钢管外壁基本没有变化。荷载增加到极限荷载的 70% 左右时，能听到混凝土开裂声响。随着加载的进行，一直能听到混凝土声响，混凝土强度越高，声响越明显。荷载增加到极限荷载的 80% 左右时，荷载-纵向压缩变形曲线出现非线性增长，试件进入弹塑性变形阶段。达到极限承载力后,荷载缓慢下降,试件在受压区出现局部鼓屈,受拉区无明显破坏特征,最后因侧向变形过大而卸载,偏心受压的承载力较轴压时明显降低。偏压试件破坏形式如图6-96所示,与轴压试件破坏形态不同,偏压试件主要表现为侧向弯曲破坏,在受压区有鼓屈,受拉区无明显变化。且偏心距越大,钢管表面局部鼓屈越明显,图中偏心率为50%的试件,整体侧向弯曲与受压区局部鼓屈程度均较偏心率为25%试件明显。

6.2.3.2 荷载-纵向压缩变形关系分析

实测的偏压加载荷载-纵向压缩变形关系曲线(N-δ曲线)如图6-97所示。C60、C80、C100三种强度等级钢管混凝土试件在偏压荷载作用下的N-δ曲线,其弹性段的斜率均较轴压加载时小,可见偏心率对试件受压刚度有较大影响。偏心率越大,曲线初始斜率越小,试件受压刚度降低越明显。偏心受压时,N-δ曲线的峰值点较轴压时低,试件极限承载力小,且偏心率越大,降低越明显。但偏心

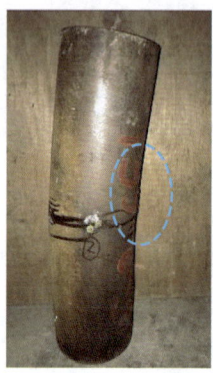
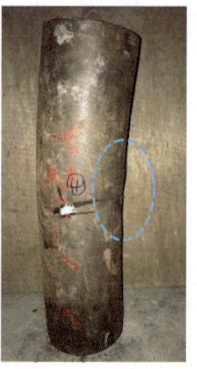

(a) PY5-C60系列

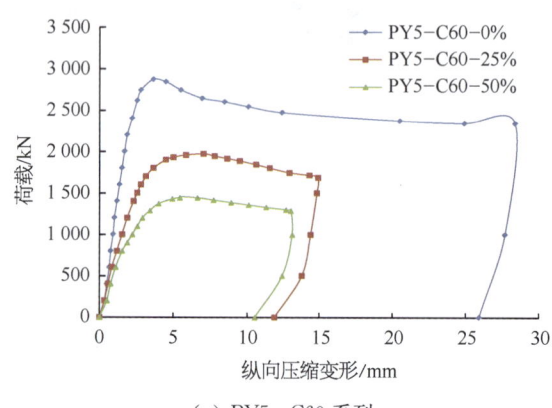

(a) PY5-C60系列

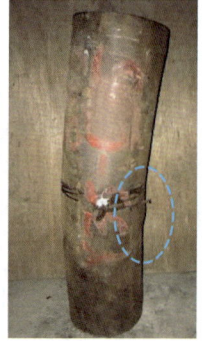

(b) PY5-C80系列

(b) PY5-C80系列

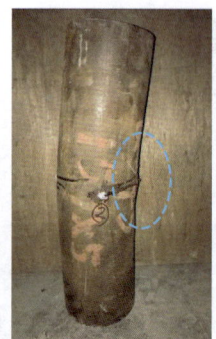

(c) PY5-C100系列

图6-96 偏压试件典型破坏形态

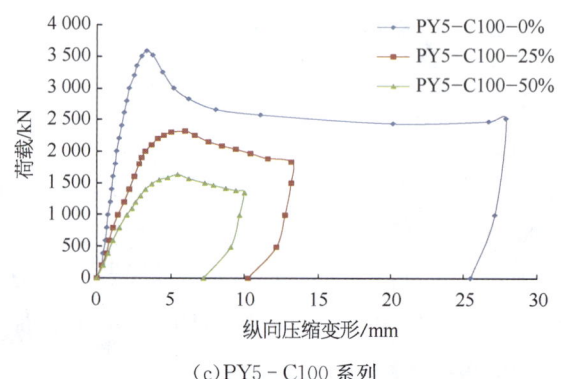

(c) PY5-C100系列

图6-97 偏压试件N-δ曲线

受压时，N-δ 曲线的弹塑性变形段较轴压试验时长，极限荷载后承载力下降趋势更缓和，其受压延性性能更好。

对比 C60、C80、C100 三种强度等级钢管混凝土试件在相同偏心率下的 N-δ 曲线，如图 6-98 所示。相同偏心率时，三组试件的 N-δ 曲线变化趋势基本一致。其中 PY5-C100 组试件混凝土强度最高，其曲线初始斜率相对更高，峰值点后曲线的下降趋势更明显，但偏心率从 25% 增加到 50% 时，这些差异逐渐减弱。

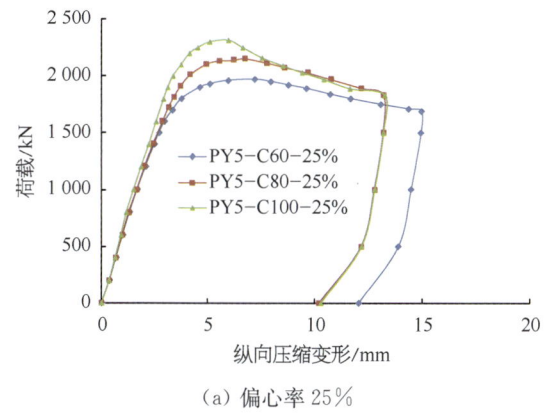
(a) 偏心率 25%

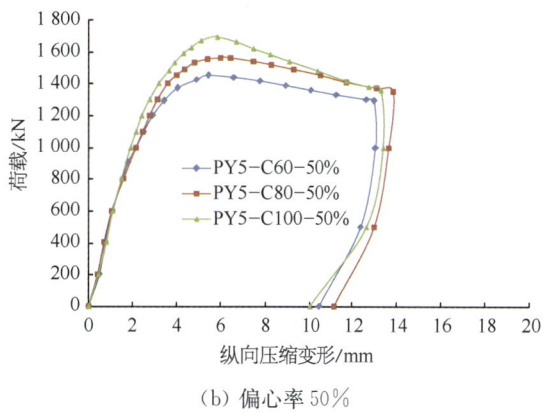
(b) 偏心率 50%

图 6-98 不同偏心率试件 N-δ 曲线

6.2.3.3 荷载-侧向挠度关系分析

偏压加载荷载-侧向挠度关系曲线（N-ω 曲线）如图 6-99 所示。由沿试件高度方向的侧向变形可以看到，在偏心加载过程中，试件逐渐沿侧向发生弯曲变形。部分试件在加载初期，靠近端部位置侧向变形较大，随荷载持续增加，中部侧向变形逐渐增大，最后试件弯曲变形发展成"正弦波"型。

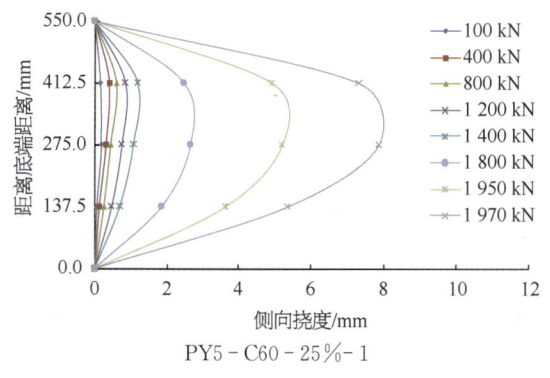

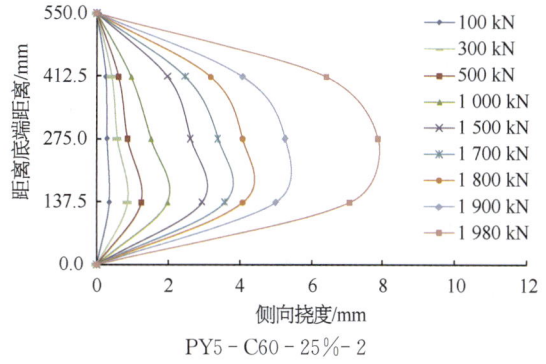

(a) PY5-C60-25%组

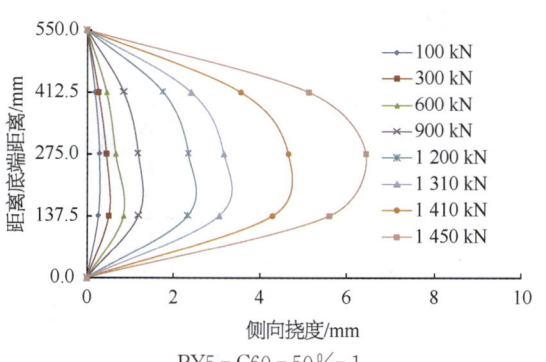

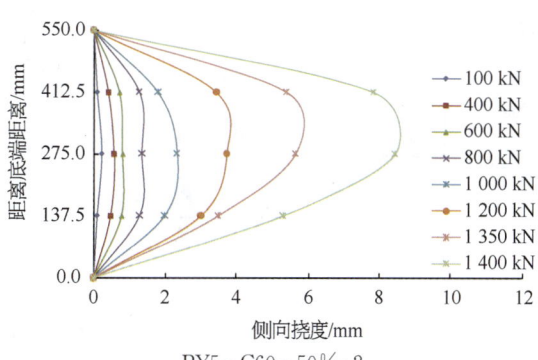

(b) PY5-C60-50%组

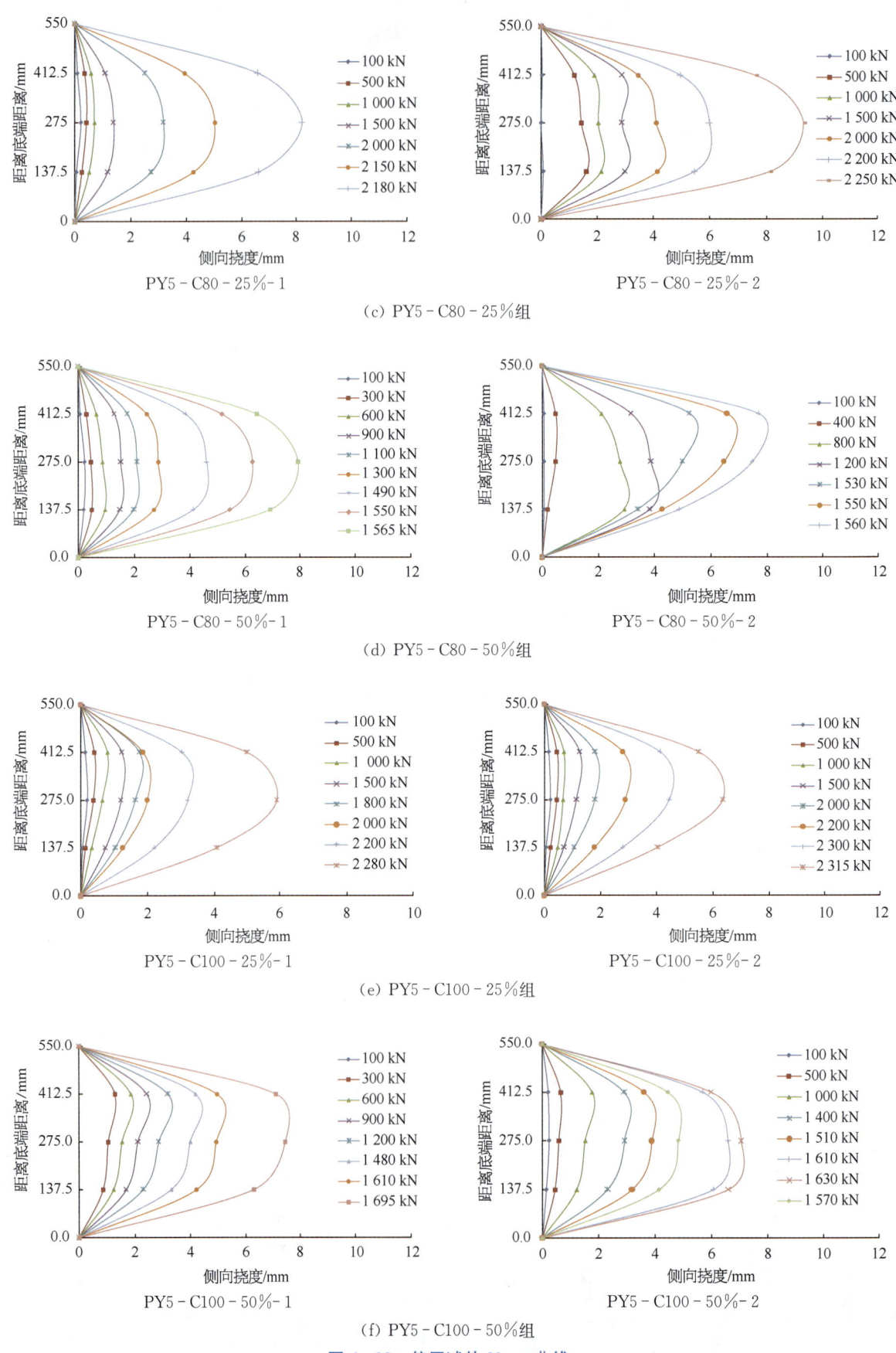

图 6-99 偏压试件 N-ω 曲线

图 6-100 为实测的荷载-试件中部侧向挠度变化曲线。可以看出,加载初期侧向挠度较小,发展较缓慢,且偏心率越小,挠度越小。随荷载增加,挠度增长加快,偏心率越大,挠度增长越快。达到极限荷载后,挠度增速加快,承载力缓慢下降,偏心率越大,承载力降幅越缓。另外,由图 6-101 可以看到,C60、C80、C100 三种强度等级钢管混凝土试件在不同偏心率下的荷载-中部侧向挠度曲线初始斜率变化很小,表明混凝土强度对偏心荷载作用下试件的弯曲刚度影响较小。此外,混凝土强度等级越高,偏心荷载作用下的承载力越高,但极限荷载后曲线下降趋势相对更明显。

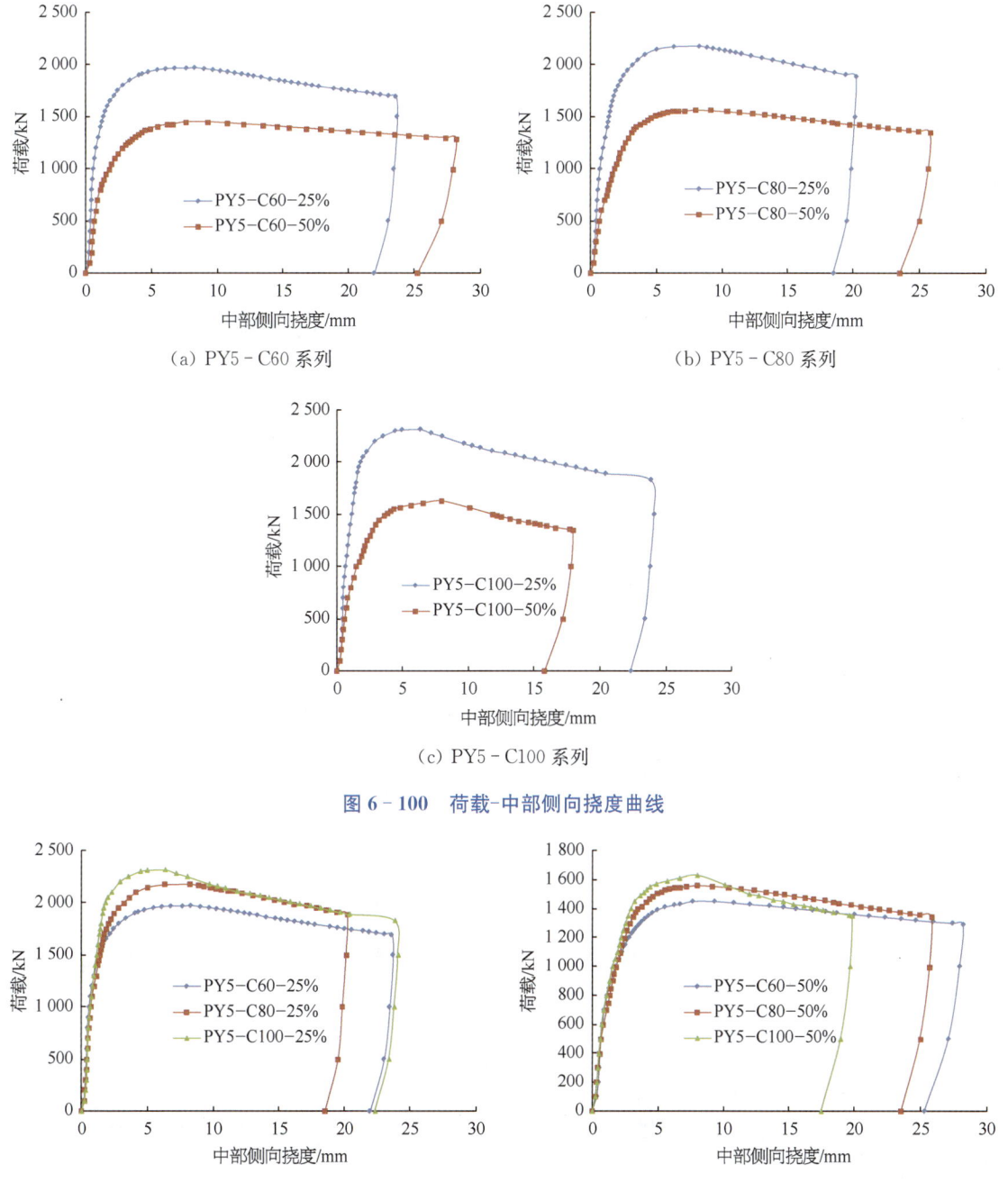

图 6-100 荷载-中部侧向挠度曲线

图 6-101 不同偏心率试件的荷载-中部侧向挠度曲线对比

分析各试件的挠度延性系数见表 6-21,本次试验测得的 C60、C80、C100 三种强度等级钢管混凝土试件在偏压荷载作用下的挠度延性系数均大于 7.4,具有很好的弯曲延性。同时也可以看到,混凝土强度等级越高,偏心率越小,试件的延性系数越小。

表 6-21 偏心受压跨中挠度延性系数分析

试件编号	α_s/%	f_{cu}/MPa	ξ	ξ_0	ξ_t	ω_y/mm	ω_u/mm	β_ω
YD5-C60-25%	13.87	80.3	1.41	1.83	1.29	2.16	23.01	10.7
YD5-C60-50%	13.87	80.3	1.41	1.83	1.29	2.24	28.17	12.6
YD5-C80-25%	13.87	95.9	1.22	1.59	1.16	2.26	19.43	8.6
YD5-C80-50%	13.87	95.9	1.22	1.59	1.16	2.66	24.86	9.3
YD5-C100-25%	13.87	115.2	1.08	1.40	1.08	1.98	16.77	7.4
YD5-C100-50%	13.87	115.2	1.08	1.40	1.08	2.16	18.25	8.4

6.2.3.4 截面应变分布与发展

C60、C80、C100 三种强度等级钢管混凝土试件在偏压荷载作用下中间截面的应变发展过程如图 6-102～图 6-104 所示，可以看到各试件中间截面的应变发展基本符合平截面假定。

偏心率为 25% 时，三种强度等级钢管混凝土试件在加载初期均为全截面受压，且近侧应变增长幅度较远侧大。应力增加到 60 MPa 左右时，近侧钢管开始屈服，其压应变增长加快，远侧压应变则逐渐减小，截面中和轴逐渐往远侧发展。90 MPa 左右（占极限强度的 80%～90%）时，近侧受压区钢管已进入塑性阶段，其压应变显著增长，远侧则由受压转变为受拉。达到极限荷载时，截面中心处的钢管已发生屈服；远侧钢管因混凝土强度不同，其应变发展程度也不同。C100 钢管混凝土受压承载力高，其远侧钢管拉应变发展充分；C60 钢管混凝土受压承载力相对较低，其远侧钢管甚至没有屈服。

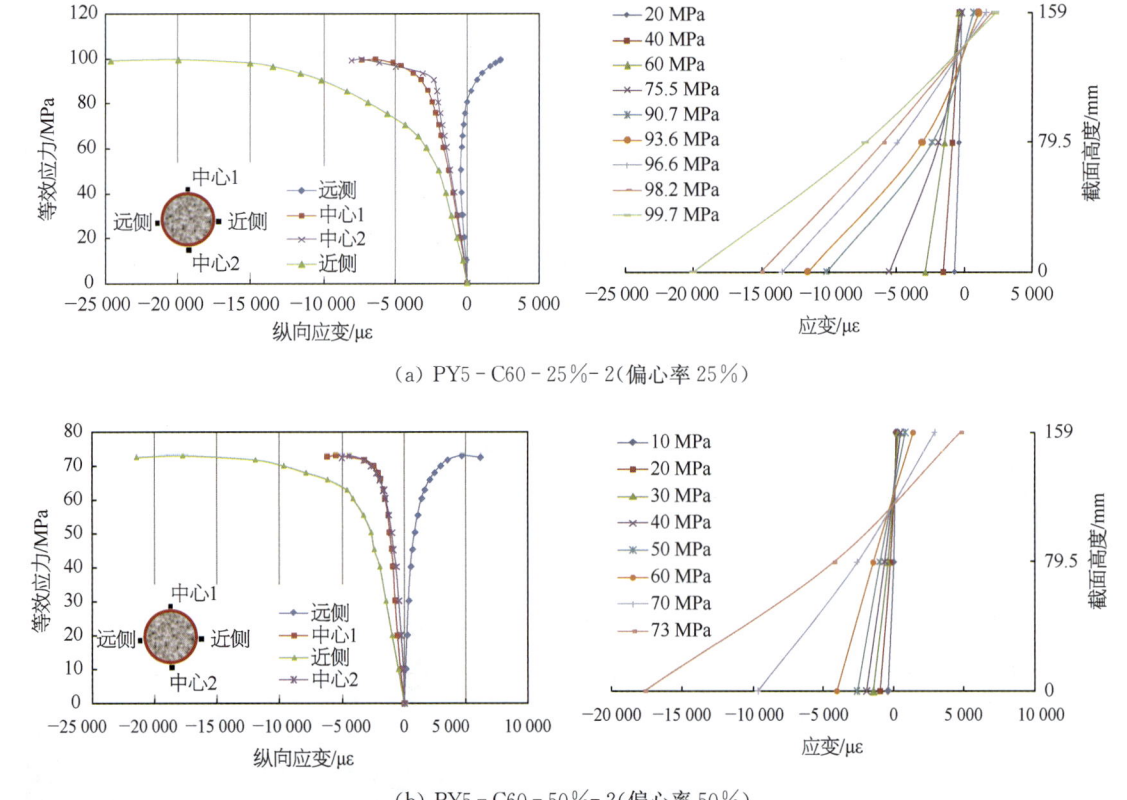

(a) PY5-C60-25%-2（偏心率 25%）

(b) PY5-C60-50%-2（偏心率 50%）

图 6-102 PY5-C60 系列试件截面应变分布与发展

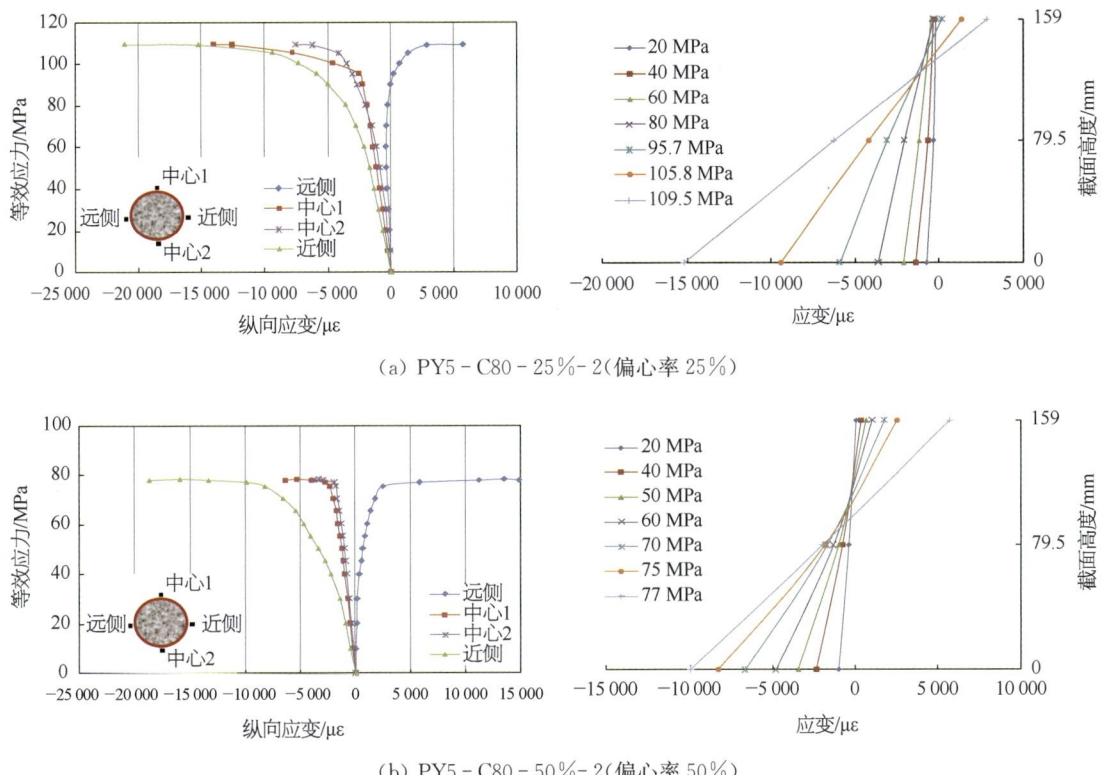

图 6-103 PY5-C80 系列试件截面应变分布与发展

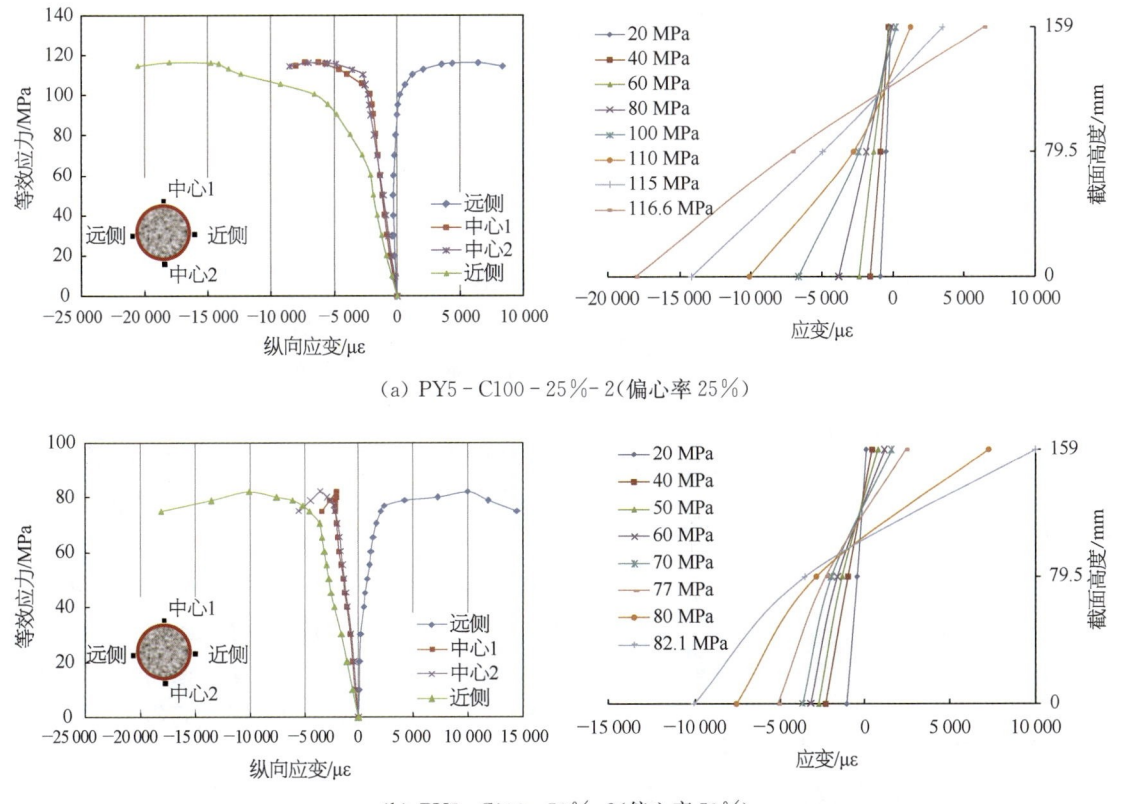

图 6-104 PY5-C100 系列试件截面应变分布与发展

偏心率为50%时,三种强度等级钢管混凝土试件远侧均为受拉、近侧受压,且近侧应变增长较远侧快。应力增加到60 MPa左右时,近侧钢管开始屈服,其压应变增长加快,远侧钢管应变也进入非线性增长。达到极限强度后,远侧受拉区钢管也发生屈服。同样,C100钢管混凝土受压承载力高,其远侧钢管拉应变发展最充分,且接近极限强度时,截面中和轴明显往近侧转移。

6.2.3.5 偏心距对承载力的影响分析

各试件在偏压荷载作用下的承载力测试结果见表6-22,表中数据为2个试件测试结果的平均值。

表6-22的结果表明,偏心荷载作用下,试件的受压承载力较轴压承载力明显降低,偏心率越大,承载力降低越明显,降低幅度如图6-105所示。对比C60、C80、C100三种强度等级钢管混凝土试件,荷

表6-22 偏心受压承载力测试结果分析

试件系列	实测承载力/kN		
	偏心率0%(轴压)	偏心率25%	偏心率50%
PY5-C60	2736.5	1975.0	1425.0
PY5-C80	3082.5	2165.0	1562.5
PY5-C100	3537.0	2297.5	1662.5

载偏心率25%与50%时,PY5-C100系列试件承载力约为轴压承载力的65%与47%,降幅最大;PY5-C80系列试件承载力约为轴压承载力的70%与51%,降幅其次;PY5-C60系列试件承载力约为轴压承载力的72%与52%,降幅最小。但总体来看,混凝土强度越高,钢管混凝土试件的受压承载力越高。C100钢管混凝土试件的轴压与偏压承载力均较C60、C80钢管混凝土试件高,但随偏心率增加,承载力差异逐渐减小。

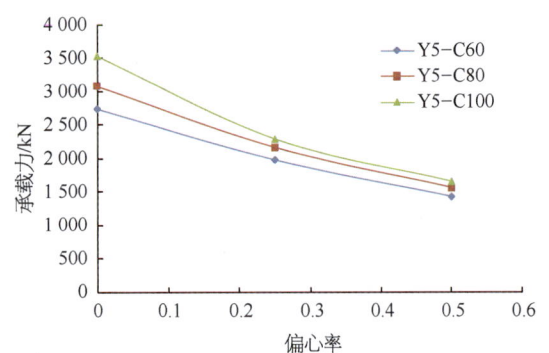 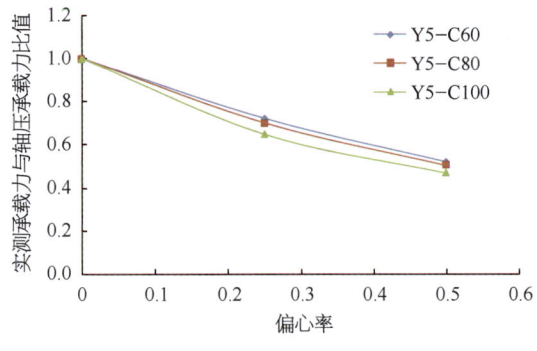

图6-105 不同偏心荷载对钢管混凝土受压承载力的影响

6.2.4 偏心计算方法探讨

按《公路钢管混凝土拱桥设计规范》计算的偏压承载力[式(6-6)]与实测承载力N_{ue}对比见表6-23,表中N_{uc1}与N_{uc2}分别为采用材料设计值与实测值计算结果,组合应力f_{sc}采用《公路钢管混凝土拱桥设计规范》的计算方法,按式(6-3)计算:

$$N \leqslant \varphi_e f_{sc} A_{sc}$$
$$\varphi_e = \frac{1}{1+\frac{1.85e_0}{r}} \quad (6-6)$$

实测承载力与按材料设计值计算承载力之比N_{ue}/N_{uc1}在1.67~1.99,可见规范计算结果安全系数较高。但实测值与按材料实测值计算结果之比N_{ue}/N_{uc2}为0.87~1.00,且混凝土强度越高,比值越

小,表明计算结果高估了超高强钢管混凝土的偏压承载力。按照本试验测试结果,偏心距越大,承载力降低越明显;混凝土强度越高,偏压承载力较轴压承载力降低也越多。因此需要考虑混凝土强度对偏心承载力的影响。PY5-C60组试件实测承载力与按材料实测值计算的承载力较接近,参考钢筋混凝土设计规范,引入混凝土强度折减系数α_e,C60以下混凝土α_e取1.0,C100强度等级混凝土α_e取0.88,中间按线性插值法取值,则超高强钢管混凝土的偏心受压承载力可按式(6-7)计算,其计算值与实测值的比较见表6-24。可见各强度等级钢管混凝土的安全系数较均匀,约为2.0,且计算值与实测值吻合很好。

$$N \leqslant \alpha_e \varphi_e f_{sc} A_{sc}, \quad \varphi_e = \frac{1}{1+\frac{1.85e_0}{r}}$$

表6-23 偏心承载力实测值与规范计算值对比

试件系列	实测值 N_{ue}/kN		式(6-6)计算值				实测值/计算值			
			按设计值计算 N_{uc1}/kN		按实测值计算 N_{uc2}/kN		N_{ue}/N_{uc1}		N_{ue}/N_{uc2}	
	偏心25%	偏心50%	偏心25%	偏心50%	偏心25%	偏心50%	偏心25%	偏心50%	偏心25%	偏心50%
PY5-C60	1975.0	1425.0	990.2	752.3	1970.3	1496.9	1.99	1.89	1.00	0.95
PY5-C80	2165.0	1562.5	1154.0	876.8	2210.6	1679.5	1.88	1.78	0.98	0.93
PY5-C100	2297.5	1662.5	1307.8	993.6	2507.9	1905.4	1.76	1.67	0.92	0.87

表6-24 偏心承载力实测值与推荐方法计算值对比

试件系列	实测值 N_{ue}/kN		式(6-7)计算值				实测值/计算值			
			按设计值计算 N_{uc3}/kN		按实测值计算 N_{uc4}/kN		N_{ue}/N_{uc3}		N_{ue}/N_{uc4}	
	偏心25%	偏心50%	偏心25%	偏心50%	偏心25%	偏心50%	偏心25%	偏心50%	偏心25%	偏心50%
PY5-C60	1975.0	1425.0	990.2	752.3	1970.3	1496.9	1.99	1.89	1.00	0.95
PY5-C80	2165.0	1562.5	1084.8	824.2	2078.0	1578.7	2.00	1.90	1.04	0.99
PY5-C100	2297.5	1662.5	1150.8	874.3	2207.0	1676.7	2.00	1.90	1.04	0.99

$$\alpha_e = \begin{cases} 1.0, & f_{cu,k} \leqslant 60 \\ 0.88, & f_{cu,k} = 100 \\ \text{线性插值}, & 60 < f_{cu,k} < 100 \end{cases} \quad (6-7)$$

6.3 受弯力学性能

6.3.1 试验概况

6.3.1.1 试件设计

如图6-106所示,在主管上焊接加载支管,对主管进行三点受弯试验,研究超高强钢管混凝土的受弯力学性能。受弯试验的主管钢管与轴压试验Y5系列试件一致,钢管外径与壁厚 $D \times T = 159 \text{mm} \times 5 \text{mm}$,支管外径与壁厚为 $d \times t = 89 \text{mm} \times 4.5 \text{mm}$;主管长1100mm,支管高120mm。核心混凝土采用C60、C80和C100三个强度等级,分3组,每组2个试件,构件详细参数见表6-25。

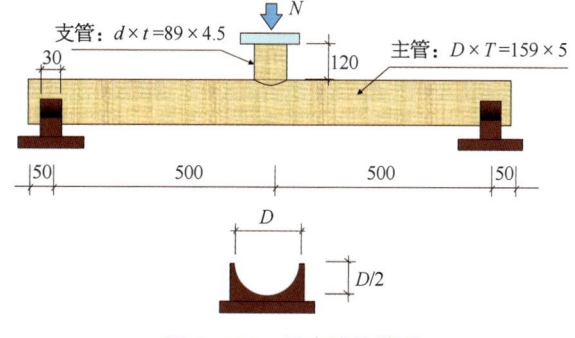

图6-106 受弯试件模型

表6-25 受弯试验构件一览表

试件编号	试件尺寸 $D \times t \times L$/mm	含钢率/%	钢材型号	混凝土强度等级	计算承载力/kN
W5-C60-1/2	159×5×1100	13.87	Q345	C60	342
W5-C80-1/2	159×5×1100	13.87	Q345	C80	360
W5-C100-1/2	159×5×1100	13.87	Q345	C100	382

6.3.1.2 试件制作

支、主管先按要求切割成规定的长度,并按相贯线焊接连接。试件成型后,将主管竖直放置,底端平置,内壁用水润湿,然后在主管内分层灌注混凝土(混凝土配合比、工作性能与力学性能见表6-2)。灌注完毕,将钢管外壁清理干净,灌注口抹平然后用塑料膜密封养护。7d以后将试件放平,将支管填满与主管混凝土同配比的砂浆,端面抹平后密封养护(图6-107)。

(a) 混凝土灌注

(b) 待测试试件

图 6-107　模型试件制作

6.3.2　试验装置与方法

6.3.2.1　试验装置

试验测试在 10 000 kN 液压伺服压力试验机上进行,试验装置如图 6-108 所示。压力机加载端板为 1 000 mm×1 000 mm 方形平台,试件放置在试验机加载端板的对角线上,在加载支管上垫一块厚 30 mm 钢板,支座与试件接触部位垫四氟板。

6.3.2.2　测量内容与测点布置

试验测试分一次加载与反复加载两部分。3 组试件中每组取 1 个,共 3 个试件(W5-C60-2、W5-C80-2、W5-C100-2)进行一次加载测试,另 3 个试件(W5-C60-1、W5-C80-1、W5-C100-1)进行反复加载测试,反复加-卸载累计 4 次。

1) 测试内容

主要测试或观察内容包括:①通过位移传感器测试试件的弯曲变形随荷载增加的变化规律;②采用电阻应变片,测试试件不同截面的纵、横向应变发

(a) 压力机加载端板

(b) 加载示意

图 6-108　试验加载装置

展随荷载增加的变化规律;③观察超高强钢管混凝土受弯破坏特征与破坏过程;④记录钢管表面出现局部变形时的荷载值;⑤记录荷载-变形曲线开始发生非线性变化的荷载值;⑥记录钢管达到极限强度时的荷载值;⑦反复加载时,试件的剩余承载力的变化规律。

2) 测点布置

受弯试验采用三点加载,在加载支管与主管相贯线焊缝周围应力状态较复杂,该区域应变测点应加密,因此在主管跨中截面、靠近支管焊缝附件截面布置应变测点(3-3、4-4、5-5 截面);支座内侧截面、1/4 跨处截面布置应变测点(1-1、2-2、6-6、7-7 截面);支管与主管对应位置也布置应变测点(49、50 号测点),测试支管的应变发展过程,观测支管是否先于主管屈服。具体布置如图 6-109 所示,

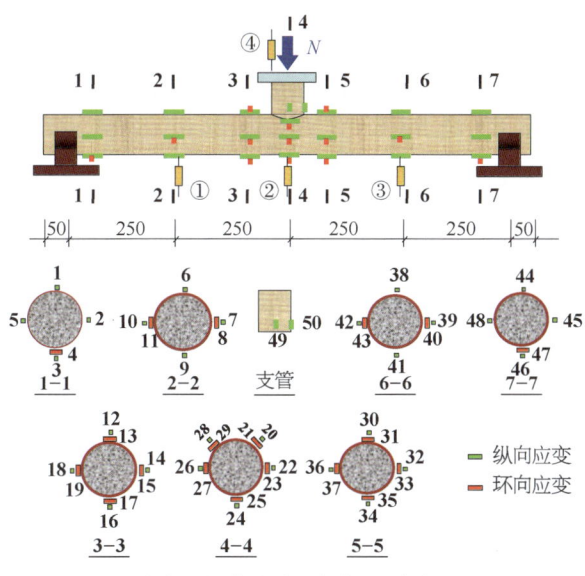
(a) 应变片与位移计测点布置(单位:mm)

(b) 应变片布置

(c) 位移计布置

图 6-109 应变片与位移计布置方案

主管共有 7 个截面布置测点,支管仅在靠近主管部位布置测点,总共 50 个应变测点。

共布置位移计 6 只:支管顶端布置测点,测试加载区域主管的竖向变形;在主管底面跨中、1/4 跨位置布置测点,测试主管的挠度变化曲线;主管两端各布置 1 个测点,测试试件端面钢管与混凝土的相对滑移。

位移与应变均通过静态应变采集仪 JM3812 记录采集,加载速率与荷载值由仪器自动监测记录,并实时绘制荷载-跨中挠度曲线以分析试件的变形发展形态。

6.3.2.3 加载方案

(1) 测试前先进行预加载,预加载值取预计极限荷载的 10%,使试件与支座、垫块之间接触紧密,持荷 3~5 min,观察仪器工作状态,检查是否存在偏心加载。

(2) 加载初期按力控制,采用分级加载。在弹性阶段,每级荷载取预计屈服荷载的 1/10;当荷载-跨中挠度曲线出现非线性特征后,荷载等级取预计屈服荷载的 1/15;每级荷载持荷 2 min,观察试件表面变化状态。试件进入屈服阶段后转换为位移控制,缓慢连续加载,试件完全进入屈服阶段后停机卸载。待试件变形恢复稳定后依次进行第 2~4 次加载,加载方式与第 1 次一致,屈服荷载取上一次卸载时的荷载值。

(3) 卸载控制挠度。一次加载试件,挠跨比 1/25~1/20(跨中挠度 45~50 mm);反复加载试件,第 1 次加载至跨中挠度 25 mm 卸载,第 2~4 次加载至跨中挠度 15 mm 卸载。另出现如下情况之一则停止试验:①主管开裂;②主管严重压陷;③支管严重变形。

6.3.3 试验过程与结果分析

6.3.3.1 试验过程与破坏形态

1) 一次加载

一次加载时,加载初期荷载-跨中挠度曲线呈近似线性增加,如图 6-110 所示,荷载增加到 100 kN 左右时,由于受拉区混凝土开裂,荷载-跨中挠度曲线有轻微转折,随后继续呈近似线性增长,钢管外壁基本无变化。荷载增加到 220 kN 左右时加载支管周围主管外壁颜色变深,荷载-跨中曲线呈现非线性增长,挠度增长速度较荷载增速快。荷载增加到 300 kN 左右时,荷载增加明显减缓但挠度增长加快,能听到管内混凝土破坏声响,随加载进行,混凝土破坏声响持续发生,主管纵向靠近加载支管区域逐渐出现鼓屈。荷载持续缓慢增加,最后因跨中挠度变形过大而停机卸载(挠跨比达 1/25)。试件最终典型破坏形态如图 6-111 所示,试件弯曲变形较明显,与加载支管相交的主管周围有稍许局部鼓屈。可见钢管混凝土试件的受弯破坏特征与空钢管试件差异明显,空钢管试件整体弯曲变形较小,主要因加载支管周围主管局部压陷屈曲(图 6-112)而破坏,而填充混凝土后,试件整体弯曲变形较明显,仅在受压区有轻微局部鼓屈。

试验测得的 3 个试件一次加载最终破坏形态与局部破坏特征如图 6-113 所示。

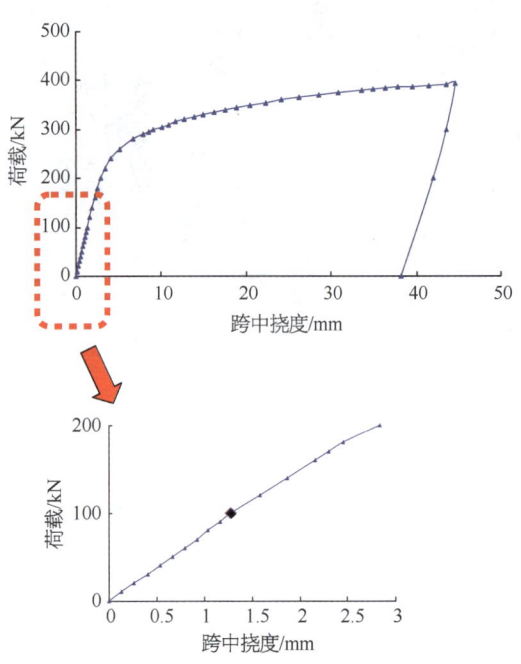

图 6-110 典型荷载-跨中挠度曲线

图 6-111 典型受弯破坏形态

图 6-112 空钢管试件受弯典型破坏形态

(a) W5-C60-2

(b) W5-C80-2

(c) W5-C100-2

图 6-113 一次加载试件最终受弯破坏形态

2) 反复加载

反复加载的试件，第 1 次加载时，试件破坏过程与发展形态与第 1 次加载试验一致。第 2~4 次加载时，荷载-挠度曲线沿上一次的卸载路径上升，接近上一次的卸载荷载时，有混凝土破坏声响，随后曲线出现转折，荷载增长缓慢而挠度快速增加，如图 6-114 所示。反复加载过程中，主管跨中累积弯曲变形逐渐增加，且主管沿加载支管周边的部位鼓屈逐渐明显，如图 6-115 所示。

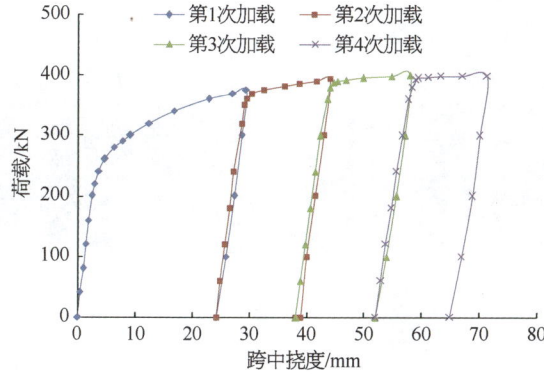
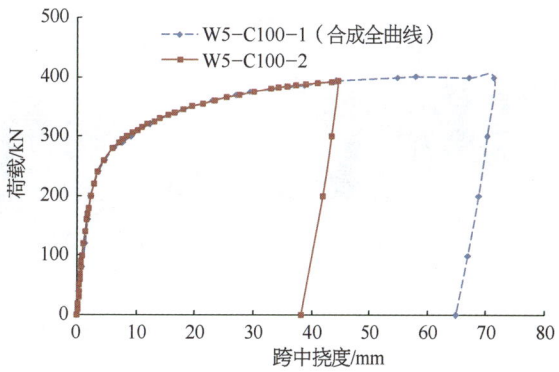

图 6-114 反复加载典型荷载-跨中挠度曲线

(a) W5-C60-1

(b) W5-C80-1

(c) W5-C100-1

图 6-115 反复加载受弯破坏过程与破坏形态

6.3.3.2 荷载-挠度变形分析

一次加载荷载-跨中挠度曲线（$P-\omega$ 曲线）如图 6-116 所示。C60、C80 和 C100 三种强度等级钢管混凝土试件的 $P-\omega$ 曲线非常相似，在弹性阶段基本重合，试件屈服后曲线均缓慢增长，如图 6-116a 所示，其中 C100 钢管混凝土试件 $P-\omega$ 曲线较 C60、C80 钢管混凝土试件略高。可见混凝土强度对钢管混凝土的抗弯刚度与屈服后的弯曲变形性能影响较小。另外，由图 6-116b 可以看出，试件跨中截面顶部与底部挠度发展基本同步，表明截面平面内没有发生压缩变形，完整性较好。不同于空钢管试件，

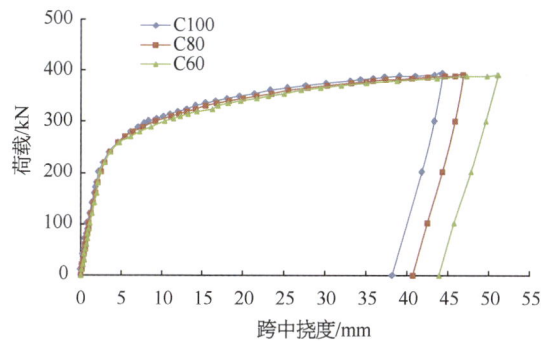

(a) 不同强度等级 $P-\omega$ 曲线对比

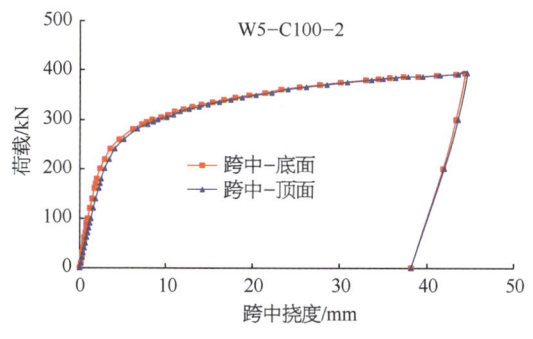

(b) 跨中截面顶部与底面挠度对比

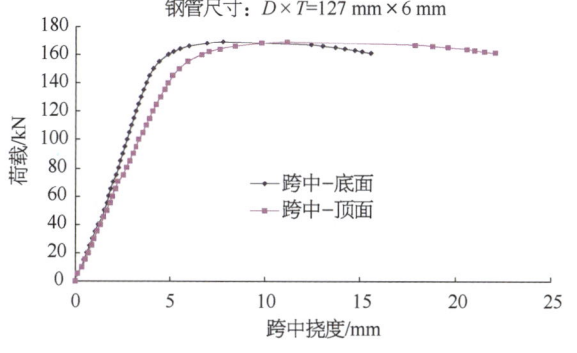

(c) 空钢管跨中截面顶部与底面挠度对比

图 6-116 一次加载 $P-\omega$ 曲线

(a) 钢管混凝土试件

(b) 空钢管试件

图 6-117 钢管混凝土试件与空钢管试件受弯破坏形态对比

三点受弯屈服后主管跨中顶面压陷明显，截面不再保持圆形，完整性较差，如图 6-117 所示。由此可见，混凝土的填充增强了钢管截面刚度，阻止了截面压陷屈曲，改变了试件受弯破坏形态，有效提升了其弯曲变形能力。此外，测得的 $P-\omega$ 曲线没有下降段，试件屈服后，虽然跨中挠度增长较快，但承载力呈持续缓慢上升趋势，具有很好的弯曲延性性能。

反复加载试件的 $P-\omega$ 曲线如图 6-118 所示。受弯试件经历 4 次反复加-卸载，将各次加载测得的 $P-\omega$ 曲线合成，获得的曲线与一次加载的 $P-\omega$ 曲线基本一致。与轴压反复加载一样，反复加载也不影响受弯构件的力学性能。同样的，C60、C80 和 C100 三种强度等级钢管混凝土试件，各次加-卸载的 $P-\omega$ 曲线在弹性阶段的斜率与卸载后曲线恢复段的斜率基本相同，表明试件弹性阶段的弯曲刚度与试验结束时的卸载刚度一致。试件受弯屈服后再次受荷，承载能力没有下降，且构件的抗弯刚度也没有衰减。

(a) W5 - C60 - 1

(b) W5 - C80 - 1

(c) W5 - C100 - 1

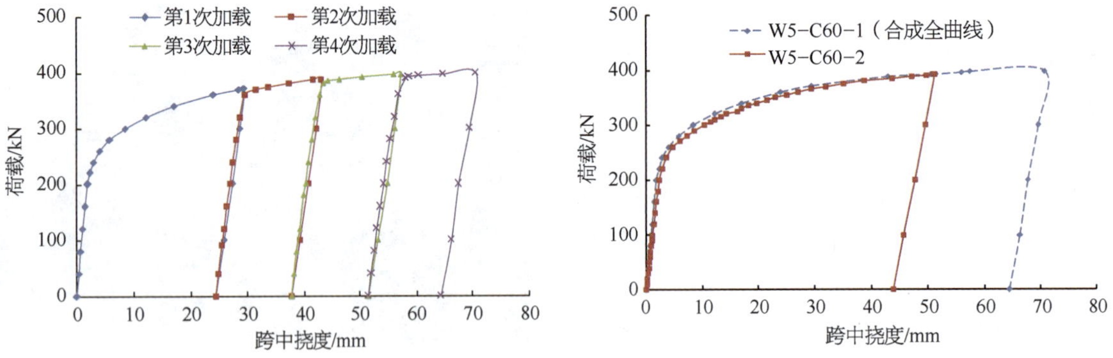

图 6 - 118　反复加载荷载-跨中挠度曲线

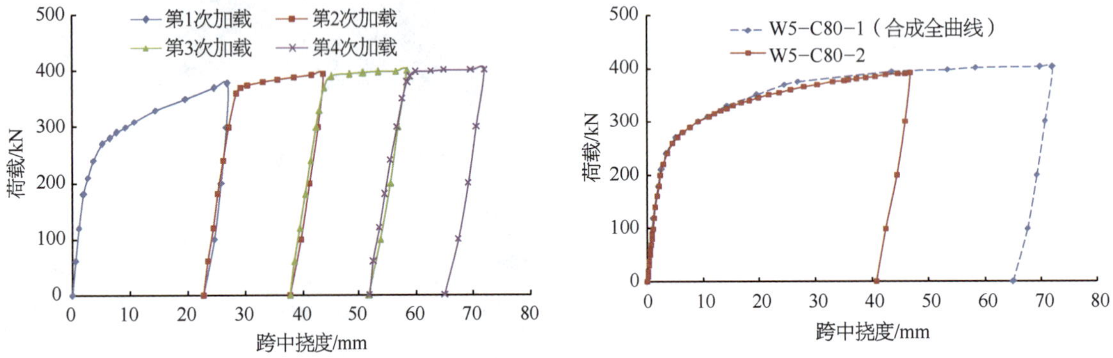

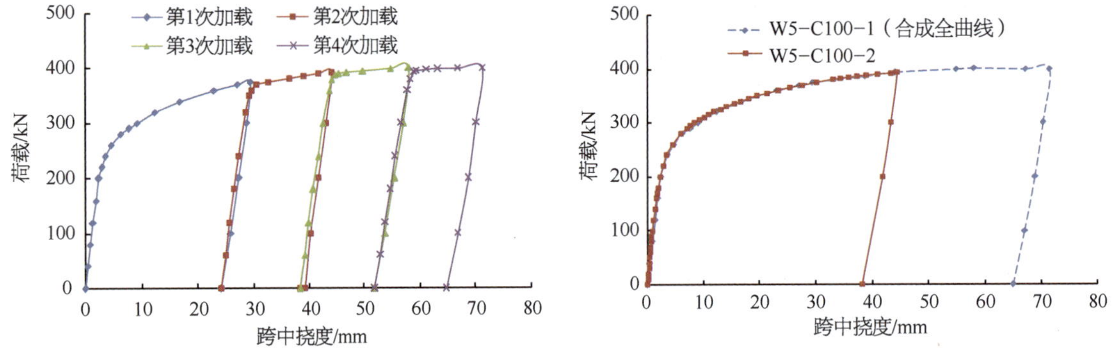

各级荷载作用下，挠度沿试件长度方向分布与发展，如图 6 - 119 所示。随荷载增加，挠度逐渐增加，且挠度沿试件长度方向对称分布，跨中挠度最大，两端挠度小，线形稳定且基本符合正弦半波曲线变化规律。

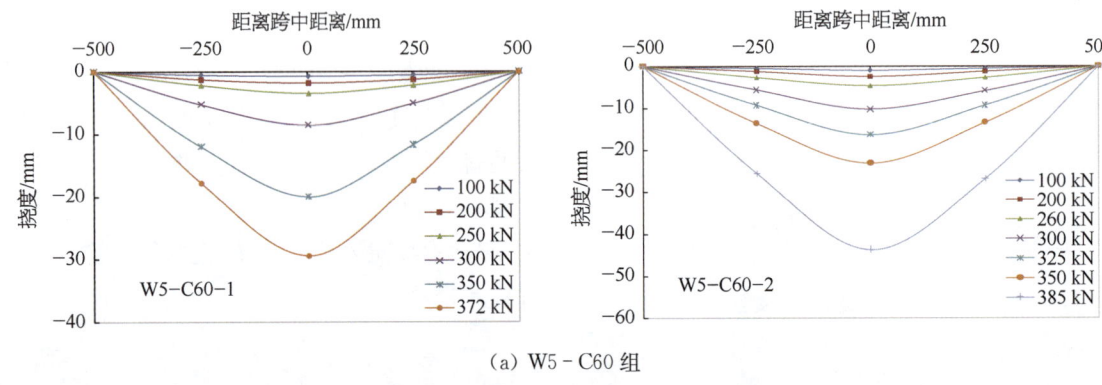

(a) W5 - C60 组

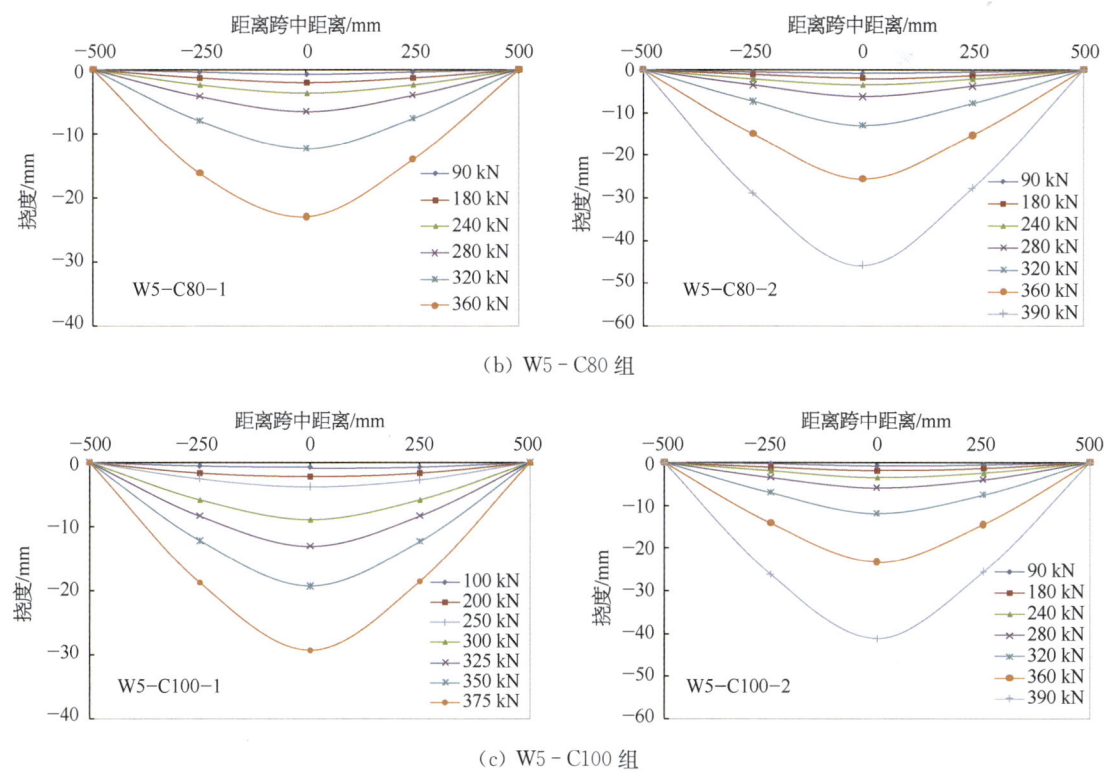

(b) W5-C80 组

(c) W5-C100 组

图 6-119 沿试件长度方向的挠度

6.3.3.3 截面应变分布与发展分析

加载过程中试件弯曲变形对称，C60、C80 和 C100 三种强度等级钢管混凝土试件沿长度方向的实测应变分布也呈对称分布，管内混凝土强度对试件截面应变分布影响较小，因此只取试件的左半跨进行截面应变分布与发展规律分析。

C100 钢管混凝土试件各截面的应变分布与发展过程如图 6-120 所示。随着荷载增加，4 个不同部位的截面应变发展差异明显。整个加载过程中，2-2 截面与 1-1 截面应变较小，处于弹性阶段。荷载增加到 200 kN 时，4-4 截面(跨中截面)底部纵向受拉先屈服，拉应变显著增加，截面中心处拉应变也明显增长，但顶部压应变增长缓慢，此时 3-3 截面底部拉应变也明显增加但没有屈服。荷载增加到 220 kN 时，4-4 截面底部拉应变增长过快而致使应变片失效，截面中心处拉应变也增长迅速，顶部受压区仍处于弹性阶段，截面中性轴上移，基本符合平截面假定，此时 3-3 截面底部拉应变显著增加而进入屈服阶段。荷载增加到 260 kN 时，4-4 截面中心处与 3-3 截面底部拉应变增长过快而致使应变片失效，此时 3-3 截面顶部压应变增长速率加快，开始进入弹塑性变形阶段，截面中性轴上移，仍符合平截面假定。荷载增加到 280 kN 时，3-3 截面顶部受压屈服，截面中心处受拉也进入屈服状态，直到荷载

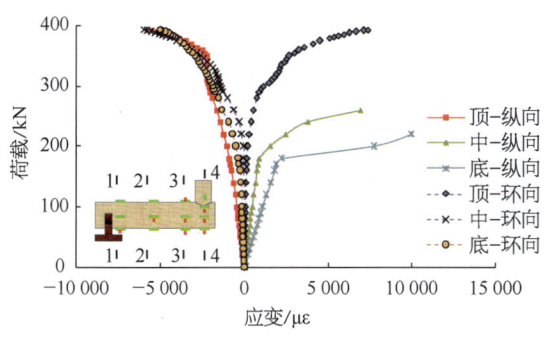
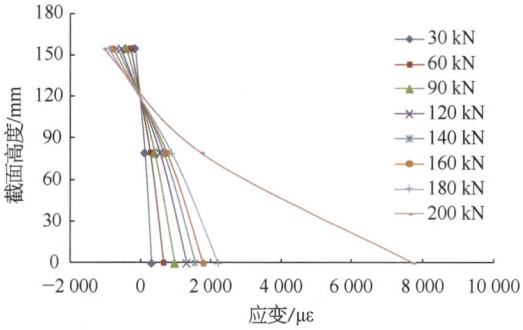

(a) 4-4 截面应变(跨中)

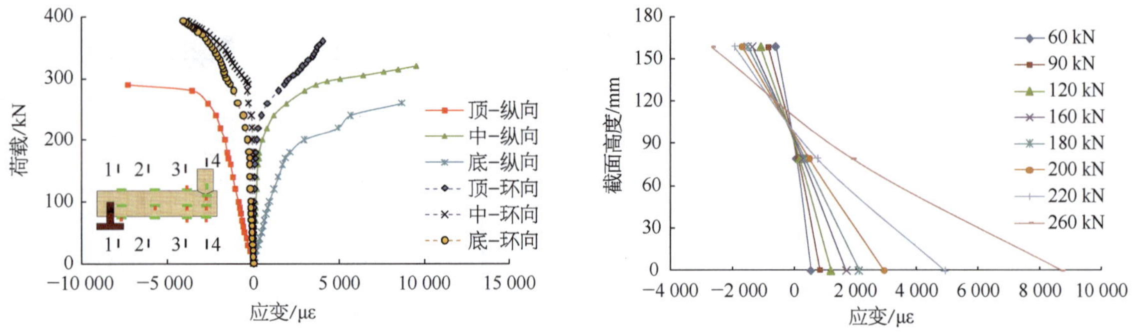

(b) 3-3 截面应变（加载点左侧）

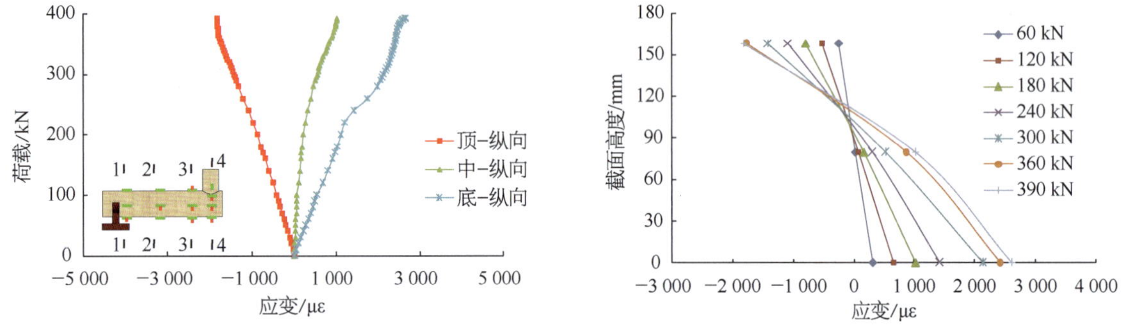

(c) 2-2 截面应变（1/4 跨）

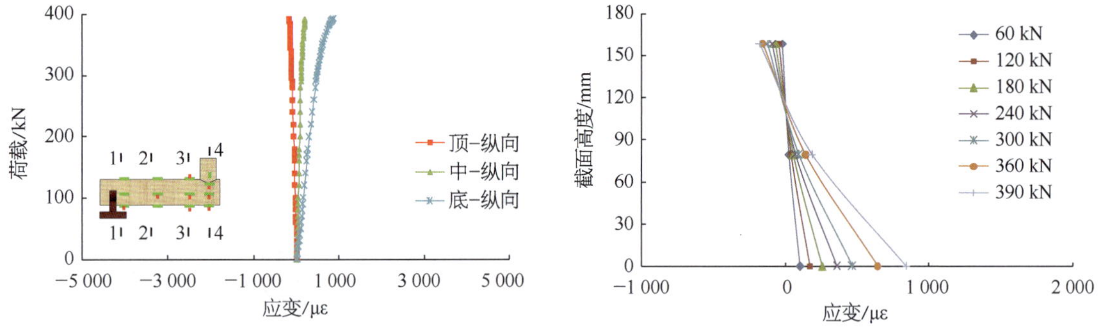

(d) 1-1 截面应变（支座）

图 6-120　W5-C100-2 各截面应变分布与发展过程

增加到 360 kN 左右时，4-4 截面顶部受压才开始进入屈服状态。同时还可以看到，3-3 截面与 4-4 截面分别位于支管与主管相贯线接点的冠点和鞍点，整个加载过程中，3-3 截面顶部压应变较 4-4 截面顶部受压边大，先受压屈服。

C80、C60 钢管混凝土试件截面的应变分布与发展规律与 C100 钢管混凝土试件基本一致，如图 6-121、图 6-122 所示。

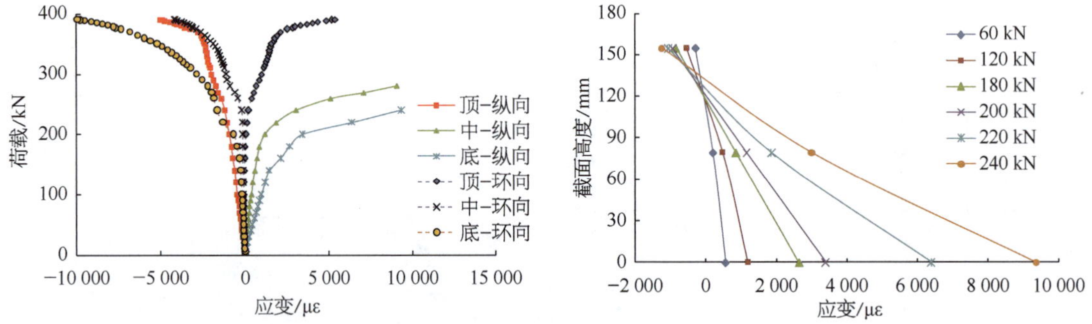

(a) 4-4 截面应变（跨中）

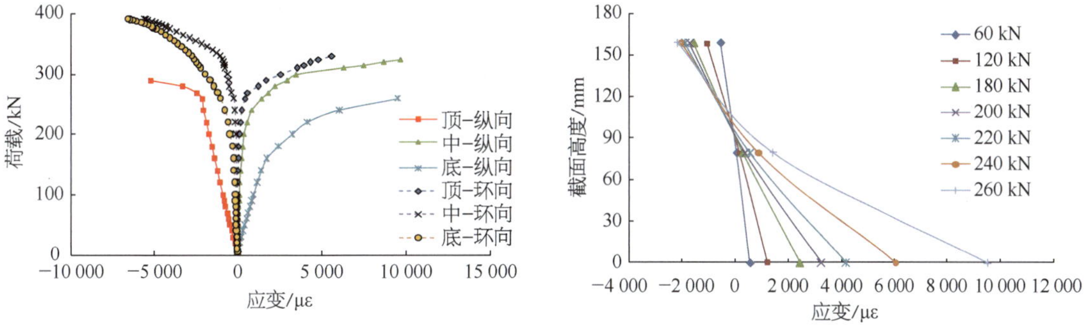

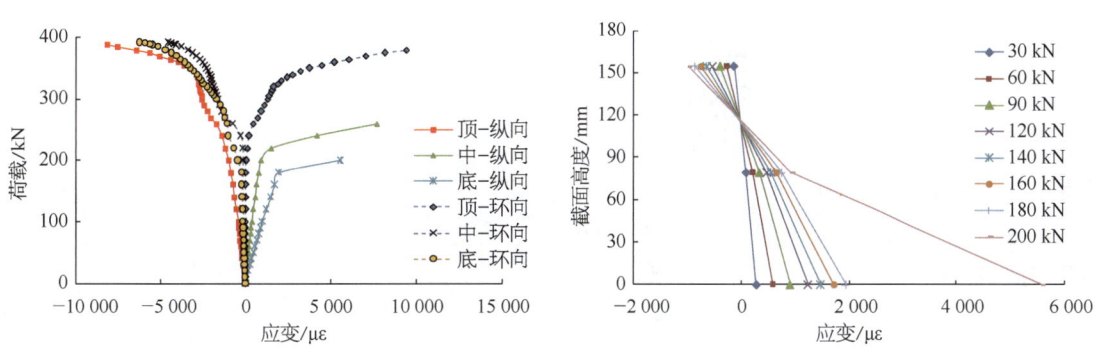

(b) 3-3 截面应变(加载点左侧)

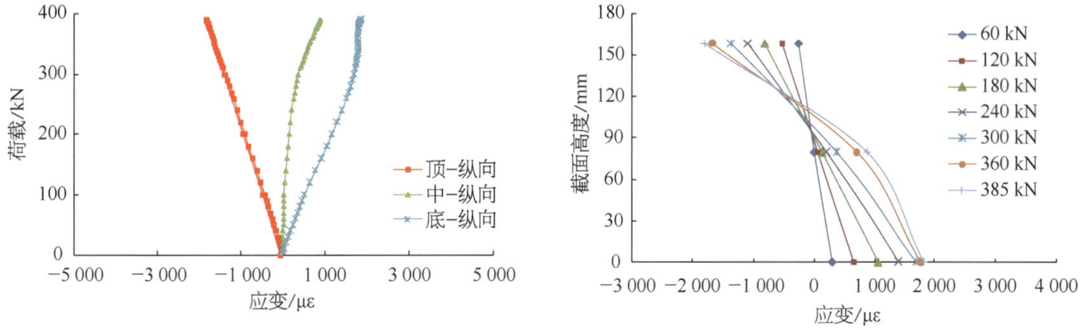

(c) 2-2 截面应变(1/4 跨)

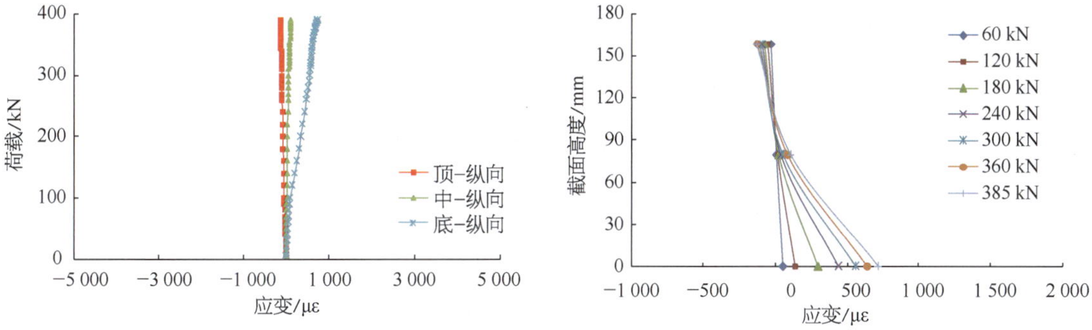

(d) 1-1 截面应变(支座)

图 6-121　W5-C80-2 各截面应变分布与发展过程

(a) 4-4 截面应变(跨中)

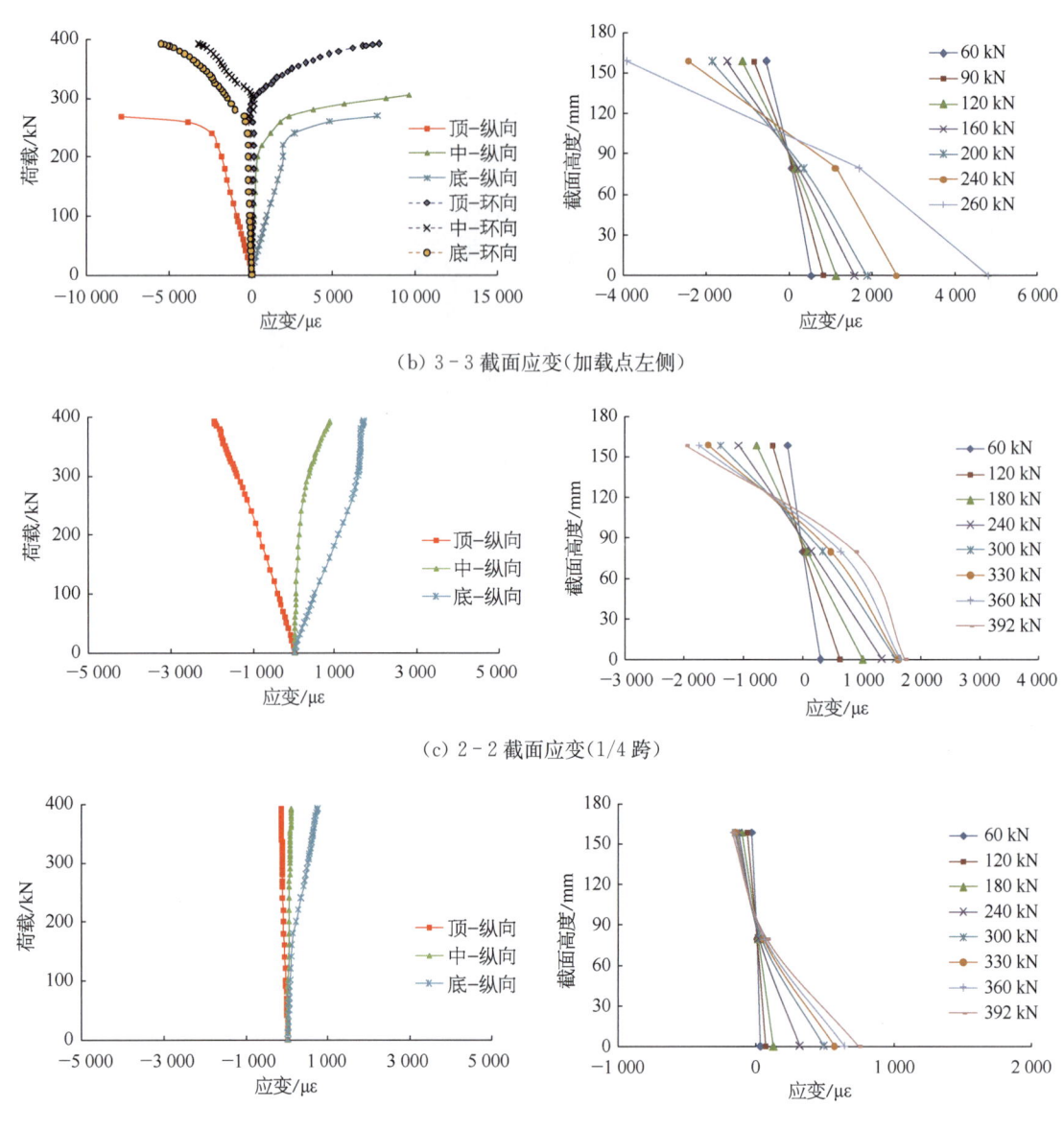

(b) 3-3 截面应变(加载点左侧)

(c) 2-2 截面应变(1/4 跨)

(d) 1-1 截面应变(支座)

图 6-122　W5-C60-2 各截面应变分布与发展过程

6.3.3.4　承载能力分析

1) 一次加载承载力分析

一次加载试件的受弯承载力测试结果见表 6-26,初始屈服荷载取试件整体开始进入弹塑性变形阶段的荷载值。可见 C60、C80 和 C100 三种强度等级钢管混凝土试件,其初始屈服荷载、停机卸载时的荷载均基本一致;挠跨比 1/50 时的荷载随混凝土强度增加略有增加,W5-C100-2 试件较 W5-C80-2 与 W5-C60-2 分别提高 5 kN、10 kN,增长幅度较小。可见核心混凝土强度提高对高强或超高强钢管混凝土的抗弯承载力贡献不大。

表 6-26　一次加载承载力测试结果

试件	实测荷载值/kN		
	初始屈服荷载值	挠跨比 1/50 时荷载值	停机卸载荷载值
W5-C60-2	260	340	392
W5-C80-2	260	345	391
W5-C100-2	260	350	393

2) 反复加载承载力分析

3 个反复加载试验的受弯承载力测试结果见表 6-27,由于试件受弯屈服后承载力呈持续缓慢上升趋势,表中荷载值均取各次加载的停机卸载值。与一次加载一样,反复加载试件承载力也呈现缓慢上升趋势,且 C60、C80 和 C100 三种强度等级钢管混凝土试件各次加载承载力差异较小。

表 6-27 反复加载承载力测试结果

试件	各次加载卸载荷载/kN			
	第1次加载	第2次加载	第3次加载	第4次加载
W5-C60-1	372	388	397	398
W5-C80-1	375	394	401	402
W5-C100-1	375	393	401	399

6.3.3.5 抗弯承载力计算方法探讨

试验测试结果表明:①超高强钢管混凝土试件受弯屈服前,其截面应变分布仍基本符合平截面假定(图 6-123);②核心混凝土强度提高对高强或超高强钢管混凝土的抗弯承载力贡献不大。

因此,采用前期试验推导的普通钢管混凝土的受弯承载力计算方法[式(6-8)],计算超高强钢管混凝土的抗弯承载力,其计算值与实测值对比见表 6-28:

$$\left.\begin{aligned} M_u &= \frac{2}{3} r^3 f_{sc} \sin^3\theta + r^3 \alpha_s f_y \frac{(\pi - \theta)\sin\theta}{\theta} \\ \theta &= \left(1 - \frac{3 f_{sc}}{4 f_{sc} + 2\alpha_s f_y}\right)\pi \\ f_{sc} &= (1.49 + 0.689 \xi_0) f_{cd} \end{aligned}\right\}$$

(6-8)

式中 r——钢管外壁半径;
α_s——截面含钢率;
θ——中和轴处半径与 y 轴夹角。

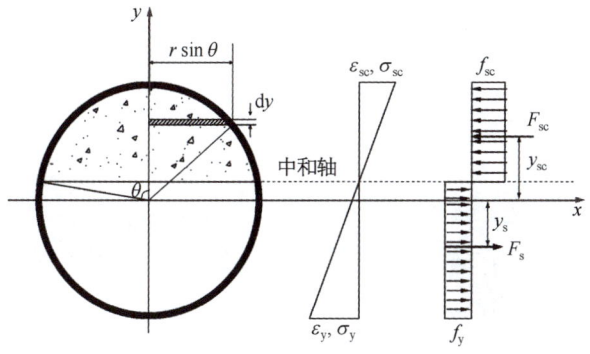

图 6-123 截面应力分布

表 6-28 中 M_{ue} 为根据实测荷载换算的弯矩 $\left(M_u = \frac{P_u l_0}{4}, l_0 = 1000 \text{ mm}\right)$,$M_{uc1}$、$M_{uc2}$ 分别为采用材料设计值、实测值计算的弯矩。可见实测弯矩 M_{ue} 与采用材料设计值计算的弯矩 M_{uc1} 之比 M_{ue}/M_{uc1} 在 1.52~1.71,安全系数较高。实测弯矩 M_{ue} 与采用材料实测值计算的弯矩 M_{uc2} 之比 M_{ue}/M_{uc2} 在 0.97~1.06,极限弯矩计算值与实测弯矩值吻合较好。式(6-8)适用于超高强钢管混凝土抗弯承载力计算。

表 6-28 抗弯承载力计算值与实测值对比

试件	实测值 M_{ue} /(kN·m)	式(6-8)计算值		M_{ue}/M_{uc1}	M_{ue}/M_{uc2}
		M_{uc1}/(kN·m)	M_{uc2}/(kN·m)		
W5-C60-2	85.0	49.6	80.4	1.71	1.06
W5-C80-2	86.3	54.0	85.1	1.60	1.01
W5-C100-2	87.5	57.6	90.3	1.52	0.97

6.4 受剪力学性能

6.4.1 试验概况

6.4.1.1 试件设计

采用三点加载进行受剪试验,研究超高强钢管混凝土的受剪力学行为。受剪试验的钢管与轴压试验 Y5 系列试件一致,钢管钢材牌号为 Q345(屈服强度 426 MPa,极限强度 585 MPa),核心混凝土强度等级为 C60、C80 和 C100 三种。每种强度等级钢管混凝土试件的剪跨包括 20 mm、60 mm、90 mm 与 120 mm 四种,如图 6-124 所示,相应试件的总长度为 200 mm、300 mm、350 mm 与 450 mm,剪跨比 λ 为 0.126、0.377、0.566 与 0.755,各构件详细试验参数见表 6-29。此外,针对剪跨为 20 mm 的试件,制作同类型空钢管试件与混凝土试件进行受剪试验,对比空钢管、混凝土、钢管混凝土三类构件的受剪力学性能差异。

6.4.1.2 试件制作

钢管加工制作与轴压试验中 Y5 系列试件一致,采用机械自动切割,保证钢管两端的平整度。C60、C80、C100 三组混凝土的配合比、工作性能与力学性能见表 6-2。浇筑与养护方式也与轴压试件一致。

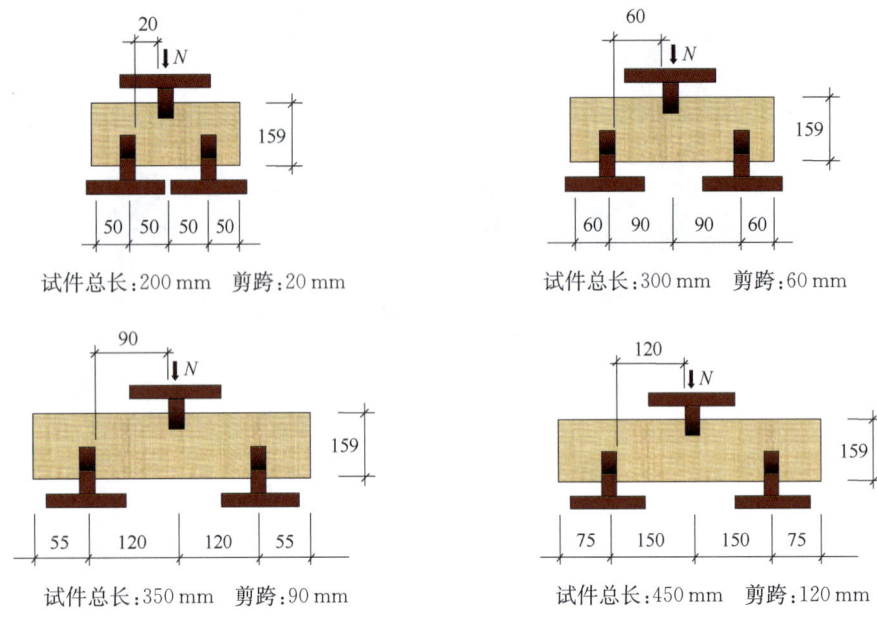

图 6-124 受剪试件示意图(混凝土强度等级为 C60、C80、C100)(单位:mm)

表 6-29 受剪试验构件一览表

试件编号	试件尺寸 $D \times T \times L$ /mm	含钢率/%	钢材屈服强度 /MPa	混凝土强度/MPa	剪跨/mm	剪跨比 λ
HJ-C100-20-1/2	149×200			115.2	20	0.134
KGJ-20-1/2	159×5×200	13.87	426		20	0.126
J5-C60-20	159×5×200	13.87	426	80.3	20	0.126
J5-C60-60	159×5×300	13.87	426	80.3	60	0.377
J5-C60-90	159×5×350	13.87	426	80.3	90	0.566
J5-C60-120	159×5×450	13.87	426	80.3	120	0.755
J5-C80-20	159×5×200	13.87	426	95.9	20	0.126
J5-C80-60	159×5×300	13.87	426	95.9	60	0.377
J5-C80-90	159×5×350	13.87	426	95.9	90	0.566
J5-C80-120	159×5×450	13.87	426	95.9	120	0.755
J5-C100-20	159×5×200	13.87	426	115.2	20	0.126
J5-C100-60	159×5×300	13.87	426	115.2	60	0.377
J5-C100-90	159×5×350	13.87	426	115.2	90	0.566
J5-C100-120	159×5×450	13.87	426	115.2	120	0.755

6.4.2 试验装置与方法

6.4.2.1 试验装置

试验测试在 10 000 kN 液压伺服压力试验机上进行,试验装置如图 6-125 所示。试件支座采用圆弧形支座,将圆弧形工装反扣在试件中部进行加载,圆弧形工装、支座的圆弧内径与试件钢管外径一致,圆弧板厚均为 30 mm。支座与试件接触部位垫四氟板。

6.4.2.2 测量内容与测点布置

受剪试验应变片与位移计测点布置如图 6-126 所示。为测试剪跨区域应变分布与发展过程,根据试件长度与加载时剪跨的大小,应变片主要有两种布置方案:剪跨为 20 mm 的试件(加载点到支座中心距离 50 mm),在加载点与支座中间截面及跨中

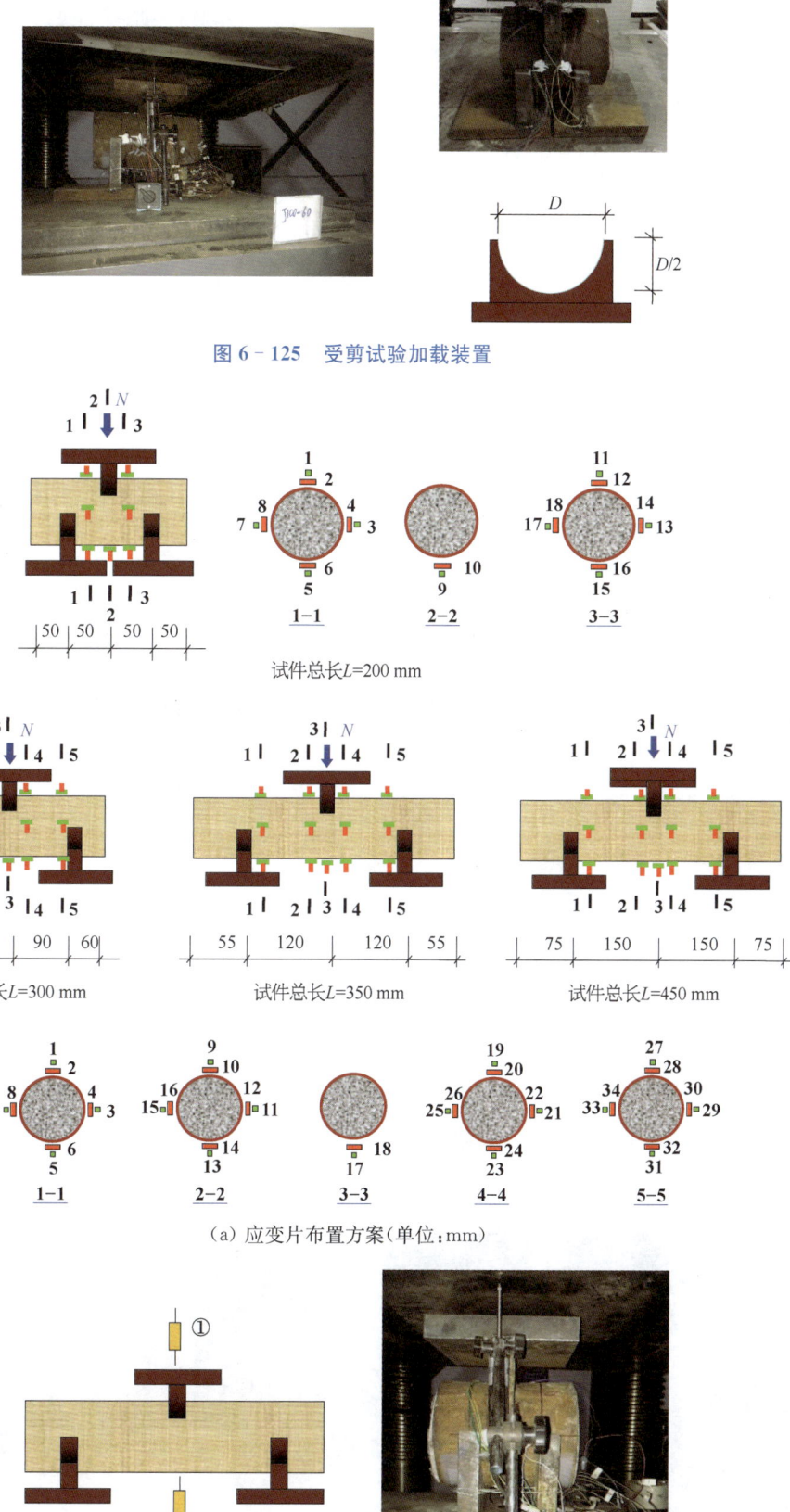

图 6-125 受剪试验加载装置

(a) 应变片布置方案（单位：mm）

(b) 位移计布置方案

图 6-126 受剪试验应变片与位移计测点布置方案

截面布置应变片;剪跨为 60 mm、90 mm、120 mm 的试件,在支座边缘截面、加载点边缘截面及跨中截面布置应变片。在跨中区域底面与顶面均布置位移计,测试加载区域主管的竖向变形。

6.4.2.3 加载方案

(1) 测试前先进行预加载,预加载值取预计极限荷载的 10%,使试件与支座、垫块之间接触紧密,持荷 3~5 min,观察仪器工作状态。

(2) 加载初期按力控制,采用分级加载。在弹性阶段,每级荷载取预计屈服荷载的 1/10;当荷载-跨中挠度曲线出现非线性特征后,荷载等级取预计屈服荷载的 1/15;每级荷载持荷 2 min,观察试件表面变化状态。试件进入屈服阶段后转换为位移控制,缓慢连续加载,试件完全进入屈服阶段后停机卸载。

(3) 卸载准则:①主管开裂;②主管严重压陷;③试验过程中的其他意外。出现上述情况之一时,停机卸载。

6.4.3 试验过程与结果分析

6.4.3.1 试验过程与破坏形态

1) 混凝土试件受剪

取尺寸为 149 mm×200 mm、强度等级为 C100 的素混凝土试件进行受剪测试,剪跨 20 mm (λ=0.134)。受剪破坏形态如图 6-127 所示,与受压破坏一样,其受剪破坏很突然,脆性明显,最后沿试件中部被剪成两半。

图 6-127 素混凝土受剪破坏形态

2) 空钢管试件受剪

取尺寸为 159 mm×5 mm×200 mm 的空钢管试件进行受剪测试,以了解空钢管受剪破坏特征,剪跨 20 mm,λ=0.126,破坏形态如图 6-128 所示。加载初期试件荷载-竖向变形曲线呈近似线性增长,钢管完整性较好。荷载增加至 280 kN 时,荷载-竖向变形曲线出现转折,加载点处钢管顶面开始压陷,随加载继续进行,钢管压陷越来越明显,顶面竖向变形较底面快(图 6-129),且侧面逐渐鼓屈,圆钢管截面完整性逐渐丧失,最终呈"桃心"形。因钢管压陷变形严重而停机卸载,最终破坏形态如图 6-128 所示。

图 6-128 空钢管试件受剪破坏形态

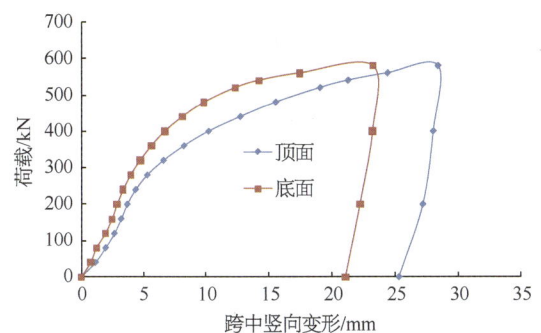

图 6-129 空钢管试件典型荷载-跨中竖向变形曲线

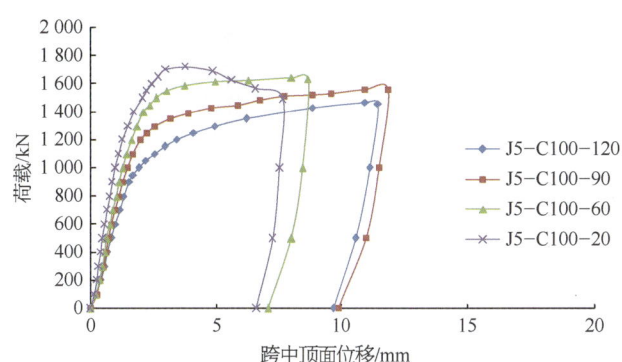

图 6-130 C100 钢管混凝土试件荷载-竖向变形曲线

3) 钢管混凝土试件受剪

C60、C80 和 C100 三种强度等级钢管混凝土试件的受剪破坏过程与破坏模式基本一致。在加载初期,荷载与竖向剪切变形呈线性增加,剪跨越小,试件竖向变形越小(图 6-130)。荷载增加至极限荷载的 70% 左右时,靠近支座(或加载点)处钢管颜色变深,竖向变形速度逐渐加快。接近极限荷载时,J5-C100-20 试件($\lambda=0.126$)靠近加载点处钢管开始出现剪切压痕;而 J5-C100-60、J5-C100-90、J5-C100-120 试件(λ 依次为 0.377、0.566 与 0.755),随剪跨比 λ 增加,钢管顶部的剪切压痕特征依次减弱,整体竖向变形依次增大。各试件最后因钢管局部剪压严重或试件整体竖向变形较大而停机卸载,破坏形态如图 6-131 所示。可以看出,J5-C100-20、J5-C100-60、J5-C100-90、J5-C100-120 试件,钢管表面剪切压痕依次减弱,整体竖向变形依次增大,试件跨中逐渐下挠,出现弯曲变形特征。此外,虽然 J5-C100-20 试件表面有明显剪切压痕,但没有出现图 6-128 中的空钢管顶面压陷、侧面鼓屈破坏现象,其截面完整性较好。可见混凝土的填充有效地改变了试件的受剪破坏模式。

(a) 剪跨 20 mm, $\lambda=0.126$

(b) 剪跨 60 mm, $\lambda=0.377$

(c) 剪跨 90 mm, $\lambda=0.566$

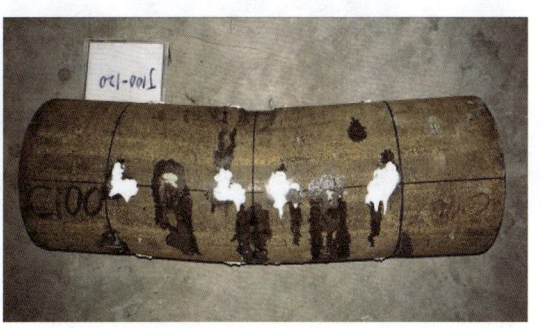

(d) 剪跨 120 mm, $\lambda=0.755$

(e) 不同剪跨比试件对比

图 6-131　C100 钢管混凝土试件受剪破坏形态(一)

此外,如图 6-132 所示,剪跨比较小的试件(剪跨 20 mm,λ＝0.126)端面混凝土还出现劈裂裂缝,且混凝土被明显挤出,钢管表面剪切压痕明显;当剪跨比增加,例如剪跨为 90 mm、λ＝0.566 的试件,端面混凝土挤出程度减弱,压痕较浅。

端面混凝土裂缝

端面混凝土挤出

钢管表面剪切压痕较深

(a) 剪跨 20 mm

端面混凝土挤出

钢管表面剪切压痕较浅

(b) 剪跨 90 mm

图 6-132　C100 钢管混凝土试件受剪破坏形态(二)

C60、C80 钢管混凝土试件的受剪破坏形态如图 6-133、图 6-134 所示。

6.4.3.2　荷载-变形分析

图 6-135 是空钢管试件的荷载-跨中竖向变形

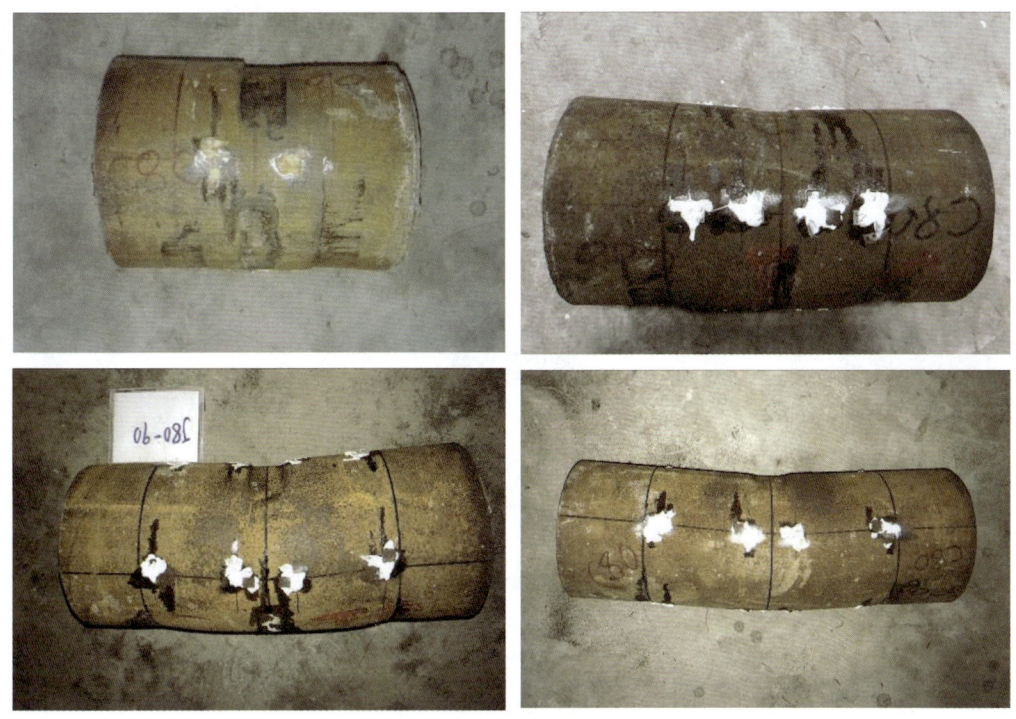

图 6-133 C80 钢管混凝土试件受剪破坏形态

图 6-134 C60 钢管混凝土试件受剪破坏形态

曲线（$P-\omega_v$ 曲线），可以看出空钢管试件由于顶面压陷屈曲，其跨中截面顶部与底部竖向变形明显不同步，顶部竖向变形大于底部。在加载初期，顶面压陷变形较小，截面基本完整、保持稳定；荷载增加到顶面压陷屈曲后，钢管压陷变形加大，顶面变形较底面变形加快，截面逐渐丧失完整性而破坏。

对于 C60、C80 和 C100 三种强度等级钢管混凝土试件，其 $P-\omega_v$ 曲线如图 6-136～图 6-138 所示，试件均存在顶面与底面竖向变形不一致现象，但与空钢管试件相比，变形差明显减小，且随混凝土强

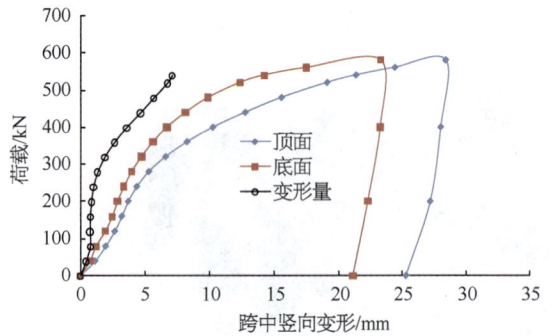

图 6-135　空钢管试件 $P-\omega_v$ 曲线（剪跨 20 mm，$\lambda=0.126$）

度等级提高、剪跨比的增加，变形不一致现象逐渐减弱，甚至消失。混凝土强度相同时，剪跨比越大，试件破坏模式逐渐由剪切破坏向弯曲破坏演变，跨中截面的剪切变形量逐渐减小，顶面与底面的竖向变形差异逐渐减小，截面越完整。当剪跨比相同时，混凝土强度越高，抗剪能力越强，剪切变形量越小，截面保持越完整，顶面与底面的竖向变形差异越小。因此可以看到图 6-138 中，C100 钢管混凝土试件剪跨比达 0.755 时，试件顶面与底面 $P-\omega_v$ 曲线基本同步。

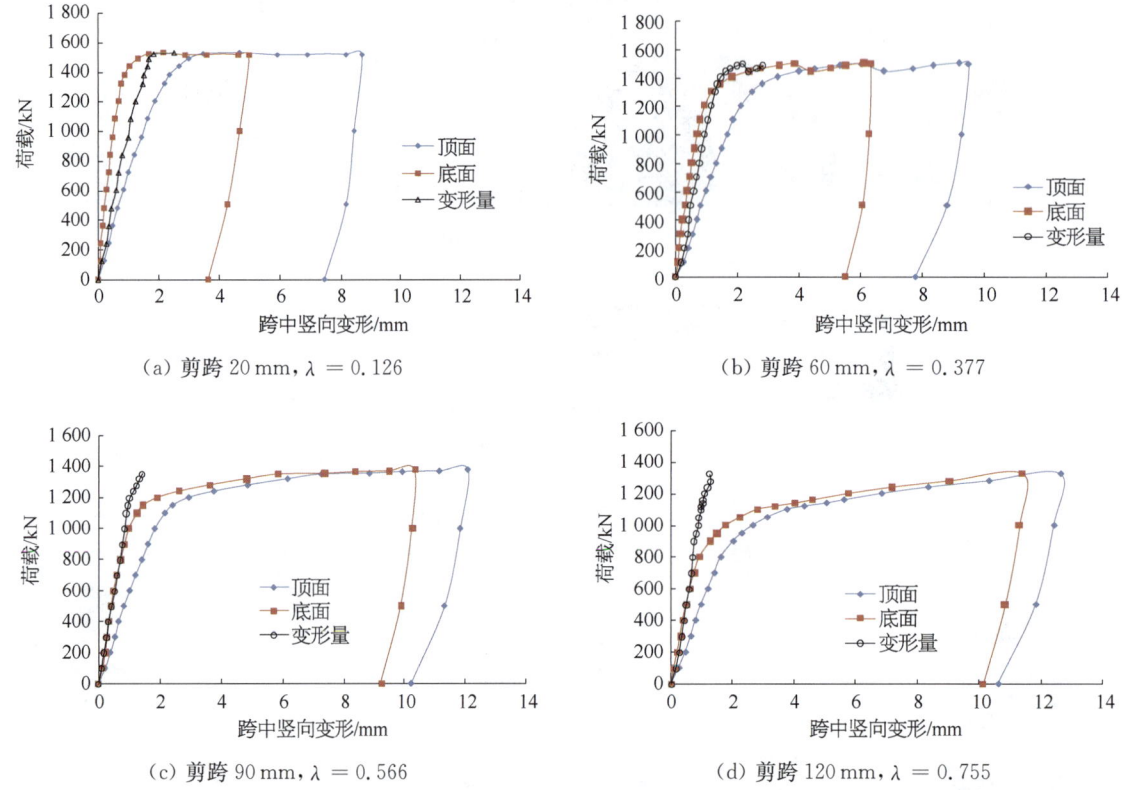

(a) 剪跨 20 mm，$\lambda=0.126$

(b) 剪跨 60 mm，$\lambda=0.377$

(c) 剪跨 90 mm，$\lambda=0.566$

(d) 剪跨 120 mm，$\lambda=0.755$

图 6-136　C60 钢管混凝土试件 $P-\omega_v$ 曲线

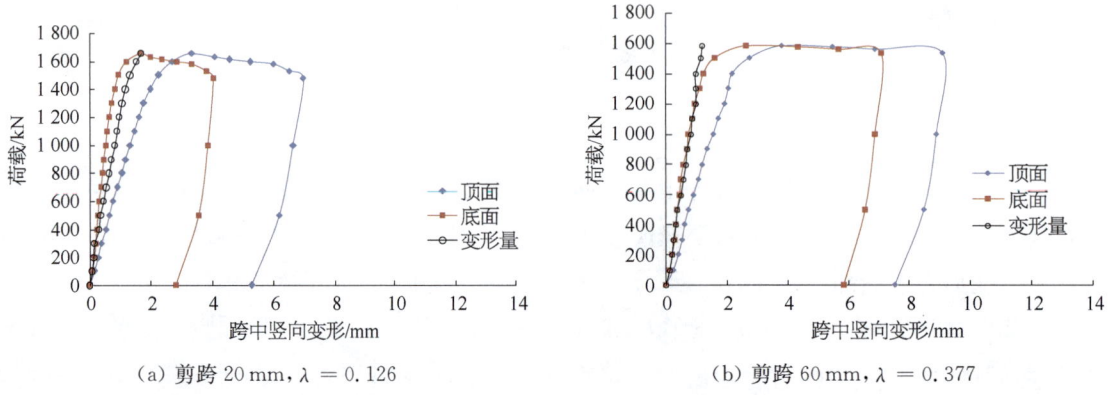

(a) 剪跨 20 mm，$\lambda=0.126$

(b) 剪跨 60 mm，$\lambda=0.377$

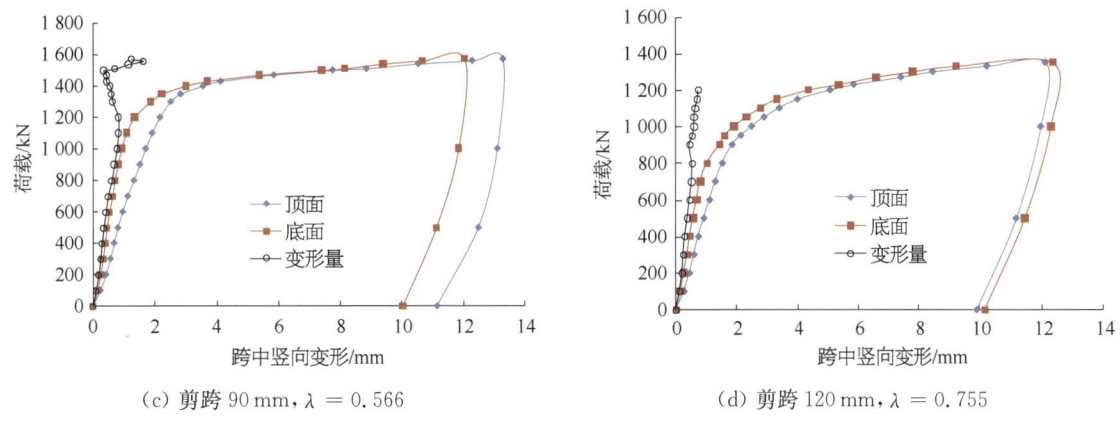

(c) 剪跨 90 mm, $\lambda = 0.566$ (d) 剪跨 120 mm, $\lambda = 0.755$

图 6-137 C80 钢管混凝土试件 $P\text{-}\omega_v$ 曲线

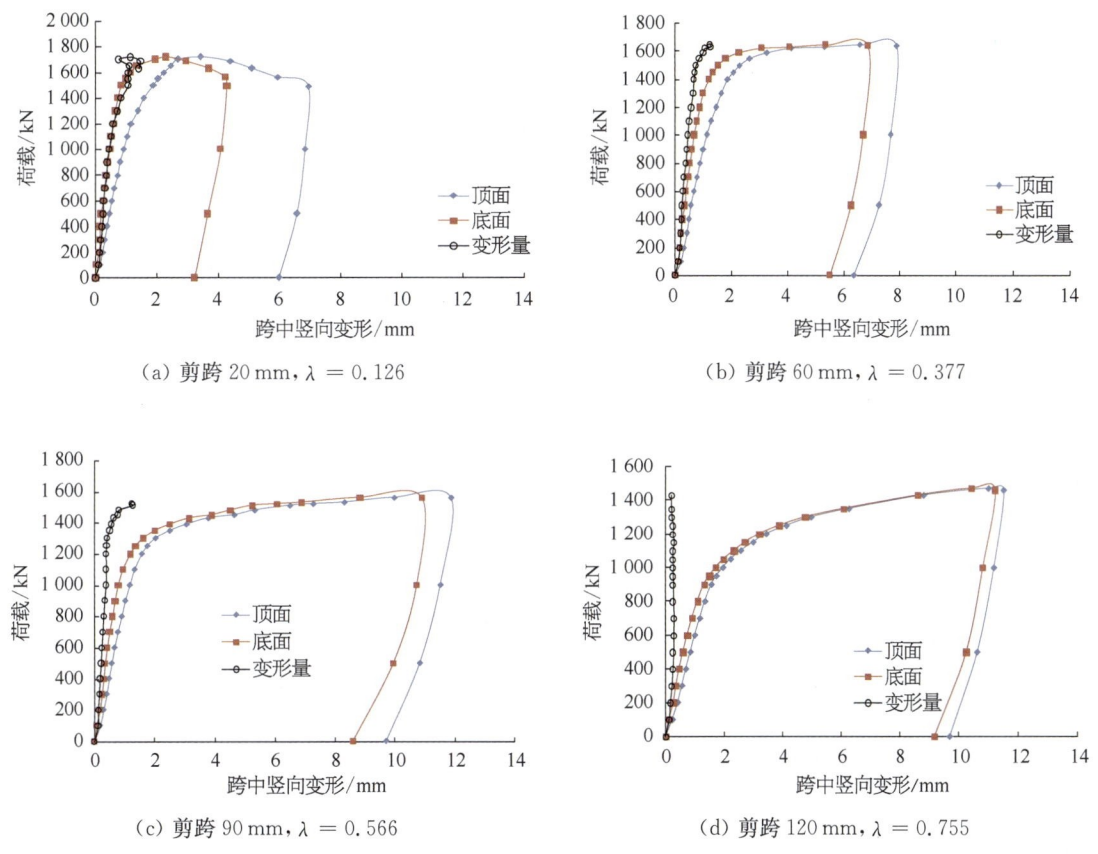

(c) 剪跨 90 mm, $\lambda = 0.566$ (d) 剪跨 120 mm, $\lambda = 0.755$

图 6-138 C100 钢管混凝土试件 $P\text{-}\omega_v$ 曲线

图 6-139 为 C60、C80 和 C100 三种强度等级钢管混凝土试件及空钢管试件的 $P\text{-}\omega_v$ 曲线对比。可以看出,与空钢管相比,钢管混凝土试件的抗剪刚度显著增强。此外,当混凝土强度一致时,随剪跨比 λ 增加,$P\text{-}\omega_v$ 曲线的初始斜率下降,试件抗剪刚度降低。同时,从图 6-140 中可以看出,剪跨比较小时($\lambda = 0.126$),混凝土强度越高,$P\text{-}\omega_v$ 曲线初始斜率越大,试件抗剪刚度越高。但随剪跨比增大,试件逐渐向受弯破坏发展,$P\text{-}\omega_v$ 曲线初始斜率逐渐靠拢,混凝土强度对抗剪刚度的影响减弱,该趋势与 6.3 节受弯构件的测试结果一致。

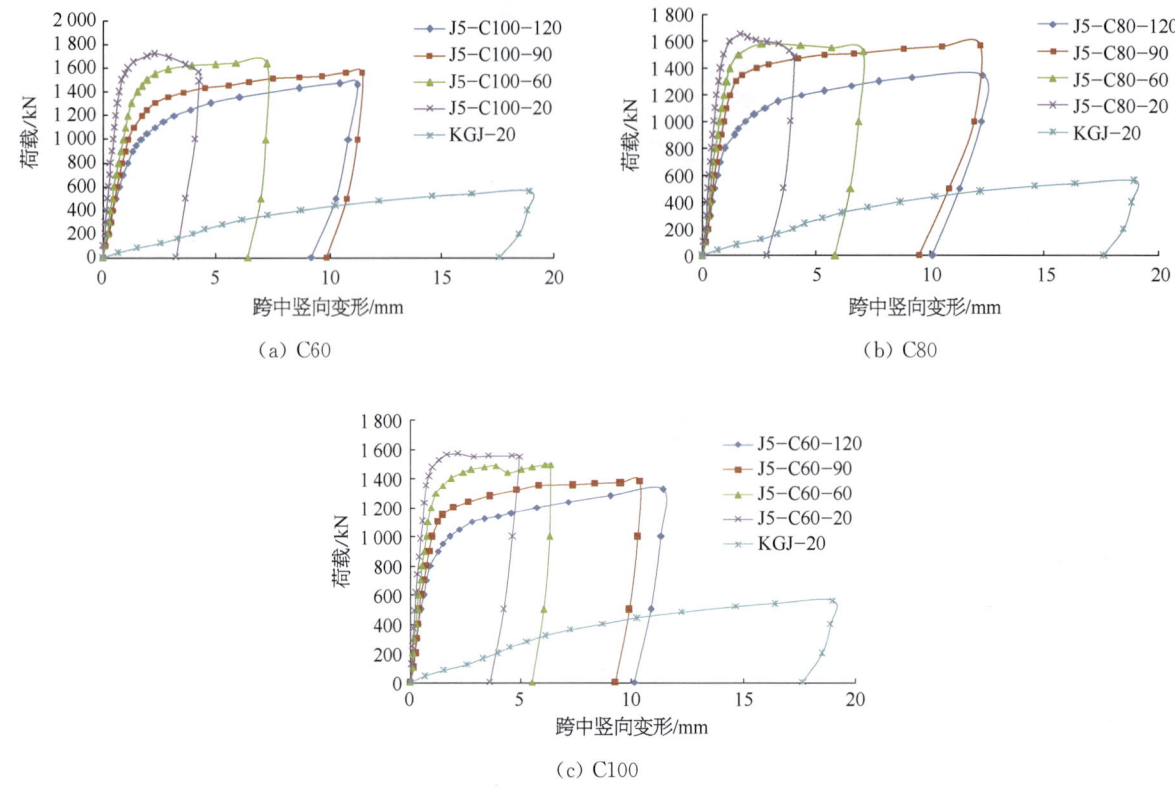

图 6-139 各试件 P-ω_v 曲线对比

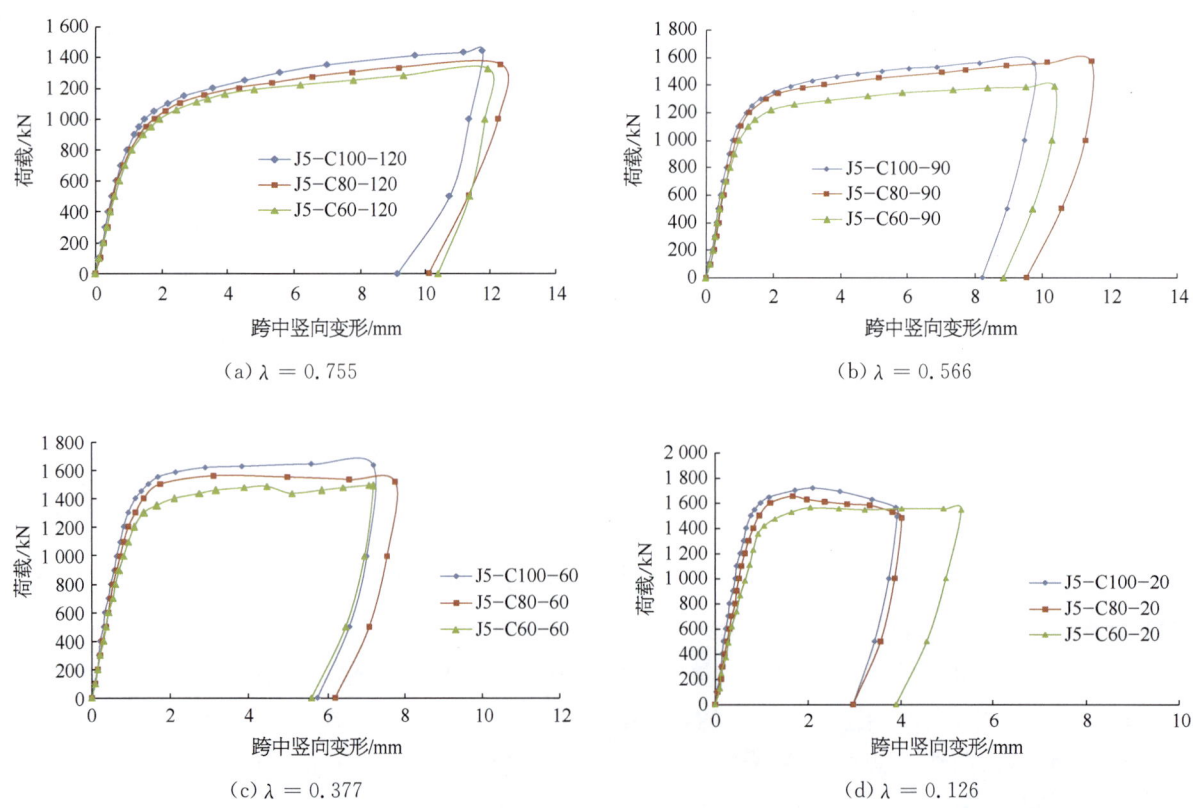

图 6-140 相同剪跨比试件 P-ω_v 曲线对比

6.4.3.3 截面应变分布与发展分析

实测空钢管试件的截面应变发展如图6-141所示。可见荷载很小时,1-1截面中部钢管环向受拉屈曲,说明空钢管中部最先发生局部屈曲;随后,1-1截面中部与顶部纵向受拉屈曲,最后是底部纵向受拉屈曲。且1-1截面底部应变与跨中2-2截面底部应变发展趋势一致。可见空钢管试件破坏主要源于试件中部与顶部的局部屈曲,底部应力发展较慢。因而试件整体变形较小而局部压陷明显。

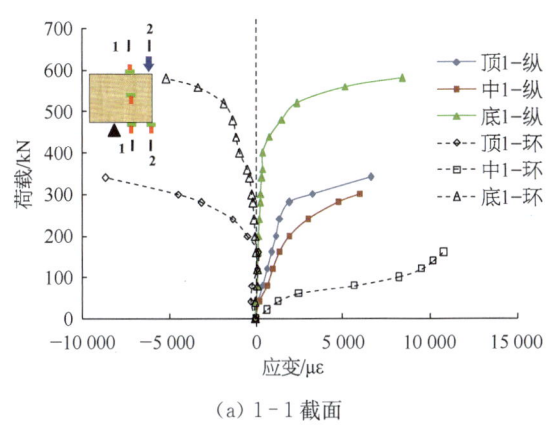
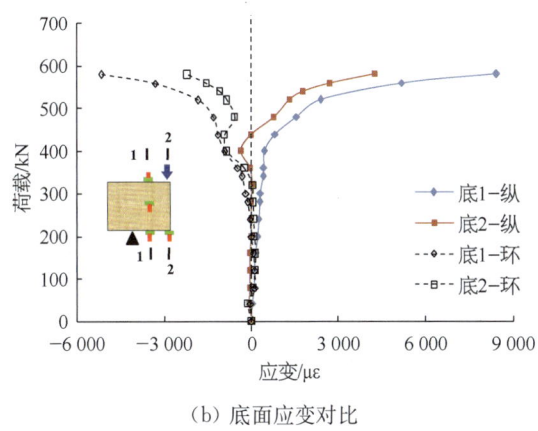

(a) 1-1截面　　　　　　　　　(b) 底面应变对比

图6-141　空钢管试件截面应变(KGJ-20)

C60、C80和C100三种强度等级钢管混凝土试件,在不同剪跨比下的截面应变发展趋势基本一致,如图6-142～图6-147所示。钢管混凝土试件的受剪截面应变分布和发展趋势与空钢管试件明显不同,没有出现中部截面先屈服的情况。由于各试件截面应变对称性较好,仅取左半部分进行分析。

图6-142为C100钢管混凝土试件剪跨比$\lambda = 0.126$时截面应变发展状况。1-1截面主要承受剪力,其截面顶部、中心与底部的纵、环向均为拉应变,且截面顶面纵向首先受拉屈服,试件达到极限承载力后,截面底部与中心相继受拉屈服。对比1-1截面与跨中截面底部应变可以看出,1-1截面底部拉应变较跨中截面底部大,剪力形成的拉应变比弯矩形成的拉应变大,试件主要为受剪破坏,这与宏观破坏形态一致。

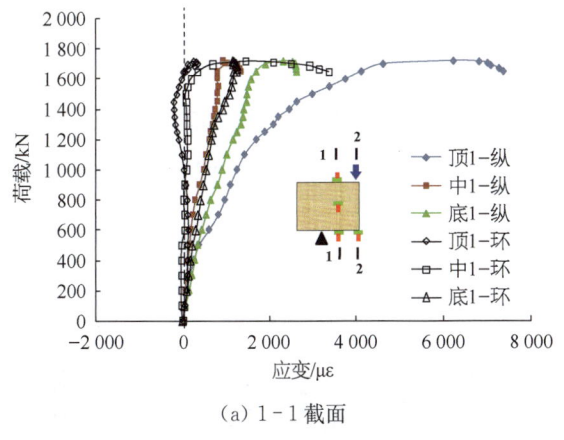
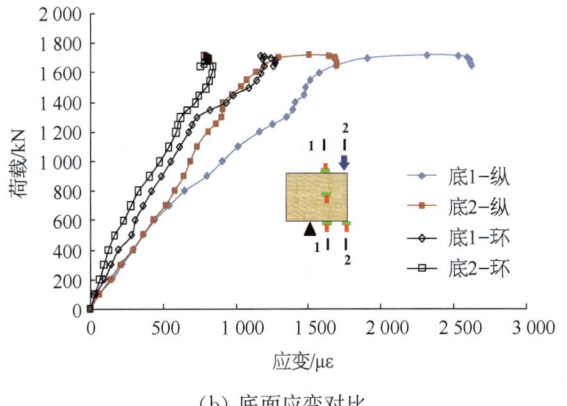

(a) 1-1截面　　　　　　　　　(b) 底面应变对比

图6-142　C100试件 $\lambda = 0.126$ 时截面应变(J5-C100-20)

图6-143为C100钢管混凝土试件剪跨比$\lambda = 0.377$时截面应变情况。靠近支座的1-1截面,底部首先受拉屈服;接近极限荷载时,截面中部受拉屈服;而整个加载过程其顶部有较小的压应变,明显较2-2截面顶部拉应变小。靠近加载点的2-2截面,其顶部、中部与底部均受拉,顶部与底部压应变较同

步,接近极限荷载时,截面几乎同时屈服。三个截面底部应变对比如图 6-143c 所示,2-2 截面与跨中 3-3 截面底部拉应变较同步,均小于 1-1 截面底部拉应变。可见剪跨区失效主要源于 2-2 截面顶部到 1-1 截面底部产生的较大拉应变,试件破坏仍由剪力控制。

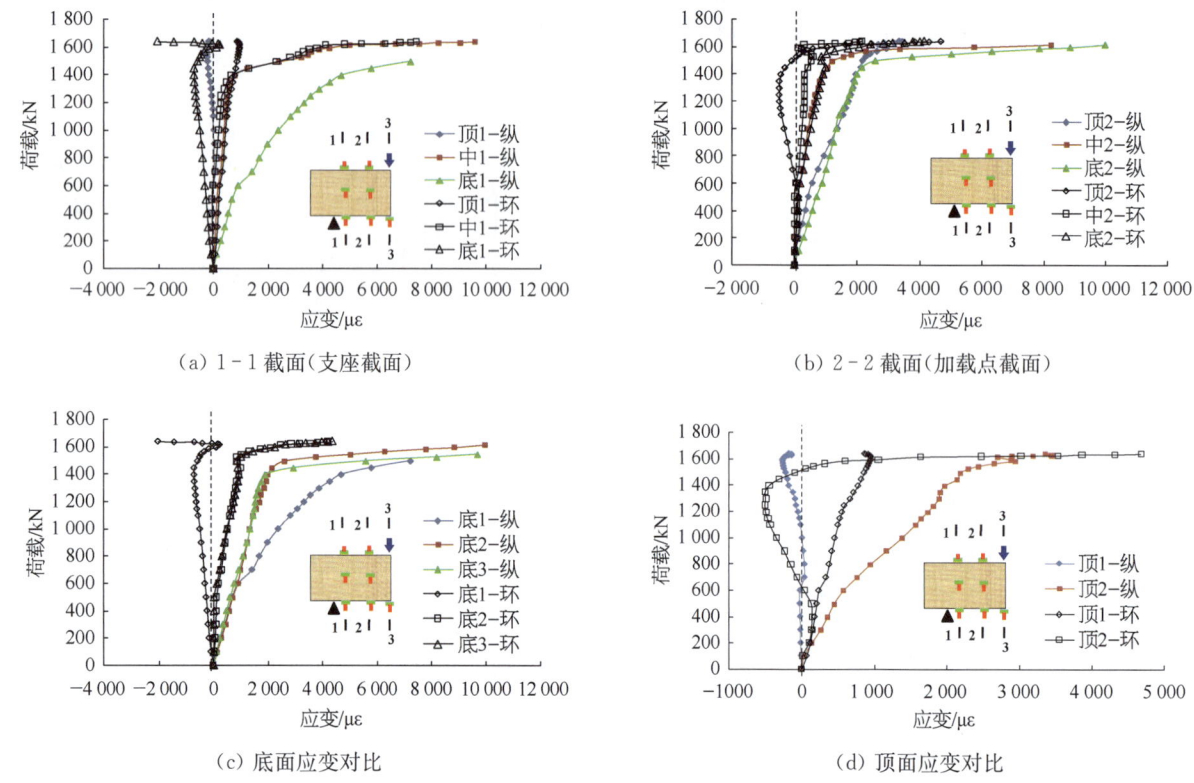

图 6-143　C100 试件 $\lambda = 0.377$ 时截面应变(J5-C100-60)

剪跨比 λ 增加到 0.566 时,C100 钢管混凝土试件截面应变情况如图 6-144 所示。1-1 截面与 2-2 截面均为底部与中部纵向受拉而顶部受压,截面应力分布与受弯试件类似,且截面底部受拉应变增长快而先屈服,随后中部受拉也进入屈服状态。1-1 截面纵向压应变变化较小,2-2 截面顶部纵向压应变较 1-1 截面大,且 2-2 截面顶部纵向压应变在底部受拉屈服后迅速增长,接近极限荷载时又逐渐转变为拉应变。另外,如图 6-144c 所示,三个截面的底部纵向应变初期发展基本一致,随荷载增加,3-3 截面底部纵向首先受拉屈服,随后依次 2-2 截面与 1-1 截面底部纵向受拉屈服;1-1 截面底部环向压应变变化较明显,且最终达到受压屈服,2-2 截面与 3-3 截面底部环向拉应变初期较小,

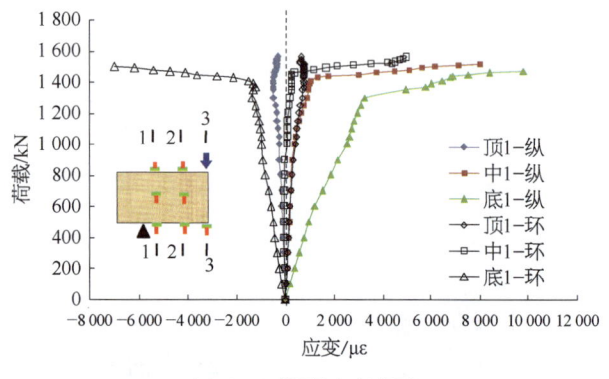

(a) 1-1 截面(支座截面)

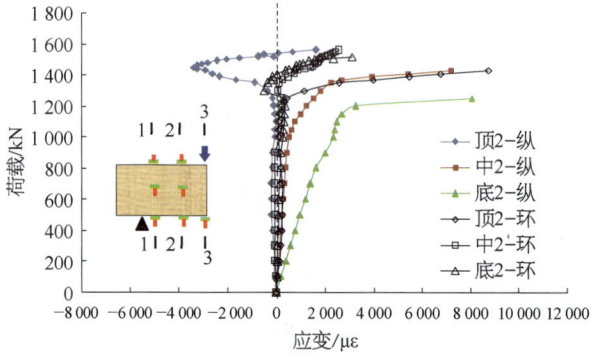

(b) 2-2 截面(加载点截面)

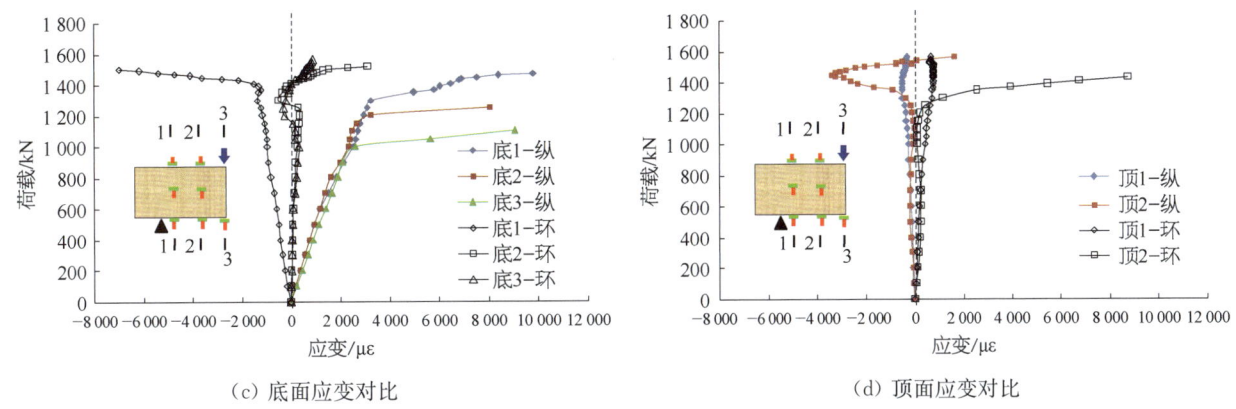

(c) 底面应变对比 (d) 顶面应变对比

图 6-144　C100 试件 λ = 0.566 时截面应变(J5-C100-90)

但试件接近极限荷载时环向拉应变有明显增加。1-1 截面顶部没有屈服，2-2 截面顶部在试件接近极限荷载时环向受拉屈服。可见此时试件已出现受弯破坏的应变分布特征。

剪跨比 λ 增加到 0.755 时，C100 钢管混凝土试件截面应变情况如图 6-145 所示。可见 1-1 截面和 2-2 截面应变分布与剪跨比 λ = 0.566 时相比，更接近受弯构件的截面应变分布特征，截面底部与中部受拉、顶部受压，且 2-2 截面各部位的应变均达到屈服，而 1-1 截面顶部压应变没有达到屈服。此外，3-3 截面底部应变与 2-2 截面底部应变较同步。可见试件截面应变与受弯试件基本一致，宏观破坏形态已表现出明显受弯破坏特征。

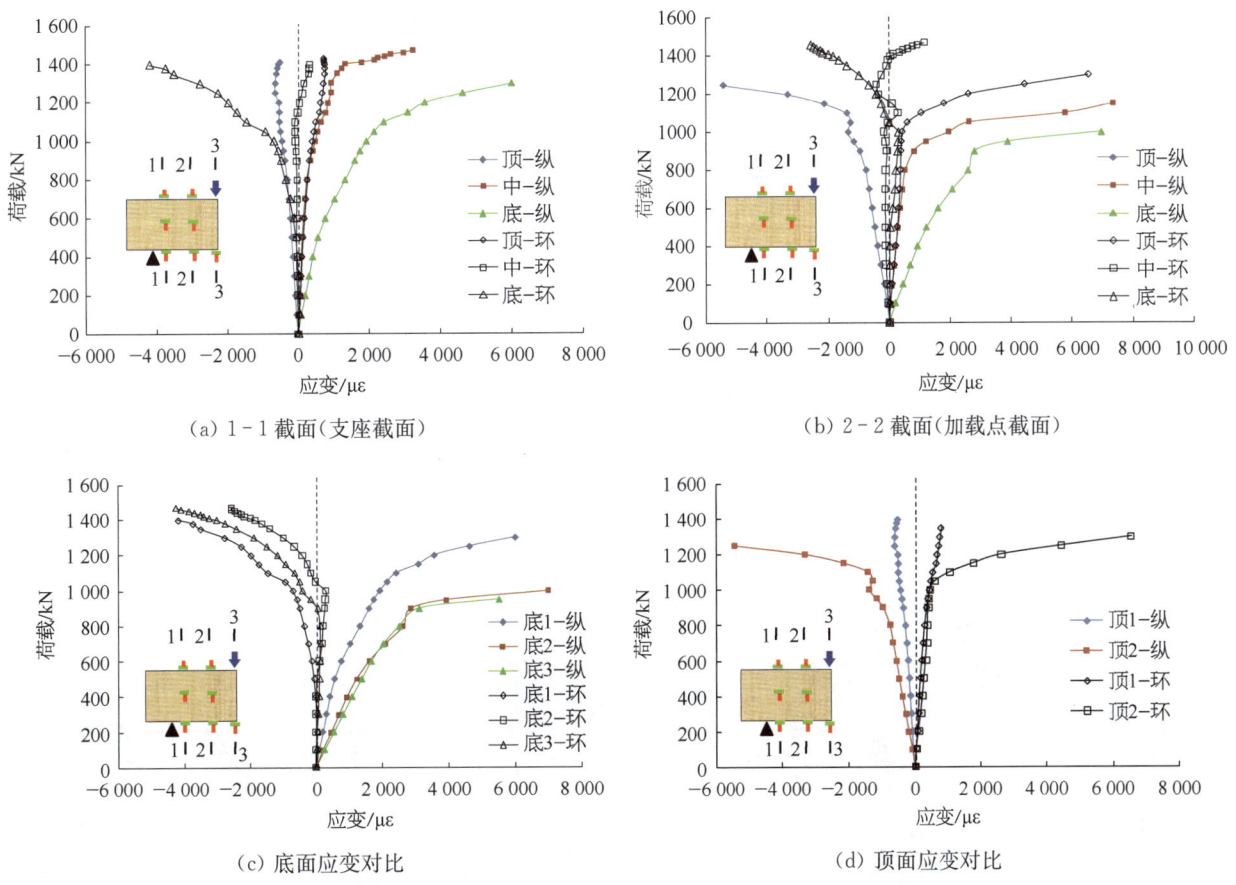

(a) 1-1 截面(支座截面)　(b) 2-2 截面(加载点截面)

(c) 底面应变对比　(d) 顶面应变对比

图 6-145　C100 试件 λ = 0.755 时截面应变(J5-C100-120)

C80 钢管混凝土试件的截面应变如图 6-146 所示。

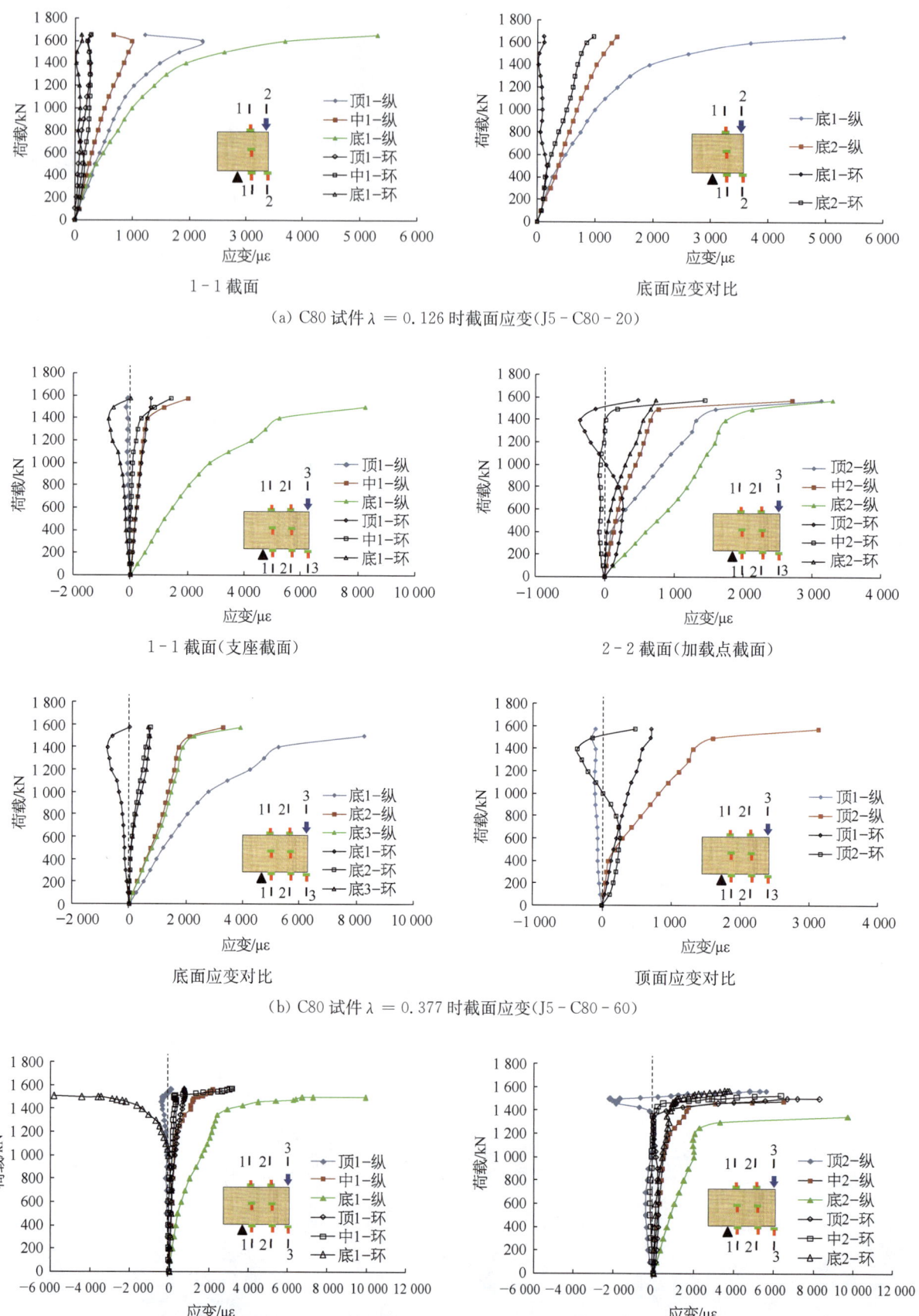

(a) C80 试件 $\lambda = 0.126$ 时截面应变(J5-C80-20)

(b) C80 试件 $\lambda = 0.377$ 时截面应变(J5-C80-60)

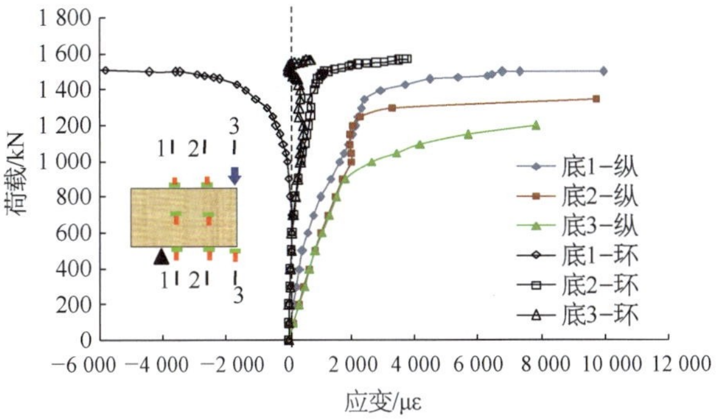

底面应变对比

顶面应变对比

(c) C80 试件 $\lambda = 0.566$ 时截面应变(J5 - C80 - 90)

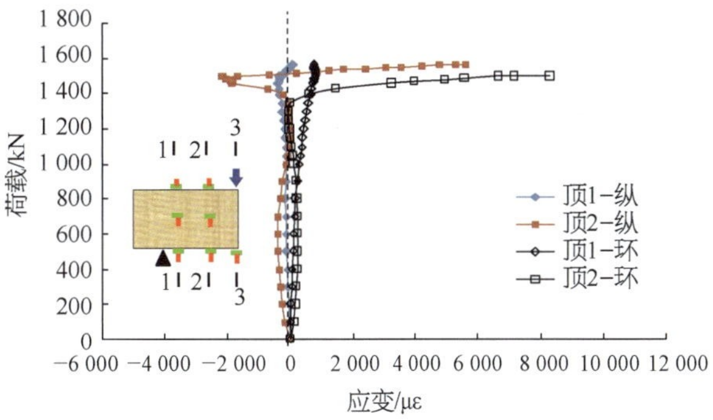

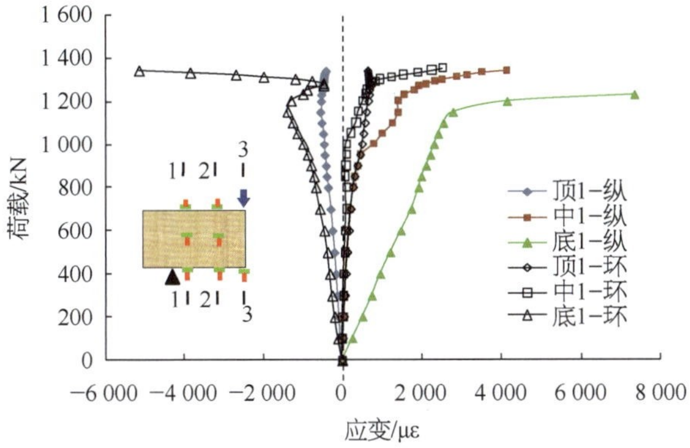

1 - 1 截面(支座截面)

2 - 2 截面(加载点截面)

底面应变对比

顶面应变对比

(d) C80 试件 $\lambda = 0.755$ 时截面应变(J5 - C80 - 120)

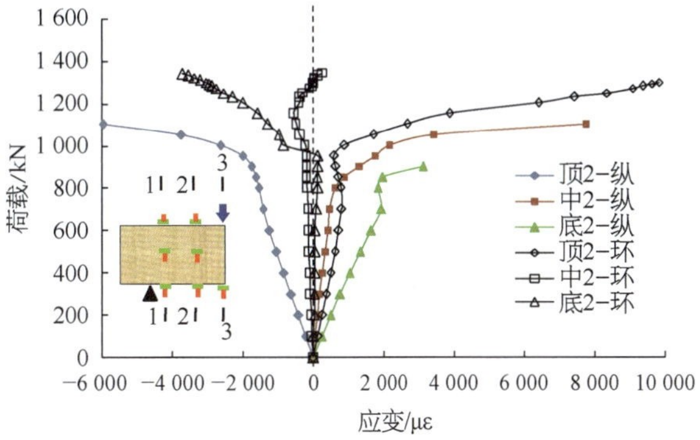

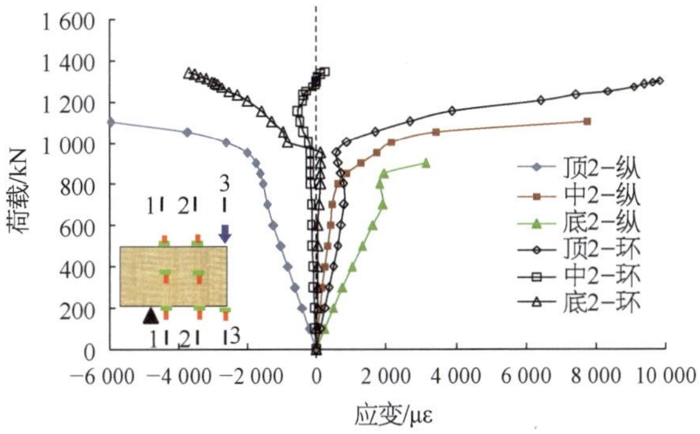

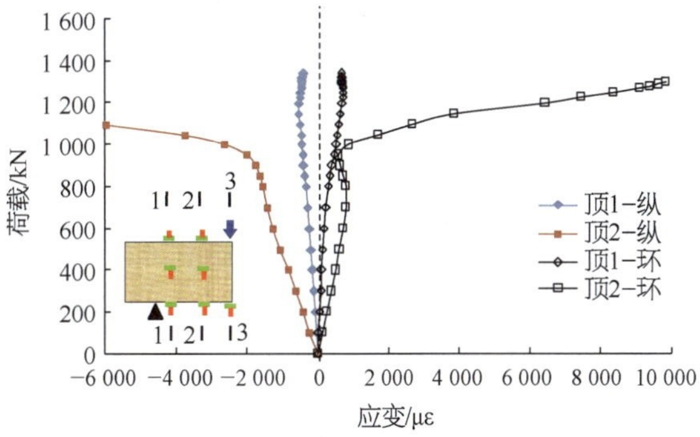

图 6 - 146　C80 试件截面应变

C60 钢管混凝土试件的截面应变如图 6 - 147 所示。

1 - 1 截面

底面应变对比

(a) C60 试件 $\lambda = 0.126$ 时截面应变(J5 - C60 - 20)

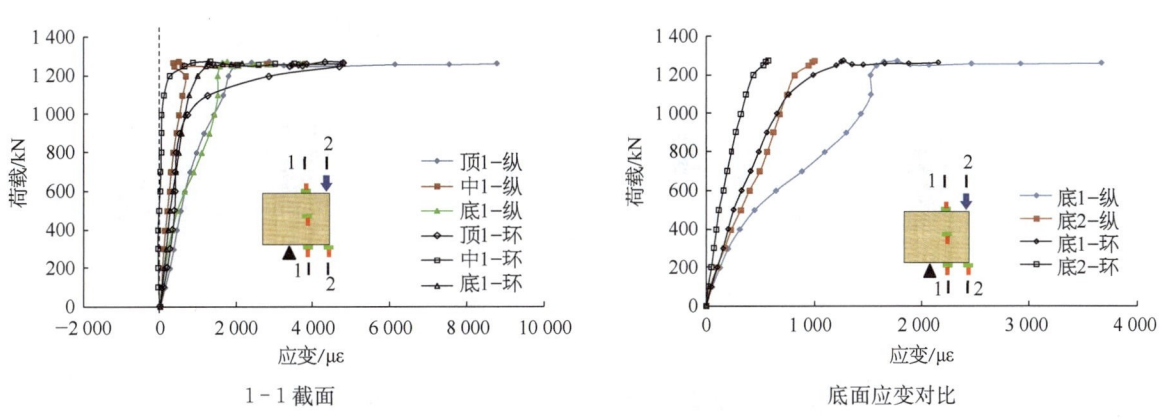

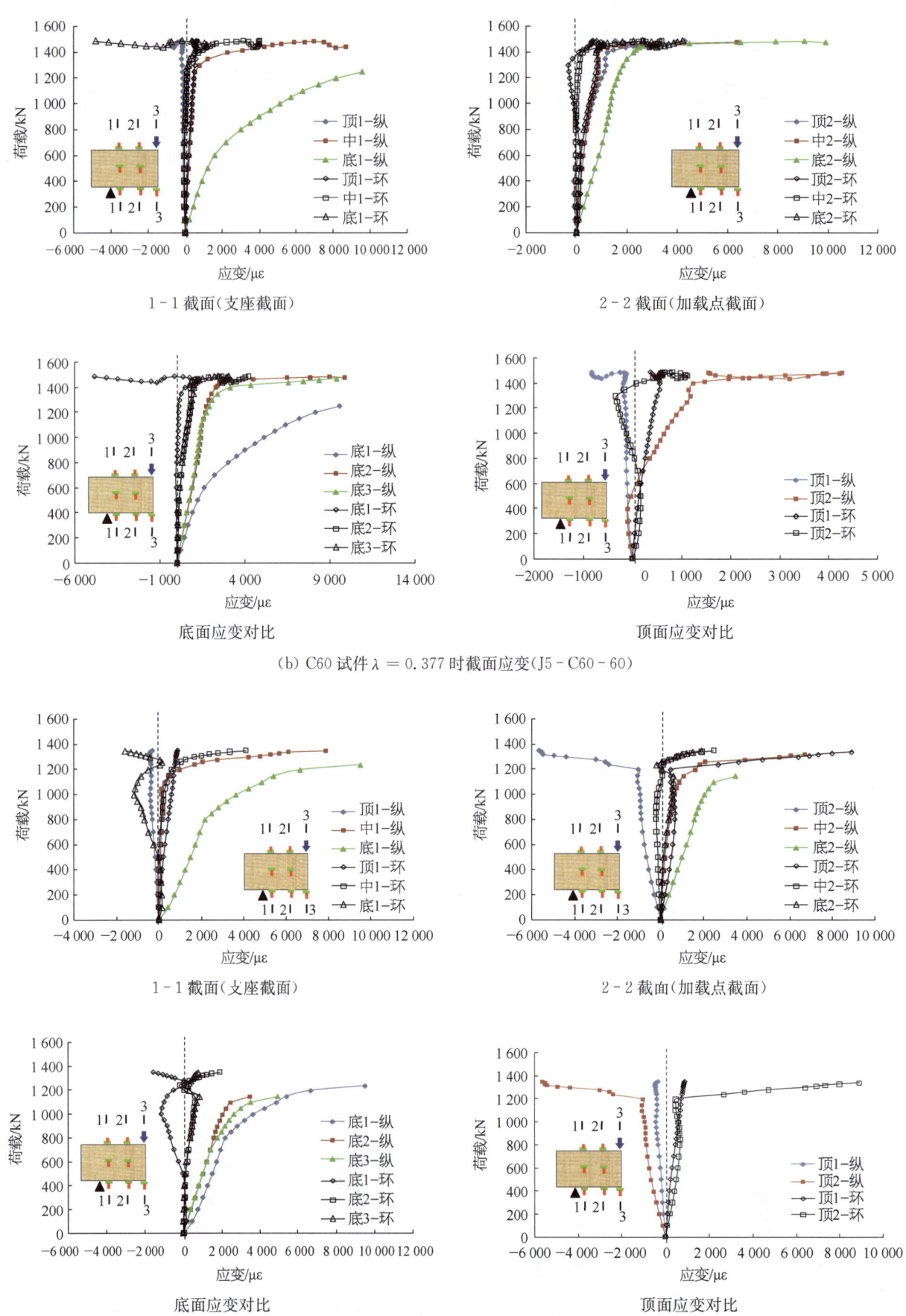

(b) C60 试件 $\lambda = 0.377$ 时截面应变(J5-C60-60)

(c) C60 试件 $\lambda = 0.566$ 时截面应变(J5-C60-90)

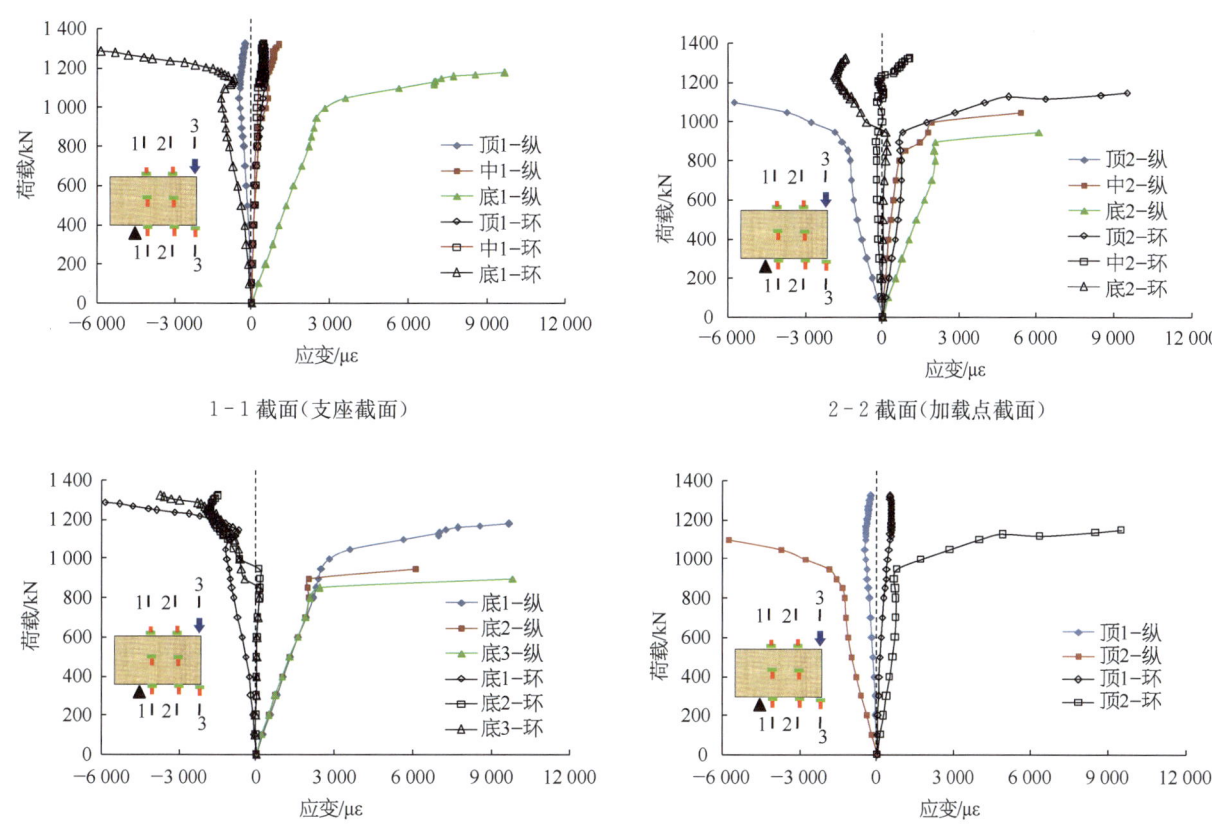

(d) C60 试件 λ = 0.755 时截面应变(J5-C60-120)

图 6-147　C60 试件截面应变

6.4.3.4　承载能力分析

试件受剪承载力测试结果见表 6-30，由于钢管混凝土的受剪破坏模式与空钢管试件不同，其承载力较同类型空钢管试件显著提升。J5-C100-20 试件的受剪承载力 V_u 为 1 575 kN，是空钢管试件 KGJ-20 抗剪承载力 V_s 与 C100 素混凝土试件 HJ-C100-20 承载力 V_c 之和 705 kN ($V_s + V_c = 520 + 185 = 507$ kN) 的 2.2 倍。

表 6-30 试验结果表明，C60、C80 与 C100 三种强度等级钢管混凝土试件的受剪承载力随剪跨比增加而下降。其降低趋势如图 6-148 所示，剪跨比较小时（λ≤0.377），承载力降低较小，剪跨比越大，承载力降低越明显。主要是因为剪跨比较小时，试件呈剪切破坏，主要受剪力控制；而剪跨比增加到一定程度后（λ≥0.566），试件转变为受弯破坏，主要受弯矩控制，因此此时剪跨比越大，承载力越低。此外，如图 6-149 所示，钢管混凝土试件的受剪承载力还与混凝土强度有关，随着混凝土强度提高，试件抗剪承载力增加，但增加的幅度逐渐减小，主要是由于剪跨比增加，试件破坏逐渐由受剪控制转变为受弯控制，因而混凝土强度对承载力的影响逐渐减弱。

表 6-30　受剪承载力实测结果

试件编号	含钢率/%	钢材屈服强度/MPa	混凝土强度/MPa	剪跨比 λ	实测承载力/kN
HJ-C100-20			115.2	0.134	185
KGJ-20	13.87	426		0.126	520
J5-C60-20	13.87	426	80.3	0.126	1562
J5-C60-60	13.87	426	80.3	0.377	1440
J5-C60-90	13.87	426	80.3	0.566	1260
J5-C60-120	13.87	426	80.3	0.755	1145
J5-C80-20	13.87	426	95.9	0.126	1655
J5-C80-60	13.87	426	95.9	0.377	1550
J5-C80-90	13.87	426	95.9	0.566	1400
J5-C80-120	13.87	426	95.9	0.755	1230
J5-C100-20	13.87	426	115.2	0.126	1720
J5-C100-60	13.87	426	115.2	0.377	1620
J5-C100-90	13.87	426	115.2	0.566	1430
J5-C100-120	13.87	426	115.2	0.755	1250

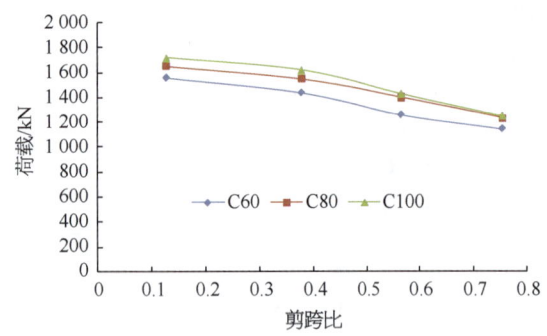

图 6-148 剪跨比对承载力的影响

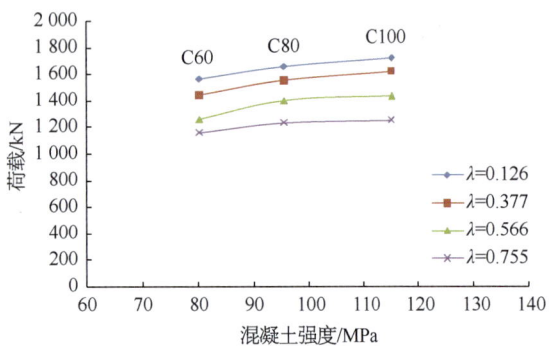

图 6-149 混凝土强度对承载力的影响

6.4.3.5 抗剪承载力计算方法探讨

根据试验测试结果，剪跨比 $\lambda \leqslant 0.377$ 时，试件呈剪切破坏，因此讨论抗剪承载力时只取剪跨比 $\lambda = 0.126$ 与 0.377 的试件进行计算。分别采用《公路钢管混凝土拱桥设计规范》[式(6-9)]、《钢管混凝土结构》(钟善桐)[式(6-10)]计算超高强钢管混凝土的抗剪承载力，并与实测承载力 V_{ue} 对比，见表 6-31，表中 V_{uc1}、V_{uc3} 与 V_{uc2}、V_{uc4} 分别为采用材料设计值与实测值计算结果，组合应力 f_{sc} 采用《公路钢管混凝土拱桥设计规范》的计算方法，按式(6-3)计算：

$$\left.\begin{array}{l} V \leqslant \gamma_v A_{sc} \tau_{sc} \\ \tau_{sc} = (0.422 + 0.313\alpha_s^{2.33})\xi_0^{0.134} f_{sc} \\ \gamma_v = \begin{cases} 0.85, & \xi \geqslant 0.85 \\ 1.0, & \xi < 0.85 \end{cases} \end{array}\right\} \quad (6-9)$$

$$\left.\begin{array}{l} V \leqslant \gamma_v A_{sc} \tau_{sc} \\ \tau_{sc} = (0.422 + 0.313\alpha_s^{2.33})\xi_0^{0.134} f_{sc} \\ \gamma_v = -0.2953 + 1.2981\sqrt{\xi_0} \end{array}\right\} \quad (6-10)$$

采用《公路钢管混凝土拱桥设计规范》[式(6-9)]计算时，实测承载力 V_{ue} 与按材料设计值计算的承载力 V_{uc1} 之比 V_{ue}/V_{uc1} 在 2.07～2.95，安全系数较高，但是其受混凝土强度影响较大，混凝土强度越高，安全系数越小。实测承载力 V_{ue} 与按材料实测值计算的承载力 V_{uc2} 之比 V_{ue}/V_{uc2} 在 1.18～1.66，同样的，该比值受混凝土强度影响较大，混凝土强度越高，该比值越小，而混凝土强度越低，该比值越大。总的来说，相同含钢率情况下，管内混凝土强度越高，试件的延性越小，而规范公式计算结果显示，混凝土强度越高，构件安全系数反而越低，且极限承载力计算值与实测值差异越小。可以看出，规范公式对不同强度等级钢管混凝土的承载力计算差异大、适应性差。

采用《钢管混凝土结构》(钟善桐)计算方法[式(6-10)]计算时，实测承载力 V_{ue} 与按材料设计值计算的承载力 V_{uc3} 之比 V_{ue}/V_{uc3} 在 2.03～2.17，安全系数较高且各试件差别较小。实测承载力 V_{ue} 与按材料实测值计算的承载力 V_{uc4} 之比 V_{ue}/V_{uc4} 在 1.31～1.45，可见式(6-10)计算结果较式(6-9)更稳定，对不同强度等级钢管混凝土的适应性更好。因此，推荐采用式(6-10)计算超高强钢管混凝土的抗剪承载力。

表 6-31 抗剪承载力实测值与计算值比较

试件编号	λ	V_{ue}/kN	式(6-9)		V_{ue}/V_{uc1}	V_{ue}/V_{uc2}	式(6-10)		V_{ue}/V_{uc3}	V_{ue}/V_{uc4}
			V_{uc1}/kN	V_{uc2}/kN			V_{uc3}/kN	V_{uc4}/kN		
J5-C60-20	0.126	1562	529	940	2.95	1.66	731	1097	2.14	1.42
J5-C60-60	0.377	1440	529	940	2.72	1.53	731	1097	1.97	1.31
J5-C80-20	0.126	1655	600	1042	2.76	1.59	762	1139	2.17	1.45
J5-C80-60	0.377	1550	600	1042	2.58	1.49	762	1139	2.03	1.36
J5-C100-20	0.126	1720	783	1371	2.20	1.25	790	1189	2.18	1.45
J5-C100-60	0.377	1620	783	1371	2.07	1.18	790	1189	2.05	1.36

6.5 本章小结

本章通过钢管约束高强混凝土,形成超高强度等级的钢管混凝土,强度高、延性好。其主要调控性能如下:

(1)轴心受压力学性能。通过对24组共48个超高强钢管混凝土短柱进行了轴压力学性能试验,试件含钢率$\alpha_s = 5.97\% \sim 38.72\%$,混凝土立方体抗压强度$f_{cu} = 80.3 \sim 115.2$ MPa,钢材强度$f_y = 404 \sim 566$ MPa,系统研究了超高强钢管混凝土在一次轴压加载及反复轴压加-卸载时的力学行为。

(2)偏心受压力学性能。通过6组共12个超高强钢管混凝土试件的偏心受压试验,研究了混凝土强度、荷载偏心率对超高强钢管混凝土承载能力、破坏形态的影响规律。

(3)受弯力学性能。通过在主管上焊接加载支管,对3组共6个超高强钢管混凝土试件进行了三点受弯力学性能试验,探讨了超高强钢管混凝土的受弯承载能力、破坏形态、截面应力分布与发展规律等。

(4)受剪力学性能。通过12个超高强钢管混凝土试件、2个空钢管试件与2个C100素混凝土试件的受剪试验,研究了剪跨比、混凝土强度对超高强钢管混凝土受剪承载力、破坏形态、截面应变分布与发展规律的影响,并对比了超高强钢管混凝土与素混凝土、空钢管试件的受剪性能差异。

参考文献

[1] 四川省交通运输科技项目.桥梁高性能混凝土制备及应用技术研究:20071A-7[Z].
[2] 交通运输部西部科技项目.高钛重矿渣集料的桥梁高性能混凝土制备与应用技术研究:2011 318 351 930[Z].
[3] 四川省交通运输科技项目.机制砂高性能混凝土制备与桥梁工程应用技术研究:2014C-5[Z].
[4] 四川省交通运输科技项目.高钛重矿渣集料的桥梁高性能混凝土规范:川质监函[2016]146号[Z].
[5] 四川省交通运输科技项目.C60~C100超高强钢管混凝土制备技术研究:2014C-3[Z].
[6] 四川省交通运输科技项目.超高强钢管混凝土的力学性能试验与桥梁工程应用研究:2014C-7[Z].
[7] 四川省交通运输科技项目.山区高墩大跨桥梁性能升级关键技术与工程应用研究:2016自1-5[Z].
[8] 毕耀,韩武军,郑广军,等.具有缓释效应的高保坍型聚羧酸减水剂的制备及研究[J].新型建筑材料,2014,41(9):34-37.
[9] 蔡绍怀.我国钢管混凝土结构技术的最新进展[J].土木工程学报,1999,32(4):16-26.
[10] 蔡云.氧化镁微膨胀C50钢管混凝土的配制及其性能研究[D].武汉:武汉理工大学,2008.
[11] 曹丰泽,阎培渝.混凝土膨胀剂水化特性与反应产物微观形貌的研究进展[J].电子显微学报,2017,36(2):187-193.
[12] 曹国辉,张锴,胡佳星,等.钢管膨胀混凝土收缩应变计算模型[J].中南大学学报(自然科学版),2015,46(3):1094-1099.
[13] 曹盛明.高性能机制砂混凝土的性能及应用技术研究[D].重庆:重庆交通大学,2008.
[14] 陈昌礼,陈学茂.氧化镁膨胀剂及其在大体积混凝土中的应用[J].新型建筑材料,2007(4):60-64.
[15] 陈昌礼,郑治,王小健.氧化镁混凝土的力学及变形性能试验研究[J].水电站设计,1993(3):66-70.
[16] 陈建奎.混凝土外加剂的原理与应用[M].北京:中国计划出版社,1997.
[17] 陈建奎,王栋民.高性能混凝土(HPC)配合比设计新法——全计算法[J].硅酸盐学报,2000,28(2):194-198.
[18] 迟培云,钱强,高昆.大体积混凝土开裂的起因及防裂措施[J].混凝土,2001(12):30-32.
[19] 崔鑫,邓敏.氧化镁制备方法、活性与水化测定方法综述[J].硅酸盐通报,2008,27(1):136-141.
[20] 丁庆军,黄修林,王红喜,等.采用密实骨架堆积法设计高掺量Ⅱ级粉煤灰高性能混凝土[J].混凝土,2007(8):7-10.
[21] 范德科,马强,周宗辉,等.石粉对机制砂混凝土性能的影响[J].硅酸盐通报,2016,35(3):913-917.
[22] 冯爱丽,覃维祖,王宗玉.絮凝剂品种对水下不分散混凝土性能影响的比较[J].石油工程建设,2002,28(4):6-10.
[23] 高小建,巴恒静,杨英姿.矿物掺和料对混凝土早期开裂的影响[J].建筑科学与工程学报,2006,23(4):19-23.
[24] 韩林海.钢管混凝土结构:理论与实践[M].北京:科学出版社,2007.
[25] 洪锦祥,蒋林华,黄卫,等.人工砂中石粉对混凝土性能影响及其作用机理研究[J].公路交通科技,2005,22(11):84-88.
[26] 胡曙光,丁庆军.钢管混凝土[M].北京:人民交通出版社,2007.
[27] 胡曙光.先进水泥基复合材料[M].北京:科学出版社,2009.
[28] 黄浩.粉煤灰混凝土流变性能研究[D].武汉:武汉理工大学,2011.
[29] 黄洪胜.混合砂混凝土性能与应用研究[D].重庆:重庆大学,2005.
[30] 蒋正武,徐海源,王君菊.磷渣粉对机制砂混凝土性能影响研究[J].粉煤灰综合利用,2010(5):10-12.
[31] 冷发光.磷渣掺和料对水泥混凝土性能影响的试验研究[J].四川水力发电,2001,20(4):75-77.
[32] 黎鹏平,范志宏,熊建波,等.石粉对胶凝材料水化性能及路面混凝土力学性能的影响[J].混凝土,2012(2):69-71.
[33] 李北星,杨静,宋普涛,等.C60机制砂自密实钢管混凝土的配制[J].混凝土,2010(1):100-103.
[34] 李维翰,尚红霞.轻烧氧化镁粉活性测定的方法[J].硅酸盐通报,1987(6):45-50.
[35] 李悦,丁庆军,胡曙光,等.钢管膨胀混凝土力学性能及其膨胀模式的研究[J].武汉理工大学学报,2000,22(6):25-28.
[36] 刘秋美,曹建新,杨林.磷渣粉对高性能混凝土性能影响的研究[J].混凝土,2007(6):54-55.

[37] 刘义峰.机制砂水泥砂浆流变性能研究[D].重庆:重庆交通大学,2014.
[38] 刘永强.掺膨胀剂HCSA的超高性能混凝土性能的研究[D].长沙:湖南大学,2014.
[39] 刘志峰,陈庆华.多塔长联矮塔斜拉桥超宽幅挂篮安全性测试方法研究[J].施工技术,2012,41(378):23-25.
[40] 吕林女,何永佳,李悦,等.高强微膨胀钢管混凝土的界面过渡区结构[J].华中科技大学学报(自然科学版),2003,31(11):89-91.
[41] 梅国兴,刘伟宝.掺凝灰岩粉、磷矿渣粉水泥浆体水化的SEM分析[J].混凝土,2003(3):49-51.
[42] 苗强.C100超高强自密实微膨胀钢管混凝土的研究[D].武汉:武汉理工大学,2014.
[43] 莫立武,邓敏.氧化镁膨胀剂的研究现状[J].膨胀剂与膨胀混凝土,2010(1):7-14.
[44] 牟廷敏,范碧琨,丁庆军,等.C80高抛自密实微膨胀钢管混凝土的试制与工程应用[J].西南公路,2011(4):47-50.
[45] 彭艳周.钢渣粉活性粉末混凝土(RPC)组成、结构与性能的研究[D].武汉:武汉理工大学,2009.
[46] 蒲心诚,王冲,王志军,等.C100~C150超高强高性能混凝土的强度及变形性能研究[J].混凝土,2002(10):3-7.
[47] 史林,刘加平,徐静.增黏剂在水泥基材料中的应用[J].混凝土与水泥制品,2007(4):18-22.
[48] 四川省交通运输厅公路规划勘察设计研究院.公路钢管混凝土桥梁设计与施工指南[M].北京:人民交通出版社,2008.
[49] 四川省交通运输厅.桥梁高性能混凝土制备与应用技术指南:SCGF 51—2010[S].北京:人民交通出版社,2010.
[50] 四川省交通运输厅公路规划勘察设计研究院.混凝土梁式桥梁实施技术指南[M].成都:西南交通大学出版社,2012.
[51] 四川省质量技术监督局.钢-混凝土组合桥面板技术规程:DB51/T 1991—2015[S].北京:人民交通出版社,2015.
[52] 四川省质量技术监督局.钢筋混凝土箱型拱桥技术规程:DB51/T 1992—2015[S].北京:人民交通出版社,2015.
[53] 四川省质量技术监督局.高钛重矿渣桥梁高性能混凝土技术规程:DB51/T 2424—2017[S].北京:人民交通出版社,2017.
[54] 四川省质量技术监督局.机制砂桥梁高性能混凝土技术规程:DB51/T 1995—2015[S].成都:西南交通大学出版社,2015.
[55] 四川省质量技术监督局.桥梁高性能清水混凝土技术规程:DB51/T 1994—2015[S].成都:西南交通大学出版社,2015.
[56] 宋宝,马丽涛,马涛,等.以阳离子螯合剂作为主缓凝剂与聚羧酸减水剂的复配研究[J].新型建筑材料,2016,43(9):80-83.
[57] 苏莉,李环,于景坤.氧化镁活性与其微观结构的关系[J].材料与冶金学报,2006,5(4):308-311.
[58] 孙成辉,霍亮,石云兴,等.钢纤维对C100超高强混凝土的脆性改善试验研究[J].混凝土,2013(8):144-147.
[59] SCHRöFL C, GRURER M, PLANK J.超高强混凝土中各组分与聚羧酸系超塑化剂之间的相互作用[J].硅酸盐学报,2010,38(9):1605-1612.
[60] 覃维祖.混凝土技术进展现状与可持续发展前景[J].施工技术,2006,35(4):1-4.
[61] 田建平,周明凯,蔡基伟,等.高强机制砂混凝土中石粉与粉煤灰的复合效应[J].武汉理工大学学报,2006,28(3):55-57.
[62] 田予东.纤维高强、超高强混凝土的配制及力学性能试验研究[D].北京:北京工业大学,2008.
[63] 田志敏,张想柏,冯建文,等.钢管超高性能RPC短柱的轴压特性研究[J].地震工程与工程振动,2008,28(1):99-107.
[64] 田智超,李长成,刘立.水化环境和膨胀剂对混凝土膨胀性能的影响[J].混凝土,2016(1):9-12.
[65] 王方刚.低黏超高强(C100)混凝土制备及其性能研究[D].武汉:武汉理工大学,2014.
[66] 王培铭,丰曙霞,刘贤萍.水泥水化程度研究方法及其进展[J].建筑材料学报,2005,8(6):646-652.
[67] 王铁梦.工程结构裂缝控制的综合方法[J].施工技术,2000,29(5):5-9.
[68] 王新媚.轻烧氧化镁和钙矾石的膨胀性能对比研究[D].南京:南京工业大学,2006.
[69] 王业江,杨长辉,叶建雄,等.磷渣粉在混凝土中的应用研究进展[J].混凝土,2010(11):95-97.
[70] 王湛,赵霄龙,巴恒静.约束膨胀混凝土显微结构分析[J].哈尔滨建筑大学学报,1999(2):54-57.
[71] 韦昊奇,林海燕,王玉江,等.水泥增效剂对普通硅酸盐水泥性能的影响[J].硅酸盐通报,2014,33(8):1920-1923.
[72] 魏莹,李兆锋,李丙明,等.磷渣对水泥混凝土性能的影响及机理探讨[J].硅酸盐通报,2008,27(4):822-826.
[73] 夏星杰,杜兆金,沈健华.MgO膨胀剂性能的研究[J].市政技术,2012,30(3):142-144.
[74] 肖保怀,姜涵,宋留强.机制砂及矿渣微粉配制C50~C80高性能混凝土研究[J].混凝土,2002(6):54-56.
[75] 熊大玉,王小虹.混凝土外加剂[M].北京:化学工业出版社,2002.
[76] 徐迅,宋晓岚,卢忠远,等.磷渣对混凝土性能影响的研究[J].混凝土,2010(3):95-99.
[77] 徐振海.纳米材料对C3S水化硬化的影响[D].济南:济南大学,2017.
[78] 薛庆.引气剂与混凝土高性能化[J].混凝土,2005(4):22-25.
[79] 阎培渝,周永祥,郑红高,等.超高强混凝土的力学性能研究[C]//中国土木工程学会高强与高性能混凝土委员会第五届学术讨论会论文集.北京:中国土木工程学会,2004:175-179.
[80] 阳晏,王雨利,周明凯.机制砂的石粉含量对C30泵送混凝土性能的影响[J].武汉理工大学学报,2007,29(8):44-46.

[81] 杨萌. 钢纤维高强混凝土增强、增韧机理及基于韧性的设计方法研究[D]. 大连:大连理工大学,2006.
[82] 姚武,何莉. 水化硅酸钙纳米结构研究进展[J]. 硅酸盐学报,2010,38(4):754-761.
[83] 姚燕. 先进水泥及先进水泥基材料的研究进展[J]. 中国材料进展,2010,29(9):1-8.
[84] 赵顺增,游宝坤,刘立. 混凝土膨胀剂行业的现状和发展方向[J]. 混凝土与水泥制品,2009(3):1-3.
[85] 中华人民共和国交通运输部. 公路桥涵施工技术规范:JTG/T F50—2011[S]. 北京:人民交通出版社,2011.
[86] 中华人民共和国住房和城乡建设部,中华人民共和国国家质量监督检验检疫总局. 普通混凝土长期性能和耐久性能试验方法标准:GB/T 50082—2009[S]. 北京:中国建筑工业出版社,2010.
[87] 中华人民共和国住房和城乡建设部. 自密实混凝土应用技术规程:JGJ/T 283—2012[S]. 北京:中国建筑工业出版社,2012.
[88] 钟善桐. 钢管混凝土结构[M]. 北京:清华大学出版社,2003.
[89] 钟善桐. 钢管混凝土统一理论——研究与应用[M]. 北京:清华大学出版社,2006.
[90] 周孝军. 钢纤维微膨胀钢管混凝土拉弯力学行为研究[D]. 武汉:武汉理工大学,2013.
[91] 朱伯芳,杨萍. 混凝土的半熟龄期——改善混凝土抗裂能力的新途径[J]. 水利水电技术,2008,39(5):30-35.
[92] 朱伯芳. 大体积混凝土温度应力与温度控制[J]. 土木工程学报,1999,32(4):15.
[93] 朱天一,李茂,程亮,等. 消泡剂的分类及其特点概述[J]. 润滑油,2017,32(6):23-25.
[94] ABBASS W, KHAN M I, MOURAD S. Evaluation of mechanical properties of steel fiber reinforced concrete with different strengths of concrete [J]. Construction & Building Materials, 2018,168:556-569.
[95] AHN N S. An experimental study on the guidelines for using higher contents of aggregate micro fines in portland cement concrete [D]. Austin:University of Texas, 2000.
[96] BENAICHA M, ROGUIEZ X, JALBAUD O, et al. Influence of silica fume and viscosity modifying agent on the mechanical and rheological behavior of self compacting concrete [J]. Construction & Building Materials, 2015,84:103-110.
[97] BIRCHALL J D, MAJID K I, STAYNES B W, et al. Cement in the context of new materials for an energy-expensive future (and discussion) [J]. Philosophical Transactions of the Royal Society a Mathematical Physical & Engineering Sciences, 1983,310(1511):31-42.
[98] DESCHNER F, WINNEFELD F, LOTHENBACH, et al. Hydration of Portland cement with high replacement by siliceous fly ash [J]. Cement and Concrete Research, 2012,42(10):1389-1400.
[99] DINH N H, CHOI K K, KIM H S. Mechanical properties and modeling of amorphous metallic fiber-reinforced concrete in compression [J]. International Journal of Concrete Structures & Materials, 2016,10(2):221-236.
[100] DO T A, LAWRENCE A M, TIA M, et al. Determination of required insulation for preventing early-age cracking in mass concrete footings [M]. 2014.
[101] GAO P W, WU S X, LU X L, et al. Soundness evaluation of concrete with MgO [J]. Construction and Building Materials, 2007,21(1):132-138.
[102] HOU D, LU Z Y, ZHAO T J, et al. Reactive molecular simulation on the ordered crystal and disordered glass of the calcium silicate hydrate gel [J]. Ceramics International, 2016,42(3):4333-4346.
[103] HU S G, LU L N, HE Y J, et al. The hydration of blended cement at low W/B ratio [J]. Journal of Wuhan University of Technology (Materials Science), 2003,18(4):72-75.
[104] KHAYAT K H. Effects of antiwashout admixtures on fresh concrete properties [J]. Aci Materials Journal, 1995,92(2):164-171.
[105] KMITA A. A new generation of concrete in civil engineering [J]. Journal of Materials Processing Technology, 2000,106(1-3):80-86.
[106] LAM L, WONG Y L, POON C S. Degree of hydration and gel/space ratio of high-volume fly ash/cement systems [J]. Cement & Concrete Research, 2000,30(5):747-756.
[107] LI B X, WANG J L, ZHOU M K. Effect of limestone fines content in manufactured sand on durability of low- and high-strength concretes [J]. Construction & Building Materials, 2009,23(8):2846-2850.
[108] LOKKEN R O, SHADE J W, MARTIN P F C. Effect of curing temperature on the properties of cementitious waste forms [J]. MRS Online Proceeding Library Archive, 1989,176.
[109] LU F W, LI S P, SUN G J. Nonlinear equivalent simulation of mechanical properties of expansive concrete-filled steel tube columns [J]. Advances in Structural Engineering, 2007,10(3):273-281.
[110] MATSUYAMA H, YONG J F. Intercalation of polymers in C—S—H:a new synthetic approach to biocomposites [J]. Chemistry of Materials, 1999,11(1):16-19.

[111] MOJUMDAR S C, RAKI L. Preparation and properties of calcium silicate hydrate-poly(vinyl alcohol) nanocomposite materials [J]. Journal of Thermal Analysis and Calorimetry, 2005, 82(1):89-95.

[112] PATEL V, SHAH N. A survey of high performance concrete developments in civil engineering field [J]. Open Journal of Civil Engineering, 2013(3):69-79.

[113] QUIROGA P N. The effect of the aggregates characteristics on the performance of Portland cement concrete [D]. Austin: University of Texas at Austin, 2003.

[114] RAMAMURTHY K, KUNHANANDAN NAMBIAR E K, INDU SIVA RANJANI G. A classification of studies on properties of foam concrete [J]. Cement & Concrete Composites, 2009, 31(6):388-396.

[115] RICHARDSON I G. Tobermorite/jermite and tobermorite/calciumh ydroxidebased models for the structure of C—S—H: applicability to hardened pastes of tricalcium silicate, β-dicalcium silicate, Portland cement, and blends of Portland cement with blast-furnace slag, metakaolin, or silica fume [J]. Cement & Concrete Research, 2004, 34(9):1733-1777.

[116] SAKAI E, MIYAHARA S, OHSAWA S, et al. Hydration of fly ash cement [J]. Cement & Concrete Research, 2004, 35(6):1135-1140.

[117] VIEHLAND D, LI J F, YUAN L J, et al. Mesostructure of calcium silicate hydrate(C—S—H) gels in portland cement paste: short-range ordering, nanocrystallinity and local compositional order [J]. Journal of the American Ceramic Society, 1996, 79(7):1731-1744.

[118] WANG Q, FENG J J, YAN P Y. The microstructure of 4-year-old hardened cement-fly ash paste [J]. Construction & Building Materials, 2012, 29:114-119.

[119] WANG S, WANG C, WANG Q, et al. Study on cementitious properties and hydration characteristics of steel slag [J]. Polish Journal of Environmental Studies, 2018, 27(1):357-364.

[120] XION M X, XIONG D X, LIEW J Y R. Flexural performance of concrete filled tubes with high tensile steel and ultra-high strength concrete [J]. Journal of Constructional Steel Research, 2017, 132:191-202.

[121] XU Z K, VIEHLAND D. Observation of a mesostructure in calcium silicate hydrate gels of Portland cement [J]. Physical Review Letters, 1996, 77(5):952-955.

[122] YE Q, CHEN H X, WANG Y Q, et al. Effect of MgO and gypsum content on long-term expansion of low heat Portland slag cement with slight expansion [J]. Cement & Concrete Composites, 2004, 26(4):331-337.

[123] ZHONG T, SONG T Y, UY B, et al. Bond behavior in concrete-filled steel tubes [J]. Journal of Constructional Steel Research, 2016, 120:81-93.

[124] ZHOU M K, PENG S M, XU J, et al. Effect of stone powder on stone chippings concrete [J]. Journal of Wuhan University of Technology (Materials Science), 1996, 11(4):29-34.